西泠印社 编

大印学（3）

『篆刻学』学科建设与发展研讨会论文集 上

西泠印社出版社

创造 创立 创作 创新

——西泠印社甲辰秋季雅集系列活动总序

陈振濂

经过120年社庆之后，2024年的西泠印社欣欣向荣，日趋兴旺，而且社团工作思路也有了一些新的转换和拓展，可谓弥足珍贵。

一

首先值得关注并足以作为重点"点题"的，是我们"守正创新"的新思维和新举措。举其大者：启动以社员为中心的团队组建访学。关键词有二：一是"红色采风延安行"，二是"边疆印学龙江行"。

延安行是西泠印社组织的规模较大的一次"红色访学"，由来自全国各地20个省市的二十余位社员组团奔赴革命圣地延安，完成"西泠时代之声·延安行"的实践访学活动。篆刻家们第一次以家国情怀引领风气，认真学习红色文艺传统，不但参观访学，还集体创作"延安行"主题印谱，收获满满，情怀满满。

百年名社西泠印社，又破天荒地首次与一个省级文联联手，组成高规格艺术、学术项目联动体，共同举办"篆刻艺术周"与"当代中青年篆刻艺术双年展"，在我国最北边的缺少篆刻学、金石学传统积累的黑龙江省，大张旗鼓地推动篆刻艺术"以人民为中心"的文艺实践，创建并改变了西泠印社一直以来自我定位为"小众艺术""高雅艺术"而从未有过的恢宏格局、博大气象。同样，来自各省的二十余位西泠印社中人远赴哈尔滨，以"篆刻艺术周"的独特形式，举办多场高级别的学术活动。计有：

三个主题展，分别是第一届当代中青年篆刻艺术双年展、黑龙江省第十六届篆刻作品展、"文明互鉴·一带一路"第二届图形印创新实验作品展。

三场大讲堂，主题分别为篆刻学学科建设、古玺印收藏鉴赏、诗书画印综合。

一个座谈会，主题为黑龙江地域印学研究。

四个点评会，分流派印、黄牧甫，鸟虫、玉印，汉印、圆朱文，古玺印4个分会场，进行面对面点评交流。

此外，还组织完成了一部西泠印人与龙江印人共同创作的主题篆刻印集。

如果再计算今年的重要成果，可以另举如下四大项目：

春季雅集正逢纪念吴昌硕180周年诞辰，在临平举办"学术报告会"，在杭州举办"艺术传承展"；还有很有特色的"雄甲辰"篆刻名家作品展。过去春季雅集未曾有过的浓郁的创新氛围和首倡性也跃然眼前。

更有"文明互鉴·一带一路"第二届图形印创新实验作品展在宁波开幕。既名"实验"，这一历时三年多的西泠印社主导的"创新项目"，取宏阔博大的世界印章史为背景，敢于以印史所未有的姿态和"吃螃蟹"的心理准备，不惜反复试错、锲而不舍，探索未来的意味明显而深长。

今春西泠印社与国家画院商议，联袂在深秋的北京举办"金石学史研究与刻帖书法新探"大展和学术研讨会。忆及已故社长马衡创立"现代金石学"，西泠印社二十年前又曾倡导"重振金石学"，但它们都以学理研究为重。此次以金石学印学之实物、拓片，着眼于构成"学史"并作全面展示，不再是零星散落不成体系的个人偶然相遇的金石文物收藏展示，而是贯串着明确的"史观"秩序。更加之借助百年西泠的人才优势，调动了陕西、河南、山东诸金石大省骨干社员们的公私藏品共同汇合北京展出。它于历史当然是少有，于西泠印社社史也是第一次——选题确立是第一次，运作方式也是第一次，当然更可推为前所未有的创新之举。

中央广播电视总台为西泠印社策划摄制的纪录片《印刻百年》已进入实拍阶段。本着"创造、创立、创作、创新"的理念，为与过去二十年已播出三部《西泠印社》多集记录片平铺直叙讲西泠故事普及知识的原有立场拉开距离，特别提出了一个新的角度：即以印学总体观历史观为基准，强调西泠印社在当代印学史、金石学史上"为往圣继绝学"的突出贡献，并以几个"关键词"串联点题。这种拍摄角度的创新，重在"点石成金"式的"点化"；会让熟悉或不熟悉社史的社内外同行看了后，产生耳目一新、浮想联翩之感，从而造成与已有三部《西泠印社》不同的《印刻百年》新视角新思想新立场。

综此，我们看到了在今年，西泠印社似乎正在构建一个以"守正创新"为基础大盘的宏伟格局。高端、密集而理性稳健、步步为营。它的目标是：立足传统经典，关注国事，放眼世界，面向未来。

二

本年度的最重头戏，按惯例，是将于11月初举行的秋季雅集。

今年的秋季雅集一共策划安排了三个专业展览，加上旨在学术引领的大印学（3）——"篆刻学"学科建设与发展研讨会，以及作为常例的社长会议和理事会会议。

三个展览的情况如下：

一是作为固定项目的社员作品展：西泠印社社员（50岁以下）新作展。

该展览展出作品70余件。篆刻、书法、中国画、理论著作并举，目的是逐层检阅我们的社员精英逐年提升的艺术水平和良好的专业状态。从古稀以上社员展、60—70岁社员展、50—60岁社员展，近三年已有分年龄段的三个社员展。现在是第四轮：50岁以下的社员展。到今年为止，这个序列应可宣告圆满完成。因为推荐入社年龄杠线设置，下限是到40岁。除个别考试入社的年轻社员外，已经构不成一个整体意义上的社员40岁以下"年龄群体"的阶层了。于是，后面应该如何办好社员作品展与成果展，还应该有不断创新的思维与举措。

二是重在印学史研究并关乎实践取法的学术观摩展："斩截之迹"——两汉魏晋南北朝玺印典藏菁华展。

该展览展出约百余方珍贵的古印原物。这是继2022年开始提出每年不同主题指向的年度创作课题，2022年"以篆入印"之专取邓石如、吴让之、徐三庚、赵之谦原作藏品展出之后，2024年郑重提倡的"斩截之迹"，是此序列的又一轮古典印学名品专题特展。指定类型是从战国秦汉到魏晋，主要撷取秦汉魏晋南北朝的将军印、凿印、烂铜印等等，以冲撞锋锐、斩截杀伐的印面审美特征为主。因为是古玺印，既往名品不少，选材更自由而可以加大展陈量，从而在古印的形式美感传递与清晰的细节感受方面，更能让观众受益而产生共鸣。

三是指向当代创作实践鼓励形成新印风的专题创作展："斩截之迹"——两汉魏晋南北朝印风创作研究主题展。

该展览面向社员特邀征稿70余件；面向全社会公开征稿368件，经评审后取80件进行展出。该展览有配套作品集发行。这也是继2022年"以篆入印"印风探索课题成功后的第二次大规模动员业界上下、鼓励社会参与的具有极强学术指向性的命题创作实践展。

今年的主体学术理论活动，是一场在主题上事关印学能否真正获得独立的学科理论研讨会：大印学（3）——"篆刻学"学科建设与发展研讨会。

以理论探讨的形态，关注"篆刻学学科建设"，是当代印人的时代使命和历史责任。过去篆刻是雕虫小技，是工匠技艺师徒传授，当然谈不上其实也无须奢言"学科"。但在今天，篆刻已经成为一门独立的艺术，与诗、书、画并驾齐驱；又与"金石古史之学"互为表里。于是，学科建设成为当务之急。但几十年来，我们西泠印社的学术研讨会，多着力在作为具体对象的印人、印家、印作、印派、印技的个案层面；印论研究也多取各代各家各派存世的文献史实考订证伪。基于此，今年新出论题的"篆刻学学科建设"，因为在过去社史记录中没有过，当然应该是个全新的学术命题。既谓"全新"，我想肯定会产生很多新角度新观点新思维足以令人耳目一新的成果，比如"大印学"，比如重振金石学，比如重建篆刻的印学史观，比如世界印章史"学科交叉、文明交融"等，都是关乎学科的命题，故而它必定是可以令我们大家期待的。

一年之间，有那么多的前无古人、或曰史无前例的各种各类学术艺术都以"创新"即创造力为旨归的活动策划，表明了西泠印社全社上下的勃勃向上的精神风貌。在各位社员高度认同、齐心协力的支持参与下，只要真切感受到120年社庆之后所呈现出的活力四射、生机盎然的生命脉膊，我们还有什么可犹豫可怀疑的呢？

2024年9月1日拟于京杭高铁，将过徐州。

目 录

（上册）

印学史源流阐释

篆刻家个案研究

印学史源流阐释

日本の印学と篆刻学

——歴史と芸術と篆刻学科建設構想

[日] 久米雅雄

　【内容提要】2024年秋には「大印学（3）」として『篆刻学』学科建設與発展研討会」と題して学会が開催される予定となっている。「篆刻学」という言葉も、「篆刻学科」という科目もあまり日本では聞き慣れていないテーマであるので、少し戸惑いもあったが、中国の構想や立案は常に広大無辺であるので、このことを機会に真剣に考えてみようと思った。

　まずは筆者自身の「印章への関心」から説き起こし、「印学と篆刻学」の基本概念がどのように、共通し、相異しているかを整理することから始めた。まずは到達点とも言える、近世もしくは近現代における印学と篆刻学の学史を、中国と日本とに分けて考え、特に日本については、江戸時代以降の印学・篆刻学関連の文献の概要を解説することに努めた。大阪府教育庁勤務時代に考古学と美術工芸を担当していたので、発掘調査で身につけた型式学や層位学等に基ずく方法論、真器を観ることによって培われていく古物の鑑定や種々の分析科学、考古資料や古文書史料等の蒐集や研究を応用して得られた方法論の応用が、印章研究にも有用であった。

　印章や印籍や印譜の研究以外に、鋳金学的な研究や古文書学的・法制史学的な研究にも目を通し、考古学的な方法によらない実物古印の集成的研究をも顧みた。筆者自身がめざしてきたのは、印章の考古学的・歴史学的及び印学的な研究である。日本の考古学界で初めての博士論文『日本印章史の研究』や『はんこ』の研究成果を紹介しながら、また『寧楽美術館の印章』では、「同一の印章に対して、4人の権威ある先生方が4通りの互いに異なった編年観を提示しておられるという事実」に鑑みて、分類と鈕式・印文・字形・法量の変遷等に注目した、総合的な方法による「断代」を提示した。「歴史は厳密に時の要素を析出する任務を負っている」からにほかならない。

　印学や篆刻学の基本設計及び実施設計には、文字学的な編年研究は基礎中の基礎であり、「印学の素養のない篆刻は、篆刻とは呼ばない」という園田湖城の言葉の真実性を彷彿とさせる。陳腐な師匠からは秀逸な弟子は生まれ得ない。今般、西冷印社が掲げている「篆刻学科」の学科建設構想は、時宜にかなったものであり、複数の集合の共通部分を探すことのできる「複眼思考的な研究法」を身に着けた有為の人材をもってして、初めて実現可能となる。

　大阪芸術大学では「工芸特論」という学科で、『アジア印章史概論』という教科書を作って10年間、講義をつづけ、実作も行なった。日本で唯一、書道学科のある大東文化大学では、大学院の書道研究所で特別講義「国宝金印の印学的研究」をさせていただいた。そして明治大学古代学研究所では「アジア印章史の研究と方法論と印章文化資源の国際化」というテーマでも話をさせていただいた。けれどもこれらは小さな始まりにすぎない。篆刻学の学科建設構想の実現のために。国際的規模の愛を伴う叡智が集合する必要がある。

【関鍵詞】：『アラビアのロレンス』と考古学　D.G.ホガース博士とヒッタイトの印章　鄧散木『篆刻学』　沙孟海『印学史』　余正「印学研究分類簡略表」　藤　貞幹　松平定信　穂井田忠友　長谷川延年　石井雙石『篆刻指南』『篆書指南』　中田勇次郎『日本の篆刻』『群印宝鑑』　『学古編』　『韻府古篆彙選』　『六書通』〔集古印篆〕　『石印集義』　『古今印例』　『印譜辨妄』　『皇朝印典』　『芙蓉軒私印譜』　『篆刻鍼度』　『皇朝印史』　『日本蔵書印考』　益田香遠「経文緯武」銀印　香取秀真『金工史談』　会田富康『鋳金・彫金・鍛金』『日本古印新攷』　荻野三七彦『印章』　石井良助『はん』　木内武男『日本の古印』『日本の官印』『印章』　筆者あて小林斗盦先生の名刺　国立歴史民俗博物館『日本古代印集成』　同左『日本古代印の基礎的研究』　久米雅雄「日本古代印研究」『日本印章史の研究』『アジア印章史概論』『はんこ』『寧楽美術館の印章』　西泠印社名誉社員・大東文化大学大学院書道研究所所長　河野隆教授からの特別講義「国宝金印の印学的研究」依頼　『書道学論集』13　明治大学古代学研究所「アジア印章史の研究と方法論と印章文化資源の国際化」

1．序言

2024 年 3 月 13 日、西泠印社藝術創研處から 2024 年甲辰の秋季雅集期間に、「大印学（3）—『篆刻学』学科建設與発展研討會—」が計画されていることが知らされ、「約稿函」が送付されてきたので、標記の題目で拙論を呈することにした。「印学とは何か」「篆刻学とは何か」、特に、日本における本来的な歴史性と芸術性を顧みるとともに、その相異を明らかにし、今後、両者のさらなる発展のために何が出来そうかを考えてみたいと思い、本稿を提示する。

2．印章への関心と「印学と篆刻学」の基本概念

筆者が「印章」に興味をもったきっかけは、高校生のときにみた一本の英国映画『アラビアのロレンス』（1962）という作品にある。主人公はイギリスの実在の考古学者 Thomas Edward Lawarence（1888-1935）であり、1911 年から 1914 年にかけて Leonard Woolley（1880 − 1960）と共に Carchemish で発掘調査をしていたことがある。その彼が第 1 次世界大戦中にイギリス政府からカイロに派遣され、アラビア人の対トルコ反乱を指導、アラブ独立運動を助成したが、戦後、イギリス政府がその約束を果さなかったので政界を去り、失意のうちにオートバイで事故死するという内容である。

筆者は映画に感動して、あれこれと T.E. ロレンスの著作を読むようになり、また Oxford 大学のアシュモリアン博物館館長であった D.G.Hogarth（1862 − 1927）の指示によってロレンスたちが

「ヒッタイトの印璽」を集めていたことなどを知った。そしてロレンス役を演じた London 在住の俳優 Peter O'toole 氏にもファンレターを書き、京都の立命館大学で考古学を専攻するようになった 1966 年に、氏から書信と署名入りの写真をいただくことになった（図1）。

　大学では「印璽学」という学問が存在することを知り、やがて D.G.Hogarth 氏による "Hittite Seals"（1920）なる原著にも遭遇し、Roller Seals（Cylinders）・Stamp Seals・Amulets & Pendants という分類や 336 点に及ぶ封泥を含めた蒐集資料、年代学、地域性、図版写真などが扱われていて、その内容の充実度に驚いたものである（図2）。

　ところでここで注意を喚起しておきたいのは「印璽学」或いは「印学」と「篆刻」に「学」を付してよいものだとした場合、その基本的な定義は何かいうことである。

　印学とは何か？　これは主として「世界のどこであるかを問わず、また官印であるか、私印であるかを問わず、世界の国々や民族や個々人の印章の歴史を扱う学問」である。それが歴史的扱いであるか、芸術的扱いであるかを問わず、オリエントの印章（メソポタミア・エジプト・インダス・アナトリア・シリア・イスラエル・アッシリア・バビロニア・メディア＝ペルシア・ギリシア・ローマの印章など）、シルクロードの印章、中国の印章、韓国の印章、日本の印章、ヨーロッパの印章など、それぞれ、政治・宗教・商業の各方面において、歴史性と芸術性を（今や未解読文字となったものを含めて）有している（図3）。このように「印璽学」や「印学」は広汎な意味を持つ。

　篆刻学とは何か？　「篆刻」を、たとえば諸橋轍次著『大漢和辞典』巻8（1968　大修館書店）

図1　イメージ（4996）　　　　　　図2　イメージ（4997）

図3　イメージ（4998）

などを調べていくならば、篆刻とは「篆文を刻すること」であり、「篆書」には大篆と小篆があり、「大篆は周の宣王の太史史籀の作、小篆は秦の丞相李斯の作」、「又、新の王莽の時、秦の八体書を改めて六書とした内に、篆書といっているのは小篆で、大篆は古文・奇字中に抱括されている」と解説されている。そして「篆」の項目を調べると「書体の名。鐘の周にめぐらした帯。印章」などの説明があり、「篆学」「篆款」「篆刻」「篆刻師」「篆字」「篆章」「篆書」「篆体」「篆銘」「篆隷」「篆軨」「篆愁君」などの用語が並ぶ。また『大漢和辞典』巻2（1968年）の「印」の項目を調べると「はん。印形。天子に璽といひ、臣に印といふ」などの説明があり、「印影」「印匣」「印鑑」「印刻師」「印曹」「印璽」「印章」「印綬」「印信」「印池」「印鈕」「印鋳局」「印泥」「印篆」「印肉」「印判師」「印譜」「印封」「印文」などの関連語が並ぶ。

　このことから見ていくならば、「篆刻」及びその学問である「篆刻学」の概念は、古代中国に淵源をもつ「漢語」の世界と密接な関係を有しており、世界的な規模をもつ「印璽学」「印学」の概念よりは相対的に限定された小さな世界ではある。

　とは言え、オリエント世界やその他の諸国や民族の多くの言語が、今や音読不能であったり、意味不明の忘れられた言語に変容して死語化してしまった現実と比較して見る時、中国が4000年の永きにわたる歴史を経た現在においても、歴史的に大きく機能するばかりではなく、連綿と続き保たれてきた文化の蓄積とその再生産のために果している役割にはきわめて大きなものがあり、未来を含め貴重な資産であることの認識は大切である。

　以上を要約すれば、「印璽学」や「印学」は「篆刻学」を包括する世界であり、いわば「印学部・篆刻学科」の関係を想定することができる。とは言え、「篆刻」を「篆刻学」にまで高めていくことは、それほど容易なことがらではない。

3．中国の印学と篆刻学―近現代史的序論―

　中国の印学史は約4000年にわたる長い歴史をもつ。ここでは、その印学史を顧み、篆刻を学問として整理し体系化しようとした近現代の研究者の業績を概観することから始めたい。

○鄧散木（1898 - 1963）の『篆刻学』（1978）

鄧散木は近代中国を代表する篆刻家・書家であり、1898年に江蘇省松江府上海県で生まれ、名は鉄、字は鈍鉄、号は糞翁、一足、室名に厠簡楼、三長両短之斎などを用いた。篆刻と書と詩文を得意とし、売書・売印の生活を営み、印文に風刺をこめた游印を多数、刻したとされる。晩年は北京に住み、著述や書に専念した。その代表的著作に『篆刻学』（1978）がある（図4）。

『篆刻学』は上編と下編とから成る。上編の第1章「述篆」の中では「文字之由来」「文字構成之因素」「篆書之演変」などが語られ、「演変」の中では商器銘文・周器銘文・三體石経（図5）、秦陽陵虎符（図6）、莽布・莽泉・魏正始三體石経（図7）などの種々の古器物の篆書が論じられる。

第2章「述印」の中では「官印」の歴史や「私印」の種類が扱われている。秦印、漢印、魏晋六朝印（蛮夷印を含む）の代表例を掲げておくと次のとおりである（図8）。

「印式」「印紐」への言及もあるが、龍・鳳・虎・螭・橐駝・辟邪・亀・壇などの印鈕は、明・清の印書からのスケッチ図からの転載であり、時代的制約もあってのことか、写真や実測図ほどの高い精度はもっていない（図9）。

第3章「別派」では、秦漢以来唐宋に至るまでの多数の刻者や鑿者のこと、元の吾丘衍のことなどにふれながら、明清の印人にも思いをいたしている。江蘇の人である文彭（1498 - 1573）、安徽の人である何震（～ 1626 ～）らに始まる篆刻諸派の系譜を皖派・浙派・鄧派などの流れで

図4　イメージ（4996）

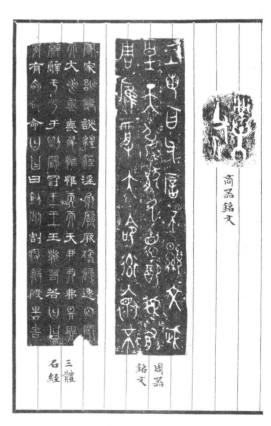

図5　イメージ（4997）

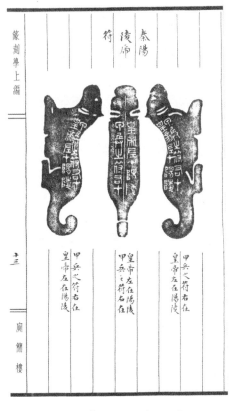

图6　イメージ（4998）

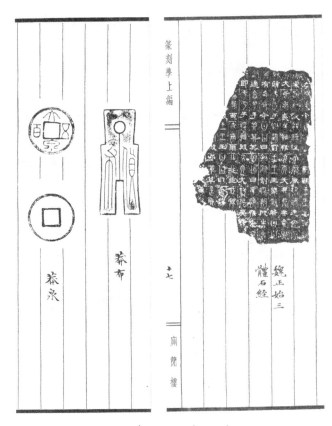

图7　イメージ（5002）

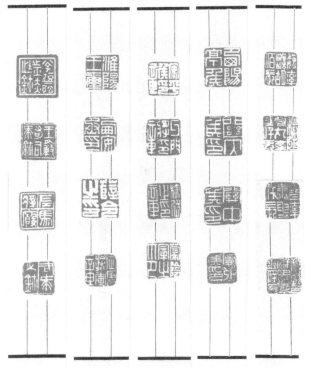

图8　イメージ（5003）

图9　イメージ（5004）

整理している（図10）。またその中の浙派に属する篆刻家たち（丁敬・黄易・奚岡・蒋仁・陳豫鍾・陳鴻壽・銭松ら）の作品を挙げるとすれば、次のようになる（図11）。

鄧散木の『篆刻学』下編は第1章「篆法」、第2章「章法」、第3章「刀法」、第4章「雑識」、第5章「参攷」から成るが、拙稿の本旨とは深く関わらないので紹介を省略する。

○沙孟海（1900-1992）の『印学史』（1984）：邦訳『篆刻の歴史と発展』（1988）

沙孟海は中国近現代の篆刻家・書家である。1900年に浙江省寧波府鄞県で生まれ、名は文瀚のちに文若と改名、石荒・沙邨・決明・蘭沙と号した。早年に馮君木に就いて中国古典文学を、1926年に呉昌碩について書法篆刻を学んだ。1929年に『近三百年的書学』や『印学概論』（東方雑誌・中国美術号）を発表、国立中山大学予科国文学教授、1949年に浙江大学中国文学部教授、1963年に浙江省美術学院書道・篆刻専門教授、1979年に西泠印社社長に就任し、1989年に中国美術学院終身教授となった。

著作には「沙孟海写書譜」「蘭沙館印式」などがあるが、ここでは『印学史』（1984）を紹介する。

『印学史』は先ほどの「印学概論」を基本にし、西泠印社の同人の奨めによって、青年のための学習資料にすべく、1963年に脱稿したのであるが、図版の収集配列のためにさらに20余年を要して、1984年に印刷となった。2017年には沙孟海著・陳振濂導読『印学史』が上海書画出版社から発行されている（図12）。目録を観れば解るとおり、上編は第1章「印章的起源」か

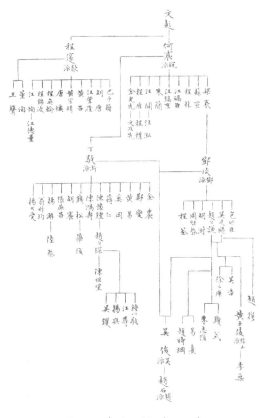

図10　イメージ（5005）

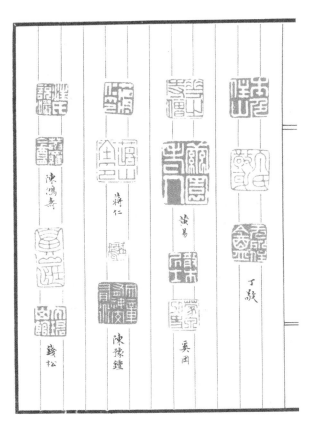

図11　イメージ（5006）

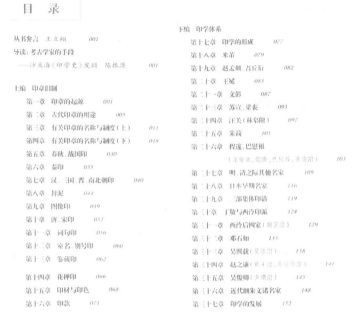

図12　イメージ（5007）　　　　　　　　図13　イメージ（5008）

ら第 16 章「印款」までの「印章旧制」、下編は第 17 章「印学的形成」から第 37 章「印学的発展」までの、全体 37 章から成り立っている（図 13）。陳振濂氏が「考古学家的手段—沙孟海《印学史》発微」の中で指摘されているように、官鋳官印の脈絡、文献の応用、刻印の祖、印譜鑒偽の問題など、史学方法論の基礎を常に意識しながら、研究の深化につとめていくことは、真の印学の発展のためには欠かせないことであろう。日本では 1988 年に『印学史』の邦訳版（中野遵・北川博邦共訳　東京堂出版）が出版されているが、書籍の表題は『篆刻の歴史と発展—印学史—』（図 14）と改変されており、「篆刻」の概念が「印学」の概念を凌駕するかのかたちになっているが、これは出版社の意図なのかもしれない。沙孟海の『印学史』とするのが、学問的には正統であろう。

　　○余正（1942 –　　）の「**印学研究分類簡略表**」『**篆刻家**』（1986）と『**浙派篆刻賞析**』（2015）

　　余正氏は現代の篆刻家であり、1942 年に生まれ、現在は杭州に住む西泠印社の理事である。社員になられたのが 1982 年のことだから、既に長老級の方なのであろう。彼の著書には『韓登安印存』（1995　西泠印社）、『禅海珍言刻石』（2006　中国芸術出版社）、『西泠百年印挙』（2006　浙江古籍出版社）、『浙派篆刻賞析』（2015　西泠印社）など（図 15）がある。

　　本稿で余正氏に注目するのには理由がある。それは 1986 年に中国書法家協会浙江分会刊行の『篆刻家』の中に、「印学研究分類簡略表」という「印学理論」と「印学史」と「篆刻美学」の関係を分析しようとした力作が見いだされるからである（図 16 左）。そしてこの考え方は、当時、日本の大東文化大学大学院の後期博士課程に在籍していた川内佑毅氏の『印学と印論研究』（2018）に影響を与え、「印学領域分類表」へと指向させている点で重要な視座のひとつである（図16 右）。このことは、本論文のテーマである「篆刻学科の建設構想」と密接に繋がっており、別の視座の補強が必要ではあるものの大切な問題提起をしていることはまちがいない。

図14　イメージ（5009）

図15　イメージ（5010）

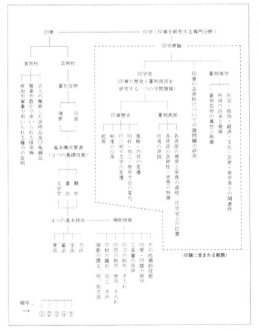

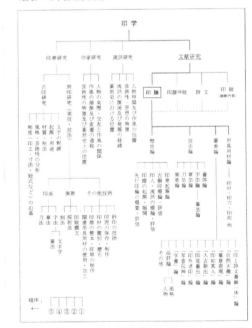

図16　イメージ（5011）

4．日本の印学と篆刻学―近世～近現代史的序論―

日本の印章史は後漢時代の光武帝による金印紫綬「漢委奴国王」（57）の下賜に始まり、飛鳥・奈良時代の律令国家の官印・私印時代を経て、約2000年の歴史を有する。とは言え、印章や篆刻が学問の対象となってくるのは、比較的新しい時代のことであり、それは主として、江戸時代以降のことであると考えてよい。

○江戸時代の印学―藤貞幹の『公私古印譜』（1773）・松平定信の『集古十種』（1800）・穂井田忠友の『埋麝発香』（1840）・長谷川延年の『博愛堂集古印譜』（1857）

江戸時代の印学については、拙著『日本印章史の研究』（2004）や『はんこ』（2016）の中ですでにふれているとおりである。藤原貞幹（1732 － 1797）の『公私古印譜』（1773；1887）や松平定信（1758 － 1829）の『集古十種』印章部（1800；1908）、穂井田忠友（1792 － 1847）の『埋麝発香』印章部（1840）や長谷川延年（1803 － 1887）の『博愛堂集古印譜』（1857；1985）などが有名である。

詳説することは繰り返さないが、藤貞幹は『公私古印譜』発刊後に筑前国（福岡県）志賀島で発見された「漢委奴国王」金印に対して、我が国で初めて「委奴＝怡土＝伊覩＝伊都国説」を天明4年（1784）に提示し、寛政8年（1796）にも『好古日録』の中で「委奴＝伊都国説」を強調している（図17上）。また穂井田忠友は『埋麝発香』篇目の中で「印章部」を立て（図17下）、古印の風格をもっとも精度高く伝える模古印譜を作成した点で高く評価されてよい。そして、藤氏・松平氏・穂井田氏による「律令官印」の印章資料（「尾張国印」「紀伊国印」「山城国印」）の模写精度を比較すべく、また長谷川延年による「博愛堂集古印譜」で採りあげられた「外国印」（「明州之印」「台州之印」「帰州之印」）をまとめあげたものが、拙著『はんこ』に掲載した資料である（図18）。

江戸時代の印学を概観したので、次に明治時代以降の篆刻学にすすんでいこう。

○石井雙石（1873–1971）の『篆刻指南』（1926）と『篆書指南』（1939）

石井雙石は明治6年（1873）に千葉県四

藤貞幹「漢委奴国王印」（『好古日録』より）

穂井田忠友『埋麝発香』篇目

図17　イメージ（5012）

天木に生まれ、昭和46年（1971）に没した、明治・大正・昭和時代にかけての日本の代表的な篆刻家・書家である。幼名は石松、長じて碩と改名、雙石と号したが、元々は軍人であった。16歳で上京、陸軍に入隊し、日清戦争（1894）や日露戦争（1904）に従軍した。明治39年（1906）、近衛連隊准尉の時に、日本新聞主催の篆刻作品展に応募して2席になったことを契機に、翌年、34歳の時に五世浜村蔵六（1866 − 1909）入門、2年後に師匠病没のあとは河井荃盧（1871 − 1945）に師事した。明治44年（1911）に太田夢庵（1881 − 1967）らとともに長思印会を結成、篆刻専門誌「彫蟲」を創刊、昭和18年（1933）まで33年間、月刊で341集まで刊行し続けた。戦後、東京に移住し日展に参画し、審査委員・参事・評議委員を歴任、昭和38年（1963）に紫綬褒章、昭和40年（1965）に勲四等旭日小綬章を授与された。文部省印、東京大学印、最高裁判所印、警視庁印、明治神宮朱印、千葉県知事印等を刻する栄誉にも恵まれた。最晩年は、埼玉県東松山市に移住し、99歳の生涯を終えた。

　石井雙石の著作としては『篆刻指南』（1936；1968）や『篆書指南』（1939；1964）や『篆などが著名である。

　『篆刻指南』（図19）は第1編「篆刻手引」、第2編「篆刻入門」、第3編「治印雑説」、第4編「用刀及工具」を論じている。特に第2編の第1章「識印」の中で、周秦時期の古鉨・秦印、漢魏六朝期の官印・私印・雑印、隋唐以来時期の官印・雑印を、通史的に顧みているのは一歩の前進である。図20には周秦時期の官鉨（左）と官印（右）、図21には王璽と侯印（左）と尉印（右）、図22には丞印・令印（左）と長印・司馬印（右）を掲げてみた。字形の分類や鈕式による配列にまでは至っていないが、職官別の分類を志したことは当時の篆刻学としてはきわめて進歩的である。また第3編の

図18　イメージ（5013）

図19　イメージ（5014）

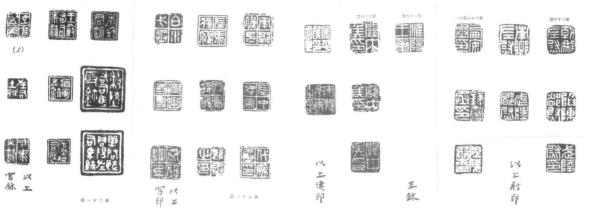

図20　イメージ（5015）　　　　　　　図21　イメージ（5016）

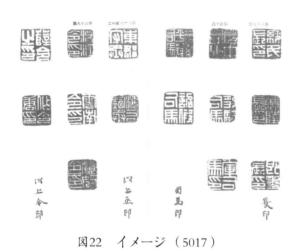

図22　イメージ（5017）

中で、印学の淵源や印の制度、印の格律、印面文字に言及しているのも、篆刻の本質に迫っていくのに必須の前提なので、未だ、平面的研究法が主流ではあるものの、高く評価できる。

　『篆書指南』（図23）は第1編「篆書の手引」（総説・実習）、第2編「篆書の種類」（篆書の区別・各体の手本及び解釈）、第3編「参考書」（研究に必要なる書籍・古人の筆跡）などから成り立っている。筆者が特に関心を寄せるのは第1編「篆書の手引」中の第2章「実習」の中で論じられている、「雑篆」である。石井氏によれば、唐人は復古ということに関心があり、以降に登場してくる龍書・穂書・雲書・亀書などと呼ばれるものには、漢字の本来の起源を究めない謬妄の造作篆書が多く、中国の謬妄の三十二体（図24）や日本の関思恭による八体古文

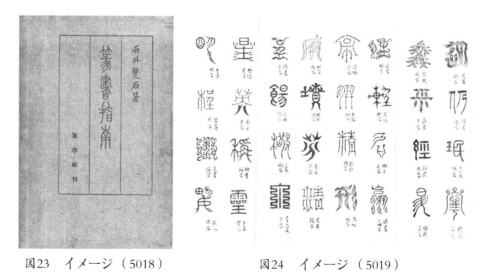

図23　イメージ（5018）　　　　図24　イメージ（5019）

（図25、図26）の模倣を忌避するように警告を発している。有名な「梧竹篆の解剖」を行ない、それを出鱈目篆書と断定し、邪道であると斥けた。篆刻を篆刻学に高めていくための、学術的研鑽の必要を唱道していて興味深い。

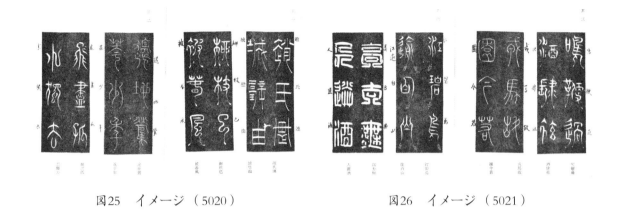

図25　イメージ（5020）　　　　図26　イメージ（5021）

　　今日においても、篆刻の学術的基本を学ばずして、布字の基本設計に入り、大胆に、しかも杜撰な仕方で「芸術」と称して実施設計に入っていく自称「篆刻家」が、内外に少なくないことは、痛ましく、なおかつ嘆かわしい限りである。これは「篆刻師匠の責任」でもある。

○中田勇次郎（1905 – 1998）の『日本の篆刻』（1966）と『書道全集』別巻Ⅰ・Ⅱ（1968）

　　日本の篆刻を学術的にとらえていこうとする場合、中田勇次郎の業績も重要である。中田勇次郎は、明治38年（1905）に京都に生まれ、京都帝国大学文学部を卒業後、大学院に進んだ。日本の文学者であり、専門は書道史・中国文学である。1941年に大谷大学教授となり、1954年に京都市立芸術大学学生部長、1963年に学長となった。1976年に勲三等瑞宝章を授与され、1987年に京都にある文字文化研究所所長に就任、1997年に名誉会長となり、理事長・所長を高弟白川静（1910 – 2006）に譲った。平成10年(1998)に逝去。主な著書に『日本の篆刻』(1966)、『書道全集』別巻Ⅰ・別巻Ⅱ（1968）、『日本書道の系譜』(1970)、『中国墓誌精華』（1975）などがある。

　　中田勇次郎の1966年に二玄社から出版された『日本の篆刻』（図27）の中に、論文「日本篆刻史」が収められているが、その「目次」をみると解るように、彼は「日本篆刻史」を江戸時代から始めており、内容的には「独立と心越の渡来」「初期江戸派」「初期浪華派」「長崎派」「京都方面における今体派の諸名家」「高芙蓉」「高芙蓉の交友」「高芙蓉の門弟」「地方における高芙蓉の門流」「水戸の

図27　イメージ（5022）

図28　イメージ（5023）

篆刻家」「文人学者の篆刻」「江戸末期の新風」へと言及し、次の明治・大正時代へと繋いでいる（図28）。

『日本の篆刻』のあと、中田勇次郎は大庭脩（1927－2002）や水田紀久（1926－2016）らとともに『書道全集』別巻Ⅰ「印譜　中国」と『書道全集』別巻Ⅱ「印譜　日本」を1968年に平凡社から刊行する。

「印譜」中国においては、文彭（1498－1573）、何震（～1626～）らに始まる15世紀から20世紀にわたる中国の篆刻家（印人）たちが紹介されている（図29）。文彭の「琴罷倚松玩鶴」（図30の1段目）、何震の「雲中白鶴」「聴鸝深處」（図30の2段目）、徐三庚の「桃李書屋」（図30の3段目）、趙之謙の「何傳洙印」（図30の4段目左）、呉昌碩の「平湖葛昌枌之章」（図30の4段目右）などが掲載されている。

「印譜　日本」においては、明国浙江の人であった独立（1596－1672）、心越（1639－1695）をはじめとして、羽倉可亭（1799－1887）、河井荃廬（1871－1945）らにいたる16世紀から20世紀にわたる日本の篆刻家（印人）たちが紹介されている（図31）。独立の「遺世独立」（図32の1段目左）、心越の「東明枕漱石　長嘯臥煙霞」（図32の1段目中）、羽倉可亭の「萬物之逆旅」（図32の1段目右）、中村水竹の「三百六旬无所得」（図32の2段目左）、安部井櫟堂の「烟霞泉石臣」（図32の2段目中）、小曾根乾堂の「光勝之印」（図

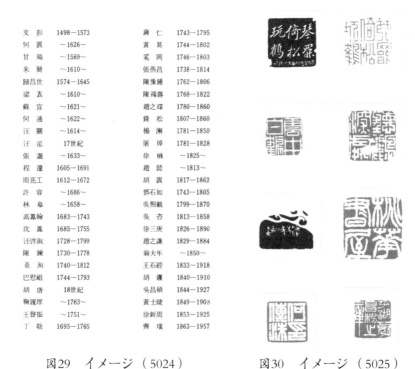

図29　イメージ（5024）　　　　　図30　イメージ（5025）

獨 立	1596—1672	徐 延年	1746—1819	阿部縑州	1794—1854頃
心 越	1639—1695	田中良庵	1747—1802	細川林谷	1782—1842
榊原篁洲	1655—1706	杜 澂	1748—1816	細川林齋	1815—1873
細井廣澤	1658—1735	藪星池	1748—1816	十河節堂	1795—1860
池永一峯	1665—1737	杜俊民	1754—1820	林十江	1777—1813
三井親和	1700—1782	稻毛屋山	1755—1823	立原杏所	1785—1840
永井昌玄	～1751—1763	赤松眉公	1757—1808	吳北渚	1798—1863
柳 里恭	1704—1758	二村梅山	1759—1835	行德玉江	1828—1901
新興蒙所	1687—1755	源 惟良	—1796—	長谷川延年	1803—1887
佚 山	1702—1778	森川竹窓	1763—1830	田邊玄々	1796—1858
甲東白	1715—1780	賴春水	1746—1816	羽倉可亭	1799—1887
都賀庭鐘	1718—1794?	賴杏坪	1756—1834	賴立齋	1803—1863
殿 亞岱	～1740—1782～	賴山陽	1780—1832	中村水竹	1807—1872
源 伯民	1712—1793	初世 濱村藏六	1735—1794	山本竹雲	1820—1888
逾陶齋	1713—1786	二世 濱村藏六	1772—1819	安部井櫟堂	1808—1883
終 南	1711—1767	三世 濱村藏六	1791—1843	篠田芥津	1827—1902
悟 心	1713—1785	四世 濱村藏六	1826—1895	小曾根乾堂	1828—1885
林煥章	—1753—	五世 濱村藏六	1866—1909	山本拜石	1830—1912
高芙蓉	1722—1784	益田勤齋	1764—1833	中村敬所	1831—1909
池大雅	1723—1776	益田遇所	1797—1860	圓山大迂	1838—1916
木村巽齋	1736—1802	益田香遠	1836—1921	中村蘭臺	1856—1915
甘之唯	1738—1797	曾根寸齋	1798—1852	山田寒山	1856—1918
葛子琴	1739—1784	小俣蠖庵	1765—1837	桑名鐵城	1864—1938
前川虚舟	～1777—1813	三雲仙嘯	1769—1844	河井荃廬	1871—1945
紀 止	—1791	壬生水石	1790—1871		
菅南溟	—1796	阿部良山	1773—1821		

図31　イメージ（5026）　　　　　　　　図32　イメージ（5027）

32の2段目右）、中井敬所の「閒情似野鶴」（図32の3段目左）、益田香遠の「貴氣高情便有餘」（図32の3段目中）、円山大迂の「竹添光鴻之章」（図32の3段目右）、中村蘭臺の「人生適意即吾天」（図32の4段目左）、桑名鐵城の「雪山道人」（図32の4段目中）、河井荃廬の「畫沙」（図32の4段目右）などが掲載されている。

このように、中田勇次郎の見識では「日本の篆刻」は、中国からの影響のもと、その主たる流れは江戸時代に始まるとの見解を顧みてきた次第である。

5．日本の江戸時代以降の印学・篆刻学関連文献

そこで次にみておきたいのは、江戸時代以降の印学・篆刻学関連文献の実態である。いったいどのような貴重な文献が継承されてきているのか、その代表的な類例を顧みておきたい。先ほど紹介した中田勇次郎の『日本の篆刻』の末尾に、水田紀久編「日本印籍年表」が付されているが、そこに記されているものに注目しながら、若いころから筆者が意識して蒐集してきた錫安印章文化研究所蔵本を含め、代表的な典籍を紹介していきたく思う。

《江戸時代》

○玉井富紀『群印宝鑑』〔和漢印尽〕（万治2年＝1659）

「温故知新」で始まる本書は、「上巻：唐絵上筆」「中巻：唐絵中筆」「下巻：日本絵」からなる。序末に江戸時代の「万治二禩仲夏朔日」（1659）の紀年があり（図33）、日本発行の印籍として

はかなり古い部類に属する。頁をめくり、「唐絵上筆」を見ていくと、「徽宗皇帝」に始まり、「僧牧渓」などを経て、「陸青」に至るまでの図像や印影が収められている（図 34）が、そこに見いだされる篆文は、いずれも稚拙で洗練されていない印象をうける。

○吾丘衍『学古編』（寛保3年＝1743）

吾丘衍（1272－1311）は魯郡出身の元代初期の金石学家である。中国最初の篆刻理論書を著わした人物として著名である。『学古編』（図 35）は目録三十五挙・合用文集品目・附録などから成り立っているが、訓点付の和刻本は江戸時代の寛保 3 年（1743）に唐本屋宗兵衛や山田屋三郎兵衛らによって同梓されている（図 36）。

○陳策『韻府古篆彙選』（康熙11年＝1672；元禄10年＝1677）

陳策纂輯の『韻府古篆彙選』は清の康熙帝の 11 年（1672）に公刊され、和刻本は元禄 10 年（1677）に刊行されている。京都の柳枝軒書舗から出されているが、そこには、瓢箪型の「彰考館」の蔵書印が押されている（図 37）。彰考館は、もともと水戸藩主であった徳川光圀が設立した『大日本史』の編纂所であったが、1657 年から江戸駒込別邸内に史局を設け編纂を開始、1672 年に史局を小石川の本邸に移して「彰考館」と命名した。のちに水戸に移転、修史事業のほか、経書

 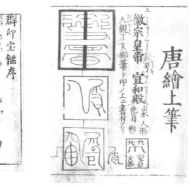 

図33　イメージ（5028）　　　　図34　イメージ（5029）

  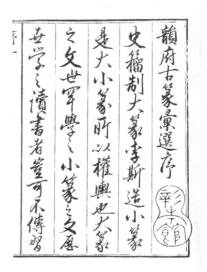

図35　イメージ（5030）　　図36　イメージ（5031）　　図37　イメージ（5032）

の講義を行なった。刊行後、時を経ずして、『韻府古篆彙選』を入手して研究に勤しみ、学問的探究への熱心さがうかがい知れる。その大篆・鼎文などの字形（図38）は、先の『群印宝鑑』などとは大いに異なり、文字としての風格を備えてきている。

○秦駢『六書通』〔集古印篆〕（ 安永4年 = 1775 ）

秦駢編『六書通』という書物がある。家蔵本は安永4年（1775）のもので、表紙には『六書通』とあるが、本編は「集古印篆　巻1」で始まっており、著者のところには「大阪　秦駢　自鞭甫校」となっている。印章や印書からの典拠も示されていて興味深い（図39）。字形の新旧などについての言及はなく、現在も同様であるが、たとえば「之」字の新旧などは混淆したままである（図40）。書林については東武では日本橋の小川彦九郎、堀江町の膳所理兵衛、大阪では心斎橋の良埜六兵衛、柳原喜兵衛、高麗橋の浅野弥兵衛などの名前が刻されている（図41）。

そのほか、木母馨の『石印集義』〔鉄筆集宜〕（文政3年＝1820；図42）や曽根寸斎の『古今印例』（嘉永2年＝1849；図43）なども、江戸時代に所属する資料として忘れてはならない。

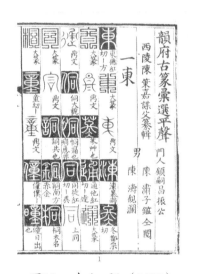

図38　イメージ（5033）

図39　イメージ（5034）

図40　イメージ（5035）

図41　イメージ（5036）

図42　イメージ（5037）

図43　イメージ（5038）

《明治時代》

○福岡孝弟の『印譜辨妄』（明治32年 = 1899）

福岡孝弟（1835 － 1919）は土佐藩（高知県）出身で、同じく土佐の後藤象二郎（1838 － 1897）らと、江戸時代の最後の将軍である徳川慶喜に大政奉還を建議、明治維新以後、参与となり、「五箇条の誓文」の起草に参画、1875 年に元老院議官となり、1885 年に宮中顧問官、1888 年に枢密顧問官などを歴任した。彼の著作の中に『印譜弁妄』（1899）がある（図 44）。その中の『辨妄餘言』の中に「観書の為に観印を忽にするは斯道の通弊なり。先輩往往某の有印の畫を鑑して他の某の畫なりと定むるものあり」（図 45 左）として、「江戸時代以来の木版による書画落款印譜には、印面の文字の誤読や字様の誤写による杜撰な印影が少なくない」「有印の画を鑑定しながら印章に対する注意を欠いたために、作者を誤まった例が少なくない」ことに注意を喚起している。その実例として、「三代光琳」と称された何帠（加賀の人で、名前を立徳、太青と称し、何帠・鶴岡・金牛道人と号した）の作品が、尾形光琳（1658 － 1716）の円印「方祝」を襲用していたために、その円印の上下に「何帠」「太青」の落款が押捺されているにも拘らず、光琳旧蔵の「方祝」印にのみ囚われて、尾形光琳の作品として誤読判定されたという事実を採りあげている（図 45 右）。この点については、吉木文平氏による『印章綜説』（1971 技報堂）の「8. 印章と文献」を参照されたい。

○中井敬所の『皇朝印典』（明治44年 = 1911）

中井敬所（1831 - 1909）は、江戸に生まれ、名は兼之、字は資同、敬所と号した。三世浜村蔵六（1791 － 1843）のあと、益田遇所（1797 － 1860）に師事、遇所の推挙で、19 歳の時に林大学頭に入門、同年、将軍家の花押銅印三面を刻している。嘉永 5 年（1852）に 22 歳で幕府の御飾師棟梁であった中井肥後守由路の養子となって由緒ある鋳金家の家系でもあった中井

図44 イメージ（5039）

図45 イメージ（5040）

家を継いだこともあり、幕命により、国璽を数々刻した。37歳の時に明治維新に遭遇してからは幕府の公職を離れ、静岡に移住、廃藩後、再び帰京、印学と篆刻に励んだ。明治9年（1876）に「印譜略目」の原稿を完成、明治13年（1880）には宮内省から御璽（紅玉・紫晶・水晶）3顆の彫鐫を命じられ、その実績が評価されて、明治23年（1890）には第3回内国勧業博覧会審査官、全国宝物取調局臨時調査員、同監査掛、帝国博物館監査掛等を経て、明治39年（1906）に、帝室技芸員に選ばれた。彼の業績を総括すれば、東京国立博物館の樋口秀雄氏が『日本の篆刻』の中の論文「明治の篆刻界における中井敬所の事蹟」で述べたように、印学全般、金石書画の鑑定にも随い、篆刻作家として名家秘蔵の中国印譜を渉猟し、印譜考略正続、日本印人の評伝を集成した日本印人傳を完成し、日本古印の研究に終生情熱を傾け、皇朝印典、日本古印大成、鑑古集影、皇朝鋳匠録などの稿本をまとめ、明治篆刻界の長老、指導者として君臨したということになろう。敬所は明治42年（1909）に亡くなったが、死後に刊行された書物に『皇朝印典』『續印譜考略』『日本印人傳』などがあるが、ここでは明治44年に刊行された『皇朝印典』（図46）とその中の「鋳造法」「改鋳式」「印文字様」の部分（図47）を掲載しておく。なお、貴重な中井敬所による蒐集遺品類については、東京国立博物館に収蔵されているので関心のある方は参考にされたい。

図46　イメージ（5041）

図47　イメージ（5042）

《大正時代》

○岡村梅軒・河井荃廬らによる『芙蓉軒私印譜』（大正2年＝1913）

　高芙蓉（1722－1784）は江戸時代中期の儒学者・篆刻家であり、日本では「印聖」と呼ばれることがある。苗字の高は、出身地である甲斐国の高梨郡に因んで自ら名乗ったもので、本来は大嶋である。名は孟彪、字は孺皮、号は芙蓉、本姓が源であることから、源孟彪と称することもあった。京都に出て、有職故実を習い、考古（好古）家であった藤貞幹（1732－1797）らと親しく交わった。特に篆刻において、その才能が開花し、帰化僧心越のもたらした「今体派」のみならず、蘇宣（1553－1626）の『蘇氏印略』や甘暘（生没年不明）の『印正』などを模刻したり、注を付したりして、秦漢の源流へと遡り、「古体派」を目指した。

　本書『芙蓉軒私印譜』は高芙蓉の亡くなった翌年に発行された、天明 5 年（1785）序刊本の影印である（図 48）。表紙をめくると、近世写生画の祖と言われる円山応挙（1733 － 1795）による乙巳年（1785）の高芙蓉の肖像画があり、かつ現代も「芙蓉山房私印譜」（図 49）であることが解る。その印影の一部を紹介すると、石印のみならず、銅印亀鈕（図 50 左）や銅印連環鈕や錫印鼻鈕（図 50 右）など、当時の篆刻家たちが、鋳造印の制作にも熱心であったことがうかがい知られるのである。本書は「印聖芙蓉先生没後百三十年、大正二年」の紀念的な刊行であり、発行部数は僅かに 200 部、中心となった後学たちが、岡村梅軒・足立疇邨・岡本椿所・山田寒山・蘆野楠山・河井荃廬たちであったことを明らかにしている（図 51）。後年、日本で篆刻家初の文化勲章受章者となり、また西泠印社名誉副社長ともなられた小林斗盦氏（1916 － 2007）が『近世二百年高芙蓉記念展図録』（1985 年　日展作家展事務局）を発刊、同様に深い追悼と敬慕の念をあらわしておられる。

　そのほか、江戸時代の越後の人で京都に住んで医業を本業としながら『印章備正』を著述し講義していた富益斎（名は鴻、字は公範）が、文政 5 年（1822）になくなった後、その稿本が東京の山田寒山（1856 － 1918）の所蔵するところとなり、このまま秘籍とするには忍びないとして、校訂し出版したのが本書『印章備正』（大正 2 年＝ 1913）である（図 52）。内容は「巻一　古体印説」「巻二　字法上」「巻三　字法下」「巻四　文法」「巻五　制度上　印式」「巻六　制度下　鐫製」「巻七　今体印令」などから成る。

　陳克恕・近藤元粋の『篆刻鍼度』（大正 9 年＝ 1920）も重要である。もともとは浙江省海寧の人である陳克恕（1741 － 1809）が、乾隆 43 年（1748）に北京に赴いた時に、鉄筆に従事するものが多いにも拘らず、篆学に造詣の深い者があまりにも少ないのを知って、この書を執筆し、乾隆 51 年（1786）に出版する予定としていたが、不幸にも版木が烏有に帰し、永く絶版の状態が続

図48　イメージ（5043）

図49　イメージ（5044）

 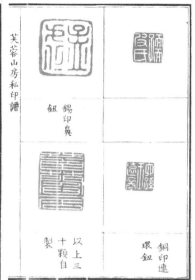

図50　イメージ（5045）

図51　イメージ（5046）

図52　イメージ（5047）

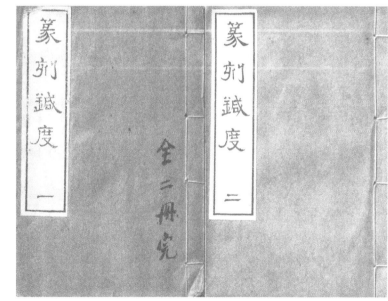

図53　イメージ（5048）

いていた。光緒 3 年（1877）に浙江省仁和の人であった葛理斎が復版している。日本では明治
31 年（1898）に、伊予（愛媛）の人である近藤元粋によって、活字版・縮刷 2 冊として刊行され
た（図 53）。

《昭和時代》

○郡司楳所の『皇朝印史』（昭和9年＝1934）

　郡司楳所（1866 － 1934）は先に述べた岡村梅軒や岡本椿所らと共に、中井敬所の門下で
あった。昭和 9 年（1934）に『皇朝印史』を出版し、日本の印章史を「印章の称呼」から書き

起こし、「上古より藤原氏時代」「院政時代以後南北朝時代」「足利氏より豊臣氏の時代」「徳川氏時代」の順序で、通史的に論じ始めた点で画期的であった（図54）。昭和16年（1941）に考古学者であった篠崎四郎が『大和古印』を著わして、現存する日本古印について考察を深め始めたことも、学史上、忘れてはならないことがらである。

○小野則秋の『日本蔵書印考』（昭和18年＝1943）

最後にもうひとつ紹介しておきたいのは、小野則秋（1906 − 1987）による『日本蔵書印考』（図55）である。文部省検定中等教員資格を取得後、同志社大学図書館館長補を務め、図書館研究会理事も務めた。本書は昭和18年（1943）に出版されているが、それまであまり注目されていなかった蔵書印に注目して研究を深めた点で先駆的な業績であった。前編に「蔵書印の種々相」、後編に「古今蔵書印一覧」がまとめられており、興味深い。参考までに「第1図　古き蔵書印」「第2図　大名の蔵書印」（図56）、「第4図　公家の蔵書印」「第9図　寺院の蔵書印」（図

図54　イメージ（5049）

図55　イメージ（5051）

図56　イメージ（5050）

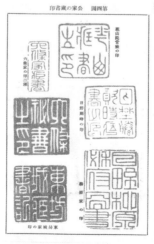

図57　イメージ（5052）

57）を掲げておく。

　　以上、日本の江戸時代以降の、明治・大正・昭和にいたる、印学及び篆刻学に関連する文献を採りあげてみた。

６．印章の鋳金学的研究、古文書学的・法制史学的研究及び実物古印の集成的研究

　　印章史や篆刻史を調べていくと、古来、日本には西暦１世紀以降、中国の官印（漢委奴国王、親魏倭王・魏率善倭中郎将・魏率善倭校尉、安東将軍章・平西〔東〕将軍章・征虜将軍章・冠軍将軍章・輔国将軍章、遣唐使印、管軍総把印、日本国王之印）や私印、波斯系ソグド人による「RYS（頭）MYN（諸国民）」アラム語印などの流入が知られている。

　　その印章の材質は金・銀・銅・錫・鉛・鉄などの金属質のもの、玉・水晶・瑪瑙・松石〔トルコ石〕・滑石・蝋石などの鉱物質のもの、陶器・磁気・瓦・硝子などの陶磁質のもの、琥珀・牙・角・骨・貝殻などの動物質のもの、香木・黄楊・梅・竹根などの植物質のものなど様々であるが、現在の篆刻界は石印が主流である。先ほどの『篆刻鍼度』も「巻8　選石」の中で「青田凍石　封門石　大松石　寿山石　昌化石」など、多数の石印材を挙げている。

　　「日本の篆刻は本格的には江戸時代以降に始まる」ということであったが、それは元末以降に会稽の人であった王冕（1335 - 1407）が青田蝋石の一種とされる「花乳石」を用いて印を彫ったということと無縁ではなかろう。

　　江戸初期の印判師は、おおよそ大名のお抱えで、身分的には、士農工商の工部に属する技能者として待遇され、刀剣師などと同様、苗字帯刀も許された好身分の職掌であったが、江戸幕府が行政上の必要性から「五人組制度や宗門改役の設置」を設けて、「印判」の需要が高まって、それまで京都三条あたりに住んでいた印判師たちが江戸に多く降った旨の記録も残されている。印判師は庶民を顧客とするようになり、篆刻家は幕閣、大名などの雅印を刻するように二極化するようになっていったが、篆刻家たちも次第に民間の需要にこたえるようになっていった。

　　印判師については、元禄３年（1690）の『人倫訓蒙図彙』（著者未詳、画は蒔絵師源三郎）という書物の中に「印判師　水牛をもってこれを作る」とあり、「印判を（水牛などの印材に）彫り、印判を売ることを業とする人たちが増えていった」ことが明らかになり、実際に印判所の看板なども伝存されている（後述の拙著『はんこ』参照）。

　　以下においては、江戸時代以降の、武家や公家と関わった代表的な篆刻家たちを紹介する。

　　益田遇所（1797 - 1860）は安政２年（1855）に幕命により官印２種を刻して称され、その長子である益田香遠（1836 - 1921）は安政４年（1857）に銀印「経文緯武」を作成、これらは14代将軍徳川家茂の時の「日米修好通商条約批准書」（1859）や15代将軍徳川慶喜の時の「日本国丁抹就航通商及航海条約批准書」（1867）の際に用いられている（図58）。

　　また京都伏見の稲荷神社の祠官であった羽倉可亭（1799 - 1887）は御璽6顆や多くの諸親王印章を刻した。

図58　イメージ（5053）

京都の人で近衛家に仕えた中村水竹（1807 − 1872）は孝明天皇の安政 3 年（1856）に御府之印、御璽、元治元年（1864）に徳川家茂将軍印、明治直前の慶応 3 年（1867）には天位永昌、御名の璽、永の3顆を刻し、大日本国璽も刻した。明治元年（1868）に印司に任ぜられ、多くの諸官印を刻んだ。著書に『北游記』がある。

安部井櫟堂（1808 − 1883）は近江の出身であるが、京都に出て、篆刻で家をなした。孝明天皇の水晶の御璽を刻し、明治元年に印司を任じられ、明治 7 年（1874）に大日本国璽および天皇御璽の金印を完成し、名声を全国に拡げた。

初代秦蔵六（1823 − 1890）は、山城の雲ケ畑より出て、鋳金の技を研究し、孝明天皇の勅を奉じて御印を鋳造し、また慶応 3 年（1867）には徳川慶喜公の嘱により「征夷大将軍」黄金印を鋳成し、明治 6 年（1873）には宮内省の命を受けて、宮城内にて鶏頭鈕にして鳳龍を鏤刻せる黄金印「天皇御璽」並びに「大日本国璽」を完成させて、その謹作の栄誉をうけたことでも著名である。

小曾根乾堂（1828 − 1885）は長崎の人で、篆刻は大城石農（〜 1831 〜）に学んだ。「興到らざれば即ち刻せず、材佳ならざれば即ち刻せず、書匠畫工のためには即ち刻せず」は有名な発言である。明治 4 年（1871）に石材に国璽を刻し、全権大使である伊達宗城（1818 − 1892）に従って、清国との通商条約に与った。

中井敬所（1831 − 1909）は、先述のとおり。江戸の生まれで、益田遇所に師事。鋳金家であった中井家に入り、明治 13 年（1880）に宮内省から御璽3顆（紅玉・紫昌・水晶）の制作を委嘱され、76 歳にして帝室技芸員となる。『皇朝印典』『日本古印大成』『皇朝鋳匠録』などは重要文献である。

圓山大迂（1838 − 1916）は名古屋の醸造家に生まれ、13 歳で京都に上り、貫名海屋の門に入る。明治 11 年（1878）に清国へ渡り、徐三庚・楊峴らに師事する。両刃の刀を用いることを学んで帰国、清朝篆刻法を伝える。主な著書に『篆刻思源』（1899）がある。

桑名鉄城（1864 − 1938）は富山の人。明治 25 年（1892）に京都に移り、3 年後に台湾総督府の印を刻すことを命じられた。明治 30 年（1897）には清国に渡り、趙之謙、徐三庚、呉昌碩らの刻法を学んで帰国した。印譜に『天香閣印存』（1914）がある。

河井荃廬（1871 − 1945 は京都の生まれで、篠田芥津（1827 − 1902）より篆刻を学んだ。明治 33 年（1900）に渡清し、呉昌碩らから学び、帰朝後は東京に住んだ。金石学や文字学や書画の鑑識にも通じ、近代の印壇中、最も傑出した人物として高く評価されている。昭和 20 年（1945）3 月 10 日の東京空襲で戦災を受け、収蔵する珍籍書画と運命を共にした。初期の数少ない西泠印社社員でもあった。彼は満州国皇帝の印を刻することを拒絶している。

このように江戸時代以降の印学及び篆刻学の実践は、公家や将軍たちに連なる篆刻家たちと庶民を対象とする多数の印判師から成り立っていることを見てきたのであるが、ここに至って、印学と篆刻学の綜合的発展のために、視座を変えて、さらに見ておきたい分野がある。そのひとつは鋳金学的研究という分野である。

【鋳金学的研究】

今までみてきたとおり、石印材に「篆書」を刻み続けることだけが、篆刻なのではない。「篆書」を鋳造することも「篆刻学」の一環の中にあり、広い意味での「印学」に包括される。その代表的な研究は香取秀真（1874 － 1954）によるものである。

○香取秀真の『金工史談』（1941　櫻書房）『日本の鋳金』（1942　三笠書房）『續金工史談』（1943　櫻書房）

香取秀真は日本の鋳金工芸作家であると同時に歌人でもある。学問としての金工史を確立し、日本における美術工芸家として初の文化勲章を受章。東京美術学校教授であり、芸術院会員であり、帝室博物館技芸員、国宝保存常務委員、文化財審議会専門委員などを歴任した。彼の代表的著作には昭和 16 年の『金工史談』(1941　櫻書房:図 59) があり､その構成は「概説」「銘文」「各説」「作家」「朝鮮及中国」などから成り立っており、「概説」中の「正倉院の金工に就て」のなかでは「正倉院文書に捺されたる古印に就て」といった、実際に古物にふれた深い考察が横たわっている（図 60）。昭和 17 年の『日本の鋳金』（1942　三笠書房）の中でも「採集と和鏡の研究」の中で、三村竹清氏らの「絲印」蒐集のことと真贋の問題についてふれている。昭和 18 年の『續金工史談』（1943　櫻書房：図 61）の中には「銅印鋳造法に就て」なる論考があり、「鋳印」「印面」「我国の銅印」という順序で、肥前・江州・伊勢崎などの「近世の銅印」事例や「焼印師作

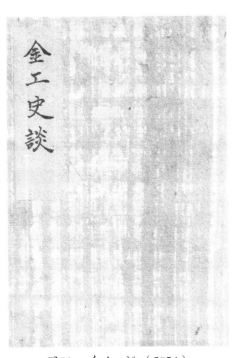

図59　イメージ（5054）

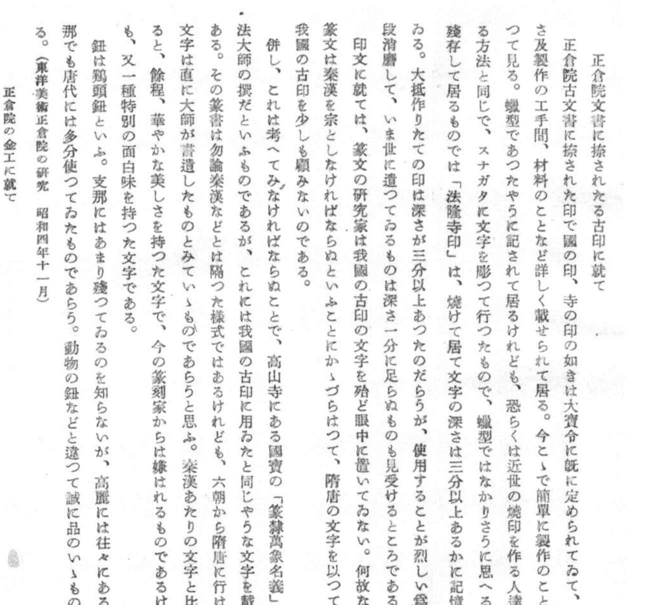

正倉院文書に捺されたる古印に就て

正倉院古文書に捺された印で國の印、寺の印の如きは大寶令に既に定められてゐて、大きさ及製作の工手間、材料のことなど詳しく載せられて居る。今こゝで簡單に製作のことを云つて見る。蠟型であつたやうに記されて居るけれども、恐らくは近世の焼印を作る人達のやる方法と同じで、スナガタに文字を彫つて行つたもので、蠟型ではなかりさうに思へる。今殘存して居るものでは「法隆寺印」は、焼けて居て文字の深さは三分以上あるかに記憶してゐる。大抵作りたての印は深さが三分以上あつたのだらうが、使用することが烈しい爲に段段消磨して、いま世に遺つてゐるものは深さ一分に足らぬものも見受けるところである。

印文に就ては、篆文の研究家は我國の古印の文字を殆ど眼中に置いてゐない。何故なれば篆文は秦漢を宗としなければならぬといふことにかゝづらはつて、隋唐の文字を以つてせる我國の古印を少しも顧みないのである。

併し、これは考へてみなければならぬことで、高山寺にある國寶の「篆隷萬象名義」は弘法大師の撰だといふものであるが、これには我國の古印に用ゐたと同じやうな文字を載せてある。その篆書は勿論秦漢などとは隔つた樣式ではあるけれども、六朝から隋唐に行はれた文字は直に大師が書遺したものとみていゝものであらうと思ふ。秦漢あたりの文字と比較すると、餘程、華やかな美しさを持つた文字で、今の篆刻家からは嫌はれるものであるけれども、又一種特別の面白味を持つた文字である。

鈕は鷄頭鈕といふ。支那にはあまり殘つてゐるのを知らないが、高麗には往々にある。支那でも唐代には多分使つてゐたものであらう。動物の鈕などと違つて誠に品のいゝものである。（東洋美術正倉院の研究　昭和四年十一月）

正倉院の金工に就て

図60　イメージ（5055）

図61　イメージ（5056）

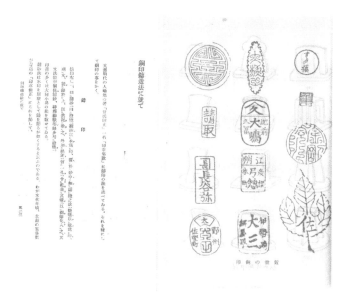

図62　イメージ（5057）

の鈕」図などを示しながら、実作者としての考説を披歴している（図62）。

○会田富康の『鋳金・彫金・鍛金』（1975　理工学社）及び『日本古印新攷』（1981　中央公論美術出版）

　　鋳金学的研究でもうひとり挙げておきたい人物は、會田富康（1901 － 1987）である。千葉県館山の出身で、山本安曇に師事、日展参与、日展審査員、工彩会会長などを務め、商工大臣賞などを受賞している。

　　会田氏の著書のひとつである『鋳金・彫金・鍛金』（1975）は、1．金属工芸の成立ち、2．金属工芸の素材、3．鋳金の技法、4．彫金の技法、5．鍛金の技法、6．仕上げと保存、補修、鑑賞、7．金工余録から、成り立っている（図63）。

　　金工作品を制作する前に、日本古代の「山背国印」「大倭国印」をよく精査し、その研究成果は「園城寺印」や日本画家であった安田靫彦（1884 － 1978）・小説家や劇作家であった坪内逍遥（1859 － 1935）や日本の歌人であり、美術史家であり、書家であった会津八一（1881 － 1956）氏らのために鋳造した印章によくあらわれている（図64）。特に興味深いのは、「石膏に右字を彫る」ところから、「右字彫の原形を完成する」ところまでの制作過程を、詳細に解りやすく解説しているところにあるという点である（図65）。

　　『日本古印新攷』（1981）は「中国の古印」からはじめて「日本古印」との比較を試み、「日本古印」の製作というところで、鋳造技術論を展開していく、80歳の時の著作である（図66）。単なる印の鋳造という技術論だけではなく、正倉院文書」に密着した研究（図67）。に打込んでおられたことや「法隆寺印」や「大神宮印」などの「伝世印」の文字や形状などにも注意を払いながら研究をすすめておられたこと（図68）を知るのである。

　　もとより、このような会田氏による研究は、1970年代以前から指向されていたものであり、そのことは後述の木内武男氏による名著『日本の古印』（1964　二玄社）中で「古銅印の鋳造技法」

鋳金・彫金・鍛金

會田　富康

理 工 学 社

"山背(城)国印" 日本古印（やまとこいん）

"大倭国印" 日本古印

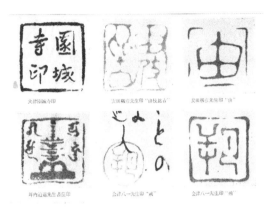

図63　イメージ（5058）

図64　イメージ（5059）

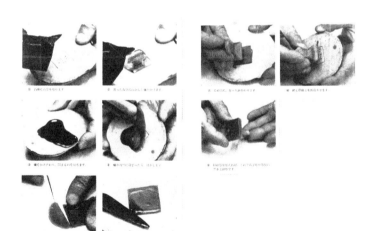

図65　イメージ（5060）

図66　イメージ（5061）

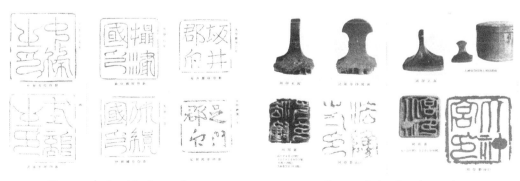

図67　イメージ（5062）

図68　イメージ（5063）

を著わしておられることからも明らかなことであろう。

【古文書学的・法制史学的研究】

○荻野三七彦の『印章』（1966　吉川弘文館）

荻野三七彦（1904－1992）は日本の古文書学者である。東京に生まれ、早稲田大学文学部史学科を卒業したあと、東京帝国大学文学部史料編纂所嘱託を経て、早稲田大学文学博士、1935年以降、早稲田大学の講師、助教授、教授を経て、教務部長、早稲田大学理事、図書館長などを歴任し、1974年に定年退職、名誉教授となった。論文や著作としては『聖徳太子伝古今目録抄』（1937　法隆寺）や『日本古文書学と中世文化史』（吉川弘文館　1995）などがあるが、特に『印章』は重要な著作である（図69）。「第1　印章の起源」「第2　上代の印章」「第3　平安時代の印章」「第4　中世の印章」「第5　署名方法の変遷（花押等）」「第6　戦国武将の印章」から構成されている。古代メソポタミアの印章から論じ始め、日本の古代・中世の印章について論じ、花押の時代を経て、戦国時代あたりまでを、全体で137枚の挿図を用いながら、詳述している。古文書学的方法による印章研究としては日本を代表する好著である。

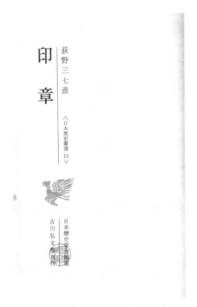

図69　イメージ（5064）

　その10年後の昭和51年（1976）には、神奈川県出身で東京帝国大学文学部国史学科を卒業した相田二郎（1897－1945)氏の『戦国大名の印章—印判状の研究』(1976　名著出版）が出されているが、所収の「織田氏弁に豊臣氏の古文書」(1943)、「北条氏の印判に関する研究」(1935)、「武田氏の印判に関する研究」(1938)、「長尾上杉氏の印判弁に印判状に関する研究」(1939)、「徳川氏の人馬手形の印判」(1934)の全5編のうち、最初のものは未発表、他の4編は学術雑誌である『歴史地理』に発表されたもので、後進を裨益するところが甚だ多いと思われるこれらの諸論考が、研究者の座右に置くことができないのは極めて口惜しいと考え、東京大学史料編纂所所長であった弥永貞三氏（1915－1983）らを代表とする刊行委員たちの尽力によって刊行された図書である。このことを銘記しておきたい。

○石井良助の『はん』（1964　学生社）と『印判の歴史』（1991　明石書房）

石井良助（1907-1993）は日本の法制史学者である。昭和5年（1932）に東京帝国大学を卒業したあと、同年に助手、7年（1934）に助教授を経て、12年（1939）に法学博士の学位を取得し、17年（1944）に教授となった。代表的な著作である『はん』の中では、「印章の由来」から説き始め、「天皇のはん」・「国のはん」、「奈良時代の私人のはん」「花押の時代」「戦国武将の印」「信長・秀吉・家康の印」「徳川幕府と『はん』」「はんこ屋と庶民の印」「実印」「江戸時代の生活と『はん』」「『はん』と犯罪」「明治維新と『はん』」という順序で叙述されている（図70）。また『印判の歴史』もほぼ同様の章立てとなっている。「印鑑帳」の管理のことや「印判の偽造や偽造印判の行使または他人の印判の濫用」などの「謀判」に対する、流罪や死罪といった犯罪に対する処分のことなども明らかにされていて興味深い。昭和43年（1968）に退官して名誉教授となり、それまでの各時代の諸法分野の分析と体系化に貢献した業績が認められ、昭和45年（1970）に紫綬褒章、昭和59年（1984）に文化功労者となり、平成2年（1990）に文化勲章を授与された。他の著書に『刑罰の歴史』（1952）や『天皇』（1982）などもある。

【 実物古印の集成的研究 】

○木内武男の『日本の古印』（1964　二玄社）・『日本の官印』（1974　東京美術）及び『印章』（1983年　柏書房）

　木内武男（1920－？）氏は東京に生まれ、昭和16年（1941）に二松學舎専門学校を卒業したあと、昭和22年（1947）に東京帝室博物館（現・東京国立博物館）に勤務、法隆寺宝物室においても調査・研究をすすめ、正倉院木工品特別審査員、文化財保護審議会専門委員などを務めた。東京芸術大学や二松学舎大学でも学びを伝授された。代表的な著書の中には「式部省移・日本古印集成」（1963　Museum 149 美術出版社）、『日本の美術25　木竹工芸』（1968 至文堂）、『正倉院の木工　宮内庁蔵版』（1978　日本経済新聞社）、『和箪笥集成』（1982　講談社）などがある。

　特に『日本の古印』の中では「日本古印の沿革」について著述し、「印章の意義」を「自己を表示し、また自己の権利・義務・所有を表示する手段の一として、すでに西暦前四千年頃オリエントで使用されていた」と書き始め、「わが国における印章のはじまり」「令格制時代の印章」（1）官印、（2）公印、（3）私印、（4）烙印、（5）印肉、「中世以降の印章」、「印章に対する信仰」という順序で、豊富な図版を掲載しながら、論を展開させている。巻末の文書所載の押印をまとめた「日本古印集成」や「古印関係主要文献抄」も丁寧かつ秀逸である（図71）。

図70　イメージ（5065）

図71　イメージ（5066）

　　『日本の官印』も優れた図書であり、古代・中世・近世のみならず、近代以降の官印を、天皇御璽・大日本国璽、省印・府印・県印など、多数掲載している。巻末に、古代中世官制一覧のみならず、明治初期主要官職一覧が付加されており、明治の官印備考欄に、益田香遠、梛川雲巣、竹内玄夫などの刻者が記されていること、また「前印誤字あるにより改刻」（神祇官印）、「前印焼失により再刻」（宮内省印）などの注記があるのも興味深い（図72）。

　　『印章』は一般向けの啓発書であり、「1．印章の起源とわが国の印章」「2．令格制時代の印章」「3．中世以降の印章」「4．明治以降の印章」から構成されている（図73）。ここでは長崎の小曾根乾堂（1828－1885）が石に刻した明治4年（1871）の「天皇御璽」と「大日本国璽」（図74上）と京都の秦蔵六（1823－1890）が明治6年（1873）に黄金で鋳金し、印司であった安部井櫟堂（1808－1883）が明治7年（1874）に篆刻した「天皇御璽」と「大日本国璽」（図74下）を掲載しておく。ただ鈕形は筆者が補ったことを付記しておく。

図72　イメージ（5067）

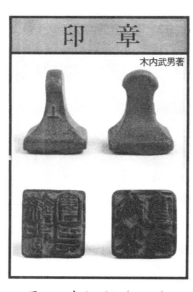

図73　イメージ（5068）

図74　イメージ（5069）

7．印章の考古学的研究・歴史学的研究及び印学的研究

　　さて、ここまでは、筆者自身の「印章への関心と印学及び篆刻学の基本概念」「中国の印学と篆刻学」「日本の印学と篆刻学」「日本の江戸時代以降の印学・篆刻学関連文献」「印章の鋳金学的研究・古文書学的研究・法制史学的研究及び実物古印の集成的研究」などを顧みてきた。

　　ここでは筆者自身による印章の考古学的・歴史学的研究及び印学的研究にふれておく必要がある。印章への関心は高津春繁や関根正雄による『古代文字の解読』（1964　岩波書店）の影響もあって、高校生時代には芽生えていたが、冒頭で述べたように英国の考古学者であるT.E.Lawrenceとの出遭いによって、1966年に大学は京都の立命館大学に進み、考古学と古代史学を専攻した。「在野史学の雄」と呼ばれた恩師北山茂夫先生（1909－1984）の「学究として、教師として」の温かい薫陶により、3回生のときの1968年に通説に対する反論「金印奴国説への反論」を発表、大阪府教育庁文化財保護課勤務時代に『藤澤一夫先生古稀記念論集』（1983）に掲載され、好評をえた。論の構成は、「中国語音韻論からの問題提起（前漢時代「揚雄」による方言区画）」「漢の印制からみた金印の分断的読法への疑念」「北九州弥生四王墓と奴国説成立の蓋然性」「『魏志倭人伝』の伊都国評価と奴国評価」「金印鋳造時における使用語音からの結論—金印伊都国説の再提示—」「范曄奴国説の必然的素因」などから成っており、その頃から筆者自身の研究方法は、数学で学ぶ「集合と論理」の考え方、「複数の集合の共通部分」を探す、いわば「複眼思考的な研究法」の萌芽を見せていた。論文の出版された翌年の 1984 年（金印発見 200 年の記念的な年に当たる）には、当時、日展の評議員であった東京の小林斗盦（1916 － 2007）氏から、京都の篆刻家であった園田湖城（1886 － 1968）門の高弟であった加藤紫山（1904 － 2000）先生へのご紹介があり、筆者は加藤先生が亡くなられるまで、清廉にして高潔なご指導を得た。小林先生にはその後もお世話になり、手許には、文化功労者、日本芸術院会員、日展顧問、西泠印社名誉理事などの肩書のある 2002 年 2 月 7 日の名刺も残されている（図 75）。筆者が西泠印社に初めて論文「晋率善羌中郎将銀印及周辺歴史之研究」（百年名社・千秋印学国際印学研討会論文集 2003）を投稿し、入選・招待される一年前のことであり、以後もいろいろとご教示を賜った。

　このことより少し遡った昭和 63 年（1989）には、筆者は「中国古印の考古学的研究」（文部省科学研究費実績報告書）で研究を認められていた経緯もあり、平成 8 年（1996）には国立歴史民俗博物館による『日本古代印集成』の企画に加わることになり（図 76）、平成 11 年（1999）には『日本古代印の基礎的研究』に論考「日本古代印研究—その歴史的・時系列的展開と律令国

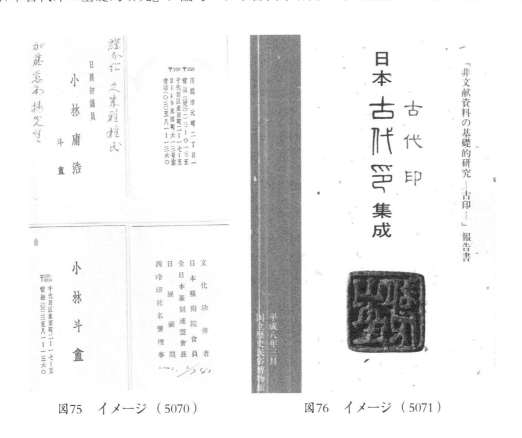

図75　イメージ（5070）　　　　図76　イメージ（5071）

家の本質」を呈することとなった（図77、図78）。

　平成13年（2001）には、日本考古学界では「印章」を扱った初めての博士論文である「日本印章史の研究」が、京都大学の大学院を終了した文学博士たちによって審査され、博士学位を授与された。本書は平成16年(2004)に『日本印章史の研究』として東京の雄山閣から出版され（図79）、その内容は「前編　中国の印章と初期ヤマト王権の形成」「後編　日本の印章と国家主権の変遷」から構成されている(図80)。2024年7月現在、中国の大学から翻訳出版依頼が届いており、ただいま内容を検討中である。

　この博士論文である『日本印章史の研究』を、「高校生や一般の方々にも読めるような図書に書き下ろしてくれませんか？」という依頼をうけて書いたのが『はんこ』である（図81）。

　巻頭には国宝金印「漢委奴国王」、金印「廣陵王璽」、銀印「晋率善羌中郎将」、鎏金銅印「都亭疾印」を含む中国の印章と江戸時代の木製看板「印判所　はん喜」、明治時代の木印「明治5年創設京都博覧会社」創設25年紀念印」（1897）、昭和時代の白磁印　加藤紫山「日本有聖人其名曰楠公」印などの日本の印章とが掲げられている（図82）。内容的には第7章に「法隆

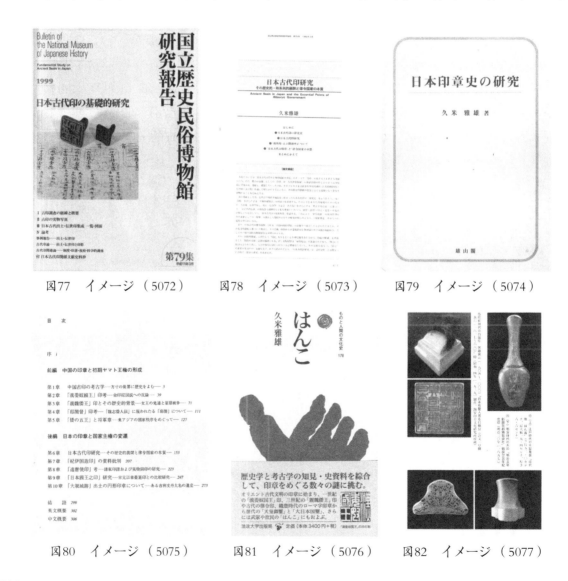

図77　イメージ（5072）　　図78　イメージ（5073）　　図79　イメージ（5074）

図80　イメージ（5075）　　図81　イメージ（5076）　　図82　イメージ（5077）

寺伝来『香木烙印十字の謎を解く—ペルシア文化の飛鳥東漸—』、そして第12章に「『天皇御璽』『大日本国璽』考—飛鳥時代から近現代までの歴史—」が付加されている。

　特に筆者が永年にわたって懸念してきたのは、篆刻がただ何となく印を彫ることであったり、陳腐な師風にただ似せて彫るということだけであれば、それは凡々たる刻字家にとどまるにすぎない。自らが刻苦精励して積みあげてきた何かがその作品から滲み出ていなければ、歴史にもならず、芸術にもならず、それは中途半端な駄作として投擲されてしまうことであろう。このことは、筆者自身が大阪府庁での技官時代に、考古学や美術工芸の世界に実際に身を置いて職務に専念した結果、実作者ではないものの、真器に数多く接し、秀逸な工人や一流の先学たちと学際的交流を深めることによって、得られ、身につけてきたものである。孫慰祖（1953 － ）氏の著作に『中国印章—歴史と芸術—』（2010　外文出版社）というのがあるが、これは「歴史と芸術」の双方を深く掘り下げてきたからこそ見える、印章世界の深淵であろうと共鳴している。。

　筆者は平成29年（2017）に『寧楽美術館の印章』を京都の思文閣から出版した（図83）が、これは篆刻世界に対して、その基本設計及び実施設計に関して、さらに専門的な印章研究、それも実物古印による研究が不可欠であることを示すために著わした著作である。

　『寧楽美術館蔵古鉨印選』の章立は「第1章　日本における中国古印の蒐集と印章五大コレクション」「第2章　寧楽美術館所蔵古印との出遭い」「第3章　印章の調査と研究の方法論」「第4章　寧楽美術館所蔵古印の調査と研究」（図84）から成り立っている。特に第4章の「2　寧楽古印の印学的研究」においては、同一の亀鈕金印「平東将軍章」（山東省嶧県出土）に対し、中日の著名な4人の先生方が「西漢印」「漢印」「魏黄初から南北朝まで」「晋」と、それぞれに異なった年代観を提起しておられる現実を踏まえ、なぜこのような断代上の相異が生じるのか、芸

図83　イメージ（5078）　　　　　　　　　図84　イメージ（5079）

術的には許容範囲にあるにしても、この前後数百年も異なる年代観では、すなわちこれほどまでに粗い精度では歴史学的には全く貢献しえないことを指摘したのである。その原因は明確な「印学的方法論」が欠如していることにあり、古印の分類と鈕式・印文・字形・法量の変遷等に注目した綜合的「断代」が必要であることを強調して、従来の古印研究を一歩を進めようとした著作である（図85）。十全ではないが、考古学的方法論を知って熟知している人間が、美術工芸や芸術の世界に専門的に入って職業的に経験していく中で、「見えてくる新しい光景がある」ということを伝達したくて、まさに遺言を書くような気持ちで綴った一冊であった。印学のみならず、篆刻学の新生のために少しでも役にたつならば、幸甚である。

図85　イメージ（5080）

8．結語―日本の印学と篆刻学　歴史と芸術と篆刻学科建設構想―

　　さて、本稿もいよいよ終章となった。如上の論を踏まえた上で、テーマである篆刻学科建設構想との関連を考えておかねばならない。

　　大阪府教育庁を定年退職する平成20年（2008）4月から、大阪芸術大学から客員教授として招請を受け、以来、日本美術史や東洋美術史、工芸特論や博物館学を担当するようになった。特に工芸特論では、日本の大学で初めての「アジア印章史概論」（2008）を講義した。教科書はもともと大阪商業大学商業史博物館が一般向けの公開講座用に企画したものであった（図86）が、初版は全体10章からなり、「第1章　アジア印章史論序説―歴史における印璽学；オリエントの印章―」から始め、「第10章　『大坂城跡』出土のローマ字印章―高山飛騨守Dario印の解読―」で完結するかたちのものであった。本編「印璽学との出遭い」出紹介した図1や図3は、まさにその時の教科書第 1 章の冒頭の部分の図版である。テキスト 1 冊を 1 年かけて学ぶという通年にわたる講義で、理論と課題実作の双方を行ない、学生たちは学びにしたがって、銅印や硝子印や木印や石印を学友たちと共に、楽しみながら、あれこれ工夫しあいながら製作したものであった。2012 年にアジア印章史学会編の改訂版、2016 年に錫安印章文化研究所編の全体 12 章から成る増補改訂版（「法隆寺所伝香木烙印十字考」と「『天皇御璽』『大日本国璽』考の 2 章を付加」）を出版した。大学でのこのような印学と篆刻学に関わる 10 年間の発信が、どれほど社会的に貢献してきたかはまだまだ不分明であるが、播いた種は、いつか芽吹いて生長していくものであると確信している。

日本の大学で唯一、文学部に書道学科をもつのは、東京の大東文化大学である。その中に書道研究所があり、昭和 44 年（1969）に青山杉雨教授が所長に就任、同年、「大東書道」が創刊され、以後、今井凌雪、新井光風、高木聖雨らの所長が続き、書道テキストの刊行も順次進んで発展を遂げている。平成 26 年（2014）に西泠印社名誉社員であった河野隆教授（1948 − 2017）が所長に就任され、翌年に院生・学部生への「国宝の金印」についての特別講義依頼（図 87）が届いた。書簡には、「今まで璽印に関する特別講義は皆無でしたので是非この機会にお願いできれば幸いだとの一致した意見」でしたとあり、平成 28 年（2015）2 月 18 日に実施の機会を得たのであった。その発表成果は「国宝金印の印学的研究」として『書道学論集 13』の中に収められている（図 88）。河野先生とは 2003 年秋の西泠印社百年名社・千秋印学国際印学研討会において杭州でお目にかかっている。篆刻に印学の素養が不可欠であることに気づいておられた数少ない先生のおひとりであった。平成 30 年（2017）の急逝が惜しまれてならない。

そのほか、同年（2017）に開催された明治大学古代学研究所による「日本古代学研究の世界的拠点形成」事業においても「アジア印章史の研究と方法論と印章文化資産の国際化」というテーマで話をしている。今後、テーマである「篆刻学科建設」構想については、従来の見解に囚われない、国家的な知性の表出でもある実効力のある企画とその推進が必要になろうかと思う。権

図86　イメージ（5081）

三
関心のある学部生も若干聴講しますので
四十人前後の予定です。
先生には講演のテーマは適宜設定して
いただきたく存じますが、先日の会議の折には、
私からは先生の研究業績と書道学専攻生
との関連で〈国宝の金印〉ならば日本系・
中国系両面にわたる内容なのでどうだろう
かと切り出しました。また、今まで璽印に関す
る特別講義は皆無でしたので、是非この機
会にお願いできれば幸いだとの一致した意見

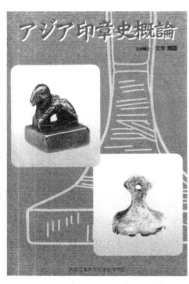

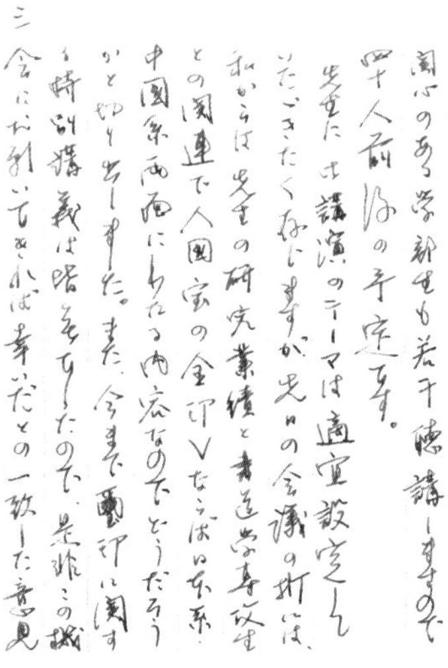

図87　イメージ（5082）

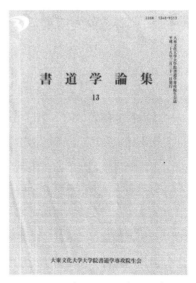

図88　イメージ（5083）

限をもつ国の有識者が覚醒しており、有為の人材がそろっていないかぎり、新風を吹かせることは困難であろう。況してや、団体がヒエラルヒーを肥大化させ、その温存や発展のために、無用の役職を濫造し、学術や芸術の本質の追究や発展を忘れてしまっては、組織は潰滅に向かうであろう。余正氏の「印学研究分類簡略表」（図16）は今後を展望していく上で貴重な示唆を与えており、重要である。ただし、歴史的観点を重視する我々の立場からすれば、作家研究や流派研究も大切ではあるが、印章研究や文献研究の領域も重要である。特に「古印研究」の中では考古学による形式と型式学、鈕式や印文の字形の変遷や法量重視、官印・私印の断代研究などが重要であり、他に、貨幣学や鑑鏡学、言語学的研究や書誌学的研究、さらには鋳金学的研究や蛍光Ｘ線分析学、古文書学を含む文献研究としては料紙の鑑定や印泥の成分分析による史料批判（真贋鑑定）などが、多様に重層されていく必要がある。それぞれの分野を各専門家に委ねるという方法もあるが、個人がその全てをあらまし身につけて「複数集合の共通部分」を探していく方が望ましい場合が多い。

　印学にも篆刻学にも、基本設計と実施設計がある。最終的には、どのような文字が鋳され、刻されていくのか、「布」字及びその周辺の学術性と芸術性はきわめて大切な要素である。

　いまなお「はんこ社会」である日本では、篆書を彫る人々のことを、はんこやさん、印判師、篆刻師、篆刻家などとさまざまな名称でよんでおり、かつては印司や帝室技芸員などと呼ばれた方もあったが、それはどこか、表具師を装潢師とよぶのに似たところがあるのかも知れない。学術と芸術の本質が見究められる必要がある。

　また、文字の歴史という観点からも、等閑視してはならない問題がある。それは「篆書」を含む漢字文化の運命ともいうべき特異性についてである。古代メソポタミアやエジプト、インドなどで発明され盛行した文字文化は、現在は失われた文字となっていたり、解読困難な文字となっているものも少なくない。そういった歴史的経緯の中にあって、漢字の歴史的悠久性は未来永劫のようにも見えなくはない。漢字が単なる表音文字ではなく、文化の集積体であることを深く認識しつつ、その原意を探究し尊びながら、至高の学術と至高の芸術が見事に融合化していくよう、互いに協力しあって、壮大な総合的篆刻学科の建設の構想に向かって努力を傾けていきたいものである。

（2024年7月31日　稿了）。

【参考文献】

D.G.Hogarth "Hittite Seals" The Ashmolean Collection（1920 Oxford）

久米雅雄『アジア印章史概論』（2008年；増補改訂版2016年　錫安印章文化研究所）

諸橋轍次『大漢和辞典』巻二（1968年　大修館書店）印

諸橋轍次『大漢和辞典』巻八（1968年　大修館書店）篆

北川博邦編『清人篆隷字彙』（1979年　雄山閣）

白川静監修・小林博編『漢字類編』（1982年　木耳社）　印・篆

鄧散木著『篆刻学』（1978年　人民美術出版社）

沙孟海著・中野遵・北川博邦共訳『篆刻の歴史と発展—印学史—』（原題『印学史』；1988年　東京堂出版）

沙孟海著・陳振濂導読『印学史』（朶雲文庫　学術経典　2017年　上海書画出版社）

孫慰祖『中国印章—歴史與藝術—』（2010年　外文出版社）

余正『浙派篆刻賞析』（2015年　西泠印社出版社）

石井雙石『篆刻指南』（1926年　東学社；1968年　柏林社書店）

石井雙石『篆書指南』（1939年　東學社；1964年　青硯書道会）

中田勇次郎・水田紀久ほか『日本の篆刻』（1966年　二玄社）

中田勇次郎・大庭脩・平野顕照『書道全集　別巻Ⅰ　印譜　中国（1968年　平凡社）

中田勇次郎・水田紀久・樋口秀雄『書道全集　別巻Ⅱ　印譜　日本』（1968年　平凡社）

吉木文平『印章綜説』（1971年　技報堂）

玉井富紀『群印宝鑑』（1659年）

吾丘衍『学古編〔古印式〕』（1743年）

陳策纂輯『韻府古篆彙選』（1677年　彰考館本）

秦駘編『六書通〔集古印篆〕』（1775年　東武書林　大阪書林）

木母馨『石印集義』〔鉄筆集宜〕）（1787年　1820年　浪華書房

曽根寸斎『古今印例』（1849年　日本皇都聖華房蔵）

福岡孝弟『印譜辨妄』（1879年　国華社）

中井敬所『皇朝印典』（1911年）

岡村梅軒・岡本椿所・山田寒山・河井荃廬等　印聖芙蓉先生没後130年『芙蓉軒〔山房〕私印譜』（1913年）

小林斗盦『逝世二百年高芙蓉記念展図録』（1985年　日展作家展事務局）

山田寒山『印章備正』（1913年　民友社）

陳克恕・近藤元粋『篆刻鍼度』（1878年　1920年　東京文永堂）

郡司之教『皇朝印史』（1934年　三圭社）

小野則秋『日本蔵書印考』（1943年　文友堂書店）

内閣文庫『内閣文庫蔵書印譜』（1969年）

富岡美術館『二世中村蘭台の篆刻—老子語印50顆を中心に—』（1995年）

中村淳編『初世中村蘭臺印譜』上下（1996年　二玄社）

中村淳編『二世中村蘭臺印譜』上下（1999年　二玄社）

香取秀真『金工史談』（1941年　櫻書房）正倉院文書の捺されたる古印

香取秀真『日本の鋳金』（1942年　三笠書房）

香取秀真『續金工史談』（1943年　櫻書房）銅印鋳造法に就て

會田富康『鋳金・彫金・鍛金』（1975年、1991年　理工学社）山背国印・法隆寺印

會田富康『日本古印新攷』（1981年　中央公論美術出版）　日本古印と緘印

荻野三七彦『印章』（1966年　吉川弘文館）

石井良助『はん』（1964年　学生社）

石井良助『印判の歴史』（1991年　明石書房）

木内武男『日本の古印』（1964年　二玄社）

木内武男『日本の官印』（1974年　東京美術）

木内武男『印章』（1983年　柏書房）

「公文書にみる印章展示目録」（1978年　国立公文書館）

『公文書館　大阪府公文書館開館記念』（1985年　大阪府公文書館）

久米雅雄「中国古印の考古学的研究」（1989　文部省科学研究費実績報告書）

平川南・久米雅雄ほか『日本古代印集成―非文献資料の基礎的研究　古印―』（1996年　国立歴史民俗博物館）

平川南・久米雅雄ほか『日本古代印の基礎的研究』「日本古代印研究」（1999年　国立歴史民俗博物館」）

久米雅雄『日本印章史の研究』（2004年　雄山閣）

久米雅雄『アジア印章史概論』（2008年　大阪商業大学商業史博物館；2012年　改訂版；2016年増補改訂版　錫安印章文化研究所）

久米雅雄『はんこ』（2016年　法政大学出版局）

久米雅雄監修・寧楽美術館編『寧楽美術館の印章』（2017年　思文閣出版）

久米雅雄「国宝金印の印学的研究」（2015年度　大東文化大学大学院特別講義　『書道学論集』13所収）

久米雅雄「アジア印章史の研究と方法論と印章文化資産の国際化」（2017年　明治大学　日本古代研究所）

（作者：文学博士〔立命館大学〕、西冷印社名誉社員、中国美術学院《中国篆刻》雑誌顧問、大阪芸術大学客座教授、公益財団法人名勝依水園・寧楽美術館評議員、錫安印章文化研究所主宰）

【図版キャプション】【scanned documents No.】

図1　印璽学との出遭い【4996】

図2　"Hittite Seals" by D.G.Hogarth（The Ashmolean Collection，Oxford 1920）【4997】

図3　スタンプ印章と円筒印章と使用実例（久米雅雄『アジア印章史概論』　2008）【4998】

図4　鄧散木『篆刻学』（人民美術出版社　1978）【4999】

図5　同書「述篆」より　商器銘文　周器銘文　三體石経【5000】

図6　秦陽陵虎符【5001】

図7　莽布　莽泉　魏正始三體石経【5002】

図8　同書「述印」より　官印　秦印・漢印・魏晋六朝印等【5003】

図9　印鈕　龍・鳳・虎・螭・橐駝・辟邪・亀・壇鈕等【5004】

図10「別派」（篆刻諸派）皖派・浙派・鄧派等【5005】

図11　浙派の篆刻　丁敬・黄易・奚岡・蒋仁・陳豫鍾・陳鴻壽・銭松等【5006】

図12　沙孟海著・陳振濂導読『印学史（上海書畫出版社　2017）【5007】

図13　同書　目録　上編　印章旧制　下編　印学体系　【5008】

図14　沙孟海著・中野遵・北川博邦共訳『篆刻の歴史と発展―印学史―』（東京堂出版　1988）【5009】

図15　余正『浙派篆刻賞析』（西冷印社出版　2015）【5010】

図16　余正「印学研究分類簡略表」「印学領域分類表」（川内佑毅『印学と印論研究』より　大東文化大学大学院　2018）【5011】

図17　日本の印学（1）藤貞幹「漢委奴国王印」・穂井田忠友『埋麝発香』篇目（拙稿『日本印章史の研究』2004より）【5012】

図18　日本の印学（2）「律令官印」印影資料の模写精度（拙稿『はんこ』2016より）【5013】

図19　石井雙石『篆刻指南』（東学社　1926）【5014】

図20　周秦時期の官鉢と官印【5015】

図21　漢魏六朝期の官職印分類　王璽・疾印と尉印【5016】

図22　漢魏六朝期の官職印分類　丞印・令印と長印・司馬印【5017】

図23　石井雙石『篆書指南』（東学社　1939）【5018】

図24　篆書謬妄三十二体【5019】

図25　関思恭の八体古文（1）【5020】

図26　関思恭の八体古文（2）【5021】

図27　中田勇次郎『日本の篆刻』（二玄社　1966）【5022】

図28　中田勇次郎「日本篆刻史」目次【5023】

図29　中田勇次郎・大庭脩等　中国の篆刻家〔印人〕（『書道全集』別巻I　平凡　1968）【5024】

図30　中国の印人と作品　文彭・何震・徐三庚・趙之謙・呉昌碩等　（久米雅雄配列）【5025】

図31　中田勇次郎・水田紀久等　日本の篆刻家〔印人〕（『書道全集』別巻II　平凡社　1968）【5026】

図32　日本の印人と作品　独立・心越、羽倉可亭・中村水竹・安部井櫟堂・小曽根乾堂・中井敬所・益田香遠・円山大迂・中村蘭臺・桑名鐵城・河井荃廬（久米雅雄配列）【5027】

図33　玉井富紀編『群印宝鑑』（万治2年＝1659）【5028】

図34　徽宗皇帝・僧牧谿（『群印宝鑑』より）【5029】

図35　吾丘衍『学古編』（1743）【5030】

図36　同書　奥付（寛保3年＝1743）【5031】

図37　陳策纂輯『韻府古篆彙選』（康熙11年＝1672；元禄10年＝1677　彰考館本）【5032】

図38　同書　東・凍・冬・苳・通等【5033】

図39　秦駘編『六書通』〔集古印篆〕（安永4年＝1775）【5034】

による金璽「天皇御璽」「大日本国璽」（下段：1874）〔鈕形写真は筆者による追加〕【5069】

　　　図75　筆者あて小林斗盦先生の名刺2種（上：京都の園田湖城高弟である加藤紫山先生への紹介文1984年）（下：東京の書道博物館における古印調査の際にいただいた名刺　2002年2月7日）【5070】

　　　図76　平川南・久米雅雄ほか『日本古代印集成』（国立歴史民俗博物館　1996）【5071】

　　　図77　平川南・久米雅雄ほか『日本古代印の基礎的研究』（国立歴史民俗博物館　研究報告第79集1999）【5072】

　　　図78　久米雅雄「日本古代印研究」〔Ancient Seals in Japan and the Essential Points of Ritsuryo Government〕（国立歴史民俗博物館　1999）【5073】

　　　図79　久米雅雄『日本印章史の研究』〔博士学位論文〕（雄山閣　2004）【5074】

　　　図80　同書　前編　中国の印章と初期ヤマト王権の形成　後編　日本の印章と国家主権の変遷【5075】

　　　図81　久米雅雄『はんこ』（法政大学出版局　2016）【5076】

　　　図82　同書　江戸時代の「印判所」木製看板・昭和時代の加藤紫山先生制作の「楠公」白磁印など【5077】

　　　図83　久米雅雄監修『寧楽美術館の印章』（思文閣出版　2017）【5078】

　　　図84　同書「寧楽美術館蔵古鈢印選」の結構【5079】

　　　図85　同書「寧楽古印の印学的研究—分類と鈕式・印文・字形・法量の変遷と断代—」【5080】

　　　図86　大阪芸術大学での印章史講座『アジア印章史概論』（大阪商業大学商業史博物館　2008）【5081】

　　　図87　大東文化大学書道研究所所長　河野隆教授からの「国宝金印」特別講義依頼（2015）【5082】

　　　図88　「国宝金印の印学的研究」掲載紙（大東文化大学大学院書道学専攻院生会誌『書道学論集13』）【5083】

日本印学和篆刻学

——关于历史和艺术以及篆刻学科建设的构想

文 /（日）久米雅雄　译 / 董　华

摘要： 2024年秋季，学会计划召开以"大印学（3）"为主题的关于"篆刻学"学科建设和发展的研讨会。无论是"篆刻学"这个说法还是"篆刻学科"这个专业科目在日本都不是熟悉的话题，所以我有点困惑，但中国的构想和提案一直给我一种宏大无边的感觉，所以我决定借此机会认真思考一下。

首先从我自己"对印章的兴趣"开始，从"印学和篆刻学"的基本概念的相同点和不同点开始进行梳理。首先，也可以说是从研究目标这方面来讲，如果把近代和近现代关于印学和篆刻学的学术史分为中国和日本两方面来考虑，特别是关于日本的部分，我在江户时代以后的印学和篆刻学的相关文献大纲的解说方面做出过努力。由于我曾经在大阪府教育厅工作过，负责考古学和工艺美术方面的工作，因此我通过发掘获得的基于类型学和地层学的方法，通过观察真迹实物获得的古文物的评估结果进行各种科学分析，以及通过收集和研究考古材料和历史文献获得的方法论的应用，对印章研究很有帮助。

除了对印章、印籍和印谱的研究外，还对金石学、古文字学和法律史方面进行了一定的研究，也进行了不依赖考古方法的实际古代印章的综合研究，而我自己的最终目标是对印章进行考古、历史学的以及印学的深入研究。除了介绍日本考古界首篇博士论文《日本印章史的研究》和《印章》的成果外，我还针对"四位权威教授对同一枚印章提出了四种不同的编年观"，提出了一种综合的"断代分割"方法，该思维侧重于印章、铭文、字形和法量的分类和变化，这是因为从严格意义上来讲，历史背负着按时间要素来分析的重任。

在印学和篆刻学的基本设计和实施设计中，文字学的编年研究是基础中的基础，这让人想起园田湖城先生所说的"没有印学素养的篆刻不叫篆刻"的真实性。一个过时的师父无法培养出一个好的弟子。现在，西泠印社对于"篆刻学科"的学科建设构想，正好顺应历史的发展潮流，为那些掌握了可以探索多套共通部分的"综合思维研究法"的人才提供了实现自己才华的可能。

我在大阪艺术大学的"工艺特论"一科上执教，花了十年编著《亚洲印章史概论》，并且在讲课和实践上也花了心思。在日本唯一一所设有书法系的大学——大东文化大学，我在大学院的书法研究所，作了题为《国宝金印印章的研究》的特别讲义。而且还在明治大学的古代学研究所，作了题为《亚洲印章史的研究及方法论与印章文化资源的国际化》的演讲。但这些仅仅都只是一个开始。为了实现篆刻学的学科建设构想，需要在国际范围内集中一切充满爱的智慧力量。

关键词：《阿拉伯的劳伦斯》和考古学D.G.Hogarth博士和赫梯的印章

邓散木的《篆刻学》；沙孟海的《印学史》；余正《印学研究分类简略表》；藤贞干、松平定信、穗井田忠友、长谷川延年、石井双石等人的《篆刻指南》《篆书指南》；中田勇次郎《日本篆刻》，《群印宝鉴》，《学古编》，《韵府古篆汇选》，《六书通》（集古印篆），《石印集义》，《古今印例》，《印谱辩妄》，《皇朝印典》，《芙蓉轩私印谱》，《篆刻针度》，《皇朝印史》，《日本藏书印考》；益田香远"经文纬武"银印；香取秀真《金工史谈》；会田富康《铸金·雕金·锻金》《日本古印新考》，荻野三七彦《印章》，石井良助《印》，木内武男《日本的古印》，《日本的官印》，《印章》，给笔者的小林斗庵先生的名片，国立历史民俗博物馆《日本古代印集成》，同左《日本古代印的基础研究》；久米雅雄《日本古代印研究》，《日本印章史的研究》，《亚洲印章史概论》，《印章》，《宁乐美术馆的印章》，根据西泠印社名誉社员、大东文化大学大学院书法研究所所长河野隆教授的请求而作的特别讲义《国宝金印印章的研究》，《书法学论集》13，明治大学古代学研究所《亚洲印章史的研究及方法论与印章文化资源的国际化》

一、序言

2024年3月13日，我收到了西泠印社艺术创研处的约稿函，说在2024年甲辰秋季雅集期间、计划举办的"大印学（3）——"篆刻学"学科建设和发展的研讨会"并向我约稿，我决定以文章为题发表我的观点。在本文中，我想就"什么是印学"和"什么是篆刻学"，特别是从日本本身的历史性和艺术性方面出发，在详细阐述它们之间的区别之上，为两者的进一步发展能做些什么为最终目的来写本篇文章。

二、对印章的兴趣和《印学和篆刻学》的基本概念

作者对"印章"产生兴趣是由高中时看的一部英国电影《阿拉伯的劳伦斯》（Lawrence of Arabia，1962年）激发的。故事主角是现实生活中的英国考古学家托马斯·爱德华·劳伦斯（Thomas Edward Lawarence，1888—1935），他于1911年至1914年与伦纳德·伍利（Leonard Woolley，1880—1960）一起在Carchemish进行考古挖掘调查。该电影讲述了第一次世界大战期间，他被英国政府派往开罗，领导阿拉伯人反抗土耳其的起义，支持阿拉伯独立运动，但战后，英国政府没有兑现承诺，于是他离开了政坛，最后绝望地死于摩托车事故的故事。

我被这部电影深深地打动了，开始阅读T.E.劳伦斯的作品，并且我了解到劳伦斯和他的同事在牛津大学阿什莫尔博物馆馆长D.G.Hogarth（1862—1927）的指导下收集了"赫梯印章"。我还给扮演劳伦斯一角的伦敦演员彼得·奥图尔写了一封粉丝信，1966年，当我开始在京都立命馆大学学习考古学时，我还收到了他写给我的一封信和一张带有他签名的照片（图1）。

在大学里，我了解到一个名为"印玺学"的学科的存在，并最终了解到了D.G.Hogarth的原始作品"Hittite Ssals"（1920年）的原著内容，该作品对滚筒封印（圆柱体），邮票封印和护身符和吊坠进行了分类，以及收集了336个关于封泥印的丰富资料，包括它的年代、地区性、插图和照片在

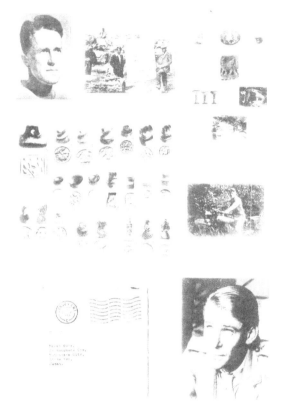

图1　跟印玺学的遇到

HITTITE SEALS

WITH PARTICULAR REFERENCE TO

THE ASHMOLEAN COLLECTION

BY

D. G. HOGARTH

Keeper of Ashmole's Museum

OXFORD
AT THE CLARENDON PRESS
1920

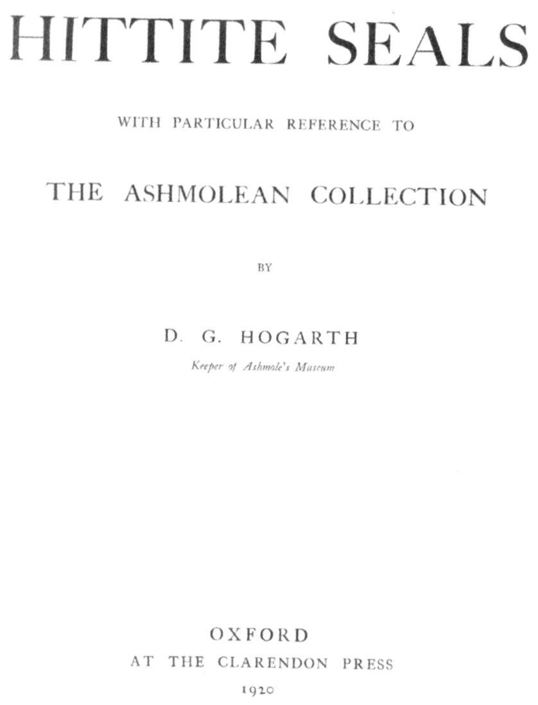

图2　《赫梯印章》，作者D.G.Hogarth（阿什莫尔收藏1920年，牛津）

内的丰富内容，这让我感到非常惊讶（图2）。

顺便说一句，我想在这里提请注意一个问题，如果在“印玺”或者“印”和“篆刻”中加入“学”是可以接受的话，那么“学”的基本定义是什么？

印学是什么？它主要是研究世界各国、人民和个人的印章的历史，无论它们在世界何处，也无论它们是官印还是私印，无论是从历史角度思维还是从艺术角度思维，东方之印（美索不达米亚、埃及、印度河、安纳托利亚、叙利亚、以色列、亚述、巴比伦、米底亚、波斯、希腊、罗马的印章）还是丝绸之路的印章、中国的印章、朝鲜的印章、日本的印章、欧洲的印章等，各种各样的，从政治、宗教和商业领域等各方面出发考虑，它如果具有历史性和艺术性（包括那些现在已经被破译的）（图3）的范畴，“印玺学”或者“印学”才具有了广泛的含义。

什么是篆刻学？例如，如果你在诸桥辙次撰著的《大汉和辞典》第8卷（1968年大修馆书店）中查找“篆刻”，你会发现“篆刻就是刻篆文”，而“篆书”有大篆有小篆，“大篆出自周宣王的太史史籀，小篆出自秦朝丞相李斯”，以及“在新王莽的时候，秦八书被重制成六书，篆书就叫小篆”。大篆包含在古文和奇字之中被解释定义了。而当我查找“篆”这一栏时，我发现“书体的名字的原始定义是围绕在钟周围的带子”，有“印章”等的说明，并且也并列有“篆学”“篆款”“篆刻”“篆刻师”“篆字”“篆章”“篆书”“篆体”“篆铭”“篆隶”“篆辂”“篆愁君”等用语。另外，如果你查一下《大汉和辞典》第2卷（1968年）中“印”的词条，你会发现有

"印。印形。天子的叫玺、君臣的叫印"等说明，有"印影""印匣""印鉴""印刻师""印曹""印玺""印章""印绶""印信""印池""印钮""印铸局""印泥""印篆""印肉""印判师""印谱""印封""印文"等关联词语。

从这个角度来看，"篆刻"的概念及其相关学科"篆刻学"与起源于中国古代的"汉语"的概念范畴密切相关，与广义上具有世界规模的"印玺学"和"印学"的概念相比，它是一个相对有限和较小的世界。

然而，当我们比较东方世界的语言时，其他国家和民族的许多语言现在已经成为无法阅读的死语言或被遗忘的语言、毫无意义的语言这一现实的时候，中国不仅在历史上承担着重大的社会机能，甚至在4000年历史发展的今天，也依旧承担着重要的社会机能，尤其在持续保持文化积累和再生产方面起着极其重要的作用，她更是涉及包括未来的宝贵财富。

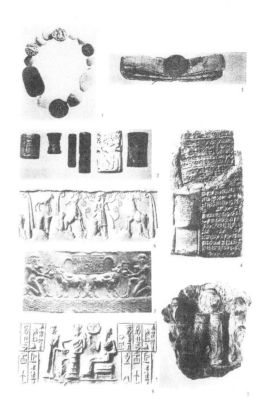

图3 盖压印章和圆筒印章及其使用实例（久米雅雄《亚洲印章史概论》，2008年）

综上所述，可以假设"印玺学"和"印学"是包括"篆刻学"的世界，并且可以假设印学部和篆刻学科之间的存在关系。然而，将"篆刻"提高到"篆刻学"的高度并不是那么容易。

三、中国印学和篆刻学：近现代史导论

中国的印学史大约有4000年的历史。在这里我想，如果回顾印学史，那么有必要先从近代和现代试图将篆刻作为一门学科整理并将它体系化的研究者的业绩上面开始研究。

○**邓散木（1898—1963）的《篆刻学》（1978年）**

邓散木是近代中国有代表性的篆刻家和书法家之一，1898年出生于江苏省松江地区上海县。名铁，字钝铁、散木，别号粪翁、一足，斋名厕简楼、三长两短斋等；他擅长篆刻、书法和诗歌，据说一直过着卖书卖印章的生活，他在印章中刻了许多讽刺性的印文。晚年，他住在北京，致力于写作和书法。其代表著作之一为《篆刻学》（1978年）（图4）。

《篆刻学》由上下两部分组成的。在上部的第1章《述篆》中讲述了"文字的由来""文字构成的因素""篆书的演变"等；在"篆书的演变"中详细论述了商器铭文、周器铭文、三体石经（图5）、秦阳陵虎符（图6）和莽布、莽泉、魏正始三体石经（图7）等各种古器物上的篆书。

第2章《述印》中介绍了"官印"的历史和"私印"的种类。以下是秦印、汉印、魏晋六朝印

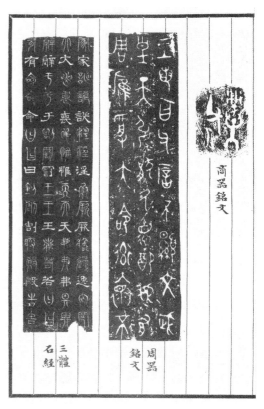

图4　邓散木《篆刻学》（人民美术出版社，1978年）　图5　邓散木《篆刻学》"述篆"引用商器铭
　　　　　　　　　　　　　　　　　　　　　　　　　　　　文、周器铭文、三体石经

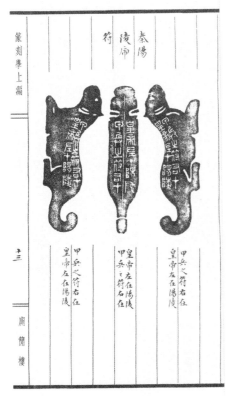

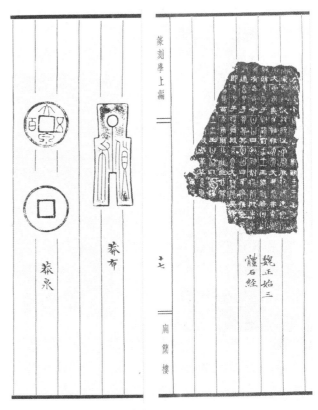

图6　秦阳陵虎符　　　　　　　　　图7　莽布、莽泉、魏正始三体石经

（包括藩王印）的代表性例子（图8）。

也谈到"印式""印钮"的话题，但诸如龙、凤、虎、螭、驼、辟邪、龟、坛等印钮，由于它是根据明清印书上的素描图复制的，也由于时代的限制，它不如照片或实际测量准确（图9）。

第3章"流派"中，他提到了从秦汉到唐宋以及元代的吾丘衍时期的许多有名的篆刻家，还提到了明清时期的印人。从江苏人文彭（1498—1573）和安徽人何震（？—1604？）开始，按照皖派、浙派、邓派等流派对篆刻诸学派的系谱进行详细整理（图10）。另外，对其中浙派的篆刻家（丁敬、黄易、奚冈、蒋仁、陈豫钟、陈鸿寿、钱松等）的作品进行了列举，如下所示（图11）。

邓散木的《篆刻学》第二部分包括第1章《篆法》、第2章《章法》、第3章《刀法》、第4章《杂识》、第5章《参考》等，由于跟本文主旨没有很深的关系，就此省略不再多介绍。

○**沙孟海（1900—1992）的《印学史》（1984年）：日文版《篆刻的历史和发展》（1988年）**

沙孟海是中国近现代的篆刻家、书法家。1900年出生于浙江鄞县（今浙江省宁波市鄞州区），原名沙文若，字孟海，号沙村、兰沙、石荒、沙村、决明。他早年师从冯君木学习中国古典文学，1926年师从吴昌硕学习书法和篆刻。1929年出版《近三百年的书学》和《印学概论》（《东方杂志》《中国艺术刊》），并成为中山大学预科班国文教授，1949年任浙江大学中国文学系教授，1963年任浙江美术学院书法篆刻专业教授，1979年就任西泠印社社长，1989年任浙江美术学院终身教授。

他的著作有《沙孟海写书谱》《兰沙馆印式》等，这里仅专门介绍一下他的《印学史》（1984年）。

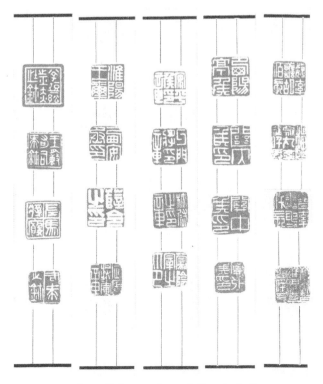

图8　秦印、汉印、魏晋六朝印等

图9　龙、凤、虎、螭、驼、辟邪、龟、坛钮等

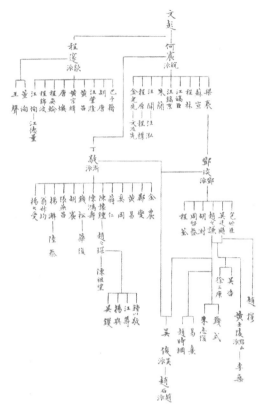

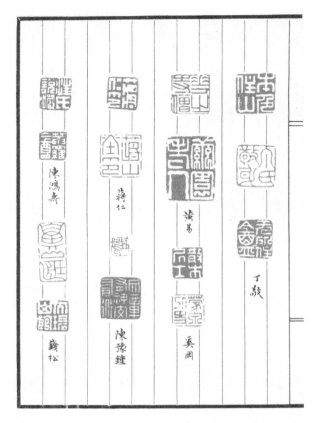

图10　皖派、浙派、邓派等

图11　浙派的篆刻：丁敬、黄易、奚冈、蒋仁、陈豫钟、陈鸿寿、钱松等

《印学史》以上述的《印学概论》为基础，1963年论著脱稿以后，在西泠印社同仁的推荐下作为年轻人的学习材料，然后花了20多年时间收集和整理插图，并于1984年正式印刷。2017年，沙孟海著、陈振濂导读的《印学史》由上海书画出版社出版（图12）。从目录中可以看出，全书由37章组成，第一部分从第1章《印章的起源》到第16章《印款》，属于印章的旧体系，第二部分从第17章《印学的形成》到第37章《印学的发展》为止（图13）。正如陈振濂先生在他的《考古学家的手段——沙孟海〈印学史〉发微》一书中指出的那样，印章学的真正发展离不开深化研究，但同时始终要具备历史方法论的基本原理的意识，诸如官铸官印的脉络、文献的应用、印刻的起源和印章真伪鉴定的问题等。1988年，《印学史》的日文译本在日本出版（由中野遵和北川博邦共同翻译，东京堂出版），但该书的书名改为《篆刻的历史和发展：印学史》（图14），"篆刻"的概念超越了"印学"的概念，这可能是出版社的意图。而沙孟海的《印学史》所述的概念在学术上应该是正规的称呼和理解。

○余正（1942—）的"印学研究分类简略表"（《篆刻家》，1986年）和《浙派篆刻赏析》（2015年）

余正是现代篆刻家，生于1942年，现住杭州市，为西泠印社理事。自1982年成为西泠印社社员以后就一直是该社前辈级的代表人物。他著书很多，代表作有《韩登安印存》（1995年，西泠印社）、《禅海珍言刻石》（2006年）、《西泠百年印举》（2006年，浙江古籍出版社）、《浙派篆刻赏析》（2015年，西泠印社出版社）等（图15）。

目录

图12 沙孟海著，陈振濂导读《印学史》（上海书画出版社，2017年）

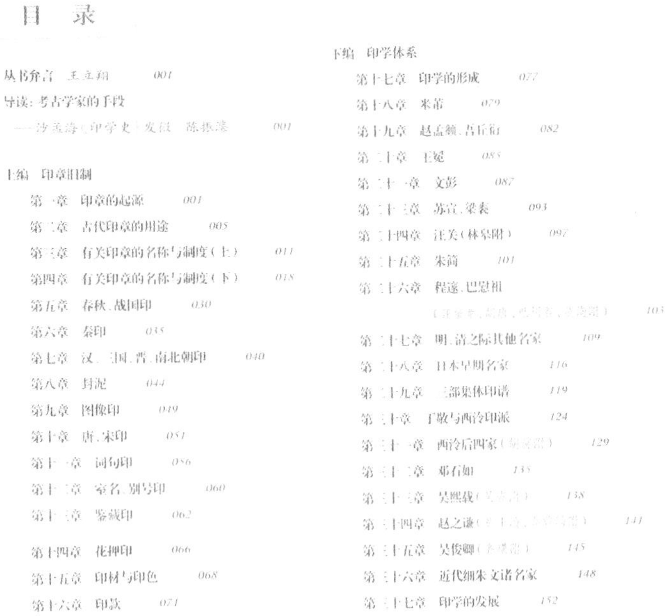

图13 沙孟海著，陈振濂导读《印学史》目录

图14 沙孟海著，中野遵、北川博邦共译《篆刻的历史和发展：印学史》（东京堂出版，1988年）

图15 余正《浙派篆刻赏析》（西泠印社出版社，2015年）

本文关注余正是有原因的。这是因为，在1986年中国书法家协会浙江分会出版的会刊杂志《篆刻家》一刊上发表的"印学研究分类简略表"中，可以找到试图分析"印学理论"和"印学史"以及"篆刻美学"之间关系的思维（图16左）。这个想法是重要的视角之一，因为它影响了当时还是日本大东文化大学在读博士生的川内佑毅，在他的论文《印学和印论研究》（2018年）中，在"印学领域分类表"的部分将这一影响有所体现（图16右）。而这也与本文的主题"篆刻学科的建设构想"密切相关，虽然仍需要加强其他的辅助观点，但毫无疑问，它提出了一个重要的问题。

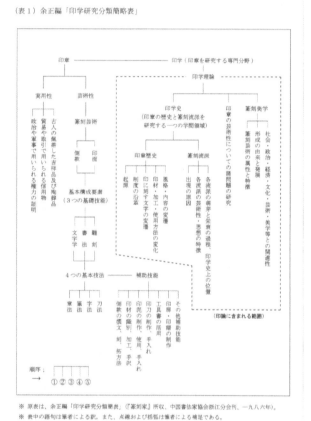
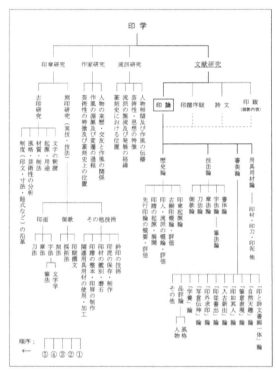

图16　余正"印学研究分类简略表""印学领域分类表"（川内佑毅《印学和印论研究》引用，大东文化大学大学院，2018年）

四、日本的印学和篆刻学：近代、近现代史的序论

日本的印章历史开始于中国后汉光武帝赠送的金印紫绶带"汉委奴国王"（57）时期，经过了飞鸟和奈良等律令制国家的官印和私印时代，至今约有2000年的历史。然而，可以肯定的是，把印章和篆刻作为一门学问去研究的时代都相对比较年轻，主要是在江户时代之后。

○江户时代的印学：藤贞干（1732—1797）的《公私古印谱》（1773年）、松平定信（1758—1829）的《集古十种》（1800年）、穗井田忠友（1792—1847）的《埋麝发香》（1840年）、长谷川延年（1803—1887）的《博爱堂集古印谱》（1857年）

关于江户时代的印学，我写过的《日本印章史的研究》（2004年）和《印章》（2016年）两书中都曾经谈过。藤贞干的《公私古印谱》（1773年，1887年）和松平定信的《集古十种》的印章部分（1800年，1908年）、穗井田忠友的《埋麝发香》（1840年）的印章部分，长谷川延年的《博爱堂集古印谱》（1857年，1985年）等都非常有名。

我就不再重复细节，但藤贞干是在天明四年（1784），在《公私古印谱》出版后，就筑前国（今福冈县）志贺岛发现的"汉委奴国王"金印，在日本是第一个提出"委奴＝怡土＝伊睹＝伊都国说"的学说的学者，并在《好古日录》中强调了"委奴＝伊都国说"（图17上）。此外，穗井田忠友也在《埋麝发香》一篇中设立了"印章部"（图17下），并做成了一个当时最为精准表达古印风格的摹古印谱而受到高度称赞。另外关于藤氏、松平氏、穗井田氏的"律令官印"（"尾张国印""纪伊国印""山城国印"）的摹写精度的比较，还有长谷川延年在《博爱堂集古印谱》中收集的"外国印"（"明州之印""台州之印""归州之印"）的摹写精度的比较，我在我所著的《印章》一书中都有所记载和阐述（图18）。

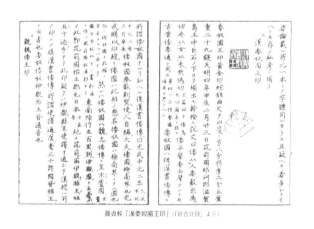

图17　日本的印学（1）藤贞干"汉委奴国王印"、穗井田忠友《埋麝发香》篇目（自撰稿《日本印章史的研究》，2004年）

图18　日本的印学（2）"律令官印"印影资料的模写精度（自撰稿《印章》，2016年）

我们已经回顾了江户时代的印学研究，让我们继续研究明治时代以后的篆刻学。

○石井双石（1873—1971）的《篆刻指南》（1926年）和《篆书指南》（1939年）

石井双石明治六年（1873）出生于千叶县四天木，死于昭和四十六年（1971），是明治、大正和昭和时期日本具有代表性的篆刻家和书法家。儿时名叫石松，后来改名硕，双石是他的号，本来是一名士兵。16岁时，他来到东京参军，从军期间他参加了日清战争（1894年）和日俄战争（1904年）。明治三十九年（1906），当他担任近卫团准尉时，他报名参加了日本新闻社赞助的篆刻作品展，并获得了两个席位。第二年，34岁的他拜师五世浜村藏六（1866—1909），两年后，在他的师父去世后，他跟随河井荃庐（1871—1945）学习。明治四十四年（1911），他与太田梦庵（1881—1967）等人一起成立了长思印社，并创办了篆刻专门杂志《雕虫》，到昭和十八年（1933），该杂志在33年的时间里共出版月刊341期。战后，他移居东京，参与企划了日展，并先后出任了日展的审查委员、参事及评议委员等职务，并在昭和三十八年（1963）被授予紫丝带勋章，在昭和四十年（1965）被授予四级旭日勋章。他的印章包括文部科学省的印章、东京大学的印章、最高法院的印章、警视厅的印章、明治神宫的红印章和千叶县知事的印章等，这也是他值得被赞誉的业绩。在他人生的最后几年里，他搬到了埼玉县东松山市居住，直到99岁去世。

石井双石的著作很多，其中《篆刻指南》（1936年，1968年）和《篆书指南》（1939年，1964年）都非常有名。

《篆刻指南》（图19）包括：第1部分"篆刻手册"、第2部分"篆刻入门"、第3部分"治印杂说"、第4部分"用刀及工具"等几个方面。特别在第2部分的第1章"职印"中，在介绍了周秦时期的古针、秦印，汉魏六朝时期的官印、私印、杂印以外，还有关于隋唐以来各时期的官印·杂印的介绍、这在印学通史的介绍回顾方面又进了一步。如图所示，图20是周秦时期的官针（左）和官印（右），图21是王玺和侯印（左）及尉印（右），图22是丞印、令印（左）和长印、司马印（右）等。虽然还没有达到对字形进行分类和按钮式进行排列的地步，但对于当时的篆刻研究来说，按官位分类的思维模式已经非常进步了。此外，在第三部分中，对印学研究的源头、印章制度、印章的格律和印面文字等方面的介绍，都是关于研究篆刻本质和精髓的必备前提，尽管平面研究法仍然是主流，但依旧值得称赞。

图19　石井双石《篆刻指南》（东学社，1926年）

《篆书指南》（图23）分为第1部分"篆书手册"（概要·实习）、第2部分"篆书的种类"（篆书的区别·各书体的案例和解释）、第3部分"参考文献"（跟研究相关的书籍资料、古人的笔记）等三个部分。笔者特别关心的是第1部分"篆书手册"里面的第2章"实习"里面谈到的关于

图20　周秦时期的官玺和官印　　　　图21　汉魏六朝时的官职印分类：王玺、侯印和
　　　　　　　　　　　　　　　　　　　　　　　尉印

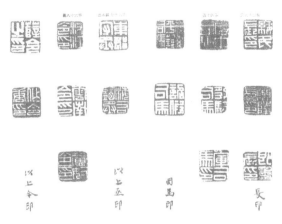

图22　汉魏六朝时的官职印分类：丞印、令印和　　图23　石井双石《篆书指
　　　　长印、司马印　　　　　　　　　　　　　　　南》（东学社，1939年）

"杂篆"的事宜。根据石井的说法，唐人对修复颇感兴趣，后来出现的许多所谓的龙书、穗书、云书和龟书都是没有汉字原始起源的造作篆书，并警告不要模仿中国谬妄的32体（图24）和日本的关思恭所造的八体古文（图25、图26）。他还演示了著名的"梧竹篆解剖"并确定这是一本骗人的书，将其视为一种邪道。他积极主张学术研究的必要性，以便将篆刻提升到篆刻学的高度研究。

即使在今天，国内外仍有不少自称"篆刻家"的人，不学篆刻的基础学术理论就进入了布字的基本设计，然后又大胆而想当然地进入

图24　篆书谬妄三十二体

实际设计，并称其为"艺术"。这是让人非常痛心和遗憾的事情，清除和解决这个问题自然也是专

图25　关思恭的八体古文（1）　　　图26　关思恭的八体古文（2）

图27　中田勇次郎《日本的篆刻》（二玄社，1966年）

图28　中田勇次郎《日本篆刻史》目次

业篆刻人的责任。

○**中田勇次郎（1905—1998）的《日本的篆刻》（1966年）和《书法全集》上下卷Ⅰ、Ⅱ（1968年）**

在学术方面将日本的篆刻进行倡导推进的各位大师中，中田勇次郎的成就和业绩最为显著。中田勇次郎明治三十八年（1905）出生于京都，从京都帝国大学文学院毕业后继续攻读研究生。他是一位日本文学的学者，也是一位专门研究书法史和中国文学的学者、大师。他于1941年成为大谷大学教授，1954年成为京都市立艺术大学学生事务部长，1963年成为校长。1976年被授予三级瑞宝勋章，1987年成为京都文字文化研究所所长，1997年成为名誉会长，并将理事长和所长的职位移交给他的大弟子白川静（1910—2006）。平成十年（1998）去世。他的主要著作包括《日本的篆刻》（1966年），《书法全集》上下卷Ⅰ、Ⅱ（1968年），《日本书法系谱》（1970年）和《中国墓志精华》（1975年）等。

1966年由二玄社出版的中田勇次郎的《日本的篆刻》（图27）之中，包含了一篇题为《日本篆刻史》的论文，从"目录"中可以看出，他把"日本篆刻史"定义为从江户时代开始，内容包括"高僧独立和心越和尚的到来""初期江户派""初期浪华派""长崎派""京都地区的今体派诸名家""高芙蓉""高芙蓉的朋友""高芙蓉的弟子""地方高芙蓉的弟子""水户的篆刻家""文人学者的篆刻""江户末期的新风"等，都有所谈及，并跟下一个明治、大正时代进行了衔接（图28）。

《日本的篆刻》之后，中田勇次郎联合大庭脩（1927—2002）和水田纪久（1926—2016）等撰写了《书法全集》上卷Ⅰ“印谱 中国”和《书法全集》下卷Ⅱ“印谱 日本”，该书在1968年由平凡社出版发行。

“印谱中国”从文彭（1498—1573）、何震（？—1604？）等开始讲述，将15世纪到20世纪中国有名的篆刻家（印人）进行了逐一介绍（图29）。还专门列举了文彭的“琴罢倚松玩鹤”（图30的第1段）、何震的“云中白鹤”“听鹂深处”（图30的第2段）、徐三庚的“桃李书屋”（图30的第3段）、赵之谦的“何传洙印”（图30的第4段左）、吴昌硕的“平湖葛昌枌之章”（图30的第4段右）等印章作品。

“印谱 日本”从明朝浙江人独立（1596—1672）、心越（1639—1695）开始将羽仓可亭（1799—1887）、河井荃庐（1871—1945）等为代表的16世纪到20世纪日本的篆刻家（印人）进行了逐一介绍（图31）。还专门列举了独立的“遗世独立”（图32，第1段左）、心越的“东明枕漱石 长啸卧烟霞”（图32，第1段中）、羽仓可亭的“万物之逆旅”（图32，第1段右）、中村水竹的“三百六旬无所得”（图32，第2段左）、安部井栎堂的“烟霞泉石臣”（图32，第2段中）、小曾根乾堂的“光胜之印”（图32，第2段右）、中井敬所的“闲情似野鹤”（图32，第3段左）、益田香远的“贵气高情便有余”（图32，第3段中）、圆山大迂的“竹添光鸿之章”（图32，第3段右）、中村兰台的“人生适意即吾天”（图32，第4段左）、桑名铁城的“雪山道人”（图32，第4段中）、河井荃庐的“画沙”（图32，第4段右）等作品。

正如他著书中主张的一样，中田勇次郎认为“日本的篆刻”的主流始于江户时代，它主要受到的是来自中国的影响。

文 彭	1498—1573	蔣 仁	1743—1795
何 震	～1626～	黃 易	1744—1802
甘 暘	～1569～	奚 岡	1746—1803
朱 簡	～1610～	張燕昌	1738—1814
歸昌世	1574—1645	陳豫鍾	1762—1806
梁 袠	～1610～	陳鴻壽	1768—1822
蘇 宣	～1621～	趙之琛	1780—1860
何 通	～1622～	錢 松	1807—1860
汪 關	～1614～	楊 澥	1781—1850
汪 泓	17世紀	屠 倬	1781—1828
張 灝	～1633～	徐 楙	～1825～
程 邃	1605—1691	趙 懿	～1813～
周亮工	1612—1672	胡 震	1817—1862
許 容	～1686～	鄧石如	1743—1805
林 皋	～1658～	吳熙載	1799—1870
高鳳翰	1683—1743	吳 咨	1813—1858
沈 鳳	1685—1755	徐三庚	1826—1890
汪啓淑	1728—1799	趙之謙	1829—1884
陳 鍊	1730—1778	翁大年	～1850～
董 洵	1740—1812	王石經	1833—1918
巴慰祖	1744—1793	胡 钁	1840—1910
胡 唐	18世紀	吳昌碩	1844—1927
鞠履厚	～1763～	黃士陵	1849—1908
王聲振	～1751～	徐新周	1853—1925
丁 敬	1695—1765	齊 璜	1863—1957

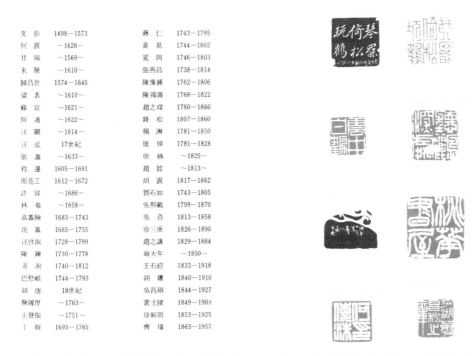

图29 中田勇次郎、大庭脩等“中国的篆刻家（印人）”（《书法全集》别卷Ⅰ，平凡社，1968年）

图30 中国的印人及作品：文彭、何震、徐三庚、赵之谦、吴昌硕等（久米雅雄配列）

獨立	1596—1672	徐廷年	1746—1819	阿部縑州	1794—1854頃
心越	1639—1695	田中良庵	1747—1802	細川林谷	1782—1842
柳原瑱洲	1655—1706	杜澂	1748—1816	細川林齋	1815—1873
細井廣澤	1658—1735	戴星池	1748—1816	十河節堂	1795—1860頃
池永一峯	1665—1737	杜俊民	1754—1820	林十江	1777—1813
三井親和	1700—1782	稻毛屋山	1755—1823	立原杏所	1785—1840
永井昌玄	~1751—1763~	赤松眉公	1757—1808	吳北渚	1798—1863
柳里恭	1704—1758	二村玉江	1759—1835	行德玉江	1801—1901
新興蒙所	1687—1755	源惟良	~1796	長谷川延年	1803—1887
伏山	1702—1778	森川竹窓	1763—1830	田邊玄々	1796—1858
里東白	1715—1780	賴春水	1746—1816	羽倉可亭	1799—1887
都賀庭鐘	1718—1794?	賴杏坪	1756—1834	賴立齋	1803—1863
殿亞岱	~1740—1782~	賴山陽	1780—1832	中村水竹	1807—1872
源伯民	1712—1793	初世 濱村藏六	1735—1794	山本竹雲	1820—1888
趙陶齋	1713—1786	二世 濱村藏六	1772—1819	安部井櫻堂	1808—1883
移南	1711—1767	三世 濱村藏六	1791—1843	篠田芥津	1827—1902
悟心	1713—1785	四世 濱村藏六	1826—1895	小曾根乾堂	1828—1885
林煥章	~1753	五世 濱村藏六	1866—1909	山本拜石	1830—1912
高芙蓉	1722—1784	益田勤齋	1764—1833	中村敬所	1831—1909
池大雅	1723—1776	益田遇所	1797—1860	圓山大迂	1838—1916
木村巽齋	1736—1802	益田香远	1836—1921	中村蘭臺	1856—1915
曾之唯	1738—1797	賢根寸齋	1798—1852	山田寒山	1856—1918
葛子琴	1739—1784	小俣蛾庵	1765—1837	桑名鐵城	1864—1938
前川虛舟	~1777—1813~	三雲仙嘴	1769—1844	河井荃廬	1871—1945
紀止	~1791	壬生水石	1790—1871		
菅南湜	~1796	阿良良山	1773—1821		

图31 中田勇次郎、水田纪久等"日本的篆刻家（印人）"（《书法全集》别卷Ⅱ，平凡社，1968年）

图32 日本的印人及作品：独立、心越、羽仓可亭、中村水竹、安部井栎堂、小曾根乾堂、中井敬所、益田香远、圆山大迂、中村兰台、桑名铁城、河井荃庐（久米雅雄配列）

五、日本江户时代以后的印学、篆刻学的关联文献

接下来，我想讲一下自江户时代以来与印学和篆刻学研究相关的文献的实际情况。到底是怎样贵重的文献被继承和发扬下来，让我们来了解一下这些代表的案例。在我刚才介绍的中田勇次郎的《日本的篆刻》的结尾，有水田纪久编辑的"日本印籍年表"里记载的值得关注的内容以外，还有作者从年轻的时期就一直关注的锡安印章文化研究所的藏本所记载的一些代表的经典书籍，这里给大家逐一介绍。

江户时代

○玉井富纪的《群印宝鉴》（《和汉印尽》）（万治二年，1659）

该书开篇以"温故知新"为内容，分为"上部：唐绘上笔""中部：唐绘中笔""下部：日本画"三大部分。在引言的最后，有江户时代的"万治二祀仲夏朔日"的纪年（图33）、属于日本发行的相当古老的印章类别。如果你翻开书页看一下"唐绘上笔"，从"徽宗皇帝"开始，"僧牧溪"到"陆青"的图像和印影都有收集在里面（图34），但在这里发现的所有篆文都给人一种幼稚和朴素的印象。

○吾丘衍《学古编》（宽保三年，1743）

吾丘衍（1272—1311）是鲁郡出身的元代初期的金石学家，他以编著了中国最早的篆刻理论书而著名。《学古编》（图35）由目录三十五举、合用文集品目、附录几部分组成。带有戒律的日本版画书是由唐本屋宗兵卫和山田屋三郎兵卫在江户时代的宽保三年共同完成的（图36）。

○陈策《韵府古篆汇选》（康熙十一年，1672；元禄十年，1677）

陈策的《韵府古篆汇选》出版于清康熙皇帝十一年（1672），日本版画出版于元禄十年（1677）。它由京都的柳枝轩书铺发行，并盖有葫芦形"彰考馆"的收藏印章（图37）。彰考馆最初是由水户藩主德川光国设立的《大日本史》的编撰处，但1657年在江户驹込别亭设立了史局并开始编撰，1672年史局又搬到了小石川，并被正式命名为"彰考馆"。自从搬到了水户以后，除了编撰史学以外，在那里还教传佛经。《大日本史》出版后不久，他又获得了一本《韵府古篆汇选》，本着做学问的热情，他积极地潜心研究。这里面的大篆、鼎文的字形（图38）与上述的《群印宝鉴》的字形非常不同，并且已经初步具备文字的形状风格面貌。

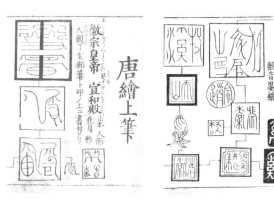

图33　玉井富纪编《群印宝鉴》（万治二年，1659年）

图34　徽宗皇帝、僧牧溪（选自《群印宝鉴》）

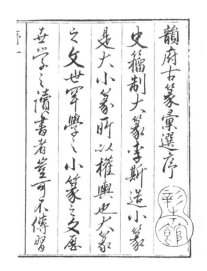

图35　吾丘衍《学古编》（1743年）

图36　吾丘衍《学古编》（宽保三年，1743年）

图37　陈策撰辑《韵府古篆汇选》（康熙十一年，1672年；元禄十年，1677年，彰考馆本）

○秦驷《六书通》（《集古印篆》）（安永四年，1775）

秦驷编著了《六书通》一书。家藏本以安永四年（1775）的版本为依据，书的扉页写着《六书通》几个字，正文从"集古印篆　第一部"开始，著者的地方写有"大阪　秦驷　自鞭甫校"几个字。有趣的是，该书还专门提到印章和印书的来源（图39），但没有提到新旧字形，这跟今天的一样。例如，"之"字的新旧字符仍然是混淆的（图40）。关于书林，在东武日本桥的小川彦九郎、堀江町的膳所理兵卫、在大阪心斋桥的良野六兵卫、柳原喜兵卫，高丽桥的浅野弥兵卫等的名字都被刻在其中（图41）。

除了以上介绍的以外，木母馨的《石印集义》（《铁笔集宜》）（文政三年，1820；图42）和曾根存斋的《古今印例》（嘉永二年，1849；图43）等也是关于江户时代不能被遗忘的重要参考资料。

明治时代

○福冈孝弟的《印谱辨妄》（明治三十二年，1899）

福冈孝弟（1835—1919）是土佐藩（高知县）人，与同样土佐的后藤象二郎（1838—1897）一起，提议将皇位归还给江户时代最后一位幕府将军德川庆喜。明治维新以后，他成为参事并参与起草"誓言五条"，1875年成为参议院议员，1885年担任宫廷参议长，1888年担任枢密院顾问。他的著作中有《印谱辨妄》（1899年）（图44）。《弁妄余言》记载，"看画作的时候忽略看印是一般的通病，鉴定以前大家画作的真伪一般是从他的印章跟其他画作的印章是否一致来判定的"（图45，左），"自江户时代以来，在木版画的落款印上由于误读了印章表面的文字或误抄了文字而导致对作者的杜撰的例子不算少数"，"对那些有印章落款的画作上，由于对印章的不注意而导致作者弄错了地方的情况很多"，这些都试图唤起读者们的注意。作为实例，被称为"三代光琳"的何

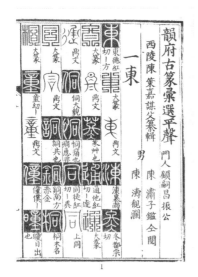

图38　陈策撰辑《韵府古篆汇选》东、冻、冬、荂、通等

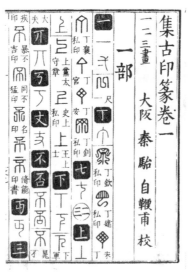

图39　秦驷编《六书通》（《集古印篆》）（安永四年，1775）

图40　秦驷编《六书通》（《集古印篆》）"之"字的诸例和编年混淆

帛（加贺人，名叫立德和太青，号何帛、鹤冈、金牛道人等）的作品，由于用了尾形光琳（1658—1716）的圆印"方祝"，虽然圆印的上下部分都盖了"何帛"和"太青"的落款印，但有只看到尾形光琳的"方祝"印而被误解为是尾形光琳的作品（图45，右）。关于这一点，请参考吉木文平氏的《印章综说》（1971年，技报堂）的"8．印章和文献"里面的记载。

图41　秦骀编《六书通》（《集古印篆》）书林（东武：日本桥、堀江；大阪：心斋桥、高丽桥）

图42　木母馨《石印集义》（文政三年，1820年；也有天明七年，1787年的版本）

图43　曾根寸斋《古今印例》（嘉永三年，1849年；也有天保十二年，1841年的版本）

图44　福冈孝弟《印谱辨妄》（国华社，明治三十二年，1899年）

图45　《辨妄余言》落款论，作者尾形光琳或者何帛？

○中井敬所的《皇朝印典》（明治四十四年，1911）

中井敬所（1831—1909）出生于日本江户，名兼之，字资同，号敬所。在三世浜村藏六（1791—1843）之后，师从益田遇所（1797—1860），在遇所的推荐下，19岁入门林大学头，同年，刻下了将军家的三枚签名用铜印。嘉永五年（1852），22岁的他被幕府官员中井肥后守由路收养为养子，继承了中井家族的家业，该家族也是一个受人尊敬的金属铸造家族，然后受命不断刻了很多国印。37岁那年，适逢日本的明治维新，于是他辞去了幕府的官职，搬到了静冈，在废藩后再次回到东京，致力于研究印学和篆刻。明治九年（1876），他完成了《印谱略目》的手稿，明治十三年（1880）奉宫内部之命刻了三枚御印（红玉、紫水晶、水晶），他的功绩受到了高度评价，明治二十三年（1890）在担任第3届全国工业博览会监察官、全国国宝取调局临时调查员、同时担任该局监察官、帝国博物馆监察官之后，于明治三十九年（1906）被选为皇室技艺员。总结他的成就，正如东京国立博物馆的樋口秀雄先生在书名为《日本的篆刻》中的文章"明治篆刻界的宝藏中井敬所的业绩"中提到的那样，他精通金石学、书画鉴定，作为篆刻家，他还搜寻名门望族珍藏的中国印章，完成了包括印谱考证以及日本印人的评论在内日本印人传，用毕生精力进行日本古印的研究，并主持编撰了包括《皇朝印典》《日本古印大成》《鉴古集影》《皇朝铸匠录》等手稿，可以说，他是明治篆刻界的元老和领袖。敬所于明治四十二年（1909）去世，在他死后陆续出版的书籍包括《皇朝印典》《续印谱考略》《日本印人传》。在这里，我引用了明治四十四年出版的《皇朝印典》（图46）以及其中的"铸造法""改铸式""印文字样"的部分（图47）。此外，中井敬所收集的珍贵文物存放在东京国立博物馆，有兴趣的人可以参考。

图46　中井敬所《皇朝印典》（明治四十四年，1911年）

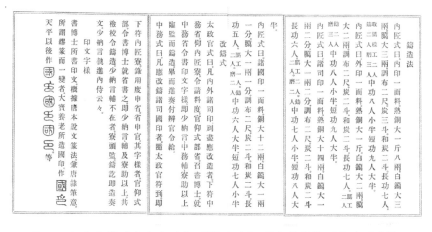

图47　中井敬所《皇朝印典》"铸造法""改铸式""印文字样"

大正时代

○冈村梅轩、河井荃庐等人编写的《芙蓉轩私印谱》（大正二年，1913）

高芙蓉（1722—1784）是江户时代中期的儒学者、篆刻家，在日本被称为"印圣"。名字的姓高是他取了自己出生地甲斐国的高梨郡的高字，他本来姓大岛，名为孟彪，字孺皮，号芙蓉，由于本姓有一定的由来，所以他也有被称为源孟彪的时候。他去了京都，在那里他学到了一定的技术，并与考古学家藤贞干（1732—1797）成了亲密的朋友。特别是，他在篆刻方面展现出了非比寻常的才华，他不仅对归化僧心越"今体派"有所见长，就连苏宣（1553—1626）的《苏氏印略》和甘旸（生卒年不详）的《印正》也刻得有模有样，还可以往上追溯到秦汉的源头，目标直指"古体派"。

本文介绍的《芙蓉轩私印谱》（图48）是高芙蓉去世后的第二年，也就是天明五年（1785）发行的序刊本的影印版，封面印有近代写生画的鼻祖圆山应举（1733—1795）在乙巳年（1785）给高芙蓉画的画像（图49），由此可见，《芙蓉轩私印谱》也可以说是现代的印谱书籍。如果介绍这个印影的一部分的话，不光有石头印章，还有铜印龟钮（图50左），铜印连环钮和锡印鼻钮（图50右）。本书是印圣芙蓉先生去世后130年，即大正二年的纪念刊物，仅发行了200部，主要是他的后世学生冈村梅轩、足立畴村、冈本椿所、山田寒山、芦野楠山、河井荃庐等发行的（图51）。在后来的几年里，成为日本第一位获得文化勋章的篆刻家，同时也是西泠印社的名誉副会长的小林斗盦先生（1916—2007）也出版了《逝世二百年高芙蓉纪念展图录》（1985年，日本作家展事务局），也是为了表达了他对逝者的深深的缅怀和钦佩之情。

此外，江户时代后越人，居住在京都本职工作是一名医生的富益斋（名鸿，字公范），著述了《印章备正》（图52）一书并进行了讲义活动。他于文政五年（1822）过世，这之后，该文稿被东京的山田寒山（1856—1918）所收藏，他不想该文稿仅被当成秘籍被雪藏，于是在大正二年即1913年重新校订并且出版发行了《印章备正》。该书由"卷一 古体印说""卷二 字法上""卷三 字法下""卷四 文法""卷五 制度上 印式""卷六 制度下 镌制""卷七 今体印令"等部分组成。

图48 印圣芙蓉先生逝世后130年纪念
《芙蓉轩私印谱》（《芙蓉山房私印谱》）
（1913年）

图49 高芙蓉像（1722—1784），圆山应举
（1733—1795）1785年所画的肖像

陈克恕、近藤元粹的《篆刻针度》（大正九，1920）也占有十分重要的地位。陈克恕（1741—1809），浙江海宁人，乾隆四十三年（1778）去北京时，他知道人们对于从事篆刻的职人以及篆刻学方面的专家大师知之甚少，于是亲自执笔，写下此书。该书本计划于乾隆五十一年（1786）出版发行，但不幸的是版片化为乌有，处于长期绝版的状态无法印刷出版。光绪三年（1877），浙江省仁和人葛理斋复刻了此版。日本的明治三十一年（1898），日本伊予（爱媛县）人近藤元粹通过活字版缩刷2册的印刷方法出版发行了该书（图53）。

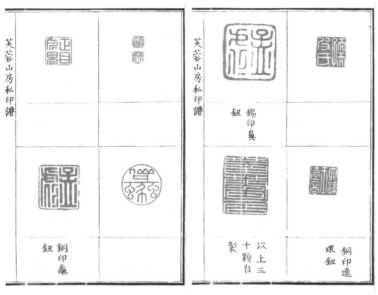

图50　《芙蓉山房私印谱》印影（含铜印龟钮、锡印鼻钮、铜印连环钮）

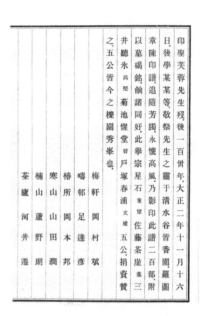

图51　《芙蓉山房私印谱》后学：冈村梅轩、足达畴村、冈本椿所、山田寒山、芦野楠山、河井荃庐

图52　山田寒山《印章备正》（民友社，1913年）

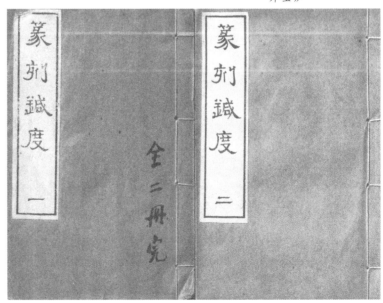

图53　陈克恕、近藤元粹《篆刻针度》（大正九年，1920年；也有1878年的版本）

昭和时代

○郡司楳所的《皇朝印史》（昭和九年，1934）

郡司楳所（1866—1934）跟刚才提到的冈村梅轩和冈本椿所一样都是中井敬所的门下弟子。昭和九年（1934）出版了《皇朝印史》，把日本印章史从"印章的称呼"开始写起，按照"上古时期到藤原氏时代""院政时代以后南北朝时代""足利氏以后丰臣氏的时代""德川氏时代"的顺序，以通史的思维观点划时期的逐一论述（图54）。昭和十六年（1941），作为考古学家的篠崎四郎写下了《大和古印》，对现存日本古印进行了深入的考察和研究，这在印学学术史上也是不能被遗忘的。

○小野则秋的《日本藏书印考》（昭和十八年，1943）

最后想介绍的是小野则秋（1906—1987）的《日本藏书印考》（图55）。小野则秋在获得教育部认证的中学教师资格后，他曾担任同志社大学图书馆的助理馆长，还担任过图书馆研究协会的理事一职。这本书出版于昭和十八年（1943），它通过专注于图书馆印章来深化研究印学而备受关注，而图书馆印章在此之前并没有受到太多的关注。该书前半部分是关于"藏书印的种种品相"，后一部分是关于"古今藏书印的一览"的内容，都介绍得比较深入且趣味性十足。仅作为参考，列举一些藏书印如图，"第一图 古代藏书印""第二图 大名的藏书印"（图56）、"第四图 公家的藏书印""第九图 寺院的藏书印"（图57）。

图54 郡司楳所《皇朝印史》（三圭社，1934年）

图55 小野则秋《日本藏书印考》（文友堂书店，1943年）

图56 小野则秋《日本藏书印考》古藏书印、大名的藏印

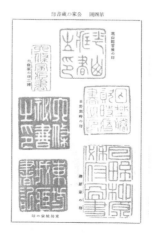

图57 小野则秋《日本藏书印考》公家的藏书印、寺院的藏书印

六、跟印章有关的铸金学、古文字学、法制史学的研究以及实物古印的集中研究

纵观印章史和篆刻史可以知道，自古以来，自公元1世纪之后，中国的官印[汉委奴国王、亲魏倭王、魏率善倭中郎将、魏率善倭校尉、安东将军章、平西（东）将军章、征虏将军章、冠军将军章、辅国将军章、遣唐使印、管军总把印、日本国王之印]以及私印，和由波斯系粟特人民带来的印有"ＲＹＳ（头）ＭＹＮ（诸国民）"等叙利亚、粟特的印章大量流入日本。

这些印章的材料涉及面很广，有金、银、铜、锡、铅、铁等金属制材，也有玉、水晶、玛瑙、绿松石、滑石、蜡石等矿物质，还有陶器、瓷器、瓦、硝子等陶瓷系材料，以及琥珀、牙、角、骨、贝壳等动物类材料，还有香木、黄杨、梅、竹根等植物类材料，现在的篆刻界以石印为主流。刚才介绍的《篆刻针度》一书中，在"卷8 选石"的部分列举了青田冻石、封门石、大松石、寿山石、昌化石等用在印章上的主要石料。

从"日本的篆刻是从江户时代以后才真正开始的"这个思维来看，这与元朝末期会稽人王冕（1335—1407）用青田蜡石的一种"花乳石"来刻印的事实不无关系。

在江户时代初期，印刻师大多归属大名之下，就地位而言，他们被视为士农工商业里的工部的匠人，可以像剑师一样使用名字里带刀部的字，并且有很好的待遇和身份地位。但江户幕府由于行政需要建立了"五人组制度和设置宗门改役"，对"印章"的需求增加，还有一项记录表明，在此之前居住在京都三条地区的许多印刻师都已降级进入江户的原因，印刻师开始为平民服务，而篆刻大家专供幕阁、大名等贵族制印，使得印刻界出现两极分化的局面，这也迫使篆刻家们不得不根据民间的需要不断地调整自己的身份。

关于印判师，元禄三年（1690）的《人论训蒙图汇》（著者不详，画为莳绘师源三郎）这本书中有关于"印判师 用水牛做这个""用水牛作为印材制印使得印章销售数量明显增加"的介绍说明。事实上，印判所的招牌也已经传下来了（参照后述的我的一篇叫《印章》的文章）。

在下文中，我将介绍从江户时代开始，跟武士和贵族有关联的日本代表的篆刻家们。

益田遇所（1797—1860）据说在安政二年（1855）被幕府任命制造两种官印，他的长子益田香远（1836—1921）在安政四年（1857）也制了"经文纬武"的银印，这些印章都在14代将军德川家茂的时期，在"日米友好通商条约批准书"（1859年）和15代将军德川庆喜的时期在"日本国丁抹就航通商及航海条约批准书"（1867年）上被实际使用过（图58）。

另外京都伏见稻荷神社的祠官羽仓可亭（1799—1887）也刻制了

图58 益田香远作"经文纬武"印（1857年）、"德川家茂"（1859年）、"曾在德川庆喜"（1867年）的条约批准书上使用

御玺六方，还有很多诸亲王的印章。

中村水竹（1807—1872），为近卫家服务的京都人，在孝明天皇安政三年（1856）刻了御府之印和皇印，在元治元年（1864）刻了德川家茂的将军印，明治之前的庆应三年（1867）刻了天位永昌、御名的玺、永等三方印，还刻上了大日本国玺的国印。明治元年（1868），他被任命为印司，并刻上了许多官印。著有《北游记》一书。

安部井栎堂（1808—1883）虽出生于近江，但去了京都，通过篆刻挣钱，还盖了自己的房子。明治元年（1868）被任命为御用印司，负责刻了孝明天皇的水晶御玺。在明治七年（1874），因完成了大日本国玺和天皇御玺金印而声名大噪。

初代秦藏六（1823—1890）出生在山城的云畑田，精通铸金技术，奉孝明天皇之命铸造御印。在庆应三年（1867），奉德川庆喜的嘱托铸成了"征夷大将军"黄金印；明治六年（1873），奉日本天皇宫内省的命令在宫城县内用龙凤分别作为印章的钮刻成了"天皇御玺"和"大日本国玺"两方黄金印，由于有这些业绩，他也变成了著名的印人。

小曾根乾堂（1828—1885），长崎人、师从大城石农（~1831~）学习篆刻，留下了"兴致不到不刻，不是好材料不刻，不是书匠画工的不刻"的名言。明治四年（1871）用石材刻国玺，根据特派全权大使伊达宗城（1818—1892）的指示，与清朝政府签订了通商条约。

中井敬所（1831—1909），如刚才所述，出生在江户，拜师益田遇所。然后进入铸金世家的中井家，明治十三年（1880）受命于宫内省，刻制御印三方，分别是红玉、紫昌、水晶材质。76岁被任命为帝室技艺员。著有《皇朝印典》《日本古印大成》《皇朝铸匠录》等。

圆山大迁（1838—1916）出生在名古屋的酿造世家，13岁到京都，入了贯名海屋的门下。明治十一年（1878）渡海来到中国，拜徐三庚、杨岘等大师学习篆刻。他学会了使用双刃刀，并回到日本传授篆刻法。主要的著述为《篆刻思源》（1899）。

桑名铁城（1864—1938年）是富山人，明治二十五年（1892）移居京都，三年后奉命刻制"台湾总督府"印章。明治三十年（1897）渡海来到中国，跟随赵之谦、徐三庚、吴昌硕等人学习篆刻。其作品有《天香阁印存》（1914）。

河井荃庐（1871—1945）出生在京都，跟随篠田芥津（1827—1902）学习篆刻。明治三十三年（1900）渡海到中国，跟随吴昌硕等人学习篆刻，归国后在东京居住。他精通金石、文字学和书法，懂得书画鉴定，在近代的印坛中，被世人高度评价为最杰出的人物。受战争影响，昭和二十年（1945）3月10日，东京遭到空袭，他与自己收藏的稀有书法画一起接受了命运的安排。他也是初期西泠印社的少数成员之一。曾拒绝给当时的伪满洲国皇帝刻印。

由此可见，自江户时代以来，印学和篆刻学的实践，既有与贵族、幕府将军有联系的篆刻师，也有大量以平民为目标的印人。在这一点上，为了印学和篆刻学的综合发展，我想从不同的角度进一步研究一些其他领域。其中包括铸金学。

铸金学的研究

正如我们所看到的，仅在石印材上不断地刻上篆书是不是就是所谓的篆刻。当然"篆书"的铸造也是"篆刻学"的一部分，包含在广义的"印学"里面。对它的代表性研究的是香取秀真（1874—1954）。

○香取秀真的《金工史谈》（1941年，樱书房）、《日本的铸金》（1942年，三笠书房）、《续金工史谈》（1943年，樱书房）

香取秀真是日本金属铸造艺术家和诗人。他将金工史确立为一门学术学科，并成为日本第一位获得文化勋章的美术工艺家。先后任东京美术学院教授、艺术院会员、帝室博物馆技艺员、国宝保存常任委员会委员、文化财产审议会专家委员等职务。他的代表作有昭和十六年的《金工史谈》（1941年，樱书房：图59），该书由"概要""铭文""各说""作家""朝鲜及中国"等几部分组成，其中"概要"中的"正仓院的金工造成"中提道"在正仓院文件上盖上了古印章"，实际上也表明对古文物有过一个深入的研究（图60）。昭和十七年的《日本的铸金》（1942年，三笠书房）一书中，在"采集和日本镜子的研究"中谈到了三村竹清等人的"丝印"收集的事情以及真伪鉴定的问题。昭和十八年的《续金工史谈》（1943年，樱书房：图61）之中，有关于"铜印铸造法"的研究，按"铸印""印面""日本的铜印"三部分的顺序，列图讲述了肥前、江州、伊势崎等地方的"近代的铜印"的事例和"烧印师作的钮"的图例，这些都是他亲自考证的实际案例（图62）。

○会田富康的《铸金·雕金·锻金》（1975年，理工学社）以及《日本古印新考》（1981年，中央公论美术出版）

铸金学研究中应该提到的另一个人是会田富康（1901—1987），他出生于千叶县馆山市，师从山本安云，曾担任日展顾问、日展评委、日展监察员、工彩会会长等职务，并获得了商工大臣奖。

会田先生的著书很多，其中的一部名为《铸金·雕金·锻金》（1975年），其中包含"1.金属工艺的形成""2.金属工艺的素材""3.铸金的技法""4.雕金的技法""5.锻金的技法""6.完

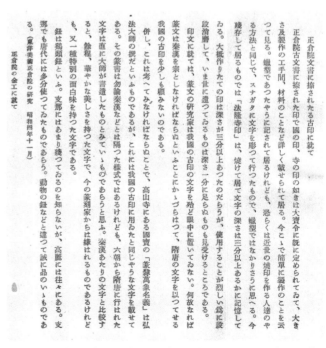

图59　香取秀真《金工史谈》（樱书房，1941年）　　　　图60　同书"关于正仓院文书上盖压得古印"（1929年的论文）

图61　香取秀真《续金工史谈》
（樱书房，1943年）

图62　香取秀真《续金工史谈》"关于铜印铸造法"和
"近世的铜印"

成、保存、修补、鉴赏""7.金工余录"等几部分组成（图63）。

在制作金工类作品之前，对日本古代的"山背国印""大倭国印"进行深入研究并且把研究成果化成了"园城寺印"。他还为日本的著名画家安田靫彦（1884—1978），小说家、剧作家以及歌者坪内逍遥（1859—1935），还有美术史家、书法家会津八一（1881—1956）等人铸造印章（图64）。这里我特别感兴趣的是，从"在石膏上雕刻正确的字符"到"完成正确的字符雕刻的原始形式"的制作过程，以通俗易懂的方式进行了详细解释（图65）。

《日本古印新考》（1981年）从"中国的古印"开始到跟"日本古印"的比较以及"日本古印"的制作等方方面面，展开了关于对铸造技术论的论述，这是他80岁时的著作（图66）。该书不仅是对印章铸造的技术方面的研究，也是对"正仓院文件"密切相关的研究（图67）。我们了解到，他还对"法隆寺印"和"大神宫印"等"传世印章"的文字和字形进行了深入研究（图68）。

当然，如此对会田先生的研究，是从1970年以前就开始的，这从即将要介绍的木内武男先生的名著《日本的古印》（1964年，二玄社）中关于"古铜印的铸造技法"的部分的阐述中可以明显看到。

古文字学、法制史学的研究

○荻野三七彦的《印章》（1966年，吉川弘文馆）

荻野三七彦（1904—1992）是一位日本古文字学家。出生于东京，早稻田大学文学院历史系毕业后，受东京帝国大学文学院史学研究所委托，后获得早稻田大学文学博士学位，1935年后在早稻田大学担任讲师、助理教授和教授，然后担任教务主任、早稻田大学理事和图书馆馆长，直到1974年退休并成为名誉教授。他主要的论文和著作包括《圣德太子传古今目录抄》（1937年，法隆寺）和《日本古文书学和中世文化史》（吉川弘文馆，1995年）等，特别是《印章》一书是他重要的著

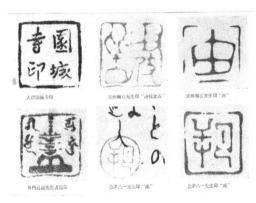

铸金·彫金·鍛金

會田富康

理工学社

图63 会田富康《铸金·雕金·锻金》
（理工学社，1975年；1991年）

图64 会田富康制作的铸造印（山背国印、
园城寺印、安田靫彦、坪内逍遥、会津
八一印）

图65 会田富康《铸金·雕金·锻金》铸造印的制作过程

图66 会田富康《日本古印
新考》（中央公论美术出
版，1981年）

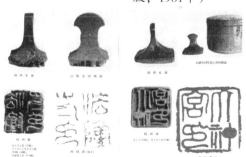

图67 会田富康《日本古印新考》"正仓
院文书"盖压印影

图68 会田富康《日本古印新考》"法隆寺
印""大神宫印"传世印

书（图69）。它包括"第1 印章的起源""第2 上代的印章""第3 平安时期的印章""第4 中世的印章""第5 署名方法的变迁（花押等）""第6 战国武将的印章"等几部分。这本书从古代美索不达米亚的印章开始，讨论了日本古代和中世纪的印章，并详细描述了从花押时代到战国时代的印章，共使用了137幅插图。它是日本有代表性的书籍之一，是从古文字学的角度和方法对印章进行深入研究的书籍。

在这以后的10年，也就是昭和五十一年（1976），出版了神奈川县出生的，毕业于东京帝国大学文学部国史学科的相田二郎先生（1897—1945）的《战国大名的印章——印判状的研究》（1976年，名著出版）一书，这本书包括"丰臣氏关于织田氏的古文书"（1943年）、"关于北条氏印章的研究"（1935年）、"关于武田氏印章的研究"（1938年）、"关于长尾上杉氏的印章和印判状的研究"（1939

图69　荻野三七彦《印章》
（吉川弘文馆，1971年）

年）、"德川氏的人马手形的印章"（1934年）等共五个部分，最开始的部分是未发表的，其他的四部分在学术杂志《历史地理》中发表过。很遗憾的是，这里面的很多探讨都对后代有很大程度的帮助，但不知为何作为研究人员的专业人士却很少谈论。基于这个思维，东京大学史学研究所的所长弥永贞三先生（1915—1983）协同发行委员会的其他专家一起尽力撰写并最终发行了这本书，这是需要被铭记的一件事，在这里我想要特别提出。

○石井良助的《印章》（1964年，学生社）和《印判的历史》（1991年，明石书房）

石井良助（1907—1993）是日本的法制史学者，于昭和五年（1932）在东京帝国大学毕业后作为助手留校，七年（1934）担任助教授、十二年（1939）取得法学博士学位，十七年（1944）任教授。他的代表著作《印章》从"印章的由来""天皇的印""国印""奈良时期的私人印章""花押时期""战国武士的印""信长、秀吉、家康的印""德川幕府和印章""印章店和庶民的印""实用印""江户时代的生活和印""印和犯罪""明治维新和印"等内容和顺序进行讲述（图70）。另外，《印章的历史》也用跟上面大概一样的章节顺序进行讲述。有趣的是，他主张对"印章账目"的管理以及"伪造印章、行使伪造印章或滥用他人印章"等阴谋采取流放、死刑等罪行的处理。他于1968年（昭和四十三年）退休并成为名誉教授。为了表彰他对前代各个法律领域的分析和系统化的贡献，昭和四十五年（1970），

图70　石井良助《印》（学生社，1964年）

他被授予紫丝带勋章；昭和五十九年（1984），被授予文化功德人物，平成二年（1990）被授予文化勋章。他的其他著作包括《刑罚的历史》（1952年）和《天皇》（1982年）等。

对实物古印的集成研究

○木内武男的《日本的古印》（1964，二玄社）、《日本的官印》（1974年，东京美术）以及《印章》（1983年，柏书房）

木内武男（1920—？）出生于东京，昭和十六年（1941）毕业于二松学舍专业学校以后，昭和二十二年（1947）就职于东京帝室博物馆（现东京国立博物馆）。他致力于法隆寺宝物室的调查研究，曾任职正仓院木工品特别监察员、文化文物保护审议会专门委员等。曾执教于东京艺术大学和二松学舍大学。代表著作有《式部省移·日本古印集成》（1963年，Museum149美术出版社）、《日本的美术25 木竹工芸》（1968年，至文堂）、《正仓院的木工》（1978年，日本经济新闻社）、《日式箪笥集成》（1982年，讲谈社）等。

特别在《日本的古印》一书中的"日本古印的沿革"这部分的讲述里，关于"印章的意义"中，他首先解释为表达自己，并且作为表示自己的权力、义务、所有的一种手段，早在公元前4000年的时候就被东方世界所使用。然后按"我们国家印章的起源""令格制时代的印章""（1）官印，（2）公印，（3）私印，（4）烙印，（5）印泥""中世以后的印章""对印章的信仰"的顺序和内容，通过丰富的案例图示进行详细展开的论述。书的结尾总结的《日本古印集成》和《古印关系主要文献抄略》等内容也非常仔细和优秀（图71）。

《日本的官印》也是很优秀的著作，不光古代、中世纪、近代以及近代以后的官印，包括天皇御玺、大日本国玺、省印、府印、县印等都有众多介绍。在书的结尾，不光附加了古代中世官制一览表，还附加了明治初期主要官职一览表，在明治的官印备注栏里，益田香远、梛川云巢、竹内玄夫等印人也被记录了进去。有趣的是，"由于前印错字而进行的改刻"（神祇官印）、"由于前印被焚烧而进行的再刻"（宫内省印）等说明也进行了注记（图72）。

图71　木内武男编《日本的古印》（二玄社，1964年）

《印章》是一本面向普通大众的启蒙书。由"1.印章的起源和我国印章""2.令格制时代的印章""3.中世以后的印章""4.明治以后的印章"几部分组成（图73）。在这本书里，长崎的小曾根乾堂（1828—1885）在明治四年（1871）刻石印"天皇御玺"和"大日本国玺"（图74上），京都的秦藏六（1823—1890）在明治六年（1873）用黄金铸金印，印司官的安部井栎堂（1808—1883）在明治七年（1874）刻"天皇御玺"和"大日本国玺"（图74下）等历史故事都被记载了下来。但是，我想补充一点，钮形部分是我补充附加记录的。

图72　木内武男著《日本的官印》（东京美术，1974年）

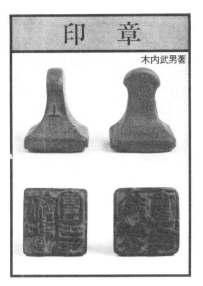

图73　木内武男著《印章》（柏书房，1983年）

图74　同书　小曽根乾堂石刻"天皇御玺""大日本国玺"（上部分：1871年）和安部井栎堂、秦藏六制作制造的金玺印"天皇御玺""大日本国玺"（下部分：1874年）（钮形照片为笔者后来追加）

七、印章考古学的研究、历史学的研究以及印学的研究

到目前为止，笔者已经回顾了关于"对印章的兴趣以及篆刻学的基本概念""中国印学和篆刻学""日本的印学和篆刻学""日本江户时代以后的印学、篆刻学关联文献""印章的铸金学的研究、古文字学的研究、法制史学的研究以及实物古印的集中研究"等方面。在这里，有必要提到作者自己对印章的考古学、历史学的研究以及自己对印学的研究。对印章的兴趣是在高中时激发的，受到高津春繁和关根正雄的《古代文字的解读》（1964年，岩波书店）的影响，还有文章开始就谈到的与英国考古学者T.E.Lawrence的相遇，让我在1966年进入京都立命馆大学后决心学习考古学和古代历史作为自己的专业。在被称作"在野史学的雄"的恩师北山茂夫先生（1909—1984）的热情温暖的鼓励下，大学三年级的1968年的时候，发表了一篇对金印奴国说通说理论的反驳的文章，此文章最终在大阪府教育厅文化财产保护课上班的时期，在《藤泽一夫先生古稀纪念论集》（1983年）中收录发表。论文的构成包括"从中国语音韵论方面提起的问题（东汉时期根据"扬雄"引起的方言区划）""从汉印角度来看金印的分断的读法的疑点""北九州弥生四工墓和奴国说成立的概率""《魏志倭人传》的伊都国评价和奴国评价""关于从金印铸造时的使用语言得出的结论——金印伊都国说的再提示""范晔奴国说的必然因素"等几个部分。从那时起，笔者自身的研究方法已经由从数学中学到的"集合和论据"的思考方法，开始探索"复数的集合的共通部分"，也就是开始尝试多视角的研究方法了。1984年，论文发表后的第二年（金印发现200周年

纪念同年），当时担任日展评议员的东京的小林斗盦先生（1916—2007）向我介绍了加藤紫山先生（1904—2000），他是京都有名的篆刻家园田湖城（1886—1968）的资深弟子。这以后一直受到小林先生的照顾，并一直保留着一张他在2002年2月7日给我的名片，上面写着文化功劳者、日本艺术院会员、日展顾问、西泠印社名誉理事等头衔（图75）。一年后，笔者的一篇题为《晋率善羌中郎将银印和周边历史的研究》（《"百年名社·千秋印学"国际印学研讨会论文集》，2003年）第一次投稿西泠印社的学术活动，并被选中、被邀请。这以后，也受到了各方面的关照。

在此之前，昭和六十三年（1989），笔者在"中国古印的考古学研究"（文部省科学研究费实绩补助金）中获批进行研究；平成八年（1996），日本历史民俗博物馆参与了《日本古代印集成》的项目（图76），并于平成十一年（1999）在《日本古代印的基础研究》上写了一篇《日本古代印研究——它的历史的时期系列的展开以及法律国家的本质》的文章（图77、78）。

平成十三年（2001），笔者的博士论文《日本印章史的研究》是日本考古学界第一篇关于"印章"的博士论文，由京都大学研究生院毕业的文学博士小组审查，并被授予博士学位。本书于平成十六年（2004）由东京的雄山阁出版，名为《日本印章史的研究》（图79），内容包括"前编 中国的印章和初期大和王权的形成""后编 日本的印章及国家主权的变迁"（图80）。2024年7月，我们还收到了中国一所大学的翻译和出版请求，目前正在接触洽谈相关的内容。

我的这篇博士论文《日本印章史的研究》怎样才能让高校生和一般的人都能读懂，能不能写篇通俗易懂的相关内容等，诸如这样的要求越来越多，于是我按照这样的思维写下了《印章》一书

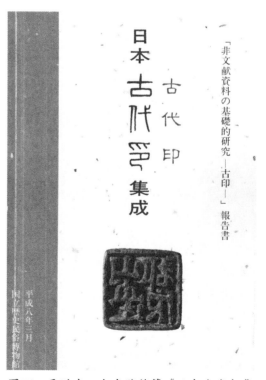

图75 笔者所藏小林斗盦先生的名片两种（上：给京都的园田湖城高徒加藤紫山先生的推荐信，1984年）（下：去东京的书法博物馆进行古印调查时收到的名片，2002年2月7日）

图76 平川南、久米雅雄等《日本古代印集成》（国立历史民俗博物馆，1996年）

（图81）。书的开头是国宝金印"汉委奴国王"、金印"广陵王玺"、银印"晋率善羌中郎将"、鎏金铜印"都亭侯印"等包含中国的印章，江户时期的木制招牌"印判所　判喜"，明治时代的木印"明治五年创设京都博览会社"创设25年纪念印"（1897年），昭和时代的白磁印——加藤紫山"日本有圣人其名曰楠公"印等日本的印章都一一列举（图82）。书里面相关内容的第7章"法隆寺所传——揭秘香木烙印十字：波斯文化的飞鸟东渐"，另外第12章的"从天皇御玺、大日本国玺考证——飞鸟时代到近现代的历史时代"作为附加内容也有所涉及。

图77　平川南、久米雅雄等《日本古代印的基础研究》（国立历史民俗博物馆，研究报告第79集，1999年）

图78　久米雅雄《日本古代印研究：日本的古代印章和律令政府的要点》（国立历史民俗博物馆，1999年）

图79　久米雅雄《日本印章史的研究》（博士学位论文）（雄山阁，2004年）

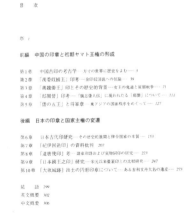

图80　久米雅雄《日本印章史的研究》（上部分：中国的印章和初期大和王权的形成；下部分：日本的印章和国家主权的变迁）

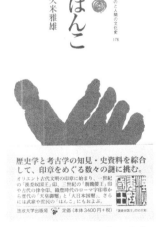

图81　久米雅雄《印章》（法政大学出版局，2016年）

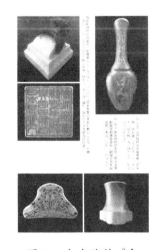

图82　久米雅雄《印章》，江户时代的"印判所"木制招牌、昭和时期加藤紫山先生制作的"楠公"白磁印等

特别是我多年来一直关心的是，如果篆刻只是一个标记的模糊雕刻，或者只是以陈词滥调的大师风格的雕刻，那只会是一个平庸的刻字家。如果你辛辛苦苦积累的东西没有从作品中渗出，它就不会成为历史或艺术，它会被当作半生不熟的作品扔掉。这是我在大阪府担任工程师的亲身经历中获得的，我实际上沉浸在考古学和工艺美术的世界中，由于我全身心地投入工作，接触到许多真正的工匠，加深了与优秀工匠和一流学者的跨学科交流，尽管我不是真正操作的艺术家，但也深有体会。孙慰祖（1953至今）先生的著作《中国印章：历史与艺术》（2010年，外文出版社）中提到，只有在"历史与艺术"两个方面深入进行研究，才能使得印章世界的深度让现代人产生共鸣。

笔者在平成二十九年（2017）在京都的思文阁出版了《宁乐美术馆的印章》一书（图83），这也是在篆刻界的基本设计和实施设计方面更专业的关于印章的研究。这也是对实物古印不可缺的必要的研究著作。《宁乐美术馆藏古玺印选》的内容包括"第1章 跟日本有关的中国古印选集及印章的五大收藏""第2章 跟宁乐美术馆馆藏古印的相遇""第3章 印章的调查研究的方法论""第4章 宁乐美术馆馆藏古印的调查和研究"（图84）等部分。特别是第4章关于"宁乐古印的印学研究"，四位著名的中日教授对同一枚龟钮金印"平东将军章"（出土于山东峄县），从"西汉玺""汉玺"到"魏皇初期到南北朝"和"晋"等提出了不同的年代观。为什么会有如此巨大的断代年代观的提出呢？在艺术上虽然有一定的容许范围，在此之前和之后相差几百年的年表，精确性竟然如此粗略，这对史学根本没有任何的贡献。其原因是缺乏明确的"印学的方法论"，该理论侧重于古代印章的分类以及印章、铭文、字形和法量的变迁等方面强调综合断代的必要性，然后对以往的古印研究进行深入的探讨的理论著作（图85）。它虽然并不完美，但是对于熟悉考古方法论并在美术工艺、艺术世界中专业体验的人们而言，把"可以看到的新的光景"怀着像写遗嘱一

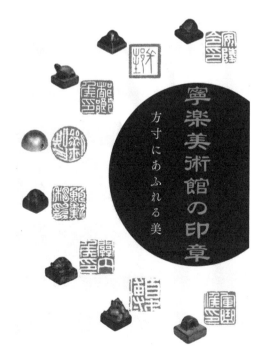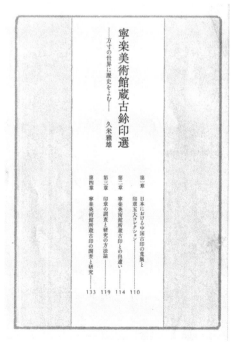

图83 久米雅雄监修《宁乐美术馆的印章》（思文阁出版，2017年）　　图84 《宁乐美术馆藏古玺印选》的结构

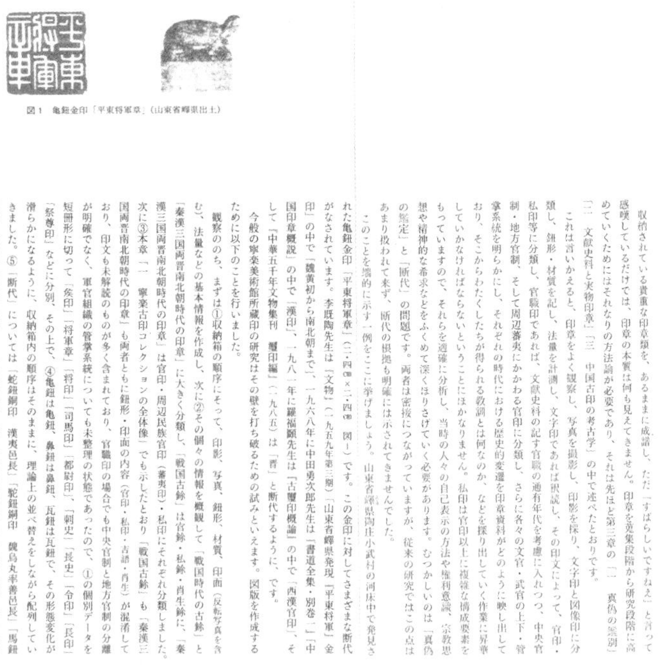
図1　亀鈕金印「平東将軍章」（山東省嶧県出土）

二　寧楽古印の印学的研究——分類と鈕式・印文・字形・法量の変遷と断代——

収納されている貴重な印章類を、あるままに成譜し、ただ「すばらしいですねえ」と言って感嘆しているだけでは、印章の本質は何も見えてきません。印章を蒐集段階から研究段階に高めていくためにはそれなりの方法論が必要であり、それは先ほど第三章の「二　真偽の鑑別」「二　文献史料と実物印章」「三　中国古印の考古学」の中で述べたとおりです。

これは言いかえると、印章をよく観察し、写真を撮影し、印影を採り、文字印と図像印に分類し、鈕形・材質を記し、法量を計測し、文字印であれば釈読し、その印文によって、官印・私印等に分類し、官職印であれば、文献史料の記す官職の通有年代を考慮に入れつつ、中央官制・地方官制、そして周辺蕃夷にかかわる官印に分類し、さらに各々の文官・武官の上下・管掌系統を明らかにし、それぞれの時代における歴史的変遷を印章資料がどのように映し出しており、そこからわたくしたちが得られる教訓とは何なのか、などを探り出していく作業に昇華していかなければならないということにほかなりません。私印は官印以上に複雑な構成要素をもっていますので、それらを適確に分析し、当時の人々の自己表示の方法や権利意識、宗教思想や精神的な希求などをふくめて深くほりさげていく必要があります。むつかしいのは「真偽の鑑定」と「断代」の問題です。両者は密接につながっていますが、従来の研究ではこの点はあまり扱われて来ず、断代の根拠も明確には示されてきませんでした。

このことを端的に示す一例をここに挙げましょう。山東省嶧県陶庄小武村の河床中で発見された亀鈕金印「平東将軍章」（二・四㎝×二・四㎝　図1）です。この金印に対してさまざまな断代がなされています。李既陶先生は『文物』（一九五九年第三期）「山東省嶧県発現『平東将軍』金印」の中で「魏黄初から南北朝まで」、一九六八年に中田勇次郎先生は『書道全集・別巻二』「中国印章概説」の中で「漢印」、一九八一年に羅福頤先生は『古璽印概論』の中で「西漢官印」、そして『中華五千年文物集刊　璽印編』（一九八五）は「晋」と断代するように、です。

今般の寧楽美術館所蔵印の研究はその壁を打ち破るための試みといえます。図版を作成するために以下のことを行いました。

観察ののち、まずは①収納箱の順序にそって、印影、写真、鈕形、材質、印面（反転写真を含む）、法量などの基本情報を作成し、次に②その個々の情報を概観して「戦国時代の古鉨」と「秦漢三国両晋南北朝時代の印章」に大きく分類し、「戦国古鉨」は官鉨・私鉨・肖生鉨に、「秦漢三国両晋南北朝時代の印章」は官印・周辺民族官印（蕃夷印）・私印にそれぞれ分類しました。次に③本章「一　寧楽古印コレクションの全体像」でも示したとおり「戦国古鉨」も「秦漢三国両晋南北朝時代の印章」も両者ともに鈕形・印面の内容（官印・私印・吉語・肖生）が混淆しており、印文も未解読のものが多く含まれており、官職印の場合でも中央官制と地方官制の分離が明確でなく、軍官組織の管掌系統についても未整理の状態であったので、①の個別データを短冊形に切って「侯印」「将軍章」「将印」「司馬印」「都尉印」、「刺史」「長史」「令印」「長印」「祭尊印」などに分別、その上で、④亀鈕は亀鈕、鼻鈕は鼻鈕、瓦鈕は瓦鈕で、その形態変化が滑らかになるように、収納箱内の順序はそのままに、理論上の並べ替えをしながら配列していきました。⑤「断代」については「蛇鈕銅印　漢夷邑長」「駝鈕銅印　魏烏丸率善邑長」「馬鈕銅印　晋率善氐邑長」印のように「蕃夷印」に属し、頭に宗主国である「漢」「魏」「晋」が冠されている印章は比較的解りやすい（とは言え「漢」は「前漢」「後漢」「蜀漢」等の判別を要する）のですが、印文に時代情報を伴わない印章の場合には「印面の様式」「字形」「法量」の変遷、「文献史料による官号の通有年代との照合」「考古学的出土資料による印章年代の考定」「年代特定された官印・私印と中国古代度量衡」「第三者資料による検証確認」といった複眼思考的なクロスチェックが必要となるのです。

图85　久米雅雄监修《宁乐美术馆的印章》“宁乐古印的印学的研究：分类和钮式、印文、字形、法量的变迁和断代”

样的毫无保留地传达给世人的这种心情投入到写这本书中去，如果它能对印学的研究有任何帮助，并且对篆刻学的诞生有哪怕一点的帮助的话，那将对我是一种多么巨大的荣幸。

八、结束语：日本的印学和篆刻学，历史、艺术和篆刻学科建设的构想

好了，终于到了这篇文章结束的部分。基于上述理论，有必要考虑篆刻学学科建设构想及其相关问题，这是本文的主题。

平成二十年（2008）4月，我从大阪府教育厅退休时，应大阪艺术大学邀请担任客座教授，此后一直负责日本美术史、东方艺术史、工艺特论和博物馆学的研究讲学。特别是在工艺特论领域，在日本的大学第一次写作了《亚洲印章史概论》（2008年）的讲义。该教材最初由大阪商科大学商业历史博物馆策划，面向公众进行公开讲座（图86），第一版由10章组成，从“第1章　亚洲印章史论说——历史上的印玺学：印章的简介”开始到“第10章　《大坂城跡》出土的罗马字印章——高山飞騨守印的解读”完结。本文“跟印玺学的初见”中介绍的图1和图3是当时教科书第一章开头的插图。这是一堂全年的讲座，学生们在一年内学习一本教科书，从理论和实践两方面进行，学生们一边学，一边制作铜、玻璃、木头和石的印章，在开心的同时，也花了功夫制造自己的作品，可谓一举两得。2012年出版了《亚洲印章史学会编》的修订版；2016年的时候，有了锡安印章文化研究所编辑的一共12章内容的增补修订版，附加了《法隆寺所传香木烙印十字考》和《“天皇御玺”“大日本国玺”考证》两部分的内容。虽然目前尚不清楚在大学关于印学和篆刻学的研究和传

播对社会做出了多大贡献，但我相信已经播下的种子总有一天会发芽和生长。

在日本的大学里唯一在文学部有书法学科的大学是东京的大东文化大学，它设有书法研究所。昭和四十四年（1969），青山杉雨教授担任所长；同年，《大东书法》杂志创刊；这以后，今井凌雪、新井光风、高木圣雨等相继担任所长，书法相关的专业出版也取得了进步和发展。平成二十六年（2014），西泠印社名誉社员河野隆教授（1948—2017）就任所长，第二年，我就收到面向大学院本科生的关于"国宝的金印"的特别讲义的邀约（图87）。邀约的信中写道："到目前为止还没有关于玺印的特别讲座，如果我们能借此机会提出这个要求并跟您达成一致的意见，那将是无比荣幸的大事。"平成二十八年（2015）2月18日，我有机会举行了这次讲座。本次演讲的成果题为《国宝金印的印学研究》，被收录在《书法学论集13》中（图88）。2003年秋天，我在杭州举行的西泠印社"百年名社·千秋印学"国际印学研讨会遇到了河野教授，他是为数不多的意识到"印学素养是篆刻必不可少的背景前提"的前辈老师之一。他于平成三十年（2017）突然去世，让人惋惜和怀念。

此外，笔者还于2017年在明治大学古代研究所举行的项目为"日本古代学研究的世界据点的形成"上发表了题为《亚洲印章历史和日本文化财产国际化的研究与方法论》的演讲。未来，我认为作为"篆刻学学科建设"的构想，需要成为一个不受传统观点束缚的思想，它也是国家智慧表现的一个有效的构想并且需要大力推广。这需要唤起国家有识者的认知，需要集中大量的栋梁之材，否则这股新风很难吹起。换句话说，如果一个组织团队不断扩大等级制度，滥用不必要的职位来保存和发展它，而忘记了追求和发展学术和艺术的精髓，那么这个组织就会走向崩溃和幻灭。这正如余正先生在其著作《印学研究分类简略表》（图16）中对今后的展望上提到的一样，这是很重要的事情。但是，从重视历史观点来研究的思维立场出发，对印章而言，作家研究和流派研究当然重要，这以外，印章研究和文献研究的领域也同样重要。特别是在古印章研究中，在考古学上对于形式和

图86　在大阪艺术大学关于印章史的讲座《亚洲印章史概论》（大阪商业大学商业史博物馆，2008年）

图87　大东文化大学书法研究所所长河野隆教授的"国宝金印"特别讲义请求（2015年）

图88《国宝金印的印学研究》宣传册（大东文化大学大学院书法学专业在院学生会刊《书法学论集13》）

类型学、钮式及印文字形的变化和对法定数量的强调以及公印和私印的断代分割研究很重要，这之外，对于货币学、鉴赏学、语言学研究和书志学的研究，甚至包括铸金学的研究、X射线荧光分析和古文字学在内的文献研究外，还需要通过分析纸张的鉴定和印泥的成分来来进行史料批判研究（真实性评估）等，这些多样化的多层次的研究都是很必要的。对于研究方法而言，有一种将每个领域委托给每个领域的专家分别进行的方法，但在许多情况下，我们更期待个人去学习各个领域并寻找"复数集合的共通部分"来研究的方法。

无论是印学也好还是篆刻学也好，都包含基本设计和实施设计两部分。而最终，什么样的字被刻上、被铸造，都围绕一个"布"字以及跟它相关的学术性的和艺术性的课题，这也是极其重要的元素。

在仍然是"印章社会"的日本，刻印章的人有印人、印判师、篆刻师，篆刻家等各种各样的名称，在过去，也被称为印官和帝室技艺员等，这可能有点类似于将表具师称为装潢师。这说明，学术和艺术的本质研究和分类需要被审视。

另外，从文字的历史观点来看，这绝对是不容忽视的问题，篆刻学也涵盖了包括"篆书"在内的汉字文化的命运这一特殊性的部分。许多在古代美索不达米亚、埃及、印度等地发明和繁荣的书面文化现在已经丢失或难以破译。在这样的历史背景下，汉字的历史的悠久性和可持续发展性似乎是永恒不变的。在深刻认识到汉字不仅仅是简单的表音字符而是文化的凝聚物的同时，我想在尊重它们的意愿基础上进行探究，大家共同努力发展建立一个宏大的综合性的篆刻学科，使至高的学问与至高的艺术奇妙地融合在一起，我愿意朝着这个方向倾注毕生精力。

参考文献

D.G.Hogarth "赫梯印章"，阿什莫尔收藏（1920年，牛津）

久米雅雄《亚州印章史概论》（2008年；增补改订版2016年，锡安印章文化研究所）

诸桥辙次《大汉和辞典》卷二　印（1968年，大修馆书店）

诸桥辙次《大汉和辞典》卷八　篆（1968年，大修馆书店）

北川博邦编《清人篆隶字汇》（1979年，雄山阁）

白川静监修，小林博编《汉字类编》印、篆（1982年，木耳社）

邓散木著《篆刻学》（1978年，人民美术出版社）

沙孟海著，中野遵、北川博邦共译《篆刻的历史和发展：印学史》（原题《印学史》；1988年，东京堂出版）

沙孟海著，陈振濂导读《印学史》（朵云文库·学术经典，2017年，上海书画出版社）

孙慰祖《中国印章：历史与艺术》（2010年，外文出版社）

余正《浙派篆刻赏析》（2015年，西泠印社出版社）

石井双石《篆刻指南》（1926年，东学社；1968年，柏林社书店）

石井双石《篆书指南》（1939年，东学社；1964年，青砚书法会）

中田勇次郎、水田纪久等《日本的篆刻》（1966年，二玄社）

中田勇次郎、大庭修、平野显照《书法全集》别卷Ⅰ　印谱　中国（1968年，平凡社）

中田勇次郎、水田纪久、樋口秀雄《书法全集》别卷Ⅱ 印谱 中国（1968年，平凡社）

吉木文平《印章综说》（1971年，技报堂）

玉井富纪《群印宝鉴》（1659年）

吾丘衍《学古编（古印式）》（1743年）

陈策撰辑《韵府古篆汇选》（1677年，彰考馆本）

秦驷编《六书通（集古印篆）》（1775年，东武书林，大阪书林）

木母馨《石印集义（铁笔集宜）》（1787年、1820年，浪华书房）

曾根寸斋《古今印例》（1849年，日本皇都圣华房藏）

福冈孝弟《印谱辨妄》（1879年，国华社）

中井敬所《皇朝印典》（1911年）

冈村梅轩、冈本椿所、山田寒山、河井荃庐等，印圣芙蓉先生逝后130年《芙蓉轩（山房）私印谱》（1913年）

小林斗盦《逝世二百年高芙蓉纪念展图录》（1985年，日展作家展事务局）

山田寒山《印章备正》（1913年，民友社）

陈克恕、近藤元粹《篆刻针度》（1878年、1920年，东京文永堂）

郡司之教《皇朝印史》（1934年，三圭社）

小野则秋《日本藏书印考》（1943年，文友堂书店）

内阁文库《内阁文库藏书印谱》（1969年）

富冈美术馆《二世中村兰台的篆刻：以50方老子语印为中心的》（1995年）

中村淳编《初世中村兰台印谱》上下（1996年，二玄社）

中村淳编《二世中村兰台印谱》上下（1999年，二玄社）

香取秀真《金工史谈》（1941年，樱书房），正仓院文书上盖的古印

香取秀真《日本的铸金》（1942年，三笠书房）

香取秀真《续金工史谈》（1943年，樱书房），关于铜印铸造法

会田富康《铸金·雕金·锻金》（1975年、1991年，理工学社），山背国印、法隆寺印

会田富康《日本古印新考》（1981年，中央公论美术出版），日本古印和丝印

荻野三七彦《印章》（1966年，吉川弘文馆）

石井良助《印》（1964年，学生社）

石井良助《印判的历史》（1991年，明石书房）

木内武男《日本的古印》（1964年，二玄社）

木内武男《日本的官印》（1974年，东京美术）

木内武男《印章》（1983年　柏书房）

《从公文书上看印章展示目录》（1978年，国立公文书馆）

《公文书馆　大阪府公文书馆开馆纪念》（1985年，大阪府公文书馆）

久米雅雄《中国古印的考古学的研究》（1989年，文化部科学研究费实绩报告书）

平川南、久米雅雄等《日本古代印集一览：非文献资料的基础研究　古印》（1996年，国立历史民俗博

物馆）

平川南、久米雅雄等《日本古代印的基础研究》"日本古代印研究"（1999年，国立历史民俗博物馆）

久米雅雄《日本印章史的研究》（2004年，雄山阁）

久米雅雄《亚洲印章史概论》（2008年，大阪商业大学商业史博物馆；2012年修订版；2016年增补修订版，锡安印章文化研究所）

久米雅雄《印章》（2016年，法政大学出版局）

久米雅雄监修，宁乐美使馆编《宁乐美术馆的印章》（2017年，思文阁出版）

久米雅雄《国宝金印的印学研究》（2015年度大东文化大学大学院特别讲义，《书法学论集13》所收）

久米雅雄《亚洲印章史的研究及方法论和印章文化资产的国际化》（2017年，明治大学日本古代研究所）

（作者系立命馆大学文学博士，西泠印社名誉社员，中国美术学院《中国篆刻》杂志顾问，大阪艺术大学客座教授；译者系拓殖大学国际经济学硕士，晋鸥艺术学院副秘书长，全日本华人书法家协会常务理事，日本篆刻家协会成员，中日金石篆刻协会常务理事）

近二十年海内外"篆刻研究"博士学位论文回顾与反思

刘开任　林崇威

摘要： 近二十年"篆刻研究"博士学位论文是当代篆刻研究中不可忽视的部分，本文在全球范围内对相关论文进行统计，试从这些论文的研究领域和作者群的不同学科背景两个维度展开分析，发现了当代篆刻研究各分领域的冷热失衡现象，以及不同学科背景作者在研究方法上的优缺点。最后，本文对"篆刻学"学科平衡发展问题提出了新的思考，并探讨了篆刻研究者跨地域、跨领域合作的可能性。

关键词： 海内外　篆刻研究　博士论文　学科建设

1997年，陈振濂在全国首届"篆刻学"暨篆刻发展战略研讨会做学术总结时称，篆刻理论界扎实的文献考据与史学论文不多，而高屋建瓴的史观或学科论文则更少[①]。如今二十余年过去，其间有一批博士毕业生逐渐成长为当代篆刻研究的重要力量，于"篆刻学"学科建设而言，对近二十年（2003—2022）高校"篆刻研究"博士学位论文的梳理、反思是必要的工作。

"篆刻研究"即聚焦篆刻主题展开的研究。本文对同时涵盖书法、绘画、篆刻多个主题而未重点论及"篆刻"的研究不纳入统计范围。在搜集"篆刻研究"博士学位论文的过程中，笔者除了中国大陆文章外亦将视野延伸至海外，将中国港台地区以及海外其他国家的文章也纳入统计范围。

一、近二十年"篆刻研究"博士学位论文统计概况

中国高校的博士学位论文具体信息来源为中国知网、万方数据库、台湾博硕士论文知识加值系统、各院校图书馆线上论文数据库等线上平台；海外其他国家高校的博士学位论文具体信息来源为谷歌学术（Google Scholar）、日本国立情报研究所学术论文数据库（CiNii）及各海外院校图书馆线上论文数据库等线上平台。依托上述学术平台，通过篆刻相关高频词对近二十年博士学位论文的标题、关键词以及正文进行检索。对于论文发布的时间范围，由于近年新成果或尚未完全公开，本文将收集范围定在2003—2022年。据不完全统计，笔者共收集了海内外61篇相关博士学位论文，其中包括中国51篇、海外其他国家10篇（见附表）。

以文章发布年份划分，海内外统计结果如表1所示。从数量上看，近二十年"篆刻研究"的博士学位论文数量大致呈增长趋势，且2016年以前"篆刻研究"类博士学位论文数量相对较少，而

---

① 陈振濂《关于篆刻学科建设诸问题的思考》，《甘肃教育学院学报》2001年第3卷，第47页。

2016年以后论文数量则开始增多。值得一提的是，2017年是近二十年"篆刻研究"博士论文发布最多的年份，达到10篇。如图1所示，2017—2022年这六年是"篆刻研究"博士学位论文的"高产"年份。论文总数达34篇，超过了二十年来论文总数的一半。

表1　近二十年海内外"篆刻研究"博士研究生学位论文数量统计表

年份	2003	2004	2005	2006	2007	2008	2009	2010	2011	2012
数量	2	1	0	3	0	3	2	2	2	4
年份	2013	2014	2015	2016	2017	2018	2019	2020	2021	2022
数量	1	1	3	1	10	6	5	6	4	5

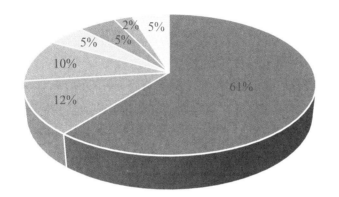

图1　近二十年中国大陆"篆刻研究"博士学位论文所属学科专业分布比例

本文对近二十年中国大陆"篆刻研究"博士学位论文所属学科专业进行了整理统计（图1），可以发现，以美术学专业背景的文章占据主流，亦涉及历史学、语言学、考古学、美学等其他学科专业背景的文章。但值得注意的是，近二十年其他学科"篆刻研究"博士学位论文总数，达到了与美术学"篆刻研究"博士论文数量相抗衡的程度。

中国港澳台地区、国外由于学科体系的不同，造成了学科专业的复杂性，难以用统一的标准进行图表统计。浏览海外论文的学位专业名称（详见附表）便能发现，欧美国家的文史类博士的学位名称虽为"哲学"（Doctor of Philosophy, Ph.D），但专业名称则反映了多样的学科背景，如艺术史、人类学等。另外值得一提的是，其中有一篇来自日本关西大学的"文化交涉学"（Cultural Interaction Studies）①学位论文，这说明在新兴学科领域已尝试在跨文化沟通视域下探究篆刻相关问题。

---

①　笔者按："文化交涉学"学科概念始于2007年，以日本文部科学省将关西大学文化交涉学教育研究据点（ICIS）定为"全球杰出中心项目"为标志正式确立。目前全世界仅有2所高校开设该学科，分别为日本的关西大学和上智大学。综合两院校公开信息可知，文化交涉学涉及语言、历史、思想与艺术等领域，旨在对以东亚文化为代表的文明整体之内部互动进行阐释。

二、对近二十年"篆刻研究"博士学位论文的梳理

近二十年海内外"篆刻研究"博士学位论文从研究主题上大致可分为古玺印研究、篆刻史研究、个案研究、篆刻理论研究、篆刻美学研究、印谱研究等几大类。

（一）古玺印研究（13篇）

近二十年围绕古玺印展开研究的海内外博士学位论文共13篇，其中有10篇侧重于古玺印文字研究，3篇侧重于对某时期或地域古玺印的综合研究，1篇聚焦封泥研究。

在围绕古玺印文字研究的论文当中，对汉印文字进行研究的是北京师范大学洪在范《汉印文字研究》（2010）与安徽大学李鹏辉《汉印文字资料整理与相关问题研究》（2017），两者写作角度各有侧重，前者从篆刻艺术角度对汉印文字进行研究，后者通过编制《汉印文字字形表》以探讨汉印的字形演变特征。对古玺印进行研究的是安徽大学施谢捷《古玺汇考》（2006）、中山大学田炜《古玺探研》（2008）、山东大学刘建峰《战国玺印文字构形分域研究》（2012）、陕西师范大学李文亮《古玺文异释汇考》（2020）、台湾高雄师范大学人文学庄哲彦《战国玺印文字构形及艺术特征研究》（2017）、日本大东文化大学中国留学生栗跃崇《燕国古玺印迹文字研究》（2017）、中国美术学院石连坤《三晋私玺整理与研究》（2021）。这些文章或分析文字构形、或整理考释字词、或探讨艺术特征，对古玺印研究均有贡献。此外，台湾东海大学人文学陈星平《中国文字与篆刻艺术》（2004）强调了中国古玺文字与篆刻艺术之间的联系。

侧重某时期或地域古玺印综合性研究的论文有两篇：一是武汉大学屈彤《三晋玺印研究》（2020），文章首先在前人基础上重新整理归纳了晋玺文字，然后对晋玺文献（主要是人名）、晋成语玺均有研究，并在私玺考释、文字考释、晋玺辨伪、古玺分类等方面提出了见解；二是中央美术学院魏晓妍《隋唐官印发微》（2021），文章以艺术风格为出发点，从钤印方式、制作工艺、入印文字、印史地位与影响等方面对隋唐官印进行了研究。

此外，鉴于封泥与古玺印的密切联系，笔者亦将南京师范大学吕健《汉代封泥的考古学研究》（2017）纳入统计，此文从考古学方法重新审视、梳理了汉代封泥研究的相关问题，亦有部分内容涉及古玺印。

综上可见，近二十年来博士论文在古玺印领域的成就主要体现在文字整理、构形、考释等方面，而古玺印时间、地域跨度极大，远不止上述文章研究范围所能涵盖，因此对古玺印的专题研究仍值得深入挖掘。

（二）篆刻史研究（17篇）

近二十年围绕篆刻史展开研究的海内外博士学位论文共17篇，其中1篇围绕宋元篆刻史，5篇围绕明清篆刻史，7篇围绕晚清民国及现代篆刻史，1篇围绕海外篆刻史。另外还有3篇不专论某时期篆刻史，而是针对篆刻史中的重要问题进行探讨。

中央美术学院莫武《由工匠之"艺"到文人之"艺"——论宋元文人篆刻之兴起》（2008）在

对文献进行深度把握的基础上，从社会学角度分析了宋元时期文人与印人之间的相互交流，探讨了宋元文人建立的印章审美追求以及与实用官私印章之间的区隔，弥补了学界对宋元篆刻研究的不足。

明清篆刻史一直是研究热点，南京艺术学院王维《万历年间江南地区文人生活中的篆刻世界》（2017）从江南经济、文人处境和心态、雅玩风气、金石收藏、书画印市场、出版印刷、工艺技术等方面对万历年间江南地区文人篆刻艺术做了系统研究；吉林大学王者利《社会变革下的明末清初文人篆刻研究》（2017）以政治、经济、社会审美的变革作为出发点探讨了明末清初篆刻艺术的发展；首都师范大学赵宏《试论清代篆刻艺术的发展与繁盛》（2003）将清代篆刻艺术置于社会经济、学术文化背景下思考，宏观分析了清代篆刻发展特征、规律以及繁盛的原因；南京艺术学院马其伟《清代嘉禾地域印学研究》（2022）则聚焦于嘉禾地域的清代印人、印论与印学思想研究，丰富和补充了清代篆刻史研究；吉林大学李飞《明清以来古文奇字印章研究》（2022）首次广泛整理、研究明清以来古文奇字印章，并形成文字编，填补了这一领域的研究空白。

由于部分论文研究范围虽涉及晚清，但主要还在民国时期，故未将其分类至明清篆刻史范畴。对晚清、民国及现代篆刻史的研究，由于各方面材料较多且易查找，研究内容亦呈现出细分特征。如上海大学顾琴《海派篆刻研究》（2011）、中国美术学院徐庆华《上海书法篆刻六十五年（1949—2014）》（2015）、中央美术学院徐圣勖《百年台湾篆刻发展研究》（2019）、中国美术学院张传维《民国以来鸟虫书篆刻复兴之研究》（2020）、台湾艺术大学简英智《日治时期台湾篆刻发展研究》（2018），均是对某个地域、流派、印风进行的专题研究。此外，美国哥伦比亚大学伊丽莎白·洛伦兹（Elizabeth Lawrence）的《制作中的中国印章，1904—1937》（The Chinese Seal in the Making, 1904-1937, 2014）立足于中国近代社会转型的时代背景，考察了1904—1937年间印章作为一种中国传统艺术形态的发展状况。日本筑波大学博士正冈知晃的《以篆刻史观之展开为中心的西泠印社创始者的印学相关研究》（篆刻史観の展開を中心とした西泠印社創始者の印学に関する研究，2018）则聚焦于篆刻领域内部问题，对西泠印社四位创始人的印学观进行了整理和比较。

日本关西大学中国留学生李宁《中国篆刻对江户时代日本篆刻的影响研究》（2017）立足于日本江户时代1615—1868年间大量中国印学书籍流入日本的历史事实，指出这是江户时代日本篆刻取得重大发展的一大要因。据本次统计，这是近二十年唯一一篇围绕海外篆刻史研究的博士学位论文。

围绕篆刻史中的重要问题进行研究的论文共3篇，中国美术学院林浩浩《中国画用印研究》（2017）结合艺术社会史梳理了中国画用印的新线索，以及画印关系的复杂发展历程等相关问题；中国艺术研究院金鑫《秦印认知观念嬗变研究》（2021）分析了自元、明、清至二十世纪以来前人对于秦印认知观念的嬗变，并对古人在秦印认知观念上的误读和重构提出了自身看法；西安美术学院尤汪洋《构建写意篆刻诗化史观》（2022），对中国篆刻写意诗化进程进行了创新，并对篆刻善本进行了整理、勘校与阐述。

篆刻史研究的博士学位论文数量多、时间跨度大，且因为研究材料的原因，呈现出研究时代越近论文数量越多、研究领域越细分的趋势。这些论文中对清代、民国篆刻史的研究热度最高，而对宋元篆刻史、海外篆刻史的研究则很少。另外，欧美学者在篆刻史论中基于具体事实提炼抽象本质、通过微观角度归纳宏观现象的学术思维尤值得关注。

（三）个案研究（12篇）

近二十年有关篆刻人物个案研究的博士学位论文以清代重要篆刻家为主，兼及对篆刻史有重要影响的人物，根据所处时代先后顺序，这些人物依次为：周亮工、丁敬、陈鸿寿、邓石如、赵之谦、吴昌硕、黄牧甫、山田寒山与山田正平。

南京艺术学院朱天曙的《周亮工及其〈印人传〉研究》（2006）除研究周亮工生平、交游外，还分析了《印人传》成书过程、编辑思想、印学观念等，更以小见大勾勒出明末清初印章的发展线索与审美嬗变；南京艺术学院方小壮《"浙派"宗师——丁敬研究》（2003）除考证丁敬生平相关问题外，还分析了丁氏篆刻审美取向并以此厘清"浙派"篆刻之源头，驳斥了"四凤派开启浙派"这一观点[①]；美国加利福尼亚大学圣巴巴拉分校中国留学生刘泽光《丁敬（1695–1765）及杭州西泠身份认同的形成》（Ding Jing (1695–1765) and the foundation of the Xiling identity in Hangzhou, 2006）认为丁氏与其周边文人的艺术作品是一种极其特殊的交游集体和文化经验下的产物，而这种经验最终构成了"西泠"这一身份认同；美国加利福尼亚大学洛杉矶分校韩国留学生李惠心《陈鸿寿（1768—1822）的书法艺术与清中期的镌刻实践》（The Calligraphic Art of Chen Hongshou (1768–1822) and the Practice of Inscribing in the Middle Qing, 2019）将书法艺术衍生出的碑刻、篆刻、木刻、刻砚乃至刻壶等一系列艺术实践归纳为"镌刻"（inscription）[②]，并以陈鸿寿的篆刻、"曼生壶"等作品为例分析了清中期文化精英以"书法"介入"镌刻"的艺术实践；中国艺术研究院李立山《"印从书出"的先行者——邓石如篆刻研究》（2019）在概述邓石如生平、交游外，重点论述了邓氏"印从书出"理念的生成、分期、实践及影响；浙江大学陈硕《重塑传统——邓石如与清中期书法史的变革》（2020）虽不专论邓氏篆刻，但对邓氏印谱、印章等多有考论与新见；中国艺术研究院徐海《赵之谦篆刻研究》（2010）在结合文史资料的基础上，深入探讨了赵之谦艺术思想的超前性，更从创作角度分析了赵氏篆刻字法、刀法、章法等；中国美术学院日本留学生小坂克子《论吴昌硕的艺术》（2013）以数据统计的方法，对吴昌硕篆刻字数、内容、署款、日期、款文顺序、创作地点以及印文风格等进行了多方位的统计与分类，以数据的形式呈现出吴昌硕的篆刻习惯；台湾艺术大学日本留学生小胜望《吴昌硕代作研究——以徐星州、沈石友为例》（2017）从近代艺术家的商业行为出发，考察了在特定人际网络中的吴昌硕代作现象；香港中文大学刘浩敏《黄牧甫生平及篆刻艺术之研究》（2012）与香港中文大学陈文妍《粤篆新声：民国岭南篆刻三大家研究》（2018）两篇文章均以黄牧甫篆刻为主要研究对象，对黄氏个人经历、承传关系、创作风格、理论观念等方面展开了系统分析；日本东京学艺大学神野雄二《以山田寒山、山田正平为中心的篆刻家实证与综合研究》（山田寒山・正平を中心とする篆刻家の実証的・総合的研究，2021）对日本近代篆刻家山田寒山、山田正平及高芙蓉等相关印人进行了综合考察，其中还涉及山田正平对近代日本篆刻教育的贡献。

---

① 方小壮《"浙派"宗师——丁敬研究》，南京艺术学院博士学位论文，2003年，第111页。

② Hyeshim Yi：The Calligraphic Art of Chen Hongshou（1768–1822）and the Practice of Inscribing in the Middle Qing，University of California，2019，p.25.

在篆刻研究各主题研究中，个案研究背后作者群的不同文化背景、学术背景显得最为丰富，因此造成了个案研究中论文的差异性极大，同时也展现出多元化的特征。其中两位留美博士能够突破狭义篆刻艺术分析的藩篱，站在历史和社会的高度分析印人身份和创作行为，其研究方法很具参考意义。

（四）篆刻理论、篆刻美学以及印谱研究（13篇）

本文将围绕篆刻理论、篆刻美学与印谱研究的相关文章进行汇总，一方面出于章节结构的考量，另一方面也因为有的文章本身同时涵盖了篆刻理论与篆刻美学。

篆刻理论研究方面的论文，在时间和学科视角上跨度较大。中国美术学院野田悟《吾衍与其〈学古编〉之研究》（2009）是针对单篇印论的研究，此文除了分析吾衍家世生平与交游外，更对《学古编》这篇篆刻理论著作的版本流传、校勘与注释等问题进行了全面、细致、深入的探讨；吉林大学陈国成《中国古代印论的理论渊源与框架结构研究》（2012）以翔实的文献从微观视角探讨了印学的理论渊源，并试图建立中国古代印学理论框架，以弥补当代对构建中国古代印论框架结构的不足；南京艺术学院朱琪《清代篆刻创作理论研究与批评》（2019）旨在对清代篆刻创作理论进行全面、系统的研究，除了涉及篆刻技法如篆法、章法、刀法外，此文更注重对篆刻创作思想、观念的研究；中国美术学院高帅《明代文人篆刻理论探析与实践研究——以南京、苏州地区为中心》（2022）以南京、苏州地区的篆刻家为例，分析了明代文人篆刻观念，并探讨了明代文人篆刻理论与实践的相关问题；中国美术学院胡俊峰《印学文献研究中的“民国范式”（1912—1949）》（2022）对民国印学理论进行了全面梳理与研究，其提出的“民国范式”，亦是具有鲜明时代性与独特性的构想。

在篆刻美学研究的论文中，北京大学方建勋是唯一一位学科专业为美学的作者，其《明清文人篆刻境界研究》（2012）对“印境”进行了探讨，并选取何震、程邃、丁敬、邓石如、吴昌硕、黄牧甫等重要印人分析了“印境”的具体类型。南京艺术学院杨亮《畸与残——明清之际书、画、印审美风尚研究》（2015）有一章专论“畸与残”审美观念在篆刻中的体现，其指出“残”的技法为了体现篆刻古意，“畸”的审美则集中在印文中表现[1]。此外，中国美术学院韩国留学生金钟淳《中国印章的特征和艺术性》（2009）、中国美术学院韩国留学生申铉京《中国文人篆刻美学研究》（2017）也都探讨了篆刻美学相关问题。值得一提的是，日本大东文化大学川内佑毅《中国印论中审美论的形成和展开》（中国印论における審美論の形成と展開，2018）是近二十年唯一一篇同时涉及篆刻理论与美学问题的海外博士学位论文，文章整理中国印论中的相关内容，并将明末印论中的“神”“兴”“拙”“板”四项作为印论中审美论的核心予以探讨。

印谱研究方面，中国美术学院古菲《万历年间的集古印谱和文人篆刻（1572—1602）》（2018）以晚明集古印谱与文人篆刻为研究对象，指出集古印谱与吴门地区与文人篆刻之间的关联性与相互影响，从而探讨了晚明集古印谱、古玺收藏、文人篆刻的传播与发展，文章还指出了当时《印薮》因木刻失真导致秦汉趣味被误导这一问题[2]。台湾艺术大学曾子云《甘旸〈集古印正〉的

---

① 杨亮《畸与残——明清之际书、画、印审美风尚研究》，南京艺术学院博士学位论文，2018年，第120页。
② 古菲《万历年间的集古印谱和文人篆刻（1572—1602）》，中国美术学院博士学位论文，2018年，第69页。

篆学研究》（2016）从明代印人甘旸的集古印谱入手，分析其中所隐含的甘旸之创作观乃至印学思想；南京艺术学院吴云峰《宋元明印谱史研究》（2020）从历史逻辑出发，将宋元明印谱史分成了宋以前的萌生期、宋代的成型期、元至明中叶的酝酿期以及晚明的成熟期四个阶段。

篆刻理论、篆刻美学和印谱研究领域的博士研究论文在近二十年虽然数量不多，但所涉及的问题极为丰富。三者均为极具潜力的研究方向，并在一定程度上能够相辅相成。以印谱研究为例，黄惇早在20世纪末就曾提出，集古印谱无意中普及和彰扬了印章之美，同时文人摩挲印章、收集古印的过程，也促进了印章艺术审美观的形成①。此类议题理论性较强，同时也要求研究者具备一定的跨学科意识和素养，是极待青年研究者开垦的学术沃土。

（五）其他（6篇）

还有部分论文虽然涉及印章，但已经和篆刻艺术相差甚远。北京大学曹明玉的《与阿卡德时期搏斗题材滚印研究——以巴比伦尼亚为中心》（2011）、吉林大学马欢欢的《西亚印章系统的发展和演变》（2018）、纽约大学埃莱尼·德拉卡基（Eleni Drakaki）的《古希腊大陆青铜时代晚期墓葬中的硬石印章：情境与历史方法下的归属研究》（Hard stone seals from Late Bronze Age burials of the Greek mainland: A contextual and historical approach to the study of their ownership, 2008）、纽约大学亚当·格林（Adam S. Green）的《南亚早期城市的政治经济学中的印章》（Stamp Seals in the Political Economy of South Asia's Earliest Cities, 2015）四篇文章，均是以非汉字文化圈古代印章为研究对象的学位论文。在我国对印章起源等方面的研究中，非汉字文化背景下的印章不无参考价值，而关注海外古印也是"篆刻学"学科探索国际化发展的内在要求。此外，华东政法大学叶靖的《印章印文特征阶段性变化规律实证研究》（2019）与华东政法大学王晓宾的《印章印文鉴定质量监控研究》（2021）两篇论文跟篆刻艺术已无关系，作为司法鉴定领域对印章印文特征变化规律的探讨，或许也能对"篆刻学"产生学科意义上的延伸性。

三、对"篆刻学"学科建设的相关思考与建议

将"篆刻研究"博士学位论文进行集中考察，能够反映当下篆刻研究的方向与质量，而从中分析不同论文所依附的不同学科体系与研究方法，以及总结"篆刻学"下面各研究子课题中的冷热失衡现象，或许能为"篆刻学"学科建设提供一些新思路。

（一）"篆刻学"学科平衡发展的必要性

古玺印和篆刻史领域的研究在学科整体中占有相当比重，但由于古玺印、篆刻史所涵盖范围广，时间跨度大，一些基础性研究仍需积累。另一方面，基础性研究也需要一个完整的篆刻史观为其发挥统领整合作用。2004年，日本学者久米雅雄曾批判过去的印学研究基本局限于印面和边款，采用的是"平面性研究法"，呼吁学界还需以考古学的视角关注印章的形制、断代和鉴定等诸多方

---

① 黄惇《元明清文人篆刻艺术发展概论》（1999），《玩印探情：文人篆刻艺术史文集》，生活·读书·新知三联书店2024年版，第8页。

面的问题①。以此反观近二十年的古玺印、篆刻史研究类博士论文，不可否认在问题意识和方法论的丰富性上已有可喜进展，但以学科的角度审视仍存在不平衡的现象，譬如对古玺印的断代、形制等问题仍有较大研究空间；海外篆刻史与中国篆刻史在时代上的对应亦值得梳理等等，这都需要研究者付诸相当的时间和努力。

以印人为中心的篆刻个案研究具有考察对象较明确、文献资料较齐全等优势，是相对受欢迎的博硕士研究生的学位论文题材。但上述题材优势往往容易使作者研究思路受限，以僵化的格式机械地整理印人相关信息，即使能够对人物的诸多侧面做到完整考察，也往往难以站在篆刻史观的高度为个案赋予合理定位，也难以立足个案典型性昭示其宏观价值。孙慰祖曾说，一些篆刻史描述表现得空洞是因为没有个案研究的基础②。因此个案研究对篆刻史有提供微观视角的积极意义。而纵观目前的个案研究对象，清代以来的篆刻家占据着绝对主流，其中以丁敬、邓石如、吴昌硕、黄牧甫为对象的篆刻研究博士学位论文在近二十年时间里年均不止1篇发表。作为现阶段的研究热点，流派印人个案研究或可以去量存精，带动明乃至宋、元的个案研究，以此促进篆刻个案研究的均衡发展。

篆刻理论和美学领域对研究者的综合素养有较高要求，我国近二十年仅1篇篆刻美学研究的博士学位论文是真正拥有美学学科专业背景的。虽然相对艰深的美学问题令众多仍处在硕博士阶段的青年研究者望而却步，但若以"篆刻学"学科发展的角度，篆刻美学研究是具有重要意义的研究领域。前文提及的川内氏《中国印论中审美论的形成和展开》一文的审查委员会报告③特别肯定了该文对近年我国所倡导的"印论"研究所作出的迅速反应，并指出该文是日本首个围绕审美论展开的印论研究。

徐清在《试论"篆刻文献学"之构建》（2019）认为"篆刻文献学"是"篆刻学"学科建设与发展的重要基础，并将印谱作为"篆刻文献学"的核心内容之一④；早在40余年前，小林斗盦就曾在为在日出版的《中国印谱解题》（1976）撰写序文时称，印谱有助于中国古印文字史学研究和中日近世美术文化史研究，更是篆刻学习的基础⑤。此言诚然，印谱作为篆刻文献的主体，近年已越来越受学界的重视。在近二十年海内外"篆刻研究"博士学位论文中围绕印谱研究的3篇论文角度不一，亦说明了印谱研究的多元性。但需要说明的是，目前博士学位论文中对印谱的现有成果与印谱在"篆刻学"建设中的重要地位仍是不匹配的。

相较于近二十年"篆刻研究"博士学位论文中古玺印文字、篆刻史、清代篆刻家个案等研究的热度，篆刻美学、篆刻文献学则显得相对"冷淡"，更不用说篆刻教育学甚至篆刻心理学等新兴复合研究领域。篆刻史、个案研究内部亦存在冷热失衡的特征。从"篆刻学"建设的角度来看，研究热点或可持续，但研究冷门必须也有相当的群体力量主动推进。从个人层面出发，研究兴趣可以有

---

① [日]久米雅雄「中国古印的考古学—方寸の世界に歴史を読む」，『日本印章史的研究』，雄山閣2004年版，第14—35页。

② 孙慰祖《"印之为学"与"印之为艺"》，《海上印社》2024年第1期，第7页。

③ [日]河内利治ほか「大東文化大学博士学位論文審査報告書（川内佑毅）」，大東文化大学，2018年，第9页。

④ 徐清《试论"篆刻文献学"之构建》，《西泠艺丛》2019年第6期，第29页。

⑤ [日]横田实：『中国印谱解题』，二玄社1976年版，第5页。

所偏重；但若站在学科的角度，各个分领域的平衡发展则不可或缺。

（二）国际视野下篆刻研究跨地域、跨领域合作的可能性

通过对全球范围内篆刻研究相关博士学位论文的梳理，可以发现作为研究主体的作者和作为研究对象的篆刻，均可分为以中国大陆为中心的汉字文化圈（包括中国港澳台地区和日韩等国）和非汉字文化圈两个维度。基于这一考量，篆刻研究或可在跨地域、跨领域合作的层面探索新的可能性。

1. 研究主体

在新时代全球化的趋势和中国的海外影响力提升的背景下，从事篆刻研究的博士生群体来自不同的文化背景，并相应地具备多样的知识结构。如果这些研究者们能够加强沟通合作，应该会为"篆刻学"的发展与建设提供一些全新的视角与方法。

在以中国大陆为代表的汉字文化环境下成长起来的研究者，毫无疑问对中国古文字以及篆刻艺术在审美体验、学术研究和创作实践的融合上具有得天独厚的优势。而这些扎根于中国传统篆刻艺术的研究思维和方法正是"篆刻学"学科的主流与核心部分。

在对中国篆刻的研究中，本土文字与文化环境的缺位难免会为非汉字文化背景研究者增加难度，但相应地也促使他们将研究重心转向篆刻技艺之外，利用西方考古学、人类学等学科的研究方法对篆刻的历史流变、篆刻在特定历史时期的文化含义等宏观问题进行富有新意和深度的剖析，这或许是国内广大艺术专业出身的篆刻研究者们易忽视或不擅长的研究领域，却也是"篆刻学"学科成长过程中突破视野局限性、深化学科理论性、强化论题思辨性的客观要求。

除此之外，海内外的留学生群体则显得更为特殊。其中，中国（含港澳台地区）与日本之间互为对象国的留学生占据着相当的比例，他们在对篆刻艺术具备天然理解优势的基础上接受着海外的学术训练，是跨文化篆刻研究主体当中的中坚力量。而本文所统计到的几位亚裔留美博士则能够利用西方学术思维对篆刻相关问题进行考察，他们的研究方法和成果很大程度上是国内学界研究的盲点。

2. 研究对象

以汉字文化背景下的印章为对象的研究，事实上并不能忽略中国港澳台地区和日韩两国，其篆刻艺术的发展很大程度上属于中国篆刻史的子系统，但各地域自身的历史与文化又或多或少催生了篆刻的个性化发展，这一领域尚有较多的学术空白。但需要注意的是，由于这些区域的篆刻发展基本以大陆域内篆刻艺术的对外辐射为历史前提，因此需要始终明确中国篆刻的主体地位及篆刻艺术的整体性，尝试脱离这一定位所开展的汉字文化圈内的篆刻研究将在很大程度上限制议题的延展性，乃至动摇其历史根基。

而就非汉字文化区域的印章研究而言，目前基本属于考古学、社会学、人类学等传统西方学科。非汉字印章研究亦可以被视为篆刻研究的一个分支方向，并基于此进行东西方印章的比较研究，这是值得提倡的。倘若大胆假设，一个以印章本位的视角在世界范围内开展普适性研究的学科门类能够成立，那么坐拥如此璀璨的篆刻艺术史的中国研究者应当最有优势去接近这一学术目标。

由此可见，若以国际视野审视我国"篆刻学"的学科发展，研究者与研究课题之间的互动存

在着无尽的可能性,并且已经作为一种学科现象在悄然发生。若能充分意识到这一点,并主动推进跨地域、跨领域合作,为不同文化背景、学科背景的研究者搭建相互赋能的桥梁,其学术潜力不可估量。

四、结语

博士研究生学位论文的选题与内容在一定程度上反映着相应领域的整体研究动向与水平,"篆刻学"领域同样如此。因此对近二十年来海内外"篆刻研究"博士学位论文的梳理与思考,于"篆刻学"学科建设与发展有着重要的意义和价值。据本次统计,近二十年来海内外"篆刻研究"博士学位论文的年均发表量仅3篇上下,这一数量与其他热门艺术类、文史类专业相比仍有不小差距。美国大都会博物馆亚洲艺术部主任屈志仁(James C.Y. Watt)曾说:"篆刻是最后一个至今未受西方足够关注的中国主要的艺术形式。"[1]虽然这一领域的性质很大程度上决定了海内外研究力量悬殊,但以更开放的胸怀向国际研究人才推广"篆刻学"的魅力也是推动中华传统文艺"走出去"的重要一环。

不可否认的是,近二十年来文章数量的逐渐增多也表明"篆刻学"发展的脚步从未停止,研究队伍的壮大和新资料被陆续发现等,都对"篆刻学"学科建设起到了重要作用。近二十年来海内外高校"篆刻研究"博士学位论文在所属学科体系与研究主题上也呈现出多元化发展的态势,这恰恰印证了"篆刻学"的学科潜力。同时,篆刻研究中各主题研究冷热略显失衡,这一现象应引起学界重视。不同文化背景、学科背景的研究者在篆刻研究中展开跨地域、跨领域合作的全新可能性,是新时代赋予"篆刻学"的宝贵机遇,也是本文立足国际视野关注海内外"篆刻研究"博士学位论文的初衷。

附表 近二十年来海内外"篆刻研究"博士研究生学位论文统计表

序号	年份(年)	作者	论文	所属院校	学科专业	导师	国家/地区
1	2003	赵宏	试论清代篆刻艺术的发展与繁盛	首都师范大学	美术学	欧阳中石	中国大陆
2	2003	方小壮	"浙派"宗师——丁敬研究	南京艺术学院	美术学	黄惇	中国大陆
3	2004	陈星平	中国文字与篆刻艺术	东海大学	人文学	魏仲佑	中国台湾
4	2006	施谢捷	古玺汇考	安徽大学	汉语言文字学	黄德宽	中国大陆
5	2006	朱天曙	周亮工及其《印人传》研究	南京艺术学院	美术学	黄惇	中国大陆

---

① 朱琪《小道可观——中国文人篆刻》,上海书画出版社2022年版,第1页。

（续表）

序号	年份（年）	作者	论文	所属院校	学科专业	导师	国家/地区
6	2006	刘泽光	丁敬（1695 - 1765）及杭州西泠身份认同的形成	加利福尼亚大学圣巴巴拉分校	哲学（艺术史）	彼得·斯图尔曼（Peter Sturman）	美国
7	2008	田炜	古玺探研	中山大学	汉语言文字学	陈伟武	中国大陆
8	2008	莫武	由工匠之"艺"到文人之"艺"——论宋元文人篆刻之兴起	中央美术学院	美术学	薛永年	中国大陆
9	2008	埃莱尼·德拉卡基（Eleni Drakaki）	希腊大陆青铜时代晚期墓葬中的硬石印章：情境与历史方法下的归属研究	纽约大学	哲学（美术）	古恩特·科普克（Guenter Kopcke）	美国
10	2009	金钟淳	中国印章的特征和艺术性	中国美术学院	美术学	祝遂之	中国大陆
11	2009	野田悟	吾衍与其《学古编》研究	中国美术学院	美术学	祝遂之	中国大陆
12	2010	洪在范	汉印文字研究	北京师范大学	汉语言文字学	秦永龙	中国大陆
13	2010	徐海	赵之谦篆刻研究	中国艺术研究院	美术学	王镛	中国大陆
14	2011	顾琴	海派篆刻研究	上海大学	美术学	阮荣春	中国大陆
15	2011	曹明玉	阿卡德时期搏斗题材滚印研究——以巴比伦尼亚为中心	北京大学	亚非语言文学	拱玉书	中国大陆
16	2012	陈国成	中国古代印论的理论渊源与框架结构研究	吉林大学	历史文献学	丛文俊	中国大陆
17	2012	刘建峰	战国玺印文字构形分域研究	山东大学	汉语言文字学	杨端志、徐超	中国大陆
18	2012	方建勋	明清文人篆刻美学研究	北京大学	美学	朱良志	中国大陆
19	2012	刘浩敏	黄牧甫生平及篆刻艺术之研究	香港中文大学	哲学（中国艺术史）	唐锦腾	中国香港
20	2013	小坂克子	论吴昌硕的艺术	中国美术学院	美术学	祝遂之	中国大陆
21	2014	伊丽莎白·洛伦兹（Elizabeth Lawrence）	制作中的中国印章（1904—1937年）	哥伦比亚大学	哲学（中国艺术史）	林郁沁（Eugenia Lean）	美国

（续表）

序号	年份（年）	作者	论文	所属院校	学科专业	导师	国家/地区
22	2015	杨亮	畸与残——明清之际书、画、印审美风尚研究	南京艺术学院	美术学	徐利明	中国大陆
23	2015	徐庆华	上海书法篆刻六十五年（1949—2014）	中国美术学院	美术学	王冬龄	中国大陆
24	2015	亚当·格林（Adam S. Green）	南亚早期城市的政治经济学中的印章	纽约大学	哲学（人类学）	丽塔·莱特（Rita P. Wright）	美国
25	2016	曾子云	甘旸《集古印正》的篆学研究	台湾艺术大学	艺术学	林进忠	中国台湾
26	2017	申铉京	中国文人篆刻美学研究	中国美术学院	美术学	祝遂之	中国大陆
27	2017	吕健	汉代封泥的考古学研究	南京师范大学	秦汉考古	裴安平	中国大陆
28	2017	王者利	社会变革下的明末清初文人篆刻研究	吉林大学	历史学	丛文俊、张金梁	中国大陆
29	2017	林浩浩	中国画用印研究	中国美术学院	美术学	张立辰、范景中	中国大陆
30	2017	王维	万历年间江南地区文人生活中的篆刻世界	南京艺术学院	美术学	李彤	中国大陆
31	2017	李鹏辉	汉印文字资料整理与相关问题研究	安徽大学	汉语言文字学	徐在国	中国大陆
32	2017	小胜望	吴昌硕代作研究——以徐星州、沈石友为例	台湾艺术大学	艺术学	王耀庭、刘素真	中国台湾
33	2017	庄哲彦	战国玺印文字构形及艺术特征研究	高雄师范大学	人文学	林文钦	中国台湾
34	2017	李宁	中国篆刻对江户时代日本篆刻的影响研究	关西大学	文化交涉学	中谷伸生	日本
35	2017	栗跃崇	燕国古玺印迹文字研究	大东文化大学	书道学	泽田雅弘	日本
36	2018	古菲	万历年间的集古印谱和文人篆刻（1572—1602）	中国美术学院	艺术学理论	范景中、孔令伟	中国大陆
37	2018	马欢欢	西亚印章系统的发展和演变	吉林大学	考古学	杨建华	中国大陆

（续表）

序号	年份（年）	作者	论文	所属院校	学科专业	导师	国家/地区
38	2018	简英智	日治时期台湾篆刻发展研究	台湾艺术大学	艺术学	李郁周	中国台湾
39	2018	陈文妍	粤篆新声：民国岭南篆刻三大家研究	香港中文大学	哲学（中国艺术史）	唐锦腾	中国香港
40	2018	正冈知晃	以篆刻史观之展开为中心的西泠印社创始者的印学相关研究	筑波大学	艺术学	菅野智明	日本
41	2018	川内佑毅	中国印论中审美论的形成和展开	大东文化大学	书道学	泽田雅弘	日本
42	2019	李立山	"印从书出"的先行者——邓石如篆刻研究	中国艺术研究院	美术学	骆芃芃	中国大陆
43	2019	朱琪	清代篆刻创作理论研究与批评	南京艺术学院	美术学	徐利明	中国大陆
44	2019	徐圣勋	百年台湾篆刻发展研究	中央美术学院	美术学	王镛	中国大陆
45	2019	叶靖	印章印文特征阶段性变化规律实证研究	华东政法大学	司法鉴定	杜志淳	中国大陆
46	2019	李惠心	陈鸿寿（1768—1822）的书法艺术与清中期的镌刻实践	加利福尼亚大学洛杉矶分校	哲学（艺术史）	李慧漱（Huishu Lee）	美国
47	2020	陈硕	重塑传统——邓石如与清中期书法史的变革	浙江大学	艺术学理论	白谦慎	中国大陆
48	2020	王晓宾	印章印文鉴定质量监控研究	华东政法大学	司法鉴定	杜志淳	中国大陆
49	2020	屈彤	三晋玺印研究	武汉大学	中国古典文献学	肖毅	中国大陆
50	2020	张传维	民国以来鸟虫书篆刻复兴之研究	中国美术学院	美术学	陈振濂	中国大陆
51	2020	吴云峰	宋元明印谱史研究	南京艺术学院	美术学	黄惇	中国大陆
52	2020	李文亮	古玺文异释汇考	陕西师范大学	语言学	赵学清	中国大陆
53	2021	石连坤	三晋私玺整理与研究	中国美术学院	美术学	沈浩、曹锦炎	中国大陆
54	2021	金鑫	秦印认知观念嬗变研究	中国艺术研究院	美术学	骆芃芃	中国大陆

（续表）

序号	年份（年）	作者	论文	所属院校	学科专业	导师	国家/地区
55	2021	魏晓妍	隋唐官印发微	中央美术学院	美术学	王镛	中国大陆
56	2021	神野雄二	以山田寒山、山田正平为中心的篆刻家实证与综合研究	东京学艺大学	教育学	（不详）	日本
57	2022	马其伟	清代嘉禾地域印学研究	南京艺术学院	美术学	金丹	中国大陆
58	2022	高帅	明代文人篆刻理论探析与实践研究——以南京、苏州地区为中心	中国美术学院	美术学	陈建中	中国大陆
59	2022	胡俊峰	印学文献研究中的"民国范式"（1912—1949）	中国美术学院	美术学	陈振濂	中国大陆
60	2022	尤汪洋	构建写意篆刻诗化史观	西安美术学院	艺术学理论	杨晓阳	中国大陆
61	2022	李飞	明清以来古文奇字印章研究	吉林大学	中国史	吴振武	中国大陆

（作者一系中国美术学院美术与书法硕士研究生；作者二系日本筑波大学艺术学硕士研究生）

云南德宏州博物馆藏清代傣族土司官印考论

刘泽勇

摘要： 清代傣族土司官印不仅是研究土司官职的实物资料，还是探求中央政权与地方少数民族政治关系的重要文献。本文从形制、印文、款识归纳云南德宏州博物馆所藏五方清代土司官印的特点；探究"干崖宣抚司印"误刻为"千崖宣抚司印"之说，勘正该印印文应为"千崖宣抚司印"；考订"南甸宣抚司印"应为地方自制印；分析清政府与土司的政治关系及土司统治阶层围绕"印信"设置官职、节日背后蕴藏的人类学"族群文化"意涵。

关键词： 土司官印　清代　少数民族　千崖宣抚司印

图1　"滇王之印"，
2.4cm×2.4cm×2.0cm
（资料来源：中国国家博物馆）

历代王朝笼络西南地区少数民族政权大多采用"怀柔羁縻"的方式。[1]1956年，云南晋宁石寨山出土蛇钮"滇王之印"（图1），《史记》记载："（汉武帝）以为益州郡，赐滇王王印，复长其民。"[2]元封二年（前109），汉武帝设立益州郡，并赐滇王王印。出土文献与传世文献互为注脚，表明在汉代便有中央政权赐印，以稳定少数民族政权的事实。元代，中央政权为加强西南管理始设土司制，并成为后世封建王朝治理西南的基本制度。"滇之土官，肇于元而盛于明，清代因之。"[3]德宏土司制度六百年历史中，经历元、明、清三个时期，相应的中央政权会铸刻官印用以管理边陲，云南德宏州博物馆藏五方清代傣族土司官印"千崖宣抚司印""南甸宣抚司印""陇川宣抚司印""勐卯安抚司印""世袭镇康州知州印"便是实证。限于研究视角，多年来学界对"千崖宣抚司印"印文名称、"南甸宣抚司印"形制、归属存在争议，[4]兹对此进行考订。

① 云南省民族学会傣族研究委员会、德宏州傣学学会《云南傣族土司文化研究论文集》，云南民族出版社2008年版，第21页。

② （汉）司马迁《史记》，中华书局1982年版，第2997页。

③ 周钟岳等纂，李春龙审订，牛鸿宾等点校《新纂云南通志》卷一七三，云南人民出版社2007年版，第659页

④ （清）王文韶修，（清）唐炯纂《续云南通志稿》卷八九《秩官志》。马向东《德宏民族文化艺术论》，德宏民族出版社2006年版，第245页。德宏州史志办公室《德宏历史资料·少数民族卷》，德宏民族出版社2012年版，第307页。周德才《南甸土司刀铭鼎印历史渊源考究》，《文物鉴定与鉴赏》2021年第2期，第29页。

一、"千崖宣抚司印"与"南甸宣抚司印"考订

德宏州博物馆所藏五方清代土司官印中,"千崖宣抚司印"印文、顶款与古地名"干崖"不符,故学界认定此印为误刻。光绪二十年(1894)《续云南通志稿·秩官志》卷八十九"干崖宣抚司"一职注文记载:"干崖宣抚,干读干禄之干,土人共称为干崖宣抚司,印文篆仟,千万之千,当是铸印时误写。"①2014年云南民族出版社出版的《少数民族大辞典·傣族卷》亦如此称,"干崖"铸印时误写为"千崖"之说,未必确切。"南甸宣抚司印"印文"宣""印"二字篆法不规范,且边款所刻"乾隆三十一年闰九月"讹误,乾隆三十一年(1766)并无任何闰月。根据德宏州博物馆馆藏文物和《云南省珍贵文物集萃》《清史稿》《新纂云南通志》《云南金石目略》及相关玺印著录文献,对"千崖宣抚司印""南甸宣抚司印"两方土司官印考订如下:

1. "千崖宣抚司印"(图2)

铜质,直钮。印正方,边长8.1厘米,厚2厘米,杙钮高10.6厘米。印面为汉、满双语朱文,篆体满文在左,九叠篆书在右,其篆曰"千崖宣抚司印"。无刀痕,应为范制而成。印背款识为楷书满文对照"千崖宣抚司印,礼部造",印体左右有楷书边款"乾隆二十四年三月"和"乾字一万二千一百八十号"。②与此印同时保存下来的还有一件内外两层的木质印盒。外盒高31厘米,边长29厘米,椿木材质,方形。红漆底描金,整体镂空透雕、高浮雕龙凤戏珠图案,盒体上附如意云头铜锁扣,两侧有铜环耳。内盒高29厘米,边长16.3厘米。木质,方形。红素面漆底,"四面坡"盒盖镶如意云头铜锁件,两侧附有铜耳。

图2 "千崖宣抚司印"及双层木质印盒,
8.1cm×8.1cm×12.6cm(资料来源:《云南珍贵文物集萃》)

探溯"千崖"之称,最早可见明代嘉靖十六年(1537)冯汝弼、邓韨主修《常熟县志》:"孟密大酋曩罕弄与罕乞法,皆遣人来迓,二夷皆怀疑谓镇守总兵官图已终,不出宗驻,千崖宣抚司以

---

① (清)王文韶修,(清)唐炯纂《续云南通志稿》卷八九《秩官志》。
② 云南省文物局《云南省珍贵文物集萃》,云南人民出版社2020年版,第204页。

待镇守，二人皆还。"①记录天顺年间滇西孟密与木邦纷争，千崖宣抚司从中调解之事。隆庆六年（1572）邹应龙编纂《云南通志》、万历三十四年（1606）沈德符编纂《万历野获编》及崇祯末年《皇明史概》等明代典籍均多处述及"千崖宣抚司"一职。清顺治、康熙年间顾祖禹撰写历史地理著作《读史方舆纪要》记录滇西干崖、南甸、陇川三地地理位置时亦使用"千崖"一称；乾隆五年（1739）《永昌府志》、乾隆三十二年（1767）《钦定续通典》及乾隆五十五年（1790）《四库全书》史部地理类《云南通志》均记载地名"千崖"。

"干崖"也称"千额"，元代典籍《皇元征缅录》记载："今蒲人多降，道稍通。遣金齿②千额总管探得，国使已达缅。"③《元史·缅传》同称"千额"。《大元混一方舆胜览》将金齿镇西路及平缅路称"乾崖"。《元史·地理志》称云南金齿等处"其地曰于赖睒"。据《大理图志》之说，"于赖"或为"千额"之误。《明史·土司传》记载："干崖，旧名干赖睒。"

由此可知，历代所称"千崖""干崖""乾崖""千额""于赖""干赖"皆少数民族语言音译异写而成，实为同地。《续云南通志稿·秩官志》《少数民族大辞典·傣族卷》所称"干崖"误铸"千崖"不准确，此印印文应为"千崖宣抚司印"。

2. "南甸宣抚司印"（图3）

铜质，直钮。凿刻痕迹明显。印正方，边长8.1厘米，厚2厘米。杙钮高10厘米，柄根直径3.5厘米，顶端直径2.5厘米。印面为汉、满文双体，左侧为九叠篆书，篆曰"南甸宣抚司印"，左为相应满文。印文线条粗细不匀，凹凸不平。印背款识为满汉对照"南甸宣抚司印，礼部造"，右侧边款"乾隆三十一年闰九月"，左侧边款"乾字一万一千九百三十二号"。④此印印文"宣""印"二字篆法有误，边款"隆"字楷法不规范，且边款所刻"乾隆三十一年闰九月"讹误，兹对此进行考证。

图3 "南甸宣抚司印"，8.1cm×8.1cm×12.0cm
（资料来源：《云南珍贵文物集萃》）

---

① 嘉靖《常熟县志》，嘉靖十八年（1539）刻本，第118页。
② 元代地名，约今云南澜沧江到保山腾冲一带，含现德宏傣族景颇族自治州境内。
③ 《四库未收书目提要·皇元征缅录》卷一。
④ 云南省文物局《云南省珍贵文物集萃》，云南人民出版社2020年版，第208页。

经笔者查证，梁河县文物管理所另藏一方铜质"南甸宣抚司印"（二）[①]（图4），印正方，边长7.9厘米，直钮。无刀痕，应为范制而成，印面磨损较为严重。印面左为九叠篆"南甸宣抚司印"，右为满文。背右铭"南甸宣抚司，礼部造"，左侧边款为"乾隆二十一年闰九月"，右侧边款"乾字一万一千九百二十二号"。[②]据《高宗纯皇帝实录》记载："乾隆二十一年闰九月戊戌，以故云南南甸宣抚司刀恩赐子铭鼎……袭职。"[③]与"南甸宣抚司印"（二）右侧边款"乾隆二十一年闰九月"吻合，确定该印为乾隆二十一年（1756）礼部为南甸五十二任土司刀铭鼎颁授。此外，《南甸司刀龚氏世系宗谱》记载："五十二祖刀铭鼎。……（乾隆）三十四年，清廷又命傅恒为大经略，大举征缅，复派本司人充役。是年，公以劳悴卒，葬于沙坝祖茔，夫人思氏享寿百龄后卒，坿葬。"[④]刀铭鼎乾隆二十一年（1756）至乾隆三十四年（1769）在土司位，有清廷颁授"南甸宣抚司印"，故"南甸宣抚司印"不为刀铭鼎故物。

图4 "南甸宣抚司印"（二），7.9cm×7.9cm×12.0cm
（资料来源：《云南珍贵文物集萃》）

乾隆年间除刀铭鼎外，另有其子刀三锡承袭土司位。正史不传刀三锡之名，但《南甸司刀龚氏世系宗谱》记："公（刀铭鼎）有子三锡，华甫八龄。十三祖刀三锡。公文卒时，因年幼不符袭例……乾隆四十一年，公奉到部文、号纸依例承袭。并奉到新颁金印一颗，左满文，右汉文。文曰'南甸宣抚司印'。当即呈交旧印，启用新印具报。"[⑤]刀三锡，乾隆年间南甸第二位土司。刀铭鼎卒时刀三锡八岁，因年幼不具备承袭土司位条件，乾隆四十一年（1776）十五岁的刀三锡方依例承袭。另《大清会典事例》卷三二三记："所用止系钤记，若悉令由部颁发，事体尤属纷烦。朕意莫若交与各直省督抚，于省会地方定一镌刻铺户，如官代书之类，令佐杂等报明上司，将应用钤记即就官铺镌刻。"[⑥]乾隆三十四年（1769）四月，为缩减财政开支，原由礼部铸印局奉铸的地方

---

① 以防混淆，以下均称此印为"南甸宣抚司印"（二）。
② 云南省文物局《云南省珍贵文物集萃》，云南人民出版社2020年版，第205页。
③ 中国第一历史档案馆藏稿本《高宗纯皇帝实录》卷五二二。
④ 德宏州志编委会办公室《德宏史志资料·南甸司刀公龚氏氏族宗谱》第一集，第208页。
⑤ 德宏州志编委会办公室《德宏史志资料·南甸司刀公龚氏氏族宗谱》第一集，第209页。
⑥ （清）昆冈等《钦定大清会典事例》卷三二三。

"佐杂"用印改为地方自行镌刻，土司官印隶属其中。

由此推断，"南甸宣抚司印"（二）磨损严重，刀三锡承袭土司位后由朝廷重新颁授"南甸宣抚司印"。因乾隆四十一年（1776）官印制度改革，"南甸宣抚司印"采用了与礼部一体铸印法不同的凿印法，因此该印刀痕明显且做工粗糙。加之少数民族对中原文化及官印制度不甚了了，工匠凿刻时误将乾隆"二十一年闰九月"刻为"乾隆三十一年闰九月"，"乾字一万一千九百二十二号"刻为"乾字一万一千九百三十二号"，并出现印文"宣""印"二字篆法有误、边款"隆字"不规范的情况。

二、清代德宏傣族土司设置与其官印形制特点

唐李隆基"以夷治夷""以夷制夷"，在西南设17个羁縻州以牵制少数民族政权。[①]元朝，土司制替代李唐羁縻政策，成为后世封建王朝管理西南边陲的基本制度。《元史》记载，至元八年（1722），金齿傣族各部以怒江为界，分为东西两路安抚使。明洪武十四年（1381），明军至滇，勐卯王归降，次年置平缅宣慰使，洪武十七年（1384）改封麓川平缅军民宣慰使司，土司规制始定。洪武后，子孙沿袭其制，永乐元年（1403）设干崖长官使、干崖长官司；正统三年（1438）设芒市长官司，正统九年（1444）设南甸宣抚司、陇川宣抚司；万历二十一（1593）年设勐板千夫长，万历二十六年（1598）又设勐卯安抚司、遮放副宣抚司；明末崇祯时设盏达副宣抚司。[②]自此，中央王朝在德宏州任用八位土司，全用"土人"的土司制度基本定型。至清代，"乾隆三十五年于户腊二撒添设两长官司，余俱弃于关外矣"[③]。彼时清政府没有恭顺无改地继承朱明土司设置，在土司员额、职掌等多方面均有所损益，乾隆三十五年（1770）于户腊、二撒两地设立长官司管理地方。清代云南地区元江、临安毗邻老挝，腾冲、永昌、顺宁西接缅甸，丽江、永宁、北胜北靠吐蕃，为抵御外敌入侵的第一道防线，可谓筹边重地。[④]据统计，清代废撤土司33家，其中品级五品以上达15家；新设土司135家，其中六品以下121家。可见，"改土归流"在削弱势力较大土司的同时，积极设立新土司。德宏州在清代初期隶属永昌府腾越州管辖，嘉庆二十五年（1820）改为直隶厅，这是中央政权加强西南边陲管理的集中体现，也是清朝官僚政治系统运转的结果。

通过土司官印可以更好地理解清代德宏州土司建制，兹对德宏州博物馆另存"陇川宣抚司印""勐卯安抚司印""世袭镇康州知州印"三方土司官印进行考证，并初步从质地、形制、印文、款识等方面对傣族土司官印的特点进行归纳。

"陇川宣抚司印"（图5），铜质，直钮。印正方，边长8厘米，厚2厘米，杙钮高8.5厘米。印文为满、汉二体，均刊朱文，满文篆书在左，九叠篆书"陇川宣抚司印"在右。印背右侧款识

---

① "贞观四年，以开边属南通州，于州置都督戎、郎、昆、曲、协、黎、盘、曾、钩、髳、尹、匡、衮、宗、摩、姚、微十七州。"见（宋）欧阳修、宋祁《新唐书·志第四十一·地理七》，中华书局1974年版，第4册。

② （清）张廷玉等《明史》卷三一三至三一四《云南土司二》，中华书局2013年版，第8240—8245页。

③ （清）屠述濂修，文明元、马勇点校《云南腾越州志点校》，云南美术出版社2006年版，第266页。

④ 顾祖禹《读史方舆纪要》："云南要害之处有三：东南八百、老挝、交趾诸夷，以元江、临安为锁钥；西南诸夷，以腾冲、永昌、顺宁为咽喉；西北吐蕃，以丽江、永宁、北胜为扼塞。识此三要，足以筹云南。"

刻"礼部造，陇川宣抚司印"，左侧满文意与右侧相同。边款"乾字一万一千八百七号""乾隆十九年十二月"分置左右两侧。①明正统二年（1437）王骥南征，陇川土司一世祖多歪孟率部投诚有功，授守御边土之职，正统九年（1444）始授陇川宣抚司。《清高宗实录》记载："乾隆十九年十月辛亥，以故云南永昌府陇川宣抚司多益善子有功……袭职。"②与此印边款"乾隆十九年十二月"吻合，可知此印为乾隆十九年（1754）多有功世袭陇川宣抚使一职，礼部为其颁授的。

"勐卯安抚司印"（图6），铜质，直钮。印正方，边长8厘米，厚1.7厘米。印面有明显刀痕。印面右侧刊朱文"勐卯安抚司印"直书两行，左为相应满文直书两行。此印线条匀称流畅，印背右侧印刻"勐卯安抚司印，礼部造"，左背满文，意与右侧相同。右侧边款"乾隆二十七年十二月"，左侧边款"乾字一万二千六百九十九号"。③据《腾越州志》等史料记载，勐卯安抚司受封于明万历二十六年（1598）。《世宗宪皇帝实录》记载："雍正四年九月辛丑，云南巡抚管云贵总督事鄂尔泰题；猛卯安抚司衎秘故，请以其子志承袭。"④

"世袭镇康州知州印"（图7），铜质，直钮。印正方，边长7.5厘米，印台厚1.6厘米，杜纽高8.5厘米，柄根直径2.9厘米，顶端直径2.5厘。无刀痕，应为范制而成。印文刊汉、满文篆书和满文楷书，右侧为直书两行，行四字，九叠篆书阳文"世袭镇康州知州印"；左侧满文篆书三行，介于满文篆书、汉文之间另有一行字体较小的满文楷书，意为"光绪七年七月"。印背刻铭文"镇康州知州印，礼部造"。印体右侧刻楷书边款"光字六百二十七号"，左侧刻楷书边款"光绪七年八月"。⑤《德宏史志资料》第一集《南甸司刀龚刀世系宗谱》第二卷中述："光绪十八年，镇康土知州应袭刀闷纯碬，以年幼不符袭例，致族人争立，互结堂羽仇杀。永昌知府谢佑候将纯碬送省新学，又将其眷属老幼安顿于南甸，由司署供应全部及衣食。"⑥"世袭镇康州知州印"应是刀闷纯碬于南甸避难遗落的。

清代土司官职分为宣慰司、安抚司、长官司、土府、土州、土县。目前所见清代德宏地区傣族

图5　"陇川宣抚司印"，8.0cm×8.0cm×10.5cm（资料来源：《云南珍贵文物集萃》）　　图6　"勐卯安抚司印"，8.0cm×8.0cm×10.7cm（资料来源：《云南珍贵文物集萃》）　　图7　"世袭镇康州知州印"，7.5cm×7.5cm×10.1cm（资料来源：《云南珍贵文物集萃》）

---

① 云南省文物局《云南省珍贵文物集萃》，云南人民出版社2020年版，第208页。
② 中国第一历史档案馆藏稿本《高宗纯皇帝实录》卷四七四。
③ 云南省文物局《云南省珍贵文物集萃》，云南人民出版社2020年版，第208页。
④ 中华书局影印《清实录》第8册《世宗宪皇帝实录》卷四八，中华书局2012年版，第13页。
⑤ 云南省文物局《云南省珍贵文物集萃》，云南人民出版社2020年版，第208页。
⑥ 德宏州志编委会办公室《德宏史志资料·南甸司刀公龚氏氏族宗谱》第一集，第211页。

土司官印官职类型可分为宣抚司印、安抚司印、知州印三种。从形制来看，印文均为阳文，除光绪年间颁授的"世袭镇康州知州印"为汉文篆书、满文篆书、满文楷书外，其余均由满、汉两种文字的篆书组成。印皆铜制，直钮，方形印面。印面尺寸略有差别，宣抚司印、安抚司印尺寸略大，边长8厘米至8.1厘米，通高9.7厘米至12厘米不等；知州印边长7.5厘米，通高10.1厘米。印章大小应与官职大小有关，据《清史稿·职官》记载，土司印章中等级最高者为宣慰使司和指挥使司："清、汉文叆篆，方二寸七分、厚九分。"宣抚司副使、安抚使司次之，用"清、汉文悬针篆，方二寸四分，厚五分五厘"。长官司则用"清、汉文悬针篆，方二寸二分，厚四分五厘"[①]。

从款识特点来看，上述印章分为背款及边款，背款由汉文楷书、满文两种文字组成，记录印名、铸（凿）印机构；边款为汉文楷书，记录铸造时间和颁授序号。以"勐卯安抚司印"为例，右背款"勐卯安抚司印，礼部造"为印名和铸印机构，左背款满文意思与右侧相同。右侧边款"乾隆二十七年十二月"为铸造时间，左侧边款"乾字一万二千六百九十九号"为颁授序号。"乾字"表明该印为乾隆朝授发，"一万二千六百九十九"为"乾字"编号。

关于土司官印的来源，清廷曾出台严格的规制，中央颁授给地方的印信，由礼部铸印局统一范铸后交付地方长官："题销铸印，掌铸宝玺，凡内外诸司印信，并范冶之。"[②]上述五方官印背款"礼部造"字样与此吻合。值得关注的是，"南甸宣抚司印"为凿印，印体制作厚薄不均，铸造时间、颁授序号讹误，且篆体不规范，经考证为地方制作，性质属于地方复制印。但其质地、印文官职名称采用汉满双语，表明其凿刻时参考了礼部所授官印。

综上所述，清代德宏地区土司官印均为直钮方形铜印，官印尺寸与官职大小相关。背款刊铸官职名称、铸印机构；边款刊铸印时间、号数。来源主要为礼部统一范铸，亦有中央授权的地方自制凿印，但仍以朝廷封印为参照。

三、傣族土司官印官职设置及其风俗意涵

清政府为将土司辖区纳入国家版图，将其作为"天下"的一部分，基本做法是授予"内附"的地方首领"土司"名号，以号纸和印信作为凭证将其纳入王朝官职体系，赋予土司在辖区内相对独立的政治、经济、文化、军事权力。"这些地区以藩属、朝贡等名义承认中原王朝的宗主地位，是名义上的归附。"[③]

号纸和印信一方面表明地方土司得到了中央政权的认可，成为朝廷任命的官员；另一方面，号纸和印信也是地方土司向中央政权臣服的标志。清政府对土司号纸和印信的颁发、收缴有严格规定："每承袭世职之人，给与前领印号纸一张，将功次宗派及职守事宜，填注于后，遇子孙袭替，本省掌印都司验明起文，或布政司起文，并号纸送部。查覆无异，即与题请袭替。"土司受职前必须上缴前一任土司的号纸，并由掌印都司或布政司拟文核验后颁发新号纸，朝廷方承认其土司身份，未换号纸者不得继续袭职。如南甸宣抚司刀三锡志学之年承继土司位时："公（刀三锡）奉到

---

① （清）昆冈等《钦定大清会典事例》卷三二三。
② （清）赵尔巽等《清史稿·志八十九》卷一一四，中华书局1977年版，第3280页。
③ 张文《论古代中国的国家观与天下观——边境与边界形成的历史坐标》，《中国边疆史地研究》2007年第3期。

部文、号纸依例承袭，并奉到新颁金印一颗。"①其中，号纸即任命书，印信即土司官印，部文即掌印都司或布政司所拟部文。

中央政权授予的地方官印一般用于行政事务，现存与土司官印有关的告示、票据文书，皆可证明土司官印在日常政务中的应用。如清嘉庆十一年（1806）芒市安抚司为委派亲信治理匪患签发的《芒市安抚司正堂放氏委任执照》，抬头"执照"二字及落款"司"处加盖土司官印，以示权威。

除此之外，土司官印承载的并不只是实用功能，还有广泛而深刻的政治意义，在傣族土司及其统治集团中，衍生出围绕"印信"设置的官职。根据龚荫《明清云南土司通纂》可知，傣族土司的上层统治集团由正印土司、印太、代办、同知、护印、族官组成②：正印土司，即宣抚使，土司境内政治、军事、经济均在其秉轴持钧下运作，拥有绝对的独裁权。印太，即土司正室，必须出身于其他傣族土司贵族集团，或称为"老祖大"，负责保管土司大印及主持家内大小事务。代办，又称"护印土舍"。正印土司职位空缺，或应继承其职位的土司年幼不能处理司政时，由护印土司管理土司印信，总揽土司政务。同知，流官。中央为了加强对土司的控制，凡土官任正职，必设流官，名义上为辅佐，实则是监视和钳制。护印：辅佐正印土司处理司署公务，一般由现任土司兄、弟担任。族官，又称属官、族目，是土司或代办信任的人，是土司统治集团的中坚力量。

滇西傣族土司上层围绕"印信"设置官职，或在名称，或在职能上与"印信"关联。"正印土司""印太"以印命名官职，"护印土舍""护印"以其职能命名官职。《德宏傣族土司制度调查》记："由于土司妻印太掌印，土司死，有子则由其妻印太辅政，或土司弟弟代办。无者，其弟便妻其嫂，从而取得实权。"③这与《德宏土司专辑》一书中关于土司统治阶层官职的记载一致，象征权力的印信由印太掌管，在权利承接不连续时，"护印土舍"便妻"印太"以确保宗族利益。

除实用功能、政治意义外，傣族土司还通过"族群文化"赋予"印信"以社会意涵。"所谓族群文化是指各族群在其历史发展过程中创造和发展起来的具有本族群特点的文化。包括族群物质文化和族群精神文化。饮食、衣着、住宅、生产工具属于物质文化的内容；语言、文字、科学、艺术、哲学、宗教、风俗、节日和传统属于精神文化的内容。"④《云南西盟佤族自治县概况》一书记录清代云南少数民族有庆祝"封印节""开印节"的传统，仍保留至今，少数民族有独特的文化特征，这些特征反映了族群的历史、传承、信仰。《德宏傣族土司制度调查》对"开印节"有更详细的记载："每年腊月二十以后举行封印节，即封存土司官印，至正月十五后才举行开印。"⑤开印节在土司署二堂举行，场景极为隆重，首先将清水洗过的土司官印分别在三块黄绸上钤盖印花，随后将这三枚印花缝在老土司、土司和印太的帽子内，以保来年土司辖内平安无事，最后土司会召集亲友及官员共商政务，各寨村民为表庆祝共舞一日。土司宣称用洗过官印的清水擦拭双眼，可使眼睛明霁，饮用清洗官印的清水，便能洗涤身心。

① 德宏州志编委会办公室《德宏史志资料·南甸司刀公龚氏氏族宗谱》第一集，第209页。

② 龚荫《明清云南土司通纂》，云南民族出版社1985年版，第26页。

③ 国家民委《民族问题五种丛书》编辑委员会、《中国民族问题资料·档案集成》编辑委员会《中国民族问题资料·档案集成》第5辑《中国少数民族社会历史调查资料丛刊》第97卷，中央民族大学出版社2005年版，第108页。

④ 徐杰舜《族群与族群文化》，黑龙江人民出版社2006年版，第468页。

⑤ 国家民委《民族问题五种丛书》编辑委员会、《中国民族问题资料·档案集成》编辑委员会《中国民族问题资料·档案集成》第5辑《中国少数民族社会历史调查资料丛刊》第97卷，中央民族大学出版社2005年版，第115页。

清代傣族土司还有霜降阅兵的习俗，至1936年才结束，今德宏州陇川县霜降村寨命名或与此有关。《德宏文史资料选辑》第十辑《德宏土司专辑》记载其盛况："土司乘八抬大轿，由多姓中两名忠实老官为先导，一名背上用黄绸裹着的大印、号纸、名书'奉品'二字；另一名充'顶马'，两人骑高头大马在大轿前行进。"[①]霜降之日，土司及其统治阶层齐集大堂，整理衣装，议定日程后组成执事和仪仗队伍。在炮声、号声、锣鼓声及众人的欢呼中将"奉品"——土司号纸、印信放在临时帐篷中央的八仙桌上，土司正中坐定，接受众官员的拜礼。官员的拜礼分两次，一拜"奉品"，口念"敬拜顶在头上的金霜降"；二拜司官。作为"奉品"的号纸、印信不仅是权利的象征，傣族土司还赋予其"至高无上"的神圣性。

综上所述，号纸和印信有深刻的政治意义，土司统治阶层围绕印信设置官职是基于对中央政权的认识，而达成政治、文化、社会结构上的"双向认同"。印信和号纸除了日常基本的实用功能、政治意义外，还具有社会意涵，土司将印信与族群文化相勾连，赋予其神圣性。

小 结

通过对清代傣族土司官印的梳理，可以厘清清王朝与傣族土司之间的政治关系。文化迥异使得中原王朝对西南边陲的治理成本加大，中央利用土司的影响及其对当地的熟悉度，确保政治上的稳定。官方颁授的号纸和印信作为双方联系的纽带，土司统治阶层围绕"印信"设置的官职及节日，达成与中央的"双向认同"。土司制度尊重并保留了云南傣族传统的习俗和土司的部分自治权，缓解了文化冲突，优势在于"因俗而治"，与流官制度、绿林防边体系共同构成清朝前中期治理边防的三大政策，奠定清朝的统治基础。

[作者系中国矿业大学（北京）美术专业（书法方向）硕士研究生]

---

① 德宏史志编委会办公室《德宏史志资料》第十集，德宏民族出版社1987年版，第79页。

光绪早中期海上印人远游东瀛与星洲现象刍议

——以卫铸生为例

张炜羽

摘要：自同治十年（1871）清廷与日本签署《中日修好条规》之后，从上海赴日公干、考察或观光游历者不乏其人，由此开启了近代中日文人汉诗酬唱与书画篆刻创作交流的新篇章。海上印人卫铸生工诗文，善书刻，为广结翰墨之缘，曾三渡东瀛，名利双收。花甲之后又远涉新加坡，其间广结当地文士书家，创作书法篆刻与诗歌无数，为光绪间唯一一位遨游东瀛与星洲的印人，也是研究近代中外文化艺术交流现象的最佳人选。

关键词：卫铸生　东瀛　新加坡　诗歌　书法　篆刻

一、引言

清代初期为避乱的两位中国禅师——独立（性易）与心越（兴俦），乘槎浮海，来到日本江户幕府锁国后指定的唯一对外港口——长崎。讲经弘法之余，因擅长诗词、书法与篆刻，深得江户时期雅好中国文化艺术的彼邦人士推崇，被奉为日本篆刻鼻祖。其中受心越篆刻影响的有榊原篁洲（玄辅）、细井广泽（知慎）、池永一峰（荣春）等人，为日本印坛初期江户派。至清乾隆间，有流寓长崎的"来舶画人"伊孚九（海）、费汉源（澜）、江大来（稼圃）、张秋谷（莘）四大家，以及费氏后人费晴湖（肇阳），对日本南画的发展产生了较大影响。篆刻方面，则有印人丁书严、徐兆行、董三桥等，源伯民（逸）等曾游三位门下。1868年，随着德川幕府时代的落幕，日本海禁大开，明治维新促使日本步入近代化，由此也成为亚洲第一个资本主义国家。

同治十年（1871），清廷与日本签署《中日修好条规》，正式确立中日近代邦交体制，互遣使臣。光绪三年（1877），朝廷任命何如璋（子峨）为首任驻日全权公使大臣，率副使张斯桂（鲁生），参赞黄遵宪（公度），随员沈文荧（梅史）、潘任邦（勉骞）、廖锡恩（枢仙）、何定求（子纶）等一行出使日本，自此往来于两国之间的各界人士逐渐增多，尤其是开埠后"繁华景象日盛一日"的上海，"四方宾彦，挟艺来游，更多至不可胜纪"，日本书画篆刻家也多将开放多元的上海作为学艺或侨居首选之地。如有来自名古屋的圆山大迂（真逸）于光绪四年（明治十一年，1878）渡海来沪，师从知名篆刻家徐三庚（辛穀）、书法家杨岘（见山）。约于此时，冈山的岸田吟香（银次）以"卖药郎"身份第三次抵沪，在四马路（今福州路）口开设乐善堂书药铺，并广交海上文人与书画家。至光绪十二年（明治十九年，1886），年轻的秋山碧城（白岩）至上海，经岸田吟香介绍正式拜徐三庚为师。与此同时，日本开放后的新气象也吸引着清国朝野人士的目光，受派遣赴日公干、考察或观光游历者不乏其人，也开启了近代中日文人汉诗酬唱与书画篆刻创作交流的新篇章。其中像杨守敬（惺吾）在日期间利用公暇致力于收集散佚的汉籍善本，并带去了数以万计的汉魏六朝与隋唐碑帖拓本，在东瀛书坛掀起了学碑的热潮。此外在上海有一些虽有名于时但未展骥足的书画篆刻家，赴日后却名利双收，不仅广交东瀛汉文学家与书画家，与他们歌什倡酬，又朝夕染翰，鬻艺生活颇为滋润，并招引一些"挟其一艺之长"的书画家渡海前来，在光绪初期形成了一个小高潮。其中有一位原籍江苏海虞（今属常熟），客居上海，精书善刻的卫铸生，曾三渡东瀛，赚得盆钵皆满，并在花甲之后远涉沧溟，南下新加坡，成为光绪间唯一一位遨游东瀛与星洲的印人，也是研究当时中外文化艺术交流现象的最佳人选，惜长期以来未受到艺术界的关注。

二、卫铸生东渡之前

卫铸生（1828—1892），名铸，字寿金，号风石、少芝、少之、少翁、顽铁、老顽、顽道人、石道士、吾谷、吾谷山人、吾谷山樵、三神山行者、破山行丐、悲盦居士，斋名寄吾山房、寄吾庐、求定斋、十二万年得未曾有之斋。江苏海虞（今属常熟）人，居上海。幼年家贫失学，尝为钞胥，专事誊写，数年间学问大进。咸丰时太平天国运动席卷苏南，卫铸生为避战乱徙至上海。其同里著名书法家杨沂孙（咏春）在《赠卫处士铸生序》中称："吾邑卫铸生负有用之才，浮沉里中，无以自见，徙居沪上，佐大僚幕，亦将得官可发舒矣，而知己者死，遂嗒然引晦，以书自业。"可知卫铸生早年在上海曾做过幕僚，后失去依靠开始鬻艺。对于卫铸生书法风格与影响，杨沂孙亦推许有加，称："其书雄奇苍劲，率乎天真。寓沪之畸人逸士皆爱之，海客贾胡之知书者亦爱之，特不为台阁圆媚之体，故贵人鲜知之者。余既解组食贫，颇鬻书自给，而铸生以书抵余，致爱慕之意。余乍视其书，惊诧以为可与何子贞、赵扬叔诸公颉颃，乃近出吾里而不知也，异哉！"[1]同治十二年正月二十日（1873年2月17日），上海《申报》刊有时人所作《论书十二绝句仿随园论诗体》[2]，称赞王承基（竹鸥）、汤壎伯（经常）、吴淦（鞠潭）、胡公寿（远）、杨伯润（南湖）、莫瑞清（直夫）、郭宗仪（少泉）、金尔珍（吉石）等十六位海上书画篆刻家的艺术，也为卫铸生专赋一诗，曰：

金石名家刻画工，临池染翰兴尤浓。性灵虽好清寒露，也似文章少正宗。

该诗前两句突出卫铸生善于金石篆刻与勤于挥毫的状况。这十二首诗后被有"萃一方阛阓之全""专记上海一邑之事"之称的王韬（紫诠）《瀛壖杂志》一书所引用。《瀛壖杂志》出版于光绪元年（1875），王韬在卷五中描绘了当时海上书画家的生存状况，称："沪上近当南北要冲，为人文渊薮。书画名家，多星聚于此间，向或下榻西园，兵燹后僦居城外，并皆渲染丹青，刻画金石，以争长于三绝，求者得其片纸尺幅以为荣。至其轩轾所在，未能遽定以品评。风雅之士著

---

① 杨沂孙《观濠居士遗著》，《清代诗文集汇编》第653册，上海古籍出版社2010年版，第358页。
② 《申报》1873年2月17日，第二版。

有《论书》十二绝、《论沪江书画》七绝，于沪上寓公，比诸管中窥豹，略见一斑。"①光绪二年（1876）冬，浙江仁和（今属杭州）葛元煦（理斋）居十里洋场已十五载，有感于上海开埠以来"繁华景象日盛一日，停车者踵相接，入市者目几眩"，加上四方游客、商贾"言语或有不通，嗜好或有各异，往往闷损，以目迷足裹为憾"，爰仿《都门纪略》体例，撰成《沪游杂记》四卷，存条目近三百条，内容涉及上海风俗、行政机构、市政交通、园林寺观、商肆百货、会馆公所、地方特产、生活用具，与冶游的秦楼楚馆，消闲的酒楼戏院，以及丝号、茶栈、钱庄、客舍的信息与竹枝词等，卷首还列有英、法、美租界地图与各国国旗图案，系统地勾画出光绪初期上海的奇景异象，有较高的史料价值。该书被著名诗人袁枚（随园）后裔、《申报》主笔袁祖志（翔甫）称为"沪游者指南之针"。其中卷四的"书画名家"条目中简要罗列了胡公寿、张熊（子祥）、任伯年（颐）、钱慧安（吉生）、徐三庚、吴淦、汤埙伯、莫瑞清等三十五位寓居海上的书画篆刻家，注明其籍贯与专长。卫铸生也名列其中，被称为"常熟卫铸，字铸生，行书兼铁笔"②。

自葛元煦《沪游杂记》面世之后，描写上海五光十色的风土杂记还有光绪九年（1883）黄协埙（式权）编著的《淞南梦影录》，同样论及十六位活跃在海上艺坛的书画家，突出各自的创作长项，曰："各省书画家以技鸣沪上者，不下百余人。其尤著者，书家如沈共之之小篆，徐袖海之汉隶，吴菊潭、金吉石之小楷，汤埙伯、苏稼秋、卫铸生之行押书。画家如胡公寿、杨南湖之山水，钱吉生、任阜长、任伯年、张志瀛之人物，张志祥、韦子钧之花鸟，李仙根之传神类，皆芳誉遥驰，几穿户限。屠沽俗子，得其片纸以为荣。然佳者未必著名，著名者未必定佳。一人赞扬，众口阿附。"③文中的行押书是指早期的行书，也是卫铸生最擅长、最受市场欢迎的书体。

综合上述诗文，可见卫铸生是同治至光绪初年海上艺坛中最早步入艺术品市场化的书画家之一，然而虽负时誉，卫铸生还是无法与"四方走币相乞者屡恒满户外"的徐三庚、张熊、胡公寿、任伯年等拔萃出群的大家比肩，卫铸生和大部分靠鬻艺自给的书画篆刻家一样，寄居陋室，囊橐萧然。如光绪四年十月十一日（1878年11月5日），日本《朝野新闻》发表署名"捕影山人"撰写的《清人卫铸生小传》，介绍卫铸生居住在上海非常简陋的小屋中，前堂加后屋的面积相当于十张半榻榻米那么大，其中前堂置一床铺和破桌，后屋中还杂放着水桶、溲器、酱油、勺子、扫帚等生活用具，卫铸生就在如此破陋的环境中挥毫走刀，也为当时海上诸多橐笔来游者居大不易生活的真实写照，同时也为卫铸生首次东渡鬻艺作了宣传铺垫。

三、卫铸生三渡东瀛

在卫铸生东渡之前，已与日本驻上海总领事馆书记官大仓雨村（顾言）等交往。大仓氏在沪任职长达十五年，与胡公寿、张子祥、徐三庚等相善。光绪元年（1875）卫铸生为其镌刻"大仓行印""雨村""乘兴"三印，翌年十月又为其所集印谱题跋。当时海上张熊、胡公寿的作品已得到东瀛书画收藏界人士的青睐，成为追慕的对象。时有南画名家安田老山（养）、村田香谷等来沪从

---

① 王韬《瀛壖杂志》，上海古籍出版社1989年版，第93页。
② 葛元煦《沪游杂记》、黄式权《淞南梦影录》、池志澂《沪游梦影》，上海古籍出版社1989年版，第69页。
③ 黄式权《淞南梦影录》，上海古籍出版社1989年版，第139—140页。

胡公寿习艺，画商松浦英二，画家长尾无墨、吉嗣拜山等也与胡公寿交往密切。《论书十二绝句仿随园论诗体》中咏胡公寿一诗首联有"横云山民擅三绝，一缣倭国价连城"句，可见其声誉之隆，同时也吸引了一批为了生计与抱着探秘猎奇心态去渡海淘金的海上书画篆刻家。其中有慈溪王藩清（琴仙）、黟县胡铁梅（璋）、上元王冶梅（寅）、秀水蒲华（作英）、陈鸿诰（曼寿）、金尔珍、郭宗仪、苏州姚赋秋（学欧）、鄞县舒浩（萍桥）等，此外还有受邀教授汉语，后成为驻日使团学习翻译生的慈溪王治本（桼园），卫铸生也是较早东渡的书法篆刻家之一。

（一）卫铸生首次东渡

卫铸生首次东渡前曾倩同里画家张溥东（雨生）绘一《掉首东游图》，携此遍征题咏。如杨沂孙有《戊寅十月三日卫少之处士从沪上东游日本，画〈掉首东游图〉来索诗且告别，爰拈摩诘送晁监归日本诗韵送之。昔姚武功选〈极玄集〉，以摩诘此诗为压卷，予不敢与时贤竞，特望古未远耳》[1]五言长诗以赠别。戊寅十月三日为光绪四年（1878年10月28日），时间明确。其他各家题诗亦大多见于《申报》。如同年十月廿二日（11月16日），《申报》刊登其好友陈鸿诰所赋《送卫铸生之日本，即题其〈掉首东游图〉，用工部送孔巢父韵》七言长句，诗曰：

图1 杨沂孙、葛其龙等《送卫铸生游日本》诗（1878）

神骏如龙捉不住，捷足追风逐云雾。迅速能登万仞山，奔腾突过千重树。卫侯骨相自瑰奇，相马无人慨迟暮。掉头忽作东海游，遥指扶桑是去路。鸡林久播白也名，扫径延宾见如故。人生得意随遇安，百岁光阴等电露。知君此行乐有余，生面独辟尘障除。袖中出示新画本，传观遍乞同侪书。欲往从之扩眼界，空思附骥愁何如。[2]

诗中在称赞卫铸生"骨相瑰奇"之际，也感叹其"相马无人"的落寞，同时也产生了欲随其东渡，增扩眼界的想法。《申报》于十一月十三日（12月6日）又刊登了杨沂孙、葛其龙（隐耕）、杨伯润、金尔珍、齐学裘（玉溪）、蔡锡龄（宠九）《送卫铸生游日本》同一题名诗篇（图1）。[3]其中杨伯润有"南沙卫子古豪士，乌能郁郁久居此"之句，与陈鸿诰一样透露出卫铸生才高运蹇的境遇。杨伯润、金尔珍对卫铸生书法大加赞赏，分别有"纵横书法倾一时，江都李邕得神似。深沈笔力鼎可扛，以海濡毫天作纸""先生笔底走龙蛇，豪气凌云泛斗楂"之句。杨沂孙也期待卫铸生不久能归来重逢，届时"异日归谈蓬岛胜，犹令濠叟豁吟眸"。蔡锡龄《送卫铸生游日本，用少陵送孔巢父韵》一诗与宋代诗人欧阳修（永叔）《日本刀歌》中的"徐福行时书未焚，逸书百篇今尚存"之意相近，称卫铸生在东瀛能看到秦代焚书之前方士徐福（君房）带去保存的典

---

① 杨沂孙《观濠居士遗著》，《清代诗文集汇编》第653册，上海古籍出版社2010年版，第477页。

② 《申报》1878年11月16日，第五版。

③ 《申报》1878年12月6日，第三、四版。

籍，并流露出对瀛洲仙山"虽不能至，然心向往之"的美好期望。

杨沂孙与卫铸生为同乡，不仅题诗赠别，并以擅长的篆书作"书收海外吾妻镜，器访商时己父尊"七言联相赠（图2），题跋曰："吾邑卫少之处士居沪上，于光绪戊寅东游日本，属张君雨生写《掉首东游图》，余既用摩诘送晁监韵送之矣，复书此联以赠之。吾妻，日本地名。吾妻镜者，日本记事之书也。"《申报》十一月廿七日（12月20日）又刊登了姚赋秋《大江东去二阕，送卫铸生词长之日本，即题其〈掉首东游图〉，录请味梅花馆主、南湖外史、扫花仙史、潇湘侍者正拍》①，不久又有汤埙伯《送卫铸生之日本》、陈鸿诰之子陈善福（季辥）《即席送卫铸生之日本》等诗，②足资参考。

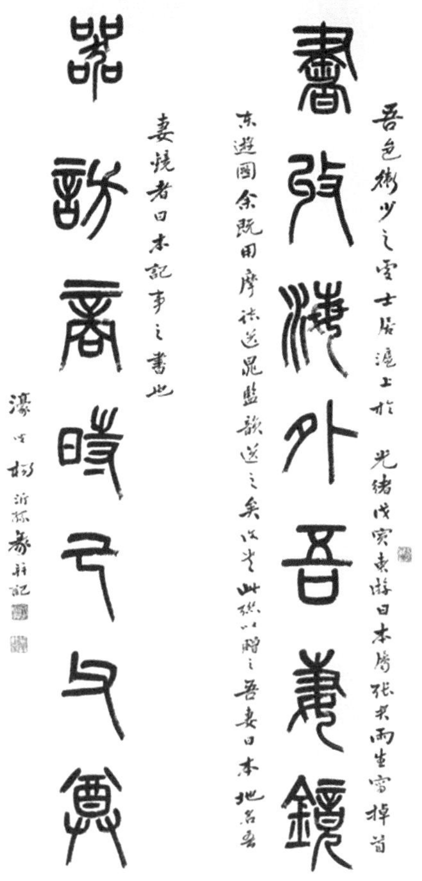

卫铸生甫至日本摄津（今大阪府），消息一传十，十传百，致使"方下榻，摄津造请者纷至沓来，既而悉矣"。其中有一位先前旅日的友人——钱唐朱季方，不仅为初来乍到的卫铸生与日本人之间起到中介人的作用，还为卫铸生导览各地名胜佳景。如卫铸生来日之时正值关西观赏丹枫的最佳期，在朱季方陪同下，二人坐火车从神户至大阪。当卫铸生第一次坐上了火车后，一路上在火车疾驰的轰鸣声中，窗外连绵不断、变化万端的山景图令其左顾右盼，目不暇接。在驶入隧道时四周漆黑一片令其胆颤心惊，待驶出隧道，如闪电般的瞬间复明又令其紧张的

图2　杨沂孙"书收海外吾妻镜，器访商时己父尊"篆书七言联

心情得到缓解。卫铸生将这一新奇的旅行经历记录在《戊寅冬日客游东海神户，钱唐朱君季方招乘火车至大坂看枫叶，漫赋长句》七言长诗之中，也为同期不可多得的描写乘坐早期火车经历之作，诗曰：

朱侯竟兴何豪雄，佳游邀我观丹枫。相将携手出门去，超乘疾驰声隆隆。去路绵亘百里外，冈峦奇怪无一同。或如狻猊捕狡兔，或如犀兕追骄骢。又如鼋鼍逐骇浪，又如雕鹗搏长空。凭轼瞻眺大击赏，顿令尘障驱心胸。举首仰天天欲旋，天旋地转同磨礱。回头一瞬路已杳，诹访布引皆冥蒙。（皆神户山名）一山将尽一山接，经过万叠兼千重。海滨地暖气易泄，黛色早已开山容。淋漓渲染炫金碧，丹青不数将军工。恐遭俗客图貌去，似避三舍行匆匆。愈行愈疾愈变幻，左顾右盼难终穷。俄而驱车入隧道，不禁双眼为昏瞀。其声益震胆欲碎，天光漆黑忧心忡。呼警不应股战栗，那得缩地求壶公。正苦暗行闪一电，霎时依旧明苍穹。朱侯知

①　《申报》1878年12月20日，第四版。

②　《申报》1879年1月27日。

我不解事，为言山腹开崆峒。上可行人下通道，斡旋造化矜奇功。口呆目瞪听未毕，复尔不辨涂西东。时明时灭太狡狯，倮书作夜真神通。令我惊嘉发狂啸，众山响应声恢洪。长峰天外插如剑，瘦削峭耸俱玲珑。山灵有知若迎迓，俛首揖客争卑躬。浪华（大坂山名）顷刻已到眼，飚轮奋迅乘长风。走云连风更腾雾，置身疑在青云中。一声响处截然止，停车饱看霜林红。①

卫铸生抵日后，其书法篆刻作品立刻被喜爱中国艺术品的东瀛人士收藏，经历过海上艺术市场化洗礼的卫铸生，自然能应付自如。时大阪有一位竹村弥兵卫，雅嗜印章，因仰慕卫铸生篆刻，通过朱季方引荐，求其刻印。唯当时卫铸生无暇动刀，直到光绪五年（1879）孟秋七月赴东京前将五印刻就，分别为白文"竹邨之印"（边款：光绪己卯孟秋七月，江东顽铁□灯作此）、白文"竹邨秘笈"（边款：己卯七月，仿汉铸印，顽道人）、朱文"子孙永保"（边款：铸生为竹邨君制，己卯七月）、白文"幸福堂收藏印"（边款：竹邨先生好古精审，刻此用充清秘。铸生）、朱文"竹邨珍赏书画"（边款：光绪己卯新秋，作于摄州客次，铸生□记）（图3）。因卫铸生除书法墨迹上遗存的自用印迹外篆刻作品流传较少，此五方印蜕与边款成为探究其中年印风的重要依据之一。

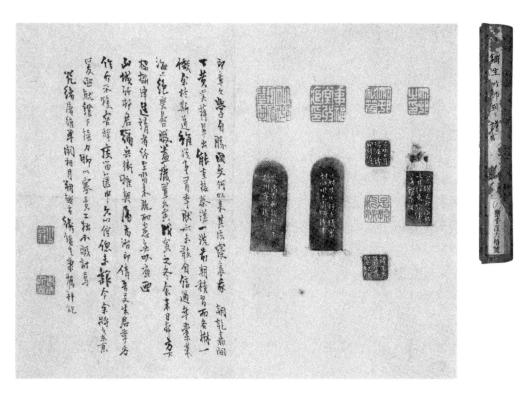

图3　卫铸生竹邨印卷

卫铸生此五印多师承浙派，其中朱文"竹邨珍赏书画"宗法钱松（叔盖），线条积点成线，富有的拙涩与凝结感。白文"竹邨之印""竹邨秘笈"深获烂铜印凝重斑斓、浑朴醇郁之古韵，已登堂入室，得"西泠"之神髓。五印钤拓后卫铸生为之题跋，阐述对篆刻感悟与创作印章之颠末，有

---

① 《申报》1879年2月20日，第四版。

一定学术与史料价值，文曰：

> 印章之学，自胜国文、何以来，其法寝衰。我朝乾嘉间丁、黄、奚、蒋辈出，能直接秦汉，一洗前朝积习而各树一帜。余于斯道虽从事有年，然亦未敢自信。迩年橐笔海上，绝无暇晷，盖废置久矣。戊寅之冬，余来日本，方下榻，摄津造请者纷至沓来，既而悉矣，以应乃山城竹邨君弥兵卫雅契，属为治印，倩吾友朱君季方作介，不获容辞。度留箧中，久以悾偬未报，今余将之东京，爰亟就灯下操刀，聊以塞责，工拙不暇计焉。光绪屠维单阏相月朔，越于卫铸生秉烛拜记。①

王韬与日人多有交往，每每笔谈往复，日本友人"夸述其山川之佳丽，士女之便娟，谓相近若此，曷不一游？"而少时即有海上三神山之游遐想的王韬，于光绪五年（1879）春接到寺田宏（望男）信函后，更是跃跃欲行，便整装起程，于闰三月十一日（5月1日）夜半坐船抵达长崎。自此"都下名士，争与先生交，文酒谈宴，殆无虚日；山游水嬉，追从如云，极一时之盛"②，王韬在东瀛达百日，于七月中旬将每日游历或诗文等撰成《扶桑游记》，文中有数处记录与卫铸生的交往过程。

《扶桑游记》闰三月十五日（5月5日）记载了王韬到达神户的第二日午后，访老友朱季方，时"卫铸生亦来相见。铸生琴川人。工书法，挟其一艺之长而掉首作东游者。闻乞字者颇多，自八九月至今，已得千金，陆贾囊中，殊不寂寞"③。可见卫铸生书法在东瀛受欢迎的程度。同日又记录了十六七龄女子阿朵赁楼一椽，适"寓主张姓，甬东人，铸生即寓楼下"。翌日（5月6日），王韬再次与卫铸生等把酒言欢，称："是夕，季方治具招饮，同席吴瀚涛、张芝轩、卫铸生、许友琴。饮至更阑，俱有醉意。"④至四月廿二日（6月11日），王韬在给驻长崎领事余元眉（瑃新）的信函中又谈到卫铸生鬻书生涯兴隆一事，曰："神户逆旅中，有卫铸生者，卖字一月而获千金，然则彼自谓掉首东游者，正觉此间乐矣。"⑤可谓印象深刻。

卫铸生在神户期间又与驻神户领事廖锡恩、泾县吴广霈（瀚涛）、鄞县胡震（小蘋）等常相往还。据吴广霈年谱所载，光绪五年（1879）三月，卫铸生与廖锡恩、吴广霈、胡震等游览吟松亭，吴氏作有《卫铸生、胡小蘋酌吟松亭，即席纪事》七律二首以记。此外卫铸生在东瀛春风得意，又时时不忘与海上旧侣艺友互通消息，赋诗唱和。如光绪五年正月二十日（1879年2月10日），《申报》刊登了杨伯润《答卫铸生日本》七绝二首、陈鸿诰《寄怀铸生日本四绝》七绝四首。⑥其中陈诗第二首对卫铸生的书法作品在日受到热捧也作了描述，诗曰：

---

① 卫铸生印拓卷，日本横滨国际2018迎春拍卖会"丹青不逾——中国近现代书画及现当代艺术专场"，2018年1月31日，编号3520。

② 王韬《扶桑日记》，《走向世界丛书》第一辑第三册，岳麓书社1985年版，第390页。

③ 王韬《扶桑日记》，《走向世界丛书》第一辑第三册，岳麓书社1985年版，第396页。

④ 王韬《扶桑日记》，《走向世界丛书》第一辑第三册，岳麓书社1985年版，第397页。

⑤ 王韬《扶桑日记》，《走向世界丛书》第一辑第三册，岳麓书社1985年版，第445页。

⑥ 《申报》1879年2月10日，第四版。

八法人人拜下风，乞书屡满客堂中。想当得意疾挥洒，百幅银笺一扫空。（君来书有"偶一日夜发兴，共书百余幅"之句，故云）

卫铸生首次旅日期间有一位村田玉田女子拜其为师，卫铸生作《玉田女弟子以画为贽，因赋长歌纪之》①七言长句记之。诗中有"一枝妙笔仙乎仙，诗书与画三绝全""但愿捧砚常周旋，八法由此悟真筌"句，并把她比为两晋才女左芬（兰芝）与苏蕙（若兰），看来卫铸生对这位冰雪聪明、多才多艺的异邦女弟子颇为称意，也成就了近代中日艺术交流史上的一段佳话，现将全诗移录如下：

东海献岳高插天，兔川带水清且涟。山灵毓秀钟英贤，巾帼亦出才翩翩。村田女史字玉田，前身天女维摩禅。一枝妙笔仙乎仙，诗书与画三绝全。左芬苏蕙难齐肩，中外年来姓氏传。我因泛海效张骞，玉田文字来堂前。丝竹悠扬杂管弦，束脩自上薛涛笺。赆见还有青铜钱，事师礼貌殊殷虔。但愿捧砚常周旋，八法由此悟真筌。复劳洗斝开琼筵，再拜祝我寿百千。风流韵事仗笔宣，掀髯一笑成诗篇。

至光绪五年（1879）岁末，卫铸生完成了首次东渡之行，举帆西归，尾张（爱知县）甚目寺僧神波即山（桓）作《卫铸生将还清国，题〈东海归帆图〉以赠行》赠别，诗曰：

鳌背仙游入画图，钓竿也欲拂珊瑚。竭来逸士偶浮海，自古名贤多产吴。天外相思排雁字，尊前别泪迸鲛珠。大瀛西指去时路，万里烟涛帆影孤。

同时卫铸生书《和神波即山氏韵》《留别诸同人仍用前韵》《步森君春涛韵》等四诗手卷，题跋曰："光绪己卯杪冬，东京诸同人为余作《归帆图》赠行，聊以志别，爰录四

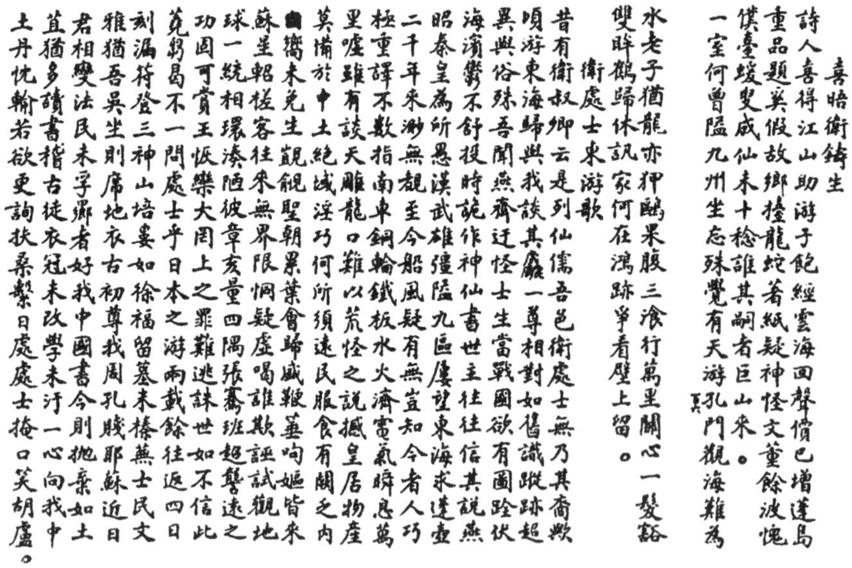

图4　杨沂孙《喜晤卫铸生》《卫处士东游歌》

---

① 《申报》1879年6月24日，第四版。

诗却寄云门贤契，东吴卫铸生。"归国后卫铸生与杨沂孙等旧雨重逢，杨沂孙作《题卫少之〈东海归帆图〉》《喜晤卫铸生》与《卫处士东游歌》长句（图4）。①其中《题卫少之东海归帆图》表现出杨沂孙东游之想，诗曰：

> 奇气郁不发，东游适莽苍。霎时栖日本，举目失扶桑。绝域知尊孔，遗风说盛唐。何时把君袖，极望海云长。

（二）卫铸生第二、三次东渡

陈鸿诰于光绪五年（1879）十月底接到卫铸生来函，招其东游，让早有此念想，对卫铸生淘金之行颇感羡慕的陈鸿诰下了决心，欣然以诗代柬，作《接铸生日本书招游东京寄诗代柬》七律一首回复，②并于光绪六年（1880）年正月下旬动身。行前豫章名士万钊（涧民）作《曼老仁兄将之日本，不可无诗赠行。后三首次留别韵，并示卫大令铸生、王待诏冶梅，均乞郢政》七律四首，蔡锡龄作《曼老词长应铸生之招将赴日本，赋诗留别次韵答之》七律三首以赠别。③其中万钊诗中有"倭币争求颖士书"句，希望陈鸿诰与卫铸生一样在日受到追捧，然而抵日后的现实状况并未如陈鸿诰所愿。在光绪六年（1880）五月十八日著名学者龟谷行（省轩）与王治本笔谈中透露了卫、陈在日的生活状况，二人落差颇大，曰：

> 龟谷氏：近有人从西京归，说卫（铸生）大富，陈（鸿诰）太窘。
> 王治本：陈氏诗词颇佳，惜无识者。闻卫（铸生）日得金二三十圆。

陈鸿诰赴日之前曾请在沪上的岸田吟香书写推荐信，以便能在东瀛能迅速打开局面，而岸田吟香对许多清人盲目跟风赴日淘金的现象不以为意，认为不是人人都有回报的。其在《上海书简》中称："苏州人（系嘉兴人之误）陈曼寿将要赴日，他在京都、大阪稍事游览之后去东京。此人很有学问，擅诗，能隶书和篆刻，托我给东京的著名文人写推荐信。曼寿之子叫善福，二十四五光景。女叫慧娟，能诗会画，容貌娇妍，还未曾见面。除曼寿外，画家胡铁梅也将于近日前往日本赚钱。……他们以为只要到日本一定有钱赚，真可笑。"④陈鸿诰抵日后与卫铸生、朱季方等过往甚密，时常相约衔杯展卷，诗酒林泉，不亦乐乎。陈鸿诰作有《三月十一日与卫铸生、俞杏生、朱季方同游取访山，于酒楼小饮，赋此纪事》五言诗，中有"摄津多层峦，讨春健游屐。爱此夕阳时，意行颇闲适。同调三四人，各抱林泉癖……飞觞醉月归，狂歌脱吟帻"可证。⑤另《申报》于光绪六年一月三十日（1880年3月10日）刊有姚赋秋《卫铸生大令自日本东京邮递新诗依韵奉酬》七律

① 杨沂孙《观濠居士遗著》，《清代诗文集汇编》第653册，上海古籍出版社2010年版，第481—482页。
② 《申报》1879年12月13日，第三版。
③ 《申报》1880年2月26日，第四版。
④ 日本《朝野新闻》明治十三年（光绪六年，1880）四月十三日。
⑤ 王宝平《晚清东游日记汇编·中日诗文交流集》，上海古籍出版社2004年版，第41页。

一首①，可知卫铸生于一月底前已回到东瀛，也可能与陈鸿诰同行。

同年三月廿六日（5月3日）始，有一位李筱圃从上海搭乘日本三菱公司的高沙丸商船作东游之行，游历了长崎、神户、京都、横滨、东京等地，至五月十一日（6月18日）回国，撰写了《日本纪游》，其中有若干条与卫铸生相关。如四月初三日（5月11日）李筱圃在神户时："'鼎法号'友朱季方与卫铸生名寿金来候。铸生工书法，客游于此者。"②至四月初七日（5月15日）又有："巳刻，至'鼎泰号'（洋布号）候卫铸生，并回拜廖枢仙。"③

卫铸生第二次东游五个月后回沪，正值各省受灾，便以书扇百件参加助赈活动，于五月十九日（6月26日）④与六月十八日（7月24日）⑤在《申报》先后刊登"书润助赈"与"养心书画社续启"，以彰大爱之心，文曰：

> 书润助赈：卫铸生大令，刻自日本回沪，悉直省告灾，愿减价助赈。纨折扇每二角，以百号为率，问保婴局买票。

> 养心书画社续启：……卫铸生大令前于五月十九日登报，愿书纨扇百件助赈，兹尚有二十余件，求书者望速惠顾。

同年孟冬，卫铸生与杨伯润等好友在上海豫园赏菊，紫艳黄娇，令同游者作东篱之想。《申报》十一月初二（12月3日）刊有卫铸生《豫园赏菊步南湖韵》《再迭前韵》七绝四首，⑥现选录二首：

> 绝妙茶寮供菊花，留题无客不名家。风情谁似杨无敌，侧帽吟哦到日斜。
> 篱下曾逢陶令评，西风独擅傲霜名。比来日与诗人共，不觉秋容如此清。

卫铸生第三次赴日的具体时间不详，但至少光绪七年（1881）中秋前已身在彼邦。时在神户的水越成章（耕南）素耽翰墨，性喜与晚清东游文人交往，于明治十七年（光绪十年，1884）九月汇集与其酬答的二十五位清人文章十篇、诗一百九十首、尺牍五十五件，辑为《翰墨因缘》二卷。其在凡例中称："年来得与清国诸君子相交，前后二十有五家。其中忘形之契者固多，偶有一二未经晤面者，亦神交有素。故日用应酬，音书问讯，其往来所积尺牍、诗草颇多，虽间有寸楮零笺，原非著作，然吉光片羽，亦文字之因缘也。爰恐日久遗没，故登之于卷，辑为上下两编，名之曰《翰墨因缘》。"该书上卷收录博罗廖锡恩、闽县刘寿铿（小彭）、南海黄遵宪、泾县吴广霈、长洲王韬、香山张宗良（芝轩）、绍兴徐寿朋（进斋）、丹阳马相伯（建常）、慈溪王治本、香山郑文

① 《申报》1880年3月10日，第四版。
② 李筱圃《日本纪游》，《走向世界丛书》第一辑第三册，岳麓书社1985年版，第166页。
③ 李筱圃《日本纪游》，《走向世界丛书》第一辑第三册，岳麓书社1985年版，第168页。
④ 《申报》1880年6月26日。
⑤ 《申报》1880年7月24日。
⑥ 《申报》1880年12月3日，第三版。

程（鹏万）、丹徒庄介祎（吉云）、遵义黎汝谦（受生）、崇明黄超曾（吟梅）十三位诗人诗作，下卷收录鄞县胡震、侯官卢永铭（子铭）、番禺冯昭炜（相如）、吴县王钺（鹤笙）、秀水陈鸿诰、秀水郭宗仪、嘉兴叶炜（松石）、上元王冶梅、黟县胡铁梅、武进陈允颐（养元）、嘉兴陈慕曾（雨农）与卫铸生十二位诗人诗作，也可视为光绪前期东游神户清国文人的花名册之一。其中卫铸生存七律三首、尺牍三件。（图5）[①]《光绪辛巳中秋前一日过畊南草堂，即席步韵，录请一哂》一诗作于光绪七年（1881）八月，诗曰：

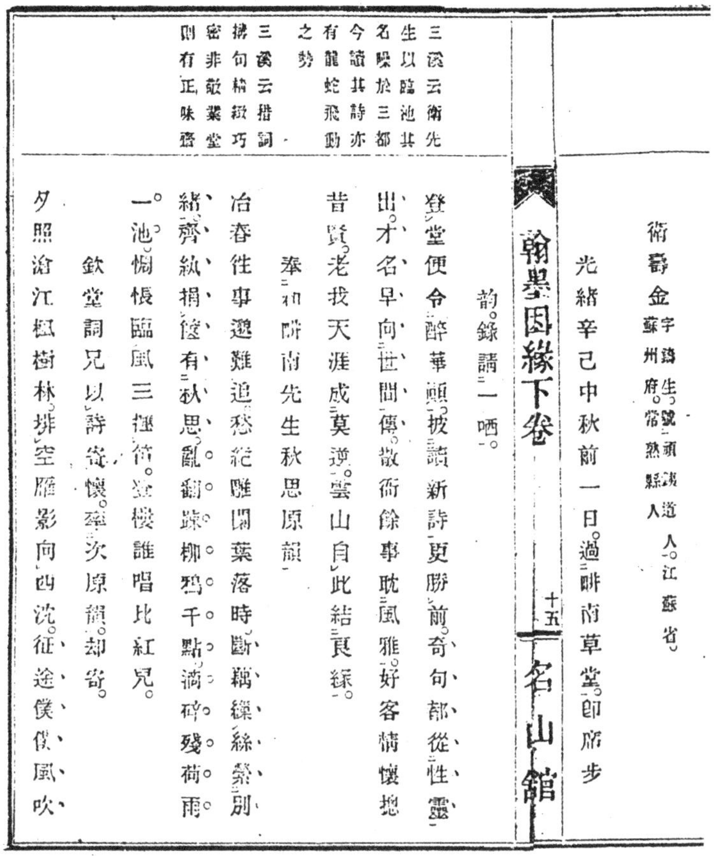
衛壽金 字鑄生號頑道人江蘇省蘇州府常熟縣人
光緒辛己中秋前一日過畊南草堂即席步韻錄請一哂
翰墨因緣下卷 十五 名山館
三溪云衛先生以臨池其名噪於三都今讀其詩亦有龍蛇飛動之勢
三溪云措詞拼句精緻巧密非敬業堂則有正味齋
登堂便令醉華顛披讀新詩更勝前奇句都從性靈出才名早向世間傳散衙餘事耽風雅好客情懷總昔賢老我天涯成莫逆雲山自此結良緣
奉和畊南先生秋思原韻
冶春往事邈難追愁絶雕闌葉落時斷藕縷絲縈別緒齊紈捐篋有秋思亂翻蹤柳鴉千點滴碎殘荷雨一池惆悵臨風三徙倚危樓誰唱比紅兒
欽堂詞兄以詩寄懷率次原韻却寄
夕照滄江楓樹林排空雁影向西沈征途僕僕風吹

图5　水越成章《翰墨因缘》中卫铸生诗歌

登堂便令醉华颠，披读新诗更胜前。奇句都从性灵出，才名早向世间传。散衙余事耽风雅，好客情怀总昔贤。老我天涯成莫逆，云山自此结良缘。

书上三溪批注云：“卫先生以临池其名噪三都，今读其诗亦有龙蛇飞动之势。”此处“三都”是指大阪、京都、江户。此外《奉和畊南先生秋思原韵》一诗批注又曰：“措词构句精致巧密，非敬业堂则有正味斋。”另有《钦堂词兄以诗寄怀，率次原韵却寄》。

三件尺牍中涉及卫铸生移居川口，游览高松、赞岐之行不果等内容，透露其交游与萍踪，可以参看。

尺牍一：畊南道盟足下：昨午快挹芝芬，得聆麈教，忭慰无以云喻。别后即驱车回阪，适笔墨忙乱，致承委之件未获，晚间即寄，爽约之愆，尚希原谅。讃州行期，俟足下惠示，以便襆被而往。现拟移寓川口，聊以息肩，计亦相得，栖迟之处，询朱君季方便知，但未识文驾，何日游阪，倘得先示一音，则当扫径以待。率此泐布，祇请年安，并颂新禧。愚弟卫铸生顿

① 王宝平主编《晚清东游日记汇编·中日诗文交流集》，上海古籍出版社2004年版，第39—40页。

首，小除夕。

尺牍二：畊南先生阁下：别来已八日矣，渴企殊甚，比想吟祺佳闿，定符肌念。赞岐之订，久无回音，大抵其事不谐。弟固未能久待，尚祈驰书赤松君，嘱池田氏将所请免状，赶速缴销，庶免罣误，至嘱至嘱。专此飞布，祗请著安，跂候回玉。铸生顿首，九月三日。

尺牍三：畊南先生若见，别后于初十日薄暮由川口起程，一路浪静风平，飚轮如驶，昨晨八时，即抵高松，而池田氏、赤松君以次接见，款待甚殷，有宾至如归之概。旦此间人士皆济济多才，相与过从，颇不寂寞，惟所苦者，旅舍之蚊，其大若蝇，其声如雷，辄不能寐。因忆尊者《秋思》一律，循讽不置，爰就枕上效颦，殊不成句，录请方家斧削为幸。此布，即颂吟安，不一。卫寿金顿首，九月十二日。

卫铸生与水越成章私交甚笃，曾为水越氏《游箕面山诗》《薇山摘葩》题字。此外东瀛名德硕彦，皆乐与卫铸生互赠诗篇。青木可笑（孟纯）《树常遗稿》中有《访卫铸生赋此以代舌官》，永坂周二（石埭）有《〈海角问奇图〉送卫铸生经东海道赴浪华》诸诗。卫铸生也曾为抱玉堂《岁寒四友画谱》、江马正人（天江）《赏心赘录》（图6）、依田学海（百川）《学海记踪》（图7）作诗题辞，反映出卫铸生在明治文化圈的交往与影响力。

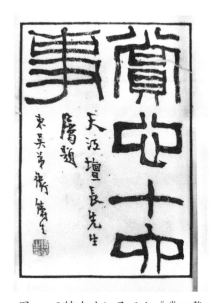

图6 卫铸生为江马正人《赏心赘录》题名（1881）

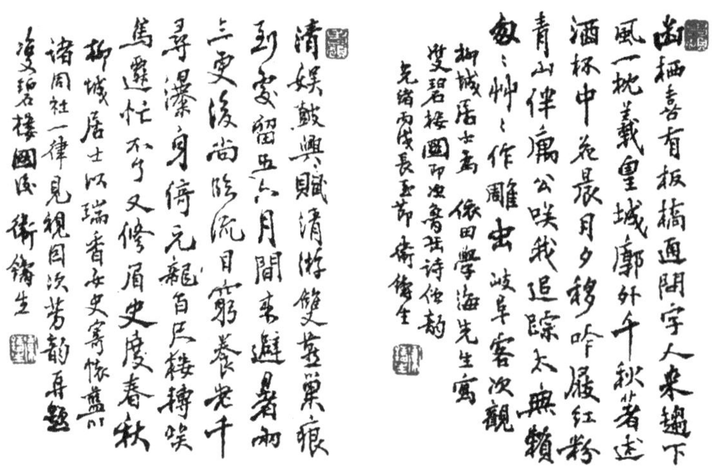

图7 卫铸生为依田学海《学海记踪》题诗（1886）

之后卫铸生的活动信息主要散见于《申报》。如光绪十年五月初三（1884年5月27日）刊有《客中自遣步胡铁梅韵，录请雾里看花客、高昌寒食生大词坛斧正》七律一首[①]，末联"惭予笔阵攻难破，好事还将赝混真"后注有"海外多有伪余书者故云"句，可知卫铸生书法在东瀛竟有赝品出现，其热销程度可见一斑。至同年七月十二日（9月1日），《申报》又发表蔡锡龄所作的《偕

[①] 《申报》1884年5月27日，第四版。

赵次公、严竹君、铸生剑盟游三峰寺，药龛长老索诗，即次壁间常尉韵》五言长句与《寄怀虞山诸子》三首[①]，其中第三首怀卫铸生，诗曰：

> 吾爱风流卫处士，乘槎万里乍东还。虞峰应笑归何晚，贪看蓬莱海外山。（卫铸生）

三峰寺全称三峰清凉禅寺，位于常熟虞山北麓，药龛长老则为三峰寺主持。前诗可能为蔡锡龄旧作，故有寄怀诸篇什。至光绪十二年（1886），《申报》多次刊登卫铸生为东瀛艺伎所作含有绮情色彩的诗篇。如四月廿五日（5月28日）刊发卫铸生所作的《琴玉校书，日本阿州士族女也，色艺超群，书诗画足称三绝，不知何时流落烟花，身为玉岛荣丰楼所主。余寓春帆楼，而琴玉自称弟子，□乞改诗，每于侑酒赓歌，情颇缱绻。因怜其才，而慨其暮别后于冈山客次，赋六绝句寄之》七绝六首[②]，时其在冈山。至同年十二月十一日（1887年1月4日），《申报》又发表卫铸生于冬至（12月22日）所作的《丙戌长至节，道过美浓之大垣，与旧同社重拾坠欢，漫成一律，录寄雾里看花客斧藻》七律一首，以及《大垣嬉春□纪事》七绝十首[③]描写小雪、岛吉、春儿、银儿等艺伎的美姿与琴艺，虽涉香艳，但用词清丽、艳而不俗。末篇诗注有"时余束装赴岐阜，俱祖道相送，洒泪而别"句，又得其行踪。《申报》于光绪十三年四月廿六日（1887年6月17日）发表的卫铸生《新潟行形亭小集，邮寄雾里看花客削正》七绝六首[④]，也为目前所见其归国前所作。

卫铸生于光绪十三年（1887）秋九月回到上海，友人闻讯后又欣然以五律相赠（图8）。如万钊《卫铸生老兄归自日本叙述胜游有赠二首》[⑤]中有"江楼重执手，约略话瀛洲"句，洋溢着重晤之喜。袁祖志

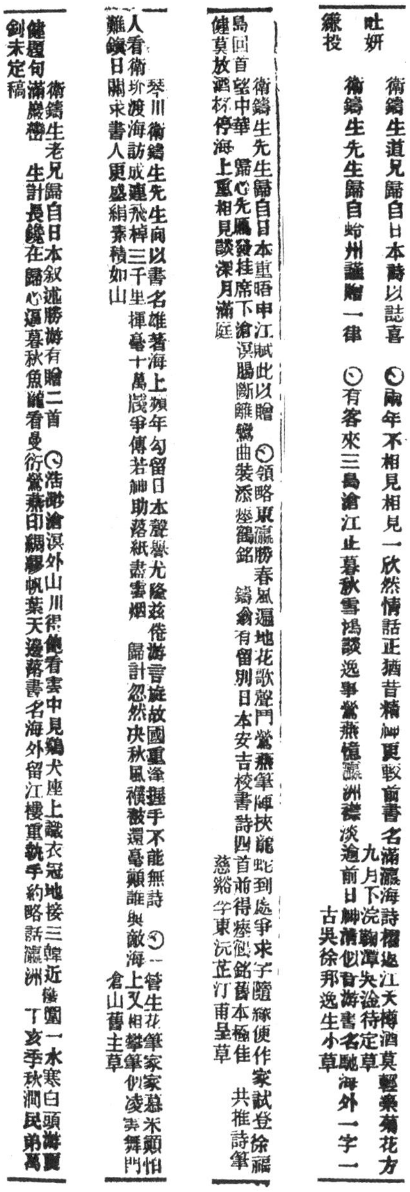
衛鑄生道兄歸自日本詩以誌喜 ◎兩年不相見相見一欣然情話正猶昔精神更較前書名滿瀛海詩格逸江天樽酒莫輕棄菊花方吐妍 九月下浣鞠潭吳淦待定草

衛鑄生先生歸自蛤州謹贈一律 ◎有客來三島滄江正暮秋雪鴻談逸事鶯燕憶瀛洲襟淡逾前日神清似昔游書名馳海外一字一縑投 古吳徐邦逸生小草

衛鑄生先生歸自日本重晤申江賦此以贈 ◎領略東瀛勝春風遍地花歌聲門鶯燕筆陣挾龍蛇到處爭求字隨緣便作家試登徐福島回首望中華 歸心先鳳發桂席下滄溟腸斷離鸞曲裝添瘞鶴銘 鑄翁有留別日本安吉校書詩四首並得瘞鶴銘舊本極佳 共推詩筆健莫放酒杯停海上重相見談深月滿庭 慈谿李東沅芷汀甫呈草

琴川衛鑄生先生向以書名雄著海上頻年勾留日本聲譽尤隆茲倦游言旋故國重逢握手不能無詩 ◎一管生花筆家家懸米顛怕人看衛玠渡海訪成連飛棹三千里揮毫十萬箋爭傳若神助落紙盡雲烟 歸計忽然決秋風襆被還毫顛誰與敵海上又相攀筆仍凌雲舞門難鎖日闌求書人更盛絹素積如山 倉山舊主草

衛鑄生老兄歸自日本敘述勝游有贈二首 ◎浩渺滄溟外山川得飽看雲中見雞犬座上識衣冠地接三韓近樓圍一水寒白頭游賈健題句滿巖巒 生計長饒在歸心遍暮秋魚龍看曼衍鶯燕印綢繆帆葉天邊落書名海外留江樓重執手約略話瀛洲 丁亥季秋潤民弟萬劍未定稿

图8　万钊、袁祖志、李东沅、吴淦、徐邦喜卫铸生归自日本诗

① 《申报》1884年9月1日，第四版。

② 《申报》1886年5月28日，第四版。

③ 《申报》1887年1月4日，第三版。

④ 《申报》1887年6月17日，第四版。

⑤ 《申报》1887年11月3日，第十四版。

《琴川卫铸生先生向以书名雄著海上，频年勾留日本，声誉尤隆，兹倦游言旋，故国重逢握手，不能无诗》两首[①]，中有“飞棹三千里，挥毫十万笺”“求书人更盛，绢素积如山”句，此外吴淦《卫铸生道兄归自日本，诗以志喜》[②]与古吴徐邦（逸生）《卫铸生先生归自蛉州谨赠一律》[③]也分别有“书名满瀛海，诗棹返江天”“书名驰海外，一字一缣投”等句，皆可想象卫铸生在东瀛时书法作品被追捧的盛况。慈溪李东沅（芷汀）《卫铸生先生归自日本，重晤申江，赋此以赠》两首[④]中有“肠断离鸾曲，装添瘗鹤铭”句，诗注有“铸翁有留别日本安吉校书诗四首，并得《瘗鹤铭》旧本极佳”，可知卫铸生在生活富足之余，还访得《瘗鹤铭》旧拓本，不失书家本色。

光绪十三年（1887）十月四日，适逢王韬六秩寿辰，海上旧雨新朋纷纷赋诗以贺。卫铸生作《俚言二律奉祝弢园先生六秩大庆即希郢政》七律两首[⑤]，以申祝嘏之厚意，诗曰：

丁亥小春初四日，先生刚庆六旬时。沪滨故旧齐倾酒，海内才人各献诗。举世有谁比肩立，著书不朽寸心知。登堂我亦申嵩祝，愿把黄金铸牧之。

昔闻鼓棹赋清游，破浪曾经五大洲。蛮触战争编外纪（先生著有《普法战纪》），螺桑形势掌中收。庸知才大撄时忌，合便归休卧故邱。一席名山天位置，百年岁月自悠悠。

光绪十四年（1888）仲春，卫铸生不幸遭丧子之戚，以致两目突发性失明，不得不回乡治病，所幸医师妙手回春，逐渐复明，四个月后重返沪上，作《戊子暮春回里就医，淹留四月，今始来沪，偶有所感，用辛巳还乡杂感韵，录请雾里看花客大词坛斧藻》七律四首[⑥]，再次回味在东瀛意得志满的时光，其一诗曰：

十年三度泛东瀛，差胜王孙乞食行。绣阁有人争问字，悬崖无处不题名。黄金结客豪情在，白浪掀天心地平。生计自矜身手健，双瞳如水喜重明。

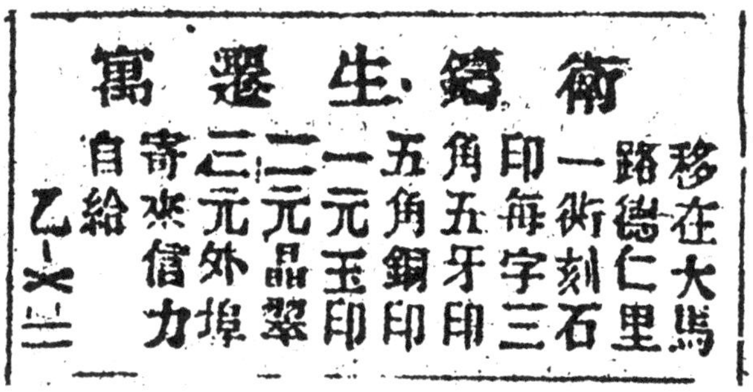
衛鑄生遷寓

移在大馬
路德仁里
一街刻石
印每字三
角五牙印
五角銅印
一元玉印
二元晶翠
三元外埠
寄來信力
自給

图9　卫铸生迁寓

卫铸生从光绪四年（1878）十月至光绪十三年（1887）九月三度东游，故有“十年三度泛东瀛”句。至于“绣阁有人争问字，悬崖无处不题名”一联，体现卫铸生在东瀛作书题字风光无限的场景。而像与卫铸生同在东瀛的王藩清、陈鸿诰，虽也擅于绘画、

① 《申报》1887年11月9日，第四版。
② 《申报》1887年11月14日，第九版。
③ 《申报》1887年11月14日，第九版。
④ 《申报》1887年11月14日，第四版。
⑤ 《申报》1887年12月12日，第四版。
⑥ 《申报》1888年8月27日，第四版。

书法，兼工篆刻，①但市场并未完全打开，在经济受益上远不及卫铸生。

卫铸生于光绪十五年（1889）六月迁居之上海大马路德仁里一弄（今天津路、广西北路），在《申报》上刊登迁寓与篆刻润例（图9），曰：

> 卫铸生迁寓：移在大马路德仁里一弄。刻石印每字三角五，牙印五角，铜印一元，玉印二元，晶翠三元。外埠寄来信力自给。②

未几，别号"尚湖钓徒"的曹姓同乡来沪鬻书，卫铸生又为其订润例，曰：

> 卖字：尚湖钓徒，吾邑曹茂才也。善诗文，工骈体，书法乃其余事。因乞书者多，为拟取润以应，各件交沪寓山家园文远里。卫铸生白。③

图10　左秉隆

此时卫铸生已年逾花甲，原可过上安定的小康生活，不料胸怀"掉首欲穷天地外"之志的卫铸生，受新加坡领事左秉隆（子兴）（图10）之邀决定南下星洲，并于光绪十五年（1889）仲秋起程，开创了近代海上书法篆刻家独自一人先后远游东瀛与星洲的壮举。

四、卫铸生远游星洲

新加坡旧称息呐、石呐坡、新嘉坡、星洲、星岛，位于马来半岛南端及马六甲海峡出入口，原为榛莽未启一荒岛，但其得天独厚的天然地理优势引起了具有商业头脑的英国人的目光。1819年1月，英国人史丹福·莱佛士代表英国东印度公司在新加坡设立贸易点，正式辟为商埠，也开始吸引许多为谋生的华人移民。因新加坡临近赤道，气候炎热，又居住着华人与马来人、印度人、英国人等多个种族，被视为殊方绝域的化外之邦。正如吴昌硕（俊卿）形容当时新加坡"地气人俗异中土，从来名士至者寡"那样，当地华文教育也较为落后，咸同间海上文士与书画篆刻家鲜有渡海去新加坡的，而这一状况直到光绪七年（1881）八月初三（9月25日），左秉隆作为清廷直接派遣的首位驻新加坡领事后被打破。

左秉隆（1850—1924），字子兴，号炎洲冷宦，斋名勤勉堂。隶汉军正黄旗，生于广州。早年就读于广州同文馆，毕业后任驻英使署翻译官，光绪四年（1878）随曾纪泽（劼刚）出使英、法两

---

① 一、实藤惠秀《近代日中交涉史话》存有光绪三年（1877）王藩清《润笔仿单》，除序跋论记、书法绘画外，还有"篆刻图章，每字贰拾钱，如图章过小、字画过多者不刻"一项，可证王藩清亦能篆刻。二、陈鸿诰与日本江马正人相善，江马氏《退享园诗抄》中有《题陈曼寿印谱》《送陈曼寿明经归国》等诗，可知陈鸿诰亦善篆刻。

② 《申报》1889年7月1日，第六版。

③ 《申报》1889年7月8日，第六版。

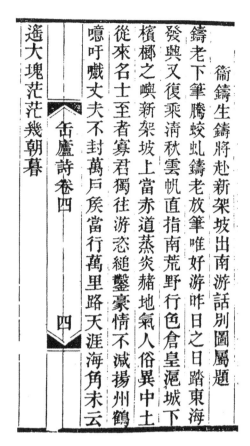

衛鑄生鑄將赴新架坡出南游話別圖屬題

鑄老下筆騰蛟虬鑄老放筆唯好游昨日之日踏東海
發興又復乘清秋雲帆直指南荒野行色倉皇滬城下
檳榔之嶼新架坡上當赤道蒸炎赭地氣人俗異中土
從來名士至者寡君獨往游恣絕鑿豪情不減揚州鶴
噫吁嚱丈夫不封萬戶矦當行萬里路天涯海角未云
遙大塊茫茫幾朝暮

《缶廬詩卷四》

四

图11　吴昌硕《卫铸生铸将赴新架坡，
　　　 出南游话别图属题》（1889）

国。因通晓英文与相关律例规条，并对流寓新加坡的闽粤移民语言、性情颇为了解，连续担任新加坡领事达十年之久。左秉隆不仅是一位出色的外交家，还笃嗜诗文，并注重新加坡的华文教育，创立义塾与会贤社、会吟社、雄辩会等文学社团，创办首张华文报——《叻报》，激发起在新华人对中国文化的兴趣与认同感，并在当地初期文士阶层中掀起唱和之风。而卫铸生的到来，更将唱酬往来的风雅活动推向高潮，进一步促进新加坡华文诗坛的发展。

卫铸生行前作《己丑秋仲远游息岛，同人祖□赋此留别，录呈雾里有花客、高昌寒食生、申左梦畹生诸大吟坛正词》七律两首[①]，并请人绘制《南游话别图》，向吴昌硕、袁祖志等征题。袁祖志作《送卫铸生明府游新嘉坡，即题其〈南游话别图〉》七律一首，[②]吴昌硕也欣然作《卫铸生铸将赴新架坡，出〈南游话别图〉属题》长句（图11），为其壮行，[③]诗曰：

铸老下笔腾蛟虬，铸老放笔唯好游。昨日之日踏东海，发兴又复乘清秋。云帆直指南荒野，行色仓皇沪城下。槟榔之屿新架坡，上当赤道蒸炎赭。地气人俗异中土，从来名士至者寡。君独往游恣绝凿，豪情不减扬州鹤。噫吁嚱，丈夫不封万户侯，当行万里路。天涯海角未云遥，大块茫茫几朝暮。

上海至新加坡的海运航线长达九千里，为东渡日本五倍有余。卫铸生于光绪十五年（1889）秋从上海乘船途径我国香港、越南西贡，于八月廿日前至新加坡。抵新后即作《甫抵星嘉坡漫赋三律录寄天南遁叟、仓山旧主、雾里看花客郢政》七律三首（图12）[④]，先后发表于《叻报》《申报》，可见其亢爽激动的性格与心情，诗曰：

无端掉首出风尘，意气如龙未可驯。六十二龄聊鼓浪，万三千里逐奔轮。明知作客谁非偶，却喜论交尚有人。梦里不禁成一笑，泥鸿爪印岂前因。

揭来踪迹总荒唐，落拓辞家适莽苍。汲海濡毫恣挥洒，幕天席地尽徜徉。文章敢拟江山助，书卷抛残游钓忙。振策先登最高巇，一声长啸赋清狂。

① 《申报》1889年9月19日，第九版。
② 《申报》1889年9月20日，第九版。
③ 吴昌硕《缶庐诗》卷四第四叶，《续修四库全书》第1570册，上海古籍出版社2002年版，第662页。
④ 《叻报》1889年9月14日；《申报》1889年11月14日，第九版。

才从云海荡心胸，豪兴居然老更雄。缓带不妨衣短褐，凭栏直欲吐长虹。友朋谊笃情何限，言语音殊意未融。向日自嫌谭笑剧，而今竟作嗫嚅翁。

诗中"六十二龄聊鼓浪，万三千里逐奔轮"之句，透露出卫铸生的年龄，长途航行尽管异常辛苦，但其仍心潮澎湃，写下了"汲海濡毫恣挥洒，幕天席地尽徜徉""才从云海荡心胸，豪兴居然老更雄"等充满豪情的诗句。卫铸生抵新后与仰慕多年的左秉隆一见如故，对其心系宗国，捐赠善款，以及设立书院，教授华文，并将官俸奖励书院月课优秀者等赞不绝口，作有《星嘉坡客次呈左子兴都转四律，邮寄仓山旧主、天南遯叟、雾里看花客均政》七律四首（图13）①、《子兴都转见惠和章，依韵报之，录寄仓山旧主、天南遯叟、雾里看花客削政》七律两首②，现各选一首，诗曰：

才大勋高志不骄，多公卓识自超超。平情能使群心服，妙手兼医众腹枵。（公素精医理，年来水旱频仍，海内被灾之省筹赈维艰，公不分畛域，劝募巨款，源源接济）领异标新恢远略，移风易俗仰星轺。经纶巨细包函尽，永固邦交答圣朝。

使君海外宣威德，令我钦迟已十年。爱客共倾浮白盏，怜才不惜选青钱。（书院月课凡列前茅者，公以鹤俸奖予花红）有时诗思凌云上，无限天机到酒边。岛屿镜清秋气肃，纷纷鱼鸟得陶然。

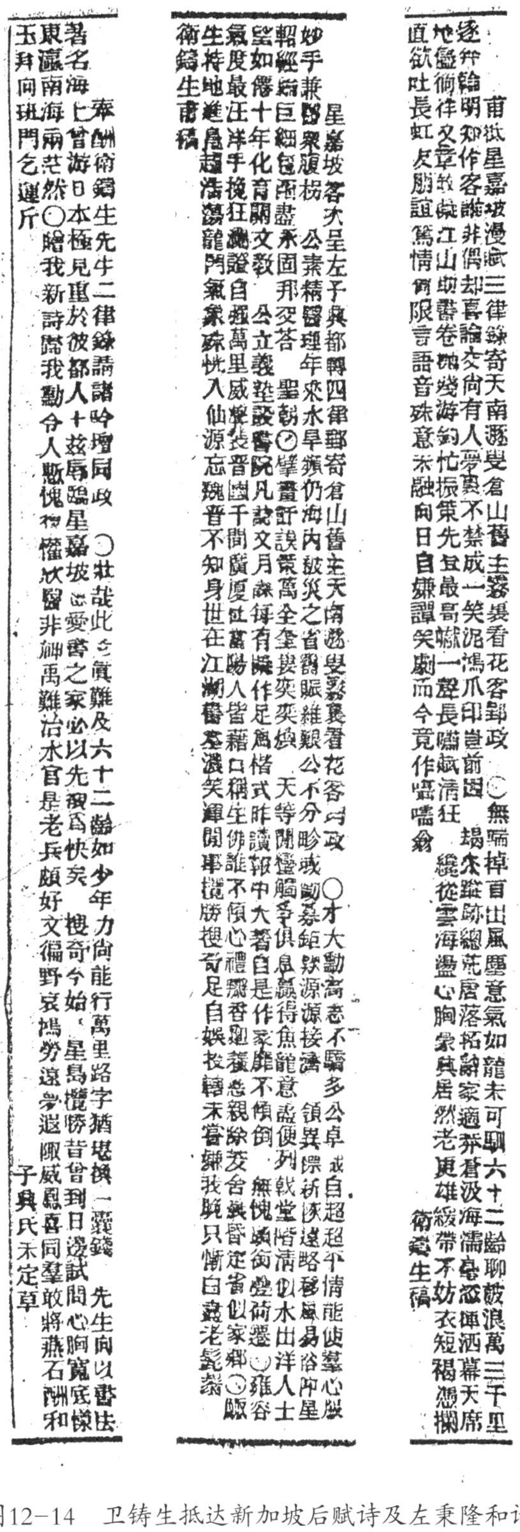

诗中"令我钦迟已十年"一句说明卫铸生对左秉隆的德才钦羡已久，"才大勋高志

图12-14　卫铸生抵达新加坡后赋诗及左秉隆和诗（1889）

① 《叻报》1889年9月24日；《申报》1889年11月15日，第九版。
② 《叻报》1889年10月4日；《申报》1889年12月2日，第四版。

不骄，多公卓识自超超"称赞左秉隆具雄才却不骄，"平情能使群心服"则称其平易得人心，"领异标新恢远略，移风易俗仰星轺"又赞扬其在新加坡振兴文教之功绩，"爱客共倾浮白盏"则表现其好客善饮的性格。未几，左秉隆作《奉酬卫铸生先生二律，录请诸吟坛同政》和答（图14）[1]，对襟度豪爽的卫铸生壮心不已之举，及其在日声扬名遂与书法成就表达钦佩之情，其中一诗曰：

> 壮哉此老真难及，六十二龄如少年。力尚能行万里路，字犹堪换一囊钱。（先生向以书法著名海上，曾游日本，极见重于彼都人士，兹辱临星嘉坡，想爱书之家必以先睹为快矣）搜奇今始来星岛，揽胜昔曾到日边。试问心胸宽底样，东瀛南海两茫然。

卫铸生抵新后除结交左秉隆外，又与《叻报》主笔叶季允（懋斌）、儒商李清辉、胡璇泽（亚基）及黄裳（渊如）、田嵩岳（均）等交往。众人称诗颂酒，盍簪倡和，朝夕吟诵不辍。《叻报》从光绪十五年八月廿日（1889年9月14日）始至光绪十六年正月廿一日（1890年2月10日）刊登了卫铸生与左、叶、李、黄、田诸氏互相酬答诗歌二十五篇，珠玉纷披，映照一时。其中卫铸生除上述《甫抵星嘉坡漫赋三律》《星嘉坡客次呈左子兴都转四律》《子兴都转见惠和章依韵报之》之外，还有《子兴都转又赐和章窃欣引玉复迭酬》《寿荣华酒楼集句》[2]《十三红豆词人以若瑶眉史小影乞题》[3]《三迭左都转见惠元韵》[4]《李清辉吟长惠示和章仍用前韵奉和》[5]《晚霞生由暹罗过叻小作勾留，匆匆返粤，即欲旋回沪江，赋诗却寄，次其留别申江韵》[6]《奉酬子兴大词宗三迭原韵》[7]《步吟坛畏友左公五迭瑶韵》[8]《喜晤黄君渊如赋此为赠》[9]《次韵黄渊如诗》[10]《书怀二律》[11]《渊如以翁君月坡所写〈双美校书图〉乞题，率占三绝，录请惺噩生及诸吟长正刊》[12]。左秉隆和诗有《迭韵奉和铸生先生》[13]《再叠前韵奉酬铸老》[14]《奉和铸生词兄见赠原韵》[15]《三迭前韵酬铸老》[16]《四迭前韵奉和铸生诗伯》[17]《五迭前韵奉和铸生我师录请同政》[18]。叶季允有《奉读铸丈寿

① 《叻报》1889年9月28日；《申报》1889年11月27日，第九版。
② 《叻报》1889年10月15日，《申报》1889年12月28日，第九版。
③ 《叻报》1889年10月17日。
④ 《叻报》1889年10月28日。
⑤ 《叻报》1889年10月29日。
⑥ 《叻报》1889年11月5日，《申报》1889年12月6日，第十版。
⑦ 《叻报》1889年11月13日。
⑧ 《叻报》1889年11月20日。
⑨ 《叻报》1889年12月9日。
⑩ 《叻报》1889年12月23日。
⑪ 《叻报》1890年1月2日。
⑫ 《叻报》1890年2月10日。
⑬ 《叻报》1889年10月9日。
⑭ 《叻报》1889年10月22日。
⑮ 《叻报》1889年10月23日。
⑯ 《叻报》1889年11月4日。
⑰ 《叻报》1889年11月8日。
⑱ 《叻报》1889年11月18日。

荣华即句戏成四绝调之》①。李清辉有《送卫铸明府游新嘉坡即题其〈南游话别图〉》《奉和铸生词兄见赠原韵》②。黄裳有《铸生卫明府辱赠佳句，过蒙推誉，既感且渐，赋此奉酬，藉伸报琼之意》③。其中左秉隆《五迭前韵奉和铸生我师录请同政》一诗曰：

> 与君数日不相见，怀想深如弥岁年。黄菊已倾无数盏，绿苔空散满阶钱。闲看筝月悬窗外，静听松风到枕边。惟有高人殊未至，一回思念一悠然。

诗中首联"与君数日不相见，怀想深如弥岁年"，足见其与卫铸生感情之深。至于李清辉《奉和铸生词兄见赠原韵》中更是对卫铸生赞誉有加，诗曰：

> 快□宗国到耆英，何幸披云见客星。天老奇才成晚节，人逾花甲等年青。驰观异域曾沧海，涉尽山河若户庭。他日条陈中外事，群公推许□先型。

该诗中"何幸披云见客星"表达了李清辉对卫铸生这位贵客不远万里来到新加坡表示由衷的高兴。后面称赞卫铸生天才横溢，老而弥坚，以及对卫铸生东渡南下的经历表示钦羡。

田嵩岳《己丑秋买舟游历南洋诸岛，由暹罗至新嘉坡，勾留十日，与卫君铸生相遇，承以诗扇见论，忽忽不暇答和，昨抵申江，依韵作二律寄赠，并祈炎洲冷宦、惺噩生两吟长同政》④二诗也对卫铸生不畏年迈，远游南洋深表敬佩，诗曰：

> 潇洒丰姿迥出尘，老来逸气尚难驯。乘槎径去穷银汉，挂席曾经傍玉轮。天下滔滔拼作客，眼中落落属何人。论诗共对沧溟阔，万里鸿泥亦凤因。
>
> 漂零海上老冯唐，掉首临风鬓发苍。奇思尚如云变灭，亮怀堪与自徜徉。但知身外文章重，未觉人间岁月忙。荒峤只今多韵事，求书都爱米颠狂。

叶季允善篆刻，刻印辑有《师汉斋印存》。卫铸生初来新加坡不断赠答、游览、宴集，叶季允也多参与其中，其主持的《叻报》大量刊登卫铸生等人和诗，对卫铸生知名度的提升起到关键作用。随着时间推移，卫铸生也开始"欲买青山且敛钱"，其在诗注中有"近惺噩生（叶季允）劝予买文作字，代订定润格，聊博游山之餐"，即从叶季允之意，鬻书取润，自食其力。十月初七（10月30日）《叻报》刊登《书法名家》一则⑤，介绍卫铸生书法，曰：

---

① 《叻报》1889年10月16日。
② 《叻报》1889年10月23日。
③ 《叻报》1889年12月21日。
④ 《申报》1889年12月16日，第九版。
⑤ 《叻报》1889年10月30日，姚梦桐《新加坡美术史论集》（1886—1945），浙江人民美术出版社2019年版，第16页。

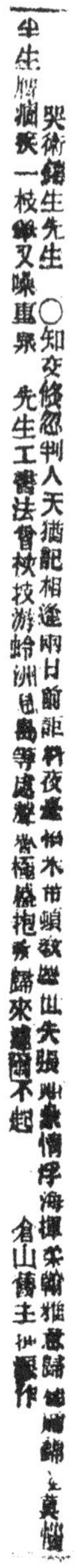

哭衛鑄生先生 ○知交倏忽判人天猶記相逢兩日前詎料夜臺招米芾頓教塵世失張顛豪情浮海揮柔翰雅意歸□□綿□莫惱半生膺痼疾一枝筆又噪重泉 先生工書法曾挾技游蛉洲息島等處聲譽極盛抱疾歸來遽爾不起 倉山舊主揮淚作

图15　袁祖志《哭卫铸生先生》（1892）

古吴卫铸生明府素负异才，然尤长于书法，素擅钟太傅之秘，深得其远祖卫巨山之风。近日挟笔南游侨居叻地，欲畅游南洋名胜，因从友人所劝，以书法裨得润资，以资游费。想叻地诸君子赏鉴甚精，而求书者自可卜门庭如市也。

此文中不仅介绍了卫铸生书法取法，并称其远祖为西晋著名书法家卫瓘（伯玉）、卫恒（巨山）乔梓一脉。

卫铸生原患有气管积痰症，至新加坡后因天气炎热潮湿，病情好转，称：“予素患痰喘，遇寒即剧。酣地炎蒸故，到此两月其疾渐减。”[①]卫铸生在新加坡逗留四个月后回国，之后活动轨迹讯息大多缺失，除有少许书法作品流传外，光绪十八年六月初三（1892年6月26日），黄协埙在《申报》上刊登《敬谢嘉贶》，[②]对诸暨刘花农以手绘纨扇与卫铸生赐以书法表示鸣谢，这也是卫铸生去世前所见的最后一次活动信息。至光绪十八年（1892）八月下旬在沪上遽尔辞尘，其好友袁祖志闻之恸惜，作《哭卫铸生先生》（图15）七律一首哀之，诗曰：

知交悠忽判入天，犹记相逢两日前。讵料夜台招米芾，顿教尘世失张颠。豪情浮海挥柔翰，雅意归□□绵□。莫恼半生膺痼疾，一枝笔又噪重泉。（先生工书法，曾挟技游蛉洲、息岛等处，声誉极盛，抱疾归来，遽尔不起）仓山旧主挥泪作。[③]

五、卫铸生资料汇总

关于卫铸生生平介绍，不论是集印人大成，成书于宣统三年（1911）的叶铭（叶舟）《广印人传》[④]，还是汇萃近代海上书画名流，于1919年出版的杨逸（东山）《海上墨林》[⑤]，都极为简略，生卒年也付诸阙如。现根据光绪十五年（1889）秋卫铸生抵达新加坡时所作的“六十二龄聊鼓浪”诗句与左秉隆酬答的“六十二龄如少年”句，推算出卫铸生生于道光八年（1828）。又据袁祖志《哭卫铸生先生》诗，可知其卒于光绪十八年

① 卫铸生《奉酬子兴大词宗三迭原韵》，《叻报》1889年11月13日。

② 《敬谢嘉贶》：“诸暨刘花农先生，以画竹噪于大江南北，与昔之瞿子冶，近之周云峰两先生齐名。昨蒙以手绘纨扇见贻，又承常熟卫铸生先生赐以法书，铁画银钩，古香古色，从此出入怀袖，永不忘奉扬仁风矣。谨志数语，用鸣谢悃。申左梦畹生拜手。”《申报》1892年6月26日，第四版。

③ 《字林沪报》1892年10月14日，第5版。

④ 周亮工等《印人传合集》，浙江人民美术出版社2014年版，第597页。

⑤ 杨逸《海上墨林》《广方言馆全案》、黄式权《粉墨丛谈》，上海古籍出版社1989年版，第76页。

图16　董其昌《画诀》行草四屏（1872）

图17　行书"泥上故乡"七言联

图18　行书七绝（1884）

图19　卫铸之印

图20　铸生之印

图21　卫氏

图22　寿金长寿

图23　铸生更字吾谷

图24　顽铁

图25　吾谷山樵

图26　铸生又号顽铁

图27　雨村

图28　大仓行印

图29　乘兴

（1892）八月，享年六十有五。

　　卫铸生书法早年清隽洒脱，赴日后一改旧貌，参融北碑，丰腴跌宕，健笔不凡，且多书自作诗（图16—18）。《海上墨林》称其"书法颜平原，苍劲古茂，有金石气"。杨沂孙爱屋及乌，称其书法"雄奇苍劲，率乎天真""可与何子贞、赵㧑叔诸公颉颃"。卫铸生作品在东瀛较多，近年多有回流。此外卫铸生篆刻流传甚罕，通过上述为大仓雨村、竹村弥兵卫刻印与其书法自用印来观察，诸印多以秦汉与皖、浙为宗（图19—29），也为典型的传统印人。

　　杨沂孙称卫铸生早年做过幕僚，又呼其为卫处士，而其好友姚学欧、万钊、叶季允赠诗、订润则以"卫铸生大令""卫大令铸生""卫铸生明府"尊之，猜测卫铸生曾担任过知县或候补知县，具体有待进一步考证。现将已搜索、整理后的卫铸生资料按时间顺序排列，以便检索与参考。

卫铸生年表

时间	内容	地点	出处
道光八年（1828）一岁	卫铸生出生。名铸，字寿金，号凤石、少芝、少之、少翁、顽铁、老顽、顽道人、石道士、吾谷、吾谷山人、吾谷山樵、三神山行者、破山行丐、悲盦居士，斋名寄吾山房、寄吾庐、求定斋、十二万年得未曾有之斋。江苏海虞（今属常熟）人。远祖为西晋著名书法家卫瓘、卫恒父子		光绪十五年（1889）秋，卫铸生抵达新加坡时所作"六十二龄聊鼓浪"诗句
道光间	幼年家贫失学，尝为钞胥，专事誊写		
咸丰至同治初	为避战乱徙至上海，佐大僚幕，后开始鬻书	上海	杨沂孙《赠卫处士铸生序》
同治十年（1871）四月四十四岁	为小树作行书题跋金笺扇面	上海	
同治十一年（1872）五月四十五岁	节录孙过庭《书谱》行书	上海	上海拍卖行2012年秋季拍卖会
同治十一年（1872）六月	为勚之作行书《石墨镌华》句扇面	上海	
同治十二年（1872）十月	为叙之作董其昌《画诀》行草四屏	上海	苏州吴门2014年秋季艺术品拍卖会

（续表）

时间	内容	地点	出处
同治十二年（1872）秋	为少梅作倪涛《六艺之一录》行书扇面	上海	北京弘艺2023年春季艺术品拍卖会
同治十二年（1873）三月 四十六岁	为冶斋作钟鼎文扇面	上海	苏州吴门2015年春季艺术品拍卖会
同治十二年（1873）四月	为筠溪作苏轼《书李伯时山庄图后》行书四屏	上海	朵云轩2021金秋拍卖会
同治十二年（1873）五月	时人作《论书十二绝句仿随园论诗体》，其中有论卫铸生一首	上海	《申报》1873年2月17日
	十三日竹醉日，与黄家来为斐卿合作《南田画跋》行书扇面	上海	上海敬华2006年夏季艺术品拍卖会
同治十二年（1873）秋	为彤甫作《后汉书·逸民传》行书四屏	上海	辽宁中正2009秋季大型艺术品拍卖会
同治十三年（1874）五月 四十七岁	十六日为子善临《曹全碑》扇面（另一面为任伯年花鸟）	上海	佳士得2021丹青荟萃——中国书画与新亚书店珍藏网上拍卖
同治十三年（1874）夏	为庚生作黄庭坚《题王荆公书后》行书金笺扇面	上海	朔方国际2017春季文物艺术品拍卖会
同治十三年（1874）十月	行书七绝三首扇面"春阴天际未全开"	上海	上海涵古轩2012年周年庆中国书画拍卖会
光绪元年（1875）三月 四十八岁	为鉴湖作《真迹日录》、钱选《归去来图》行书金笺扇面	上海	上海崇源2004秋季大型艺术品拍卖会
光绪元年（1875）六月	为日本大仓雨村刻"大仓行印""雨村""乘兴"三印	上海	香港松荫轩《雨村印集》
光绪元年（1875）七月	十六日，为颂笙作行书诗文二则团扇	上海	上海崇源2004秋季艺术品拍卖会
	应冯畊三之属为日本高木寿颖作"儒雅风流"行书横幅	上海	横滨国际2018年迎春拍卖会
光绪二年（1876）十月 四十九岁	十八日，日本大仓雨村携《雨村印集》造访，冬至日为印谱题跋	上海	香港松荫轩《雨村印集》
光绪二年（1876）冬	常熟卫铸，字铸生，行书兼铁笔	上海	葛元煦《沪游杂记》卷四
光绪四年（1878）三月 五十一岁	初三上巳日，作行书陈蒙《题石田翁赠朱守拙小景》	上海	北京舍得2017年中国书画专场拍卖会
	为伯璠作行书六言联"客亦知夫水月，我之乐者山林"	上海	集古斋2008迎春艺术品拍卖会
光绪四年（1878）春	作行书七言联"张颠草圣雄千古，焦遂高谭惊四筵"	上海	朵云轩四季第七期拍卖会

（续表）

时间	内容	地点	出处
光绪四年（1878）九月	为陈鸿诰作行书八言联"书逼商周印工秦汉，诗追李杜文造韩苏"	上海	
光绪四年（1878）十月	常熟画家张溥东为卫铸生绘《掉首东游图》		杨沂孙《观濠居士遗著》
	杨沂孙《戊寅十月三日卫少之处士从沪上东游日本，画〈掉首东游图〉来索诗且告别，爰拈摩诘送晁监归日本诗韵送之。昔姚武功选〈极玄集〉，以摩诘此诗为压卷，予不敢与时贤竞，特望古未远耳》		
	卫铸生东渡至日本摄津（今大阪）	日本	
	捕影山人《清人卫铸生小传》	日本	日本《朝野新闻》1878年11月5日
	陈鸿诰《送卫铸生之日本，即题其〈掉首东游图〉，用工部送孔巢父韵》	日本	《申报》1878年11月16日
	作行书戴复古《江村晚眺》		北京东方艺都2010年秋季艺术品拍卖会
光绪四年（1878）十一月	杨沂孙、葛其龙、杨伯润、金尔珍、齐学裘《送卫铸生游日本》，蔡锡龄《送卫铸生游日本，用少陵送孔巢父韵》	日本	《申报》1878年12月6日
	姚赋秋《大江东去二阕，送卫铸生词长之日本，即题其〈掉首东游图〉，录请味梅花馆主、南湖外史、扫花仙史、潇湘侍者正拍》、汤墣伯《送卫铸生之日本》、陈善福《即席送卫铸生之日本》	日本	《申报》1878年12月20日
	十六日，行书"栖鹤"横幅	日本	东京中央2012年第二回珍藏艺术品拍卖会
光绪四年（1878）冬	与朱季方从神户至大阪，作《戊寅冬日客游东海神户，钱唐朱君季方招乘火车至大坂看枫叶，漫赋长句》	日本	《申报》1879年2月20日
光绪四年（1878）十二月	作草书七绝"到处湖山便纵游"	日本	中国嘉德2023年嘉德四季第62期拍卖会
	作草书七绝"路转溪回又一乡"	日本	上海嘉禾2017年大众鉴藏拍卖会
光绪五年（1879）正月 五十二岁	元日作行书五律"客里逢元旦"	日本	北京盈时2014春季拍卖会
	杨伯润《答卫铸生日本》、陈鸿诰《寄怀铸生日本四绝》。	日本	《申报》1879年2月10日
光绪五年（1879）二月	作草书五绝"竹自溪上来"	日本	北京保利2014秋季拍卖会

（续表）

时间	内容	地点	出处
光绪五年（1879）三月	作草书七言联"四时最好是三月，万里谁能访十洲"	日本	上海新华2012年秋季古玩艺术品拍卖会
	作草书七言联"泥上偶然留指爪，故乡无此好湖山"	日本	东京中央2023年秋季拍卖会
	卫铸生与廖锡恩、吴广霈、胡震等游吟松亭，吴氏作《卫铸生、胡小蘋共酌吟松亭，即席纪事》	日本	吴广霈年谱
光绪五年（1879）闰三月	王韬至神户，闰三月十五"卫铸生亦来相见。铸生琴川人。工书法，挟其一艺之长而掉首作东游者。闻乞字者颇多，自八九月至今，已得千金，陆贾囊中，殊不寂寞"。十六日"是夕，季方治具招饮，同席吴瀚涛、张芝轩、卫铸生、许友琴。饮至更阑，俱有醉意"	日本	王韬《扶桑日记》
光绪五年（1879）四月	作行书七言联"领略溪山应不尽，平分风月复何如"	日本	东京中央2022年12月珍藏拍卖会
光绪五年（1879）五月	作草书七绝"小雨初晴日未斜"	日本	上海敬华2018敬华集粹第九届拍卖会
	日本村田玉田拜卫铸生为师，作《玉田女弟子以画为贽，因赋长歌纪之》	日本	《申报》1879年6月24日
光绪五年（1879）七月	从大阪去东京前，为竹村弥兵卫刻"竹邨之印""竹邨秘笈""子孙永保""幸福堂收藏印""竹邨珍赏书画"五印，并题跋	日本	卫铸生竹邨印卷
光绪五年（1879）十月	陈鸿诰《接铸生日本书招游东京寄诗代柬》	日本	《申报》1879年12月13日
光绪五年（1879）十二月	卫铸生回沪，行前友人神波即山作《卫铸生将还清国，题〈东海归帆图〉以赠行》，卫铸生书《和神波即山氏韵》《留别诸同人仍用前韵》《步森君春涛韵》等四诗手卷	日本、上海	上海工美2015秋季拍卖会
	卫铸生归国后喜晤杨沂孙，杨氏作《题卫少之〈东海归帆图〉》《喜晤卫铸生》《卫处士东游歌》	上海	杨沂孙《观濠居士遗著》
光绪六年（1880）正月五十三岁	卫铸生第二次东渡，姚赋秋作《卫铸生大令自日本东京邮递新诗依韵奉酬》	上海、日本	《申报》1880年3月10日

（续表）

时间	内容	地点	出处
光绪六年（1880）三月	作行楷七言联"千首新诗万竿竹，墙东明月水西亭"	日本	横滨国际2018年迎春拍卖会
	作行书七绝"深踪小住白山町"	日本	长江拍卖2009春季艺术品古董拍卖会
	作行书七绝"幽壑松风起乱涛"	日本	北京翰海晋宝2008年联合拍卖会
	陈鸿诰《三月十一日与卫铸生、俞杏生、朱季方同游诹访山，于酒楼小饮，赋此纪事》	日本	王宝平《晚清东游日记汇编》①《中日诗文交流集》
光绪六年（1880）春	作行书《沪上竹枝词》"天因佳节放新晴"	上海	北京保利2013年第21期精品拍卖会
光绪六年（1880）四月	李筱圃四月初三条目称："'鼎法号'友朱季方与卫铸生名寿金来候。铸生工书法，客游于此者。"四月初七日："已刻，至'鼎泰号'候卫铸生，并回拜廖枢仙。"	日本	李筱圃《日本纪游》
	作行书七绝"遥辞故国水千里"	日本	东京中央2022年7月珍藏拍卖会
光绪六年（1880）五月	卫铸生第二次回沪，在《申报》刊登"书润助赈"与"养心书画社续启"	上海	《申报》1880年6月26日、7月24日
光绪六年（1880）十一月	与杨伯润等豫园赏菊，作《豫园赏菊步南湖韵》《再迭前韵》	上海	《申报》1880年12月3日
光绪七年（1881）正月五十四岁	卫铸生与张熊、胡公寿、王寅、王道、陈鸿诰贺日本龟田为风七旬寿庆，作书画六福。卫铸生行书七绝"潇洒襟期自在身"	上海	北京嘉宝2006年首届拍卖会
光绪七年（1881）八月	卫铸生已第三次东渡，在神户与水越成章交善，有《光绪辛巳中秋前一日过畔南草堂，即席步韵，录请一哂》，并移居川口，游览高松	日本	水越成章《翰墨因缘》
光绪七年（1881）九月	作行书七绝横幅"闲呼猿鹤伴山堂"	日本	
	步雨香韵作行书七绝扇面"濯缨犹未起沧浪"	日本	
光绪七年（1881）十月	在大阪，行书七言联"偶支鹤俸分鱼俸，水清石瘦自能奇"	日本	上海嘉泰2010年瑞秋艺术品拍卖会
	作行书七言联"泥上偶然留爪印，故乡无此好湖山"	日本	中贸圣佳2012秋季艺术品拍卖会
	在大阪为《岁寒四友画谱》题辞	日本	抱玉堂《岁寒四友画谱》

（续表）

时间	内容	地点	出处
光绪七年（1881）冬	作草书五绝"老梅自奇崛"	日本	中国嘉德2012年嘉德四季第三十二期拍卖会
	作行书七绝"白云飘缈玉鸾翔"	日本	中贸圣佳2007年夏季艺术品拍卖会
光绪七年（1881）十二月	作行书七绝"瓶是美人耸玉肩"	日本	中国嘉德2023年嘉德四季第63期同步拍卖会
光绪八年（1882）二月五十五岁	下浣，为西岛作行书"乔松终古青"横幅	日本	山东三站2023年艺术品拍卖会
光绪八年（1882）三月	游琶湖山庄，作行书七律"湖水溶溶漾碧鲜"	日本	泰和嘉成2024年春季艺术品拍卖会
光绪八年（1882）五月	作行书五绝"天机发静趣"	日本	北京保利2011年第14期精品拍卖会
光绪八年（1882）六月	大暑，作行草五绝"素月疏桐外"	日本	雍和嘉诚2014年春季艺术品拍卖会
光绪八年（1882）夏	作行草五绝"墨华开洞泉"	日本	朔方国际2013年秋季文物艺术品拍卖会
光绪八年（1882）九月	为丸尾作草书七绝"满壑松风起乱涛"	日本	上海嘉泰2017年夏季艺术品拍卖会（二）
光绪八年（1882）九月	作行书七绝"溪亭竹树晓烟平"	日本	皇玛抱趣2020年秋季拍卖会
光绪八年（1882）十月	为琴石作行书五言长句扇面"紫芝歌一曲"	日本	上海驰翰2021春季艺术品拍卖会
	作行草五绝"素月疏桐外"	日本	上海涵古轩2012年周年庆中国书画拍卖会
光绪八年（1882）十二月	为无肠别后两年重逢，作行书五绝"冻禽踏翅飞"	日本	中国嘉德2003年78期周末拍卖会
光绪九年（1883）三月五十六岁	上浣，作行书七绝"梅花看尽又桃花"	日本	上海青莲阁2012年春季书画拍卖会
光绪九年（1883）四月	为松居作行书五绝"无云石逾峭"	日本	山西晋宝2010年秋季艺术品拍卖会
	作行书五绝"老梅自奇崛"	日本	横滨国际2019八周年纪念拍卖会
光绪九年（1883）五月	为习尾作行书七绝"别院深深夏簟清"	日本	福建静轩2018年迎春艺术品拍卖会
	各省书画家以技鸣沪上者，不下百余人。其尤著者，书家如沈共之之小篆，徐袖海之汉隶，吴菊潭、金吉石之小楷，汤壎伯、苏稼秋、卫铸生之行押书……	上海	黄式权《淞南梦影录》

（续表）

时间	内容	地点	出处
光绪九年（1883）夏	作行书五绝"素月疏帘外"	日本	上氏拍卖八周年庆中国艺术品拍卖会
光绪九年（1883）九月	九月初七，为高田新闻社干事中川准卿作行书七绝"烟楼微茫浦微明"	日本	东瀛国际2021年秋季艺术品拍卖会
	为山岸作行书五绝"绿云晴不散"	日本	朔方国际2012年夏季书画精品拍卖会
光绪九年（1883）十月	上浣，在信州作行书七言联"春风数日到梅萼，秋雨一篱开菊花"	日本	中贸圣佳2004年迎春艺术品拍卖会
光绪九年（1883）十一月	上浣，在东京作行书七言联"淀江杨柳琶湖月，墨水樱花富岳云"	日本	中国嘉德2022年嘉德四季第61期拍卖会
光绪十年（1884）正月五十七岁	元日，作行书七绝"野鹤闲云寄此生"	日本	上海嘉禾2015年春季拍卖会
光绪十年（1884）三月	初三上巳日，作行书七绝"峭壁上瞰尽云海"	日本	中国嘉德2012年嘉德四季第32期拍卖会
光绪十年（1884）五月	作《客中自遣步胡铁梅韵，录请雾里看花客、高昌寒食生大词坛斧正》，诗注有"海外多有伪余书者故云"句	日本	《申报》1884年5月27日
光绪十年（1884）七月	蔡锡龄《寄怀虞山诸子》之三怀卫铸生"吾爱风流卫处士"	日本	《申报》1884年9月1日
光绪十一年（1885）四月五十八岁	初八佛浴日，为筱屋作行书七绝"瑟瑟清风响翠涛"	日本	中国嘉德2006年第3期嘉德四季拍卖会
	十六日，游西面村，为蓼洲木村书"松"横幅，并录赵孟頫《题洞阳徐真人〈万壑松风图〉》	日本	山西晋宝2019年秋季艺术品拍卖会
	作行书七绝"山深一径绝尘氛"	日本	上氏拍卖八周年庆中国艺术品拍卖会
光绪十一年（1885）八月	为高宫作薋楠七绝行书"丹衷矢誓振乾坤"	日本	朵云轩2023年迎春艺术品拍卖交易会
光绪十一年（1885）九月	作行楷"欢喜尊天"条幅	日本	横滨国际2018年夏季拍卖会
光绪十一年（1885）十月	上浣，作行楷"青松多寿色"条幅	日本	古河会第43回现场美术拍卖会
光绪十一年（1885）十二月	为小桥作行书五绝"疏柳垂溪阴"	日本	上海大众新海上雅集2010年庆世博海外回流拍卖会
光绪十二年（1886）正月五十九岁	作行书七绝"扁舟随意水云乡"	日本	朵云轩2017年朵云四季十五期拍卖会

（续表）

时间	内容	地点	出处
光绪十二年（1886）二月	十八日，于冈山客邸为绣山毛利作行书七言联"从来豪士多耽酒，未有神仙不嗜茶"	日本	中国嘉德2010年嘉德四季第23期拍卖会
光绪十二年（1886）三月	十八日，于赤城客邸作行楷七言联"画帘花影听鹦语，明月萧声唤鹤骑"	日本	永乐拍卖2007年秋季拍卖会
光绪十二年（1886）春	作行书七绝横幅"野鹤闲云寄此生"	日本	上氏拍卖蜗庐集萃2021春季艺术品拍卖会
	作行书五绝"天机发静趣"	日本	江苏和信2018年迎春雅风珍赏——书画精品专场拍卖会
	作行书五绝"出门无所营"	日本	上海铭广2014年迎春拍卖会
光绪十二年（1886）四月	在冈山作《琴玉校书，日本阿州士族女也，色艺超群，书诗画足称三绝，不知何时流落烟花，身为玉岛荣丰楼所主。余寓春帆楼，而琴玉自称弟子，□乞改诗，每于侑酒赓歌，情颇缱绻。因怜其才，而慨其暮别后于冈山客次，赋六绝句寄之》	日本	《申报》1886年5月28日
光绪十二年（1886）五月	作行书五绝"古梅如高士"	日本	东方求实2010年首届秋季大型拍卖会
光绪十二年（1886）十一月	冬至，作《丙戌长至节，道过美浓之大垣，与旧同社重拾坠欢，漫成一律，录寄雾里看花客斧藻》《大垣嬉春□纪事》，即赴岐阜	日本	《申报》1887年1月4日
	冬至（十一月廿七日，长至节），在岐阜，为依田学海《学海记踪》题七律两首"幽栖喜有板桥通""清娱鼓兴赋清游"	日本	依田学海《学海记踪》
光绪十三年（1887）四月六十岁	作《新潟行形亭小集，邮寄雾里看花客削正》	日本	《申报》1887年6月17日
光绪十三年（1887）秋	为弓削作行书七绝"临水数峰无限好"	日本	上海嘉泰2011年迎春艺术品拍卖会

（续表）

时间	内容	地点	出处
光绪十三年（1887）九月	卫铸生回沪	上海	
	万钏《卫铸生老兄归自日本叙述胜游有赠二首》	上海	《申报》1887年11月3日
	袁祖志《琴川卫铸生先生向以书名雄著海上，频年勾留日本，声誉尤隆，兹倦游言旋，故国重逢握手，不能无诗》	上海	《申报》1887年11月9日
	吴淦《卫铸生道兄归自日本，诗以志喜》、徐邦《卫铸生先生归自蛉州谨赠一律》、李东沉《卫铸生先生归自日本，重晤申江，赋此以赠》	上海	《申报》1887年11月14日
光绪十三年（1887）十月	王韬六十寿辰，作《俚言二律奉祝弢园先生六秩大庆即希郢政》以贺	上海	《申报》1887年12月12日
光绪十四年（1888）二月 六十一岁	作《赵子进茂才以其尊甫伯迟明府所画山水八顺属题，因赋一律》	上海	《申报》1888年4月16日
	不幸遭丧子之戚，两目突发性失明，三月回常熟治病。所幸医师妙手回春，逐渐复明	上海、常熟	
光绪十四年（1888）七月	重返沪上，作《戊子暮春回里就医，淹留四月，今始来沪，偶有所感，用辛巳还乡杂感韵，录请雾里看花客大词坛斧藻》	上海	《申报》1888年8月27日
光绪十四年（1888）十月	作行书《南田画跋》《六研斋笔记》等十二开	上海	博古斋2019年春季艺术品拍卖会
光绪十五年（1889）六月 六十二岁	迁居大马路德仁里一弄，《申报》上刊登迁寓与篆刻润例	上海	《申报》1889年7月1日
	为尚湖钓徒曹茂才订润例	上海	《申报》1889年7月8日
光绪十五年（1889）八月	准备南游新加坡，作《己丑秋仲远游息岛，同人祖□赋此留别，录呈雾里有花客、高昌寒食生、申左梦畹生诸大吟坛正词》、袁祖志《送卫铸生明府游新嘉坡，即题其〈南游话别图〉》、吴昌硕《卫铸生铸将赴新架坡，出〈南游话别图〉属题》	上海	《申报》1889年9月19日、9月20日

时间	内容	地点	出处
	从上海乘船途经我国香港、越南西贡，抵新后作《甫抵星嘉坡漫赋三律录寄天南遯叟、仓山旧主、雾里看花客郢政》	新加坡	《叻报》1889年9月14日；《申报》1889年11月14日
	与驻新加坡领事左秉隆一见如故，作《星嘉坡客次呈左子兴都转四律，邮寄仓山旧主、天南遯叟、雾里看花客均政》《子兴都转见惠和章，依韵报之，录寄仓山旧主、天南遯叟、雾里看花客削政》	新加坡	《叻报》1889年9月24日、10月4日。《申报》1889年11月15日、12月2日
	左秉隆《奉酬卫铸生先生二律，录请诸吟坛同政》	新加坡	《叻报》1889年9月28日；《申报》1889年11月27日
光绪十五年（1889）九月	在新加坡与叶季允、李清辉、黄裳、田嵩岳等交往与酬答，作《子兴都转又赐和章窃欣引玉复迭酬》《寿荣华酒楼集句》《十三红豆词人以若瑶眉史小影乞题》《三迭左都转见惠元韵》《李清辉吟长惠示和章仍用前韵奉和》《晚霞生由暹罗过叻小作勾留，匆匆返粤，即欲旋回沪江，赋诗却寄，次其留别申江韵》《奉酬子兴大词宗三迭原韵》《步吟坛畏友左公五迭瑶韵》《喜晤黄君渊如赋此为赠》《次韵黄渊如诗》《书怀二律》《渊如以翁君月坡所写〈双美校书图〉乞题，率占三绝，录请惺噩生及诸吟长正刊》	新加坡	《叻报》1889年10月15日、10月17日、10月28日、10月29日、11月5日、11月13日、11月20日、12月9日、12月23日、1890年1月2日、2月10日
	左秉隆《迭韵奉和铸生先生》《再叠前韵奉酬铸老》《奉和铸生词兄见赠原韵》《三迭前韵酬铸老》《四迭前韵奉和铸生诗伯》《五迭前韵奉和铸生我师录请同政》	新加坡	《叻报》1889年10月9日、10月22日、10月23日、11月4日、11月8日、11月18日
	叶季允《奉读铸丈寿荣华即句戏成四绝调之》	新加坡	《叻报》1889年10月16日
	李清辉《送卫铸明府游新嘉坡即题其〈南游话别图〉》《奉和铸生词兄见赠原韵》	新加坡	《叻报》1889年10月23日
光绪十五年（1889）十月	《叻报》刊登"书法名家"一则：古吴卫铸生明府素负异才，然尤长于书法，素擅钟太傅之秘，深得其远祖卫巨山之风。近日挟笔南游侨居叻地，欲畅游南洋名胜，因从友人所劝，以书法裨得润资，以资游费。想叻地诸君子赏鉴甚精，而求书者自可卜门庭如市也	新加坡	《叻报》1889年10月30日

（续表）

时间	内容	地点	出处
光绪十五年（1889）十一月	田嵩岳《己丑秋买舟游历南洋诸岛，由暹罗至新嘉坡，勾留十日，与卫君铸生相遇，承以诗扇见论，忽忽不暇答和，昨抵申江，依韵作二律寄赠，并祈炎洲冷宦、惺罢生两吟长同政》。	新加坡	《申报》1889年12月16日
	黄裳《铸生卫明府辱赠佳句，过蒙推誉，既感且渐，赋此奉酬，藉伸报琼之意》	新加坡	《叻报》1889年12月21日
光绪十六年（1890）正月 六十三岁	于新加坡逗留四个月，约于此时回国	上海	
光绪十七年（1891）五月 六十四岁	为葆芬作董其昌《画禅室随笔》跋张旭草书行书扇面	上海	上海嘉泰2016年春季艺术品拍卖会（二）
	十三日竹醉日，为少庄作董其昌《画禅室随笔》行书金笺扇面	上海	博美拍卖2019年春季拍卖会中国古代书画专场1693
光绪十八年（1892）二月 六十五岁	花朝日，为涤泉集杜甫诗句作行书七言联"自是君身有仙骨，安得壮士挽天河"	上海	
	作行书《孟子·离娄章句下》四屏	上海	朵云轩2016年朵云四季13期拍卖会
光绪十八年（1892）六月	赠黄协埙书法	上海	《申报》1892年6月26日
光绪十八年（1892）八月	抱病回沪，遽尔谢世，享年六十五。袁祖志作《哭卫铸生先生》悼之	上海	《字林沪报》1892年10月14日
宣统三年（1911）	卫铸，字铸生，常熟人。工书，兼治印		叶铭《广印人传》卷十三
民国八年（1919）	卫铸生，名铸，以字行，常熟人。书法颜平原，苍劲古茂，有金石气。并工铁笔		杨逸《海上墨林》卷三

六、结语

因中日两国在文化上的相似性与互通性，许多东瀛人士崇尚中国文化，喜爱传统书画篆刻艺术，并极力购藏。正如明治时期汉文学家依田学海所说："近来盛行书画，只要是明清的名画，许多人不问价格一律购买。因此，随便你到哪一家文人的家里去，都能看到有许多中国的书画。"同治十年（1871）中日建立邦交后，两国文人往来剧增。龟山云平（节字）在《翰墨因缘》序言中称："今者万国交际，四海一家，而三府五港，清国文人以官以私来往不绝焉。"此时的上海自然成为重要的东渡码头，尤其在光绪早中期形成了一个东游高峰。

卫铸生在上海鬻艺十余年，但生活并不如意，为广结翰墨之缘，已过知命之年的卫铸生抓住时代机遇，毅然三次东渡。扎实的传统诗文、书法篆刻功底与良好的交际能力，使其在东瀛九年间如鱼得水，名利兼收。此外卫铸生六十二岁时不远万里，南下新加坡，并与领事、文士同声相契，赓唱续酬，活跃了当地华文诗坛，在海上艺坛中也是独此一人。而光绪初期文人东渡现象，自甲午战争爆发后也渐趋停顿，使卫铸生成为研究光绪早中期书法篆刻家东渡南游现象与近代中外文化交流不可多得的理想人选。

因卫铸生书法篆刻作品鸿爪偶留，流传无多，资料多以诗歌与友人酬答的形式出现，先前尚未引起印学界人士的注意。今通过收集整理晚清上海《申报》、新加坡《叻报》等报刊与卫铸生作品拍卖记录，以及其朋友圈的诗文集、年谱等，将卫铸生的生活与创作轨迹作了初步梳理，以供同仁参考。

（作者系西泠印社理事）

复古与统一：君主专制视域下北朝后期及隋印制的流变

赵　豪　耿　鑫

摘要： 伴随君主专制"常态"的逐步回归，北周、隋政权强制将传统士族、豪右迁至长安、洛阳，君权专制得以强化并使士族逐渐中央化，与个人职官联系紧密的秦汉官印体系亦开始疏解，统治阶层重建政治秩序。承接周秦礼乐精神的小篆巩固了统治阶层的权益并使乖舛纷乱的印制得以统一、规范化。北周时期，皇权通过现实统一与理论建构等方式，不再视汉文化为外物，且士庶群体亦对政权持认可态度，进而隋唐官印制度体系诞生。本文以君主专制集权为研究视角，探赜北朝后期及隋印制的流变，明晰其从复古到统一的变革路径，以期抛砖引玉，推进相关研究。

关键词： 北朝后期　官印制度　复古　君主专制　中央化　大一统

引　言

传统金石学家多以"六朝""唐宋"命名魏晋南北朝与隋唐官印，罗振玉《隋唐以来官印集存》以"隋唐"专称隋唐官印，后之学者对隋唐官印的面貌与背景研究均有不同程度的推进。[①]孙慰祖、孔品屏《隋唐官印研究》为首部研究隋唐官印的专著，从深度与广度上对隋唐官印研究进行更为全面的拓展与探讨。[②]书中通过分析新出土北周官印"天元皇太后玺"和"卫国公印"，得出"官印改为朱文形式应当缘于北周时期的制度变更"的结论。[③]然目前学界对北朝后期官印的研究甚少。

陈寅恪先生曾指出："隋唐之制度虽极广博纷复，然究析其因素，不出三源：一曰（东）魏、（北）齐；二曰梁、陈；三曰（西）魏、（北）周。"[④]前辈学者关于北朝典章制度、礼仪文化等相关问题的论述尤具启发性。一般学界将研究焦点放在隋唐，进而以印风成因、特征及对后世影响

---

① 参看罗福颐《古玺印概论》，文物出版社1981年版，第8、28页；王献唐《五镫精舍印话》，齐鲁书社1985年版，第156、388、399等页，其认为隋唐官印存世量少的原因在于官吏袭用一印之制，并指出此制通行于隋唐；叶其峰《古玺印通论》，紫禁城出版社2003年版，第196—206页。

② 孙慰祖、孔品屏《隋唐官印研究》，上海书画出版社2014年版。

③ 孙慰祖《可斋论印新稿》，上海辞书出版社2003年版，第11页；《隋唐官印体制的形成及主要表现》，《东方艺术》2015年第4期，第8—47页。

④ 陈寅恪《隋唐制度渊源略论稿》，商务印书馆2021年版，第3页。

等方面的探析较多，笔者实难至喙。①是否将隋唐印制的变革仅视为钤印载体发生转变及印不配身等因素作用后的必然结果，是值得怀疑的，若继续深入追问即难以解释，而上述因素若归为外部缘由导致隋朝官印易制的话，似只是部分，难具说服力。

一种制度之能够孕育成功，必须与其社会政治条件配合。②本文试图透过对外部环境演变与精神文化制度推进两方面的观察，对隋唐印制形成的原因作初步考察，探讨潜藏在北周政权内部的精神文化变化，而在这个变化背后，隐藏着皇权振兴的线索。由此说明北朝得以克服诸多现实问题而成为历史与印制变革的出口。

一、北朝后期及隋印制对汉魏印制的因袭与创革

北朝后期官印制度特点中存在的与南朝和北朝前期的差异，可以管窥周、隋之间印制的源流变迁，既有前期历史的制度沿袭，亦有新政下的创变。

十六国中后期呈现印文草率、印形变化较大且钮式呈现多样化的主要特征，此时期等级秩序混乱，已偏离汉魏规范。北魏及北齐、北周政权下的印制尺寸普遍增大，亦与史料记载相印证，如"安昌县开国男"（图1）、"太原长公主章"（图2）、"威烈将军印"（图3）均为3.3厘米以上。在印文辞例与排列方式上，北朝"印"与"章"等级混乱且作两排分列，这种排列方式与自铭的变乱及官印尺寸的增大，突破汉代以来用以区别不同官秩等级的规范，并直接为隋唐印制所继承。以职官印为主的背景下，秦汉时期官印材质的不同反映等级秩序，至官署印渐取代职官印，质料、钮式的丰富性逐渐消失，钤印色于纸张，制印方式约有铸造、刻凿、焊接三种，监印、知印等制度更完善。

图1 安昌县开国男，载《魏晋南北朝印》，浙江人民美术出版社2023年版，第48页

图2 太原长公主章，载《魏晋南北朝印》，浙江人民美术出版社2023年版，第14页

图3 威烈将军印，载《魏晋南北朝印》，浙江人民美术出版社2023年版，第71页

---

① 萧高洪《篆刻史话》，百花文艺出版社2004年版，第39页；沙孟海《印学史》，西泠印社出版社2014年版，第54、60页。相关论文与专著，论文如孔品屏《隋唐印风的成因、特征及其影响》，华东师范大学硕士学位论文，2010年；魏晓妍《隋唐官印发微》，中央美术学院博士学位论文，2021年；萧高洪《试论隋唐宋（辽夏金）时期印章艺术风格的形成与发展》，载《隋唐宋印风（附辽夏金）》，重庆出版社2011年版，第1—23页。

② 毛汉光《中国中古政治史论》，上海书店出版社2002年版，第294页。

　　汉魏时期授官、授印密不可分，北朝后期、隋以后制诰文书、鱼符金袋成为取代官印"明贵贱，应召命"的凭信。玺印作为官爵等级标志的这一功能逐渐疏解。背款的出现亦是汉魏时期所未见的。北朝前期官印印钮中的龟钮挺胸昂首，正是北朝社会政治中崇尚军功精神的真实写照，后期以鼻钮为主。官印尺寸的变化，不仅表示其拥有广阔疆土的现实情况，更显示其对汉魏印制的突破。

　　隋唐印制对汉魏印制的沿袭在于官印中权力昭示功能和凭信功能依然存在。北朝后期与隋御玺制度含有复古色彩与政治意味，《隋书·礼仪六》载北朝帝后玺及百官印制。[1]北魏印制因史料甚少而颇显暧昧，北朝后期政权承续北魏制度，北齐、北周印制简列如下：

表1　北齐、北周印制简表

北齐印制		北周印制	
太子	金，方一寸，龟钮	皇后	白玉，方寸五分，高寸，麟钮
三品	银印，青绶	三公诸侯	金印，方寸二分，高八分，龟钮
四品	银章，青绶	三命已上	铜印，铜鼻，方皆寸，高六分
五品 六品	铜印，墨绶	四命已上	铜，龟钮
七品 八品 九品	铜印，黄绶	七命已上	银，龟钮
备注	皇太子玺，文曰"皇太子玺"，宫中大事用玺，小事用门下典书坊印。三品已上，凡是五省官及中侍中省，皆为印，不为章。四品已下凡是开国子男及五等散品名号侯，皆为银章，不为印。金银章印及铜印，并方一寸，皆龟钮	备注	皇后玺，文曰"皇后之玺"；百官印，文曰"某公官之印"

　　由上表可见，北齐印制上"印""章"仍作不同等级区分，北周则不分。皇太子玺的用途大小亦有区分，钮式以龟钮为主。虽文献与实物略有出入，正如孙氏所指出，此时正处在动态的变化，旧制度在不断地更替。

　　囿于笔者学识，目前视域仅见"卫国公印"（图4）、"天元皇太后玺"（图5）、"左司武印"（图6）、"永兴郡印"（印蜕，图7）四枚存世北朝后期官印。

　　北周"卫国公印"，学界将其归属于宇文直（？—574），据史料载，宇文直于武成初进卫国公。[2]值得注意的是，在此之前发生的重要事件，即"武成元年春正月己酉，太师、晋公护上表归政，帝始亲览万机"，虽军队最高统治权仍在宇文护手中，然君权开始回归。关于"卫国公印"的所颁时间，其尺寸超过"天元皇太后玺"，张鼎认为当在天和元年（566）前。[3]然北朝晚期制度

①　（唐）魏徵等《隋书·礼仪志六》，中华书局2023年版，第239、250页。
②　（唐）令狐德棻等《周书·明帝纪》，中华书局2022年版，第58页。
③　张鼎《北周"卫国公印"之形制、字法及用篆源流探析》，《西泠艺丛》2022年第3期，第62—68页。

图4 卫国公印，铜，鼻钮，
5.5cm×5.5cm，陕西汉阴县文物管理所
藏，《东方艺术》，2015年第4期，第9页

图5 天元皇太后玺，金，麟钮，
4.45cm×4.55cm，西安市渭城区文物保
护中心藏，载《东方艺术》，2015年第4
期，第9页

图6 左司武印，铜，鼻钮，
5.2cm×5.3cm，西安市文物商店旧藏，载
《东方艺术》，2015年第4期，第26页

图7 永兴郡印（印蜕），材质、钮式不
详，5.1cm×5.0cm，载《隋唐宋印风（附
辽夏金）》，重庆出版社2011年版，第25
页

频繁变动，出土实物亦难与《隋书》中相关印制记载印证。北周时武帝天和元年，"因用此尺，大赦，改元天和，百司行用，终行于大象之末"。建德六年（577），"议定权衡度量，颁于天下"。宣帝时，"唯欲兴造变革"。北齐，"河清中，改易旧物诸令定制云"。在缺乏直接证据、存在多种可能性时，只能指出大概范围或比较各种可能性的大小。另外，北周后期已有告身作为授命凭信颁发将领，史载："周克并州，遣韦孝宽与其子世宽来招伏曰……授上大将军、武乡郡开国公，即给告身，以金马碯二酒钟为信。"①此时为周武帝建德五年（576），可以知道，至少在建德五年前，伴随告身的颁布，新印制已在北周推行。以另一视角观察帝后与诸侯印制尺寸，重合乃至逾制，北朝君主对同处统治阶级的诸侯宽容度提升，在礼制的使用上允许一定范围的重合。随后北周在印制上衍生出"麟"钮，这一现象是十六国时期印钮新创背景下的产物，进而强调尊君，由此

① （唐）李百药《北齐书·傅伏传》，中华书局2023年版，第546页。

君臣印制重合情况得以缓解。

"天元皇太后玺"与"卫国公印"归属于武帝宇文邕武德皇后和其弟宇文直，均为武帝亲属一系，"卫国公印"出武帝时期可能性较大。历史事件的爬疏，更有利于我们对印制变化的梳理。宇文直曾作为武帝宇文邕心腹参与诛杀宇文护，身经明帝、武帝两朝，均处于统治集团核心，作为亲帝派的忠实拥趸，更是北周后期印制改革的见证者、支持者。

学界对"永兴郡印"所属时代问题暂未统一意见，据最新研究，其为北周印的可能性似大于南齐，[①]笔者亦赞同此观点。由于其属地方官印，又钤于佛经，以此时期州郡行政区划的设置与佛教兴废来看。北周武帝时改为永兴郡，隋文帝开皇三年"罢天下天下诸郡"，[②]置瓜州。武帝建德三年（574）废佛、道二事，然宣帝大象元年（579）"初复佛像及天尊像"，此时已恢复佛、道二教。仅目前资料显示，笔者推测其归为北周似更合理。

笔者据《隋唐官印研究》及官职、地域分析，认为以下数枚官印对此文研究有所裨益，遂以表格形式将其主要信息进行统计：

表2　隋官印信息一览表

印文	材质	钮式	尺寸	馆藏/著录
右一羽开府印（图8）	铜	鼻	5.1cm×5.1cm	鉴印山房藏；《鉴印山房藏古玺印菁华》
右武卫右十八车骑印（图9）	铜	鼻	5.1cm×5.1cm	《陕西出土的四方唐代官印》《陕西新出土古代玺印》《中国玺印篆刻全集》
千牛府印	铜	鼻	4.6cm×4.7cm	西安市文物保护考古研究院藏；《陕西出土的四方唐代官印》《陕西新出土古代玺印》《中国玺印篆刻全集》
观阳县印（图10）	铜	鼻	5.3cm×5.2cm	天津博物馆藏；《集古官印考证》《隋唐以来集存》
金州治中印（图11）	铜	鼻	5.1cm×5.1cm	渔樵草堂藏
崇信府印（图12）	铜	鼻	4.95cm×4.90cm	日本岩手县立博物馆；《尊古斋集印》《尊古斋印存》《枫园集古印谱》《书道全集》
广纳戍印	铜	鼻	5.4cm×5.3cm	日本四国民家博物馆；《隋唐以来集存》《书道全集》《中国玺印篆刻全集》
汲郡守印	铜	鼻	5cm×5cm	《谈隋唐官印之鉴别》《中国历代印风系列·隋唐宋印风》
安定郡市印·长安县印（两面印）	陶	/	5.2cm×5.2cm	文雅堂藏；《二十世纪出土玺印集成》
石锥市印	铜	鼻	5.3cm×5.2cm	故宫博物院藏；《古玺印与古玺印鉴定》《中国玺印篆刻全集》

---

① 沈乐平：《敦煌遗书用印概说及印例索引》，《西泠艺丛》2019年第3期，第2—14页。

② （唐）魏徵等《隋书·高祖纪上》，中华书局2023年版，第20页。

（续表）

印文	材质	钮式	尺寸	馆藏/著录
桑乾镇印	铜	鼻	5.3cm×5.4cm	天津博物馆藏；《周叔弢先生捐献玺印选》《天津市艺术博物馆藏古玺印选》《中国玺印篆刻全集》
□坡县印	铜	/	5.5cm×5.5cm	私人收藏

图8　羽开府印，铜，鼻钮，5.1cm×5.1cm，鉴印山房藏，载《东方艺术》，2015年第4期，第27页

图10　观阳县印，铜，鼻钮，5.3cm×5.2cm，天津博物馆藏，载《隋唐宋印风》（附辽夏金），重庆出版社2011年版，第27页

图9　右武卫右十八车骑印，铜，鼻钮，5.1cm×5.1cm，载《东方艺术》，2015年第4期，第27页

由上可知，目前出土隋印多为官府与地方县印，史料对隋印制记载寥寥，帝后玺暂未出土。从尺寸变化的问题来看，百官印制相较于北朝后期印制趋于稳定。"金州治中印"和"安定郡市印"分属西城郡与安定郡，为河西陇右地区，其尺寸亦能保持与中央较为接近和稳定的状态。"观阳县印"与"桑乾镇印"分别为"开皇十六年"和"大业五年"所造，同为"大业初置汲郡"的"汲郡守印"尺寸渐大，其中或显示出君主更替的新气象。"崇信府印"属屯边驻兵之所，"千牛府印"为隋末唐初之物，边远地区与动乱格局可能是导致尺寸波动的诱因。这也呈现出帝国初创期在尚无

图11　金州治中印，铜，鼻钮，
5.1cm×5.1cm，渔樵草堂藏，载
《东方艺术》，2015年第4期，第29
页

图12　崇信府印，铜，鼻钮，4.95cm×4.9cm，日本岩手
县立博物馆藏，载《东方艺术》，2015年第4期，第29页

定制的情况下，印制在尺寸上处于动态变化的特征。如上所述，北朝后期数次改易制度，史书记载所提供的材料仅能从一个侧面反映所研究时代的印制或相关制度本身，而相关史料有多为后人所著，在没有大量实物资料出土的情况下，仅凭借少量的实物与频繁改变的文献记载去推导印制改革的具体时间，所以笔者认为该印为北周明帝或武帝朝可能性较大。

究其原因，这与北朝后期君权专制的关系重大，当时所倡导的"复古"精神，恰是推动隋唐官印变革成功的主因。复古的核心是门阀士族的中央化与民族融合的统一，这些因素都推动了印制的改革。

二、君权"常态"的回归与北朝后期及隋印制改革

北魏末年，孝文帝（467—499）迁都洛邑和实行门阀政策使六镇豪帅的社会地位巨降，导致"役同厮养，官班婚齿，致失清流"。宇文泰（507—556）以"关陇本位"[①]立足关中，实行不同于高齐和萧梁的文化、军事、政治制度改革措施，[②]由"府兵制"为核心的物质政策和以"仿周礼"为内容的具有复古精神的精神文化政策为主旨，而具体革新的过程则经历对自身身份与汉文化的认可、传统旧士族的中央官僚化、文字规范的重建三个环节，这亦是北朝后期及隋印制能够顺利改革的主因。

（一）"朕非五胡"——君权正统与对汉文化的认可

魏末六镇之乱以来，西魏、北周与东魏、北齐建立政权，其均宣示传续元魏正统，而非两晋。高欢曾将宇文泰以将领家属进行招诱和萧衍专事礼乐使士大夫以为"正朔所在"，对政权内贪腐之

---

① 陈寅恪先生提出"关中本位政策"等概念，分别见于《隋唐制度渊源略论稿》"礼仪篇"，商务印书馆2021年版，第20页；《唐代政治史述论稿》"统治阶级之氏族及其升降"篇，商务印书馆2021年版，第234页。
② 陈寅恪《隋唐制度渊源略论稿》，商务印书馆2021年版，第101页。

事暂时采取宽容的态度，《北齐书·杜弼传》载：

高祖曰："弼来，我语尔，天下浊乱，习俗已久，今督将家属多在关西，黑獭常相招诱，人情去留未定。江东复有一吴儿老翁萧衍者，专事衣冠礼乐，中原士大夫望之以为正朔所在。我若急作法网，不相饶借，恐督将尽投黑獭，士子悉奔萧衍，则人物流散，何以为国？尔宜少待，吾不忘之。"①

一般学界认为这是正统在江左的证据以及说明东魏、北齐创业初期政权纵容内部腐败问题。以另一视角观察，士族、百姓对太平生活的向往是"正朔所在"的现实背书。相对于东魏、北齐与西魏、北周之间战争频繁，南朝萧梁政权"五十年中，江表无事"，侧面表现出"后三国"时代高欢、宇文泰、萧衍三方均视自身政权为正朔所在。此外，周武帝对待佛教的态度经历了长期的准备，②其不再将自身视为蛮胡，从较为著名的周武帝与任道林的对话中即可看出，《广弘明集》载：

诏曰："佛生西域，寄传东夏，原其风教，殊乖中国。汉魏晋世，似有若无，五胡乱治，风化方盛。朕非五胡，心无敬事，既非正教，所以废之。"③

周武帝废佛动机不仅出于强国富民，更有其内在的精神依靠。宇文邕的"朕非五胡"观念不再像五胡十六国以来视力汉文化为外物，仅有程度之别的自卑情绪完全消失。亦是五胡十六国至北朝华夷观变迁的结果。④川本芳昭认为，北周采用汉化路线与胡化路线看似是矛盾的政策，二者并行而不违和，是因为能够在一个胡汉融合的、崭新的中华世界中发挥实际功能，武帝正是以此种新世界的帝王自许。⑤

北朝后期、隋官印制度改革，不仅要关注物质条件的改变，还应看到其文化和心理因素。南北朝与隋唐的制度源流问题，是陈寅恪等学者提出的重要论述，在这个意义上，推动我们从不同民族、地域、文化、制度等综合视角来深入了解其时的制度史进程。通过南北朝之际对君主正统的追溯，我们可以看到标榜正统就须"复古"，特色寻求（宇文氏所创建的"关中本位"）则促成了"求异"，"新政心态"（北周与杨隋的统治者在面对统一后的社会政治）又推动着"创新"。由此"复古"与"创新"的二重奏，就呈现为此期制度变迁的文化特征。⑥君权强化的重要措施即使传统旧士族趋向中央。

（二）传统旧士族的中央官僚化趋势

魏晋以降，士族门阀登上历史舞台，形成削弱、分化君主权威的无形力量。与此同时，地方豪

---

① （唐）李百药《北齐书·杜弼传》，中华书局2023年版，第347—348页。
② 《周书》分别记载：天河四年，二月"戊辰，集百僚道士沙门等讨论释义"；建德二年，"十二月癸巳，集群臣及沙门道士等，帝升高座，辨释三教先后，以儒教为先，道教为次，佛教为后"；建德三年，五月"丙子，初断佛、道二教，经像悉毁，罢沙门、道士，并令还民，并禁诸淫祀，礼典所不载者，尽除之"。分别见于（唐）令狐德棻等《周书·武帝纪》，中华书局2022年版，第76、83、85页。
③ （唐）释道宣《广弘明集》卷十《辩惑篇》，《大正新修大藏经》本。
④ （日）川本芳昭著，黄桢、张雨怡译《魏晋南北朝时代的社会与国家》，复旦大学出版社2022年版，第31页。
⑤ （日）川本芳昭著，黄桢、张雨怡译《魏晋南北朝时代的社会与国家》，复旦大学出版社2022年版，第31页。
⑥ 阎步克《北魏北齐的冕旒服章：经学背景与制度源流》，《中国史研究》2007年第3期，第41—57页。

右垄断乡曲，成为阻碍中央控制地方社会的羁绊。田余庆先生认为，门阀政治只是皇权政治的一种"变态"。①士族自有其发展的历史渊源与内在精神维持的凝固力，陈寅恪等诸位前贤皆有深论。②北朝的措施即推动传统旧士族的中央官僚化。

汉末商品经济明显衰落，自然经济的加强和门阀政治的兴盛使玺印在此时作为士族高门标榜等级地位的意味愈来愈浓。门阀士族群体讲究贵族品位、标榜汉魏旧门也是汉魏印制得以长期延续的内在推力。魏晋九品中正制以来，与之相应的官爵有"清浊"之分。东晋以降，梁、陈政权选官亦"唯论清浊"，这些"清要"官职的迁转只是士族门阀标榜门第的资格，是维系身份的需要。在门阀士族的把控下，他们占有的高级官职越来越多，而君主行政能力弱化，官职安排权力缺失，形成了"君弱臣强"的局势。

关中一带曾作为西周至西汉时期的政治、文化中心。班固《两都赋》称"英俊之域，绂冕所兴"。由于东汉迁都洛阳，又因西晋以后关中地区遭反复易手与各族入侵，渐次衰落，其中种族问题已经十分复杂。正如谢灵运曾云："关西杂居，种类不一。"③正是这一历史时期关陇地区的复杂现实。

传统学界认为魏、齐政权中的君权问题、胡汉矛盾严重、武人与文人之争等问题难以调和与克服，遂导致政权覆灭。④《北齐书·杜弼传》载："显祖尝问弼云：'治国当用何人？'对曰：'鲜卑车马客，会须用中国人。'显祖以为此言讥我。"⑤后杜弼被高洋所杀。还应看到各地士族豪右与周、齐政权演进的密切关系。⑥高齐境内北方传统高门多植根于此，如"四姓"家族，所以不得不考虑山东士族的问题。

关陇地区内相对数量较少，大统前期，由于宇文泰所带领的六镇鲜卑军士较少，武川集团又属于外来势力，其兵源多来自东魏俘虏和关陇本地土豪所率乡兵⑦，于是"广募关陇豪右，以增军旅"，汉族地方豪帅得到重视，进入宇文氏政权，在府兵制完成时，他们多担任中等或中上层职

---

① 田余庆《东晋门阀政治》，北京大学出版社2012年版，第324页。

② 关于汉魏两晋南北朝士族问题，史学界诸多学者研究甚详，如陈寅恪、田余庆、周一良等。陈寅恪先生于《唐代政治史述论稿》"政治革命与党派分野"篇中言："夫士族之特点既在其门风之优美，不同于凡庶，而优美之门风，实基于学业之因袭，故士族家世相传之学业乃与当时之政治社会有极重要之影响。"

③ （南朝梁）沈约《宋书》卷二十一考证，武英殿本。

④ 关于北齐胡汉民族冲突问题，吕春盛在《北齐政治史研究——北齐衰亡原因之考察》一书中所述甚详。

⑤ （唐）李百药《北齐书·杜弼传》，中华书局2023年版，第353页。

⑥ 侯旭东《地方豪右与魏齐政治——从魏末启立州郡到北齐天保七年并省州郡县》，《中国史研究》2004年第4期，第53—80页。

⑦ 《周书·文帝纪》载：永熙三年讨薛瑾于潼关，"虏其卒七千"；大统三年正月潼关之战，"尽俘其众万余人"，"或其戍卒一千"，"虏其战士八千"；大统九年三月，邙山之战，"悉虏其步卒"；大统十二年五月，"遣其民六千余家于长安"；大统四年河桥之战，"虏其甲士一万五千"以及地方豪右、少数民族投附者动辄千余、万余人等情况。

位。①平齐之后，更强迁山东地区士族高门和北齐旧官于长安、洛阳。②士族子弟逐渐脱离乡里基础，缺乏乡里宗族的支持，高门子弟在宦海中沉浮升降，更难以持久维持荣显地位。

周武帝面对山东高门之间互相通婚的情况，下诏禁止与母族通婚："自今以后，悉不得娶母同姓，以为（妻）妾。其已定未成者，即令改聘。"③"婚""宦"途径均被中央严格管控，表现出统治阶层对于传统高门士族之间联姻的态度，传统旧士族再难以凭借二者获得"平流进取，坐至公卿"的政治特权。这是北周君主专制进一步加强的必然结果。

隋文帝杨坚（541—604）进一步实现君主权力的收拢，将官吏任免一律由中央决定。《隋书·百官下》载："别置品官，皆吏部除授，每岁考殿最。刺史、县令，三年一迁，佐官四年一迁。"④将官吏的任免权集中于中央吏部，且每年进行考课，官吏迁转频繁并不能重任，如此便难以产生地方关系网络。翌年，"收天下兵器，敢有私造者，坐之"⑤，旨在对乡里豪右的武装力量进行削弱。隋文帝开皇十四年（594）规定"制外官九品已上，父母及子年十五已上，不得将之官"⑥，这使士族子弟前往京畿入仕时，不能携带乡里亲属一同赴任，杜绝以聚族而居、数世同居形成宗族势力的条件，使之逐渐脱离原籍郡望，逐步失去乡里支持，成为依附中央的官僚人物。这时郡望所带来的特权亦随之消失，官爵不再来源于郡望。再加上隋朝实行科举制，最终形成"故里闾无豪族，井邑无衣冠"的现象，构成实现皇权专制的集中与士族趋向中央的表现内容之一。

统治阶级欲使拥有社会势力的士族豪右趋归京畿中央，逐步脱离原郡望、籍贯，进而失去其地方力量的拥护，这一政策使得隋唐两代帝国中央官僚化更为明显。关陇集团试图用官印制度改革的方式打破传统以来的汉魏旧仪，君主专制回归"常态"。"崔卢李郑王，五姓七望族"是对魏晋以来门阀士族的总体概括，笔者通过查阅《魏书》《隋书》《旧唐书》《新唐书》等资料，将山东、江左、关中地区部分士族从北朝开始的郡望与仕宦地进行统计，如下：

---

① 苏小华《西魏北周军队构成的变化及其对北朝军事的影响》，《云南民族大学学报（社会科学版）》2008年第2期，第107—111页。

② 建德五年十二月诏曰："邹鲁缙绅，幽并骑士，一介可称，并宜铨录。"翌年："三月壬午，诏山东诸州各举明经干治者二人，若奇才异数，卓尔不群者，弗拘多少。""乙丑，诏山东诸州举有才者，上县六人、中县五人、下县四人赴行在所，共论治政得失。"九月："诏东土诸州儒生，明一经以上，并举送，州郡以礼发遣。"周宣帝宣政元年，"诏制九条"旨在将山东士族和北齐旧官迁至中央。见（唐）令狐德棻等《周书·武帝下》，中华书局2022年版，第99、102、104页。《周书·宣帝》，中华书局2022年版，第116页。

③（唐）令狐德棻等《周书·武帝纪下》，中华书局2022年版，第103页。

④（唐）魏徵等《隋书·百官志下》，中华书局2023年版，第792页。

⑤（唐）魏徵等《隋书·百官志下》，中华书局2023年版，第792页。

⑥（唐）魏徵等《隋书·高祖纪下》，中华书局2023年版，第39页。

表3　北朝后期及隋唐士族迁徙地一览表

士族	仕宦地	备注
博陵崔氏	崔无诐：京兆长安 崔沔：京兆长安 崔敦礼：雍州咸阳 崔行功：恒州井陉 崔日用：滑州灵昌 崔光远：滑州灵昌	崔沔：周陇州刺史士约玄孙也 崔敦礼：魏末徙关中 崔行功：北齐钜鹿太守伯让曾孙也
清河崔氏	崔宁：卫州	世儒家……客剑南……还成都……宁亦还京师，留为折冲郎将
范阳卢氏	卢怀慎：滑州灵昌 卢从愿：相州临潭 卢简辞：蒲 卢坦：河南洛阳 卢携：郑 卢徵：郑之中牟 卢鸿一：洛阳 卢钧：京兆蓝田	卢怀慎：祖悊，为灵昌令，因徙焉 卢从愿：后魏度支尚书昶六代孙也
赵郡李氏	李尚隐：潞州铜鞮→京兆万年 李观：河南洛阳 李绅：润州无锡 李靖：雍州三原 李逊：荆州 李珏：淮阴	李绅：父晤，历金坛、乌程、晋陵三县令，因家无锡 李靖：祖崇义，后魏殷州刺史、永康公。父诠，隋赵郡守
广平宋氏	宋璟：邢州南和	宋璟：其先自广平徙焉，后魏吏部尚书弁七代孙也
渤海高氏	高崇文：幽州 高郢：卫州	
陇西李氏	李大亮：雍州泾阳 李延寿：相州 李义琰：魏州 李杰：相州滏阳 李揆：郑州 李玄道：郑州 李袭志：金州安康	李大亮：祖纲，后魏南岐州刺史。父充节，隋朔州总管、武阳公 李杰：后魏并州刺史宝之后也，其先自陇西徙焉 李袭志：其先本陇西狄道人，五世祖避地，更为金州安康人
太原王氏	王绍：京兆万年 王播：扬州 王维：河东蒲 王缙：河中 王仲舒：江南	王播：父恕，为扬州仓曹参军，遂家焉 王维：父处廉，终汾州司马，徙家于蒲，遂为河东人

（续表）

士族	仕宦地	备注
河东柳氏	柳浑：襄州 柳宗元：吴	柳浑：六代祖恍，梁仆射……父庆休，官至渤海丞 柳宗元：从曾祖奭为中书令，得罪武后……父镇，天宝末遇乱……后徙于吴
陈郡殷氏	殷峤：雍州鄠县	其先本居陈郡，陈亡，徙关中
河东裴氏	裴延龄：江夏	乾元末，为泛水尉，贼陷东都，去客江夏
琅琊颜氏	颜籀：雍州万年	及之推历事周、齐……始居关中
弘农杨氏	杨纂：蒲城 杨于陵：河朔→江左	杨纂：祖俭，东雍州刺史。父文伟，隋温州刺史……大业中……坐杨玄感近属除名，乃家于蒲城 杨于陵：父太清，倦宦，客河朔
京兆韦氏	韦思谦：襄阳→郑州阳武	
琅琊王氏	王方庆：丹阳→雍州咸阳 王绍宗：扬州江都 王无竞：东莱 王远知：扬州	王方庆：其先自琅琊南度……褒北徙入关，始家咸阳焉 王无竞：其先琅琊人，因官徙居东莱，宋太尉弘之十一代孙 王远知：父昙选，为扬州刺史
吴郡陆氏	陆宷：陕州	父郜，陕州法曹参军
陈郡袁氏	袁朗：雍州长安	其先自陈郡仕江左……陈亡徙关中
颍川庾氏	庾抱：润州江宁	祖众，陈御史中丞。父超，南平王记室。抱开皇中为延州参军事
彭城刘氏	刘允济：洛阳巩 刘瞻：桂阳	刘允济：其先出沛国……少孤……举进士，补下邽尉，迁累著作郎

由上表可以看出，众多望族中都有徙家关中的情况，一般徙家缘由多因其自身或先贤仕宦需要，留在当地为家，从而由各地迁徙到关中、洛阳、长安等地京畿附近地区。徙家时间多从北魏末年开始，期间魏末、北周地方行政区出现增减变动，周武帝宣政元年（578）"分相州广平郡置洺州，清河郡置贝州，黎阳郡置黎州，汲郡置卫州；分定州常山郡置恒州；分并州上党郡至潞州"①。行政区划的增减变动看似是孤立的事件，实际牵扯到人事的安排，官员的增减，各方势力的重新配置，州郡的启立与省并的背景亦颇为复杂。②州郡变动的实际情况或多于史料记载，亦暗含着朝廷对削弱士族"高自标持"的乡里宗族的努力。士族高门徙家入京的现象日益普遍，造成这一趋势的社会背景仍与君主专制的强化和国家统一的环境下社会经济日益发展密切相关。西魏、北周、隋、唐四朝的非门阀化政策代表中古时代政治、社会的新趋向，是推动门阀政治体制向官僚政治体制转化的重要因素。③

① （唐）令狐德棻等《周书·武帝纪下》，中华书局2022年版，第105页。
② 侯旭东《地方豪右与魏齐政治——从魏末启立州郡到北齐天保七年并省州郡县》一文对北齐地区行政区划的变更对于魏齐政权与地方豪右的消长关系与意义有较为详细的论述。
③ 史睿《北周、隋、唐初的士族政策和政治秩序的变迁》，《首都师范大学学报（社会科学版）》1998年第3期，第43—49页。

北朝后期与统一的君主专制官僚体制逐渐完备相表里的官印制度亦与此时政治制度相适应，逐步建立起相对完备的新规范，突显君主权力回归"正轨"的气象。重新确立印文、规范印形等是北周官印制度改革关注的主要方面，其后隋唐帝国踵其遗绪并进行完善，发展并影响后世官印的风貌。

（三）"刊定六体"——文字规范的重建

两晋南北朝以来士族门阀把持朝政，关陇地区社会礼教纲常失序，君弱臣强的政治结构迫切促使宇文泰实行改革。周礼所提出的六官制度，又极为适合建立君主集权的国家。《礼记·乐记》云："乐统同，礼辨异。"[①]礼的职能在于区别等级社会中各阶级阶层的地位，建立统治阶级的政治秩序。许慎《说文解字叙》曾描述春秋战国时代礼仪制度的混乱情形："田畴异亩，车涂异轨，律令异法，衣冠异制，言语异声，文字异形。"[②]南北朝时亦存在"见车马不辨贵贱，视冠服不知尊卑"[③]的现象。这一情况的出现，一般认为是"后三国"时代战争频繁所致，但还应看到，这一现象暗含着对统治阶级政治文化秩序的极不稳定的描绘。北周统一北方后，面对各政权之间兵燹所致"文字异形"，进而导致书法文字、玺印文字舛讹等情况，以"仿周礼"为指导理念，采取具有复古精神的文化政策，对当时官印文字进行统一。

"大同之末，讹替滋生。萧子云改易字体，邵陵王颇行伪字；朝野翕然，以为楷式，画虎不成，多所伤败……北朝丧乱之余，书迹鄙陋，加以专辄造字，猥拙甚于江南。"[④]南北朝时文字的乖舛多变既是社会普遍书写的现实问题，也是亟须解决的必要事情。其不仅体现在民间私人的日常书写中，亦出现在官方朝廷主持颁布的铭石碑刻、玺印文字上。北朝印制呈现印台增厚，形体较大，龟钮粗悍，文字笔画随意曲折减省，凿刻率意的主要面貌。如北魏"冠军将军印"到东、西魏"蜜云太守印""平原太守印"，以至北周、北齐前期"平远将军章""安北将军章"等。官印文字尚且如此，可想其时社会纲纪法度的混乱情况，侧面反映出文字的稳定性与国家政权的统一合法性的密切关系。

宇文泰面对文字"讹替滋生"的现实，命赵文深、黎景熙、沈遐等人进行文字整理和规范工作，《周书》载：

太祖以隶书纰缪，命文深与黎季明、沈遐等依《说文》及《字林》刊定六体，成一万余言，行于世。[⑤]

从出土实物资料来看，赵氏、黎氏与沈氏所学北方篆书系统已发生变化，"季明亦传习之，颇与许氏有异"[⑥]。从后期的文字规范情况来看，由于历史与地缘等因素，秦系文字与西周金文之间存在更多的传承因素，文字上使用承接周秦文字体系与秩序精神的小篆。宇文泰之后的北周历代继

---

① （汉）郑玄注，（唐）陆德明音义《礼记》卷第十一，相台岳氏家塾本。
② （汉）许慎撰，（宋）徐铉校定《说文解字》，中华书局2017年版，第316页。
③ （南朝梁）沈约《宋书·周朗传》卷二十一考证，武英殿本。
④ （北齐）颜之推，檀作文译注《颜氏家训》，中华书局2020年版，第323页。
⑤ （唐）令狐德棻等《周书·艺术传》，中华书局2022年版，第849页。
⑥ （唐）令狐德棻等《周书·艺术传》，中华书局2022年版，第845页。

任者承续其意志，推动并深入贯彻文字规范化这一行动。北朝后期及隋印制"因"的是君主专制集权，"变"的是对魏晋南北朝以来的政治秩序重新洗牌。

三、北朝后期及隋官印中的大一统观念与民族融合

五胡十六国时期，"五胡"君主面对两晋时期"诚无戎人而为帝王者"中存在的"夷夏"君臣观念的理论枷锁，通过积极构建与宣扬对己有利的正统理论与资源，对传统夷夏君臣秩序观念造成冲击与重构，从而为自身政权合法性寻找政治资源与理论依据。[①]魏晋南北朝时期的民族，往往以文化来划分，而非以血统划分。[②]恰好为胡汉民族融合、促进胡汉民族认同、增强胡汉共同体意识提供了前提条件。

（一）"虏亦应天象耶"——异族皇权的合法正统地位得到确认

众所周知，谶纬之说在我国中古时期十分盛行。孝武帝元修在出奔关中之前，曾出现荧惑入南斗的天象，民间遂广泛流传"荧惑入南斗，天子下殿走"的谣谚。梁武帝萧衍闻后以为自己身为天命正统，于是光脚下殿以顺应天象。值北魏孝武帝元修西迁的消息传至萧衍，其惭愧道："虏亦应天象邪！"[③]统治阶层与汉族士大夫多会制造与利用民间谣谚、天象图谶、符文瑞兽的出现来证明自身政权的正统合法性与德政实施与否，进而得到上天的庇佑。从上述材料来看，士庶群体对北魏政权的正统性已经呈现出高度认可的状态。此时萧衍面对荧惑天象所指为魏主元修所表现出的惭愧，以及民间盛传的谚语发出"虏亦应天象邪"的感叹，正是对于汉魏以来"夷狄不足为君论"观念的彻底崩塌。

玺印的社会效力，源于其得以证明行为人的职权或身份。[④]南北朝时期，南北之间互视对方为"岛夷"与"索虏"。北魏太武帝曾登山推倒峄山刻石，唐代封演《封氏闻见记》载："始皇刻石纪功，其文字李斯小篆。后魏太武帝登山，使人排倒之。"[⑤]从推倒刻石的举措，我们推测此时元魏帝王已不再视"诚无戎人而为帝王者"为局限，展现出向中原帝王迈进的欲望，以此提升王朝正统性，北魏历代帝王逐渐推进与统一北方等事件，几乎完全摧毁秉持晋末以来的夷狄观的南朝贵族制，同时侧面表现出企图打破自秦汉以来所实行的某些制度，更为北朝后期官印制度改革提供了行动溯源与理论依据。

杨元慎与陈庆之在关于孰为正统的讨论上展现出北朝士族对元魏的认识，杨衒之《洛阳伽蓝记·景宁寺》载：

元慎正色曰："江左假息，偏居一隅……我魏膺箓受图，定鼎嵩洛，五山为镇，四海为家。移

---

① 王东洋《十六国"五胡"正统论建构与大一统思想的演进》《"夷狄不足为君论"：两晋时期"夷夏"君臣观的整治宣扬及其影响》等。
② 万绳楠《陈寅恪魏晋南北朝史讲演录》，贵州人民出版社2007年版，第248页。
③ （宋）司马光撰，（元）胡三省音注《资治通鉴》卷一百五十六，鄱阳胡氏仿元刊本。
④ 孙慰祖《中国玺印篆刻通史》，东方出版中心2016年版，第48页。
⑤ （唐）封演撰，赵贞信校注《封氏闻见记校注》，中华书局2005年版，第73页。

风易俗之典，与五帝而并迹，礼乐宪章之盛，凌百王而独高。"①

同卷又言及元魏时洛阳文化礼仪之盛及江左士庶"羽仪服式悉如魏法"的情况②，虽不免有夸大的成分，亦可知此时南北文化密切交融与元魏华夏正统地位得到进一步确认。"归正里""吴人坊""四夷里"等用语，更表现出以杨衒之为代表的汉族士人对元魏华夏正统地位的高度认可。

（二）印制变革——胡汉民族融合表现

南朝继东晋政权，又以"秦皇玉玺今在梁朝"作为凭借。秦"传国玺"是体现"受命于天，既寿永昌"的直观表达形式，又是皇权所系与国祚象征。秦始皇始制乘舆六玺，后世艳称的传国玺成为朝代更迭，王朝天命正统的象征。西晋末以来，各政权之间对传国玺展开激烈的争夺，这期间伪造与谎称得传国玺者屡出不绝。持续的争夺与伪冒假造传国玺的社会现象，旨在构建所谓"受命于天"的天命正统。北朝对待传国玺的态度，以革新官印系统来企图推翻汉魏以来旧有的政权体制并构建一个全新的帝国中央官僚制度。

北周初期始终围绕二元权力如何回归一元的政治斗争，终以武帝宇文邕诛杀宇文护，专制集权收归一元结束。周宣帝时将宗室移除统治阶层核心，擢拔原东宫旧臣，进一步实现皇权强化的意图。由于隋唐史官对周宣帝"失德""昏暴""不堪承嗣"形象构建的历史书写③以及周静帝尚且年幼，杨坚作为所谓拨正乱局的"天命之人"取得禅位条件。

伴随北周统一华北平原的现实，南北朝以来动荡的社会乱局逐渐呈现终结与一统的气象，混乱式微的印式得以结束。在北方君主与汉族士大夫的共同努力下，一个融合胡汉各族文化，全面继承中原传统典章制度与礼仪文化的新中华帝国诞生。其后杨忠代周建隋，统一全国。从两朝官印制度来看，展现出胡汉民族融合、促进胡汉民族认同，进而展现新帝国大一统的气魄。

结　论

诚如钱穆先生所述："制度的背后，都应有理论和思想。一切制度，绝不会凭空无端的产生。"④作为历史出口的北朝，其政治的主流是皇权专制而非门阀政治。从北魏皇权发展以来，中华正统逐渐指向少数民族皇权，关陇集团政权重新统一全国，重新确立全新的帝国制度，而官印制度的变革即其内容之一。

北朝后期及隋印制的改革有其基本的物质条件作为基础，如以往学者所强调的钤印载体的转变、印不配身等外在因素的改变，笔者并不否认这些物质条件的作用，但认为这些物质条件只是其革新或演变的基本条件，而非决定性条件。隋唐官印能够成功改制最重要的因素，除了物质条件的变化之外，南北朝政权深藏的各种暗流趋势及问题，如北周政权逐步走向皇权专制的体制、与传统

---

① （北魏）杨衒之著，尚荣译注《洛阳伽蓝记》，中华书局2021年版，第174页。
② （北魏）杨衒之著，尚荣译注《洛阳伽蓝记》，中华书局2021年版，第182页。
③ 张宇轩《周隋禅代与周宣帝"不堪承嗣"形象的建构》，《晋阳学刊》2023年第1期，第52—57页。
④ 钱穆《中国历代政治得失》，生活·读书·新知三联书店2023年版，第48页。

旧士族的矛盾制衡、南北朝后期文字的过度舛讹等，这些趋势与问题被统治阶级充分利用可能才是更重要的因素。伴随北朝后期政治形势的剧烈变化，官印制度的更新也呈现出不断变化发展的状态。它不仅仅是一种重要的礼仪制度，也是一类特殊的政治制度的体现。

（作者一系聊城大学美术与设计学院教师；作者二系西泠印社出版社编辑）

明清铸印局源流及其职官考

柯远秋

摘要： 铸印局自元代始置，至明清时期得以延续并进一步发展，铸印局的设立有利于保证官印的权威性，推动了印章的规范性发展。本文对铸印局历史渊源及其流变进行探究，考究铸印职官设置的历史沿革，整理明清时期铸印局的变革并分析其原因。同时，深入探索铸印局的职责及其管理制度，将其主要职责概括为题销铸印、掌管监造及辨验管理。最后在铸印局铸印制式与程式规范方面，从铸印文字的规范性发展、印材与范式的规范性、铸印程序及违规惩戒三个角度对铸印局的规范性进行探究。本文论述铸印局在明清时期的发展，考察其在篆刻艺术发展史上的作用和影响。

关键词： 铸印局　官印　印章规范　职官　明清时期

元代尤为重视印章的铸造与使用，"今蒙古、色目人之为官者，多不能执笔画押，例以象牙或木刻而印之"①，这是因为元代为蒙古族建立，职官多为蒙古人、色目人等，由于他们对汉字的认识较少，处理公文时多以印章替代。至元五年（1339）铸印局始置，明清一直沿用，规章制度得到了进一步发展，清宣统三年（1911）更名为印铸局，民国时期延续设立。铸印局作为官方机构，在严格遵照铸印规范铸刻印章的同时，承担着篆刻艺术发展与传承的使命。

一、铸印局历史渊源及其流变

铸印局元朝始置，但官方铸印职员的设立已有悠久的历史，最早可追溯至西周时期。探索各个朝代铸印官职的设置，有助于了解铸印局于明清之际在职官设置、职掌范围等方面的发展脉络。明清时期，根据政治制度和管理需要，铸印局有多次职官设置变革。

（一）铸印局官职溯源

清代黄本骥在《历代职官录》中对历代官方铸印官员的设置进行了梳理，他指出三代设有"掌节上士""掌节中士"及"典瑞中士"，汉及后汉设有"印曹御史"，后周设"典瑞中士""典瑞下士"，唐代设"礼部铸印官"，宋代设"铸印篆文官"，元明时期均设有"铸印局大使、副使"。②黄本骥对历代官方铸印职员的统计有所疏漏，以下稍作完善。

官方铸印职员的设立最早可追溯到西周时期，明代魏校《周礼沿革传》中记载周朝置有"符节

---

① （清）朱象贤撰，何立民点校《印典》卷五《综纪·押字用印》，浙江人民美术出版社2019年版，第163页。

② （清）黄本骥撰，刘范弟点校《历代职官表》卷一《礼部·历代官制》，岳麓书社2009年版，第815页。

上士二人，中士四人""典瑞中士二人"①，这是目前所见记载中最早的铸印职官信息。

黄本骥未记载秦代铸印官员信息，然《秦会要订补》中录秦代置有"符节令丞，领符玺郎"②，此外《汉书补注》中载"赵高兼行符玺令事"③，印证了秦代设有铸印官员。汉代沿袭秦代，仍置有符节丞、符玺郎④，同时增置兰亭令使，《后汉书》中注其为"掌奏及印工文书"⑤，并且出现了辅佐官方铸印职员铸刻之工匠的记载："二月，上至奉高，遣侍御史与兰台令史，将工先上山刻石。"⑥可见有专门的工匠配合官方铸印职员的工作，汉代铸印就已经有了一定的分工，官方铸印职员无需参与铸刻的过程。

《晋书》记载："符节御史，秦符玺令之职也。……至魏，别为一台，位次御史中丞，掌授节、铜武符、竹使符。及泰始九年，武帝省并兰台，置符节御史掌其事焉。"⑦可见三国设有符节御史，且铸印官职的设置在这一时期得到了进一步的完善。《文献通考》录《宋书·百官志》中的"晋西朝有印曹御史"⑧，《晋书》中"侍御史。案，二汉所掌凡有五曹：一曰令曹，掌律令；二曰印曹，掌刻印"⑨，印证了两晋设有符节御史。同时，两晋出现了最早能以一定身份地位出现在文献记载中的刻工⑩，可见两晋延续了以工匠负责铸刻的传统。

隋代铸印官职亦有变革，隋炀帝改"符玺监"为"符玺郎"⑪。唐代铸印官官署发生了转变，并且有铸印官与少府监协同铸印的可能。梁章钜在《称谓录》中记载"汉侍御史凡五曹，二曰印曹，掌刻印……故当时有印曹御史专司其职，唐代移归礼部掌之，今之铸印局之职也"⑫，可见铸印之职从唐代开始渐转礼部掌管。结合程义在《唐代官印的初步研究》中的观点，唐代盛行蟠条印，这种制造方式与传统的铸、刻方式不同，更类似于金属镶嵌工艺，每成印一方，必须经过铸坯、剪裁、焊接、打磨等工序，若无一定的技术含量是不可能胜任的。⑬若铸印官为铸印的唯一职官，很难完成印章铸造的全部工作。据《五代会要》⑭及《宋史·职官志》中"少府监……铸牌印

①　（明）魏校《周礼沿革传》卷五、六，明嘉靖《庄渠先生遗书》本。

②　（清）孙楷撰，徐复订补《秦会要订补》卷九《舆服·符节》，中华书局1959年版，第135页。

③　（汉）班固撰，（唐）颜师古注，（清）王先谦补注《汉书补注·百官公卿表七上》，商务印书馆1959年版，第1118页。

④　（汉）班固撰，（唐）颜师古注，（清）王先谦补注《汉书补注·百官公卿表七上》，商务印书馆1959年版，第1118页。

⑤　（清）梁章钜撰，冯惠民、李肇翔、杨梦东点校《称谓录》卷十四《御史古称》，中华书局1996年版，第222页。

⑥　（清）秦蕙田撰，方向东、王锷点校《五礼通考》卷四十九，中华书局2020年版，第2152页。

⑦　（唐）房玄龄等《晋书》卷二十四，中华书局1974年版，第739页。

⑧　（清）黄本骥《历代职官表》卷九，乾隆四十五年（1780）敕刊本。

⑨　（唐）房玄龄等《晋书》卷二十四，中华书局1974年版，第738页。

⑩　（清）郝懿行著，李念孔、高文达、赵立纲、张金霞、刘淑贤点校，管谨讱通校《证俗文》第八《书契·玺》，齐鲁书社2010年版，第2425页。

⑪　（宋）司马光编著，（元）胡三省音注，标点资治通鉴小组校点《资治通鉴》卷第一百八十五《唐纪一》，中华书局1956年版，第5777页。

⑫　梁章钜撰，冯惠民、李肇翔、杨梦东点校《称谓录》卷十六《铸印局》，中华书局1996年版，第245页。

⑬　程义《唐代官印的初步研究》，《考古与文物》2003年第1期，第75—82页。

⑭　（宋）王溥《五代会要》卷十六《少府监》，中华书局1985年版，第211页。

朱记"①等记载推测，少府监或也只是唐代铸印过程中的一个中间环节。再根据唐代少府监的文献记载，《旧唐书》中载"少监二员，从四品下。监之职，掌供百工伎巧之事，总中尚、左尚、右尚、织染、掌冶五署之官署""掌冶署……掌冶令掌镕铸铜铁器物"②，可见少府监具有铸造印章的能力，确有参与铸印过程的可能。黄本骥对后汉、后周时期铸印职员信息的整理尚未在文献资料中找到印证，其整理补充说明了铸印官职在五代十国时期的延续设立。

现留存的宋代官印印证了少府监也参与铸印。宋代官印边款中出现的"少府监"（图1）和"文思院"（图2），进一步确认了官方所设的铸印职员不负责铸印的全部过程。根据马端临《文献通考》中"绍兴三年诏少府监并归文思院"③以及《宋史·职官志》所录"少府监分隶文思院"④，可见此时期少府监和文思院属于同一铸印单位，少府监参与官印的铸造过程，主要负责官印铸刻。《宋史》中载"神宗熙宁五年，诏内外官及溪洞官合赐牌印，并令少府监铸造，送礼部给付"⑤，官方铸印职官则以监管铸印为主。可见少府监主要负责铸造的具体事宜，而隶属于礼部的铸印职员则负责铸印的管理。

图1　宋建炎后苑遗作之印，背款"少府监铸"，浙江省博物馆藏　　　　图2　宋建宁军节度使之印，背款"绍兴十九年""文思院铸"，浙江省博物馆藏

景爱《金代官印集》对金代官印的铸造有细致的研究。其指出，海陵王正隆元年（1156）虽规定百官之印悉由"礼部更造"，但从现存官印推断，大多数官印仍由少府监颁造，至金世宗大定初年，仍然保持尚书礼部与少府监同时铸印的形式，并认为大定十年（1170）以后，官印似通由尚书礼部颁造。⑥可见金代少府监与礼部协同负责官印的铸造。

"铸印局，秩正八品。掌凡刻印销印之事……至元五年始置"⑦，铸印局元代始设，但据前代

①　（元）脱脱等《宋史》卷一百六十五，中华书局1985年版，第3917页。
②　（后晋）刘昫等《旧唐书》卷四十四，中华书局1975年版，第1893—1894页。
③　（元）马端临《文献通考》卷六十，明冯天驭刻本。
④　龚延明《宋史职官志补正》（增订本），中华书局2009年版，第329页。
⑤　（元）脱脱等《宋史》卷一百五十四，中华书局1985年版，第3591页。
⑥　景爱《金代官印集》，文物出版社1991年版，第251—253页。
⑦　（明）宋濂等《元史》卷八十五，中华书局1976年版，第2140页。

铸印官职的源流可见，其职官的设置一直都有迹可循。汉代的文献中就有官方铸印分工的现象，其后两晋、唐代、宋代关于分工铸印的文献资料更为详细，可见对于官方铸印而言，历代铸刻印章与掌管铸印一直是分而治之的，此或可解释铸印局在明清时只负责职掌，而不负责专门铸刻的现象。由此可见，铸印局至明清时期规章制度愈发完善，亦受前代相关官职及其职能的发展影响。

（二）铸印局的沿袭演变

铸印局的职官设置及变革、职官品级、选任方式与职掌施职之间联系密切，通过了解明清时期铸印局职官设置与变革的原因、职官品级的设定以及铸印局职员的选任方式，可以进一步了解铸印局的政治地位和对铸印局的行政需要，以及铸印局职员的特点。

根据文献中关于铸印局职官设置和变革以及职官品级的记载，本文对明清时期铸印局的任职情况有大致的统计。（表1）

表1　明清铸印局职官情况一览表

朝代	职官品级	时间	职官设置及变革	出处
明	八品	正德二年（1507）二月	正德二年，吏部奉旨查议，天顺以后添设官员，地要政繁，不可裁革，礼部仪制司及主客司提督夷人主事昔二员，非要地而事简可革者，礼部铸印局副使一员。得旨，俱裁革别用。	《礼部志稿》卷七
		正德二年（1507）十月	铸印局额设大使副使各一员。食粮儒士二名。	《续藏书》卷十二
		嘉靖七年（1528）	嘉靖七年，礼部铸印局儒士诸应瑞奏言："天下文移印篆，多有讹舛，如沔阳州，沔字讹篆为泛，此类未可枚举。乞敕礼部择委属官精通六书者，提督考正。"上嘉应瑞能查举差讹，留心本业，命礼部专委主事一人，提督本局。	《礼部志稿》卷九十九
		嘉靖十五年（1536）	嘉靖十五年题准，铸印局儒士许设三名，本部会同吏部考选收局。首名食粮办事，第二名、第三名习学，遇有粮缺，挨次考补。	《大明会典》卷一百二十一
		万历九年（1581）	所辖铸印局，大使一人，副使二人。万历九年革一人。	《明史》卷七十二
			南京宗人府铸印局，副使一人。	《明史》卷七十五

（续表）

朝代	职官品级	时间	职官设置及变革	出处
清	未入流附于九品	顺治元年（1644）	设铸印局满洲员外郎一人。	《钦定大清会典事例》卷十九
		顺治六年（1649）	铸印局原设食粮儒士二十名，在局篆文，今止存二名，篆印乏人，仍于在局肄业子弟内考取八名，并见在二名食粮篆文办事。	《（康熙朝）大清会典》卷五十四
		顺治十五年（1658）	乙丑裁礼部理事官、副理事官四员，铸印局副理事官一员。	《世祖章皇帝实录》卷一百十九
		康熙元年（1662）	铸印局现有儒士六名，每名月给米二斛，三年粮满，咨送吏部，以府检校用。又添写本儒士四名，并额设六名，共十名，以五名缮写本章，五名篆写印文。	《（康熙朝）大清会典》卷五十四
		乾隆二年（1737）	乾隆二年，增设铸印局汉员外郎一人，笔帖式署主事一人。	《清史稿订误·职官一》

明清时期铸印局经历三次裁革，铸印局屡遭裁革与其"非要地而事简"①有关，且铸印局的官员人数一直较少，凡遇铸印需要而人员紧缺时，才会由铸印局儒士协助完成，这一现象也与其职能相关。对比明清两代的铸印局职员设置可以发现，清朝铸印局官制基本沿袭明朝，但清朝铸印局具有满、汉合作的特点。

铸印局的职官品级不高，最高品"符宝郎"也仅为六品上，再观明清铸印局职官等级，明代的职官等级仅八品，清代其等级更低，属未入流，附于九品，呈现职官品级下降的趋势，考其缘由，可能与明清时期铸印局的选任方式有关。

明清时期，铸印局职员的选任方式主要有荐举、善书、纂修典籍、免考授职、捐纳等。铸印局官员可通过善书和荐举的方式选任：

> 凡铸印局……楷、篆精熟，兼通文理子弟，起送赴部，会同吏部堂上官考选。②
> 张端，将乐人，少负才名，景泰间，以荐授铸印局使，直南薰殿。善楷草书，尤工篆隶。③

善于书写和篆刻的学者可以通过举荐，或者通过礼部对其能力的统一考试而获得职位，因此铸

---

① （明）俞汝楫《礼部志稿》卷七，清文渊阁《四库全书》本。
② （明）赵用贤《大明会典》卷一百十七，明万历内府刻本。
③ （清）倪涛编，钱伟强等点校《六艺之一录》卷三百六十四，浙江人民美术出版社2015年版，第7382页。

印局官员具有较高的书写水平和篆刻能力。

"以儒士隶礼部铸印局凡朝廷宝册，制造、诰敕、经筵讲章、榜文试录多出其手。预修《大明会典》，加正七品禄"①，赵训夫通过纂修典籍的方式入职铸印局，可见对铸印局职员的要求似乎开始脱离对铸印能力的掌握。

铸印局官职还可以通过免考受职获得，《大清会典》中载："在京事繁书吏役满，勤慎无过；仓书役满，无亏空，均免考以从九品未入流兼掣选用。礼部儒士三年期满，免考职，以铸印局大使及外府检校、京外典史选用。"②并有"康熙十年题准：礼部铸印局大使及京外县典史缺，增入儒士选用"③，可见铸印局儒士能够较为顺利地升任铸印局大使，因此铸印局儒士成为人们做官的重要一步，也为儒士通过捐纳任职提供了更多可能。

儒士捐纳任职方式的产生，可能是导致铸印局政治地位进一步下降的原因。嘉靖十九年（1540），为缓解朝廷财政危机，朝廷施行捐纳任职的政策，"许铸印局听缺食粮儒士纳银一百二十两，咨送吏部冠带，办事半年，照依本等资格选用"④。在此政策下，人们只需要按规定缴纳足够的钱财，就可以得到铸印局"儒士"或"冠带儒士"的职位。并且，随着这一政策的施行，儒士捐纳的范围不断扩充，捐纳的条例也更加细致，此可由清代户部条例证明：

> 由贡监生，捐银一百四十两。其考选、议叙之应补应先人员，捐银一百两。由已满未考职吏，捐银一百七十两。历役未满吏，捐银一百九十两。由捐职从九品、未入流，捐银一百七十两，俱准以双月先用；加银七十两，准改单月即用；再加银七十两，准不论双月即用。再查候补从九品、未入流，有情愿于本项内应升之缺指项报捐者，照贡监生初捐之例报捐，仍与统捐从九品、未入流人员统较日期先后选用。⑤

通过捐纳入仕的方式快速兴起并逐渐泛滥，对于铸印局职员的要求不断降低，此是铸印局政治地位下降的原因。

二、铸印局职责及其管理制度

铸印局自元代始置，一直沿用至民国时期，可见其所职掌事务的重要性。《大明会典》《清史稿》等官方史书中对明清时期铸印局的职掌都有详细的记载，"铸印局专管铸造"⑥，"铸印局题销铸印，掌铸宝玺，凡内外诸司印信，并范治之"⑦，铸印局的职责主要围绕"铸印"展开，官印

① 李东阳《怀麓堂集》，《景印文渊阁四库全书》第1250册，台湾商务印书馆1986年版，第937页。
② （清）允祹等编纂，杨一凡、宋北平主编《大清会典·乾隆朝》卷五，凤凰出版社2018年版，第28页。
③ （清）允祹等编纂，杨一凡、宋北平主编《大清会典·乾隆朝》卷五，凤凰出版社2018年版，第78页。
④ （明）俞汝楫《礼部志稿》卷九十九，清文渊阁《四库全书》本。
⑤ （清）户部辑，吴密、李光伟点校《筹赈事例筹赈事例满汉在外文职各官》，天津古籍出版社2010年版，第3932—3933页。
⑥ （明）俞汝楫《礼部志稿》卷七十九，清文渊阁《四库全书》本。
⑦ （清）赵尔巽等《清史稿》卷一百十四，中华书局1977年版，第3280页。

铸造乃朝廷要事，题销铸印、掌管监造、辨验管理都有严格的制度。

（一）题销铸印

铸印局主掌铸印，包括题篆铸印、缴销印信。"乾隆元年，奏准直省督抚藩臬印信、关防及文武各官新设衙门，由吏部兵部会同礼部校正印模拟定字样铸给，以昭画一"①，印信通过铸印局统一铸造，具有规范性与统一性。

据《钦定大清会典》记载："凡篆写印文，由仪制司查据原定字样发局，清汉篆字由局书写。蒙古、唐古特、托忒、回子等字备具印模，送内阁书写。"②可见印文中的清、汉篆字由铸印局书写，另《嘉庆会典》等其他官方文献均详细记载了对篆文形式的严格规定，因此铸印局在印章铸造的过程中需要根据规定严格执行。所以，一些认为铸印局在铸印过程中只负责监管，而不直接参加铸印过程的观点是有失偏颇的。

此外通过《钦定大清会典事例》的记载可以对铸印局在官印制作中所发挥的作用有进一步的认识。官印的铸造，首先需奏请核议，内外诸司印信、关防、条记需吏部、兵部具题，后咨送到礼部，由礼部复行奏请，才可铸造。而文武衙门请给印信、关防、条记根据其是否在京，由衙门自题或督抚代奏后需吏部、兵部核议，再送礼部铸造。其次是篆文铸给，由铸印局照式篆文，呈送内院照撰清字，后送礼部发铸印局铸给。再次是核阅印章，印章铸就之后需送内阁，由内阁学士核阅。最后为颁发存案，印章由内阁确认无误后即可颁发，并将铸印信息和颁发信息存档备查。在铸印的过程中还需要礼部对印材进行查验，钦天监择吉日开铸印信。③由此可见，铸造印信的过程是十分复杂的，铸印局在铸印的过程中也仅承担一部分职责，主要承担印章篆文的题写。

除了题写篆文铸造印信之外，铸印局还负责更铸新印。"外补其大小衙门印记年久模糊者，申知上司，具奏铸换新印"④，朝廷对新印的铸造也有严格的规定。据记载，换铸新印的原因有两种，一种是因旧印印记模糊，需通过申报更换新印，《魏光焘集》中有此记载：

> 再，查两淮盐政印信于咸丰三年换铸颁发，历今数十余年，盖用日久，字迹模糊，不甚可辨，应照原模字样，另行铸造，俾昭信守。除造具印模清册咨送吏部、礼部暨铸印局查核外，理合附片具奏。伏乞圣鉴，敕部换铸颁发施行。再，此案向应具题，今查照新章改题为奏。合并陈明。谨奏。
>
> 朱批：礼部知道。⑤

换铸新印需经过铸印局对旧印的模糊程度进行核查，方可更换新印。此记载的是清朝更换印信的申报内容，清代重铸新印的制度较明代复杂，明代只需交与铸印局，而清代采取审核申报的制

① （清）昆冈等修《钦定大清会典事例》卷三百二十一，清光绪刻本。
② （清）允裪《钦定大清会典》卷三十四，清文渊阁《四库全书》本。
③ （清）赵尔巽等《清史稿》卷一百十四，中华书局1977年版，第3280页。
④ （清）朱象贤撰，何立民点校《印典》卷二《制度下·诸司印信》，浙江人民美术出版社2019年版，第46页。
⑤ 杜宏春，高彬彬整理《魏光焘集》5，岳麓书社2021年版，第377页。

度，类于此上奏申请更铸印信的内容在中国第一历史档案馆有诸多留存。

另一种更铸原因则是全国范围内印信制度的改革，可考乾隆十四年（1749）至乾隆十七年（1752）所改铸的三千余颗印信事件，今可见这一阶段的印章均为左侧"满文篆字"，右侧"汉文九叠篆"，是印信大规模重铸所产生的规范性特征。

"凡印官有更建，则给新印而废其故印"①，在换铸新印的同时，需要缴销旧印。旧印的销毁，也需要据规定执行：

> 亲王、郡王宝印应缴销者，由部奏准。俟缴到日，金宝交内务府销毁，镀金银印交工部刮金还局销毁。缴销旧印，于接到新印时，将旧印清、汉文正中加铸缴字封固，限四月缴部。银印关防，由仪制司付局却估成色储库，俟铸造新印时镕化冲铸。铜印关防、图记条记查收储库，汇送户部充鼓铸，方外人等曾奉。②

由此可见镀金银印、银印关防的缴销都需要铸印局职掌。此制颁发于乾隆年间，但现今我们可见的清代印章，少见"缴"字，而更多的是印面有深浅不一凿痕的印章（图3），有将部分字凿去的，亦有长线划痕，也有将印面一角破坏的。可见在缴印的过程中，为了提高效率对制度的执行也有一定的修改。

 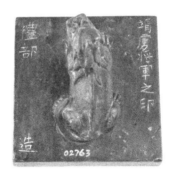

图3　"镇边抚彝直隶厅同知知事印"，复旦
大学印谱文献虚拟博物馆藏

图4　"靖虏将军之印"背款左侧"礼部
造"，浙江省博物馆藏

（二）掌管监造

一些学者认为铸印局只负责监管铸造印章的观点并非完全有误，铸印局在铸造过程中确实起监管的作用，文献中对此有所记载："铸印局官会同内务府官于造办处祭炉监造。""掌监铸印"③，此监管贯彻印章完成的整个过程。铸印局在任官员数量并不多，其铸造印信主要通过招募工匠的方式来实现。据王世贞记载，永乐七年（1409）春，明成祖朱棣巡狩北京，礼部派出人员

---

① （清）昆冈等修《钦定大清会典事例》卷三百二十一，清光绪刻本。
② （清）昆冈等修《钦定大清会典事例》卷三百二十一，清光绪刻本。
③ （清）昆冈等修《钦定大清会典事例》卷三百二十一，清光绪刻本。

跟从，其中"铸印局官一员，吏一人，匠六人"①，可见铸印局的运行是无法离开工匠的。且铸印局所招匠人人数随铸印需要而产生变化。《五礼通考》中载"铸印匠四人"②，《大清会典》中载"铸印局匠役二十名"③，而招募工匠的数量与铸印需求成正比。例如乾隆五十年（1785）下旨全面改铸一千三百余颗八旗佐领图记时，"至镌字匠役，不敷应用，由部酌量于五城移取数名，每名日给工银一钱五分四厘，以资赶办"④，因此如遇大规模铸印事件时，礼部将移取工匠协助铸印。在铸印的过程中，铸印局就需要协调监管匠人的工作，确保印章顺利完成。

明清时期铸印局职掌印信的范围发生了变化。明代"铸印局铸中外诸司印信"⑤，清代铸印局所职掌的官印范围缩小。清代官印的制造分为三个等级，最高等级为御宝，其次为百官印信，最后为文武佐杂之钤印。⑥官印等级的划分，让铸印局在不同等级的官印中所职掌的范围也发生了变化。

御宝作为官印的最高等级，统治者对其制作非常重视。乾隆十三年（1748）定"凡铸大内宝印，礼部会同内务府造办处敬瑾铸造"⑦，因御宝制作要求极高，非铸印局一般工匠所能制造，而内务府造办处为承造皇家御用品的专门机构，拥有技艺超群的匠人⑧，因此御宝由礼部与内务府共同监制是制作御宝的最佳选择。参考铸印职官的历史铸印分工，这一职责分工具有传承性。以铸造"皇后之宝"为例：

> 均先拨造蜡模，按台钮分寸定式进呈后，铸印局官会同内务府官，于造办处祭炉监造……行文都察院转传五城，拣选精工匠役送部应用。局设工匠八名，内铸匠二名，锉匠二名，磨錾二名，镌字一名。⑨

"行文都察院转传五城"，可见对御宝印面设计的重视。铸印局内设有各司其职、职务划分精细的工匠，说明御宝的制作并非铸印局能够单独完成，铸印局只能在其中担任分管、验阅的职责。

清代其余各类有品级官员的印信，继承明代铸印制度，由铸印局监制，我们能在现存大量清代官印的侧面或背面见满文、汉文所刻"礼部造"（图4），均为铸印局职掌铸造。

清代官印中最低等级的文武佐杂之印不再由铸印局监管，乾隆三十四年（1769）颁布了新的铸印规范：

---

① （明）王世贞撰，魏连科点校《弇山堂别集》卷六十六《巡幸考》，中华书局1985年版，第1233页。

② （清）秦蕙田撰，方向东、王锷点校《五礼通考》·卷一百八十，中华书局2020年版，第8450页。

③ （清）伊桑阿等编著，杨一凡、宋北平主编，关志国、刘宸缨校点《大清会典·康熙朝》卷三十六，凤凰出版社2016年版，第446页。

④ （清）赵尔巽等《清史稿》卷一百十四，中华书局1977年版，第3280页。

⑤ （清）张廷玉等《明史》卷六十八，中华书局1974年版，第1661页。

⑥ 任万平《清代官印制度综论》，《明清论丛》1999年，第430页。

⑦ （清）昆冈等修《钦定大清会典事例》卷三百二十一，清光绪刻本。

⑧ 任万平《清代官印制度综论》，《明清论丛》1999年，第430页。

⑨ 任万平《清代官印制度综论》，《明清论丛》1999年，第430页。

佐杂等官卑人冗，所用止系钤记，若悉令部颁发，事体尤属纷繁。朕意莫若交与各直省督抚，于省会地方定一镌刻铺户，如官代书之类。令佐杂钤记，即官辅铸刻。但不许悬挂包刻门牌，以除陋习。其余市肆，一律不准私雕，已足备稽查而昭信守，于事理庶为允协。该部即遵谕行。①

由于佐杂人员所涉甚广，所需钤印的数量庞杂，铸印局难以兼管，因此规定由各省会地方自行铸造，这不仅减轻了铸印局的工作任务，同时缩减了中央财政开支。可见随着时代的发展，统治者根据当时的时代背景对铸印局的职责范围进行了一定的调整。

（三）辨验管理

铸印局同时负责辨验印信。《明会要》记载："凡在外文移到京，悉送该局，辨其真伪。"②印信的辨验有利于防止因伪印的流通妨碍公务的执行以及降低官印的权威性，官印经由铸印局查验，有利于证实所钤文件的真实性。明后期假印的买卖盛行，更加验证了铸印局的重要性。

与辨验印信相对应的是，铸印局负责整理记录印信。明清官印在边款中錾有印章信息，方便印章的辨验与整理记录。故宫博物院所藏"大同府印"（图5）、"太医院印"（图6）、"文县守御所印"（图7）的印台均可见印章信息，包括印面文字内容、铸印部门、铸印时间及印章编号。印文的铸明，编号的统一，更利于登记备案。

图5　清"大同府印"，印台汉、满两种文字刻款"大同府印。礼部造。道光十五年五月□日。□字一千二百十七号"，故宫博物院藏

图6　清"太医院印"，印台汉、满两种文字刻款"太医院印。礼部造。乾隆十四年正月日造。乾字一千八百三十一号"，故宫博物院藏

图7　清"文县守御所印"，印台楷书刻款"文县守御所印。礼曹造。周五年二月□日。天字四千六百九十三号"，故宫博物院藏

《续文献通考》中有铸印局负责管理收集不同机构印信的记载。此外，根据铸印局辨验印信的职责判断，铸印局应对所职掌的官印进行归档整理，否则难以对印信的真伪进行判断，可目前为

---

① （清）赵尔巽等《清史稿》卷三百二十三，中华书局1977年版，第3280页。
② （清）龙文彬《明会要》卷二十四，中华书局1956年版，第389页。

止未见官方印谱留存于世。曹秉章手摹《明印式》^①和松荫轩藏《清官印集》可视为官方印谱的样本，《清官印集》说明中央政府机构已经有意识地对印章进行统一的信息整理，每一方印蜕的上方都标注了印面内容，下方注有铸印时间及铸印机构（图7、图8）。印蜕旁有相关信息的注释，有助于铸印局辨验印信，同时官方印谱的存世，有助于后人对印章的学习。以此推测，历史上应有官方印谱的存在，并由铸印局负责整理。

图8　"罗平州儒学记"，复旦大学印　　　图9　"剑川州儒学记"，复旦大学印
　　　谱文献虚拟博物馆藏　　　　　　　　　　谱文献虚拟博物馆藏

除负责铸印相关的事项之外，铸印局还兼管其他工作。明清时期，铸印局负责"写表、笺、本、章"^②，《（康熙朝）大清会典》记载："铸印局……共十名，以五名善写本章，五名篆写印文。"^③铸印局职员的选任方式决定了铸印局在编写表、笺、本、章时的优势。铸印局曾多次协助其他机构完成誊录工作：

臣梁储等谨题为修理书籍事……并于监生及铸印局习字人员内，再考选四五员名，开送前来，供应书写。^④

儒士范可愡呈称，授系礼部铸印局食粮儒士，亦于万历十二年七月遇蒙考送史馆誊录。^⑤

---

①　吴云峰《宋元明印谱史研究》，南京艺术学院博士学位论文，2020年。
②　（明）俞汝楫《礼部志稿》卷七，清文渊阁《四库全书》本。
③　（清）伊桑阿等编著，杨一凡、宋北平主编，关志国、刘宸缨校点《大清会典·康熙朝》卷五十四，凤凰出版社2016年版，第615页。
④　（明）梁储《郁洲遗稿》卷三《修书籍疏》，《明别集丛刊》第一辑，黄山书社2014年版，第294页。
⑤　南炳文、吴彦玲辑校《辑校万历起居注》万历十七年十月，天津古籍出版社2010年版，第775页。

除了协助誊抄典籍之外，铸印局还因其掌铸印信短暂协助过户部辨验仓钞印信。《大明会典》中记载了正统十四年（1449）施行商人先到户部再转礼部铸印局辨验仓钞印信的政策。[1]此外，铸印局隶属于礼部，因此铸印局会协同礼部负责礼仪的施行。嘉靖十八年（1539）明世宗南巡，礼部事先拟定了相关仪制规范，并设置了人员扈从，其中"铸印局官一员，吏一人，匠六人"[2]，他们负责沿途礼仪的施行。

三、铸印局铸印制式及程式规范

铸印局作为官方铸刻印章的机构，对入印文字、印材、铸印程序、铸印人员等有详细的规定，并且有严格的惩罚制度。

（一）铸印文字的规范性发展

"嘉靖八年题准，铸印局官儒今后应造印记关防，专以《洪武正韵》为主，《正韵》不载方取《说文》，二书无从考察者，方将先儒著述六书等参考。"[3]明代对入印文字的规范性有统一标准，丰坊《书诀》载："六曰叠篆，今官府印信所用，礼部铸印局所掌，亦宜习知，以防诈伪。"[4]可见，明代对印章入印文字的字形也进行了规定。

清代在入印文字上进行了具有朝代特色的改革。首先体现在入印文字语言上，清代在印章中加入了满文，并规定"发铸印局铸造，满文居左，汉文居右"[5]，铸印局根据这一要求进行铸造印章。现存清代印章中，满文居左、汉文居右的印章可分为三大类（图10、图11、图12）：

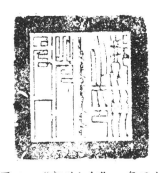

图10　"大清受命之宝"，故宫博物院藏

图11　"陕西提学使司之印"，复旦大学印谱文献虚拟博物馆藏

图12　"鄜州之印"，复旦大学印谱文献虚拟博物馆藏

第一类印章右侧为汉文篆书，左侧为满文楷书；第二类右侧为汉文篆书，左侧为仿汉文篆书的

① （明）申时行等《明会典》卷三十四，中华书局1989年版，第238页。
② （清）秦蕙田撰，方向东、王锷点校：《五礼通考》卷一百八十，中华书局2020年版，第8443页。
③ （清）朱象贤撰，何立民点校《印典》卷二《制度下·诸司印信》，浙江人民美术出版社2019年版，第46页。
④ 上海书画出版社、华东师范大学古籍整理研究室《历代书法论文选》，上海书画出版社1979年版，第507页。
⑤ （清）伊桑阿等编著，杨一凡、宋北平主编，关志国、刘宸缨校点《大清会典·康熙朝》卷五十四，凤凰出版社2016年版，第612页。

满文篆字；第三类右侧为汉文篆书，左侧为仿汉文篆书的满文篆字，中间部分为满文楷书。这三类官印一定程度上说明满汉文化的融合，铸印局铸印也随之而变，在入印文字以及布局上都有一定的创新。入印文字的变化受到三十二种清篆的影响，三十二种清篆是乾隆十三年（1748）由满人傅恒及汉人汪由敦选择出可用的古代汉字篆体，并对其结字、篆法进行整理后，将不同汉字篆体的笔画运用于满文书写，最终形成的。[①]因此印章中所呈现的满文楷书转变为仿汉文篆书的满文篆字，使印章整体结构更加统一。在突破之余，铸印局未改其规范性，观察这三类印章可以发现，其左侧和右侧的满汉文字空间布局是相同的，并不会因为笔画的多少而改变两种文字所占的空间，只是通过调整文字大小使每一部分的空间分布更加均衡，使两种文字保持平衡。

其次体现在入印文字字体上。清篆三十二种形成后，乾隆更加注重对官印进行改造，乾隆选取九种篆法对不同品秩的官员印信进行严格规定。[②]"凡铸造铜印、关防、钤记，内文职三品詹事府以下，外提督、学政、提刑、按察使司尚方小篆；内四五品、外三四品钟鼎篆；内六品、外五品以下垂露篆……"[③]铸印局需严格按照规定选用入印文字字形（图13、图14）。新制篆法的融入，使入印文字更加生动，同时丰富了印章的风格。

图13　"陕西汉中镇属宁陕营参将之关防"，复旦大学印谱文献虚拟博物馆藏　　图14　"陕西神木营参将之关防"，复旦大学印谱文献虚拟博物馆藏　　图15　"陕西汉中镇属宁陕营参将之关防"，复旦大学印谱文献虚拟博物馆藏

铸印局所铸官印虽以实用为主，但并未因此阻碍其审美性的发展。汉文篆书与仿汉文篆书的满文篆书差异较大（图12），但在《清官印集》中可见一部分刻意追求汉文篆书与满文篆书风格结构协调一致的印章（图14、图15），与满、汉篆文形成巨大风格差异的印章已产生了明显的区别，可见铸印局职员在铸印时对审美的刻意追求，其铸印在保证规范性的同时具有创新性的发展。

①　赵紫文、张金梁《清代官印"篆法"研究》，《书法研究》2023年第3期，第183—198页。
②　赵紫文、张金梁《清代官印"篆法"研究》，《书法研究》2023年第3期，第183—198页。
③　（清）允裪等编纂，杨一凡、宋北平主编《大清会典·乾隆朝》卷二十八，凤凰出版社2018年版，第131页。

（二）印材与范式的规范性

"洪武初，铸印局铸中外诸司印信。正一品，银印，三台，方三寸四分，厚一寸；六部都察院并在外各都司俱正二品银印，二台，方三寸二分，厚八分……"①明代，职官的品级不同，印章材质、形状、尺寸都有不同的规定。清代对于印材使用的要求更高，《清史稿》记载，清代将印章按规定分为皇帝御宝、皇后金宝、太皇太后皇太后金宝御宝、皇贵妃以下宝印、皇子亲王以下宝印和文物官印官方条记，此外再见其细则，不同部门的印章规范亦不相同：

> 光禄寺、太仆寺、武备院、上驷院、奉宸苑铜印，直纽，方二寸六分，厚六分五厘。
> 内翻书房铜关防，长三寸，阔一寸九分，俱清、汉文尚方小篆。
> 国子监铜印，直纽，方二寸五分，厚六分。
> 太医院铜印，直纽，方二寸四分，厚五分。②

由此可见，清代对印材的区分是非常细致的，铸印局在铸造印章时须严格根据细则铸造印章。

（三）铸印程序及违规惩戒

在铸印程序上，铸印局也需要按规定步骤执行："由吏部、兵部会同礼部校正印模，拟定字样铸给。""凡有铸印之事，即微员印信，皆先期令钦天监选择吉日，然后铸造。铸就之后，送内阁着内阁学士阅看，再行颁发。并将铸印及颁发日期存案备察。"③从铸印到颁发，印章需要经礼部、内阁和领受印馆员的三重审核。"银印，虎钮者限三十日，无虎钮者二十日。铜印、关防、柳叶、钟鼎、殳篆者二十日，其余悬针、垂露篆均十日。"④印章铸造的时间是根据印章铸造的难度来严格区分的，可见铸印局在铸造印章时受到严格管控。

印章是权力的象征，为了防止铸印局内部出现专权的情况，朝廷对铸印人员也有明确规定："其监铸造者，由部于满汉司官内遴选二人引见，恭候钦定一人专司局事，一年期满，再行更代。"⑤

与各项事务规定相伴随的是严格的惩罚制度，若一方印章失误，所涉及人员都将面临惩罚。雍正六年（1728），礼部汉尚书在印文文字上出现错误，照例罚俸三个月，本将牵连到吏部仪制司郎中及吏部汉尚书因病故免遭查议⑥；雍正七年（1729），翰林院侍读学士布颜图题参印文时少去一笔，未被查验，对此铸印局大使冯玉田被罚俸六个月，负责礼部事务的镇国公陶允因未查验罚俸三个月，主事、领印人员照例也罚俸三个月。⑦此类铸印失误不断产生，中央对铸印失误的惩处更

---

① （清）嵇璜《续文献通考》卷九十五，清文渊阁《四库全书》本，卷九十五。
② （清）赵尔巽等《清史稿》卷一百四，中华书局1977年版，第3072—3073页。
③ （清）赵尔巽等《清史稿》卷一百十四，中华书局1977年版，第3280页。
④ （清）昆冈等修《钦定大清会典事例》卷三百二十一，清光绪刻本。
⑤ 《大清会典则例》卷六十三，清文渊阁《四库全书》本。
⑥ 中国第一历史档案馆《雍正朝内阁六科史书·吏科》第59册，广西师范大学出版社1999年版，第371页。
⑦ 中国第一历史档案馆《雍正朝内阁六科史书·吏科》第63册，广西师范大学出版社1999年版，第133页。

加严格："若印文稍有错误，而领受之时不即声明，日后被人查出者将领印之员一并议处。"①因此，逐渐有了较为完善的惩处条例，乾隆八年（1730）议准"铸造局铸造印信关防笔画错误，将不行磨对之铸印局各官罚俸六月；不行验明之堂官罚俸三月；其领印之员，于受领之时不将错误之处验看声明，日后被人查出者，将领印之员亦罚俸六月"②。对铸印违规的惩戒之严明，推动了官印的规范性发展。

四、小结

官方铸印职员的设置最早可追溯至西周时期，历朝延续设立，铸印职员的官职名称及职官署延续更替。至元五年（1339）始置铸印局，明清沿用，这一时期铸印官职制度不断完善，形成了较为稳定的铸印程序及铸印规范。铸印局在明清经历多次变革，由于"非要地而事简"，铸印局职员多次裁革，并且捐纳任职方式的兴起可能是导致铸印局职官品级进一步下降的原因。铸印局主要负责题销铸印、掌管监造及辨验管理，由于官印铸造的复杂性及官印需求的广泛性，铸印局在官印铸造中也只负责部分内容，以监管铸印为主，同时由于铸印职员能力的特殊性，铸印局职员常协助其他部门完成工作。铸印局严格按照官方条例铸造印信，并且有违规惩戒制度对铸印局职员工作进行进一步规范，因此铸印局极大地推动了官印的规范性发展，其规范性主要体现在铸印文字、印材与范式和铸印程序中。明清时期的统治者根据不同的时代特点和政治需要对铸印局提出了不同的铸印规范，使官印具有明显的时代特点，在实用性的基础上向审美性发展，具有守法度、求创新的精神。明清铸印局的设立，推动了印章的规范性发展，官印的发展为铸刻印章提供范例，促进了印章艺术的发展。

（作者系杭州师范大学美术学院2023级硕士研究生）

---

① 故宫博物院《雍正朝吏部处分则例》卷九，《故宫珍本丛刊》，海南出版社2000年版。
② （清）赵尔巽等《清史稿》卷一百十五，中华书局1977年版，第3280页。

先秦图像玺概论

徐　畅

　　图像玺是我国玺印艺术的一个重要组成部分，有着相当高的文化内涵，艺术价值和观赏价值都很高。图像玺源于上古时代的图腾和族徽，表示某种信仰或崇拜，如生殖、先祖、龙凤等崇拜，除动物图像玺外，多反映神话传说与故事（参见《图说·诸神篇》）。古代工匠们发挥了丰富的想象力，以古朴典雅的造型、洗练传神的笔触和严谨周密的构图，表现了深度的文化精神，产生了强烈的装饰效果，使丰富多彩的艺术形象生动而简洁，在方寸之间令人浮想联翩。

　　玺印就其印面内容，可分为文字玺和图像玺两大类。图像玺多佩戴在身用以吉祥、辟邪等作用。图像玺旧称肖形印、画像印、图形印、象形印、画印、形肖印、生肖印等，各谱多述己见，故名称亦不统一，但是，意指描摹物体的形象而作的玺印，则是所见略同。图像玺涵盖更为广泛，包括神怪故事、人物、动物、渔猎耕读、征战杀伐、车骑、建筑等。本文统称"图像玺"（纹玺），其时代多属于先秦。限于篇幅，图形玺印[①]、汉代图像印将另文撰述。

　　文字玺也有图像作为周边装饰的，或文字与图像并列者，深藏含义，我们称作文字图像玺，本文一并论之。

　　巴蜀符号印多为巴县、成都、昭化等地出土的，出土范围涵盖了整个古巴蜀国。镌刻有鱼形、兽形、人首形、鸟形、建鼓形等各式各样的图像，其时代多属战国时期。因为至今巴蜀符号印多不可识，所以我们单列一类[②]，不收入本文中。巴蜀地区与中原地区类似的图像玺仍收入。

　　我们就目前所见的图像玺择其精要者，分类综述之。虎、犬图像玺图例非常丰富，但各谱多有混淆，故已撰《图像玺中的虎和犬》论之[③]。所谓"四神印""四灵印"已有专文论之，不再详述[④]。

---

　　① 图形玺印是指全为几何图形者，与有人、事、物的图像印不同。

　　② 巴蜀符号印可参见拙编《中国书法全集·92卷·先秦玺印》《古玺印图典》（增订本）两书中收有精美的印例。

　　③ 拙文《图像印中的虎与犬》，《"篆物铭形——图形与非汉字系统印章国际学术研讨会"论文集》，西泠印社出版社2016年版，第328—350页。

　　④ 详见拙文《神灵玺印概论》，《西泠印社国际学术研讨会论文集》，西泠印社出版社2013年版。所谓"四神"是指苍龙（或青龙）、白虎，朱雀、玄武（蛇缠龟身）。所谓"四灵"是指麟、凤、龟，龙这四种动物。

一、趋吉避凶的饕餮玺

图1　　　　　　　　图2　　　　　　　　图3　饕餮纹玺

　　1998年秋，中国社会科学院考古研究所安阳工作队在安阳市西郊安阳市水利局院内出土了一方铜玺（图1），定为"安阳殷墟一号铜印"，由中国社科院考古所安阳工作站收藏。唐际根队长说出土地属殷墟遗址范围，时代定为晚商。唐氏描述此玺非文字印，所铸为拆散的兽面图案。笔者释为饕餮纹铜玺，与故宫博物院所藏商末周初的双钩饕餮纹铜玺（《故肖》，图2）形象简省而相似。一为单线勾勒，一为双钩，雙眉、雙目、鼻、嘴（裂口）均清晰明瞭，钮式也极为相似，证明这两印的时代应该相近。此玺经科学发掘，并有明确的地层资料，证明殷商时期已铸造并使用玺印。饕餮纹铜玺是目前所见的最早也是最成熟的图像玺，开启了图像玺的起始期。

　　"印钮自定时代"，晚商六玺：三枚传世（亚禽氏、子亘囗囗、瞿甲）、三枚科学发掘（饕餮纹铜玺、咠、从。夔龙纹），[①]都是平板印体和粗陋鼻钮，实开东周鼻钮权舆，为战国时期佩印之雏形。这也是晚商图像玺的特征。"饕餮纹铜玺"的出土是玺印史上具有重大意义的事。

　　饕餮是青铜器上出现得最多，也最具代表性的纹饰。饕餮纹的基本形状是一具正面的狰狞可怖的怪兽。所以又称兽面纹。

　　"饕餮"之名最早见于《左传·文公十八年》："缙云氏有不才子，贪于饮食，冒于货贿，侵欲崇侈，不可盈厌，聚敛积实，不知纪极，不分孤寡，不恤穷匮，天下之民以比三凶，谓之饕餮。"《吕氏春秋·先识览》曰："周鼎著饕餮，有首无身，食人未咽，害及其身；以言报也。"意谓刻绘饕餮是旨在戒贪，告诉人们：贪得无厌招致毁灭自己的报应。《淮南子》亦有记载，注家说法不一，或指一种贪食人的怪兽，或指与华夏敌对的强悍"凶族"（或曰野蛮部落）。或说牛身人面（《左传·文公十八年》正义引《神异经》），或说羊身人面（《山海经·北次三经》），实则并未见其身。总之，文献所提及的饕餮，不管是人还是兽，都十分凶狠、残暴、贪婪，但是给人

---

　　①　详见拙文《商代玺印研究》（上）、（中）、（下）分别刊载台湾《印林》双月刊1992年第一期至第三期（总73期至总75期）。《商晚三玺的再探讨》，刊《中国书法》2012年第11期。《晚商六玺的综合研究——兼论考古发掘新出土的三方晚商玺印》。拙文刊《第五届"孤山证印"西泠印社国际印学峰会论文集》（上册）西泠印社出版社2017年版。

的印象是：他（它）们全是有生命的生物。把这种图案化了的兽面纹最早被称为"饕餮纹"的是宋代吕大临的《考古图》和《宣和博古图》，并且进一步明确提出"示戒"的说法。饕餮纹多铸于王室重器上，似有恐惧、尊神，以示王权至高无上的威严气氛，以及趋吉避凶（辟邪）的意义。

图4

图5　饕餮纹钺

图6　晚商方彝

图7　扶风商尊饕餮纹饰

　　饕餮纹玺（文雅堂藏，图3），环形印钮。孙慰祖君称："此玺印面铭铸两组不尽对称的兽面纹，中有栏线相隔。兽面纹形态具有自由疏散风格，风格特征属于西周时期。"

　　饕餮纹玺（黄宾虹藏，图4），印钮不详。作于殷商晚期，有可能晚至西周前期。此玺重点描绘饕餮纹的双眉、双眼、鼻形及嘴。

　　从晚商到周初，饕餮纹都很盛行。有学者把早期铜器时代定名为饕餮纹时代，鼎、尊、彝、鬲、卣、簋、斝、甗、爵、觚、钺、胄、玉刻人头形、石刻饕餮面形、车轴饰、辖踦饰等，甚至鼍鼓纹饰都用它，可见该纹饰在这个时期所占有的重要地位。本文仅举饕餮纹钺（山东益都苏阜屯发现的两把钺，图5）、晚商方彝饕餮纹饰（图6）、扶风商尊饕餮纹饰（图7）三例青铜器纹饰，以与饕餮纹图像玺比对。饕餮纹一般是以动物头部的正面形象（颜面）为主体（主纹），左右对称。辅以躯干、羽翼、足爪等部位为副纹，有鼻子、两眉、两眼、两耳和有犬齿的口跟下颚。狰狞恐怖之状，意在镇凶扬威和体现法律的威严。商周之后，饕餮就成为贪虐的象征了。在民间，饕餮纹常用来做门神，其作用类似于神话中执鬼驱魔的门神神荼、郁垒。总的看来，饕餮纹虽然也可能有图腾崇拜和神灵崇拜的意义，但更多的是神物的象征，是中国古代英雄崇拜和祖先崇拜的产物。饕餮纹可以说是商周时代一种格式化的艺术表现风格。

二、凤凰来仪的凤玺

图8   图9   图10

图11   图12   图13

20世纪80年代初，出土于扶风法门乡庄白村的西周中期灰坑的凤鸟图像玺（《文物》1996.12.76，图8），扶风博物馆收藏。铜质，环形钮。印面为凤鸟纹，勾喙大眼，长冠掠向后，翅、尾下卷，凤头置于印面中心，线条简洁流动。

凤鸟纹玺（《故肖》，图9），作于西周中晚期，曾著录于《尊古斋印存》，后由故宫博物院收藏。环形钮。玺印铭大凤鸟纹，作顾首状，喙弯曲，头上绶带或冠羽后垂，尾向下卷曲，两脚强壮有力。

团鸟纹玺（《故肖》，图10），故宫博物院收藏。铜质，直径4.5厘米，鸟作顾首状，喙弯曲，头上绶带或冠羽后垂，尾向下卷曲，两脚粗壮有力。1976年底，扶风庄白发现的西周穆王时器丰尊、丰卣，都饰有大鸟纹（《周原寻宝记》413，图11），头上有四条冠羽，三条较长者垂于头前，其翅上扬而收卷，尾羽自翅端向后甩，呈大回环状。此大鸟纹与凤鸟玺印构图形态颇为相似，不过前者纹饰繁缛华丽，玺印纹饰构图更加线条化、图案化，更为简洁明快，应是同时期物。环形钮与扶风所出西周中期凤鸟纹图像玺相同，应是西周时期的钮式。西周初期团鸟纹（《河南古代图案》，图12）白文阴刻，尾盘曲与冠羽相接。1976年底，陕西省扶风县庄白一号西周窖藏出土的西周中期三年痶壶（《文物》1978.3，图13），顶饰垂冠顾首长尾团凤纹，尾与鸟身呈C字形，或称蟠凤纹，皆阳文浮雕，与玺印形象全同。

　　团鸟纹玺因限于圆形印面，所以鸟、喙，及头上绶带或冠羽后垂，尾向下卷曲，形成圆形构图。西周图像玺，多环形钮，便于套指，多用于压抑，利于工艺制作。

图14　　　图15　　　图16　　　图17　　　　图18　　　　图19

图20　　　　　图21

　　战国凤鸟纹承袭西周凤鸟纹余续，但更为简洁精炼，冠羽向后环布，尾羽向后卷曲，凤爪屈伸作"C"字形，形成圆形构图（《篆一》，图14—图20）。秦印凤鸟纹（《篆一》，图21），阴文有边，张开双翼与尾翎，双足开张，迈步欲飞之状，甚是可爱。

图22　　　　　　　　　图23

　　鸟纹玺（《故肖》，图22），亭钮。鸟纹阳文单线双勾。小鸟昂首回顾，尾翘。造型简洁而神肖。

　　凤鸟纹玺（《印举》，图23），此鸟长颈大腹，双翼展开，体态丰满，作舞蹈状。

图24　　　　图25　　　　图26　　　　图27　　　　图28

　　凤鸟纹玺（《上博》，图24；《故肖》，图25），两鸟纹阳文单线双勾，长喙冠羽。凤鸟纹玺（《故肖》，图26）原谱旧释鹿纹，误。鸟头、鸟嘴明显，与鹿有别。冠羽向后甚长，尾羽卷曲，被误为鹿角，今更正。凤鸟纹玺（《故肖》，图27），头部有一飘动的长冠，尾部翘起，爪大开张，做奔驰状，形象刚健而英武。鸟纹玺（《故肖》，图28）蟠兽钮，两层各有三蟠兽印面作三圆连环形，布白奇巧。

图29　　　　　　图30　　　　　　图31　　　　图32

凤鸟纹玺（《故肖》，图29），楚人喜凤，器铭常见凤纹。凤旁铭一"王"字，是王室用物。

凤鸟纹玺（《故肖》，图30），鸟头带钩钮长冠垂尾，凤首回顾，尾翎高扬，艳丽精美。凤鸟纹玺（《故肖》，图31），圆直管钮，印小而简练。凤鸟纹玺（《集古》，图32），直径1.9厘米。凤凰为神鸟、仁鸟。高大而瑰丽，居众鸟之首，是中国人所想象的鸟中之王，古文献中也写作"凤皇"。训诂家认为雄者曰"凤"，雌者曰"凰"，但简称又通称"凤"。

《山海经·大荒西经》："有五采鸟三名：一曰皇鸟，一曰鸾鸟，一曰凤鸟。"袁珂注："经内五采鸟凡数见，均凤凰、鸾鸟之属也。"

《山海经·南次三经》："丹穴之山……有鸟焉。其状如鸡，五采而文，名曰凤皇……是鸟也，饮食自然，自歌自舞，见则天下安宁。"

《说文》卷四："凤，神鸟也。天老曰：'凤之象也，鸿前麟后，蛇颈鱼尾，鹳颡鸳思，龙文龟背，燕颔鸡喙，五色备举。出于东方君子之国，翱于四海之外，过昆仑，饮砥柱，濯羽弱水，莫宿风穴，见则天下安宁。'"

《书·益稷》："箫韶九成，凤皇来仪。"孔颖达传："雄曰凤，雌曰皇。"《诗·大雅·卷阿》："凤皇于飞，翙翙其羽。"《大戴礼·易本命》："有羽之虫三百六十，而凤凰为之长。"

先秦时期，凤与龙、龟、麟合称"四灵"。凤是天上的神鸟，专与邪恶作对，带给人间和平和安宁。战国凤鸟纹玺构形多样，丰富多彩，钮式变化亦多，多可采撷。

图33

汉代的铜器、画像石、画像砖上常见凤纹，比先秦凤纹更加繁缛精丽，睢宁县九女墩汉墓墓门西扉的凤鸟纹画像（《徐州画像石》，图33）可见其曼妙的形象。汉画像的图像比玺印的图像更细腻。

三、飞龙在天的龙玺

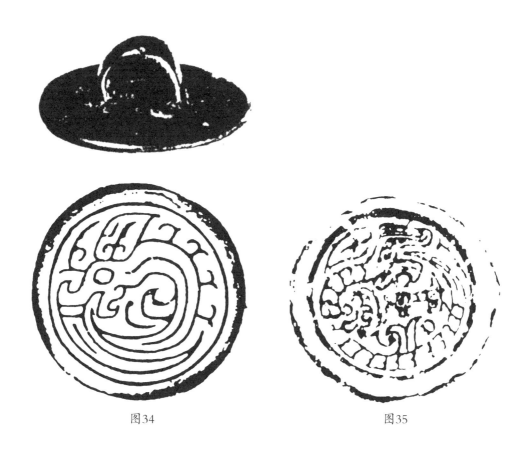

图34   图35

蟠龙纹玺（《大全》，图34），原大直径5.8厘米。龙首居中偏上，目光炯炯，耳大如象，龙身如节，盘桓印周，纹饰繁缛而古朴，稍晚于妇好墓团龙纹，应是西周初期之物。

蟠龙纹玺（《故肖》，图35），作于西周中期。《故肖》3断为"西周或春秋"。扁薄印体，环形钮。卷体龙纹，并显龙足四只，图像十分精美。直径4.5厘米，通高1.55厘米。此玺与西周中期团鸟纹风格相同。与春秋楚墓所出轪饰蟠龙纹（《淅川下寺春秋楚墓》，图36）图像十分相似。"先秦肖形玺（图像玺）有一部分应是当时手工业中专为复制花纹图案的工具。"温庭宽先生在探索印章的起源时认为最早的肖形印（图像玺），乃是商周时期压印青铜器陶范花纹图案的铜模，在《中国肖形印大全》一书中，温先生又对这一观点作了进一步的阐述。

图36

西周图像玺以饕餮纹、龙纹、凤鸟纹为常见纹饰，以环钮（或称高环钮）为标配，是西周图像玺的特征。蟠龙纹俗称团龙纹。

"龙"是一种想象的动物，所谓"鳞虫三百，龙为之长"。在古文献中，还有畜龙、御龙、食龙，《左传》中有豢龙氏、御龙氏，说明龙并非神物。考古学、美术学的研究证明，最早的龙可能是某一部落的图腾，它的原型有的为马，有的为蛇，有的像猪，但混合之后也就复杂了，出现了"龙有九似"之说。待到封建社会，帝王相继用龙作为标志，所谓"飞龙在天，大人造也"，用来比喻王位，已去图腾甚远，不是一回事了。

《广雅》云："有鳞曰蛟龙，有翼曰应龙。有角曰虬龙，无角曰螭龙。"
《方言》曰："龙未升天曰蟠龙。"

龙有多种，但并没有精确的分类，特别在造型艺术上很难分得清楚。所谓"黄龙""青龙"，只能就文献的描述来区别。西周都是蟠龙纹（俗称团龙纹），且是环形钮。春秋战国时期的龙纹花色品种就更多了。

图37

图38

龙纹玺（《故肖》，图37），描绘的是龙的侧身形，首、身、尾、足俱全，尤其是"C"形爪非常抢眼。与淅川下寺春秋楚墓出土的龙纹相似，故可断为春秋时期所作。

腾龙纹玺（哈尔滨游寿先生藏，图38），哈尔滨。印内底饰席纹，又称编织纹，为商周印陶纹常用纹饰。龙纹浅浮雕作回首腾云状，俗称腾龙。体势回环，顾盼生姿，精丽绝伦。

图39   图40   图41   图42

爬龙玺（《图汇》，图39）描绘精美，细致入微。夔龙玺（《符》，图40；《篆一》，图41；《印风》，图42），《说文》："夔，神魖也。如龙，一足，从夊，象有角、手、人面之形。"

图43   图44

半坡龙纹玺（《考报》1957.3，图43），西安半坡出土，战国秦印。龙身作盘曲状，龙头居于中下部，三足分别居上和右侧，尾在下侧，长方形团龙（蟠龙）玺。

团龙纹玺（《集古》，图44），直径2.0厘米。带钩印。龙身盘曲，首、足、尾分明。

图45   图46   图47   图48

王字两面双龙纹玺（《珍秦》，图45），圆柱钮，钮端亦有图像，形制特殊。王侯用印。王·龙纹玺（《故肖》，图46），布白错综复尘，似有两条龙。

蟠螭纹玺（《篆一》，图47—图49），蟠螭。蟠，盘曲，环绕。《广雅》："蟠，曲也。"《淮南子·兵略》："龙蛇蟠，簦笠居。"《说文》："螭，若龙而黄，北方谓之地撲蝼。……或云无角曰螭。"蟠螭，即盘龙，躯身盘曲缠绕，形象也多变化。

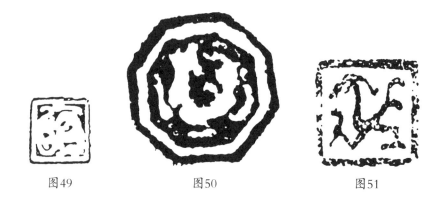

图49   图50   图51

巴蜀龙纹印（《巴》，图50），直径2.8厘米。四川博物院藏。四川省峨眉县符溪乡出土。八边形，承西周团龙纹之遗续。原谱误释为"虎文印"。此印的龙首呈三角形，与甲骨文龙字的龙首非常相似，而且体长尾翘，侧足四只，龙爪呈C形，应是腾云驾雾之腾龙。直径2.8厘米。

巴蜀龙纹印（《巴》，图51），高15厘米，长12厘米。重庆市九龙坡区冬笋坝墓葬出土。《四川船棺葬发掘报告》著录，中国国家博物馆藏。此龙张牙舞爪作腾飞状，因方形边框所囿，龙形布满四角，形态灵动。战国晚期冬笋坝50号墓共出五枚玺印，除"中仁"二枚外，还有犀牛钮巴蜀符号印、日字格巴蜀符号印及此印，可见巴蜀文化受秦文化和中原文化影响很深。

图52

汉代画像石多见龙纹画像，睢宁县九女墩汉墓墓门西扉（局部）（图51）可见其威武矫健之形象，刻画更加细致。

龙纹玺印还有双龙玺、三首龙玺、鸟首龙玺等名目，花样繁多。

图53   图54 泥封拓本   图55

双龙玺（《故历》，图53），龙首作三角形，身躯作屈曲形，有两足，两龙首尾相对，浑劲雍容。双龙玺（《篆一》，图54），体式、首、足与上例稍异。双龙玺（《篆一》，图55），两龙相背作上下排列，首尾相连。

图56　　　　　图57

三首龙玺（《篆一》，图56），三首相连，龙身相接，不显足与尾。

三首龙玺（《铁》，图57），三首连一体，只显两足一尾。

图58　　　图59　　　图60　　　图61

鸟首龙玺（《故肖》，图58），印体中空，印背面是一铸空盘蛇。原谱释鸟纹印，汉，均误。此玺上部饰一鸟形，头、眼、喙及颈羽皆栩栩如生。下为龙身，聚睛圆目、龙髯及龙足非常清楚。鸟龙共身甚为明晰。鸟首龙玺（《篆一》，图59），与上例同式稍异。

战国早期曾侯乙墓墓主内棺花纹图案中，鸟龙共身的鸟首龙有36件，有上鸟（头）下龙（头）的鸟首龙（《楚系墓葬研究》261，图60），有上龙（头）下鸟（头）的鸟首龙（《楚系墓葬研究》261，图61），有鸟首龙身的鸟首龙（《楚系墓葬研究》259），有鸟龙共身的鸟首龙（《楚系墓葬研究》265）等类型。玺印的鸟首龙与内棺上的鸟首龙同义，但表现手法不同，玺印因方寸所限，更为洗练简洁。

图62

春秋晚期有龙凤共图者。龙凤纹图像玺（"盛世成馨"微信公众号，图62），直径4.5厘米，高1.4厘米。植育东藏。三层坡台鼻钮。畅案：上龙下凤，印体薄，花纹繁，时间可能为春秋晚期

179

到战国早期。

四、御龙升仙的御龙玺

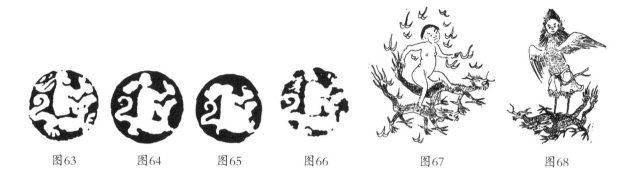

图63　　　　图64　　　　图65　　　　图66　　　　图67　　　　图68

御龙升仙图像玺（《故肖》，图63），为权座鼻钮，误为汉代。印面饰一男子乘龙欲飞，右手执酒器（似葫芦）饮酒，长发披拂，可见乘龙飞的速度颇快。此印作者使用了浪漫主义的手法，表现了高超的创作才能。从技法与钮式看，此玺应是战国时期的作品。御龙升仙图像玺（《大全》，图64、图65）；（《篆一》，图66）大体相似，发式及龙足稍异。《图汇》37、《图续》14计五枚御龙升仙图像玺，误为"跨兽"。

乘龙来源于古代神话传说。1987年在濮阳县西水坡仰韶文化遗址出土的华夏第一龙，系用蚌壳堆塑的龙虎图，其中的人骑龙的龙，是模拟四足爬行动物作屈曲疾驶状（《文物》1988.3；《图说》28-31），报告称此为豢龙。六千多年前先民就有龙的实物形象和神话故事相印证。传说黄帝去世时，乘龙而去（《史记·封禅书》）。东周时期，《庄子·逍遥游》曰："藐姑射之山，有神人居焉。……乘云气，御飞龙，而游乎四海之外。"《神仙传·彭祖传》云："仙人者，或竦身入云，无翅而飞；或驾龙乘云，上造天阶……"《易·乾卦》有"飞龙在天"，"时乘六龙以御天"的话。《山海经·海外南经》说："南方祝融，兽身人面，乘两龙。"（何星亮《中国图腾文化》43，图67）。《大荒西经》《海外东经》分别记夏后开乘龙，鸟身人面的东方句芒乘两龙（《中国图腾文化》42，图68）。"御飞龙""驾龙乘云"，这是"仙人的表现形式，同时也为世人崇拜与企望。"这种升仙信仰在战国时期盛行的图像印中表现得尤为繁盛。

1973年长沙城东子弹库的战国楚墓出土的一件《人物御龙帛画》（《战国史》图版14；《图说》28-34），绢地，长37.5厘米，宽28厘米。画面正中是一位高冠佩剑、身着深衣（将上衣下裳连在一起的服装）的成年男子，头上有一华盖。男子侧身向左直立，手执缰绳而驾驭一条龙舟。龙舟的头部高昂，尾部翘起，龙身平伏，构成一舟形。龙舟尾上有一只单足而立的水鸟，圆目长喙，昂首仰天而望。画的上方有一华盖，系三条飘带随风拂动。画的左下角有一条颇大的游鱼。男子与游鱼皆面左，表示龙舟的前进方向。整个画面布局得当，线条流畅，以白描为主，人物略施色彩，画上有的部分使用了金白粉彩，标志着当时的绘画艺术已达到相当高的水平。画幅充满着高度的浪漫主义精神，堪称帛画精品。画面的内容为"墓主亡灵御龙升天"，龙的腾飞，是灵魂升天观念的一种表达形式。

五、司法公正的獬豸玺

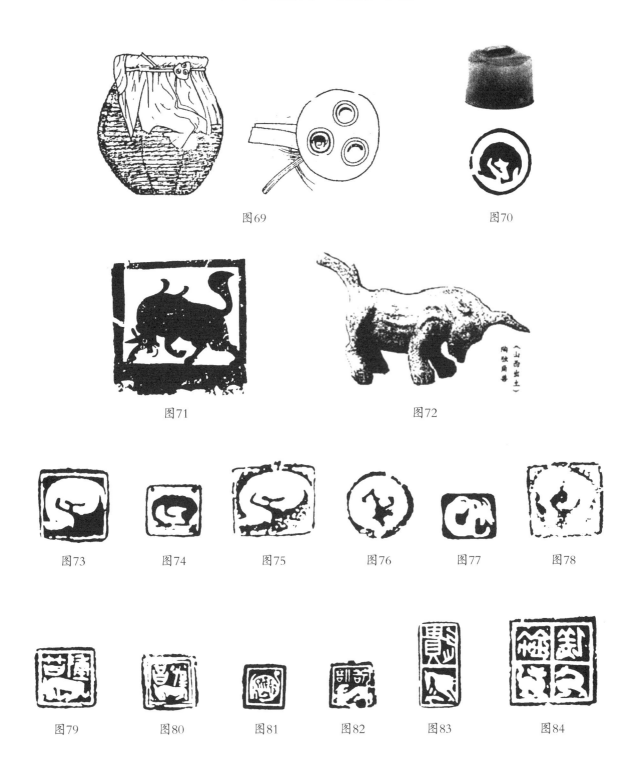

图69

图70

图71

图72

图73　　图74　　图75　　图76　　图77　　图78

图79　　图80　　图81　　图82　　图83　　图84

　　笔者注意并把封泥资料引入印学研究，是从20世纪初开始的。1989年湖北省荆门市十里铺镇王场村包山岗二号墓（战国中期）出土了一块罐口部封泥，上面连钤三枚图像玺，报告称"三牛纹"（《包山楚墓》上册摹本，图69）。兽纹凸起，头向下，一角前倾，前腿提起，后腿挺立，尾下垂，体呈抵触状，瘦如羊形。无独有偶，故宫博物院收藏的玉质"羊纹印"（《故肖》），图70），覆斗钮，面径1.75厘米，通高1.7厘米。误断为"羊纹印·汉"。又著录于《故宫博物院藏古玺印选》第495号，置于秦汉魏晋私印类，亦释为"羊纹印"。"三牛纹"与"羊纹印"形态几乎完全一样，只是玺印更为精致而已。究竟是羊纹，还是牛纹，或是其他什么神兽？时代是"战"还是"汉"？引起了笔者的兴趣。

獬豸，神兽名，相传能辨曲直。《史记集解》引《汉书音义》："解豸似鹿而一角。人君刑罚得中则生于朝廷，主触不直者。"《汉书》五七上《司马相如传·上林赋》作"解廌"。廌为法字的初文"灋"的主要构件，法意公正。《后汉书·舆服志》："獬豸神羊，能辨曲直。"《晋书·舆服志》："獬豸，神羊，能触邪佞。"汉代杨孚《异物志》："……一角，性别曲直。见人斗，触不直者。闻人争，咋不正者。"

山西长治分水岭出土的战国刻纹铜匜（《造型纹饰》314，《图说》26-3）的獬豸似鹿。

《绥德汉代画像石》书中，在墓门、门楣、过梁、竖石的下部及墓室显著位置分别刻铭十六对三十二只独角兽（獬豸），作左右对称，头长一尖角，或直或弯，长短不一，体形多样，但皆牛身，四肢用力后蹬，低头怒目，作抵角状（图71）。1978年，山西省一西汉墓出土一件陶制独角兽（《中国文物报》2001.12.12，图72），长45厘米，高19厘米，即像牛形之獬豸。

铭以獬豸皆为墓主表白自己文官的身份，以及自己为官廉明公正；东汉时的獬豸为牛身，与许慎《说文》所记正合。可能牛为"大牲"（《说文》），抵触的力度比羊更大，故广为流传，这是时代的风尚。

好在包山二号墓的资料非常丰富，墓主的身份为我们解决了长久未决的学术迷团。包山二号楚墓的墓主邵𨙒，官居左尹，是令尹（相当宰相）的重要助手，主管楚国的司法工作，相当现在的司法部长。由墓主的身份使我们想到"能别曲直"，"令触不直"的"獬豸神羊"，它是古代司法公正的象征。我们恍然大悟："三牛纹"封泥就是獬豸图像印迹。獬豸图像玺是左尹邵𨙒生前的佩印，以示自己廉明公正。獬豸封泥（即"三牛纹"）是邵𨙒死后家臣封物时所钤记。故宫收藏的"羊纹印"也应该是獬豸图像玺，时代也应在战国中期前后。利用封泥及其出土的相关资料解决了图像玺印所表现的物类及断代问题，无疑是印学研究的重大突破。[1]

因楚国左尹邵𨙒系司法官员而确定其墓中出土的封泥三牛纹是三枚神羊（牛）獬豸的图像，再结合獬豸图像玺，我们由此而得到几点非常重要的启示：

一、过去对图像玺多重视于艺术方面的评析。和其他艺术品一样，它也来源于生活，反映生活。这些玲珑精美的小品，在方寸之内，"匠师们以惊人的艺术手段，从容不迫地刻画出它们所处的社会上之形形色色生活的缩影"。它们所取的题材相当广泛，反映了社会各阶层人民的生活，以及各种珍禽异兽（康殷辑《古图形玺印汇·前言》），还有神话传说中的各种神人……大量的杰作令人叹为观止。但是，有一个很重要的问题被学者们忽视了，那就是图像玺的用途不仅仅是作为观赏把玩的艺术品！从包山二号墓獬豸纹封泥来看，图像玺不但有佩戴把玩以及封存私物的作用以

---

① 详见拙文《獬豸封泥和獬豸玺印——由獬豸玺印说到姓名图像玺》，《中国书法》2003年第10期。

外，更为重要的是表明自己的身份。

二、因为对獬豸神兽有了全面的认识，我们可以举一反三，对一些图像玺或姓名图像玺有了新的认识，并得以正确地解释。原被释为"羊纹印"的，其中有的应是獬豸玺。

一些未被释读的玺印，现在可以确认为獬豸玺。如《故肖》图73、《印举》图74、《大全》图75著录的獬豸玺与故宫所藏的獬豸玺（图70）形态相似。

《古图形玺印汇》（149页）一白文圆形玺，神羊更为屈曲（图76）。《大全》0802号"羊纹印"（图77），羊的头部，即角、嘴、鼻等部位描绘得非常逼真，羊嘴大张作"咋咋然"状，是为獬豸。但是身体蜷曲与常形不同，可能因为是神羊，故不作常态处置。此作有真实，有假设，有摹拟，有想象，是一方艺术水平很高的佳作。

三、一些被误释的玺印，现在可以得到纠正。《湘》529号（图78）獬豸的头在印面的右下角，屈身作抵触状，却被误为"马形印·汉代"。《故肖》46号楚国"陈笞·獬豸"玺（图79）印面刻一兽低头，角前倾，前腿跪地，后腿蹲踞，作抵触状，此为獬豸无疑，却误为"兽纹玺"。印主陈笞名下铭獬豸，援引邵 陀獬豸纹封泥例，此应是司法官员陈笞的佩印。

珍秦斋藏"公孙昌·獬豸"玺（《珍秦·战》29，图80）。"公孙"两字作合文，私名下有一兽低头，角前倾，前腿跪地，后腿蹲踞，作抵触状，此为獬豸无疑。"公孙昌·獬豸"玺是司法官员公孙昌的佩印，又为拙文提供了一个例证。

"鄝睱·獬豸"玺（《集古》，图81），是司法官员蔡睱的佩印。

四、姓名图像玺比邵 陀獬豸纹封泥更为进步，标上姓名直接表明自己的职业或身份，或避凶祈福。如楚国"苟训·虎纹"玺（《古玺汇编》5651，图82），印面上部横列姓名，劲挺秀丽；下部饰一虎形，回首凸臀，虎尾高翘，张牙舞爪，生动精丽。秦宫廷有养虎以供玩赏之风习，文献有关于"秦故虎圈"的记载。秦封泥有"尚御弄虎"（《图说》26-22），尚，通掌，主持，掌管。《尔雅·广言》："御，侍也。""弄虎"犹"弄狗"，指秦王珍爱之虎。"尚御弄虎"乃掌管侍养秦王珍爱之虎的官署。秦封泥又有"虎□之□"，补全或当作"虎圈之印"，犹封泥之有"麋圈"。据"苟训·虎纹"玺判断，苟训应是楚王虎圈的官员，楚王应有虎圈之设，但典籍失载。

"遗·马纹"（图83），日字格秦印，由奔马状可知是马廏官员"遗"的用印。《故肖》《玺汇》著录"备（备）玺·双兽纹"（图84）。首字施谢捷据《子弹库楚帛书·甲篇》："九州岛不坪（平），山陵备崃（脉、脉）"（《图说》26-24），《乙篇》："民敬隹（唯）备（备），天像是恻（侧）"（《图说》26-25）的"备"字，应释为"备"。玺文之"备（反文）"当为帛书之异体省文。印文"备玺"两字系反文。两兽形态不一：一兽长颈似鹿，伸颈回顾；一兽头长一角，尾巴高翘，顾首回眸，造型极为精彩。备有"预备"之意，此印可能为管理园囿中动物的官员名"备"的佩印。

六、天下安宁的凤鸟啄蛇玺

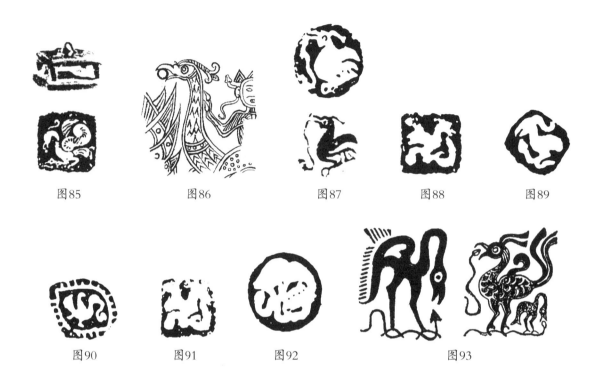

图85　　　　　图86　　　　　图87　　　　　图88　　　　　图89

图90　　　　图91　　　　图92　　　　　图93

玄鸟图像玺（《上》，图85），亭钮，冠羽飞扬，口含一卵，展翅欲飞。玄鸟，也是天上神鸟，下凡产卵，成为商代的先祖。《诗经·商颂·玄鸟》："天命玄鸟，降而生商。"（商的始祖名契，居于商，即今河南商丘南，契十四世孙汤，灭夏桀建立商朝）《史记·殷本纪》："殷契母曰简狄，有娀氏之女，为帝喾次妃。三人行浴，见玄鸟堕其卵，简狄取吞之，因孕生契。"陕西咸阳第一号宫殿遗址出土秦代空心砖凤纹（《龙凤图集》69页摹本，图86），构形与玺印相同，凤凰口含一卵，但背上骑一神人（商之祖先），龙爪、洱蛇，头戴椎形三联冠，学者称与仰韶半坡神农氏冠饰同，颇令人深思。

凤鸟啄蛇图像玺（《上》，图87），圆形；（《图汇》，图88），方形；（《故肖》，图89）菱形。前一玺印之鸟如鸡，有冠羽，啄起一蛇，蛇头向下。后一玺印凤鸟脚践蛇身，嘴衔蛇尾，蛇头见于左下角。凤鸟啄（践）蛇图像玺（《篆一》，图90—图92），椭圆形、方形、圆形各一；或啄蛇，或践蛇，形式众多。

《西山经》载："有鸟焉，其状如雀而五彩文，名曰鸾鸟，见则天下安宁。"郭璞注："旧说鸾似鸡，瑞鸟也。""见则天下安宁"，意在表示吉祥。这种纹样流行于战国时期，在南方和北方都有发现，既见于青铜器，也见于漆木器。战国早期琉璃阁M59狩猎壶（《图说》卷首图版叁）第一层即鸟啄蛇纹，第七层为长颈鹤啄蛇纹，可与玺印相印证。战国早期的数十种狩猎壶上都布有这样的纹饰（《湖南考古辑刊》一·76，图93）。江章华引《山海经·中山经》"见（蛇）则天下大旱"说蛇之被啄、践，是古代人们利用神话进行祈雨的表现（《成都白果林小区狩猎纹铜壶试析》）。这种画像出现在棺木上，"很可能古人迷信，恐蛇蜥钻入尸体，故以此类神怪之像作为防护的作用。这种肖形印，或许与当时的墓葬习俗有关系"（王伯敏《肖形印臆说》45）。

图94　　　　　　图95

蛇（龙）缠凤图像玺（《故肖》，图94），玉质。直径2.6厘米。原释为"蛇蛙纹玺"，实误。此为蛇缠凤图像，正上方为凤头，凤冠羽向右飞扬，整个凤体被一蛇缠绕，左下方有凤爪一只露出，右侧见凤之尾翎，右下角可见蛇头。蛇凤形象真切，搏击迅猛，富于强烈的动感。江陵马山一号楚墓出土大量丝织品，其中蟠龙飞凤相蟠绣纹样实为蛇凤相蟠，凤鸟正衔住一条龙（蛇）的尾部；一凤二龙（蛇）相蟠纹（《江陵马山一号楚墓》60，图95）和一凤三龙（蛇）相蟠纹都是一只凤鸟背载二龙（蛇）和三龙（蛇）；包山二号墓出土的一凤三龙（蛇）相蟠纹（《包山楚墓》）蛇头作三角形，即毒蛇之形，最为明显。龙（蛇）凤相搏纹实际上也是凤鸟追食龙（蛇）的图像。战国时期艺术品中的鸟蛇相斗题材，既数量丰富，流传地域亦广。刘敦愿说可能反映人们祈求健康、长寿、平安、顺利的愿望。或蛇被制于凤鸟，以象征祛除地下的祸患灾害，用以作镇墓之物等思想。彭浩则认为，这类纹样反映的是死者企求"合鬼神"，灵魂升天的思想。

七、战胜蛇害的操蛇神玺

社会的平定与否常以人的安全感为标准。在古代，不论生死，好像人们最关心的是吉祥和辟邪。邪气太重，必然会有镇邪除妖的办法出现。《神异经·东南荒经》说："东南方有人焉，周行天下，身长七丈，腹围如其长。头戴鸡父魁头，朱衣缟带，以赤蛇绕额，尾合于头。不饮不食，朝吞恶鬼三千，暮吞三百。此人以鬼为饭，以露为浆，名曰尺郭，一名食邪，道师云吞邪鬼，一名赤黄父。今世有黄父鬼。"

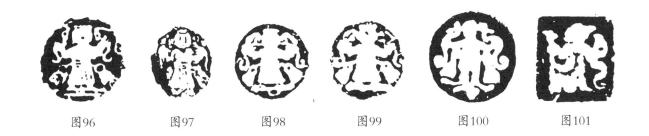

图96　　　　图97　　　　图98　　　　图99　　　　图100　　　　图101

图102　　　　　图103　　　　　图104　　　　　图105　　　　　图106　　　　　图107

操蛇神图像玺（《故肖》，图96；《篆一》，图97；《印风》，图98、图99）都是圆形印面，神人正面形象，双手操蛇，脚下践蛇，双凤鸟衔其服，或珥蛇。（《篆一》，图100）珥蛇很明显，无双凤鸟衔服。

"《文物》1986.4，图101，历博藏"及《集古》一例（图102）、《篆一》三例（图103—图105），神人作侧形，一手持杖（戟），一手持蛇。挽发髻，如秦兵马俑造型，时代可能稍晚，当在战国晚期，《故肖》释为郁偏纹印，珥蛇神人。"《篆一》，图106"，耳穿蛇，却不抓蛇，也不践蛇，可能是原始的作品。

操蛇之神在《山海经》中可能不下二十多位，除本文提到的外，还有"雨师妾在其北，两手各操一蛇，左耳有青蛇，右耳有赤蛇"（《山海经·海外东经》，《中国图腾文化》337，图107）、"奢比之尸，兽身，人面，大耳，珥两青蛇"（《山海经·海外东经》）、"又有神衔蛇、操蛇，其状虎首人身"（《山海经·大荒北经》）、"洞庭之山，是多怪兽，状如人而戴蛇，左右手操蛇"（《山海经·中山经》），此外，《山海经》记载的蛇神还有"右手操青蛇，左手操赤蛇"的巫咸国和博父国，"珥两青蛇"的夏后启（开），"珥两黄蛇，把两黄蛇"的夸父（举父），"衔蛇操蛇"的强良，"两手持蛇"的黑人，以及珥蛇践蛇的雨师屏翳等。除了《山海经》的记载，考古资料显示的蛇与人结合体主要有珥蛇、操蛇、践蛇、腰缠蛇及衔蛇等形象。曾侯乙墓墓主内外棺头挡有三组所绘两手操蛇之神，众多狩猎纹铜壶纹饰中也有操蛇神怪……操蛇就是捕蛇，在战国时操蛇神怪题材的普遍性，正说明蛇害泛滥成灾，人们无能为力而寻求神怪的帮助。瑟首神人戏蛇图（《信阳楚墓》图版16，《图说》28-39），神人（或曰巫师）头戴前有鸟首后为鹊尾形的帽子，双手似鸟爪，呈"C"字状，各持一蛇，张口扁眼，作咆哮状，是描绘神人操蛇的图像。人们对迷信神话的想象不同，因此表现手法、描述的形象也不同。

以上这些操蛇唉蛇的神怪，有学者认为就是战胜蛇害的英雄，"他们战胜了蛇害，取得了人们对他们的崇拜和信仰；于是人们把他们加以神化，在长期的传说中，塑造了他们的英雄形象。这形象，手操蛇、足践蛇，甚至耳佩蛇、口唉蛇，像魔术师一样，把毒蛇当道具，玩弄嬉戏，无所不用其极。……从这夸张的艺术中，我们可以看出，我国古代劳动人民丰富的想象力，是多么的新颖"（郑慧生《中国古代文化专题》）。也有学者认为，这种图案表明，当时的葬仪中有注重护尸防蛇的习俗（参见祝建华、汤池《曾侯墓漆画初探》）。

八、神话故事的先秦玺

图108 图109

炎帝图像玺（《故肖》，图108；《篆一》，图109），原释牛首象人纹印，汉，皆误，并称：
"汉代百戏中有戴着假面具表演者，被称为象人。"非也。图像作人身、牛首、牛蹄。古籍把始祖
形象描绘成半人半兽或半人半禽形象。《史记索隐》："炎帝神龙氏，姜姓母曰女登，为少典妃，
感神龙而生炎帝。人身牛首，长于姜水，因以为姓。"炎帝"人身牛首"，与玺印图像正合。

炎帝被尊为火神。故周代也把炎帝奉为灶神。《淮南子·氾论训》谓"炎帝于火死而为灶"。
高诱注云："炎帝神农以火德王天下，死托祀于灶神。"炎帝是一位十分重要而伟大的君王，从
《史记》看，《五帝本纪》虽开篇于黄帝，但文中有言，"时神农世衰，诸侯相侵伐，暴虐百姓，
神农氏弗能征"，这说明黄帝是晚于炎帝而成为盟主的。

炎帝是位很有作为的君王。《淮南子》云："古者民茹草饮水，采树木之实，食蠃蚌之肉。时
多疾病毒伤之害，于是神农乃始教民播种五谷．相土地，宜燥湿。尝百草之滋味，水泉之甘苦，令
民知所避就。当此之时，一日而遇七十毒。"

炎帝为人文之祖，"制耒耜，教民农作"，"斫木为耜，揉木为耒"（《易·系》）。为创始
农业，被尊为神农氏。牛与农业关系密切，我国养牛业在新石器时期已普遍兴起，牛拉犁耕战国始
兴（《卫斯考古论文集》），但时人在描绘他的形象时仍以牛首牛蹄寄寓崇敬之情。

图110 图111 图112 图113 图114 图115

蜚（飞）廉图像玺（《故肖》186，图110；《图汇》，图111；《篆一》，图112）玺印图像正
面头顶有双角，人面兽身，背生四翅，两臂细长横举，小臂下探，双腿如鹰腿，爪分开。这种神物
应是蜚廉。

蜚廉是传说中的风神，文献中又有写作"飞廉"。《淮南子》中称其为得道真人的坐骑："若

夫真人，则动容于至虚而游于灭亡之野，骑蜚廉而从敦圄，驰于方外，休乎宇内。"《汉书·武帝纪》载武帝受公孙卿蛊惑，"作甘泉通天台、长安蜚廉馆"，派人持节设具迎候神人。民间自然无力兴造，只好铸造一些神话体裁的印章佩戴，聊以寄怀。"飞廉"即神话中的风神。《离骚》王逸注曰："飞廉。风伯也。"洪兴祖补注："应劭曰：'飞廉，神禽，能致风气。'晋灼曰：'飞廉鹿身，头如雀，有角，而蛇尾豹文。'"飞廉又称风师、箕伯等。汉武帝时曾在长安建"飞廉馆"，汉明帝时曾铸铜飞廉置上西门外。汉人以此为吉祥。

湖北江陵不少楚墓都出土有木雕"虎座立凤"，鸟背上长出一对鹿角，展翅昂首，立于虎背之上。湖北江陵雨台山楚墓出土的飞廉像（报告称虎座飞鸟，见《楚史》彩页，又见《江陵雨台山楚墓》图版66及112页，《图说》28-42）。孙作云对马王堆一号汉墓漆棺画进行考释时说，鹜（水鸟，似鹤而大，好吃蛇）衔蛇，土伯（地下的主神，"护卫门户"）吃蛇，就是对于蛇的防御，以防蛇对尸体的钻扰、侵害。因为棺盖画以吃蛇为中心……仙人操蛇，以着重表现捕蛇的主题（见《考古》1973.4.24）。这种鸟（应是水鸟鹜）、鹿合体的形象，据郭维德等学者考证，这就是古代神话中的"飞廉"，即风神。蜚（飞）廉，《墨子·耕柱篇》说是夏后启的臣子；《史记·秦本纪》说是纣的臣子。《龙鱼图》："风者天之使也。"《广雅》："风伯谓之飞廉。"《太平御览》卷九引《河图帝通纪》："风者天地之使。"《楚辞·离骚》："前望舒使先驱兮，后飞廉使奔属。"《楚辞·远游》："历太皓以右转兮，前飞廉以启路……风伯为余先驱兮，氛埃群而清凉。"可见飞廉是可以作为前导或后扈带着死者灵魂遨游九天的"神"。《淮南子·俶真训》说："若夫真人，则动溶于至虚，而游于灭亡之野，骑蜚廉而从敦圄，驰于方外，休乎宇内，烛十日而使风雨……"注："蜚廉，兽名；长毛有翼。"如此说来，蜚廉原本又是神话里一只有翼的野兽了。因为它有翼，所以叫它奔腾启路；因为它能奔腾启路，所以《史记·秦本纪》说："蜚廉善走。"

曾侯乙墓里的飞廉就置于主棺旁，那它无疑是为墓主的灵魂上天用的。正如屈原遨游太空，由飞廉来启路作先驱一样。因为"风者"本是"天地之使"。

帝俊图像玺（《上》25，图113），王伯敏《臆说》考为帝俊甚确。图像作人形，两鸟头，熊身，腰部饰有一蛇，神人按住蛇的首尾。传说帝俊"鸟首熊身"，与此印合。卜辞"夋"字（吴其昌《卜辞所见殷先公先王三续考》，图114）也是鸟首人身状，其鸟喙形尤为显著。琉璃阁M59狩猎壶纹饰第六层有鸟首人身神怪，可能就是帝俊的形象（《图说》卷首图版叁）。山东诸城地区出土的东汉光和画像砖帝俊像（《臆释》8，图115），作鸟首，似熊身，但两足践蛇；图像之不同，可见时代之差别。郭璞认为帝喾与帝俊二者为一；毕沅在《山海经新校注》中，总结了三点证据，以证郭说；王国维《殷卜辞中所见先公先王考》夋条（见《观堂集林》卷九）进一步增加三条证据，考高祖夋、帝俊、帝喾实是同一人物。帝俊是古代东方殷民族所奉祀的上帝，即夋（帝喾、帝俊）商之始祖："商者，契所封之地。"（《商颂》毛传）商即契，故帝喾生契，即夋生商也。商既为夋所生，而《诗·商颂·玄鸟》云："天命玄鸟，降而生商。"是《诗》又以商为玄鸟所生，故郑《笺》云："天使鳦下而生商。"故玄鸟即夋也。夋为玄鸟，宜夋状为鸟喙人身矣。甲骨契文与文献互证：商民族心目中的始祖，为天降鸟喙人身之神——夋、帝喾、帝俊，三者并为一身；亦即神，亦即人，亦即动物。《山海经》说他住北方荒野的卫邱，有三个妻子：娥皇、羲和、常羲。

義和生了十个太阳，被后羿射掉九个（《大荒南经》）。常義生了十二个月亮，被陈沧海浪吞没了十一个（《大荒西经》）。是知帝俊的两个妻子，一为日神，一为月神。但郭璞的注却谓義和兼为日月之神。无论是两个妻子分别为日月之神，还是其某一妻子兼任日月之神，这都表明，帝俊更是司天的大神。《子弹库楚帛书·甲篇》第五行曰"夋（俊）生日月"，与第六行"帝夋（俊）乃为日月之行"呼应，把帝俊奉为造物主，俊生日月，天方运转，划分九州……帝俊数日安排日月，计岁安排日月运行规律（参见拙编《91》卷306）。帝俊被奉为"天帝"，传说甚多。

图116

蓐收神图像玺（《续衡斋藏印》，图116），图像作神人交足坐，两耳珥蛇，马承源认为因布白关系，两蛇大小不一，加之印面小，作蜿曲状线条。神人双手执钺置于左肩，左手操一蛇。《左传》《国语》都说蓐收本是少昊的儿子。白帝少昊，本来就是西方大帝。《海外西经》说："西方蓐收，左耳有蛇，乘两龙。"而《山海经图赞》对他的描绘则是："蓐收金神，白毛虎爪，珥蛇执钺。"这两者是可以结合的。玺印虽不乘龙，因时地不同而传说不一也。据说，他还是天之刑神（刑戮之神，见《国语·晋语二》"舟之侨其族"章）。《楚辞·大招》云："西方流沙，漭洋洋只（只，语气词，相当于现代的"啊"）；豕首纵目，被发鬤只；长爪踞牙，俟笑狂只。"王逸注："此盖蓐收神之状也。"因其为天之刑神，故执钺。《山海经·西山经》中他又成为司日入之神。《三星堆文化探秘及〈山海经〉断想》说西方主金，所以，蓐收又是金神。玺印图像"珥蛇执钺"，正是《山海经图赞》的描绘形象。

汉代画像石的蓐收，则是秋神西方之神的形象，如刻绘在大保当11号墓的右侧门柱上的蓐收（《磨砚书稿——韩伟考古文集》93，《图说》28-48），整体形象亦为人面，人身，鸟腿足。面向左前方，头梳双髻，下颏宽大。右耳上似悬挂一头朝下的小蛇，卷尾。"蓐收"上着宽袖衣，内穿右衽白色衬衣。下身着羽裙。鸟足，三趾。亦有一条似蛇的"长尾"自腰背部经右腿缠绕到右足外侧直托于地。左臂上举，手持一物，上残。胸前以墨彩绘月轮，中以白彩绘蟾蜍，但图案已漫漶不清。右刻绘一执戟（应为钺）白虎，虎形体修长似蛇，比例严重失调。汉画像石与战国玺印的图像内容有相似之处，但差异较大，时代不同使然。

图117

共工水神图像玺（《图汇》，图117），此印长发披垂，人面蛇身，应是共工的图像玺。共工，《山海经·海内经》说他是炎帝（亦即神农）的五世孙，即祝融的儿子，《路史》引《归藏·启筮》说他"人面、蛇身、赤发"。《左传》说他"发水为纪，故为水师而水名"。他最重要的故事不载于《山海经》，而载于《淮南子·天文训》："昔者，共工与颛顼争为帝，怒而触不周之山，天柱折，地维绝。天倾西北，故日月星辰移焉；地不满东南，故水潦尘埃归焉。"被描写是胜利的英雄，也可以看出他和颛顼之间的这场战争的重要性和残酷性。先秦文献大多会提到他。《子弹库楚帛书》中有伏羲、女娲、炎帝、祝融、帝俊、共工的内容。《国语·周语》《左传·二十七年》《管子·揆度》《淮南子·本经训》都记载了共工的神话，但诸说或有不同。《淮南子·兵修训》云："共工为水害，故颛顼诛之。"由于共工身为水神，所以他的状貌也就近乎蛇形了。或曰共工氏曾经做过许多王者的水官，在治水方面，确有很大的功劳（蒙文通说，见《三星堆文化探秘及〈山海经〉断想》）。杨宽在《鲧、共工与玄冥、冯夷、鲧与共工》一文中，提出九条论据证明共工就是鲧（夏禹即大禹的父亲）。他还说，"鲧"与"共工"声音相同，因言之急缓而有别：急言之为"鲧"，长言之为"共工"也。鲧即共工之说，顾颉刚、陈梦家并从此说（《杨宽古史论文选集》）。综合各家之说，共工可能是以鲧为原型创作的神话。

| 图118 | 图119 | 图120 | 图121 | 图122 |

海神图像玺（《上》，图118；《集古》原印倒置，图119），此印人面，正立，两手，鸟身生有两翼，头上两耳珥蛇，两足践蛇。《山海经·大荒北经》曰："有神衔蛇操蛇，其状虎首人身，四蹢（háo毫）长肘，名曰强。"《海外北经》曰："北方禺疆，人面鸟身，珥两蛇，践两青蛇。"（《中国图腾文化》85，图120）《大荒西经》曰："西海渚中，有神人面鸟身，珥两青蛇、践两青蛇，名弇兹。"（《中国图腾文化》83，图121）《大荒西经》曰："东海之渚中，有神，人面鸟身，珥两黄蛇，践两黄蛇，名曰禺貌（蹢字异文）。黄帝生禺貌，禺貌生禺京，禺京处北海，禺貌（蹢）处东海，是为海神。"郭璞注："禺京即禺强。"《大荒南经》曰："南海渚中，有神，人面珥两青蛇、践两青蛇，名不廷胡余。"从文字表述上看可知禺强即禺京，为北海之神；弇兹为西海之神；禺貌为东海之神；不廷胡余为南海之神。南海神只说人面，未署鸟身，恐系疏漏；其他三海神都是"人面鸟身"。所以，此图像玺应是海神的形象。又《淮南子·地形》云："隅强（禺强），不周风之所生。"故禺强不仅为海神，而且还兼风神之职。新郑出土春秋中期铜器即有海神的造型。状作兽首人身，两耳各出一蛇，作长条蛇曲形。身有鳞片纹，缠绕于柱上。蛇出耳中，就是以蛇贯耳，乃是珥蛇的一种形式。两足各践一蛇，也是海神的造型（郑埙《古器物图考》11.10摹本，图122），与海神图像玺有异曲同工之妙。

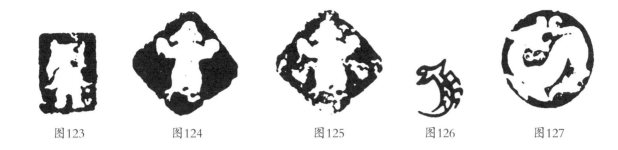

图123　　　　　图124　　　　　图125　　　　　图126　　　　　图127

计蒙风雨神玺（《图续》22，图123），无释。《山海经·中次八经》《中山经》记计蒙神：
"其状人身而龙首，恒游于漳渊，出入必有飘风暴雨。"此图像玺作龙首人身，应是计蒙神。计蒙
神（《篆一》，图124；《印风》，图125）两例则作龙首人身，菱形布白。甲骨文的龙字龙首有作
三角形（《甲骨文编》458，图126），先秦夔龙纹图像玺（《篆一》，图127），玺印龙纹龙首呈
三角形，造型应该是来源于甲骨文龙字的龙首，突出龙吻（嘴）和双耳，可以说是渊源有自吧！至
于《山海经》附图计蒙神（何星亮《中国图腾文化》82，《图说》28-57）已是明清时代画家的想
象和手笔了。

图128　　　　　　　　　　图129

于儿神图像玺（《图续》，图128），无释。图像作一人单腿蹲跪，两手举起操蛇。《山海
经·中次十二经》说："于儿神，其状人身而身操两蛇，常游于江渊，出入有光。"（《中国图腾
文化》，图129）玺印表现的可能即此神。《列子·汤问》记愚公决心世代移（挖）山不止，"操
蛇之神闻之，惧其不已也，告之于帝。"愚公移山惊动了山神，山神非常惧怕，故告之于帝。张湛
的注："《大荒经》云：'山海神皆执蛇。'"学术界认为这种解释基本正确。前已述及北海神禺
强即禺京，西海神弇兹，东海神禺虢，南海神不廷胡余。此于儿神必山神无疑。曾侯乙墓主棺头档
神人图案（《楚系墓葬研究》262，《图说》28-60），也是神人操蛇为主题，与玺印内容相似。

《山海经》的作者众说纷纭，无考。其著书时代也有多说，蒙文通认为《山海经》的部分内容
成书于西周中期、晚期，另一部分为春秋中期至战国中期成书。据战国早期曾侯乙墓棺上漆画中有
很多《山海经》所描述的各种神怪，本文所举的战国时期图像玺多可与《山海经》所描述的神怪故
事相合，因此可知《山海经》应成书于战国中期以前。也可知蒙文通所论有一定道理。

图130   图131

方相氏图像玺（《故肖》，图130；《篆一》，图131），图像饰一人正面像，执剑（戈）扬盾，作蹲踞状，正在逐疫驱疠。面部宽扁，仅饰两目，上有齿状，应是面具的边缘。详参拙撰《先秦玺印图说·祭祀篇》。

九、古代的生育崇拜

伏羲图像印（《印风》，图132），玉印。赵之谦旧藏，赵氏在印上刻款曰"伏羲氏"。黄滨虹《滨虹草堂藏古玺印》释曰："《列子》云：伏羲龙身，女娲蛇躯，此伏羲也。为秦汉古玉印。"人面蛇身之神，双手上举，未持物，蛇尾上扬，与头齐平，尾部与汉画像不同。"伏羲氏"，为适合方形印面而回环作一圆，知此为伏羲图像印。

生育崇拜可以上溯到原始社会的母系社会（详见《图说·生殖崇拜篇》）。新石器时期的红陶裸体孕妇（《图说》6-1）、父系氏族社会的陶祖（《图说》6-2）等。

图132   图133   图134

图135   图136   图137

男女裸体玉雕像（《殷墟妇好墓》，图133），高12.5厘米，肩宽4.4厘米，厚1厘米。两性同体两面人像，作站立状，"一面女性手置腹部；另一面男性双手放胯间"。殷墟妇好墓出土的裸体玉立人是一种繁殖巫术，也是远古宗教生活的重要原则。

汉画像石、砖上的伏羲、女娲是数量最多的画像内容之一。它在武梁祠以两个分开的人形出现，人首龙身（蛇身），尾相纠缭交合（《破译天书：远古彩陶花纹揭秘》282，图134），龙蛇等交尾暗示着交媾。蛇头对其下身，暗示"生育、繁殖"。伏羲、女娲是开天辟地之后的人文初祖。

男女拥抱图像玺（《印风》，图135、图136）。拥抱是男女做爱的前奏。男女秘戏图像玺（《印风》，图137），男女过性生活，是古代性教育的教材，也是生殖崇拜的具象。

裸体立像玺（《上》，图138），男女左右同印玺，钤本及泥封墨拓本。采用阴刻加阳线的表现手法，其泥封墨拓本可见人像两眼炯炯有神，左为男性，略高；右为女性，稍矮；双手皆抚腹，两者性特征不太明显。西周晚期至春秋早期（详见《图说·生殖崇拜篇》）。裸体立像玺（《篆一》，图139），男女左右同印玺印，与上例同式，但传拓不精。

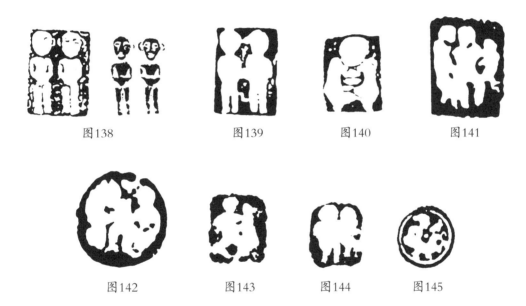

图138　　　　　图139　　　　　图140　　　　　图141

图142　　　　　图143　　　　　图144　　　　　图145

裸体坐像玺（《上》，图140），高2.1厘米，宽1.5厘米。阴文一人坐像。玺印坐像深目大口，垂手抚膝，造型与表现手法与后台子石雕相似，应是同期作品。也应作于西周晚期至春秋早期。

夫妻哺婴图像玺（《篆一》，图141、图142），一方一圆。方者母亲在中，左手抱婴儿，正作哺乳状。圆者，母亲在左，左手作抱孩状，父亲在右。

育婴图像印（《伏庐藏印》118，图143；《集古》，图144；《篆一》，图145），母亲在印面的左侧，用左手作抱孩状，表现了母亲呵护或喂食状。

《篆一》（623）收录"生"35方（图146—图149），"宜生"3方，还有"善生"1方，"吉生"1方，"生玺"6方，"右（佑）生"7方，"长生"7方，可见先秦时期古人对生育的重视程度。"生"可能是负责生育官员的用印，也可能是吉语祈使印，希望早生贵子，多生孩子，人口繁殖，国富民强。

图146　　　　　图147　　　　　图148　　　　　图149

十、战国的鼓车和娱乐

图150　　　　　图151　　　　　图152　　　　　图153　　　　　图154

中军鼓车图像玺（《臆释》26、《图续》23，图150），传山东文登出土，如是，则为齐玺的可能性较大。扁椭圆形图像玺。车上建鼓高耸，前座立一人为御手，后座立一人应为鼓人。建鼓形制与绍兴坡塘M306伎乐铜屋中的大鼓模型（《中国上古出土乐器综论》，《图说》7–6）及成都百花潭战国铜壶上的建鼓（《中国古兵器论丛》87，图151）相同，为先秦形制，与山东梁山汉墓壁画摹本"鼓车"（《臆释》26，图152）上的汉鼓不同。中军鼓车车高人立。《续汉书·舆服志》刘注引徐广说"立乘为高车，坐乘为安车"，纹饰朴实简洁，或据鼓形、马形看，可判为战国时物。燕玺中有中军壴（鼓）车（《历代》9，图153）可为佐证。壴为鼓的初文，象形字。鼓在军队作战时有"振旅"的作用，即鼓舞士气和提高战斗力。《周礼·地官·鼓人》："以节声乐，以私军旅，以正田役（狩猎）。""军法鸣鼓以战"，中军鼓车是军队作战时的指挥中枢。

藿（霍）君鼓玺（《图典》2676，图154）楚白文玺。霍君，楚国封君，霍为地名，《左传·哀公四年》："（楚）袭梁及霍。"霍在河南临汝县西南六十里，霍君与袭霍有关，此为霍君属下制鼓或掌中军鼓车之官。

图155　　　图156　　　图157　　　图158　　　图159　　　图160　　　图161　　　图162

图163　　　　　　　　　　　　　　　　　　　　　图164

步卒图像玺，或称武士图像玺（《故肖》，图155），《故肖》释为持盾扬戈纹印。定为汉印，实误。手持剑盾的勇武之士，作步战的进攻姿态。相同的步卒图像玺（《陈》66B，图156）等，《篆一》702—703页约收录近二十方（图157—图161；澂秋馆，图162）。"春秋车战"战国时期，随着车战的衰落和步兵的兴起，步兵左手执盾，右手举剑的步战，在战争中的作用日益重要。从汲县山彪镇出土的"水陆攻战纹铜鉴"上，可以清楚地看到挥剑执盾战斗的步兵形象，头束发髻，曲步躬身，举盾防御敌箭，挥剑进攻迎敌（《中国古兵器论丛》120，图163），与玺印形象相同。在成都百花潭出土的铜壶上也有着画面大致相同的步卒战斗图像。战国墓中出土盾牌已屡见不鲜，如曾侯乙墓出土盾牌49件，包山二号墓出土盾牌11件，出土一两件者更为普遍，有木质、皮质等几种。玺印应是战国时物，可能是表示步卒头领身份的佩印。

步卒格斗图像玺（《图汇》，图164），两步卒步战，以长剑格斗，据发髻及体势看应是战晚至秦时物。

图165　　　　图166　　　　图167　　　　图168　　　　图169　　　　图170

骑兵图像玺（《故肖》98，图165），《故肖》称持戈骑马印。谱录所见多例，（《印举》30.37，图166；《伏庐藏印》118，图167；《篆一，图168—图170》）皆同式。图168未携武器。战士骑马持戟，状极威武，造型生动。戟是戈、矛相合而成的武器，刺、勾两用，是战国时期的进步武器。

图171　　　　　　　图172　　　　　　　图173

骑射图像玺（《故肖》99，图171），马钮（《印举选》，图172；《篆一》，图173）。弓箭弩机在战国也是主要的作战武器之一（详见《图说·弓弩篇》），骑射也是常规的作战方式。此图作侧姿前射姿势，据马匹的形象可断为战国。汉代画像砖上的骑射图多作回身射，且马匹做奔跑状，四蹄矫健有力（《河南汉代画像砖》61，图174；《郑州汉画像砖》103西汉，图175）。三晋玺右驹（骑）酒（酱、将）（《燕陶馆藏印》，图176）、秦邦骑尉印（《考报》2001.4，图177）都是骑兵将领。

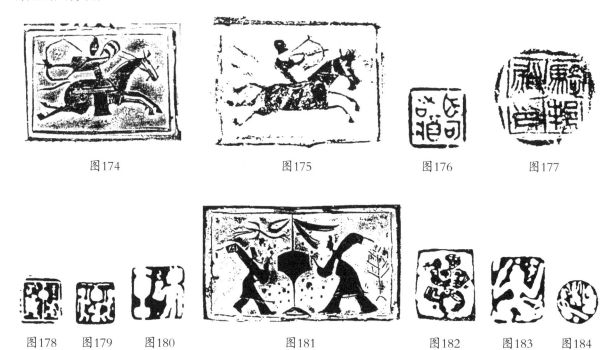

图174　　　　　图175　　　　　图176　　　　图177

图178　图179　图180　　　　　图181　　　　图182　图183　图184

先秦玺印中也有反映奏乐歌舞内容的图像玺。在奏乐歌舞活动中少不了鼓声，以协同节奏。

"王"字鼓乐图像玺（《江汉考古》1990.1，图178），台座人钮。右下角一人弓步半跪击鼓，姿态生动而欢快；左边一人翩翩起舞，神拂带飘，轻快而优美；左上角刻一物，侧看似卧羊，可能表示吉祥。它出土于楚皇城内，且右上角铭一"王"字，似为楚王室从事娱乐业的官员玺印。

二人击鼓行乐玺（《陈》，图179），印面正中悬挂一只悬鼓，鼓的左右各有一人举槌，一边击鼓一边随着节拍舞蹈。鼓的下侧有一人盘坐于地，正在奏乐。曾侯乙墓出土建鼓、有柄鼓、扁鼓、悬鼓各一只，信阳长台关一号墓也曾出土过悬鼓。《太平御览》五八二卷引《通礼义纂》曰："周人悬而击之，谓之悬鼓。"史料及实物都可以证明悬鼓先秦时已有之。

击鼓图像玺（《铁云藏印》，图180），印面一人站立击鼓，鼓形与曾侯乙墓、山彪镇所出的建鼓相似，即由一根长木柱直贯鼓腔插树于青铜鼓座上。击鼓者由泥封墨拓本可见头上有发髻，应是秦人发式。建鼓舞在东汉时非常流行，画像砖中屡屡得见（刘恩伯等《中国汉代画像舞姿》页76；《河南汉代画像砖》71，图181），一则是汉承秦制，再则其舞姿幅度大，动作更为优美。汉人甩长袖，着喇叭裤，舞姿翩翩，是其特征。喇叭裤并非西方舶来，我国西汉时期已经盛行，有汉画像为证。

男女舞蹈图像玺（《印风》，图182），男女相拥而舞，与现代之交谊舞有点相似，或是其祖述。武舞（《篆一》，图183），一人双手持短剑而舞。吹弹舞蹈图像玺（《印风》，图184），一人持笛或箫在吹奏，一人持琴在弹奏，中间一人在舞蹈，乐器演奏伴舞。印虽小但很精致。

图185　　　　　图186　　　　图187

蹴鞠（踘）印，又称蹴球印（《印风》，图185）等，是一种用脚踢皮球的活动，类似于现代的足球，起源于战国时期。最初的皮球是用猪尿泡吹气而成的。此印布白平满，可能晚到西汉。弄丸（《印风》，图186），古杂技名。以众丸投空，使不堕地，《庄子·徐无鬼》记载连续抛接九丸的事迹。弄丸印（《印风》，图187），艺人手执短剑和人偶，手下一球，与"跳剑飞丸"又不同，是何技艺？待考。此印可能晚到西汉。

图188　　　　　　图189

角斗摔跤玺（《印风》，图188），两角斗士一人左手拳击另一人头部，另一人已拽到对方的左脚，胜负难料。

斗鸡玺（《印风》，图189），古有斗鸡、斗鸭的游戏。三国魏明帝大和中筑斗鸡台，曹植因观斗鸡而作《斗鸡篇》（乐府杂曲歌辞）。此玺四围留空甚多，应是战国风辂。

三国时有斗鸭；五代时有斗花（春时以戴奇花多者为胜）、斗草（五月初五斗百草）；宋代有斗香（评赛香之优劣）、斗茶（比赛茶之优劣）、斗蛩（斗蟋蟀、促织）等习俗，也是游戏。

十一、马厩和天马行空

图190　　　图191　　　图192　　　图193　　　图194　　图195

双马（《故肖》，图190；《集古》，图191），两马矮小敦实，四围空白较多，也无汉代马矫健的身影。

禾吉·马纹玺（《故肖》，图192；《篆一》，图193），马体长而腿短，应是战晚至秦代养马或管马匹官员禾吉的私名佩印。两印"禾"字横置的方向不同，有一印可能是伪刻。

马（《印风》，图194），马矮小敦实，战国玺。马（《图汇》，图195），马昂首挺胸，四腿矫健有力，画面充满印面，汉印。

战国时因战争的需要，非常重视马的繁殖及训育，秦国尤甚。秦设有宫厩、章厩、大厩、小厩、左厩、右厩、都厩等七厩，详见《古玺印图典》及《先秦玺印图说·马政篇》。

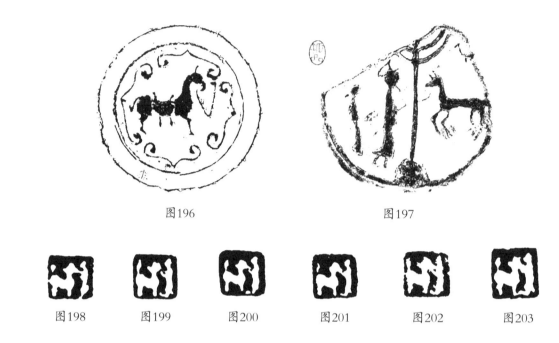

图196   图197

图198   图199   图200   图201   图202   图203

齐国的马厩玺印未见发现，我们从齐瓦当中却找到了一些线索：山东临淄桓公台工地出一马纹瓦当，边轮内有四个凸弦纹环绕一周，当面饰一马，背上有鞍，显然是坐骑；马头部系（繫）有一绳通于上方，应系于树干上。面径16.9厘米（《齐国瓦当艺术》57，图196）。

齐国瓦当艺术馆《齐瓦当拓本集》上卷1页收录一瓦当，树右侧拴一匹马，左侧有一戴冠佩剑之马厩官员，身后一圉人（养马人）（图197），为罕见孤本。玺印中也有饲马图像玺（《故肖》，图198；《印举》，图199），《篆一》集8印之众（图200—图203），皆与马厩瓦当极为相似，仅身后无圉人而已。《故肖》释为双兽纹印，显然不当。

战国时期也有与战马不同形状的马，我们称之为"天马"。双天马图像玺（《故肖》，图204；《故肖》，图205），印面凹铸图案，表现大小两只神兽。大者人面马身，头顶束双羽，背有翼，小者侧面而立，依恋于大者身前，两兽形象可爱。《山海经·西山经》记有神兽名为英招，负责掌管槐江之山，"其状马身而人面，虎文而鸟翼，徇于四海，其音如榴"，兼负传达天帝使命之责。背有双翼，能腾空飞行，故曰"天马"。一高一矮，或曰一公一母，母马吻公马的颈子，表示亲密。

图204   图205   图205-1   图206

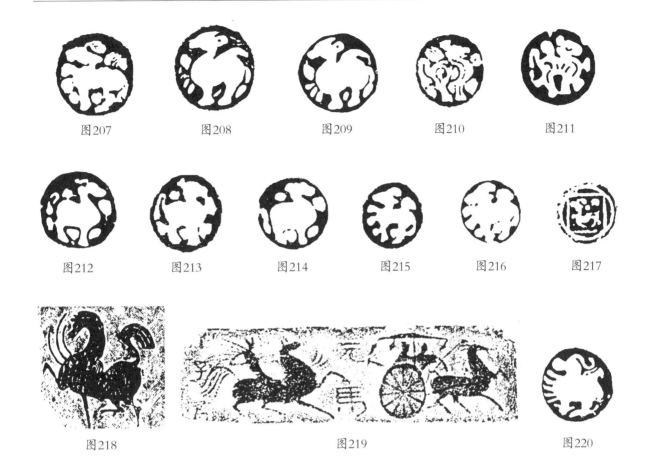

图207　　　　　图208　　　　　图209　　　　　图210　　　　　图211

图212　　　　　图213　　　　　图214　　　　　图215　　　　　图216　　　　　图217

图218　　　　　　　　　　　　图219　　　　　　　　　　　　图220

天马纹玺（《上》，图206；《篆一》，图207；《故肖》，图208、《篆一》，图209；《故肖》，图210；《篆一》，图211；《大全》，图212）；《篆一》，图213、图214、图215、图216）背上有肉翅，脚下有云朵，具飞天之象。《篆一》689收录双天马纹玺及天马纹玺13方，可见其数量众多。

天马纹玺（《92卷》，图217），澳门萧春源藏，天马作奔腾状，头上有冠羽，背上饰肉翅。凤鸟带钩，钩长6.5厘米，宽2.7厘米。精美绝伦，先秦带钩无出其右者。钮印面直径1.5厘米。秦印。

四川成都凤凰山汉石棺画像（张万夫《汉画选》46，图218），肉翅从胸前高高翘起，呈单刺状，造型与宝子山崖棺全同，如出一人之手。

成都金堂县姚渡光明大队东汉画像砖王子冯元马辂车（《考与》1982.1；又高文《四川汉代画像砖》141，图219）：元马胸前有肉翅三支。凡马拉着辂车，内坐着现实生活中的王子冯，即墓主；车后羽人乘天马，即墓主王子冯，希望自己死后如羽人乘天马上天堂。元，开始。《说文》："元，始也。"元，通原，始祖。元马，即马祖、天驷、天马也。

天马纹印（《大全》，图220），肉翅长在胸前，呈刺状，与上述汉画像上的天马相同，故可断为汉印。

199

十二、仁兽麒麟和获麟

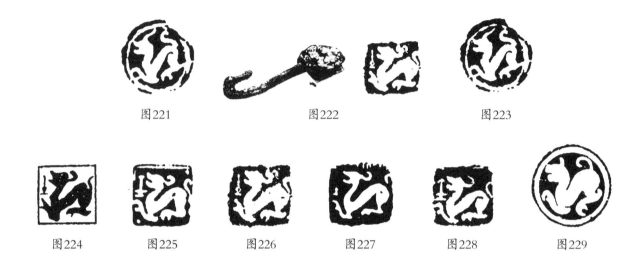

图221　　　　　　　图222　　　　　　　图223

图224　　　图225　　　图226　　　图227　　　图228　　　图229

麒麟纹玺（《故肖》，图221、图222鸟头带钩钮；《印风》，图223；《篆一》图224—图228），麒麟被称为仁兽。过去多把这种头上一角，虎头鹿身的怪兽误释为虎，身体屈曲与虎形相近，但头部相差甚远。麒麟头顶有肉角，战国玺作弯曲状，脚呈"C"字形。豹纹玺（《上》，图229），身形与麒麟纹很相似，但是侧看一耳，与肉角有明显的区别。

图230

麒麟纹玺（《92卷》，图230），两兽头尾一致，并列走向前方，表现两者之间的琴瑟和谐的亲密。骈列式构图。

《尔雅·释兽》："麟，鹿身，牛尾，一角。"雄曰麒，雌曰麟。战国图像玺中之独角兽纹与《尔雅》对麟的描述基本一致。《说文》："麒麟者，仁兽也。麏身、牛尾、一角。"中国古代遵奉儒家思想，"仁"是儒家思想的核心。作为道德范畴，"仁"的含义很广。《礼记·中庸》说："仁者，人也，亲亲为大。"《论语·学而》说："泛爱众而亲仁。"孔子讲"仁"，包括恭、宽、信、敏、惠、智、勇、忠、恕、孝、弟等，内容极其广泛。于是，便想象而虚构出一个"仁兽"，也就是麒麟。它长了一只角，那是"明海内共一主也"。所以在古代把麒麟看作王者至德的标志。

汉代画像石中的麒麟形象，它的母型是一只性情温顺、机灵敏捷的鹿，只是在头上长了一个肉角，拖了一条长长的尾巴。如铜山县周庄汉画像石（《江苏徐州汉画像石》，图231）、邳州市燕子埠尤村汉画像石（《江苏徐州汉画像石》，图232）（《画像石鉴赏》，图233）。尤村汉画像石榜题麒麟写作"騏驎"。騏字见《说文》《汉印文字征》《熹平石经》等，驎字见《玉篇》《汉印文字征》等。麟，见东汉《说文》及《熹平石经》《史晨碑》等四碑。麟字楷书后起字。可知"骐骥"与"麒麟"为古今字。有榜题"骐骥"的画像石是西汉时物。我们特别要关注的是汉画像石麒麟的肉角是直立的锥状形，还有冠羽两支修饰。战国麒麟纹玺的角是弯曲的，长度比例大致相同，容易分辨。

图231 　　　　　　　　 图232 　　　　　　　　 图233

鹿、羊、象、熊等，在汉画像中都是吉祥物，麒麟也不例外。于是有艺术家就想象自己生活在所描绘的神仙世界里，扮演着某个神话的角色，于是就出现了骑羊、骑鹿、骑麒麟的画面。骑麒麟与"西狩获麟"多有想象的联系，于是把骑麒麟的图像称为"获麟"。获麟图像玺（《滨虹草堂藏古玺印》，图234、图235），太老师黄宾虹先生已释为"获麟"。获麟图像玺（《篆一》，图236；《印风》，图237、图238），图237眼睛形外框内作椭圆形印面，殊为奇特。

图234 　　　　 图235 　　　　 图236 　　　　 图237 　　　　 图238

十三、狩猎和兽类

图239

图240

古代的狩猎称田猎，可以提供大量的肉食，又是军事演练的活动。《田猎图》（图239），河南南阳市王庄汉墓出土（高42厘米，宽167厘米）。发现猎物兔子，猎人一挥手，两条猎犬冲上去，一条猎犬已包抄到兔子的前方。画面下方画了五个山头，表示在山林中狩猎。

《田猎图》（图240），河南南阳市王庄汉墓出土（高41厘米，宽132厘米）。一条猎犬飞奔向前追兔，兔见前方有持弓猎人，遂折回；右侧猎人张弓待发，准备射杀迎面而来的幼鹿，幼鹿回望后面追上来的猎犬。持弓猎人的后方有一骑马猎人奔驰而来。

图241　　　　　图242　　　　　图243

猎获图像玺（《印风》，图241），狩猎者左手一只鸟，右手一只兽，显示自己的收获。原谱无释。

图像玺中，虎和犬的印例非常多。俗话说"画虎不成反类犬"，犬、虎形近，容易混淆。各谱对犬、虎等兽类多有误混，或误称"兽形"，故专撰《图像玺中的虎与犬》专文论之，本文不再专述，只举两例，略作介绍。虎图像玺（《印风》，图242），虎，猫科，头大而圆，利牙巨口，身有黑色斑纹。此玺虎头大而厚重，虎口张开露舌，腿足粗壮有力；犬图像玺（《故肖》，图243），此玺五角形边。犬古代特指大狗，后犬、狗通名，为人类最早驯化的家畜。哺乳纲，犬科。有警犬、玩赏犬、猎犬、肉食犬、牧羊犬等名目。此犬身材娇小微蹲，狗口张开但不凶狠，尾微翘并卷曲，脚爪作"C"形。

图244　　　　图245　　　　图246　　　　图247

狼图像印（《印风》，图244、图245），与狗不同，比狗凶狠坚顽；头比虎瘦小些，虽口张开但未吐舌或张牙，此狼四足立地，与表现侧面两足的虎与犬都不同。此狼也。犬图像印（《印风》，图246、图247），两犬体瘦矫健，形态不同。

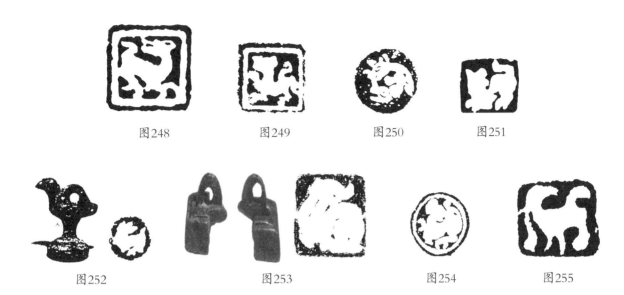

图248　　　　　　图249　　　　　　图250　　　　　　图251

图252　　　　　　　　图253　　　　　　图254　　　　　　图255

　　兽形图像玺（《印风》，图248—图250；），这批图像玺中，有些图像玺像虎头，但是虎颈短脖子粗，不可能回首，但与龙形又有差距，所以定为兽形，至于是哪种兽形，还有研究的必要和空间。

　　兽纹玺（《故肖》，图251），似虎又回首，虎脖短颈粗不可能回首，非虎也。兽纹玺（《92卷》，图252）立鸟形钮，许雄志藏。河南信阳一带出土。兽纹二合玺（《92卷》，图253），二合台座鼻钮，许雄志藏。宝鸡一带出土，战国秦印。兽纹玺（《故肖》，图254），一兽回首，头上有圆形冠，两爪踞地，生动形象。兽纹玺（《篆一》，图255—图263），图255作长头羊嘴，长冠曳地，前两腿分开，后两腿并拢，甚是奇特，且各兽形态各异，不便定名，待考。

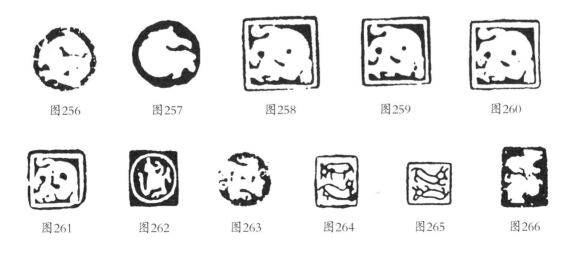

图256　　　　图257　　　　图258　　　　图259　　　　图260

图261　　　　图262　　　　图263　　　　图264　　　　图265　　　　图266

　　双兽纹玺（《92卷》图264、图265），两兽一前一后，首尾追逐，象征两性相悦、鱼水欢洽、子孙繁衍。"《篆一》，图266"作长方形，同为首尾相逐式构图。

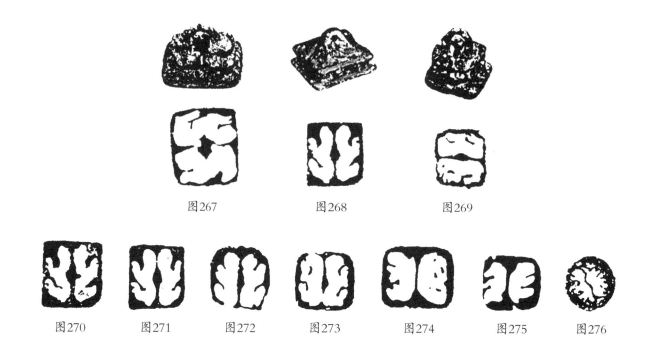

图267   图268   图269

图270   图271   图272   图273   图274   图275   图276

　　双兽纹玺（《故肖》亭钮，图267、图268、图269）、（《篆一》，图270—图275；《印风》，图276）两兽相背，同向而列。此类图像甚多，属背卧式构图。

图277   图278   图279   图280

　　双兽纹玺（《印风》，图277—图279；乐只室，图280），两兽相对而卧，多两首相对，或首尾相对，属对卧式构图。

图281   图282

　　双兽纹玺（《篆一》，图281、图282），两兽种类不明，形体稍异，待考。

拓本 朱迹

图283

禽兽图像玺（《故肖》亭钮，图283），一兽昂首挺胸，伏地翘尾；一禽长伸尾羽，轻举一足作慢步状。形象皆生动自然，两者穿插，对角构图，亦具匠心。展示其胶泥拓本和两枚朱迹（方向相反），以便欣赏。

原谱 倒置

图284

鹰践蛇图像玺（《集古》，图284），横径2厘米。八边形。原谱释作鹰羊肖形印；如倒置印面则象一鹰嘴叼一蛙脚践一蛇。似倒置为好。

图285 图286  图287

双兽图像玺（《印风》，图285、图286），兽形奇特，不便遽定。禽兽纹（《篆一》，图287），禽兽对角构图，布白灵动精美，疏密和谐爽目。

图288  图289 图290  图291

双兽纹玺（《篆一》，图288、图289）。立兽下有一幼兽顾首待哺。

三羊纹汉印（《湘》，图290），两羊相对，有一羊羔正在受乳。

抚幼双兽纹玺（《篆一》，图291），一兽怀抱一幼兽，作护持状。这些玺印属哺食式构图，但是形式多样，别出心裁。

图292　　　　　　图293　　　　　　图294　　　　　　图295　　　　　　图296　　　　　　图297

　　三兽纹玺（《故肖》，图292），亭钮。三兽纹玺（《故肖》，图293），兽钮，可能是三虎形。钮由三只怪兽组成，印面由三瓣花形构成，很奇异。三兽纹玺（《篆一》，图294—图297），图294作三环形，又称连珠形。图296是禽兽合饰。前四例是兽背相对。

图298　　　　　　图299　　　　　　　　　图300　　　　　　　　图301　　　　　　图302

　　二禽一兽纹（《篆一》，图298、图299），图298是两禽一上一下，中间夹一兽。图299是两禽在上，下面一兽横卧。

　　三兽纹玺（《故肖》，图300），亭钮。三兽纹玺（《篆一》，图301、图302），后二玺图像近似，但有微别，也可能是同印钤记的时代有早晚，或轻重不同，或同模翻制而已。

图303

　　鹿鹤禽兽图像玺（《篆一》，图303），左上角是鹿，右上角是鹤，右下角是禽，左下角是兽。可能是狩猎或苑囿官员的用印。

图304　　　　　　图305　　　　　　图306　　　　　　图307　　　　　　图308

　　双头兽纹玺（《故肖》，图304），一兽长两头，两头反向，有双翼双足，当为传说中的比肩神兽。《山海经·海外此经》："北海内有素兽焉，状如马，名曰蛩蛩。"形态如双头鸟。双头兽纹玺（《篆一》，图305—图308），四例大同小异，可以互参。

图309　　　　图310　　　　图311　　图312　　　图313　　　图314　　　图315

图316　　　图317　　　图318

鹿纹玺（《篆一》，图309—图312），鹿，马身羊尾，头侧而长，高脚而行速。雄性有角。跪卧式的鹿体形硕大，丰满雍容，鹿角与头平行，角分五杈；立式的鹿作圆形布白，矫健善跑，鹿分三或四杈。"《篆一》，图313；《印风》，图314、图315"，鹿角分两杈，而且近乎平行。鹿纹玺（《篆一》，图316、图317；《乐只室》，图318），鹿头后仰作奔跑状，一枝鹿角末端分杈。

图319　　　　　图320　　　　　图321　　　　图322

鹿纹巴蜀印（《巴》59，图319），鹿，哺乳纲鹿科动物的通称。四肢细长，尾巴短，一般雄性兽头上有角。直径2.4厘米。鹿纹巴蜀印（《巴》25，图320），直径2厘米。重庆博物馆藏，重庆市九龙坡区冬笋坝出土。

鹿纹玺（《上》，图321），鹿角平置而分三杈。

鹿纹玺（《故肖》，图322），形制小巧，鹿角未高耸而平置，以便布白。

图323　　　图324

鹿纹玺（《篆一》，图323），鹿首作正面卧式，表现两眼及分杈的角。

麇纹玺（《篆一》，图324），麇，鹿科动物，因其尾似驴，蹄似牛，颈似驼，角似鹿，而非驴、牛、驼、鹿，故称"四不象"。麇，通眉，通湄，通糜，通靡，通麋，姓。

图325　　　　　　图326　　　　　图327

　　鹿纹/王害两面印（《篆一》，图677），鹿圈官员的用印，用鹿图像表明身份。射鹿纹玺（《印风》，图326），一猎人作蹲踞状，手持弓箭射鹿。奔鹿纹玺（《乐只室》，图327），一鹿奔逃，并回头张望，看猎人或猎犬是否追来。奔鹿纹玺充满动感的动物形体，传达出这类动物最具特征的神态。

图328　　　　图329　　　　图330　　　　图331　　　　图332

　　狩猎纹壶上的兕身皆有圈状斑纹，兕作冲抵姿势。狩猎纹常有盾牌短剑散落在地，可见猎者与之搏斗之激烈。上博所藏的一扁方形图像玺（《上》26，图328），还有椭圆形玺（《图续》，图329；《大全》，图330、图331）皆作一角，身皆有旋涡纹，亦低首奋蹄作冲抵姿势，与狩猎纹相同，应是兕牛图像玺。四川巴县冬笋坝出土的犀牛钮巴蜀印，犀牛身上也有三枚旋涡纹（见《四川船棺葬发掘报告》）。

　　双犀图像玺（《图汇》132，图332），与豆马村战国晚期错金云纹犀尊（《图说》，11-12）器形相同，应是同期作品。

图333　　　　图334　　　　图335　　　　图336　　　　图337

　　豹因其勇猛难猎，皮也就稀少而显珍贵，豹就自然成了狩猎的对象。过去对先秦图像玺中豹的特征不太清楚，故多与虎图像玺混淆，或统称为兽图像玺。故宫收藏一图像玺（《故肖》8，图333），一兽颈长身长，蜷曲呈S形，与琉璃阁M76：85铜壶猎豹纹相似，应是豹纹图像玺。与之体势相同者，还有多例，如《上》27（图334）、古丈豹纹玺（《考报》1986.3，图335）、南康豹纹玺（《湘》537）等。现在可以确定：豹形颈长身长，多呈S形体势；虎纹颈短身壮，与豹明显不同。头上因侧面见一耳，与麒麟的弯曲肉角又有区别。《故肖》8、古丈、南康出土报告均误为虎纹，拙编《92卷》1596、1590、1598亦误为虎形，今更正。

熊纹玺（《图汇》，图336）、（《大全》0641，图337），黑熊又称狗熊，体形硕大，尾甚短，仅长七八厘米。性孤独而不成群，故只铭一只，无两只对铭者。

图338　　　　图339　　　　图340　　　　图341　　　　图342

橐驼纹玺（《图汇》，图338；《篆一》，图339），战国玺印。《山海经》成书于春秋战国之际。《山经》以山脉为纲的同时，又述了许多有关自然地理的知识……此外，对西山的"多松""多犀兕熊罴"，南山的"多桂""多象""多白猿"，北山的"多马""多橐（tuó）驼"，中山的"多桑""多竹箭""多漆"等有关记载（刘少匆《三星堆文化探秘及〈山海经〉断想》），知马和橐驼多产在我国北方。橐驼即骆驼，反刍家畜，二趾，跖有厚皮，适宜沙地行走。背有单峰、双峰之别，内蓄脂肪；胃能贮水，故善耐饥渴。能负重致远，号称沙漠之舟。

橐驼纹玺（《大全》，图340；《篆一》，图341），一跪姿一立姿，一方一圆，形象不同。橐驼即骆驼。因骆驼生活在北方的沙漠地区，中原人很少见过，故蓄于苑囿供统治阶级观赏。

双驼纹玺（《大全》，图342），双兽置同一印面者，多为一公一母，象征亲密，希冀繁衍。此呈对卧式。

图343　　　图344　　　图345　　　图346　　　图347　　图348　　图349　　图350

羊纹玺（《印风》，图343—图350），图343、图344羊纹两角开张形；图345—图349则作侧面一角形，皆山羊也。图350羊角作卷曲形，绵羊也。

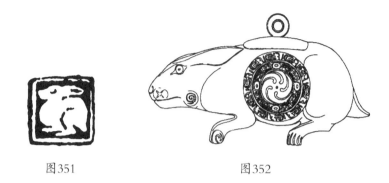

图351   图352

兔纹玺（《故肖》，图351），秦印。兔头部略象鼠，耳大，尾短而上翘，善于跳跃，跑得很快。野兔是狩猎的主要猎获物。兔纹流行于商至周初的觯等器物上。如西周兔纹（《文物学概论》310），曲沃天马一曲村晋侯墓地西周兔尊二件（《中国考古学·两周卷》彩版，《图说》11-36；《文物》1994.1，图352）。

图353   图354   图355   图356   图357   图358   图359

双箭猪图像玺（《集古》，图353），两只猪，身上有多刺。近似八边形。横径1.8厘米。

驴纹（《篆一》，图354、图355），低头看路，埋头拉车（磨），是驴的特征。

春耕图像玺（《印风》，图356），春天到了，农夫扶犁耕地，空中还有一小鸟为之欢呼鸣叫。

猴面纹（《魏石经室》，图357），双耳、双眼、脸毛、头发，把毛猴刻画得淋漓尽致。

双猿攀树纹（《乐只室》，图358），猿比猴雄壮，头似人形，双猿攀树。

貂图像玺（《大全》，图359），原谱释为鼠。鼠，穴居兽的总称。《说文》："鼠，穴虫之总名也。"包含貂鼠、鼬鼠等。后专指"老鼠"，俗称"耗子"。此玺线刻双钩，身有条纹斑，作回首张望奔跑状，《玉篇》："貂，古文貂字，鼠也。毛可为裘。"可知此为"貂"，正被猎人追杀。

图360   图361   图362   图363   图364   图365

搏兽图像玺（《篆一》，图360、图361），猎者以戈矛刺向猎物。搏兽图像玺（《篆一》，图362）猎者以短剑为武器。表现了狩猎活动中除犬逐、箭射、陷阱等手段外，还有搏斗一技。

饲兽图像玺（《印风》，图363、图364；《集古》，图365），狩获的猎物多了，来不及食用，就饲养起来。或释为驯兽图像玺。

战国时期的狩猎业产品，种类很多。《荀子·富国》记载楚国云梦有"犀、麋、鹿"，宋国有"雉、兔、狐狸"以及"飞鸟、凫、雁"（《韩非子·外储说右上》）等。这些飞禽走兽可供商贸交易，特别是它们的羽、毛、齿、革、筋、角等，可作为某些手工业产品的重要原料，狩猎业的产品已经成了商品（《战国盛世》269）。《先秦玺印图说·市亭篇》就收录楚国动物图像封泥多枚：龙（蛇）、鸟、犬、猿猴等形，应该是狩猎产品的封检标记。

十四、飞禽和三头鸟

图366　　　　图367　　　　图368　　　　图369　　　　图370　　　　图371

栖鸟纹玺（《篆一》，图366），鸟形清新可爱，取阳文长方构形。飞鸟纹玺（《篆一》，图367），鸟头、双翅、鸟尾、双足皆备，展示鸟在飞翔。

鸳鸯纹玺（《故肖》，图368），亭钮。鸳鸯纹玺（《篆一》，图369、图370；乐只室，图371），鸳鸯体小于鸭，雄者为鸳，雌者为鸯。雌雄偶居不离，又称"匹鸟"，故后世比喻夫妇。或称之为比翼鸟，比翼齐飞之意。前三例为背卧式（背向构图），身首契合，利于布白。最后一例两鸟相对，亲密无间。

图372　　　　　　图373　　　　　　　图374　　　　　　　图375

表孙带/双水鸟纹（《举选》，图372），秦两面印。两鸟相从，但鸟头反向。

张护/凤纹（《辑录》，图373），秦两面印。冠羽华茂，羽毛丰满。

卑□吉玺/鸟与枝叶图像玺（《篆一》，图374），齐玺，两面印，一面铭姓名四字，一面铭阳文鸟形及枝叶图像，鸟似栖息于树上，栩栩如生。据"獬豸"玺例推测，此姓名图像两面印应该是为齐王管理范围的官员卑某的私印。

繺葛/双鸟衔鱼纹（《观妙》，图375），穿带钮，三晋两面玺。双鸟衔一鱼多在汉画像、汉印中出现，古玺中罕见。双鸟多认为是鹳、鹤之类的水鸟。口中衔鱼，表明它是食鱼的动物。以后由此成为"有余"和"得利"的隐喻。鹳鸟衔鱼历史悠久。1978年在河南临汝县阎村出土了一件彩陶大缸，属于新石器时代仰韶文化时期，为庙底沟类型晚期。这是一个带有四个錾耳的深腹大缸，高47厘米，口径32.7厘米，缸腹上画着一只鹳鸟衔着一条大鱼，其右侧与其并列的还有一只竖立的石斧，因而定名为《鹳鱼石斧图》，或认为这可能是神话中的题材，《山海经》中叫做"毕方"的鸟。待考。此两面玺不是祈求"年年有余"，就是负责捕鱼的官员。

图376　　　　　　　图377　　　　　　　图378　　　　　　　图379　　　　　　　图380

对鸟纹玺（《上》，图376），两鸟相背而卧，头、喙、背羽、尾翎、爪经泥封墨拓后非常清晰。背卧式布白。

双鹰纹玺（《92卷》，图377、图378）；《篆一》，图379），双鸟纹玺（《92卷》，图380），两鹰（鸟）两首相对交嘴，表现亲密，一般呈对称图形，象征着阴阳转合化生之意。图378双鹰交嘴状，可见在双鹰之下有一幼鹰待哺。图380双鸟纹玺下亦有一幼鸟，表示生殖繁衍。

图381　　　　图382　　　　图383　　　图384　　图385　　　图386　　　　图387

鸟兽纹玺（《篆一》，图381、图382），鸟首兽身。双鸟纹玺（《篆一》，图383），一鸟侧身清晰，一鸟低头啄食尾翘。

鸭纹玺（《92卷》，图384），亭钮。鸭，古称"鹜"，古代饲养较早。先秦时期描绘鸭的器物俯拾皆是。

鸮纹玺（《篆一》，图385），鸮，鸱（chī）鸮（xiāo，"鸮"与"枭"通）科各种鸟类的通称。它的长相与习性都有别于一般的鸟。头部似猫，两眼不似他鸟之生在头部两侧，而位于正前方；眼大而圆，眼的四周羽毛呈放射状，形成所谓"面盘"。头上通常生有象耳的毛角，喙短弯曲而呈钩状……通常昼伏夜出，捕食鼠、鸟、昆虫及其他小动物，对农业有益。俗称猫头鹰。

鱼鹰纹玺（《篆一》，图386、图387），鱼鹰又名水老鸦，善捕鱼，如鹜而小，捷于他鸟。图386鸟头上有一小鱼鹰跟随。

图388　　　图389　　　　图390　　　　　图391　　　　　图392　　　　　图393

鸱鸟纹玺（《篆一》，图388—图393），鸱（chī），籀文雎从鸟。俗名鹞子，又名鸱鹰、老鹰、鸢鹰。以鼠为食。

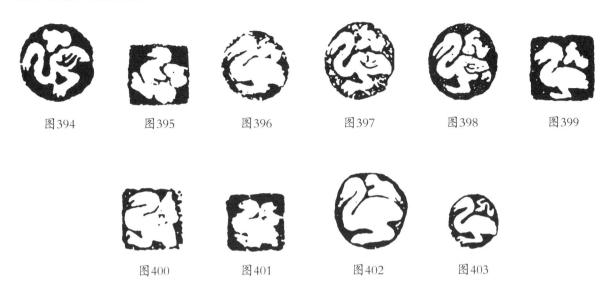

图394　　　图395　　　图396　　　图397　　　图398　　　图399

图400　　　　图401　　　　图402　　　　图403

鹈鹕纹玺，《篆一》699收录鹈鹕11方（图394—图402）（《印风》，图403），鹈鹕又名鴮鸅（洿泽）、淘河。体长可达两米。翼大嘴长，嘴下有一个皮质的囊，可用以兜食鱼类。性喜群居。鹈鹕背上有幼鸟一只，足见其喜群居及爱幼子。背负式构图。

图404　　　图405

饲鸟纹玺（《篆一》，图404），圆形印面，戴斗笠的饲鸟人正蹲着喂食小鸟。小鸟啄食，生动可爱。

哺燕纹玺（《篆一》，图405），左下隅有一只小燕正昂首吸食母乳。剪刀尾可断为是燕。近似鸡心形印面。

图406　　　　图407　　　　图408

双头鸟纹玺（《故肖》，图406），此玺犹如连体婴儿，两头、两爪相背粘连。双头鸟见《山海经·海外西经》："奇肱之国，有鸟焉，两头赤青色。"双头鸟玺（《篆一》，图407、图

408），图407见双鸟头、双鸟身粘连、双鸟，图408见双鸟头、双鸟翼、双鸟足。

图409　　　　图410　　　　图411　　　　图412　　　　图413　　　　　图414

三头鸟纹玺（《故肖》，图409；《篆一》，图410、图411、图412），在正中头部的左右肩上又各生一头，成三头，另见一足及尾翅展开。三头鸟见《山海经·西山经》，翼望之山"有鸟焉，其状如乌，三首六尾而善笑，谷名曰鹎鹕，服之使人不厌，又可以御凶"。

鸟龙共身纹玺（《文物》1988.4，图413），原谱无释。此图像上有一鸟头，下有两龙头，三身连体，故曰鸟龙共身。

马山一号墓中有一件三头凤鸟花卉纹绣："凤首如枭，凤腹近圆，正面而曲腿，双翼齐举，两个翼端都内勾如凤首。"（说见张正明《楚文化史》；图见《江陵马山一号楚墓》68，图414）神态极为怪异，被人们称作"三头凤"。这样的丝织图案不仅见于马山出土的丝织品中。彭浩认为它与商周以来的一些青铜器上的动物纹样的构图方法相同，采用的是平面展开的方法。这种方法是把动物的各面图像勾画之后，按一定的位置摆放、拼合成一幅完整的图像。按照这种方法去观察一只鸟，正面的头像上有两只眼睛，侧面看去也各有一只眼睛，图像拼合后，便产生了一鸟三头的怪异现象。

图415　　　　图416　　　　图417　　　　图418　　　　图419　　　　图420

青鸟纹玺（《故肖》，图415；《篆一》，图416、图417；《故肖》，图418；《篆一》，图419、图420）。《故肖》两印为故宫收藏，印背凸纹与印面纹相同。前三印近似椭圆形，后一印作扇形，后两印呈菱形，形制特异。这六方印鸟形背负一篓状物，当是传说中的为西王母取（寻）食的神鸟青鸟。《山海经·海内北经》："龟山……其南有三青鸟为西王母取食。"《大荒西经》："西有王母之山……"还具体提及三青鸟各自的名字："有三青鸟，赤首黑目，一名曰大鵹，一名少鵹，一名曰青鸟。"《故肖》定为汉代，误。汉画像石、砖上西王母的题材很多，其中青鸟皆不背篓，或作三足（《郑州汉画像砖》，《图说》28-27），与玺印形象大异；玺印青鸟鸟爪作"C"字形，此为战国禽兽纹的时代特征。印背凸纹与印面纹相同也足可断为战国。扇形印似为三足，但有阴刻边框，应是秦印。

十五、虫蛇和鱼蛙

图421 图422 图423 图424

盘蛇纹玺（《故肖》，图421），亭钮。盘曲的蛇，头置中央，似有腿四条。双蛇纹玺（《篆一》，图422—图424），双蛇缠绕，首尾尚可分辨。图424附胶泥拓本较清楚些，似为双蛇。

图425 图426 图427 图428 图429

虿纹玺（《篆一》，图425、图426；《印风》，图427、图428；《集古》，图429），虿（chài），蝎子之类毒虫的古称。《说文》："虿，毒虫也。象形。蚤，或从虫。"虿的毒刺称虿芒。虿的尾部末端有毒钩。

图430 图431 图432 图433 图434

虿黾纹玺（《印风》，图430、图431；《乐只室》，图432；《大全》，图433），黾（měng），蛙的一种。《尔雅》："鼀䵯（cù），赡诸（蟾蜍）。在水者黾。"郭璞注："耿黾也，似青蛙，大腹。一名土鸭。"《说文》："黾，鼁黾也。"

人黾纹玺（《印风》，图434），赡诸背部可分泌毒汁，一人举双手表示惊恐状。

图435 图436 图437 图438 图439 图440 图441 图442

蛙纹玺（《篆一》，图437—图438），战国玺。蛙纹印（《图汇》，图439；《图汇》，图440；《图汇》，图441；《篆一》，图442），秦印。蛙纹玺《篆一》（682）收录蛙纹玺印九枚，其中八枚是战国或秦的玺印。《印风》（102）收录蛙纹玺印十七枚，其中十一枚是汉印。汉蛙纹印的特点就是蛙纹纹饰方正，布满印面。

蟾蜍为两栖纲、蟾蜍科动物的统称。蛙，《说文》作鼃，又作蛙（或作䵷，蛙的古字）。有青蛙、土蛙、山蛙、雨蛙、蟾蜍之称。小者曰蛙，大者曰詹诸（蟾蜍）。蛙和蟾蜍统称蛤蟆。蟾蜍别称癞蛤蟆。《楚辞》称蛙黾。

背面多呈黑绿色，上面有大小不等的瘰疣。蟾蜍形象虽然丑陋，但在神话中竟是美丽嫦娥的化身，成为月亮的象征。《淮南子·精神训》："日中有踆乌，而月中有蟾蜍。"故以"蟾"为月的代称。战国至汉代，蟾蜍图像印多见，战国前为图腾、月亮崇拜，战国后是雨神崇拜。

图443

图444

图445

蟾蜍的形象似蛙，而蛙纹早在新石器时代就已经出现，甚至在马厂类型文化中非常流行。在商代早期的青铜器铭文中也发现了"黾"字，即蟾蜍。蟾蜍图像早在商代就已盛行。如商代青铜盘内纹样（拓片，图443）、商代青铜盘底纹样（拓片，图444）等。

汉代人把蟾蜍作为神灵经常在美术作品中刻画，如湖南长沙马王堆一号汉墓帛画，便在一弯新月上一左一右排列着兔子和口吐云气的蟾蜍。（摹本，图445）[①]。或曰"日月中的金乌和蟾蜍"。金雀山西汉帛画上部，在两个满月中各饰一只蟾蜍和一只金乌，蟾蜍口吐云气（摹本，图446）[②]。

图446

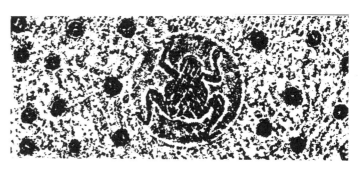

图447

---

① 《中国汉画研究》第二卷第132页图33，马王堆帛画上月亮的形象。原刊：马王堆一号汉墓帛画局部，摹本（湖南省博物馆、中国科学院考古研究所《长沙马王堆》，文物出版社1973年版，图三八）。

② 金雀山西汉帛画上部，摹本（刘家骥《金雀山西汉帛画临摹后感》，《文物》1977年11期。

月亮与北斗画像石（《鉴赏》，图447），河南唐河县针织厂出土。长46厘米，宽98厘米。与图像玺"蛙"相校，多有形似之处。也有刻画蟾蜍为西王母捣药的画面，可能和蟾酥可以入药有关。但汉代人对蟾蜍的兴趣可能还有另外的原因，就是它的药用价值，可治痈疽疔肿之病。蟾蜍的耳后腺和皮肤腺有白色的分泌物，可制成"蟾酥"，在医药上用途很大。李时珍《本草纲目》虫部第四十二卷有详细记载。

中国最早关于蟾蜍的神话见于《初学记》卷一"天部"所引《淮南子》佚文："羿请不死之药于西王母，羿妻姮娥窃之奔月，托身于月，是为蟾蜍。"[1]张衡《灵宪》亦云："姮娥遂托身于月，是为蟾蜍。"[2]因为嫦娥偷食了后羿的长生不死之药，独自一人升天，在月中变为蟾蜍，是上天对她的惩罚。

战国、秦汉出现大量的蟾蜍纹玺印，其意义可能是祈求神灵的护佑。

图448　　　　　图449　　　　　图450

鱼纹玺（《雪山伯衡藏印》《臆释》，图448），1944年山西省风陵渡附近古墓出土。陈伯衡收藏。铜质，钮全损。据收藏者说，当年与此印一起出土的还有数件铜器，其中一件残片有铭文，和陕西蓝田出土的西周弭伯簋铭文相似。同出的还有春秋时代的遗物，其中如匜、簋、敦等，与寿县春秋晚期蔡侯墓所出相同。因此此印的上限当在西周，下限可能在春秋晚期。

双鱼纹玺（《珍秦·精》52，图449），权座宽鼻钮。两鱼纹同向骈列式。"鱼"与"余"谐音，鱼纹玺佩戴于身，祈求生活过得年年有鱼（余），很富有；再者，鱼下子多，有"多生贵子之意"。

蜗牛纹玺（《乐只室》，图450），蜗牛，软体动物，有扁圆螺旋形的硬壳，头有触角四，其二较长，食植物苗叶。古人常用蜗居、蜗舍、蜗庐来形容居住环境狭小如蜗牛。

---

① 徐坚等《初学记》，中华书局1962年版，第4页。
② 严可均《全后汉文》，商务印书馆1999年版，第566页。

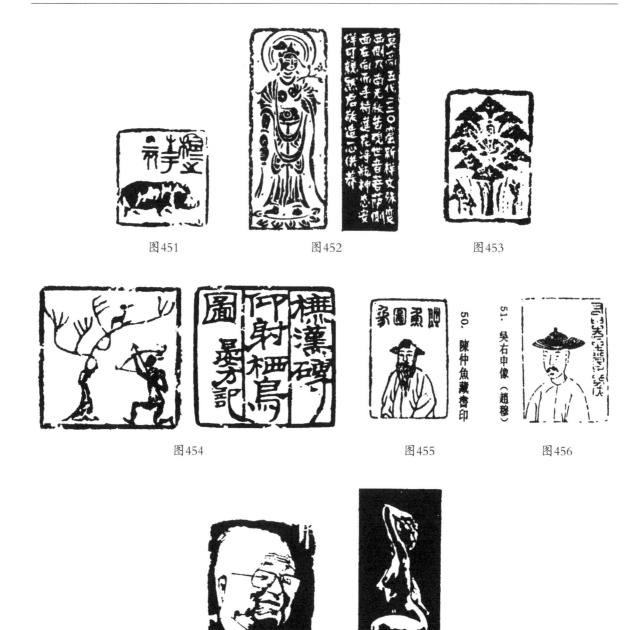

图451　　　　　　　图452　　　　　　　　图453

图454　　　　　　　　图455　　　　　　图456

图457　　　　　　图458

　　当今图像印创作，名家辈出。来楚生（《印林》，图451）、矫毅等都是大家，选题品类多样、造型简练精美、构图均衡，刀法老辣，皆匠心独运。钱默君在敦煌莫高窟写生多年，取材于敦煌壁画、彩塑、砖刻，融飞天、佛像于印中，精美且秀丽（《印林》，图452）[①]。赵熊（《印林》，图453）、童衍方（《印林》，图454）、王玺铭、张宝潞等，各显其能，《印林》曾有专题介绍。[②]安多民则取上古壁画元素融入印中，自成体系，颇多佳构，或可玩味。现代图像印的总体

————————————

[①]　详见师竹《敦煌艺术的借鉴和延伸——钱默君先生的图像印》，《印林》1993年第4期。

[②]　《印林》1993年第4期刊杨谔《中国肖形印发展概述》及本文提及的现代各位名家，可参阅。

创作状况和名家的艺术特色，多可深入发掘和总结。

肖像印即以人物肖像入印，颇有创意，印外求印，亦是一途，"陈仲鱼藏书印"边款"仲鱼藏书"并附肖像（《印林》，图455），赵穆刻吴右申像（《印林》，图456），除人像外还有题记，融书法与绘画于一炉，颇具国画小品的韵味，首开肖像印之风。……张耕源近年崛起，风格渐趋成熟，刻启功先生像神情自得（《印林》，图457）。韩国的朴永茂刻"浴女"印（《印林》，图458），以明暗对比的手法表现人体的健美。肖像印如漫画，如写生，唯妙唯肖，有学者将其称为版画融入印中，从刀法和形象看，有其道理。肖像印与传统的图像玺印在内容和技法上有很大的区别，肖像印作为传统图像玺的一支，还是独立于传统图像玺印之外另立门户，愚以为可作学术争鸣。

结　语

图像玺滥觞于商周，发展于春秋时期，盛行于战国和两汉，汉末魏晋图像玺渐趋衰落，宋、明以来，虽多印作，但乏新意。

战国图像玺和汉代图像印，如何区别开来，即时代鉴别比较困难。图像的内容有些印谱有精妙的考释，如上举太老师黄宾虹先生释"伏羲氏""获麟"等印的精辟见解，但是有些印谱整本无释，读者无法深入了解与欣赏，所以，战国图像玺及秦汉图像印界定标准的探究和图像玺印的考释是图像玺研究中的两个重要课题。鉴别图像玺的时代主要从文献、图像玺和青铜器纹饰（汉画像石或砖上的图像）的比对、同一画面的文字、出土墓葬、"C"形爪及钮式等七个方面的特征入手。本文已经有大量印例予以证明。图像玺印的考释主要依靠文献以及图像玺之间微小的比对。

在我国古代，每一历史阶段的图像、纹饰，均有其鲜明的时代特征，图像玺自不例外，因而可以用其他种类器物的图纹来比附图像玺上的图像、纹饰，从而确定其时代。

同一画面的文字有两种情况，即文字图像玺上的文字是战国古文或秦文字，即可断为战国印或秦印。如本文第五节"獬豸玺"中所举的楚国"陈筶·獬豸"玺、"公孙昌·獬豸"玺等六方文字图像玺，就是由文字断代的。一种情况是两面印，文字玺印上面的文字自可断代。如本文第十四节"飞禽玺"中所举的两方秦印、一方齐玺、一方三晋玺，也是由文字一面断代的。

图像玺印的布白也能断定时代。一般图像周围不逼边而空灵者，必战国也；阴文有边框者，秦印也；图像逼边满布者，汉印也。但是要有文献、钮式或"C"形爪等资料相参，方能准确不误。

战国时期多使用小型鼻钮。其中背面有施浮雕状点纹或条纹，还有的背纹与玺印图纹完全相同。亭钮仅流行于战国时期，以此类钮式为标准，对照图像玺，同类之鼻钮、亭钮印，当也属战国时期。

图像玺的用途主要是封存木竹的牍函、陶罐；或用于佩戴赏玩、护身，作避邪、祥瑞祈福、敬神之物；钤于货物，作商用标识①；同印姓名图像玺表示身份，如解豸等；一面铭姓名，一面铭图像的两面印，表示信誉与祈福。

---

① 近年新蔡故城出土楚国封泥，除市亭用印封泥外，还有蛇、鸟、犬、猿猴的泥封，应是集市贸易货物封检的标识。详见拙著《先秦玺印图说·市亭篇》。

西周图像玺用环形钮（罗红侠称"桥状环钮"），便于套指作按压，适用于模型。先秦图像玺有一部分应是"当时手工业中专为复制花纹图案的工具"。温庭宽先生在《肖形印大全》中已提出这一观点。1978年，扶风法门乡齐家村第27号墓出土一件西周陶罐，其肩部压印凤鸟纹，印为长方形，长4.7厘米，宽3厘米。[①]这就说明先秦时期，特别是西周，在制作青铜器、陶器时，使用图像玺作为压印图纹的工具已是一种较为普遍的现象。

图像玺创作的母本来源于生活，如武士、骑士、马、犬、虎、春耕等；也来自神话故事，如御龙、獬豸、神人操蛇、飞廉等；或是生活中的人或物予以神化，如炎帝、天马等。因为有许多人、事、物的交叉、融合，本文作了初步的分类，未必精准，只是便于行文罢了。

主要参考资料及其简称：

江苏省文物管理委员会编辑《江苏徐州汉画像石》，科学出版社1959年版。

叶其峰著《古玺印通论》，紫禁城出版社2003年版。

张道一著《画像故事》，重庆大学出版社2006年版。

张道一著《画像石鉴赏》，重庆大学出版社2009年版。简称《鉴赏》。

张道一著《徐州画像石》，译林出版社2013年版。

《故肖》：叶其峰编《故宫博物院藏肖形印选》，人民美术出版社1984年版。

《图汇》：康殷编《古图形玺印汇》，河北美术出版社1987年版。

《图续》：康殷编《古图形玺印续》，河北美术出版社1987年版。

《大全》：温庭宽编《中国肖形印大全》，山西古籍出版社1995年版。

《印风》：黄惇、吴瓯主编《中国历代印风系列·历代图形印吉语印印风》，重庆出版社1999年版。

《历玺》：浙江省博物馆、香港中文大学文物馆《中国历代玺印艺术》，2000年版。

《集古》：叶燡才《集古印谱》，岭南美术出版社2010年版。

《92卷》：黄惇、徐畅主编《中国书法全集》第92卷"先秦玺印"，重庆出版社1999年版。

《篆一》：沈沉、徐畅主编《中国篆刻全集》卷一"先秦玺印"，黑龙江美术出版社2000年版。

《图说》：徐畅著《先秦玺印图说》，文物出版社2009年版。

《图典》：徐畅编著《古玺印图典》，天津人民美术出版社2016年版。

（作者系西泠印社理事）

---

① 罗红侠、周晓《试论周原遗址出土的西周玺印》，《文物》1995年第12期。

篆刻家个案研究

印文与印事：

刘维坊《印文详解》的编撰策略与印学价值

丁　聪

摘要： 刘维坊是清代嘉庆、道光年间的山东印人，常年游历四方，潜心求学篆刻，而后定居北京。《印文详解》是刘维坊入京后所编撰的最具影响力的一部印谱，本文通过刘维坊所阅印谱、所见字书、所行交游三个角度对其编撰策略进行考察，认为他所期望"广而传之"的策略取得了成功。同时本文论述了《印文详解》的印学价值，该印谱不仅体现了印文字例的丰富性，同时是刘维坊个人视野与印学事迹的体现，并可以此为窗口，一窥同时期部分印人的思想观念与交游情况。

关键词： 刘维坊　印文详解　印谱　印文

刘维坊，字言可，号乐山，山东寿光人。《明清山东印学编年史》记载其生于嘉庆元年（1796），卒年不详。[①]其自辑印谱有《乐山印萃》《印文详解》《云浦印章》等[②]，另外在篆刻之余，旁及音韵，辑成《同音字辨》一书。[③]当下刘维坊的生平资料，如《中国印学年表》《寿山县志》《中国篆刻大辞典》均依据其印谱序跋所载，所以除其篆刻事迹外，生平、职官等信息均不详。

刘维坊的篆刻事迹主要集中在清代嘉庆、道光年间的山东与北京一带。他在当时与很多印人产生过来往，所自辑的印谱也获得了较为广泛的流通，正如《同音字辨》贾桢序："刘子乐山嗜学博古，质朴无笔，工篆刻，以铁笔为业，名躁京师。所刊《印文详解》，几于家置一编。"[④]然而，现今对他的研究甚少，多仅停留在对其篆刻艺术水平的评价上。例如："刀法锤炼，抒发性情之艺术性不足，甚至坠入俗野。故其制印虽多，聊备一格，不足取法。"[⑤]或是将其当作古文印章的研

---

　　① 吕金成《明清山东印学编年史》，《印学研究》第一辑"山东印学研究专辑"，山东大学出版社2009年版，第106页。

　　② 吕金成《山东清代流派印谱考》，《中国印谱史与印学国际学术研讨会论文集》，西泠印社出版社2019年版，第10页。

　　③ （清）刘维坊《同音字辨》，《续修四库全书》经部小学类第260册，第502页。

　　④ （清）刘维坊《同音字辨》，《续修四库全书》经部小学类第260册，第499页。

　　⑤ 吕金成《山东清代流派印谱考》，《中国印谱史与印学国际学术研讨会论文集》，西泠印社出版社2019年版，第10页。

究对象，如李飞《明清以来古文奇字印章研究》[①]、郝安琪《浅谈传抄古文吉语格言印》[②]对其略有涉及。但艺术水平仅仅是印学评述的一方面，在"大印学"的视角下，对各个时期的印人印事需有全方位的审视，所以印人所著印谱的印学价值仍然可以深入挖掘。

刘维坊所辑印谱均是其寓居京都之时所作，成谱时间在清道光二十年（1840）以后。在《印文详解》中，刘维坊不仅编录了各式的印文字形，还在印文解读的过程中，阐述了他在山东、江南，再到北京的求学篆刻的经历。所以这一印谱不仅可以展现他的游历事迹，还可以从某种程度上反映出当时印人的用字特点与风格特征。本文拟解读《印文详解》的编撰策略，探析作者的心理状态，并勾勒出其篆刻活动及印人交往的轨迹。

一、刘维坊的《印文详解》与其篆刻生平

本文参考的刘维坊《印文详解》由松荫轩所藏，分别为二册本和四册本[③]，其中四册本（图1）封面有"文石阁 印文详解 附说篆"题签，内有音德布、费荫章、施晓屏序各一则，另有刘维坊自序一则。卷一端署"印文详解，山左刘维坊言可氏篆镌"，卷一至卷四每页钤印一至三方不等，印蜕周围附篆体、释文及其出处、刀法，隔页附详解。卷四后有周清和跋文，并附许容《说篆》一文（图2）。

二册本（图3）封面有"印文详解"题签，其序跋与四册本同，另外附有王惠昌为其肖像题词。（图4）卷一端署"印文详解，山左刘维坊言可氏篆镌，溟阳王惠昌乡桥氏、宝山施朗晓屏氏同参"。详解在当页印蜕之下，未附许容《说篆》，其余与四册本同。

《印文详解》并见叶铭所辑《叶氏存古丛刻》，另外应还有一抄本，有潍水郭振宇序，不与钤印本同，且印为写样。[④][⑤]

刘维坊《印文详解》自叙云：

> 余真有印癖者也，自髫龄时，即心焉慕之。迨弱冠后，每于三余考六义、辨八体，所可请教者，只本邑西郭苣九叶老夫子一人耳。荏苒十余载，每觉篆文之不广，制度之不周，刀法之不全。延至三十五，骤思广咨博访，不惮跋涉之劳，初到营邱、渠邱、平寿、东武，继至沂水、郯城、兰山、东海，复越境而至江南，共计五载，席不暇暖，犹以为未足。（图5）

由此段自叙可知，刘维坊自幼喜爱篆刻，成年后每于闲暇时便"考六义、辨八体"，但可请教之人只有本乡叶凤文（卷四"阳铸铜"下详注）（图6）。虽有十余年的篆刻学习经历，但他对个

---

① 李飞《明清以来古文奇字印章研究》，吉林大学博士学位论文，2022年。

② 郝安琪：《浅谈传抄古文吉语格言印》，《西泠艺丛》2021年第10期，第29–32页。

③ （清）刘维坊《印文详解》，松荫轩藏清道光二十六年（1846）钤印本。本文中多次引用该印谱，为方便行文，后文不另出注。

④ （民国）《寿光县志》卷十四，民国二十五年（1936）铅印本。

⑤ 吕金成《明清山东印学编年史》，《印学研究》第一辑"山东印学研究专辑"，山东大学出版社2009年版，第121页。

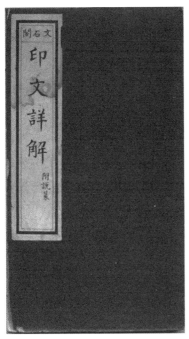

图1　《印文详解》（四册本）卷一封面，复旦大学印谱文献虚拟图书馆，松荫轩藏

說篆　許容著
執筆須中指在下襯之點畫波撇皆進一身之力而送之故古人書無渴筆因力在腕中不盡用筆力必須筆忘手手忘心心忘法法出於自然以盡字之真態妙合天趣則方圓平直無不如意矣褚河南曰用筆如印泥畫沙使其藏鋒畫乃沈着當其用鋒常欲使其透過之草書是變體者皆博雅之士所宜究心也
唐太宗言欲書之時當收視反聽絕慮凝神心正氣和則契於

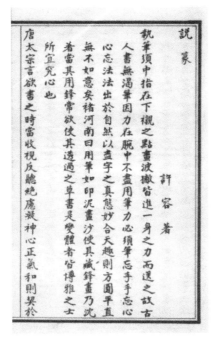

图2　《印文详解》（四册本）卷四附《说篆》，复旦大学印谱文献虚拟图书馆，松荫轩藏

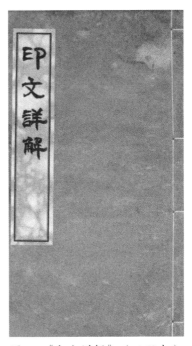

图3　《印文详解》（二册本）卷一封面，复旦大学印谱文献虚拟图书馆，松荫轩藏

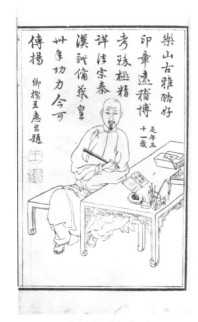

图4　《印文详解》（二册本）卷一，王惠昌题像，复旦大学印谱文献虚拟图书馆，松荫轩藏

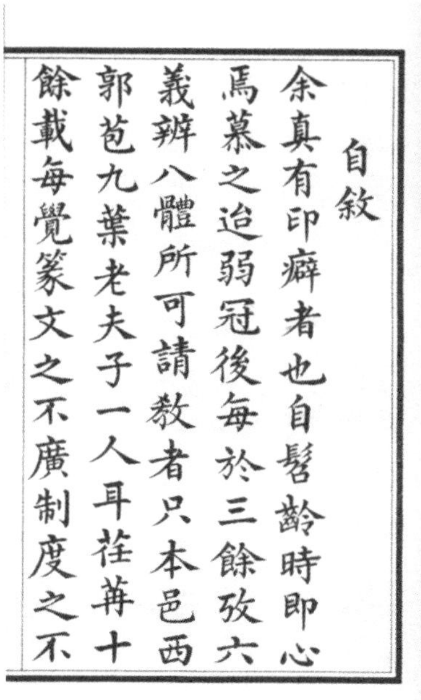
自敘
余真有印癖者也自髫齡時即心焉慕之迨弱冠後每於三餘攷六義辨八體所可請教者只本邑西郭苞九葉老夫子一人耳荏苒十餘載每覺篆文之不廣制度之不

图5　《印文详解》（四册本）卷一自叙，复旦大学印谱文献虚拟图书馆，松荫轩藏

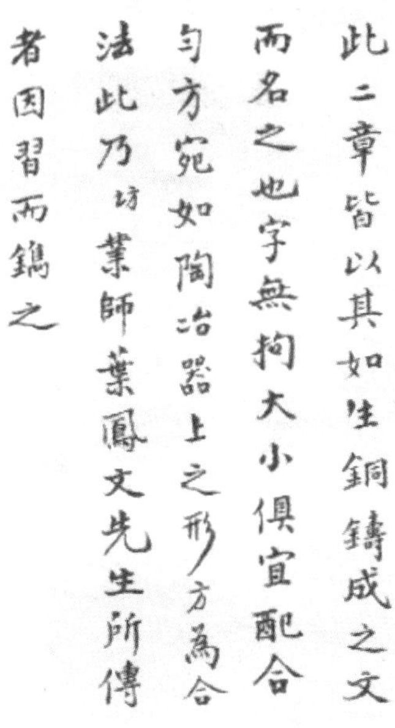
此二章皆以其如生銅鑄成之文而名之也字無拘大小俱宜配合匀方宛如陶冶器上之形方爲合法此乃坊葉師葉鳳文先生所傳者因習而鐫之

图6　《印文详解》（四册本）卷四“阳铸铜”注，复旦大学印谱文献虚拟图书馆，松荫轩藏

人所学仍不满足，至三十五岁时，他广泛游历各地，开阔视野，足迹遍及山东各地乃至江南，历时五年，不惮劳苦。其对篆刻的痴爱在其《乐山印萃》自叙中也可得见：

> 盖前辈先生，非闭户潜修，即旷怀高蹈，见于秦则学秦，见于汉则学汉，断不肯废其正业，狂游远方，而专致乎此。而余则时而江南，时而东海，真有印癖情，于是挥汗如雨不知暑，坚冰在须亦忘寒。见谱卅余部，访友廿余年，若不将所见尽镌，实心痒难挠。①（图7）

可见刘维坊的篆刻追求极甚，投入了巨大的热情和精力，也表现出非常的执着和毅力。但刘维坊仍觉自身尚有提升的空间，其《印文详解》中还有记述：

> 迨道光二十二年春，又来北京，侨居廊房头巷泉石林中，自立一斋，名"文石阁"。今阅五载矣，前后共见谱四十余部，始觉闻见稍宽，然终未睹篆文、制度、刀法详悉注明者，甚觉憾焉。虽曾自镌《乐山印萃》一部，而篆文、刀法亦是不详。丙午春，东城张文锦兄借观雍阳赵锡绶先生所镌之《云峰书屋印谱》一部，内有二卷，图一百二方，注释详明，颇如吾意。惟仍嫌篆文未能大备，因不惜心力，将素所闻见者尽行镌之，共得二百四十体，较赵公加倍有余，其注释略仿其则爰，汇以成帙，灾之枣梨，弁其名曰《印文详解》，以公同好，倘有不甚精当者，愿高明指示焉，则余之大愿足矣。

此段文记录了刘维坊道光二十二年（1842）来京定居，并立斋名"文石阁"。五年来，他前后共阅见过印谱四十多部，但是始终遗憾于未见篆文、制度、刀法详备的印学著作。直至道光二十六年丙午（1846）春天，刘维坊友人张文锦借其赵锡绶所镌刻《云峰书屋印谱》（图8）一部，其中有两卷本收录印章共一百二十方，详细注明了篆文与刀法，但他仍不满足其篆文类别的丰富程度，所以他以《云峰书屋印谱》的体例为参考，融合自己数年来所学所见，自作篆刻作品，辑成《印文详解》。他在卷一中指出："此《印文详解》二百四十方所用之句，圣经贤传，诸子百家，无所不有，故统名之曰'适性闲文'，特镌之以为总纲。因在二百四十方之外，文法、刀法不加详解。"因此，该印谱所录二百四十枚印章，每一印章均标出篆书诸体、释文出处与刀法，但主要注解篆体来源、风格，并适当融入所见所学，阐明自己的印学经历，而文法、刀法则不再详解。

印人治印往往需要字书以作参考，字书中所涉及的篆形越丰富，其传播的影响力也就越大。正如前文所述，此部《印文详解》刻出后，有评价称在京城"几于家置一编"。音德布《印文详解》序云："兹复以《印文详解》见示，反覆展玩，不禁深许其技之神，而折服其心之公也。"（图9）刘维坊辑成的这部包含二百四十种篆体的印谱，具有十分广泛的受众和市场。

---

① （清）刘维坊《乐山印萃》，松荫轩藏清道光二十三年（1843）钤印本。

二、《印文详解》的编撰策略

本文用"策略"一词，一方面是为了考察刘维坊编撰印谱的方式，包括其对印文篆例的命名及其风格阐述等；另一方面则是探讨他在《云峰书屋印谱》一百二十体的基础上，将篆体数量翻倍至二百四十体的行为。此一行为或可炫其博学古奥，抑或是让时人闻之惊叹，以助其达到"名噪京师"的效果。《印文详解》卷四刘维坊叙云："然既竭智尽忠，镌出各体印章，亦可称儒林雅事，且不惜资本，谋为广传之计，又足为大公之人，何甘心不录与烟云等耶？"或许表明了印人的这一意图。

基于这两方面，我们从刘维坊所阅印谱、所见字书、所行交游三个角度，来探讨《印文详解》的编撰策略：

（一）所阅印谱

刘维坊这一时期所参阅的四十余部印谱，其中大多数应在时下流通较为广泛，受众量比较大。这一时期的印谱有一个特点，即通过增加多样的印面风格以增加可读性和展玩性，其中有部分印谱是作为印文解读、刀法解读、风格解读为一体的效果呈现的，这最早可见于许容《说篆》等书。在当时人们追慕古文字的情况下，这类印谱无疑有了更多的受众。

刘维坊所阅最重要的印谱则是赵锡绶《云峰书屋印谱》[①]，该印谱收录许容《许氏说篆》[②]（册二）"篆体正宗"与"篆体奇赏"中的印章，[③]（图10、图11）其所使用的名称除了大篆、小篆等正统篆书外，多数取于各类杂体篆，可见唐韦续《五十六体书》、宋释梦英《十八体篆书》、道肯《三十二篆体金刚经》等[④]，其余部分则取碑刻古文、时人印章，或为个人命名。

《印文详解》中除所注五岳图、聚锦文、滕公碑等个别篆文外，几乎将《云峰书屋印谱》中的印章全部收录，而对篆体来源和风格的描述则相较于《云峰书屋印谱》有所改作，以"麟书"为例，来看《云峰书屋印谱》中对其的描述："麟书者，素王弟子因获麟纪瑞而作也。斯篆为质，龙书为纪。飞舞游飏，任笔墨之所如；点缀纵横，属心手之相应。若无若有，笔法刀法以全彰；或断或连，正刀切刀而并用。若以笔描书，用刀软冲，是俗手所为，不足言法。"（图12）

《印文详解》则云："此书素王弟子因获麟纪瑞而作。麟为神物，书亦自有飞扬之致，纵横点缀，若有若无，可以意会，不可以言传，斯得之。"可见刘维坊以《云峰书屋印谱》为范本，参己

---

① （清）赵锡绶《云峰书屋印谱》，德润堂藏清嘉庆九年（1804）钤印本。

② （清）许容《许氏说篆》，松荫轩藏清康熙二十一年（1682）钤印本。

③ 《许氏说篆》"篆体正宗"二十七种：鸟迹书、大篆、篆籀、小篆、奇字、钟鼎文、九叠篆、署书、汉文、填篆、坟书、鹄头书、石刻文、悬针书、急就文、倒薤书、满白文、玉箸篆、碧落文、烂铜文、细白文、柳叶书、切玉文、铁线文、圆朱文、偃波文、方鼎文。"篆体奇赏"二十七种：龙书、穗书、殳书、垂云书、鸾凤书、蝌蚪虫书、龟书、钟鼎书、岣嵝文、滕公碑铭、刻符书、芝英书、飞白书、垂露书、雕虫书、金剪书、璎珞书、金错书、转宿书、回鸾书、鸟书、鱼书、虎书、麟书、龙爪书、齰齺书。

④ 程渤《"杂体篆"与"杂体篆"入印——试论历代印人对篆书别体的审美流变》，《西泠艺丛》2016年第2期，第32—38页.

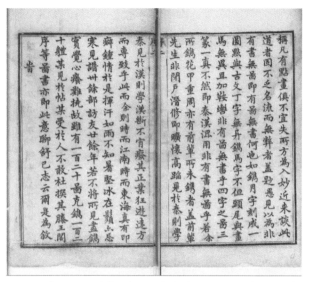

图7　《乐山印萃》（二册本）卷一自叙，复旦大学印谱文献虚拟图书馆，松荫轩藏

图8　《云峰书屋印谱》卷二扉页，德润堂藏本

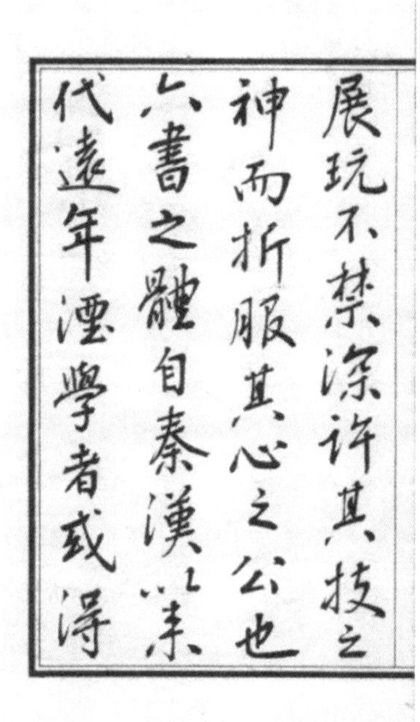

图10　许容《许氏说篆》卷二《篆体正宗》，复旦大学印谱文献虚拟图书馆，松荫轩藏

图11　许容《许氏说篆》卷二《篆体奇赏》，复旦大学印谱文献虚拟图书馆，松荫轩藏

图9　《印文详解》（四册本）卷一音德布序，复旦大学印谱文献虚拟图书馆，松荫轩藏

意而改作。在篆体来源上，他改动不大；在风格描述上，则部分借鉴，并加入了个人的发挥。

刘维坊还参考《无双谱印篆》①（图13），如谈"积雪文"云："'积雪'之名，见于鄂城戚祖华《无双谱》，是阴文。图内空出相印大小，挖上几孔，不拘大小，印出时仿佛阳春残雪之形，斯谓得之。此式只言印体，而文字无论古今，石宜大，字宜小，少有阴而无阳。"谈"阳破笔文"云："此文见于鄂城戚祖华所镌之《无双谱》，载有'洗夫人'三字，笔致遒劲，风神跌宕，因拟其体，以破笔书之，镌为此章，倘有仿者，当知与飞白双钩不同也。"其中"积雪"一词可见于《无双谱印篆》方正麟序中的"混积雪之类"②。"画沙文"见云间陈炼所镌之《属云楼印谱》，"摹印篆"注孟介石镌《养正楼谱》内，砂文见于《印香阁印谱》，"大小白文"见于《百禄图印谱》，"宽边满白文"见于潍水郭兰汀《百寿图》，"草篆"依胡正言原镌仿之，"苔薛文"获于谢西评先生《阴骘文印谱》，这些均是刘维坊依参考所阅印谱所制。

（二）所见字书

字书是印人所取用印文的重要载体，而清代印人较为常用的一本字书是明代闵齐伋撰，后经清代毕既明付梓的《订正六书通》。考察清代各个时期，尤其是清早、中期的印谱，可发现大量的印文取自该字书。《印文详解》中虽然注出了很多源于字书的字形，但其来源应该正是这本《订正六书通》。

《订正六书通》中除小篆、汉印等常见的篆体字形外，其收字来源大概分为两个途径，其一部分是两宋时期的金石图录字形，常见于薛尚功《历代钟鼎彝器款识法帖》、吕大临《考古图》、王黼《宣和博古图录》等。这类金石图录字形在《印文详解》中较少，如"钟鼎文"（图14），其注解为："三代作钟鼎，刻铭其上。后人仿其字形，因名'钟鼎文'，与下章象钟鼎之式而作书者不同，看薛尚功书自知。"

另一重要部分则是传抄古文字形，大多数源于郭忠恕《汗简》、夏竦《古文四声韵》、杜从古《集篆古文韵海》等。《印文详解》收录传抄古文字形较多，如"古文""《古孝经》""《古尚书》"，并注出了古文资料的来源，如"古文"注解："秦焚书后，至汉文时，始于孔壁得经，即《尚书》等篇，其文各字皆备，后之篆文于此为独盛焉，统名曰古文。""《古孝经》"注解："《古孝经》系鲁恭王毁孔子宅，以广宫室于壁中得之，笔画两头皆尖口，多三角，古奥绝伦，摹之以备参观。""《古尚书》"注解："此专系壁经《尚书》篇之字，故名《古尚书》，与《孝经》《老子》殊无大异，因篆书中另列一名，亦依样镌之焉。"

当然传抄古文入印现象还有一种情况，即《汗简》《古文四声韵》等字书中的传抄古文在后世字书中被辗转收录，如杨恒《六书统》、田艺蘅《大名同文集》、李登《摭古遗文》、杨慎《六书索隐》、朱谋㙔《古文奇字》等字书收录的传抄古文再次被《订正六书通》收录。③《印文详解》中也涉及这一部分，如在"古文奇字""升庵索隐"（图15）二者后注解："镌图用字贵伦，夫人而知之也，然亦可以不甚必然。盖无论几字，定须出在一书，则此章'君子以文会友'六字，而以

---

① （清）戚祖华《无双谱印篆》，松荫轩藏清乾隆二十七年（1762）钤印本。
② （清）戚祖华《无双谱印篆》，松荫轩藏清乾隆二十七年（1762）钤印本。
③ （明）闵齐伋辑，（清）毕弘述篆订《订正六书通》，上海书店出版社2013年版。

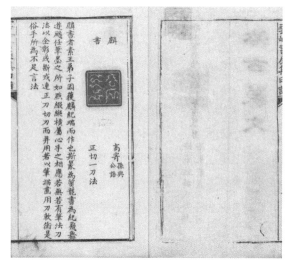

图12 《云峰书屋印谱》卷二，德润堂藏本

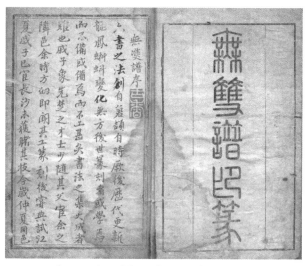

图13 《无双谱印篆》，复旦大学印谱文献虚拟图书馆，松荫轩藏

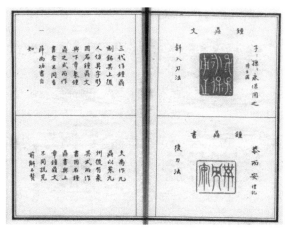

图14 《印文详解》（四册本）卷二"钟鼎文""钟鼎书"注解，复旦大学印谱文献虚拟图书馆，松荫轩藏

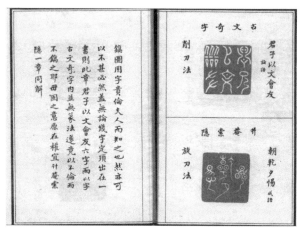

图15 《印文详解》（四册本）卷二"古文奇字"与"升庵索隐"注解，复旦大学印谱文献虚拟图书馆，松荫轩藏

字《古文奇字》内并无篆法，遂竟以不伦而不镌之耶？毋固之意，原在权宜升庵《索隐》一章同解。"篆刻取字原则应"出在一书"，但并不一定拘泥，刘维坊在刻"君子以文会友"六字时，因《古文奇字》缺少"以"字，便从《六书索隐》中取字，两者虽然是不同字书，但其根本均是传抄古文字形。

"六书统""同文集"后注解："'六书统''同文集'二印，余见谱四十余部，未见有镌之者，因思篆中既有此字，何可独任缺略？爰尽心搜索，特为镌出，不揣固陋，以备大雅君子参阅，非敢云补前人之所未足，而师心自是以取咎也。""存乂切韵""摭古逸文"后注解："《六书通》叙曰：作钟鼎文者，自有取义，十九不可强解。兹存乂《切韵》《摭古逸文》二种，字多古奥幽深，余谓亦属难测，特镌之以备体裁。至于其理之所以然，坊见闻固陋，实有未能深为考究也。"虽然刘维坊在注解中不断强调"未见有镌之""幽深古奥"，但是其字形根源依旧是传抄古文，不过是取《订正六书通》中不同的字书字形，而这些字形在前人的印谱著作中也较为常见。

（三）所行交游

不同于单纯的阅览印谱，刘维坊数年间的游历，所得或者过眼的诸多印章，都成了其编撰《印文详解》的素材。刘维坊关于这方面的记述，反映了他与同时期各地师友的篆刻交游经历，我们考察其中的内容，也可以从中窥见这一时期印人交游活动的一个侧面。

刘维坊记述印事可以分为两个方面。一方面是他所见的印章，依印面风格凭借记忆镌出，例如"竹简文"注："此文坊独见于乾隆三十年在中先生所镌之冯异之印一方，笔画粗细不等，俱是齐头，名曰竹简，因特拟之。""洗玉文"注："此文论体不论字，文宜洁白如玉，以水洗净，起落处皆圆，转折处皆方。坊就汲古堂摹之，须知不宜阳文。""就边文"注：此文"四围就字为边，偶遇缺略，则以线边补之，亦另是一式。坊游艺春明，仿于名手，而得此法焉。"此类印文均是刘维坊四处游于印事，得见印文风格而仿之。

另一方面则是刘维坊在与师友交游过程中得知的篆体名称，如"模糊文"名得于印友盛蔼人，其注云："此名坊于印友盛蔼人先生处得之，自觉与剥落文稍异。盖就字画而论，剥落则字形若缺，而字画不缺，如石腐刀钝者，然模糊碑则编体无一全画法，宜用小篆阴文按步就班，刻成之后，再以铁器击之，方得神似。"而"铁锈文"印得于印师叶公，其注云："此文得于印师叶公授止阳文一方，上标名曰'锈铁'。印中有数点，形若槟榔，余思石上见铁，自古有之，若二寸止印，多不过四五点，倘过于稠密，似失自然之象。镌之者能绘出真形，方为妙品。""鱼骨文"之名受臧廷彦指教，注云："此文琅琊臧廷彦先生专工此体，余曾亲受其指示。法宜坚硬为主，笔画起处若瓜蒂，止处若钢针，镌成形象与鱼骨无二，方称得神。"

三、《印文详解》的印学价值

刘维坊在入京之后，能够继《乐山印萃》后又出此谱《印文详解》，大概有四方面原因：第一，刘维坊自幼可能受到潍坊地区浓厚的印学氛围熏陶，如安丘印派张氏家族、郭氏家族的影响，以及他老师叶氏的指导，使他有了扎实的篆刻基础；第二，这一时期渐盛的金石学对刘维坊产生了较大影响，这种学术背景促使他在编撰印谱时，不仅关注印文本身的审美价值，还注重对文字学的深入研究；第三，刘维坊个人对篆刻艺术的偏爱是他编撰这部《印文详解》的重要动力，他广泛游历各地，拜访名家，见识到了大量印谱和印章，希望通过编撰印谱来展示自己所积累的丰富经验和见解；第四，清代有一类印谱以字书形式进行编撰，如许容《说篆》、赵锡绶《云峰书屋印谱》、孟介石《养正楼印存》等，这种编撰形式对刘维坊产生了启发，他在《印文详解》第四卷后附上的《说篆》，也正是体现了这种字书形式的影响。

刘维坊的《印文详解》虽然未能成为经典印学之作，这不仅是因为他的篆刻水平有所限，作品不能够在后世传为经典，而且也因为该印谱中存在大量抄录、改写或牵强附会之说。这些问题虽然在某种程度上影响了《印文详解》的艺术价值，但在当时的印谱编撰过程中，抄录和改写并不鲜见，甚至可以说是这一时期印人编撰印谱的通病。因此，即使《印文详解》未能跻身经典之列，但它并非没有研究意义，反而在某些方面具有重要的印学价值，这可从两个方面来看：

首先，从编撰过程来说，《印文详解》展示了刘维坊对篆刻的广泛涉猎。书中记述了他所阅览过的印谱、所参考的字书以及诸多个人的篆刻活动。通过《印文详解》，我们能够看到刘维坊的"生平印迹"，追踪他与当时印人交游的痕迹，进一步了解他的印学活动。这些内容可以为我们提供丰富的印学史料，尤其是他在作品中对篆文字例的描述，不仅仅是个人创作的记录，某种程度上也成为了当时印学文化的缩影。因此，该印谱不仅仅是他个人的创作作品，更是一份印学史实的记录，具有重要的史料价值。

其次，从编撰目的来看，刘维坊成功地将《印文详解》这部印谱作品传播开来，实现了"广为传之"的目标。这种形式的印谱，通过对印文的解读以及篆体的注释，不仅展示了刘维坊的印学思考，同时也顺应了当时印人群体的需求。所以，这不仅在印文审美上有所贡献，还反映了当时印人群体对篆刻艺术的共同理解。因此，借助《印文详解》所记述的印学史实，我们得以深入理解当时印人群体所持有的"印文观念"及其在那个时期的广泛传播。

综上所述，尽管《印文详解》没有成为经典之作，但它在印学研究中依然具有独特的价值，尤其是在保存印学史料和传播印学观念这两方面。研究刘维坊及其作品，不仅让我们深入了解他的个人成就，还能够更加全面地理解这一时期印人群体的印学观念及其艺术实践。

（作者系中国艺术研究院博士研究生）

家国情怀下的孟昭鸿印学著述与篆刻实践研究

王仁海

摘要：百年前的孟昭鸿参与抢救《琅琊刻石》为世人所知，然其印学研究和篆刻创作却鲜为人知。本文通过梳理其已出版的印学研究著述《汉印文字类纂》和《汉印分韵三集》及其他留存各类印谱等，分析其篆刻作品风格和特点，剖析其在印学研究和篆刻方面的意义影响，以期通过历史的还原，重新认识百年前的孟昭鸿等先辈们，在家国情怀之下的印学研究和篆刻创作状态。百年后的我们更应该传承这一精神，创作出更加适合时代的篆刻作品，促进印学研究更加深入。

关键词：孟昭鸿　印学研究著述　篆刻实践　印谱　影响

清中后期盛行金石收藏和金石学研究著述，至清末民初时期金石之风依然盛行，山左孟昭鸿（1883—1947）就是这一时期的典型代表之一，他是"近代著名的收藏家、金石学家、书法家和篆刻家"[1]。参与抢救、修复和保护了秦代《琅琊刻石》，使国宝《琅琊刻石》"得以'重生'又获'新生'"[2]，其中孟氏起了关键的作用。他在印学研究方面和篆刻创作方面均负有盛名，因资料的缺失和其他种种原因却少有人提及。

一、家学渊源与印学研究著述

金石收藏和研究，"须具备学问与财力两方面的条件，寒士有学而无力，商贾有力而无学，故晚清治金石者多为达官仕人"[3]。孟昭鸿（1883—1947）虽未入仕，然承殷实祖业，富收藏而钟情于金石研究。《民国书法篆刻人物辞典》中记载："孟昭鸿，山东诸城人。字方陆，更字方儒，号放庐。斋名静修堂、宁远堂。清代庠生。好收藏，碑拓甚富，自刻印曰'诸城孟氏宁远堂所藏汉碑百种之一'。曾与诸城同好竭力搜访琅琊台秦始皇碑刻，使片断终成完璧。1914年，与仲兄昭沄共结甲寅诗社。工诗文，有《诸城庚午围城日记》《放庐诗词》。善书法。尤工隶书，融会《张迁》《礼器》《史晨》诸汉碑，谨严古茂，自成一格。亦擅治印，胎息秦汉，又略参高凤翰、吴昌硕，印风苍劲厚重，书趣笔意甚浓。著有《印字类纂》《汉印分韵（三集）》《放庐印存》《放

---

① 曲彬《孟昭鸿的印学成就与篆刻艺术》，《印学研究2011：民国印学研究专辑》，山东大学出版社2011年版，第84页。

② 王仁海《西泠印社与〈琅琊刻石〉的"重生"》，《西泠印社第七届"孤山证印"学术研讨会论文集》，西泠印社出版社2023年版，第47页。

③ 陆明君《簠斋研究》，荣宝斋出版社2004年版，第39页。

庐藏印》等。"①其祖父孟继尧（1800—1862）："字学山，道光庚子（1840）举人，江苏震泽县知县。官居清正，颇有政声，能诗善画，尤嗜金石，购求不吝重价，收藏较富。"②其父孟广琛（1832—1890）："字献廷，曾任户部行走、主事，援例为侍郎……工诗善书画，搜罗名人墨迹甚多，有《双松书屋诗稿》传世。"③其善于收集碑刻及墨迹，亦擅临帖，在诗稿中写道："试墨同摹飞白帖。"④孟昭鸿在这样的家族氛围熏陶之下，由见多而识广，其家藏的主要来源"以乃祖、乃父从江南、京师运回之籍为基础，进行广泛搜集"⑤。孟昭鸿因学富而业精，遂以富收藏而称誉一方，而又以金石和印学为显。

（一）《汉印文字类纂》与《汉印分韵三集》由西泠印社出版

孟昭鸿的汉印、玺印收藏量大而精，主要用于学习和研究，摹印近千方，精研、深思并总结结字规律，在治印实践中运用，把主要的摹写成册，用作工具性资料，便于查字。曾工作于诸城博物馆的老馆员韩岗先生说："他（孟昭鸿）深研金石古印，经二十余年的艰辛钻研，于1925年撰成《汉印文字类纂》（《印字类纂》）四册（十二卷），郭金范为之序。"⑥郭氏为孟昭鸿的老师，诸城城里人："金范于光绪八年（1882）中式壬午科山东乡试第72名举人……金范平生能诗善文，兼擅长书法，与乃兄金篆齐名，邑里号称诸城'二郭'。"⑦其为孟氏的书法和篆刻的老师，又同里近邻而居，对孟昭鸿的为人和印学研究不仅熟悉，还会起一定的引导作用，其序文如下：

文字肇兴，篆书最古，叔重《解字》，始有释文。然当秦之时，即标摹印一体，而后人承用，颇以缪篆为宗。是变法新意，已不尽与《说文》合矣。尝考自汉迄今，言篆之书，无虑数十，然大率并蓄兼收，于印文不复区别。案头翻阅，殊乏善本。印谱以外，惟近日《汉印分韵》集字等编，以韵为纲，而博采印文，从其音而分系之，开卷了然，颇称简要。惟尚嫌一字可入数韵，迁就重复，不免自乱其例。况古印发露，迟早有时，或囿于方隅，或限于年代，前人不得见，必待后人而始显者，又往往然也。孟生方陆，天姿超逸，博学多能，而尤癖于篆。自其少时即寝馈于斯，数十年乐之而不厌。而物聚所好，凡嗜古之士，居奇之贾，求赏鉴者，争凑其门。于是见闻益广，辨别益精，每叹集字诸书不赅不遍。因仿梅氏《字类》，发凡起例，画分部居，另为《印字类纂》一书，剖析毫芒，抉择疑似，去取精审，诠释详明。印非目睹，概从割爱，较之前人增字万余，且留其有余，以待随时之赓续。然则是编之出，虽不敢谓遂集大成要，亦可称后来居上，其必传世行远无疑也。余素不解篆体，独喜生之有志乎古，又

---

① 沈传凤、舒华《民国书法篆刻人物辞典》，上海书画出版社2012年版，第269—270页。
② 诸城日报社《诸城名人》，齐鲁书社2003年版，第236页。
③ 孟庆泰《我的祖父孟昭鸿》，《中华书画家》2018年第5期，第67页。
④ （清）孟广琛《双松书屋诗稿》，民国六年（1917）石印本，第30页。
⑤ 鲁海《近代藏书家孟昭鸿》，《图书馆杂志》1994年第3期，第58页。
⑥ 韩岗《诸城金石学与陈介祺研究》，《陈介祺研究》，齐鲁书社2021年版，第1304页。
⑦ 张崇玖《诸城明清举人贡生传略》，政协诸城市委员会2017年版，第119页。

嘉其用力之专且勤也，故俶然撮其大要，书于简端。岁在乙丑八月，似潜老人郭金范撰。①

郭氏撰写的序言比较中肯，非常全面清晰地分析了该书的缘起、特点及其价值等，并更加肯定了孟昭鸿严谨的治学态度和金石情怀。更加确切地讲，该书针对以往汉印字书的不足而采用新的编排方式，并"剖析毫芒，抉择疑似，去取精审，诠释详明"，但却是其独立印学研究思想的结晶。同时，该书还汇集了当时已有的字书及印章资料，不仅是汉印，亦有先秦玺印等，并"较之前人增字万余，且留其有余，以待随时之赓续"②，故其"更为赅备，更为精确，更为实用"③。其学术和实用价值自不待言，正如其师所期待的"其必传世行远无疑也"④。

对于汉印的学习与整理，孟昭鸿一边收藏，一边研究著述，其同学徐桂赞曰："吾友孟君方陆嗜古而精篆刻，尝以袁日省《汉印分韵》及谢景卿《汉印分韵续编》犹未该备，乃将所存汉印钩勒校勘，按韵分编，较二书又增五千余字，颜曰《汉印分韵三集》。"⑤也就是在民国十六年（1927）秋，孟昭鸿又完成了《汉印分韵三集》的整理著述，其勤勉若此令人钦佩。其自作序云：

> 余幼耽篆刻，尤嗜汉印，诸家古铜印谱而外，集字之书独于《汉印分韵》，奉为矩矱，尝思其书之成，百有余年矣。汉印之后出日益增多，所集印字，不无遗珠之憾，于是广为搜辑，凡袁、谢二氏所未见及未收者，一依其例，手自钩摹，所得又复七千余字，因用姚晏《再续三十五举》之例，名曰《汉印分韵三集》。藏诸箧衍，以备参稽。⑥

该书实为在前书《汉印文字类纂》成果的基础上，从"分韵"的角度又进行了梳理和补充，亦是对《汉印分韵》的延续和补充，但其意义亦非同小可。然孟氏向来谦虚，在序言中又说："但僻处海隅，见闻寡陋，博雅君子与余有同嗜者，赓续承纂，以成四集，是尤所厚望也夫。"⑦这种倾情于学术研究的精神令人感动，首先是汉印资料的收集、购置，然后还要一印一字地比较，以找出新出之字；其次是成书的过程非常麻烦和复杂，在20世纪初进行对校汉印，要"先用油纸将印字一个个先用毛笔描出，再置于稿纸下描出"⑧，整部印集就是孟氏这样一笔一画"手自钩摹"而成，从这里我们可以看出其治学的艰辛和勤勉。然而这只是印学研究的事务性工作，而真正困难的

---

① 曲彬《孟昭鸿的印学成就与篆刻艺术》，《印学研究2011：民国印学研究专辑》，山东大学出版社2011年版，第96—97页。

② 曲彬《孟昭鸿的印学成就与篆刻艺术》，《印学研究2011：民国印学研究专辑》，山东大学出版社2011年版，第90页。

③ 曲彬《孟昭鸿的印学成就与篆刻艺术》，《印学研究2011：民国印学研究专辑》，山东大学出版社2011年版，第90页。

④ 曲彬《孟昭鸿的印学成就与篆刻艺术》，《印学研究2011：民国印学研究专辑》，山东大学出版社2011年版，第90页。

⑤ （民国）孟昭鸿《汉印分韵三集》，西泠印社1933年版，序言第1页。

⑥ （民国）孟昭鸿《汉印分韵三集》，西泠印社1933年版，序言第3—4页。

⑦ （民国）孟昭鸿《汉印分韵三集》，西泠印社1933年版，序言第4页。

⑧ 曲彬《孟昭鸿的印学成就与篆刻艺术》，《印学研究2011：民国印学研究专辑》，山东大学出版社2011年版，第91页。

是对玺印文字的释读，这也是最为关键、最见学术水平的。孟氏非常清楚，这类书如有错误，后果就很严重，然其治学严谨，整理和著述过程中始终要做到"剖析毫芒，抉择疑似，去取精审，诠释详明，印非目睹，概从割爱"①。这也足见其治学的态度和对金石文化研究的"家国情怀"，此书"亦可称后来居上，其必传世行远无疑也"②。孟氏考虑更加周全："且留其有余，以待随时之赓续。"③正如学者曲彬所说："此类书尤对保存光大学术、嘉惠艺林意义极大，故其成就、功劳亦自不待言。"④

孟昭鸿的以上两书，引起众多学者的重视，先是争相传抄参阅，后于民国二十二年（1933）由上海西泠印社梓行。王福庵先生观后大加赞叹，分别用篆书和隶书为孟昭鸿题写书名《汉印文字类纂》（图1）和《汉印分韵三集》（图2），这也是对孟昭鸿印学研究的充分肯定和极大的鼓励。此书后来受到学界专家的一致认可，其中得古文字学家容庚、书画篆刻家潘天寿、邓散木所称赏。⑤中华人民共和国成立后，应国内爱好者的要求，1979年上海古籍出版社又将《汉印分韵》正集、续集、三集重新编排成《汉印分韵合编》再版，至今受到篆刻爱好者和印学界的欢迎，普遍认为该书字体钩摹较精，具有较高艺术水平。⑥读者一致认为这"是一部较好的篆刻工具书"⑦，至今仍为篆

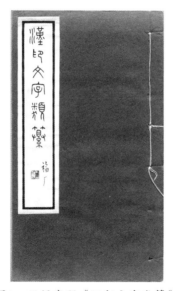

图1　王福庵题《汉印文字类纂》　　　　图2　王福庵题《汉印分韵三集》

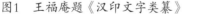

① 曲彬《孟昭鸿的印学成就与篆刻艺术》，《印学研究2011：民国印学研究专辑》，山东大学出版社2011年版，第97页。

② 曲彬《孟昭鸿的印学成就与篆刻艺术》，《印学研究2011：民国印学研究专辑》，山东大学出版社2011年版，第97页。

③ 曲彬《孟昭鸿的印学成就与篆刻艺术》，《印学研究2011：民国印学研究专辑》，山东大学出版社2011年版，第97页。

④ 曲彬《孟昭鸿的印学成就与篆刻艺术》，《印学研究2011：民国印学研究专辑》，山东大学出版社2011年版，第91页。

⑤ 孟庆泰《我的祖父孟昭鸿》，《中华书画家》2018年第5期，第68页。

⑥ 韩岗《诸城金石学与陈介祺研究》，《陈介祺研究》，齐鲁书社2021年版，第1305页。

⑦ 韩岗《诸城金石学与陈介祺研究》，《陈介祺研究》，齐鲁书社2021年版，第1305页。

刻者所使用。

值得一提的是，《汉印文字类纂》出版后，孟昭鸿还在继续搜集资料，以备出版《续集》，并且已得千百字，惜未完稿孟氏即去世。其严谨的治学精神依然是我们后学者的榜样，其对印学研究的贡献是为共识。

（二）印谱的拓制整理

孟昭鸿除对汉印进行梳理并且将之编纂成书外，还对印谱进行搜集、整理，但其不仅仅局限于汉印和玺印，还包括"上自元明，下迄于今"①，皆"择其自署款识者，随所得而拓焉"②。其整理出的印谱有数部，除战乱流失之外，今存世的就有数部之多。

一是《放庐集古印谱》的整理与拓制。孟昭鸿的收藏中，印章是其中的一个重要项目，但经历了战乱之后，所剩者少，如其《齐武平造像残石》诗中所说："贪兵劫吾室，数百年收藏，一旦尽散失。"③然印谱幸存，最早孟氏就有这种危机感，所以集古印谱的收集时间较早，其于1915年3月就编成此印谱，是年孟氏32岁。如其所言："余幼嗜六书，因稍稍习篆刻，每遇佳印章辄不惜重资购之，益以家世旧藏，共得数百方。亲宾知余之癖于是也，如杨君铁渔、李君颜山、绍航、绍丰争出所种以视余。计所见名人镌篆亦不下数十方，虽不必尽天下之大观，然于尔时亦足以助我张目矣。"④孟氏热爱印学并操刀治印，其忧患意识亦十分强烈，家国情怀意识极为真挚："以余结习所在，瓣香十有余年，竟一旦毕致于前，如亲见古人奏刀献技于几席之上，聚而散，散而复聚，殆亦有数存焉于其间耶？数者无常而可无籍乎？然则是帙之成，岂惟余之自喻适志，即世之与余有同嗜者，亦必汲汲然争先睹之为快也。"⑤其老师郭金范在其序言中评注："门下士孟生方陆才气敏锐，博学多通，自其幼笃嗜金石文字，而尤工篆刻，盖骎骎乎不懈而及于古矣。然犹自视欿然，以为奏刀应手必先见古人之大全。于是博采旁搜，凡朋好所称藏，不远千里辄思借观以为快。上自元明，下迄于今，择其自署款识者，随所得而拓焉。积累既多，裒然成帙，神奇工巧赅而存之。"⑥从其序言中可见，孟氏印集为元、明、清文人篆刻的汇集，总共收录了百余方，其目的"在于保存和传播古印，研讨篆刻之艺，实亦可作文人篆刻变迁之图像史来看"⑦。难能可贵的是，有许多印章未见于其他印谱，孟氏拓印此印谱也仅有几份，然重在浓重的"家国情怀"，其意义如同陈介祺

---

① （民国）孟昭鸿《放庐集古印谱》郭金范序，稿本，孟庆泰藏。转引自曲彬《孟昭鸿的印学成就与篆刻艺术》，《印学研究2011：民国印学研究专辑》，山东大学出版社2011年版，第89页。

② （民国）孟昭鸿《放庐集古印谱》郭金范序，稿本，孟庆泰藏。转引自曲彬《孟昭鸿的印学成就与篆刻艺术》，《印学研究2011：民国印学研究专辑》，山东大学出版社2011年版，第89页。

③ 韩岗《诸城金石学与陈介祺研究》，《陈介祺研究》，齐鲁书社2021年版，第1306页。

④ 转引自曲彬《孟昭鸿的印学成就与篆刻艺术》，《印学研究2011：民国印学研究专辑》，山东大学出版社2011年版，第95页。

⑤ 转引自曲彬《孟昭鸿的印学成就与篆刻艺术》，《印学研究2011：民国印学研究专辑》，山东大学出版社2011年版，第96页。

⑥ 转引自曲彬《孟昭鸿的印学成就与篆刻艺术》，《印学研究2011：民国印学研究专辑》，山东大学出版社2011年版，第96页。

⑦ 曲彬《孟昭鸿的印学成就与篆刻艺术》，《印学研究2011：民国印学研究专辑》，山东大学出版社2011年版，第89页。

所言："拓与刻之功与藏器并大。"①篆刻的印章聚散难料，但印谱存世，仍然可以研究和学习，也是一种很好的保存古印方式，今存其印谱初稿本。

二是《放庐藏印》的整理与拓制。经过多年战乱，孟氏家族所藏金石及书籍存世甚少，更加引起孟昭鸿的重视。他于1930年把仅存的印章又集拓成册，以便于留存和学习，在《自序》中发自肺腑地说道："余少习篆刻，漫无师承，收聚古人印章以为观摩之助。秦汉古铜印外，凡宋、元、明、清印人所作以及铜玉晶石诸印几千余钮。心领神会，不啻侧身古人间也。奈两罹兵燹，三遭肱箧，失其十之八九。劫后收拾，仅存数十钮耳。噫！余年将老，世变方殷，散而复聚故不敢期，即此区区亦恐未必永保也。拓印成册，分遗同好，以期与余共守之云。"②这册印集与前《集古印谱》略有不同，时间跨度更长，并且拓制了若干份"分遗同好"，为的是传播和保存印学，这也实为学者型金石学家所为，亦为我们后辈的楷模。

三是《南阜印谱》的整理与拓制。孟昭鸿学习篆刻比较注重当时印人的作品，留心学习流派大家，他留意收集高凤翰（1683—1749）的印作，高氏是胶州人，与诸城为相邻，原同为密州署，收集其印蜕相对来说较为方便一些，他将高凤翰之印百余方辑成《南阜印谱》，一为自己学习方便，转益多师；二为集古传古，为保存印拓，弘扬印学，今存其遗稿。该印谱中有数方未见于高凤翰篆刻作品集，其意义自不待言。

孟昭鸿不仅出重资购入前人佳刻，也倾资买得古今印谱，以资研究和学习。

二、重在治《说文》的篆刻创作实践

孟昭鸿出生在书香门第，同时受东武地方浓厚的金石文化研究氛围影响甚大，自宋代赵明诚、苏轼至清代刘喜海、李璋煜及东武王氏家族等，金石研究历久不衰，其故里为"故汉姑幕城，地多古址，先生勤于发掘，得六国豆梗、古画像砖、紫泥封甚夥，及汉印等不鲜。所辑古文奇字，多前人所未发。"③受金石文风影响，孟氏自幼即习六书和篆刻，且篆刻造诣颇高，然却未曾有印谱行世。其于不惑之年（1923）就将历年所镌刻的印作精心拓存，并自名为《放庐印集》，此后又不断续增印作，然终未出版刊行，以至于今天我们很难见到其印作，对其篆刻了解甚少。现虽经其后人孟庆泰等整理，亦仅收得百余方印蜕。观览其印作，可以见他的篆刻艺术才华和水平，正如臧松年先生所言："一洗北宗末流积习，开一邑风气之先。"④在这些凝聚了他心血的篆刻作品中，有他对篆刻艺术的思考和追求，对当下的篆刻创作依然具有参考和启示意义。从现存的《放庐印集》所收录的印作及其他书画作品中留存的印蜕来看，其"风格形式丰富多样，印章形式有纯正的秦玺

---

① 陈介祺《秦前文字之语》，齐鲁书社1991年版，第4页。
② 转引自曲彬《孟昭鸿的印学成就与篆刻艺术》，《印学研究2011：民国印学研究专辑》，山东大学出版社2011年版，第97页。
③ 臧松年《孟方儒先生传略》，稿本，孟庆泰藏。转引《印学研究2011：民国印学研究专辑》，山东大学出版社2011年版，第88页。
④ 臧松年《孟方儒先生传略》，稿本，孟庆泰藏。转引《印学研究2011：民国印学研究专辑》，山东大学出版社2011年版，第92页。

印，有汉满白，有鸟虫篆，有连珠印等"①。孟氏印作基本上可分为以下三类：

一是受汉印、古玺等影响的印作。孟氏几十年来收藏汉印、古玺、瓦当等数千件，而"晚清的金石学家的治学特点是把保存、研究古文字资料放在首位的"②。受时风影响和自己研究的需要，对文字的梳理和学习亦是孟氏的主要方向，其入印文字有古玺印文字、汉印文字、瓦当文字等，还有金文、汉隶等，这展示了他深厚的文字功底，以及对不同文字入印风格的探求。如其自用印"方陆手拓"（图3）和"辛亥丙辰劫馀"（图4），皆为明显的汉印风格。

图3　孟昭鸿篆刻"方陆手拓"　　　图4　孟昭鸿篆刻"辛亥丙辰劫馀"

二是注重对同时代篆刻和流派印作的学习和借鉴。孟氏治印突出汉印风格之外，并非局限于秦汉古印，还很留心学习篆刻流派大家，如高凤翰、丁敬、邓石如、吴昌硕等人的作品。上面提到的《南阜印谱》，就是他集高凤翰印百余方而成的，目的是学习和借鉴。孟氏在《放庐印集》自序中谦虚地说："兴至奏刀，漫无师承，无所谓章法也，亦无所谓刀法也。"③其实他转益多师，这从他的印作中就能看到，"借鉴了各种风格，如浙派的切刀，甚至还有诸如徐三庚、吴昌硕等人的风格，均颇得要领，亦很见功力和匠心"④。如其借鉴陈介祺的"簠斋藏古"（图5）而成的"方陆藏古"（图6），借鉴"陈氏吉金"（图7）而成"孟氏吉金"（图8），这也说明孟氏很注重学习流派印和大家作品。

图5　陈介祺篆刻　　图6　孟昭鸿篆刻　　图7　陈介祺篆刻　　图8　孟昭鸿篆刻
"簠斋藏古"　　　　"方陆藏古"　　　　"陈氏吉金"　　　　"孟氏吉金"

---

① 曲彬《孟昭鸿的印学成就与篆刻艺术》，《印学研究2011：民国印学研究专辑》，山东大学出版社2011年版，第92页。

② 曲彬《孟昭鸿的印学成就与篆刻艺术》，《印学研究2011：民国印学研究专辑》，山东大学出版社2011年版，第88页。

③ 转引自曲彬《孟昭鸿的印学成就与篆刻艺术》，《印学研究2011：民国印学研究专辑》，山东大学出版社2011年版，第97页。

④ 曲彬《孟昭鸿的印学成就与篆刻艺术》，《印学研究2011：民国印学研究专辑》，山东大学出版社2011年版，第92—93页。

　　三是注重实用的学者型风格。孟昭鸿不同于其他篆刻家的一个明显特点是：其家境殷实，不"卖字鬻印"。他在清末民国没落时期老家尚有"地4顷（即400亩）"[①]。至1947年3月31日孟氏去世之日，其儿子孟亮思在这一天的日记中记载："家庭多故，故乡经济断绝，吾兄弟各自为生，而父亲（孟昭鸿）及三妹用度及房电诸费皆自行筹措。"[②]也就是说孟昭鸿生前根本不用考虑"生计问题"，至1947年才"故乡经济断绝"，之前是会有地租和房租收入的。他在《放庐印集》自序中亦说："而朋好之嗜痂者，往往出石索镌。"[③]其治印的目的是："余少治《说文》，苦善忘，不得已藉资镌印以为强记之助。"[④]这样，他的篆刻作品就会兼顾实用性和学术性，如其为好友颜山李桂馨（生卒年不详）镌刻的"李桂馨"（图9），为其兄孟昭清（？—1900）镌刻的"孟晓初鉴赏图书"（图10），皆为汉印风格，且文气十足，而无媚态。

图9　孟昭鸿篆刻"李桂馨"　　　图10　孟昭鸿篆刻"孟晓初鉴赏图书"

　　家境殷实的孟昭鸿会有大量时间去思考、追求和选择印学研究与实践，虽然时局动荡不安，但他相对于一般人来说还是有很大的优越性的。他从艺术与学术的双重角度去关注、研究印学的发展，并融会贯通于自己的篆刻创作中去。可以说，他既有学者的学问根底，又家藏丰富金石；也有篆刻家的艺术修养，认为篆刻文字重在实用。然由于他偏重于学术研究，更多注重理性思维，故其篆刻风格总体来看也是比较偏于严谨沉稳、古朴典雅的。总的来说，孟氏篆刻虽然个性不强，但其最主要和最突出的特点是"功力深厚，古雅高洁，绝无丝毫俗态"[⑤]，其独特的篆刻气息、风神、内涵，亦是许多篆刻家所不具备的，文气十足，为典型的学者型篆刻家风格。

三、印学与篆刻风格的影响

　　在《琅琊刻石》故里成长的孟昭鸿，毕生致力于文史、考古、金石、印学研究和篆刻创作，并都取得了丰硕的成果，尤其是印学研究和篆刻创作方面，可以说影响至今。他是新旧学术交替之际旧金石学的殿军之一，西泠印社出版的《汉印分韵三集》和《印字类纂》是印学研究的重要工具

　　① 栾凤功、刁刃凡、韩岗《诸城堂号简说》，《诸城文史资料》（第十三辑），1994年版，第230页。

　　② 孟庆泰《我的祖父孟昭鸿》，《中华书画家》2018年第5期，第71页。

　　③ 转引自曲彬《孟昭鸿的印学成就与篆刻艺术》，《印学研究2011：民国印学研究专辑》，山东大学出版社2011年版，第97页。

　　④ 转引自曲彬《孟昭鸿的印学成就与篆刻艺术》，《印学研究2011：民国印学研究专辑》，山东大学出版社2011年版，第97页。

　　⑤ 曲彬《孟昭鸿的印学成就与篆刻艺术》，《印学研究2011：民国印学研究专辑》，山东大学出版社2011年版，第93页。

书："惟近日《汉印分韵》集字等编，以韵为纲，而博采印文，从其音而分系之，开卷了然，颇称简要。惟尚嫌一字可入数韵，迁就重复，不免自乱其例。况古印发露，迟早有时，或囿于方隅，或限于年代，前人不得见，必待后人而始显者，又往往然也。"①其所集印谱等遗著，虽至今亦未能得以整理出版，但所存印蜕可以填补有关的研究所缺，其"盖非行高志洁，意淡心闲，不滑于俗思，无诱于势力，亦不能寓其巧智，造其精微，名当时而传后世"②。

孟昭鸿在治学和篆刻方面亦有直接影响，其学生中有代表性的有数人，其中王子光为诸城本地人，在保护《琅琊刻石》的过程中起到了协助作用，新中国成立后参与地方博物馆文物收集工作。据地方资料记载，1963年春，"王子光当场捐献了高南阜亲刻的青田章'乱书堆里日高瞑'"③。其篆刻亦学习孟昭鸿，如其为诸城名士王海禅（1883—1959）刻的"海禅书画"（图11），即有明显的汉印特点。孟氏的另外一名学生张子石（1918—？）为康生独子，原在诸城的住宅与孟昭鸿邻近。张子石在《子石印集》中记其青年时期（1940—1949）："在篆刻名宿孟昭鸿（放庐）先生教导下开始学习篆刻。"④其一生除政事以外，主要致力于篆刻创作，因政治原因未能展示，其"自四十年代以来，作者（张子石）刻印颇丰，留有印拓的线装本有十一册"⑤。我们从张子石的印集中可见，他受孟氏影响较大，如其中年时期（1955—1966）为其父康生所刻"康生"（图12），以及为李宇超所刻"宇超图书"（图13），都显示出十足的金石韵味，既有大篆又有小篆的组合，受孟氏影响较大。后来学习孟昭鸿篆刻的青年学者亦不在少数。孟昭鸿侄孟宪荣即著名文学家孟超；其子孟亮思执教于中学，亦擅篆刻；其孙孟庆泰亦擅书法和篆刻，在文学、金石、篆刻等方面皆有一定的成就。

图11　王子光篆刻"海禅书画"　　图12　张子石篆刻"康生"　　图13　张子石篆刻"宇超图书"

为便于孟昭鸿的学术研究，笔者把其相关著述整理如下，以便于后来者继续进行探讨和研究，列表如下：

①　转引自曲彬《孟昭鸿的印学成就与篆刻艺术》，《印学研究2011：民国印学研究专辑》，山东大学出版社2011年版，第96—97页。

②　转引自曲彬《孟昭鸿的印学成就与篆刻艺术》，《印学研究2011：民国印学研究专辑》，山东大学出版社2011年版，第96页。

③　任日新《诸城文博杂谈》，华艺出版社2010年版，代序第14页。

④　张子石《子石印集》，自印本，2005年版，第1页。

⑤　张子石《子石印集》，自印本，2005年版，第113页。

表1　孟昭鸿著述一览表

序号	著述名称	内容介绍	备注
1	《放庐印集》	孟昭鸿刻印集册	约1923年成稿，仅存近百方印稿，未出版
2	《放庐集古印谱》	孟昭鸿收集古印、先人印蜕	约1915年成稿，存遗稿，未出版
3	《放庐藏印》	孟昭鸿藏印集蜕	约1930年成稿，存遗稿，未出版
4	《汉印文字类纂》	孟昭鸿整理汉印文字、按类分编	1933年西泠印社出版
5	《汉印分韵三集》	孟昭鸿整理汉印文字、按韵分编	1933年西泠印社出版
6	《汉印文字类纂续编》	孟昭鸿出版《汉印文字类纂》后，又整理汉印文字千百字	存遗稿，未出版，后其孟庆泰又进行整理和补充
7	《双松书屋诗稿》	孟继尧（1800—1862）诗稿	孟昭沄、孟昭鸿整理校字、主持出版，1917年石印本
8	《静远堂诗存》	孟广琛（1832—1890）诗稿	孟昭沄、孟昭鸿整理校字、主持出版，1917年石印本
9	《诸城辛亥独立始末记》	孟昭鸿纪辛亥革命史实，包括上督军省长的呈文在内	存遗稿，未出版
10	《诸城丙辰独立始末记》	孟昭鸿纪辛亥革命史实	存遗稿，未出版
11	《诸城庚午围城日记》	孟昭鸿纪庚午诸城围城事宜，记军阀相争杂史	存遗稿，未出版
12	《避难纪异》	志日军侵华惨况	存遗稿，未出版
13	《避乱纪略》	孟昭鸿纪诸城在日军统治期间，全家避乱流亡在外的一文	存遗稿，未出版
14	《放庐笔记》	孟昭鸿随笔	存遗稿，未出版
15	《诸城庚午围城纪事诗》	孟昭鸿诗八十首	1930年成稿，存遗稿，未出版
16	《放庐诗集》	孟昭鸿诗存	存遗稿，三百余首，未出版
17	《南阜印谱》	孟昭鸿集高凤翰之印百余方	存遗稿，未出版

四、结语

　　孟昭鸿对金石和印学研究情有独钟，尤其是在印学研究和篆刻创作方面，造诣颇高，如其学生张子石所说："放庐先生（孟昭鸿）对汉印有精深的研究，西泠印社曾出版他的两部著作《汉印分韵（三集）》《汉印文字类纂》。作者从学习汉印入手，学习诸名家的篆刻艺术，深得丁敬、黄易、高南阜、邓石如、赵之谦、吴昌硕等名家作品的熏陶，打下了深厚的基础。"[①]重在学术研究的孟昭鸿，其印学研究著述影响近百年，印谱的积累和留存为我们今天的学术研究提供了重要资

---

　　① 张子石《子石印集》，自印本，2005年版，第1页。

料，篆刻实践重在实用和学术性的"学者型"风格亦值得我们学习。

综上所述，我们看到百年前的孟昭鸿先生，怀着浓重的家国情怀所进行的印学研究、篆刻实践创作，以及抢救国宝《琅琊刻石》的行为，与我们今天所倡导的"传承优秀传统文化"是一致的。从他的印学之路和学术成就来看，可以说是新旧学术交替之际旧金石学的殿军之一，其家国情怀下的金石和印学研究精神更是我们今天依然需要学习和传承的。

（作者系西泠印社社员，四川大学道教与宗教文化研究所宗教学博士研究生）

驱遣万灵来笔底　前身疑是广教僧

——西泠印社早期社员费龙丁研究

申　俭

提要：西泠印社早期社员费龙丁是吴昌硕弟子中得其真髓者之一，颇受吴昌硕的青睐，由于费龙丁"雅人高致"的个性，疏于人际交往和应酬之作，存世作品不多，去世较早等原因，为后人所不甚了解，在吴昌硕的重要弟子中被忽略。本文通过费龙丁与吴昌硕、李叔同交往的新现历史文献考证，爬梳别抉，梳理费龙丁与吴昌硕、李叔同的行谊，勾勒其艺术生平和成就，并根据散落的史料信息，总结费龙丁在缶庐弟子中不为所显及"隐晦世时"的原因，冀为其艺术成就正名。

学古有获心且醉
——费龙丁生平概略

费龙丁（1880—1937）又名砚，字剑石、见石、铁砚、剑道人，庚辰龙年出生，号龙丁，又号聋丁，别号阿龙，室名破蕉轩、佛耶精舍、瓮庐、商金秦石楼、商鼎秦瓦斋等，上海松江人，家居松江南门外长堤岸。

费龙丁出身世家，自幼极其颖悟，早年与名画家冯超然师从名儒沈祥龙。清光绪十年至十五年（1884—1889年），吴昌硕曾在松江江南提督署中作幕僚，其时金石书画之技艺已颇高超，松江的书画名家胡公寿、陈一飞等，皆与之交。诸生张定（号叔木），进士章士荃（号藏操），诸生倪宇昌（号迪源），均喜书画，执弟子礼，奉以为师。时张定应聘松江城内唐经幢左侧王宅，教15岁的王支林[1]书画。据王支林回忆[2]，由于当时江南提督署距王宅甚近，吴昌硕也经常来王家，与自己的老师张定叙谈。某日，张定拿出一汉砖，请吴昌硕篆刻砚铭，见其执刀如执笔，篆刻犹如写字，片刻即成，不用雕琢，其功力之深奥，造诣之高超，人不能及，吴昌硕以其深厚的艺术功底在松江乃至上海拥有一批追随者。费龙丁此时虽然还在童年启蒙阶段，但已受当时文化氛围的影响。

费龙丁于光绪二十四年（1898）留学日本，习数理兼美术，学成归国后，曾在广西测量学校任教，未几返回梓里，再也未从事此专业。他热衷收集文物，诸如书画、印章、青铜器、古玉、

---

① 王支林（1871—1962），字毓芳，住松江石幢巷，因宅旁有唐经幢一座，故号"邻石"，又号玉屏山樵人，又署"支道人"，民国书画家，1949年后为上海市文史馆馆员。

② 张寿甫《寄寓松江的近现代四大著名国画师吴昌硕、冯超然、张善子、张大千》，政协松江县委员会文史组编写，《松江文史第7辑》，1985年，第29页。

铜镜、碑帖、图书之类。他曾经得商鼎一，文曰"父丁"，上作立戈形；又得到一件秦瓦当雕琢的古砚，砚的周围有原瓦当上的"维天降灵，延元万年，天下康宁"十二个字，极宝爱，故取名"砚"；后来又得商之蕲尊、周之具（古杞字）尊，吴之赤乌砖砚[1]，皆瑰诡奇雅，古色斓斑，所以绘《金石缘图》，征诸名人题咏。他为自己在松江的书斋取名"瓻庐"，和杨了公、高吹万、王念慈、陈陶遗、姚鹓雏、于仲迟等松江文人和画家王支林、于小莲、冯超然等唱酬往来，定期在"瓻庐"聚会，经常乐而忘返，1900年出版《瓻庐印存》篆刻集。夫人李华书是清末上海地方自治运动倡导者、收藏家李平书之胞妹，也善诗工画，费龙丁夫妇与李平书志趣相投，经常从松江到上海的老西门南仓街四十九号李家居住，一起与海上名家交往，李家的平泉书屋中多藏名家手迹，龙丁得以观摩，并在石鼓文上用功尤深，因而造诣更深。后来他与松江的韩德均（字子谷）、金山（时属松江）吴松林，先后投师受业于昌硕之门，金石书画，受益良多。

费龙丁大约在1914年前后加入西泠印社，也是南社社员和乐石社社员，1923年加入吴昌硕担任首任会长的"海上题襟馆金石书画会"，1926年与钱瘦铁、姚虞琴、高时显、唐熊等人，发起创办宗旨为"切磋艺事，弘扬国粹"的美术团体"古欢今雨社"，曾与吴昌硕、王一亭、李平书、华子唯等五人，出任"天马会"年展中国画评审委员。1934年费龙丁书法作品入选瑞士日内瓦中国画展[2]，1937年推为上海文献展览会松江征集委员。

费龙丁既是佛弟子，又信耶稣，书画作品通常署名"龙丁"或署"佛耶居士龙丁"，或"释迦尊者龙丁"，或"长斤行人龙丁"等，晚年在"龙丁"前加"佛耶居士"别号，总之是不署姓的。

他生前二度遇兵祸。一次是1924年暂居上海派克路18号（即今国际饭店），鬻艺自给，书斋"瓻庐"也是海上书画家聚集进行金石书画艺术创作和交流的场所。年底，瓻居被军阀混战的部队占为兵管，费龙丁所藏历代名家金石书画被毁掠。第二次是1937年8月日军进占松江，费龙丁仓皇走避，出北门外，途遇三日本兵迎面而来，为日军举枪射杀。一代斯文，乃与世长辞。其书画诗文稿及《春愁秋怨词》《佛耶居士印存》《瓻庐丛稿》《瓻庐印存》等在兵燹中散佚殆尽，所存极少。

挑灯释篆聚西泠
——费龙丁与吴昌硕的交往及新见《缶老人手迹》

费龙丁何时列吴缶翁门下目前未考，根据上海文史馆馆员、前文中提到的王支林先生口述历史中所言为1917年左右，其实不然，从1914年已有明确记录。

费龙丁与吴昌硕的交往，因缘于他的好朋友李叔同。李叔同1898年从天津移居上海，初参加文社，1904年参加以"兴学强国"为宗旨的上海沪学会，以才子之冠扬名上海，为沪上文化界所器重。1911年日本留学回国的李叔同回到上海，加盟南社骨干创办的《太平洋报》，担任文艺编辑。据1912年5月17日《太平洋报》载，李叔同在上海发起成立"文美会"，上海艺术圈两位名人李瑞

---

① [民国]胡朴安组编，继堂点校，上海图书馆馆藏文献丛刊《南社丛选》上册，上海科学技术文献出版社，2020年5月，第332页。

② 云间朱孔阳原辑《白丁印谱》，上海书画出版社，2015年8月，第170页。

清、吴昌硕亦以客员资格，来襄盛举。李叔同与吴昌硕都属龙，虽年纪相差三轮36岁，强烈的爱国思想，浓厚的传统文化素养和文人气质，使他们惺惺相惜。在同盟会江苏首领、松江名士陈陶遗介绍下，松江才子姚鹓雏同期进入《太平洋报》，与大他七岁的李叔同成为同事和好友，陈陶遗、姚鹓雏均为费龙丁同乡好友。费龙丁与李叔同同岁，都是庚辰年出生，同属龙，都喜好并且有深厚的书法篆刻和诗词创作功底，都在日本留学学习美术，都有变革中国社会的理想，可谓一见如故，惺惺相惜，李叔同还成为费龙丁加入南社的第一介绍人。费龙丁的同乡好友高旭为南社的创始人，同乡陈陶遗为南社创始骨干，但他仍请李叔同作为他的介绍人，可以说李叔同在费龙丁的心目中分量是极重的。

1912年李叔同应经亨颐校长的邀请，赴任浙江两级师范学校图画、音乐教师。不久西泠印社在孤山举办壬子雅集，李叔同和吴昌硕一起参加了活动，并在孤山平台的摩崖上题名，吴昌硕担任西泠印社社长后，李叔同也加入了西泠印社。1914年9月李叔同在学生中组织了篆刻团体"乐石社"，并任乐石社首任社长。费龙丁也从松江来到杭州居住，参加西泠印社金石书画会，加入西泠印社，拜入吴昌硕门下。

1914年9月，费龙丁参加西泠印社雅集，写下了《甲寅九秋，同人集金石书画会于西泠印社，适四照亭落成，占此黏壁》①诗，"西泠桥畔水泠泠，坐爱孤山四照亭。社结十年昌颉籀，泉留一滴润琼瑛。跫然展响忻邻友，偶尔形忘恋旧盟。立尽斜阳秋已晚，黄华老大笑颜醒"。其中"跫然展响忻邻友"意指河井仙郎自日本来与会。费龙丁又曾写了一首《西湖咏莼花》②四言诗表达对杭州的喜爱："二月莼羹四月花，金簪铁叶满湖涯，秋来更忆鲈鱼脍，风味江乡我独夸"。

1914年《缶庐印存三集》钤印本由西泠印社吴隐编辑出版，该印谱一帙四册，由费龙丁题签：《缶庐印存三集 甲寅 龙丁西泠》，此谱所收印记多为吴昌硕为葛昌楹所刻印记，卷首有葛昌楹序、吴隐题词，是继《缶庐印存二集》之后出版的第三集《缶庐印存》。

虽然叶为铭的《广印人传》及《西泠印社志稿》记载费龙丁寥寥数字而已："工篆刻，能诗善画，有瓮庐印存"。但是这段在杭州的生活，在新见的《缶老人手迹》中可见端倪。此稿为1920年石印本，庚申四月费龙丁题跋封面，扉页为费龙丁书篆体字"缶老人手迹"，笔力精妙，颇有缶老笔墨神韵，落款为"襟霞主人属篆于海上之麈驻，佛耶居士龙丁"，内页32页，封底内页有绿色印刷小签，印字为"襟霞阁主印行，定价大洋五角"，系费龙丁1920年4月交由好友平襟亚为吴昌硕出版，应系费龙丁收藏之吴昌硕手稿印制，是册包含费龙丁手迹的序言，吴昌硕为《瓮庐印策》题名手迹，吴昌硕为费龙丁写的四首诗手迹，还有吴昌硕为好友诸贞壮诗稿题诗、《辛酉元日》等四首诗手稿，还有为费龙丁夫人华书女史制的萧上刻铭的手迹，是研究吴昌硕和费龙丁交往，以及吴昌硕印学思想和费龙丁艺术水准的重要文献资料。

《缶老人手迹》③序文中记载："昔年与息翁同客西泠，同人有延入印社者，遂得接社长缶老人丰采。于是挑灯释篆，待月扣诗，符玺杂陈，烟霞供养，甚得古欢。未几俱作海上寓公，往来益

---

① 胡朴安组编，继堂点校；上海图书馆馆藏文献丛刊《南社丛选（下）费龙丁诗选》，上海科学技术文献出版社，2020年出版，第895页。

② 任向阳主编《云间风物诗歌集》，上海文艺出版社，2009年，第280页。

③ 费龙丁编《缶老人手迹》，庚申年（1920年4月）。

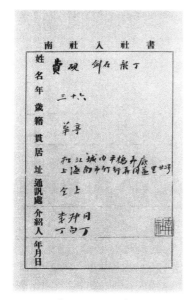

图1　李叔同介绍费龙丁的
南社入社书

图2　《缶庐印存三集》封面

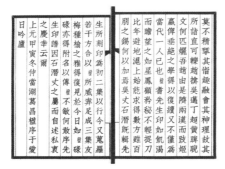
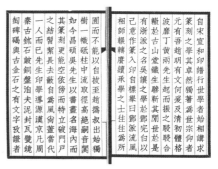

图3—4　《缶庐印存三集》葛昌楹序、吴隐题词
（西泠印社藏，吴振平家属丁卓英于1982年捐献）

密切，而息翁已削发为演音和尚，不闻尘世矣，是册皆近来与老人论艺之余，书以见饷，襟霞主人爱而付印，以贻同好，倘演音见之，知我二人结习未亡，当深忏悔也。庚申夏四月龙丁"。

1915年夏，吴昌硕为龙丁篆书"商鼎秦瓦斋"五字，额其斋，并题跋文[①]："龙丁先生嗜古成癖，藏器极精。属书此额，挥汗应教，时乙卯年夏，客沪上，安吉吴昌硕"，该件曾于《道明5周年·近现代书画》拍卖图录302页有出现。

1915年冬，吴昌硕为费龙丁手书《龙丁手摹石鼓文读毕题之》诗，收入了《缶老人手迹》，该诗之前未曾收入民国时期出版的《缶庐诗（八卷）》、《缶庐集》、《缶庐别存》等，仅在吴东迈编写的《吴昌硕谈艺录》（诗名为：《龙丁书石鼓全文》[②]）中见文字，手迹中诗文如下："病目十日坐叹吁，天光忽地来空虚，瞥见车工杨柳纵横书，龙丁之笔龙泓如，无怪刻印直追三代窥唐虞。只愁读书不多字难识，全凭点画通消息。散盘豎字神独完，弓与彤矢锡见周虢盘；二器跌宕足当

①　朱关田编《吴昌硕纪年书法绘画篆刻录》，浙江古籍出版社，2014年8月，第116页。
②　吴昌硕著，吴东迈编《吴昌硕谈艺录》，人民美术出版社，1993年第1版，第119页。

图5　《缶老人手迹》封面

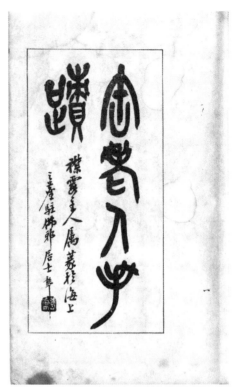

图6　《缶老人手迹》内页

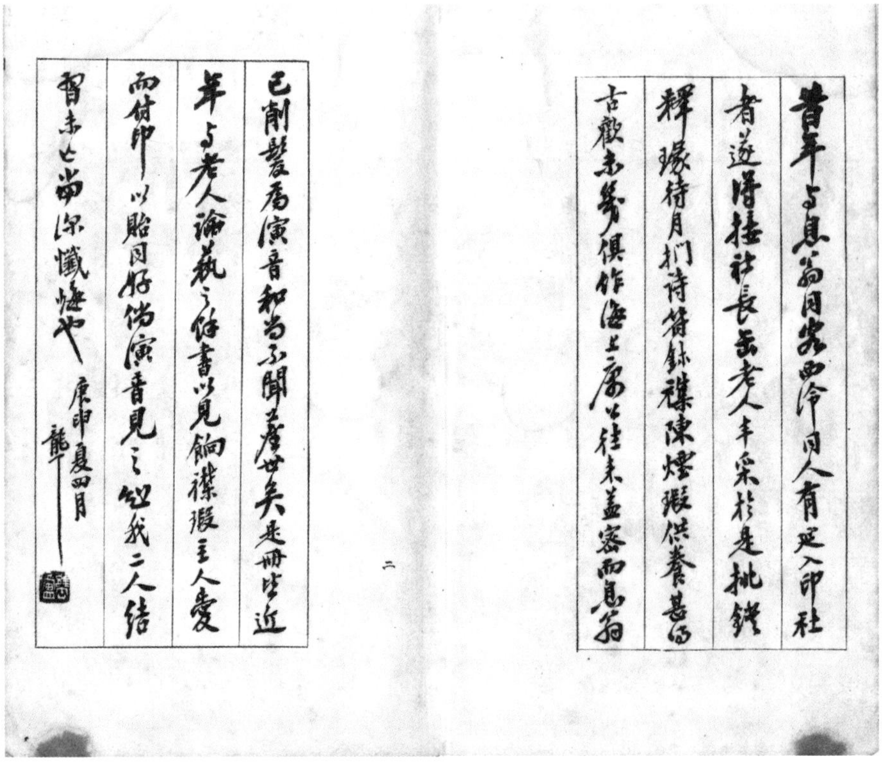

图7　《缶老人手迹》序文

石鼓之羽翰。我醉欲眠眠未稳,若不饶舌殊闷损, 安得昌黎梦中示我张生手持之纸本。" 落款为: "龙丁手摹石鼓文读毕题之,乙卯冬仲,吴昌硕年七十二"。在是册手迹中,此诗为吴昌硕为费龙丁写的时间最早的诗词。《吴昌硕谈艺录》成于1962年,由吴昌硕之子吴东迈先生亲自整理吴昌硕文稿和手稿所得,书中标示该诗来自手稿,值得一提的是,《吴昌硕谈艺录》释读为: "龙丁之笔龙泓如天怪,刻印直追三代窥唐虞",读起来很是费解,从手迹稿本中可见,原释读有误, "天"应为"无",句读应为: "龙丁之笔龙泓如,无怪刻印直追三代窥唐虞"。

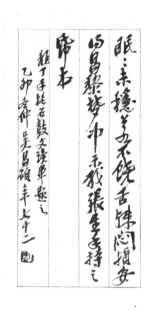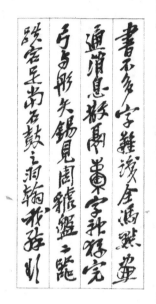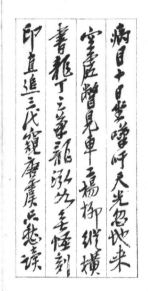

图8　《缶老人手迹》中《龙丁手抚石鼓文读毕题之》诗

1919年春末,西泠印社孤山后山石坊新建,石柱上留下了丁上左撰联,佛耶居士龙丁书的"以文会友,于古为徒"的书法对联。1922年孤山观乐楼新建,龙丁曾为题集联[①]: "史大书言,史大书诏;臣请刻石,臣请刻金。" 落款文字: "泰山廿九字,阴刻'大夫'两字合文,古金文中恒见之,因集联假作大字。壬戌九秋,佛耶居士龙丁并识于麈驻"。

在吴昌硕的入室弟子中,费龙丁很为吴昌硕所器重。吴昌硕为费龙丁珍藏的秦十二字瓦当砚作铭,铭文为: "研和璧,瓦嬴秦,字十二,琅玕魂。龙丁大书金石文,奇恣如龙跳天门"[②],回环刻于四周,使这方砚愈加珍贵,引人眼红,乃至于"某有力者欲强得

图9　西泠印社孤山后山石坊

① 王福庵审定,秦康祥编撰、孙智敏裁正,余正注释《西泠印社志稿》,浙江古籍出版社,2006年第二版,第94页。

② 吴昌硕著,吴东迈编《吴昌硕谈艺录》,人民美术出版社,1993年第1版,第228页。

之"①，费龙丁不得不把这件平生爱物暂藏到好友襟霞主人平襟亚家里。1918年吴昌硕为费龙丁出版的《瓮庐印策》墨迹印本，题写封面，并题了两首七绝②：

其一：心醉摩厓手刓苔，臣能刻画古英才。依稀剑术纵横出，何处蝯公教舞来。

其二：皇皇吴赵耻同风，周玺秦权汉镈钟。感事诗成频寄我，似谈印学演藏锋。

图10　《缶老人手迹》中《戊午秋吴昌硕为龙丁瓮庐印策刻竟书二绝句》

图11　《缶老人手迹》中的吴昌硕题签《瓮庐印策》

1918年12月戊午孟冬，在费龙丁《瓮庐印策》完成之际，吴昌硕不仅为《瓮庐印策》题名，还写《答费龙丁》③长诗于书后，不仅赞颂了龙丁收罗之富、取径之高、治印之精，还表达缶师的印学思想，全诗文辞激荡，雄浑刚健，层层递进，气贯长虹，全文对龙丁勉爱有加，展现了吴昌硕艺术思想，以及他对费龙丁艺术水平的认可。该诗也收入《缶老人手迹》中：

① 郑逸梅著《费龙丁之遗砚》，《郑逸梅选集》第5卷，黑龙江人民出版社，2001年1月，第125页。
② 费龙丁编《缶老人手迹》，庚申年（1920年4月）。
③ 吴昌硕编，名家讲稿《吴昌硕艺文述稿》，上海人民美术出版社，2018年5月，第192页。

　　龙丁印学追先秦，天与十二字瓦颐其神。龙丁嗜古多家珍，鼎以父丁为识宜子孙。祈嚣更醒商周尊，仿佛达受剔灯传宗门。手礵赤乌之残砖，身是义熙之遗民。学古有获心且醉，何必一饮一石师伯伦。封泥陶器骨甲奇字镌肺腑，物非我有口纵不说心云云。秦山琅琊梦里供蹴踏，更虑岩壑深邃束手红崖扪。龙丁龙丁莫羡强有力者收藏富，束置高阁若获石田难为芸。几时约尔涉沧海、登昆仑，倘遇愚公假其手，会稽窆石移入瓴庐侪烟云。砺汝昆吾刀，凿彼古云根，天子永宁，商略重刊石鼓文。戊午孟冬赠，龙丁方家印书于《瓴庐印策》后 吴昌硕年七十五。

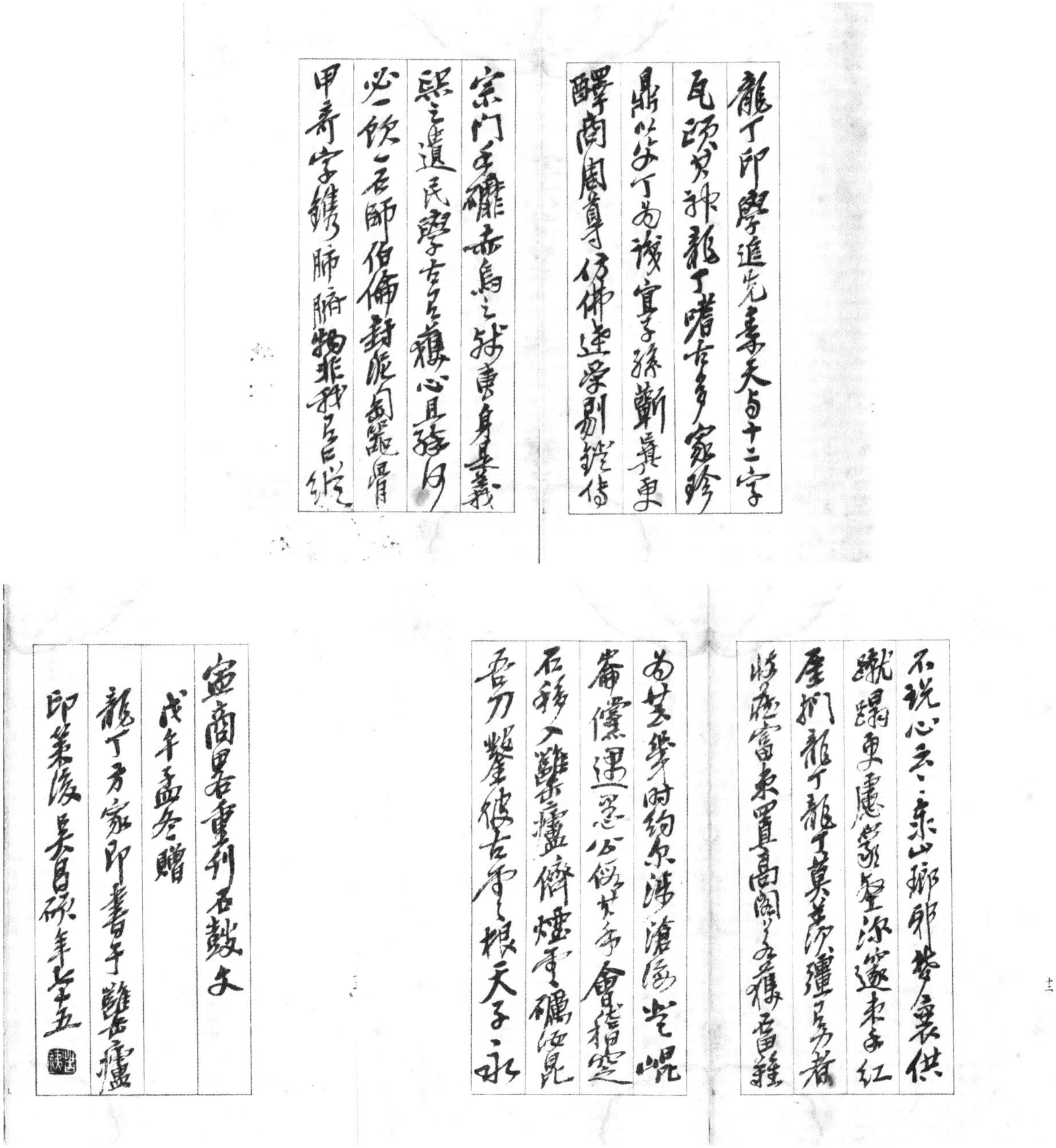

图12　《缶老人手迹》中《戊午孟冬吴昌硕赠龙丁方家书于瓴庐印册后》（又名《答龙丁》）

　　吴昌硕少年时代就受其父亲吴辛甲影响，对刻印有极大的兴趣，他曾在《西泠印社记》中言："予少好篆刻，自少至老，与印不一日离，稍知其源流正变"，在诸多艺术中，对印学用功最深。吴昌硕早年因受条件限制，很难有印石可用，刻印只能用些砖头瓦块，有时好不容易弄到几方石章，便反反复复刻了又磨，磨了又刻，一直磨到手都无法再握住为止。后来游历苏州等地，在苏州知府吴平斋家做家庭教师阅习吴家所藏印谱和明清各派刻面、边款，眼界大开，从陈鸿寿处得纵恣爽利之气，而从吴让之处得舒展流丽、圆转婉约之趣，再取邓石如的劲挺圆润浑穆，融会贯通之中，形成一种圆润雄浑、沉着古拙、朴厚苍劲的风格，气象博大，内蕴丰富。吴昌硕的印学来源于浙、皖两派，但最终还是跳出浙、皖派，所谓"陈邓藩篱摆脱来"，也使费龙丁敬崇不已。

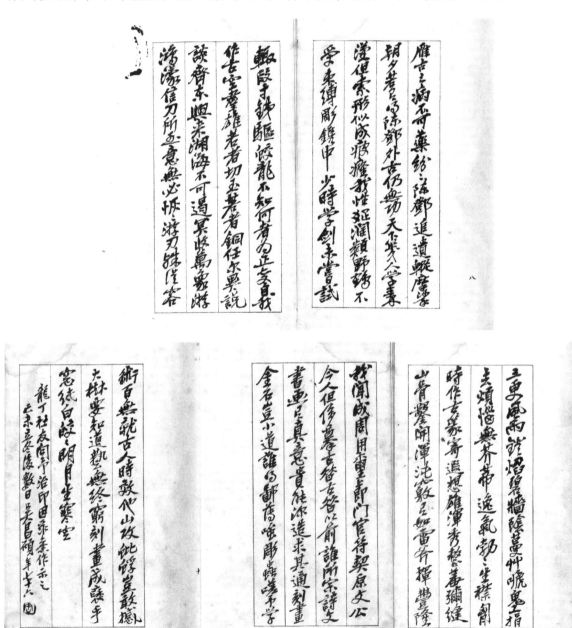

图13　《缶老人手迹》中吴昌硕书《龙丁社友问予治印因录旧作示之》诗

1919年冬天，龙丁向吴昌硕请教治印时，吴昌硕为费龙丁写下了《刻印》的旧作长诗，将自己学印的总结和体会，挥毫相赠，手迹录入此本《缶老人手迹》中。该原诗最早曾录光绪十九年（1893年）刊印的《缶庐诗卷第一》，成于吴昌硕50岁之前，其诗词造句如同书画篆刻，诗篇峻峭，奇崛真朴，直抒胸臆。

　　雁古之病不可药，纷纷陈邓追遗踪。摩挲朝夕若有得，陈邓外古仍无功。天下几人学秦汉，但索形似成疲癃。我性疏阔类野鹤，不受束缚雕镌中。少时学剑未尝试，辄假寸铁驱蛟龙。不知何者为正变，自我作古空群雄。若者切玉若者铜，任尔异说谈齐东。兴来湖海不可遏，冥收万象游鸿濛。信刀所至意无必，恢恢游刃殊从容。三更风雨灯焰碧，墙阴蔓草啼鬼工。捐去烦恼无芥蒂，逸气勃勃生襟胸。时作古篆寄遐想，雄浑秀整羞弥缝。山骨凿开混沌窍，有如雷斧挥丰隆。我闻成周用玺节，门官符契原文公。今人但侈摹古昔，古昔以前谁所宗?诗文书画有真意，贵能深造求其通。刻画金石岂小道，谁得鄙薄嗤雕虫。嗟予学术百无就，古人时效他山攻。蚍蜉岂敢撼大树，要知道艺无终穷。刻（画）成袖手窗纸白，皎皎明月生寒空。　龙丁社友问予治印因录旧作示之　己未立冬后数日吴昌硕年七十六。

与缶庐诗集旧作相比，其中略有文字的变动。原作中"捐除喜乐去芥蒂"，此处手迹为"捐去烦恼无芥蒂"；原作中"古昔以上谁所宗?"，此处为"古昔以前谁所宗？"；虽有文字变化，但诗意及韵味无不同。"刻（画）成袖手窗纸白"，原作并无画字，因是七言诗，此处猜测应为笔误。

图14　费龙丁小像[1]

吴昌硕还曾为《龙丁小像》写过一首风趣幽默的诗文，生动描写龙丁的行貌，字里行间问道篆艺的师生情谊溢于文字中："眼观两大门难阚，鼻参众妙香为主。耳舌声意用吾辅，佛云泡影吾水乳。头埋身曲项背俯，疑是龙丁期期艾艾读石鼓。龙丁曰吁翁勿腐，虎钤撑拄吾肺腑。傭书食研愧对吾俦侣，雕虫刻篆潇晦吾风雨。西北天亏吾何补，东南地坼吾亦阻。妄冀假手君家修月斧，斫去白帜赤帜两不竖。我笑龙丁徒自苦，如君所愿天早生孙武。新且可美楚胡诅，日逐失鹿斩猛虎。乃楦麒麟吓鼹鼠，并无绛灌辈与伍。曷不蹲蹲舞我醉且酤，鳢鲤鲋鳏佐榜粗。歌以对酒新乐府，不然樊须商略学农圃，否泰剥复无责吾与汝[2]。"

①　张明观、张慎行、张世光编著《南社社友图像集》，上海人民出版社2019年版，第438页。
②　朱关田校辑《吴昌硕题画诗》，西泠印社出版社，2016年8月，第464页。

龙丁夫人李华书也极风雅，还擅长吹箫弹琴，《缶老人手迹》中录入1920年正月初七（庚申人日）吴昌硕为李华书的箫刻制的铭文："虚其中，遇之风，纤手制成犹铁龙。华书女史制箫属老缶铭，时庚申人日"。李华书之兄李平书是清末上海地方自治运动的发起人，辛亥革命上海光复后，担任沪军都督府民政总长兼江南制造局局长，主持总工程局工作，是著名的收藏家，与西泠印社也很有渊源。1923年西泠印社创始人丁辅之发起《癸亥修理杭州题襟馆募捐启》的公告，在缘由中记录李平书捐款百元一事，"……今岁春间，李平书、王一亭两先生先后来社见之，转与哈少夫先生商议拟重修之举……因近期工料极昂，约计需千一百元。少夫先生首先认捐百元，平书先生亦认百元①……"

图15 《缶老人手迹》中
吴昌硕为李华书制箫铭文

正如吴昌硕所言，费龙丁"学古有获心且醉"，不惟精于鉴藏，亦通书画，工诗词，尤擅篆刻，在追秦摹汉的学古和宗邓崇丁的深究中，费龙丁也有自己对印学的思考，参照丁敬的《论印绝句》四言七字诗，费龙丁写的《抚印宗派绝句（十首）》也为四言七字，从大篆溯源到小篆的文字

---

① 叶为铭编纂，陈墨注释《西泠印社三十周年纪念刊》，西泠印社出版社，2018年9月，第45页。

流变，从平直方正的实用功能汉印发展到专门的印学研究，在印学史上从姜夔、王厚之、吾邱衍、赵孟頫、文彭、何震，到西泠前四家丁黄奚蒋及至后续的浙派，皖派邓石如，以及金冬心，赵之谦、胡震、钱松、徐三庚等一一点评，源流条贯，扳法探源，振叶寻根，颇有胜解。费氏于吴昌硕，独有情钟，作为吴昌硕之入室弟子，从之学艺多年，随侍左右，对缶师"邋碣摩挲千百回"的古籀古印章，以"奏刀一一惊风雷"刻画了吴昌硕篆刻豪迈磅礴、奇伟浑厚精神风貌，对吴昌硕篆刻由古入新，以书从印，印外求印，别开生面的艺术创新以风雷惊人来引喻，展示了费龙丁摹古探今的印学眼界和功底素养。

抚印宗派绝句（十首）（费龙丁）

溯流小篆须大篆，汉印平方秦汉艰。自古作家不可数，空留名姓在湖山。

姜王吾赵文何后，胜国杰起周栎园。丁黄奚蒋树赤帜，两京遗法探穷源。

完白山民书秦碑，刓印直是琅琊台。此君笔力可扛鼎，篆隶于今学者师。

苏伐罗吉苏伐罗，四家而外真那伽。佛火疗饥晨露饮，五七字句证维摩。

竹里老人好金石，考据精确字迹鲜。手自装订一万册，等闲兵燹付云烟。

悲盦临池追摩崖，刻画金石如锥沙。边识小字清且古，五百造像不足夸。

胡鼻山与钱叔盖，汉铸汉凿皆天然。海上继者蒋幼节，昙花一现真可怜。

褒海章法殊婀娜，天发神谶是洒师。怪者有时能切玉，铺砂拨蜡任所之。

百锻老铁圆且润，治印能为席上珍。砖瓦钱币式新异，虎符汉节皆成文。

湖州老缶古籀古，邋碣摩挲千百回。秦鉥汉章又元戳，奏刀一一惊风雷。

　　1928年夏，费龙丁以诗《假撮西泠印社际白丁辅之昆玉（戊辰）》[①]抒发情怀："入社笑谈古，同烹山上泉。沧桑悲晦暝，裙屐舞褵褷。石文道存屡，鹤庐茶避烟。不烦双不借，坐拥万峰妍"。又诗《西泠印社寄阮性山》："多感君家屩，朝朝印碧落。米囊添一粟，柳眼转初回。隔院箫声竹，临流波影杯。郇风何馥郁，迟雨有遗梅"。

　　从孤山的四照亭到上海诸文社，费龙丁随吴昌硕磨砺昆吾刀，刻凿古云根，篆刻、书法、诗词兼修，艺学突进。在《南社人物吟评》中，题费龙丁诗文[②]："举案齐眉一时倾，晚接佛耶砚作名，驱遣万灵来笔底，前身疑是广教僧[③]"。诚然也。

气类之合有必然
——费龙丁与李叔同的交往

　　费龙丁与李叔同最为相投，也最重这份情谊。李叔同到杭州教书后，他也到杭州居住。应李叔

---

　　① 王福庵审定，秦康祥编撰、孙智敏裁正，余正注释《西泠印社志稿》，浙江古籍出版社，2006年第二版，第71页。

　　② 邵盈午著《南社人物吟评 下》，团结出版社，2022年9月，第543页。

　　③ 举案齐眉指费龙丁夫妇夫唱妇随，广教僧乃清代画家石涛。

同之邀，费龙丁加入了乐石社。乐石社28名成员中，既有浙一师老师，也有西泠印社社友及南社社友，主要成员是15名浙一师的学生。乐石社定期雅集，集体去西泠印社参观展览，编印乐石社社刊《乐石集》。在李叔同亲编的《乐石社社友小传》中，其小传为："费龙丁，字剑石，号龙丁。华亭人。精于金石书画之学。夫人李氏，亦工诗，善篆刻"，夫人也提到，显然比叶为铭的印人传更丰富些。他们结伴陪同南社柳亚子等游西湖，凭吊冯小青墓，一起参加西泠印社金石书画会，共同指导乐石社学生篆刻。

1915年费龙丁携乐石社社长李叔同之请，到南社社员姚鹓雏家，请写《乐石社记》。这篇《乐石社记》，载于当年《南社丛刊》第十八集，这位南社大才子也是乐石社社员，洋洋洒洒，文中用了一番笔墨写了他的二个好朋友（择要）：

> 乐石社者，李子息霜集其友朋弟子治金石之学者，相与探讨观摩，穷极渊微而以存古之作也……李子博学多艺，能诗、能书、能绘事、能为魏晋六朝之文、能篆刻。顾平居接人，冲然夷然，若举所不屑。气宇简穆，稠人广坐之间，若不能言。而一室萧然，图书环列，往往沉酣咀啜，致忘旦暮。余以是叹古之君子，擅绝学而垂来今者，其必有收视反听凝神专精之度。所以用志不纷，而融古若冶，盖斯事大抵然也。兹来虎林，出其所学，以饷多士。复能于课余之暇，进以风雅，雍雍矩度，讲贯一堂，毡墨鼎彝，与山色湖光相掩映。方今之世，而有嗜古好事若李子者，不令千载下闻风兴起哉！
>
> 社友龙丁，吾乡人也。造门告以斯社之旨，并以作记为请。余视龙丁，博学多艺如李子，气宇简穆如李子，而同客武林。私念亦尝友李子否？及袖出缄札，赫然李子书也。信夫，气类之合，有必然者矣。将以闲日，诣六桥三竺间，过李子、龙丁，尽观其所藏名书精印，痛饮十日，以毕我悬迟之私。李子、龙丁亦能坐我玉笋班中，使谢览芬芳竟体耶！因书此为息壤。

姚鹓雏是费龙丁的松江发小，自然对费龙丁是熟悉不过的，可是此时在他看来，龙丁与李叔同友，已经简直是李叔同的翻版了，龙李二人气类相合，同是以"玉笋班"类比的精英。寥寥数语，传神概述龙李二人的特质和气范。

费龙丁参与编辑《乐石》刊物，1915年农历三月曾为《乐石集》第6册署题签，同年七月出版的第7册上刊登他的4方印章，分别为1914、1915年在杭州参加乐石社期间所刻。《乐石》第七集的"吉金乐石"印（图16—19），5面边款，其中一面为佛造像，其余文字记录其参与西泠印社和乐石社，是篇"期阐明金石以彰《坟》《典》"之发愿文。"甲寅岁莫，乐石社长属，龙丁制于西子湖。那伽尊者费砚，焚香顶礼，敬造佛像一区，并白佛：世尊，我今常住西湖，结邻孤山之西泠印社，今秋好古多士复结乐石社于城中，共期阐明金石，以彰坟典。社长索我刻印，我乞佛言丐福。佛云：永奉无疆，锡尔厥昌。众生同乐，金石吉羊"。

图16　《乐石》封面题签　　图17　"吉金乐石"印面　　图18　"吉金乐石"印顶款

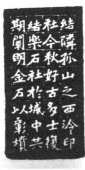

图19　"吉金乐石"印四面边款

　　1918年前费龙丁曾为李叔同刻一方"李叔同"白文方印（图20—23），顶款"息翁属，龙丁制于西泠"。李叔同出家前赠送西泠印社，曾在孤山"印藏"中珍藏，现藏于西泠印社文物库房。1919年弘一法师出家一年后，费龙丁又为挚友刻下一方"弘一"印（图24—27），边款为"弘一入山一年，龙丁过西泠拾石刻之"，此印二字仅三根线条，左直右弯，字面简洁洗练，画面寂寥淡泊，意境深邃隽远，回味之下有佛门的空灵和心灵的宁静，若弘一和费龙丁的心灵对话和心心相印，很合弘一心意，为生前使用最常见印章，在书法弘教中大量使用，长达23年，直至圆寂。此章后在泉州开元寺珍藏，不被印学界所知，被各种印学典籍视为经典印作，因不明边款，列入弘一代表作品，甚至在孤山印廊上也曾被西泠印社纪史者以弘一之作而示。

图20—23　印面：李叔同，顶款：息翁属，龙丁制于西泠，尺寸1.6厘米×1.6厘米×3.9厘米

图24—27　印面：弘一，边款：弘一入山一年，龙丁过西泠拾石刻之，尺寸1.5厘米×1.5厘米×3.8厘米

　　《乐石》第7集中费龙丁的另外三方印，其中二方是他为毕业于南京江南陆师学堂，光复杭州有贡献的宁海籍革命党人叶颂清所篆，叶颂清曾创办浙江体育学校，宁海力洋小学，上海南洋模范小学。一方印面"宁海叶颂清字子布印"（图28—29），边款"甲寅龙丁制于西泠"；另一方印面"上马杀贼下马草露布"（图30—31），边款"子布将官属刻此石，其以修期自豪乎？乙卯龙丁志"；还有一方是李叔同、费龙丁合刻印章，印面"吴善仁之印"（图32—33），边款"息庐、龙丁合刻，乙卯西湖"。"吉金乐石"为仿秦汉印，工稳古拙，送子布的二方印章及吴善仁之印，线条质感强烈，劲爽灵动，疏密跌宕之间，又古拙奇肆，气息古茂浑朴，在缶翁风貌中又多几分灵动韵味，尤其是吉金乐石印的边款，融书画印文于一体，记人、记事、记情，诚为可贵。

图28—29　费龙丁刻"宁海叶颂清字子布印"印　　　图30—31　费龙丁刻"上马杀贼下马草露布"印
　　　　　　　面、边款　　　　　　　　　　　　　　　　　　　面、边款

图32—33　李叔同、费龙丁合刻"吴善仁之印"印面、边款

　　李叔同出家时，曾给主事西泠印社的叶为铭写信，请转交给费龙丁扇头一、瓮庐印纸百张，大约是挑灯释篆时所用之剩余，信曰："前承绍介澹云和尚，获聆法语，感谢无量，兹奉扇头一，又瓮庐印纸百张，便乞交龙丁，此外有日本畴村印人手镌丁未朱白历，滨虹所藏印稿，日本滨村藏六手制刻印刀，皆赠社中……"

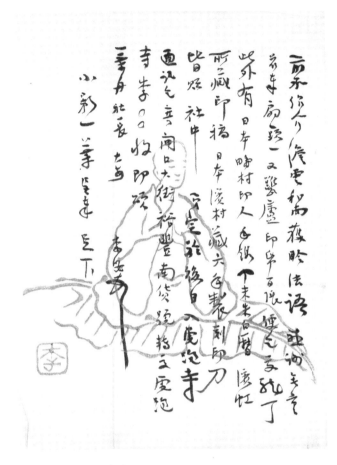

图34　1918年农历七月十一日弘一致叶为铭信

　　对于李叔同出家，不少人表示不理解或者规劝，费龙丁始终支持，并一直保持通信。1928年费龙丁陪同弘一法师从杭州乘火车去松江，到南社元老高吹万的住所颐园看望昔日好友，得知龙丁胃痛，弘一法师当即将手腕上所携的一串奇楠香佛珠赠与费龙丁[1]。"奇楠香可治胃病，龙丁曾磋去部分为粉末，作为药剂服之，致其中有数颗稍欠匀整。龙丁死，物归朱孔阳，孔阳以赠彭长卿，长卿又转送厦门李芳远。芳远，弘一法师之弟子也[2]"。

　　真可谓是一串沉香，几段佳话。

---

① 许志浩《金仲白、费龙丁的生平大事记》，见于云间朱孔阳原辑《白丁印谱》，上海书画出版社，2015年8月，第168页。

② 郑逸梅著《艺林散叶》，北方文艺出版社，2019年8月，第153页（引用原述）。

里巷幽居名不掩
——费龙丁艺术成就及不显原因

（一）艺术成就

在上世纪20年代，在吴昌硕的众多弟子中，费龙丁一直很有赞誉，时人评费龙丁金石第一，书法第二，画则不多作，作则超然物外，不受人间烟火气。从以上《缶老人手迹》的诗文中，不仅可以看出吴昌硕和这位弟子的深厚情谊，更有1924年吴昌硕亲为龙丁订《瓮庐书画刻例》，以"有非时手所可抗衡者"评价这位爱徒，肯定其"令人神驰"的水准。

> 费子龙丁，精鉴别，收藏名人书画金石刻故多逸品，视其刻印，精湛靡匹，于古金文字心会意领，可令人神驰皇古。书如篆隶，画虽点墨，均浑穆可喜，有非时手所可抗衡者，世人争欲得之而懒不与固与，老缶为订润例，属其公诸同好，毋使人兴交臂之嗟也。甲子春王正月老缶记，年八十有一。

正如吴昌硕所言，费龙丁在艺事上的突出成就在以下几个方面。

1. 精篆刻

除了吴昌硕对这位弟子的赞赏有加和青睐以外，还有邓散木、陈巨来等篆刻大家对费龙丁都有很高的评价。邓散木曾跟随吴昌硕弟子赵古泥学艺，对吴昌硕评价极高，但论及"传吴氏学者"，众多弟子仅王个簃、费龙丁入他眼，他曾以"各能略得一二"的表述评价，"当文、何既敝，浙、歙就衰，邓派诸家骏骏不为世重之际，乃有苍头异军，崛起其间，为近代印坛放一异彩者，则安吉吴俊是已……吴氏盖用佛门之旁参法以救其失也。传吴氏学者王贤、费龙丁，各能略得一二。余子碌碌，仅及肤受，妄学支离，骏成恶习，坐为世诟，亦可叹也。"[①]

上世纪三十年代，邓散木还写过八首《论书杂诗》，也有对费龙丁的艺术评价："篆书久号中书虎，安吉风流奈老何。灯火一龛萧颖士，童徐费左已无多。"又有旁注：安吉以草法入篆，以篆法入草，独以石鼓名世，涵融朴茂，可泯迹象，然耄无能为矣。虞山萧蜕，字退闇，亦字蜕盦，号中孚，笃志奉佛，擅六书之学，于石鼓能独探骊珠，足与苦铁颉颃。费龙丁能传其貌，然仅仅虎贲中郎而已。童大年、徐星州、赵子云辈无论已。朱义方髫年俊拔，惜流习骄纵，不复归纳于学问之道，病在早慧，恐坠泯犁耳[②]。在邓散木看来费龙丁篆刻至少是吴昌硕弟子中的出众者。

费龙丁虽然留下的作品不多，但从以上篆刻作品中可管中一窥其貌，他的篆刻师承吴昌硕，但却不是缶印的豪迈之风，更有浙派的典雅秀挺之意。画家冯超然少年时久居松江，与费龙丁是至交好友，"费氏生前为冯治印最多"。南社高吹万后代高锌曾拟文《费龙丁的巨印佳构》，言及费龙丁为好友高吹万镌刻过的一对巨印，边款长跋，书卷气、金石气二美骈臻，文赞"庄重凝练，意境

---

① 徐才友，彭福云编《邓散木书法篆刻学》，上海人民美术出版社，2015年1月，第112页。
② 邓散木著《邓散木诗选》，百花文艺出版社，1983年12月，第61页。

天然。题跋更足寻味，赏读如啖佳果，堪为篆林佳构。"在《吴湖帆自用印集》中，也收入费龙丁为吴湖帆治印若干方①，均有吴湖帆亲笔的旁注以及费龙丁的印章边款。

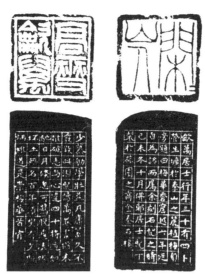

图35　左印面：高爕吹万　右印面：闲闲山人

2. 精篆书

龙丁的书画中，以石鼓文为最了，精于拓片而懒于作画，罕见流传，盖因此，尺纸寸缣，人皆珍之。1916年他曾赴日本神户，与在当地开设扇画馆的名画家廉南湖相与酬唱。他的好友南社诗人姚鹓雏有诗题赞费龙丁画兰："旧闻所南翁，国破身在野。画兰不画土，寄恨谁会者。研朱写香祖，清露共涓泻。意境弥孤复，风情更姚冶。佳人餐流霞，微醉复玉罃。虽异心史心，瑶愁亦盈把。"与吴昌硕奇崛雄迈的风格相比，费龙丁的作品更以"意境孤复，风情姚冶"见世。

南社社员蔡守（1879—1941），于书画、篆刻、金石、博物、碑版均有精研，1934年在香港《华宇日报》连载《印林闲话》记载了诸多清末民初的印学文献史料，点评印林人物。他认为，龙丁的篆书最得吴昌硕神韵："印人中如费龙丁砚、经臣公亨颐、杨千里天骥、沙孟海石荒、陈达夫兼善、王个簃贤诸子，皆曾学昌硕而各能自成面目。"同时他也评价："龙丁亦晓作浙派，但不见佳。治印则以晚周小玺为至妙。其巨印学昌硕者，则稍粗豪耳。唯作篆书则与昌硕酷肖，且秀硬在王个簃、陈师曾、王一亭之上"②。

3. 精鉴赏

龙丁热衷收集文物，诸如书画、印章、青铜器、古玉、铜镜、碑帖、图书之类，还将自己收藏的宝物绘《金石缘图》等，用以文人之间的结交和往来，互相探讨学习中，不断精进鉴赏能力和水平。他夫人的胞兄李平书的平泉书屋中更是多藏名家手迹和古物，也是龙丁向吴昌硕研学的场所。吴昌硕在《缶庐诗卷第八》中，有《平泉书屋》③一诗："石室缥缃无此富，山园芋栗有时贫。禅

---

① 汪黎特编《吴湖帆自用印集》，浙江人民美术出版社，2019年1月，第218页。
② 池长庆、郑利权编著《民国印论精选》，西泠印社出版社，2018年1月，第31页。
③ 童音点校《吴昌硕诗集》，华东师范大学出版社，2009年12月，第209页。

通半偈香南会，棋覆一隅天下春。白髮联床犹有弟，青帘藏酒惯留宾。英雄种菜休重说，古有长镵托命人。"无疑，他收藏的"父丁"商鼎、秦瓦当古砚、商之薪尊、周之具（古杞字）尊，吴之赤乌砖砚都是当时收藏家的心中所好，以至于被"某强有力者"所觊觎。精湛的鉴赏水平印证了孤山后山石坊上费龙丁"以文会友，于古为徒"对联的初心。

4. 善诗文

费龙丁不仅留下《抚印宗派绝句》论印诗文，咏题西泠印社的诗文，还与夫人李华书共同写成著名的《春愁秋怨词》。

李华书也是一位女书法家，二人均工词章，同入南社，他们或诗词唱和，或同作书画，被誉为当时的赵孟頫和管道升，时人称其"匪独恒同赏其珍秘，而唱酬染翰，固不让赵管专美於前也"。李华书曾拍过一张艺术照，是"分身"拍摄的，一坐一跪，题曰："求人不如求已[①]"，一百多前，妇女有此见解和艺术构思能力，是很难得的。

该诗卷分愁春，春愁；春怨，怨春；愁秋，秋愁；秋怨，怨秋八绝，还书成手卷，遍征名家题咏。在是册序文中龙丁表其心境：梅颜笑尽，春闹枝头；菊泪啼残；霜高篱畔。年华逝兮容华伤，春复愁兮秋复怨，虽绿波春水，与你无干。然白露秋葭，伊人宛在，爰伸兰纸，颠倒错襟而为题，漫咏圈词，香草芳芷以寄意。

这种风花雪月的生活让人羡慕和称道，好友姚鹓雏曾为此诗题："浩荡情怀不可收，英雄垂暮住温柔。双飞双宿如鹣鲽，底事愁春又怨秋"。其"浩荡情怀"或可为费龙丁的诗意注解。

（二）不显原因

费龙丁是为数极少的身兼南社、西泠印社、乐石社三社的社员，诗书画印兼备，但是即便是资料搜罗甚夥的《民国篆刻艺术》都未见其经传而不显，不免遗憾。笔者罗搜史料，探秘原究，粗考有以下原因。

一是费龙丁家庭殷实，无柴米之忧，生活美满，创作疏懒不勤。

因家境优渥，故鬻艺很是疏懒，除了吴昌硕在润例中写其"世人争欲得之而懒不与"外，还见有文人沈瘦东在《瓶粟斋诗话》中写其性情和拖沓，曰"龙丁有洁癖，襟怀洒然，工金古文，篆刻丹青，尤自矜重。……性情迟缓，交件动辄经年，不为求者所喜"，又言，"世有'画隐龙丁'之目，雅人高致，又安可急限时日也哉"！

费龙丁与黄宾虹都是南社社友，1912年费龙丁参加了黄宾虹组织发起的贞社。在《黄宾虹年谱》中记载，1919年6月14日黄宾虹曾收到南社的长沙社友傅熊湘信函，委托求龙丁治印[②]："朴存先生鉴：顷哲夫寄来石印三方，嘱交龙丁，乞以龙丁住址见示，以便转致。又前承转寄龙丁所贻《优吴集》及悼秋画扇，均到，谨谢。弟欲乞龙丁为治一印，公肯为我先容否？匆此，顺叩道安。弟傅熊湘顿首。"

二是个性高洁，自视甚高，较内向，不擅长人际交往且率真，不会为了书画买卖而去广交

---

① 在丁《记迟园二三事》，政协松江县委员会文史组编辑《松江文史第10辑》，政协松江县委员会出版，1988年10月，第34页。

② 王中秀编著《黄宾虹年谱》，上海书画出版社，2005年6月，第146页。

游而弋盛名。

林乾良《西泠群星》描述：费氏个性较内向，沉默寡言，不愿和世俗之人来往。掌故大师郑逸梅所撰《艺林散叶》曾记述费龙丁与松江文友王小候一事，可见费龙丁个性："王慧，字小侯，八分书学杨见山，又擅篆刻。与费龙丁相友善，二人皆沉默寡言者。丙寅岁，二人不期而遇于冯超然家。费云：久违久违，体尚健否？王答以：一别三年，体尚顽健。二人对坐约半小时，无它言。冯好戏谑，日：君等是否哑巴，抑彼此有深仇宿怨乎，何缄口如此？二人但微笑，默然如故。"二位诗词来往的好友一别三年后，默然相坐，个性使然。

安持老人陈巨来曾与费龙丁有交往，他在《安持人物琐忆》的《记费龙丁和陈半丁》[1]一文中回忆："费为人至沉默，可以终日不发一言"。同时又说："觉其讷于言，而无倨傲之态，故甚敬之，费亦不以余年少而轻视之。"还记述了他和费龙丁之间的谈话。费忽问余日："你看吾刻的印，有什么想法否？"余对之曰："公作品，外似柔雅，内实刚劲也。"费大乐，告余曰："你真懂，吾自以谓所刻是有'绵里藏针'之风格也。"自此遂认余为知己矣。此后，费龙丁还送陈一些小楷书法，后又为写一树梅花，令陈巨来惊奇不已，认为是异数。陈巨来因为对费外似柔雅，内实刚劲的"绵里藏针"风格的心有戚戚，才让费认为是艺术知己。

陆维钊先生曾为《楼辛壶先生印存》写序中回忆："往岁余客松江，获交于费丈龙丁。丈为言缙云楼辛壶先生之于艺，若书画、若金石，皆足称入古人之室，而得其用心之所在，非时流之所可几及。余心仪之。其后余又交王丈芝龄。丈为言先生之为人，不独精于艺，抑且笃于亲故：与人交，清而和易，介而不亢，恂有古君子之风。余于是益重先生，而又知费、王二丈固不轻于许人者，亦决不以私谊阿其所好者也。当是时，海上之以书画金石售于时者，类皆骛征逐，通声气，以广交游而弋盛名。若先生者，固可谓游于艺而进于道者也。……"此中虽写楼氏，但也可见费龙丁之为人诚恳，而在书画圈为了买卖，以"广交游而弋盛名"似乎是古今同曲的套路，费龙丁和楼辛壶显然都不在这一路。

三是晚年因胃痛等身体疾病，吸食阿芙蓉，显消沉。

费龙丁好友于仲迟（名允鼎，别号迟园、迟斋，1886—1959）世居松江城内北仓桥堍，后建新寓迟园，占地不大，中有小鱼池，花坛竹廊，盘曲贯通东西南北屋，其中的"水流云在轩"内"晚风摇晋帖，晓露展唐花"，是松江名流杨了公、费龙丁、姚鹓雏的聚会地。费龙丁时造迟园观群籍，龙丁尝语人曰："余之至迟园也，架上书欲看则取之，有疑则与翁共析之，兴未尽则袖之，阅毕则归之，渴则取案上壶自斟之，倦则凭几自隐之。余之在迟园也，已忘其为主欤？客欤[2]"？感念与主人的契合，因送壹卷装裱精致，题为《迟园还书图》的精品手卷赠于仲迟，题词真率，以画写情，精妙契心，使好友很是感动，当时许多松江文人也争相题咏其上。当时有成就的书画名流都聚集上海，而费龙丁"独喜局处松江,吸阿芙蓉消遣[3]"，于仲迟的儿子在丁"总觉得他太消极了，曾

① 陈巨来著《安持人物琐忆》，上海书画出版社，2011年1月，第53页。

② 刘颖白《迟翁小传》，政协松江县委员会文史组编辑《松江文史第10辑》，政协松江县委员会出版，1988年10月，第34页。

③ 在丁《记迟园二三事》，政协松江县委员会文史组编辑《松江文史第10辑》，政协松江县委员会出版，1988年10月，第34页。

问父亲，父亲说：他有过积极的时候，你不知道罢了。"的确，与李叔同相携西湖，向吴昌硕问道求艺，与南社才子们诗词唱酬，激荡革命豪情，是他人生中最美好的片段，可此时师友俱烟云散，怎不令人伤怀？

四是动荡岁月中的二次兵燹，世寿57岁。后人多从早期的《白丁印谱》而识费龙丁的艺术概貌，有失公允。

1924年军阀混战，龙丁所藏历代名家金石书画被毁掠，第二次1937年8月日军进占松江，使他家破人亡，人物皆灰，书画诗文稿散佚殆尽，所存极少。

后人对费龙丁篆刻的了解，多从《白丁印谱》而得。这是目前已见的龙丁留痕最多的印集，1975年由海上著名书画家、收藏家朱孔阳合费龙丁与金仲白所刻印谱辑成并出版，共收入费龙丁1899年、1900年的刻印150多方，含二本《瓷庐印》印谱封面，一本封面左上题签"瓷庐己亥年印花"，右上注"龙丁仿汉自此始矣"；另一本封面题签"瓷庐庚子季印花"。作品风格面貌不一，水准不一，当为其早年练习作品，彼时未入吴门之列，技艺未臻，却被后人管中窥豹，以代表作而论。是故，有近代印学家马国权曾表示，"余所见龙丁印仅此，於邓氏（邓散木）之说，遽难置评"。西泠印社百年大庆之际，《西泠百年印举》收入费龙丁印蜕38方[1]，可惜都不是经典之作，以至于让现当代篆刻评论家有"虽非全貌，而观览之次，邓散木赞美之辞或许过誉"[2]之慨。

皎皎华亭鹤　西泠分一席
——结语

图36　孤山印廊
费龙丁治印石刻

费故后，因其流传作品太少，其艺术声名也渐渐湮没。西泠印社韩天衡、张炜羽两位先生早年曾写《被淡忘的费龙丁与李苦李》一文，提出费龙丁与李苦李当是二位不能忘却的印人，孙慰祖先生在为松江博物馆藏印所撰《流风久弥盛，遗珠任君参——云间篆刻流变与松江博物馆藏印》一文中也指出，"近人风格卓立的费砚……既接纳吴昌硕雄强古茂的神韵又不泥其迹"，提到对费龙丁的关注，但总的来说，对费的研究有待深入和明确。

费龙丁作为西泠印社的早期社员，他不仅为西泠印社留下了诗书印，更以"弘一"一印在印廊留下了自己在印坛的地位。

西泠印社创始人丁辅之弟弟、西泠印社早期赞助社员、南社社友丁三在（字善之，号不识）1928年夏回应费龙丁赠诗时，曾写过《次龙丁韵》[3]一诗："皎皎华亭鹤，鸣皋见性情。刘臻有佳妇，阮籍岂狂生。金石同心契，芝兰臭味清。西泠分一席，蜗角莫须争"。他就以华亭鹤比喻龙丁，肯定其在西泠印社中、在艺术家之林当有的一席之地。

本文根据散落的史料信息，也希望能从史料、实证的角度，勾勒费龙丁艺术生平和成就，为其

---

① 余正主编《西泠百年印举》，浙江古籍出版社，2003年11月，第112页。
② 王家葵著《印坛点将录》，四川文艺出版社，2020年1月，第295页。
③ 同上，第225页。

艺术成就正名；并以费龙丁为案例，探析艺术家艺术成就显与不显的主客观原因，观照当今的社会现实。

值得一提的是，费龙丁生活在国运多舛的时代，即便是拥有个人的幸福生活也被战火摧残得灰飞烟灭。他的一生，正如姚鹓雏的吊诗："龙丁如龙泓，古情怡金石。汉印铁画妍，秦尊土花蚀。闭关同退僧，无处安瓶锡。叙舟火城外，弹雨已飞集。一瞑掷荒原，阵云黑于墨，高人血亦芳，入地三年碧。"

"长房仙去白云高，峰溯当年伴奏刀。里巷幽居名不掩，至今人忆印中豪"，南社诗人沈禹钟在《印人杂咏》亦曾这样诗赞龙丁。

印中人豪，谁能不忆？混沌不显，令人叹息！

（作者系西泠印社社务委员会文博研究馆员）

西泠印社藏陈鸿寿篆刻鉴别记 ①

朱 琪

摘要： 西泠印社藏"西泠八家"印章近300方。2022年《西泠印社社藏名家大系·西泠八家卷：浙派印宗》编辑计划启动，对社藏归为陈鸿寿名下的印章进行整理、研究。借助对本批藏品的研究，初步厘清陈鸿寿原印的来源、材质、边款等基本信息，并对藏品中伪疑及误归于陈鸿寿名下的作品进行鉴别。初步清理出"白研斋"、"鸿寿"、"双鱼"（图形印）、"阿曼陀室主人"等存疑作品，既对印学文献做出了辨伪，亦对陈鸿寿的生平、艺术与交游有所订补。

关键词： 西泠印社 西泠八家 陈鸿寿 篆刻 印章鉴定

西泠印社藏"西泠八家"篆刻体量庞大，品类完备，此次协助印社整理出版《西泠印社社藏名家大系·西泠八家卷：浙派印宗》，不只是一次单纯的出版行为，也是秉承"保存金石、研究印学"的印社宗旨，对印社核心藏品进行鉴别与研究的过程。这一点在对陈鸿寿篆刻的整理过程中体现得尤为清晰，本次初步筛选出陈氏印作二十四方，但随着研究工作的开展，对部分印章形成新的鉴定意见，这些问题最终如何在出版物中得到体现，实际也体现出全书的纂辑思路。

陈鸿寿（1768—1822），原名鸿绪，字仲遵，后更名鸿寿，字颂、又字子恭，号曼生、曼公、曼龚、老曼、恭寿、翼盦、种榆道人、种榆仙吏、种榆仙客、夹谷亭长等，斋室名有山苏亭、种榆仙馆、曼陀罗馆、桑连理馆、无倦堂等，与陈豫钟交厚，时称"东园二陈"。嘉庆六年（1801）拔贡，历官赣榆代理知县、溧阳知县、河工江防同知、江南海防同知等，著《种榆山馆诗集》。《碑传集补》载："其人性爱交游，于学多通解，自以为无过人者，遂壹意篆、隶、行、草书，为诗不事苦吟，自然朗畅。阮元抚浙时方筹海防，鸿寿随元轻车往返，走檄飞章，百函立就。暇与诸名士刻烛赋诗，群以为不可及。官溧阳知县，仿龚、时两家法为茗器，撰铭词，手镌之，一时有曼生壶之称，与苏家石铫并垂雅故也。"②这些记载显示出陈鸿寿多方面的艺术才能与成就。

此外诸家评价："曼生幼聪颖，能诗，工画，精篆刻，得丁敬身之法。""花卉宗王西室，山水近李檀园。"③"诗文书画皆以资胜，篆刻追秦汉，浙中人悉宗之。"④《桐阴论画》评："陈鸿寿逸品，陈曼生（鸿寿）笔意倜傥，纵逸多姿，脱尽画史习气，随意挥洒，虽不能追踪古人，而一种潇洒不群之概，不为蹊径所缚。盖胸次尘怀既尽，捥下自然英英露爽，良由其天分胜也……诗文

---

① 本文为国家社科基金后期资助一般项目"清代篆刻理论研究"（22FYSB053）阶段性研究成果。
② 闵尔昌《碑传集补》卷四十八，民国十二年（1923）刻本。
③ 钱泳《履园丛话》卷六、卷十一，清道光十八年（1838）述德堂刻本。
④ 彭蕴灿《历代画史汇传》卷十四，清道光刻本。

书画皆以资胜，篆刻追秦汉，浙中人悉宗法之。八分书尤简古超逸，脱尽恒蹊。先生爱阳羡之泥，创意造形，范为茶具，艺林争购之，至今共称为曼生壶。"①（图1）

关于陈鸿寿的生平行迹，孙慰祖先生在《陈鸿寿篆刻》前言《跋涉在仕途与艺术之间——陈鸿寿行略与艺事考》中，划分为亲属、师友、入仕、游艺、印风、余论诸章，已经作出较深入的探讨，本文不再详述。根据2007年孙慰祖先生统计，当时所见陈鸿寿篆刻总数在500方左右，原石存世总数在180方左右。②近来随着西泠印社等处藏品的公布，陈鸿寿篆刻原石存世总数应已突破200方（文后附：西泠印社社藏陈鸿寿篆刻一览表）。今就社藏陈鸿寿重要作品及部分存疑作品略作考述如下。

"吴氏兔床书画印"（图2），古兽钮寿山芙蓉石，尺寸2.3cm×1.8cm×4.6cm，边款："庚戌鞠秋，用钝叟仿雪渔红文法，曼生记。"此印乾隆五十五年（1790）为吴骞所作，陈鸿寿时年二十三岁，也是目前所见继"雪北香南"（1788）、"红豆山馆"（1789）之后的早期纪年印作之一。款云"用钝叟仿雪渔红文"，显示出此际对丁敬的模拟，此类"雪渔（何震）红文"，实际仍属于汉篆朱文印，字法以方折缪篆为主，是"西泠前四家"着意发展的篆刻样式。从此际印作看，陈鸿寿似乎也受同期陈豫钟篆刻字法平正化、定型化的影响，印款刻法也比较粗疏，大致仍处在对浙宗前贤模仿性创作的习作阶段，尚未到达表现个性化自我意识的时期。

吴骞是陈鸿寿的乡前辈，字槎客，海宁诸生，著《拜经楼诗集》。他与黄易、奚冈等都有良好的往来关系。吴骞生负异禀，过目成诵，笃嗜典籍，遇善本倾囊购之，校勘精审，所得不下五万卷，筑拜经楼藏之。夙共陈鳣讲训诂之学，

图1　《虚斋名陶图录》著录陈鸿寿石铫

图2　吴氏兔床书画印

①　秦祖永《桐阴论画》下卷，清同治三年（1864）刻朱墨套印本。

②　孙慰祖《陈鸿寿篆刻》，上海书店出版社2007年版，第2页。

所为诗文词旨浑厚，气韵萧远，晚益深造，不屑为流俗之作。《海昌备志》云："槎客得宋刻本《咸淳临安志》，刻一印曰'临安志百卷人家'，其风致如此。"

"浓花澹柳钱塘"（图3），青田石，尺寸2.5cm×2.5cm×3.8cm，边款："曼生为秋室先生作，乙丑三月十七日记。"此印为余集所刻，作于嘉庆十年（1805），时曼生三十八岁。是印为陈鸿寿中年时代表作之一，字法上"浓"与"澹"两字"氵"为避雷同分用两式，在布局上做到了统一中蕴藏变化。"澹"字本应三点，以用刀迅疾，连缀成线，反增视觉上的新奇效果。全印刀法节奏轻松明快，自然洒脱，似乎能够在观赏印面中感受到作者从容奏刀、一挥而就的激情。

图3　浓花澹柳钱唐

余集，字蓉裳，号秋室，仁和（今属杭州）人。乾隆三十一年（1766）进士，候选知县，特征纂修《四库全书》，官至侍读学士。道光二年（1822）重宴鹿鸣，赐还原秩。少习绘事，名重都下。所绘秀逸有山光在掌、云气生衣之致，兼长兰竹、花卉、禽鸟，无不入妙。工仕女，笔意妍雅，高出时流，有"余美人"之目。书亦古秀，诗神韵闲远，不屑作庸俗语，有"三绝"之称。为人和易，敝车羸马，蹒跚道左，无达官气。生平吟咏甚富，有《忆漫庵剩稿》。[1]

"青士手校"（图4），青田石，尺寸2.2cm×2.2cm×4.6cm，边款："癸亥八月，曼生作。"此印作于嘉庆八年（1803）八月，是为许乃济所作的读书印。此印为阔边朱文，对古玺印式稍有借鉴，印文四字对角呼应，布局熨帖。

许乃济字作舟，号青士，学范三子。钱塘（今属杭州）人。嘉庆三年（1798）副贡，五年（1800）举京兆试，十四年（1809）捷南宫，散馆第一授编修，由给事中典试粤西，旋观察粤东，擢盐运使，升按察使，内授光禄寺卿，代广东学政，旋升太常寺卿致仕。[2]为人学识超迈，气局安雅。

图4　青士手校

杭州横河桥许氏为世家，与陈氏有通家之谊。许学范（1745—1816）[3]生有九子，除两子幼殇外，七子乃来、乃大、乃济、乃毂、乃普、乃钊、乃恩皆相继中举，乃济、乃普、乃钊登进士，是名副其实的"七子登科"，烜赫一时。陈鸿寿子陈宝成娶钱塘许乃大之女许宜芳。[4]许乃济等则与陈鸿寿、屠倬、郭麐、吴嵩等交往甚多，常有诗文联络。

---

① 据《历代画史汇传》《续桐阴论画》等书记载。
② 潘衍桐《两浙輶轩续录》卷二十六，清光绪刻本。
③ 许学范，字希六，号小范，又号芋园。乾隆三十七年（1772）进士，历官刑部员外郎，有惠政。
④ 朱琪《再谈陈鸿寿的家世考证问题》，《荣宝斋》2019年第10期。

"崧庵侍者"（图5），青田石，尺寸：2.0cm×1.8cm×3.6cm。边款："蒙泉词丈每于大士诞日写像布施，旧钤'崧庵侍者'印，意未惬，属余重制。癸亥九月十又七日，曼生记。"此印为奚冈所作，时在嘉庆八年（1803）。奚冈长陈鸿寿二十三岁，二人情介师友之间。"苕花馆印"追记乾隆五十七年（1792）重午与奚冈、梁宝绳等人集古招贤寺联句，时陈鸿寿二十五岁，可见此事给当时的曼生留下深刻印象。后四年（1796），陈氏为奚冈刻"萧然对此君"印，此印系原印失去后赓续黄易同刻所作，可见奚冈对其提携有加。此外陈鸿寿为奚冈治印尚有"奚冈启事""不使孽泉"等，或许是出于对前辈的尊重，这些作品经过细致构思，面貌相对沉稳细谨。在陈鸿寿的习印道路上，西泠诸家中丁敬已逝，蒋仁性情孤僻，疏与诸子交接，黄易远官山左，而长期定居杭城的奚冈自然成为对陈鸿寿篆刻深具影响的一位长者。这份情愫一直延续到奚冈逝后。嘉庆十一年（1806）陈鸿寿作《梦奚九》缅怀：

筋政严于律，谭锋涌似泉。但言多病后，止酒已三年。碌碌视余子，忽忽记别筵。黄垆安可作，珍重梦中缘。①

"生长西湖籍鉴湖"（图6），青田石，尺寸1.9cm×1.9cm×4.2cm，边款："曼生作。"此印以多字汉印形式，排叠整饬而错落有致，运刀细致工稳，全印爽朗天然，不事残破，在以峭峭凌厉刀法风格为主导的陈氏篆刻中有如一股清流。陈鸿寿白文印章字法强调转折处的硬朗有力，此印虽然格调蕴藉，但筋骨崚嶒，风格鲜明，显示出陈鸿寿篆刻风格的多面性。

此外，《陈鸿寿印谱》还收录另一方同文印，篆法相同而印面稍大，尺寸2.5cm×2.5cm×6.1cm，款文："丁卯秋七月十日，将重之淮上，已戒行矣。青郭大兄枉送弊居，索作此印，塞责而已。曼生并记于种榆仙馆。"该印作满白印式，略显满密，气韵不及社藏一方生动。

图5　崧庵侍者

图6　生长西湖籍鉴湖

① 陈鸿寿《种榆仙馆诗钞》卷下，西泠印社吴氏聚珍版。

图7　小鸥波馆

"小鸥波馆"（图7），青田石，尺寸边款："嘉庆乙丑七月，用汉印法作此，曼生。"此印作于嘉庆十年（1805）七月，为陈鸿寿中年时期代表作。纯用带边栏满白文汉印形式，切刀厚重明快，线条的战掣充满动势，宛如古碑刻，展现出浙派篆刻耐人寻味的金石气韵。

此斋室印乃陈鸿寿为从弟陈文述姬人管筠所作。管筠字湘玉，又字静初，钱塘（今属杭州）人，安徽繁昌知县陈文述继室，著有《小鸥波馆诗》四卷。据陈氏《颐道堂集》诗选卷十二，有《松壶为余作雪鸿小影册子各题一律》"鸥波书记"（慰素心也。管姬湘玉能诗，为余掌书记，所居曰小鸥波馆）："美人宜氏管，花外小鸥波。画阁烟云供，书仙翰墨多。琴声迟夜月，帘影卷秋河。水阁涂妆处，临池点黛螺。"[①]陈鸿寿为陈文述治印很多，几乎有求必应。旧谱中"陈文述印章""文述""陈文述印宜身至前迫事毋闲愿君自发印信封完""晚学斋印""若华山馆""桂叶书堂""逼盦""团扇诗人"等，皆为佳构。

西泠印社之陈鸿寿藏品中，尚有多方为当时名士所治用印，如为何元锡所刻"蝶隐"。何元锡，字梦华，热衷金石，又好集印，陈鸿寿为其刻印有"雪莲道人""第一才人第一花"等，《种榆仙馆诗钞》亦存有《重午日梦华招集葛林园分得水字》，可证二人交游。

为王昕作"晓塍"。王昕，字卜祺，号晓塍，一号北溪，通州廪贡生。官东台教谕，著《晴香阁诗文集》。

为朱渌作"意园"。朱渌，字清如，号意园，山阴（今属绍兴）人。嘉庆四年（1799）进士，官江西临江知府，著《滋山堂诗文集》。

为朱晓作"秋亭"。朱晓，字修亭，号秋亭，钱塘（今属杭州）人。著《西村集》。

在整理西泠印社所藏陈鸿寿篆刻过程中，曾对西泠印社文物处库房中与陈鸿寿相关印章作了较全面梳理，其中数印与陈鸿寿相关，然又存有一些疑问，略作考辨如下：

"宜居士"（图8），青田石，尺寸0.8cm×0.8cm×3.5cm，款："曼寿，陈。"此印署款"曼寿"，下端模仿印章制篆书"陈"字。据丁仁《丁鹤庐西泠八家印存稿》记载，陈鸿寿别署有曼寿，惜治印署此款者罕觏，仅见于嘉庆元年丙辰（1796）为奚冈刻"萧然对此君"边款。另见西泠印社藏《陈曼生先生花卉册》中《独无忧》一帧（图9），署款"鸿寿"下钤印即为"曼寿"二字篆书合文（图10），故"宜居士"印当归于曼生所作。然艺林尚有另一"陈曼寿"，据张鸣珂《寒松阁谈艺琐录》记："陈曼寿（鸿诰），秀水诸生，翰林院待诏。工吟咏，年弱冠即刊其《味梅花馆初集》，结交皆老苍，如黄鹤楼蔡听香诸先生，皆投缟纻，书法仿冬心作蝠扁字，具有古趣，又摹其画梅，用干笔擦出，别

图8　宜居士

① 陈文述《颐道堂集》卷十二，清嘉庆十二年（1807）刻道光增修本。

图9　《陈曼生先生花卉册·独无忧》（西泠　　　　　图10　"曼寿"印
印社藏）

饶韵致。晚岁橐笔东瀛，从游者甚众。"① "兼嗜金石文字，隶篆八分，皆有法度。一室之间，坟典参错，鼎彝斑剥，暇则与吟朋酒友，高吟细咏，不知有门以外事。"②陈鸿诰卒于光绪十年（1884），篆刻风格中有模仿浙派一格，恐易混淆。

"曰研斋"（图11），此印流布甚广，算得上是陈鸿寿一方经典作品。西泠印社所藏，尺寸2.1cm×2.1cm×2.8cm，款："曼生作，壬戌七月。"由款文知作于嘉庆七年（1802）。然检《丁丑劫余印存》卷六载此同文印一方（图12），尺寸1.9cm×1.9cm×4.3cm，款："文甫介小石索刻此印，乙丑二月曼生。"按年款当作于嘉庆十年（1805）。两印尺寸略异，但字法、章法一致，甚至残损位置亦相同，当有一伪。案"曰研斋"显为斋室印，《丁丑劫余印存》一本云某人介刻，按理

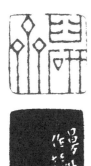

图11　白研斋及原石印面（西泠印社藏）　　　　图12　陈鸿寿刻"白研斋"
（《丁丑劫余印存》）

①　张鸣珂《寒松阁谈艺璅录》卷一，清宣统上海聚珍仿宋印书局本。
②　潘衍桐《两浙辀轩续录》卷三十一，清光绪刻本。

当为首刻。若两印属于先后二刻，应在较早一印说明介刻缘由，断无反先于后之理。观原作，西泠印社藏本印栏破损有不自然之嫌疑，《丁丑劫余印存》所藏"臼研斋"则原石未见，故此印当存疑俟考。

"鸿寿"（图13），青田石，尺寸1.3cm×1.3cm×3.4cm，款文："庚申十一月十二日，子贞刻寄曼生。"此印曾误归陈鸿寿刻，今按款文，知为嘉庆五年（1800）扬州张镠刻寄陈鸿寿之名印。张镠（1769—1821），字子贞，号老姜、紫峰、井南居士等，江都人。布衣，著《求当集》。《群雅集》云："吴兆熊捉鼻苦吟，虽贵游杂坐，竟日讽咏，不知有人。老姜以布衣驰声淮海间，而性情孤峭，殆其伦也。"《珠湖草堂笔谈》云："老姜负性冷峭，最喜言诗，石廉访琢堂，以方子云、余秋农、王柳村、谢佩禾、凌芝泉诸君诗合刻之《江淮六家诗选》。陈云伯令江都，举君与柳村列名荐赓，皆辞不就。"[1]张镠与陈鸿寿、许乃济兄弟等人皆有往来，篆刻学浙派，受陈鸿寿影响，能得其野逸凌厉之趣。嘉庆十七年（1812），张镠、沈容先后至溧阳濑上陈鸿寿桑连理馆，二人为陈合作《种榆仙馆第三图》。此印虽非陈氏所作，但寄托了两位浙派印人之间的金石交谊，亦属难得之珍。

"双鱼"（图形印，图14），青田石，尺寸1.9cm×1.9cm×3.5cm，边款："客从远方来，遗我双鲤鱼。呼童烹鲤鱼，中有尺素书。长跪读素书，书中竟何如。上有加餐食，下有长相忆。己酉九月仿何雪渔玉印法，迈庵先生命作，陈鸿绪作。"此印曾著录于葛昌楹、葛昌枌辑《传朴堂藏印菁华》，归为陈鸿寿作。今细察署款应为"陈鸿绪"三字，"鸿绪"虽为陈鸿寿早年族名，但印面及边款刻法皆与其刻不类，且未见署此名之先例，故或系误归。考陈鸿寿最早印作"雪北香南"（1788）已署款"曼生"，亦未有署"陈鸿绪"先例。边款中"迈庵"似为高树程别号，高树程系乾隆四十二年（1777）副贡，曾官教谕，卒年未详，主要活动于乾隆年间。陈鸿寿为高树程作印"迈赉""春瘦如初""迈庵秘笈""迈沙弥""菴萝盦"等，署款皆为"曼生"，亦无署"陈鸿绪"者。又，此印边款纪年"己酉"中"酉"字镌刻潦草，有"卯"字之嫌。若为"己

图13　鸿寿（印面及原石）

图14　双鱼（图形印及原石）

---

① 阮亨《淮海英灵续集》庚集卷五，清道光刻本。

卯"，据陈文述《颐道堂集》嘉庆十二年（1807）增修本，诗选卷二十一《西泠怀古》诸章中有《庵罗庵怀高迈庵》，说明此际高树程已下世，与印款中嘉庆二十四年己卯（1819）纪年也不符。

另《广印人传》卷五有陈鸿绪附名，然事迹不详。除陈鸿寿族名以外，"陈鸿绪"同名者较多[①]，其中有乾隆五十七年（1792）壬子科解元陈鸿绪，江宁（六合）人[②]，为袁枚弟子。此印归属，或有再探讨余地。

"阿曼陀室主人"（图15），青田石，尺寸1.8cm×1.8cm×4.0cm，边款："嘉庆庚辰秋日，陈鸿寿。"（隶书、行草书款）"余自白下返里，泊舟维扬，得于市肆。其石温润精美，有原刊'阿曼陀室主人'六字，乃曼生司马自刊书斋之章，篆法工正，不忍湮泯，留与好事者共赏之，故跋数语于后。粟夫。"（严坤款）

据款文，此印作于嘉庆二十五年（1820）。"阿曼陀室"常见钤于陈鸿寿、扬彭年合作"曼生壶"底款钤印（图16），几为判定曼生壶（图17）的重要标志。徐康《前尘梦影录》载：

> 陈曼生司马（鸿寿）在嘉庆年间官荆溪（当为溧阳之误，笔者注）宰，适有良工杨彭年，善制砂壶，创为捏瓠，不用模子，虽随意制成，亦有天然之致，一门眷属并工此技。曼生为之题其居曰"阿曼陀室"。并画十八壶式与之，其壶铭皆幕中友如江听香、郭频迦、高爽泉、查梅史所作，亦有曼生自为之者。铭字须乘泥半干时，用竹刀刻就，然后上火，双款则倩幕中精

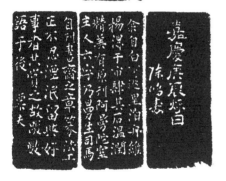

图15　阿曼陀室主人

图16　"阿曼陀室"底款印（杨彭年制陈曼生刻紫泥笠荫壶底款）

图17　杨彭年制、陈曼生刻阿曼陀室款紫泥笠荫壶

① 又福格《听雨丛谈》卷四《己未宏词科征士题名》载："陈鸿绪，浙江鄞县人，举人。原任江南睢宁县，革职。取二等二十二名，用检讨。《宏博录》作陈鸿绩。" 汪北平点校，中华书局1984年版，第85页。康熙时人，恐未合。又袁枚《小仓山房诗集》卷三十三《铁冶亭宗伯典试江南入山见访》小注云"解元陈鸿绪，六合人"，浙江古籍出版社2015年版，第880页。又莫友芝《藏园订补郘亭知见传本书目》"《文泉子集》"条下记："陈鸿绪云，吴酡刻与可之集俱精校，刻亦不苟。"中华书局2009年版，第1058页。此外有山西芮城人、道光二十九年己酉（1849）举人字笻书者等。

② 同治《苏州府志》卷第六十五，清光绪九年（1883）刊本。

于奏刀者加意镌成。若寻常贻人之壶，每器只二百四十文，加工者价须三倍。^①

又民国李景康、张虹《阳羡砂壶图考》："《中国艺术家征略》云：曼生为杨彭年题其居曰'阿曼陀室'，未知何所据而云，然大抵世俗相传，咸以'阿曼陀室'属诸彭年……顾曼生邃于金石之学，以治印著名，而屡见曼生壶铭款之下绝无印章。尝疑'阿曼陀室'为曼生室名，而苦乏左证。去春因研究曼生书法，叶子次周出其尊甫所藏曼生墨迹尺牍十数通，牍尾赫然有'阿曼陀室'印章，始知曩者所疑果获征实……或疑曼生去任（溧阳县宰）后，以'阿曼陀室'印贻彭年，姑备一说。"^②陈鸿寿似曾以"曼陀罗室"为斋名，今其印谱中犹存"阿曼陀室"朱文印（图18）及"曼陀罗室珍藏"白文印（图19），或可见二者关联，又曾以"阿曼陀室"自钤书牍（图20），可证为陈鸿寿自用印，而与杨彭年关涉不大。

图18　陈鸿寿刻"阿曼陀室"

图19　陈鸿寿"曼陀罗室珍藏"

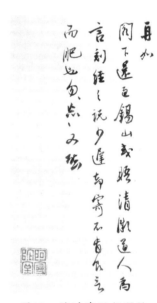
图20　陈鸿寿信札所钤"阿曼陀室"印

"阿曼陀室主人"印，有严坤长跋述其自南京返归安，途经扬州得此印之经过。然细审此印，有数点可疑：一、"阿曼陀室主人"六字排布机械，字法结构松散，姑且不论与陈鸿寿后期印风未合，即与其早年间印作相比，也显稚嫩。二、署款"嘉庆庚辰秋日"以隶书、"陈鸿寿"三字为行草两种混杂，于其印作未见先例。陈鸿寿款字刀法爽利劲健，向来惮烦双刀刻款，其隶书款仅见"万卷藏书宜子孙"（图21）、"十年种树长风烟"（图22）等有限数印，然隶款结字紧密，转折方硬有力，刀法也以单刀刊落为主，全不似此印款字松散无力。三、陈鸿寿自嘉庆十三年（1808）后六年，未见有纪年印作，嘉庆十九年（1814）四十七岁为改琦刻"七芗诗画"后，再未有纪年印

① 徐康《前尘梦影录》卷下，清光绪二十三年（1897）江标刻本。陈鸿寿未曾服官，孙慰祖先生已多次著文辨清。参氏著《跋涉在仕途与艺术之间——陈鸿寿行略与艺事考》，《陈鸿寿篆刻》，上海书店出版社2007年版，第16页。
② 李景康、张虹《阳羡砂壶图考》，《说陶》，上海科技教育出版社1993年版，第681页。

图21　陈鸿寿"万卷藏书宜子孙"及边款　　　图22　陈鸿寿"十年种木长风烟"及边款

作。陈鸿寿四十岁后逐渐疏于篆刻，据孙慰祖先生考证，除公务繁重疲于索请之外，健康因素可能是另一重要原因[1]，其晚年"风痹"病况或许在其四十岁之后已显露出身体不佳之征兆。"阿曼陀室主人"署款作于嘉庆二十五年（1820），时年五十三岁，又较"七芗诗画"晚六年，即辞世前两年，此刻正是其罹患"风痹"，养疴河上之际，试想重病如斯，又如何还能挥刀不息？

综合以上情况来看，"阿曼陀室主人"印疑点颇多。据叶铭《广印人传》卷十："严坤，字庆田，号粟夫，归安人。工缪篆，诗笔倔强。著有《溲勃丛残》。为人冲和朴实，论印以钝丁、曼生为宗。"至于严坤长跋所言，如事或不伪，则大约以假为真了。但笔者看来，此印中陈鸿寿隶书、草书款字镌刻特征，与严坤款跋楷字如出一手，或许是粟夫一时游戏亦未可知。

陈鸿寿乃"西泠后四家"中承上启下的重要人物，他与陈豫钟并称"二陈"，是乾隆晚期至嘉庆年间最为重要的浙派篆刻家。本次对西泠印社所藏陈鸿寿印章的鉴别，对于进一步探究陈鸿寿篆刻风格的形成、分期与特点，以及其印作在当时及后世的流传与评价情况，皆具有重要意义。

附：西泠印社社藏陈鸿寿篆刻一览表

印文	尺寸	边款	钮式	备注
犀堂	2.0cm×2.0cm×6.3cm	壬戌十月，曼生作	无钮饰	1802年，顶有旧款"西唐"
王思钤印	2.3cm×2.3cm×5.4cm	丁卯二月三日，曼生作，用汉铜印法	无钮饰	1807年
青士手校	2.2cm×2.2cm×4.6cm	癸亥八月，曼生作	无钮饰	1803年
晓塍	2.3cm×2.3cm×5.4cm	曼生作	无钮饰	

---

①　孙慰祖《跋涉在仕途与艺术之间——陈鸿寿行略与艺事考》，《陈鸿寿篆刻》，上海书店出版社2007年版，第28页。

（续表）

印文	尺寸	边款	钮式	备注
章氏翼仙	2.2cm×2.2cm×5.1cm	翼仙属，曼生作	无钮饰	
意园图书	1.9cm×1.8cm×4.6cm	鸿寿制	无钮饰	
乡往园	2.3cm×2.3cm×4.4cm	鸿寿	无钮饰	
秋亭	1.7cm×1.7cm×4.7cm	曼生作	无钮饰	
浓花淡柳钱塘	2.5cm×2.5cm×3.8cm	曼生为秋室先生作，乙丑三月十七日记	无钮饰	1805年
吴氏兔床书画印	2.3cm×1.8cm×4.6cm	庚戌鞠秋，用钝叟仿雪渔红文法，曼生记	古兽钮	1790年
烂柯山樵	1.8cm×1.8cm×4.5cm	曼生	无钮饰	
生长西湖籍鉴湖	1.9cm×1.9cm×4.2cm	曼生作	无钮饰	
鲟溪草堂	1.5cm×1.5cm×3.5cm	晓山三兄文玩，曼生	无钮饰	
鲁侬诗画	1.6cm×1.6cm×3.8cm	癸亥八月五日，曼生作为鲁侬二兄，时以印草相质，佳甚	无钮饰	1803
王恕私印	1.5cm×1.5cm×4.6cm	乙丑五月十日，心如过访山苏亭属……曼生	无钮饰	1805年，石经火断裂
鲁侬诗画	1.3cm×1.0cm×3.0cm	鲁侬二兄属刻，曼生。己未六月廿又七日	无钮饰	1799年
蝶隐	1.5cm×1.0cm×4.7cm	梦华三兄索刻，曼生	无钮饰	
小鸥波馆	2.5cm×2.5cm×6.2cm	嘉庆乙丑七月，用汉印法作此，曼生	无钮饰	1805年
崧庵侍者	2.0cm×1.8cm×3.6cm	蒙泉词丈每于大士诞日写像布施，旧钤"崧庵侍者"印，意未惬，属余重制。癸亥九月十又七日，曼生记	无钮饰	1803年
宜居士	0.8cm×0.8cm×3.5cm	曼寿。陈	无钮饰	
臼研斋	2.1cm×2.1cm×2.8cm	曼生作，壬戌七月	无钮饰	1802年，伪疑

印文	尺寸	边款	钮式	备注
阿曼陀室主人	1.8cm×1.8cm×4.0cm	嘉庆庚辰秋日，陈鸿寿。（隶书、行草书款） 余自白下返里，泊舟维扬，得于市肆。其石温润精美，有原刊"阿曼陀室主人"六字，乃曼生司马自刊书斋之章，篆法工正，不忍湮泯，留与好事者共赏之，故跋数语于后。粟夫	无钮饰	1820年，存疑

（作者系西泠印社社员，南京晓庄学院美术学院教授）

徐官字号、生卒、生平考

乔少旭

摘要： 本文立足新材料，对徐官字号、生卒、生平加以考证，知"徐官"非"徐令"。徐官字元懋，号榆庵，生于弘治十三年（1500），卒年未确，且其并非正德十二年（1517）进士。布衣处世，崇尚宋儒理学，有《古今印史》《音释举要》传于世。

关键词： 徐官　字号　生卒　生平

引　言

徐官，明代人，著有《古今印史》行于世，是为篆刻理论著作，自明末至今屡经翻刻。现存世有嘉靖本、《宝颜堂秘笈》本、《广百川学海》本、《篆学琐著》本、《说郛》本、日本元禄年间刻本、商务印书馆据《宝颜堂秘笈》排印本等。另与其师魏校合著文字学著作《六书精蕴》，并作《音释举要》一卷附于后。徐官因其著作之传世而为后人所知晓。在史料记载以及当代学者著作中，关于徐官字号、生卒等问题混淆不清、众说纷纭，本文就徐官字号、生卒、生平展开论证，力求对徐官之研究有所推进。

一、徐令非徐官

徐官，字元懋，号榆庵，明代苏州府吴县下园人。有《古今印史》行于世，从游魏校并与其合著《六书精蕴》附《音释举要》一卷于其后。关于徐官其人，当代学者之著作众说纷纭，史籍资料的零星记载亦杂乱无序，现就徐官字号等相关问题略作梳理，凡史料无误者归纳总结之，混淆不清者分析纠正之。

表1　史料关于"徐令"之记载一览表

（崇祯）《吴县志》	"徐令，号榆庵，善书，魏庄恭简校极重其品，所著有《印史》。"[①]
（民国）《吴县志》	"徐令，《印史》二卷，字元巽，号榆庵。"[②]
（道光）《苏州府志》	"《印史》二卷，吴，徐令，字元巽，号榆庵。"[③]

---

① 《吴县志》卷五十三，明崇祯刻本。

② 《吴县志》卷五十六上，民国二十二年（1933）铅印本，第21叶a。

③ 《苏州府志》卷一百二十四，清道光四年（1824）刻本，第10叶b。

（续表）

（同治）《苏州府志》	"徐令，《印史》两卷，字元巽，号榆庵。"①
（清抄本）《明史》	"徐令，《印史》一卷。号榆庵（吴县人）。"②
《佩文斋书画谱》	"徐令，号榆庵，善书，魏恭简公校极重其品。（《吴中人物志》）"③
《古今图书集成·理学汇编·字学典》	"按《吴中人物志》，徐令，号榆庵，善书。"④
《六艺之一录》	"徐令号榆庵，善书，魏恭简公校极重其品。（《吴中人物志》）"⑤
《千顷堂书目》	"徐令，印史，号榆庵，吴县人，上书为魏校所辑。"⑥

表2　史料关于"徐官"之记载一览表

（清抄本）《明史》	"徐官，《古今印史》一卷。"⑦
（同治）《苏州府志》	"徐官，《古今印史》一卷，字元懋，魏校弟子。"⑧
（道光）《苏州府志》	"《古今印史》一卷，吴，徐官。"⑨
（民国）《吴县志》	"徐官，《古今印史》一卷，字元懋，昆山魏校弟子。"⑩
《千顷堂书目》	"徐官，《古今印史》一卷。"⑪
《千顷堂书目》	"《古今印史》，徐官。"⑫
《古今图书集成·理学汇编·经籍典》	"《古今印史》，徐官。"⑬
《古今图书集成·理学汇编·字学典》	"徐官，《古今印史》，小篆大略、籀文大略、孔子书、缪篆。"⑭
清雍正铜活字本《古今图书集成·理学汇编·字学典》	"徐官，《古今印史》，隶书大略。"⑮
《格致镜原》	"徐官，《古今印史》。"⑯

---

① 《苏州府志》卷一百三十六，清光绪九年（1883）刊本，第21叶b。
② （清）张廷玉《明史》卷一百三十四志一百八，清抄本。
③ （清）王原祁、孙岳颁等纂《佩文斋书画谱》卷四十三《书家传》二十二，清文渊阁《四库全书》本。
④ （清）陈梦雷《古今图书集成·理学汇编·字学典》卷一百二十三，清雍正铜活字本，第34叶b。
⑤ （清）倪涛《六艺之一录》卷三百七十，清文渊阁《四库全书》本。
⑥ （清）黄虞稷《千顷堂书目》卷十五，清文渊阁《四库全书》本，第5叶b。
⑦ （清）张廷玉《明史》卷一百三十四志一百八，清抄本。
⑧ 《苏州府志》卷一百三十六，清光绪九年（1883）刊本，第17叶b。
⑨ 《苏州府志》卷一百二十三，清道光四年（1824）刻本，第9叶a。
⑩ 《吴县志》卷五十六上，民国二十二年（1933）铅印本，第17叶a。
⑪ （清）黄虞稷《千顷堂书目》卷九，清文渊阁《四库全书》本，第34叶b。
⑫ （清）黄虞稷《千顷堂书目》卷十五，清文渊阁《四库全书》本。
⑬ （清）陈梦雷《古今图书集成·理学汇编·经籍典》卷五百，清雍正铜活字本，第12叶b。
⑭ （清）陈梦雷《古今图书集成·理学汇编·字学典》卷五十一目录，清雍正铜活字本，第29叶a。
⑮ （清）陈梦雷《古今图书集成·理学汇编·字学典》卷五十一，清雍正铜活字本。
⑯ （清）陈元龙《格致镜原》卷四十，清文渊阁《四库全书》本，第4叶b。

（续表）

《八千卷楼书目》	"《古今印史》一卷，明徐官撰，《篆学琐著》本，《广百川》本。"①
《二知轩诗续抄》	"汉法上参摹印篆，博古更能通蝠扁。一枝铁笔无与伦，浙派新从岭南衍。番禺陈叟（谓简甫）指授高，褒中倘有昆吾刀。徐官印史竟堪续（君新拓《吉金斋古铜印谱》以贻朋好），斑斓不许灯光（石名）豪。"②
《天禄琳琅书目》	"后附校门人徐官《音释举要》一卷……官，吴人，登正德十二年进士第，见太学题名碑。"③
《续通志》	"《古今印史》一卷，明徐官撰。"④
《续文献通考》	"徐官，《古今印史》一卷，官，字元懋，吴县人。"⑤
《寒支集》	"往观吾子行之《学古编》，徐官之《古印史》。"⑥
《绛云楼书目》	"徐官《古今印史》，赵魏公有《印史》二卷，见《辍耕录》。"⑦
《悦心集》	"徐官，明吴县人。"⑧
（清抄本）《经史避名汇考》	"徐官《古今印史》云：点字从占从黑小……"⑨
《郑堂读书记》	"《古今印史》一卷，《普秘笈》本。明徐官撰，官字元懋，吴县人。"⑩
（民国）《衢县志》	"徐官《印史》谓其多采他家之说而附以己意，剖析颇精，所列小学诸书，各为评断，亦殊有考核。"⑪
《读书敏求记》	"魏庄渠《六书精蕴》音释一卷，此与六书之学，详考极佳，尚是徐元懋手书稿本，后附庄渠先生亲笔书四纸，亦墨庄中一古物也。"⑫
《攀古小庐杂著》	"徐官《古今印史》。"⑬
《古今图书集成·经济汇编·考工典》	"徐官《古今印史》：予家藏一古铜印，龟钮，其篆文曰子实，甚古且拙，信非古人不能作，意其为汉物也。"⑭

---

① （清）丁立中《八千卷楼书目》卷十一子部，民国本，第26叶a。
② （清）方浚颐《二知轩诗续抄》卷九，清同治刻本。
③ （清）于敏中《天禄琳琅书目》卷七，清文渊阁《四库全书》本。
④ （清）嵇璜、刘墉《续通志》卷一百六十一《艺文略》，清文渊阁《四库全书》本。
⑤ （明）王圻《续文献通考》卷一百八十八《经籍考》，清文渊阁《四库全书》本
⑥ （明）李世熊《寒支集》初集卷四，清初檀河精舍刻本。
⑦ （清）钱谦益《绛云楼书目》卷二，清道光二十九年（1849）至光绪十一年（1885）南海伍氏刻光绪十一年（1885）汇印《粤雅堂丛书》本。
⑧ （清）雍正辑《悦心集》卷三，清光绪二十五年（1899）广雅书局刻《武英殿聚珍版丛书》本。
⑨ （清）周广业《经史避名汇考》卷三十五，清抄本。
⑩ （清）周中孚《郑堂读书记》卷四十九子部八之下，民国《吴兴丛书》本。
⑪ 《衢县志》卷十五，民国二十六年（1937）铅印本。
⑫ （清）钱曾《读书敏求记》卷一，清雍正四年（1726）松雪斋刻本。
⑬ （清）许瀚《攀古小庐杂著》卷三《经传说》，清刻本。
⑭ （清）陈梦雷《古今图书集成·经济汇编·考工典》卷一百四十七，清雍正铜活字本。

史籍资料中，记载"徐令""徐官"之处备录于上，关于徐官字号、著作、著作卷数、师从等问题众说纷纭。载"徐令"号榆庵者共九处，如（崇祯）《吴县志》、（民国）《吴县志》、（道光）《苏州府志》、（同治）《苏州府志》、《明史》、《佩文斋书画谱》、《古今图书集成·理学汇编·字学典》、《六艺之一录》、《千顷堂书目》，除《佩文斋书画谱》《古今图书集成·理学汇编·字学典》《六艺之一录》外，亦皆记《印史》为徐令所著。至于《印史》之卷数，各书意见亦有分歧。（民国）《吴县志》、（道光）《苏州府志》、（同治）《苏州府志》记"徐令《印史》两卷"，而（清抄本）《明史》则记为"徐令《印史》一卷"。除此之外。记为徐官著《印史》者，有（清抄本）《明史》、（同治）《苏州府志》、（道光）《苏州府志》、（民国）《吴县志》等二十四处。

案徐官、徐令并非同一人，徐官字元懋，徐令字元巽，徐官为徐令堂兄。榆庵为徐官斋号，著有《古今印史》，亦称《印史》，官为魏校门人，庄渠公极重徐官之为人。（崇祯）《吴县志》、（民国）《吴县志》、（道光）《苏州府志》、（同治）《苏州府志》、（清抄本）《明史》、《佩文斋书画谱》、《古今图书集成·理学汇编·字学典》、《六艺之一录》、《千顷堂书目》所载徐令资料当误。论证如下：

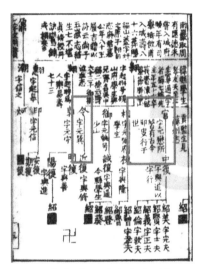 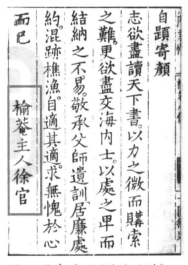 

图1　徐官《下园徐氏族谱》，隆庆元年（1567）刻本7叶a（国家图书馆藏）

图2　徐官《下园徐氏族谱》，隆庆元年（1567）刻本1叶b（国家图书馆藏）

图3　徐官《下园徐氏族谱》，隆庆元年（1567）刻本1叶a（国家图书馆藏）

徐官著《下园徐氏族谱》（明隆庆年间刻本），谱中记："官，字元懋，所著有《古今印史》行于世。"堂弟"令，字元巽"。①（图1）另有徐官《自题寄颜（徐官小像）》一则，落款为"榆庵主人徐官"。②（图2）当知榆庵为徐官而非徐令。

《古今印史》一书所论主要是篆刻方面的内容，兼及书法。书中对先贤、时人论书、论印语多有征引、论述，况徐官作为徐令堂兄，倘徐令著有《印史》，徐官在族谱中当不会不予记载。另

---

① （明）徐官《下园徐氏族谱》，隆庆元年（1567）刻本，第7叶a。
② （明）徐官《下园徐氏族谱》，隆庆元年（1567）刻本，第1叶b。

外，徐官与明代吴门地区文人学者交往密切，与归有光、顾应祥、瞿景淳、张寰、沈田、陈棐等人都有交集，和蔡启弘、叶具瞻、潘士英、刘缨等人亦皆有过从，这些人为《古今印史》一书作序、题跋，对徐官字号、师从多有论述。海虚叶具瞻《古今印史序》言："榆庵徐氏，字元懋，官其名也。"[①]归有光《题古今印史后》记："今元懋为《印史》又推而广之，可谓博雅之士矣。"[②]梓堂先生撰、石川先生书并跋《榆庵记》云："吴之士，有以榆庵为号者，徐君元懋也。"[③]《下园徐氏族谱》为徐官所著，有明代隆庆年间刻本，书中记载里、籍、字、号等内容当较为可靠。《古今印史》中作序、题跋者，如叶具瞻、归有光、梓堂先生、石川先生等人，皆与徐官有交往，所论述之内容亦应比较可信。因此，可据以纠正徐令号榆庵、著有《印史》之谬误。

关于魏恭简公校（魏庄渠）极重其品，案魏庄渠所重者亦应为徐官，而非徐令。陈棐《寿榆庵徐先生七袠文》记：

> 榆庵徐先生……尝从游于恭简庄渠公……先伯尝爱之重之，所著《六书精蕴》，亦依以成录，且曰微徐子无以锓诸梓也。[④]

由此可知，榆庵徐先生受魏庄渠爱重当无疑，只是并未言明此徐先生是徐官还是徐令。上述所证榆庵为徐官斋号暂且不论，据陈棐所言，查《六书精蕴》一书，后附《音释举要》记"门人吴下徐官写刊音释"。另《庄渠遗书》中收录有魏校与徐官书信一则，亦可反证此徐先生为徐官而非徐令。书信如下：

与徐官

> 寄来《六书精蕴》俱已看过，篆得甚是有法，可谓既竭心力矣，且一字有疑必问，最见用心周密处。五卷将毕，止有六卷，愿愈加小心翼翼，免以一类而掩全体之美。[⑤]

该题名为《与徐官》，信中谈论《六书精蕴》的编撰，魏校在字里行间透露出对徐官的赞赏之情。《庄渠遗书》中，魏校与徐官来往书信仅收录此一则，《古今印史》中则收录八条，且为魏校手简墨迹所刻。除此之外，《古今印史》序跋中论及魏校赏识徐官之语亦复不少，而目前竟未发现徐令与魏校交往之任何相关材料。因此，据上所论魏恭简校（庄渠）所重之人当为徐官而非徐令，亦可证明《吴县志》等书所载徐令条之混淆。

徐官樵居灵岩山，终生布衣，声名小而记载少，得以为后人所知，有赖于其著作行于世。《古今印史》最早为明嘉靖三十一年壬子（1552）本，收录有友人为其所作的序、跋、题后，这些材料较为全面地叙述了徐官之为人、为学、为艺。陈继儒曾校正《古今印史》并将其收录于《宝颜堂秘

① （明）叶具瞻《古今印史序》，《古今印史》，嘉靖三十一年（1552）刻本，第2叶b。
② （明）归有光《题古今印史后》，《古今印史》，嘉靖三十一年（1552）刻本，第4叶b。
③ （明）邓𬱖《榆庵记》，《古今印史》，嘉靖三十一年（1552）刻本，第1叶a。
④ （明）陈棐《寿榆庵徐先生七袠文》，《古今印史》，嘉靖三十一年（1552）刻本，第1叶a。
⑤ （明）魏校《庄渠遗书》卷十五，清文渊阁《四库全书》本，第18叶b。

笈》，将《古今印史》中的序跋大量删减，而后诸版本皆依《宝颜堂秘笈》本，序跋材料亦湮灭而弗彰，应为致误之一由。

二、生于弘治十三年（1500），卒年不确

史料对徐官的记载多为字号及著作，极其简洁，并无生卒。如《苏州府志》记："徐官，《古今印史》一卷，字元懋，魏校弟子。"[①]当代学者著作中，对徐官活动的年代偶有叙述，亦众说纷纭，大而廓之。如：

> 韩天衡《历代印学论文选》：嘉靖之世。
> 黄惇《中国古代印论类编》：嘉靖之世。
> 路翔《简明篆刻辞典》：嘉靖、万历年间。
> 楚石《国人必知的2300个篆刻常识》：约嘉靖年间。
> 吴镕《江苏历代名人录》：嘉靖、隆庆年间。
> 《续修四库全书总目提要·子部》：徐官（约1521—约1572）

案徐官生卒年（1500—约1569）更为准确，即活动于嘉靖、隆庆年间，是否活动至万历朝，目前材料尚不能证明。

《下园徐氏族谱》卷首有榆庵先生《寄颜（榆庵小像）》一幅，并记生诞"庚申，己卯，庚戌，戊寅"（年、月、日、时）[②]，"庚申"当为明弘治十三年（1500）。1500年前后的"庚申年"分别为明正统五年（1440）和明嘉靖三十九年（1560），与徐官活动时间相差太大，可排除。因此，按《下园徐氏族谱》所记，徐官当生于明弘治十三年（1500）。关于卒年，依据目前可见资料尚不能准确考证，但通过对现存史料的梳理、分析，可以尽量将卒年时间范围缩小。《下园徐氏族谱》后记有编纂时间：

> 成化初，先伯祖松坡公尝修谱；正德间，吾先子又谱其未备；隆庆改元，官刻其略，先德始末，详载家乘，枝蕃派衍，当续书之。七世孙官谨志。[③]

《下园徐氏族谱》先后三次编撰，分别为成化初修谱、正德间谱其未备以及隆庆改元徐官又谱。隆庆改元是1567年，此时徐官尚健在。

又据陈棐《寿榆庵徐先生七帙文》一则：

---

① （同治）《苏州府志》卷一百三十六，清光绪九年（1883）刻本，第17叶b。
② （明）徐官《下园徐氏族谱》，明隆庆元年（1567）刻本，第1叶a。
③ （明）徐官《下园徐氏族谱》，明隆庆元年（1567）刻本，第7叶b。

今年跻七帙，二月二十六日其降岳之辰也。①

玉峰通家仕教弟魏希正亦赠祝寿文一则：

然且谦抑柢勤不改畴昔，则知先生之进德无疆，其寿亦尚未艾也，是为枳。②

落款为：

隆庆己巳仲春吉旦，玉峰通家侍教弟魏希正顿首拜赠。③

文中明确说明，二月二十六日是先生出生之辰，今年正好岁登七十，并且先生"谦抑不改畴昔"，而其寿亦尚未艾也。落款时间记为"隆庆己巳仲春"，隆庆己巳即隆庆三年（1569），这一年七十岁。古人对待年龄问题，习惯上生前虚一岁，死后虚两岁。按徐官生于1500年，1569年陈柔为徐官作《寿榆庵徐先生七帙文》当是准确的。据《寿榆庵徐先生七帙文》一文，一则可证明1569年徐官仍健在，其寿未艾；另一方面则可与《下园徐氏族谱》所记生诞相佐证，即徐官生于明弘治十三年（1500）是准确的。

据上所述，徐官生卒年应为（1500—约1569），生年当无疑问，希冀徐官能够得到学界进一步研究，考证出其准确卒年。《续修四库全书总目提要·子部》记载徐官（约1521—约1572），其生年当误，卒年（约1572）尚不知其考证过程及所用材料。

三、无意于仕途

徐官先世南昌人，自靖康之难避地东南，侨居江阴。元末又徙至吴县，自号下园。至徐官为七世。徐官之父讳翰，字起鸣，县学生，人称七榆先生，年五十六卒。伯兄徐卿，字元佐，岁贡监生。徐官一生布衣，隐居灵岩山之麓，自言居廉处约，混迹樵渔。因此，史料关于徐官的记载较少，所幸有其《古今印史》等著作行于世，后人得以通过著作了解其生平。

徐官一生布衣，自言承父师遗训，居廉处约，混迹樵渔，自适其适。而《天禄琳琅书目》则载其登进士第：

徐官因字有难识者，为音俗字于书端，并附《举要》于书末，以便披览。官，吴人，登正德十二年进士第，见太学题名碑。④

---

① （明）陈柔《寿榆庵徐先生七帙文》，《古今印史》，嘉靖三十一年（1552）刻本，第1叶a。
② （明）魏希正《寿榆庵徐先生七帙文》，《古今印史》，嘉靖三十一年（1552）刻本，第2叶a。
③ （明）魏希正《寿榆庵徐先生七帙文》，《古今印史》，嘉靖三十一年（1552）刻本，第2叶b。
④ （清）于敏中《天禄琳琅书目》卷七，清文渊阁《四库全书》本。

案，徐官（吴县）并未考取进士，登正德十二年（1517）进士第当误。实际上，登本年进士第者另有其人，《天禄琳琅书目》将彼之徐官误为此之徐官并载入书中。

查《明清进士题名碑录索引》："徐官，浙江萧山㉚，明正德12/3/205。"[①]意为：徐官，浙江萧山县人，匠籍，明正德十二年榜，录取为第三甲第二百零五名。查《浙江通志》萧山县所记正德十二年进士徐官（萧山）与太学题名碑所记相符。另《下园徐氏族谱》中记载徐翰（县学生）、徐翱（府学生）、徐爵（吏目）、徐相（府学生）、与仁（县学生）、诚复（县学生），"吏目"为明代官职名，除记其堂兄徐爵做过官以外，族人中有县学生或府学生者亦一一载明，如徐官考中进士而族谱、县志、府志皆不录，于情理不合。由此观之，（吴县）徐官正德十二年（1517）登进士第的记载确误无疑。

《下园徐氏族谱》载有徐官《爱菊说》一首和《自题寄颜（徐官小像）》一则，颇能反映其性情、志趣，俱录之：

爱菊说

官性爱菊，时至谷雨则分栽，栽要稀，土要肥，宜高不易卑。花取黄兼取白，红紫则用十之一。间杂而成章，粲然以悦目，此固予之所深爱而亦众人之所同爱也。虽然，他人之于菊，平时不著意，盛开始珍异。予则不然，自分栽之后，插棘护持而灌溉以时，每日早起篱下，观雨露之所濡，造化之生长，日异而月不同。未花时，夫犹花也，故尝曰看花须看未花时。菊有早晚。早者名占秋魁，以其易凋落，不甚爱之，故不多植；最晚者称傲霜黄，凌冬不凋，挺然独秀与众芳异，窃深爱之，故多植焉。因得句云：惟有此花坚晚节，与予同结岁寒盟。[②]

自题寄颜

志欲读尽天下书，以力之微而购索之难；更欲尽交海内士，以处之卑而结纳之不易。敬承父师遗训，居廉处约，混迹樵渔，自适其适，求无愧于心而已。[③]

徐官爱菊，但不同于众人爱花之盛开时，徐官更享受栽花、培植之过程。诸花色中尤爱黄花，因其凌冬不凋谢，挺然独秀也。《爱菊说》之所表达，似乎有效仿周敦颐之意。徐官从游魏庄渠，受其影响，遂力学性命之说，进而影响其人生志趣。陈棐言："故君子谓其性质洒落，得濂溪之逸；遇物坦夷，得明道之和；雅操特立，得伊川之方。"[④]周敦颐世称"濂溪先生"，程颢别号"明道先生"，程颐世称"伊川先生"，由徐官之志趣来看，陈棐所言非虚。最后一句"惟有此花坚晚节，与予同结岁寒盟"，以花自比抒发情怀。徐官为人正如《爱菊说》中所言之"傲霜黄"，对于理义、孝友、名节，能坚持其操守。亦如陈棐《寿榆庵徐先生七帙文》所言，其理义以检身、孝友以孚家、名节以砺俗，终其身而不改。

---

① 朱保炯、谢沛霖《明清经史题名碑录索引》，上海古籍出版社1979年版，第967页。
② （明）徐官《下园徐氏族谱》，明隆庆元年（1567）刻本，第2叶b。
③ （明）徐官《下园徐氏族谱》，明隆庆元年（1567）刻本，第1叶b。
④ （明）陈棐《寿榆庵徐先生七帙文》，《古今印史》，嘉靖三十一年（1552）刻本，第1叶b。

　　徐官一生布衣，力之微、处之卑而能以书养志，广交海内士，以博学、善医、精篆学，为当时文人学者所激赏，如归有光、瞿景淳、邓韨、魏校等，尤与魏庄渠交往密切。其于医学，邓韨言："徐官能折衷近世名家之说而补其所未及。"①《庄渠遗书》所载魏校寄给徐官的书信中曾提及魏校请徐官为其从子医病，邓韨言："君复怀利人之术，有求者必往焉。"②"利人之术"应是言其善医，由此看来徐官善医当不误。于篆学，徐官自言："官自弱冠即尝习读诸家篆书，研精覃思，二十余年于兹矣。"③归有光《题古今印史后》记："《六书精蕴》凡以定著一字一画，皆出元懋之手。"④文字学著作《六书精蕴》为魏庄渠与徐官合著，至今行于世。徐官曾从游魏校，为其门人。《庄渠遗书》中收有魏庄渠与徐官往来信件一则，名为《与徐官》。徐官《古今印史》一书中则收有其与魏校往来书信八通，是以当时墨迹书信刻之，名为"庄渠先生手简墨迹与门人徐官"，魏校在书信中落款一般为"辱知魏校顿首，元懋老友"。据以推测，魏校与徐官之关系，当在师友之间，亦师亦友。

　　邓韨《榆庵记》有言：

　　　　君于医，能折衷近世名家之说而补其所未及；于字学、古文、大小篆、隶书能正其不同；于国初以来赋法之轻重，能言其始末而将以闻于有位者。盖有悯世之志，非徒以艺为专攻者。⑤

　　徐官于医、字学以及国初赋法之轻重皆有研究，亦有悯世之志，并不专以艺术为专攻，足见其治学与为人。徐官著作除《古今印史》一书外，尚有《下园徐氏族谱》（图4）、《六书精蕴》（图5）、《孝经古文集成》（图6）、《六书精蕴音释举要》（图7）、《经传纂言》、《闲中纪闻》。

　　上文已述，《古今印史》屡经翻刻，最早为明代嘉靖三十一年（1552）刻本，后又补刻。《六书精蕴》是为徐官与其师魏庄渠合著，并有官作《音释举要》一卷附于后。《孝经古文集成》一书，凡例四则，《古今印史》载有二则。按徐官在《孝经古文集成引》中言，此书以朱子《孝经刊误》和《六书精蕴》为宗，博参诸家之说，折衷成帙。《孝经古文集成引》言该书"书成未刻，尚冀有进"，尚不知是否梓行于世。《六书音释》亦作《音释举要》，附于《六书精蕴》之后。徐官自言："间有难识者，辄音俗字于书端，庶便披阅，不厌其重复云。门人徐官谨书。"⑥《经传纂言》《闲中纪闻》二书，则据周玉麟《古今印史跋》所云："其所著《经传纂言》《闲中纪闻》《孝经古文集成》诸书可见也。"⑦传世与否，尚无发现相关资料。

---

① （明）邓韨《榆庵记》，《古今印史》，嘉靖三十一年（1552）刻本，第2叶b。
② （明）邓韨《榆庵记》，《古今印史》，嘉靖三十一年（1552）刻本，第3叶a。
③ （明）徐官《孝经古文集成引》，《古今印史》，嘉靖三十一年（1552）刻本，第34叶a。
④ （明）归有光《题古今印史后》，《古今印史》，嘉靖三十一年（1552）刻本，第4叶a。
⑤ （明）邓韨《榆庵记》，《古今印史》，嘉靖三十一年（1552）刻本，第3叶a。
⑥ （明）徐官《音释举要》，《六书精蕴》卷六，魏希明嘉靖十九年（1540）刻本，第19叶b。
⑦ （明）周玉麟《古今印史跋》，《古今印史》，《宝颜堂秘笈》本，第40叶b。

图4　徐官《下园徐氏族谱》，隆庆元年
（1567）刻本2叶a（国家图书馆藏）

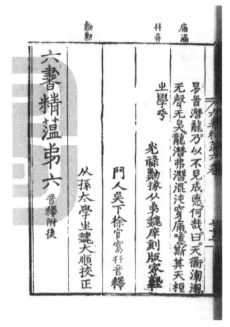

图5　魏校、徐官《六书精蕴》，嘉靖十九年
（1540）刻本77叶b（国家图书馆藏）

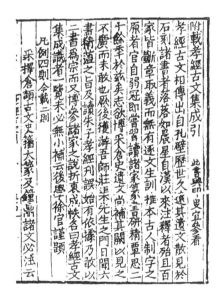

图6　徐官《孝经古文集成引》（书成未刻，嘉
靖本《古今印史》收录）

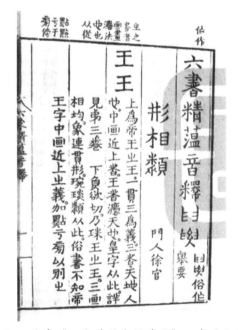

图7　徐官《六书精蕴音释举要》，嘉靖十九
年（1540）刻本1叶a(国家图书馆藏)

结　语

本文通过梳理与考证，对（崇祯）《吴县志》、（民国）《吴县志》、（同治）《苏州府
志》、《明史》、《佩文斋书画谱》、《古今图书集成·理学汇编·字学典》、《六艺之一录》、

《千顷堂书目》关于徐官、徐令的记载进行了辨析，根据新材料，考得徐官生卒年（1500—约1569），以纠正《续修四库全书总目提要·子部》记载的徐官生卒年（约1521—约1572）之谬。

综合以上考察，可对徐官字号、著作、生平诸问题加以总结，以形成一个较为清晰的认识：徐官（1500—约1569）字元懋，号榆庵，明苏州府吴县下园人，从游魏庄渠。其父讳翰，字起鸣，县学生，人称七榆先生，年五十六卒。伯兄卿，字元佐，岁贡监生。子中复，字与道。著有《古今印史》《下园徐氏族谱》《六书精蕴》《孝经古文集成》。据传仍著有《闲中纪闻》《经传纂言》，编撰、传世与否，尚不得知。徐官一生布衣，终生未仕，居廉处约，以书养志，博学、善医、精篆学，主要活动于明代吴门地区，广泛结交当时文人学者，如昆山魏庄渠、归有光，常熟瞿景淳，长洲顾应祥，太湖叶具瞻等。

（作者系成都博物馆书画部助理馆员）

从甬江到香江

——赵鹤琴篆刻艺术及其教育贡献

刘　晓

摘要： 近现代的香港是岭南地区国际文化碰撞的重镇。赵鹤琴作为近现代南来香港重要印人之一，在岭南印坛充当了传扬赵叔孺家学和传播篆刻艺术的角色。本文首先对赵鹤琴的生平以及篆刻流派归属问题进行探讨，根据其自辑印谱《藏晖庐篆刻》中所刻印进行风格划分，研究其篆刻特点的来源与表现。分析赵鹤琴提出"书画印同"的理念与传播文化之间的关系，以及《现代篆刻学》讲义在篆刻教育的贡献。

关键词： 赵鹤琴　赵叔孺　《藏晖庐篆刻》　《现代篆刻学》

一、赵鹤琴旅居香港始末

赵鹤琴，字惺吾，号藏晖老人、半聋等，浙江鄞县（今属宁波）人，其家毗邻甬江，为清末民初篆刻家赵叔孺嫡侄。1928年，赵鹤琴于上海"二弩精舍"习艺[1]，后又为外交家王正廷作幕友代笔[2]，其间经历无从考。1948年从上海南至香港，任职南洋纱厂。1958年，赵鹤琴刊"惺吾旅食龙城"一印，边款云："戊戌元宵作，旅食龙城忽十年矣，琴记。"次年受钱穆邀请任教于香港中文大学新亚书院艺术系。据其学生李润桓口述："一九五九年，新亚书院艺专科扩建为四年制艺术系，增设篆刻课程，一直由赵鹤琴先生负责教授。"[3]任教期间编写《现代篆刻学》讲义，《鹤琴论书》为新亚书院书法与篆刻课程教学之用。《藏晖庐印存》收录赵鹤琴自刻印共计二十余枚，内容多为其字号、诗词或自身治印心得。印谱中所收录最早的自号印作品为"海上酒徒"，边款曰："海上酒徒，鹤琴旧号，丁酉冬重刻。"这是赵鹤琴自沪旅港后的重刻印，同年除夕又刻"龙城走卒"自号，二印风格相似且皆以金文入印，自号的变更可见赵鹤琴旅港后对身份转变的态度。

赵鹤琴利用香港作为艺术交流的平台，积极参与当地的书画篆刻教育事业，其中最主要的是推动展览事宜。其最早于1954年参与香港书画文物艺术馆主办艺术界同人第一次雅集，1960年为激励在港学生参与艺术展览，又于香港圣约翰堂举行师生艺术展览会。[4]1967年赵叔孺逝世十一周年

---

[1]　赵鹤琴《赵叔孺篆刻年表》，《海派代表篆刻家系列作品集·赵叔孺》，上海书画出版社2018年版，第155页。

[2]　郑逸梅《艺林散叶续编》，中华书局2005年版，第85页。

[3]　李润桓《赵鹤琴先生》，《新亚生活》2018年第45卷第6期，第15页。

[4]　马国权《近代印人篆传》，上海书画出版社1998年版，第273页。

时，赵鹤琴组织同门举办"赵叔孺遗墨展"，陈巨来撰《安持人物琐忆》记录其与赵鹤琴互通鱼雁，索二弩老人印拓一事："至解放后，其族侄赵鹤琴，自香港寄来所精印先生遗作一册后，又驰书来向余借先生之治印拓片，谓拟以再辑印集，以广流传云。"①

旅港期间还受邀在中国古代文物研究会进行"篆刻与书画"的主题演讲。任新亚书院教授书法篆刻至1968年退休后，创立"书画刻三艺学社"，专门培养书、画、印三艺兼善的学生。其学生有李瑞桓、曾克嵩、曾淑珍、黄继昌等。此后年近八十时，赵鹤琴自香港返回浙江探亲，并作"待旦老人八十后作"印一方，边款记载此事："撼晋刘琨语，贺彬老八帙荣庆，庚戌嵩阳甬江。"后于1971年左右逝世于香港。

赵鹤琴居港约二十载，其间坚持操刀治印千余方，其篆刻作品大都是这一时段完成的，其在港期间所作印章以及著述值得研究。

二、赵鹤琴家学渊源及其流派归属

（一）二弩精舍门学

赵鹤琴有自辑印谱《藏晖庐印存》十卷，以及《朱子治家格言印集》。其中以《藏晖庐印存》为赵氏篆刻作品的集大成者，笔者目前所见有二：一藏于香港中文大学文物馆（图1），一则见于松荫轩。二者在印谱版框上略有不同。其中香港中文大学本据其学生李润桓称："先生手自编集，共拓五套。此本即其一，为李强东先生所藏，由赵先生公子赵伯云兄所赠者。"②是谱虽然按照年份由戊戌至庚戌记于题签上，但其所收录篆刻作品的年代也都有戊戌以上者，所刊年款也都十分完整。赵鹤琴多刻草书边款，边款中也充分保存了他的印学思想，正如马国权在《近代印人传》中列举赵氏的印论边款并评价道："每则虽三言两语，颇见印学之造微。"③

赵鹤琴传承赵叔孺篆刻家学，但于二弩老人门下习艺入室较晚，"其时陈巨来翌、方介堪岩、潘子燮传鼐、沈士英瑛、徐邦达旁、沈叔华议、叶露园丰、张鲁盦咀英等均已早先生受教于二弩精舍。"④赵叔孺在教导门徒篆刻时十分重视对秦汉印的学习，曾对陈巨来说："你最好专学汉印，不必学我，学我即使像极了，我总压你在头上。"⑤告诫陈巨来如此，教导赵鹤琴亦如此。从赵鹤琴所刻印章以及他的教学理念来看，他常贯彻家师之言。除汉印以外，赵叔孺所擅长的元朱文也对赵鹤琴有所启发。赵鹤琴在点评学生刻稿时曾言："先师孺公尝叹宋元人朱文近世已成绝响。"赵鹤琴对此深谙于心，创作了一定数量的仿元朱文印，如"梦萱堂"、"仁涛己亥所得"、"新亚书院图书馆藏"、"素书堂"（图2）、"竹里馆"、"又荷珍藏"（图3）、"勤伯珍藏"、"燕谋"等印章，均以元朱文入印。

① 陈居来《安持人物琐忆》，上海书画出版社2011年版，第25页。

② 李润桓《书法篆刻家赵鹤琴先生》，《赵鹤琴印存》，香港中文大学新亚书院艺术系2002年版。

③ 马国权《近代印人篆传》，上海书画出版社1998年版，第274页。

④ 李润桓《书法篆刻家赵鹤琴先生》，《赵鹤琴印存》，香港中文大学新亚书院艺术系，2002年版，

⑤ 陈居来《安持人物琐忆》，上海书画出版社2011年版，第22页

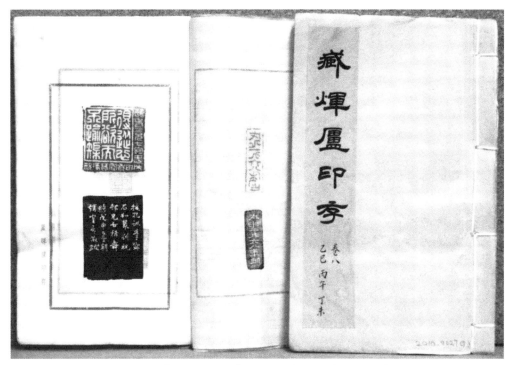

图1 《藏晖庐印存》，香港中文大学文物馆藏

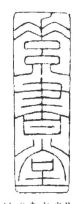

图2 赵鹤琴刻"素书堂"《赵鹤琴》，
香港中文大学2018年版，第201页

图3 赵鹤琴刻"又荷珍藏"，《赵鹤
琴》，香港中文大学2018年版，第227页

（二）赵鹤琴篆刻流派归属问题

邓昌成《香港篆刻发展史》一文将赵鹤琴归属为受浙派影响，这一点从其所刻印章的大体面貌来看是不全面的。①从现存赵鹤琴篆刻作品来看，其受明清以来的篆刻流派影响是较为多样的，首先便是受赵叔孺篆刻成熟阶段的海派影响。与其师的特点一样，赵鹤琴在印章流派也属工稳一类。《藏晖庐篆刻》中有仿二弩老人"鸟飞鱼跃"一印，边款称："二弩老人遗谱，鹤琴仿之，庚子六月望于龙城。"（图4）该印对赵叔孺所刻原印的空间布局进行了改造，在笔意的表现上更加有书

———————————

① 邓昌成《香港篆刻发展史》，《岭南书学研究论文集》，广东人民出版社2004年版，第133页。

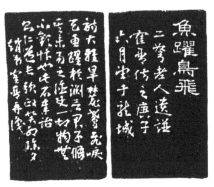

图4 赵鹤琴刻"鸟飞鱼跃"，《赵鹤琴》，香港中文大学2018年版，第229页

图5 赵鹤琴刻"无法而法乃为至法"，《赵鹤琴》，香港中文大学2018年版，第214页

图6 赵鹤琴刻"履川吟草"，复旦大学印谱文献虚拟图书馆，松荫轩藏《藏晖庐印存》

写感。

同为二弩精舍门下的陶寿伯曾评赵鹤琴篆刻称：

> 君善篆刻，兼工书、画，均从二弩老人上追赵㧑叔，其汉印朱白文、铁线篆、钟鼎体，均从悲盦一派，边跋尤酷似之。①

赵叔孺对赵之谦的崇拜和取法在其边款中常有体现，常将赵之谦称作"家㧑叔"。赵鹤琴亦承其师，在"无法而法乃为至法"印章的边款中称："略集家㧑叔法，庚子九秋于龙城。"（图5）可以看出，赵鹤琴对赵之谦的篆刻有相当的了解。赵之谦是由浙入皖的代表性印人，其对邓石如的推崇以及"印外求印"等理念对赵鹤琴有较大影响。同样，赵鹤琴所刻印中亦有不少仿邓石如篆刻者，并且还对浙派传统治印有所反思：

> 治印本书法，而刀笔其末耳。浙宗偏重斧凿，已失天籁。今人更藏本性，滥肆斩断是尚，故所作益见丑陋。②

从上海到岭南，赵鹤琴对岭南黟山派也有所涉猎。虽然赵鹤琴未曾提及其对黄牧甫流派印的师法，但从几方为人所刻的印章中足以得见其对黄牧甫缪篆朱文印式斜线运用的效仿。

结合上文可以了解到，赵鹤琴传承赵叔孺海派、取法浙派与皖派的风格，又对岭南黟山派有所见习，是受明清以来流派印影响较多的印人。

---

① 陶寿伯《赵鹤琴简介》，台湾《印林》1982年第3卷第2期，第2页。
② 《赵鹤琴》，香港中文大学2018年版，第251页。

三、赵鹤琴篆刻特点与观念

（一）家学"守正"

赵鹤琴交游广泛，印谱收录赵鹤琴篆刻作品除其自用印外，有相当一部分为他人属刻的作品，虽然这些印章多为应酬之作，但也体现了赵氏对赵叔孺印学理念中"守正"以及"印外求印"的创新。

1.宗法汉印

在赵鹤琴的《藏晖庐印存》中，仿汉印、秦印有相当大的比重，在为张大千刻印时多以此为主。《近代印坛点将录》称："张大千喜欢工整一格的印章，而且对二弩精舍门人似乎有所偏嗜。在大陆的时候，他主要使用方介堪、陈巨来的作品；去国以后，则找赵鹤琴刻印，直到赵去世。"[①]赵鹤琴为张大千最早所刻印大约在戊戌年（1958），时为张大千六十祝寿所刊"福德长寿"印（图7）。该印与赵之谦刻"福德长寿"印（图8）字法一致，不同的是赵鹤琴则一改悲盦的险绝，将四字平正处理，线条平直规整。次年赵鹤琴又为张大千刻印六枚，其中"家在西南常作东南别"（图9）与"愿天还我读书眼"都是拟汉印满白文的刻法，均收录于《大风堂印遗》。

图7　赵鹤琴刻"福德长寿"，复旦大学印谱文献虚拟图书馆，松荫轩藏《藏晖庐印存》

图8　赵之谦刻"福德长寿"，复旦大学印谱文献虚拟图书馆，松荫轩藏《悲盦印剩》

图9　赵鹤琴刻"家在西南常作东南别"及边款，《赵鹤琴》，香港中文大学2018年版，第188页

同样以画著名的岭南画派赵少昂亦求印于赵鹤琴。为刻其姓名印"赵少昂"，赵鹤琴直接借鉴汉代私印"赵成"中的赵字，并认为此印"篆法雄奇"，便师法其意为赵少昂作姓名印。赵鹤琴对仿汉印篆刻的熟稔主要得益于在二弩老人门下时对《十钟山房印举》的参习，对汉代私印多取材于此。

---

① 王家葵《近代印坛点将录》，四川文艺出版社2020年版，第435页。

表1　《十钟山房印举》中的汉私印与赵鹤琴印章对比

汉私印	赵鹤琴印章
赵成	赵少昂
程勋	程启亚
蔡小卿	蔡德允
王解事印	王商一印

图片来源：《十钟山房印举》，涵芬楼影印版；《赵鹤琴》，香港中文大学2018年版

此外，除上述对汉代私印中字法、形式的借鉴，赵鹤琴还深入了解汉印的凿印、玉印、铸印的不同风格，并记于边款之上：

凿印：
"北平王方宇印"（图10）边款云："戊申腊杪寒流南掠，呵冻作汉凿印。"
铸印：
"曾经沧海"边款云："半聋琴法汉铸，徇长风画友属希指缪。"
"马积祚"边款云："己亥秋七月，鹤琴拟汉铸于龙城。"
汉玉印：
"古襄武罗锦堂"边款云："赵鹤琴拟汉玉印，颇惬心也。"
"李田意"边款云："己亥冬赵鹤琴仿汉玉印。"
"无为小人儒"（图11）边款云："心盦先生属刻，鹤琴橅汉玉印。"

他在《现代篆刻学》讲义中参阅《十钟山房印举》对汉印文字风格进行定义：

官印：至尊印与文职印，大都属于铸印。篆刻工精，气派堂皇，历代篆刻家皆视为白文唯一摹本。将军印及武职印，多用锥凿法，看似草草，其恣肆、峭野、疏朴、刚健之处，天趣横溢。

玉印及异材印：铜印朱文坏画，白文坏地。惟玉印只可残，不可坏，故玉印最为古俊。秦玉玺垂传几千年而不坏。汉玉印字多细白，笔画雅闲整饬，皆属奇品。

殳篆印：殳篆俗称"云书"。秦书八体之一。①

图10　赵鹤琴刻"北平王方宇印"，《赵鹤琴》，香港中文大学2018年版，第244页

图11　赵鹤琴刻"无为小人儒"印，《赵鹤琴》，香港中文大学2018年版，第219页

由此看出，赵鹤琴谙熟于汉印的各种类型、风格的治印之法。除了技法上的区分，赵鹤琴对汉印的审美上也有所区分，主要认为汉印具有"渊穆"的特点，其中又有"柔丽""浑厚""瑰丽""流丽"的区别。

2.参研宋元

赵叔孺影响下赵鹤琴的篆刻创作，除了取法秦汉印以外，对宋元朱文印的参研也是二弩门下弟子的传承。赵鹤琴所作"又荷珍藏"边款称："宋元朱线婉劲逸，宗法二李，今则称绝响矣。"又言："盖欲为此要，先精练玉箸，博究古谱，而学者每惮艰苦，半途而辍也。"②此两段话表明了赵鹤琴元朱文创作对文字篆法的标准，即以玉箸篆为标准的"宗法二李"。

关于对元朱文篆法的探讨，陈巨来就元朱文印有"纯宗《说文》"③的创作理念。《说文解字》中的篆字，采集秦汉以来，李斯、赵高等人所作字书，可以说通过《说文解字》上溯秦小篆是陈巨来的方法，并称《说文解字》专指元朱文治印而言。④学界有分别将陈巨来"老董风流尚可攀""游手于斯"二印与李斯的小篆进行对比者⑤，可以发现陈巨来所言宗于《说文解字》，与赵鹤琴"宗法二李"的观念是具有一致性的。赵鹤琴所作元朱文印章"履川己亥元旦政六十"（图12）印仿秦李斯小篆之势入印，转折处以方中带圆的用笔处理，线条以平直为主。对比《峄山碑》可看出赵鹤琴对李斯的取法和对入印文字的改良。另一方"仁涛己亥后所得"（图13）印的线条则有较为明显的圆转特征，对比印文中的"涛"字与《三坟记》中的"柔"字，不难看出赵鹤琴对李阳冰小篆中弧度圆转的学习。

---

① 赵鹤琴《现代篆刻学》，《赵鹤琴》，香港中文大学2018年版，第118—119页。
② 赵鹤琴于新亚书院为课徒篆刻评语，《赵鹤琴》，香港中文大学2018年版，第150页。
③ 陈巨来《安持精舍印冣》，上海书画出版2004年版，第254页。
④ 陈巨来《安持精舍印冣》，上海书画出版2004年版，第256—257页。
⑤ 胡毓《陈巨来元朱文篆刻研究》，东南大学硕士学位论文，2019年。

　　诚然，在元朱印的创作上，陈巨来对弧线的运用相较于赵鹤琴更为娴熟，以二人为图书馆机构所刻元朱文印互相比较可以发现，陈氏对元朱文的"精致""巧妙""空灵"的把握胜过赵氏。陈巨来所刻"图""书"二字比赵鹤琴所刻更加简洁和具有装饰意味（图14、图15），另外，刀法的不同也造成其印文面貌的不同，是谓"人所有不必有，人所无不必无，则一印既成，自然神情轩朗"[①]。陈巨来追求线质，隐去刀笔痕迹，而赵鹤琴则不追求精工，主张"寓刀法于笔墨"，二人的元朱文印差异也正在于此。

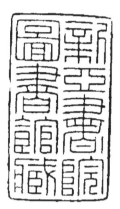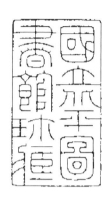

| 图12　赵鹤琴刻"履川己亥元旦政六十"，《赵鹤琴》，香港中文大学2018年版，第185页 | 图13　赵鹤琴刻"仁涛己亥后所得"，《赵鹤琴》，香港中文大学2018年版，第192页 | 图14　赵鹤琴刻"新亚书院图书馆藏"，《赵鹤琴》，香港中文大学2018年版，第224页 | 图15　陈巨来刻"国立北平图书馆珍藏"，董东红《元朱文印何以古雅》，《收藏家》2022年第10期，第21页 |

　　有学者称，陈巨来而后，中国的元朱文印章成为绝响。[②]那么可以说，赵鹤琴的元朱文印便是在二弩老人影响下，香港乃至岭南印坛的和声。

3.以书入印

　　前文列举其为人刻印时对汉印的学习和仿创，但值得一提的是，赵鹤琴对汉印的拟仿并不是只追求外在的形式，而是在不断创作中探索汉印的笔墨意趣。赵鹤琴曾在"张爱"印的边款中称："秦汉印寓刀法于笔墨，故自渊穆浑厚，后人急就，只逞锋锐，舍本逐末，遂病粗浅，记此就大千先生教。"他尝试与张大千谈论秦汉印刀法与书法的关系，又称："篆刻功夫只在书法，能书自能刻，初不必问刀法也，绘画亦何独不然？"[③]赵鹤琴的书法也具有一定的功底，除前文所述赵鹤琴以玉箸篆入印体现笔墨意趣外，还取法多种书体。其学生李润桓在怀念赵鹤琴的文中写道：

　　　　赵先生书法兼工四体，于书无所不学，博涉多优，书风雍容典雅。除得法于叔孺太守外，雅好金文。香港中文大学校训"博文约礼"即先生手书。楷书除本家赵氏法度之外，尤好《张

---

　　① 陈巨来《安持精舍印冣》，上海书画出版2004年版，第254页。

　　② 刘墨《儒雅风度　清秀明丽——赵叔孺、王福庵、陈巨来诸家印章》，《中国书法文化大观》，北京大学出版社2005年版，第752页。

　　③ 《赵鹤琴》，香港中文大学2018年版，第251页。

《黑女》；隶法《史晨》《乙瑛》为多。①

李润桓对赵鹤琴的书法有"兼工四体"的评价，赵鹤琴"以书入印"的观点不止篆书一种，其目的不仅在于印章本身，也为印章边款的镌刻提供了笔墨功夫基础，这一点从赵鹤琴以草书作边款便可看出。

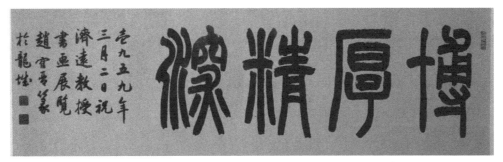

图16　赵鹤琴篆书"博厚精深"，1959年，《赵鹤琴》，香港中文大学2018年版，第258页

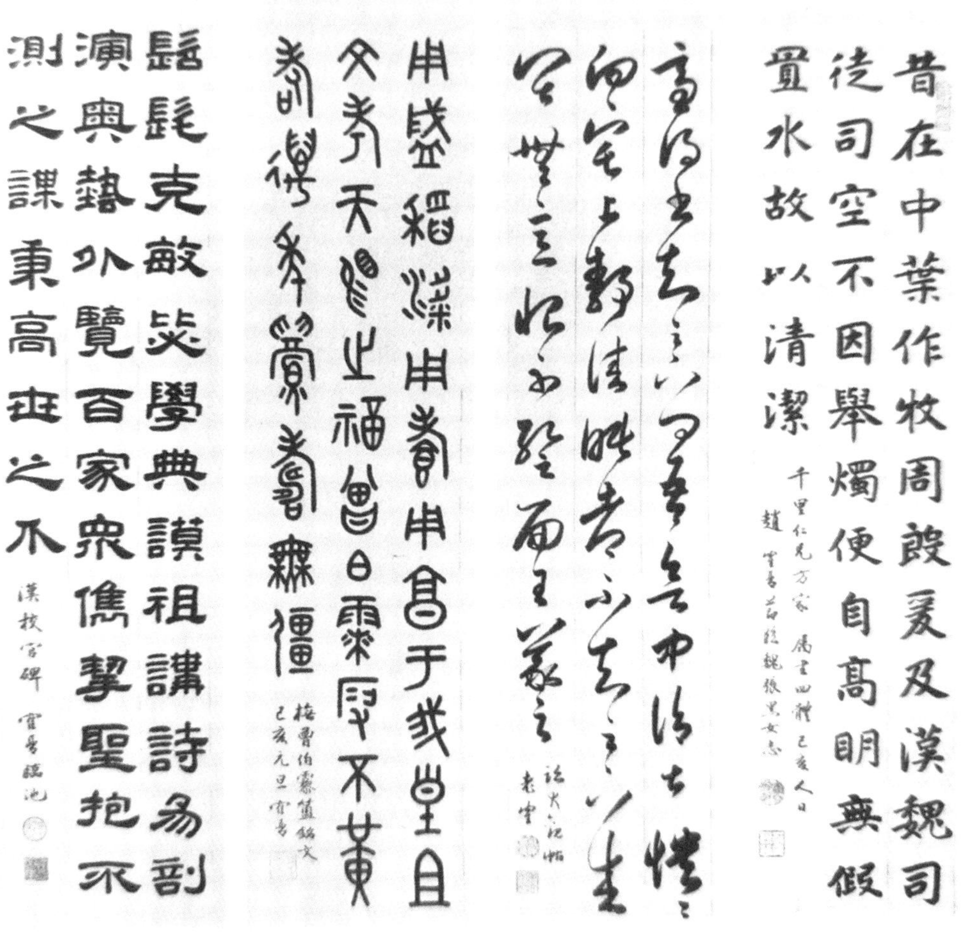

图17　赵鹤琴《四体书法屏》，《赵鹤琴》，香港中文大学2018年版，第257页

① 李润桓《书法篆刻家赵鹤琴先生》，《赵鹤琴印存》，香港中文大学新亚书院艺术系2002年版，第5页。

从现存的赵鹤琴书法作品来看，其所擅长的主要是金文和清代流派篆书。篆书作品中能看到对赵之谦、邓石如笔法的吸收，尤其是赵之谦以北碑笔法入篆，在赵鹤琴篆书、隶书的起笔上能看到赵之谦的影响。但从入印角度来看，赵鹤琴则对邓石如的篆刻接受较多，其晚年的作品边款中也常会出现"学邓石如篆刻"等字样，明确学习邓完白的印章。其为钱穆作姓名印两方，一为庚子年（1960），对邓石如的取法还不尽完善；二为己酉年（1969）作，边款为"半聋琴作，取顽伯法"，其时赵鹤琴74岁。次年又刻"待旦老人八十后作"，边款称"赵鹤琴拟邓篆"。

自邓石如提出"印从书出"的篆刻理念，赵之谦通过对浙派弊端的了解，又受到邓石如的启发，将其发展为"印外求印"，并被赵叔孺所接受。赵鹤琴对邓石如的师法体现了其对"以书入印"的深入理解。除此之外，赵鹤琴也有以彝器文入印的"我书意造本无法"（图18），以甲骨文入印的"避世深入武陵"（图19），以双钩金文入印的"万里江山如画"（图20），均体现了他对以新的文字材料入印的观念。其中双钩金文入印来源于他对双钩学篆书的理念："先从勾勒入手，进而阅读古代印谱。"

图18　赵鹤琴刻"我书意造本无法"，《赵鹤琴》，香港中文大学2018年版，第194页

图19　赵鹤琴刻"避世深入武陵"，《赵鹤琴》，香港中文大学2018年版，第197页

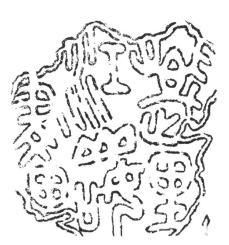

图20　赵鹤琴刻"万里江山如画"，《赵鹤琴》，香港中文大学2018年版，第196页

（二）"书画印同"的创新观念

台湾地区书画家李猷曾在《赵鹤琴先生书画篆刻展览序言》中评价道："（赵鹤琴）严守叔孺太守之绳墨，不稍逾尺寸，且弗轻于世。"①从赵鹤琴的篆刻理念来看，他确实坚守二弩老人的印学思想。但只看到其对家法的严守，似乎失之偏颇。"（赵鹤琴）少嗜书法、篆刻、绘画，均得乃叔悉心指授。"赵鹤琴精于书法、绘画、篆刻。"因为'书画同源'，既然'书通于画'，当然'书通于刻'"，在此基础之上，赵鹤琴提出了书、画、印相通的观念。他的"书画印同"理念可以有两个维度，其一是书法、绘画、印章三者在画面上呈现和谐统一：

---

① 台湾《印林》1982年第3卷第2期，第2—3页。

　　书画和印章同为一体，不可分离，且有相互辉映之效。有好画必须配盖好印，画好印不好，画也失其灵魂，失其精神，而且印的风度韵味和画的风度韵味，要相吻合，然后画的气氛才更见调和，而画的价值乃可提高。①

　　为此，赵鹤琴在香港成立"书画刻三艺社"，培养能书能刻能画的艺人。

　　其二则是书、画、印在技法上的统一，这也是站在书、画、印三种传统文人艺术的角度，面对新的文化环境如何传播的实验。

　　在赵鹤琴旅港期间，篆刻这门艺术已然从先前的冷僻逐渐变得引起西方人研究的兴趣，②他在与西洋画家沟通时，发现他们对中国古籀文字有过思考："中国字本来就是象形的，尤其是古代钟鼎文字的构造，十分复杂有趣，可以采取作抽象画资料。"③他的"书画印同"理念也从以抽象画与古籀文字关系的思考为先声的。赵鹤琴为程祖麟④所刻的印章表现得更加具有创新意味，他曾在边款中表达自己的见解："现代画尚抽象，印何尝不抽象？醉后效颦，索麟兄笑。"赵氏认为印章可与现代画相比较，都具有抽象意味。但现代画的抽象与篆刻的抽象不同，赵鹤琴对此也了解，他认为印章的抽象主要来源于篆书文字的象形属性：

　　　　中国文字是世界上最有趣、最古老、最特别，也最简明的文字。中国字的构造，越是古老，越是复杂，差不多每一个篆字，或古玺文，可以当做一幅美丽的图画来欣赏。倘然将许多美丽的古篆，写在一张纸上，挂起来细细看一下，还不是一幅很光怪陆离的中国特产抽象画吗？⑤

　　赵鹤琴为此试作了十帧以古籀文为基础的书画印结合作品，将书画印的概念结合在一帧图像上，以此表现篆刻的篆文富有的图案和丰富的意味。这一实验也对书法和篆刻的传播提供了新鲜的视角。

　　　　他们只爱好文字构造的复杂，线条的美妙，形状的抽象，说它是有生命的，有风味的，有气势的，越看越美的。有这几种好处，画的条件不是都已齐备了么？还有三代的古玺，多是有象无字的。……大都这些字很简单朴实、渊厚、静穆、笔力雄健，气象峥嵘，也可以说是中国特创的抽象画，真可以代表中国泱泱古国的风度。⑥

　　总的来说，赵鹤琴将抽象的概念引入中国传统艺术，为中国大众甚至西方人对篆刻的理解提供

---

① 赵鹤琴《现代篆刻学》，《赵鹤琴》，香港中文大学2018年版，第42页。
② 赵鹤琴《现代篆刻学》，《赵鹤琴》，香港中文大学2018年版，第76页。
③ 赵鹤琴《现代篆刻学》，《赵鹤琴》，香港中文大学2018年版，第47页。
④ 程祖麟，字振公，上海人。同样为赵叔孺的学生，于1941年入二弩门下。但程氏身份为医生，其"善书法，好国文"，又"于医学之造就尤深"，不以艺为生。陈巨来在《安持人物琐忆》中也称其为"程祖麟医生"。
⑤ 赵鹤琴《篆刻与书画——在中国古代文物研究会讲稿》，《新亚生活》1959年第2卷第10期，第10页。
⑥ 赵鹤琴《篆刻与书画——在中国古代文物研究会讲稿》，《新亚生活》1959年第2卷第10期，第10页。

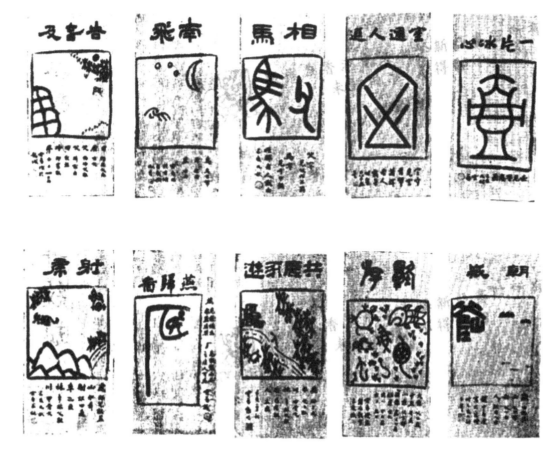

图21　赵鹤琴作古籀文漫画，《新亚生活》1959年第2卷第10期，第355页

便利，其方法主要是通过篆书这一书体本身所具备的象形特征，在创作中将书法的笔法、绘画的构图以及篆刻的刀法结合，不失为一种独特的艺术风格。然而，这种观念还未在赵鹤琴的篆刻创作中有所体现，对三者的融合需要还通过大量的实践积累。

四、《现代篆刻学》及其教育观念

传统的师徒传授式的篆刻教育并没有自觉的教育目的，缺乏系统的教学方法。二十世纪中叶香港的篆刻教育以社团形式为主。如何筱宽"艺一印社"，1962年冯康侯"南天印社"等。与此不同的是，新亚书院则是学习了西方大学的教育制度，新亚学院《招生简章》云："旨在上溯宋明书院讲学精神，旁采西欧大学导师制度，以人文主义之教育宗旨，沟通世界中学习文化。"[①]由此，赵鹤琴编纂的《现代篆刻学》中的"现代"二字便体现了其符合新亚书院学院式教学，是香港篆刻教育走入现代教育范畴的先声。

《现代篆刻学》讲义为赵鹤琴于新亚书院教授篆刻课程时（1956—1968）所编写的教材。据其

---

① 钱穆《招生简章节录》，《新亚遗铎》，联经出版事业股份有限公司1998年版，第3页。

学生李润桓称，该讲义的原稿为手写钢笔蜡版油印，笔者所见为香港中文大学艺术系校友会整理李润桓所藏不全本。

讲义一共分为三十一章，用白话兼引古代印论讲述，涵盖篆刻技法、文字使用、印泥调制、碑帖临习等方面。每章后设置的练习课不仅有篆刻练习，还需临摹篆书文字。这符合本书《研究的程序》一章对篆刻学习的要求：书法—刻法—字学。

赵鹤琴开宗明义讲述字学对篆刻的重要性，称："先师说：'要学篆刻，先通小学。'"与二十世纪早期的篆刻教材如邓散木《篆刻学》、寿石工《篆刻学讲义》等首先对篆刻史进行钩沉不同，赵鹤琴则讲述四体文字的演变，以《说文解字》与《六书综》为主要工具，要求基本识篆。讲义用大篇幅对楷书与篆书进行辨正：《楷首相同而篆首各异》《楷足相同而篆足各异》《楷篆偏旁的歧异》《楷简篆繁》《楷繁篆简》《楷篆义同文歧》《楷通篆独》。可见其课程的实用目的。除此以外，赵鹤琴认为书法作为篆刻的基础起到关键性作用，书中《碑帖的选习》一章中不仅罗列小篆、缪篆、汉篆等碑帖，还列汉隶、楷书甚至晋唐行草书等适合学习的法帖。[1]

关于刻印，本书从篆刻的步骤、篆文的书写到印石的选择，都有所涉及。除了技法上的教学，他还根据古代印论对篆刻的审美进行总结。《篆刻的四品和六要》一章援引李阳冰论摹印四品，叶尔宽论篆刻六法、六长、六忌和六气。

在学古方面，初学阶段主要以汉印为主，赵鹤琴在讲义中列举前人的汉印字书并分析其优劣，认为清桂馥《缪篆分韵》枣木拙劣；袁予三《汉印分韵》石印模糊，神韵全失；唯有王福厂《汉印文字类纂》"剖析毫芒，抉择疑似，去取精审，诠释详明，较前人所编，增文字万余，实为研究汉印最佳字书"[2]。另外，古代封泥检署甚至钟鼎彝器也在教学取材之中，赵鹤琴认为"凡学篆刻，欲求深造，必须熟习金文，先能读其文，乃能识其字"。另外，又对罗振玉《三代吉金文存》进行注释，具有一定的学术价值。

钱穆在新亚学院以"要发扬中国文化，也要沟通中西不同的文化"[3]作为对新亚学生培养的期望。赵鹤琴同样注重传统艺术的传播，在《藏晖庐印存》中，有几方为西方人所刻，如"伯立基""孟旦""苏约翰"，更有"觉士之印"边款刻英文"Sir Christopher"。由此，赵鹤琴在《现代篆刻学》讲义中，专门增加《西文姓名的译法》一章，并直言：

> 我发觉西洋人研究中国书画的，对于中国文化都有很浓厚的兴趣，所以这些移译，虽是小丁目，但推广发扬起来，威力是很大的，现在学篆刻的都应细心研究，这一点万万不可疏忽。[4]

《现代篆刻学》不仅系统呈现了赵鹤琴的篆刻理念和方法，也反映了他对篆刻艺术的思考。该讲义的编写是赵鹤琴艺术生涯的重要组成部分，是岭南文化圈篆刻教育的补充。总体来看，《现

---

① 赵鹤琴《现代篆刻学》，《赵鹤琴》，香港中文大学2018年版，122—125页。
② 赵鹤琴《现代篆刻学》，《赵鹤琴》，香港中文大学2018年版，118—119页。
③ 钱穆《亚洲文商学院开学典礼讲词摘要》，《新亚遗铎》，联经出版事业股份有限公司1998年版，第1页。
④ 赵鹤琴《现代篆刻学》，《赵鹤琴》，香港中文大学2018年版，第78页。

代篆刻学》仍属于专注技法教学的教材，其不足之处也较为明显，如编纂体例不完整，缺乏对印学史的钩沉，以实用为主。这主要由于受早年师徒传授注重技能和经验所限，一般的师徒传授往往只是教育受教育者怎么做，但不说为什么；更多地依靠受教育者的主动和自觉，取决于他们的体验和领悟。[①]

但《现代篆刻学》给当代篆刻教育也带来一定的启示。传统的书法、篆刻进入当代，出现了一些新的特征。[②]当代高校篆刻教育中，常将文字学与篆刻分开设立，这便容易造成理论与实践的分隔。增强识读能力，将篆书、篆刻、文字研究结合是赵鹤琴《现代篆刻学》对当下篆刻教育的启示。

结　语

赵鹤琴作为南来香港的篆刻家，不仅承袭了赵叔孺的海派篆刻传统，而且在此基础上形成了自己独特的篆刻风格。其篆刻作品广泛吸收汉印、宋元朱文以及明清流派印的精华，从而展现出既传统又创新的审美取向。他的"书画印同"理念也为篆刻艺术的创新发展提供了新的视角。赵鹤琴在港期间不仅创作了大量篆刻作品，而且还致力于篆刻教育事业，编写了《现代篆刻学》讲义作为教材，为新亚书院乃至香港的篆刻教育奠定了基础。本文只是对《现代篆刻学》所反映的篆刻理念进行概述，有关赵鹤琴书法篆刻教育理念的文献还有《鹤琴论书》等，具有一定的研究价值。总体来看，赵鹤琴作为南来印人，在篆刻艺术创作和教育方面为香港近现代印坛以及传统艺术教育事业传承做出了较为突出的贡献。

（作者系郑州大学书法学院硕士研究生）

---

① 李刚田、马士达《篆刻学》，江苏教育出版社2009年版，第8页。
② 莫小不《字学与高等书法教育》，《书法教育》2019年第6期，第4—14页。

金光先及其《金一甫印选》考论

孙志强

摘要：晚明摹古类印谱多以《印薮》为底本摹刻成谱，所附印论又多因循前人，金光先之《金一甫印选》与《印章论》即为此类代表。《金一甫印选》现存四部，这四部可以分为初印本与修订本，《印章论》中的文字大部分来源于吾衍《三十五举》、沈野《印谈》等书。对金光先生平及其印谱、印论的讨论，有助于加深对晚明印学发展之认识。

关键词：金光先　金一甫印选　印章论

金光先，字一甫，别署旧吴人，其人长髯，故又号金髯，善养生冲举之术，故又号金仙、一阳子等，安徽休宁海阳人。

一、金光先之生卒与生平

有关金氏生平的史料较少，周亮工《印人传》卷一虽有《书金一甫印谱前》一文，但大部分文字转引自邹迪光《金一甫印选小序》，真正有关其生平之记载仅"金一甫光先，休宁人。家拥多资，乃多雅尚，究心篆籀之学"寥寥数字。[1]李维桢《大泌山房集》卷一百二十五《金一甫象赞》所记较周氏翔实，云：

> 頎者颡，清者眸。握丹者颜，珂雪者鬓，实其腹，貌则癯。强其骨，色则愉。诗有唐瓢，画有顾厨。文穷钟鼎，笔学盘盂。千金系肘，七焰生炉。杖挂百钱，舟泛五湖。敦分若朴，质真若渝。专气致柔，能如婴儿乎？斯老友金一甫矣夫。[2]

又，王稚登《金一甫印谱序》云：

> 余友金一甫儒而不为羁，飞翰挟藻，混迹朝市之间，无所忤，若东方先生玩世。[3]

---

① （清）周亮工《赖古堂印人传》卷一《书金一甫印谱前》，上海图书馆藏清康熙间周在浚刻本。

② （明）李维桢《大泌山房集》卷一百二十五《金一甫象赞》，《明别集丛刊》第4辑，第11册，黄山书社2015年版，第466页。

③ （明）王稚登《金一甫印谱序》，《金一甫印选》，万历四十年（1612）刻钤印本，日本东京国立博物馆藏（下文所引该谱文字均为此本，不再注明）。

结合以上诸人所记，可大致勾勒出金光先其人之生平梗概。金氏家拥多资，工诗善画，喜好文字之学，又擅长养生冲举之术，尝为五湖之游，为晚明典型之山人，故袁中道亦曾称其为"金山人"。金氏《金一甫印选》卷四末附其自用印十余方，中有"一阳子""金仙"等号，其意又与李维桢所记金氏"千金系肘，七焰生炉"等语吻合。

金一甫之生年与卒年上限可据袁中道《珂雪斋集》得知。万历四十六年（1618）二月，袁中道有徽州之行，至四五月份一直在徽州境内。四月，金一甫依袁中道而游，袁氏《珂雪斋游居柿录》卷十三云：

> 故人金一甫依予，初住王将军园，至是移褉于学舍内小室。一甫谭长生之学，善印章，年七十六矣。①

此处明确提到金光先此年七十六岁，以此上推，则知金光先之生年在嘉靖二十一年（1543）。金光先之卒年暂不可考，从袁中道所记可知其万历四十六年（1618）时尚在世，此为金氏卒年之上限。谭元春《二杖说》云："郭子圣仆有二杖焉……方者得之金一甫，圆者为丹泉周叟贻，二老者皆年七八十。"②亦可与袁中道之说相印证。

金光先曾多次游历苏州、南京等地。关于少时之经历与交游，金光先《复古印选自序》云：

> 余自少时究心斯学，过吴访文寿承，而得其笔意。游白门，同何主臣究其宗旨。与黄圣期、吴敬父集赵凡夫野鹿园，论其玄妙。

按照金氏自己所言，他曾到苏州拜见过文彭。这一点，笔者持怀疑态度。文彭晚年居住在苏州的时间较短，自嘉靖三十六年（1557）授嘉兴府学训导始，文彭大部分时间都不在苏州。嘉靖四十一年（1562）补授顺天府学训导，四十四年（1565）升任北京国子监学录，又于隆庆三年（1569）年出任南京国子博士，南京任满后复至北京考绩，最终于万历元年（1573）卒于北京。在文彭以上密集的仕途生涯中，可以确认其居住在苏州的时间是嘉靖三十八年（1559）至嘉靖四十一年（1562）之间，此时文徵明去世，文彭在家丁忧。而此时金光先年方二十，种种史料皆表明金光先首次至苏州一带的时间大致在万历十年（1582）前后。虽然在《金一甫印选》末附有金氏自用印"旧吴人""吴市隐"两方印章，似乎表明金光先曾一度定居于苏州，但这也不能说明金氏与文彭有过谋面。金光先不止一次去过苏州，如万历四十年（1612）《金一甫印选》成谱之前，金光先邀请邹迪光为之作序的地点，即在苏州，邹迪光称"金闻舟中为读一过"，故此二印并不一定为其二十岁之前的作品，也就无法证明金光先二十岁前客居苏州。金光先在苏州、南京活动时，文彭早已去世。关于金光先与文彭见面的记载，除金光先谈及外，并未见其他记载，如果金光先青年时期确实向文彭请教过笔法，那么李维桢、赵宧光、周亮工等人一定会谈及。

---

① （明）袁中道《珂雪斋游居柿录》卷十三，《珂雪斋集》，上海古籍出版社2019年第2版，第1500页。
② （明）谭元春《新刻谭友夏合集》卷十四"杂著"《二杖说》，《四库全书存目丛书》集部第192册，齐鲁书社1997年版，第2页。

关于金光先与何震之关系，周亮工在《书文及先印章前》中有谈及。文及先为金一甫之学生，与周亮工在南京比邻而居，故而周亮工得以从文及先处得知金光先的生平事迹。文及先曾对周亮工云"吾得之吾师一甫金夫子，夫子得之何主臣先生"，周亮工亦云"君之师既为一甫，一甫之师又为主臣，主臣又尝师文寿承"。[①]金光先自言"游白门，同何主臣究其宗旨"，似乎二人又在亦师亦友之间。总之，金光先与何震有过印学交流应当是确有其事的。

对金光先印学影响较大的尚有赵宧光。金、赵二人相识较早，金光先曾亲至寒山别业访问赵宧光，赵氏万历四十年（1612）所作《金一甫印谱序》云：

> 余结发与雕虫作缘，即与一甫友善，三十年如一日，盖臭味相投，不必相师，不问共业，千里正自同风。

以此上推，则知金、赵之交大致始于万历十年（1582）前后。又，赵宧光在序朱简《印品》时云："尝与吴慎甫、黄表圣、金一甫、鲍伯英相与上下，其论不无相左。"[②]金光先在其印谱自序中亦言"与黄圣期、吴敬父集赵凡夫野鹿园，论其玄妙"。

金一甫另与袁中道交往颇多，前后长达十余年，《金一甫印选》卷四所载前二印即为袁宏道、袁中道兄弟所作。万历三十七年（1609）春，金一甫依袁中道而游。先是，该年二月，金光先与袁中道即有过一次出游，二人经江陵返回公安。在返回公安途中，袁中道记载与"一甫谭长生冲举之学"[③]。二人返回公安后，拟有东南之游，遂打造了一艘名为"泛凫"的楼船，"三月之十八日己亥，从公安发舟，偕者为山人金鼱一甫"[④]。二人沿长江放舟而下，前往目的地南京。道经九江时，袁中道拟游庐山，金一甫以"山行暑甚"为由，劝其作罢，二人遂卷帘看水月，对酌。[⑤]至安庆时，袁中道复与金光先论舟行之乐。[⑥]四五月到南京时，金、袁二人一直在周边游历访友，如金、袁二人在南京多次与焦竑往来，《金一甫印选》所收"焦弱侯"印，应当在此际所作。袁中道自公安出发，直至抵达南京期间，所过之地朋侪齐聚，各地友人出示古代书画、古董无数，请其鉴定赏玩，画自吴道子、周昉、大小李将军、戴嵩、韩幹、范宽、马远，直至唐寅、文徵明等人的画作所见甚多。书则吴廷所藏王羲之法帖，李思训、米芾、黄庭坚、赵孟頫、沈周等人的法书亦数不胜数。虽未见金光先擅书画的记载，但如此多的名迹对金光先的艺术鉴赏眼光的提升必定具有一定的影响。从该年三月十八日开始，直至六月二十四日，金光先与袁中道方分别，袁中道云："癸

① （清）周亮工《赖古堂印人传》卷一《书文及先印章前》，上海图书馆藏清康熙间周在浚刻本。

② （明）赵宧光《朱修能印品序》，笔者所阅浙江图书馆藏本朱简《印品》未载此序，转引自黄惇《中国印论类编》下卷，荣宝斋出版社2010年版，第281页。

③ （明）袁中道《珂雪斋游居柿录》卷二，《珂雪斋集》，上海古籍出版社2019年第2版，第1209页。

④ （明）袁中道《珂雪斋集》卷之十三《东游日记》，《珂雪斋集》，上海古籍出版社2019年第2版。又，《珂雪斋游居柿录》卷二所记此次出游时间为三月十七日，云："三月十七日始，复作东南之游，偕者为金山人一甫。"第1210页。

⑤ （明）袁中道《珂雪斋游居柿录》卷三，《珂雪斋集》，上海古籍出版社2019年第2版，第1216页。

⑥ （明）袁中道《珂雪斋游居柿录》卷三，《珂雪斋集》，上海古籍出版社2019年第2版，第1220页。

西，返石头庵，与金骃别，予走金山。"①九年之后的万历四十六年（1618）春夏之际，金光先又与袁中道一起游黄山，前揭《珂雪斋游居柿录》所载"故人金一甫依予，初住王将军园"，即此年四五月间之事。又，五月初七日为袁中道生辰，袁中道又与金光先食素放生。②由此可见金光先与袁中道之交绝非泛泛。

金光先另与袁宏道、邹迪光、顾起元、许令典、钱谦益、杜大绶等人有过交往，因与其艺事无涉，故不枝蔓。

二、《金一甫印选》之存本

金光先之印谱《金一甫印选》，又名《复古印选》，成书于万历四十年（1612）。是谱流传较少，《中国古籍善本总目》子部"艺术类"著录。③叶铭《叶氏印谱目》亦著录一种，云："《印选》一卷，休宁金光先。"④李文祎《冷雪盦知见印谱目》著录与叶铭同，应为引自叶氏之《目》。⑤又，日本中井兼之《续印谱考略》著录一种，一本一卷。中井兼之径题作《复古印选》，是本收金氏所摹秦汉官私印章二百二十二方，后有杨守敬跋，云："向见赵凡夫所摹秦汉印，如鉴取影，叹为绝技。此金氏所摹，又几欲突过寒山，信乎古人不可及也。明代刻印，盛称文、何，如赵、金二公，恐无愧色也。"⑥

是谱目前所知见存本凡四种，分别为国家图书馆藏本（索书号：13613）、苏州图书馆藏本（索书号：L/2215）、西泠印社藏本、日本东京国立博物馆藏本。加上叶铭《叶氏印谱目》、中井兼之《续印谱考略》所著录二种，则是谱自清末民国以来，计有六部存世，然后两种未知存佚情况。⑦是谱各藏本内均未标示卷数，据各部分所钤印章，可知是谱之足本当为四卷。其具体内容应为：首卷临摹秦汉官印，二卷秦汉私印，三、四卷为金光先临摹时人印章与个人创作（以下据钤印内容径称卷几）。以上现存几部，仅日本东京国立博物馆藏本为全本，其余各本应皆非足本。以下就各本之内容略作叙录。

国家图书藏本存一册二卷（图1），钤"北京图书馆藏"朱文印、"翁培德氏经眼"朱文椭圆

① 钱伯城点校本脱去此十四字，据《四库禁毁书丛刊》影印万历末石城唐振吾刊本。《四库禁毁书丛刊》集部第103册，北京出版社1997年版，第555页。

② （明）袁中道《珂雪斋游居柿录》卷十三，《珂雪斋集》，上海古籍出版社2019年第2版，第1500页。

③ 《中国古籍善本书目》子部目十七，上海古籍出版社1994年版，第434页。又，《安徽文献总目》引此。牛继清主纂《安徽文献总目》第二册明代引《中国古籍善本书目》，黄山书社2018年版，第742页。

④ 叶铭《叶氏印谱存目》卷下，西泠印社《印学丛书》本。又，王敦化《印谱知见传本书目》据叶铭《印谱存目》亦著录为一卷。杜志强整理、王敦化著《印谱知见传本书目》，浙江人民美术出版社2020年版，第43页。

⑤ 李文祎《冷雪盦知见印谱目》不分卷，《中华图书馆协会会报》1933年第八卷第四期。

⑥ [日]中井兼之《续印谱考略》卷上，明治四十四年（1911）印本，日本国立国会图书馆藏。

⑦ 赵敏《皖人书画印文献叙录》著录一部，称"一卷二册"，又言是本载印约一千方，存李维桢、李营阳、王稚登、赵宧光、邹迪光、杜大绶及金氏自序。在版本与藏地问题上，《皖人书画印文献叙录》称其著录本为国家图书馆藏本（黄山书社2019年版，第81页）。然以上叙录与国家图书馆藏本相抵牾，《皖人书画印文献叙录》著录者应非国家图书馆藏本，其所据史料当转引自韩天衡《中国篆刻大辞典》（第442页）与李国均《中华书法篆刻大辞典》（第1028页）。李氏《辞典》谈及是谱收印一千方左右，当出于赵宧光《金一甫印谱序》"一甫尝手翻汉印，不下千钮"一语；李营阳非作序之人，其人乃李维桢序言的书写者。

鉴藏印。前有金光先《复古印选自序》一篇，后附《印章论》，阙李维桢、王稚登、邹迪光、赵宧光之序。是本所存者为卷一"秦汉官印"、卷二"秦汉私印"。卷一收印八十八方，卷二收印一百三十九方。印下均有释文，其中卷一"安武君""魏率善氐佰长"印下注"合法"，"故成平侯私印"印下注"反法"，"关内侯印"印下注"复法"，"部曲督印""晋归义夷王"印下注"损法"，"无当司马"印下注"离法"，"常山漆园司马""裨将军张赛"印下注"增法"，"广武将军章"印下注"代法"；卷二"公孙弘印"印下注"衡法"，"徐吴之印""朱象""臣象"印下注"增法"，"罗歇印信"印下注"反法"。金光先以上所注各法，来源于沈野之《印谈》，均立足于印文之形式而言，具体阐释又在《印章论》中有所发明。

西泠印社藏本为张鲁庵望云草堂旧藏本（图2），存二册，卷一、三。《鲁庵所藏印谱简目》卷三、《中国印谱史图典》均著录为二册本，然《朱蜕华典：中国历代印谱特展图录》著录为一册本，恐误。该本前有题签"（金）一甫复古印选"，卷端页分别题"秦汉官印""大明私印"，印下有释文，存印三百九十八方。

日本东京国立博物馆藏本，四册四卷全，园田湖城旧藏本（图3）。金镶玉装裱，半框左右双边，书口题"金一甫印选"，无鱼尾。内钤"李宗翰字公博一字北溟"白文印、"包虎臣藏"朱文印、"平盦"白文印、"园田穆印"白文印、"湖城"朱文印、"湖城所得金石图书"白文印等鉴藏印。首册卷一卷端页右侧顶格署"印选"，下署"休宁金光先摹"，每页钤二至四印不等，前后幅钤印，无释文；始于"万岁"白文印，止于"蛮夷邑侯"白文印，计收印八十七方。二册卷二，卷端页题字同卷一，收印始于"中山寿王"白文印，止于"仲达"朱文印，计收印一百四十一

图1　金光先《金一甫印选》卷一卷端页，国家图书馆藏本

图2　金光先《金一甫印选》
卷一卷端页，西泠印社藏本

图3　金光先《金一甫印选》卷一卷
端页，日本东京国立博物馆藏本

图4　金光先《金一甫印选》卷
一卷端页，苏州图书馆藏本

方。[①]三册卷三，卷端页右侧顶格署"印选"，下署"休宁金光先镌"，以金光先为时人所作印为主，间有一二闲章，"痛饮读离骚""努力加餐饭"等临摹自何震，亦有临摹文彭、周天球、彭年等时人用印，计收印一百五十一方。四册卷四，卷端页题字同卷三，所收为金光先为时人所作名印，如袁中道、钱谦益、杜大绥等，册末有金光先自用印十余方，计收印一百四十二方。四册中剔除第二册中后人所钤之十一方，共计收印五百二十一方。

苏州图书馆藏本存一册，卷一，为瓦翁先生旧藏（图4）。《江苏省第四批国家珍贵古籍名录图录》著录。[②]据杜志强先生《苏州图书馆藏稀本明刊印谱十种述录》一文，是本前有李维桢、王稚登、邹迪光、赵宧光序言，并金氏自序，收印二百一十三方。[③]是本首印与其他存本不同。

以上四种存本，国家图书馆藏本与西泠印社藏本，卷端页"印选"二字下题有"秦汉官印""秦汉私印""大明私印"，每印下均有释文。而苏州图书馆藏本与日本东京国立博物馆藏本未题"秦汉官印"等字，印下亦无释文。

对比以上几种存本的版框，可以清晰地看到苏州图书馆藏本与日本东京国立博物馆藏本为同一书版，而西泠印社藏本与国家图书馆藏本为同一书版。据此，可将以上四种存本分为两个系统（暂以系统A、B称之），以下为四种存本首印左下角版框残损样貌对比。

---

①　本册中"齐物怀庄叟无机学丈人"（白文）、"松径读书茅舍"（朱文）、"不以无人而不芳"（朱文）、"砚田常谱百花春"（朱文）、"懒散慢醒学次公狂"（白文）、"乐志草堂图书"（朱文）、"谡谡松风"（阴阳）、"与墨飞"（白文）、"鸟窥棋局静竹映酒杯深"（朱文）、"褰我法夫前修兮非时俗之所服"（白文）、"仲达"（朱文）十一方印印色与原谱不类，又为闲章，非名印，应非金光先所刻，或后世所钤盖者，不计入本册钤印数。

②　江苏省文化厅、江苏省古籍保护中心《江苏省第四批国家珍贵古籍名录图录》，凤凰出版社2014年版，第117页。

③　杜志强《苏州图书馆藏稀本明刊印谱十种述录》，《印学研究2012：印谱研究专辑》，山东大学出版社2012年版，第15页。

系统A		系统B	
苏州图书馆藏本	东京国立博物馆藏本	西泠印社藏本	国家图书馆藏本

在以上几个存本中，系统A内部两种存本残损一致，系统B亦然。根据以上存本内部释文有无、书版与印章残损程度情况等，基本可以断定系统A为初印本，[①]系统B为修订本。如果再细划分一下，则系统A中，苏州图书馆藏本早于日本东京国立博物馆藏本；系统B中，国家图书馆藏本早于西泠印社藏本，尤其是苏州图书馆藏本的首印与其他三本不同，可以看作最早钤盖的版本。修订本的主要工作是针对印章做出释文，并且将"秦汉官印""秦汉私印""大明私印"冠于各卷之卷端，用以统摄各卷所收印章，使各卷内部更为清晰。是谱所附《印章论》则未作改变，两个系统所用为同一书版。

三、金光先之篆刻风格及其印学观点

金光先之篆刻以顾氏《印薮》为宗，取《印薮》而化之。虽然金光先及其学生文及先都谈到他向何震学习，但其印作中并无何震猛利的痕迹。其作品的最大特点是笔画起讫处多不刻意求方整，中段充实，运刀轻灵爽利，不加修饰，正如王稚登所言"运刃如画沙，罔有凝滞"。又加之其转折处往往以虚结处理，故风格平实中见灵动含蓄之美。（图5ABCD）《金一甫印选》卷一、二所摹《印薮》中的秦汉官私印章部分，也多以己意出之，带有浓厚的个人风格特征，与时人摹《印薮》者差异较大。王稚登在《金一甫印谱序》中所言"一甫能师《印薮》，《印薮》不能为一甫师，《印薮》能滞众人，一甫不能为《印薮》滞"一语，可谓直中肯綮。

金光先之印论文字主要见于其《印章论》，分论刀法、论章法、论字法三部分，主要观点来

图5A 金光先刻
"程来"

图5B 金光先刻
"黄贞父"

图5C 金光先刻
"邹迪光印"

图5D 金光先刻
"一父"

---

① 杜志强先生在对比苏州图书馆藏本与西泠印社藏本时，敏锐地观察到苏州图书馆藏本的制作时间要早于西泠印社藏本。杜志强《苏州图书馆藏稀本明刊印谱十种述录》，《印学研究2012：印谱研究专辑》，山东大学出版社2012年版，第17页。

自吾衍《三十五举》、沈野《印谈》，其中多转引《三十五举》中之第六举、十三举、二十三举、二十四举、三十四举；字法部分多以沈野《印谈》为基础而略加发明。客观地说，《印章论》的观点，尤其是字法部分，良莠参半，这一点无需为古人讳。

关于刀法之论述，金光先强调刀法之先决条件为"明笔意"，需"意在笔先"，以求"丰神有力"，这一点在晚明印论中并不具新意。其又指出刀法需"藏锋敛锷"，以求"苍拙圆劲，骨格高古"，稍有可观。就刀法的具体表现而言，金光先认为：

> 白文贵细，朱文贵劲，满白贵苍。若嫩巧滞弱，用意破碎，不出自然，此皆病也，是在心得。

金光先对于白文、朱文、满白文的论述，基本为元明印人的普遍知识，其强调"用意破碎，不出自然，此皆病也"与其在篆刻实践过程中不刻意追求笔画残破的风格相契合。

关于章法，金光先具变通思维，不泥旧说陈规，其云"繁则损，简则增，照应得中，勿妄出己见，或有字画多寡不同，不能配合者，或用四边总匡，或用十字分"，都可看作是其变通的例证。以上关于刀法、章法的论述大抵都能符合篆刻艺术规律，尚值得肯定。

《印章论》"论字法"部分，则实际上包含字学与字法两个层面，字学为文字之学，字法为入印文字之形式，字学应为字法之根本。对于字学的认识，金光先与元明印人类似，都强调重视《说文》、六书等，这种论调在元明印论中也较为普遍。对于《说文》中未载的后起字，金光先认为"或有俗字，古无所载，皆时文也，书当以时字配合"，颇具变通之理。

在具体的字法上分析上，金光先转引沈野之说，认为：

> 有增，有损，有合，有离，有衡，有反，有代，有复，是为法也。

这里的"法"就十分具体的形式分析而发，并非讨论印章用字的正讹问题，更多地偏向印面文字布置而言。客观地评价，不论沈野还是金光先，都受到《印薮》的影响很大，在对《印薮》的论述与取法过程中出现了较大偏差。顾氏《印薮》行世后，其影响不仅表现在篆刻实践的取法上，更表现在明代印人如何看待秦汉风格，如何认识入印文字等问题上。对《印薮》的认识不同，会产生截然不同的印学观点，这些观点都是晚明印学知识生成过程中的环节，是后世印学知识来源之一。

金光先在具体阐释增、损、合、离等法时云：

> "朱象之印""象"字加"工"，"常山漆园司马""园"字加草头，"裨将君张赛""将"字、"徐吴之印"之类，皆增也。
> 损法如"部曲督印""督"字、"晋归义夷王""晋"字、"顺阳侯家印""信阳侯家印"四字之类。
> ……
> 衡法如"公孙弘印""弘"字之类。

反法如"故成平侯私印""故""成""侯"三字、"鳢遂之印""鳢遂"二字、"罗歆印信""罗歆"二字之类。

复法如"关内侯印""内"字之类。

代法如"广武将军章""武"字以"山"代"止"之类。

金光先论各法所举之印例，一小部分见之隆庆六年（1572）顾氏《集古印谱》中，且全部见载于《印薮》，结合金光先自言其对"《印薮》精妙者摹而成谱"一语，可以肯定这些印例全部来源于《印薮》，而非《集古印谱》。金光先在取法《印薮》时出现了误读，这种误读并非通常而言的对《印薮》"木板气"的学习，而是他在一些印章的真伪方面有误判，以及将《印薮》中"无心插柳"的误刻当作经典范式加以阐释发明。例如，衡法所举"公孙弘印"、反法所举"罗歆印信"、复法所举"关内侯印"，这几方印章基本可以确定为伪作。例如"公孙弘印"（图6），元明时期有两方略有差异的"公孙弘印"玉印传世，金光先所临摹者为顾从德家族之藏品，在《集古印谱》与《印薮》中都有收录（图7），朱简在《印品》六集"赝印"中云："顾氏所藏又伪中之伪也。"①同样，复法所举"关内侯印"白文玉印（图8），首见于王厚之《汉晋印章图谱》，顾氏《印薮》即摹于王厚之，在该印下之按语中，顾从德等即已经发现该印的不合常理，云："按，关内侯不应有玉，即有，恐出伪造，或王厚之误铜为玉也。"（图9）②朱简针对顾氏这条按语，十分肯定地讲道："汉印无此法。决是伪造，非误铜为玉也。"③后人伪造秦汉印章，多有不合秦汉印

图6　金光先摹刻"公孙弘印"

图7A　"公孙弘印"墨钤原印，顾从德《集古印谱》，上海图书馆藏隆庆六年墨钤印本

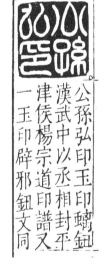

图7B　"公孙弘印"《印薮》卷二，万历三年顾氏芸阁木刻本

图8　金光先摹刻"关内侯印"

---

① （明）朱简《印品》六集"赝印"，万历三十九年（1611）钤印本。
② （明）王常编，顾从德校《印薮》卷一，万历三年（1575）钤印本。
③ （明）朱简《印品》六集"赝印"，万历三十九年（1611）钤印本。

图9 "关内侯印"，顾从德《印薮》卷一，万历三年顾氏芸阁木刻本

图10A 金光先摹刻"裨将军张赛"

图10B 金光先摹刻"顺阳侯家印信"

图10C 金光先摹刻"罗歆印信"

图11 金光先摹刻"常山漆园司马"

图12 金光先摹刻"部曲都印"

图13 金光先摹刻"广武将军章"

制的地方，又经《印薮》刻之梨枣，更为失真，金光先据此讨论秦汉字法，可谓失之千里。此类印章还有增法所举"裨将军张赛"、损法所举"顺阳侯家印"、反法所举"罗歆印信"等，皆为伪印（图10ABC）。

除以伪作为例讨论字法之外，金光先对《印薮》的误读还表现在对《印薮》误刻之处的全盘接受，以上字法所举"常山漆园司马"（图11）、"部曲督印"（图12）、"广武将军章"（图13）皆是因为原印残损，《印薮》在刻制时未能明笔意，出现衍笔、缺笔等现象，从而产生不类常规的字法。金光先将此类字法当作秦汉人有意为之，加以发明，所得结论自然不能令人信服。

这些问题的出现，也并非金光先一人的问题。金光先的上述言论大部分与沈野《印说》相同。沈野《印谈》云："今坊中所卖《印薮》，皆出木刻，章法、字法虽在，而刀法则杳然矣。"[①]由此可见沈野也未能清晰地认识到《印薮》中字法的误刻。这一点上，沈野、金光先与朱简之间存在较大差距，朱简之《印品》成书于万历三十九年（1611），较金光先《金一甫印选》成书还要早一年，在《印品》中，朱简明确提出《印薮》的弊病，其中七集"谬印"下有"字谬"条，所举例印即金光先增法中所举"朱象"一印；另有"摹谬"条，其下云"古印原不谬，因其磨损，摹《薮》者妄刻之耳……《印薮》此类甚多"。金光先、朱简为同代人，对《印薮》的看法却截然不同。客观地说，朱简的说法要比金光先合理得多。

结　语

站在今天来看，金光先的印学观念并不具多少可取之处。但在晚明时期，这却是印坛中的"一般知识"，其存在的意义在于这些印学观念也是晚明印学知识生成过程中的一个环节。从这一点来看，金光先及其印论又有其存在的历史价值。

（作者系西泠印社社员，华侨大学美术学院讲师，首都师范大学书法学院博士研究生）

---

① 　（明）沈野《印谈》，西泠印社《印学丛书》本。

黟山一峰　词坛飞将

——论著名学者乔大壮的印内印外

孙　洵

摘要： 晚清到民国时期，出现了一批喜爱印学、印谱的词人，又有不少篆刻家自发地投入填词，常将词句入印，甚至研讨印学。因皆是各自领域实至名归的大家，称之为壮观，也较为妥帖。这二者没有必然的关联，均在文艺理论统照下生存发展。二者在创作思想、艺术语境构建、审美体验等方面有相当大的共通性。乔大壮的词学、印学皆有独特的个性化特征，是民国期间有代表性的人物。一、国立中央大学（南京）先聘他为艺术系篆刻教授，后聘他为国文系词学教授；二、乔私淑黟山派，在篆刻上与黄的哲嗣、黄的高足多人关系皆语焉不详。这一现象造成学脉传承上的错位，需实证以澄清。

关键词： 光宣诗坛点将录　文人气节与爱国思想　不一样的摹印篆

一

图1　乔大壮

在现当代学人心目中，乔大壮（图1）这个名字似有陌生之感。但在七八十年前，他是一位声名显赫、成绩丰硕的学者、诗词家、书法篆刻家、教育家，更以其"爱国爱民为立身之志、为忧国忧民愤世以终"，效仿屈原以警世的悲壮之举而为世人赞颂。

乔家先代自浙江入蜀。一门书香衍绪，诗礼传家，又特讲究子孙后代要恪守祖训，在蜀中夙有声望。大壮的祖父乔茂宣于清同治年间任江南道监察御史，曾为清廷在山东"黄崖惨案"中错杀良民2000余人之事上奏朝廷，力争平冤而蜚声朝野。至光绪年间茂宣公任刑部司官时，曾参与康有为、梁启超之维新变法。戊戌变法失败后，"六君子"被害，乔家又仗义为川人刘兴第、杨锐收殓而名动京师。这无疑是有一定的政治风险的。谭嗣同烈士的题壁诗"望门投止思张俭，忍死须臾待杜根。我自横刀向天笑，去留肝胆两昆仑"也是由乔大壮抄录而得以留传后世的。史实是，谭氏被杀害前已知大祸临头，他本可以潜逃境外，但为唤起广大民众觉醒，谭依然愿意献出个人性命，壮哉！

乔大壮幼年，父亲因病早逝，因此由祖父培养督教，继承家学渊源，启慧甚早。与此同时，也深受祖父思想道德情操的熏陶。为打下扎实的学术功底，他少年时即受教于成都学界名宿，曾任湖广总督张之洞莲幕。后任武昌通判的顾印愚先生，在经史、小学、诸子、文学与书法等方面均有扎实深厚的基础。

从源头上讲，"翻译科举"是清代专为旗人设立的，与文科并行的一种科举制度。始于雍正元年（1723），到光绪三十一年（1905）止。鉴于"西学东渐"的兴起，加之因社会发展，人才需求扩大，未及弱冠之年的乔大壮考入京师译学馆（系北京大学前身），专攻法文直至毕业。深得前辈学者朱孝臧、辜鸿铭的激赏，尤其是辜鸿铭作为导师，称大壮为通才。

民国初年，乔大壮与陈衡恪、周树人（鲁迅）同在北京，任职于教育部。周为佥事，乔为编审，相处情深，深相器重。今吾辈读《鲁迅日记》至少有5至6处论述乔大壮，足见友谊笃厚。由于他个人工作认真，有较好的业务能力，到1915年升任教育部审定处专员。

值得后人瞩目的是，1927年，乔大壮赴南昌出任周恩来秘书。在当时的历史背景下，他并没有跨出人生抉择的一大步。南昌起义后，他因祖训不能参加政党而重新返回北京（乔是在北京出生的），并毅然决然将祖上遗留下来的田契悉数焚毁，以表示与剥削阶级划清界限，坚决反对不劳而获。这足以说明他受到革命的熏陶。吾辈研究历史名人要认真审时度势，尊重史实，不能联想，不能延伸。

应徐悲鸿之邀，乔大壮于1935年赴南京出任国立中央大学艺术系教授，后历任国民政府经济部秘书、军训部参议、监察院参事。

洵最近读到的程丽则回忆她父母程千帆、沈祖棻的专著《文章知己千秋愿》中有如下论述：

> 抗战期间，汪东先生曾与学者、书法大师同居重庆上清寺考试院陶园之鉴斋，与名士乔大壮、陈匪石常有往来。诸君相聚必论词，论词必及祖棻，汪先生回忆："之数君者，皆不轻许人，独于祖棻词咏叹赞誉如一口。于是友人素不为词者，亦竞取传抄，诧为未有。"作为前辈师长，这几位先生在当时都可谓大名鼎鼎。早期，他们或是同盟会会员，追随孙中山领导的辛亥革命，或是投身新文化运动，参与编辑《新青年》杂志，或是曾在1927年赴南昌任过周恩来的秘书。后期，他们各自在各大名校任职教授、诗词专家，其中，沈尹默的书法、乔大壮的篆刻更是蜚声海内。在这样的前辈心中，能获得如此一致的高度赞誉，不能不谓之"殊荣"。[①]

这个侧面，旁证了许多史实，不赘述。吾辈读之能触摸到人文历史的温度……

1947年，乔大壮因早年在译学馆的老师、后为台湾大学文学院中文系主任的许寿裳之荐，出任该系教授。1948年2月19日，因许寿裳平素张扬鲁迅先生为反动分子杀害，乔又继任系主任。鉴于乔大壮政治立场坚定、为人正直，支持台湾学生运动为当局所不容，旋即离任，辗转于上海、南京两地。以下有两件事要阐述。

乔的好友台静农回忆，从1948年除夕起，乔大壮"两度粒米不进，以酒度日"。有一次，乔指着他刚从古玩铺淘回的一个尚称精美的彩陶罐子，环顾众友人说："这是装我的骨灰的。"众人皆

---

①　程丽则《文章知己千秋愿：程千帆沈祖棻画传》，南京大学出版社2023年版，第64—65页。

笑而不解，以为是调侃，是戏言，不料一语成谶。

乔大壮二女儿乔无疆回忆，1948年7月2日，父亲同她谈了一通宵，说："这个社会允许我做的工作只能是参加内战，于国家不利的事，我宁死，岂能为吃饭而行不义。"翌日晨起，他访别亲戚朋友，神态平和，一如常日，孰料竟是人生之诀别。可以说，此时此刻的大壮，深感国家多难，社会黑暗，民生多艰，极其愤世嫉俗……他留下绝命诗给他的弟子蒋维崧："白刘往往敌曹刘，邺下江东各献酬。为此题诗真绝命，潇潇暮雨在苏州。"遂于1948年7月3日一个凄风苦雨之夜自沉于苏州梅村桥下。次日，有人在河中发现他的遗体，上悬一名片，写着"责任自负"，另纸书为"速付火葬"。故于12日火化于苏州灵岩山寺，这一年11月，骨灰归葬于四川华阳潘家沟祖茔。

1948年11月出版的《文学杂志》第3卷第6期，刊有署名"方回"的悼念乔大壮的文章，评曰："今日之经不是朝代的更易，而是两个时代两种文化在那里竞争……最为感觉彷徨苦闷的，大都要数所谓知识分子。有一派对于旧的既不胜其留恋，对于新的，又不胜其疑惧，彷徨无所适从。于意志脆弱的，便醇酒妇人终其世；意志坚强的，便干脆自了其生。"

洵以为当代人研究乔大壮的苏州自沉，应当是全方位以彼时的政治、经济、历史来综合考虑，丢弃消极、偏颇、狭隘的权衡。责任自负，迅速火化，连棺椁都不要的缜密思考，他要沿着屈原的精神走向远方。

二

乔大壮的词学胎息与崇尚，此后也博采诸家之长。前文提到激赏其个人才华的朱孝臧。

朱孝臧（1857—1931），原名祖谋，字古微，别署沤尹，晚号彊村。浙江吴兴（今属湖州）人。清光绪九年（1883）进士。官至广东学政。书法师颜真卿、褚遂良，精于行楷。字势奇欹。著有《彊村丛书》《湖州词征》《国朝湖州词征》《沧海遗音集》《彊村词征》等。这位大师发现并提携、策励了词人乔大壮。

在晚清至民国的文艺活动中，词人不是一个单独的存在，而是一个重要的闪烁着时代文艺光芒的文艺群体。他们的词作有着独特的学术含量与艺术价值，在文学史和学术史上有着不可忽视的地位。甚至有些人是"两门抱"或"多门抱"，乔大壮即如是。

晚清到民国时期，社会经历了巨大的变革和动荡，在各种文艺思想的剧变与碰撞之中，文学艺术得到巨大的发展。印学上各家独擅胜场，篆刻的创作达到前所未有的炽热程度。与此同时，印谱集录活动也应运而生。更让人始料未及的是，词学研究盛况空前，名家辈出。各类精印的词集层出不穷，"晚清四大词人"各领风骚，饮誉大江南北。

唐圭璋在《词学胜境》中感叹："词学由附庸变为大国，盛极一时。"[①]在如此氛围中，乔大壮以词人、印学家问世是极其正常不过的了。此时此刻有必要简述一下与朱孝臧同为"晚清四大词人"的另三位。

王鹏运（1849—1904），字幼霞、佑遐，号半塘、鹜翁。广西临桂人。同治举人，官至礼科掌

---

① 唐圭璋《词学胜境》，中华书局2016年版，第64页。

印给事中。其词作颇有关晚清时事之作。对王朝没落景况的哀叹，有《半塘定稿》。所辑《四印斋所刻词》，以校勘精审见称。他的《半塘老人钤印》是其自用印印谱，"白发填词"一印是他本人填词状态的自况，心态情绪繁杂、不爽。

郑文焯（1856—1918），字叔问、俊臣，号小坡、瘦碧，晚年自号大鹤山人。汉军正白旗，山东高密人。光绪乙亥举人，精究小学，通医道，谙音律，工倚声，嗜金石书画成癖。有《大鹤山人读碑记》等论著。其《瘦碧词》《冷红词》负盛誉。吴昌硕为其治"冷红词客""冰红词人"等印。洵撰《江苏篆刻史·吴昌硕与苏州》节时，发现缶翁为郑计治印，双方情谊深矣。后有《大鹤山人自用印集》传世。①

况周颐（1859—1926），原名周仪，字夔笙，号蕙风。广西临桂人。光绪举人，官内阁中书。能词。有《蕙风词》《蕙风词话》传世。

上述铺垫，有相当学术意蕴。它不仅揭示出晚清至民国时期词人与印人交融、相得益彰，并推动了这两个学科的向前发展，绝非洵斗胆妄论，有前辈学者论著佐证。

汪辟疆（1887—1966），名国垣，号方湖。江西彭泽人。1912年毕业于北京大学。历任江西心远大学、北京女子大学、中央大学、金陵大学和南京大学等校教授。诗人、文史目录学家。汪老有《唐人小说》《光宣诗坛点将录》最为学人器重。《光宣诗坛点将录》将乔大壮与王鹏运、朱祖谋、郑文焯、况周颐、文廷式等词坛名家并列，称乔为"射雕将军，协律都督"。②这是何等荣耀。

前文提及"江南才女"沈祖棻。她的词学老师是汪东（1889—1963），江苏吴县（今属苏州）人，字旭初。早年就读于上海震旦大学，后留学日本早稻田大学。曾师从章太炎。著名文史学家、词人。曾任金陵大学教授。其实，吴梅也做过沈的老师，此处主要讲汪东先生。

汪东与唐圭璋称乔大壮为"一代词坛飞将军"，唐更具象地写道："力趋拙重，不涉轻薄，于严守四声之中。要求自然安贴。"③抗战期间乔大壮有《八声甘州》：

> 好江山笑我乱离来，依然未成归。对巫云千尺，吴船万里，终古残晖。二十年前乡梦，人老事全非。除是寥天一，谁悟先机。　　客问鱼蚕何处，付鹧鸪唤雨，朝暮霏霏。自东坡仙去，回首赋才稀。不堪看、孤亭风景，信转蓬踪迹与心违。苍茫里，忍神州泪，莫洒征衣。

实在是感事愤时，苍凉沉郁。据唐先生讲，这阕词当时在青年人尤其是大、中学生中传唱不已。所著有《波外楼诗》四卷、《波外乐章》四卷，早已梓行传世。唐还在上文中写道："词作精妙，书写秀逸，印章奇劲，一时被称为三绝。"

再回过头来讲1935年来南京国立中央大学讲授篆刻课程，不久组织词社的事。《唐圭璋自传》云："同年与吴先生（指吴梅）及廖忏庵、林铁尊、仇述庵、石云轩、陈匪石、乔大壮、汪旭初、

① 转自吴炬《一代词华归篆刻——印谱所见词学现象侧记》，《中国印谱史与印学国际学术研讨会论文集》，西泠印社出版社2019年版，第241页。

② 汪辟疆《光宣诗坛点将录》，《汪辟疆文集》，上海古籍出版社1988年版，第395页。

③ 唐圭璋《回忆词坛飞将乔大壮》，《乔大壮诗集》，四川人民出版社1990年版。

蔡松云诸老前辈组织'如社'作词，刻有《如社词钞》。"①

请注意，唐在叙述时对上面提到的八位"诸老辈"，不言而喻，自己是后学小辈。唐圭璋生于1901年1月，按农历（阴历）即腊月，十二生肖计之，唐属鼠，国人谓之"生日小"，换言之，乔比唐要年长9至10岁，列于老辈是敬重的、妥帖的。况且乔与吴梅交往甚和睦。

1983年秋，洵应《中国现代化社会科学家传略》主编高增德之约，开始撰写《吴梅传略》。②当时精力充沛，在古籍部徜徉，查阅有关的词学、曲学的经典文献。加上唐先生平日所言，能对号入座。例如吴梅的诗学受散原老人陈三立（衡恪、寅恪之父）影响，词受朱彊村（即孝臧）影响，曲受俞粟庐（即原上海戏剧学校校长、著名昆曲表演艺术家俞振飞之父）影响。吴不治印，但比乔多一个曲学，人各有所长，这很自然。问题是洵看了不止一篇，梳理不严，语焉不详，极易造成误读。"在南京时，曾与唐圭璋等组织词社"，"1935年任南京中央大学艺术系教授，讲授篆刻，其间曾与唐圭璋等组织词社，唐誉之为'一代词坛飞将军'"，明明有七位词学领域的大佬，作者偏要提出年方三十几岁的青年才俊唐圭璋呢？这有愧于乔大壮、唐圭璋二公在天之灵。然须说明，不止一二位误读，有人在洵面前讲"我们南京人厚道，乔大壮来南京讲篆刻课，唐老还'拾着他混'"，错，这个时空穿越讲颠倒了，改变了历史名人的位置。

说两件往事。

一是20世纪80年代，国家批给南京师范学院（即今南京师范大学）两名"博导"：一是教育系高觉敷，一是中文系唐圭璋。

二是20世纪80年代，"中国韵文学会"成立，唐先生因身体羸弱未赴会，校方派唐的学生、后为教研室助手的曹济平先生代表唐到会。据说有关组织者有让某老先生任会长，孰知与会代表一致选唐圭璋为会长。当时闻者皆言，德高望重、实至名归。要知道，这是后人眼中事，此时，称唐先生为唐老，合适。20世纪30年代，人为推上那个位置，与史实不符。

20世纪30年代，乔大壮在词学领域已享有盛誉。1937年，乔任实业部主任秘书，抗战全面爆发后，他随即西迁重庆，又兼任国立中大师范学院词学教授。在此期间，与陈匪石交往颇多。陈匪石（1884—1959），名世宜，号小树、倦鹤，南京（清时为江宁府）人。早年曾入南社，参与辛亥革命，后赴南洋为新闻记者，归国后虽从业于新闻界，亦先后在各院校讲授中国文学。《宋词举》《声执》是其专著。在渝期间，乔大壮确与陈匪石商讨其《宋词举》的修改，可见乔的词学造诣是精深的。

虽说乔在各大院校讲授词学的备课笔记、文摘感悟无法全部罗列于后人学案前，好在其高足黄墨谷辑有《乔大壮先生手批周邦彦片玉词》③，后来知其为久居福建厦门的女词家。她在该集中写有《先师大壮先生遗事》，算是多少补了这块的遗憾。以下简单介绍周邦彦。

《中兴以来绝妙词选》引山阴尹焕《梦窗词叙》："求词于吾宋者，前有清真，后有梦窗，此非焕之言，四海之公言世。"④

---

① 《唐圭璋自传》，《中国现代社会科学家传略》第4辑，山西人民出版社1983年版，第319页。
② 《吴梅传略》，《中国现代社会科学家传略》第8辑，山西人民出版社1987年版，第189—209页。
③ 《乔大壮手批周邦彦片玉词》，有1985年齐鲁书社版。
④ 转引自龙榆生编选《唐宋名家词选》，中华书局1962年版，第301页。

周邦彦（1057—1121），字美成，自号清真，钱塘（今浙江杭州）人。疏隽少检，不为州里推重，而博涉百家之书。元丰初游京师，献《汴都赋》万余言，神宗异之。命侍臣读于迩英阁，召赴政事堂，自太学诸生一命为正。居五岁不迁，尽力于辞章。出教授庐州，知溧水县。还为国子主簿……此人好音乐，能自度曲，制乐府长短句，词韵清蔚，传于世。其词名为《片玉集》，先后有汲古阁《宋六十名家词》本、《西泠词萃》本。又名《清真集》，有《四印斋所刻词》本、郑文焯校刊本、归安朱氏《彊村丛书》本。前面提到的"后有梦窗"，"梦窗"即吴文英，字君特，号梦窗，四明（今宁波）人。洵仅略为勾勒些许，而知两宋文学以词学为最，而词学也博大精深。乔氏给后人留下手批周邦彦《片玉集》，也是文学史上的一笔财富。

洵于此道极浮浅，然喜读此类论述。记得1998年冬，由施蛰存教授主编的《词学》（因是小众文学刊物，是季刊还是半年刊，记不得了）。那一期刊载久在加拿大温哥华哥伦比亚大学讲授中国古典文学的叶嘉莹女士所写有关词坛飞将乔大壮的论文，条分缕析，角度精准，立论让人叹服，可惜两个小书房，翻箱倒柜，未能觅得。洵听前辈言过，叶先生于20世纪40年代就读于北平辅仁大学国文系，得顾随教授亲炙，早几年听说其回国寓于天津……此道不孤也。

诚然，许多前辈学者说过："做人和治学，此仍作为教师的必备素质。"换言之，人品当在学品、艺品之上。

早在1915年乔大壮任教育部图书审定专员时，即与徐鸿宝（字森玉，浙江吴兴人，精于古器物、古文字鉴定，1949年后任上海市文管会副主任、上海博物馆长等职）相交甚笃。抗战期间，徐森玉陷于敌占区上海，因拒绝担任伪职而生活极其艰难。大壮得知后将平日劳动所得积蓄全部赠予徐森玉，为当时很多学人所赞叹。但乔大壮本人始终洁身自好，决不阿谀奉承、同流合污。蒋介石六十寿庆之际，慕其书法极好，白崇禧求乔写寿联，乔愤叹："吾悔读书，遂至为斯养所驱策耶！"一是周边友人劝说，二是白崇禧执意恳求，乔不便再推辞。遂巧妙地将某部长所撰的诗文增添四韵，凑成六十之数。当白看完全文后，发现隐含讥讽之语，乃自改了几个谴责字眼，大壮得知后即向白崇禧抗议："阁下是（国防部）参谋总长，鄙人乃文学教授，各有一行……鄙人也可乱改阁下的作战方案了，是否如此？"弄得白崇禧十分尴尬，也无言以对。这显示出乔大壮节操自守、正气凛然的学者品质。

三

在后人心目中，乔大壮是位博洽融通，不断追逐新意的学者，在艺术创作上既重视传统又凸显个人性情、意趣，此无疑与他早年求学绎学馆，思想观念力求跟上时代节拍有很大的关联性。

他早年学书法以徐季海打下一定根基，后喜爱虞世南《孔子庙堂碑》。从渊源上考究，虞书得"二王"法，承智永传授，元袁桷《清容居士集》云："永兴公守智永旧法，故唐能书人尽变，唯永兴号为一。以右军谱系犹在也。"清冯班《钝吟书要》云："虞世南《庙堂碑》全是王法，最可师。"谓之筋骨胜肉，风神凝远，锋芒内敛而气宇轩昂，字字珠圆玉润。不止于此，大壮又爱褚遂良的《倪宽赞》。这是褚晚年所书，其笔势翩翩，神爽超越，似瘠而腴，似柔而刚。至于"三过三折"之妙，时加之意，诚褚书法也。清人孙承泽《庚子销夏记》云："字法带肃，极遒古。"这完全可能是乔大壮内心所仰慕也。我们细心品赏能发现他学过米芾、北魏墓志与《爨龙颜碑》，得方劲峭拔的神采。洵以为除他个人钟情于书法，与其祖父的庭训极严，乃师顾印愚先生的指点是密不可分的。前辈说过，"师者，就是大鱼领着小鱼在水中游"。

上文提到民国初年，乔与鲁迅等友人同在北京任职于教育部。相与同事，深相器重。人所尽知，鲁迅先生精于碑帖研究，而当时北京书法名家云集。他却独请比自己小11岁的乔大壮书写自集《离骚》联语："望崦嵫而勿迫，恐鹈鴂之先鸣。"屈原之《离骚》，鲁迅之集句，乔氏之手笔，擘窠大字，气势逼人，时人称为"三绝"。此遗墨存于北京西四牌楼三条胡同鲁迅故居纪念馆之"老虎尾巴"西壁。不论您从哪个角度审视，这也是学人间的友谊，更是一份厚厚的认同。

乔大壮书法造诣精湛是其篆刻的奠基石。

印学界人所尽知，大壮的篆刻是私淑黄牧甫的黟山派而列为一座高峰的。

乔的私淑迥异于常人。可以说他从根子上去认知、考量、学习黄牧甫，绝不是仅仅从创作展上去强介、识读进而模仿黟山派。

乔在《黟山人黄牧甫先生印存》中有一篇序《黄先生传》："先生名士陵，字牧甫，安徽黟县人也。生于县之黄村，故别号黟山人。父仲和，道德文章为一乡望，有《竹瑞堂集》。尤精于许氏学。先生幼受庭训，旁及篆刻。"具体说黄的《说文》之学实为幼年受慈父开导。而且《竹瑞堂集》涉及金石书画的内容很多。

乔清晰地梳理出黄牧甫一生最大成就在于逐渐形成"摹印篆"的具体途径与构建内容：想方设法使大篆、小篆包容在缪篆形体之内。此实为从邓石如、吴让之、吴大澂等前辈、师辈学来的感悟。黄"合以古籀"的理念，通俗地讲就是"印宗秦汉""印外求印""印从书出"。请读乔《黄先生传》："服阕，诣燕京，肆业国子监南学，从盛伯羲、王廉生、吴清卿游，学大进。"前两位是国子监祭酒盛昱、王懿荣，吴大澂没在国子监教过课。不过，黄在赠给好友俞旦的《寄斋印谱》跋中记录了在广州得见吴大澂之事："就食吴窀翁门下，因得尽睹窀翁所藏，鼎彝而外，古印尤夥。"又："今窀翁藏几溢四倍，大观哉！陵得一月暇。"说明黄也间从吴大澂游。事实上，黄继承吴大澂研究金文的衣钵是的的确确的，而乔大壮秉承这一文脉，其传世作品时常可见。

乔氏平素喜欢讲黄牧甫对许学研究之深之细，细致到让学生听得津津有味而铭记不忘。乔的入室弟子高秋月（1900—1977，南京浦镇南门人）对洵讲过黄先生有方白文印，内容是从《说文解字序》中摘出的名言"必遵修旧文而不穿凿"，这是黄经常钤盖在个人书画作品上的常用印、表示治学要严谨，不能乱引申，乱发挥……对许氏之学的敬重，"闲章不闲"用在此最好。黄先生继承了前辈，尤其是吴大澂金文研究的衣钵，慎之又慎。从这个典故里我们也觉察到，凭乔氏的学养、睿智，能捕捉到学习"黟山派"的核心与精髓。不仅仅在于"摹印篆"的表达形式，而且在其全过程。从黄牧甫在国子监开始钩摹石经及石鼓文字，晚在湖北存古堂补石经残字，还有黄与友人尹伯圜合作为窀斋辑《十六金符斋古铜印谱》等，乔氏看见了理论，更看到了实践的重要性。据蒋维崧说起，乔先生讲课，谈到字学、刻印技法，言必称黄先生，如同得到过亲炙一般。

上述三点是乔大壮私淑黟山派的菁华。

洵以为他从学术层面去慢咽细嚼，体味黄牧甫从师辈研究金文的细节入手，不是亦步亦趋，依样画葫芦，而是在钩摹石鼓文字、石经的实践中，揣摩、酝酿、构筑出有个性特色的书体——篆隶合一。依然是笔笔冲锋，尽量凸显方方正正的形态特征。黄善刻金文，更善刻汉金文；更妙者是将三代金文与汉金文融合入印，汉味浓郁……这是许多印学家的共识。邓尔雅《文字源流》有一段书评："过庭《书谱》，旁通二篆，俯贯八分。"诚然，邓是泛泛论之。讨论黄牧甫的专家之一黄耀忠先生在其论文中斩钉截铁地写道："黄牧甫正是为数不多的'旁通二篆，俯贯八分'的晨星之一。"①洵读之为此击节，说到我心底深处。"八分"即隶书，溯源论之，汉金文与同时期的隶书关系密切，常常以简笔、省笔彰显其拙古简约的趣味。

民谚说得好："外行看热闹，内行看门道。"乔大壮找到门道，并将之"化"入个人创作之中。他敬重黄、心仪黄，也从深掘字学入手。

要感谢中华民族文化母体——汉字。她万千变化，衍生迭出。在秦篆以前，各个小国各用各的文字，造就了丰厚的文字资源。黄先生印章中用过的字，乔尽量不用黄的结字，重新构建入印篆文。从理论上讲，一阕词填成后可朗诵吟哦，意气风发时可引吭高歌。篆刻是无声的艺术，如同舞蹈家以肢体动作表述，一样的审美体验。好在篆字也能伸、屈、挪、让，只要作者把握"度"，分寸适宜，和同道的同题目作品就会不同。

庞惊涛先生在《泪满家山百战场——乔大壮的山城岁月》中写道：

> 到重庆后，乔大壮一家因缘巧合，住在华严寺草房内，不知他是否还记得自己5岁时游览华严寺的情景。一家人全靠他一个人的薪水养家，生活是很困难的。不得已，乔大壮以傍身之技，为人治印贴补家用。他在北京时，著名篆刻家寿石工为他代订的润格为每字十元，在南京时，他坚持这个润格不曾改变，到重庆后，虽然由于战时物价一日数涨，但他依然按照这个润格为人治印，绝不坐地叫价……他对印稿的设计一定要三思后才下墨定稿，有时候遇到比较难刻的印，竟然设计二三百稿才最后决定。因为严格要求自己，所以每每出品不凡，交付的印章新奇高雅，意境深邃、远迈俗流。乔大壮为人治印，成为战时重庆的一道文化风景，很多名人慕名而来，以能得到乔大壮一方印章而自豪，有印家更是对他的印章做出了"如长枪大戟，尖锐挺拔，有豪雄之气"的高度评价。

有些名作是值得著录载入史册的。

在重庆期间，乔大壮还为许多要员名流治印，其中不乏孔祥熙、章士钊、孔令仪等慕名来求。徐悲鸿常用的"上清沧谪"以及东坡名句"始知真放在精微"两方印皆为乔大壮寓居重庆时所刻。此外，蒋介石于1942年访问印度，乔大壮还刻"林里资哥"印（图2），作为蒋访问印度时赠送印度总督林里资哥的礼物。

---

① 黄耀忠《黄牧甫在国子监及少年时代的说文学习——兼论其古文字研究》，《世界图纹与印记国际学术研讨会论文集》，西泠印社出版社2018年版，第855页。

图2 乔大壮刻"林里资哥"

有过病痛、有过磨难，会有所悟：

经年累月挥刀刻印，让乔大壮的手磨出了重重老茧，有一回，还伤到了左手拇指，损及静脉，很长时间不能持印应刀……他常对朋友们谈起他的治印心得："篆刻乃以字写意，最能表明艺人心迹。刀、石俱为硬物，宁折不弯，起刀驻刀之间，犹豫不得。"宁折不弯，既是他的艺术态度，也是他的人生态度，两者在一个人身上得到了高度融合。乔大壮后来之所以能在民国晚近中国篆刻界有较高的地位及影响，跟他寓居重庆期间的努力实践是分不开的。

岂止于此。作为陪都的重庆，当时集聚了全国涌来的众多学者，以及宣传抗日救国的新闻工作者。不约而同的志向、理想与追求，让他们团结在一起，以笔墨为枪，声援前线，鼓舞士气"。

1940年，乔大壮参加了章士钊。沈尹默、潘伯鹰、江庸、许伯建等人发起组建的"饮河诗社"。为扩大影响，团结更多爱国人士，诗社还邀请了陈寅恪、吴宓、马一浮、谢稚柳、沙孟海、程千帆、沈祖棻以及曹聚仁、潘光旦等写旧体诗的名家，还有旧体诗、新诗兼写的俞平伯、朱自清、叶圣陶、施蛰存等人，客观上也培养了重庆当地的后继者，如许伯建。

乔大壮除古体诗外，填词更是一生之雅好。有学人认为他的词学影响甚至超过了他的书法篆刻。泃了然此并非一个叠加效应，客观上会持重强化他在学术界、高教界的声誉与地位。这确实是他的禀赋与家学的契合。还有就是勤劬好学，善于学。本文始即提到乔大壮得到朱孝臧的激赏，即其少年时曾填两首《河满子》为朱老夫子称赞为"必传"佳作，吴梅、陈匪石等皆朱门弟子，这一赞语，不胫而走，传得飞快。

1941年，乔大壮被内迁到重庆的中央大学国文系聘为教授，主讲词学。当时杨度之子杨公庶偕夫人乐曼雍（北京同仁堂乐松生之堂妹）也在渝州，两口子以沙坪坎重庆大学寓所雍园为阵地，潜心词学。乐曼雍拜乔为词学老师，是乔大壮的女弟子之一，《雍园词钞》为大壮题签，记录了这段史实。抗战时期的重庆，还有过雍园词社。

1942年到1943年间，乔大壮积极在重庆组织成立印社、书会与书法篆刻联展，广泛联系来渝的老家学者与本地艺术家。每周举行一次"中国艺文馆"聚会，号召"凡雅而能文者皆可来之"，很接地气。据文献查考，又有蒋维崧教授1980年8月23日给泃复函时告知："其实我在重庆和曾绍杰、高月秋、徐文镜等印人相熟，大约是1940年，绍杰兄曾邀刻印的朋友聚会一次，谈组建印社问题，旨在弘扬印学，后来还出了一本《巴社印选》……"

巴社吸引了黄笑芸、冯建吴、吴震光、许伯建、徐无闻、李中荃、曾右石等本土艺术家参与。乔大壮主持其事，对这些本土艺术家多有指导。巴社成员的篆刻作品，后来汇编为《巴社印选》，乔大壮亲自为之作序。在序中，他如是写道："闻之相斯刻玉，乃树秦威；黄门就章，爰昌汉道。锲而不舍，鑢来尚己。懿夫屠龙绝诣，方聚三巴；倚马余闲，弥耽寸铁。昭兹函夏，绍彼黄虞；庶整金瓯，缅稽玉检。裒然一集，作者八人，气类有征，甄匐日广，可不谓之盛乎？"

显而易见，乔引经据典，气势之大，让读者振奋。目的很明确：当前民族正在蒙难之中，乔大壮实将篆刻之艺事作为整金瓯、昭函夏、树国威、昌汉道之大业，而篆刻家之手中所持的铁笔，恰可作抗日杀敌的投枪，以此观当时之文艺活动，均含有抗日救国的家国情怀。

人所尽知，广义上讲的汉字结构是寓意很深的，象形字、形声字……衍变丛生。构造分合诸多意蕴，有字形表意，直观模拟；若变异形体，常见匠心独具。还有一种整字不表意，而构造表示实义。当年哲学家冯友兰给他哲学系同事，也是好友金岳霖教授（欧阳中石的恩师）赠一寿联："何止于米，相期以茶。"乍看不知何意，悉心揣摩，"米"字由"八十八"组成，八十八岁人称"米寿"；"茶"，上面两个"十"，下为"八十八"，若相加即为一百零八，实指老人颐养天年，高寿也。这里与日常吃饭吃茶的"米""茶"一点关系也没有，说明其丰富的想象力。

早在30年前，洵著《民国篆刻艺术》对乔大壮的"物外真游""玄隐庐""始知真放在精微"进行了赏析，它不用常见的"屈曲缠绕"的缪篆风格，篆法诡谲奇巧，章法上注重变形，今日赏读，另有一番感触。

"玄隐庐"有意设白文外框及中轴线，"玄"悬而吊诡，"隐"似杂技演员走钢丝，"庐"则颀长之至。"始知真放在精微"是苏轼从经学箴言"致广大尽精微"得到的启示："你既要做这件事，一点不能含糊，一定要做到精准细致。"可以理解徐悲鸿喜用此印的艺理。

乔的朱文印"潘伯鹰印"绝不平分四字，独以"鹰"显眼，"伯"即"伯仲叔季"之伯，大也。大鹰当翱翔捷出，展翅凌空。"沈尹墨"的"沈"在捺钩处着重加了点，不悖于字理，又能独出机杼。其实，沈尹墨做过北大校长，后又久居沪上。潘伯鹰与沈尹默皆为帖学大家，潘有《中国书法简论》专著传世。1943年4月由沈子善（尉天池的书法老师）、潘伯鹰、沈尹默等发起的"中国书学研究会"在重庆中央图书馆成立，可见当时潘的声望甚高。潘殁后，后人潘受辑其生前常用印（皆20世纪上半叶印坛高手所作）成《玄隐庐录印》在新加坡印行。

回到原题，不论白文、朱文，乔的入印文字几乎字字"铁骨铮铮，圭角嶙峋"。乔大壮确实吸收了黄牧甫的光洁平正，开启了工笔一派的风尚。不同的是，乔的摹印篆与黄牧甫的不一样，"学黄不像黄"，保留了独特的个性，结字奇崛，些许剑拔弩张。学人说乔"时有豪雄之致"，这是很文雅的措辞，实则豪雄之致与"霸气"相当接近，乔大壮驾驭的度是上乘的。

诚然，寿石工评乔为"清劲一派"，唐圭璋评乔"印章奇劲"。请注意皆有"劲"字，即有力量。唐实以词学家说"奇劲"，一曰奇，二曰劲。潘伯鹰喜爱乔印，"未见有过之者也"，有些许奉承。沙孟海《印学史》云："在黄士陵之后，这一派作者，要推乔曾劬造诣最卓……自成一家面目。"在《沙邨印话》中又说："大壮饱学荣辞，篆刻用邓赵体，颐近黄牧甫，但多创意，觑幽刺怪，自成家数。为人蕴藉敛抑，不自表襮，尤不可及。余闻其名廿载，交其人亦六载，然恨之未及也。"沙先生早年曾在"中大"任职，常谋面是正常的，问题是这位行家里手窥准门道，说了别人从未说过的论证，难得。此处邓赵指邓石如与赵之谦。邓吸取汉碑额篆书风采融入印中；赵之谦初以邓法，写篆时还化入了北魏造像的笔意，起笔时多用方笔。对乔而言，他勤勉好学，以发展眼光看，不愿也不能依傍别人门户，着力追求"觑幽刺怪，自成家数"。把一切印外的金石，如石鼓文、秦诏版文、六国钱币、汉金文、汉砖瓦文等，经个人思考要有分寸地伸屈挪让，造型奇特……从其遗作中无疑看得出，乔的入印文字不是"照抄"的，而是有独特的个性，接近黄牧甫，绝不"照搬"，才能配得上"造诣最卓"。淘理解成好好"消化"然后吸收。

图3　乔大壮篆刻作品

马国权社兄《近代印人传》云："壮翁治印始自1916年，及其殁已三十三载；四十以前多不留稿，自1938年入蜀后方始拓存。"据淘所知，此前也有不少印作，应不理想并未留存而已，这也说明壮翁很严谨，吾辈能觅到的是影印本《乔大壮印蜕》，为曾克耑等人请托秦彦冲制，约在1950年，其他版本多以此谱为基础。1995年，在乔无疆与其久居武汉的夫婿吴大蜀先生协助下，《乔大壮诗集》《乔大壮词集》《乔大壮书法》《乔大壮篆刻集》相继出版，是可告慰壮翁于九泉。

撰此小文，相形见绌，对文化名宿的论述，努力贴近主线，考虑到前后呼应，因此要有必要的交代。如说在南京的中央大学，前后两次，一为篆刻，二为词学教授，此在近现代高校教育史上是罕见其俦的，足见壮翁资质之高、声望之隆。文中提及之前辈，有三分之一实为淘聆听过教诲的大家，点点滴滴不可不记。虽说琐碎，就为民国印学研究添点村夫闲话而已。谨此求教于同道诸君赐正。

甲辰年秋于金陵后潜研堂

（作者系西泠印社社员，中国书法家协会会员）

金石渊源信不虚 ①

——北京金石书画家于非闇的印学思想和篆刻艺术风格初探

邹典飞

摘要： 于非闇是20世纪著名工笔画家、书法家和篆刻家，同时还是一位以撰写随笔短论及编辑副刊为业的报人，在京城报界久享盛誉。他工于篆刻，深谙印学发展的脉络，曾在报刊中撰写专栏文章，如《治印余谈》《华萼楼论印》《华萼楼古印举》《印人自用印》《汉官印选》等，并有诸多治印心得散见于各类报刊中。随着时间的流逝，世人对于非闇的篆刻艺事逐渐变得陌生。笔者试图通过所见报刊及文献资料，钩沉这位京城金石书画家的印学思想，并分析其篆刻艺术风格。

关键词： 于非闇 篆刻 印学 汉印

一、缘起

笔者最初了解到于非闇，是在2014年埋首撰写《民国时期的北京书风》时，当时对于氏的了解，仅限于他是京城中著名的工笔画家、书法家、北京中国画院（今北京画院）副院长。此后撰写《清末民初的旧京书家于非闇》一文，探寻了于非闇的书法，其中亦涉及于氏书法与篆刻的关系。

后来，笔者有幸认识了美术研究学者沈宁先生。沈先生常年致力于徐悲鸿、常任侠、滕固、齐白石、于非闇、王青芳等近代美术人物的研究，出版过很有分量的专业著作。2023年，沈先生编成《于非闇小辑》，收录于氏1926年至1949年期间的随笔、散文，厘为《吾国之色》《书画过眼》《故都漫墨》《食货花鸟》《闲人不闲》五卷，展现出于非闇的生活经历及居京期间的见闻与心得。对于氏成就，沈宁先生评价云："然以作者耿直性情，坎坷生活，面对时弊，笔多锋芒，这种辛辣反讽之文，时触忌

图1　于非闇在北平中山公园来今雨轩
（1930年代中期）

---

① 《古学丛刊》1939年7月第3期，文篇诗录四。

图2　1936年摄于徐燕荪的住地：中南海芳华楼植秀轩，徐燕荪（左一）与张大千（左三）、于非闇（左十一）、寿石工（左十）、谢子衡（左五）、胡佩衡（左七）、蔡礼（前排右一为律师）、周元亮等画家于中南海植秀轩

讳，轻则惹讼，重且得罪。待政权交替之时，于非闇先生随时代变革而俱进，政治观点发生转变，发表文章谨而有限，且从此封尘旧作，仍以'兴废继绝'振兴传统工笔花鸟画为己任，为发扬光大中国绘画的优良传统而努力，潜心作画，笔耕不辍，以此表达对中华人民共和国的拥护与期望，并整理出版有《我怎样画工笔花鸟画》《中国画颜色的研究》两部著作，将自己多年身体力行从事研究和创作的经验，贡献社会，受美术史研究及绘画爱好者的欢迎，至今再版加印不衰。"①（图1）

《吾国之色》《书画过眼》中收录有于非闇关于篆刻的《治印余谈》《华萼楼论印》《华萼楼古印举》《印人自用印》《汉官印选》等文，内容涵盖印史、印谱、印文考订、刀法、边款、形制、印材、印泥及各家点评等，堪称一部近现代京城印人的篆刻百科全书。

于非闇篆刻在京城中有一定的名气。于氏友人、艺林同道、北京著名金石篆刻家寿石工在《杂忆当代印人得十九绝句又附录一首盖自况也》诗中有云："石涛画格瘦金书，金石渊源信不虚。别署无心疑益甫，多能天纵不关渠。"②此诗首句谈到于非闇的绘画和书法成就，第二句赞扬了他深厚的家学渊源，第三句是将于非闇与赵之谦的艺事作比对，最后一句感慨于氏的多才多艺。笔者认为寿石工与于非闇为金石同道，在艺事上堪称深知于氏者，其诗句中的"金石渊源信不虚"似可反映于非闇的印学思想和艺术风格。（图2）

二、于非闇的家学渊源及书法成就

据笔者研究，于非闇对篆刻的兴趣及其印学思想的形成离不开他深厚的家学和艺术修养，尤其是对于书法的学习，他的篆刻则深受其书法影响。于氏生于晚清，活跃于民国，他自幼深受旧京书风、印风的影响。在篆刻上，他践行了"书从印入""印从书出""印外求印"的艺术创作理念，体现出民国时期京城印坛的主流创作思路。于非闇对于书法和绘画的学习逐渐深入，也最终使他将篆刻逐渐从书画中剥离出来，实现了从"自视甚高"③到"等到年岁越久，见闻越多，越觉相差太远，从此不刻，未尝不是藏拙之道"的转变，最后他还请专业印人代为治印。因此来说，随着年龄的增长，见闻越多，于非闇逐渐认识到了自身的不足。总之，于非闇对篆刻的理解有自己的独到之

① 沈宁《于非闇先生的写作生涯》，《北京文史》2023年第4期，第145页。
② 《古学丛刊》1939年7月第3期，文篇诗录四。
③ 于非闇著，沈宁编注《闲人不闲》，文津出版社2023年版，第183页。

处，亦可见其对篆刻艺术的孜孜以求。

（一）家学渊源

于非闇（1889—1959），原名魁照，后改名照，字仰枢，别署非厂（一作非闇），笔名闲人等，室名花萼楼、玉山砚斋，北京人，祖籍山东登州蓬莱。1904年考入公立第二小学高级班，毕业后又考入满蒙高等学堂。后任《晨报》《新民报》等文艺副刊编辑。1937年任古物陈列所创办"国画研究馆"导师，后任第二次全国美术展览会审阅委员。1952年任北京中国画研究会副会长。1954年任中央美术学院民族美术研究所（今中国艺术研究院）研究员。1957年任北京中国画院（今北京画院）副院长。

于非闇祖籍山东，生于北京，他自称从曾祖起已四代居京，以教书为业。时至今日，世人仅知于非闇是中国近现代著名的花鸟画家，而其生平和事迹大多语焉不详。其父属内务府旗籍汉姓人[①]。其母及夫人均为清宗室，姓爱新觉罗。据于氏回忆，其家族经历了"庚子兵变""辛亥革命""壬午兵变"后逐渐衰落，昔日的纨绔子弟不得已变成了一位报人和职业艺术家，故民国后他自嘲为逸民。民国时期，于非闇以精擅工笔画称著于世，并以撰写随笔短论及编辑副刊为业。据沈宁先生考证，于氏自20世纪20年代中期在《晨报》担任副刊编辑时发表"非闇漫墨"，都门"钓鱼""艺兰""豢鸽""蟋蟀"后一发不可收拾，又相继在《新晨报》《北平晨报》《实报》《京报》《华北日报》《新北京报》《新民报》《北平日报》《星期画报》《日曜画报》《北晨画刊》《华北画刊》《湖社月刊》《一四七画报》《大公报》《益世报》发表各类文章。于非闇的文章文白相间，亦庄亦谐，且京味儿十足，满足了各阶层读者的需求，堪称雅俗共赏之作。因此他得以在北平报界久享盛誉，也使其成为民国时期京派文士的代表人物之一。

于非闇工于绘事，曾得画师王润暄传授绘画技艺，师从齐白石学习书画篆刻，并接受赵梦朱、张大千指点，专攻工笔花鸟画创作。另据沈宁先生考证，这还源于他深厚的家学，于氏擅长的很多技艺均得自家传，如鉴藏法帖、书画、古墨、印谱、缂丝、颜料等，从他的随笔文章中即可品味出这是一位长期浸染于士族家庭的子弟生活写照。而且他交友广泛，除与张恨水、徐凌霄、徐一士、齐如山、陈慎言、金受申、张次溪、王柱宇、傅芸子等报界名流往还之外，还与陈师曾、溥心畬、叶恭绰、周肇祥、徐操、黄宾虹、寿石工、王青芳等京城书画界名流为挚友，活跃于京城中各类书画雅集活动之中。

（二）书法成就

于非闇书法在民国时期的京城也颇具影响力。他不仅擅长瘦金书，且楷、行、草、隶、篆诸体无不精通，还在各类报刊中开设专栏探讨书法的学习。对于自己的书学经历，1940年，他在《新北京报》撰《学书用笔法》，文中谈道："予学书在韶年，初学《多宝塔》，稍进，学《麻姑仙坛记》，二者皆颜真卿书。小楷则学《乐毅论》。其时先王父喜蓄碑版，督尤严。先曾祖素工书，与江南徐进之先生友善（先生工书，《国朝书人辑略》有传），喜予颖悟，辄授笔法。寒家藏古帖，

[①] 笔者按，于非闇之父于文森（？—1926），字质卿，祖上均姓于，清代入内务府，应属内务府旗籍汉姓人。

虽遇庚子兵燹，帖与书独瓦全，予则窃学赵文敏孟频书，喜其姿媚，先君子时呵止之。先王父则授以《画禅室随笔》卷一使熟读。《画禅室随笔》卷一者，为董文敏其昌所论书也，独推崇米南宫，贬抑赵文敏。自是始有悟，不窃窃学。稍长，先君子以安刻《书谱》授使临写。先君子善草书，尤工怀素《自叙》，能背书其全文，与原帖对勘，点画乃无一笔讹误。由是始渐窥书之门径。自是习篆分，篆以《石鼓文》入，分则《礼器碑》也。自先君子弃养，顿失严父严师，误中世俗之论，以怪丑自高。予幼而习，长而受祖若父之教者，凡一扫而空之，歧途误入，迄今为恨。予既自误，幸而有所悟，则吾为文以谈书法，要不敢不慎审，非所以矫世，聊以志吾之不肖耳。"①从中可知于氏习书深受家学影响，楷书最初师法颜真卿，曾学习过《多宝塔碑》《麻姑仙坛记》，小楷则摹王羲之《乐毅论》，后一度喜临赵孟频书法，由于父亲的反对，他才放弃了对赵体的学习。由于其父擅长草书，尤工怀素《自叙帖》，因此于非闇很早即涉猎草书，最初取法孙过庭《书谱》。他还曾学习过篆书和隶书，篆书取法《石鼓文》，隶书则师法《礼器碑》。

1939年，于非闇在《新北京报》撰《写字》一文，谈道："我自幼小，即喜欢写字，写字在现在，人们觉得无关紧要，我却认为这是当前一个亟待提倡的……书法一道，自高谈汉魏六朝，这原意是要打倒馆阁体，我首先上了一当，很写了些南北碑，幸而我觉悟得早，急流勇退，算是把狂怪给祛了。我自写黄庭坚，写《曹娥碑》，写《书谱》，写《石鼓文》，到现在我见的晋唐人书，我目中有神，腕下有鬼，不过晋唐人的味道，我觉得实在隽永……"②此段记述，除前文提到的师法对象外，还提及曾学习过南北碑版和黄庭坚。

1940年，于非闇在《新北京报》撰《为初学书画答某读者》一文中进一步提出了他的书学主张："初学书法，最妥当是从唐人入手。唐人书且不要学颜柳（颜真卿、柳公权），要从褚遂良学起，因为他的书，最有法度，可以上窥'二王'，下启元明，这是第一步的功夫。在褚的字迹，有同洲、雁塔两《圣教序》，中华、有正两书局均有影印本。"③从此段记述中可了解，于氏认为学习楷书应标榜唐人，习唐应从褚遂良入手，因褚字"最有法度，可以上窥二王，下启元明"，这也为他书写瘦金书奠定了坚实的基础。

对于瘦金书，于非闇是有深入研究的。1939年，他在《新北京报》撰《谈瘦金书》一文，其中有《谈瘦金书》（五则），对此进行过系统的梳理和总结："宋徽宗瘦金书，按《画史会要》云：'初学薛稷（唐时人），变其法度，自号瘦金。'……我觉得书史所说与薛稷书虽有些相像，但总不如直称徽宗是学的薛曜。因为薛曜所书，是在登封县的石淙……薛少保稷书，就传世各本，均与瘦金书不类。薛汾阴曜所书，则独与瘦金为近……徽宗瘦金书，据我所知，书于大观时（大观元年徽宗二十六岁），劲逸瘦峭（见所印《八行诏碑》……），至政和则加圆润（见《御鹰图》题识），宣和时则与虞永兴为近（见《训子图》题识……）。书凡三变，不可不知……"④（图3、图4、图5）

对于后世师法瘦金书者，他在《为初学书画答某读者》中谈道："自宋徽宗瘦金书行，效其体

---

① 于非闇著，沈宁编注《吾国之色》，文津出版社2023年版，第184—185页。

② 于非闇著，沈宁编注《吾国之色》，文津出版社2023年版，第144—145页。

③ 于非闇著，沈宁编注《吾国之色》，文津出版社2023年版，第167页。

④ 于非闇著，沈宁编注《吾国之色》，文津出版社2023年版，第148—149页。

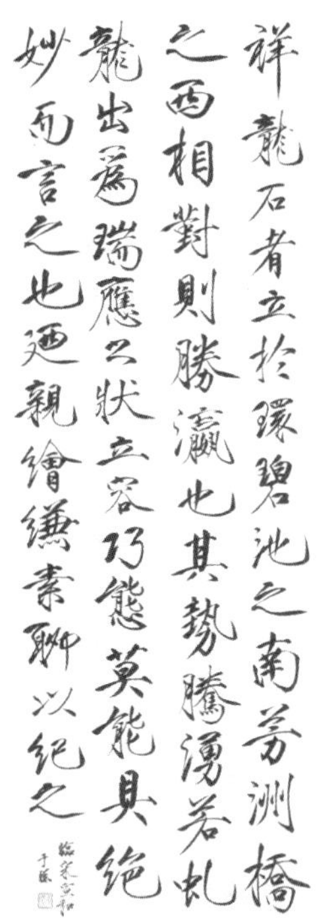

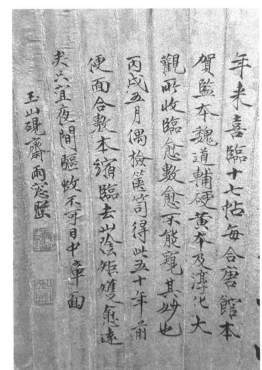

图3 于非闇瘦金书
临《宋徽宗祥龙石图
题字》

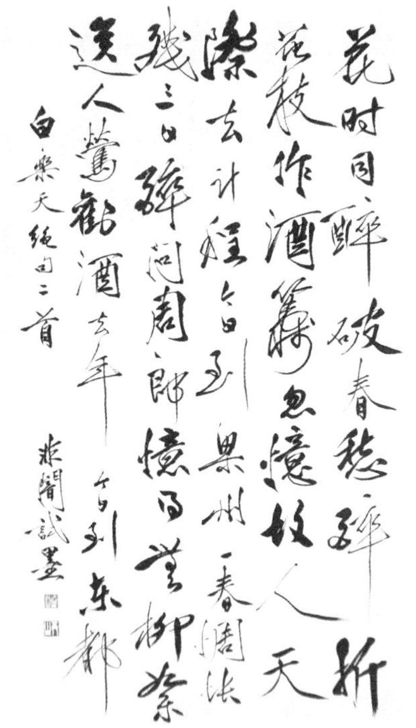

图4 于非闇瘦金书《白乐天绝句
二首》

图5 于非闇瘦金书题跋

者有金章宗。章宗学瘦金书，直可乱真……自后学瘦金书者无人。或谓倪云林、陈老莲，是从瘦金书来，也有些相像，大概学他的书，总不是贸然就写起来。"①于非闇在《谈瘦金书》中记："宋徽宗瘦金书，在书法上，不能算是重要的体裁……不想近十几年来，苏州有吴湖帆君学瘦金书，北方在卢沟桥事变前，有庄严君学瘦金书，此二君者，以吴为佳，庄太拘，气欠开展。我学瘦金书在十年前，因为见得比较多一点，我又不去一点一拂地去死学它，所以迄今尚未至于神似，不过用它来题题画，比较写颜写柳，在花鸟画上较为调和些罢了。不想，竟有许多人对于瘦金书感觉兴味，要研究，投函见询，有没有瘦金书的碑帖。同时实报社的侯少君君，也感觉有人问此书，而要我来答复。孰意宋徽宗这笔瘦金书，到如今，竟走起死运来！呜呼！噫嘻！"②他还坦言："我学写宋徽宗瘦金书，是在'九一八'的第二年，那时我母亲年岁高，我又穷，已感觉到故都的不妥，但没有法逃避，只好为母亲而蹲在故都。那时所得的瘦金书，只有大观二年的《八行诏旨碑》一部帖……后来我又得了部《神霄玉清万寿宫碑》，是徽宗的精品，此外参酌故宫博物院古物陈列所所藏的瘦金书墨迹和《祥龙石图》等……到了'七七'之后，我得了薛曜所书《石淙诗序》，才明白徽宗是在学他，而不仅是薛稷。我瘦金书又变了样，不死学徽宗……一来是我画工笔花鸟，用这种字题上去，比较调和。这是我的动机。实际宋徽宗的字，他并没有写成功，他只是学褚遂良，学薛稷，学薛曜，尤其是薛曜的那部《石淙诗序》，我们与其研究瘦金书，不如研究这部东西，较为佳

---

① 于非闇著，沈宁编注《吾国之色》，文津出版社2023年版，第149页。
② 于非闇著，沈宁编注《吾国之色》，文津出版社2023年版，第152—153页。

妙。"①这也是于非闇学习瘦金书的心得体会，最初选择瘦金书只是为了配合他的工笔花鸟画，而后竟然越写越好，逐渐成为他的主体创作风格。笔者认为于非闇瘦金书法是比较有特色的，他能客观地看待前人对瘦金书的理解，追本溯源，主张从唐薛曜学起，以褚体楷书之体势，巧妙融入瘦金书之笔法，以自身绝高的领悟力完成了对此体的再创新，打造出带有皇家血脉的瘦金体。晚年于非闇的瘦金书法更是出神入化，可以自由地书写，用笔也随意自然。总之，于非闇瘦金书的妙处在于这种字体题于其所作花鸟画之上，使整幅画作相得益彰，雕青嵌绿，神采飞扬，而且即使以这种书法进行独立创作，也能展现出于氏独有的艺术风格和学者胸襟。于非闇瘦金书堪称上承宋徽宗瘦金书之余续，兼取金章宗瘦金书之神髓，是近代瘦金书法家中之集大成者。

此外，于非闇还擅长书写篆书。1936年，他在《北平晨报》撰《论篆书》一文谈及："时吾得包安吴、康长素所为执笔之说，先大人又督吾为万毫齐力之法，虽限于天，绌于力，未即于小成，而所谓篆籀之法，则心焉识之，有时且奔赴腕底矣……自唐以来篆法，至邓石如而始变，自石如迄窹斋以至吴昌硕，其折转一遵邓法，未尝变也。殷墟甲骨出，以刀锲字，折转皆方，当代作家，群相摹拟，即丁君佛言亦不能免焉，是岂所谓艺术有时代性者耶？自佛言死，吾乡之工篆籀者莫能继……满洲金息侯先生，写篆籀一遵古法而时出新意，其所论篆籀有天圆地方之说，吾既采入拙作历代书法史中。"②从此段书论中可知，于非闇深谙篆书发展的源流，且有自己独立的思考，这也展现出清末民初京城士人对篆书理解的一些新意。（图6、图7）

于非闇对书法的学习和研究，为其篆刻取法提供了深厚的根基和广阔的视野，促成了于氏践行

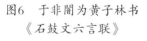

图6　于非闇为黄子林书
《石鼓文六言联》

图7　于非闇草书《临怀素自叙帖》

---

① 于非闇著，沈宁编注《吾国之色》，文津出版社2023年版，第154—157页。
② 于非闇著，沈宁编注《吾国之色》，文津出版社2023年版，第138页。

"印从书出""印外求印"的印学主张。同样对于书法而言，于非闇还将自己的篆刻刀法融入笔法之中，作书体现出"书从印入"的创作理念。因此于氏的书法与篆刻是相辅相成、相互促进的。

三、于非闇的印学思想及篆刻艺术风格

（一）于非闇的印学思想

1.受家藏资料的影响

对于篆刻，于非闇幼承家学。据他自己讲"寒家藏印谱独多"①。1927年，于氏在《新民报》撰《治印余谈》一文追忆："吾家曩藏玺符钵印之文，都两巨册，上起姬周，下迄嘉道，为都下某闻人物，庚子兵燹，先大父得自市贩者。大父嗜古，得宋明以来印复至夥，吾与弟心厂遂得纵观，粗识涯略。戊申岁，家物遭散失，两册及诸印，乃不得不随之去，吾与弟仍力治之，期与古合，今已十年矣。吾之拙，乃不能自秘，辄书其治印之緐，而以治印之余，中心有所不能隐者……"②1948年，他在《北平日报》上撰《学刻图章》（上）一文记："刻印，自小即好弄刀摹仿，因为我家有几方明朝何雪渔、文三桥、胡正言和'西泠八家'丁龙泓、黄小松、赵次闲的图章，并有几部印谱。我不但能刻石头的图章，我还能刻木头的戳记，我因为用刀劈杜木，曾把左手食指斫伤，深至骨，迄今留有瘢痕，这是我十五岁时的故事。"③1939年，他在《新北京报》撰《谈刻印》（三则）一文记："我自幼年即好刻印，所以搜集了好些古铜印、牙印、石印和不少印谱，友人知我所好，也往往拿不经见的东西见示，见得越多，越觉得刻印之学难工，我很想把明清两代印人，由纵的方面，作一个有系统的叙述……"④可见于非闇对篆刻的兴趣最初与其家藏有着密切的联系。（图8、图9）

1930年，于非闇在《京报》撰有《古玺印选》序，其中谈及："吾家初颇小有搜集，丁家难，顷刻都尽……幸吾节缩之余，从事搜集，积十年，始偿吾好，吾得以从事探讨。吾知世之同好而苦

图8　于非闇《治印余谈》题端　　　图9　于非闇刻"治印余谈"印

---

① 于非闇著，沈宁编注《书画过眼》，文津出版社2023年版，第494页。
② 于非闇著，沈宁编注《吾国之色》，文津出版社2023年版，第7页。
③ 于非闇著，沈宁编注《闲人不闲》，文津出版社2023年版，第182页。
④ 于非闇著，沈宁编注《吾国之色》，文津出版社2023年版，第112页。

于力不足以致之者，固大有人在；吾因之有《古玺印选》之辑……吾自幼年，幸不为纨绔所中。及长，快然入于平民生活，迄今二十余年，所见所闻所交接，其为力皆与吾等，其小于吾，所知后于吾者，尤苦于无力以买书，吾之书虽遍假之，乃又供于此而绌于彼，吾集诸家谱录，择其尤精者，选辑之，考其官制地里，释其文字，著其年代，迄三代，终东晋，都一百余品，凡潍县陈氏、海丰吴氏、溧阳陶氏、闽陈氏、上虞罗氏，以及明清以来各谱录之为吾所见且所有者咸备。意谓有是选，而诸谱可不读；有是选，而诸谱之精英胥在也。"[①]于非闇早年的家藏资料虽经变乱遗失殆尽，但这些资料为于氏最初的篆刻学习提供了帮助，而且他并未因此挫折而对篆刻失去兴趣，反而随着年龄的增长，持续从事收藏古玺印、印谱，还通过借阅、刊载所见印学资料，开阔自己的眼界，并将所见所学运用到篆刻实践当中，可见家藏资料对于非闇的篆刻学习影响至深。（图10至图17）

图10 于非闇之弟于心厂刻"花萼楼"印并附于非闇点评

图11 《花萼楼古玺印选》之五

图12 《花萼楼印选》所录秦印

图13 《花萼楼印选》所录汉官印

图14 《花萼楼印选》所录汉官印

图15 《花萼楼印选》所录秦印

图16 花萼楼藏汉鄌坞瓦当

图17 花萼楼藏瓦

① 据沈宁老师考证，此《古玺印选》似乎并未刊行，仅能从《北晨画报》上刊载的《花萼楼古玺印选》中窥见一斑。于非闇著，沈宁编注《书画过眼》，文津出版社2023年版，第609—610页。

2. 对于印学史的研究

于非闇对于篆刻的喜好，不仅限于收藏印谱和实物资料，他还将所见的资料进行了一定的整理和研究，并撰写出一系列的印学文章，这些文章凝聚了于氏对篆刻艺术的思考。如1927年他在《晨报》撰《非厂谈印》一文谈道："印之制，始于商周。秦汉变为符玺章印，方圆屈曲，蔚然之盛。唐宋而后，随意屈折，古制大坏。元明诸子，摹拟古法，刀法以传，寿丞、雪渔之徒，遂继松雪、吾衍而膺开继之功矣。乾嘉之际，承平日久，物力丰盈，非特经术文章，凌轹前代，即摹印之技，亦已直窥秦汉，蔚为大观。考古之学盛，于是乎发见多，辨析摹拟，自精博也。闲尝考之载籍，图谱之制，创自赵宋，曰图、曰谱、曰集、日举……以吾所见，已不下百十种：或考形制，或详规格，或传印人，或举所集，精审赅博，直与金石碑碣、龟契陶范之属，并为世重，吾人何幸而丁兹盛世耶！有清一代，摹印最精者，以吾所知，乃有百五十人，吾囿于所见者寡，已觉超越前代，约而举之，概分三派：黄凤六、汪秀峰、汪汉臣辈，上承文（寿丞）、何（雪渔），力排纤巧，邓完白实集其大成，慎伯、让之诸贤继之，银钩铁画，古趣盎然，谥之曰'徽派'。钱塘钝丁（丁敬），以古朴雄强之资，苍劲峭折，于秦汉诸家，不当在弟子之列。黄秋盦、陈曼生、陈秋堂、奚铁生、赵次闲、蒋山堂、钱叔盖继承其学，各有专□，取法益严，制作愈密，号称'八家'，蔚为'浙派'。宋比玉以汉分入印，格制独开，赵悲庵以秦诏取神，古茂特著，世以'莆田派'称之。迨及光宣，闻人辈出，规秦抚汉，要无脱三派藩篱。而安吉缶老（吴昌硕），博采兼收，巍然为举世领袖焉。"①

于非闇在《谈治印》（三则）中谈道："以石治印者，相传始于元初，至王元章以花乳石刻印，始著于世。元人刻印，以朱文为胜，白文务为闲旷，气势较弱。明人刻印，独追秦汉，何（雪渔）、文（三桥）之外，不乏名手。要皆务为闲雅，不事犷悍。降至清初，此风未歇。自丁黄（丁敬、黄易）继起，号称浙派，刀锋笔意，跃然楮上，于是有所谓'西泠八家'者，治印之敝，乃在于纯任刀锋，去古渐远矣。邓氏完白出其篆隶之法，入于摹印，吴让之继之，号称'徽派'，至其敝乃流为纤巧，鲜雄浑之气。同治初，有赵撝叔（之谦）者，折中二派，以雄伟胜。光绪初有黄士陵（穆父）者，又合赵、邓二氏之法，而参以汉官印。清末则吴昌硕（俊卿）独以拙厚胜，此自元以来治印者之大略也。"②

通过以上两段资料可知，于非闇深谙印学的发展脉络，他梳理了从商周至清代印章的演变过程及元明清三代涌现出的著名印人。在诸多印林前贤中，他标榜赵之谦、吴昌硕、黄牧甫的篆刻风格，尤喜赵、吴印风中的"古茂""雄伟""拙厚"，这种艺术审美主张与于氏的篆刻取法是一脉相承的。

1927年至1928年间，于非闇还在《晨报》撰有"治印余谈"专栏，其中谈及："治印之道，易学而难工，握刀划石，不得谓非治印；而兀兀毕生，有不能入秦汉之林者，又安得以雕虫小之哉！'西泠八家'之外，咸同间盛推赵仲穆（即本报治《红楼》《西厢》印玩者），而王冰铁（大炘）、吴缶庐又皆以治印名，吾均获观其所作。吾以为自雪渔而后，四百年来，仅丁（敬）、黄

---

① 于非闇著，沈宁编注《吾国之色》，文津出版社2023年版，第3—4页。
② 于非闇著，沈宁编注《吾国之色》，文津出版社2023年版，第115页。

（易）、王（大炘）、吴（俊卿）独与古会耳……"①于非闇认为治印的正道应"入秦汉之林"，这也就是前贤印人尊奉的"印宗秦汉"的主张。于氏受京城篆刻时风影响，深谙清人吴先声倡导的"印之宗汉也，如诗之宗唐，字之宗晋"②的道理。因此来看，于非闇认为学习篆刻首要的是"印宗秦汉"，汉印无论是在规模、形制还是艺术上均十分成熟，也是前代印人师法的典范。他在《花萼楼论印》《花萼楼古印举》《汉官印选》中对公私汉印，甚至是少数民族印和吉语印都做过详细的介绍和阐释。通过于氏其他印学文章来看，他主张治印师法汉印、封泥，还要对赵之谦、吴昌硕、黄牧甫的印风进行借鉴，从而践行"书从印入""印从书出""印为求印"的篆刻创作理念。

3. 印学师承

谈到于非闇的篆刻，除受家学影响外，还值得一提的就是他的印学师承。通过阅读于氏的印学文章可知，在篆刻学习上，他真正求教过的老师有两位：吴昌硕和齐白石。

吴昌硕、齐白石是清末民初艺坛中的全才人物，他们均精通诗书画印，在艺坛中具有不可磨灭的地位。尤其是二人的篆刻，以卓绝的艺术创造力和鲜明的个人风貌，成为那一时期印坛中最具影响力的人物。于非闇幸运地与他们生活在同一时代，并得吴、齐两位老师亲炙，对于他们之间的交往，从于氏的文章中可以窥见一二。

于非闇在《谈刻印》（三则）中记："自吴昌硕以《石鼓文》入印，六十而后，益趋粗犷。在吴个人，不得谓非其艺术之成功，继兹而后，群辄怪丑，风尚所趋，莫知底止。这很像同光以来的书法，群尚南北碑，至其敝则刀剟石渤，咸入笔法，而以书法名家者，总不若馆阁诸人，笔法娴雅，为人宝爱。昌硕先生为我之世丈，我家还有他几方刻印，似不应如是持论。不过我就刻印史上来说，不得不由先生说起。"③

1927年，于非闇在《晨报》撰《吴昌硕书法篆刻》一文，记："吾于晚近得两大艺术家，一则陈君师曾（衡恪），一则安吉吴缶老也。缶老名俊卿，字仓石，国变后更仓石为昌硕，以字行。书画、篆刻都能蔚然成家，神与古会。吾儿时曾两谒先生，先生召我以作篆之法，今忽忽廿余年矣。先生书法以篆为第一，行草尤饶奇趣。以书法作画，笔墨纵横，得无法之法，结构尤奇，往往出人意表，非一味狂涂横抹也。先生早年力追㧑叔，及其既得，遂别有所会，成一家法，蔚为风习。先生治印，一以秦汉为法，早年即蜚声艺林，为人所重。中年之后，益复恣肆，所治印置秦汉印集中，几莫辨，是真能挹秦汉之精英者。晚年苍老古拙，尤多逸趣。时人谓先生篆刻，直接斯翁，非过谀也。吾于印篆，尚未足以跻垣墙，于先生所作，窃以为七十以前，精诸古朴，直可俯视西泠各家。自是以后，运刀过肆，往往失之粗犷；然而世之学先生者，辄效其所肆，曰我摹缶庐也，曰缶庐之所作，高古若此也。"④

通过以上两段资料中提及的"昌硕先生为我之世丈""吾儿时曾两谒先生，先生召我以作篆之法"可知，于非闇的长辈与吴昌硕为世交，故此于氏得以当面请教吴先生，此段经历对于非闇的篆刻学习影响至深。得名师指点，也奠定了于氏篆刻终非凡品，更为可贵的是他能相对客观地评价和

---

① 于非闇著，沈宁编注《吾国之色》，文津出版社2023年版，第16页。

② （清）吴先声《敦好堂论印》，《中国印论类编》，荣宝斋出版社2010年版，第977页。

③ 于非闇著，沈宁编注《吾国之色》，文津出版社2023年版，第111—112页。

④ 于非闇著，沈宁编注《书画过眼》，文津出版社2023年版，第15页，

分析吴昌硕的书法篆刻成就，以弟子的眼光提炼出吴氏印风中"古拙"和"高古"的特点，且对这种印风有深度的借鉴，此种风格也奠定了于非闇篆刻的审美取向。

1957年9月，于非闇在《人民日报》撰《白石师精神不死》一文，其中提及："我作齐老师的学生，是从1928年起始的。……齐老师怜我之穷，倾心教我刻图章，教我在生宣纸上渲染雪景的方法。他老人家既不要我报酬，还送我许多印谱、印泥。他不但不反对我不去学他刻印风格，而且他还鼓励我在传统的基础上自创自己的风格。"①

1928年，于非闇拜齐白石为师，学习书画和篆刻，但他在文中坦言道："他不但不反对我不去学他刻印风格，而且他还鼓励我在传统的基础上自创自己的风格。"因此可以说于非闇没有直接取法"齐派"篆刻，也未承袭"齐派"的刀法和章法，而是广泛涉猎古玺、汉印、封泥、汉砖、元朱文等篆刻资料。但他对白石老人的艺术创造精神有所领悟。笔者曾撰有《师法众家 别开生面——试论齐白石篆刻对赵之谦、吴昌硕、黄牧甫印风的借鉴》②一文，文中谈及白石老人对赵、吴、黄三家印风的学习，但齐白石本人除承认师法赵之谦外，对吴、黄两家的篆刻学习讳莫如深，一向以融古出新为傲。而师从于齐白石的于非闇，他深谙篆刻发展史，且他的友人中也有许多为吴昌硕、黄牧甫的弟子，因此他对白石老人如何师法赵之谦、吴昌硕、黄牧甫三家印风应了然于胸，也是基于此他避开了学习"齐派"印风的表象，直接师法白石老人的艺术创造精神。

从于非闇的师承来看，他的篆刻取法吴昌硕印风的"高古""古拙"，对齐白石篆刻方法有所领悟，通过对赵之谦、吴昌硕、黄牧甫、三家印风的借鉴，转而上溯汉印，因此吴昌硕印风、齐白石印风对于非闇篆刻的影响也是很深的。

（二）于非闇的篆刻实践和篆刻理念

1. 于非闇的篆刻实践

目前笔者所见于非闇的篆刻作品相对有限，收录于氏篆刻的书籍及文章有：马国权著《近代印人传》③、孙洵著《民国篆刻艺术》④、《京华篆刻家作品选》⑤、《故宫藏名家篆刻集粹》⑥、《日中名家刻印选》⑦、《二十世纪篆刻名家作品选》⑧及林夏瀚撰《方寸之间见修养：于非闇的印学实践》⑨。

除以上资料外，沈宁老师为我提供了一些民国报刊刊载及拍卖行中所见的于非闇篆刻作品。关于于非闇篆刻的印谱，笔者还请教了著名印谱收藏家林章松先生，林先生一生致力于印谱的庋藏，

① 于非闇《白石师精神不死》，《人民日报》1957年9月22日。
② 邹典飞《师法众家 别开生面——试论齐白石篆刻对赵之谦、吴昌硕、黄牧甫印风的借鉴》，《齐白石研究》第九辑，广西师范大学出版社2021年版。
③ 马国权《近代印人传》，上海书画出版社1998年版，第239—241页。
④ 孙洵《民国篆刻艺术》，江苏美术出版社1994年版，第94页。
⑤ 北京市书法家协会《京华篆刻家作品选》，北京体育大学出版社2002年版，第52页。
⑥ 方斌、郭玉海、卢岩《故宫藏名家篆刻集粹》，故宫出版社2017年版，第658—667页。
⑦ 日本篆刻家协会《日中名家刻印选》，艺术新闻社2009年版，第247页。
⑧ 晋文、高翔《二十世纪篆刻名家作品选》，人民美术出版社2001年版，第175—176页。
⑨ 林夏瀚《方寸之间见修养：于非闇的印学实践》，《西泠艺丛》2022年第8期。

但他说未曾见过于非闇篆刻印谱的钤印本和刊行本。笔者亦请教了北京画院的一些院史研究者，他们称北京画院也未收藏有于非闇（于非闇曾任北京中国画院副院长）印谱的钤印本。

由于缺乏于非闇篆刻的边款及具体记录于氏篆刻艺术创作时间的文章，因此笔者只能通过所见诸印来整体分析于氏的篆刻风格。就目前所见作品来看，于非闇篆刻的白文印以师法汉印为主，亦借鉴赵之谦等流派印风及仿魏晋凿印、古玺印者。"再生""闲人长年""于照私印""于照之印""蓬莱于照""诗情画意""许蕙""第祺"诸印似乎取法相对纯粹的汉印风格，其中亦有对空间的艺术化设计，但整体风貌还是以汉印为主体，"第祺"印是仿汉四灵印。"燕北渔人""海燕楼""箓猗馆印""胡衡所作""于琛""双照""赵贵铮印""子林藏名人书画""宴池启南夫妇书画印""湖滨补读庐主""曾经子林审定"则以汉印为基础，借鉴赵之谦等流派印风者，其中凝聚了于氏对篆刻的巧思，他大胆地将印文重组，突出了汉印文字的书写性及对空间的布局运用。"箓猗馆印""赵贵铮印"风格颇似清人徐三庚，带有徐氏印风的诸多特点。白文印还有一方边款提及仿魏晋凿印"与善人交与世无争与人无忤"及仿古玺印"寿氏"。（图18至38）

于非闇篆刻的朱文印目前可见有师法古玺、汉铜印、封泥、汉砖、元朱文等者。其创作的封泥、汉砖印有些是明显借鉴吴昌硕印风者。"于非盦""叔岩""中方"为师法汉印，"于非盦"仿汉印中的四灵印；"叔岩"印边款记仿秦玺，但取字为缪篆，亦为汉铜印设计法；"中方"印为

图18　于非闇刻"燕北渔人"印　图19　于非闇刻"闲人长年"印　图20　于非闇刻"再生"印　图21　于非闇刻"于照私印"印　图22　于非闇刻"于照之印"印

图23　于非闇刻"蓬莱于照"印　图24　于非闇刻"诗情画意"印　图25　于非闇刻"许蕙""中方"印　图26　于非闇刻"第祺"印

图27 于非闇刻"海燕楼"印　　图28 于非闇刻"蒹葭馆印"印　　图29 于非闇刻"胡衡所作"印　　图30 于非闇刻"于琛"印

图31 于非闇刻"双照"印　　图32 于非闇刻"胡贵铮印"印　　图34 于非闇刻"湖滨补读庐主"印　　图34 于非闇刻"宴池启南夫妇书画印"印

图35 于非闇刻"子林藏名人书画"印　　图36 于非闇刻"曾经子林审定"印　　图37 于非闇刻"与善人交与世无争与人无忤"印　　图38 于非闇刻"士光之玺""寿氏"印

337

纯取法汉铜印者。"士光之玺""北平一民""孙章""竹树绕吾庐""江南杨仲子""一瓢道人""曹伯庸""鹤翘"取法封泥，"士光之玺"取字为大篆，但对边栏的处理源于封泥，因此整体看还是师法封泥之作。"北平一民""孙章""竹树绕吾庐""江南杨仲子""一瓢道人""非闇"取封泥印式，但刻法相对单调。"曹伯庸""鹤翘"明显受到吴昌硕印风影响，于非闇此两印很好地借助了边栏，对印面进行虚化处理，体现出于氏封泥印风格的特点。"非盦字仰枢一字苦铁""任公五十六岁作""虚心无想"三印为取法汉砖者，"非盦字仰枢一字苦铁"整体排列相对生硬，取法汉砖，但排列略显呆板。"任公五十六岁作""虚心无想"二印亦是借鉴吴昌硕印风者，整体虚实对比强烈，取字古朴凝重，带有明显的缶老印风特点。"壮夫不为"印为于非闇仿元朱文者。（图39至51）

　　总体来看，于非闇篆刻中的白文印以师法汉印为主体，亦有借鉴赵之谦等流派印风及仿魏晋凿印、古玺印者。朱文印目前可见主要有师法古玺、汉铜印、封泥、汉砖者，其中一些作品明显受到

图39　于非闇刻"于非盦"印

图40　于非闇刻"北平一民""孙章"印

图41　于非闇刻"叔岩"印

图42　于非闇刻"竹树绕吾庐"印

图43　于非闇刻"江南杨仲子"印

图44　于非厂刻"一瓢道人"印

图45　于非闇刻"非闇"印

图46　于非闇刻"曹伯庸"印

图47 于非闇刻"鹤翘"印

图48 于非闇刻"非盦字仰枢一字苦铁"印

图49 于非闇刻"任公五十六岁作"印

图50 于非闇刻"虚心无想"印

吴昌硕印风的影响。诚然，于非闇一些篆刻的设计也有参照黄牧甫印风的痕迹，但其篆刻对流派印风的汲取还是以赵之谦、吴昌硕两家为主。于非闇朱文篆刻中还有一方元朱文印，这种风格与于氏的篆刻主体创作思路有一定的距离。（图51）

图51 于非闇刻"壮夫不为"印

1948年2月21日，于非闇在《北平日报》发表《学刻图章》（上）一文，他在文中说："自民国十五年之后，专一研究汉魏的古铜印和封泥。对于汉以前的古玺印，自认为难于学步。自民国二十年'九一八'之后，亲老家贫，不能逃避，乃改习瘦金书，研究勾勒画法，刻印之朱文封泥，已不适于自用，于是请王福厂、张樾丞诸君为我治朱文印。我所刻的朱文印，也改为融合赵松雪（孟頫）、邓完白（琰）为一，以整洁圆润为尚，白文则仍由赵挢叔上溯汉魏，单刀拟凿印，双刀拟铸印，于整齐中求瑰丽，平正中求流动，以迄卢沟事变。"①通过上文可知，1931年后于非闇因所刻朱文印不适于自用，请王福厂、张樾丞等篆刻名家治印，他自己刻的朱文印则改为融合赵孟頫、邓石如风格之作，白文印则由赵之谦上溯汉魏，单刀拟凿印，双刀拟铸印。

同年2月23日，于非闇在《北平日报》刊发《学刻图章》（下），文中亦谈及："我即沦陷，以艺为生，但那时刻印……又日本人姓名，尤不愿为之奏刀，所以自民国二十七年之后，即托言目力已花，不克奏刀，把润例撤销，自是亦不留印痕。今逾十年，只自用的刻过几方，朋友泰半方命。我刻印，初颇自视甚高，等到年岁越久，见闻越多，越觉相差太远，从此不刻，未尝不是藏拙之道，这和我画画一样，越画越觉不是，初画山水，不行，改画写意花卉，又不行，改画勾勒。加上我养虫玩鸟的所得，仍然不行。我知艺术是最难于达到上乘的，所以我曾刻了一块图章，文是"画又次之"，朋友们以为是文第一，书次之，画又次之；又说书第一，刻印次之，画又次之。其实我自己知道自己，我是吃第一（我有'只好吃饭'一块图章），玩次之（玩花、玩鸟、玩虫、玩狗），画又次之，刻印简直谈不上。因为我到现在，活了六十岁，而我只能勉强刻白文印，朱文

① 于非闇著，沈宁编注《闲人不闲》，文津出版社2023年版，第182页。

印，我实在没有把握，何况又生疏了这多年！"①从这段记述中可品读出，于非闇曾悬有印润，北平沦陷后，他以自己目力不足为由不再鬻印，只为自己刻过几方印。1948年，于非闇对篆刻之道的探索开始有些迷茫，他所喜好的"朱文封泥"风格与其所作"瘦金书""勾勒画法"略显违和，于氏虽尝试改变印风，但受国事日蹙、钻研绘画书法、年龄增大等多重因素的影响，感慨"从此不刻，未尝不是藏拙之道"。因此可以推断，此后于非闇可能很少治印了，于氏从少年至近耳顺之年对篆刻之道孜孜以求，最终因诸多因素的影响，而逐渐鲜有所作了。

2. 于非闇的篆刻理念

于非闇从少年时即对篆刻产生了浓厚的兴趣，此后开始在报刊中撰述专栏文章，其内容涵盖了印史、印谱、印文考订、刀法、边款、形制、印材、印泥及各家点评等。在这些印学文章中，于非闇除对印学史进行阐述和梳理外，还将篆刻理论与实践相结合，加之他家学渊源深厚，曾得吴昌硕、齐白石亲炙，身边的友人多为京城中一流的学者和文人，其中基本上囊括了在京城活跃的篆刻家群体，因此于非闇的印论中有许多具有创见和时代特色者。正如笔者在拙作《民国书坛点将录》②中谈及的，民国时期的北京书法家丁文隽曾撰《书法精论》一书，此书在京城中影响深远，是这一时期重要的书学理论著作。丁氏在该书"自序"中言，其论说"得诸古人成说者十之四，得诸自身体验者十之六"③，可见《书法精论》并非完全出自丁氏之手，而是一部凝聚了古人书论成说、丁文隽与同时期京师书画家交流的心得及丁氏自己书学实践的著作。于非闇的诸多印论即有几分类似《书法精论》博采众说的情况。

在于非闇诸多印学文章中，笔者着重选取于氏1927年至1928年间在《晨报》副刊《星期画报》"治印余谈"专栏发表的部分内容，梳理和阐释于非闇颇具特色的印学见解。

> 诸家印谱印存，皆死物也；宜取其由古变化之迹，与精神之所托。若徒规抚一二印文，在初学犹且不可。小儿以修指甲小刀，剜刻砚石，往往奇趣横生，此天籁也，治印首宜本此。④

此段评述展现出于非闇对诸家印谱印存的态度，他认为对这些印学资料的学习要从艺术精神上加以提炼，不要只关注印谱中的文字，而要取古人变化之迹，尤其要寻求一种天然的趣味。

> 昔人第印品为神、妙、能，谓轻重有法中之法，屈伸得神外之神，笔未到而意到，形未存而神存，印之神品也。宛转得情趣，疏密无拘束，增减合六义，挪让有依顾，不加雕琢，印之妙品也。长短大小中规矩方圆之制，繁简去存无懒散局促之失，清雅平正，印之能品也。此论最妙，若告人以次第者。⑤

---

① 于非闇著，沈宁编注《闲人不闲》，文津出版社2023年版，第183页。
② 邹典飞《民国书坛点将录》，生活·读书·新知三联书店2023年版。
③ 丁文隽《书法精论》，人民美术出版社2007年版，第15页。
④ 于非闇著，沈宁编注《吾国之色》，文津出版社2023年版，第9页。
⑤ 于非闇著，沈宁编注《吾国之色》，文津出版社2023年版，第9页。

此段评述亦展现出于非闇的印学思想，他认为古人将印品分为"神""妙""能"三个境界，更是从精神层面探讨治印的取法，于氏认为古代印章既要具有深厚的古意，亦要学习治印者在"宛转""疏密""六义""挪让"中展现出高超的技艺，这也是古人治印的精诣所在。

> 印篆之学，渊源甚古，鉥玺之制，三代已蔚成大观。吾人治印，当从古人精神流露处求之，不当拘于一家，泥于一派，即鉥玺诸文，亦非尽是楷则也。①

于非闇认为印学在先秦时即已蔚为大观，其成就值得今人师法，且对于篆刻之道当学古人，于"古人精神流露处求之，不当拘于一家，泥于一派"，即师法前贤之意，对古玺印文字不佳者，不能盲从学习。

> 吾尝谓天才、学力，两济其美，世间事真乃易易。有其才而无学以成之，则其才不显；无其才而有学以养之，则其才以发。世固有得天独厚者，乃弗求所以养之，古今来役役于治印，而卒莫之能成，吾是以深服龙泓先生之所谓务求学问也。②

于非闇认为治印者才与学同等重要，并讲出了二者的关系，能做到"天才、学力，两济其美"才是最佳之道，最后表达出对西泠前贤丁敬兼具天才、学力，务求学问的崇敬之情。

> 自来擅长书画者，虽不必皆能治印，而未有不谙书画而能治印者。故印篆之学，与书道通，亦与画理合。③

于非闇认为治印者一定要做到书画兼通，未有不通书画而能治印者，间接提及了"书从印入""印从书出""印外求印"的重要性，因此篆刻之道与书法、画理相通。

以上五段印论，大致反映出于非闇的印学主张。笔者认为于非闇提出的这些印学思想既是对老师吴昌硕、齐白石印风的一种继承，同样也受到清末民初京城印坛传统印风的影响。

总体来看，于非闇的篆刻理念是十分传统和保守的，但他的印学思想与京城中的金石篆刻家群体是相通的，如马衡、罗振玉、陆和九、丁佛言、容庚等，他们均深谙文字学的发展脉络，掌握了大量金石材料，通过研究和考证，均著有权威的学术著作，在学界拥有崇高的地位。因此，他们对篆刻均有自身独到的理解。对于篆刻，金石家大多主张上溯秦汉，从古玺、汉印入手，以师法古人为主，对清代的浙派印风、邓派印风、赵之谦印风、吴昌硕印风、黄牧甫印风等，虽有所借鉴，但还是力主以三代金石文字为基础，从中寻觅复古之途。故此，于非闇的印学思想也代表了清末民初诸多金石篆刻家群体的创作思路。

---

① 于非闇著，沈宁编注《吾国之色》，文津出版社2023年版，第14页。
② 于非闇著，沈宁编注《吾国之色》，文津出版社2023年版，第17—18页。
③ 于非闇著，沈宁编注《吾国之色》，文津出版社2023年版，第19页。

四、结语

于非闇在《治印余谈》中还记有两则印论，颇值得玩味：

> 吾不幸不生于江浙，不得托其籍于吴会；吾又幸而生于北方，得以自摈于派别之外。吾所见纵至狭极陋，然吾年犹少壮，吾尚可以于古钵符印中讨数十年之生活，吾将来故未尝不以西泠诸家之功臣自励也。①

> 吾非以吾为北人，不敢托于浙、徽二派旗帜之下；吾亦非有过人之才智，欲自辟蹊径。吾特以幸生此时，三代以来，遗我之楷模，固可俯拾即是。又何必忐忑觊觎，曰"略似吴让老"，曰"差近丁敬翁"耶！吾近来颇学写山水，人谓吾画极近"瞎尊者"，吾乃大恶，以吾目固未瞎也，何便似人！②

从以上两段论述可见于非闇对篆刻之道的雄心壮志。撰写此专栏时，于氏已近不惑之年，正是精力旺盛之时，他不以不生在江浙为不幸，而以生在清末民初的京城为幸。北京作为首善之区，昔日的帝王之都，也是各种金石资料的重要聚集地，故此于氏感慨："吾特以幸生此时，三代以来，遗我之楷模，固可俯拾即是。"因此于非闇自视颇高，也有着不甘为人下的雄心，更不愿依附于流派印风之下，这与他的老师吴昌硕、齐白石一样。于非闇在京城艺坛中也是少有的全才人物，精通诗书画印，同时还是没落的八旗子弟，擅长吃喝玩乐，是清末民初京城中有名的"玩主"，因此他的篆刻中还蕴含着一种独有的贵族气质。

总之，于非闇篆刻以汉印、封泥为基础，对赵之谦、吴昌硕、黄牧甫印风有所借鉴，深度践行"书从印入""印从书出""印外求印"的创作理念。诚然，他的印学理论成就高于他的实践成就，正如于氏在《学刻图章》（下）中谈道："等到年岁越久，见闻越多，越觉相差太远，从此不刻，未尝不是藏拙之道。"展现出于非闇晚年对自己篆刻之道的认识。但不可否认的是，于非闇留下许多的印学文章，涵盖了印史、印谱、印文考订、刀法、边款、形制、印材、印泥及各家点评等，其中有许多观点和看法颇值得深入挖掘。他还在报刊专栏中介绍了大量清末民初各流派篆刻家的作品，从中亦可见其对待各种印风的包容态度。本文限于篇幅，仅对于非闇的印学思想和篆刻风格进行初步阐述，其中一些观点或存在着揣测的态度，不足之处，还请海内外专家学者指正。写作过程中，承蒙沈宁、林夏瀚二位老师提供一手资料，四川学者贺宏亮兄帮助梳理线索及寻觅资料，为笔者撰写本文提供了帮助，在此深表谢意。

（作者系北京京派书法研究会副会长，北京书协学术与高等教育专业委员会委员，北京书法家协会理事）

---

① 于非闇著，沈宁编注《吾国之色》，文津出版社2023年版，第19页。
② 于非闇著，沈宁编注《吾国之色》，文津出版社2023年版，第24页。

荷兰汉学家高罗佩的篆刻学著作《印章鉴赏》研究

张　翼

摘要： 荷兰著名汉学家高罗佩的学术研究涉及语言、文学、宗教、民俗、美术、音乐等诸多领域，但其篆刻学著作少为人知。本文对高罗佩的篆刻学著作《印章鉴赏》进行研究。首先，本文论述了高罗佩与民国篆刻家马衡和傅抱石的交游；其次，本文分析了《印章鉴赏》的中国印学史部分对民国篆刻学著作《篆刻入门》和《谈刻印》在体例、内容、研究方法等诸方面的借鉴；最后，本文分析了《印章鉴赏》的日本印学史部分的撰写体例与西方印学文献的来源，进一步论证了高罗佩所著《印章鉴赏》不仅具有篆刻学的学科化特征，更具备世界性的学术视野。

关键词： 高罗佩　民国时期　篆刻学　学科化　世界性视野

引　言

高罗佩（Robert Hans van Gulik，1910—1967）是享誉世界的荷兰外交家与汉学家。1910年，高罗佩生于荷兰聚特芬（Zutphen），其父为荷属印度军队的医生。1913年至1922年，高罗佩随父母侨居印度尼西亚泗水与雅加达，他因此掌握了爪哇语和马来语。高罗佩回到荷兰后结识了阿姆斯特丹大学梵语教授乌仑贝克（C. C. Uhlenbeck），向其学习梵语。1930年，高罗佩进入莱顿大学学习汉学，修习了汉语与日语。1935年，不到25岁的高罗佩在乌特勒支大学以《马头明王诸说源流考》获得博士学位。

高罗佩在1935年入荷兰外交部工作，开始了长达32年的外交职业生涯，他先后派驻日本东京、中国的重庆和南京、美国华盛顿、印度新德里、黎巴嫩贝鲁特和马来西亚吉隆坡，直至1967年在荷兰驻日本大使任上病逝①。高罗佩接受过严格的西方汉学学术训练，通晓15种语言，派驻6个国家。其丰富的外交经历使得他的学术研究具有多元的世界性视野。

高罗佩的学术研究涉及语言、文学、宗教、民俗、美术、音乐等诸多领域，著述有六十余种。他在通俗文学领域建树非凡——所著的《狄仁杰奇案》小说被翻译成多种语言，风靡世界。他是琴道、砚学、动物学、性学等研究领域的先驱，著有《琴道》《嵇康及其琴赋》《中国古代房内考》《长臂猿考》《秘戏图考》和《米芾砚史》等。高罗佩还在中国书画鉴赏与收藏领域研究颇深，著有《书画鉴赏汇编》和《书画说铃》。上述研究领域皆为人所知，但学界对高罗佩的篆刻学著作《印章鉴赏》研究尚未深入。本文对《印章鉴赏》开展初步研究，探究高罗佩的篆刻交游圈、其著

---

① 高罗佩的生平经历参见汉学杂志《通报》，A. F. P. Hulsewé: R. H. van Gulik (1910-1967), *T'oung Pao*,1968,Second Series,Vol.54,Livr.1/3(1968),pp.116-124.

作的篆刻学学科体系和世界性学术视野。

一、高罗佩与民国篆刻界的交往

高罗佩钟情于中国文人士大夫文化，并热衷于结交各界名人雅士。从1935年赴日起，他便交结日本文人篆刻家长尾甲与河井荃庐。1943年至1946年，高罗佩派驻重庆荷兰驻中国使馆，当时的重庆是二战期间国民政府的陪都，汇集了各界文化名流。高罗佩因此得以与民国篆刻界名家交往，艺术和学术水平都得到显著提升。他提道：

> 在重庆度过的岁月，对我在学术和艺术方面的研究，具有了不可估量的价值。来自中国所有重大文化中心的最优秀学者和艺术家都聚集在这里，而因为实际上没有其他娱乐，放松自己的主要活动是每天的茶话会，以及就中国文化中任何想象得到的话题进行没完没了的交谈。①

高罗佩超凡的语言能力和书法篆刻水平使得他在交游圈里游刃有余。先后担任北京大学教授、武汉大学校长等职的王世杰（1891—1981）在1943年的日记中提道：

> 午后荷兰使馆高罗佩（R. van Gulik）君来予郊外寓地阅予所藏书画及铜器。此君似有语言学天才，其汉文仅在日本学习若干年，居然能作草书能作篆刻。（民国三十二年八月八日）②

由此可见，高罗佩的篆刻能力已被业内名流奖掖不已（图1、图2）。

 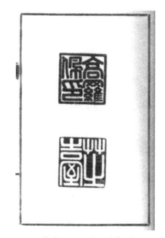

图1 高罗佩1937年的篆刻作品"中和琴室"，荷兰莱顿大学高罗佩特藏室藏　　图2 《高罗佩印谱》书影，荷兰莱顿大学高罗佩特藏室藏

---

① [荷兰]C.D.巴克曼H.德弗里斯著，施辉业译《大汉学家高罗佩传》，海南出版社2011年版，第98—99页。
② 施晔《荷兰汉学家高罗佩研究》，上海古籍出版社2017年版，第361页。

高罗佩的篆刻交游圈主要有马衡、傅抱石和齐白石等人，其中对其篆刻学著作有影响是马衡和傅抱石。高罗佩与马衡交往关系最为密切，时间最为长久。马衡（1881—1955），字叔平，金石学家、考古学家和书法篆刻家，曾担任西泠印社第二任社长，著有《谈刻印》《凡将斋金石丛稿》《中国金石学概要》等。1934年4月，马衡担任故宫博物院院长。抗战期间，他主持故宫博物院西迁文物的维护工作。高罗佩与马衡在重庆相识，并一直与其相与交流琴道（图3），切磋金石书画鉴赏。高罗佩在日记中记录了与马衡的来往：

> 5月12日：9点半到11点孙先生来帮忙修改关于东皋的文稿，12点半王世杰和马衡来吃午饭，继续交谈到3点，4点拜访了叶秋原，谈到了6点。买了砚石。7点半单独一人吃饭。①

图3　20世纪40年代中期，高罗佩与马衡、傅振伦等人雅集，抚琴者为高罗佩，前坐者为马衡②

> 北京故宫博物院前任院长马衡教授作为一位渊博而资深的中国艺术鉴赏家使我获益良多。③

1943年，高罗佩与夫人水世芳新婚之时，马衡书赠送篆书对联"翰墨因缘仙家眷属，瑟琴好合嘉耦唱随"（图4）。1946年3月，高罗佩离开重庆即将返回荷兰海牙，重庆各界名流送别高罗佩（图5）。送别之际，冯玉祥、沈尹默、徐元白、杨永浚和徐文镜等人以书画相赠，此书画册辑为《巴江录别诗书画册》（图6），其中便有一帧为马衡所题写的"游于艺"（图7），表达其惜别之情：

> 芝台先生以荷兰外交家而精研汉学，好古敏求，多才多艺，博雅士也。今将偕其夫人归

---

① 施晔《荷兰汉学家高罗佩研究》，上海古籍出版社2017年版，第102页。
② 图片来源：严晓星《高罗佩事辑》，西泠印社出版社2019年版，第3页。
③ Robert Van Gulik: *Chinese Pictorail Art*.Roma,Is.M.E.O.,1958,XXV.

国，题此赠别籍留别后之思。

图4　马衡贺高罗佩、水世芳新婚对联，荷兰海牙中国文化研究中心"高罗佩与中国文化"主题展①

图5　1946年3月重庆各界送别高罗佩、水世芳夫妇回国，高罗佩后站立者即马衡②

图6　重庆各界送别高罗佩书画册《巴江录别诗书画册》，由沈尹默题签③

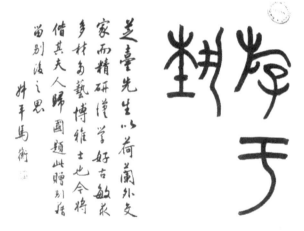

图7　马衡题写"游于艺"④

① 图片来源：荷兰海牙中国文化中心举办的"高罗佩与中国文化"线上主题展，https://www.ccchague.org/cultural-show-492.html，访问日期2024年5月1日。

② 图片来源：荷兰莱顿大学高罗佩特藏室藏，https://digitalcollections.universiteitleiden.nl/view/collection/vangulik，访问日期2024年5月1日。

③ 图片来源：荷兰莱顿大学高罗佩特藏室藏，https://digitalcollections.universiteitleiden.nl/view/collection/vangulik，访问日期2024年5月1日。

④ 图片来源：荷兰莱顿大学高罗佩特藏室藏，https://digitalcollections.universiteitleiden.nl/view/collection/vangulik，访问日期2024年5月1日。

1946年，高罗佩离开重庆返回荷兰之前，专程去杭州西泠印社参观，并见证了西泠印社社员在孤山社址四照阁的聚会：

当我在1946年访问杭州时，西泠印社仍然存在。社员们在西湖孤山上的一座古老的皇家避暑别墅里聚会，其正殿名叫"四照阁"，这里陈列着丁敬和浙派其他著名篆刻家的肖像。①

值得关注的是，1946年，王福庵、丁辅之、叶为铭、张锐等人在四照阁商议马衡为西泠印社第二任社长。②虽然目前并未有充分证据证明高罗佩参加了此次商议，但以高罗佩与马衡交往之过从甚密，高罗佩到访西泠印社可能受到了马衡的指引。高罗佩离开中国赴海牙任职之后，旋即辗转各国任职，再未回到中国，他与马衡只能以书信传递相通。1967年，高罗佩在日本东京任上去世。家人搜检信件，大多为高罗佩与中国朋友的通信。这些通信时间跨度长二十余年，其中书信往来最多者即马衡。③高罗佩与马衡的交谊可谓长久且情义坚深。

高罗佩与傅抱石也有交往。傅抱石（1904—1965），书画家、篆刻家以及印学家。傅抱石除了以画称著之外，还潜心于篆刻学术研究。他分别在1926年著《摹印学》，1936年著《刻印源流》，1940年又著《中国篆刻史述略》。傅抱石于1939年至1946年生活在重庆，与马衡来往密切。1939年，马衡为傅抱石的《刻印概论》写序，高度评价该书的学术水平以推介傅抱石的印学著作。1940年，"傅抱石将《刻印概论》的第一章节连同马衡的《序》一并发表在重庆版的《时事新版》副刊"④。可以说，此时的傅抱石与马衡已颇有交谊。除马衡外，傅抱石与高罗佩有共同的朋友还有沈尹默。在这样的交游圈里，高罗佩与傅抱石相识自然顺理成章。傅抱石年谱中记载了在重庆与高罗佩的往来：

1945年11月，在重庆胜利大厦参加杨宝林、吕乃因婚礼。座中人有法国人高朗节、荷兰人高罗佩及文艺界人士。⑤

随后，1946年1月20日，傅抱石在赠与高罗佩的画作《筝女图》（图8）题跋中写道：

芝台先生箧中土宝琴、书画、篆刻，并皆佳妙，佩仰无量。著有《琴道》，谋筹刊于江户。将行，特复属写此，供插图之用。未审有当不（通"否"）也，即乞教正。乙酉大寒前一日，重庆金刚坡下，新喻傅抱石并记。

① Robert Van Gulik: *Chinese Pictorail Art*. Roma,Is.M.E.O.,1958,p.434.
② 潘敏钟:《傅抱石与西泠印社及名社员的交集考略》,《第六届"孤山印证"西泠印社国际印学峰会论文集》,西泠印社出版社2020年版，第114页。
③ 严晓星《高罗佩事辑》，西泠印社出版社2019年版，第71页。
④ 潘敏钟:《傅抱石与西泠印社及名社员的交集考略》,《第六届"孤山印证"西泠印社国际印学峰会论文集》,西泠印社出版社2020年版，第117页。
⑤ 叶宗镐《傅抱石年谱》，上海古籍出版社2004年版，第107页。

由《筝女图》题跋可见，傅抱石对高罗佩所精通的书画篆刻艺术评价甚高。高罗佩还收藏有傅抱石赠与的其他画作（图9），足见其交往之密。[①]

图8　傅抱石赠与高罗佩的《筝女图》[①]

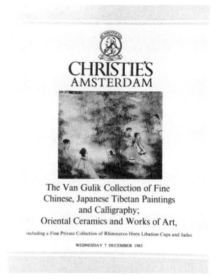

图9　1983年佳士得（阿姆斯特丹）高罗佩专场拍卖会，封面作品即高罗佩收藏的傅抱石画作

通过这些材料，笔者大致勾勒出高罗佩在重庆时间与马衡和傅抱石在金石篆刻的交往互动。从游篆刻名家，对高罗佩了解篆刻艺术和印学史都有着重要意义。在派驻重庆的这段时间，高罗佩充分研究了马衡和傅抱石的篆刻学著作，并在之后所撰写的《印章鉴赏》中引用和借鉴了他们的学术成果。

二、高罗佩篆刻学著作对民国篆刻文献的借鉴

高罗佩所著《书画鉴赏汇编》（Chinese Pictorial Art）（图10）一书在西方学界影响颇深，英国艺术史家柯律格将其视为西方艺术史必读书目之一。该书第2章即《印章鉴赏》（the Connoisseurship of Seals）（图11）。此章对西方印学文献、中日印学史、篆刻的艺术审美、古文字学，篆刻技术，印石印具以及如何收藏和鉴赏印章等内容做了详细介绍。高罗佩希望他对篆刻学的研究能够使这门"具有相当高的艺术价值"[②]却容易被忽略的艺术门类进入西方学界视野。

此章虽名为《印章鉴赏》，但从此章的撰写体例来看，可以视为高罗佩的篆刻学著作。《印章鉴赏》分为西方印学文献综述、中国印学史、印章鉴赏和日本印学史四部分。

高罗佩所述的中国印学史对民国时期的篆刻文献多有借鉴。篆刻学在20世纪三四十年代渐成体格，大量印学书籍在此时出版，如黄宾虹《古印概论》（1930）、罗福颐《印谱考》（1932）、孔云白《篆刻入门》（1935）、劳笃文《篆刻学类要》（1938）、傅抱石《中国篆刻史述略》

---

①　图片来源：施晔《荷兰汉学家高罗佩研究》，上海古籍出版社2017年版，第352页。

②　Robert Van Gulik: *Chinese Pictorail Art*.Roma,Is.M.E.O.,1958,p.417.

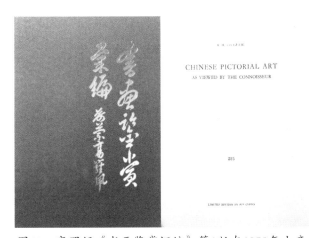

图10 高罗佩《书画鉴赏汇编》第1版在1958年由意大利罗马近东远东研究社出版（Is. M.E.O）。此版附有42份中日纸绢样本，限量950本。笔者采用的即该书的第1版第285本。笔者于2024年4月购于意大利罗马

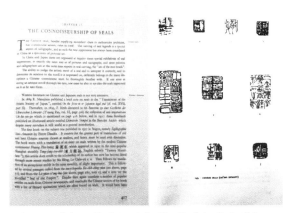

图11 《书画鉴赏汇编》第2章《印章鉴赏》及书中所附印章图样

（1940）、李健《金石篆刻研究》（1943）、马衡《谈刻印》（1944）和潘天寿《治印谈丛》（1944）。可以说，在20世纪三四十年代，学界已经"建立起了有一定体系的篆刻学"[1]。高罗佩在20世纪四十年代与篆刻界交游甚密，他能够了解并获得这些篆刻文献。其中，高罗佩将孔云白的《篆刻入门》称作"最有价值的中文篆刻文献"[2]。

首先，高罗佩对《篆刻入门》的编写体例借鉴非常明显。笔者将二者目录对比列于其下：

表1 孔云白《篆刻入门》与高罗佩《印章鉴赏》目录对比

孔云白《篆刻入门》		高罗佩《印章鉴赏》
		西方印学文献
第一章	识印 周秦时期 汉魏六朝时期 隋唐以来的时期	早期印章 汉代印章 唐代印章 宋代印章 元代印章
第二章	别篆	篆书
第三章	篆印	
第四章	用刀	篆刻技术
第五章	击边与具款	款、边款

---

① 陈振濂《民国书法史论》，上海书画出版社2018年版，第146页。

② Robert Van Gulik: *Chinese Pictorail Art*.Roma,Is.M.E.O.,1958,p.430.

（续表）

孔云白《篆刻入门》	高罗佩《印章鉴赏》
第六章　名家派别 　　　文何 　　　徽派 　　　邓派 　　　赵之谦与吴俊卿 　　　闽派	明代印章 　　文彭与何震 清代篆刻艺术 　　皖派与浙派 19世纪与20世纪的篆刻家 　　赵之谦与吴昌硕
第七章　印论	
第八章　印质印钮与用具	印石、印盒与印泥
	当代篆刻家 　　齐白石、王福庵、马衡
	印章鉴赏
	日本印学史

由表1可见，孔云白将从周秦印章到20世纪的中国玺印及篆刻艺术发展历史，以年代为线索排列进行编写。这种体例为高罗佩所吸取。

其次，高罗佩对孔云白《篆刻入门》所使用的历史文献资料也加以采用。如对黄神越章的介绍，二者基本相似。孔云白和高罗佩皆指出此类印章的功能是避虎狼与恶神，与早期道教的神仙信仰有关，具有宗教的神秘性。

表2　孔云白《篆刻入门》和高罗佩《印章鉴赏》黄神越章内容对比

孔云白《篆刻入门》	高罗佩《印章鉴赏》
黄神越章亦属于吉语印之类，唯其使用不同。吉语印用以封检，而黄神越章则以佩戴也。古人以为佩黄神越章入山，可免于兔虎狼恶神之祸，后世渐废。又有作"天帝使者""天皇上帝"等，同一义也[①]	所谓"吉语印"本身就自成一类，这些印章主要用作护身符。印文并非人名或官职，而是由一些吉祥短语组成，例如"大利""福禄"等。另外一些吉语印则以道教高士或神仙的名字命名，例如"天皇上帝"。这类印章可以悬于腰带之上，为主人带来好运并保护其免受邪灵侵害[②]

再次，在古文字学领域，二者也有相似之处。篆刻学与古文字学关联密切。古文字学主要研究汉字的起源、形体、结构及其演变，字形反映的本义以及考释古文字的方法。篆刻家通过了解古文字结构与其变化的规律，从而使得篆刻的艺术手法得以正常发挥，篆刻的艺术效果得以实现。对于西方读者而言，中国的古文字是一道难以跨越的障碍，如何释读印章上的古文字则需要借助于这些古文字字书。高罗佩因此向西方读者介绍了以下这些古文字著作：

"大篆"的第一部学术手册是著名金石学家吴大澂（1835—1902）所著的《说文古籀

---

① 孔云白《篆刻入门》，浙江人民美术出版社2018年版，第71页。

② Robert Van Gulik: *Chinese Pictorail Art*.Roma,Is.M.E.O.,1958,p.423.

补》。另一部出版文献是金石考古家容庚的《金文编》。此外，还有其他当代学者的著作，例如罗福颐的《古玺文字征》和徐文镜的《古籀汇编》。一部相当全面的日本著作是《古籀篇》，由日本金石学家高田在1918年出版。介绍"小篆"的基础文献是约公元121年编纂的《说文解字》，最佳版本是清代著名金石家段玉裁（1735—1815）出版的《说文解字注》。此书还有许多古今版本留存。《说文解字诂林》集入前学者之大成，收录了《说文解字》最重要的一些版本，1928年由丁福保在上海出版。介绍"缪篆"最好的文献是《缪篆分韵》，由书法家、金石学家桂馥（1736—1805）所著；后来的学者出版有该书的续集。关于封泥，马衡出版过一部编辑精美的著作，题为《封泥存真》（商务印书馆）。上述文献应被用来研究高难度的中国金石学，并用来解决难以释读的印章印文。大多数情况下，阅读体量较小的著作便已足够，例如陶郁的《篆书撮要》。[①]

上述一部分古文字书在孔云白《篆刻入门》中被提及，笔者将二者所述字书列表对比：

表3　孔云白《篆刻入门》和高罗佩《印章鉴赏》所引字书对比

孔云白《篆刻入门》	高罗佩《印章鉴赏》
许慎《说文解字》	许慎《说文解字》
吴大澂《说文古籀补》	吴大澂《说文古籀补》
桂馥《缪篆分韵》	桂馥《缪篆分韵》
罗福颐《古玺文字征》	罗福颐《古玺文字征》
容庚《金文编》	容庚《金文编》
孟昭鸿《汉印分韵三集》	丁福保《说文解字诂林》
孟昭鸿《汉印文字类纂》	陶郁《篆书撮要》
罗福颐《汉印文字征》	段玉裁《说文解字注》
袁日省《汉印分韵》	徐文镜《古籀汇编》
	马衡《封泥存真》
	[日]高田忠周《古籀篇》

此外，孔云白的《篆刻入门》作为民国时期的篆刻学著作，已具有了学科化的特征，即对篆刻艺术的历史发展脉络、内在规律及其不同流派中的表现形式进行归纳总结。但孔云白的撰述方式存在札记体的痕迹——以"评述"为主要写作方式，仍具有零散、感性和经验式的特征。高罗佩的撰述方式与孔云白具有共通之处，《印章鉴赏》也具有有时以风格议、有时以内容特征议，有时随感而发的散论化特征。

除孔云白外，马衡的考古学思维方式和研究方法对高罗佩的篆刻学著作也具有影响。

民国以来西方考古学的进入，对篆刻学产生了重大影响。历代篆刻著作有传抄重复的现象，以文献论证文献，没有考古资料佐证，不免以讹传讹，错漏百出。马衡不仅具有传统的乾嘉学派训

---

① Robert Van Gulik: *Chinese Pictorail Art*.Roma,Is.M.E.O.,1958,p.421.

诂考据功底，还具有注重对文物发掘现场的考古学思维。这使马衡的学术水平领先于时代，被誉为"中国近代考古学的前驱"。

以考古学视野来看，封泥作为一种出土材料可以佐证历史文献，因此受到了民国学者的广泛重视。"民国时期对封泥的印谱辑录和新见封泥类印学论文发表都是晚清之时所未见。"①对于封泥，马衡有论："清道光初，此物始稍稍出土，吴式芬、陈介祺著《封泥考略》，乃以之介绍于世……光绪末，王静安据以著《简牍检署考》，而后古简牍之制、检署之法始得大明。"②

高罗佩认为马衡的学科思维是先进的③，他也对民国时期新出土的封泥资料加以关注。他不仅在书中着重提到了马衡的《封泥存真》，而且对"封泥"概念进行了清晰定义，并且将西北出土的简牍作为历史文献与出土资料互相论证的证据。这些内容都来自马衡发表于1934年的《封泥存真》和1944年的《谈刻印》。由此可见，高罗佩对当时先进的考古学科研究方法具有学术敏感度。

表4 马衡《谈刻印》和高罗佩《印章鉴赏》封泥内容对比

马衡《谈刻印》	高罗佩《印章鉴赏》
公私文书皆用竹木之简牍，简牍之上覆之以检，题署受书之人于检上，又以绳约束制之，封之以泥，钤以印，如今之火漆信封者然……十余年前，西北科学考察团在宁夏额济纳河附近发现两汉木简，尚有封泥附着简上者，更可互相印证④	早期的文件书于竹简之上，封发时用绳捆缚。人们在细绳结上放置一块粘土，趁粘土尚软，把印章盖在粘土之上。因此，就有了"封泥"一词。甘肃发现的简牍遗迹上仍然留存有这种封泥⑤

综上，高罗佩对中国印学史的撰写受到了孔云白和马衡的影响，虽然其撰述方式具有笔记体例的零散、感性和经验式的特征，但他吸收了马衡的考古学资料，认同考古学的学术方法。在高罗佩之前，也有欧美学者如德国的夏德（Friedrich Hirth）对中国印学史进行学术研究，但基本只是概述性的短文。高罗佩所撰写的中国印学史体例完整，可以说是20世纪上半叶欧美学者所著的学科化的篆刻学著作。

三、高罗佩篆刻学著作的世界性学术视野

高罗佩篆刻学著作的世界性视野主要体现在他对日本印学史的研究和对西方印学文献的关注之上。1935年，高罗佩到达荷兰驻日本公使馆任职，他除却在使馆办公之外，还在学习日语、日本文学，结交日本书商与古董商，并与东方艺术同行交游请教。⑥1936年，他曾拜访中国驻日大使许世英，因此得以向中国公使馆秘书孙湜学习汉语、中国文学和书法。⑦他在日记中写道：

---

① 胡俊峰《印学文献研究中的"民国范式"（1912—1949）》，中国美术学院博士学位论文，2022年，第79页。
② 马衡《封泥存真》序，浙江人民美术出版社2022年版。
③ Robert Van Gulik: *Chinese Pictorail Art*.Roma,Is.M.E.O.,1958,p.417.
④ 马衡《谈刻印》，浙江人民美术出版社2022年版，第3页。
⑤ Robert Van Gulik: *Chinese Pictorail Art*. Roma,Is.M.E.O.,1958,p.420.
⑥ [荷兰]C.D.巴克曼H.德弗里斯著，施辉业译《大汉学家高罗佩传》，海南出版社2011年版，第34页。
⑦ [荷兰]C.D.巴克曼H.德弗里斯著，施辉业译《大汉学家高罗佩传》，海南出版社2011年版，第47页。

1936年6月30日：买了印石，并且刻了字。[①]

由此可见，高罗佩最初是在驻日期间学习篆刻艺术的。

高罗佩在日期间，广泛结交篆刻名流，他得以向吴昌硕的弟子长尾甲和河井荃庐请教：

二战之前，笔者曾在日本向两位研究中国书画艺术的权威专家学到了许多，他们是已故的长尾雨山（Nagao Uzan）和河井荃庐（Kawai Senro）。二位都是出色的书画家，也都是在修辞用语上最为得当的"绅士学者"（gentlemen-scholars）。[②]

高罗佩还与河井荃庐的学生松丸东鱼（1901—1975）交往颇深。松丸东鱼的篆刻专研秦汉印古法，尤喜作白文，是20世纪40年代具有代表性的日本篆刻家。松丸东鱼在1940年至1949年间内为高罗佩治姓名印、收藏印、斋号印和闲章数方，风格面貌各不相同。其中，"高罗佩藏"和"公于乐琴书"刻于1940年，"芝台"和"中和琴室"刻于1941年，"荷兰高罗佩印"和"青云不如白云高"刻于1949年。（图12）

图12　松丸东鱼为高罗佩所治印章："高罗佩藏"（1940）、"公于乐琴书"（1940）、"芝台"（1941）、"中和琴室"（1941）、"荷兰高罗佩印"（1949）、"青云不如白云高"（1949）。荷兰莱顿大学高罗佩特藏室藏

在日期间，高罗佩还购买日本印学文献。荷兰莱顿大学高罗佩特藏室藏有他在日本所购的楠濑日年《篆刻秘蕴》、绍春博邦识《春亩伊藤公印谱》、东赞柴邦彦《芙蓉山房私印谱》《东皋印谱》以及菡萏居藏日本版的《古今公私印记》。可以说，高罗佩在日学习篆刻艺术、请教篆刻名流和搜集印学文献的经历，为他书写日本印学史奠定了基础。

高罗佩《印章鉴赏》的第四部分即日本印学史。他对日本印学史进行历史分期，分为早期日本印章、德川印章和明治以后的印章三个历史时期。他分析了日本印学的发展规律，内中阐述日本书判、日本字书、日本印谱和印章材质等印学专业知识。此外，他还分析了日本德川时期的篆刻艺术风格，建立了一定体系的日本印学史。

对于西方读者难以释读日本的古文字，高罗佩着重提及了日本古文字著作——伊势贞丈《拥押字考》和荒井白石《同文通者》。

① [荷兰]C.D.巴克曼H.德弗里斯著，施辉业译《大汉学家高罗佩传》，海南出版社2011年版，第52页。

② Robert Van Gulik: *Chinese Pictorail Art*. Roma,Is.M.E.O.,1958,XXV.

除却撰写日本印学史之外，高罗佩对西方学者的印学著作也非常关注。《印章鉴赏》的第一部分便是19世纪晚期至20世纪中期的西方篆刻文献综述。笔者将其中所述印学文献罗列于下：

表5 《印章鉴赏》中所列西方文献

出版时间	作者	文献名
1895年	[德]夏德	《顾氏集古印谱》
1932年	[法]皮埃尔·达乌丹	《黄山印鉴》
1937年	[法]皮埃尔·达乌丹	《中国和越南的印章》
1940年	[中]王季迁、[德]孔达	《明清画家印鉴》
1940年	[德]鲁道夫·凯林	《中国印章》

由上可见，高罗佩主要关注的是20世纪三四十年代的德国和法国的印学文献。他重点评述了法国学者皮埃尔·达乌丹所著《中国和越南的印章》以及王季迁和孔达所著的《明清画家印鉴》。首先是1937年出版的《中国和越南的印章》：

> 1937年，第一本关于印章的书在西贡出版，即皮埃尔·达乌丹的《中国和越南的印章》。此书主要是对中国古代和现代的文献进行翻译，但文献来源非常随机，研究此领域的学者们必须谨慎使用。这本书首先翻译了中国当代鉴定家黄宾虹的一篇关于印章的文章，此篇文章刊登于1930年上海半通俗月刊《东方月刊》上。这篇文章展现了黄宾虹的博学，但是马衡和罗振玉的最新研究使得这篇文章有些过时。该书随后翻译了一篇刊于《东方月刊》无关紧要的匿名文章，接下来则是一系列摘自于《格致镜缘》和《履园丛话》的文章，以及一篇关于"国玺"的札记。接着，达乌丹又翻译了一些中国报纸上关于印章的通俗文章，并在此书结尾处总结了一些印文上常见的文学典故。如果作者并非只是翻译这些来源不同的札记和文章，而是自己尝试进行一个系统性的主题调查，那就更好了。该书的最后一部分是越南的印章，读者可以获知越南的印章和篆刻艺术方面的知识，这些是中南半岛之外的学者所难以了解的信息。[①]

高罗佩认为此书的学术价值不高，只是对中国印学文献的翻译，但此书最后部分对越南印章的介绍可以扩展学者的视野。学界对这本印学文献的记载非常少。除高罗佩的评述外，笔者只在法国国家图书馆所藏1937年1月的《东京互助教育协会公报》上见到对此书的书评，此篇书评来自同一时期的《印度支那研究学会公报》：

> 皮埃尔·达乌丹，里昂大学中国研究专业毕业生，《中国和越南的印章》，西贡，Imprimerie de l'Union，1937年（摘自《印度支那研究学会公报》，1937年1月至3月）。这本重要的出版物是他整个计划的一部分，该计划赋予了达乌丹先生的作品特色。在达乌丹对中国古代印章研究热情的推动下，他出版了一系列全集作为比较和鉴定的基础。就这样，他完成了翻

---

① Robert Van Gulik: *Chinese Pictorail Art*.Roma,Is.M.E.O.,1958,pp.417-418.

译《古印概论》（黄宾虹先生的中文研究）的艰巨任务（此文刊登于上海的《东方月刊》，1930年1月25日）和同一期刊上发表的印学文章摘要。他翻译的几篇中文文章，题为《古代印章的特征》《皇家玺印的传承》以及一些报纸的评论文章。这些文章涉及印学的各类问题，印文的文学典故等。除翻译之外，他还对越南官方印章、古代个人印章以及越南用作装饰品的印章进行了研究。此外，他还研究了篆刻刻印技术以及一系列中国和越南印章。[①]

由此可见，高罗佩对该书的评述与《印度支那研究学会通讯》的评述基本一致。《印度支那研究学会公报》是19世纪晚期到20世纪中期的法国东方学学术刊物，主要刊登法国在远东地区尤其是越南、老挝和柬埔寨的学术研究成果。东方学学术机构不仅会延请著名学者撰写学术论文，而且会第一时间介绍最新著作，传递最新的学术资讯。由此可见，高罗佩的学术视野之广、所获资讯之快得益于欧美国家在东方的学术网络。

此外，高罗佩对王季迁和孔达所著的《明清画家印鉴》给予非常高的评价。他认为此书印章来源可靠，或是来源公私收藏的卷轴书画，或是从印谱上复制得来。并且，每件印章都标注了所有者的姓名、日期、职业以及著作名。同时，每方印面都被钤盖并标明出处。他认为《明清画家印鉴》"是一本非常有用的研究中国印章的手册，也是卷轴书画收藏者不可或缺的参考书"[②]。不过，高罗佩也批判性地吸收了西方学者科恩对该书的评价，同时也推介了傅抱石对此书的研究成果——对于该书名号、籍贯、时代和释文方面谬误的修订：

　　画家及篆刻家傅抱石有一篇关于此书的优秀书评，文中对该书列出了近百处的修订意见，并发表于1942年1月26日和2月2日的《时事新报》的文学副刊（重庆版）中。[③]

高罗佩《印章鉴赏》中日本印学史和西方印学文献的部分展示了他学术研究的视野非常宽广。民国篆刻文献中关于域外印学的研究并不多见，除吴贯因所著《东西印章之历史及其意义之变迁》和罗福颐《西域古印》之外，余者寥寥。高罗佩的世界性学术视野填补了20世纪上半叶民国篆刻学的不足。

结　论

本文从三个方面对高罗佩篆刻学著作《印章鉴赏》进行分析，分别是高罗佩在重庆时期与民国篆刻界名家马衡和傅抱石的交游，高罗佩对民国篆刻学著作《篆刻入门》和《谈刻印》的借鉴以及高罗佩对日本印学史和西方印学文献的研究。《印章鉴赏》是20世纪上半叶欧美学者所著具有学科体系的篆刻学著作，同时体现了高罗佩高于常人的世界性学术视野。

---

①　*Bulletin of the Mutual Teaching Society of Tonkin*, Mutual Education Society (Tonkin),Tome XVII–Nes 1–2, Janvier–Juin 1937, p.196.

②　Robert Van Gulik: *Chinese Pictorail Art*. Roma,Is.M.E.O.,1958,p.418.

③　Robert Van Gulik: *Chinese Pictorail Art*. Roma,Is.M.E.O.,1958,p.418.

但在1949年之后，中国篆刻界与学术界与西方学界交流几乎中断，《印章鉴赏》又在意大利出版，因此国内学界甚少人知道，遑论研究。在西方学界，篆刻学涉及古文字学等西方学者倍觉艰涩的领域，因此，该著作也少人关注研究。本文对《印章鉴赏》开展初步研究，以希高罗佩的篆刻学著作可以受到应有的重视。

（作者系浙江大学艺术学博士，现供职于荣宝斋艺术品鉴定中心）

"李逵"与"李鬼"

——张祖翼《伪石考》研究

徐 发

摘要：本文以张祖翼《伪石考》一书为研究对象，全面研究此书的编撰体例、辨伪方法、问题得失、价值意义。通过对此书的考察及分类，探讨晚清金石拓本的作伪动机、作伪手法，进而管窥金石拓本的辨伪方法、鉴赏观念，晚清金石拓本的传播与流通，深入了解金石拓本真伪的复杂性，以期推动张祖翼研究及金石辨伪学的深入。同时，也为当下金石辨伪提供方法启示与经验参考。

关键词：张祖翼 《伪石考》 编撰体例 辨伪方法 问题得失

在中国古典文献研究中，文献辨伪是其中基础且重要的组成部分。所谓辨伪，就是考证史料，辨别文献的真假。顾颉刚指出："研究历史，第一步工作是审查史料。有了正确的史料做基础，方可希望有正确的历史著作出现。"[1]文献辨伪历史悠久、成果丰富，而古代及现当代研究多注重传世文献的辨伪，而忽略了出土文献中的石刻文献辨伪。我们知道，金石之学虽以证经补史为目的，但实际是以拓本为依托的一门学问。清代金石学兴盛，其中尤以晚清最为突出，文人士大夫热衷金石收藏，但由于钟鼎彝器的稀有珍贵及石刻的不可移动性，拓本遂成为文人士大夫好古的替代形式，赏拓、玩拓之好蔚成风气。既然文人士大夫如此热衷金石，金石拓本遂供不应求，而商人重利、文人好事，有市场需求，那么金石翻刻、作伪便应运而生。陆增祥在《八琼室金石补正·金石祛伪凡例》中曾言："碑贾妄托，所在多有。好事文人，间亦作伪。"[2]可见此一时期，金石翻刻、作伪成为金石收藏中的一种重要现象。如此一来，孰真孰伪，"李逵"还是"李鬼"，这不仅是金石学中的一个重要问题，亦是文献辨伪学中的重要组成部分。

检索文献，虽然历代金石典籍中不乏关于金石伪刻的记载，但多散见金石跋尾与文集中，零散且不成系统，直至陆增祥《八琼室金石补正·金石祛伪》才将金石伪作加以系统整理与著录。陆氏虽具开拓之功，但所收伪刻不多。此后，张祖翼步武其后，著有《伪石考》[3]一书，收录石刻翻刻、伪作颇多。由于此书为稿本且多破损，深藏上海图书馆中，世人多未得见。笔者偶尔阅及，做一释文整理，进而在此基础上揭示此书的编纂体例、辨伪方法、价值意义与存在问题。

---

① 顾颉刚《战国秦汉间人的造伪与辨伪》，《古史辨自序》，商务印书馆2011年版，第114页。

② 陆增祥《八琼室金石补正·金石祛伪凡例》，《石刻史料新编》第1辑第6册，台湾新文丰出版公司1977年版，第3953页。

③ 此书现藏于上海图书馆古籍部，索书号：线普长82682。笔者蒙叶康宁老师转赐，在此谨致谢忱。

在进入本文讨论之前，我们首先对张祖翼的生平作一交代。张祖翼（1849—1917），字逖先，号磊盦，又号磊龛、濠庐、梁溪坐观老人，安徽桐城人。拔贡。著有《磊盦金石跋尾》《磊盦金石后编（草）》《磊盦宁游题识》《汉碑范》《伪石考》《下里巴人集》《张祖翼书札》《清代野记》《伦敦竹枝词》《伦敦风土记》等。[①]张祖翼精金石碑版考证之学，工书法，尤擅篆隶，为近代海上四大书家之首。[②]张祖翼一生游幕在外，辗转南北，这缘于张祖翼之父在外游幕多年，张祖翼早年曾随其父在外，故受其熏染，精于幕僚之事。光绪三十三年（1907），张祖翼入端方幕府为宾僚，助理其金石事，端方藏拓多由其鉴赏品题。张祖翼《磊庵宁游题识》记云："光绪三十二年丙午秋，浭阳端午桥尚书督两江。明年冬，余以服阕回省，需次江宁，例需进谒各大吏。端公一见询之曰：'尔来何迟邪！余有藏碑三百册，待君来题识，迟君久矣。'翌日，遂召致幕下，为尚书题跋焉。"[③]而《伪石考》一书中亦提及端方购拓，张祖翼为其鉴拓事。张祖翼晚年则退居无锡，著书立说以终老。此外，还值得一提的是，张祖翼曾以随员身份，跟随外交使臣刘瑞芬出使英国三年（1886—1889），埃及石刻拓本即由张祖翼出使时所拓。[④]以上为张祖翼生平之简要介绍。

一、《伪石考》编撰体例

上海图书馆古籍部藏《伪石考》一卷，稿本线装，张祖翼手稿。成书年代、尺寸不详，封面残损严重。封面左上侧行书题"伪石考"三字，落款行书"张迪老撰"。"伪石考"右侧淡墨行书题"竹里秦汉瓦当文存（附）"，乃为王福田所撰《竹里秦汉瓦当文存》附于此书之后。扉页即该书正文，稿本右上侧行书题"伪石考卷上"，下行书题"桐城张祖翼磊庵甫编记"，再下行书题"磊庵"。右侧钤盖朱文宽边印章"宣慎"一枚，此后即为该书正文。书中涉及人名、官名时，张祖翼为书写方便多略写，一般只书写其偏旁部首，这也给后人识读带来不便。如叶一《周壇山石刻》中"王述庵司寇"即略写为"王述庵宀"；《周石鼓文》中"毕镇洋、阮仪征"即略写为"毕纟丨（注：三点水草书写为一竖）、阮亻彳"。

《伪石考》分为卷上与卷下，总共收录碑刻108种，卷上54种，卷下54种。卷上从《周壇山刻

① 此外，《安徽通志稿》还载有张祖翼《抗议堂金石跋尾》，笔者检索相关文献，尚未查到此书，待考。

② 沃丘仲子《近现代名人小传》："（张祖翼）名动海上，并汪洵、吴昌硕、高邕为四大家，然祖翼其首出矣。"北京图书馆出版社2003年版，第427页。

③ 张祖翼《磊庵宁游题识〈弁言〉》，中国嘉德2008年秋季拍卖会"古籍善本专场"，编号：2713。关于张祖翼在端方幕府助理金石事，周敏珏在其博士论文《端方及其交游圈的金石鉴藏研究》中指出"一为题写签额，二为品鉴同碑异拓"，并论述了张祖翼金石治学的要点及对端方藏品的研究。遗憾的是，周敏珏虽然也关注到张祖翼《伪石考》一书，但上海图书馆以此书残旧，未能假借，笔者正好补此缺憾。参见周敏珏《端方及其交游圈的金石鉴藏研究》，浙江大学2019年博士学位论文，第155—173页。

④ 张祖翼跋《埃及刻石》："埃及残石，光绪丁亥夏拓于英国伦敦都城。英人斐尔司者商于印度、非州之间，好蓄古器，家在伦敦都城太模司江边，风景甚幽。岁丁亥，祖翼随使英伦，于茶会中识之。约游其家，所陈古物甚夥，怪奇莫可名状，又见埃及残碑二片，以玻璃画盛之，乃倩舌人请拓为焉。初弗许，谓恐损其石，再三请并告以中国拓碑之法，非此无以流传，乃许之。穷两日之力，拓四十余纸归。岁庚寅，役满还京，吴县潘文勤公得之以为奇，著录焉。今尚存数纸，谨以二纸呈匋斋尚书钧鉴。丁未冬至后五日张祖翼谨识。"中国嘉德国际拍卖有限公司2010年秋拍"古籍善本专场"，编号：4551。

石》至《后秦吕宪墓志》，卷下从《后魏李璧墓志》至《唐欧书姚辩碑》。全书以时代为序，从周而始，至唐而止。具体朝代所收碑刻种类为：周2种，秦2种，汉39种[①]，魏34种（魏2种，吴2种，晋5种，陈1种，后秦1种，后魏19种，东魏3种，北齐1种），隋8种，唐23种。所收碑刻以碑为主兼有刻帖，刻帖为颜真卿书迹三种[②]。每一碑刻名称之后，附有碑刻拓本原石存佚情况。根据书中所列拓本原石存佚类型，具体可分为以下几种：原石有无不可考、本有今存、本有今佚、本有今碎、本有久佚、本有今无、本无。[③]每一碑刻拓本原石存佚情况之后，附有张祖翼简短评语，有的记其拓本来源递藏，有的辨其伪造缘由，大多为鉴别评判翻刻拓本的高下优劣、真伪得失、文字或长或短，不一而足。仅举两例，以观其例。

汉裴岑纪功碑（本有今存）

石在巴里坤，余友方剑华农部侍亲见之。据云有二翻本，即在巴里坤将军署中，专以应求者，皆木本也。其一误"海祠"为"德祠"，后知"德祠"为误，遂又刻一"海"字者，以火药掺于板上，焚之作剥蚀状，俗谓之火药本。余曾得原拓一本，已模糊矣。尝见匋斋所藏一国初精拓本，其神采不可逼视。

后魏崔敬邕墓志（本有今存）

余前在苏州见一翻本，甚佳。据碑贾云，此志值甚昂，故翻本有四五处。闻中江李眉生廉访鸿裔有摹本，即以所藏初拓本钩摹刻者。余所见不知是李本否，宜兴任氏有双钩覆木本。

此外，书中有的碑刻仅记原石或拓本存佚情况，不附评语。如"后魏孙秋生造像碑（本有今存）、后魏杨大眼造像碑（本有今存）"。

二、《伪石考》内容及其辨伪方法

张祖翼《伪石考》一书，虽然命名为《伪石考》，但揆诸全书，所收石刻为伪石者仅11种[④]，其余皆为碑刻重刻、翻刻本的辨伪，且大部分为翻刻。因此以《伪石考》命名，名不副实。既然书中所论多为重刻、翻刻，那么进入下文讨论之前，我们首先要讨论一下，碑刻为何需要重刻、翻刻？[⑤]

①　其中包含一碑两种者，有两种，分别为《汉史晨前碑》《汉史晨后碑》和《汉张迁碑》《汉张迁碑阴》。

②　分别为《元颜鲁公与郭仆射书》《唐颜书裴将军诗》《唐颜书告身》。

③　"本有"是指有拓本存世，"本无"是指无拓本存世，"今存""今佚""今碎""今无"是指原石或拓本存在、佚失、破碎、消失。

④　伪石者分别为《周壇山石刻》《汉朱博残碑》《汉刘熊残碑》《汉大风歌碑》《陈到仲举墓志》《后魏李璧墓志》《后魏高植墓志》《唐黄叶和尚墓志》《唐顾升瘗琴铭并心经》《唐欧书姚辩碑》。除此以外，《晋保姆砖志》，王壮弘《帖学举要》认为其为：单刻伪帖。

⑤　重刻多指碑石原石毁佚，翻刻多指原石尚存。关于碑刻之重刻、翻刻，相关碑帖文献中多有论述，如王壮弘《碑帖鉴别常识》之《重刻、翻刻、伪刻》，上海书画出版社2008年版，第20—21页。毛远明《碑刻文献学通论》第四章《碑刻文献的保存》中的第二类《翻刻》，中华书局2009年版，第330—337页。

碑刻为何需要重刻、翻刻？简言之，有以下几点：一、好古传统。在中国古代文化中，有一种浓厚的"崇古""尚古"情结，认为凡古皆好，贵古贱今。而碑刻作为"尚古"的寓托与遗迹，保存了古代某一时期的制度、文字、审美、工艺，文人好古，自然重刻、翻刻，托古以传道。二、碑刻地处边疆或偏远地区，自然条件恶劣，椎拓不便，为方便文献传播和利于书法学习，故需重刻、翻刻；三、碑刻损泐严重或藏者珍重深惧怀璧之罪，为保护原碑或以应求者，故需重刻、翻刻；四、碑贾牟利、文人好事，故多有重刻、翻刻者。

重刻、翻刻多据原石、拓本、摹本双钩、重摹而成，此外又有原石、拓本、摹本不存，后人重书再刻者。而重刻、翻刻依据所用材料不同，又有木刻本、砖刻本、石灰本、纸骨本等多种。虽然重刻、翻刻是碑刻保存与传播的一种重要方式，但重刻、翻刻改变了原石的形制、材料、风格，重塑与再构了人们对碑刻的认识，导致一系列学术与艺术的误读、误判。因此，使用时必须加以区分鉴别。

张祖翼《伪石考》一书主要是对碑刻翻刻拓本的真伪判别、优劣评价。而在真伪判别、优劣评价时，必然涉及碑刻的翻刻缘由与辨伪方法。因此，对张祖翼书中所述翻刻缘由、辨伪方法作一检点与总结，方能更好地揭示此书的价值与意义。

上文提及碑刻为何需要重刻、翻刻之原因，张祖翼《伪石考》一书中亦有体现。一、碑刻地处偏远或怕碑刻多拓损坏，翻刻以应求者。如书中《汉裴岑纪功碑》："据云有二翻本，即在巴里坤将军署中，专以应求者，皆木本也。"《吴谷朗碑》："碑在湖南耒阳县，耒阳即有翻本，以应求者。"[①]二、碑贾牟利、文人好事。晚清金石学兴盛，由于文人士大夫对金石拓本广泛搜求，文物市场逐渐兴盛与繁荣。如张祖翼记《后魏李璧墓志》："近十余年中，端午桥制府出重价以购，古石于是伪造之碑志，层出不穷矣。"指出了伪造缘由在于端方重价以求，有其市场需求。而某一时代书风的流行，亦带来翻刻需求。如同治初年，流行欧书，欧书碑刻遂被广泛翻刻。又记《唐欧书隋皇甫诞碑》："自同治初年，海内盛行欧书，碑贾翻刻不知凡几。此碑京师、陕西、苏州、山东皆有翻本。"既然有其市场需求，商人重利，参与其间，又形成了专门以碑拓为经营对象的碑贾，这主要以盛产碑刻的山东、河南、陕西等地为主。他们以翻刻冒充原拓，碑刻伪作盛行。张祖翼记《后魏司马昇墓志》："京师碑贾所售，皆从河南来者，即孟县翻刻本也。"又记《后魏崔敬邕墓志》："据碑贾云，此志值甚昂，故翻本有四五处。"同时，由于拓本的生产与流通，又形成了较

---

① 此外，如《晋刘韬墓版》："阳湖武虚谷大令官河南时所得，当时即翻刻一本，石以应求者。"《唐欧书温彦博碑》："傅刻二本一石一木，石者尤精，置家祠中，不轻示人；木者置所居门内，任人椎拓。"另外，晚清金石学兴盛，友朋之间索拓频繁，而多拓损器损石，人们不得不以木板翻刻或重摹以应求者，如吴云致陈介祺书中曾言："曹氏一罍，世间拓本尤少。弟因友人纷纷求索，曾刻有模本为塞责计。今特为执事精拓一分，先奉鉴赏；其余各器铭，容后拓出续寄。"吴云著，马玉梅校注《两罍轩尺牍校注》，上海古籍出版社2020年版，第349页。

大的拓本集散地,这主要以京师①、苏州、西安、山东为中心。张祖翼在《伪石考》一书中亦多次提及"京师琉璃厂所见翻本"②"京师、山东、苏州皆有翻本"③"京师、苏州有翻本""京师、陕西、苏州、山东皆有翻本""京、陕碑贾皆有翻本""苏州有砖刻本"等。此等翻刻皆为碑贾牟利所翻,这在《伪石考》中随处可见。除碑贾牟利翻刻外,文人好事亦多有翻刻。文人喜好拓本,有些拓本难以获得,出于好古、赏玩、游戏心理,多翻刻以为书斋余事。如书中所述《汉五凤刻石》:"吾乡姚巨农太令京受于金陵,戏翻此石逼肖。"《魏黄初残石四片》:"吾乡姚巨农大令在金陵时翻刻。"《后魏张黑女墓志》:"京师松竹斋主人张仰山重摹一本。"④通过以上例子我们发现,碑贾牟利、文人好事,是晚清碑刻翻刻、伪作产生的主要原因。

在翻刻方式上,张祖翼《伪石考》一书所收诸碑,多据原本、旧本、真本、摹本摹刻、双钩而成。其中,又有碑贾借拓以刻,趁装裱之机偷刻者,如《汉刘平国碑》所记张祖翼得吴大澂所赠拓本,苏州碑贾据其本翻刻;《唐欧书化度寺邕禅师塔铭》,杨宝铭以家藏《化度寺碑》拓本命苏州汉贞阁碑贾唐仁斋重装,唐仁斋遂翻刻一本售卖。在翻刻手段上,多采用移花接木手段,混淆真伪,或封面华丽,以装门面,如书中《汉陈仲弓碑》:"曩在京曾见一本,绵袱牙签,装饰极丽。其字方板呆滞,不类汉刻,通体无剥蚀痕。"或集字拼凑,无中生有,如书中《汉孟孝琚残碑》"乃集各汉碑之字连缀而成";或将拓本与题跋割裂拼装,以充原装,如书中《唐颜书多宝塔碑》:"盖跋与碑非原配也,不知是何时翻本。"

碑刻翻刻,虽然有利于文献传播与书法学习,但翻刻毕竟改变了原石、原拓的形状与神采,造成了人们对碑刻的误读与再造。即使忠实于原拓的翻刻,也有着细微程度的改变,与原拓相比,如同优孟衣冠。因此,碑刻翻刻的好坏,在一定程度上取决于碑刻、原拓的质量,钩摹、刻工的技艺水平。张祖翼《伪石考》一书就碑刻翻刻拓本的真伪异同、高下优劣作出评价,其中亦包含着鉴别翻刻的具体辨伪方法。总体而言,可分为以下几种:据著录辨伪,据文字内容辨伪,据书法辨伪,据原拓与翻拓本比较辨伪,据刻工翻刻水平辨伪,据剥蚀辨伪,据材质辨伪,据碑贾、友人告知为伪。兹依据以上几个方面,摭拾书中内容,分类详述如下。

---

① 叶昌炽《语石》中曾言及京师为当时拓本之最大聚散地,云:"四方珍奇之货,聚于辇毂。珠玑象贝,不胫自至,惟碑亦然。疆臣述职而来者,举子之计吏偕者,选人之赴部者,骚人墨客游食于兹者,莫不携其乡之名迹以当羔雁,故有穷荒绝徼、著名难得之碑,厂肆时或见之。余在羊城,欲求东莞《资福院石塔》及乳源云门寺南汉两碑,悬金以购,皆不可得,先后于厂肆遇之。张丹叔中丞抚粤西,其子幼丹司马拓《智城山碑》见贻,以为至宝。后在厂肆见一本,有陈恭甫手跋,即载于《左海集》者也。去岁避地归,又以百钱得一通。他如南诏《德化碑》、西夏《感通塔碑》,乡曲好古之士远莫能致者,屡见不一见矣。故欲网罗古刻,非至都门,终为坐井观天。"叶昌炽撰,姚文昌点校《语石》卷二,浙江大学出版社2018年版,第38—39页。

② 如《周壇山石刻》"京师琉璃厂亦有翻本"《汉上谷府卿坟坛石刻》《汉祝其卿坟坛石刻》"二石京师琉璃厂皆有翻本"《汉会仙友刻石》《汉朱君长刻石》《汉上庸长刻石》"以上三种,京师琉璃厂皆有翻本",《后魏张猛龙碑》"京师琉璃厂有砖刻本",《后魏孙秋生造像碑》《后魏韩曳云等造优填王像记》"以上皆龙门造象讹也,京师琉璃厂皆有翻本"。张祖翼《伪石考》,上海图书馆藏稿本。以下注释及文中所引皆出自此书,不再标明,特此说明。

③ 此处指《汉礼器碑》翻本。此外,如《汉五凤刻石》"京师、苏州亦皆有翻本",《汉刘熊残碑》"苏州有砖刻本",《汉圉令赵君碑》"京师、苏州皆有翻本",《后秦吕宪墓志》"京师、苏州皆有翻本",《唐欧书隋皇甫诞碑》"此本京师、陕西、苏州、山东皆有翻本",《唐颜书多宝塔碑》"京师、苏州碑贾皆有翻本",《元颜鲁公与郭仆射书》"此本各处碑贾以及收藏家皆有翻本"。

④ 此外,如《元颜鲁公与郭仆射书》:"长白崇语伶中丞恩巡抚山东时,亦重刻一本。"

（一）据著录辨伪。中国古代极为重视文献记录，自宋代金石学兴起以来，历代笔记、文集、金石著作中就不乏关于金石的记载。尤其在清代出现了集大成式的金石著作《金石萃编》《八琼室金石补正》，重要碑刻几乎囊括无遗。而历代笔记、文集、金石著作中，皆有关于重要金石碑刻及拓本的著录存佚、拓本种类、真伪优劣、早晚完阙的详细记载，查考前人著录或引用，辨析不同，亦为金石辨伪的一种重要方式。据著录辨伪，《伪石考》一书中又分为两种情况：一是查考文献，前人并无著录与记载，如《汉东海庙碑》："然纸墨并不甚旧，考之古今人皆无著录。"《唐张延赏墓志》："延赏神道碑，《萃编》已录之矣，闻另有短简之墓志也，各家皆无著录。"二是查诸著录，古人辨之甚详，已明确为伪造或翻刻，如《秦诅楚碑》："此碑前人考之綦详，谓并无此石，乃后人伪造。"《汉大风歌碑》："赵德父《金石录》云：'徐州沛县有歌风台，碑有二：一树于东，不知年代；西则元大德间摹刻者。相传为汉曹喜书，亦无可据。'王述庵司寇云：'篆体亦不类秦汉人书，其非原刻无疑。'"①另外，张祖翼在《伪石考》中据著录辨伪时，在引书时与原文略有差异，当是张祖翼为了论述的方便，适当做出删改与处理。同时，笔者推测张祖翼在援引著录时，手头必然有一部《金石萃编》以备随时翻阅。

（二）据文字内容辨伪。文字内容是指碑刻中的名讳、年号、官职、文字、事件等。碑刻作为时代的产物，必然深深打上其时代烙印，在名讳、年号、官职、文字等方面有其固定的称谓与用法。碑贾由于文化水平不高，在翻刻作伪时，常将其他文献改造部分内容移诸石刻或将原有碑刻稍加改凿以充原碑，这必然在名讳、年号、官职、文字、事件等方面存在失误，容易露出马脚，也给鉴定翻刻提供了依据。如有的碑刻原石已佚或仅存数字，而伪刻则为全文，必然出于伪造。如书中《汉冯绲碑》："绲碑久佚，何来此数百字之本传世哉？其伪无疑。"《后魏高植墓志》："原石乃神龟三年，仅存数十字。此刻完全无缺。"有的则立石日期早于埋葬日期，且文字抄录其他史料，拼凑而成。如《后魏高植墓志》："正光二年十一月葬，而元年三月已立石，可笑孰甚。文多摭拾《王偃志》中语，其伪不辨自明。"有的则由于作伪者不通文意致误，如《汉立朝残石》："《诗》'赐我百朋'，'百朋'货财也，不作朋友解。此曰'百朋哀摧'，是以'百朋'为朋友，不通甚矣。"再如书中《陈到仲举墓志》：

　　字为欧书，虽工整而不浑古，力亦薄弱，且多与史不合。志称仲举为宣城太守，又称夫人文帝妹信义长公主，《陈书》与《南史》皆云其子郁为宣城太守、尚信义长公主。志称卒于州舍，年六十四；《书》言下狱赐死，年五十一。志称葬于洛阳，其实洛阳不在南朝版图之内，安得葬之？余与《陈书》《南史》不合，尚多伪造者，殆未审慎，率尔操觚者。大凡墓志碑版，本可正史之误，然若此志之颠倒错乱，恐修史者不致若是之谬也。且当时南朝碑禁甚严，

---

① 据著录辨伪，书中还有《唐王居士砖塔铭》："王述庵司寇云'此石翻本有二：一为长洲郑岷谷临，一为吴县钱思赞书，皆临摹善本。郑娟秀，钱瘦劲。原刻破裂，则此二本皆可宝也'云云。"《唐颜书麻姑仙坛记大字本》："据倪氏《带经堂集》谓建昌知府梁博达重刻。""《金薤琳琅》云：'大字本为雷所破，重刻至再，字体失真'云云。"《唐颜书麻姑仙坛记大小字本》："赵德父《金石录》云'小字本乃庆历中一学佛者所书'，孙退谷《销夏记》亦云。"《唐颜书东方画赞碑并阴》："安世凤《墨林快事》云：'此碑久毁，东明穆先生得古拓重刻之。'王虚舟《竹云题跋》云：'宋南渡后，有榷场所市覆本。'"

安有被罢赐死，犹许其刊石志墓耶？决为伪造无疑。石藏涭阳陶氏。

上文所列伪刻缘由如下：一是字体风格虽为欧书，但"工整而不浑古"，线条亦软弱无力。二是墓志称陈仲举为宣城太守、夫人为信义长公主，而《陈书》《南史》云其子郁为宣城太守、尚信义长公主。三是墓志与《陈书》所列死因不同，一卒于州舍，一下狱赐死；年龄亦不相符，一为六十四岁，一为五十一岁。四是墓志称其葬于洛阳，而此时洛阳不在南朝版图之内。此外，作者还从南朝当时碑禁制度出发，认为墓主人若被赐死，按当时制度，定不允许其刊石志墓。以上称谓、卒年、葬地、碑禁，墓志所称皆与史书不符，故为伪造无疑。又如《后魏李璧墓志》，作者列举志中"古墓志向无入作者口气""璧为魏人，自当尊敬本朝，万无以敌国对举之理""遍稽古志，无于卒年上而加国号者""'宾王延誉'一语，更属荒谬，骆宾王唐高宗时人，何以引用"而证其为伪刻。其记云：

> 古墓志向无入作者口气。此志第二行有"余故略我"（笔者按：原志为"故余略"）一语，余指何人。四病也。璧为魏人，自当尊敬本朝，万无以敌国对举之理。此志有"齐依江"与"魏薄桑湄"二句，齐仇敌也，而加于魏之上，有是体乎？五病也。志称"以魏神龟二年终于洛阳"，遍稽古志，无于卒年上而加国号者。六病也。"宾王延誉"一语，更属荒谬，骆宾王唐高宗时人，何以引用？明系后人伪造。七病也。

（三）据书法风格辨伪。我们知道，书法有其时代风格、个人风格，具体到每一种碑刻，又有笔法、字法、字体、章法的独特之处与其个性特色，进而从整体上传达出其独特的风格韵味。而原石、原拓一经翻刻，必然在笔法、字法、章法等方面存在不同程度的变异与损失，这就给金石辨伪提供了依据。比如翻刻本线条软弱无力，字体偏肥偏瘦，风格徒具形似、呆滞无神。因此，笔法、字法、章法、书风等亦为辨别翻刻本的重要因素，这在其书中亦多有体现。首先，从笔法角度分析，翻刻笔法不同，失去原碑笔意。如《汉郙阁颂》："明陕西知县申如埙翻刻一本，全无原本笔意。"《晋房宣墓碣》："文仿刘韬例，字大寸五六分，柔弱无力，且不知笔法。"《后魏李璧墓志》："凡起笔之点皆似文敏用笔，魏碑曷尝有此，必作者素习赵书。三病也。"其次，从点画线条、转折波磔、字法结体入手，翻刻本线条软弱无力、转折矜持柔弱、字体松懈造作，与时代风格不符。如《汉朱博残碑》："字体松懈无力，不类汉刻。"《汉朱龟碑》："转折、波磔皆矜持柔弱。"《汉东海庙碑》："分书大径寸五六分，如汉刻之形式而无汉刻之骨力。"《汉陈仲弓碑》："其字方板呆滞，不类汉刻。"[①]再次，从书法风格气韵角度着眼，翻刻本徒具形似。如《周石鼓文》："毕镇洋、阮仪征皆有摹本……徒具形貌而已。"《汉圉令赵君碑》："京师、苏州皆有翻本，形儿毕肖，但嫌弱耳。"《汉孟孝琚残碑》："细审之，乃集各汉碑之字连缀而成，故形儿绝类，而不贯气。"《唐张延赏墓志》："此志亦隶书，陋劣万状。归登虽唐隶，素有书

---

① 翻刻本线条软弱、字体无力、结体矫揉者，书中还有《后魏李璧墓志》："万不死逃识者之目，摹仿《张猛龙》《贾思伯》等碑，结体而生涩牵强。一病也。……至笔力之软弱，结体之矫揉。"《汉立朝残石》："字体亦柔而无骨，结构亦俗劣。"

名，断不如是之劣，此盖采取碑中语影衬为之者。"以书法风格辨伪，除此书之外，这在张祖翼其他石刻题跋中亦有体现。如张祖翼跋《隋陈叔毅修孔庙碑》，即"以书势定时代"，其云："翁北平谓'以书势定时代'，实为不刊之论。分隶降至魏晋，日趋于薄，至隋而古法尽失，楷书盛兴，故分隶遂无可观。读《陈叔毅碑》而叹隶法之失传也。"[1]除以"以书势定时代"外，张祖翼还强调地域风格的不同，其跋《蜀中诸阙》云："汉人隶书不独因时而变，亦因地而变，如山东诸碑多方整，陕西诸碑多流动，而四川诸阙又皆奔放，至沈府君二阙而极矣。"[2]以书法风格辨伪，这如书画鉴定领域中的"望气"，一望而知其伪。此种方法因其缺少具体实据和推理过程，非具深厚功力者不能为，浅薄者则易流于空疏。

（四）据原拓与翻刻本比较辨伪。比较是指就相同事物或不同事物通过比较，以判断事物的属性。俗语云"没有比较就没有伤害"，通过比较可以迅速判别两类事物的高下优劣。翻刻本从原石、原拓翻出，必然与原石、原拓存在一定程度的差异。而古代由于交通及信息的不便，人们对原石、原拓的保存状况及残损程度不甚熟悉，对原石、原拓的信息存储仅凭记忆，这必然存在一定的信息误差与错误认识。加之有的翻刻本技艺精良，人们容易被翻刻本所蒙蔽。因此，就同一碑刻原拓与翻刻互相比勘，比较原拓与翻刻形制、神采的不同，则高下立别、真伪立断。据原拓与翻刻本比较辨别真伪，这在张祖翼《伪石考》一书中有着较多的运用与体现。如《秦泰山残碑》："不以原本对勘，不觉其异。"《汉五凤刻石》："若不以原拓对勘，不觉其伪。"《汉史晨前后碑》："及剪裱时贴于壁上，愈看愈无精采，乃以原本逐之较勘，知是翻本，弃之。"[3]《后魏孙秋生造像碑》《后魏韩曳云等造优填王像记》："……然以原拓对勘，一活一呆，不难分辨。"可见，张祖翼通过原石、原拓与翻刻本的比较，来判断翻刻。我们知道，好的原拓、精拓，其神采可以用"兴高采烈、眉飞色舞"形容，如《汉裴岑纪功碑》，张祖翼"尝见匋斋所藏一国初精拓本，其神采不可逼视"。而再刻、重刻、翻刻则"精神萎靡、无精打采"，两相对照，无论形制与神采都高下立判，亦可见"画鬼神易，画狗马难"。而通读其书，我们发现书中有着大量原石、原拓与翻刻比较对照的案例，如原石即为无中生有，翻刻依旧沿袭；原石仅存数十字，翻刻则完整无缺；原拓纸墨旧且自然，新拓纸墨新且人为；原石、原拓瘦劲，翻刻肥滞；原石、原拓神采照人，翻刻方板呆滞；原石、原拓剥泐严重，翻刻光滑无剥泐痕。反之亦然。

（五）据刻工翻刻水平辨伪。在翻刻过程中，刻工由于自身技艺水平不同，刊刻时认真程度有别，翻刻作品自然有高下之别，这也导致其翻刻逼真程度不一。能工由于经常为此，业精于勤，

---

① 张祖翼跋《隋陈叔毅修孔庙碑》，《匋斋藏碑跋尾》第二册，上海图书馆藏抄本。

② 张祖翼跋《蜀中诸阙》，《匋斋藏碑跋尾》第六册，上海图书馆藏抄本。

③ 关于据原石、原拓与翻刻本比较辨伪的例子，书中还有《后魏张猛龙碑》："京师琉璃厂有砖刻本，较原本肥而滞。吾乡郑大令曾得一冬温夏清本，值甚贱，狂喜。以真本皆勘，乃知是伪。"《后魏鞠亮云墓志》："京师琉璃厂有翻本，较原本更方板，且无生气，字口亦光整，无趣。"《东魏刘懿墓志》："翻本字迹皆略瘦于原石，皆光皆弱。"《后秦吕宪墓志》："京师苏州皆有翻本，较原石字瘦而光弱。"《东魏王僧墓志》："京师有翻本，字迹多与原石不类，且较原石瘦而无力，无剥泐痕，故其易辨。"《唐颜书离堆残石》："曩在金陵见一翻本，较原石瘦而板滞，索索无生气，不知何人所刻。"《隋姬氏墓志》："惟元智末行'飘飖''飖'字微误，不以原拓对勘不觉也。"《唐李北海书李秀碑》："吾友长洲徐莲生部郎庆沅，以百金购其一本，唐给徐谓海内孤本，徐颇欣然，乃以广东辛氏所藏真本勘之，始知其伪。"

刀手相应，神乎其技，且尺寸行款、剥蚀磨泐之痕多依原石原拓，若不以原本对勘，容易为其蒙骗。如书中提到的能工姚京受、黄仁斋皆精于此道，极翻刻之能事。姚京受之技，如书中《汉五凤刻石》："吾乡姚巨农太令京受，于金陵戏翻此石逼肖，若不以原拓对勘，不觉其伪。京师、苏州亦皆有翻本，皆不如姚刻。"又，《吴天发神谶碑》："至光绪季年，浭阳端午桥制府督两江时，命吾乡姚巨农大令重摹一本，以原拓整幅本摹刻，置之督署花园中，惟妙惟肖，海内当无第二本矣。"[①] 黄仁斋之技，如书中《隋姬氏墓志》："苏州碑贾黄氏有翻刻石本，甚佳，与原石毫发不爽。"又，《唐李北海书李秀碑》："苏州碑贾唐仁斋，亦翻刻一本，较陈刻尤精，生动挺拔，真如原石初拓，技亦神矣。"[②] 再，《唐欧书化度寺邕禅师塔铭》："同治间怀宁杨礼南学士秉璋之子伯新太守葆铭，以家藏《化度》命苏州汉贞阁碑贾唐仁斋重装。唐见之，独居一小楼上，穷日夜之力，翻成一本，与拓本毫厘不爽，乃大售其欺。凡至苏州买得宋拓《化度》者，唐刻也。"书中提到其他碑刻翻刻之佳者还有几例，如《汉王稚子石阙》："嘉庆戊寅，曹廷宾以小蓬莱阁双钩本摹勒上石，一波一磔、偏旁残笔皆丝毫不爽，可谓极翻刻之能事。"《汉张迁碑阴》："翻本绝妙，得未曾有，端浭阳宝藏之，若非得一确据，竟不能辨。"《晋爨宝子碑》："不知何人所摹，竟能乱真。余于匋斋中见之。若不以原本对勘，鲜不为所欺者，真翻刻之能手也。"劣工所作，则心手不应，板刻呆滞，俗气满纸，且常据己意任意增删改刻行款文字，如《汉张迁碑》："光绪间常熟翁相国同龢得一东里润色本，其阍人王姓，以枣板翻刻之，呆滞失真，刻手甚劣。"《唐颜书麻姑仙坛记大中字本》："《忠义堂颜帖》以枣板刻之，刻工不精，字多失神，板今存京师龙泉寺。"

此外，翻刻过程中还存在以下几种情况。有的原石本来就粗糙不工整，加之风化剥蚀，多残损不堪。能工在翻刻过程中，由于所选石质平整，刻工精湛，翻刻反而比原刻工整。如《唐顾升瘗琴铭并心经》："原本并不然如是之工。"《隋上方上治平寺塔盘石刻》："许归安、吴退楼观察云官吴中时重刻一本，甚精。"有的刻工虽然模仿原作，但故作随意之笔，失之于自然；或以己意为之，与原石风格不类。如《后魏李璧墓志》："刻工故作随意之笔，而欠自然。"《东魏刘懿墓

① 此外，张祖翼在《天发神谶碑》题识中极力称赞姚京受之刻工，如：（七）"京师有石灰本，即在壁上刻者，字之结体亦每讹谬，其他翻本更恶劣不可瞥。驻目此刻，再遇百年，价值当与原刻等。磊翁。"（九）"千百年后皆知有端刻，而不知有阮刻矣。"（十）"刻字易，刻石花难。刻工整之字易刻，剥蚀之字难。此刻既成，巨农之手亦成《广陵散》矣。世间不可无一、不可有二之事正是如此。己酉夏五月七日，磊翁。"（十六）"阮文达公亦国朝一金石名家，不知翻刻何以如是讹谬，宜亭张叔未訾议之也。想其时难得奏刀之人，遂草草了事。若此刻之惟妙惟肖，本不易得之手工也。辛亥二月五日，磊翁又书。"（十七）"此本乃吾乡姚巨农大令为今两江总督浭阳端匋斋尚书刻也。尚书莅江之明年，谓余曰：'吴《天发神谶碑》乃江宁古迹，自嘉庆十年被焚后，惜无人能补其缺憾者。'余举巨农以对。遂命奏刀，六阅月而藏事。尚书见之大悦，以为逼似原拓，恐后之人以之乱真也，回辇置督署煦园，建回廊护之。尚书自跋其原委，亦刻石其后。此本装裱时，尚书之跋尚未刻也。时光绪三十四年戊申嘉平朔，桐城张祖翼记。"（十八）"《天发神谶碑》自原石遭毁后，世间覆本不下十余通，碑估射利者无论矣。以阮文达之精鉴博雅，其所摹者尚纰缪百出，足见钩镵之难，此刻安得不挂为覆本第一刻？伯未。"（十九）"《天发神谶碑》帖，世争摹刻，惜罕善本，有之亦风毛麟角。桐城姚巨农先生鉴及于此，特为重刻，神踞不绝如缕，赖以续传，功德艺林非鲜。（鄂士翘跋）"以上转引自于勇《张祖翼藏端刻〈天发神谶碑〉拓本题识考》，《图书馆研究》2018年第6期，第118—122页。

② 此外，如《汉史晨前后碑》："苏州有翻本绝肖，能乱真。"《汉张迁碑阴》："翻本绝妙，得未曾有，端浭阳宝藏之，若非得一确据，竟不能辨。"《隋张通妻李氏墓志》："看两志文与年月卒葬皆同据此，则两志皆伪，可知刻工皆佳。"

志》："京师、苏州皆有翻本，有一本首行'大将军''将'字意刻末点，余有之，不知何处所翻者。"有的钩勒、刻工精湛，但翻刻之后整体气韵与原石、原拓不类。如书中《隋董美人墓志》："原石字瘦劲而妩媚，上海徐紫珊明经渭仁翻刻一本。肥而稍弱，钩勒刻手皆佳，惜不得原石刚健婀娜气象也。"

除了以上刻工技艺水平不同导致翻刻本有高下优劣之别外，刻工自身的文化水平也是影响翻刻的重要因素。由于碑贾、刻工文化水平普遍较低，这在翻刻过程中也容易致误。《汉刘平国碑》："原石字迹密，长短不齐，易于连混。碑贾不能分析，以致笔画多讹，可哂也。"《汉刘平国碑》原石由于风化漫漶，其笔画上下左右互相连属，碑贾、刻工不谙文字以及文意，多以己意为之，或以字之上下左右部首笔画附入他字，或以一字之偏旁误为一字，错讹连混，翻刻无疑。[①]再如，《晋房宣墓碣》："'房'字下半不知为何安排，致与全体不类，此劣工所造者。"然而，翻刻毕竟属于作伪，受儒家思想影响，刻工有时不免受到良心上的谴责和道德上的指摘。因此，刻工在翻刻时故意露出马脚，以免受人指摘，同时亦检验收藏者的眼光与学识。如《汉张迁碑阴》："余有范德宝'宝'字，原刻作'宝'，翻刻多一画作'室'，此乃刻者故留此以试人目力者。"此外，翻刻本亦有精粗优劣之别，书中亦常见翻刻本的比较。如《唐欧书温彦博碑》："以陕西傅氏翻本为最差。傅刻二本一石一木，石者尤精，置家祠中，不轻示人；木者置所居门内，任人椎拓；更有裴刻亦称善本，然不如傅刻矣。其他翻本皆不足寓目。"《唐欧书九成宫醴泉铭》："此碑海内翻刻无虑数十百本，而以无锡秦氏刻本为最善。……郭本后归铜梁王孝禹观察瓘，其他诸翻本，皆不堪一盼。"

（六）据剥蚀辨伪。碑刻刻好之后，多立于自然环境之中，年久日深，风吹日晒，自然损蚀剥漶，有其历史痕迹。而翻刻时，为求与原石逼肖，自然也将这种损蚀剥漶刻出，但碑刻历史进程中的损蚀剥漶自然浑成，人为刻出则显得突兀刻意，造作且不自然，斧凿痕迹明显，缺少历史的沉淀感与古旧感。而以碑刻损蚀剥漶亦是判断翻刻本的重要特征，书中多次提及。如《汉裴岑纪功碑》在翻刻时则以火药掺于板上焚之，人为制造剥蚀状，此种剥蚀不免刻意，容易辨出。其他如《汉上谷府卿坟坛石刻》《汉祝其卿坟坛石刻》："剥蚀处皆显露椎凿之迹。"《汉王稚子石阙》："惜剥漶处不能如原石之浑成耳。"《汉郭有道碑》："余视之剥漶痕，皆似用大斧所斫，纵横交错，形迹显然。字亦俗劣，安得以为原石而欺人哉！"《汉谯敏碑》："斑驳处纯用刀凿，如白粉点于黑纸上，甚不自然。"[②]无论是火药焚烧、刀斧锥凿，还是字口光滑、整体没有剥蚀痕迹，皆不如原石自然剥蚀之浑然天成，故可断其为翻刻伪作。而有的碑刻原石或原拓本身并无剥蚀痕迹，这反而使得翻刻易于伪造且形似。如《后魏孙秋生造像碑》《后魏韩曳云等造优填王像记》："原本本不甚剥漶，故易于形似……"有的碑刻原石或原拓本身如同新发于硎，并无剥蚀，而翻刻则故意作剥蚀状。如《东魏高密石幢》："此石光绪中叶山东发见者，原石虽上下皆断，而字甚精致，如新刻然。山东有一翻本，字形臃肿且字口故作剥蚀状，甚无谓也。"通览全书，张祖翼在《伪石考》

---

① 这种由于拓工、刻工文化水平不高，在传拓或翻刻时致使文字连混讹误，在《好太王碑》拓本中亦常见。

② 关于据剥蚀辨伪的例子，书中还有《汉郙阁颂》："原石模糊残缺处，任意更改增补，以致顾亭林、吴山夫两先生皆郿夷之。"《汉陈仲弓碑》："通体无剥蚀痕。"《唐李北海书李秀碑》："结构用笔均有精采，微嫌字口太光滑耳。"《东魏王僧墓志》："无剥漶痕。"《北齐水牛山文殊般若碑》："且崩缺处亦有不类。"

一书中多次提及据剥蚀辨伪，可以说此是鉴定翻刻本的重要依据。这是因为在历史进程中形成的剥蚀自然天成，毫无人工痕迹，而翻刻斧凿之迹明显，做作失真，以致张祖翼曾言："刻字易，刻石花难。刻工整之字易刻，剥蚀之字难。"[①]

（七）据材质辨伪。古人立碑皆郑重其事，选材严格，其材质、形制、规格皆有制度规定。碑贾牟利，如依原石形制翻刻，必然增加成本，利润减少。因此，从碑石材质、形制、规格检验，亦可断其为翻刻、伪刻。如书中的《唐张延赏墓志》："石方广均约二尺强且薄，必非唐石，今藏匋斋中。"同样，碑刻传拓，必然视碑刻表面粗糙程度及所在地环境选择纸张，如摩崖石刻表面凹凸粗粝不平，必然选择纸质粗厚、抗拉伸性强的皮纸传拓，断不会选择平坦细腻的连史纸传拓。如张祖翼所论《后魏孙秋生造像碑》《后魏韩曳云等造优填王像记》等龙门造像诸拓用纸："若用粉连史纸所拓，则必是翻本矣。盖河南陕西拓碑皆用西皮纸，以不产连史纸也。且龙门诸石，甚不易拓，万不能用连史，故用连史者，必于密室中施工者也。翻本皆木板。"而原拓、旧拓由于时间久远，其纸张自然有陈旧感，翻刻新拓则无陈旧感。《汉司徒残碑》："字迹较望堂双钩本少瘦，纸墨甚旧，非近时人所刻。"《汉东海庙碑》："然纸墨并不甚旧。"《汉高阳令杨著碑》："纸墨亦甚旧，细视似非石非木，恐亦系石灰本，否则纸骨本也。"

翻刻本依据材质不同可以分为石质本、木刻本、砖刻本、石灰本、纸骨本等，由于其材质软硬不同，必然对其原碑固有风格产生一定程度的改变。比如石质硬脆，刻刀运行其上必然刀锋斩截，干脆利落，而木刻、石灰、纸骨则材质软绵，运刀拖泥带水，转折处容易浑沦，线条软弱无力。如书中提及木质翻刻，失去真意，形神索然。《唐欧书隋皇甫诞碑》："此碑京师、陕西、苏州、山东皆有翻本，大半皆木板，虽具形貌，神气索然，可以欺目者。"《唐颜书裴将军诗》《唐颜书放生池记》《唐颜书告身》："以上各种，吾乡光侍御熙皆刻入《忠义堂帖》，枣木传刻，多失真意。"有的则为纸骨翻刻，弱而无力。如《汉礼器碑》："惟黟县何东樵布衣震，用纸骨翻刻一本，较他本稍胜，然亦弱而无力。"有的翻刻材质虽为石质，但形制大小不一，亦带来风格的变化。如《唐欧书九成宫醴泉铭》："秦乃钩勒宋拓本，上石者以砚材刻之，故广狭不一，然其中亦有精神不到处，便觉拘牵局促。"更有砖刻翻刻，恶劣不堪。如《唐颜书郭家庙碑》："余见一京师砖刻本，甚恶劣。"

（八）据碑贾、友人告知为伪。除了以上几种翻刻辨伪方式外，张祖翼《伪石考》一书中还指出据碑贾、友人告知为翻刻、伪刻的方法。碑贾虽然文化水平不高，但由于长期从事于传拓，虽不能将技法上升到理论高度，然其具有多年实践经验，对拓本真伪、翻刻有自己的切身认识与体会。如《汉曹全碑》的翻刻本有四五本的信息，即来源于碑贾李云从。另如《汉沛相杨统碑》《汉高阳令杨著碑》："吾乡马冀平太史购得杨统、杨著二碑，碑贾告以此旧翻本。"《后魏崔敬邕墓志》："据碑贾云，此志直甚昂，故翻本有四五处。"《唐顾升瘝琴铭并心经》："余以为原拓也，昨以示苏州碑贾黄吉园，据云此犹摹本，原本并不然如是之工。"碑贾之外，晚清文人士大夫亦好碑拓。晚清大部分文人士大夫不能像碑贾一样专门从事具体的传拓工作，但有的文人士大夫长期从事拓本收藏，"观千剑而后识器"，故也对拓本的鉴别有自己独到的见解。《伪石考》一书中

---

① 《张祖翼题〈天发神谶碑〉》，转引自于勇《张祖翼藏端刻〈天发神谶碑〉拓本题识考》，《图书馆研究》2018年第6期，第120页。

亦提到据友人告知为伪。如《唐欧书化度寺邕禅师塔铭》："然据山右刘振清布衣树森云，翁所宝者皆翻本。"《唐颜书东方画赞碑并阴》："闻之吾乡光稷甫侍御云，画像赞原石凡贵字皆作赝，翻本始作贵，然原刻未得见也。"

张祖翼《伪石考》一书除了对翻刻本进行真伪判别、优劣评价外，书中还涉及碑刻拓本的买卖行情、碑贾姓名，可见当时拓本市场的活跃与繁荣。所谓"一分钱一分货"，市场价格亦能反映商品的好坏，如《汉刘熊残碑》："吾友江宁王石卿锡藩，在天津以贱值得一本狂喜。识者以告，遂废。"《后魏张猛龙碑》："吾乡郑大令曾得一冬温夏清本，值甚贱，狂喜。以真本皆勘，乃知是伪。"而有的碑贾则以翻本假充原拓售卖，索价甚昂。如《唐李北海书法华寺碑》："曩在金陵，有碑贾以此碑翻本求售，索价甚昂，视之翻本而劣者，字形全失，转折处多浮滑，斥之。"《唐李北海书李秀碑》："吾友长洲徐茞生部郎庆沅，以百金购其一本，唐绐徐谓海内孤本，徐颇欣然，乃以广东辛氏所藏真本勘之，始知其伪。"[①]

此外，张祖翼在书中还记录了一些碑贾的售拓情形。如张祖翼在金陵时，有碑贾以拓本来售，一碑贾为傅姓，一统称碑贾，不记其名。[②]其入都道经泰安时，又有碑贾以新拓数种入旅店求售，其《汉沙南侯获碑》即购于此。[③]可见，当时碑贾已有长途贩卖业务。而其书中所记碑贾姓名还有姚京受、李云从[④]、沈念岵、苏州汉贞阁唐仁斋[⑤]、黄吉园[⑥]、京师书贾陈万璋，其中姚京受、李云从、唐仁斋、黄吉园皆为当时著名刻工、拓工、裱工，可见当时他们集镌刻、传拓、装裱、翻刻、贩卖于一体。另外，书中还多处记载张祖翼从碑贾手中购拓、碑贾翻刻的记载。如《汉东海庙碑》："曩在京师，碑贾李云从所售者。"《唐欧书化度寺邕禅师塔铭》："同治间怀宁杨礼南学士秉璋之子伯新太守葆铭，以家藏《化度》命苏州汉贞阁碑贾唐仁斋重装。唐见之，独居一小楼上，穷日夜之力，翻成一本，与拓本毫厘不爽，乃大售其欺。"张祖翼在与碑贾交易的同时，亦不免被碑贾所骗，将翻刻本误认成原拓。如《汉史晨前后碑》："余曾为碑贾沈念岵所欺，以重价购一整幅本。"《后魏孙秋生造像碑》《后魏韩曳云等造优填王像记》："余曾为其所给。"《隋姬氏墓志》："碑贾沈念岵亦曾以之给余。"张祖翼在购买拓本时为碑贾所蒙骗，并不是说张祖翼水平有限或鉴赏能力有问题，对于此问题，我们应抱以同情之理解。在当时，由于信息和交通不便，

---

① 此碑中还记端方欲购此碑，奈何索价太昂，未果。其记："碑乃孔氏旧物，端制府方欲购之，以价太昂不果。"

② 此外，如《汉张表碑》："光绪壬寅深秋，余在金陵，有碑贾傅姓者，以拓本来售。"《唐李北海书法华寺碑》："曩在金陵，有碑贾以此碑翻本求售，索价甚昂。"

③ 《汉沙南侯获碑》："余（道）陆入都，道出泰安，有碑贾以新拓数种入旅店求售，购得此碑。"

④ 李云从与南京聂明山，时称"南聂北李"。叶昌炽《语石》云："余在京十年，识冀州李云从，其人少不羁，喜声色，所得打碑钱，皆以付夜合资。黄子寿师辑《畿辅通志》，缪筱珊前辈修《顺天府志》，所得打本皆出其手。荒崖断碣，古刹幽宫，裹粮遐访，无所不至。夜无投宿处，拾土块为枕，饥寒风雪，甘之如饴，亦一奇人也。"叶昌炽撰，姚文昌点校《语石》卷十，浙江大学出版社2018年版，第328页。

⑤ 唐仁斋（？—1915），字文杰，于苏州经营汉贞阁，为江南著名之碑帖铺。其长子唐伯谦，次子唐仲芳，与张祖翼、缪荃孙、杨守敬、刘鹗、叶昌炽、吴昌硕、郑文焯皆有金石往来。关于苏州汉贞阁，可参考上海书画出版社出版之《陶寿伯印谱》，以及李军《渡海印人三题》中的《陶寿伯与唐氏汉贞阁》，载李军《佣书读画录》，中国美术学院出版社2018年版，第326—328页。

⑥ 黄吉园，生卒不详，于苏州开设征赏斋，集刻碑、传拓、装裱、鉴定于一体。常州天宁寺五百罗汉画像刻石即出其手，辑有《征赏斋秦汉古铜印存》。

人们很难见到原石，即使见到，人们对碑拓的鉴定多仅凭记忆，而且也不可能搜罗穷尽一切碑拓之信息。加之翻刻猖獗，因此在收藏过程中，误收几件翻刻本也是正常的。而在其他几种碑刻的鉴别上，则反映出张祖翼眼光的独到与态度的审慎。如《汉朱博残碑》为尹彭寿伪刻[①]，当时鉴赏家皆以为真，尤其王懿荣更是"有谓朱博为伪者，吾必诋之"。张祖翼则认为其"字体松懈无力，不类汉刻。且末行颂字正当石缺处，似恐刻至石外，而起笔有意缩短者"，因此判断其为伪。张祖翼认为《汉张迁碑阴》以"有范德宝'宝'字，原刻作'宝'，翻刻多一画作'室'，此乃刻者故留此以试人目力者"，认为其为伪刻。而"此本经无数人题跋，皆以为宋拓，惟为余一言道破"，同时亦反映出张祖翼不迷信前人成说，敢于坚持自己的判断。而关于《唐欧书化度寺邕禅师塔铭》，张祖翼认为端方所藏宋拓本为翻本，其云："余又见匋斋所藏宋拓本，翁跋亦详且尽。初藏成亲王诒晋斋，余把玩至匝月之久，实不见其妙。清楚处则呆板，模胡处则光滑，明明是一翻本，而王梦楼、伊墨卿诸公之跋，皆极口赞赏不置。惟何道州略有不满语，然亦不敢显斥也。"端方所藏，据题跋可知为"南海伍崇曜粤雅堂藏本"，此本为宋翻宋拓本，翁方纲考定为原石宋拓本。张祖翼不迷信权威，敢于质疑，认为其伪，可见眼光之独到。此处，张祖翼还述及此拓的诸人题跋，王文治、伊秉绶在题跋中极力赞赏，张祖翼不解；何绍基题跋虽略有不满，但也只能隐晦笔端，不敢明显表达，亦可见当时题跋碍于场合与人情之特点。而关于《后秦吕宪墓志》，张祖翼认为："恐原石即为无中生有，然世人承认久矣，不敢自作聪明也。"《唐黄叶和尚墓志》："志署欧阳询书，瘦而无力，不知是翻本是伪造。"则反映出张祖翼辨伪态度的审慎。

通览张祖翼《伪石考》一书，其辨伪方法，无论是据著录、内容、书法、剥蚀、材质辨伪，还是据原拓与翻拓本比较、据刻工翻刻水平、据碑贾和友人告知为伪，本文分类时只是就其论述方便，针对其中的某一主要方面而言。其实，在碑刻辨伪时，张祖翼并不限于某一方面，其中有着多种方法的交叉运用。而在金石辨伪时，我们也要综合考虑、审慎观察，如此才能去粗取精、去伪存真，从而得出正确的结论。此外，张祖翼在书中多次提到其在京师、海上、金陵、苏州，皆可考其行迹。书中还提及长男延厚[②]、其友方剑华农部、江宁王石卿锡藩、长洲徐莐生部郎庆沅，其乡马冀平太史、姚巨农大令、郑大令、光稷甫侍御熙，皆可考其交游情况。在拓本复制方面，《伪石考》中还提到油素双钩法、玻璃板影印法，皆可管窥当时拓本之复制传播情况。

---

① 罗振玉《石交录》载："近人于古刻真伪往往是非倒置，如《朱博残碑》乃尹竹年广文所伪造，广文晚年亦不讳言。余曾以书质广文，复书谓：'少年戏为之，不图当世金石家竟不辨为叶公之龙也。'其言趣甚。"罗振玉《石交录》石一，民国刊本，第二十四叶。叶昌炽《语石》云："若《朱博颂》，确知为诸城尹祝年明经所造。"叶昌炽撰、姚文昌点校《语石》，浙江大学出版社2018年版，第310页。郑文焯《八代碑目广记·寰宇访碑续补录遗》《琅邪太守朱博颂德碑》下按语："朱博见《汉书》，有传。此碑不及百字，而博生平史传所记事业，全著于一颂，汉石无此例。疑齐人伪造，文字皆不古也。"西泠印社拍卖有限公司2003年秋季拍卖会"古籍善本专场"。

② 张延厚（1871—？），字伯末，号公竺，张祖翼长子，安徽桐城人。日本政法大学毕业。曾任洮南县知事、黑龙江督军公署秘书、黑龙江省通志局总纂等。著有《英法政教概论》《欧洲各国宪法管窥》。次子张延夹（1874—1931），字君美，号仲嘉、仲甲，晚号度翁，安徽桐城人。著有《汉碑古字通训》《蜗庐印谱》。

三、结语

叶昌炽在《语石》中，将碑刻作伪手法归纳为"一刻再刻""摹本""赝本""补刻"等，其中尤以古碑"一刻再刻"①的论述最为详尽。而张祖翼《伪石考》一书，其实就是关于碑刻"一刻再刻"的论述，也就是碑刻的再刻、重刻、翻刻。通过以上梳理与考察，虽然此书以《伪石考》命名，但揆诸全书，名不副实。此种伪石并非无中生有、凭空捏造的碑刻，而是根据原石、原拓本的再刻、重刻、翻刻。此种再刻、重刻、翻刻虽然"翻刻模仿，渐失其真"，面目虽是，精神则非，如同优孟衣冠；但在一定程度上还是保存了原石、原拓的部分形貌，存原作之仿佛，"不见中郎，犹见虎贲"，未为无益。也就是说，此书主要内容为碑刻再刻、重刻、翻刻拓本的真伪判别、优劣评价。

学术研究在于求真求实，故首先强调史料的辨伪工作，如此，学术研究才能建立在坚实的基础之上。郭沫若先生在《古代研究中的自我批判》中强调材料辨伪的重要："无论作任何研究，材料的鉴别，是最必要的基础阶段。材料不够固然大成问题，而材料的真伪或时代性如未规定清楚，那比缺乏材料还要更加危险。因为材料缺乏，顶多得不出结论而已，而材料不正确便会得出错误结论。这样的结论比没有更要有害。"②伪书固然给学术研究带来混乱，混淆是非，但我们如果能转换视角，重新审视伪书，确定伪书的具体时代，伪书亦具有其独特价值。陈寅恪在《冯友兰〈中国哲学史〉上册审查报告》中言："真伪者，不过相对问题，而最要在能审定伪材料之时代及作者而利用之。盖伪材料亦有时与真材料同一可贵。如某种伪材料，若径认为其所依托之时代及作者之真产物，固不可也；但能考出其作伪时代及作者，即据以说明此时代及作者之思想，则变为一真材料

---

① "古碑一刻再刻，如唐之《圣教序》有五本。据《古石琅玕》所记：'一为怀仁集右军书，一为王行满正书。褚登善书有三刻。一《序》《记》分刻二碑，龛置慈恩寺塔下，世所称'雁塔本'也。一《序》《记》并为一碑，即刻于同州倅厅事。《苍润轩帖跋》有褚公行书《圣教序》，刻于咸亨三年，储藏家罕著于录。宋端拱元年沙门云胜分书《新译圣教序》尚不在内也。《竹云题跋》云：'褚《圣教序》，行书一，楷书二。行书为宋道君瘦金书之祖，今已亡。'又按《观妙斋金石略》云：'余于同州、塔塔二刻之外又得一本，年月同雁塔本，而字法不同，碑已有断蚀处，不知在何所，诸评论者皆不之及焉。然则褚公《圣教序》实有四本。'《梦真容碑》，一在易州龙兴寺，一在终南楼观。《观妙斋金石略》：'《梦真容碑》，又得白鹤观一碑，先是党光所书，汉乾祐三年杨致柔奉命重书'，此本从未见著录。宋之《党人碑》，五岭以西即有两刻。元之《张留孙碑》，京师一刻，贵溪一刻。此金石家所共知也。"叶昌炽撰，姚文昌点校《语石》卷十，浙江大学出版社2018年版，第307页。叶氏关于唐之《圣教序》有五本的论述，依次援引（清）佚名《古石琅玕》、（明）盛时泰《苍润轩帖跋》、（清）王澍《竹云题跋》、（清）李光暎《观妙斋金石文考略》等金石著作的记载，类似于一种学术史的梳理。但叶氏仅据相关金石著作记载，录而不辨，如李光暎《观妙斋金石文考略》所言《圣教序》实有四本，叶氏言有五本，到底几本，因碑帖辨伪牵扯到实物的佐证，我们不得而知。

② 郭沫若《古代研究中的自我批判》，《十批判书》，东方出版社1996年版，第2页。

矣。"①张祖翼《伪石考》一书中关于再刻、重刻、翻刻拓本鉴别的论述，涉及再刻、重刻、翻刻的作伪手段、作伪动机、作伪类型及辨伪方法，可以说已经囊括翻刻辨伪的全部方面，对我们今天从总体上认识再刻、重刻、翻刻作伪亦有诸多揭示与启发。而书中所记碑刻翻刻本众多，这也从另一个侧面说明当时文人士大夫对拓本需求之强烈，碑贾传拓、翻刻、作伪之兴盛，对我们了解晚清金石拓片市场提供了另外一个视角。也就是说，张祖翼《伪石考》一书除了对碑刻再刻、重刻、翻刻的作伪原因、动机、手法进行探讨之外，还具有超越真伪本身的意义，值得进一步挖掘和深入研究。

在古代及近代，拓本是人们从事学术研究、学习书法和鉴赏的重要依凭，但原石、原拓一经翻刻，必然在材料、形制、风格、内容等方面产生改变，即使所翻下真迹一等，其实也还是优孟衣冠，与原石、原拓气韵绝不相同，这就使得人们容易产生误读、误判，造成一些不必要的论争与解释。如张祖翼书论《唐欧书化度寺邕禅师塔铭》时所言："福山王廉生祭酒懿荣，亦云翁一生但以翻本《化度》为圭臬，故其书板重无生气。"即翁方纲之书法风格的形成与翻刻本《化度寺碑》有绝大关系。而我们把视野拉长，我们发现，清代关于《兰亭序》及魏碑"篆隶笔意"的解读，很大一部分原因是传拓、翻刻所造成的不同效果而产生的误读。当然，翻刻并非一无是处，在古代，有的碑刻地处偏远，再加原拓宝重，一般人难以获得，翻刻在一定程度上拓展了文献传播的方式与途径。如杨守敬曾言："双钩镌木，使穷乡僻壤单寒之士，皆集天下之大观，窥书法之正传，又使好古者易于重刻，不至有传写讹误之失，而古人之精神面目永传于不敝。"②清代碑学的兴起，在一定程度上亦是由于金石传拓、翻刻引起的视觉之变而得以传播天下的。而反观书法史，我们发现书法史上有相当的碑刻原石已经佚失，有的依据原石、原拓重摹，有的依据原石、原拓翻刻。可以说，在一定程度上，我们学习、鉴赏、研究书法，是建立在拓本、翻刻本、重摹本基础之上的。如《峄山刻石》有七种翻本，虞世南《孔子庙堂碑》则有长安肥本和城武瘦本。重刻、翻刻之外，又有摹本、临本、双钩、拓本。这些原迹、原石之外的"衍生品"，有的源于原迹、原石，有的则背离原迹、原石，但都与原迹、原石保持着若即若离的关系。考察这些"衍生品"如何传播与流通，如何再造"真身"，

① 陈寅恪《冯友兰〈中国哲学史〉上册审查报告》，载陈寅恪《金明丛稿二编》，生活·读书·新知三联书店2001年版，第280页。梁启超亦指出伪书的四种功用：一在于保存古书，二在于保存古代神话，三在于保存古代制度，四在于保存古代思想。在保存古代思想中，梁启超指出："造伪的人虽然假托时别人，我们却不和他这样说，单要给他脱下假面具，还他的真面目。一面指出他伪造的证据，宣布他的罪状；一面还他那些卖出的家私，给他一个确定的批评。这么一来，许多伪书都有用处了，造伪的人隐晦的思想也宣显了。"梁启超《伪书的分别评价》，载梁启超演讲、周传儒等笔记《古书真伪常识》，中华书局2016年版，第79页。关于伪书的价值，顾颉刚在《古史辨自序》中亦有论述，其云："许多伪材料，置之于所伪的时代固不合，但置之于伪作的时代则仍是绝好的史料；我们得了这些史料，便可了解那个时代的思想和学术。例如《易传》，放在孔子时代自然错误，我们自然称它为伪材料；但放在汉初就可以见出那时人对于《周易》的见解及其对于古史的观念了……荒谬如谶纬，我们只要善于使用，正是最宝贵的汉代宗教史料。逞口而谈古事如诸子，我们只要善于使用，正是最宝贵的战国社会史料和思想史料……所以伪史的出现，即是真史的反映。我们破坏它，并不是要把它销毁，只是把它的时代移后，使它脱离了所托的时代而与出现的时代相应而已。实在，这与其说是破坏，不如称为'移置'的适宜。一般人以为伪的材料便可不要，这未免缺乏了历史的观念。"顾颉刚《古史辨自序》第三册，上海古籍出版社1982年版，第8页。

② 杨守敬著，谢承仁主编《杨守敬集》第八册，湖北人民出版社、湖北教育出版社1997版，第552页。

重塑与建构中国书法史上的经典，并影响我们的学术研究与艺术鉴赏，并最终塑造我们的书法风格，可以说，这是一个极为有价值与意义的课题。而张祖翼《伪石考》一书深藏上海图书馆中，笔者蒙叶师所赐做一整理并释文，同时对其价值与意义做一揭示与分析，以便更多的研究者关注书法中的再刻、重刻、翻刻、伪刻问题及碑帖的其他"衍生品"。由于年代久远，且此书中缺少翻刻拓本的实物、图片展示，其中所述翻刻，我们只能凭现存有限的碑帖拓本及其文字加以想象、揣测，使用时还要严加审慎和考证。最后，张祖翼的相关金石著作，学界亦未引起注意，笔者希望本文抛砖引玉，以期引起学界关于张祖翼金石学著作及金石辨伪学的关注与研究。

附：《伪石考》碑目

笔者按：本目为张祖翼《伪石考》一书之目录。同时将陆增祥《八琼室金石补正》所附《金石祛伪》，方若《校碑随笔》，顾燮光《古志新目初编》所附《伪作各目》，容媛著、胡海帆整理《秦汉石刻题跋辑录》所附伪刻，陈邦福《碑版研究法》，马子云《碑帖鉴定浅说》，郭玉堂《洛阳出土石刻时地记》所附《伪造石刻录》，王壮弘《增补校碑随笔》《六朝墓志简要》《帖学举要》，赵超《汉魏南北朝墓志汇编》，潘景郑《伪刻和翻刻碑帖举例》，洛阳市文物局编《洛阳出土北魏墓志选编》，刘琴丽《汉魏六朝隋碑志索引》所附《伪刻（含疑伪）碑志索引》等书所录相同伪刻标出，再刻、重刻、翻刻者不再标明。

《伪石考》目录

桐城张祖翼磊庵甫编记

卷上

1.《周坛山石刻》（原石有无不可考）

　　马子云《碑帖鉴定浅说》：伪造。

　　王壮弘《增补校碑随笔》：伪刻。

2.《周石鼓文》（本有今存）

3.《秦诅楚碑》（原石有无不可考）

4.《秦泰山残碑》（本有今存十字）

5.《汉五凤刻石》（本有今存）

6.《汉朱博残碑》（本无）

　　王壮弘《增补校碑随笔》：伪刻。

　　马子云《碑帖鉴定浅说》：伪造。

7.《汉上谷府卿坟坛石刻》（本有今存）

8.《汉祝其卿坟坛石刻》（本有今存）

9.《汉王稚子石阙》（本有今无其一）

10.《汉裴岑纪功碑》（本有今存）

11.《汉沙南侯获碑》（本有今存）

12.《汉会仙友刻石》（本有今存）

13.《汉朱君长刻石》（本有今存）

14.《汉上庸长刻石》（本有今存）

15.《汉礼器碑》（本有今存）

16.《汉刘平国碑》（本有今存）

17.《汉史晨前碑》（本有今存）

18、《汉史晨后碑》（本有今存）

19.《汉郙阁颂》（本有今存）

20.《汉曹全碑》（本有今存）

21.《汉刘熊残碑》（本有久佚）

　　陆增祥《八琼室金石补正》所附《金石祛伪》：伪刻。

22.《汉西岳华山庙碑》（本有久佚）

23.《汉孟孝琚残碑》（本无）

24.《汉张迁碑》（本有今存）

25.《汉张迁碑阴》（本有今存）

26.《汉娄寿碑》（本有久佚）

27.《汉沛相杨统碑》（本有久佚）

28.《汉高阳令杨著碑》（本有久佚）

29.《汉圉令赵君碑》（本有久佚）

30.《汉张表碑》（本有久佚）

31.《汉郭有道碑》（本有久佚）

32.《汉谯敏碑》（本有久佚）

33.《汉朱龟碑》（本有久佚）

34.《汉成阳灵台碑》（本有久佚）

35.《汉淮源桐柏庙碑》（本有久佚）

36.《汉冯绲碑》（本有久佚）

37.《汉夏承碑》（本有久佚）

38.《汉陈仲弓碑》（本有久佚）

39.《汉东海庙碑》（本有久佚）

40.《汉张寿残碑》（本有久佚）

41.《汉司徒残碑》（本有久佚）

42.《汉立朝残石》（本无）

43.《汉大风歌碑》（原石有无不可考）

　　马子云《碑帖鉴定浅说》：伪造。

44.《魏李苞阁道石刻》（本有今佚）

45.《魏黄初残石四片》（本有今佚）

46.《吴谷朗碑》（本有今存）

47.《吴天发神谶碑》（本有今佚）

48.《晋刘韬墓版》（本有今存）

49.《晋房宣墓碣》（本无）

50.《晋瘗鹤铭》（本有今存）

51.《晋爨宝子碑》（本有今存）

52.《晋保姆砖志》（本有久佚）

  王壮弘《帖学举要》单刻伪帖。

53.《陈到仲举墓志》（本无）

  顾燮光《古志新目初编》所附《伪作各目》：伪刻。

  马子云《碑帖鉴定浅说》：伪刻。

54.《后秦吕宪墓志》（本有今存）

  卷下

55.《后魏李璧墓志》（本无）伪刻。

56.《后魏张猛龙碑》（本有今存）

57.《后魏鞠亮云墓志》（本有今存）

58.《后魏孙秋生造像碑》（本有今存）

59.《后魏杨大眼造像碑》（本有今存）

60.《后魏魏灵藏造像碑》（本有今存）

61.《后魏牛橛造像记》（本有今存）

62.《后魏云阳伯造像记》（本有今存）

63.《后魏广川王造像记》（本有今存）

64.《后魏广川王祖母太妃造像记》（本有今存）

65.《后魏孙保造像记》（本有今存）

66.《后魏平乾虎造像记》（本有今存）

67.《后魏北海王元详造像记》（本有今存）

68.《后魏韩曳云等造优填王像记》（本有今存）

69.《后魏司马昞墓志》（本有今存）

70.《后魏司马昇墓志》（本有今存）

71.《后魏崔敬邕墓志》（本有今存）

72.《后魏高植墓志》（本有今存）

  陆增祥《八琼室金石补正》所附《金石祛伪》：伪刻。

  方若《校碑随笔》：伪刻。

  马子云《碑帖鉴定浅说》：伪造。

73.《后魏张黑女墓志》（本有久佚）

74.《东魏刘懿墓志》（本有今存）

75.《东魏王僧墓志》（本有今存）

76.《东魏高密石幢》（本有今存）

77.《北齐水牛山文殊般若碑》（本有今存）

78.《隋苏孝慈墓志》（本有今存）

79.《隋元智墓志》（本有今碎）

80.《隋姬氏墓志》（本有今碎）

81.《隋李富娘墓志》（本有今存）

82.《隋张通妻陶氏墓志》（原石有无不可考）

83.《隋张通妻李氏墓志》（原石有无不可考）

84.《隋董美人墓志》（本有久佚）

85.《隋上方上治平寺塔盘石刻》（本有今佚）

86.《唐欧书隋皇甫诞碑》（本有今存）

87.《唐虞永兴书孔子庙堂碑》（本有久佚）

88.《唐欧书温彦博碑》（本有今存）

89.《唐欧书九成宫醴泉铭》（本有今存）

90.《唐欧书化度寺邕禅师塔铭》（本有久佚）

91.《唐王居士砖塔铭》（本有今碎）

92.《唐颜书麻姑仙坛记大本》（本有久佚）

93.《唐颜书麻姑仙坛记大中字本》（本有久佚）

94.《唐颜书麻姑仙坛记大小字本》（本有久佚）

95.《唐颜书多宝塔碑》（本有今存）

96.《唐颜鲁公与郭仆射书》（本有今存）

97.《唐颜书郭家庙碑》（本有今存）

98.《唐颜书离堆残石》（本有今存）

99.《唐李北海书李秀碑》（本有久佚）

100.《唐李北海书法华寺碑》（本有久佚）

101.《唐颜书东方画赞碑并阴》（本有久佚）

102.《唐颜书裴将军诗》（本有久佚）

103.《唐颜书放生池记》（本有久佚）

104.《唐颜书告身》（本有久佚）

105.《唐黄叶和尚墓志》（原石有无不可考）

陆增祥《八琼室金石补正》所附《金石祛伪》：伪刻。

王壮弘《增补校碑随笔》：伪刻；

马子云《碑帖鉴定浅说》：伪造。

106.《唐顾升瘗琴铭并心经》（本有今存）

陆增祥《八琼室金石补正》所附《金石祛伪》：伪刻。

王壮弘《增补校碑随笔》：伪刻。

107.《唐张延赏墓志》（本无）

108.《唐欧书姚辩碑》（本有今存）

马子云《碑帖鉴定浅说》：伪造。

（作者系中国美术学院博士后）

大印学 ③

西泠印社 编

『篆刻学』学科建设与发展研讨会论文集 下

西泠印社出版社

目　录

（下册）

篆刻学学科与学理
及理论与批评梳理

从"周秦诸子"到"夏代"建构：
黄宾虹古玺印研究中的文化关怀与国族意识

丁　筱

摘要： 黄宾虹晚年着意于在六国文字和三代图画印中挖掘思想文化内涵，在《古画微》中，黄宾虹强调了诸子百家之学为认识上古学术的关键。而在《画学篇》中，黄宾虹把禹迹与良渚遗迹的文明考古放置于道咸画学的延长线上，是对"夏代"叙事的建构。"夏"本是《尚书》叙事的一部分，"夏"的观念是基于真实历史之上的虚构与想象，但在20世纪上半叶在古史辨派的攻击下趋于观念"破产"。黄宾虹将古玺印、考古新材料与文献相互印证，从"国族"意识出发，目的在于对中国"文明起源论"问题重新讨论。

关键词： 古玺印　诸子之学　图腾　夏

图1　《黄宾虹古玺印释文选》书影　　　　　图2　《陶玺文字合证》书影

一、六国玺印研究与诸子之学的文化指向

1922年，黄宾虹所藏古玺印被盗，所受打击甚大。[①]但这个意外的损失，也成为一个契机，使他走向了另外一条治学路径：即以古文字和古史重构画史。其对古玺印之解读，随即也移至了新的角度。由此，在20世纪20年代中期以后，黄宾虹的关注点由"三代"渐措之于"六国"，并提出了六国文字不仅可证诸文字之学，且可合于周秦诸子的观点。如果说晚清的"废除汉字"运动激起了黄宾虹展开古物、艺术研究的最大动力，那么古玺印与古文字研究则是他进入古学与画学研究所凭据的重要津梁。前者回应当时学界激辩的物质上之中西之争，后者则回应精神上的中西之争。观察黄宾虹的早期著述《古玺印中之三代图画》《论上古三代图画之本原》，他比较明显的时间意识是一直注目于"三代"。

黄宾虹收藏古玺印被誉为"海上之冠"，可见他借古玺印作金石文字之研究，得到了学界诸贤的尊重认可。可以说，黄宾虹早期的古文字、铭刻器物学之研究路径，颇受罗、王之学影响，形成了以"三代"甲、金互证的基本理念。这一由吴大澂到陈介祺，再到王国维的古文字考史的学统，既远绍于宋代的金石学要旨，更直接启发了近代考古学与史学。历来金石学研究皆重鉴藏，及至近代，沈曾植、罗振玉、王国维莫不如是。他们看重古器物之收集，以获得第一手材料。王国维在1926年所著《桐乡徐氏〈印谱〉序》中，惊喜地发现甲骨文、金文之后的新领域——"六国文字"：

> 近世所出，如六国兵器，数几逾百，其余若货币，若玺印，若陶器，其数乃以千计……此数种文字皆自相似，然并讹别简率，上不合殷周古文，下不合小篆，不能以六书求之，而同时秦之文字，则颇与之异。[②]

王国维认为新的文字发现与《说文》中的"古文"可以相互参照。黄宾虹正是循此路径，专注于古玺印研究的。黄宾虹对六国文字的研究，跟其对古玺印文的研究密切关联。黄宾虹对篆刻研究甚早，其后又循吴大澂、陈介祺以三代吉金证经考史的研究路径，专注于文字、古史的探讨发现。这种研究打破了乾嘉以来以《说文》为中心的古文经学传统，继承吴大澂等"古文""契文"研究思路，由"形"入手而上出，即"由许书以溯金文，由金文以窥书契"[③]。1926年，王国维在跟马衡等友人的信中也谈到古玺印对文字学的价值极大，又在《桐乡徐氏〈印谱〉序》中言及"云余近于六国文字及玺印之学，颇有所论述"，并遗憾地说"未有专攻之著"，[④]同时说到"然今世谱录，不过上虞罗氏、皖江黄氏、钱唐陈氏数家"，"罗氏所藏，屡聚屡散。黄氏物亡于祛

[①] 按：因邻居失火，歹人趁此将黄宾虹所藏古玺印悉数盗走。参王中秀《黄宾虹年谱》，上海书画出版社2005年版，第158页。

[②] 王国维《桐乡徐氏〈印谱〉序》，《王国维文存》，江苏人民出版社2014年版，第431页。

[③] 黄宾虹《虹庐笔乘》，《黄宾虹文集全编》（金石编），荣宝斋出版社2019年版，第168页。

[④] 王国维《桐乡徐氏〈印谱〉序》，《观堂集林》，中华书局1959年版，第303页。

篋……"。文中所说"皖江黄氏"，即黄宾虹。王国维肯定了黄宾虹在玺印研究上的成绩，进而因古玺印文的释读而写信求教。[①]

黄宾虹也肯定了古文字研究蕴含着极大的学术空间可以拓展：

> 书契之出，适当斯世，天欲古文之学，使与《说文》《古韵》匹，抑可知也。负兹艰巨，舍吾辈其谁哉！[②]

又在《金石书画编》中说先秦古印文字"秀劲奇肆，多六国"，[③]后又言：

> 年来古印出土，发见六国文字尤多……其获新知，当不在甲骨下。甲骨殷商文字为一宗，钟鼎文字为一宗，六国文字古印、泉币、匋器亦当成为一宗矣。[④]

和罗、王重甲骨文、金文不同的是，黄宾虹已经认识到"六国文字"的价值是可以和金文、甲骨文并称者。1935年，他又在致陈柱信中说：

> 仆暇中拟整理六国古文，从形入手，以补浞长所未睹，俟稍就绪，即乞博雅纠正其缪误，幸甚。[⑤]

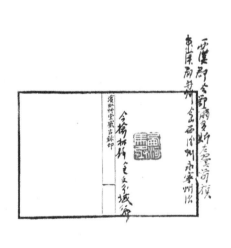

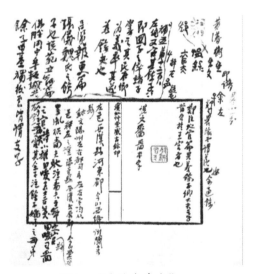

图5　"西河马丞"，　　　　　　　图6　"左邑余啬夫"，
24.1mm×23.4mm×17.6mm，铜　　15.1mm×14.5mm×12.8mm，铜

---

① 王中秀《黄宾虹年谱》，上海书画出版社2005年版，第140页。
② 黄宾虹《虹庐笔乘》，《黄宾虹文集全编》（金石编），荣宝斋出版社2019年版，第169页。
③ 黄宾虹《金石书画编》，《黄宾虹文集全编》（金石编），荣宝斋出版社2019年版，第122页。
④ 黄宾虹《与俞叔渊》，《黄宾虹文集全编》（书信编），荣宝斋出版社2019年版，第122页。
⑤ 黄宾虹《与陈柱》，《黄宾虹文集全编》（书信编），荣宝斋出版社2019年版，第141页。

"洨长所未睹"，则言许慎未见者。即黄宾虹已经确定自己所走的文字学路径为从"形"入手，而不在声训，目的在于补许慎《说文》之缺。可见黄宾虹是在"《说文》—金文—甲骨文—六国文字"这条古文字研究脉络中展开的。

黄宾虹用甲骨文—金文—六国文字—小篆—《说文》的文字演变轨迹，考释六国文字，并横向对比陶文、货币兵器、玺印文、《说文》古文、籀文、三体石经等，同时利用宋代字学文献《汗简》《古文四声韵》进行比对，[①]释读出玺印文字，补证了经史。他认为"六国文字"具有"不减卜辞"之功，因此对古文字研究未来的发展具备深切期待。

1940年在《释"傩"》中，黄宾虹说：

> 商周文字，至许君已千余年，固不能无后世诡更之失，而许书之传，至今又二千年，又不无传写校改之伪，非有近今出土之古文，以证许书所出之古文，亦无由发古代经籍之精蕴，岂仅区于古文字之异同哉？[②]

次年（1941），他再次在《释"绥"》中疾呼：

> 惜言金石学者向置古印币于彝器之外，六国文字，即周秦经籍原版初印之书，宜重于唐碑宋椠，奚翅倍蓰。学无专家，董而理之，有待贤者，亦经学、史学、金石学之良友，而岂徒古印文字云哉！[③]

他认为，不仅要以古印文字之学来看待"六国文字之学"，更要看成是与经学、史学、金石学广泛关联的"良友"，为"有待贤者"的学术新领域。这就是说，他所措意者，并不只是识别文字而已，而是希望在学术底层结构上作一会通。

1949年，黄宾虹在刘体智辑《善斋吉金录》序言中，全面总结梳理了古玺印文字之学逐步形成之道路：

> 集古玺印与古泉币相类，示信检奸，为世宝贵，视古泉币尤重。王者受命，朝廷分职，乔皇典丽，甚至三代彝器同尊，传国之玺，拜官之印，其显著也。自宋《宣和博古图》外别成印谱。后世考藏钟鼎之家，往往不兼玺印，盖以其器物纤细，品制不齐，大逾径寸，小或累黍，官私异制，朱白殊文，纽有熊虎龟蛇之差，质亦金玉铜石之别。弃藏未宏，审择非易，故前人谱录，玺仅言秦，印均宗汉。若其古文奇字，惊世骇俗，又复斥为缪盩，终于废弃，自昔为然，固已多矣。洎乎前清，经学之盛，通人辈出，程易畴始辨私玺，高南郑乃尊周印，桂未谷、吴窓斋广集缪篆玺印文字，以补《说文》古籀。由是秦燔所不及与汉儒之未睹者，发见于邱陇之间，流传乎市廛之上。一经品题，重加采辑，证往训之讹误，供后学之参考，其足以资

---

① 黄宾虹《周秦印谈》，《黄宾虹文集全编》（金石编），荣宝斋出版社2019年版，第259页。
② 黄宾虹《释"傩"》，《黄宾虹文集全编》（金石编），荣宝斋出版社2019年版，第267页。
③ 黄宾虹《释"绥"》，《黄宾虹文集全编》（金石编），荣宝斋出版社2019年版，第290页。

裨益岂浅鲜哉……谨赘弁言。庚午秋日，黄宾虹。①

他以程瑶田为识取古文玺印的开端，并之前学者对此研究遗落的原因，或因玺印物件纤小、品制不齐、印钮杂多，或因文字不可辨、材质纷杂、收藏不广等。而彼时的先秦古印，不仅已成为显学，就连商贾也知道以此为贵重了。刘体智辑《善斋吉金录》正是此一学术潮流宏大的标志，此书出版后，亦影响广大，得到容庚等学者的关注。

从近代以来的学术史来看，古文字领域突破《说文》，实际上是突破了东汉经学的屏障禁锢。国学研究领域以刘歆作为关键人物，去探索认识先秦学问的真正面目。以甲骨文所考订之经史部分，主要集中于殷周，如罗振玉著《殷墟书契》，王国维著《殷周制度考》与《殷卜辞中所见先公先王考》，皆着意于殷周之史事。因此，不仅哲学、史学由新史学的路径去认识九流百家诸子之学，在考古学、古史领域，也都发生了经降子升的学术史形态的变化。

图7 "十四年十一月币（师）绍"，
30.1mm×30.2mm×12.5mm，铜

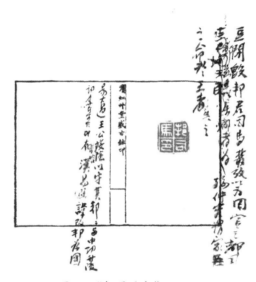

图8 "邦司马印"，
24.6mm×24.4mm×14.9mm，铜

胡适在20世纪20年代率然抛出"在东周以上的历史，是没有一个字可信的"②观点，一时轰动学界，然而其说被随后的殷墟考古成果所批缪。但作为哲学意义上的诸子之学研究，却成了人文学科共同的呼声，不但为"新史学"的研究趋势，更新的契机在于"一战"以后，世界文明形态发生了根本的转变，对老子之学研究也有了新的发展。对黄宾虹来说，这时正亟须对"精神领域"的诸子学（哲学）开启新的研究，他擅长的古文字、玺印研究正可起到辅助学术的作用。由此，"补经证史"一变成为以六国文字参周秦诸子的命题：

　　学者遂称秦灭古制，三代文字器物无存，莫窥原始，并举汤阴殷契、岐阳猎碣而疑之。此

---

① 刘体智辑《善斋吉金录》黄宾虹序，中国美院图书馆藏本。
② 胡适《研究国故的方法》，《胡适文集》，北京燕山出版社2019年版，第1338—1341页。

与楚郢镪金，指为淮南丹药，刚卯方印，视均新莽遗文，时代舛讹，制作互异，印文不明，殆有甚焉。不佞忧之，尝集古印，参考匋器，撰《匋玺合证》一书，曾付印行。征录古文，又于古印奇字，稽之经史，证以古籀，区别异同，拟为集释，在修订中。官私各印，子母穿带，异制殊体，撰印举补。兹检行箧，得所藏古印象形之文四十余纽，辨其字体形制，知有三代秦汉图画，班班可考，因著于篇。近百年来，千玺万印，朱墨传拓，谱录校精，籀补字说，援据详审，略见萌芽。玉血铜斑，陶埴甲骨，发掘之多，逾于前古。周秦玺印，皆六国之文字，嬗变奇诡，状态实繁，类聚群分，为数不在龟甲彝器之下。见前人所未见，发前人所未发，董而理之，不独证经考史，兼以读周秦诸子等书，其必有创闻异辞，惊骇世俗，启蕴藏之秘钥，而古玺印中之图画，特其小而易见者耳。①

黄宾虹以周秦诸子与六国文字相互参证，认为其中一定具备惊世骇俗的学术价值，能"启蕴藏之秘钥"，可见其期待已经越出"古印文字之学"的范畴。他曾与许承尧谈到"六国文字"的文字学意义不在甲、金文字之下，且可和《说文》沟通，进一步补益学术史，价值不低于东汉经学：

> 湘汴皖豫出土之物日益增多，将来六国文字必增进于龟甲钟鼎，可以通《说文》之邮者，非此莫属，其功当不在东汉学之经学以下，惟当日诸公不能如近今之见闻博大，时为之也。②

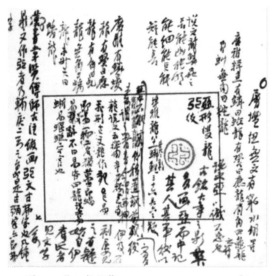

图9 "双龙纹"，26.1mm×9.7mm，铜

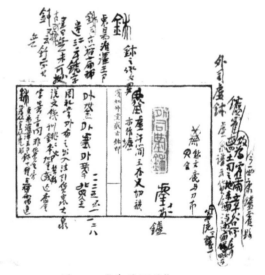

图10 "外司□鍴"，
50.1mm×12.8mm×90.1mm，铜

罗振玉、王国维打破清代乾嘉以来依许、郑以"小学"之声训治经的路径，沿道咸以来转移之金文新学，用甲骨文研究古文字、考证古史，于字形之学找到突破，再合以西学之"问题意

---

① 黄宾虹《古玺印中之三代图画》，《黄宾虹文集全编》（金石编），荣宝斋出版社2019年版，第250—253页。
② 黄宾虹《与许承尧》，《黄宾虹文集全编》（书信编），荣宝斋出版社2019年版，第182页。

识"，①对近代史学方法的突破起非常大的革新作用。黄宾虹以东西地域来分别文字来源，认为"籀文"为西土秦所用文字之异名，"古文"为东方六国所用文字之异名，这是沿用王国维在《史籀篇疏证序》《战国时秦用籀文六国用古文说》中所提出的观点。②黄宾虹对六国文字所能关联学问寄予的期望，提升至与东汉经学并驾齐驱的地步。从这一卓识中，可看出其学问既承自清代学术，又有欲开出新境界的宏愿。

沿其思路，黄宾虹突破了自汉代到清末以经学的今、古文之争以论文字的观点。尤为注意者，黄宾虹用史官、诸子之学来验证，进而证明"古文"与"籀文"的差异并不是由某一地史官单独创立的，而是由其地域传统本身的差异导致的，"或史官世守之学原非一家，略有差别"③。黄宾虹虽采用罗、王之法，但对文明源头的指认则归宿于"史官之学"，这是他思想指向上与罗、王的不同，也让我们进一步理解他从古史认识先秦道家的理路。重要的是，他的关注目光集中在战国到汉代这一段的学术变迁中，文字证古史与思想流派，上古学术脉络逐渐梳理清晰，为他以老子道家之学作为华夏古史之源提供了实物证明。

中国文化向来有南北之异的争论，如《北史》曰："南人约简，得其英华；北学深芜，穷其枝叶。"对学问"南"还是"北"的判断，自古便是认识中国文化地理的重要理论视角。以黄宾虹的国学保存会同仁所讨论来看，章太炎"宗南"，重新以"张楚"抉发中华文明内部生长的契机；而刘师培"宗北"，主张"北学"才是中国文化的根脉所在。④而在书画理论的脉络中，阮元以文化之"南北"为书派碑帖之别申论，康有为则在其基础上在《广艺舟双楫》中以文化地理论为视角，主张重"北"轻"南"，实则暗含以"西"救"中"的文明思想。

旧有的经学价值崩塌之后，对在新的世界格局之下，如何重述中国古典学术与艺术，使之重新整合为一个同条共贯的新价值体系，实际上是黄宾虹学问建构的内在驱动力，而诸子学无疑成为重要的思想资源。黄宾虹晚年非常关注战国诸子的学问归处，以证中华学术传统之源流演变。在最后几年定居湖上的日子里，黄宾虹始终关心中国文化"南""北"特色。其"夷夏观"早已脱离了辛亥之前的"排满"色彩，显出极大的民族包容性，盖与其时容纳中西文化于一体，以文字融通思想的倾向有关。1948年，黄宾虹在致高燮信中，从文物收藏与文字研究，尤其是从古玺印与周秦诸子学的关系中对南北文化进行分判：

> 感于周末文胜，燕赵韩魏，当战国时，商鞅、李斯，皆子夏之门人，只因兵革不休，典籍销毁，此数百年史多阙文。近赖出土文物，聊资考证，古文奇字，著于匋瓦兵器泥封帛币，多逾往昔，尤以玺印为最……上承殷契周金，下启汉魏八分隶草，期间蜕变之迹，不少概见，读周秦诸子者，亦足纠伪补缺。如绥远迤西，时有发见，其文字制作，物质虽不逮楚器精良，

① 按：沈曾植称王国维"善自命题"，当由于王国维早年由叔本华至康德的哲学思维训练。见张文江《王国维的学术和人生》，《渔人之路与问津者之路》，上海文艺出版社2020年版，第117页。

② 参王国维《王国维文存》，江苏人民出版社2014年版，第291—296页。

③ 黄宾虹《金石学》，《黄宾虹文集全编》（金石编），荣宝斋出版社2019年版，第162页。

④ 刘师培《南北学派不同论》，《刘师培辛亥前文选》，中西书局2012年版，第319页。

因沙漠地气人工或殊，当属同为游夏之徒，可无疑义。[①]

在对南北文化的判断基础上，黄宾虹在1954年进一步和庄老思想相接，言：

> 北人重学，南人重文。黄河流域发源最早，儒门子夏之徒，商鞅、李斯。惟子游、澹台灭明渐与庄老合。楚辞《离骚》，继诗《雅颂》，吴亡入越，越属于楚，秦楚之际，书法不同。[②]

"游夏之徒"，即孔子弟子子游和子夏，子游就是言偃，吴地人，和子夏皆列"孔门十哲"，俱为孔门四科之文学科。黄宾虹建立起"北学"的传习脉络，即子夏—商鞅—李斯的由儒到法的谱系，而"南学"则为子游、澹台灭明。孔子曾以子游而言"吾道其南"，黄宾虹则以诸子与儒门沟通，言"子游、澹台灭明渐与庄老合"，即意在儒道相合，老孔合一。传统论述中，《诗经》为六经之一，而《楚辞》为集部之首，《诗》《骚》一直是源流关系，其历史发生顺序是按"群经—诸子"的叙事被表述的。

文学与诸子之学在地域上的差异，在现代学术转型中也成为备受瞩目的思想碰撞点。文化之"南北"和"华夷"之争融合在一起，成为"文明"的种族之争讨论的折射。在"文学"的现代转型中，很多学者在处理诗、骚的关系时按照新的理论视角，搭建出中国文学的南北话语。比如刘师培通过文化地理学视角，处理二者为南北各自为政的二元格局，谢无量在处理《诗》《骚》数百年的时间差距时，模糊处理为"较早"和"较迟"。[③]

黄宾虹与前述学者不同的是，有意通过勾连儒门后学和老庄道家的学术谱系，把《离骚》与《诗经》的关系处理为前后相继，再融入南北二元格局中。虽然不再是"群经—诸子"的叙事框架，但"南""北"也不是完全对立的各自为政，而是包含一元叙事的二元格局。这反映出他晚年立定以"南"为统宗，合儒道为一体叙述中华学术之源流，沟通古今之愿。

夏承焘在1948年拜访初会刚到杭州的黄宾虹，也曾记下其谓"战国时代，长江流域是子游文化，黄河流域是子夏文化"的文化地理分判。以老子之学为南方之学，孔子为北方之学，是20世纪初以文化地理论为视角，对先秦学术进行重构的学术形态。[④]黄宾虹引入诸子学为战国至西汉学术演进中的重要一环，那必然处理诸子与孔子的关系，即将孔、老学术思想源流关系处理为"老"先"孔"后，即老子为孔子之师。[⑤]那么在学问南北分判中，以孔门后学子游、子夏区分为"南""北"，而不是以老、孔为南北之分，则是黄宾虹独特的历史视角。从其理论思想来看，黄宾虹以老子之学为诸子之源，以子游之学与诸子之源"老学"相合，也是从学术立场上倾向于肯定"南学"。

---

① 黄宾虹《与段拭》，《黄宾虹文集全编》（书信编），荣宝斋出版社2019年版，第128页。
② 黄宾虹《与傅雷》，《黄宾虹文集全编》（书信编），荣宝斋出版社2019年版，第251页。
③ 参吴寒《诗骚传统的现代转型——以刘师培〈南北文学不同论〉为观察视角》，《中国人民大学学报》2023年第1期，第66—73页。
④ 宁腾飞《梁启超"孔北老南"说的建立及其意义》，《史学月刊》2019年第2期，第116—119页。
⑤ 参丁筱《"古今"与"中西"：黄宾虹的金石文字与画学思想研究》第四章，中国美术学院博士学位论文，2022年。

黄宾虹对古玺印与诸子之学关系思考的背后，还体现出另一重文化关怀的维度。"宗南"，是意味着他对于学问研究始终坚持文化民族性的立场，兼容"北学"，也意味着放眼世界。从他对古玺印的重视也可看出他试图以"南"为支点去思考书学文质关系、画学南北宗等问题。由此，把黄宾虹的子、史研究与其古玺印研究理解为一个体用兼备的整体，才能理解到他面对"南北"话语背后的古今中西之争的文化处境。黄宾虹借助六国古玺印和诸子之学的互证研究，获得的最重要的意义在于，既保留了古史的连续性，又突破了传统"经学"叙事的局限。这也是他可以经由早期道家的"南方"视野追踪到良渚"夏代"建构的前提。

二、古印、图形印与夏代文明的学理建构

黄宾虹在20世纪30年代以后更为关注考古发现对于早期华夏文明的信史探索。他逐渐得出文明起源是自北到南的流传脉络，最终以良渚为"夏"文化标志，由此对华夏文明的未来饱含期待。《古印文字禹迹考》就是黄宾虹的古玺印研究中对华夏历史记忆与国族意识的体现。

黄宾虹所言"禹迹"，指的是什么？传说中夏禹主导治水所踏查过的地区即"禹迹"，这也是一个广义的、周代邦国之间共享的文明概念。[1]《禹贡》将黄河中下游河道之侧的冀州视为"天下"的核心，与唐虞、夏墟传说联系在一起。对于早期文明起源的研究，《禹贡》的证明或研究显得非常重要，当时的考古学者们认为未来的考古学会提供答案。以顾颉刚为代表的疑古学派则认为"禹迹"是战国晚期大一统思想的拟构，甚至认为"大禹是一条虫"。这些言论，导致"三代"文化信仰逐渐"破产"。[2]针对"疑古"思潮造成对古史的普遍怀疑现象，徐旭生指出："我国极端的疑古派学者对于夏启以前的历史一笔勾销，更进一步对于夏朝不多几件的历史，也想出来把它们说作东汉人伪造的说法，而殷墟以前漫长的时代几乎变成白地！"[3]在顾颉刚提出"疑古"思想之后，傅斯年创办了"中研院"历史语言研究所，开辟了新史料学和比较语言学的研究道路，再到史学界提出"中国古史重建"的口号付诸行动等，这一思想的转向映照出中国现代古史学发展历程。傅斯年认为，地理是理解形成文化差异的关键，中国文化是魏晋以后才有"南北"格局的，而之前都以"东西"来分，以太行山为地理标志，以东属于夷，以西属于夏。在此格局的东西对峙中，西以武力强盛，胜东为多，但是周成为东方的保护人，而东方的文化中心就在于齐鲁之地。与过去把三代看成含糊刻板的印象完全不同的是，傅斯年因此提出来的从夷到夏的路径，才是中国文明的渊源所在。[4]傅斯年从地理角度思考、重建古史的说法或许给予了黄宾虹写作《古印文字禹迹考》以启发。

---

① 按：在《诗经》《尚书》等早期文献和器物铭文中都有涉及。其中《尚书·禹贡》篇是传颂大禹最具影响力的传世文献。它清楚地定义了"禹迹"世界的范畴："东渐于海，西被于流沙。"但在20世纪早期，学者对《禹贡》成文年代的看法开始出现分歧。王国维、沙畹、葛兰言等学者认为，《禹贡》在西周已经成型。

② 参顾颉刚《古史辨自序》（上册），商务印书馆2017年版，第5页。

③ 徐旭生《中国古史的传说时代》，广西师范大学出版社2003年版，第30页。

④ 参傅斯年《傅斯年全集》，湖南教育出版社2003年版，第833—902页。在傅斯年之前，还有蒙文通、徐旭生提出中国文明源头多元的讲法，王国维把六国文字分为东、西二系，亦有商人起源于东方的假设，傅斯年发展了其假设，并把三代看成是一个虽有变化，但是持续不断贯通的力量。

传统典籍中的"三代"，是一个表达政治典范的观念，它广泛地被先秦学者所接受与应用，成为公共话语和思想资源。在"三代"观念的建构中，由于殷商甲骨文的出土，关于三代之"殷周"如何形成，能够借这一材料进行佐证；而由于缺乏考古学的直接证据，使得"夏代"叙事的真实性至今存疑。

黄宾虹曾言"史学舆地，关系文化，最宜注重"①，由此他在《古印文字禹迹考》中非常重视学术分域。他按照地理划分方法，以地理文献为证据，把文化分为南北两系，并认为自大禹平水土之时，北方一系"当迁移大河之北"，②而南方一系"迁徙于长江之滨"，越人为大禹之苗裔。而大禹因在古籍中有"羌、戎、夷"三种身份，成为南北文化的共祖。③同时也把和禹通婚的异姓涂山氏包容其中。

黄宾虹虽反对疑古学派否定大禹的观点，但也并非是使用传统夏商王朝的编年史框架的"信古"论者。他采用了在从前的学术视野中被忽视的"子部"文献资源，综合《括地志》《左传》《周语》《淮南子·地形》《离骚》《诗经》《荀子》《史记·殷本纪》等先秦文献，勾勒出一条从夏到商的都城大致迁徙路线，即：夏禹都阳城—太康都阳夏—杞迁山东—商祖有娀在弱水—契玄居亳—昭明迁商—祖乙迁邢—盘庚迁殷墟。又通过对周的历史梳理，从后稷的母亲姜氏为羌人（即戎之别支）到夏禹苗裔之吴越国、西周时期与戎杂处的晋国，④推断出"北系"是顺着大河趋势由西向分布东。而从春秋战国下至秦汉的趋势，则是从南到北分布。

有以上研究作为基础，黄宾虹据此解释"中国"之义：其一，从文字学上来看，"夏"即是大的意思，"大"字训"人"，"夏"训为"大"；其二，人群的流动和王城的迁徙体现夷夏民族的文化融合。黄宾虹认为无论是统一六国的秦国祖先"鼎宅禹迹"，还是周之旧壤（戎），从源头上追溯，都在于"夏"。中国文明源头所在，就是包容了夷夏各族的"夏文化"。⑤可以说，这是黄宾虹从义理上阐释的"大一统"观。

1953年，黄宾虹在致张谷雏的信中，吸收最新考古成果，从"图腾"角度阐发对"夏代"后裔历史演进路线的看法：

> 鄙见以为夏代为殷周所灭，其族裔分两派，一在黄河流域，今西北甘肃、绥远，一长江流域，今四川、湖北及会稽、闽广皆其子孙。至商周，华夏又称华夷，杂处中国。夏，《说文》："中国之人也，有威仪文采，头目手足。"楚王鬻熊为文王师，其叔狪相能读三坟五典、八索九邱，文化实该殷周之上而夏光大之。夏水即江夏，以水名国，楚先封夔州境域。夔颛郳九魄隗，"页"又作"兄"。大禹蛇族，今闽训蛇，皆其图腾。⑥

---

① 黄宾虹《鉴赏学简说》，《黄宾虹文集全编》（书画编·下），荣宝斋出版社2019年版，第887页。
② 黄宾虹《古印文字禹迹考》，《黄宾虹文集全编》（金石编），荣宝斋出版社2019年版，第326页。
③ 黄宾虹："由羌至百越，南北二系莫不祖禹。"参黄宾虹《古印文字禹迹考》，《黄宾虹文集全编》（金石编），荣宝斋出版社2019年版，第326页。
④ 按：黄宾虹认为晋国居于有虞氏之唐城，即夏文化的延续。说明把有虞氏的祖先舜看作是和禹一系的夏代祖先。
⑤ 参黄宾虹《古印文字禹迹考》，《黄宾虹文集全编》（金石编），荣宝斋出版社2019年版，第328页。
⑥ 黄宾虹《与张谷雏》，《黄宾虹文集全编》（书信编），荣宝斋出版社2019年版，第223页。

夏代后裔分为"南北"。"北"为黄河流域，至于西北，而"南"为"长江流域"，远至会稽、闽广。大禹并非"虫"，而是蛇族，以"南"的最远之处"闽"训为"蛇"，可证明"禹"为夏代的图腾。南方的"楚文化"也在"夏文化"之内。他在地方史志的研究中有意沟通与"古史"与"中国"的关系，"搜辑歙中佚闻不著史乘者，因歙学为中国关系至大"①。除此之外，黄宾虹还在《黄山丹青志》中通过解释"江南"包含安徽南部和浙江，来说明共同的源头是吴越——吴越为"禹之苗裔"。由此，黄山和"中国"为一体共生的关系。②在这一点上，和黄宾虹从地理角度研究《禹贡》的意图，正为呼应。

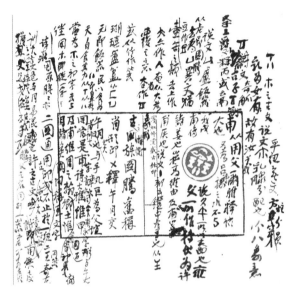 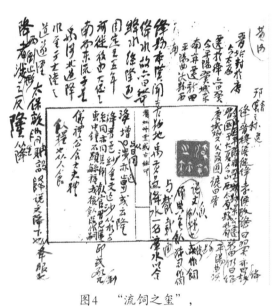

图3　"巴蜀古印"，30.5mm×9.5mm，铜

图4　"流饲之玺"，29.4mm×28.5mm×10.3mm，铜

郭沫若认为"图形文字"是"古代国族之名号，盖所谓'图腾'之孑遗或转变也"，并据马克思主义历史学原理用生产力与生产关系来研究，用原始社会、奴隶社会来区别社会形态，认为是"脱去原始畛域者之族徽"。③黄宾虹自20世纪30年代以后着意关心考古、古史的最新成果，在清代道咸以来金石学谱系的延长线上，把郭沫若放到继孙诒让、罗振玉、王国维之后的谱系中。④此即郎绍君等学者认为黄宾虹在1949年后逐渐接受马克思主义史观的原因。⑤从客观可信的考古成果认识到古玺印对认识春秋战国此数百年学术变迁的重要性。但更为重要的是，从玺印文字上可看到"文字"和"图画"共享一个历史源头。如其自言：

①　黄宾虹《与段拭》，《黄宾虹文集全编》（书信编），荣宝斋出版社2019年版，第111页。

②　按：这篇文章编者并没有标注著作时间，从行文来看，并没有提到作为"夏文化"代表的良渚文化，而对"中国"这一文化认同的呼唤，窃以为应该是北平时期。

③　郭沫若《殷彝中图形文字之一解》，《郭沫若全集》之《考古编》第四卷《殷周青铜器铭文研究·商周古文字类纂》，科学出版社2017年版，第229页。

④　黄宾虹《文字书画之新证》，《黄宾虹文集全编》（书画编·下），荣宝斋出版社2019年版，第881页。

⑤　郎绍君《问题与方法》，《探问集——20世纪中国画学研究》，商务印书馆2020年版，第123页。

文字图画，初非有二，六艺之中，分言书数，支流别派，实为同源。金文亚形，阳款阴识，古之国族，今称图腾。玺印出土，文字繁多，书画错综，合于一器，诙奇玮异，不减卜辞。蝌蚪虫鱼，实侔孔壁，经传诸子，可资佐证，前人未睹，诚为缺憾。昔谓蛮夷，亦言戎殷，方国都邑，移易姓氏，垂诸后世，有迹可循，似宜抽绎，广为传古。春秋战国，此数百年，关系学术，尤属重要。文艺流美，非徒见三代图画而已。[①]

在对弟子顾飞的信中也提到三代的肖形印的意义：

罗君振玉谓肖形印昉于汉，实未睹三代的有肖形印，有文字可据。近董理拙著六国文字证，渐有头绪。甲骨、钟鼎，近卅年著述已多，而晚周文字，为经传诸子百家原本，由篆而隶，伪舛日甚。从来学者未暇及此，而绵力殚数十年之征集，今先于古印中发明之，亦读古书者所乐闻也。[②]

由"三代"到"非徒见三代图画而已"，可见黄宾虹对上古进行社会形态的研究，摆脱了文字学范畴内"象形"意义束缚，转向更广阔的文化意义上来认识中国。黄宾虹看到"图腾"的作用是识别"氏族"及都城的迁徙，[③]从族群的演变中看到民族的融合：

夏禹苗裔，东南楚越，西北赵魏，蛮夷戎狄，皆其臣工，玉石铜器，宜著图腾。[④]

从这一段可以发现，黄宾虹延续了他在《古印文字禹迹考》中的研究结论，即因考古之大发明，新出玉器、匋器中都能印证于文献。又根据新发现的延安、绥远、甘肃等地的出土文物，他得出远在"殷契周金之前"的结论。[⑤]他对考古发现的关注已经由"甲骨文—金文"所对应的"殷墟"，转移至以玺印文字对应"夏墟"的探求。

黄宾虹观察到近年考古出土发现的地理演进路线：

渐由西北及于西南、江浙、吴楚、长沙、寿春、毗陵、浙水、良渚、安溪……近人言哲学者谓上古科学附属哲学之下，中古科学、哲学背道而驰，近古科学大明，贯通哲学，虚实兼该，互相扶助。况有古物出土，自敦煌石室、洹水殷墟、居延汉简、绥远玺印等类以来，渐由西北及于西南、江浙、吴楚、长沙、寿春、毗陵、浙水、良渚、安溪，古玉匋瓦，时有发显，前所未见，将集大成，考古证今，表扬美术，以资学艺精进，而无疑矣。[⑥]

---

① 参黄宾虹《某刊发刊词》，《黄宾虹文集全编》（书画编·下），荣宝斋出版社2019年版，第881页。
② 黄宾虹《与顾飞》（1941年），《黄宾虹文集全编》（书信编），荣宝斋出版社2019年版，第415页。
③ 黄宾虹《某刊发刊词》，《黄宾虹文集全编》（书画编·下），荣宝斋出版社2019年版，第891页。
④ 黄宾虹《宾虹草堂藏古玺印自叙》，《黄宾虹文集全编》（金石编），荣宝斋出版社2019年版，第68页。
⑤ 黄宾虹《与刘作筹》，《黄宾虹文集全编》（书信编），荣宝斋出版社2019年版，第361页。
⑥ 黄宾虹《人物画说略》，《黄宾虹文集全编》（书画编·下），荣宝斋出版社2019年版，第977页。

"西北"即指甘肃，"西南"是指云南，[①]"寿春"则在安徽。[②]这一条由北向南的路径，最终指向的是良渚"夏文化"。20世纪的考古从仰韶文化开始，到山东龙山文化，再到余杭良渚文化等，越来越多的史料发现，展露出更多东亚大陆文明起源的线索。作为史前文化的巅峰代表，良渚文化有强势的对北扩张的趋势。而黄宾虹在《古印文字禹迹考》中梳理的"由南向北"的路径，则正好是从其发展趋势予以反向认识的。

他从四川得到非文字的肖形古玺印，认为可以和夏、商文化印证：

> 商周古印拓，昔王廉生太史游蜀，得一无文字肖形古印，圆形，大小相类，今存簠斋《印举》，谓为非夏即商。[③]

"非文字"的图形印在成形的"文字"产生之前，即图画先于文字的观点，是从历史源头证实了书、画的同源共生。因此，他以图形印可以证诸笔法而兴奋：

> 旋又得蜀王及沫王凹无斁中王甫、王隗、戎讯玺、鱼凫两面等印，皆文字兼有图画，在一器上，为前人著录所未见，而画多古人用笔法，可喜也。[④]

巴蜀玺印何以能证明"非夏即商"？张守节《史记正义》云："蜀之先，肇于人皇之际。黄帝与子昌意娶蜀山氏女，生帝喾，立，封其支庶于蜀。历虞、夏、商。周衰，先称王者蚕丛。""蚕丛"与"鱼凫"作为蜀王，被司马迁纳入蜀国线性历史叙事的起点，即黄帝。晋常璩所著《华阳国志》中称"郡西百里有石纽乡，禹所生也"，"黄帝为其子昌意娶蜀山氏之女，生子高阳，是为帝喾，封其支庶于蜀，世为侯伯"。在这样的历史叙事中，巴蜀由血缘关系成为"华夏"家族的一员，蜀人因此自称为黄帝后裔。在黄宾虹看来，获得巴蜀印，无异于得到了与夏商同时的印证，这样"夏""商"的真实性便可以证明了。

黄宾虹人生最后几年，在与刘作筹的信中说到要做的工作是以拓出"图腾"类印章为首要：

> 敝藏古印，撰有考释数卷，有三代最初夏代古文，援据甲骨殷契及钟鼎古文，拟先拓出图腾一类，有字有画，画在古文之先，为最近考古学家所公认；系有考释，先行石印或金属版，出而问世。[⑤]

正如宾虹所说，"画在古文之先"，他对"夏文化"进行探究的目的也已明了，即在古印研究

① 黄宾虹《虹庐画谈》："长沙周缯，良渚夏玉，前所未睹。"《黄宾虹文集全编》（书画编·下），荣宝斋出版社2019年版，第971页。

② 黄宾虹《与许承尧》："年来寿春出古铜器甚多，皆晚于周文字，足与汗简、夏竦同音古文相证。"《黄宾虹文集全编》（书信编），荣宝斋出版社2019年版，第187页。

③ 黄宾虹《与方叔轩》，《黄宾虹文集全编》（书信编），荣宝斋出版社2019年版，第9页。

④ 黄宾虹《与方叔轩》，《黄宾虹文集全编》（书信编），荣宝斋出版社2019年版，第9页。

⑤ 黄宾虹《与刘作筹》，《黄宾虹文集全编》（书信编），荣宝斋出版社2019年版，第361页。

中探寻图画与文字之间的历史脉络关系。图形印研究成为黄宾虹画学研究的支点，这正是黄宾虹作为一个画家身份在玺印研究中的独特视角呈现。

三、黄宾虹"夏代建构"背后的国族意识

黄宾虹曾在《金石学略说》中提出"栖神益智金石之学"，呈现了和同时代倡金石、器物学学者不同的理解。认为金石学的功能既不在于"证经考史"，也不在于"雅玩"，"非徒资于考证文学与鉴定器物而已"，而在于"明其义理接其精诚"，企图恢复到原本的器物与制度的关联意义中去。① 从黄宾虹自言"金石学"的范围来看，依然是基于道器思想。他认为古文字与古器物，两者不可"离而二之"，其原因在于"文字以载道，器物以成艺"。② 即本为工具的文字可以"载道"，而客观的"物"也可以成就艺术，两者关系并不能"离而二之"。

以此思想观黄宾虹在《画学篇》中的表述，他将"良渚"等考古发现置于"道咸画学"的历史文化延长线上进行叙述，寄寓着融合新发现、新材料重构华夏文明源流的期望：

> 夏玉出土今良渚，斑斓色采实若虚。
> 古文奇字证岣嵝，舜禹揖让无征诛。
> 会稽和协集万国，平成水陆通舟车。
> 天然图画大理石，神工诡秘滇南无。
> 文治光华旦复旦，月中走兔日飞乌。
> 变易人间阅桑海，不变民族性特殊。③

黄宾虹对夏代出土成果可以印证"民族性"的历史定位，显然已经溢出既有的史学范畴，指向"明其义理接其精诚"的精神世界。这种"先由器物，以明精神"④ 的认识路径，也是黄宾虹把玺印、古史和画学建构含融互摄，融为一体的理论前提，使其得以在画史著作里独树一帜。

概括地说，黄宾虹在画史著作中，对早期文明的"夏代"建构主要表现在两个方面：其一为国族标识。在黄宾虹看来，这些图腾印信，是一个国家和民族的"标识"，可以印证他在《画学篇》中所言"夏璜殷契周金古，国族标识通鱼凫"⑤ 以古史建构画学的"国族"意识。如此，其理论不但消解了单纯的绘画南北宗派论，实际上也解答了书法南帖北碑论问题，更是对中国绘画史渊源流别作了重新的条理与归宿，更为可贵的是，他提出了中国本土艺术的精神出路。虽然近代民族主义观念的进入，仿佛"倒逼"当时的知识人形成了基于"国家"意义之上的"民族"认识，但是从上述黄宾虹对古史理解浮现出来的"国族"意识来看，"民族"意识不仅仅是西方以血缘、人种、地

① 黄宾虹《金石学略说》，《黄宾虹文集全编》（金石编），荣宝斋出版社2019年版，第83页。
② 黄宾虹《金石学》，《黄宾虹文集全编》（金石编），荣宝斋出版社2019年版，第160页。
③ 黄宾虹《画学篇》（其二），《黄宾虹文集全编》（书画编·下），荣宝斋出版社2019年版，第959页。
④ 黄宾虹《鉴赏学简说》，《黄宾虹文集全编》（书画编·下），荣宝斋出版社2019年版，第887页。
⑤ 黄宾虹《画学篇》（其一），《黄宾虹文集全编》（书画编·下），荣宝斋出版社2019年版，第958页。

域为纽带意义上的，更是基于共同的历史记忆产生的文化认同。换言之，黄宾虹的"民族""国族"意识是通向于华夏"开端"的记忆，而指向于"未来"，并非套上当时西方的"公理"框架。这也是我们从《古画微》以"古"命名中可看到的黄氏超越"国家"的文化意识——"古"不只是时间之"古"，而更是文化信念意义上的"道"。其二是笔法上溯。良渚文化的最大特色在于玉器。黄宾虹亦写信求教于友人，请教最新的玉器成果，说明他所关注已非传统金石学所关注的文字了。在对笔法来源认识的"重塑"中，他认为阴阳雷纹之出现，保留在玉器和铜器的"云纹"中，虽然是装饰图案，但很好地解释了"线由点而来"的原因。同时，"钩勒"以及"锥画沙"的笔法原理，也可从良渚玉器中的云雷纹上悟得。①

对"夏代"叙事如何建构的研究是必要的，这关系到中国对"文明起源论"的问题。所谓"文明起源论"，就是探讨一个"文明"（civilization）最初是如何构成的。"文明"（civilisation）一词出现在18世纪中叶的法国，具备价值判断的意思，包含天然的"文""野"之分。西方学界中的"文明"一词，是以西方的"先进性"为标准衡量其他文明，后来则逐渐简化为"白人至上主义"，将欧洲以外的文明看作低等级文明。在这种"文明论"之下，西方"现代化"的经验成了政治制度"现代化"的标准，西方现代国家构成成为衡量"现代性"国家的唯一参照。近代中国学界接受了西方的"文明"概念，并做出各种新阐释，由此"文明"也成了历史阐述中的重要观念。以"文明起源论"的方式探讨何为理想政制，不仅不是现代西方的发明，更不是西方独有的思考方式。"三代"中"夏"的叙事，就应该看作是中国古典的"文明起源论"。从历史真实性的视角看，"夏"的文明起源叙事具有虚构与想象的成分，然而，"夏"的叙事并非向壁虚构的想象，是基于真实历史之上的虚构与想象。在传统的文献流传中，因为有"夏"，才有了古史叙事的完整性。因此，黄宾虹尊重"夏"的观念历史存有，也是尊重观念的真实。

四、小结

在那个思想纷杂的时代，黄宾虹的论证工作无疑具有独树一帜的特点，也体现出超前的运思能力。既而，使我们在以现代学科介入对他的研究时，也必须将他冠以"文明史"层面意义的书画家或书画理论家，这一点是他与其他十九世纪末、二十世纪以来艺术界人物最显著的差别。同样，在近现代学者之林中，他也应当占有十分重要的一席之地。

黄宾虹曾云："画者，文之余，亦文之极也。"②可以看出，黄宾虹对画学整体研究背后的文化关切，投射了其对华夏"斯文"传统的认同与期待。而黄宾虹的画学研究背后也蕴含了他的学术思想整体。他的古玺印研究与他在经、史、子的思想重构相互交织、互相印证，指向的是他对华夏文化的立场和复兴民族文化的坚定信念。正如其在《受觯篇》中云"武梁祠画羲皇始，蛇身阐易开文治"，又云"缄缄周文泊汉唐，道存华国未坠地"。③如何在现代民族国家的叙事场域中追溯早期文明，保存华夏叙事的完整性？在这个视野观照之下，黄宾虹以他在古玺印研究中的历史文化关

---

① 王中秀主编《黄宾虹文集全编》（书画编·下），荣宝斋出版社2019年版，第946—949页。
② 黄宾虹《与陈柱》，《黄宾虹文集全编》（书信编），荣宝斋出版社2019年版，第152页。
③ 黄宾虹《古印文字证（之一）》，《黄宾虹文集全编》（金石编），荣宝斋出版社2019年版，第272页。

怀中呈现出来的思想轨迹，让我们得以跟随他重新从文明源头再出发。

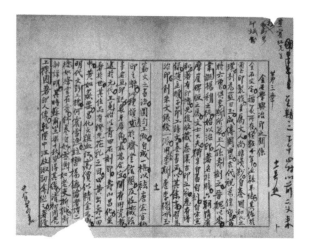

图11　黄宾虹《金石学与印学的关系》手稿之一

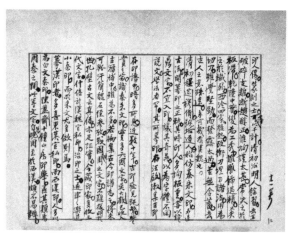

图12　黄宾虹《金石学与印学的关系》手稿之二

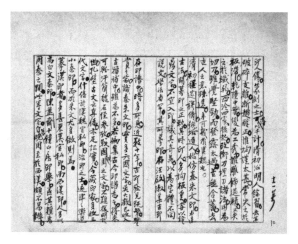

图13　黄宾虹《金石学与印学的关系》手稿之三

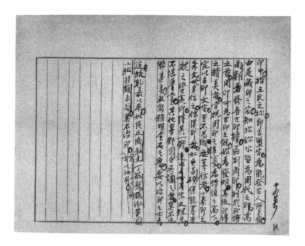

图14　黄宾虹《金石学与印学的关系》手稿之四

印论沿袭旧说现象的三种反叛路径摭议

——以黄宾虹的印学研究为中心

李肖汉

摘要： 在印论发展过程中，沿袭前人旧说、文本大量重复的现象众多，这是印论发展停滞不前的原因之一。而黄宾虹的印学研究体现出了对这种现象的反叛，通过新文献、新观点、新视角三种路径推动了印论的发展。黄宾虹留心收集出土古印、蓄集印谱等行为，可谓对印学新文献的追求；新观点如其印论《〈印举〉商兑》对吾衍《三十五举》的一些观点进行了质疑，可见其印学理论研究的批判精神；黄宾虹《叙摹印》既谈印章发展历史又叙治印技法，兼及印材、印谱与印相。其中印相之说，可谓黄宾虹关注的前人未曾涉足的印学研究新视角。新文献是黄宾虹获得新观点和新视角的文献支撑，新视角和新观点使其收集到的新文献焕发生机。三者相辅相成，互为依托。

关键词： 黄宾虹 印学理论 《〈印举〉商兑》 印相

印学理论是主要研究中国篆刻艺术的文艺理论。与中国古代的书论、画论等其他文艺理论相比，其开端较晚，发展过程有其特殊性。[①]其中值得注意的便是沿袭旧说现象，这种现象在一定程度上阻碍了印论的发展。早在二十世纪三十年代，篆刻家蔡守就在其《印林闲话》中说："四部书中，莫若论印之书无聊，彼此剽袭本无价值，往往有同一段文字，各书互见，且数典忘祖，不著称引痕迹，其陋如此。而其论制度，谈小学，管窥蠡测，舛谬更甚。"黄惇先生也曾谈到这一现象，他认为对于剽窃的印论著作，应当予以汰除，伪托篆刻名家、数典忘祖不着引用痕迹的印论应还原其本来面目，价值很低的著作即便标出名家也不足以抬高学术地位。黄惇还列举了明代徐官《古今印史》、何震《续学古编》，清陈克述《篆刻针度》等印论中的剽窃抄录现象。[②]纵观印论史，这些以沿袭旧说为主的印论或因发行量大，或因伪托名家，传播广泛。这一原因使得印论史的发展与传播热闹有余但深度不足，没有形成像《画语录》《艺概》这样有总结性形态且自成体系的名篇。

拥有新视角、新观点、新文献的研究更具深度和意义，这已成为当今学者的共识。如欲使印学理论向前发展，必须摒弃沿袭旧说的行为和仅汇集前人文献的学风，通过留心收集取得新文献，深入研究生发出新视角和新观点，而黄宾虹的印学研究恰恰做到了这三点。黄宾虹髫年即留心篆刻艺术，治印之余于印学理论用力颇深。一生有论印杂著十万余言，散见于二十世纪报刊之中，其论述渊博精当，能见其胸襟学养。他的印学理论既有印学论著、印谱序跋，还有论印诗词，体裁多

---

① 陈国成《中国印学理论体系》，科学出版社2020年版，第7页。

② 黄惇《中国古代印论史》，上海书画出版社2018年版。

样。黄宾虹留心收集出土古印、蓄集印谱等行为，可谓对印学新文献的追求；他的新观点如其印论《〈印举〉商兑》对吾衍《三十五举》七举中的一些观点进行了质疑，亦可见其印学理论研究的批判精神。其对古玺的鉴藏，也使得他有很多古玺研究领域的新观点；《叙摹印》可谓黄宾虹印学论著中的代表之作，其文内容丰富，论述翔实，既谈印章发展历史又叙治印技法，兼及印材、印谱与印相。其中印相之说，可谓前人未曾涉足的印学研究新视角。然酒香也怕巷子深，其印学研究之境界多被忽视，或因被画名所掩，也与其坚持文言写作，不易于在现代语言环境中传播有关。新文献是黄宾虹获得新观点和新视角的文献支撑，研究过程中的新视角和新观点使其收集到的前人未见之新文献焕发生机。三者相辅相成，互为依托和补充。

一、黄宾虹印论中的新文献

新文献的发现是对沿袭旧说现象的反叛。收集新文献的过程和对新文献的研究对理论家引入新的研究视角、方法理论产生帮助；还有助于打破旧有的理论框架，对旧有认知进行批判和反思，揭示新的艺术现象，还可能有新的分析和观点，从而对旧有艺术理论进行反叛，推动艺术理论的创新和发展；还能促进学术交流和对话,给研究注入新的活力与创造力。

沿袭旧说与取得新文献后研究获得新观点、新视角在信息输入上有本质的差异。沿袭旧说是人们对篆刻理论的被动接受后，几乎不体察其内容是真是伪、是否正确、是否有深度，直接进行复制性输出；而能取得新文献，是带有主观能动性地对篆刻理论和篆刻实物进行有筛选性的输入。众所周知，黄宾虹一生尤其喜好搜集古玺。他在1921年所作的《蓄古印谈》中说："古玺文字，国邑姓氏爵里各各不同，繁于钟鼎，不啻千百，且质微易举，不盈尺之地，可得上古文字无数，易于弆藏，余尤珍爱之。"[①]带有主观能动性的筛选性收集，往往跟篆刻理论家的兴趣、学养、财力、交游等方面息息相关，黄宾虹在这些方面都具备良好的条件。"到了本世纪（20世纪）二十年代初期，先生收集到的古玺印已达二千余纽。"[②]他也多次十分自豪地提起自己的古玺收藏。如：

古印敝处曾积数千组，搬家遗失不少。[③]

余痛时艰，薄世味，暇辑玺印，以古娱，恒之岁月，所获可千百计。[④]

黄宾虹的收藏不仅多而且精，邓文冲《黄宾虹的古玺鉴藏研究》[⑤]一文把黄宾虹的古玺收藏大概分为三个阶段：混杂期、选择期、专注期。这种分类具备一定的合理性，从这种分类方式可以看出黄宾虹不同阶段实物文献收集过程的特点。第一阶段是混杂期，只要是古印，黄宾虹都会感兴趣，且大多是从前贤汪启淑那里获得的。汪改庐所编《黄宾虹先生年谱初稿》中称："先生二十三

---

① 黄宾虹《蓄古印谈》，《黄宾虹金石篆印丛编》，人民美术出版社1998年版，第39页。
② 王福厂《记黄宾虹钤赠高奇峰的集古印谱》，《黄宾虹金石篆印丛编》，人民美术出版社1998年版，第304页。
③ 黄宾虹《与段无染书》，《黄宾虹金石篆印丛编》，人民美术出版社1998年版，第299页。
④ 黄宾虹《古玺印铭并序》，《黄宾虹金石篆印丛编》，人民美术出版社1998年版，第31页。
⑤ 邓文冲《黄宾虹的古玺印鉴藏研究》，广州美术学院硕士学位论文，2021年，第5页。

岁时，收得乾隆年间集印名家汪启淑旧藏古玺，从此学为篆刻云。"①这时的黄宾虹只要是古印便有想收入囊中的念头，几乎没有特别的筛选机制，并且会从大收藏家聚散流出的藏品中成批量收集。这种行为与沿袭旧说的理论家在收集文献时的行为有很大相似之处。第二阶段是选择期，这时的黄宾虹在收藏的追求上与第一阶段不同，已经开始有所追求了。他在《滨虹集印序叙目》里说："汉魏拜官，有凿有铸，抑埴倾正，私印所祯。集古铜印第一。猩红耀手，细画排窝，世竞工经，仔材象磋。集牙印第二。玛瑙砗磲，晶玉并美，刀乏昆吾，良工用碾。集杂珍印第三。灯明旧冻，温润比玉，王冕滥觞，便易琱琢。集石印第四。贞志不朽，井中铁函，荥阳之哲，宗风所南。集郑遗苏印第五。秋室飞鸿，别标谱录，储之锦囊，纤仅一粟。集汪切畚诸印第六。朵云书名，玺印变体，昔黄伯思，庋亦千计。集古铜押第七。"②从这段文字就可看出，黄宾虹此时已在做汇集印谱的工作，并且能对自身收集的印章按材质或来源等因素进行分门别类，这说明他有了更深入的认识，并且按兴趣甚至用自己的学养对其学术价值进行筛选。这与前文提到的新文献获得标准不谋而合。第三阶段是专注期，他的收藏基本上以古玺印章为重点。在1920年的《滨虹草堂藏古玺印例言》里，黄宾虹就对古玺进行了分类：三代古玺，玺节，奇字玺，王玺、君玺，官玺、市玺、命玺、大夫玺、里玺、讯玺，周秦玉印及杂玺，朱文鸟篆黄金玺，朱文大玺，肖形印，小玺通用印等。这种收藏方向上的精细划分，为他进行印学研究提出新观点和新视角奠定了基础。

提及黄宾虹对古玺印章的热爱，最早可追溯至他天真烂漫的少年时代。他自幼便受家庭文化的熏陶，六岁启蒙，七岁即开始涉猎古文的学习。这样的教育背景无疑为他日后对古玺印章的热爱埋下了伏笔。他在《滨虹杂著》里说："余读许氏《说文》，庭训也。父亲虽然经商亦喜文艺，藏有《字汇》。"王中秀记述：黄宾虹此时（少年时期）认识了千余字，他时时翻检它（《字汇》），加之好问，对汉字的形、声、谊（同义）已略有所知。这使得他具备收集古印的学养，也能大量阅读文献。黄宾虹的父亲虽是一位商人，但也爱好濡笔弄墨，并收藏古印、字画。黄宾虹在十一岁时就临摹了父亲所藏的邓石如印章。"宾翁治印，乃是'近接衣钵'，家学渊源，其来有目的。"③由此可见，少儿时期的兴趣和家学也是他专注收集新文献的重要影响因素。

物以类聚，人以群分。一个人的人生经历往往受其结交之人的影响。父母无法选择，而朋友、伴侣、师长等有后天选择的余地。一个人对他人的价值评判以及社交选择，往往反映出这个人的一部分价值观念。了解更多人的生命状态，并且有思考有选择，产生自洽的社交选择，这有利于自身的发展。一般来说，对一个人的人生道路影响最大的是"重要他人"。重要他人（significant others）的理论来源主要归功于两位学者：米德（Mead. G.H.）和米尔斯（Mills. C.W.）。米德首先在其著作《心灵自我与社会》④中暗示了这一概念，而米尔斯则在其后的研究中进一步发展并明确提出了这一概念。米德是符号互动论的开创者，他强调人的心灵和自我是在社会互动中形成的，而"重要他人"就是在这个过程中具有重要影响的人。米德认为，人的自我意识是通过与他人的互动而逐渐形成的。他们通过对人们的行为、态度和价值观进行反馈和评价，帮助人们形成自我认知和

① 王福厂《记黄宾虹钤赠高奇峰的集古印谱》，《黄宾虹金石篆印丛编》，人民美术出版社1998年版，第304页。
② 黄宾虹《滨虹集印序叙目》，《黄宾虹文集全编·金石编》，荣宝斋出版社2019年版，第4页。
③ 赵志钧《宾虹老人集印轶事》，《黄宾虹金石篆印丛编》，人民美术出版社1998年版，第330页。
④ [美]乔治·H·米德《心灵、自我与社会》，上海译文出版社2018年版。

自我概念。米尔斯在米德的基础上进一步发展了这一概念，他明确提出"重要他人"，是指在个体社会化过程中具有重要影响的具体人物。这些人物可能是我们的亲人、朋友、老师、同事等，他人通过与自身进行互动和交往，对自身的行为、态度和价值观产生影响。

在黄宾虹的青年时代，"重要他人"对他的影响也是其收集印学新文献的重要原因。据沈炜荣的《黄宾虹金石印学研究》①一文所载，在黄宾虹的成长历程中，"重要他人"起到了举足轻重的作用。十三岁那年，他拜入汪沂宗门下，不仅收获了技艺的指导，更结识了许承尧这位关键人物。许承尧提及"飞鸿堂"主人汪启淑收藏古印的事迹，深深触动了黄宾虹的内心，成为他心中难以磨灭的印记。二十岁时，黄宾虹怀揣着对古印的浓厚兴趣，多方打听，得知汪启淑的藏印在道咸时期转归西溪汪氏，随后这批珍贵的古印与印谱又辗转至许迈孙等人之手。然而，历史的变迁使得部分古印流散于民间，这无疑为黄宾虹的收藏之路增添了难度。但他并未因此放弃，反而投入大量心血，前后收购了几百钮古印，足见他对古印的热爱与执着。汪启淑对黄宾虹的影响是深远的，这种影响不仅体现在他的收藏行动上，更体现在他命名斋号为"冰上鸿飞馆"的决策上。这一命名无疑与汪启淑及其藏印的故事紧密相连，成为黄宾虹金石印学研究道路上的一枚重要标记。这也是黄宾虹最早开始收藏古印，并以此为契机，深入研究金石印学的开始。

黄宾虹的"重要他人"应还有与其交游的金石学者，收集到了罕见的新文献能与专业的友人交流，并从其中得到乐趣，应也是其能坚持留意印学新文献的原因之一，如黄宾虹和王国维的交往，就很值得我们关注。黄宾虹与王国维的学术交流，始于上海哈同花园所举办的一次古物展示盛会。在那次盛会中，黄宾虹展示了他珍藏的"匈奴相邦"玉玺。这一独特的藏品引发了王国维与罗振玉的浓厚兴趣，两人甚至因此玺有过一番书信往来。王国维在信中提及："又黄宾虹出一玉玺，文曰'匈奴相邦'，此印果真，则于学术所关甚大，因向索印本二份，到后当以其一寄呈，请鉴定之。"②基于这次交流，王国维更是为这枚玉玺撰写了《匈奴相邦印考》。此后，黄宾虹与王国维又多次会面，共同探讨金石学术的奥秘。

总的来说，黄宾虹在学养、交游、财力、兴趣等方面，都具备长期收集新文献的外部条件和内部动力。汪启淑、王国维等人对他的影响巨大，少年时期的熏陶和积累与自身的兴趣和学养，使得它在印学研究中具备了充分的文献基础。

二、黄宾虹印论中的新视角

黄宾虹的印学研究有很多前人未曾涉及的新视角，为印学研究开创了的新的平台和领域。如果说吾衍是古代第一个把印学理论进行独立成篇的艺术理论家，黄宾虹就是近代第一位把印学理论同其他艺术门类理论并列的学者。1911年2月，他与邓实合编的洋洋二十巨册的《美术丛书》刊行。《美术丛书》将古代印学研究文集和印论著作共十八种分门别类收入其中，"第一次把印学理论与中国书画理论并列，树立了印学在艺术史上的地位，对印学的广泛传播起了极其重要的作用"③。

---

① 沈炜荣《黄宾虹金石印学思想研究》，福建师范大学硕士学位论文，2019年，第10页。

② 张学舒《黄宾虹年谱》，《黄宾虹全集》卷十，山东美术出版社、浙江人民美术出版社2006年版，第156页。

③ 梁少膺《黄宾虹的印学理论与实践及金石学对其画学之影响》，《新美术》2017年第7期，第48页。

黄宾虹的这一举措,是在近代艺术理论史上承认了篆刻作为独立艺术门类的地位,而不是中国画与书法的附庸。

黄宾虹专注于古玺的研究也是其印学研究的特点之一。罗福颐在《宾虹草堂古玺印释文》序中称:"自来释玺印皆散见而无专书,宾虹实为首创。"这一点也是难能可贵的。印学发展至清代晚期,已臻成熟之境。其中,"印宗秦汉"成为重要审美范畴,同时,各派别亦纷纷提出独特的审美主张。黄惇先生在《中国古代印论史》中详述了赵孟頫和吾衍的"复古观",周应愿的"印品说",沈野的"自然天趣说",杨士修的"印如其人说",以及邓石如的"印从书出论"与赵之谦的"印外求印"等。这些主张虽各具特色,然其审美基调均源于秦汉印章与时人篆刻,与古玺印章迥异。古玺,乃三代六国时期之玺印,早于秦汉,其内涵远不止印学,更涵盖社会经济、官制文化、文字及美学等多个层面,意义极为深远。黄宾虹于青年时期即敏锐洞察此"新大陆",无深厚家学或名师指引,更显其个人志趣与学术敏锐性。

黄宾虹印学研究中的另一大创新是引入了"二重证据法"。黄宾虹在古玺印的收集整理领域所展现的工作,堪称前无古人。与同时代以研究古文字著称的罗振玉和王国维相比,黄宾虹的研究焦点更侧重于古印文字的起源与发展。尽管他在印学研究中亦采用了"二重证据法",但他对古文字的考述方法独具一格,展现出新颖的研究视角。事实上,黄宾虹的研究在罗、王的基础上更进一步,彰显出一位中国古典文化继承者独特且非传统的学术倾向。因此,在古玺印的研究领域,黄宾虹无疑是首屈一指的研究者。他的工作为古玺印的研究开辟了一片新的天地。黄宾虹将金石学的研究方法深入应用于印学领域。在研究方法上,他受到罗振玉、王国维的启发与影响,将原本用于甲骨文研究的"二重证据法"拓展至印学研究中。所谓"二重证据法",即不拘泥于传统文献的考察,而是注重第一手资料的重要性,以"地下之材料"来验证和补充"纸上材料"。这一点充分体现了黄宾虹善于学习并灵活运用的学术品质。

《叙摹印》可谓黄宾虹印学论著中的代表之作,其文内容丰富,论述翔实,既谈印章发展历史又叙治印技法,兼及印材、印谱与印相。相印之说,实属罕见,历代印学理论家都没有关注过这一视角:

古人相印之术

《汉志·艺文》载形法六家,列《相宝剑刀》二十卷,不言相印。魏晋间,陈长文称汉世有相印经与相笏之书,并传于世。因以相印之法语韦仲将。印工杨利又从仲将受法,以语许士宗,所试多验。许允善相印,出为镇北将军,以印不善,三易其刻,印虽始成,知已被辱,问送使者,果怀之而坠于厕,亦如其言。夫器物形容,占以法术,休咎之兆,虽十得九,非唯幸中,术士矜异,惊骇世俗,附会之说,不足凭也。然自历代禅位,揖逊相授,玺印流传,珍为共守,在君则封册褫服,表信神祇;在臣则授职君上,显用民下,吉凶存亡,于兹系焉。故术数家言,得资依附,语多不经,特识阔儒,弃而弗录,其书不传,世代绵邈,无所称述,遂并古人制作技能,同归澌灭,吁可慨已。①

---

① 黄宾虹《摹印述》,《黄宾虹金石篆印丛编》,人民美术出版社1998年版,第10页。

这段印论出自黄宾虹的《摹印述》，他梳理了相印之术的历史源流。《汉书·艺文志》中记载了六种形法家，列出了关于相宝剑和刀的书共二十卷，但其中并没有提到关于相印的书籍。在魏晋时期，陈长文提到汉朝时期有相印经的书，与相笏之书一起流传于世。他将这些关于相印的法则告诉了韦仲将。印工杨利又从韦仲将那里学习了这些法则，并将其传授给了许士宗，这些法则在多次尝试中都被验证是有效的。许允擅长相印，他曾出任镇北将军。由于他的印章不够好，他三次更换了印章的刻制。虽然新的印章最终完成了，但许允知道自己已经受到了侮辱。他询问送印章的使者，得知使者果然将其掉入了厕所，这正如许允所预言。对于器物的形状和外观进行占卜，使用法术来预测吉凶的征兆，虽然可能十次中有九次是准确的，但这并不是仅仅因为幸运，而是术士们炫耀他们的异术，使世俗之人感到惊讶。黄宾虹认为这些附会的说法并不可信。自古以来，每当有禅位、揖逊相授的情况发生，玺印就作为重要的象征物流传下来，被大家共同珍视。在君主手中，玺印用于封册和安抚百姓，表达对上天的信仰；在臣子手中，玺印则是君主授予职权、治理百姓的象征。国家的吉凶存亡，与玺印的使用息息相关。因此，虽然术数家们常常提及这些关于玺印的说法，但其中许多都是没有根据的。有见识的博学之士并不将这些言论记录在案，所以这些书籍并没有流传下来。随着时间的推移，这些古人的制作技能和知识也逐渐消失，黄宾虹认为这令人惋惜。

黄宾虹在印学研究中能进行多种新视角的探索，究其原因，与其涉猎广泛有关。杜镜吾序《黄宾虹金石篆刻丛编》就曾提道："宾虹老人读书既多，见闻尤广，对于书画、金石、篆刻、考据、诗文以至历史地理、掌故源流，都能全面贯通，统观其会，以此证彼，以点求面，分析归纳，以衷于是。故凡有论列，恒非一书家、一画家、一篆刻家所能企及。"从上文可以窥见黄宾虹作为一个卓越艺术家和学者的综合性视野。其之所以能够突破传统框架，进行多维度、创新性的研究，主要在于他对不同艺术领域和学术门类的深刻理解和融会贯通。黄宾虹不仅是一位杰出的书画家，更是一位精通金石、篆刻、考据、诗文以及历史地理的学者。他能够将这些看似独立的学科领域相互关联，形成一个有机的知识体系。这种跨学科的研究方法，使得他能够从多个角度审视印学，发现传统印学研究中未曾涉及的领域和视角。具体而言，黄宾虹在印学研究中，不仅关注印章的形制、材质、技法等物理属性，更重视印章背后的文化内涵和历史背景。他通过对印章与书画、金石等其他艺术形式的比较分析，揭示了印章艺术的独特魅力和深刻内涵。同时，他还运用考据学的方法，对印章的刻制年代、作者身份、历史背景等进行深入研究，为印学研究提供了更为丰富的历史资料和学术支撑。

此外，黄宾虹还善于从诗文、历史地理等角度入手，探讨印章艺术的审美价值和文化意义。

三、黄宾虹印论中的新观点

黄宾虹有筛选性地获取新文献和由其学养和兴趣接触到的新视角，为他提出许多印学新观点提供了土壤。其成果主要集中在对古印章的考证上，他在1948年写给汪酥友的信中说："鄙人近以课余研求古文字学，老年冀多识字，今惟于金石匋瓦泉印古物出土之中，以求新获之辨识。近来可补前人古籀文字，已有数千个可以供读史之参考。"①黄宾虹的印论多达十万余言，有很多具有创建性的观点，本节以他的《印举商兑》一文为例进行分析。

吾衍《三十五举》作为最早的印学论著一直被奉为圭臬，质疑之音极少，黄宾虹的《印举商兑》一文对其中七举中的一些观点进行了质疑，有很多前人未曾提及的新观点，可见其印学理论研究的批判精神。黄宾虹在文中称：

> 《三十五举》，专论印章篆刻，其名昉于元代鲁郡吾邱衍，及前清乾隆中曲阜桂馥始续之，番禺黄子高又续之，姚晏于守绪、近人罗君美并再续之。自来究心缪篆者，莫不翕从其说，而无由置喙。自归安姚觐元作《三十五举校勘记》，亦仅辨正其文点画之错误，而于言论之得失，尚未详述之。今试综考古今印谱，与夫耳目所及，已觉前代之见闻，不逮后人之精确。古非也，时则为之。幸生晚近，著录繁多，用抒蠡测，拉杂记之，以备流览。②

黄宾虹在这段中论述了《三十五举》在后世的续写与传播，清朝乾隆年间，曲阜的桂馥开始续写这本书，接着番禺的黄子高也继续补充。再后来，姚晏、于守绪和近代的罗君美都相继再续写了这本书。一直以来，研究篆刻的人们，都会参考这本书的说法，而且基本上没有异议。虽然归安的姚觐元写了《三十五举校勘记》，主要是纠正了书中的文字点画的错误，但对书中的观点和得失，还没有详细地论述。黄宾虹试着综合考察古今的印谱，他觉得前人的见解和见闻，可能没有那么精确和详细。因为时代在变化，人们的认知和见识也会随之变化。所以便有了《印举商兑》一文。吾衍《三十五举》中的第一举有："科斗为字之祖，像虾蟆子形也。今人不知，乃巧画形状，失本意矣。"黄宾虹对这一内容有不同的看法：

> 晚周古文，后世谓为科斗文。考科斗文之名，著于汉末卢植、郑康成始言之。魏晋以后，遂以玉中古文为科斗书，且篆书亦冒科斗之名。近人王静庵有《科斗文字说》。三代古印，当以气息雄浑深厚者为上，金文篆刻，时至晚周，恒流纤媚；魏晋六朝，传习歧误，后之言刻印者，遂以神奇工巧当之。故前人称今之小秦印，谓为六朝印，似非无因。况夫朱文印中有六朝印，后人摹古人作印，今且亦误以为周秦古印，亦如魏晋之间言科斗文，犹汉人所谓古文，不必皆三代古文也。惟吴斋与王廉生书云："圆象形印非商即夏，可为古印之冠，或即上古科斗文。"今入影匋斋藏印中。至云漆书竹上，头粗尾细，谓似其形，犹觉太泥。是以收藏古印者，先贵鉴别文字，乃有真识。③

从以上论述可知，黄宾虹认为，晚周时期的古文，后来的人们称之为"科斗文"。考察"科斗文"这个名字的起源，它是在汉朝末期由卢植和郑康成首先提出的。从魏晋以后，人们开始把玉石上的古文称作"科斗书"，甚至连篆书也冒用了"科斗"的名号。近代的学者王静庵写了一篇《科

---

① 黄宾虹《黄宾虹文集·书信集》，上海书画出版社1999年版，第55页。
② 黄宾虹《印举商兑》，《黄宾虹金石篆印丛编》，人民美术出版社1998年版，第62页。
③ 黄宾虹《印举商兑》，《黄宾虹金石篆印丛编》，人民美术出版社1998年版，第62页。

斗文字说》来探讨这个问题。三代（夏、商、周）时期的古印，气息雄浑、深厚的为上品。到了晚周时期，金文篆刻的风格开始变得纤细而柔美。到了魏晋六朝时期，由于传承和学习上的错误，后来的篆刻者开始以神奇工巧为标准。因此，前人把现在的"小秦印"称为"六朝印"，并不是没有原因的。此外，在朱文印中，也有一些是六朝时期的作品，但后人模仿古人刻印时，有时会误以为是周秦时期的古印。就像魏晋时期人们说的"科斗文"，其实并不都是三代时期的古文。黄宾虹还关注到吴斋给王廉生的书信，其中提到，圆形的象形印不是商朝就是夏朝的，可以称为古印中的极品，可能就是上古的"科斗文"。现在这些印章已经被收藏在影庵斋中。至于说在竹简上写的漆书，因为字的头部较粗而尾部较细，有人认为这与"科斗文"的形状相似，但黄宾虹觉得这种说法太过拘泥。因此，黄宾虹认为对于收藏古印的人来说，首先要重视鉴别文字的真伪，这样才能有真正的见识。吾衍《三十五举》的第二举有："今之文章，即古之直言；今之篆书，即古之平常字，历代更变，遂见其异耳。不知上古初有笔，不过竹上束毛，便于写画，故篆字肥瘦均一，转折无棱角也。后人以真草行，或瘦或肥，以为美茂。笔若无心，不可成体，今人以此笔作篆，难于古人尤多，若初学未能用时，略于灯上烧过，庶几便手。"黄宾虹认为：

> 上古无笔卷，以竹挺点漆书竹上，竹硬漆腻，画不能行，故头粗尾细，似其形耳。三代文字多用栔书，栔即契之正字，亦或作锲，《荀子》"契而不舍"是也，许《说文》训为刻。商周以降，文学繁孳，竹帛漆墨，日趋简易，而契刻之文，承用不废者，钟鼎彝器之外，惟印章之文字，其变异既多，增省尤甚。一器之微，官名、地名，人名分寸不同；数字之间，曰玺、曰印、曰章，体制各异。至于点画之肥瘦，结构之疏密，又莫不元气淋漓，浑浩流转，抑扬顿挫，规矩从心。惟其善用藏锋，含而不露，刚柔相济，所谓似方非方，似圆非圆，不落迹象，未尽无棱角也。若云初学用笔务于灯上烧过，虽云便手，多属强勉。

从以上论述可知黄宾虹的观点。他认为上古时期由于没有笔和纸张，人们用竹棒蘸着漆料在竹子上写字。因为竹子很硬，漆料又很黏稠，所以书写起来不太流畅，导致字的头部较粗而尾部较细，形状就像竹节一样。三代（夏、商、周）时期的文字多采用契刻的方式，契就是刻的正字，有时也写作"锲"，就像《荀子》中说的"锲而不舍"那样，许慎在《说文解字》中把"契"解释为刻画。从商周到后来的时代，文学逐渐繁荣，竹简和墨的使用也越来越简便，但契刻文字的传统并没有废弃。除了钟鼎彝器等器物上的文字外，印章上的文字也承袭了契刻的传统。这些文字的变异非常丰富，增减笔画也很常见。一个小小的印章中，可能包含了官名、地名、人名等不同的信息，每个字的大小和位置也有所不同。在数字上，有"玺""印""章"等不同的称呼，每种称呼的体制也各不相同。至于这些文字的点画肥瘦、结构疏密等方面，都充满了生机和活力，流转自如，抑扬顿挫，规矩却又不失灵活。这些文字之所以能达到这样的效果，是因为它们善于运用藏锋的技巧，含蓄而不张扬，刚柔相济。这种写法既不像方形，也不像圆形，没有明显的迹象，但也不是完全没有棱角。有人说初学者在写字前要把笔在灯上烧一下，虽然这样可能更方便使用，但大多数时候还是过于勉强了。再如黄宾虹对吾衍《三十五举》中十九举的一些论述有不同看法。吾衍《三十五举》中说："汉、魏印章，皆用白文，大不过寸许，朝爵印文皆铸，盖择日封拜，可缓者也。军中印文多凿，盖急于行令，不可缓者也。"吾衍认为汉朝和魏朝的印章，通常都使用白文，而且大小一般不超过一寸。朝廷和爵位的印章，其文字通常是铸造而成的。这是因为这些印章的刻制是在择定的吉日进行封拜的，所以时间相对宽裕，可以慢慢来。然而，在军队中使用的印章，其文字则多是通过凿刻的方式制成的。这是因为军队中的命令需要迅速传达和执行，时间紧迫，不能等待过长时间去铸造印章。黄宾虹则对这种观点进行了驳斥：

> 读元吾邱衍《三十五举》，所论古印章诸说，似有未妥者，因类记之。汉魏印章文字，神气流动，刀法转折，不深不浅，俱极自然。朝爵印文，精美者多瘦劲清圆，似非可铸。间有笔画方整，文字深厚，类非翻沙拔蜡，不克有此。然多粗拙凝滞，尚疑后世所为。至于将军印章，虽奇纵多姿，非全出椎凿。而校尉司马，仍多工整，往往与侯王印文相类，急于行令，当不尽然。

黄宾虹在《三十五举》时，认为其中关于古印章的论述不是很妥帖，因此将它们分门别类地记录下来。黄宾虹认为汉魏时期的印章文字，它们具有一种流动的神气，刀法的转折既不过深也不过浅，一切都显得非常自然。而那些表示朝廷爵位的印章文字，精美的往往都显得瘦劲清圆，似乎不像是铸造出来的。虽然有些印章的笔画方整，文字深厚，但看起来并不像是翻沙拔蜡的工艺，因此黄宾虹认为它们不应该是用这种方法制作的。然而，其中也有许多印章显得粗拙凝滞，这让他怀疑它们可能是后世制作的。至于将军的印章，虽然它们的风格奇特多变，但并非全都是用椎凿的方法制作的。而校尉和司马的印章，大多数都显得工整，常常与侯王的印章文字相类似。但如果说这是因为急于执行命令而匆忙制作，黄宾虹认为这并不能完全解释这种现象。黄宾虹还对《三十五举》中朱文与白文的相关看法产生了质疑。《三十五举》中说："朱文印，或用杂体篆，不可太怪，择其近人情者，免费词说可也。"吾衍身在元代，而黄宾虹在民国时期已有了更多的实物文献，所以观点也更加有文献支撑：

> 近数十年，三代古印发见既多，朱文古篆，极与钟鼎彝器相近。自吴清卿著《说文古籀补》，收入古玺文，近人丁佛言续补，收入尤多。鄙意尝欲综辑印谱合朱白古印文为玺文集，参以众说，其不可考释者附录之。

黄宾虹此时已见到了更多的古印，他谈到，近几十年来，三代时期的古印发现了很多，这些印章上的朱文古篆文字，与古代的钟鼎彝器上的文字非常相似。自从吴清卿（吴大澂）撰写了《说文古籀补》这本书，收录了许多古代文字后，近代的丁佛言又继续补充，收录的文字更多了。黄宾虹还谈到，他个人一直有个想法，想综合编辑一本印谱，将朱文和白文的古印文字都收录进去，形成一本玺文集。针对吾衍《三十五举》中"白文印用崔子玉写张平子碑及汉器并碑，盖印章等字最为第一"这种说法，黄宾虹还有自己的理解：

> 曲阜桂未谷馥作《缪篆分韵》，袁予三日省、谢景卿芸隐作《正续汉印分韵》，汉魏六朝

印章，著于谱录未经采入者，不可胜数。篆刻姓名诸印，综汉印谱文字，所有阙漏无多，若杂用汉碑各器文字，如《六书通》所收，尚嫌混杂。

黄宾虹所处的时代已经有很多前人进行了汉印文字的整理，所以这时候他认为如果随意混合使用汉代碑刻和其他器具上的文字，就像《六书通》这本书所收录的那样，就会显得比较混杂了。吾衍当时用汉碑中的字法进行白文印的刻制，实属由于时代所限的下策。再如吾衍《三十五举》中说："凡姓名表字，古有法式，不可随俗用杂篆及朱文。"关于这种观点，黄宾虹也有自己的看法：

> 三代古印，地名官名之外，以姓名印为最多。朱文古篆，尤多于白文。至汉魏六朝私印，姓名表字有全朱全白者，有朱白相间者，各各不同，间尝分类观之，约可区分为十余式，朱文未可偏废也。

三代（夏、商、周）时期的古印，除了地名和官名之外，以姓名印最为常见。其中，朱文的古篆文字，尤其比白文的要多。到了汉魏六朝时期的私人印章，姓名和表字有全朱文的，有全白文的，还有朱文、白文相间使用的，各不相同。黄宾虹说他曾经尝试将这些印章分类观察，可以区分为十余种不同的样式，朱文在其中也是不可偏废的。黄宾虹能做出这种论断，与其大量的古玺收集有关，吾衍在元代由于实物文献所限，对古玺的认识十分局限。吾衍在二十七举中还有对篆刻章法的论述："白文印必逼于边，不可有空，空便不古。"对于这种认识，黄宾虹认为：

> 汉魏白文官私印，其字虽云平方正直，古人刻印，边可当字，即书家布白法也。印文空上虚下，欹左倚右，每多不等，而其边皆甚齐。朱竹垞彝尊论缪篆诗有云："其文虽参差，离合各有伦。后人昧遗制，但取字画匀。"明于离合有伦，可悟逼边空边，皆有古法，不必拘泥于一偏。

黄宾虹谈到汉魏时期的白文官印和私印，虽然它们的字看起来都是方方正正的，但古人刻印时，边线是可以当作字的一部分来处理的，这就是书法家们所说的"布白法"。在印章的刻制中，文字上面的空间通常较为空旷，而下面的空间则相对紧凑，有时文字还会向左倾斜或向右倚靠，使得整体布局并不完全对称。然而，这些印章的边线却都非常整齐。朱彝尊在论及缪篆的诗中认为，其文字虽然参差错落，但离合之间各有条理；后人不了解这种传统，只追求字画的均匀。理解这种离合之间的条理，就能领悟到在印章中如何处理靠近边线和留出空边的问题，这都是有古法可循的，不必拘泥于一种固定的模式。可见黄宾虹此时对篆刻章法的认识更加具有辩证智慧，这也是其丰富的文献积累和多维的思考角度带来的。

小 结

　　在印论发展过程中，沿袭前人旧说、文本大量重复的现象众多，这是印论发展停滞不前的原因之一。而黄宾虹的印学研究体现出了对这种现象的反叛，通过新文献、新观点、新视角三种路径推动了印论的发展。黄宾虹留心收集出土古印、蓄集印谱等行为，可谓对印学新文献的追求；黄宾虹《叙摹印》既谈印章发展历史又叙治印技法，兼及印材、印谱与印相。其中印相之说，是黄宾虹关注的前人未曾涉足的印学研究新视角之一。黄宾虹在《美术丛书》中还把印学理论并列于书论、画论，使其成为独立门类。黄宾虹对古玺关注的广博和细腻，也是前所未有的。新观点一节中，重点分析了其印论《〈印举〉商兑》。黄宾虹对吾衍《三十五举》的一些观点进行了质疑，体现了其印学理论研究的批判精神；新文献是黄宾虹获得新观点和新视角的文献支撑，新视角和新观点使其收集到的新文献焕发生机。三者相辅相成，互为依托。

（作者系蒙古国立文化艺术大学博士生，三级美术师）

篆刻学术期刊研究热点视域下的学科建制

——基于citespace可视化分析

宋雪云鹤

摘要： 当代关于篆刻的文章数量庞大，本文使用citespace可视化分析核心期刊及《西泠艺丛》共计2586条文章数据，发现篆刻的研究热点为篆刻家个案、印谱、印论、金石学。学术选题以期刊研讨会、专题组稿为主，形成西泠印社、篆刻家、印谱、印论等核心议题，但存在篆刻学术研究仍偏重史学，轻印论研究，难以匹配篆刻学科建制需求的问题。未来学术期刊应有针对性地进行专题组稿，以学术研究带动学科建设。

关键词： 篆刻　citespace　中国书法　西泠艺丛

一、篆刻学术研究综述现状提要

"篆刻学"学科建设起步较晚，自20世纪90年代中后期至今，只有数十年时间，学科构架尚未形成，学科发展过程中仍有许多基础工作需要梳理。下文将借助citespace软件对数十年间篆刻学术文章发表情况进行整理，与传统的书法学术研究进行对比，考察篆刻学术研究的热点与不足，思考篆刻学科的建构方向。在citespace软件得以大规模处理学术文章数据之前，已有多篇文献针对篆刻相关文献作出综述，勾勒出篆刻学术研究现状。

如张轩、朱惠龙的《近十年来印学史研究述略——以2012—2022年中国书法相关印学专题为中心》，按照沙孟海《印学史》划分了"印章旧制"与"印学体系"，总结了《中国书法》杂志近十年关于印学的专题文章。印学旧制方面包含古玺、汉印、封泥、印陶研究，以及宋元及域外印章研究。印学体系包括宋元时期篆刻及明代文人印，明清、近代等篆刻家个案研究。这一分类体系基本按照印学史的时间线性叙述，杂以杂志专题，概括总结每篇文章的中心内容。①

彭德先生的《一九四九年以来的篆刻出版物综评》是唯一一篇梳理了篆刻相关著作的文章，将当代篆刻书籍分为印史、印论（包括古人印论、个人印学）、印谱（包括前人印谱、现当代印谱）、汇集印谱的图谱、技法及工具书、期刊六个部分，从图书分类的角度总结了新中国成立后至2018年篆刻相关专著的情况。②赵明从学科建设角度关注冷门绝学项目、国家社会科学基金等在篆

---

① 张轩、朱惠龙《近十年来印学史研究述略——以2012—2022年中国书法相关印学专题为中心》，《中国书法》2023年第7期，第180—182页。

② 彭德《一九四九年以来的篆刻出版物综评》，《中国书法》2018年第6期，第159—163页。

刻方向的立项情况，指出如何通过其他学科提高篆刻学术性，将是篆刻学科建设得以突破瓶颈的重要一环。①李滨序针对印学传播专题做了综述，将印学传播按照风格主体分为篆刻家个人印风传播、印学团体、篆刻流派。按照传播媒介分为印谱、书籍传播，展览、网络传播，地域方面主要为域外传播研究，是"篆刻传播"研究这一细分方向的综述；并且，给出了较为明确的数据：这一细分领域大约有110篇文献，个案研究占绝大多数。存在的问题在于对学校媒介关注较少。②

这些研究从主题、著述、项目等类别分析了篆刻研究的现状，以铺陈各文献内容为主，是较为传统的文献综述表述方式，给读者展示了较为全面的研究现状。缺点在于缺乏具象数据支持，难以了解学科的历史与未来走向，也难以在充沛的信息源中把握热点与趋势。当代的数据分析软件能较好地弥补传统文献综述的不足。citespace是一款信息可视化分析软件，可以通过可视化图谱的形象展示学科演化的动力机制，以及学科发展前沿问题的探索。在书法、历史学科中已有学者运用相关软件与数据库等展开较为成熟的研究。如历史学领域早在二十年前就开始将电子历史材料与数据分析的方法用于研究领域，2005年，台湾清华大学黄一农教授就提出了"e考据"的方法，e考据也是当代历史学、文学等传统学科引入的新方法，旨在借用数据分析的手段重新整理传统材料，以实现更加高效、细致的知识管理。③张聪将citespace软件运用于《中国书法》近四十年学术热点的分析，指出其中书法艺术、篆刻艺术、书法家创作思想与风格、书法教育是四个核心研究领域，书法教育与书法批评又是较为前沿的主题之一。④书法作为篆刻的上级学科更具有参考价值，下文有关篆刻的学术文章现状分析将以《中国书法》的citespace可视化数据结果作为参照对象。

但总的来看，书法篆刻学科在电子资料、数据分析软件等当代知识管理工具的使用上存在较大短板。书法篆刻学科仍有必要建设相关专业数据库，便于学科资料的检索，并积极引入当代数据分析工具，合理解析、管理学科现有文献。

二、基于citespace软件可视化篆刻学科的学术热点分析

以学术文章为例，目前发表篆刻相关论文的学术期刊主要是书法类专业期刊，以《中国书法》《书法研究》以及一些综合类美术期刊为主，其中又以《中国书法》发文量最大。另有《西泠印丛》，是篆刻学专业期刊。下文的数据来源将分为两组：第一组为北大核心期刊，在中国知网中以"篆刻"为主题或关键词的文章；第二部分以《西泠艺丛》的文章为分析对象，对比分析综合类书法期刊与篆刻专业期刊的区别。本文使用的citespace为最新版本的6.3。

① 赵明《学科建设·冷门绝学·传承基地——当代高等教育中篆刻学科发展郐视》，《大学书法》2023年第3期，第41—45页。
② 李滨序、杜婧怡《近三十年印学传播研究综述》，《西泠艺丛》2023年第5期，第12—21页。
③ 汪维真、姬明明《大数据时代的史学因应——"新史学青年论坛：大数据时代的史料与史学"会议综述》，《史学月刊》2017年第3期，第114—120页。
④ 张聪《中国书法近四十年研究热点与发展趋势》，《中国书法》2022年第8期，第178—182页。

（一）篆刻学术期刊的热点分析——关键词共现、高突显关键词

在北大核心期刊篆刻类文章的统计中，"篆刻"主题的发文总量约为1934篇，《西泠艺丛》的发文总量约为2144篇。在手动筛选去掉作品图片、展讯、书讯等内容后，1992—2024年核心期刊文章总数量为1326篇，近10年（2015—2024）核心期刊有关篆刻主题的发文量为698篇。从发文总量来看，以《中国书法》为例，创刊至今发文总量约为16090篇，核心期刊篆刻主题的文章仅占不足12%。自2015年创刊至今，《西泠艺丛》的学术文章有1260篇，占总发文量的60%左右。从文章总量来看，《西泠艺丛》基本以篆刻主题论文为主，堪称国内唯一以篆刻为主题的学术期刊。而核心期刊有关篆刻主题的发文量相对较少，以《中国书法》刊发最多，其他期刊数量极少。本文的主要数据来源以核心期刊二十余年的1326条数据，《西泠艺丛》的1260条数据，共计2586条数据为主要分析对象。

在citespace软件中，关键词的统计频次（N）可以说明这一领域的研究热点，而中心性值代表了衔接点的信息量及其在网络结构中的重要作用，大于0.10的值就可以被视为关键节点。（见表1）从关键词的频次来看，无论是《西泠艺丛》、核心期刊，除了"篆刻"主题词外，其他的关键词在关键节点数值上不够，另有"篆刻艺术"（0.09）、"印学"（0.07）接近（0.10）的中心性标准，说明除了"篆刻"的学科主题外，次级主题的规模仍有不足。[①]也可借图示理解中心性数值的差异：中心圈越大代表与该关键词相关联的文章越多，中间连线也展示了各个关键词之间的相互关系。从图1可以看出印谱、印学、印章等关键词的枝蔓关联数量也较为丰富，体现出一定的中心性。与之形成对比的是《西泠艺丛》中心连线的数量不如核心期刊多（图2），有印谱、印学等次级关键词，连线数量较少，侧面印证其中心性数值较低。在图1与图2中也可以看到频率未进入前十的其他关键词。《中国书法》在四十余年中，关键词频次最高的是书法艺术（0.10）、书法家（0.15）、书法创作（0.10）、书法史（0.12），这四个核心议题的中心性均在0.10以上，形成了具有一定规模的次级热点研究。[②]

表1　关键词频次对比图

序号	《中国书法》1982—2020年关键词	频次	《西泠艺丛》关键词	频次	核心期刊关键词	频次
1	书法艺术	757	篆刻	29	篆刻	72
2	书法家	210	金石学	16	书法	17
3	书法创作	193	交游	16	印学	13
4	书法史	120	西泠印社	13	印谱	13
5	篆刻艺术	85	书法	13	篆刻艺术	12
6	书法作品	78	印章	11	印外求印	10
7	书法风格	74	印谱	9	吴昌硕	9

---

① 因仅有"篆刻"一词的N值较高，故而表中没有收录其他关键词N值。
② 张聪《中国书法近四十年研究热点与发展趋势》，《中国书法》2022年第8期，第178—182页。表1中最左侧两列的数据也引自此处。

（续表）

序号	《中国书法》1982—2020年关键词	频次	《西泠艺丛》关键词	频次	核心期刊关键词	频次
8	王羲之	74	黄易	8	交游	9
9	康有为	64	杨守敬	7	印章	8
10	当代书法	63	全形拓	6	清代	7

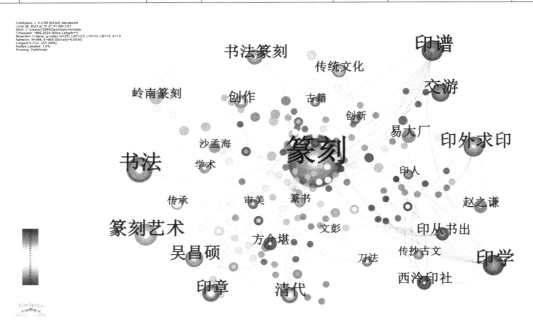

图1　核心期刊关键词共现图

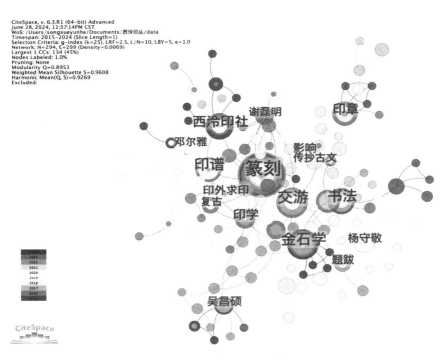

图2　《西泠艺丛》关键词共现图

核心期刊的主题关键词按照频次依次为篆刻、书法、印学、印谱、篆刻艺术、印外求印、吴昌硕、交游、印章、清代。而《西泠艺丛》的关键词依次为篆刻、金石学、交游、西泠印社、书法、印章、印谱、黄易、杨守敬、全形拓。对比两者的关键词则会发现，两者共同关键词居多。十个高频关键词中有5个共同关键词：篆刻、书法、印谱、印学、交游。而"交游"和"印谱"复现频率较高，说明篆刻家个案研究以艺术社会学的交游问题以及流传的相关印谱研究为主。篆刻家个案的交游与作品仍属于核心期刊与西泠印社都较有体量的研究主题。

有所区别的是核心期刊中的印论研究较多，出现了印论范畴"印外求印"的关键词，个案研究较关注"吴昌硕"。《西泠艺丛》作为西泠印社主管期刊，对西泠印社相关的篆刻家个案研究较多。研究范围也在传统印学之外着眼于"金石学"研究，这与西泠印社的立社宗旨"保存金石"有较强关联性。故而在《西泠艺丛》的关键词中，"金石学""西泠印社"等复现的频率较高，个案研究偏向于与西泠印社或浙派有关的篆刻家黄易，在金石研究中关注金石学家杨守敬与全形拓。

citespace的突现检测，也可以用图像的方式表现出一个学科研究热点的突现情况，考察这一领域内的研究热点与发展趋势。下文分别选取核心期刊与《西泠艺丛》的8个关键词突现情况。核心期刊建刊较早，最早出现"篆刻"主题词的时间为1992年，已有30余年的历史。（图3）其中"篆刻艺术"出现的时间较晚，开始于2010年左右，热点持续到2018年，是出现较早、持续时间最长的关键词。篆刻家个案作为关键词出现的年份较短，往往只有一年时间，如文彭、吴昌硕、易大厂，原因在于核心期刊的篆刻相关主题多以"专题"形式进行组稿，致使关键词爆发时间较为集中，一般只在当年刊发了相关文章，如果没有专题组稿，这一选题便较为冷清。区别在于，文彭、易大厂等已故篆刻家与吴昌硕相比，关注程度仍然较小，吴昌硕的相关关键词几乎与"书法"的关键词开始的时间一样早，足以说明吴昌硕在篆刻领域内的巨擘地位。印学、印谱等关键词出现时间较长，但是在2022年和2020年形成爆发式热点，一直持续到今年，说明当前篆刻的研究热点在于印学和印谱研究，而"印学"作为关键词被广泛提及几乎承接了"篆刻艺术"关键词的冷却。篆刻是历史悠久的学科，但篆刻艺术、印学等概念的名实上仍体现了时代接续关系。下文也将在第三部分详细分析篆刻、篆刻艺术、印学三个指称在不同时期作为高发关键词的原因。

而从《西泠艺丛》的热点来看，以2020年为界，2015至2020年的关键词研究包括印人、印外求印、西泠印社、印谱、影响。（图4）其中较早出现的研究热点是"印人"与"印外求印"的印论，相较核心期刊"印从书出"的关键词强调书法篆刻之间的关系，《西泠艺丛》的印论更多地关注"印外求印"之论，体现了印学的主体地位，而不仅仅是依附于书法的附庸。印人、西泠印社等关键词多以篆刻家个人或群体展开有关印谱、艺术社会学等相关的印学史研究，其中的印人也是有较强浙派地域特色的篆刻家，这两个关键词体现了《西泠艺丛》刊物较强的地域特色。近期较为关注的是宋代、金石学、印学的研究。印学与金石学是《西泠艺丛》较早关注的关键词，直至2022年前后才有相关爆发。这种现象与近两年西泠印社组织的"大印学"相关学术活动有关，如2021年的"大印学（1）——两宋金石学与印学"、2022年的"大印学（2）——印学收藏史"学术研讨会重新发挥了西泠印社"保存金石"的学术议题。

Top 8 Keywords with the Strongest Citation Bursts

Keywords	Year	Strength	Begin	End	1992 - 2024
篆刻艺术	2010	2.86	**2010**	2018	
文彭	2010	1.81	**2010**	2011	
篆书	2015	1.54	**2015**	2017	
易大厂	2017	2.43	**2017**	2019	
书法	1998	1.99	**2017**	2019	
吴昌硕	1998	1.44	**2017**	2018	
印谱	2007	3.17	**2020**	2024	
印学	2008	1.75	**2022**	2024	

图3　核心期刊关键词引用突变情况

Top 8 Keywords with the Strongest Citation Bursts

Keywords	Year	Strength	Begin	End	2015 - 2024
印人	2016	2.14	**2016**	2017	
印外求印	2016	1.28	**2016**	2019	
西泠印社	2017	2.35	**2017**	2018	
印谱	2016	1.83	**2019**	2020	
影响	2020	1.96	**2020**	2021	
金石学	2018	2.81	**2022**	2024	
宋代	2022	2.11	**2022**	2024	
印学	2019	1.83	**2022**	2024	

图4　《西泠艺丛》关键词引用突变情况

从上述关键词频次表以及关键词突变情况可以发现核心期刊与《西泠艺丛》在篆刻领域有共同的关注，也有不同的侧重，具体有以下三点。一是两者的共同之处在核心期刊与《西泠艺丛》的选题多以篆刻家个案研究为主，《西泠艺丛》以与西泠印社有关的篆刻家为主。二是核心期刊与《西泠艺丛》在篆刻文献与篆刻美学等理论方面选题较少，造成印学理论研究重史轻论的现象，这一现象也可以从《中国书法》的核心期刊关键词中窥得一二：《中国书法》杂志的前十关键词中，几乎均是书法史相关语汇，以及书法家个案的关键词研究。说明在书法篆刻理论的建构中，容易以书家或篆刻家个案作为切入口。三是两种期刊除了印学、篆刻、篆刻艺术等学科核心外，未能有效形成具有研究规模的次级议题，与书法学的研究相比，篆刻学学科层次不够丰富。

（二）篆刻领域的核心议题——关键词聚类与峰峦图

在关键词共现图谱的基础上形成聚类图是基于关键词节点的相近特质而构建的。其中（Modularity）Q>0.3时表明该聚类划分的模块结构比较显著清晰。当（Mean Silhouette）S>0.7，说明聚类的结果均围绕中心聚类主题，形成了较为合理的聚类。聚类的编号随着规模成反比，编号越大说明聚类规模越小，其中包含的次级关键词数量越多。规模越大，该研究领域就越是核心。基于这些数据，分别展开对核心期刊与《西泠艺丛》的聚类图分析。

从《西泠艺丛》的数值来看，Q=0.8054，S=0.9363，说明篆刻主题下的各文献相似性较高，关联较为紧密。按照规模看聚类依次为：篆刻、印谱、书法、金石学、黄宾虹、西泠印社、交游、丁敬、印章。（图5）聚类下包含的详细关键词见表2。其中规模较大的是篆刻，篆刻下的次一级聚类较为明显的主题有印外求印、印史等相关主题，在篆刻研究的次级研究中也形成了印论与印史的分野。在"印谱"聚类研究中多出现复古、明代、出土印章、元代等主题，体现了印谱研究以断代史的次序为区分方式。在"书法"聚类中有陆维钊、杨守敬、艺术交游等关键词，围绕书法家个案展开艺术社会史的研究，而金石学聚类中更关注宋代金石学、刘喜海等金石学家的个案。

黄宾虹聚类中包括诸乐三、吴昌硕等，交游聚类内的次级主题有交游、书画、方介堪、西泠印社早期社员等，丁敬聚类内的次级主题有黄易、浙派等。这三个聚类的出现说明《西泠艺丛》中的篆刻家个案绝大多数围绕浙派以及西泠印社社员的艺术交游展开，形成了相当大量的规模化研究。西泠印社聚类中有学术立社、印学研究、印从书出等关键词，说明西泠印社的建设历史、立社宗旨都是这一议题下的关注点。在印章的聚类中有张鲁庵、唐云等关键词，也是在篆刻家个案的研究中体现印章的物质性与使用价值。从聚类图可以看出这部分与关键词有所呼应之处：聚类数据显示了围绕同一议题的文章数量与关系。在篆刻家个案的研究中，与之相关的也多是基于印学史的篆刻家个案研究。

从核心期刊的数值来看，Q=0.8911，S=0.963，说明相较《西泠艺丛》，尽管核心期刊的文章基数更大，但相关研究结合更加紧密，聚类规模也更大，形成了更为显著的聚类关系。（图6）其中聚类规模依次为：篆刻、篆刻艺术、书法、西泠印社、印谱、吴昌硕、印章、印从书出。其中篆刻、书法、西泠印社、印谱、印章5个聚类与《西泠艺丛》的聚类完全一样。从聚类中的关键词来看，其中篆刻聚类下较为明显的主题词有赵之谦、徐三庚等篆刻家，与《西泠艺丛》有所区别，说明核心期刊中的个案研究数量也较为丰富。书法聚类下包含沙孟海、清代、学术等关键词，体现学术史角度对书法篆刻艺术走向的关注。西泠印社较为突出的主题是金石学，民国时期，这与上文《西泠艺丛》中突显出的金石学关键词相呼应。印谱的关键词包含印油，原因在于核心期刊的种类较多，部分期刊从古籍保护的角度看待印谱，更关注印谱的文物价值。印章聚类下包括文彭、何震、入印等关键词，体现了早期篆刻研究对文人篆刻的关注。

两种不同的聚类包括篆刻艺术、吴昌硕、印外求印。篆刻艺术聚类下的内容更具备现代语汇，如入古出新、形式语言。吴昌硕聚类下包括审美、文人画、融通等关键词，说明核心期刊的篆刻家个案研究也注重艺术家在各门类之间的融通互鉴。值得注意的是印从书出的印论单独形成了聚类，聚类中又包含对印从书出、印中求印、印外求印等印论，以及岭南、粤派等地域印风的关注，这一聚类的平均年份也较晚，在2017年左右。①说明近年的核心期刊尽管印论的文章数量不多，但是相较《西泠艺丛》已经形成了一定的研究规模。二者对篆刻、书法、西泠印社、印谱、印章等议题的共同关注，是篆刻研究次级主题最容易形成规模的发展方向。相同聚落内不同的关键词说明核心期刊与《西泠艺丛》在同一议题上的关注差异：《西泠艺丛》更关注西泠印社或浙派篆刻家的交游、金石学、印谱断代研究；核心期刊更注重艺术家在篆刻与其他艺术门类融合、印论、印谱作为古籍的物质性与保护方式的研究。

表2　关键词聚类分析表

聚类序号	核心期刊聚类名	聚类关键词	《西泠艺丛》聚类	聚类关键词
1	篆刻	篆刻，赵之谦，线条，宋代，篆书	篆刻	篆刻，邓尔雅，印外求印，印史
2	篆刻艺术	篆刻艺术，发展，传承，篆刻	印谱	印谱，复古，明代，出土印章，元代
3	书法	书法，蒋维崧，学术，清代，沙孟海	书法	书法，杨守敬，赵熙，避讳，艺术交游
4	西泠印社	西泠印社，民国时期，金石学，印学，篆刻	金石学	金石学，刘喜海，题跋
5	印谱	印谱，印油	黄宾虹	黄宾虹，社团，诸乐三，吴昌硕，民国
6	吴昌硕	吴昌硕，审美，文人画，篆刻本体，融通	西泠印社	西泠印社，学术立社，印学研究
7	印章	印章，文彭，传抄古文，何震，入印	交游	交游，谢磊明，书画，方介堪，西泠印社早期社员
8	印从书出	印从书出，印人，与古为新，篆刻艺术原理，岭南	丁敬	丁敬，黄易，《天一阁碑目》，浙派
9	—	—	印章	印章，生平，大石斋，张鲁庵，杭人唐云

---

① 因其他聚类时间无特殊性，不在表2中另行标明。

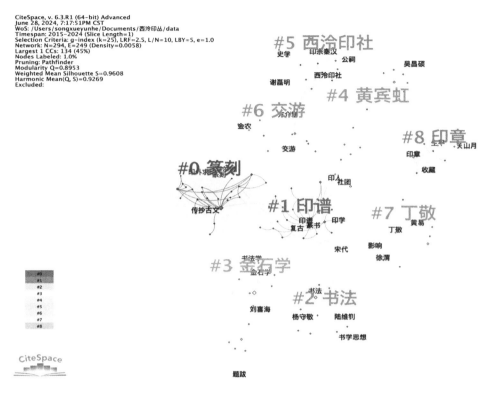

图5 《西泠艺丛》关键词聚类图

图6 核心期刊关键词聚类图

将关键词突变图与峰峦图结合来看，在核心期刊中"篆刻"聚类的热点时间在2010年之前较冷淡，在2010年左右篆刻与篆刻艺术的聚类主题文章成为核心期刊的关注热点，呈爆发式增长，且二者的数量呈现互补关系。（图7）在2013至2017年期间，篆刻聚类减少，而篆刻艺术聚类呈现爆发式增长。吴昌硕的个案研究多集中在2008年，当年《中国书法》杂志刊登了"吴昌硕"专题研究。而2004、2015年左右《中国书法》有"西泠印社"相关选题，带来聚类峰值。印谱、印章以及篆刻艺术三者之间的聚类爆发时间呈正相关，如2009年前后，篆刻艺术、书法、印谱、印章都是峰值，第二次峰值则出现在2017年前后，这一时期的聚类出现峰值与《中国书法》发文数量较多有关。自2014至2019年，《中国书法》发文量在1000篇以上，因此在这一时期各个聚类都有不明显峰值出现。表现较为明显的是"印从书出"等印论相关文章，聚类高发源于辛尘2018年后在《中国书法》连载相关印论研究的论文。

在《西泠艺丛》的文章中，2022年的诸乐三选题，2015年的黄宾虹专题，因其中关键词均有黄宾虹，体现了黄宾虹相关研究的峰值。（图8）在2019年前后，西泠印社召开"中国印谱史与印学史"国际学术研讨会、第六届"孤山证印"国际印学峰会，相关文章的刊发促进了印谱相关的个案研究。而书法、交游等较为传统的选题在时间轴上峰值并不明显，体现了《西泠艺丛》对这些主题的长期关注。

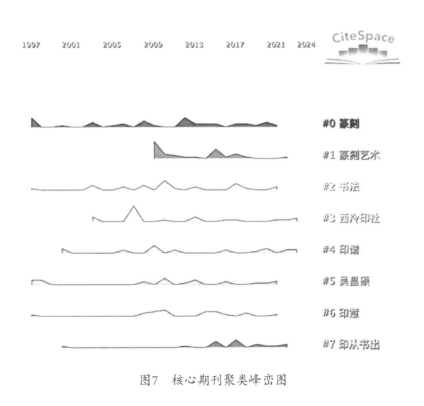

图7　核心期刊聚类峰峦图

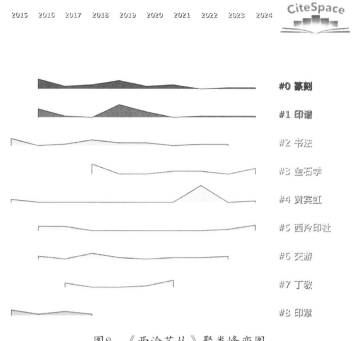

图8　《西泠艺丛》聚类峰峦图

　　从以上核心期刊与《西泠艺丛》的聚类图、峰峦图可以发现三个现象。一是结合发文量与发表年份来看，无论是核心期刊还是《西泠艺丛》，在篆刻方面的专题组稿都发挥了重要的研究带头作用，给学者就印学史个案的研究提供了明确导向。二是在聚落研究中仍突显了印论、金石学等除了篆刻家个案外的议题在研究数量上的缺乏，在篆刻理论中几乎只有"印外求印"一种印论较为突出。三是核心期刊与《西泠艺丛》共同关注的书法、西泠印社、印谱、印章等已经形成规模的聚落应当持续深入，形成更加系统化、规模化的次级议题研究。

三、学术热点视域下的篆刻学科建制

　　以上关于学术热点的分析以"篆刻"为主题词，对当代2600余篇高质量学术论文进行了数据分析。关键词、聚类图表较为直观地体现了篆刻学术发展的历程与热点。尽管篆刻的历史非常悠久，但篆刻学科的历史非常有限。从学术研究现状也能感受到三个问题：一是篆刻、篆刻艺术、印学等学科名实与时代导向的关系问题；二是篆刻学内部印论与印学史研究的不平衡，次级议题规模与深度不足的问题；三是学术选题受期刊与研讨会导向影响的问题。这些学术研究现状为篆刻学科建制带来了新的机遇和挑战。

　　诸多学者都提出了"篆刻学"学科建构的问题，如陈振濂教授提出，学科建制第一个目标就是印学学科不能被其他学科矮化，甚至书法早先也有"合法身份"的问题。[①]金丹教授提出，今天

---

　　① 陈振濂《"诗书画印"的传统与现代性转换——以近现代"书画"与"美术"概念对比为中心》，《中国书法》2017年第22期，第4—19页。

　　陈振濂《大印学观念的思想构造：在西泠印社春季雅集"大印学"概念的产生——当代印学研究新时代·新路径·新视野的探索学术座谈会上的总结讲话》，《西泠艺丛》2021年第6期，第2—10页。

的篆刻学是学科意义概念，是篆刻学科的构建。篆刻学学科的体系框架和基本内容，以及与分支学科、交叉学科之间的关系，应该架构完整的篆刻学基本内容。①基于这些对篆刻学学科的展望，下文将结合学术期刊的研究现状反思篆刻学学科的建制导向。

从上述关键词以及聚类的数据分析可以看出，篆刻学学科之名本身存在一个历史发展过程：篆刻、篆刻艺术、印学、大印学。吴彦颐对篆刻到大印学的概念进行梳理后指出，印学的范围包含篆刻学，而大印学又是在以印章为核心的基础上，探索新的艺术现象，在时代价值观的主导下进行创新。②从历年的关键词统计来看，"篆刻"这一主题名称是一直存在的，也是最广泛使用的。而"篆刻艺术"从2010年开始作为关键词出现于核心期刊中，持续到2018年都是较为热点的关键词，其背景是在2011年"艺术学"从文学门类中分离出来，成为独立的一级学科。故而对"篆刻"艺术性的重视也体现在名称的变化上。同时，"印学"作为关键词历史悠久，但集中爆发的时间是在2022年前后，越来越多的学术文章倾向于使用"印学"指称篆刻。这一名称尽管已经成为热点，但还未形成有规模的"聚类"，在数量上仍有待进一步发展，才能与已经有十余年历史的"篆刻艺术"之称相提并论。可见，从篆刻到篆刻艺术，与学科调整有莫大的关系。而在2022年的学科调整目录中，美术与书法正式列为一级学科，似乎解决了早先的"合法身份"问题。作为与书法相关的学科，篆刻学有必要提出有逻辑、有框架的相应学科建制，选择符合自身发展需求的学科名义，为学科作出内核与外延的定义。

基于当前篆刻学科的建设，部分学者已经对篆刻学的学科建制提出了构想，也有相关学者基于教学情况，总结了当下篆刻学学学科的背景与思考。如李明恒提出在2022年新版"美术与学科"目录下，篆刻学得到了新的学科发展机遇，高等院校专业篆刻课程的理论课包括："中国篆刻史、印学史、古代印论、篆刻材料学、诗词题跋、文献检索与写作、古文字学、篆刻美学等。"作者也提出了将AI引入篆刻创作的新思路。③冯宝麟先生提出篆刻仍存在地域发展不平衡，院校发展不平衡的现象，古文字与篆书知识基础不够，对金石学研究欠缺等问题。④金丹教授提出：完整的印学（篆刻学），应该包括篆刻史的研究、篆刻理论的研究（即印论的研究），在这两大块之外还有接受史、观念史、篆刻美学、心理学、教育学等交叉学科。⑤吴彦颐将篆刻课程的构建分成两部分，一方面是篆刻学自身核心课程的建设，包括印学史、印学理论、印学批评、篆刻美学、篆刻文献学、篆刻教育学、篆刻技法学；另一部分是印学交叉学科的研究，包括印学社会学、印学传播学等。⑥

以上学者对学科建制的构想中，几乎不约而同地设置了印学史与印学理论两大基础模块，但结合本文第二部分的结论可以发现，印学史与印学理论在学术研究数量上极度不平衡。与书法学科

---

① 金丹《关于"篆刻学"学科建设与"大印学"概念联系的几点想法》，《西泠艺丛》2021年第6期，第27页。

② 吴彦颐《印学话西泠：论西泠印社的印学研究范围和学术意识》，《西泠艺丛》2024年第2期，第28—29页。

③ 李明恒《一级学科"美术与书法"背景下的篆刻学学科特性及其发展思考》，《西泠艺丛》2023年第11期，第60—63页。

④ 冯宝麟《高等院校篆刻教学的现状分析——兼谈中国艺术研究院的篆刻独立学科建设及教学》，《大学书法》2024年第1期，第58—61页。

⑤ 张聪《中国书法近四十年研究热点与发展趋势》，《中国书法》2022年第8期，第178—182页。

⑥ 吴彦颐《印学话西泠：论西泠印社的印学研究范围和学术意识》，《西泠艺丛》2024年第2期，第28—29页。

相仿的是，篆刻相关主题的学术研究在核心期刊上出现了印学理论的专门聚类，而在《西泠艺丛》上的印学理论研究稍显不足，仍从属于"篆刻"聚类下。印学史与篆刻理论在学术文章的数量上，印学史主题几乎呈现绝对数量优势。这一不平衡发展与书法学科有类似之处，如在《中国书法》的期刊学术热点中也能得到类似的结论，书法史的相关选题远大于书法理论。冯健在对比书法学科与西方艺术史学科时指出，"不难发现统一学科范式的缺乏、过于强调接受'史料'为事实的'本体论'所带来的局限性、过于强调'专业性'的限制而使得研究视野狭窄化的认识论以及研究方法的单一化、老化（未及时更新）和未能做到'与时俱进'，都是导致书法学科无法与其他学科对话和对接的重要原因。"①这一观点也需要借鉴到篆刻学科的建制中，提前警惕过于重视"史料"和"专业性"，而导致的单一化、老化问题。当然，文献是解决学科建制的基础问题，徐清已提出构建篆刻文献学的相关设想，为篆刻学科建制打下了一块文献方向的基石。②与此形成对比的是在篆刻美学、印学理论领域上亟需填补。

篆刻学术研究仍较为依赖以学术期刊主导的专题选题，这一现状也为篆刻学科进行有组织有方向的发展带来较高的效率。孔品屏通过统计了《西泠艺丛》2015—2022年的专题共96期，其中印人个案专题最为集中。③从第二部分有关关键词及聚类的图像来看，峰峦图中相关聚类的文章高峰主要源于学术期刊组织专题讨论，或由西泠印社召开相关研讨会而形成的专题研究。从积极的角度来看，西泠印社与《西泠艺丛》应当发挥组织职能，从学术研究层面上充分在篆刻学科建制中裨补缺漏，带动篆刻学科有序建制。

余　论

当前对篆刻学科学术研究的综述多以传统的文献铺陈方式进行，较少有以电子数据库为依据进行的大规模数据分析。通过citespace软件对核心期刊与《西泠艺丛》2586条期刊数据分析，可以发现二者在篆刻、书法、西泠印社、印谱、印章等核心议题上达成一致，形成篆刻学科的次级议题。两者的关注点仍有差异：《西泠印社》的篆刻家个案较为关注浙派、西泠印社社员等篆刻家，以及金石学、断代印谱的研究；核心期刊较为关注文人艺术家在篆刻与其他各艺术门类间成就的融合互鉴，篆刻学科在学科建设背景下的走向，以及作为古籍，印谱的保护问题。同时，核心期刊与西泠印社的研讨会、专题组稿等活动仍然在篆刻学科的选题中发挥着重要意义。建设篆刻学科，要根据时代需求确立学科建制背景下学科的核心与外延，还要重视改善篆刻学术研究中已经出现的史、论研究不平衡问题，在西泠印社及相关核心期刊的研究导向下高效地为篆刻学科的建制打好理论基础。

（作者系北京语言大学艺术学院讲师、硕士生导师，中国书法家协会会员）

---

①　冯健《书法研究与其他学科对话的困境和途径——西方艺术史学视野带来的启示》，《西泠艺丛》2021年第4期，第17—23页。

②　徐清《试论"篆刻文献学"之构建》，《西泠艺丛》2019年第6期，第28—33页。

③　孔品屏《西泠艺丛公开发行以来专题内容发微》，《西泠艺丛》2023年第10期，第42—43页。

从二十世纪上半叶印学研究状况看
现代篆刻学萌芽的产生

张学津

摘要：二十世纪上半叶，印学研究进入大发展阶段，印学论著、文稿与学术性印谱序跋数量宏丰，在古玺印、古文字、封泥、版本目录、印人传记、印学札记、印学史论以及篆刻教育等方面都取得了丰硕的成果。这一阶段的印学研究，既有对明清以来印学传统的继承，也在尝试借鉴西方考古学的研究方法和视角，试图走出一条与传统金石学不同的路径。与此同时，印学研究者开始注重强调印章、印谱本身的主体性，不再将之作为证经补史的材料，而是作为独立的研究对象，标志着印学开始真正独立于传统金石学。随着篆刻被纳入近代美术教育体系，篆刻的艺术属性进一步加强，篆刻家在教学实践过程中形成了适用于篆刻教学的独立体系，标志着现代篆刻学的萌生。近代报刊业的发展，为印人提供了发表的平台，有助于促进现代篆刻学的发展成熟。

关键词：二十世纪上半叶　印学论著　印谱序跋　印学文稿　现代篆刻学

二十世纪初叶，中国社会进入了大变革时期。随着国门渐开，西方近代各项先进制度和科技大量涌入中国。在社会转型、中西文化碰撞的大背景下，传统篆刻艺术也在悄然发生变化。传统印人身处巨大变革的社会背景中，如何理解和看待篆刻艺术的未来发展，成为值得探索的课题。其中印学论著、文稿以及印谱序跋是最能直观反映当时印人、印学家观点的重要资料。本文将以当时的印学研究成果为切入点，对二十世纪上半叶出版、发表的印学论著、文稿与各家印谱序跋进行系统梳理和总结，试图分析在激荡变革的社会背景下，印学研究从传统印学逐步转变为现代篆刻学理论的过程。

一、二十世纪上半叶印学研究概况

二十世纪上半叶，印学研究硕果累累。一方面，新出土古玺印、封泥等大量面世，引起了金石收藏家们的极大兴趣，也延续、促进了对古玺印与封泥的研究热潮，这一阶段编辑了大量印谱，相关成果层出不穷。另一方面，随着西方印刷技术的传入，石印等新技术的广泛应用，极大地降低了书籍出版周期和成本，使印学论著的出版更加便捷。同时，也出现了像西泠印社等致力于编辑印学著作的出版机构，为印学论著的普及提供了条件。此外，随着近代报刊业的繁荣，市民阅读需求的多元化，出现了大量美术类期刊，为印学文稿的发表提供了平台。在这样的时代背景下，二十世纪上半叶印学论著、印谱、文稿数量众多，所涉内容也极为广泛，给后世研究这一阶段的印学状况提供了丰富的资料。

为了能对二十世纪上半叶的印学研究状况有更为清晰的认识，本文将此阶段的印学研究成果加以梳理，详见附录。

随着古玺印、封泥等材料的大量出土，古玺印收藏蔚然成风，二十世纪上半叶编辑出版了大量古玺印谱、封泥谱录。王国维、罗振玉等金石学大家也每每受邀为新出印谱撰写序跋，阐述自己的学术观点，因而这一阶段出现了大量学术类印谱序跋。（附录2）

二十世纪上半叶报刊业迅速兴起，各类报刊层出不穷。许多金石书画社团也纷纷创办社刊，涌现出了《国粹学报》（图1）、《鼎脔》（图2）、《艺观》（图3）、《湖社月刊》（图4）等专业期刊，为印学文稿的发表提供了平台。许多印学家、篆刻家乃至爱好者纷纷撰文，一时间发表了大量印学文稿，现梳理并择其重要者以呈。（附录3）

图1 《国粹学报》

图2 《鼎脔》

图3 《艺观》

图4 《湖社月刊》

通过梳理发现，二十世纪上半叶的印学研究成果十分可观。现将这一阶段出版的印学论著、印谱中的学术性序跋以及印学文稿加以分析，可将其内容分门别类，概括为以下数类：

（一）古玺印研究

自清代嘉道时期始，古玺印的大量出土，使古玺印收藏蔚然成风，一时间金石收藏家编辑了大量古玺印印谱，对古玺印的认识也逐渐清晰与提高。至二十世纪上半叶，对古玺印研究主要侧重于将古玺与史料、甲骨文字、金文、古陶文等多种材料进行参照，相互印证，从而考订古玺的时代、释文，以及背后的古代官制、地名变迁等内容，其中不乏有许多发前人所未发之新观点、新思想，值得关注。

金石收藏家罗振玉致力于收藏、辑录古代玺印，认为古玺印具有重要的史料价值，其在所辑《赫连泉馆古印存》序言（图5）中指出："始知古印玺者，实于小学、地理、官氏诸学，至有裨益，好之乃益笃。私意数百年来，固未有能阐斯学之蕴者也。"[1]此外，他在序言中首次提出"征之古玺已有取成语为印者"[2]，并收录了"敬上"等先秦吉语印，一改前人吉语印始自汉代的旧说。王国维在《桐乡徐氏印谱序》中，确认古玺是研究六国文字的重要材料，指出"兵器、陶器、玺印、货币四者，正今日研究流过文字之惟一材料，其为重要，实与甲骨、彝器同"[3]，肯定了古玺文字的价值。

黄宾虹兼具书画家与金石收藏家双重身份，其收藏古玺印既丰且精，辑有《滨虹藏印》《滨虹

图5　罗振玉《赫连泉馆古印存》序言

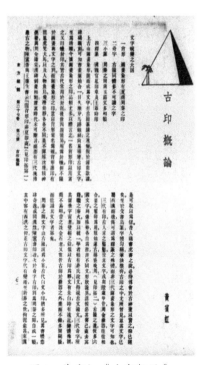

图6　黄宾虹《古印概论》

①　罗振玉《赫连泉馆古印存序》，《赫连泉馆古印存》，上海书店出版社2021年版。
②　罗振玉《赫连泉馆古印存序》，《赫连泉馆古印存》，上海书店出版社2021年版。
③　王国维《桐乡徐氏印谱序》，《观堂集林（外二种）》，河北教育出版社2003年版，第147—150页。

图7 伏蟾《金上京路万户印出土记》

草堂藏古玺印》等多部印谱，对古玺印也有深入研究。他既秉承了"文字证印、以印证经、以印考史"[1]的传统金石学研究方法，对古玺印文字进行考释，但又不局限于此。其所撰《古印概论》（图6）[2]从印章文字蜕变原因、实际用途、形制演变等多个角度对古玺印的发展历史进行了梳理，拓展了古玺印研究的视野。

西方近代考古学的传入，给古玺印研究带来了全新的研究视角与方法。在古玺印被金石学家作为证经补史资料加以研究的同时，带有近代考古学意识的古玺印研究文章也开始出现。如1912年《东方杂志》发表了署名伏蟾的《金上京路万户印出土记》（图7）[3]。该文详细记录了此印的出土地点、发现方式以及材质、尺寸等基本信息。这与传统金石考据重视文字考释、忽视出土信息的研究方法存在明显不同。虽然此印非科学考古发掘品，但对出土地点的记录，也为印文的考证提供了佐证。

可以说，这一时期的古玺印研究已不再局限于传统金石学研究的框架，在既采用金石考据方法的同时，也开始关注印章本体之外的历史发展、形制演变等问题，还受到近代考古学的影响，注重出土信息的记录，使古玺印研究呈现出了不同于传统金石学的全新气象。

（二）古印文字汇编与研究

古玺印一直是古文字研究的重要材料。二十世纪上半叶，除文字考释类研究之外，出现了以玺印文字为专题的文字汇编著作，其中最具代表性的为罗振玉哲嗣罗福颐1930年出版的《古玺文字征》（图8）、《汉印文字征》（图9）。两书将明清以来诸家谱录中的古玺和汉印文字进行钩摹，依《说文解字》体例，加以编排，历时八年方成，成为民国时期古印文字汇编集大成者。

此外孟昭鸿亦辑有汉印文字汇录著作《汉印分韵三集》《汉印文字类纂》。《汉印分韵三集》依照清代袁日省、谢景卿正、续《汉印分韵》体例编排，收录新见汉印用字七千余字，成书于1927年。《汉印文字类纂》则将秦汉、魏晋印文按笔画顺序排列，共分十二集，其中《汉印分韵三集》成为日后篆刻入门与创作的重要参考字书。

宣哲有《古玺字源》（图10）稿本存世，作者有感于"玺文可识者不过十之二三，且所释未必尽可信"，对古玺文字进行梳理，认为其源流"则敬、事、信、私、封、行、玺七字而已"。并按照"敬""事""信""私""封""行""玺"七字字形省变、离合，将古玺中的文字进行汇

① 黄宾虹《古玺印中之三代图画》，《古学丛刊》1939年第2期，第1—6页。
② 黄宾虹《古印概论》，《东方杂志》1930年第27卷第2号，第71—78页。
③ 伏蟾《金上京路万户印出土记》，《东方杂志》1912年第9卷第2号，第11—12页。

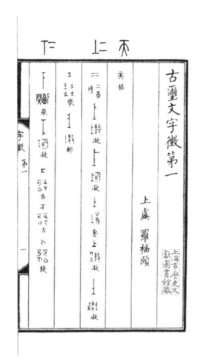

图8　罗福颐《古玺文字征》　　　　图9　罗福颐《汉印文字征》

图10　宣哲《古玺字源》　　　　图11　黄宾虹《陶玺文字合证》

编，加以考证。①

黄宾虹《陶玺文字合证》（图11）一书，将古玺与古陶文加以对比，按照"古匋量器完全与古玺文字合者""古匋片器不完全与古玺文字合者""古匋量器与古玺文首一字不同者""古匋片器与古玺文第二字不同又第三四字略异同者""古匋器文有玺印字及可确知为印文者"等类别加以编排。②其目的不仅在于古玺文字的考证，也意图通过古陶文字判断古玺的用途。

此外方介堪钩摹了上万方古玺印印文，辑成玺印文字工具书《玺印文综》十四卷。虽未及时出版，又于战时散失部分，也为此阶段重要的一部古玺印字书。

二十世纪上半叶诸位学者对古印文字的汇编与研究，不仅加强、拓展了古玺印文字的考释，增进了对古玺印的认识，而且出现了诸如《古玺文字征》《汉印文字征》等文字汇录类著作，对古玺印的研究与篆刻创作带来了极大的便利与益处。

（三）封泥研究

清代是金石学发展的鼎盛时期，封泥的发现也是清代金石学的重要成果。清道光二年（1822）蜀中农夫在田间偶然发现封泥，后被古董商贩卖至京城，自此封泥便开始进入了金石学家们的视野。清代吴荣光《筠清馆金石》、刘喜海《长安获古编》、陈介祺《簠斋印集》中都收有封泥。刘鹗《铁云藏封泥》纠正了以往将封泥误作印范的错误，对封泥性质有了正确的认识。

1903年，罗振玉辑郭裕之藏封泥成《郑厂所藏封泥》一书，在序言中罗振玉指出："古封泥于金石学诸品中最晚出，无专书纪录之，玉以为此物有数益焉：可考见古代官制以补史乘之佚，一也；可考证古文字，有裨六书，二也；刻画精善，可考见古艺术，三也。"③道出了封泥研究的价值所在。吴式芬、陈介祺所辑《封泥考略》，开创了以封泥文字考证古代官制、地理的先河。此后，周明泰辑《续封泥考略》六卷、《再续封泥考略》四卷，延续了这一路径。王国维在所辑《齐鲁封泥集存》序言（图12）中指出："封泥之物与古玺印相表里，而官印之种类则较古玺印为尤夥。其足以考正古代官制地理者，为用至大。"④强调了封泥重要价值。其所著《简牍检署考》明确了封泥的使用方法："书函之上既施以检，而复以绳约之，以泥填之，以印按之，而后题所予之人，其事始毕。"⑤

1934年国立北京大学研究院辑《封泥存真》影印出版，由曾任北京大学研究所国学门考古学研究室主任的马衡作序。序言中对封检之泥与封囊之泥在形态上的区别进行了详细对比和描述，并发出"前人著录封泥之书，如《封泥考略》（吴式芬、陈介祺），《齐鲁封泥集存》（王国维、罗振玉），续及再续《封泥考略》（周明泰），除摹拓及考证其印文外，不言其形制，似不免犹有遗

---

① 宣哲《古玺字源不分卷》，民国间稿本，上海图书馆藏。
② 黄宾虹《陶玺文字合证》，民国十九年（1930）神州国光社石印本，上海图书馆藏。
③ 罗振玉《郑厂所藏封泥序》，《郑厂所藏封泥》，清光绪二十九年（1903）影印本，上海图书馆藏。
④ 王国维《齐鲁封泥集存序》，《齐鲁封泥集存》，民国二年（1913）影印本，上海图书馆藏。
⑤ 王国维《简牍检署考》，《简帛古书与学术源流》，生活·读书·新知三联书店2020年版。

图12　王国维《齐鲁封泥集存》序　　　图13　王献唐《临淄封泥文字叙》

憾"①的感慨，可见其作为考古学家的独特视角。

1936年出版的王献唐《临淄封泥文字叙》（图13）延续了前人的传统，利用封泥材料对汉代官制进行了考释。除此之外，王献唐还亲自前往临淄封泥发现地进行考察："地在县城北门外东北刘家寨村西南，各距里许，今为城户王姓业产。前后共发二窖，一东一西，约数十百步……四十年来，各家所收临淄汉封泥，类出是乡，其有栏格之秦封泥，则在县城东门外偏北一带……据村老习于其事者言，东门外封泥，皆有栏格，出刘家寨者则无。"②王献唐将封泥本身形态和出土地点进行了整合分析，得知刘家寨出土的为汉封泥，县城东门外出土的为秦封泥。这种不仅关注文物本身，也关注出土地点等信息，并将之相联系的研究方法，带有近代考古学的视野，这是以往金石学家所不具备的。

总体而言，随着封泥的发现，封泥研究成为金石学研究的内容。二十世纪上半叶的封泥研究，继承了金石学证经补史的传统，利用新出土的封泥，对古代官制、地名等进行考证，有助于复原历史上的官制体系和郡县沿革。与此同时，个别学者亦试图以考古学的角度看待封泥，发掘更多的信息。

（四）版本目录研究

二十世纪上半叶，随着印谱出版的繁盛，出现了专门的印谱书目。这些印谱专科书目又可细分为藏书书目和知见书目两类，其中以知见书目为主，如叶铭于1910年出版的《印谱目》，是国内比较早的印谱专目，1920年又出版《叶氏印谱存目》，也是知见书目。藏谱书目还有《铁琴铜剑楼藏

---

① 马衡《封泥存真序》，《马衡文存》，江苏人民出版社2020年版，第424—425页。
② 王献唐《临淄封泥文字》，民国二十五年（1936）铅印本，上海图书馆藏。

善本印谱目》《宗氏明本及印谱书目》等。

印谱书目的编排体例多样，有的按年代排序，如罗福颐《古铜印谱简明目录》《印谱考》等。或按印谱类别排序，如冼玉清《粤东印谱考》、庞士龙《云斋旧藏善本印谱目忆录》等。或按印谱首字笔画排列，如王敦化《印谱知见传本书目》（图14）、《篆刻参考书传本书目》（图15）、《古铜印谱书目》（图16）。也有部分印谱排序较为随意，无一定规律，如李文禚《知见印谱录目》（图17）。从印谱书目著录内容上看，早期的印谱书目多为简目形式，仅著录印谱书名、卷次、作者等概要信息，如叶铭《印谱目》、罗福颐《古铜印谱简明目录》、李文禚《知见印谱录目》等。随着印谱书目的发展以及学者对印谱研究的深入，印谱书目中所收录的信息更为详细，编撰者有意识地撰写印谱书志，著录编撰者小传、印谱序跋等信息，使印谱书目的内容更为丰富，如罗福颐《印谱考》、冼玉清《粤东印谱考》、庞士龙《云斋旧藏善本印谱目忆录》等。

在印谱书目的编纂中，影响最大的学者是罗福颐。1927年，罗福颐撰《古铜印谱简明目录》[1]（图18），以年代划分，著录印谱名称、编撰人姓名、卷数、年代等基本信息，合计著录宋代至道光时期的印谱70种。1933年，又撰《印谱考》[2]四卷（图19），著录宋代至清代宣统时期的印谱146种。在自序中罗福颐指出了前人对印谱目录的忽视，其仿照《经义考》体例撰写《印谱考》，并引用翁大年所著《印谱考略》残稿，还根据丁仁所藏印谱以及自家藏谱情况撰写印谱提要。对比罗福颐《印谱考》目录和《古铜印谱简明目录》，有许多相似点，均按时代排序，并在时代下列收录印谱数量，且两者书目也有许多重合之处。《印谱考》很可能是在《古铜印谱简明目录》之上补

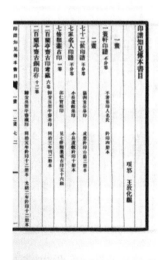

图14　王敦化《印谱知见传本书目》　　图15　王敦化《篆刻参考书传本书目》

---

① 罗福颐《古铜印谱简明目录》，《湖社月刊》1927年第11—20期，第81—86页。罗福颐《古铜印谱简明目录（续）》，《湖社月刊》1929年第23期，第4页。

② 罗福颐《印谱考四卷》，民国二十一年（1933）墨缘堂石印本，上海图书馆藏。

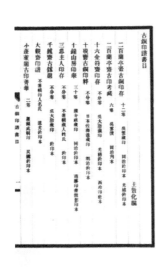

图16　王敦化《古铜印谱书目》　　　　图17　李文祎《知见印谱录目》

图18　罗福颐《古铜印谱简明目录》　　　图19　罗福颐《印谱考》

充完善而成的。但《印谱考》已不再仅仅列印谱条目，而是撰写印谱提要，对国内专门印谱书目的编纂产生了深远影响。此外，二十世纪二三十年代，罗福颐曾参与编撰《续修四库全书总目提要》，所撰文稿"与印谱相关者，为六则：其中子期先生《印谱考》中著录者四则，未著录者二则。"[1]1947年，罗福颐撰《温故居所见印谱题识》[2]，收录于《辽海引年集》，共著录印谱18种。

除罗福颐之外，在印谱书目编辑上有影响力的另一位学者是岭南大学冼玉清，她开创了地域印谱书目编辑的先河。1936年，《岭南学报》第5卷第1期刊登了冼玉清撰《粤东印谱考》[3]（图20）。冼氏有感于以往文献对粤地印谱著录的缺失，有意搜求，"讲授之暇，刻意求书。成《粤东印谱考》。得篆刻字书类凡九种，集印谱一十八种，自镌印谱一十四种。共四十一种。其书以眼见者为准。其未见者则以经方志著录为据"[4]。冼玉清对印谱的著录较为详细，不仅著录书目、卷次、编撰者、版本等主要信息，还记录藏家以及以往书目中的著录情况。此外，为编著者撰写小传，介绍作者姓名、籍贯、官职以及生平信息。还收录印谱序跋内容，或全部抄录，或摘录部分文字。最后还对印谱的版式进行描述，记录每页钤印数量、书口文字等信息，并与罗福颐《印谱考》中的记载作对比，内容详尽，颇具资料价值，是对广东地区印谱出版情况的整体梳理。冼玉清后于1963年补充完善成《广东印谱考》。

印谱专科书目是伴随着篆刻艺术的兴盛和印谱的大量出版产生的，标志着印谱这类特殊的古籍

图20　冼玉清《粤东印谱考》

图21　叶铭《广印人传》

① 柳向春、李顺香《罗福颐先生所撰"印谱类"〈续修四库总目提要〉》，《西泠印社》2008年第6期，第33—37页。
② 罗福颐《温故居所见印谱题识》，《辽海引年集》，和记印书馆1947年版，第384—394页。
③ 冼玉清《粤东印谱考》，《岭南学报》1936年第5卷第1期，第99—142页。
④ 冼玉清《粤东印谱考》，《岭南学报》1936年第5卷第1期，第99—142页。

已经逐渐受到重视，学者开始有意识地对此类古籍进行编目、撰写提要。这类目录文献，有助于后人了解前代的印谱出版状况，以及同一部印谱不同的版本流变，而且从印谱提要中还能回溯该谱的递藏情况。专门的印谱书目，相比于之前目录文献中对印谱的零星记载，所涵盖的信息更为丰富、全面，在印学研究中具有不可忽视的资料价值。

（五）印人传记

清初周亮工所著《印人传》开创了为篆刻家作传的先河，后汪启淑《续印人传》、冯承辉《国朝印识》等都是重要的印人传记著作。叶铭在前人基础上辑《再续印人小传》，后又增补为《广印人传》（图21），于1911年刻印出版。《广印人传》共十六卷补遗一卷，上迄元明，下至光绪，共收录印人一千八百余人，虽较为简略，但规模浩大，非《印人传》《续印人传》《国朝印识》等可比拟，基本囊括了元明以来的印人群体。

印人传记著作中还有一类以介绍某一地区的印人为主的地域性印人传记，如清代道光年间黄学坤所著《东皋印人传》，收录东皋本地及流寓印人28人，开地域性印人传之先河。民国时期亦有地域性印人传记问世，如《东莞印人传》《成都印人传》《闽中印人录》等。

《东莞印人传》为古文字学家容庚与其弟容肇祖合撰，是研究广东篆刻史的重要资料。作者根据《东莞县志》《东莞诗录》等著作，收录东莞籍篆刻家，其所录始自明代邓云霄，讫至容庚仲弟容肇新，共录19人。所录之人均为之作传，并对印人作品风格等进行评述，内容详尽。这些印人因偏居一隅，大多声名不彰，幸得容氏兄弟为之作传，方不至湮没无闻。《东莞印人传》开篇有"自古瑰奇磊落之士，不见于世，不幸而托一艺以传，又不幸而艺与人俱湮没而不传者，何可胜数"的感慨，这也是作者作此传的原因，也因此为广东地区篆刻留下了宝贵的资料。

 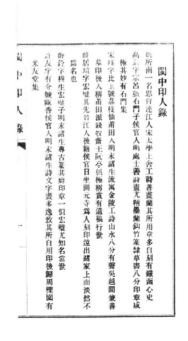

图22　同园《成都印人传》　　　图23　张俊勋《闽中印人录》

1931年《智囊》杂志发表《成都印人传》（图22），作者署名同园。该文分5期连载，共收录沈中彝、曾思道、陈泽霈、龚源耕、颜浚等20位印人，记录姓名、字号、印风，或简述其生平；另有4人因"未见印作，故不敢妄列也"[①]，仅录其姓名。《成都印人传》篇幅短小，所录印人名不远播，却是了解成都地区印人状况的宝贵资料。1934年张俊勋撰《寿山石考》，附《闽中印人录》（图23）一卷，收录闽中地区宋代至清光绪间印人47人，列其字号、籍贯及主要著作。

由于晚清民国时期金石社团如雨后春笋般涌现，印人往往通过雅集的形式交流印艺，这也催生了一种新的以社团为限的印人传记。其中以西泠印社为代表。西泠印社1913年辑有《西泠印社同人录》，著录社员姓名、里居、年龄等。后秦康祥编著、王福庵审定《西泠印社志稿》专设《志人》一卷，收录61位西泠印社早期社员小传。

1914年9月浙江省立第一师范学校成立的篆刻社团乐石社，辑有《乐石》十集与《乐石社社友小传》一册，《小传》前有李叔同、姚鹓雏所撰《乐石社记》各一则，后列夏丏尊、李叔同等27位社员小传，附拓印者1人，并录乐石社简章及职员表。

二十世纪上半叶，不仅有叶铭《广印人传》这类搜罗人数众多、全面反映历代印人全体状况的印人传记，也有《东莞印人传》《成都印人传》《闽中印人录》等地方性印人传记。同时，随着金石篆刻社团的兴起，还新兴了以社团为限的印人传记。这种社团印人传的出现，说明篆刻社团加强了印人之间的交流，印人不再仅仅以个人姿态出现，同时也以社团团体面貌亮相，有助于扩大社会影响力，这种模式一直延续至今。

（六）印学札记

印学札记是民国时期比较常见的一类印学论著，这类文章所论述的主题往往相对分散，每一话题所涉篇幅较为短小，通常采用分块阐述、报刊连载的形式。内容涉及印章起源、篆刻流派、印文考释、印谱等方面。

光绪三十三年（1907）黄宾虹所撰《滨虹羼抹·叙摹印》（图24）在《国粹学报》上连载，开报刊发表印论文章之先河。该文开篇先按"上古三代、秦汉、六朝唐宋、元明、国朝"的时间顺序讲述了印章的起源和发展历史，随后开展专题论述，涉及印章作伪、流传、鉴赏、流派、考证、印文、形制、篆法、刀法、印钮等多个方面，研究对象已不再仅限于古玺印，明清流派印、杂品印等都有所涉及。1935年黄宾虹在《学术世界》杂志连载《虹庐笔乘》（图25），主题更为多元，涉及印学者包括古玉印之流传、古印丛话、藏印记略、玺节、观得自斋印谱、印用成语、印石、清康乾集古印谱、刻印、周代玺印、伪托印史等五十余篇。

黄宾虹弟子朱尊一亦曾在《俭德储蓄会会刊》上连载《壮悔室印谈》（图26），所涉内容涵盖古玺印起源、篆刻流派、印石、姓名印、印谱、摹古、章法、用篆、刀法等多方面，值得参考。

容庚《雕虫小言》（图27）1919年在《小说月报》上连载，含学篆、姓名印、摹印、诗文印、印人传、印钮、印人印风等多方面。在此文中，容庚对"婕仔妾娟"玉印的著录和递藏进行了考证。于非闇《治印余谈》（图28）1927年至1928年在《晨报·星期画报》连载三十四篇，所涉内容

---

① 同园《成都印人传（二）》，《智囊》1931年第1卷，第43—44页。

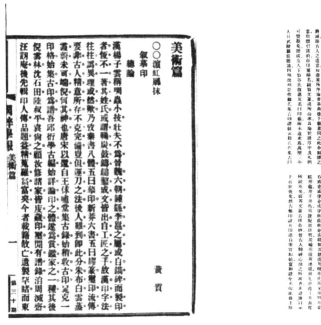

图24　黄宾虹《滨虹屭抹·叙摹印》　　　　图25　黄宾虹《虹庐笔乘》

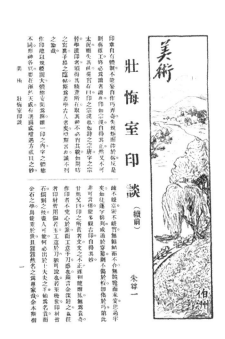

图26　朱尊一《壮悔室印谈》　　　　图27　容庚《雕虫小言》

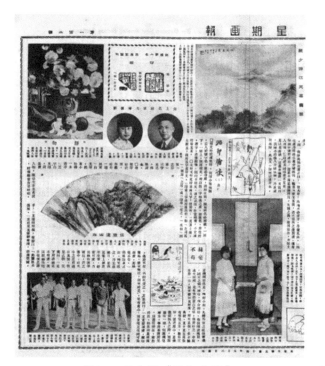

图28　于非闇《治印余谈》　　　　图29　吴贯因《东西印章之历史及其意义之变迁》

更为广泛。

　　印学札记也是民国时期最具特色的印论形式，因发表在报刊，其阅读对象多为普通读者，往往不拘长短深浅，并包含不少印坛掌故。除上述作者之外，还有吴淈源《薶丝龛印学觚言》、徐天啸《余之印话》、蒋吟秋《秋庐印话》、顾青瑶《青瑶印话》、张可中《清宁馆治印杂说》、陈运彰《说印》、黄高年《治印管见录》、杜进高《印学三十五举》等，皆有较高的学术价值。

　　相比于传统古玺印、古文字学论著，印学札记类文章研究对象更加多元，不仅包括古玺印，也包括流派印、印谱、印人、印石以及篆刻创作理念等，这也是这类文章与传统金石学研究最大的不同。因为印学札记类文章所涉内容多元，各个篇章相对独立，每一章节篇幅短小，亦可单独成篇，适合以连载的形式在报刊上刊登，民国时期印学札记类文章在报刊中屡见不鲜。

　　（七）印学史论

　　如果说印学札记的行文特点是各个主题相对独立，印学史论类文章最大的特点是整篇文章逻辑严整，系统论述同一主题。印学札记或许仍带有古代印论的影子，但印学史论类文章则萌生了现代学术论文的种子。

　　1926年吴贯因发表的《东西印章之历史及其意义之变迁》（图29）是比较早的论述印章发展史的文章。该文简述了非洲、西亚细亚、欧洲、日本等地的印章起源，对中国印章发展史进行了

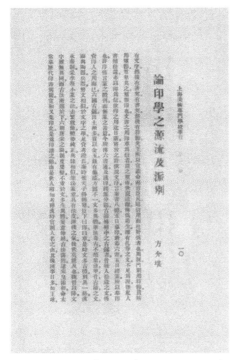

图30　方介堪《论印学之源流及派别》　　　图31　沙孟海《印学概论》

梳理，并对印章的用途、用法、用色、印泥、印文等进行分析。[①]该文不仅涉及中国印章史，还对域外印章史进行了简述，视野开阔，但可惜对中国印章史的论述稍显简略。

　　1929年，方介堪在上海美术专门学校季刊《葱岭》上发表《论印学之源流及派别》（图30）。该文按照时代顺序概述了印章的起源、古玺印发展、集古印谱的出现、明清流派篆刻的兴起，并对浙派、皖派的代表代表印人、印作加以点评。[②]该文对印章发展史的论述不再仅局限于古玺印，也将流派篆刻囊括其中。

　　1930年，《东方杂志》发表黄宾虹《古印概论》和沙孟海《印学概论》（图31）两文，影响力更为深远。《古印概论》前文已有涉及，此处不再赘述。相比之下，沙孟海的《印学概论》，对印章发展史的梳理更为系统，并将其分为"兹目宋元以前为印章之创制时期，宋元以后为印章之游艺时期"[③]两个阶段，既强调了古玺印的实用性，也看到了流派篆刻的艺术价值，不愧为印学史论研究的奠基之作。

　　1940年，傅抱石《中国篆刻史述略》（图32）将篆刻发展

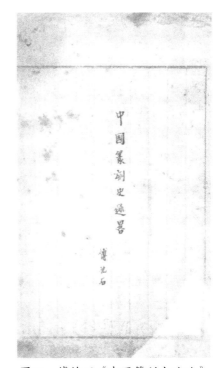

图32　傅抱石《中国篆刻史述略》

---

① 吴贯因《中西印章源流及其历史意义之变迁》，《留京潮州学会年刊》1926年第2期，第136—141页。

② 方介堪《论印学之源流及派别》，《葱岭》1929年第1卷第2期，第10—16页。

③ 沙孟海《印学概论》，《东方杂志》1930年第27卷第2号，第79—89页。

史分为"篆刻的萌芽期""篆刻的古典时期""篆刻的沈滞时期""篆刻的昌盛时期"[①]，更加系统全面地阐述了篆刻的发展历程，并明确提出"篆刻史"这一概念，在近现代篆刻史研究上具有划时代的意义。

上述印学史论文章的出现，表明印章不再仅仅是金石学家、历史学家用来证经补史的材料，而是成为独立的研究对象，并形成了"篆刻史"这一专门史。这也意味着印学逐渐从传统金石学中独立出来，形成自己的研究视野和研究范式。

作为篆刻家的方介堪敏锐察觉到了这一点，其在《论印学之源流及派别》中指出："治印者研求篆、章、刀法，模拟铜玉封泥，出入秦汉魏晋以为技能，至于文字历史之学，鲜有考者。收藏家之辑印谱，尽其所藏，选成一集，粗分部次，尝以六国古玺与元明花押杂厕一处，无目录统系纲纪之分，惟知保存国粹，好其古色而已。考古者，如吴清卿、陈箧斋、王静安为最精确，惟古玺印章，散于各谱极多，且常有出土，不能尽海内所有，聚于一处，分其部居，成其统系，而后穷经史之阙也。"[②]点明了面对印章材料，篆刻家、收藏家、考古学家的关注点各有不同。

（八）篆刻教育

二十世纪上半叶是篆刻教育从传统到现代的过渡时期，在西方学校教育模式传入中国的时代背景下，篆刻也开始被纳入美术教育之中，实现了篆刻教育的近代化转型。许多篆刻家进入美术学院任教，为配合教学，编写课程讲义。如1926年寿石工《铸梦庐篆刻学》（图33）在上海《鼎脔》杂志进行连载，后又发表于《湖社月刊》，并最终集结《篆刻学讲义》一书出版，这是他在北平国立美专讲授篆刻课程时使用的教材。1935年，孔云白出版《篆刻入门》（图34）一书，脱胎于方介堪在上海美专时的讲稿。潘天寿《治印谈丛》为其在杭州国立艺专教课时的讲义。除美术院校外，有的普通院校也开设篆刻课程，上海金山篆刻家张孝申任南洋模范中小学初中部国史教授兼篆刻科教员，并于1927年编辑出版《篆刻要言》一书，作为授课教材。此外，也有篆刻家自己开班教学，

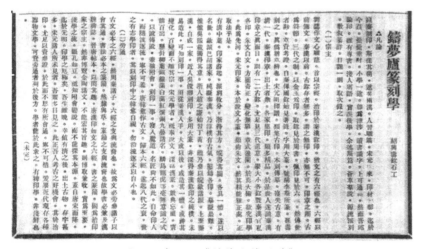

图33　寿石工《铸梦庐篆刻学》

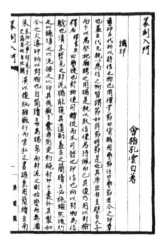

图34　孔云白《篆刻入门》

---

① 傅抱石《中国篆刻史述略》，《傅抱石篆刻印论》，荣宝斋出版社2007年版，第445—502页。
② 方介堪《论印学之源流及派别》，《葱岭》1929年第1卷第2期，第10—16页。

将课徒稿整理成书，如邓散木《篆刻学》。因此这一阶段出现了许多篆刻教学类著作，具体情况如表1。

表1　二十世纪上半叶篆刻教学类著作一览

书名	作者	章节结构
治印杂说	王世	印学渊源、印之制度、印之格律、印面文字、印之章法、印文笔法、治印刀法、署旁款法、治印之具、拓旁款法、治印色法、治印赘言
印学今义	王光烈	宗主、旁通、名式、流派、弃取、选材、着墨、配置、运刀、功力、宏博、款识、补助、润色
个簃印恉	王个簃	溯源、穷变、辨体、立基、成局、运刀、别才、刻边、题款、神韵、病忌、印谱、附录
篆刻学讲义	寿石工	凡论、宗主、旁通、名式、派别、弃取、选材、着墨、章法、运刀、款识、润色、印人
篆刻要言	张孝申	篆刻大意、治印手续、刀法提要、各部刻法及盖印、治旁款法及拓法、摹印要具、整理印章及刻刀、盖印需要品及选印、附应备书帖印谱目录、附应备器物一表览
刻印概论	傅抱石	源流、印材、印式、篆法、章法、刀法、杂识
篆刻入门	孔云白	识印、别篆、篆印、用刀、击边与具款、名家派别、印论、印质印钮与用具、用印法、制印色法
刻竹治印无师自通	张志鱼	治印总论、治印须知、印谱之来源、治印有文人匠人之分、印有四品、治印用具及刻法、刻楷书边款法、刻行草边款法、印字位置于何处、拓图章边之法、齐额别署之起源、刻象牙小字法、治水晶金银铜象牙章法、历代印人传
篆刻学	邓散木	述篆、述印、别派、款识、篆法、章法、刀法、杂识、参考
金石篆刻研究	李健	玺印章、钮之制度、玺印篆刻法、刀法、操刀法、草创经营位置、雕钮边款击边钮定印面之上下、玺印使用之变迁执信封检朱涂、封泥印范、印谱拓款
篆刻启蒙	傅厚光	识篆、习篆、别印、刻印、余论（击边、具款、用印、印具）
治印丛谈	潘天寿	源流、别派、名称、选材、分类、体制、参谱、明篆、布置、着墨、运刀、具款、濡朱、工具
治印术	包凯	印章之源流、印章之种类、印章之用文、印章之体例、印章之品质、治印之工具、治印之准备、治印之试习

将这几部篆刻教学著作对比之后发现，其内容有一定的相似性，既包括篆刻发展史、印章制度、篆刻流派等相关知识，更侧重于对篆刻技法的传授，内容涉及篆法、章法、刀法、边款刻法、作印法等，逐一讲授篆刻的要领和步骤。此外还包含拓款、钤印等具体操作方法，以及印石、印泥等篆刻所用工具材料的相关知识。总体而言，这类著作通常都具有很强的实践指导意义，侧重技法的讲授，内容相对通俗易懂，同时又形成了相对完整的体系。

尽管都属于篆刻教学类书籍，但每本著作又各具特色。张孝申《篆刻要言》后附"应备书帖印谱目录"（图35）和"应备器物一表览"，明确列出了篆刻学习参考用书，以及所需工具材料。

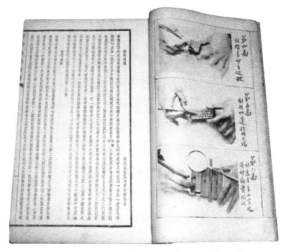

图35 张孝申《篆刻要言·附应备书帖印谱目录》　　　图36 张志鱼《刻竹治印无师自通》

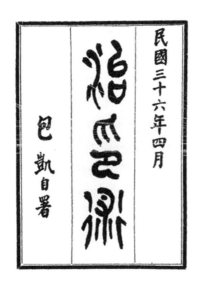

图37 包凯《治印术》

图38 王世《治印杂说》

张志鱼《刻竹治印无师自通》（图36）不仅细致地讲解刻楷书边款法和刻行草边款法，还附照片加以说明。李健《金石篆刻研究》分别讲授了刻玉、刻铜、刻骨角竹木等不同材质印章的方法。包凯《治印术》（图37）则指明可以通过习小篆、读近人印谱、读前代名人印谱、读秦汉印谱等方式提高自身修养，进而提升篆刻水平。

这些篆刻教学类书籍，详尽地讲授篆刻相关知识和技法，也体现了作者金针度人的开放胸怀。叶铭在为王世《治印杂说》（图38）作序时尝感慨："予尝见夫世人之擅一技之长，每秘其术而不以传人。菊昆则不然。其教授于学校也，每于谈话之余，与从学者辙津津讲论印学。"①以王世为代表的诸多篆刻家，愿意向大众传播篆刻知识，教授篆刻技法，进而编纂篆刻教学类书籍，使篆刻艺术从一门秘而不传的小众技艺，转变成为艺术教育的一部分，现代意义的篆刻学正是在此基础上萌发的。

二十世纪初，是篆刻教育从传统向现代转型的关键时期。篆刻教育的近代化，使篆刻教学不再仅局限于师徒间的口传心授，而是被纳入学校教学体系，从而催生了诸多篆刻教材。这类著作的出版打破了篆刻艺术与普通民众之间的壁垒，使更多的学生、民众有机会学习、了解篆刻艺术，促进了篆刻艺术的普及。

二、二十世纪上半叶印学研究的特点

对二十世纪上半叶的印学论著、文稿与学术性印谱序跋进行梳理发现，西方现代科学方法和制度的传入，也使传统印学研究进入了前所未有的变革期。这一阶段的印学论著呈现出如下特点。

（一）承前启后，取得丰硕成果

晚清民国时期，随着古玺印、封泥等材料的发现，传统金石学进入鼎盛时期。作为传统金石学研究的一部分，印学也进入大发展阶段。据不完全统计，二十世纪上半叶正式出版或发表的重要印学论著和印学文稿已逾百篇，且内容并非摘录前人旧说，而是各具己见。这些印学论著，在继承传统金石学研究的同时，也借鉴了西方考古学的研究方法，发现了新的研究视角。

一方面，这一阶段的印学研究是对明清以来印学的继承，在古玺印研究、古文字研究、印人传记编写等方面，取得了丰硕成果。罗振玉、王国维、罗福颐等学者，采用传统金石学研究的方法，以新出土的古玺印、封泥为材料，对古玺印、封泥文字进行考释，并"以印证史"，进而考证古代官制制度、地名变迁等内容。叶铭、容庚等学者，参照前人撰写印人传的体例，撰写《广印人传》《东莞印人传》等。从这些印著中，可以看到这一时期对传统印学的继承。

另一方面，这一阶段的印学研究也在尝试新的研究方法和视角。马衡、王献唐、伏蟾等学者，受到西方考古学思想的影响，对古玺印、封泥的形制、出土地点等信息加以关注。试图以西方考古学的方法研究古玺印、封泥材料，给传统印学研究带来了不同的视角，这也是印学研究试图走出与传统金石学不同的路径的有益尝试。

（二）强调印章、印谱的主体性

在传统金石学研究框架下，古玺印、封泥等并不是研究的主体，对其进行研究主要是为了达到证经补史的目的。在传统金石学家眼中，古玺印等只是材料，通过考释古玺印文字，补充史料不足，而非真正的研究对象。二十世纪上半叶印学研究的显著特点是更加强调印章、印谱的主体性，将之作为独立的研究对象，而非附属于其他学科的研究材料。

---

① 叶铭《治印杂说序》，《治印杂说》，古今图书书店编辑部，民国十五年（1926）铅印本，上海图书馆藏。

注重印章的主体性，其表现之一是对印章本身发展历史、演变脉络的重视，探讨印章的起源问题，进行印章发展史脉络的梳理。方介堪、黄宾虹、沙孟海、傅抱石等人都做了这方面的努力，并发表了诸多印论文章。对印章发展史的关注，使印学研究跳出了传统金石学的范围，研究对象从古玺印扩大到明清流派印，从而对印章史有更全面、整体的认识。

注重印章主体性的另一表现是将其作为一种独立的器物门类，利用文物学的方法，探究印章的材质、工艺、形制、钮式等。如泽人《谈玺印之钮式》一文，专门研究印钮的形制、发展历史以及雕钮刻工。[①]由此可见，学者已不再仅将印章作为文字载体，而是将之作为独立的器物门类，研究其本身的发展历史和形制演变等，与传统金石学存在明显差别。

此外，印谱专科书目的出现，代表印谱的主体性被认可。印谱不再仅仅被看作古籍中的一个类别，而是单独加以编目著录，二十世纪上半叶出现了叶铭《印谱目》《叶氏印谱存目》，罗福颐《古铜印谱简明目录》《印谱考》，王敦化《印谱知见传本书目》《篆刻参考书传本书目》《古铜印谱书目》，冼玉清《粤东印谱考》，庞士龙《云斋旧藏善本印谱目忆录》等印谱书目，这是前所未有的。相比于之前古籍目录中对印谱的零星记载，印谱专科书目所含信息更全面，资料性更强。

印章、印谱不再作为其他学科的研究材料和附庸，而是作为独立的研究对象，主体性得到加强。这是二十世纪上半叶印学与传统金石学研究的最大不同，标志着印学开始真正独立于传统金石学之外。

（三）注重篆刻的艺术属性

随着印章、印谱主体性的提升，人们也开始从篆刻艺术的角度看待印章。早在1903年，罗振玉便对新出土的封泥材料有"刻画精善，可考见古艺"[②]之语，已经意识到封泥的艺术价值。随着篆刻成为学校美术教育的一部分，篆刻开始作为一门独立的艺术被人们所重视。王个簃在《个簃印恉》中明确提出："夫篆刻为美术之一，有排列之美，有错综之美，有雄浑之美，有娟秀之美，有纯泊之美。能合于此，神韵乃全，篆刻之事乃备。"[③]明确指出篆刻为美术之一。温景博《漫谈刻印艺术》（图39）一文提出："刻印是融会了绘画和书法的技巧来表现东方特有趣味的一种艺术"。[④]侯石年在《论篆刻在艺术中的地位》（图40）中否定了传统上视篆刻为"雕虫小技"的陈旧想法："所谓雕虫小技者，不过是形容篆刻在艺术的园林中所占的地盘很小，至篆刻本身在艺术中所占的价值却不能加以剥削……篆刻虽是艺术中的小技，然而在那一方小石头上面所表现着的程度的深浅，却和其他的艺术有同样的价值。艺术决没有物质的界限，只有是否成功的分别。"[⑤]认为篆刻与其他艺术形式具有同等的地位，强调了篆刻艺术的价值。

这类文章的出现，说明篆刻的艺术属性受到重视，学者开始强调篆刻艺术的价值和地位。进行篆刻艺术的美学追求，成为此时的重要课题。

---

① 泽人《谈玺印之钮式》，《美术汇报》1948年第1期，第6页。
② 罗振玉《郑厂所藏封泥序》，《郑厂所藏封泥》，清光绪二十九年（1903）影印本，上海图书馆藏。
③ 王个簃《个簃印恉》，《民国印学文论选注》，西泠印社出版社2020年版，第231页。
④ 温景博《漫谈刻印艺术》，《三六九画报》1945年第33卷第6期，第4页。
⑤ 侯石年《论篆刻在艺术中的地位》，《艺风》1934年第2卷第6期，第49—52页。

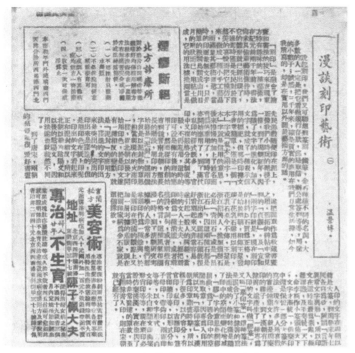

图39 温景博《漫谈刻印艺术》   图40 侯石年《论篆刻在艺术中的地位》

（四）纳入学校教育，形成独立体系

民国时期篆刻开始被纳入近代美术教育的体系中，成为美术学院课堂教学内容的一部分。像张孝中等许多印人在学校担任教职，教授篆刻课程，并形成了体系完善又具实用性的教学讲义。学校篆刻教育，不仅仅是教授印章发展史等理论知识，更重视篆刻技法、审美的传授，旨在通过教学，使学生掌握篆刻创作的方法，篆刻的艺术属性得到了空前的强调。在篆刻教学中，往往涉及具体的章法、篆法、刀法等创作技法的讲授，因此这时的篆刻教学类书籍，形成了独立的体系，以便更好地指导篆刻实践。

篆刻教学类著作编排大多体例详尽，除介绍篆刻理论知识外，更注重对篆刻创作技法的讲述，为便于学生理解，这类著作中往往配有插图甚至照片加以说明，更具有实践指导意义。

篆刻作为艺术课程被纳入美术教学，促进了印人对篆刻技法等进行归纳总结，编写篆刻教材，形成了适用于篆刻教学的独立体系。篆刻教学类著作与以往印学研究成果最大的区别在于篆刻教学类著作不是一味进行学理性的探讨，而是探索如何更好地进行篆刻教学。至此，篆刻开始以一门独立学科的面目问世，这也标志着现代篆刻学的萌生。

（五）报刊业的发达，提供发表平台

报刊作为一种新型媒介，为印学理论的发表提供了新途径。在报刊出现之前，编辑印谱、出版印著是印人最主要的发表形式。但出版印谱和专著，需要有一定的成果积累，非一蹴而就，发表周期较长。相比之下，报刊给印人提供了更为便捷、经济的途径，可以及时发表最新成果。虽受报刊篇幅的影响，每期发表的文稿篇幅有限，但可以通过连载的形式克服这一问题。黄宾虹、朱尊一、

寿石工、于非闇都曾在报刊上连载印学文章。报刊的出现，是传统印谱、印学图书出版的有力补充，为印人提供了发表的平台，拓展了发表学术成果的途径。

另一方面，近代报刊的出现也有助于打破垄断。长期以来"著书立说"是学者表达自身观点的主要途径，这对于普通人来说是难以实现的，因此学术研究在某种程度上是少数人的专利。近代报刊的产生，使普通人拥有了撰文表达自己观点的途径，这对于培养印学人才、促进学术的多元无疑是有利的。民国时期，报刊上发表了大量印学文稿，如孙观生《摹印谈屑》、竹声《治印要言》、久庵《谭篆刻》、吴浔源《蒳丝龛印学觚言》、农隐《篆刻的由来》《篆刻法的纲要》等，角度各有不同。正是这种百家争鸣的学术生态，促进了现代篆刻学的发展成熟。

三、结论

二十世纪上半叶是中国社会的大变革时期，传统印学也在寻找新的发展方向。近代出版业和报刊业迅速发展，为印学论著的出版和发表提供了便利条件。这一阶段印学论著数量宏丰，印学研究呈现出一片繁荣的态势。在古玺印研究、古文字研究、封泥研究、版本目录研究、印人传记、印学札记、印学史论以及篆刻教育方面都取得了丰硕的成果。

这一阶段的印学研究，既有对明清以来印学传统的继承，也在尝试新的研究方法和视角。部分学者尝试以西方考古学的方法研究古玺印、封泥材料，印学研究开始试图走出一条与传统金石学不同的路径。与此同时，印学研究者开始注重强调印章、印谱本身的主体性，不再将之作为证经补史的材料，而是作为独立的研究对象，探讨印章本身的发展历史、形制演变，以及印谱的版本流变问题，标志着印学开始真正独立于传统金石学之外。篆刻作为独立的艺术门类，也更加受到重视。

民国时期篆刻开始被纳入近代美术教育的体系中，在篆刻家的教学实践过程中，不断摸索修订，最终形成了适用于篆刻教学的独立体系，并编著了多部篆刻教学著作，标志着现代篆刻学的萌生。近代报刊业的发展，为印人提供了发表的平台，也在一定程度上打破了学术垄断，有助于促进现代篆刻学的发展成熟。

总言之，在清末民国社会动荡、东西方思想交融碰撞的大背景下，印学逐步从传统金石学中独立出来，并向着现代篆刻学转变。经过百年间的发展，篆刻学已经成为一门完全成熟的现代学科。站在百年后的今天回望历史，便可发现许多转变的种子在当时已悄然萌生。

附录1　二十世纪上半叶主要印学论著一览

书名	作者	版本	分类
印谱目	叶铭	1910年，西泠印社排印本，收录于《叶氏存古丛书》	版本目录
再续印人小传	叶铭	1910年	印人传记
广印人传十六卷补遗一卷	叶铭	1911年刻本	印人传记
乐石社社友小传	乐石社	1915年	印人传记
清仪阁古印考释	徐同柏	1917年神州国光社影印本	古玺印研究

书名	作者	版本	分类
印学今义	王光烈	1918年铅印本	篆刻教育
遁盦印学丛书	吴隐	1920年排印本	印学论著汇编
叶氏印谱存目	叶铭	1920年排印本，收录于《遁盦印学丛书》	版本目录
印文辑略	孙家桢	1920年排印本	印论汇编
治印杂说	王世	1921年出版，1926年三版，古今图书店编辑部	篆刻教育
东莞印人传	容庚 容肇祖	1921年	印人传记
蓄古印谈	黄宾虹	1921年	印学札记
个簃印恉	王个簃	1924年	篆刻教育
玺印姓氏征	罗振玉	1925年东方学会排印本	古玺印研究
篆刻约言	钟以敬	刻本	印学札记
汉印分韵三集	孟昭鸿	1927年	古文字研究
篆刻要言一卷印选一卷	张孝申	1929年铅印本	篆刻教育
玺印姓氏征补正	罗振玉	1929年石印本	古玺印研究
三续三十五举	马光楣	1929年花史馆刻本	印学札记
古玺文字征十四卷附录一卷	罗福颐	1930年石印本	古文字研究
汉印文字征十四卷附录一卷检字一卷	罗福颐	1930年石印本	古文字研究
陶玺文字合证	黄宾虹	1930年神州国光社石印本	古文字研究
清宁馆治印杂说	张可中	1931年《庸庵遗集》排印本	印学札记
印谱考	罗福颐	1933年石印本	版本目录
古今篆刻漫谈	王光烈	1933年	印学札记
汉印文字类纂	孟昭鸿	1933年西泠印社印本	古文字研究
刻印概论	傅抱石	1934年稿本	篆刻教育
闽中印人录	张俊勋	1934年	印人传记
治印管见录	黄高年	1935年铅印本	印学札记
临淄封泥文字叙	王献唐	1936年铅印本	封泥研究
五镫精舍印话	王献唐	1936年稿本	古玺印研究 印学札记
篆刻入门	孔云白	1936年商务印书馆影印本	篆刻教育
谧斋古官印章目录	柯昌泗	1936年稿本	版本目录
刻竹治印无师自通	张志鱼	1938年铅印本	篆刻教育

（续表）

书名	作者	版本	分类
篆刻学类要	劳笃文	1938年铅印本	印学札记
槐堂摹印浅说	陈衡恪	1938年	印学札记
篆刻学	邓散木	二十世纪三十年代手稿	篆刻教育
印谱知见传本书目一卷补遗一卷	王敦化	1940年铅印本	版本目录
篆刻参考书传本书目一卷附录一卷	王敦化	1940年铅印本	版本目录
古铜印谱书目不分卷	王敦化	1940年铅印本	版本目录
中国篆刻史述略	傅抱石	1940年	印学史论
沙邨印话	沙孟海	1940年	印学札记
云斋旧藏善本印谱目忆录	庞士龙 瞿熙邦	1941年铅印本	版本目录
铁琴铜剑楼藏善本印谱目	瞿熙邦、庞士龙	1941年铅印本	版本目录
金石篆刻研究	李健	1943年铅印本，上海中国联合出版公司	篆刻教育
篆刻启蒙	傅厚光	1944年中国印学社	篆刻教育
治印丛谈	潘天寿	1946年	篆刻教育
治印术	包凯	1947年，中国文化服务社	篆刻教育
温故居所见印谱题识	罗福颐	1947年	版本目录
古玺字源	宣哲	民国间稿本	古文字研究
宗氏明本及印谱书目	宗舜年藏，潘承弼辑	民国间抄本	版本目录
古玺发微	陈邦福	民国间	古玺印研究

附录2　二十世纪上半叶学术类印谱序跋一览

书名	作者	时间	分类
《郑厂所藏封泥》序	罗振玉	1903年	封泥研究
《西泠八家印选》序	罗榘	1904年	流派篆刻
《齐鲁封泥集存》序、书后	王国维	1913年	封泥研究
《赫连泉馆古印存》序	罗振玉	1915年	古玺印研究
《赫连泉馆古印续存》序	罗振玉	1916年	古玺印研究
《续百家姓印谱》序	罗振玉	1916年	古玺印研究
《隋唐以来官印集存》序	罗振玉	1916年	古玺印研究
《传朴堂藏印菁华》序	葛昌楹	1916年	篆刻发展史
《传朴堂藏印菁华》序	罗振玉	1917年	篆刻发展史

（续表）

书名	作者	时间	分类
《明清名人刻印汇存》序	罗振玉	1917年	篆刻发展史
《征赏斋秦汉古铜印存》序	叶德辉	1920年	古玺印研究
《梦庵藏印》序	罗振玉	1920年	古玺印研究
《福山王氏海上精舍藏印》序	秦更年	1920年	古玺印递藏
《望古斋印存》序	罗振玉	1924年	古玺印研究
《澂秋馆印痕》序	罗振玉	1925年	古玺印研究
《西夏官印集存》序	罗振玉	1925年	西夏官印研究
《桐乡徐氏集古印谱》序	王国维	1926年	古文字研究
《金薤留珍》序	庄蕴宽	1926年	古玺印谱辑拓
《集古印谱》跋	邹梦禅	1927年	印谱研究
《吟莲馆印存》跋	邹梦禅	1927年	印谱研究
《毓庆宫藏汉铜印》序	马衡	1927年	印谱研究
《续封泥考略》序	周明泰	1927年	封泥研究
《续封泥考略》序	柯昌泗	1928年	封泥研究
《徐氏古玺印谱》序	罗振玉	1929年	古玺印研究
《石庐印存》序	况周颐	1929年	篆刻发展史
《善斋玺印录》序	黄宾虹	1930年	古玺印研究
《古玉印汇》序	马衡	1930年	玉印研究
《封泥存真》序	马衡	1931年	封泥研究
《契斋古印存》序	商承祚	1936年	古玺印研究
《察哈尔省古藩部官印汇拓》跋	柯昌泗	1936年	古玺印研究
《古鉴斋藏印集》序	许敬参	1937年	古玺印研究
《瀚云轩印存》序	寿石工	1939年	流派篆刻
《福庵手辑邓吴赵三家印存》跋	高野侯	1941年	流派篆刻
《鲁盦仿完白山人印谱》叙	张原炜	1943年	流派篆刻
《明清名人刻印汇存》序	高时显	1944年	印谱史
《俞调梅印集》序	王易	1944年	篆刻发展史

附录3　二十世纪上半叶重要印学文稿一览

书名	作者	版本	分类
滨虹羼抹·叙摹印	黄宾虹	《国粹学报》1907年第30、33期；1908年第38、39、42、44期	印学札记
封泥辨	赵公岂	《国粹学报》1911年第7卷第2、7期	封泥研究

（续表）

书名	作者	版本	分类
叙印谱	黄宾虹	《南社丛刊》1911年第3集	印学札记
古玺印铭并序	黄宾虹	《南社丛刊》1912年第5集	印学札记
余之印话	徐啸天	《小说丛报》1916年第20、21期	印学札记
蛰盦印话	史国干	《江苏省立第五中学校杂志》1916年第4、5、6、7期	印学札记
雕虫小言	容庚	《小说月报》1919年第10卷第3、4期	印学札记
治印杂说	一鼋	《消闲月刊》1921年第1期	印学札记
壮悔室印谈	朱尊一	《俭德储蓄会会刊》 1921年第3卷第4、5期； 1923年第4卷第2、3、4期； 1924年第4卷第5期，第5卷第1期； 1925年第5卷第3期	印学札记
增辑《古印一隅》缘起	黄宾虹	《国学周刊》1923年第7、8、9期	印学史论
青瑶印话	顾青瑶	《半月》1923年第2卷第19、21、22、24期	印学札记
篆刻刍言	史喻庵	《群进月刊》1924年第1期	印学札记
说印	晦庐	《金石画报》1925年第6、8、10、11期	印学札记
我之治印观	老萱	《新上海》1925年第8期	印学札记
铸梦庐篆刻学	寿石工	《鼎脔》1926年第45、46、47、48、50、51、53、55期	篆刻教育
摹印浅说	陈师曾	《鼎脔》1926年第31期	印学札记
篆刻新论	黄宾虹（署名同之）	《艺观（月刊）》1926年第1期	印学札记
古印谱谈	黄宾虹（署名铜芝）	《艺观（月刊）》1926第1期	印学札记
印举商兑	黄宾虹（署名宋若婴）	《艺观（半月刊）》1926第2、4期	印学札记
周大古玺	黄宾虹（未署名）	《艺观（半月刊）》1926第4期	古玺印研究
东西印章源流及其历史意义之变迁	吴贯因	《留京潮州学会年刊》1926年第2期	印学史论
篆刻学讲义	寿石工	《湖社月刊》1927年第1—10、11—20期； 民国22年（1933），铭泉阁排印本； 《三六九画报》1941年第1、2、3、6、7、8、9、10、11、12、13、14、16期	篆刻教育
治印概论	方介堪	《上海美专新制第一届毕业生纪念册》1927年	印学史论

书名	作者	版本	分类
治印余谈	于非闇	《晨报·星期画报》 1927年第3卷第101、102、103、104、105、111、 112、114期； 1928年第3卷第、115、116、118、123、125、 128、130、136期	印学札记
治印琐语	陈一农	《长啸》1927年12月6日第3版	印学札记
古铜印谱简明目录	罗福颐	《湖社月刊》1927年第11—20期； 1929年第23期	版本目录
治印一得	拜松	《坛途》1928年第8期	印学札记
摹印学	傅抱石	《活泼泼地》1929年第2卷第30期；第3卷第48、 49、50、51、52、53、54、55、56、57、58、59、 60、61、62、63、64、65、66、67、68期	篆刻教育
滨虹草堂集古印谱序	黄宾虹	《艺观（月刊）》1929年第2期	印学札记
印话	陈子清	《美展》1929年第7期	印学札记
论印学与印谱之宗派	方介堪	《美展》1929年第8期	印学史论
论印学之源流及派别	方介堪	《葱岭》1929年第1卷第2期	印学史论
汉封泥考略	陈直	《艺观（月刊）》1929年第3期	封泥研究
汉官印跋四篇	柯昌泗	《辅仁学志》1930年第2卷第1期	古玺印研究
印学概论	沙孟海	《东方杂志》1930年第27卷第2号	印学史论
古印概论	黄宾虹	《东方杂志》1930年第27卷第2号	印学史论
印章之溯源与源流	董鲁安	《师大附中校友会会刊》1930年第16期	印学史论
篆刻初步	俞世吾	《美术丛刊》1931年第1期	篆刻教育
成都印人传	同园	《智囊》1931年第1卷、2卷、4卷	印人传记
摹印谈屑	孙观生	《女师学院期刊》1933年第1卷第1期	篆刻教育
印学三十五举	杜进高（署名 绝尘龛）	《珊瑚》1933年第2卷第1期	印学札记
治印刍谈	陈子彝	《艺浪》1933年第9、10期	篆刻教育
知见印谱录目	李文裿	《中华图书馆协会会报》，1933年第8卷第4期	版本目录
治印浅说	冯建吴	《太阳在东方》1933年第1卷第1期	篆刻教育
印林闲话	蔡守	《华字日报》1934年	印学札记
九成室印话	钱复	《文艺捃华》1934年第1卷第2、4期	印学札记
论篆刻在艺术中的地位	侯石年	《艺风》1934年第2卷第6期	印学史论
冷雪厂知见印谱录目读 校记	陆述文	《燕京大学图书馆报》1935年第73期	版本目录
篆刻的研究	张棣	《民鸣》1935年第18期	篆刻教育

（续表）

书名	作者	版本	分类
虹庐笔乘	黄宾虹	《学术世界》 1935年第1卷第1、2、3、4、6、7期； 1936年第1卷第8、9、10、11期，第2卷第2期； 1937年第2卷第3、4期	印学札记
话印	玉均	《文风（上海）》1936年第2期	印学札记
治印要言	野狐禅竹声	《实报半月刊》1936年第24期	印学札记
赵古泥先生传	蒋志范	《青鹤》1936年第4卷第5期	印人传记
粤东印谱考	冼玉清	《岭南学报》1936年第5卷第1期 民国二十五年（1936）私立岭南大学出版	版本目录
浙江为印学总汇说	沙孟海	《大公报（上海）》1936年11月3日第12版	流派篆刻研究
论印章源流	傅抱石	《国立中央大学教育丛刊》1936年第3卷第2期	印学史论
两浙藏书家印章考	蒋复璁	《文澜学报》1937年第3卷第1期	藏书印研究
大鹤山人传	金天羽	《卫星》1937年第1卷第2期	印人传记
刻印漫谈	思齐庐主	《盛京时报》1937年4月27日、28日、29日，5月1日、3日、4日、5日、6日、7日、8日、9日、10日、11日、12日、13日	印学札记
古玺印中之三代图画	黄宾虹	《古学丛刊》1939年第2期	古玺印研究
印学概论自叙	邓散木	《说文月刊》1940年第1卷	印学史论
图章与应用图案	黄大夏	《晨报》1940年5月5日	印学札记
谈治印	张志鱼	《新民报半月刊》1940年第2卷第17期	印学札记
龙凤印谈	黄宾虹	《中和月刊》1940年第1卷第7期	古玺印研究
周秦印谈	黄宾虹	《中和月刊》1940年第1卷第11期	古玺印研究
古印谈（释傩、释绥）	黄宾虹	《中和月刊》1940年第1卷第12期；1941年第2卷第4期	古文字研究
刻印源流	傅抱石	《时事新报（重庆）》1940年3月11日第4版	印学史论
印林清话	王崇焕	《中和月刊》1940年第1卷第9、10期	印学札记
陈师曾先生摹印评述	王友石	《新东方》1940年第1卷第5期	印学札记
古印文字征	黄宾虹	《中和月刊》1941年第2卷第5、7期	古文字研究
岳雪楼之鉴藏印章	冼玉清	《大风》半月刊，1941年第101期	鉴藏印研究
记光福许兆熊两京名贤印录稿本	朱点元	《江苏文献》1942年第5、6期	印人印谱研究
秋庐印话	蒋吟秋	《永安月刊》1942年第41期	印学札记
图章篆刻的发展	泽人	《万象》1942年第1、2期	印学札记
关于印章	泽人	《万象》1942年第3、4期	印学札记
治印琐语	雅竹	《万象》1942年第5、9期	篆刻教育

（续表）

书名	作者	版本	分类
吴门印话	卫东晨	《江苏文献》1942年第1卷第7、8期	印学史论
印学史话	尤且介	《新学生》1942年第6期	印学史论
治印述要	佚名	《江西青年》1942年第7、8、9、10、11、12期	印学札记
谭篆刻	久庵	《当代评论》1943年第3卷第22期	印学札记
厕简楼书锲膑谈	邓散木	《大众》1943年第3期	印学札记
谈刻印	马衡	《说文月刊》1944年第4卷	印学史论
蒮丝龛印学觚言	吴浔源	《学海》1944第1卷第5期	印学札记
枫谷语印	郭组南	《学海》1944年第1卷第3、4期； 1945年第2卷第1期	印学札记
印文琐话	郑秉珊	《古今》1944年第46期	印学札记
漫谈刻印艺术	温景博	《三六九画报》1945年第33卷第6期	印学札记
印话	高甜心	《申报》1946年6月至8月	印学札记
二十年来之方介堪	郑午昌	《申报》1946年8月26日	印人传记
治印管见	余任天	《东南日报》1946年12月	篆刻教育
印学源流及广东印人	邓尔疋	《南金（香港）》1947年创刊号	印学史论
说印	陈运彰	《雄风》1947年第2卷第1、3期	印学札记
说印余稿	陈运彰	《永安月刊》1947年第103期	印学札记
篆刻概论	乔大壮	《广播周报》1947年复刊第42期	印学札记
治印小谭	雨子	《广播周报》1947年复刊第51期	印学札记
读黔山人印存书后	邓尔疋	《南金（香港）》1947年创刊号	印人印风
论刻印	杨钧	民国间	印学札记
刻印诀	杨钧	民国间	印学札记

（作者系上海韩天衡美术馆副研究馆员，考古学博士）

马国权印学著述中的学科交叉思想管窥

——以目录学和文字学为中心

林潇琪

摘要： 马国权的印学著述，体现了其在印学研究方面与其他学科知识的交叉运用，并能看到其对印学方面学科交叉研究方式的肯定与冀望。本文主要探讨目录学与文字学的思想、研究方法在马国权印学著述中的具体体现和影响，并揭示其对交叉学科研究模式的独到见解，窥探其在书法篆刻交叉学科领域的前瞻性。对交叉学科视阈下马国权印学研究情况的个案分析，以期对书法篆刻交叉学科的发展具有示范意义。

关键词： 马国权　印学　篆刻学　交叉学科

马国权是新中国成立后的第一代古文字学家、书论家和印学家，其在学术领域深耕不辍，尤其在书法篆刻方面，贡献了大量融合多学科视角的学术成果，这些成果极大地丰富了书法篆刻研究内涵。大致因马国权谢世较早，使得目前对马国权印学理论的研究甚少。然其印学著述之多，视野之广，思想之深，角度之新，值得我们深入研究。

一、朗若列眉：目录学思想在马国权印学著述中的体现

目录学在我国历史悠久，在学术研究中，具有提供治学线索、帮助检索资料、厘清研究路径等作用。将目录学思想运用到书法篆刻研究中，在方便读者掌握研究领域概况的同时，也有助于我们厘清架构，更有条理地进行书法篆刻的学术研究工作。

而马国权的老师容庚，不仅在目录学领域造诣深厚，更先锋性地将目录学知识运用到书画研究中，其在书画领域对材料的汇集编纂，对之后的书画研究提供了极大的便利。容庚的书法著作《丛帖目》，即目录学影响下的产物，在书法领域的学术意义更远在目录索引价值之上。《丛帖目》为历代法书丛刻的总录，分为历代、断代、个人、杂类、附录五大类著录，加之题跋、碑帖考证、作者观点等，体系完备，内容详尽，展现了作者深厚的学术造诣与严谨的治学态度，为帖学研究开创了新的体例，成为书学研究不可或缺的重要参考。容庚的其他书画著述，如《颂斋书画小记》《三代秦汉金文著录表》《历代名画著录目》等，不仅体现了容庚的文学观念和史学观念，还彰显了其思维在目录学影响下的系统性、条理性，以及其扎实的材料搜集能力和考据能力，为书画研究提供了宝贵的学术资源。"总而论之，容氏治学，以系统胜，而不以突破胜，以详博胜，而不以精微

胜；然积累之力极深，总结之功甚巨，终不失为大家。"①

容庚在编写著作时，习惯于先收集大量相关资料，经过精心地排比、筛选、分类，再列提纲编写。②马国权在容庚的带领下，也充分吸收了目录学著作的编撰思路，并将条惯性和逻辑性充分运用到其印学著述中。马国权的学术研究"先从目录学入手，将要研究学科的重要著作排列出来，一步步地读，同时写下札记心得，积存下来，用作日后分析研究"③。在文章范式逐渐现代化的基础上，马国权以其目录学功底，将印学理论的系统性加以提升，每观其作，不由得感叹其出色的架构能力。

《近代印人传》作为马国权最具影响力的作品，其编撰方式深受容庚《东莞印人传》的启发。然而，容庚的《东莞印人传》在体量上较为轻盈，涉及印人数量相对较少，对每位印人的描述也较为简洁，仅以简要的语言提及他们的生平与成就，且未采用分段叙述的方式。相比之下，马国权《近代印人传》对140位近代已故印人进行了全面而深入的剖析，不仅从多个角度进行分段详述，更在印人传记的撰写技巧上，展现出超越其师容庚的卓越能力。

《近代印人传》代序《近代印坛鸟瞰》中，马国权自言："鸟瞰近代印坛，主要是简括考察印艺流派和印学研究两个方面。"④他从编撰伊始就遵循了导师容庚的教诲，即在文章撰写之初就进行明确的分类和框架设计。在此代序中，他首先从印艺流派和印学研究两个维度出发，对近代印人进行了细致的分类：从师承等方面，分为玺印派、浙派、吴派、黟山派、赵派、齐派六大流派；将印学著作分为印史考证、印艺研究、印人传略、工具书纂辑四类，并配以详尽的说明，其中印艺研究部分还进一步细分为论文类、讲义类、札记类三类，工具书纂辑部分分为字书、年表和印谱目三类。这种极致的分门别类，体现了马国权编撰此书时对文章的清晰规划思路。

《近代印人传》中的传记逻辑清晰，从印人的生平、学习经历、书法篆刻评价、成就贡献等角度进行分段架构，翔实全面。值得一提的是，书中还指出了部分印人的不足之处，体现了作者客观的评述态度。马国权用扎实的古文功底，在古文行意上架构现代理论系统，纳古出新。其擅长运用排比论析的手法，对印人的信息进行严谨而细致的考证，归纳总结能力亦属上乘。中文语言底蕴与西方的凝练表述相结合，使之具备更高的文化厚度。郑逸梅评价此作："（《近代印人传》）较诸叶作，具有两大特点：一、详述其史事，采及其印论与印蜕，并及他人之评骘，图文兼顾，对之有如亲其謦欬者；二、君与传主熟稔者，约占十之三四，即素不相识，一传即成，辄就询其后人及门生故旧，务求其详实。是伟举，亦巨观也。"⑤

这里不得不提到中国历史上第一部专门记录印人的著作——周亮工的《印人传》，将印人身份从文化立场进行凸显。⑥然而，传统的印学研究较为随意零散，缺乏系统科学，周亮工的《印人传》也局限于此，仍未脱离只言片语的感悟式语言表述，部分记载也出现史实错误。目录学的发展

① 胡文辉《现代学林点将录》，广东人民出版社2010年版，第330页。

② 参见张桂光、林颖《容庚评传》，团结出版社2020年版，第246页。

③ 黄天《前言——熔铸金石古文字 成就印学一宗师》，《马国权印学论集》，香港三余堂有限公司2011年版，第17页。

④ 马国权著，茅子良订《近代印人传》，上海书画出版社2023年版，第1页。

⑤ 郑逸梅《弁言》，马国权著，茅子良订《近代印人传》，上海书画出版社2023年版，第1—2页。

⑥ 参见朱天曙《感旧：周亮工及其〈印人传〉研究》，北京大学出版社2013年版，第211页。

辅助马国权将《近代印人传》推上了一个崭新的高度，使之成为继周亮工《印人传》后最具代表性的印人传记汇总著作。相较于《印人传》较为随性的叙述方式，《近代印人传》对印人的社会构成、地位、家庭背景以及学习经历进行了直接而清晰的阐述，印人的地域性特征及在篆刻上的继承发展与创新也明确指出。

《广东印学书籍知见录》是马国权对广东地区印学书籍的汇总，其精心搜罗并分类整理了这些书籍，分为六大类：印学概论，文字、印谱书录、印人传略，汇编秦汉以来官私印谱，摹刻、秦汉官私、瓦当印谱，各家自刻印谱以及汇编名家印谱。全书共收录条目180例，详细记录了每本书的书名、作者、版本、出版年份及收藏归属等信息为当代广东印学研究提供了便利的检索渠道。正如容庚曾言："做学问的人，为了研究某个课题，只靠平日博闻强记是不够的，必须借助'目录'一类的工具书，才能综观全局，循序渐进，逐步达到学术的顶点。"[①]而《广东印学书籍知见录》正是这样一部为深入学术研究服务的目录类工具书。与《广东印学书籍知见录》成书目的相似的还有马国权编集的《广东古印集存》，在该书的前言中，马国权提道："编集这本《广东古印集存》，就是在前贤的启发下，试图突破一般印谱纂辑的惯用方法，把它成为有助于某一地区的历史学、史地学等学科的研究资料。"[②]这一表述进一步凸显了该书出版目的中的目录学色彩。

在马国权其他的印学著述中也可窥见目录学对其文章架构的辅助作用。目录学对分类的执着追求和严谨态度，使得马国权深深根植于目录学中以编类为核心的逻辑性与条理性之中，文字风格独树一帜。马国权的印论代表作《汉印概说》，得益于目录学对全局的精准把握和分类细化，架构也是令人叹服（图1）。著名学者沙孟海评价《汉印概说》云："《汉印概说》分期如此细密，运用考古发掘资料，此是解放后的新方法、新成绩……（《汉印概说》）是社员治学的新动向。"[③]

在马国权的文章《篆刻经典〈三十五举〉图释》中，作者在前言部分再次展现了其对文献分类的精准把握。其将《三十五举》划分为两个主要部分："前十八举，主要谈有关篆书的品类、特点，及其书写方法；自十九举至三十五举，则谈印章制度，和作印的章法等等。"[④]又进一步细化为八个部分：

    一、谈金文、小篆、汉篆、隶书、缪篆等书体特征的，有三举、八举、十六举、十七举、十八举；

    二、强调文字应遵循字书的，有四举、五举；

    三、谈小篆结体之法的，有六举、七举、十举、十二举、十三举；

    四、教人以写篆执笔、运笔的，有十四举、十五举；

    五、介绍古印等制度的，有十九举、二十三举、二十六举、三十举、三十三举、三十四举；

---

① 曾宪通《容庚先生的学术贡献与治学特色》，广东炎黄文化研究会、纪念容庚先生百年诞辰暨中国古文文字学学术研讨会合编《容庚先生百年诞辰纪念文集》，广东人民出版社1998年版，第5页。

② 马国权著，黄天编《马国权印学论集》，香港三余堂有限公司2011年版，第511页。

③ 沙孟海《与马国权书三十封》，《沙孟海全集·8·书信卷》，西泠印社出版社2010年版，第161页。

④ 马国权著，黄天编《马国权印学论集》，香港三余堂有限公司2011年版，第144页。

六、谈篆印之法的，有十八举、二十举、二十四举、二十五举、二十九举；

七、论章法要求的，有二十一举、二十二举、二十七举、二十八举、三十五举；

八、介绍印谱的，有三十二举。①

使得读者能够对所需段落快速定位，有效节省时间和精力，并深化对《三十五举》原文的理解与认识。

民国以来，艺术教学方式逐渐趋向系统化和科学化，在寻求思路明晰、通俗易懂的印学教材需求下，马国权的篆刻教学文章在目录学的引导下，形成了一套系统的教学体系。《篆刻技法中的篆法问题》《篆刻技法中的章法问题》《篆刻技法中的刀法问题》《篆刻技法中的边款问题》"篆刻教学四部曲"，将篆刻学习的篆法、章法、刀法、边款四部分进行分点说明，并在文章后半部分凝练出若干注意事项，是面向大众的通俗易懂的篆刻教程。

纵观马国权的印学著述，不难发现其理性思辨与科学分类贯穿始终，不仅是简单的编纂排比，包含了详尽的解说、扎实的考证和艺术审美观念，在此就不一一赘述。马国权的写作方式不仅传达出其印学思想，更致力于帮助读者构建清晰的思维框架，有助于读者理解与定位，极大程度上考虑到印学理论传播接受效率，彰显了马国权弘扬印学文化的用心。正如容庚所强调的，"目录是治学的阶梯"，马国权不仅将目录学作为自己治学的基石，还从读者角度出发，尽力方便于他人研究使用。其深思熟虑与体贴入微，为印学领域提供了珍贵的学术资源。

二、沿波讨源：从马国权印论看文字学与印学研究结合

马国权作为容庚在中山大学古文字学科的研究生，承蒙恩师容庚倾囊相授治学之道，得以成为业界备受推崇的古文字学家，后荣膺"中国古文字研究会"的创会理事。"容商之学"擅长将文字学研究与书法研究紧密结合，在马国权扎实的篆刻基础和对印学热爱的加持之下，其将"容商之学"的特色发扬光大，并成为容庚门下最具代表性的学者之一。马国权的印学著述，巧妙地将文字学视角融入其中，对文字与书法篆刻创作之间的微妙关系进行了精辟深入的探讨。从文字学角度对印学研究加以辅助，不仅有利于对印学在发展、取法、字法等方面的理解，还能够对篆刻艺术的特征有更为敏锐的感知；同时，拥有篆刻艺术的审美能力也能为文字学研究提供了多元视角，促进了文字学研究的发展。

在探讨马国权有关文字学的印学理论贡献时，就不得不聚焦于《古玺文字初探》《鸟虫书论稿》和《缪篆研究》这三篇文章。这三篇文章彰显了马国权在古文字学领域的卓越见解，同时对印学研究有所启发。

马国权的论文《古玺文字初探》在第三届中国古文字研究会年会上引起广泛关注。其研究不局限于文字本身的写法和历史溯源，还独到地关注到玺面形状、文字样式、文字体势以及文字风格等艺术层面的要素，对印面处理对文字形态排布影响的分析尤为精准，这些通常是艺术研究者才会注

---

① 马国权著，黄天编《马国权印学论集》，香港三余堂有限公司2011年版，第144—145页。

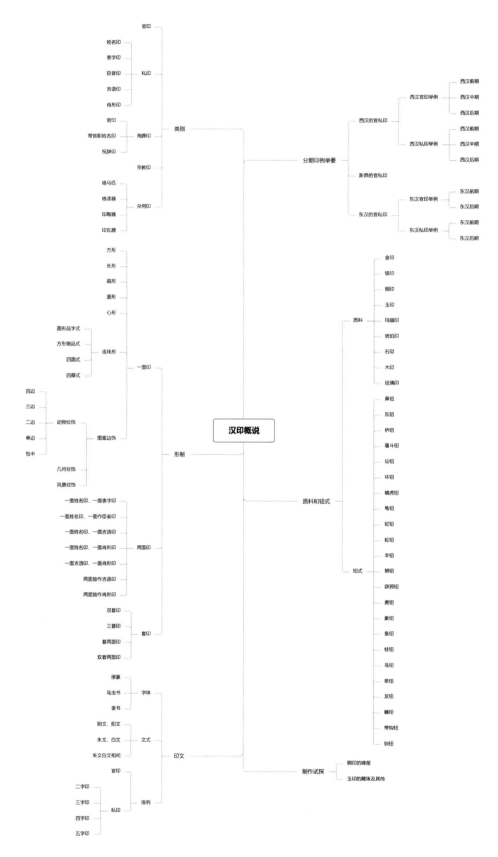

图1 马国权《汉印概说》框架

意到并且有能力准确分析的领域，展示了古玺文字研究的别样视角。文中提道："楚国的官玺，安徽寿县旧时曾出土……多为白文、有边，只个别为朱文，文字风格比较粗放，与楚竹简文字基本相合。"①这是通过文字的艺术风格来推断其与楚竹简文字的关系。关于体势分析，文中说"而在笔画的安排上，主要采取'促上舒下'的形式，也就是说，在总体而言，字的上半部分笔画比较紧密集中，而在下半部分则间架比较空疏舒展"②，分析独到。在风格分析上，文中说"古玺文字的时代有早有晚，而且还有国别和地区的不同。有的方严峻整，近似《毛公鼎》；有的奇崛取势，不啻《散氏盘》；有的修长挺健，略如《齐陈曼簠》；有的散逸飘洒，同于楚国的简牍文字"③，这种风格的类比也需要深厚的书法篆刻审美能力。沙孟海在审阅《古玺文字初探》后，对其研究给予了高度评价，认为玺文研究极具价值，并强调在《古玺文字初探》的基础上深入探索，将能解决古文字学领域的诸多疑难问题。④

基于对容庚《鸟书考》的深入研读，《鸟虫书论稿》在马国权笔下，呈现出了对鸟虫书更为全面、系统、科学且框架严谨的综合研究，其史料之丰富，实为同领域研究之翘楚。容庚的研究主要侧重于古代鸟书使用情况的汇集与考证，马国权则在此基础上对鸟虫书的名称进行了更为深入的辩证，不仅追溯了其名称的由来，还详尽探讨了词义的变化，这些均建立在其坚实的理论支撑之上。同时，其还对鸟虫书的字法、时代、材质等进行归纳分类，这一庞大而细致的研究工程，无疑为鸟虫书的研究领域注入新的活力。该论稿不仅局限于文字学的研究，更融入了书法艺术的视角，其对鸟虫书字法的形态分析尤为精细，对于文字造型的形成，其不仅能从审美角度进行分析，亦能从实用角度分析。在对"工"与"意"区别的理解上，其言："有繁与简、工与意之别。……又如'魏大功''靳并私印'二印，整齐匀美，宜为工致一类的代表，而'彭迁私印''董泽私印'乱头粗服，允为写意一派的典型。由此可见，同是汉印中的虫书，风格也是多姿多采的。"⑤文中又云："由于是线条化了的，因此笔道不但要求屈曲有致，而且要婉转流丽。起笔、收笔稍尖些，凡转折处均跌宕有势，体态万千，颇有吴带当风之妙。"⑥这一评价丰富了对文字的解读。

《缪篆研究》中也有长段的文字形体分析，与一般文字学学者的研究方法相异，马国权能从书法的角度出发，深入探讨这些形体背后所蕴含的书法艺术风格及其发展脉络：

但从形体特点方面比较，这就有差别之处了。就我们所见到的秦代的官私印，其文字固然不同于体作长方、线条圆转的秦石刻，也有异于大小参错，笔道方折的铜器上的铭文，形体略呈方形，笔道也破圆为方，已多少带有隶书的意味，如"铚将粟印"的"粟"即很有隶意……（"法丘左尉"中"法"的"去"缩于左下）已注意结构的停匀好看……西汉以后，特别是新莽前后的印章文字，结构的匀满，笔道的茂密，增减的巧妙，虽无格线，而大小平正大都可以

① 马国权著，黄天编《马国权印学论集》，香港三余堂有限公司2011年版，第571页。
② 马国权著，黄天编《马国权印学论集》，香港三余堂有限公司2011年版，第576页。
③ 马国权著，黄天编《马国权印学论集》，香港三余堂有限公司2011年版，第576页。
④ 参见沙孟海《与马国权书三十封》，《沙孟海全集·8·书信卷》，西泠印社出版社2010年版，第161页。
⑤ 马国权著，黄天编《马国权印学论集》，香港三余堂有限公司2011年版，第633页。
⑥ 马国权著，黄天编《马国权印学论集》，香港三余堂有限公司2011年版，第634页。

齐同，确是发展到一个新的境地。这是秦印文字所不可同日而语的。^①

在文字研究中兼顾美观与实用同样也是马国权的治学特色：

> 就汉印中所见的缪篆，虽然有时代、地区、作者等等的不同，风格也有端庄凝重、流动婉约，或端庄中杂有流动等的差异，但彼此的共性是存在的，它们都尽量适应方形印或圆形印的面积，把印中诸字，从整体出发，团聚起来，离合有伦，疏密调协，力求做到实用好看。^②

在其他聚焦于篆刻艺术而非文字的理论文章中，我们仍可以明确观察到马国权将印学与古文字学精妙结合的独特之处。下面举《汉印概说》《玺印艺术与篆刻艺术》《篆刻经典〈三十五举〉图释》《广东古印集存》《篆刻技法中的篆法问题》为例。

《汉印概说》中，古文字学知识使得马国权能辨认出不合"六书"和异于《说文》的字。具体而言，其观察到相较于西汉官印，东汉官印在文字的严谨性上有所减弱，常有不合"六书"的现象，例如在"琅邪相印章"中，"相"字的右部"目"被误写为"自"，这显然是文字演变中的讹变现象；同样，"蠡吾国相"的"相"字也存在类似的问题。^③此外，马国权在阐述汉印时穿插着文字学角度的讲解，如缪篆部分、鸟虫书部分和隶书部分的字体介绍。

《玺印艺术与篆刻艺术》对玺印艺术的探讨不仅局限于艺术层面的分析，更从"玺"字的字形、字义说起，深入古文字学的视角，全面介绍了玺印的外观特征、材质等基本情况，使读者能够更全面地理解玺印的全貌；此文还从文字发展的脉络出发，解读玺印文字形体的历史背景，将玺印的演变过程划分为三个主要阶段：春秋战国时期是使用古文字的阶段，秦至六朝期间是基本采用缪篆的阶段，隋唐至元时期是小篆、九叠篆、隶书、楷书等多种字体并用的阶段。^④这种写作方式将读者带到对玺印追根溯源的过程中，使之能够更深刻地理解玺印的艺术价值和文化内涵。

《篆刻经典〈三十五举〉图释》是马国权对元人吾衍的篆刻艺术著作《三十五举》的逐举释义与疏解。在前言中，马国权审慎地指出，受限于时代背景，吾衍对古文字和古印制度的理解在当今视角下存在一定的局限性。其引用古语"为学如积薪，后来居上"来阐述这种学术发展的自然规律。^⑤而马国权也基于此点，凭借其深厚的古文字学知识对吾衍进行修正与补充，如其在第一举的疏解中，指出甲骨文"聿"字的形态为手执毛笔的形态，反驳吾衍认为"上古无笔墨，以竹梃点漆"的观点；对第四举"凡习篆，《说文》为根本，能通《说文》，则写不差，又当与通释兼看"的疏解中，其补充说，秦汉的篆书，商周的甲骨文、金文，春秋战国时的陶文、玺文、货币文字等同样能给人们有益启迪；对于第二十四举中的"朱文印，或用杂体篆，不可太怪"^⑥这一观点，马国

① 马国权著，黄天编《马国权印学论集》，香港三余堂有限公司2011年版，第651—652页。
② 马国权著，黄天编《马国权印学论集》，香港三余堂有限公司2011年版，第655页。
③ 参见马国权著，黄天编《马国权印学论集》，香港三余堂有限公司2011年版，第111页。
④ 参见马国权著，黄天编《马国权印学论集》，香港三余堂有限公司2011年版，第39页。
⑤ 参见马国权著，黄天编《马国权印学论集》，香港三余堂有限公司2011年版，第145页。
⑥ 马国权著，黄天编《马国权印学论集》，香港三余堂有限公司2011年版，第187页。

权在疏解中提及，杂体篆中的鸟虫书在古玺和汉印中早已屡见不鲜，并非后起之秀，[①] 使用其先前对鸟虫书的研究成果，对吾衍的观念进行辩证；对吾衍所提及的字书《复古编》，也能用其专业知识悟得古人实意，这是没有古文字学功底的篆刻者无法达到的；同时，针对吾衍对古文错杂为用的处理方式的态度，结合吾衍的时代和现今文字发现情况进行现今时代创作情况延伸；其中对书体、字法的解释更是在结合书艺的情况下准确独到，对篆刻中字法的使用大有裨益。

马国权于《广东古印集存》前言中言："尤其值得重视的，在本《印存》的好些印章中，颇有助于历史、文字的考索。"[②] 提及此《印存》具有文字研究方面的价值。例如，《印存》中印章中的文字"娄"，结合"娄"在《公羊传》中的释意，能得出"娄"可能是一种受拘缚而强迫劳动的人的身份；此书中的部分印章文字能补《说文解字》的缺失，并且从"癃顺意印"一印中能够帮助推寻"瘫""癃"等字之间的相互关系。以往册印集多为裨益篆刻艺术或是喜爱金石收集，其目的并非在于文字研究，马国权作为古文字学家为此《印存》的价值赋予了别样的学术意义。

在《篆刻技法中的篆法问题》中，马国权对篆法的运用提出了来自文字学家的专业见解。其认为印文必须与时代一致；对于"遵守旧文"这一传统观念，其认为应持辩证态度，即所有字都应经过字书的核查，但不必过分拘泥于《说文解字》的规范；古玺文字中亦存在谬误，因此在取用时需审慎抉择。其抓住了"字"的重要性，以达到篆刻的启蒙。

同时，对于他人的篆刻选字问题，马国权也能敏锐指出。在《近代印人传》中，其指出商承祚"历劫不磨"一印中"磨"字内使用"林"字的不当之处，认为这一选择与字义不符，[③] 并且其还关注到商承祚篆刻字法选取的态度；[④] 在《齐白石篆刻略论》一文中，其明言齐白石某些印字处理的弊病。[⑤] 可见其作为文字学家在篆刻艺术领域对文字方面问题的捕捉能力。

三、登高望远：马国权对篆刻领域学科交叉运用的态度

对于老师容庚在学科交叉方面作出的贡献，马国权给予高度肯定，其特别指出，容庚在书画著录的考订上颇费心力，为书画研究提供了辅以考证的依据，凭借"湛深的学养、实事求是的科学态

[①] 参见马国权著、黄天编《马国权印学论集》，香港三余堂有限公司2011年版，第187页。

[②] 马国权著、黄天编《马国权印学论集》，香港三余堂有限公司2011年版，第513页。

[③] 参见马国权著、茅子良订《近代印人传》，上海书画出版社2023年版，第342页。

[④] "锡翁则嗜活用古文字笔法结构书写古今诗词。尝云：'《说文》近一万个字，汉代以后已不够用，从当时来说，落后于形势，现在更不用讲了。可是有的人在写篆时，死抱《说文》不放，认为现代有而《说文》没有的字，宜取音同义近的字来代替。……这种陈腐狭隘之见，必须清除，不足为训。'《篆隶册》中有'个''你'两字，皆不见于《说文》，锡翁创为……又如'寻'篆本从工从口从又从寸三声，锡翁砍却声符，篆若今楷；'妙'《说文》从弦省少声，'啼'《说文》作从口虒声，锡翁均篆如今楷结构。例不备举。类此随意构形，闻论者有不同见解。" 参见马国权著、茅子良订《近代印人传》，上海书画出版社2023年版，第341页。

[⑤] "白石对某些印字的处理，亦有弊病的地方。如'一别故人生百忧'的'故'字，其右从支不从攵；'老苹有子'的'有'字，反书便不合六书之旨了；'万象在旁'的'万'字，是俗写，不合篆；余如'齐氏日常手辑'的'日'字，'肝胆照人'的'胆''照'二字，'浴兰汤兮沐芳华'的'沐'字，都不大妥当。"参见马国权著、黄天编《马国权印学论集》，香港三余堂有限公司2011年版，第418页。

度和坚毅不拔的治学精神"[①]，编纂成《丛帖目》，对古代丛帖的缺陷进行了细致的校勘和分类评说；容庚编纂的《颂斋书画录》和《伏庐书画录》，集谱录、传记、收藏（包括作品质地、尺寸、风格特征、题识）等多要素于一体，为书画图录书籍的编纂与著录树立了典范。[②]

在大家容庚的带领下，马国权广泛涉猎各领域学术知识，具备了深厚的学术素养。马国权尝言："治书艺篆刻者，非以文字学及书史、书论、印史、印论为根底不为功，此之不图，非成恶扎，亦堕匠气。等而下者，宁画舛误，谬以千里。"[③]其深刻洞察到，研习书法篆刻必须结合其他相关学科知识，旨在强调书法篆刻研习者应具备跨学科素养。马国权多次在书法篆刻学科交叉领域发表看法，其曾在中国书法家协会学术委员会的会议上提出欲著《书法文字学》，旨在将艺术和学问结合，以学术底蕴支撑艺术创作，试图改变时下书法艺术脱离学术底蕴的倾向，为书法艺术的传承与发展提供建议。

此次会议后，马国权仍多次提及此想法，如在刘正成对其的访谈中，其表示欲在《书法文字学》中研究从秦代文字统一到《熹平石经》期间的各种书体。在此次对话中，刘正成对马国权强调古文字在书法篆刻中的重要性的观点表示赞同："中国文化和书法的魅力所在，是和字本身的魅力分不开的，这是几千年不断地积累性的发展。如果我们现在的书法抛弃了字形的话，就不叫书法了。"[④]可惜马国权谢世过早，未能在生前完成这一著作，此乃一大遗憾。

但值得庆幸的是，陈振濂于《"书法文字学"的新视野》一文中，对马国权所构想的"书法文字学"表达了设想与冀望。[⑤]马国权曾言："篆刻古称'铁书'，已纳入书艺范畴，所以论书自应包括论印。"[⑥]基于此，马国权在印学研究中展现的文字学思想，同样在其"书法文字学"的理论框架之中。虽说马国权的《书法文字学》未能面世，但从其印学著述中亦能窥探出有关此方面的观念。

马国权在《篆刻经典〈三十五举〉图释》中评价《三十五举》，花费了近半篇幅探讨各种篆书书体的特征、字法正伪、写篆的执笔和结构方法等，揭示了吾衍在篆刻艺术创作中对各方面学养的

---

① "先生认为，著录帖目有四方面的难处。第一是丛帖的难得。前人有帖目数种，如程文荣的《南村帖考》、惠兆壬的《集帖目》及前述的《鸣野山房帖目》，所录皆不逾80种，可见得丛帖著录之不易。第二是子目之难编。前人定法帖的帖名，多取帖前的数字，或长或短，各有侧重，颇难适从。第三是一帖往往一分为二，或二合一，加之错简，分合难于确定，如王羲之的350多帖就是例子。第四是真伪的难辨。《阁帖》中有好些帖，真伪聚讼了几百年，至今仍有若干问题疑莫能决。因此，如果没有千载一时的机遇、购备丰赡的资料，特别是若稍欠湛深的学养、实事求是的科学态度和坚毅不拔的治学精神，要编纂成像《丛帖目》这样逾百万字的帖学空前巨著，是不可想象的事。"参见马国权《容庚先生的学术成就》，《东莞当代学人》，广东教育出版社2008年版，第95—96页。

② "先生在1936年曾编《颂斋书画录》和《伏庐书画录》……两书皆和谱录、传记、收藏（包括作品质地、尺寸、风格特征、题识）等三者于一书，为编纂书画图录与著录书籍，开一范例。"参见马国权《容庚先生的学术成就》，《东莞当代学人》，广东教育出版社2008年版，第93页。

③ 黎锦鸿《马国权传及著述系文稿》，《书道探求：广州市书法家协会会员论文集》，花城出版社2011年版，第164页。

④ 刘正成《古文字·篆刻与书法——马国权先生一席谈》，《中国书法》1999年第12期，第24页。

⑤ 参见陈振濂《"书法文字学"的新视野——〈中国书法异体字大字典——附考辨〉》序，《西泠艺丛》2019年第1期，第71—74页。

⑥ 马国权《沙孟海论书丛稿序二》，《沙孟海论书丛稿》，上海书画出版社1987年版，第266页。

深刻理解和高瞻远瞩的视野。①马国权在此文的前言中表示："作为一个有水平的篆刻家，如果不了解文字正变的规律及其特色，没有一定的篆书艺术造诣，那是多么令人吃惊的事。"②进一步凸显了学习篆刻不能局限于刻印的印面艺术，应拓宽视野，兼修与篆刻紧密相关的其他学科素养，以全面提升篆刻创作水平。其于其他文章中仍多次表达相似观点，略举如下：

> 特别应该指出的是，著名的篆刻家，往往又是著名的书画家，他们精通多门艺术，对文字、金石等都富有学养，蕴蓄较深，因此挈刀治石，便已不凡。这样的一批人去从事篆刻创作，无疑可以不断出新，叠放异彩。③（《玺印艺术与篆刻艺术》）

> 这就要有文字学方面的知识，金石学方面的修养，当然还有书法艺术的问题。④（《篆刻技法中的篆法问题》）

> 有了正确的篆文，还得靠作者对文字、书法、金石学、篆刻学等多种学养的汇通，去驾驭这些资料，活用这些资料。⑤（《篆刻技法中的章法问题》）

> 作为书法家，对于文字学、金石学，以至训诂学、民俗学，都应该有所了解。⑥（《沙孟海论书丛稿序二》）

另外，在《篆刻技法中的边款问题》一文中，马国权表示，在篆刻与文学、金石学进行联系的同时，在边款内容上加入对篆刻艺术的一些陈述，能使观者了解此印章的艺术旨趣。⑦这一观点要求篆刻者应具备文学素养，对当前篆刻边款创作的实践具有显著的指导意义，若能落实，将有助于观者深入领略印章所承载的艺术旨趣。现今篆刻者在边款创作中往往存在着笔中无墨的现象，内容多为对别人所言的直接引用，与印面创作不能很好地达到精神统一，更像为了完成整个作品的应付之作，忽视其文化内蕴，显现出了篆刻创作的浮躁心理。"在边款中对所作印章作必要的文字上、艺术上的说明，这十分常见。不论长短，都反映了作者的学识素养。"⑧马国权的此番话语一针见血地指出边款创作的痛病所在。

在评析他人的艺术成就时，马国权也对能够活用古文字于篆刻创作的行为大加赞扬，如在《黄牧甫与广东近代印坛》一文中，其就将黄牧甫能够撷取周金文、《说文》古文、汉碑额篆势，进行改造统一而融入汉印形式的创举评价为"过人之处""超逸无伦"。⑨在《篆印文字艺术处理考

---

① "一部指导篆刻的论著，用了近半数的篇幅去讨论各种篆书书体的特征，字法之必须注意正伪，写篆的执笔和结构方法等等，这会不会徒费笔墨呢？我个人认为，这不但不是多余之举，而恰恰反映了著者的高瞻远瞩，真正懂得了从事篆刻艺术创作所必具的各方面的学养。不谈的话，反而显得目光短浅，不通印学。"参见马国权著，黄天编《马国权印学论集》，香港三余堂有限公司2011年版，第145页。

② 马国权著，黄天编《马国权印学论集》，香港三余堂有限公司2011年版，第145页。

③ 马国权著，黄天编《马国权印学论集》，香港三余堂有限公司2011年版，第45页。

④ 马国权著，黄天编《马国权印学论集》，香港三余堂有限公司2011年版，第445页。

⑤ 马国权著，黄天编《马国权印学论集》，香港三余堂有限公司2011年版，第457页。

⑥ 马国权《沙孟海论书丛稿序二》，《沙孟海论书丛稿》，上海书画出版社1987年版，第163页。

⑦ 参见马国权著，黄天编《马国权印学论集》，香港三余堂有限公司2011年版，第495页。

⑧ 马国权著，黄天编《马国权印学论集》，香港三余堂有限公司2011年版，第498页。

⑨ 参见马国权著，黄天编《马国权印学论集》，香港三余堂有限公司2011年版，第380页。

察》一文中，他同样对黄牧甫的文字选取与篆刻艺术的巧妙融合给予至高评价：

古谚说："为学如积薪，后来居上。"黄士陵在开拓篆印文字方面，比之他的前辈更跨进了一步。他对金文十分精究，所以借用金文的结体以为古玺体貌之作相当多，其可贵之处在于能把体势不同的字给予改造和统一，而且经过欹正和聚散的艺术处理，金文原来的典重风格改变了，易之以跌宕放逸之趣，"婺原俞旦收集金石书画"一印（图2），可说是代表作之一。这不但在明清印人中是空前之制，即在一百年后古玺研究比较兴盛的今日，类此之作也不可多观……"博研斋"印（图3）的"博"、"茉堂真赏"（图4）的"赏"、"伯惠隶古"（图5）的"古"圆转的笔道都变成了方折，与缪篆相融如一，真可谓出奇制胜。还有"书远每题年"一印（图6）之仿《张迁碑额》，"万物过眼即为我有"（图7）之拟先秦货币文，堪称形神俱得，浑然一体。凡此诸例，都足以启人思索，垂范后辈。①

马国权有关篆刻领域的学科交叉观念，无疑是有前瞻性的，无论是其直接言明篆刻学习对其他学科知识的需要，或是其理论文章中所体现的架构方式，都表现了学科交叉对篆刻学科发展的帮助。在阅读马国权留下的精彩印学著述时，我们不仅能领略其印学思想，从更深层次来说，还能洞察到其对印学研究方法的独到见解和示范意义。也正是这种学科交叉的思维模式，使得其文章具有非同一般的深度和广度，能够对其他篆刻研究者有所裨益。

图2 黄牧甫印"婺原俞旦收集金石书画"　　图3 黄牧甫印"博研斋"　　图4 黄牧甫印"茉堂真赏"　　图5 黄牧甫印"伯惠隶古"　　图6 黄牧甫印"书远每题年"　　图7 黄牧甫印"万物过眼即为我有"

---

① 马国权著，黄天编《马国权印学论集》，香港三余堂有限公司2011年版，第258页。

结　语

如今，书法篆刻与目录学、文字学、美学、史学、考古学等多学科的交叉建设已成为学者们关注的焦点，并在不断探索与实践中逐步推进。然而，这一进程需要时间的积累与深化。交叉学科的建设并不是空中楼阁，而是基于深厚的学术积淀和实际需求，而类似马国权的学科交叉运用案例的分析，展示了交叉学科建设的可行性和重要性，或许能对学科建设有所启发。总之，与书法篆刻相关的交叉学科建设任重而道远。

（作者系郑州大学书法学院硕士研究生）

别调孤行：晚清民国印人对元代押印的批评与接受

姜政旭

摘要： 盛行一时的元代押印随元朝覆灭而逐步隐没于印学史中，直至晚清民国时期被印人重新发掘。笔者通过梳理1840—1949年之间有关元代押印的印论、仿刻及辑录印谱情况后，发现此时印人对元代押印的搜藏与仿刻活动日益频繁，并时常围绕其印制、源起、取法等方面进行考据与评论。文章深入挖掘晚清民国金石学与批评视域下元代押印的印学价值，在竭力还原印人对其接受程度的同时力图呈现晚晴民国时期篆刻理念和审美的嬗变。

关键词： 元押印　接受　晚清民国　印谱辑录　印学

自文人篆刻兴起以来，元代押印始终未被印人所重视，无论是印论、印章还是印谱中都难寻其踪迹。直到晚清民国时期，这一情况才发生改变。随着金石学、碑学盛行，越来越多的印人开始意识到元代押印的艺术及文献价值并尝试从中汲取养分。目前学界对此时元代押印的批评境遇关注较少，尤其是在文人篆刻史中的所处地位与接受程度仍不甚清晰。李刚田就曾指出：“当代篆刻应加强对元押的研究和借鉴。”[①]对于元代押印的接受度研究不仅有助于补阙元押印风在文人篆刻史中发展的空白，还对丰富现代篆刻风格颇有裨益。故而本文分别从晚清民国印人对元代押印的考据、批评及搜仿三方面展开，在深入探讨此时元代押印批评境遇的同时，力图还原文人篆刻对其的接受程度。

一、对元代押印的称谓与考据

清代中后期，随着金石考据学的兴盛，出土日多的元代押印被卷入此股热潮之中。晚清民国印人常围绕元代押印的源起、归属及印制逐步展开考证，以补史事之阙。由于此时印人对元代押印的称谓不一而足，为避免概念混淆，故本文首先进行对元代押印称谓的探讨。

（一）称谓

晚清民国印人对元代押印的称谓主要呈现出两种特征，一是纷繁芜杂，二是逐步趋同。姚晏《再续三十五举》：“今世所传，唯元蒙古图记尚有古致，若印章绝少佳矣。”[②]称其为“元蒙古图记”。张鸣珂《寒松阁谈艺瑣录》记录金石学家张度将持有的一方“张”字元代押印称为“元

---

① 李刚田《极简中国篆刻史》，人民美术出版社2023年版，第55页。
② 姚晏《再续三十五举》，《中国古代美术丛书》第四册，国际文化出版公司1993年版，第132页。

戳"。^①无独有偶，吴昌硕亦喜将元代押印称为"元戳"，《观自得斋印集》序中云："今印谱先成，凡周、秦之玺，秦、汉之印，下逮元戳为止……"^②其在所刻"费押"的边款中也称："仿元戳"（图1）。诸如此类的称谓还有很多，但大都是继承了来自乾嘉时期金石学家的叫法。例如毕沅在考《灵岩寺执照碑》时，称该元碑中的印章为"蒙古印"。^③稍晚的瞿中溶就延续了此说法："湖南常甯县旧志载县城北门外士中所得蒙古印。"^④此时还出现了将元押印与宋代花押印并称的现象，黄宾虹在《滨虹草堂印存》自序中就将二者一并而论，称他们为"宋、元玉押"^⑤。还有甚者认为元押印是宋代花押印的一种类型，藏书家周春就将好友吴槎客所赠的带有蒙古字的铜印归为宋代花押印一类。^⑥沙孟海（图2）与蔡守（图3）亦认同该观点，但此时二人已认识到两者的不同并有意对其朝代进行区分，改称为"元代花押印"。

虽然此时元代押印的称谓纷繁芜杂，但后来大多被废置，仅有一种称谓被印人所认可并沿用至今——元押。清代较早将元代押印与"押"字相联系的是嵩贤《赐玉押印》："顺帝至元七年，诏左右丞相、平章、枢密、知院、御史大夫，得赐玉押字印，余官不与。"^⑦而首次提出"元"与

图1　吴昌硕"费押"，上海书画出版社《吴昌硕　　图2　沙孟海"双押"，沙孟海《兰沙馆印式：沙
　　　印谱》，上海书画出版社1985年版　　　　　　　孟海篆刻集》，上海书画出版社1983年版

① 张鸣珂著、丁羲元校注《寒松阁谈艺琐录》，上海人民美术出版社1988年版，第124页。
② 吴昌硕《观自得斋印集序》，《中国书画艺术辞典·篆刻卷》，陕西人民美术出版社2002年版，第116页。
③ 毕沅《山左金石志》卷二十三，清嘉庆刻本。
④ 瞿中溶著，陈介祺批校，陈进整理《集古官印考证（批校本）》，天津人民美术出版社2018年版，第786页。
⑤ 顾琴《海派篆刻研究》，荣宝斋出版社2012年版，第71页。
⑥ 那志良《玺印通释》，商务印书馆1970年版，第65页。
⑦ 嵩贤《赐玉押印》，中国中共文献研究会编《毛泽东读书集成》79，中央文献出版社2013年版，第56564页。

"押印"相结合称谓的还是晚清的张燕昌，其在观赏《元吴仲圭四友图》时将画中钤盖的"冯"字印章称为"元人押印"。^①此称谓很快得到晚清民国印人的认可并进一步简化为"元押"使用，略举如下：

较今人收元押不信，而可征乎？（叶昌炽《语石》）^②

"张"字元押……阁学近口北道奎乐山斌言："元押下字皆蒙古文，省笔语颇近理，故无竞不愿相易也。"（张佩纶《复王廉生吉士》）^③

菊邻仿元押似，拜苏二兄属正，甲辰九月。（胡钁"杨押"边款，图4）^④

图3 邓尔雅"蔡守之印"，黄大德《邓尔雅篆刻集》，荣宝斋出版社2004年版

图4 胡钁"扬押"，王立翔、朱旗、朱艳萍《朵云轩藏印全编》，上海书画出版社2023年版

由此可见，"元押"已成为此时印人相对稳定的称谓，并仅指为元代押印。随着时代发展，如今"元押"的含义已发生变化。本文为避免争议，全文一律采用当代篆刻教材中的"元代押印"称谓进行代替。

（二）源起与归属

元代押印中"押"的源起是此时印人的首要探讨对象。蔡守（图3）在论及该问题时，先是引用元人周密对押字的理解："古人押字谓之花押印，是用名字稍花之，如韦陟五朵云是也。又载宋十五帝御押，兹移摹之。"而后进行补充："押，盖古人画诺之遗，六朝人有凤尾书，亦曰花书，后人以之入印，至宋时花押已风行。"^⑤王棠则认为"画押"是今天的俗称，而其原本的称谓应为"署字"，产生于三国时期。^⑥叶昌炽的观点又不同于此二人，叶通过对大量碑刻的考察后认为："秦王告少林寺教'世民'二字为太宗亲押，此石刻有押之始。"叶昌炽还认为可通过古人押字鉴别元押印的真伪："较今人收元押不信，而可征乎？但押字多一笔书，游丝屈铁，又多石裂纹，若

① 张燕昌《笺纸谱金粟说》，商务印书馆1939年版，第13页。
② 董国柱《高陵碑石》，三秦出版社1993年版，第135页。
③ 张佩纶《涧于集》卷一，涧于草堂民国十五年（1926）刻本。
④ 王立翔、朱旗、朱艳萍《朵云轩藏印全编》，上海书画出版社2023年版，第537页。
⑤ 蔡守《印林闲话》，《民国印论精选》，西泠印社出版社2018年版，第32页。
⑥ 顾炎武著，吕宗力校注《日知录集释》，花山文艺出版社1990年版，第664页。

摹之不易得其起讫耳。"①李详耆则使用新的出土材料，从训诂、音韵学角度对"押"进行考释。河北博物院出版的《巨鹿宋器丛录》是其考证十余年的心血：

> 署押，此习尤为当时所通行，故巨鹿出土之各器中，凡题识者率多署押。形虽各殊，然皆由"亚"字变化而来。盖仍沿三代鼎彝铭式之"亚"形。可知"画押"之"押"，即"亚"之假音字也。后人不审，都谓是元时押用蒙古字者，误也。②

李详耆根据巨鹿新出土的材料发现"押"从三代鼎彝的"亚"字而来。该说法完全颠覆以往的探讨者，不仅将"押"的时间追溯至上古三代，还改变了以往人们的误解。虽然李详耆的观点在近年来有所争议，但仍可视为该时段对"押"研究的里程碑。

还有部分印人将元代押印视作宋代花押印的一种类型。该看法其实是对"押"字考证的又一次延伸。例如蔡守在论述完"至宋时花押已风行"后，就继续沿用该线索对元代押印进行论述："元时花押印，则参以蒙古文印，彼时所谓图书，或以蒙古文代押，或上蒙古文而下押，皆有，此亦印章之别格也。"虽然蔡守将元代押印归入花押印，但其所云"印章之别格"似已有将元代押印独立之意。而沙孟海对元代押印归属的观点也同样建立在蔡守"画押—花押—元押"体系之下，从其所著《印学概述》将元代押印放置在第七章《花押印》中论述即可看出。值得注意的是，沙孟海还对花押印与元代押印做了进一步区分，并在蔡守对元代押印形式的阐释之上，又对花押印的形状、形式进行定义，力图点明二者的区别："花押印类多长方，朱文。有仅一花押者，有上刻楷书之姓，下作花押者。"③持有此观点的印人还有很多，诸如罗振玉、周广业等，并基本不出元代押印从花押印而来的范围，未有将元押印独立而论者。

总而言之，晚清民国印人对元代押印中"押"的源起众说纷纭，其观点还时常随新材料的出土而不断变化，造成这一现象的根本原因在于论证视角与物证的不同。至于此时对元代押印的归属及定义虽在学理上符合逻辑，但与印人实际所搜仿的元押印章存在一定程度上的割裂。

（三）以印补史与印证史

早在清代初年，押印的印制问题就已被文人所留意。但此时人们仅将其简单记录在案或转引他人所云，并未深入考证。如渔洋山人王士祯在《癸辛杂识》中就仅记录了宋十五帝御押的文字造型，沈嘉辙《南宋杂事诗》也只载南宋时期不同官职所用印章的材质、字体等，没有过多言语。直至晚清民国时期，印人才开始对元代押印的印制进行较为详尽的考据。其中以瞿中溶的考证工作最成体系，堪称此时印人代表，略举其两条考证。瞿中溶《集古官印考》：

> 右印文曰："浏阳州蒙古教授印。"外舅少詹公以印本贻予，云："乾隆间于土中掘得，背有大德年号。"考《元史·百官志》，诸路总管府有蒙古教授一员。《地理志》："浏阳州

① 董国柱《高陵碑石》，三秦出版社1993年版，第135页。
② 蔡守《印林闲话》，《民国印论精选》，西泠印社出版社2018年版，第32页。
③ 沙孟海《印学概述》，《沙孟海学术文集》，中国美术学院出版社2018年版，第41页。

隶岭北湖南道肃政廉访使。""天临路"云："元贞元年升州。"此印铸于大德，正在升州之后。

右印文曰："管军下千户之印。"背有正书款，右刻："管军下千户之印。"左刻："中书礼部造。"又一行云："元统元年二月日管军下千户及中书礼部，并详前。"湖南常宁县旧志载，县城北门外士中所得蒙古印，背刻云："管军上百户印，元统二年四月日中书礼部造。"可与此印互证。①

通过此二则可知，瞿中溶通常先释读元代押印的印文及边款内容，而后根据该内容并结合出土地点、历史文献对其具体官职、铸造时间进行推断，甚至有时还会用其他元代押印加以佐证，可谓周全缜密。晚清民国时期与瞿中溶类似的印人还有很多，例如杨复吉在收获一方来自鄂博地区的元代押印后，也先记录该印的印文与边款等内容，而后才对印制进行考证。与瞿中溶不同的是，杨复吉还针对元代押印出土地点的历史变革进行了详细考证，并作诗一首："鄂博沉沦四百年，披沙重见旧雕镌。宣光两字摩挲认，亡国余分亦可怜。"②由此可见，此时印人对元押印制的考证还带有相当任意性，体例并非一成不变。

元代押印的文字内容还可供金石学家订正考史，故在史事考据中常被作为历史文献。罗振玉就曾言印章对考证工作的重要性："玺印有裨于考证至巨，即就此编所载者言之，古玺印皆记姓名。"③并呼吁人们加以重视。而罗振玉本人也十分擅长利用印章考史，其在《赫连泉馆古印存序》中仅用一方"一贯背合同"元押印即得出元以来行用楮币的钞背实有合同印的结论。

简而言之，晚清民国印人在逐步深入考证元押印制的同时还十分重视对其史料价值的利用。

二、对元代押印的贬抑与誉扬

晚清民国印人对元代押印的评价大致呈现出两种完全相反的态度——贬抑与誉扬。此时呈积极评价的印人主要以元代押印的楷书美、取法的可行性两方面进行论述。而负面评价的印人则通常以"印宗秦汉"理念为评判标准，对元代押印的印面书体、外形等不符合古制的方面进行批判。

（一）贬抑：恶貌藏拙

明清文人篆刻兴起后，"印宗秦汉"理念深入人心，印人对取法非秦、汉以前的印章极为排斥。周亮工《书黄济叔印谱前》："尝谓此道与声诗同，宋、元无诗，至明而诗始可继唐；唐、宋、元无印章，至明而印章始可继汉。"④以致到晚清民国时期，仍有许多印人以"印宗秦汉"理念作为评判篆刻高低的标准，元代押印自然不被其所认可。画家邓白就在提倡分派学画时，暗讥学印杂入元押者："学之者宜分宗派，不可于一幅中混杂兼用。如学秦、汉印而杂入宋、元印，未

---

① 瞿中溶著，陈介祺批校，陈进整理《集古官印考证（批校本）》，天津人民美术出版社2018年版，第786页。
② 杨复吉《论印绝句》，韩天衡编《历代印学论文选》，西泠印社1999年版，第878页。
③ 太田孝太郎《古铜印谱举隅》，天津人民美术出版社2017年版，第187页。
④ 周亮工《印人传》，《中国古代印论史》，上海书画出版社2019年版，第212页。

免为有识者所讥。"①黄宾虹在《滨虹草堂印存》自序中曾提出学习篆刻要避免的四个弊端："一曰习见、二曰芜杂、三曰洗剔、四曰伪赝。"其中"二曰芜杂"也提到元押印："西夏殊文，唐朱九叠，宋、元玉押，文、何石章，非不精工，过伤雕琢，宏古朴茂，实有不逮，无烦羼厕，付之阙如。"②

晚清民国印人还从印面书体方面对元代押印进行批判。汪厚昌就曾言元代押印"渐参以楷法，去古稍远矣"③。王世在《治印杂说》第一章《印学渊源》中云："胡元之变，冠履倒悬，六文八体，荡焉不作，印亦因之。"而后又称，虽然有吾丘衍、赵孟頫等人正其款式，但最终近纤巧并未臻于古朴，由此可知王世对元代押印的责难主要集中在印面书体不古。王世在该文第二章《印面文字》又言鸟虫书迹和宋梦英十八体等均不足登大雅之堂，不可当作印文使用，再次强调这一观点。④王光烈亦认为印面书体应以篆书入印："刻印之不能作篆，其弊与为文不能识字等。不识字而为文，其文可想；不能篆而作印，其印亦可知矣。宋、元以来，刻印者多而善篆者少，故极其妙亦不过精工而已，无甚古趣也。"⑤言辞颇为激烈。除对印面文字的责难外，其他对元代押印的批评主要在于印章外形与仿刻者。葫芦、钟鼎、梅花、柳叶等形状皆被认定为"大乖古制""非纤巧则鄙俗"，而仿刻者也被恶称"俗手""俗子""市工"。在众多对元代押印的批评中最为激烈的当属黄高年，其不仅全盘否定元人押印为"妄作"，更是将所有仿刻者一致视为"蟹行文字囫囵写作一团者"。⑥

由于晚清民国篆刻史有以名家为线索，以师承风格分派别类的编写习惯，故而作为非名家所制的元代押印在此时的印论中常被忽视。例如，孔云白《篆刻入门》中就细数了从唐至清的各种印章类型，但并未提及元代押印。叶铭的《广印人传》"竭十余年之力，上自元、明，下迄同、光，得千余人，都为十六卷。偻指六百年来嬉门名家，浸以大备。网罗之富，编集之工，茂矣、媺矣、蔑以加矣"，⑦但也并未标记出擅长治元押风格的印人。当然，此时以名家为线索的篆刻史构建方式是按传统书画史、汇传的体例（此观点由汪厚昌提出），对于元代押印的忽视并非此时印论之失，而是时代风气所致。

（二）誉扬：魏晋遗意

晚清碑学的盛行，加之印人取法理念的差异，元代押印开始被部分印人尝试取法并推行。董洵作为此背景下取法元押印的推行者，认为："古印固当师法，至宋、元、明印，亦宜兼通。若谓汉以后无印法，岂三百篇后遂无诗乎？他若金石文字、碑额墓阙，无往不可悟入。向同黄小松至太学观《石鼓》，摩挲竟日，颇觉有得。"⑧通过董洵所言可知，其在与金石学家黄易访碑后开始认

① 邓白《邓白全集5·绘画》，中国美术学院出版社2003年版，第91页。
② 顾琴《海派篆刻研究》，荣宝斋出版社2012年版，第71页。
③ 汪厚昌《历代古印大观叙》，《民国印论精选》，西泠印社出版社2018年版，第223页。
④ 王世《治印杂说》，《民国印论精选》，西泠印社出版社2018年版，第35页。
⑤ 王光烈《印学今义》，《民国印论精选》，西泠印社出版社2018年版，第60页。
⑥ 黄高年《治印管见录》，天津市古籍书店1997年版，第3页。
⑦ 吴隐《广印人传序》，《民国印论精选》，西泠印社出版社2018年版，第218页。
⑧ 周正举《巴蜀印人》，巴蜀书社2004年版，第154页。

可汉印以外的印章，并鼓励在师法古印的基础上兼通元押印。姚文田之子姚晏则从元押材质出发，通过对比文人篆刻所用之石与汉印所用之铜，得出铜印"浑朴简厚"的效果要更胜于石，从而肯定元代押印尚有"古致"，可从中取法。[①]陈澧还从印章和印面文字的大小来论述取法元代押印的可行性："古官印不过方寸，私印尤小，今人多用大印，然甚难工，字少则尤难也。宋、元人官印甚大，多有佳者，可仿之。"[②]

另外，由于元代押印中的楷书印文与碑学运动所提倡的书法风格（北碑）十分相近，故而引起了碑学家们的特别关注。杨守敬甚至还为此专门辑录了一部以"元押"而命名的印谱（图5）。其自序云：

> 有元一代书法，自赵文敏、鲜于困学后，承学者争仿效之，婉丽有余而古意略尽。唯士大夫姓名押，尚有魏晋遗意，盖其时风尚所趋，又仅经营一字，故疏宫有奇气。顾嗜印章者竞美秦、汉，而以元押时代较近，置之。故五都之市，秦、汉真品十不得一，而元印累累。[③]

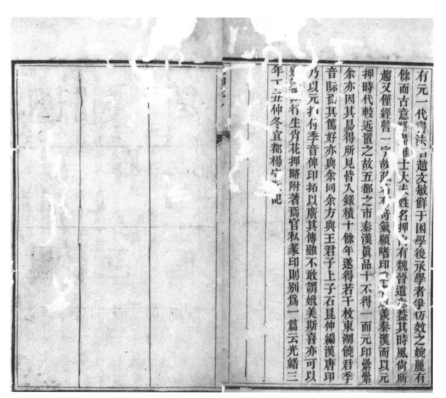

图5　杨守敬《元押》序，杨守敬《印林》卷二，清光绪三十三年（1877）
钤印本

杨守敬在序中并未与同时代的其他印论一样，从印学角度进行论述，而是将元代押印置于整

①　姚晏《再续三十五举》，《中国古代美术丛书》第四册，国际文化出版公司1993年版，第132页。
②　陈澧《摹印述》，《历代印学论文选》，西泠印社1999年版，第377页。
③　谢承仁《杨守敬集》第十二集，湖北人民出版社1998年版，第911页。

个元代书法语境之下，先对以赵孟頫为代表的元代书风进行批判，而后转向对元代押印中楷书的赏析，并评价其有"魏晋遗意""疏宕有奇气"。该评语与杨守敬对北碑的评价绝相类似。[①]序言最后才以时代较近、赝品较少等原因略及印学。该印谱后还有杨守敬好友饶敦秩所作序言，观点如"结体绝异恒溪""与六朝则若合符契"也大都与杨守敬相符。金祖同也曾专门为元代押印辑录印谱，在印谱自序中亦从书法角度进行论述。金祖同《郼斋宋元押印存》云："去春逛故都厂肆，获元押数百钮，觉其书法所诣神妙精能，不亚魏晋诸贤，惜人多不知，集印存者，亦多以康瓠视之，弃而不取。"[②]金祖同还在杨守敬"魏晋遗意"的基础上更进一步，不仅给予"神妙精能"的至高评价，还将元代押印中的楷书提升至可与"魏晋诸贤"相匹敌的地位，可谓捧到无以复加。

总之，晚清民国印人对元代押印批评呈现出较为极端的两面，一面是由"印宗秦汉"理念导致的贬抑，另一面则是在金石学与碑学盛行背景下的誉扬。贬抑主要集中在元押印的印面书体与印章外形，誉扬则主要集中于取法的"材料新"与印章材质、大小等方面，并且此时的碑学家还绕开印学视角，从书法角度对其楷书印文进行赞誉。

三、对元代押印的搜藏与仿刻

晚清民国印人在对元代押印进行考证与批评的同时，还常对其进行搜藏与仿刻。其中，印人对元代押印的搜集与收藏肇始可追溯到清乾嘉年间。张燕昌《金粟笺说》："又'冯'是元人押印，今京师琉璃厂押印甚多，此殆是收藏家印尔。"[③]至晚清民国时期，此活动规模又进一步扩大。印人开始尝试将搜集和收藏的元代押印辑录成谱，以图示人。吴昌硕《观自得斋印集》序："子静观察好古敏求，其所蓄古印、古泉，皆衮如山积，今印谱先成，凡周、秦之玺，秦、汉之印，下逮元戳为止，搜罗至二千余钮之多，可谓夥矣。"[④]从吴昌硕的序言可知，徐士恺（字子静）不仅搜藏了大量的元代押印章，还将其收录于印谱之中。吴兰修跋《秦汉铜章撮集》："往者毅堂先生曾拓之，曰《看篆楼古铜印谱》，今曰《汲古斋》，各随所庪（音鬼，收藏也）以为名也。间有唐以后印，及元人花押，盖未经删汰，故附见云。"[⑤]潘正炜《秦汉铜章撮集》（听帆楼古铜印汇）中的印记多与潘有为《看篆楼古铜印谱》相同，可见两家均将所藏的元押印章收录入谱。虽然《秦汉铜章撮集》《看篆楼古铜印谱》成谱时间略早于1840年，但在此二谱以前少有收录元代押印的印谱，或可将其视为此时期搜藏入谱活动的肇始。

①　杨守敬曾评价《郑道昭》"疏宕奇伟"，《西狭颂》与《郙阁颂》"稍带奇气"。

②　韩天衡《中国印学年表》，上海书画出版社2012年版，第139页。

③　张燕昌《笺纸谱金粟说》，商务印书馆1939年版，第13页。

④　吴昌硕《观自得斋印集序》，《中国书画艺术辞典·篆刻卷》，陕西人民美术出版社2002年版，第116页。

⑤　冼玉清《冼玉清文集》，中山大学出版社1995年版，第66页。

表1　晚清民国印谱辑录元代押印情况表

序号	成谱时间	作者	印谱名称	出处
1	1808年	潘有为	《看篆楼古铜印谱》	韩天衡《历代印学论文选》（下），西泠印社1999年版
2	1832年	潘正炜	《秦汉铜章撮集》	韩天衡《历代印学论文选》（下），西泠印社1999年版
3	1856年	瞿镜之	《铁琴铜剑楼古印谱》	郁重今《历代印谱序跋汇编》，西泠印社出版社2008年版
4	1878年	杨守敬	《元押》	谢承仁《杨守敬集》第十二集，湖北人民出版社1998年版
5	1885年	孙文楷	《稽庵古印笺》	韩天衡《历代印学论文选》（下），西泠印社1999年版
6	1886年	周銮诏	《共墨斋藏古玺印谱》	郁重今《历代印谱序跋汇编》，西泠印社出版社2008年版
7	1889年	徐士恺	《观自得斋印集》	韩天衡：《历代印学论文选》（下），西泠印社1999年版
8	1915年	罗振玉	《赫连泉馆古印存》	韩天衡：《历代印学论文选》（下），西泠印社1999年版
9	1918年	罗福成	《小蓬莱阁古印菁华》	李国钧《中华书法篆刻大辞典》，湖南教育出版社1990年版
10	1918年	金村	《长乐吉祥室集印》	李国钧《中华书法篆刻大辞典》，湖南教育出版社1990年版
11	1919年	林树臣	《玺印集林》	李国钧《中华书法篆刻大辞典》，湖南教育出版社1990年版
12	1919年	佚名	《元押辑存》	李国钧《中华书法篆刻大辞典》，湖南教育出版社1990年版
13	1937年	张龙眠	《西北古国印押碎锦》	王祖龙、黄柏权《三峡文化研究》，湖北人民出版社2016年版
14	1939年	李培基	《古鉴斋藏印》	韩天衡《中国印学年表》，上海书画出版社2012年版
15	1939年	张鲁盦	《鲁盦手拓元押》	胡文虎《古籍善本粹编3》，浙江人民美术出版社2014年版
16	1941年	金祖同	《郼斋宋元押印存三集》	韩天衡《中国印学年表》，上海书画出版社2012年版
17	待考	佚名	《秦汉宋元印存》	松荫轩藏
18	待考	佚名	《元押百家姓印存》	松荫轩藏

晚清民国印人除将元代押印与其他风格印章混编入谱外，还辑录只有元代押印风格的印谱。而制作此类印谱的印人往往更醉心于对元代押印的搜藏。杨守敬《元押》自序云："故五都之市，

秦、汉真品十不得一，而元印累累。余亦因其易得，所见皆入录，积十余年，遂得若干枚，东湖饶君季音视焉，其笃好亦与余同。余方与王君子上、子石昆仲编汉、唐印，乃以元押付季音，俾印拓以广其传。"①通过杨守敬序言可知，杨在编成该印谱时已经搜藏元押印章十余年，甚至还将该印谱作为其所编《印林》的第三部（图6，前两部为《汉印》《唐印》）。金祖同所制印谱时间虽不及杨守敬"积十余年"，但也为此耗费大量钱财。金祖同在《郇斋宋元押印存》自序中明确记录自己购买元代押印的费用和经过："去春逛故都厂肆，获元押数百钮……奔波七日，共得五百七十余钮。"虽然金祖同对元押印章的搜集仅仅耗时七天，但这些印章共花费二百多金，并且后续刻版、拓印及序跋等制作印谱的过程又增添了几十金和近十年时间。即便如此仍然抵不住金祖同谱成时"欢喜无量"的心情。②

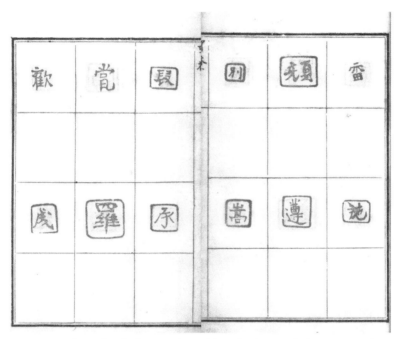

图6　杨守敬《元押》，杨守敬《印林》卷二，清光绪三十三年
（1877）钤印本

此时印人在搜藏元代押印的同时，还对其进行仿刻。叶昌炽在日记中就记录了这一活动："甚念鄙人，以叶字元押寄赠。犹忆廿年前在都门，物色厂肆不可得，建霞为仿刻一押，聊以慰情。"③笔者对生于1840—1910年之间仿刻过元代押印的印人及其印章进行统计，列表如下。
（表2）

---

①　谢承仁《杨守敬集》第十二集，湖北人民出版社1998年版，第911页。
②　韩天衡《中国印学年表》，上海书画出版社2012年版，第139页。
③　叶昌炽《缘督庐日记抄》卷十三，上海蟫隐庐民国二十二年（1933）石印本。

表2　晚清民国印人仿刻元代押印情况一览表

序号	作者	印章
1	胡钁 （1840—1910）	杨（押）
2	吴昌硕 （1844—1927）	吴（押）、岘、茶（押）、（押）、吴（押）、邵（押）、沈（押）、潘（押）、甘（押）、吴（押）、潘（押）、费（押）、蒋（押）
3	黄士陵 （1849—1908）	在黟减半、师实
4	赵古泥 （1874—1933）	李君芳、陈伯衡、杨（押）、无恙、杨、量、洗、善业泥造像
5	李叔同 （1880—1942）	李（押）
6	马衡 （1881—1955）	马叔平、马记
7	邓尔雅 （1884—1954）	般若利市、万千、黄、蔡守之印、波罗蜜、孙璞之印、邓尔雅印、何超、李根源印、红江夏、桂林秦善培字振夫、哲夫作于瑃瑒县、杨晋
8	寿石工 （1885—1950）	宋、寿、丐记、容、越人、李锐之印
9	简经纶 （1888—1950）	仰宗三民、濯缨沧浪、济、屈、舒、张、以意为之、当保南岳、仑长寿、仑（押）、千石楼、琴斋
10	乔大壮 （1892—1948）	在水一方
11	赵鹤琴 （1894—1971）	方宇飞白
12	邓散木 （1898—1963）	吴（押）、金（押）、王（押）、包（押）
13	张大千 （1899—1983）	张季
14	蔡易庵 （1900—1974）	佛奴、间沤
15	沙孟海 （1900—1992）	双（押）、沙（押）、临危不惧、若
16	方介堪 （1901—1987）	任士铺、大石斋、曾建民章、半淞园
17	来楚生 （1903—1975）	来、潘豆、张（押）、木记、憬斋、憬斋所藏钞本、太原郡、汪子豆（押）、吴（押）
18	钱君匋 （1907—1998）	卓克基

（续表）

序号	作者	印章
19	余任天 （1908—1984）	恒格、生硬、少室、任天书屋、任天书画参考永用、老天、积健为雄、余任天、天庐
20	吴朴堂① （1922—1966）	吴（押）

根据表2及相关史料可知，此时期仿刻过元代押印的印人不在少数，且印章形式大致有二，一为上楷下押，二为单字或多字楷书。上楷书下押印形式的元押印通常上面的楷书是受赠者或购买者的姓氏。如吴昌硕"费押"边款："仿元戳，为君直先生，乙酉仓石。"②君直先生为清代书家费念慈，费即为其姓氏。而单字或多字楷书形式的元押印用途则颇多，如马衡的"马叔平"姓名印、来楚生的"太原郡"地名印、乔大壮的"在水一方"诗词印等。

值得一提的是，晚清民国文人亦有搜集与仿刻元代押印的习惯。诸如文学家周作人和鲁迅都曾购入过类似元代押印风格的印章并当作自用印（如"生病""鲁迅""随喜"等印）。教育家叶圣陶还身体力行，亲自仿刻上楷书下押印形式的元代押印（图7），文字学、语言学家魏建功还对元押印章的书体进行创新，并将自己擅长的草书融入其中（图8）。

图7 叶圣陶"王押"，管继平《民国文人印章》，上海辞书出版社2014年版

图8 魏建功"后"，管继平《民国文人印章》，上海辞书出版社2014年版

总之，晚清民国时期搜藏元代押印并将其辑录入谱已经成为部分印人的喜好。与此同时许多印人也开始对其进行仿刻，并且大致呈现出上楷下押与单字或多字楷书两种形式。

结　语

晚清民国印人对元代押印的接受程度已较以往有了极大提升，许多印人已将搜集、收藏及仿刻元代押印活动作为时尚，并开始逐步对其印制与源起展开深入考据。与此同时，印人还时常对元

---

① 吴朴堂虽出生时间较晚，但1941年19岁时王福庵就已为其代订润例，并在1947年25岁时加入西泠印社，故而将其归入此表格之中。

② 上海书画出版社《吴昌硕印谱》，上海书画出版社1985年版，第77页。

代押印进行评价，主要围绕于印风赏析、取法的可行性等方面。但俯瞰该时期整个文人篆刻史的构成，无论是从批评人员的范围还是金石考据的深度与广度，元代押印都远不及同时期古玺、汉印等其他印章风格类型，故其在晚清民国文人篆刻中的地位始终未有显著提高。此外，晚清民国印人对元代押印的种种活动还给予现代学界深入研究的可能。二十世纪九十年代出现的许多元押印谱如戴山青《亦无楼宋元古印辑》、杨广泰《文雅堂宋元古印辑》等，所收元代押印数量与类型已相当丰厚，或可视为对晚清民国元押印谱的接续。从当代艺术与文化视野来看，对于元代押印的深入研究不仅将有助于艺术理论的继续完善，甚至还对民族、宗教及地区间的文化交流有着重要意义，其所蕴涵的多重价值亦不容忽视。

（作者系郑州大学书法学院2023级硕士研究生）

篆刻创作技法探究

近现代印人于古玺临摹借鉴及创作探析

庄哲彦

摘要：近百年来，战国古玺印的大量出土带动了学界的关注与研究，使得学术界对于战国古玺的断代、分域、印风、文字、职官的理解达到了空前的成果，而这也直接影响了篆刻艺术。以战国古玺印风入印已成为当代篆刻的一个重要议题。因此，本文主要探研近现代篆刻印人对于战国古玺印的临摹、借鉴以及创作之作品，从中梳理理印人以战国古玺作为临摹、借鉴以及创作的情形，一方面可为有志古玺印风创作的印人提供了一个学习的参考；再者亦可让当代印人思索如何在前人的基础上，另辟蹊径。

关键词：古玺　战国古玺　古玺创作　篆刻创作　古玺印风

一、前言

学习古玺风格于创作的过程中，除了了解古玺的章法、古玺各系间的风格特色以及分域文字外还必须深入了解解前人学习古玺的过程以及了解印人们如何运用古玺的章法于创作中。因此，分析近现代印人的古玺作品有绝对的必要性，唯有搜集并研究现代印人的古玺作品，并作分析比对，方能了解前人学习的历程，并希冀在这些基础上开创个人风格。

二、近现代印人于古玺之临摹借鉴及创作

古玺风格在现代印人刻刀挥洒下，每位印人的作品皆拥有各自的风格特色，了解了这些印人古玺作品的印风，可以相互比较其创作的思维以及值得效法学习之处，进而学习前人的优点并思考个人创作的方向，兹列举易熹（1873—1941）、赵时棡（1874—1945）、王福厂（1880—1960）、李尹桑（1882—1945）、简经纶（1888—1905）、赵鹤琴（1984—1971）、来楚生（1903—1975）、罗福颐（1905—1981）、陈巨来（1905—1984）、钱君匋（1906—1998）、高式熊（1921—2019）等十一名近现代名家借鉴于古玺之作品作为学习仿效、分析研究以及创作取法的对象。

（一）易熹

易熹（1873—1941），原名廷熹，字馥，后改名熹，字季复，号洲村，更名孺，亦名大厂（庵）、简等，别署孺斋、念翁、肿翁、外斋、屯老、待公、书斋、守愚、墨公、不玄、鹤山老人、大厂居士、大岸居士等，可谓别署众多，于边款落刀喜变换别号，其斋馆名有红豆词馆、依柳词居、双秋池馆、汉双环室、绝景庐、人一庐、广东鹤山人等。广东鹤山人。

早年肄业于广雅学院，又东渡日本留学，后居北京、上海，并先后于北平美专、铸印局、上海音乐学院任职，于音律、诗文、书画篆刻以及佛学禅修等均有相当造诣。书法于行、草、篆、隶四体兼擅，楷书专擅北魏造像石刻，印款阴刻单刀碑意甚浓；绘画以简逸清丽取胜，其画毕题诗顷刻立就，为时人叹为当世奇才；篆刻师法赵之谦、吴昌硕、黄士陵等，并于黄士陵中得力最多，能博采众家之长，得遗貌取神之功，相传易熹喜以钝刀入印，不假修饰，信手而成。后期作品多借镜于古玺，得高古纯朴之风貌。其足迹遍及南北，作品流传甚多，传世篆刻作品有《玦亭印谱》《孺斋印存》《孺斋自用印存》《大庵印谱》《魏斋玺印存稿》《魏斋印集》等。

兹就易大厂创作之古玺作品的风格特色、运用之刀法以及所借鉴之作品列表作比对分析简述如下：

表1 易熹借鉴古玺之印例比对举隅（一）

易熹作品	图1 《印章名作欣赏》60.1"不匮室默玺"	图2 《印章名作欣赏》59.1"大厂居士孺"	图3 《印章名作欣赏》59.3"展堂词翰"	图4 《印章名作欣赏》59.4"延福乡人玺"
借鉴之古玺	图5 《玺汇》0287"柂（范）湩郡（鄩/县）米粟玺"	图6 《篆刻.1》21.4（0033）"右门司马玺"	图7 《玺汇》3422"张葳"	图8 《篆刻.1》44.1"郷（山）易（阳）遂市（师）玺"

透过比对分析，可整理出易大厂借鉴之古玺，图1"不匮室默玺"即师法图5《古玺汇编》①0287"柂（范）湩郡（鄩/县）米粟玺"一印，就现今文字学家考释的资料观之，易大厂"不匮室默玺"一印，"室"字从"宀"从"羊"当非"室"字；而"默"字，实为"米粟"二字；图2"大厂居士孺"，文字向印面上方集中，使印面下方留有余地，形成强烈对比，此类布局常见于古玺印中，如图6"右门司马玺"一印即是如此。

图3"展堂词翰"，"词"字巧妙地运用了盘错位移的章法，作上下盘叠，此章法常见于古玺印中，如图7"张葳"之"张"字亦同此章法；图4"延福乡人玺"其文字布局同图8《篆刻全

---

① 《古玺汇编》简称《玺汇》。

集·1》44. 1^①"易（阳）遂币（师）玺"一印，唯"乡"字为小篆，非古文字，与古文字同出一印之中，合适与否则是待商。

表2　易熹借鉴古玺之印例比对举隅（二）

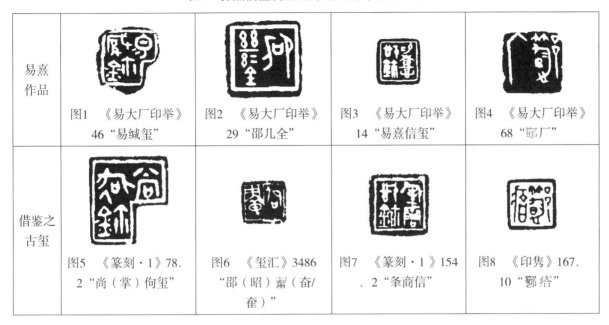

易熹 作品	图1　《易大厂印举》 46 "易缄玺"	图2　《易大厂印举》 29 "邵几全"	图3　《易大厂印举》 14 "易熹信玺"	图4　《易大厂印举》 68 "鄹厂"
借鉴之 古玺	图5　《篆刻·1》78. 2 "尚（掌）佝玺"	图6　《玺汇》3486 "邵（昭）蓸（奋/ 奞）"	图7　《篆刻·1》154 . 2 "夆商信"	图8　《印隽》167. 10 "鄹痟"

　　图1"易缄玺"，借鉴古玺"凵"形印式，并另参封泥的形式，"缄"字又另运用借笔共享章法，将"糸"部与"咸"旁共享"口"；图2"邵几全"，次字取自（《殷周金文集成》4644），因此印文应释为"邵继（继）全"，图2布局所营造之空间，与图6"邵（昭）蓸（奋/奞）"^②大致相同。

　　图7"易熹信玺"，"信玺"二字常见于齐系私玺，并运用文字之字形于文字四周留出空间，互为呼应；图4"鄹厂"，首字今隶定为"鄹"，此字繁增"心"旁意符，笔画虽多，恰与笔画较少的"厂"字所留之空地，形成朱白对比之情境。

　　观易大厂运刀之法以冲刀为主，其师法古玺多有转化，且印风多变，有朴实整饬者，亦有斑驳古拙者。

　　（二）赵时棡

　　赵时棡（1874—1945），原名枬，初字献忱，号纫苌，后易名时棡，字叔孺，晚号二弩老人。浙江鄞县（今属宁波）人。赵时棡之父官至大理寺正卿，富收藏，时棡从小即受良教，天资聪颖，年十岁即展现其艺术天分，艺高胆大，无惧当众挥毫，画马尤为生动传神，顷刻间援笔立就，技惊四座；其岳父林颖叔为闽中巨富，且金石书画收藏之大家，时棡得遍览林氏收藏之金石书画，影响颇深。

　　赵时棡之篆刻主要师法赵之谦及汪关，宋元朱文别具风格，印风工致典雅，并善于教学，门下

---

　　① 　《篆刻全集·1》简称《篆刻·1》。
　　② 　《玺汇》旧不识，学界或释"翠"或释"奋"，笔者隶为"蓸"，释为"奋/奞"字，为会意字，为鸟张双羽，用力拍飞之象，参见《尔雅·释鸟》："雉，绝有力奋。羊，绝有力奋。蠠且奋。鸟张羽奋奞也。"

弟子众多，以陈巨来、方介堪、叶璐渊、陶寿伯、张鲁庵、徐邦达等卓然成家，弟子之中尤以陈巨来元朱文篆刻的精丽，赵时㭎推之为"当代元朱文第一"。

在民国印坛上能与吴昌硕分庭抗礼的不多，赵时㭎便是其中之一，影响所及乃至后人称呼"海派"，即涵括吴昌硕的写意与赵时㭎的工稳两路不同的印风，着有《汉印分韵补》《二弩精舍印谱》。

兹就赵时㭎创作之古玺作品的风格特色、运用之刀法以及所借鉴之作品列表作比对分析简述如下：

表3 赵时㭎借鉴古玺之印例比对举隅（一）

赵时㭎作品	 图1 《赵叔孺印存》1.1 "叔孺画马"	 图2 《赵叔孺印存》28.2 "耿孙"	 图3 《赵叔孺印存》28.3 "絧孙"	 图4 《赵叔孺印存》41.4 "絧孙"	 图5 《赵叔孺印存》41.3 "清曾"
借鉴之古玺	 图6 《玺汇》1519 "孙画"  图7 《玺汇》2943 "亞马埵（重）"	 图8 《玺汇》1535 "孙珆"		 图9 《玺汇》1544 "孙疳"	 图10 《玺汇》2596 "沮亡（无）忌"

分析上表赵时㭎借鉴古玺之作品，图1 "叔孺画马"，此玺以晋系印风入印，"画""马"二字取自晋系古玺，并作合文布局，"画"字笔画向下伸展，似有界格之妙，古文字"叔""吊"互通，取"吊"为"叔"，巧妙运用通假文字；图2 "耿孙"，原书释文"耿孙"，应改释"耿衣孙"，"衣"字末笔向右伸展，与"孙"字"子"部末笔向左，形成平衡之势，也令"衣""孙"二字中间留出大量空地，使印面呈上密下疏的空间感。

图3 "絧孙"、图4 "絧孙"、图5 "清曾"等三印皆师法晋系俊秀一路，"絧孙"一印布局均衡有致，在文字布局上，"絧"字直线笔画较多，故"孙"字左挪，使印文文字互为均衡；图4 "絧孙"一印，运用合文章法，"絧"字共享"孙"字"糸"旁，颇具巧思；图5 "清曾"一布，"清"字"水"部向右下延伸，使"清"字下方空间呈不规则形。

表4 赵时棡借鉴之古玺印例比对举隅（二）

赵时棡作品	图1 《赵叔孺印存》68.6"达三长寿"	图2 《赵叔孺印存》68.6"唐寿民"	图3 《赵叔孺印存》74.1"中钧"	图4 《赵叔孺印存》80.3"鲁盒"	图5 《赵叔孺印存》100.2"昌伯"
借鉴之古玺	图6 《玺汇》4549"善寿"	图7 《湖南古代玺印》40.16"匀君"		图8 《玺汇》0564"王鲊"	图9 《玺汇》4987"丽昌" 图10 《玺汇》4994"昌"

上表列举五方赵时棡，皆表现清俊雅致之风。图1"达三长寿"，依笔画数多寡而均分印文空间，看似井然有序，实则文字笔画偏旁或挪让或欹斜，使所得之空间顾盼有情；图2"唐寿民"，以粗框细朱形成强烈对比，却不失典雅，偏旁笔画略作细变化，使文字不呈左右对称貌，藉此增其变化。

图3"中钧"，"中""钧"二字笔画数皆不多，透过粗边外框的对比效果，使文字得以集中而不致松散；图4"鲁盒"，此印借鉴图8"王鲊"一印，"鲁"字"日"旁挪移至右上方，与"盒"字上方切齐，使印面四角留出的空地互为呼应；图5"昌伯"，此玺借鉴燕系长形粗边朱文，"昌"字文字造型婀娜多姿，且具设计感，为燕系古玺典型特色之一，印文平均分布于印面空间，寓优美文字于平实布局之中。

观赵时棡古玺创作之作品，其运刀之法以冲刀为主，其印风主要师法古玺晋系印风中圆朱雅致一路，于章法运用，空间布局皆自然天成。

（三）王福厂

王福厂（1800—1960），原名寿祺，后更名禔，字维季，号福庵，以号行。别署甚多，有锄石农、石奴、屈瓠、罗刹江民，喜蓄印，自称印佣，晚年自号持默老人，居曰麋研斋、春驻楼、春住楼，浙江杭州人。为西泠印社创办人之一，晚年客居上海。

王福厂篆法得"二李"（李斯、李阳冰）神髓，以铁线篆见称，采丁敬碎刀短切法，印风淳雅畅逸，人称"新浙派"。篆刻著作有《麋研斋作篆通假》《福庵藏印》《罗刹江民印稿》《麋研斋印存》等，于20世纪30年代与吴昌硕、赵时棡鼎足而三。弟子及私淑有成者以吴朴堂得其神韵、顿立夫得其舒放、韩登安得其雅致见称。[①]

兹就王福厂创作之古玺作品的风格特色、运用之刀法以及所借鉴之作品列表作比对分析简述如下：

表5 王福厂借鉴古玺之印例比对举隅（一）

图1 《王福厂印存》95.1 "半百过九年"	图2 《王福厂印存》22.1 "不寬（觉）身年四十七"	图3 《王福厂印存》64.3 "庚午年五十一"	图4 《王福厂印存》64.2 "福厂五十后书"	图5 《王福厂印存》94.1 "年已五十八无事日月长"

印人于创作时，印人的个性及心境往往会反映在作品的内容中，而上表为王福厂师法晋系粗边阳文之作品，作品在形式上以粗边细朱文最多，而运用数字于玺印中作为纪录创作时的年岁并述说刻印时当下的心情写照，此为王福厂作品特色之一。

王福厂的古玺玺风偏晋系风格，在运刀上以冲刀为主，作品细腻而纯朴有致，其风格也直接或间接地影响其门下弟子。

表6 王福厂借鉴古玺之印例比对举隅（二）

王福厂作品	图1 《王福厂印存》18.3 "持嘿（默）"	图2 《王福厂印存》23.2 "王禔信玺"	图3 《王福厂印存》18.3 "麇研斋"	图4 《王福厂印存》23.4 "麇研斋"
借鉴之古玺	图5 《玺汇》2464 "椁胡昜（剔/伤）"	图6 《玺汇》3087 "臧马这信玺"	图7 《玺汇》5547 "中军名（尉）"	图8 《玺汇》0360 "麇亡"

---

① 林文彦《印章艺术》，屏东文化中心，1999年5月，第220页。

上表为王福厂师法古玺创作之对照表，笔者将王福厂作品与古玺作一比对，尝试探索其师法古玺之对象并作比对。

图1"持嘿（默）"一印即师法晋系常见的粗边细朱文，玺印虽有粗边与细朱的对比，然而印文藏锋而不使光芒外露，表现出内敛沉稳的一面，此外，印文"嘿（默）"字，"口"部下挪，使其上方空间与"持"字下方空间相互呼应；图2"王禔信玺"师法齐系私玺，并辅以田字界格布局，在齐系私玺中，罕见田字界格印式，王福厂师法齐系古玺，并融入田字界格印式，可说是运用巧妙，师古而不泥于古。

图3、图4"麋研斋"，虽印文相同，却以不同形式呈现，图3师法燕系长形无边框阳文，而长形无边栏阳文之印式为燕系古玺重要特色之一，王福厂以小篆入印并融此印式，有其独特意境，颇具清新舒适之感；观图4"麋研斋"一印，则清楚了解此印师法自图8"麋亡"一印，齐系官玺以粗犷见称，王福厂则表现出朴实内敛的风貌。

观王福厂师法古玺之作品，其运刀之法以冲刀为主，于印风法自晋系、燕系及齐系，偶于印式上略作变化，汲古而融出己意，化粗犷为朴实内敛，化残破斑驳为平整洁净。

（四）李尹桑

李尹桑（1882—1945），原名茗柯，一作暝柯，以尹桑字行，又号壶甫，后得银玺，因更号玺斋，原籍江苏吴县（今属苏州）。幼随父迁粤居广州，李尹桑父好文墨，富收藏，于黄士陵应广东巡抚吴大澂之聘，主广雅书局校书堂事时，以四子雪涛、六子若日、七子茗柯（尹桑）同师黄士陵，而以七子李尹桑造诣最高。

李氏书画篆刻兼擅，书工篆隶，画主花卉，篆刻于近代印坛中以专擅古玺而享誉一时，善以两周古文入印，并加以变化，朱文奇峭峻拔，白文典雅朴厚，于当时颇负盛名的黄宾虹、赵叔孺、余绍宋等书画篆刻大家皆慕名千里，函请奏刀。曾编有《大同石佛龛印存》，与易大厂合辑自刻印成《秦斋魏齐玺印合稿》，门人冯霜清集其作品编有《李玺斋先生印存》，1981年澳门于今书屋出版《李尹桑印存》。

兹就李尹桑创作之古玺作品的风格特色、运用之刀法以及所借鉴之作品列表作比对分析简述如下：

表7　李尹桑借鉴古玺之印例比对举隅（一）

李尹桑作品	图1　《中国篆刻全集》卷五135.2"桑铢"	图2　《篆刻·9》162.1"萝生"	图3　《中国篆刻全集》卷五137.1"黄节"	图4　《中国篆刻全集》卷五137.5"黄节"	图5　《篆刻·9》165.1"天马信玺"

（续表）

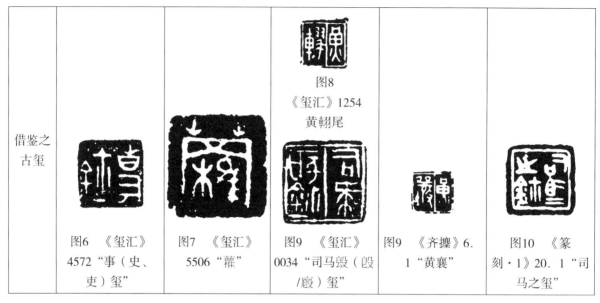

| 借鉴之古玺 | 图6 《玺汇》4572 "事（史、吏）玺" | 图7 《玺汇》5506 "蘽" | 图8 《玺汇》1254 黄翱尾
图9 《玺汇》0034 "司马毁（殷/廄）玺" | 图9 《齐攥》6.1 "黄襄" | 图10 《篆刻·1》20.1 "司马之玺" |

图1"桑玺"，师法图6"事（史/吏）玺"齐系古玺粗犷印风，"玺"字作上下错位挪移，于横画互有伸展，使此玺别出生趣；图2"萝生"，首字"萝"借鉴于图7齐系"蘽"单字玺，将其粗犷的印风转换为醇穆典雅；图3"黄节"，以齐系古玺常见的倒日界格印式入印，透过笔画线性的统一，使全印和谐而稳定，然"黄"字为楚系玺印文字，而"节"字则于"艮"旁参考图9"司马毁（殷/廄）玺"的基础上进行造字，在字法的正确性上仍有许多商榷之处。图4"黄节"之"黄"字取自于图9《齐攥》6.1"黄襄"之"黄"字，而"节"字则出自《殷周金文集成》10374"子禾子釜"之"节"字，二字皆属齐系文字，自然相行得宜。

图5"天马信玺"，师法自图10《玺汇》0024"司马之玺"一玺，在李尹桑所处之时空背景，对于文字构形、玺印分域以及伪印办证的概念尚不成熟，因此在师法古玺的过程中，难以判断玺印的真伪。然透过今日的研究成果，已能就各系分域特色来加以判定玺印真伪，《玺汇》0024"司马之玺"一玺，之"马""之"二字偏向楚系所有，而"玺"字则为齐系所有，从各系文字特色，即可断定《玺汇》0024为后仿之作①，若排除师法后仿玺印的问题，李尹桑"天马信玺"一印，当属难得之作。

---

① 林文彦《古玺掇遗》，《台湾艺术大学书画艺术学刊》，台湾艺术大学书画艺术学系，2006年，第112页。

表8　李尹桑借鉴古玺之印例比对举隅（二）

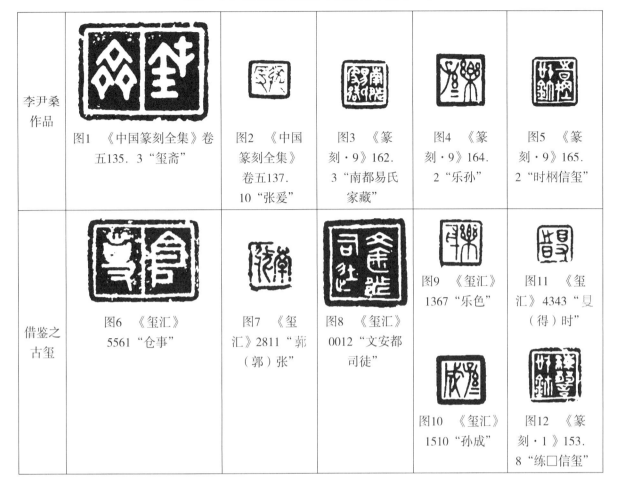

李尹桑作品	图1　《中国篆刻全集》卷五135．3"玺斋"	图2　《中国篆刻全集》卷五137．10"张爱"	图3　《篆刻·9》162．3"南都易氏家藏"	图4　《篆刻·9》164．2"乐孙"	图5　《篆刻·9》165．2"时枬信玺"
借鉴之古玺	图6　《玺汇》5561"仓事"	图7　《玺汇》2811"郭（郭）张"	图8　《玺汇》0012"文安都司徒"	图9　《玺汇》1367"乐色" 图10　《玺汇》1510"孙成"	图11　《玺汇》4343"昜（得）时" 图12　《篆刻·1》153．8"练□信玺"

图1"玺斋"，此玺师法自图6《玺汇》5561"仓事"一印，其于章法布局皆得其神韵，然而首字从"金"从"屯"应为"钝"字；图2"张爱"，为刻予张大千之作，"张"字法自燕系古玺，于末笔加入装饰性笔画，为燕系文字特色之一，透过笔画装饰，使印作更显生动；图3"南都易氏家藏"，本玺为六字印，文字布局平实温和，于字法上"南"字为楚系文字，"都"字为燕系特有，透过玺印比对，可知作品用字之出处，尽管文字系统并未统一，然而在李氏刀下，则是浑然一体。

图4"乐孙"，"乐""孙"二字皆见于晋系古玺，此玺文字布局几与晋系古玺无异；图5"时枬信玺"，此玺印风师自齐系私玺，文字笔画方中带圆，并透过文字伸展、收缩与黏边，使"旹（时）""枬""信"三字四周之留空相互呼应，此玺得齐系私玺印风之神韵。

观李尹桑古玺创作之作品，其运刀之法以冲刀为主，于印风主要师法齐、晋二系印风，并旁涉燕系文字入印，有朴实者，亦有雅致者，章法布局平实而稳健。

（五）简经纶

简经纶（1888—1950），字琴斋，艺事皆以字行，号琴石，别署、经、仑、纶、一石、千石，千石楼主、万石楼主，斋名有千石楼、万石楼、千石居、千石室、千万石居等，广东番禺人，生于越南。

　　因日军全面侵华，于1937年自沪南归，于香港利园山设"袖海堂"以为授徒之所；1941年末日占香港，翌年移家澳门，赁居酒店以设课徒为事；战后返港，颜其居曰"在山楼"。治印得易大厂亲炙，喜古玺，以甲骨文入印最为人称道，汉简墨迹之简率取径，白文布白错落有致，妙得卜辞意蕴，朱文用刀瘦硬真率，深得殷人意趣，其篆刻作品文字字数不多，也不刻意学浙、皖两派的风格，文字常于三至五字内，参差错落，不假雕饰，而有一纯朴自然的高雅逸趣。

　　书法喜用宿羊毫及茅龙笔，取其枯老古拙，尤以汉隶最得神味，有《齐斋壬戌印存》、《琴斋印留》两集、《千石楼印识》一卷、《甲骨集古诗联》、《琴斋书画印集》、《简琴斋印存》等行世。

　　兹就简经纶创作之古玺作品的风格特色、运用之刀法以及所借鉴之作品列表作比对分析简述如下：

表9　简经纶借鉴古玺之印例比对举隅（一）

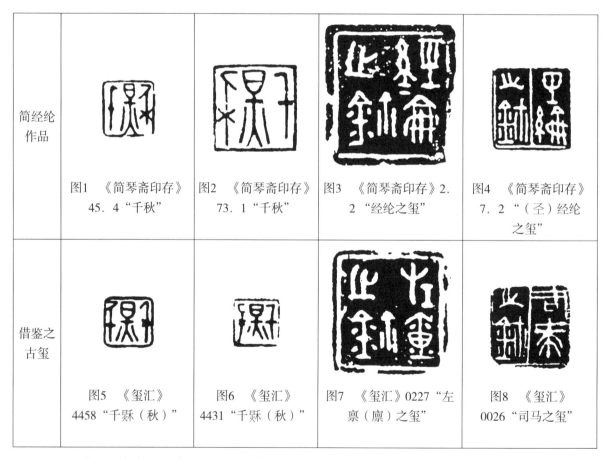

简经纶作品	图1　《简琴斋印存》45.4"千秋"	图2　《简琴斋印存》73.1"千秋"	图3　《简琴斋印存》2.2"经纶之玺"	图4　《简琴斋印存》7.2"（圣）经纶之玺"
借鉴之古玺	图5　《玺汇》4458"千?（秋）"	图6　《玺汇》4431"千?（秋）"	图7　《玺汇》0227"左禀（廪）之玺"	图8　《玺汇》0026"司马之玺"

　　比对上表，可知简经纶作品取法之古玺并熔古铸今的情形。图1、图2"千秋"二印，一秀雅，一朴实，秀雅一路作品，与图5《玺汇》4458意韵相合；朴实一路作品，则豪芒内敛，拙中带趣。

　　图3"经纶之玺"，师法自图7《玺汇》0227，尤其"之玺"二字，更是惟妙惟肖，"经""纶"二字运用合文章法，简省"纶"字"糸"部，颇具巧思，如画龙点睛般，为此玺最令人着眼之处；图4"（圣）经纶之玺"，此玺虽师法自图8《玺汇》0026，却能汲古生新，别开意境，文字朴实无华，予人平实而宁静之感。

表10　简经纶借鉴古玺之印例比对举隅（二）

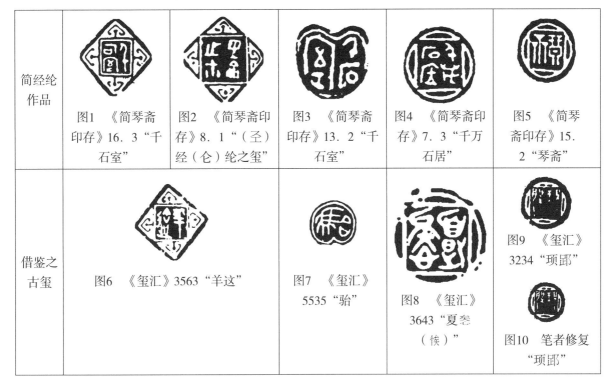

简经纶作品	图1　《简琴斋印存》16.3"千石室"	图2　《简琴斋印存》8.1"（圣）经（仑）纶之玺"	图3　《简琴斋印存》13.2"千石室"	图4　《简琴斋印存》7.3"千万石居"	图5　《简琴斋印存》15.2"琴斋"
借鉴之古玺		图6　《玺汇》3563"羊这"	图7　《玺汇》5535"驺"	图8　《玺汇》3643"夏夅（悇）"	图9　《玺汇》3234"项邿" 图10　笔者修复"项邿"

　　图1"千石室"、图2"（圣）经（仑）纶之玺"二玺皆师法自图6《玺汇》3563"羊这"一印，此玺为菱形印式，粗边外框辅以内部细朱装饰性图案，使印章为之生动而雅致，透过粗框与白文四周的留红相互呼应，使印文文字更为显著。因此，简经纶作品以此玺为师法对象，自然也得其印式之美，惟简经纶印风拙中带巧，自带己意，不泥于师法的对象。

　　图3"千石室"，此玺师法自秦系印式，并倒转印式加以变化，在文字布局上，"室"字"宀"部右边笔画向下延伸形成若有似无的界格，别具巧思；图4"千万石居"、图5"琴斋"二玺，同师法外圆内方且带有装饰性的圆形印式，此印式又有粗框与细框之别，细框者如图8"夏夅（悇）"一印，粗框者如图9"项邿"一印，细框者运用于白文笔画较粗者；而粗框者则运用于白文笔画较细者，如此运用方能使印文为之突显，简经纶或许并未关注到印框与文字粗细之关系，然其作品融入古玺印式，亦显丰富而多貌。

表11　简经纶借鉴古玺之印例比对举隅（三）

简经纶作品	图1　《简琴斋印存》8.3"千石室印"	图2　《简琴斋印存》8.2"仑大吉昌"	图3　《简琴斋印存》18.1"千万石居"	图4　《简琴斋印存》35.2"不以物易"	图5　《简琴斋印存》54.2"颐居千万"

（续表）

借鉴之古玺	 图6 《玺汇》4870 "大吉昌内（纳）"	图7 《玺汇》4874 "内（纳）大昌吉"	 图8 《玺汇》4827 "公私之玺"

上表为简经纶师法古玺四连珠印以及内带菱形之田字界格，四连珠印有粗边朱文及细边朱文二种形式，简经纶亦得其形式之变化，融出已意，变化为四连珠白文印，如图1"千石室印"即一例。

而对于田字界格中内带有菱形图案的取法，简经纶则于文字线条上融圆转及屋漏痕之线性于其中，透过比对分析，可感受简琴斋古玺作品表现强烈的个人风格。

表12 简经纶借鉴古玺之印例比对举隅（四）

简经纶作品	图1 《简琴斋印存》16.2 "经纶"	图2 《简琴斋印存》25.1 "仑之玺"	图3 《简琴斋印存》60.4 "善子"	图4 《简琴斋印存》62.2 "爱玺"	图5 《简琴斋印存》17.1 "仑信玺"
借鉴之古玺	图6 《玺汇》0490 "王章"		图7 《玺汇》5501 "善"	图8 《玺汇》0345 "叚玺"	图9 《玺汇》0328 "尚（掌）侚玺"

上表同为简经纶师法古玺之作品比对表，可见简经纶相当擅于运用古玺印式，并援用古玺文字入印。观《简琴斋印存》，可知简经纶古玺作品在整体作品中，占有一定的比例，其追求古玺古雅守拙的意蕴亦是罕见，因此在简琴斋的作品中罕见清晰俊秀者，为其特色之一，但也不代表没有清晰俊秀之作，如图2"仑之玺"即一例。除作品具有个人的风格特色外，简经纶亦能善用古玺章法，如图1"经纶"一玺即运用了"合文"章法，图3"善子"一印于"言"旁布局时运用了"借用笔画"的章法，可知简琴斋在章法上着墨颇深。

此外，简经纶亦经常运用古玺文字及古玺印式，图4"爱玺"取法自图8《玺汇》0345"叚玺", 虽于字法上力求正确, 欲化"段"为"爰"字, 然就现今文字学的角度观之, "爰"字仍有待商榷; 图5"仓信玺"取法图9《玺汇》0328"尚(掌)佝玺", "佝"字旧作未识字, 简经纶援此字入印, 实有商榷之处。

表13　简经纶借鉴古玺之印例比对举隅（五）

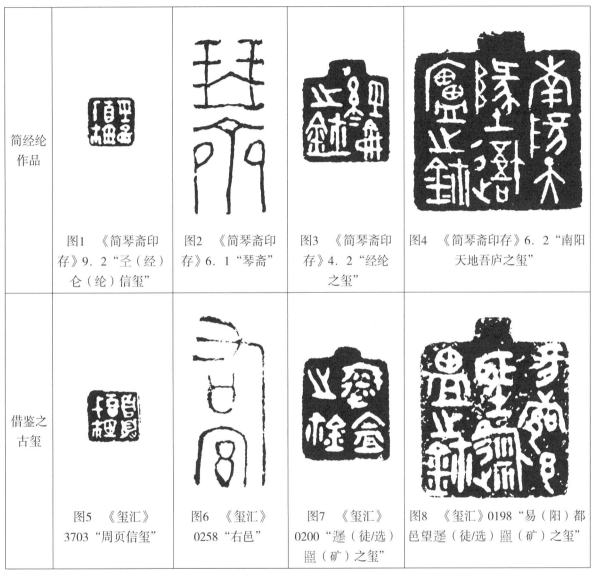

| 简经纶作品 | 图1　《简琴斋印存》9.2"圣（经）仑（纶）信玺" | 图2　《简琴斋印存》6.1"琴斋" | 图3　《简琴斋印存》4.2"经纶之玺" | 图4　《简琴斋印存》6.2"南阳天地吾庐之玺" |
| 借鉴之古玺 | 图5　《玺汇》3703"周页信玺" | 图6　《玺汇》0258"右邑" | 图7　《玺汇》0200"遟（徒/选）盟（矿）之玺" | 图8　《玺汇》0198"易（阳）都邑望遟（徒/选）盟（矿）之玺" |

比对上表简经纶师法古玺之印例, 图1"圣（经）仑（纶）信玺", 此玺师法自图5《玺汇》3703"周页信玺", 其师法之功力, 颇为传神, 然《玺汇》3703之"信"字, 文字笔画略有残破, 导致简经纶师法此玺时, 不自觉地将"（圣）经（仑）纶信玺""信"字"言"部笔画并连, 于字法上亦待商榷; 图2"琴斋", 此玺师法自燕系长形无框朱文, 故印式风格鲜明, 且文字大巧不工, 似拟汉砖文意趣于其中。

图3"经纶之玺", 此玺师法齐系官印特有的"凸框印式", 并融出己意, 于印式上凸处凿一圆点, 使上出印式转化为穿带钮之印式, 此外, 简经纶于此玺文字作了大幅度的变化, "经""纶"二字运用合文章法, "鉌"（玺）字"金"旁末笔亦向右延伸, 使此印为之丰富而具

有变化。

图4"南阳天地吾庐之玺"，同样师法齐系上出形印式，比对图8《玺汇》0198"易（阳）都邑望遷（徒/选）盟（矿）之玺"，二字文字之偏旁部首，不难发现，两者之间的依承关系，惟《玺汇》0198之印文笔画较为粗犷，而简经纶之作品融出己意，笔画朴实无华。

表14简经纶借鉴古玺之印例比对举隅（六）

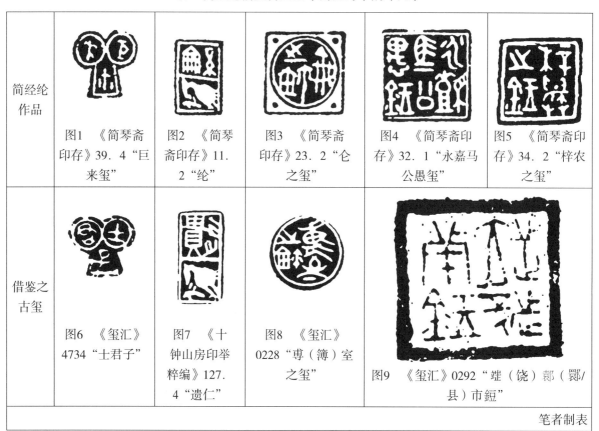

简经纶作品	图1 《简琴斋印存》39.4"巨来玺"	图2 《简琴斋印存》11.2"纶"	图3 《简琴斋印存》23.2"仑之玺"	图4 《简琴斋印存》32.1"永嘉马公愚玺"	图5 《简琴斋印存》34.2"梓农之玺"
借鉴之古玺	图6 《玺汇》4734"土君子"	图7 《十钟山房印举粹编》127.4"遗仁"	图8 《玺汇》0228"専（簿）室之玺"	图9 《玺汇》0292"竱（饶）郡（鄂/县）市鉦"	

笔者制表

在战国古玺中，有许多历代所没有的特殊印式，如图6"土君子"一玺，此种形式的印章亦出现于简琴斋的作品中，足见其多元地取法古玺印式；图2"纶"，此玺师法图7秦系"遗仁"一印，"遗仁"一印，坊间诸多书籍印谱仅释出"遗"字，而往往忽略作了横书的"仁"字，简经纶于创作取材时，经常着眼于特殊的印章形式，然在取法"遗仁"一印时，同样忽略了肖形下方的"仁"字。

图3"仑之玺"为简经纶师法图8楚系圆形白文官玺的作品，不同的是在圆形的边框外，另加以方形边框，并于印面四边加上装饰性的圆点，别具创意，由此可知其以古玺风格创作时，在边框形式变化亦着力颇深；图4"永嘉马公愚玺"、图5"梓农之玺"，为同一印风作品，此二玺末字，取法自图9《玺汇》0292"竱（饶）郡（鄂/县）市鉦"。因此，图4、图5末字今皆应作"鉦"字。

综观简经纶古玺作品，可见其大量师法古玺印式，并偶尔参融己意，改变印式的造型，虽大量师法古玺，但他有着师古而不泥的创作精神，因此，作品虽借鉴于古玺，却能另辟蹊径，成为众多师法古玺的印人中，能开创自我风格特色的典范之一。

简经纶于古玺创作上，借古人之力化为己之力的创作思维是值得效法的，然而简琴斋所处的时空里，于古玺文字的研究尚未成熟，故时有文字商榷之处，时至今日，在文字学者用心的研究下，古玺文字大量释出，战国文字字书接连出版，对古玺创作而言，无疑提供了许多助力。

（六）赵鹤琴

赵鹤琴（1894—1971），字惺吾，晚号臧晖老人，别署半聋。所居曰鹅池轩、臧晖庐、陶真楼，浙江鄞县（今属宁波）人，为赵叔孺先生的从侄。

赵鹤琴少嗜书法、篆刻、绘画，均得乃叔悉心指授，并擅篆隶真草四体；画则山水、人物、花卉皆能，以画马最为人所见称；篆刻驰誉艺坛，与其同期问业者，有陈巨来（1905—1984）、方介堪（1901—1987）、叶潞渊（1904—1974）、张鲁盦（1901—1962）等，俱以治印名于时。惺吾治印严守叔孺先生矩度，所作古玺、汉白文印、元人朱文印及边款等，均极肖似，气息浑厚，功力深湛，唯朴茂渊雅稍逊叔孺先生一筹。居港二十余年，作印凡千余方，辑成《臧晖庐印存》十卷，待刊，任教于新亚书院艺术系时，编有《现代篆刻学》讲义三十余章。

兹就赵鹤琴创作之古玺作品的风格特色、运用之刀法以及所借鉴之作品列表作比对分析简述如下：

表15　赵鹤琴借鉴古玺之印例比对举隅（一）

赵鹤琴作品	 图1 《赵鹤琴印谱》26.2 "余申"	 图2 《赵鹤琴印谱》82.2 "方氏之玺"	 图3 《赵鹤琴印谱》98.2 "大方之玺"	 图4 《赵鹤琴印谱》53.2 "阿肖六十以后钕（作）"	 图5 《赵鹤琴印谱》22.3 "赵"
借鉴之古玺	 图6 《玺汇》3137 "申之"	 图7 《玺汇》4833 "私公之玺"	 图8 《玺汇》4892 "王又（有）大吉"	 图9 《玺汇》1053 "肖（赵）条"	 图10 《玺汇》5705 "悔"

从上表赵鹤琴借鉴古玺之作品与《玺汇》著录的古玺作对照比对，可见赵鹤琴也是一位尊古、拟古的印人，并在这拟古的前提下，以创作者的角度对作品汲古生新。

图1 "余申" 一印师法图6《玺汇》3137 "申之" 而来，并易 "之" 为 "余"，将左读化为右读，很自然地将古玺印的元素转化成自己的作品；图2 "方氏之玺" 师法图7《玺汇》4833 "私公之玺"，图3 "大方之玺" 师法图8 "王又（有）大吉"，赵鹤琴取法时，应当察觉 "笔画数少" 为这

两方特殊印式的特色之一，因此在创作时亦同其师法之印式，选择笔画数少的文字入印。

图4"阿肖六十以后作"，此玺师法自图9《玺汇》1063"肖（赵）条"一玺，并以七字印成之，文字依圆形式印作偏旁挪让，且笔画靠近圆边者，随形圆转，文字线条，融入书法笔意，让印面增添了一分清新雅致的气象；图5"赵"字师法自图10秦系"悔"单字玺，同样于近边之笔画作随形圆转。

表16 赵鹤琴借鉴古玺之印例比对举隅（二）

赵鹤琴作品	图1 《赵鹤琴印谱》56.4"林仰山玺"	图2 《赵鹤琴印谱》127.2"露口达长寿"	图3 《赵鹤琴印谱》39.4"叶昌寿"	图4 《赵鹤琴印谱》127·1"中一长寿"	图5 《赵鹤琴印谱》3.5"眉寿多福"
借鉴之古玺	图6 《玺汇》2062"邬（垢）印（仰）" 图7 《玺汇》0028"闻（门）司马玺"	图8 《玺汇》4668"君寿" 图9 笔者修复并作放大处理"君寿"	图10《玺汇》4688"福寿" 图11 笔者修复并作放大处理"福寿"		图12 《玺汇》5636"周匜" 图13 笔者修复"周匜"

图1"林仰山玺"，"仰"字取自图6《玺汇》2062，整体印风则是师法图7《玺汇》0028"闻（门）司马玺"，赵鹤琴于印风上的处理，实是惟妙惟肖，惜当时对古玺的认知有限，不知《玺汇》0028为一后仿的齐官玺，"门司马"可参见《玺汇》0028—0033，通过比对分析后，可知《玺汇》0028"玺"字为楚系文字，由"异域文字，同于一印"可知《玺汇》0028为后仿之作。

图2"露口达长寿"，此玺拟晋系印风，布局和谐匀称，惟"寿"字应取自图8《玺汇》4668之"寿"字，并于笔画上略作收缩，殊不知《玺汇》4668之"寿"字略有残损，比对图9笔者修复图档，可知赵鹤琴"寿"字待商之处。

图3"叶昌寿"，此玺以晋系印风入印，小巧典雅，惟"昌"字属燕系文字，有"异域文字，同于一印"的情形，然而就艺术创作的视角观之，对于"异域文字，同于一印"是否有商榷之处，则是见仁见智。

图4"中一长寿"，此玺以三行排列布局，白文线条略带书法笔意，喻细微变化于平实之中，惟带有饰笔的"长"字属燕系文字，"寿"字属晋系文字，于文字上有异域同印之情形；图5"眉寿多福"，"眉"字似殷商金文，出处待考，"寿"字同图10，属楚系文字，此印互有揖让，布局妥贴，唯文字似有断代相杂的情形，有待进一步研究。

表17　赵鹤琴借鉴古玺之印例比对举隅（三）

赵鹤琴作品	 图1《赵鹤琴印谱》200.1"黄浩贞"	 图2《赵鹤琴印谱》88.1"秦零一"	 图3《赵鹤琴印谱》95.3"王季迁玺"	 图4《赵鹤琴印谱》95.1"孟旦"	 图5《赵鹤琴印谱》59.3"元素精装"
借鉴之古玺	 图6《玺汇》1559"孙浩"	 图7《玺汇》0777"长（张）郗（秦）" 图8《玺汇》2277"霢（露/露）粉"	 图9《玺汇》0196"辒乡右敀（殷/廏）"	 图10《玺汇》1358"孟襄"	 图11《玺汇》1359"孟徒"

图1"黄浩贞"，"浩"字取自图6《玺汇》1559，赵鹤琴于边款中及论及其师法之对象，其云：

"浩"字横竖见古玺孙浩，乙巳且月鹤琴摹并记。[①]

篆刻印人偶尔亦将其所取法的文字来源记录于边款之中，裨利后之来者作比对分析，除"浩"字取自《玺汇》1559外，"黄"字同取自《殷周金文集成》2727（师器父鼎），"贞"字取自

---

① 赵鹤琴《赵鹤琴印谱》，上海书画出版社2006年版，第200页。

新蔡葛陵楚简乙墓4.35，玺印印文以细白文成之，细腻而雅致；图2“秦零一”一玺以晋系印风成之，文字布局贴妥，惟“零”字同表16之图2“露口达长寿”一印，“攵”旁笔画出头，作“贯穿笔画”的文字构形。

图3“王季迁玺”，此玺师法齐系官玺，“王”字加一饰点为齐系特有，惟时空易转，“迁”今释为“乡”；图4“元素精装”，此玺印式蜕变自古玺，赵鹤琴别出心裁，将原本装饰的短画，以带钩钮的图案代之，使作品更显丰富而精致。

观赵鹤琴古玺创作之作品，其运刀之法以冲刀为主，其印风主要师法古玺晋系印风中圆朱雅致一路，并旁涉各系印风，此外，部分朱文作品之入印文字融入书法笔意，于印式上亦能推陈出新，于章法布局上，擅用均衡和谐的文字布局，线条融细腻浑厚于一炉。

（七）来楚生

来楚生（1903—1975），原名稷勋，一字楚凫，号然犀、负翁、一枝、非叶、木人、大讷、老来、怀旦、安处先生，书斋名为、安处楼、然犀室，晚更号初升、初生等，乃取“楚生”谐音，意寓旭日初升，艺无止境，后来人称之“来翁”，浙江萧山人。

楚生秉性耿介，不喜酬酢，日唯伏案研艺事，所作皆独具个人风格，有诗、书、画、篆刻四绝之誉。篆刻初学吴让之，兼法吴昌硕朴茂风神，古拙生冷中渗有热辣味，继参汉将军印，每于刀中见笔，运刀痛快淋漓，洞达骨气，章法布局着意安排，疏密虚实，极富韵致，尤善为肖形印，寄工于拙，寓繁于简，别具逸趣，于印坛上冠绝古今，罕出其右；又能活用汉画像，取之入印，采新民歌刻石，不论旧酒新瓶，放而不野，朴拙有若汉制。其著作有《然犀室肖形印存》《来楚生印存》《来楚生印学心印》《来楚生画集》等行世。

钱君匋于《然犀室印存》手书题词中曾赞誉来楚生，其赞云：

> （来楚生）刻印宗吴让之、吴昌硕，七十岁前后所作突变，朴质老辣，雄劲苍古，得未曾有，虽二吴亦当避舍。齐白石自谓变法，然斧凿之痕、造作之态犹难免诮，二十世纪七十年代能独立称雄于印坛者，唯楚生一人而已。[①]

由文中可知，钱君匋对来楚生评价相当的高，尤其赞赏以其七十岁左右于印风的转变，朴质中带有老辣，雄劲而苍古，并称雄于二十世纪七十年代。兹就来楚生创作之古玺作品的风格特色、运用之刀法以及所借鉴之作品列表作比对分析简述如下：

---

① 吴颐人《走近来楚生》（代序），《来楚生印存》，上海三联书店2001年版，第3页。

表18　来楚生借鉴古玺之印例比对举隅（一）

来楚生作品	 图1　《来楚生述真》页42“陆寿”	 图2　《来楚生印存》90．1“吴中王哲言之玺”	 图3　《来楚生印存》36．4“王哲言收藏之记”	 图4　《来楚生述真》页42“郭子木之玺”
借鉴之古玺	 图5　《玺汇》2502“輇生匽”	 图6　《玺汇》5458“折中”		 图7　《玺汇》0199“遷（徒/选）盟（矿）之玺”

图1“陆寿”，观此玺空文字布局，应师自图5《玺汇》2502无疑，来楚生于文字布局之精妙，为印人众所皆知，惟来楚生所处之时空对古玺的认知有限，因此“陆寿”一印，今当释为“陆生匽”，然“匽”字并不见于字书，亦有释为“寿”及“匽”字者，因此，隶定为“匽”字仍有许多商榷之处，待考。

古玺章法中最具文字设计感的有“合文”及“借用”两章法，其中以“合文”章法尤为精妙，而来楚生即为擅用此章法之能手，图2“吴中王哲言之玺”及图3“王哲言收藏之记”二印即同时“合文”及“借用”两章法，图2“吴中王哲言之玺”一玺，与图6《玺汇》5458“折中”一印有着异曲同工之妙；图3“哲言”二字，作上下盘叠，合文共享“口”旁；图4“郭子木之玺”，次字“子”与说文籀文“”及西周金文字形略有差异，可深入探讨，此外，“之玺”二字取法自图7《玺汇》0199，而齐系有关“徒盟”二字的玺印，皆为上出形印式，故《玺汇》0199为后仿伪印无疑，既为后仿伪印，援其文字入印，待商。

表19　来楚生借鉴古玺之印例比对举隅（二）

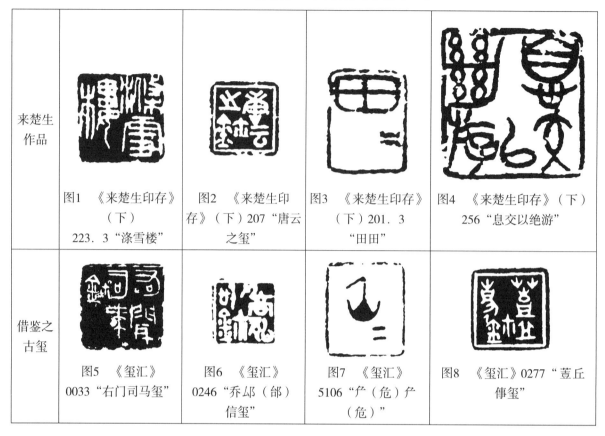

来楚生作品	图1　《来楚生印存》（下）223.3 "涤雪楼"	图2　《来楚生印存》（下）207 "唐云之玺"	图3　《来楚生印存》（下）201.3 "田田"	图4　《来楚生印存》（下）256 "息交以绝游"
借鉴之古玺	图5　《玺汇》0033 "右门司马玺"	图6　《玺汇》0246 "乔邱（邬）信玺"	图7　《玺汇》5106 "疒（危）疒（危）"	图8　《玺汇》0277 "莒丘倳玺"

　　古玺印经常出现运用章法及文字特性来营造留白的空间，来楚生借鉴古玺之作品亦十分讲究空间布局的运用，图1 "涤雪楼"运用左斜的空间布局；图2 "唐云之玺"，"尔"旁收缩笔画，令下方留出布白，"之"字笔画少，让"唐"字得以舒展；图3 "田田"以重文章法成之，印文布局于整体的上方，下方空出大片留白，得疏处走马之势；图4 "息交以绝游"运用了U字形的章法布局，令印面上方中间之空间形成布白。

表20 来楚生借鉴古玺之印例比对举隅（三）

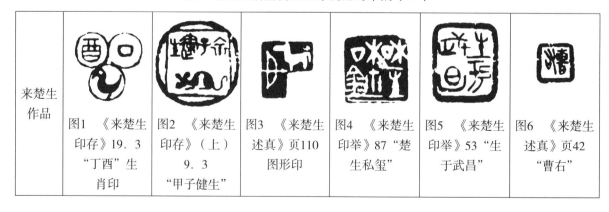

来楚生作品	图1　《来楚生印存》19.3 "丁酉"生肖印	图2　《来楚生印存》（上）9.3 "甲子健生"	图3　《来楚生述真》页110 图形印	图4　《来楚生印举》87 "楚生私玺"	图5　《来楚生印举》53 "生于武昌"	图6　《来楚生述真》页42 "曹右"

（续表）

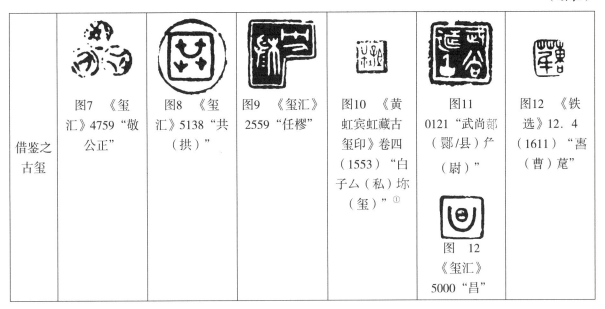

借鉴之古玺	 图7 《玺汇》4759“敬公正”	 图8 《玺汇》5138“共（拱）”	 图9 《玺汇》2559“任繆”	 图10 《黄宾虹虹藏古玺印》卷四（1553）“白子厶（私）坏（玺）”①	 图11 0121“武尚鄗（[illegible]/县）产（尉）”  图 12 《玺汇》5000“昌”	 图12 《铁选》12．4（1611）“曺（曹）芼”

来楚生在篆刻史上，以肖形印独步于印坛之中，因此，来楚生师法古玺印时，亦同时将肖形印融入古玺印式之中。

图1“丁酉”，此玺师法古玺印三连珠印，除改变三连珠位置外，亦将肖形融入其中；图2“甲子健生”，此玺同样师法古玺特有印式，然其融入“鼠”肖形，并将文字布局于肖形之上，颇妙趣横生；图3“图形印”，此玺取法自古玺L形印式，并用肖形、图案之形式作为创作的主题，这类作品十分罕见。

图4“楚生私鉩”，“楚、鉩”二字笔画多，故所占空间较多；“生、私”笔画少，因而所占空间较少，令玺印文字因空间占比而呈斜对角的呼应；图5“生于武昌”，此玺援以燕系印风进行创作，其“武”字“戈”旁造型为燕系文字特色，至于“昌”字，其所属分域，尚无定论，待考；图6“曹右”，为师法古玺晋系印风之作，布局大致平整稳健。

观来楚生古玺创作之作品，其运刀之法，冲切并用，印文不论朱白，常融入书法笔意，使之气韵生动，因刀法冲切并用，故文字表现苍劲有力，章法布局善用合文、重文以及古玺空间布白，而来楚生时以肖形印著称，将肖形与古玺印式相互交融创作之构想巧思，堪称一绝，别具特色。

（八）罗福颐

罗福颐（1905—1981），字子期，又署紫溪，梓溪，七十后自号偻翁，浙江上虞人。为近代著名金石学家罗振玉之第五子，自幼秉承家学，由父兄为他教授四书五经，并无其他学历。课余学字刻印，阅读家藏古印谱，手拓青铜器铭文，并开始摹集玺印文字。

因家学渊源，而与他父亲的学生容庚、商作祚同为青年时代的学友，十八岁即出版《古玺汉印文字征》，一生着心于笔耕著述，虽历经艰苦，年迈力衰，仍遍涉大江南北，到各大博物馆搜罗古

① 此玺，汤志彪《三晋文字编》页2972释“孙厶（私）坏”；笔者比对《黄宾虹藏古玺印》卷四版本，改释为“白子厶（私）坏（玺）”。

玺印资料，终于1981年成就了《古玺汇编》此旷世巨作的问世，为古玺印学立下不巧之功。

身为古文字和金石篆刻学家的他，多年来从事古器物、古文字和历史档案的整理与研究工作，其印学相关著作除上述著录之外，另有《古玺印研究》《古代书画印鉴》《篆刻编》《待时轩印存》《古玺印考略》《秦汉南北朝官印征存》《故宫博物院馆藏古玺印选》《古玺文编》《古玺文字征》《罗福颐印选》等，成果斐然。

兹就罗福颐创作之古玺作品的风格特色、运用之刀法以及所借鉴之作品列表作比对分析简述如下：

表21　罗福颐借鉴古玺之印例比对举隅（四）

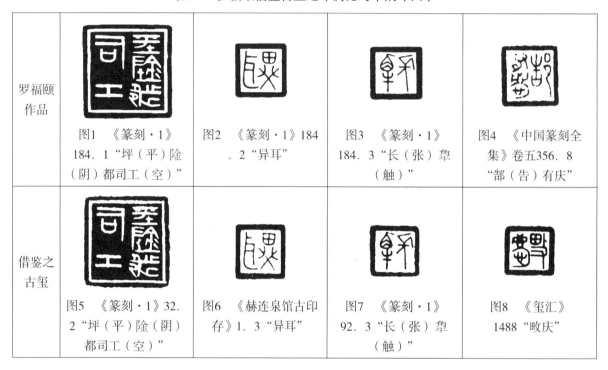

罗福颐作品	图1　《篆刻·1》184．1“坪（平）阴（阴）都司工（空）”	图2　《篆刻·1》184．2“异耳”	图3　《篆刻·1》184．3“长（张）皐（触）”	图4　《中国篆刻全集》卷五356．8“郜（告）有庆”
借鉴之古玺	图5　《篆刻·1》32．2“坪（平）阴（阴）都司工（空）”	图6　《赫连泉馆古印存》1．3“异耳”	图7　《篆刻·1》92．3“长（张）皐（触）”	图8　《玺汇》1488“畋庆”

上表图1至图3为罗福颐仿刻古玺之作，图1“坪（平）阴（阴）都司工（空）”仿刻自图5《篆刻·1》32．2；图2“异耳”仿刻自图6《赫连泉馆古印存》1．3；图3“长（张）皐（触）”仿刻自图7《篆刻·1》92．3，此三方仿刻之作，几与原印无异外，更得一股清晰整饬之貌；图4“郜（告）有庆”，此玺以晋系印风入印，得晋系印风之神韵，惟古玺印中罕见“有”字，而是以“寸”及“又（寸省）”的形式呈现。

表22　罗福颐借鉴古玺之印例比对举隅（五）

罗福颐作品	图1　《印章名作欣赏》84．1“罗子期”	图2　《印章名作欣赏》84．2“罗继组”	图3　《印章名作欣赏》84．4“颐人之尒（玺）”	图4　《印章名作欣赏》84．3“吴颐人”

（续表）

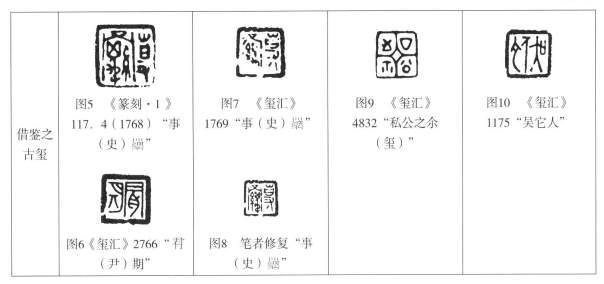

借鉴之古玺	图5 《篆刻·1》117.4（1768）"事（史）緇"	图7 《玺汇》1769 "事（史）緇"	图9 《玺汇》4832 "私公之尒（玺）"
	图6《玺汇》2766 "胥（尹）期"	图8 笔者修复 "事（史）緇"	

（图10应位于右上——参见表）图10 《玺汇》1175 "吴它人"

图1"罗子期"、图2"罗继组"二印皆以典型晋系粗框细朱文入印，文字布局以及线条处理皆得晋系古玺之风骨，惟"罗"字今释为"緇"；图3"颐人之尒（玺）"，此玺以古玺特有印式入印，"图"字见于《殷周金文集成》4570（铸子叔黑簠），以此印式入印者，于文字笔画不可过多，方得疏朗之势，罗福颐亦掌握此原则成之；图4"吴颐人"，此玺"吴"字运用了借笔共享的章法，简省一笔，并使"吴"字呈上密下疏之势。

观罗福颐古玺创作之作品，其运刀之法，以冲刀为主，印风以晋系清俊雅致之风格为主，文字空间及章法布局亦和谐妥帖，无一丝不苟之处，其仿刻之作主要以燕系及晋系玺印为主，观其仿刻之作，可知罗福颐极其重视拟古师古之于篆刻学习的重要性，王国维于《待时轩仿古玺印谱序》曾赞云：

其泽于古也至深，而于今也若遗，故其所作，于古人准绳规矩，无毫发遗憾，乃至并其精神意味之不可传者而传之。其伎如庖丁解牛，病偻丈人之承蜩，纵指之所至，无不中者。[①]

王国维对罗福颐之篆刻师古之深、得古之神而赞誉有加，而《待时轩仿古玺印谱》为罗福颐拟古的重要资料，惜未能得之，在此仅能以管窥天，略述一二。

（九）陈巨来

陈巨来（1905—1984）。原名斝，字巨来，号塙斋，后以字行，别署安持、安持老人，斋名为安持精舍，浙江平湖人。篆刻初从嘉兴陶惕若，后从其叔赵叔孺为师，又经其师引荐吴湖帆，而见识大开，印艺勇猛精进，并从吴湖帆处借得珍本汪尹子（汪关）《宝印斋印式》十二册，潜心研究七个寒暑，印艺遂炉火纯青，后又得见平湖葛书征辑《元明清三代象牙犀角印存》便专攻元朱文。

① 《待时轩仿古玺印谱序》一文作于1923年秋，收入《观堂别集》卷四。谢维扬、房鑫亮主编《王国维全集》第十四卷，浙江教育出版社2009年版，第208—209页。

平生治印不下三万方，各大图书馆亦争相拜求刻制元朱鉴藏印。书画名家张大千、溥心畬、吴湖帆用印多出其手，并获得相当高的评价，其师赵叔孺即赞云：

　　陈生巨来篆书醇雅，刻印浑厚，元朱文为近代第一，庚辰叔孺题。[①]

赵叔孺称陈巨来元朱文印为近代第一，时至今日亦罕有印人学者对此质疑。此外，张大千先生也给予陈巨来相当高的评价，其赞云：

　　如古美女，增一分则太长，减一分则太短。[②]

从赵叔孺及张大千之评价，可知陈巨来之篆刻特色，在于元朱线条的表现与印面文字字法的处理。以下兹就陈巨来创作之古玺作品的风格特色、运用之刀法以及所借鉴之作品列表作比对分析简述如下：

表23　陈巨来借鉴古玺之印例比对举隅（一）

陈巨来作品	图1　《安持精舍印最》137.2"周达之玺"	图2　《安持精舍印最》158.2"边成之玺"	图3　《安持精舍印最》159.2"政平"	图4　《安持精舍印最》173.2"志侃"	图5　《安持精舍印最》179.2"又韩"
借鉴之古玺	图6　《玺汇》0224"长金之玺"		图8　《玺汇》5126"政（正）"	图9　《玺汇》2068"邦惢（恒）" 图10　《陈簠斋手拓古印集》41.7"邦惢（恒）"	图10　《玺汇》2346"韩于"t

---

①　陈巨来《安持精舍印最》，上海人民美术出版社2004年版，第页35。
②　袁慧敏《陈巨来印举》，上海书画出版社2012年版，前言第1页。

（续表）

借鉴之古玺			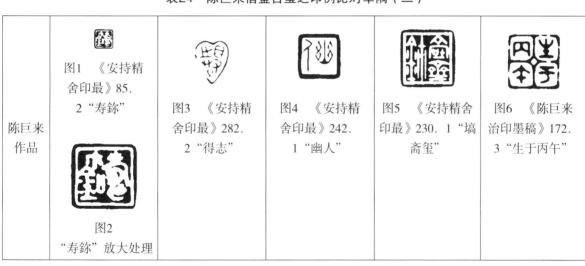 图11 笔者修复"郱愻（恒）"	

透过比对分析可知陈巨来师法古玺的情形，图1"周达之玺"、图2"边成之鉨"，此二玺取法自图6《玺汇》0224"长金之玺"，尤其是"周达之玺"一印"之玺"二字，"圉（周）"字取自西周早期《吊矢方鼎》，"徝（达）"字取自《殷周金文集成》3787（保子达簋），"緣（边）"字取自《殷周金文集成》10176（散氏盘），《散氏盘》为西周厉王（BC890—828）时期的文字，与战国时期（BC476—221）文字近四百多年的时差，以不同时期的文字入印，尚有待商榷。

图3"政平"，此玺以晋系印风成之，"政"字则取自图8《玺汇》5126，印面布局上积下撒，疏朗有致；图4"志侃"，"志"笔画略增一笔，应是参图9《玺汇》2068而来，《玺汇》2068原释"郱上志"，笔者透过《陈簠斋手拓古印集》41.7之图版比对后，《玺汇》2068应改释为"郱愻（恒）"[①]为确，次字"愻（恒）"又见于《玺汇》5700单字玺"愻（恒）"，因此，图4"志侃"首字为误字；图5"又韩"，"韩"字字形为晋系特有，文字布局同样上密下疏，透过文字笔画多寡的特色，使印面空间呈斜对角的疏密对比。

表24　陈巨来借鉴古玺之印例比对举隅（二）

陈巨来作品	图1　《安持精舍印最》85.2"寿鉨" 图2"寿鉨"放大处理	图3　《安持精舍印最》282.2"得志"	图4　《安持精舍印最》242.1"幽人"	图5　《安持精舍印最》230.1"搞斋玺" 图6　《陈巨来治印墨稿》172.3"生于丙午"

① 何琳仪释"恒"。参见何琳仪《战国古文字典》，第136页。

（续表）

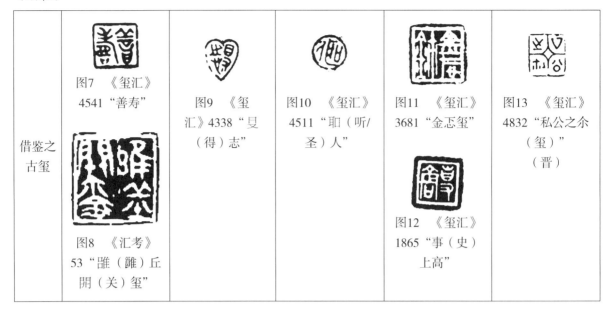

| 借鉴之古玺 | 图7 《玺汇》4541 "善寿"

图8 《汇考》53 "雠（雠）丘阴（关）玺" | 图9 《玺汇》4338 "旻（得）志" | 图10 《玺汇》4511 "耵（听/圣）人" | 图11 《玺汇》3681 "金忈玺"

图12 《玺汇》1865 "事（史）上高" | 图13 《玺汇》4832 "私公之尒（玺）"（晋） |

图1 "寿鈢"，此玺运用了盘错位移章法，"寿"字"日"旁左移，"鈢"字"尔"旁向上挪与"金"部作上下盘叠；图2 "得志"，此玺则仿刻自图9《玺汇》4338，可说是惟妙惟肖；图3 "幽人"，古玺印十分注重文字笔画数于印面所占之空间比例，如图10 "耵（听/圣）人"一印即如此，图4与图10仅印式不同，其章法布局大致相若。

图5 "塙斋玺"，此玺即师法图11《玺汇》3681 "金忈玺"，除文字不同外，其章法布局，皆与《玺汇》3681无异，图6 "生于丙午"，师法古玺印式入印，亦同样掌握此印式之文字笔画皆少的关键。

表25　陈巨来借鉴古玺之印例比对举隅（三）

陈巨来作品	图1 《陈巨来治印墨稿》173.5 "邦达"	图2 《陈巨来治印墨稿》71.3 "昌伯"	图3 《陈巨来治印墨稿》49.1 "唐继昌"	图4 《陈巨来印举》72 "盍斋鈢"	图5 《陈巨来印举》78 "朋之玺"
借鉴之古玺	图6 《玺汇》1811 "事（史）鄁（邦）"	图7 《玺汇》4990 "昌"	图8 《玺汇》4986 "昌"	图9 《篆刻·1》113.6（1586）"郟偝"	图10 《玺汇》3487 "百（戴）唬"

图1"邦达"，此玺拟晋系印风成之，线条清新洁净，文字笔画略带曲线，使"邦""达"二字互有作揖行礼之势，而"趏"为"达"之异字，透过异体字的应用，使整体作品更具变化。图2"昌伯"，长形粗框朱文印为燕系常见的印式之一，此玺布局朴实平直，"伯"字"人"部运用借笔共享章法，使作品寓巧思与朴实中。

图3"唐继昌"，古玺印中罕见"唐""继"二字，但见唐之异字"喝"，而"昌"字同见于图2，为燕系所有，此玺布局平实妥帖，然文字来源与系别是否同源，仍待商榷；图4"盍斋鉨"，此玺师法古玺L形印式，文字透过印式有限的空间进行布局，"鉨"字略作上下参差，使"斋"字向下延伸笔画作长短变化；图5"朋之玺"，此玺师法古玺双框印式，藉由最外层的粗框与文字四周的留红相互呼应，使印面文字具有聚焦的效果。

表26　陈巨来借鉴古玺之印例比对举隅（四）

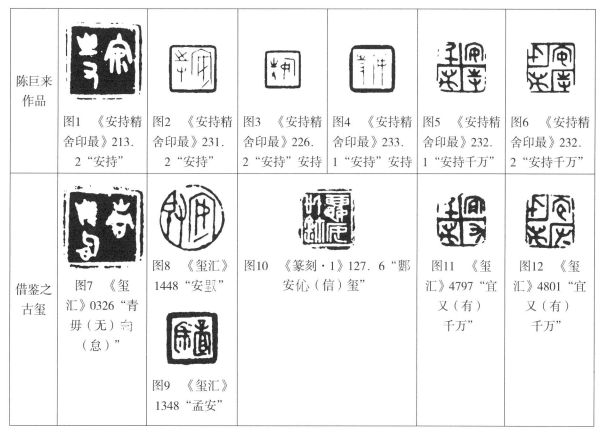

陈巨来作品	图1　《安持精舍印最》213.2"安持"	图2　《安持精舍印最》231.2"安持"	图3　《安持精舍印最》226.2"安持"安持	图4　《安持精舍印最》233.1"安持"安持	图5　《安持精舍印最》232.1"安持千万"	图6　《安持精舍印最》232.2"安持千万"
借鉴之古玺	图7　《玺汇》0326"青毋（无）匈（怠）"	图8　《玺汇》1448"安塱"　图9　《玺汇》1348"孟安"	图10　《篆刻·1》127.6"鄨安伈（信）玺"		图11　《玺汇》4797"宜又（有）千万"	图12　《玺汇》4801"宜又（有）千万"

图1"安持"，此玺师法图7《玺汇》0326一玺，其文字倾斜的角度、印面空间布局，乃至边栏残破处理皆与图7别无二致，透过比对分析，可见其师法借鉴之功力，实是登峰造极；图2"安持"，此玺印文变化可参照图8《玺汇》1448及图9《玺汇》1348，并于章法上运用了借笔共享的文字构形法。

图3"安持"、图4"安持"二玺，"安"字运用了形近互作章法，将"宀"部与"厂"部互换，如图10"鄨安伈（信）玺"之"安"字，此外，图3"安持"一印，笔画作收缩处理，使印面上下留空，而印文集中于印面中央；图4则与图3相反，文字笔画向下延伸舒展，使印面空间上密下疏；图5"安持千万"，此玺文字布局及印式师自图11《玺汇》4797"宜又（有）千万"，以古玺

田字界格入印，此田字界格中线略作左倾，界格虽非笔直，却蕴含自然之趣；图6"安持千万"，则于文字布局乃至印式皆师自图12《玺汇》4801"宜又（有）千万"，图5与图6此二印印文相同，于是陈巨来便透过印式的变化，使之生动而别具不同的风貌。

表27　陈巨来借鉴古玺之印例比对举隅（五）

陈巨来作品	图1 《安持精舍印最》220.1 "陈巨来玺"	图2 《安持精舍印最》223.2 "陈巨来玺"	图3 《安持精舍印最》226.1 "陈巨来"	图4 《安持精舍印最》243.1 "巨来"	图5 《安持精舍印最》233.2 "巨来"
借鉴之古玺	图7 《齐攈》5.3（3235）"甘士古玺"	图8 《玺汇》1562 "孙麦（陵）忓（信）玺"	图9 《玺汇》1465 "墬（陈）薼（芦）"	图10 《玺汇》0832 "长（张）陛（阩）"	图11 《玺汇》1763 "事（史）距"

　　图1"陈巨来玺"，此玺拟自古玺常见的外圆内方并带有装饰图案的印式，并于边框、印文作残损并笔的处理，使之别具古意；图2"巨来信玺"，此玺拟齐系白文风格，白文线条化直为曲线，活泼而具有变化，兼以并笔及破边处理，使朱白对比为之强烈；图3"陈巨来"，此玺拟齐系常见的倒日界格入印，其文字布局及边栏残破的形式皆师自图9《玺汇》1456"墬（陈）薼（芦）"一玺，惟印文处理走瘦削细腻一路。

　　图4"巨来"，此玺师法自图10《玺汇》0832"长（张）陛（阩）"一玺，以特殊罕见八边形印式入印，且内含有具设计感的装饰性图饰，使作品观之更加精致；图5"巨来"，此玺以晋系粗边细朱印风入印，"距"作上下错置，使印面空间得有变化，然首字以"距"为"巨"，应是参照图11《玺汇》1763"事（史）距"之"距"而来，笔者查阅《广韵》《集韵》《玉篇》等字书，皆不见"距"字，唯何琳仪《战国古文字典》有所论及，其论云：

　　距从立，巨声，疑巨之初文。[1]

　　何琳仪之疑，虽可备一说，但仍需要更多的资料加以佐证，因此"距"字是否为"巨"之异字，待考。

---

　　① 何琳仪《战国文字通论》（订补），江苏教育出版社2003年版，第495页。

表28 陈巨来借鉴古玺之印例比对举隅（六）

陈巨来作品	 图1 《陈巨来印举》"朋盍簪"	 图2 《陈巨来印举》"朋之大吉"	 图3 《陈巨来印举》"朋之之玺"	 图4 《陈巨来印举》25.2 "傅元之玺"	 图5 《安持精舍印最》242.2 "安持"
借鉴之古玺及文字	 图6 《玺汇》4761 "吉昌内（纳）"	 图7 《玺汇》4870 "大吉昌内（纳）"	 图8 《玺汇》5684 "王悊（慎）明此"	 图9 《玺汇》0024 "司马之玺"  图10 《殷周金文集成》10176（散氏盘）"传"	 图11 《玺汇》0126 "左军𠪃（监）鍴（揣）"

上表图1 "朋0盍簪"，此玺师法图6《玺汇》4761 "吉昌内（纳）"之三连珠印式，惟陈巨来于印文布局工整，不若《玺汇》4761印文布局或倾或斜或横书处理，较具变化；图2 "朋之大吉"以古玺四连珠印式入印，陈巨来同样掌握古玺四连珠印式以少笔画文字入印的规律，然相较于图7《玺汇》4870而言，因边框较为纤细而对比不够强烈；图3 "朋之之玺"，以古玺盾形印式入印，虽无图8《玺汇》5684 "王悊（慎）明此"于文字得以随圆就圆的条件，却也别具特色。

图4 "傅元之玺"，首字"傅"取自《散氏盘》之"传"字，故本印应改释为"传元之玺"，尽管用字尚待商榷，但此印于章法布局，挪让有致，和谐而自然；图5 "安持"，此玺师法燕系长形无框朱文，并以秀丽清俊一路成之，"安"字内加一饰笔，使印面不致过于松散，"寺"为"持"之异字，其"寸"省偏旁上半部笔画不刻意伸展，使文字为之集中紧凑，而印面外形也具造型变化。

综观陈巨来作品，以冲刀为主，惟处理文字并笔及边栏残破时，方以切刀处理，其师法古玺偏重印式造型以及玺印文字的借鉴，作品多以秀丽清俊为主，偶有作品略带写意，然写意中亦蕴含细腻的笔调，为篆刻界中工稳一路的代表作家之一。

（十）钱君匋

钱君匋（1906—1998），原名钱锦堂，字豫堂，别署午斋、舞斋、豫堂，居室名无倦苦斋、抱华精舍、新罗山馆等，浙江海宁人。

钱君匋1925年毕业于上海艺术师范学校，从丰子恺学习西洋画，并自学书法、篆刻、国画，擅篆刻、书法。篆刻师法赵之谦、吴昌硕、黄牧甫等，因得三家之作，故以赵之谦之字号"无闷"、黄牧甫之字号"倦叟"、吴昌硕之字号"苦铁"合称，取其斋馆名为"无倦斋"，又因收藏清代扬州画派大家新罗山人华嵒（1682—1752）之作，故又名其斋号"新罗山馆"。

钱君匋少好艺事，20岁任上海开明书店美术编辑，擅书籍装帧艺术，其时鲁迅、茅盾、郭沫若等许多著作的装帧设计均出自其手。书法涉猎广泛，善于兼取博收，擅多种书体。篆法致力于邓石如、吴让之、赵之谦，隶书宗《乙瑛碑》《史晨碑》，旁及汉简帛书，魏书师法《龙门二十品》，草书则得益于怀素、张旭。书作结体精严，跌宕生姿，自具风貌。篆刻则功底深厚，风格多样，善刻巨印长跋，尤喜以自作诗词散文刻为边款，印面力能扛鼎，边款灵气荡漾。

1987年将毕生所藏的明代、清代、现代的书画、印章及自作书画、印章、书籍装帧等共4083件捐献给家乡桐乡市君匋艺术院；1997年又将近十年所收藏明清字画、现代字画及古代陶瓷、铜镜和自作字画、印章等共1000件，毫无保留地捐献给祖籍海宁市钱君匋艺术研究馆。

其历任中国美术家协会会员、中国书法家协会会员、上海市书法家协会常务理事、西泠印社副社长、桐乡市君匋艺术院院长、海宁市钱君匋艺术研究馆名誉馆长等。篆刻相关著作有《钱刻鲁迅笔名印集》、《长征印谱》、《钱刻文艺家印谱》、《钱君匋刻书画家印谱》、《钱君匋印选》、《中国玺印源流》（与叶潞渊合著）、《钱君匋书画篆刻精品集》等书行世。

兹就钱君匋创作之古玺作品的风格特色以及所借鉴之作品列表作比对分析简述如下：

表29　钱君匋借鉴古玺之印例比对举隅（一）

钱君匋作品	图1　《君匋篆刻》246 "午斋钱唐之玺"	图2　《君匋篆刻》226 "君匋之玺"	图3　《君匋篆刻》92 "君匋之玺"

（续表）

借鉴之古玺	 图4　《玺汇》0293“日庚郶（鄡/县）萃车马”	 图5　《玺汇》0126“左军户（尉）鍴（揣）”	 图6　《玺汇》0202“遷（徒/选）盟（矿）之玺”

上表为钱君匋师法古玺之作品，图1“午斋钱唐之玺”一玺，从用字及作品形式来看，不难看出其主要的章法布局源自于图4“日庚郶（鄡/县）萃车马”，此玺为燕系烙马印，《玺汇》编号第0293。

《玺汇》0293“日庚”二字，诸家解释不同，何琳仪释“⿰日庚”将之视为一字，读为“唐”者[①]，施谢捷则释为“㬥（暴）都（鄡/县）萃车马”[②]，徐畅则认为释“日庚”应为定论，无须再论；[③]其次“都”字，赵平安释为“郶”，同晋系“鄡（县）”字[④]，田炜则认为应从原释“都”，并怀疑燕玺中的“都”可能就是指县而言[⑤]。

“日庚郶（鄡/县）萃车马”一玺边栏线条苍莽而粗犷，印文线条历经火烤及磨损后，斑驳而蕴涵屋漏痕之笔意，且笔断意连，虚实相生，首字“日”微向左挪移，而右旁得生空处，与“马”字左旁之留空，遥相呼应，“郶”“马”二字，则作横向屈伸，使下层空间得以四平八稳，最后，“都”“萃”“车”等三字，于旁偏、部首及笔画接合处，加强线条的重量，使印文与边栏相互呼应，轻重有致，具节奏感。

钱君匋“午斋钱唐之玺”一印对《玺汇》0293之章法及文字多有借鉴，在章法上，运用文字大小及排列方式营造空间，最后于“钱”“之”二字的部首及偏旁处加重，令整体保持厚重的稳定感，此玺于章法运用及文字布局皆得古玺之神韵，惟“唐”字取自“庚”字，并加“口”旁而成“唐”字，将“唐”字释为“唐”是有待商榷的。

① 何琳仪《战国文字通论》（订补），江苏教育出版社2003年版，第109页。

② 施谢捷《古玺汇考》，安徽大学博士学位论文，2006年，第77页。

③ 徐畅《古玺印图典》代序，天津人民美术出版社2016年版，第1页。

④ 赵平安《论燕国文字中的所谓“都”当为郶（县）字》，《语文研究》2006年第4期，第77—79页。

⑤ 田炜《古玺探研》，华东师范大学出版社2010年版，第95—101页。

图2"君匋之玺"，此玺师法自图5《玺汇》0126"左军疒（尉）鍴（揣）"，长形无框印式，为燕系特有，"君匋之玺"师法此玺，于文字布局相当紧凑，笔画虽若断若离，却于笔画交接处以焊接点的形式成之，使之别具特色，惟"玺"今作"鍴"字；图3"君匋之玺"，此玺师法自齐系上出形印式，并摹拟其铸蚀残损之感，几可假乱真，得其神似，惟"匋"字今释为"鱄"字。[①]

表30　钱君匋借鉴古玺之印例比对举隅（二）

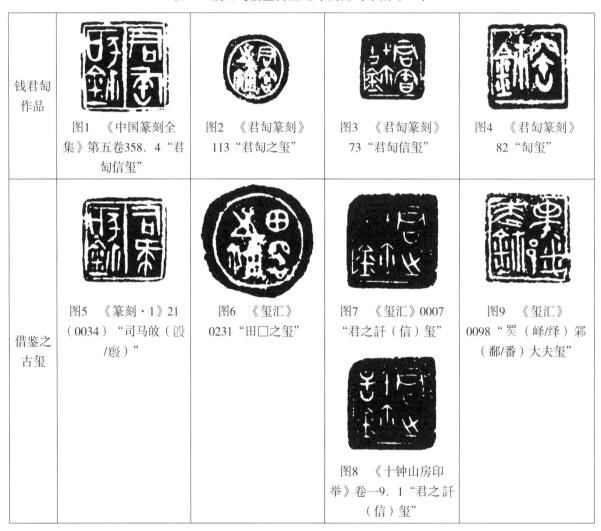

钱君匋作品	图1　《中国篆刻全集》第五卷358.4"君匋信玺"	图2　《君匋篆刻》113"君匋之玺"	图3　《君匋篆刻》73"君匋信玺"	图4　《君匋篆刻》82"匋玺"
借鉴之古玺	图5　《篆刻·1》21（0034）"司马敀（殷/廏）"	图6　《玺汇》0231"田□之玺"	图7　《玺汇》0007"君之訫（信）鉨"　图8　《十钟山房印举》卷一9.1"君之訫（信）玺"	图9　《玺汇》0098"罖（峄/绎）郐（鄱/番）大夫玺"

图1"君匋信玺"，此玺师法图5《玺汇》0034"司马敀（殷/廏）"玺，比对两玺，可知其依承关系，综观"君匋信玺"一玺，与图5的差异，仅略改"司"字，并易一"匋"字，然钱君匋将"敀"视为"信"，于文字上须略作调整；图2"君并匋之玺"，此玺承袭自图6《玺汇》0231，钱匋借古化新，连印式边栏外形也加以借鉴，并营造出苍莽斑驳的历史感。

图3"君匋信玺"，此玺承袭自图7—8《玺汇》0007"君之訫（信）鉨"，并师法《玺汇》0007左上方残损不清的"訫（信）"字那历经岁月的模糊感，使印面效果更具古意；图4"匋玺"仿拟自图9《玺汇》0098"罖（峄/绎）郐（鄱/番）大夫玺"，师其印面之斑驳感，并借鉴"玺"

---

① 王恩田《古玺辨伪二例》，《印学研究》第一辑"山东印学研究专辑"，山东大学出版社2009年版，第297—298页。

字并略作上下位移，使印面布局更具变化。

表31　钱君匋师法古玺之作品对照表（二）

钱君匋作品	图1 《君匋篆刻》130 "大钱六十"	图2 《钱刻鲁迅笔名印集》125 "干"	图3 《君匋篆刻》187 "罗"	图4 《长征印谱》79 "大金川"	图5 《钱君陶刻书画家印谱》24.1 "谢"
借鉴之古玺	图6 《玺汇》4828 "私公之玺"	图7 《玺汇》0465 "王水月"	图8 《玺汇》5506 "蘿"	图9 《玺汇》4759 "敬公正"	图10 《玺汇》5450 "誩（信）"

图1 "大钱六十" 除了形式仿效古玺外，在印文上也作了许多变化，运用文字各自倾斜的变化在不稳定中取得和谐的平衡；图2 "干"，此玺以古玺印式成之，"干" 字笔画粗细对比强烈，黏边处理及横画加粗处得与圆形粗框之线条相互呼应；图3 "罗" 直接取法于图8《玺汇》5506 "蘿"，省去 "艹" 部，将 "罒" 之延伸笔画改为左长右短，并易 "木" 为 "糸"，于刀法上运用冲刀法，营造文字线条崩裂感，使印面感受更贴近《玺汇》5506。

图4 "大金川"，此玺师法古玺三连珠印式，并略作改变，将三连珠边框相连，虽布局和谐妥帖，然相较于《玺汇》4759之文字欹斜侧倒，则多了一分拘谨感；图5 "谢"，此玺借鉴《玺汇》5450 "誩（信）" 之 "誩（信）" 字，并易其印式，改以封泥意趣成之，古意十足，"谢" 今释为 "誩（信）" 字。

表32　钱君匋师法古玺之作品对照表（三）

钱君匋作品	图1 《君匋印存》36.1 "昌"	图2 《长征印谱》7 "宜章"	图3 《长征印谱》22 "巴拉河"	图4 《长征印谱》88 "草地"	图5 《长征印谱》92 "白水江"

（续表）

借鉴之古玺					
	图6 《十钟山房印举》86.1 "昌"	图7《玺汇》3563 "羊这"	图8 《玺汇》3737 "左正玺"	图9 《玺汇》0490 "王章"	图10 《玺汇》4734 "士君子"

图1"昌"，此玺仿刻《十钟山房印举》86.1"昌"单字玺，于文字残损以及边栏皆仿自原印；图2"宜章"，此玺印式师法《玺汇》3563"羊这"一印，惟粗框边栏略细，及装饰图案残损过多，致使韵味不及"羊这"一印；图3"巴拉河"，此玺印式师法《玺汇》3737"左正玺"，印文处理以冲刀为主切刀为辅，使印文线条笔直处带有苍莽感，圆转处细腻而宛转，时而边框及印面空地营造铸蚀痕迹，使之与古意相通；

图4"草地"，此玺师法古玺印式，圆形粗框，内有装饰线条及方框并，其印文与饰线及方框等粗，使之与圆形粗框形成对比，印文"草"字作左右参差，"地"字"土"旁略作挪移，与"地"字更为紧凑，印文空间呈对角线疏密之势；

图5"白水江"，师法古玺三连珠印特有印式，并对印式略作造型上的改变，且于文字上或作欹斜、横书及穿插，然因三连珠下方梯形之造型过长，而印文笔画略显纤细等因素，致使作品整体感受不若《玺汇》4734"士君子"一玺来得活泼自然。

表33　钱君匋师法古玺之作品对照表（四）

钱君匋作品				
	图1 《钱刻鲁迅笔名印集》239 "及锋"	图2 《钱君陶刻书画家印谱》39.1 "黄罕之玺"	图3 《钱刻鲁迅笔名印集》89 "洛文"	图4 《钱刻鲁迅笔名印集》189 "士繇（繇）"
借鉴之古玺				
	图5 《集古印隽》9.1 "謱事夏（得）志"	图6 《玺汇》0227 "左禀（廪）之玺"	图7 《玺汇》0891 "肖（赵）臣"	图8 《玺汇》1155 "石遹"

图1"及锋"，此玺师法古玺圆形印式入印，印文"及""锋"二字文字布局略有距离，"锋"字偏旁部首亦略有解构之意，惟"及""锋"二字靠近左右边栏使文字舒朗宽广却不致松散；图2"黄罕之玺"，此玺章法布局皆师自图6《玺汇》0227"左禀（廪）之玺"，惟印面形状稍长，而使文字留空处增加，令朱白对比相对强烈。

图3"洛水"师法古玺粗框细朱印式成之，钱君匋融入书法笔意，时于笔画收笔处营造笔断意连之意境，使文字线条多了一分韵味；图4"士繇"，此玺同样以古玺粗框细朱印式成之，"繇"为"繇"之异字，"繇"字左右偏旁作盘错位移，印面空间采斜对角式布局，形成疏密对比。

综观钱君匋借鉴古玺之作品，其运刀之法或冲或切，有时冲切并用，其师法古玺，亦多有转化，挪古人之力化为己之力，不论是多变的古玺印式，或是各系印风，抑或是空间布局皆能信手拈来，作品包罗万象，有高雅古朴者，亦有清新俊秀者，堪称全能型的篆刻印人。

（十一）高式熊

高式熊（1921—2019），浙江鄞县（今属宁波）人，后定居上海。中国书法家协会会员、西泠印社名誉副社长、上海市书法家协会顾问、上海市文史研究馆馆员、上海民建书画院院长、棠柏印社社长。幼承家学，又获赵叔孺、王福厂、张鲁庵的悉心指授，毕生致力于书法篆刻艺术创作与研究。1947年，以27岁之龄加入西泠印社，为最年轻社员，并与诸名家耆宿交臂同游，一时为印林佳话。其书法楷、行、篆、隶兼擅，清逸洒脱，小篆尤为精妙；其篆刻古雅清秀与书法不遑多让，尤擅秦、汉、战国古玺印风。

除书法、篆刻外，亦擅长印泥制作，其印泥配方于1962年得张鲁庵之传承，张鲁庵临终前将"鲁庵印泥49号秘方"托付给高式熊，叮嘱其务必将鲁庵印泥的制作工艺传承下去，并将此秘方捐献国家。高式熊亦履行张鲁庵遗愿，不负所托，将获得"上海市非物质文化遗产"的"鲁庵印泥49号秘方"无偿捐献给国家。

2018年，获颁"中国书法兰亭奖·终身成就奖"，数十年来，潜心书艺，心境超然，远离尘嚣，人书俱老。在当代书坛，其为人治艺，德艺兼修，为年轻一代书篆家树立了典范。主要著作有《西泠印社同人印传》四册、《高式熊印稿》。

兹就高式熊创作之古玺作品的风格特色以及所借鉴之作品列表作比对分析简述如下：

表34 高式熊师法古玺之作品对照表（一）

高式熊作品			
图1 《西泠印社同人印传》"丁立中埊"	图2 《西泠印社同人印传》"秋生"	图3 《西泠印社同人印传》"况周颐之玺"	图4 《西泠印社同人印传》"韩君左"

（续表）

借鉴之古玺			
	图5 《玺汇》4833 "厶（私）公之坏"	图6 《玺汇》4431 "千躲（秋）"	图7 《陈簠斋手拓古印集》5.5 "□王之玺"

※上表第四列：

图8 《玺汇》0006 "富昌盄（韩）君"

　　图1 "丁立中玺"师法图5 "厶（私）公之坏"，除印章的形式外，印文"厶（私）"及"坏"皆《玺汇》4833并无二致；图2 "秋生"，"秋"字取自图6《玺汇》4431 "千躲（秋）"一印，易一字"生"；图3 "况周颐之玺"，"之鉨"二字与图7《陈簠斋手拓古印集》5.5 "之玺"形近，且粗边细朱的印式呈现，使文字具有聚焦之视觉感受，且二玺右下空间皆采疏朗之势。

　　图4 "韩君左"师法图8《玺汇》0006 "富昌盄（韩）君"一印，尤其"韩君"二字，不论字形结构，以及文字笔画走向皆大致相同，且"君"字"口"部笔画与"尹"旁笔画黏边，亦不差分毫。

表35　高式熊师法古玺之作品对照表（二）

高式熊作品					
	图1 《西泠印社同人印传》"方去疾信玺"	图2 《西泠印社同人印传》"马莲玺"	图3 《西泠印社同人印传》"东来之玺"	图4 《西泠印社同人印传》"吴敬生"	图5 《西泠印社同人印传》"王世增"
借鉴之古玺					
	图6 《篆刻·1》110.5 "墬（陈）迲（去）疾信玺"	图7 《篆刻·1》76.3 "寿□玺"	图8 《玺汇》0203 "遪（遵/传）遪（遷/徙）之玺"	图9 《玺汇》3563 "羊这"	图10 《玺汇》0583 "王传"

　　图1 "方去疾信玺"取法自图6 "墬（陈）迲（去）疾信玺"，文字布局皆无二致，唯易"墬

（陈）"为"方"；图2"马莲玺"师法图7"寿□玺"，尤以文字空间布局及"玺"字的巧借分外明显，此外，于边栏的参照亦多有着墨；图3"东来之玺"在印章形式上，师法战国楚系官印中的"凸框印式"①，楚官印"凸框印式"原本主要钤印于封泥上，使封泥印迹的外框为之深厚显著，今以印泥转拓后，印蜕的白框及靠近白框的文字则因"凸框印式"的高低差而易形成文字与白框黏边并笔的情形，进而令朱白对比为之强烈，综观近现代印人，于"凸框印式"的关注为数不多，而以此印式入印者，更是罕见。

图4"吴敬生"一印即师法图9《玺汇》3563"羊这"的印式，此印式特点在于外部粗框的红地与印文四周的红地相互呼应，并辅以内部细框及细腻的纹饰，形成强烈的红白及粗细对比；图5"王世增"之印式及表现风格可参照图10《玺汇》0583"王传"一印，二者线条及边栏的意蕴皆十分相近，唯"王传"一印依文字笔画进行界格空间布局。

表36　高式熊师法古玺之作品对照表（三）

高式熊作品	图1　《西泠印社同人印传》"吴寅信玺"	图2　《西泠印社同人印传》"大年信玺"	图3　《西泠印社同人印传》"宜之"	图4　《西泠印社同人印传》"王云尔（玺）"
借鉴之古玺	图6　《篆刻·1》127．6"鄭安信玺"	图7　《篆刻·1》154．5"窯（晏）跊（市）信玺"	图8　《玺汇》0571"王楚"	图9　《玺汇》4734"士君子"

图1"吴寅信玺"从文字及布稿空间观之，与图6齐系私玺"鄭安信玺"相近，部分齐私玺布局严谨，疏朗有致，不致过于紧凑；图2"大年信玺"比对"信玺"二字，此玺当是师法图7《篆刻·1》154．5"窯（晏）跊（市）信玺"，"大年"二字依笔画多寡分配文字空间，使其文字错落有致，别开气象；

图3"宜之"取法古玺"双框印式"，使外框粗，内框细，在视觉上则有聚焦印文之妙用，且"宜之"二字，以满白呈现，使文字与二白文框相映成趣；图4"王云尔（玺）"之印式与图9"士君子"印式相近，唯图9"子"字白文框与"士君"之白文圆框相黏，而图4"尔（玺）"以三角形白文框呈现。

---

① 萧毅《古玺凸框说略》，《中国篆刻》2023年6月，第43—46页。

表37 高式熊师法古玺之作品对照表（四）

高式熊作品	 图1 《西泠印社同人印传》"吴朴信玺"	 图2 《西泠印社同人印传》"节盒"	 图3 《西泠印社同人印传》"余潮"	 图4 《西泠印社同人印传》"龙丁"
借鉴之古玺	 图5《中国玺印类编》71.12"左仆信玺"	 图6 《玺汇》2828"郭（郭）生让"	 图7 《玺汇》2417"稾（椁/郭）余"	 图8 《玺汇》1724"事（史）丁"

图1"吴朴信玺"直接取法自图5"左仆信玺"，唯易"左"为"吴"，及易"仆"为"朴"，且高式熊在边栏上另以残损破边之法，使作品整体更加和谐。然其于"信"字字法仍有些许待商之处；图2"节盒"以长形粗边细朱文印式呈现，此印式在战国时期多见于燕系；图3"余潮"、图4"龙丁"二印拟晋系私玺印风，晋系粗框细朱文印，为战国古玺中最为常见者，从高式熊作品观之，其作品除着重文字布局外，更留心于印面空间的布白，以及文字线条的婉转。

《西泠印社同人印传》为高式熊重要代表作之一，本文著录之玺印出处源于《西泠艺丛》著录之《高式熊〈西泠印社同人印传〉印选》，研析高式熊古玺作品，可知晓其古玺印风之作在整体作品中占比相当高，且作品借鉴取法的印式、风格及域别皆具一定程度的代表性，足见高式熊在创作《西泠印社同人印传》的当下，对古玺的研究及取法着墨颇深。

三、结语

"文变染乎世情，兴废系乎时序。"在文字学鼎盛及战国玺印大量出土的时空背景下，以古玺印风及古玺文字入印已成当代篆刻艺术发展的重要议题之一，早期印人在古玺文字识读相对困难的情况下，仍坚持从古玺印的文字及印式中汲取创作灵感。时至今日，许多早期未能释读的玺印文字也已经透过文字学者的考释而获得丰硕的成果，大量的古玺文字字书也接连问世，这无疑活化了古玺篆刻的发展。以下兹就本文研究之成果及发现胪列如下：

（一）整理并比对印人古玺作品

透过前辈印人古玺作品的分析比对，可以了解前贤取法借鉴的情形，进而在前人的成果上，另辟蹊径。

（二）对印人以玺印文字入印进行探讨

早期古玺印释读不易，故前贤印人无法精准用字，可以今天的古文字学成果对贤印人作品的文字进行分析研究，对古玺篆刻发展而言，具有相当的助益。

（三）印人古玺作品之相关研究之延续

本文仅就十一位前贤印人作品进行探讨，尚有许多专擅古玺印风的印人未及备载，有志古玺研究者，可在本文的基础上踵事增华，当为不错研究议题。

篆刻创作与文字学息息相关，透过印人作品分析，让笔者亦深深感受到文字学对于篆刻学习的重要性，唯有创作与文字相辅相成，方为篆刻艺术之路的不二法门。

（作者系福建师范大学文学院博士后，屏东大学视觉艺术学系兼任助理教授）

二十世纪以来简帛文字入印研究

——兼谈其对当代篆刻与篆刻学科的意义

李传睿　李维海

摘要：简牍帛书自近现代发掘出土以来，受到广泛关注，其文字特点影响了书法篆刻领域。本文通过分析二十世纪以来的简帛入印作品风貌和文字材料，探究以今文字体系为主的汉简印风与以古文字体系为主的战国简印风的印化手段、风格特征及入款实践，发现简帛文字入印继承了"印外求印"与"印从书出"两种创作观念，简帛文字入印这种特殊艺术现象构成当代印学印外文字领域的一个分支，对当代印学理念与实践具有开拓之功。

关键词：当代印学　简帛学　文字入印　印章风格

自十九世纪末以来，简牍帛书作为古文献新材料不断出土和出版，受到了篆刻领域的关注，众多作者开始从中取法，形成了具有简帛意味的书作与印作。明清印学所提倡的"印外求印"与"印从书出"理念拓展了入印文字的取法范围，为简帛文字入印提供了印论支撑。二十世纪后有诸多篆刻家将简帛文字作为入印文字进行实践。将其入印的印作所呈现出来的风貌可以分为两种体系：一种是以偏古文字的战国简文字入印，另一种是以偏今体隶书文字的汉简文字入印。通过运用简帛文字进行印化或融合其他篆刻风格，影响着近代与当代印坛的风貌。

一、简帛资源的涌现与印学观的承续

（一）简帛资料的出土及出版

二十世纪中叶之前，出土的简帛集中在西北地区，断代为西汉至两晋时期，其中以居延一带数量为最，书迹书体多为隶书与草书。而后，大批简牍帛书于全国各地不断被发掘，出现了战国时期的简帛，如云梦秦简、长沙楚简、侯马盟书等，其书迹书体也扩展到篆书与古隶。迄今为止，出土的简帛数量巨大，就其时代而言，主要分为春秋战国、秦代、两汉与魏晋时期；就其书体而言，可以分为古文、篆书、隶书、草书等多种文字书体类型。[①]

简牍帛书整理、编录与出版后逐渐进入大众视野，成为篆刻家及书家新的取法对象。汉代简帛图书以1914年日本东山学社出版的王国维、罗振玉《流沙坠简》影响为最，后又有张凤《汉晋西

---

① 赵超《简牍帛书发现与研究》，福建人民出版社2005年版，第219页。

睡木简》、中国社会科学院考古研究所《居延汉简（甲乙编）》、甘肃省文物考古研究所《敦煌汉简》、陈松长《马王堆简帛文字编》等。战国简帛的出土与书籍出版以楚系、秦系为主，楚简的图版与考证最早发表在刊物之上，如1952年《科学通报》上发表的《长沙近郊古墓记略》记载了部分楚简资料，后有滕壬生《楚系简帛文字编》、武汉大学简帛研究中心《楚地出土战国简册合集》、李学勤《清华大学藏战国竹简（壹—叁）文字编》等；秦系简牍帛书被发现的时间较晚，1975年于湖北云梦睡虎地发现了数枚竹简，于1977年在文物出版社出版发行，后有张守中《睡虎地秦简文字编》、陈松长等编《岳麓书院藏秦简（壹—叁）文字编》《岳麓书院藏秦简（肆—柒）文字编》、蒋伟男《里耶秦简文字编》等。随着大量简帛面世，学者将其中的疑难文字加以考释并著成书籍，例如《出土战国文献字词集释》《秦汉简帛文书分类辑解》等著作，众多疑难战国文字的解读得以冰释。①

二十世纪以来，简牍帛书的大量出土与相关文献的出版为简帛文字入印提供了可以实践的参考材料。这些简帛文字为同时期印章文字的准确性提供了佐证，并且推导出来部分未被识读的商周文字乃至甲骨文。正如李守奎在《出土楚文献文字研究综述》中所说："楚文字的大量发现，为考释甲骨文和金文开辟了一条新途径。另一方面，楚文字的深入研究也加深了人们对传抄古文和隶定古文的认识。"②在简帛中，文字时期的不同、文字数量的庞大与文字风格的多样，为印外文字在篆刻领域提供了无限的可能性。正如陈道义所言："简帛文字不仅受到了学术界的高度重视，其独有的艺术魅力也深受书法篆刻家所喜爱，更为篆刻艺术提供出一个新颖的'印外求印'天地。"③

（二）传统印学观念对"简帛文字入印"之启发

"印从书出"是指"以印人自己形成的具个性风格特征的篆书入印，由此而形成新的具有个性的印风"④。此观念在历代印论中可以窥得其发展脉络。吾衍《三十五举》言："白文印用崔子玉写《张平子碑》上字，及汉器上并碑盖、印章等字最为第一。"⑤周应愿在《印说》亦提及："作书执如印印泥，如锥画沙，如屋漏痕，如折钗股，虽论真体，实通篆法，惟运刀亦然。"⑥这一理念被魏稼孙承袭，其在评价邓石如篆刻时称："完白书从印入，印从书出。卓见定论，千古不可磨灭。"⑦前人既将"印从书出"奉为治印造诣能臻化境的标志，印人自然可以大胆地把新兴的书法范本纳入治印范本之列。

随着二十世纪大量简帛的出土，书家师法的范本得到进一步扩充，独特的书风继碑版后又一次影响了当时的书家。据记载，"除沈曾植、李瑞清、郑孝胥之外，醉心于简帛书法的尚有不少，

---

①　参见李均明、陈民镇《简帛学研究70年》，《中国文化研究》2019年第3期。

②　李守奎《出土楚文献文字研究综述》，《古籍整理研究学刊》2003年第1期，第15页。

③　陈道义《"印外求印"之拓展——二十世纪古文字的发掘与整理对现当代篆刻艺术创新的推进》，《印学研究》第7辑"印外求印专辑"，文物出版社2015年版，第22页。

④　黄惇《中国古代印论史（修订本）》，上海书画出版社2019年版，第313页。

⑤　（元）吾衍《学古编·三十五举》，《宝颜堂秘笈》本。

⑥　周应愿《印说》，明万历刊本。

⑦　参见黄士陵"化笔墨为烟云"印款。

梁启超、徐生翁、王世镗、胡小石、王遽常都在简帛书法中得到过不少有益的东西"①。书家对简帛书迹的临习，使兼具书家与篆刻家双重身份的作者，进行了以简入印、入款的尝试。例如来楚生"为人民服务"印（图1）就与其书法（图2）面貌相仿，并且带有一定的汉代简帛意味。"印"与"书"两者的关系并不是非此即彼，更多为相辅相成，再加上"印从书出"的观念从古至今不断完善，以简帛书法元素入印也就合乎情理了。

图1　来楚生"为人民服务"，《来楚生》，上海书画出版社2006年版

图2　来楚生隶书《百花诗册》（局部），《来楚生》，上海书画出版2006年版

　　"印外求印"在清代滥觞于丁敬，邓石如作为实践者将此路径拓展开来并延续至今。"印外求印"与"以书入印"的区别在于，前者更加注重印外文字在印中的应用，后者则更注重书风特征对印风的影响。例如简经纶以甲骨文入印，陈子奋以诏版、汉砖、瓦当等文字入印等。这些实践无不说明"印外求印"这种作印风尚在二十世纪的流行。简帛文字作为新的印外文字也借助此观念成为篆刻家"印外求印"的实践对象。沙孟海在"庚午"印（图3）边款中记录道："用流沙汉简中字，庚午春日，锲于广州东山龟冈寓楼，正木棉花发似火伞时也。"可见此时的印人已经有明确的以简入印的意识。二十世纪中后期的主题印谱中也出现了一批带有简帛文字入印现象的作品，诸如《养猪印谱》《长征印谱》《古巴谚语印谱》与《新印谱》等。此类印谱面向大众，为了解决篆字难识的问题，印文字体多选取隶书、楷书，部分印作也要求用简体字、英文入印。其中就有带有简帛文字意味的隶书、楷书印，例如《古巴谚语印谱》中就带有汉简隶书的意味；《新印谱》中的"多少奴隶未解放"（图4）也是借鉴了汉代简帛草书的意味进行创作的。此类印谱的要求也为简帛文字入印提供了契机。

　　总体而言，简帛作为新出土墨迹具有其特殊性，既可以当作书法临习的对象，进而使创作者用其特征进行"以书入印"，又可以单纯借鉴其文字字形进行"印外求印"。在篆刻领域，此两种印学观念与简帛文字的应用并没有清晰的界限，无论是以汉简元素的非篆书入印，还是以战国简元素的篆书入印，抑或杂糅相合，都证明了简帛文字在篆刻领域可以发挥其本身特有属性来丰富印章的风格面貌。

---

① 楚默《敦煌书法史》，浙江古籍出版社2019年版，第195页。

图3　沙孟海"庚午"，1930年，朱关田总编《沙孟海全集4篆刻卷》，西泠印社出版社2010年版

图4　韩天衡"多少奴隶未解放"，韩天衡编《新印谱》第二集，上海书画出版社1973年版

二、简帛文字纳入篆刻的尝试与突破

简帛文字印中以汉简文字入印为主，涵盖隶书、草书两种书体，并逐渐出现战国简文字入印现象。二十世纪前期以简帛文字入印的最早实践是以《流沙坠简》所收录的文字为中心展开的，以沙孟海、来楚生、钱君匋、吴颐人等作者为代表，其中学习并运用简帛文字入印的印人大都集中在浙、沪两地，并且大都学习过简帛书迹，进而影响到其篆刻。由于战国简帛出土较晚，故用战国简文字入印最早是在二十世纪末期，且以楚简为主，以李刚田、韩天衡、许雄志为代表。

（一）汉简文字入印实践

二十世纪初，简经纶、沙孟海等人都有将简帛文字融入印章的实践。饶宗颐认为简氏印从书出，多有汉简意味："琴斋翁浸淫汉简有年，移其诀入契，遒峭多味。"[①]沙孟海在六十岁左右时亦有此实践："纵笔多写汉简书体，还以简帛书入印。"[②]与此同时，身居北方的齐白石也进行过以简入印的尝试："以金文、汉简等文字入印，齐白石做过一些尝试，刻过'安得平安''借山主人''老苹辛苦'，以及这枚'戊午后以字行'。"[③]其入印方式就是借助汉简书迹的某些元素与印风相匹配，首先把简帛书迹当中的书写性融入印文之中，使印面整体产生动静相参之美。二十世纪以来的汉简文字入印实践，大致分为如下三类：

其一，将印作融以汉简墨迹的笔画特征，使印作更具书写意味。余任天善于将简帛墨迹的书写性与传统秦汉印章的金石之美相结合进行创作。如"见大亭"印（图5）的大部分横向和竖向笔画都为了适应印面而作了印化，使其表现出横竖排叠整齐，框形结构稳定的特征。再加上具有简帛意味的笔画（"大"字中的"丿"起笔重而收笔轻，"乀"起轻收重的波磔；"亭"字"亅"线条中

---

① 参见《广东文献》卷十六，1968年第1期，第55页。
② 苏州杂志社《旧雨新知》，苏州大学出版社2021年版，第28页。
③ 李刚田、颜碧辉《齐白石篆刻赏析100例》，江西美术出版社2020年版，第64页

段的起伏与折笔），使整体印作具有书写的生趣，又不乏金石韵味。这种入印方式在余任天的印作中时常可见，"台州宁海人"（图6）与"王冕同里人"等印都运用了具有汉简意味的笔画。陈子奋在"长乐人"印（图7）中亦运用了简帛意味的单个笔画，三个字都并非纯粹的汉简字形，由于横画起收都以露锋为主，捺画收笔出现了与汉简相似的形态，就使"简"之率意与"印"之沉密相合，别有一番意趣。

其二，将印作融入汉简文字的部分字势、字形的特征。借助简帛文字中字形与字势的特征，可以兼取简帛字态中的宽博与金石意味。《新印谱》中"多少奴隶为解放"（图4）与居延汉简中《误死马驹册》的整体感觉相类，借助汉简的草书特征（字形以宽扁为基；字势以奇为正；撇画、折笔主取圆势；章法方面上下错落穿插）进行入印，拓展了印外求印的范本。钱君匋先生在"冬华"一印（图8）中夸张了汉简宽厚沉稳的字态，"冬"字以横易点，全取方态，"华"字横向排叠紧密，竖向笔画极为突出，在印面中形成了鲜明的对比。"冬华"两字直逼印石边界，又参以石边残损，达到了"印"与"简"相辅相成的效果。来楚生先生"然犀"（图9）印亦有此面目。利用单个或多个带有简帛意味的字形进行入印，起到调节印面的作用。余任天"跃进花开胜利年"印（图10）中的"年"字为典型的汉简字形，与其余诸字作出区别，形成了横纵、疏密的对比；马士达"物外"印（图11）中的两字都具有汉简意味，与北大汉简中的字气息相仿佛，字势恣肆而气息浑穆，是谓良作。沙孟海在"庚午"印的边款中记录："用流沙汉简中字，庚午春日，锲于广州东山龟冈寓楼，正木棉花发似火伞时也。"[①]此印虽为集字印，但并非生搬硬套，而是作出了相应的印化处理，使得印面更具细劲古雅的属性。省减掉了字本身的笔画厚度与笔画形态，只保留了汉简

图5 余任天"见大亭"，浙江美术馆藏　图6 余任天"台州宁海人"，浙江美术馆藏　图7 陈子奋"长乐人"，《现代篆刻选辑（二）》，上海书画出版社1980年版　图8 钱君匋"冬华"，《鲁迅印谱》，广东人民出版社1979年版

图9 来楚生"然犀"，《来楚生篆刻述真》，东华大学出版社2004年版　图10 余任天"跃进花开胜利年"，《余任天印集》，西泠印社1991年版　图11 马士达"物外"，《当代篆刻名家精品集·马士达》，河北教育出版社1999年版

---

① 参见沙孟海"庚午"印款。

字形的间架结构，采取了两字的架构进行入印。"庚"字的三个纵笔与"午"字的上半部分形成了三角形的嵌合关系，"庚"字的首横又作了"粘边"与"破残"处理，使此印更具印章元素。从中我们不难看出，借简帛字形与其他作印手法进行创作亦不失为一种实践途径。

其三，部分印人通过多年在篆刻及书法领域的深耕，同时对简帛书迹进行学习，形成了具有自家个性并富有"简帛意味"的印作。沙孟海于二十世纪中后期，就已然做到书印相合、以简书入印了。他曾在《沙邨印话》中自叙道："古印多有相思得志之文，不知用于何所。又敦煌所出木简有'春君幸毋相忘'字，皆情语可思。"①可见当时沙氏就有意识地关注简帛文字并进行入印实践。例如"老曼封笔廿年今始作书"印（图12）就是以其临习汉简风格而成的。其中取简帛字态的方正，又掺以"年"字纵笔、"封"字圆笔，既有八分之法度又含汉简之姿态。钱君匋受沙孟海的熏陶，也对简帛书迹进行了深入学习，并且形成独特的书风面貌，他在《钱君匋论艺》中言：

> 一九四六年，《流沙坠简》忽然遗失。解放后翁闿运先生借给我一本，过了很长时间才收回去。后来出土的木简更多，《居延汉简》《孙膑兵法》陆续问世，在美学意境上各有千秋。我不断学习，作风渐趋稳定。②

钱君匋的个别印作也具有汉简的特征，例如"豫则立"（图13）便带有隶书意味，其隶书取法便以汉简为基，故亦为以书入印的典范。来楚生作为最早关注并学习简帛书法的第一批学者，亦对简帛文字入印有所实践，"为人民服务"印（图1）以朱文刻就，"为人民"与"服务"分为两列排布，并交相穿插，以横易纵，在保留了原有汉简字形的同时，又利用了作印法，使横向排叠更为突出，具有汉印的秩序感。将"为"字逼边，进行破残处理，通过界格与单字线条的残损感，使之和谐统一。印面既富有古貌又别出新趣，不失为一方"印""简"两者取其"中"的佳作。陈左夫"山舞水笑人高歌"印亦是如此，如果单字以捺画与钩画为收笔，则会强调其笔意，刘江曾评陈左夫印作道："左夫先生在他的篆刻作品中，明显可以看到三种文字的痕迹，一是篆字的砖化，二

图12　沙孟海"老曼封笔廿年今始作书"，1978年，《沙孟海年表》，西泠印社2000年版

图13　钱君匋"豫则立"，《西山雅集 众美抱华：钱君匋研究学术论文集》，西泠印社出版社2018年版

---

① 沙孟海《沙邨印话》，《沙孟海学术文集》，中国美术学院出版社2018年版，第81页。
② 钱君匋《钱君匋论艺》，西泠印社1990年版，第168页。

是简化汉字的篆化，三是汉简文字的变体，形成篆刻文字的'三合一'风貌，余亦同感。"①由于汉简文字体系多为今文字体系，所以借助其入印的元素也有一定局限性，只能见于楷书、隶书与草书印。但借其书写性或其特征融入主流的古玺印式，是二十世纪以来借汉简书风入印较为少有的实践。

（二）战国简文字入印实践

二十世纪中期大量战国简帛被发现，由于墨迹文字本身具有的书写性，楚简书风便成了古玺印风最好的补充，这使其快速成为篆刻家与书法家的取法对象。其中以楚简帛书为大宗，旁涉秦简文字。汉简文字相较于战国简帛文字入印的不同之处主要体现在印面的整合度上。汉简隶书燕尾的书写影响了文字的印化程度，在入印过程中基本保留了原简的书写特征，在一定程度上与传统印式的创作观念是相悖的。正如韩天衡所言："近年楚简文字出土渐多，入印文字较前易选得。以新出之古文字入印，是印家追逐且利于变局之重要途径。"②而战国简字势多取横式，入印过程中能够基于印面产生更大程度的文字形变，与传统印式的创作观念是相合的。

篆刻家以楚简帛书文字进行入印时，更加观照到了简书文字与印面的适配性，并有意识地将简书文字进行主观改造从而达到合理印化的效果。印化的手法是多变的，因楚简文字多露锋，线条活泼跳宕，显然与沉稳的秦汉印风不合，故第一种印化方式就是改变楚简文字的线条，使其更具沉稳厚重，与印面相适应。例如韩天衡先生自评"大自在"印（图14）：

> 我刻"大自在"印，即取楚文字。楚文字流动鲜活，与文句也适配。吾用刀取披勒之法，披勒的刀法更足以体现线条圆融醇厚味，使飘逸的字形多添些凝重感。③

韩天衡既保留了楚简文字活泼的姿态，又通过"批勒"的刀法增强了线条的厚度，使其与印面相配。善用改变线条来增加"印味"的篆刻家还有李刚田，其"大安"印（图15）边款中首先说明

图14 韩天衡"大自在"，《韩天衡篆刻新作集萃》，上海辞书出版社2003年版

图15 李刚田"大安"与战国简"大安"，《当代篆刻名家精品集·李刚田》，河北教育出版社；"大""安"两字出自《清华大学藏战国竹简文字编》，中西书局2014年版

---

① 杨谔《南通历代书家批评》，苏州大学出版社2020年版，第181页。
② 韩天衡《改"瑕"归正：韩天衡印稿评改》，上海书画出版社2006年版，第119页。
③ 韩天衡《改"瑕"归正：韩天衡印稿评改》，上海书画出版社2006年版，第119页。

了印文字法取自楚简，与之相应的是增加了两字线条的厚度，并削弱了线条的粗细对比，又将部分线条进行"作残"以增加金石的斑驳感。诸如此类的印作不仅出现在楚简文字入印中，在其余书体入印的实践中亦有体现，不一而足。

第二种印化方式是利用秦汉玺印中的界格边框稳定楚简文字的动态，正如韩天衡所言："楚简文字鲜活洒落，特多挥运笔趣。然入于印，与方正之边栏最难磨合。"[①]在借助边框的同时又要追求与文字统一，是为难点。韩天衡"大道至简"全取楚简字形，融以楚简笔意，活脱有余，又利用白文厚边框来做到印内动静相衡，避免了印文的疏散。[②]善于利用边框来调节印内楚简文字的篆刻家还有李刚田、许雄志等人。如表1中的四方印作都是通过利用印面中的边框来进行印内章法调节的，使得印内文字动中寓静、和谐统一。

第三种印化的方式就是通过改变原有字形或字势，适应传统印式的章法布局，使印内各个文字交相呼应，与印面相统一。表1中四方印作与原楚简文字相比都做出了部分调整，例如"真有信"印就是将楚简文字欹侧的体势复归平正，只借用楚简文字字法来进行创作；"寿与山齐"印用朱文的形式呈现，保留了楚简文字的线条特征与字形字势，通过字间的穿插错落进行呼应，是一方较为纯粹的楚简入印印作；"渴望自由"则是借助秦印的边框与合文的手法将楚简文字融于印作，保留了楚简文字线条的圆转轻松，平正化了其文字体势，"自""由"两字放入一格之内，朱白对比油然而生，更显意趣；"走马灯"则与上述方式相似，通过弱化书写意味与字势，借以界格使其入印。

除了战国楚系简帛文字入印之外，二十世纪以来还有用秦简文字入印、战国简与其余印外文字结合入印的实践。因秦简帛书出土较晚，文字特征并没有楚简鲜明，所以在篆刻领域并没有楚简入印的现象广泛。例如李刚田"慎独"印（图16）边款中记："取战国时手写篆法入印。"虽未说明是秦简，但确是秦简文字字形，李刚田将其置于界格之中，以长方印作之，将秦印印式与秦系墨迹汇于此作，是为"印外求印"的典范。另外以秦系简帛文字入印的篆刻家还有朱恒吉等人，印化方式与楚简入印相似，不再赘述。韩天衡曾将战国简文字特征与其他文字元素相融合，例如"行者无疆"（图17）就是两种不同的印外文字融合入印的典范：

图16　李刚田"慎独"，《当代篆　　图17　韩天衡"行者无疆"，《韩
刻名家精品集·李刚田》，河北教　　天衡篆刻艺术赏析》，上海辞书出
育出版社1999年版　　　　　　　版社2010年版

---

①　韩天衡《改"瑕"归正：韩天衡印稿评改》，上海书画出版社2006年版，第105页。
②　韩天衡《韩天衡篆刻艺术赏析》，上海辞书出版社2010年版，第35页。

　　大篆入印，欲得自家面目殊不易。作者近来参研战国楚简文和中山王器铭，融入印中，时有佳作。①

　　参以中山王器中铭文与楚简融通入印，并且自己也对此印作给予了肯定，这就说明在篆刻家的主观意识中，融简帛书迹某些特征入印是可行的。

　　无论是以简帛文字入印，还是以任何古文字入印，篆刻家都会遵从"印外求印"的内核思想，即要在印外文字与传统印式审美之间找到平衡点，兼具两者的特质。由于篆刻家审美、习惯、学养的差异，在用同一个内容、同一种文字体系入印时也会造就两种不同的风貌。如李刚田与韩天衡"有容乃大"（图18）两方印作，虽然印文内容与用字体系都相同，但印作表现的侧重点却有所差别。前者更突出了楚简文字的原味（书写性与灵动性），而后者则侧重于传统印式的审美（秩序性与古朴性），前者求新，后者追古，故个人主观的审美也驱动着印作风貌的变化。战国简文字入印相较于汉简文字入印的印作，更具备这一种内核思想，如果把"印外求印"分而论之，二十世纪初至中后期的简文字入印更注重"印外"二字，而二十世纪末以来的简文字入印更注重于"求印"。也正如韩天衡所言："楚文字素非古玺印之主流与大宗。取之入印，似有濯古采新之空间。"②以简帛文字入印，既需"采新"，更要"濯古"。对于简帛书法的汲古出新，边款的表现更加明显。

图18　李刚田（左）、韩天衡（中）、战国楚简（右）"有容乃大"，分别见《李刚田书法篆刻·篆刻卷》，河南美术出版社2003年版；《韩天衡篆刻新作集萃》，上海辞书出版社2003年版；《清华大学藏战国竹简文字编》，中西书局2014年版

表1　篆刻家楚简文字入印对比表格

作者	李刚田	韩天衡	许雄志	何连海
印文	真有信	寿与山齐	渴望自由	走马灯

---

①　韩天衡《韩天衡篆刻艺术赏析》，上海辞书出版社2010年版，第2页。
②　韩天衡《改"瑕"归正：韩天衡印稿评改》，上海书画出版社2006年版，第105页。

（续表）

作者	李刚田	韩天衡	许雄志	何连海
与楚文字相比				
边款				
边款释文	篆法出楚简帛书，此为金文时代之手写体也。丙子三月，刚田刻之	癸未春分以楚简文入印，天衡	以楚文字篆之。九七年夏初，孺	以楚简文字为之。时丙子年六月，穆堂主人客于西泠玉皇山下
印作出处	《当代篆刻名家精品集·李刚田》，河北教育出版社1999年版	《韩天衡篆刻新作集萃》，上海辞书出版社2003年版	《当代青年篆刻家精选集·许雄志》，河北教育出版社1999年版	《当代青年篆刻精选集·何连海（下）》，河北教育出版社2001年版

三、简帛文字融入印章边款及其审美趣味

印章款识的刻制盛行于明清，具有记载文献与彰显艺术的双重价值。自明代文彭首开镌刻边款风气始，直至清代赵之谦将造像、山水等元素引入其中，边款艺术趋大成。自二十世纪以来，不同风格、书体、形式的边款已经流行，部分篆刻家在镌刻边款时或以刀代笔在边款中临写简帛书迹，或借简帛文字丰富形式，或边款风格带有简帛书风意味。

通过笔者搜录，较早将简帛书迹临刻到印章款识中的为简经纶。简氏善于用不同书体风格丰富其边款面貌，且对《流沙坠简》亦浸染较深，陆丹林曾道："（琴斋）其次对于秦诏、魏碑、六朝造像、晋帖、唐碑以及殷虚文、流沙坠简、砖瓦文等，无不临摹殆遍。"[1]他在边款当中也对汉简有过临摹，他曾在边款中这样记录道："节流沙坠简于石。"（图19）

借简帛文字丰富边款形式的篆刻家亦不在少数。1980年"首届全国书法篆刻展"上，马国权先生以集楚简文字的形式创作了一幅书法作品，其后，以楚简文字入印风气渐浓。[2]展赛的举办使得印作更具有竞技性，因此篆刻家为了丰富边款形式便有意识地将简帛书风引入其中。将汉简书风引

---

① 陆丹林《红树室随笔》，华南理工大学出版社2022年版，第27页。

② 陈道义《"印外求印"之拓展——二十世纪古文字的发掘与整理对现当代篆刻艺术创新的推进》，《印学研究》第7辑"印外求印专辑"，文物出版社2015年版，第46页。

入边款的篆刻家，如表2中陈子奋"映带左右"印的边款就是集汉简中草书字形而成，阳刻的方式更突出了以刀代笔的特征；马国权将简书阳刻于边款之上，与阴款草书形成对比；吴颐人、刘一闻将汉简书风引入顶款（图20），与印文遥相呼应……将楚简书风引入边款的篆刻家何连海，"走马灯"印边款（表1）借鉴了楚简的形制与文字，两者在边款中相辅相成，使得边款形式更为丰富；张炜羽亦借助楚简书风来丰富边款的形式。除上述篆刻家外，还有来楚生、钱君匋、李刚田、马士达等人利用简帛书风来丰富边款的多样性。二十世纪以来的篆刻艺术，入款文字风格与形式更为包容多样，简帛书迹的出现进一步拓展了印章边款形式与入款文字的种类。

图19　简经纶边款，《简经纶
印谱汇编》，国家图书馆出版
社2023年版

图20　刘一闻印章顶款，《刘一闻
印稿》，上海书店1990年版

　　由于印人对简帛书迹的临习，奏刀时自然形成具有"简帛意味"的边款面目。例如表2中的沙孟海、来楚生、钱君匋、吴朴堂，因其均深入学习过汉代简帛而形成独特的边款面貌。吴朴堂篆刻取法涉猎广博，尤重传统，曾在二十三岁时将自己摹刻的四百方古玺辑录为《小玺汇存》，呈于业师王福庵面前，王氏赞其"摹仿之精，惟妙惟肖，神采奕奕，几欲乱真"[①]。面对新出土材料，性嗜古雅的吴氏自然不肯放过。范石甫曾在《墨缘鸿爪》中充分记述吴氏对汉简的研习与热爱：

　　　　吴朴堂的书法亦如其篆刻，深得古人之精髓，尤好简书，常抚摸于竹木简与汉晋简书之间，连平日写信也是如此，我曾在几位朋友处见到过他的信札，皆以汉简体书之，展读之下，神奇幽微之致映人眼帘。[②]

　　此间提到了书法风格与篆刻风格两者之间的关联性。篆刻家的边款风格在一定程度上也体现了其书风面貌，其中以简帛书风入款的风格以汉简为主，旁涉楚简。除上述外，还有刘一闻、吴颐人、吴子建、何连海等人对简帛书迹进行过临习，并且形成了具有个人特色的边款风貌。

　　综上所述，将简帛书迹的笔意融入边款之中，客观上丰富了印章边款的形式与面貌。在主观上，作者通过深入学习简帛书迹从而形成具有辨识度的个人边款风格，拓展了边款艺术形式语言，对当代篆刻边款具有一定的引领作用。

---

①　王福庵《小玺汇存序》，《浙派印论文摘》，西泠印社出版社2015年版，第133页。
②　范石甫《墨缘鸿爪》卷一，天津人民美术出版社2012年版，第215页。

表2 "以书入款""丰富款式"代表篆刻家及其边边款

	"以书入款"代表篆刻家及其边边款						
作者	刘一闻	沙孟海	来楚生	钱君匋	吴朴堂	吴颐人	张炜羽
边款							
释文	斯印余屡畏制之，于今终果，一闻并记。时在丁卯正月	一九六四年社课，沙孟海	仿唐善业泥敬造佛一区，楚记	九月中旬，红军越栈道，破天险腊子口	欲穷千里目，更上一层楼。唐人王之涣句，朴堂作印	风展红旗如画。毛泽东同志句，丙辰春，吴颐人刻	岁岁重阳，今又重阳。炜羽放刀
出处	《刘一闻印稿》，上海书店1990年版	《沙孟海全集4篆刻卷》，西泠印社出版社2010年版	《来楚生》，上海书画出版社2006年版	《革命胜迹印谱》，西泠印社1979年版	《吴朴堂印举》，上海书画出版社2013年版	《吴颐人印存》，上海书店1991年版	《上海现代篆刻家名典》，上海人民美术出版社2008年版
	"丰富款式"代表篆刻家及其边款						
作者	陈子奋	吴颐人	李刚田	何连海	刘一闻	马国权	马士达
边款							
释文	映带左右（部分）	好雨知时节，当春乃发生。随风潜入夜，润物细无声。野径云俱黑，江川火烛明。晓看红湿处，花重锦官城。乙丑，颐人	万类霜天竞自由。毛泽东句，壬午刚田制印	以楚简文字为之。时丙子年六月，穆堂主人客于西泠玉皇山下	心经句。壬申嘉平月，刘一闻作	客里垂垂老，相依各姓真（部分）	建设长利（部分）
出处	《现代篆刻选辑（二）》，上海书画出版社1980年版	《吴颐人印存》，上海书店1991年版	《当代篆刻名家精品集·李刚田》，河北教育出版社1999年版	《当代青年篆刻精选集·何连海（下）》，河北教育出版社2001年版	《当代篆刻名家精品集·刘一闻》，河北教育出版社1999年版	《马国权篆刻集》，荣宝斋出版社2005年版	《篆痕印心：20世纪中国书法篆刻名家马士达》，文化艺术出版社2018年版

四、简帛文字入印对当代印学体系的贡献

（一）简帛文字的特殊性

二十世纪以来，简牍帛书作为印外文字的新材料，具有不同于其他印外文字所具有的特性。与以往印外文字相比，其时代跨度更广。简牍帛书涵盖春秋战国、汉、魏晋乃至唐代多个时期，并且印章与简牍帛书也同时存在于世。在"印外求印"与"印从书出"的印学观念下，简帛文字的出现丰富了各个时期的印外文字，其中既有属于古文字体系的篆书与古隶，又有属于今文字体系的隶书、楷书与草书，这些文字无疑为篆刻家在选择印外文字时提供了新的类别，同时反证了印章文字与印外文字的差异，深化了当代文字体系的整体性认知。例如楚玺与楚简、秦印与秦简、汉简与隶书印等。虽印章文字体系与简书文字体系隶属于两个不同的体系，但时代背景相同的前提下，在其中也可以找寻出两者之间字法的共性与个性，为现当代篆刻用字提供了新的养分。

简帛在材料方面也不同于以金石铭文为主流的其余印外文字，诸如砖瓦文、汉金文、秦诏版文等，而简帛则全为墨迹。将墨迹文字作为入印文字进行刻制，篆刻作品所呈现第一个特点就是体现了其书写性，"书意""印风""字形"三者在篆刻家以简帛文字入印的过程中达到了某种意义上的共鸣。二十世纪以来，不同篆刻家以简帛墨迹的特征入印，从而形成别具一格的篆刻风格。在"印从书出"的观念下，简帛所具有的书写性也成为其入印的一大特征。

在现当代印学理论方面，简帛文字体系与印章文字体系的异同、简帛书法艺术与篆刻印章艺术的融通是具有研究意义的。黄惇先生肯定了新材料对"印外求印"的积极作用：

> 浙派印人及同时代印人的这些记录，告诉我们由于金石学考证的迅速发展和地下出土文物的不断涌现，一个由此而激发的"印外求印"的新印章审美思潮正在兴起，并且必将促使印章艺术向更广阔的范围发展。[①]

二十世纪的篆刻领域，对于简帛文字的应用并未产生广泛影响，但沙孟海、来楚生、钱君匋等篆刻家初步作出简帛文字入印尝试，是从零到一的转变。二十一世纪，简帛文字已经作为重要的篆刻取法对象，丰富着篆刻家及书家的面貌。

（二）简帛文字与印学的融通

"大印学"概念的提出，就是意味着研究方向的延伸、研究视野的扩大，探究印学与未知领域的可行性，构建起"世界印章史"体系。这一概念立足的两个基点为"学科交叉"与"文明交融"，提出后不断有学者在理念、架构、实践等方面对此进行完善。[②]简帛文字研究隶属于"简帛

---

① 黄惇《中国古代印论史（修订本）》，上海书画出版社2019年版，第298、299页。
② 参见《陈振濂先生在"大印学（2）——印学收藏史国际学术研讨会"闭幕式上的学术总结》，《西泠艺丛》2022年第12期。

学"这一学科之下，而以简帛文字入印从实践方面初步开拓了印学与简帛学的交叉点。这一艺术现象从古印学观念方面履行了"印外求印"的内核，而在当代，印学也符合"大印学"这一概念的特质。"简帛学"作为二十世纪新出现的一门显学，其中所涉及的文字学知识与篆刻学息息相关。[①]关于简帛学的概念，陈振濂曾在《"简牍学"始末与"简牍书法学"》中提道：

> 70年代后，学术界普遍认定"简牍学"（又称简帛学）作为一门新兴学科，包含了考古学、历史学、古文献学、语言文字学、文物科学保护技术等内容，构成了一个综合交叉的确实的新学科形态。并且已成为当代"显学"，覆盖面积广，与甲骨学、敦煌学等并列为世纪三大新学。[②]

简牍帛书中文字的时期跨度之广、书体种类之杂、书迹风格之多的特点都益于篆刻领域的发展。

"简帛文字入印"的创作理论来自"印外求印"，对现当代印作风格与款式而言是极大的创变。自二十世纪初至当代，以简帛文字入印入款的实践甚多，篆刻家由最初以海上与江浙地区为中心逐渐延展到全国各地，并且在印作面貌上愈发成熟，印化体系不断完善。简帛文字的出现也扩充了篆刻用印的文字与战国文字体系，解决了相当一部分篆刻创作用字缺失的问题。这也就意味着战国简帛文字在保持字法准确性的前提下，可以合理地进行印化，并融入战国古玺与秦印风格的印作之中。就印风而言，汉简与魏晋简中的文字也可以为印作注入活力，由于其文字多为俗体，更显恣肆，其中隶书、草书、楷书字形有别于传统的八分书与草书，故可借助其部分特征来融入隶书印、草书印与楷书印。例如，汉简文字与元押印文字、唐宋印文字进行适配，形成别具一格的印风。

简帛文字入印为构建相关印论体系的框架提供了实践经验。二十世纪以来就有众多篆刻家借简帛文字进行入印实践，他们的入印方法与视角各不相同，这些实践中的经验可以加以整理归纳，得出成体系化的简帛文字入印理论，并且可以为其他印外文字入印提供理论借鉴，从而拓展印学领域中印外文字这一分支的研究方向，正如陈振濂所言："如果篆刻是一个高端的、通用于所有人文领域的艺术，那么在逻辑上，如上面提到的各类文字入印就应该都可以实现。"[③]所以无论是以何种印外文字入印，其入印的方式与表现都包蕴着共性，简帛文字不仅是入印文字的一种类别，而且开拓了这类文字风格的印作的一种审美体系。

综上所述，当代印学与简帛学不无共通之处。"简帛文字入印"在实践方面处于一个正在发展深化的阶段，而理论方面还是琐碎、不成体系的，两者还未齐驱并进。简帛文字入印这一现象以一个小层面而展现出篆刻的大趋势，简帛文字在篆刻领域究竟该如何应用，"简帛印风"在当代印坛到底该如何彰显，是当今需要进一步探究的课题，也亟须学者与篆刻家共同探索，找出简帛文字在当代篆刻中的一处容身之地。

---

① 参见金丹《从篆刻史到大印学——西泠印社近二十年印学研究刍议》，《西泠艺丛》2023年第10期。

② 陈振濂《"简牍学"始末与"简牍书法学"》，《美术报》2018年第1期，第27页。

③ 陈振濂《"大印学"观念的思想构造：在西泠印社春季雅集"大印学"概念的产生——当代印学研究新时代·新路径·新视野的探索学术座谈会上的总结讲话》，《西泠艺丛》2021年第6期，第5页。

结　语

　　"简帛文字入印"是"简牍学"与"印学"交融而产生的一种艺术现象，对印学理论与作印实践具有现实意义。此入印实践伴随资料的丰富与研究的深入不断发展，并为当代印坛注入新的活力。二十世纪以来，简帛文字入印、入款的类别涵盖了临刻、集字入印、印化入印、结合其他文字入印等方式，这些方式为印外文字在印中的应用提供了可资借鉴的指导意义。在当代印学的大背景下，简帛文字系统化构建了印外文字入印的体系，其功用在印坛逐步显现。

　　（作者一系郑州大学书法学院硕士研究生；作者二系郑州大学书法学院硕士研究生）

汉代鸟虫篆印纹饰意趣研究

吴英昌

摘要： 两汉时期，流行一种屈曲缠绕或以鸟形、虫形等纹饰装饰文字的印章，今人称之为鸟虫篆印。汉代鸟虫篆印以装饰繁缛著称于世，其在中国篆刻史上具有特殊的意义和重要的艺术价值。鸟虫篆印的纹饰运用是其区别于其他篆刻形式的最主要特点，纹饰的不同关乎鸟虫篆印风格的衍变、格调的高低、个性面貌等。本文以纹饰为研究对象，将其分为具象类和抽象类两种，研究其来源、成因与文化诠释，以及其在鸟虫篆印中的具体呈现，并从艺术心理学等角度分别研究其饰美功能。

关键词： 鸟虫篆印　纹饰　造型　饰美功能

汉代鸟虫篆印的表现形式是将文字笔画装饰化，以动物形象或抽象符号为纹饰，将其或夸张恣肆，或含蓄内敛地运用于文字之中，使其面貌多变，呈现出多元审美，或繁缛华贵，或古艳淳厚，或屈曲宛转，或荒率烂漫，将美术性、艺术性和趣味性很好地结合起来，从而形成鲜明的艺术特色。无疑，明晓鸟虫篆印纹饰的分类和创作手法，理解纹饰的饰美原理，对当代鸟虫篆印的创作有着至关重要的作用。

一、汉代鸟虫篆印的纹饰造型

汉代鸟虫篆印虽胎息于春秋时期的鸟虫书，但其纹饰造型却异于鸟虫书，为了研究方便，笔者对其纹饰的造型加以总结归纳。汉代鸟虫篆印中的纹饰大致可以分为具象类和抽象类两种：一种是有明确的龙、鸟、虫、鱼等动物形象，称为具象类。另一种没有明确的动物形象，靠点饰、盘曲等手段完成装饰效果的纹饰称为抽象类。这些造型各异的纹饰运用于印章之中，使印章变得生动活泼，面貌丰富多样。

（一）具象类纹饰造型

具象类纹饰面貌最为丰富多变，其中又有繁、简之分。繁者，口、目、爪等皆备，而简者多概括为符号，简洁明确，更适合对文字本身的表现。

1.龙纹。盘龙纹（图1）、双勾三爪龙纹（图2）、双勾游龙纹（图3）皆刻画细腻，口、角造型明确，双勾三爪龙纹更是将龙足刻画出来，三足造型各异，长短大小不一，配搭在一起却并不显得突兀。由于龙身扭曲，龙首回顾，三足的藏、露部分并不相同，反而将平面的纹饰塑造出空间感，堪称绝妙。而符号化龙纹（图4）则是将龙头概括为一个三角形状，全部依靠躯体的变化来体现纹饰形态，无足而飞，更觉凝练。

2.虫纹。许慎在《说文解字》中对"虫"有过解释：

> 一名蝮，博三寸，首大如擘指，象其卧形。物之微细，或行，或毛，或蠃，或介，或鳞，以虫为象，凡虫之属皆从虫。[①]

鸟虫篆印中的虫，非是指"或行、或毛、或蠃、或介、或鳞"这些广义上的虫，而是指狭义的蝮虫，也就是蛇。我们看到，虫纹（图5）与符号化龙纹极其相似，同样是以三角形代表虫的头部，只是躯体长度要明显短于龙纹。那么，多长为龙、多短为虫，这是很难界定的，好在古人本就常常将龙、蛇混为一谈，视为同类。何星亮认为龙是蛇图腾的神话，龙神形象是随着农牧业的产生而形成的，其思维基础是先民把天上的物象和地上的动物相混同，把彩虹、闪电看作蛇的化身，从而把蛇视为主宰雨水的神，并将蛇神化，成为龙。所以，龙是自然崇拜和图腾崇拜相结合的产物[②]。在民间多称蛇为"小龙"，可见其在凡为蛇，在天为龙。再者，龙多变化，"能为高，能为下，能为大，能为小，能为幽，能为明，能为短，能为长"[③]，如此一来，抽象成符号的龙、蛇纹，因无角、爪等特征，就更难进行明确地区分了。好在艺术创作本就不是科学实践，故大可不必纠结于此，我们也只是为了研究方便，进行归类而已。

3.鸟纹。我们看到，侧面仰鸣立鸟纹（图6）昂首向天，做引颈高歌状，其羽翼微微张开，脚跟立定，气宇轩昂。挺起胸膛的姿态说明它是在用最大的力气鸣叫，此时，仿佛有高亢婉转的啼鸣响彻云霄，令人振奋。侧面低首立鸟纹（图7）鸟首低垂，许是在轻轻地梳理自己的羽毛，意态安闲。正面仰鸣立鸟纹（图8）像是侧面仰鸣立鸟纹的正视图，只是表达更为繁复，鸟的眼睛也被细腻地刻画出来。双勾回首鸟纹（图9）线条粗壮有力，向下勾起的鸟喙，头上极短的翎羽，无不说明这是一只猛禽形象。而符号化鸟纹（图10）虽然更加抽象，但是一点儿都不影响其对动态的刻画，上飞、下旋、站立、跳跃、游水等姿态各异，生动活泼。

4.鱼纹（图11）。鱼纹造型大致相同，其区别多在鳍的增减上。鱼纹多是做水平游动姿态，偶有上跃、下潜形象出现，与龙、鸟纹丰富的造型相较略显单调。鱼纹一般用于代表横画或是较短的笔画。

5.虎纹（图12）。虎纹在鸟虫篆印中并不常见，偶有出现却皆是精彩异常。两个虎纹均塌腰缓行，目视前方，寥寥数笔将猛虎形态表现出来，这需要极强的概括能力。鸟虫篆印中还有其他动物纹饰，但应用极少，故不再一一列举。

（二）抽象类纹饰造型

汉代鸟虫篆印抽象类纹饰的表现形式是多种多样的且极富变化，不能一一列举。从其构形手段

[①] （汉）许慎撰，（清）段玉裁注《说文解字注》，浙江古籍出版社1998年版，第663页。

[②] 何星亮《图腾与中国文化》，江苏人民出版社2008年版，第473—504页。

[③] （汉）刘向撰，卢元骏注释《说苑今注今译》，天津古籍出版社1988年版，第625页。

   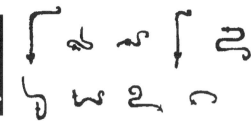

图1　盘龙纹　　图2　双勾三爪龙纹　图3　双勾游龙纹　　　　图4　符号化龙纹

图5　虫纹　　　　图6　侧面仰鸣　图7　侧面低首　图8　正面仰鸣　图9　双勾回首
　　　　　　　　　　　　立鸟纹　　　　立鸟纹　　　　立鸟纹　　　　鸟纹

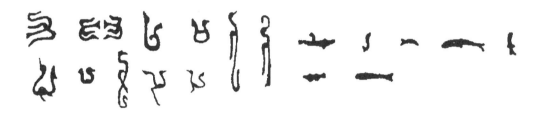

图10　符号化鸟纹　　　　　　　　　　图11　鱼纹

上可大体分为四种方式：

　　1.增饰。在线条中段或首尾处，增添圆形、半圆形、三角形等几何形状饰笔的方式，可称为增饰法。如"曹嬛"印（图13）中"曹"字饰有四个圆点和两个半圆点，"嬛"字"女"部饰有一个半圆点，"审勃"印（图14）中的"审"字下方，两条竖线饰有对称的三角形，"勃"字线条中段也有类似饰笔，这些皆不代表任何笔画，为原文字中所没有，纯粹是为了装饰而增添的纹样。

　　2.中断。此方法是将原本应该贯通的线条在中间或与其他线条搭接处断开，化整为散，变简为繁，以期达到烂漫的视觉效果。如"郭安国"印（图15）、"路禁私印"（图16）即运用了这种方法，使整方印章看起来若落英缤纷，繁花满眼。在人们的意识中，纹样多是在原事物上做加法的，故此种方式常被人忽略。可是我们从另外的角度看，这种有规律、有意识，目的明确的中断方式，让线条改变了本来面貌，这自然是一种装饰手段。

　　3.延长。将原文字的笔画延长，有规律地屈曲成某种有意味的形态，这是鸟虫篆印中最常见的装饰手段。如"杜子沙印"（图17），线条宛转排叠，屈曲填满，以圆为主，而"王佗"印（图18）中"佗"的立人旁则是以方折的方式进行盘曲、变形。

图12　虎纹　　　　　图13　曹嬿　　　图14　審勃　　　图15　郭安国　　　图16　路禁私印

4.渐变。将一段线条均匀地变细变粗，其形状具工艺美感。如"王佗"印中的"王"字，所有的线条都是由细到粗，再由粗到细的均匀渐变，长线条于转折处渐变增粗，这种方式颇类春秋战国时期青铜器上鸟虫书"转折增粗法"的方式，可见鸟虫书文字在装饰手段上的传承。渐变法的线条形态也不尽相同，但其原理一样。如"黄卖"印（图19）的横画，一条线段在两端逐渐加粗，然后戛然而止，线段首尾呈方形，较为特别。

以上所有纹饰形态皆非文字本来面目的自然呈现，而是有规律可循的有意为之，这是制作者深思熟虑后的结果。虽然此四种方式在表现形式上可单独存在，但是在鸟虫篆印的创作过程中却经常混合运用，如"曹嬿"印中有增加点饰和加强线条盘曲两种方式，"王佗"印看起来比"曹嬿"印简洁得多，但其运用了增添三角形饰笔、线条渐变和盘曲三种方式。需要注意的是，具象类纹饰和抽象类纹饰的运用也并不是截然分开的，它们可以混合使用，如"程竈"印（图20）就是一个例子，创作者运用了鸟纹、龙纹、点饰、渐变、盘曲等手段来完成印章的创作，非但不会格格不入，反而显得丰富多姿，耐人寻味。

二、纹饰塑形方式与来源

汉代鸟虫篆印中的纹饰，无论是塑形方式还是具体造型，我们都能在先秦时期或是更早的远古时期诸多图案中找到其来源或影子，从中可以清晰地看出理念和技艺的传承。

邓福星指出："中国传统艺术延续了史前艺术的基因和血脉，其所具有的美学精神和最基本的创作观念、艺术品格与表现特征，都发轫于中华史前艺术。"[①]原始艺术中对人、动物等形象的描绘，即便是写实，也只是用简略的线条绘其大要，极其概括，具有非常强的写意性。例如陕西省西安市半坡出土的新石器时期人面鱼纹彩陶盆（图21），盆中的诸多形象皆是以线塑形，用一根根抽象的线，通过它的长短、起伏变化和有机组合来表现具体形象，并不强调物象的立体感。这种"以线塑形"的方式是中国传统艺术中最原始、最直接、最朴素的绘画方式，从原始美术开始，到中国传统美术的成熟，虽然历经数千年，表达形式几经变化，但用抽象线条塑造形象的方式却从未改变，正如李泽厚所说："在造型艺术部类，线的因素体现着中国民族的审美特征。"[②]

我们看到了古人绘画的写意性，但这并不能说是远古时期的人们主动放弃了具象描绘而有意识地选择写意表达，我们有充分的理由推定彼时的人们尚不具备写实的技能，因为技巧的锤炼非一朝

---

① 邓福星《中国传统艺术基因摭谈》，《艺术学研究》2020年第6期，第5页。

② 李泽厚《美的历程》，生活·读书·新知三联书店2009年版，第63页。

一夕可以完成，而是要经过数代人的经验积累，才能逐渐使其完善、成熟。当然，正是因为技巧的生拙，才让原始艺术更加烂漫天真，呈现出稚拙、简朴的审美意趣，也正是这种概括、夸张物象的表现方式，让古人看到了其利于"表意"的优势。《易经系辞》曰："圣人立象以尽意。"[1]窦可阳进一步解释道："《易传》以整齐有序而又变动不居的卦爻体例展现了它对于生命的体验。"[2]古人将对世界的感悟和对生命的体验抽象成种种形象，用以记述或寄情。例如商周时期的青铜器上的诸多纹饰，其目的是"使民知神奸"[3]，由于中国这种具有写意性的塑形方式更方便夸张地表达，故以饕餮为代表的青铜器纹饰那种神秘、狞厉之美才得到了充分表现。也正因如此，"以线塑形，写意概括"的表现方式才为后人所继承、发扬。

汉代鸟虫篆印中的纹饰造型也是"以线塑形，写意概括"的。又因鸟虫篆印中的纹饰是文字笔画的装饰变形，那么其也就理所当然地要体现线条的细长形态，也就更不需要运用厚重的块面强调物象的体积感，故我们看到纹饰形象呈现的最终结果多是线条状的，二维的，平面的。这样一来，纹饰更方便变形以适应文字的结构变化，同时，也可将纹饰形象弱化，"隐"于文字背后，只起到"饰"的作用，不至于喧宾夺主，更有利于印章对文字的表现。可以说，鸟虫篆印纹饰以线塑形的方式和写意化的表达，不是在审美上对原始艺术的回溯，而是原始艺术表达方式的绵延，是对其理念和技艺的传承。

鸟虫篆印纹饰的具体造型，我们也能从许多先秦遗珍中找到形象来源。如"王氏信印"（图22）中"氏"字的龙纹形象，呈方整的卷曲状，刻画口、角、目、尾，稚拙古朴，极具装饰化，与当阳曹家岗出土的琴瑟彩绘纹样中的龙纹如出一辙（图23）[4]。再看当阳曹家岗出土的漆木瑟中彩绘蛇形龙纹（图24）[5]和江陵九店东周墓出土的刺绣中龙凤相蟠纹（图25）[6]形象，头部皆为三角状，无足，躯体细长，可任意变形盘曲，这和符号化的龙纹（图4）、虫纹（图5）的造型方式一般无二。如图2那样的双勾龙纹，则在商周时期许多青铜器中都能找到原型，所举图例的商周时期侧行龙纹（图26）[7]，也是双勾法，线条劲健，中间留空的线条与外部双勾线条等粗，此造型手段与双勾三爪龙纹（图2）一样，猛一看阳刻阴刻之间可互为转换，朱白相间，颇见匠心。下寺1号墓出土的虎形佩（图27）线条略粗，使转不求流美，反而追求盘金屈铁的劲健之美。乍一看憨态可掬，细品则会发现凶猛威严隐其间，其造型与鸟虫篆印中的虎纹（图12）有异曲同工之妙。双勾回首鸟纹（图9）的鸟喙、眼睛造型和双勾方式与出土于包山2号墓内棺上绘长鱼尾凤鸟纹饰（图28）[8]极其接近。马山1号墓出土漆木奁中凤头龙身纹（图29），凤头呈剪影状，躯体做流线型方式处理，或许这正是鸟虫篆印中符号化鸟纹的前身。

汉代鸟虫篆印中，不只是具象类纹饰可以追根溯源，抽象类纹饰也能在先秦时期的某些工艺

---

① 杨权、邓启铜注释《易经》，东南大学出版社2013年版，第281页。
② 窦可阳《接受美学与象思维：接受美学的"中国化"》，中央编译出版社2014年版，第6页。
③ （清）吴楚材，（清）吴调侯选编，郭锐注译《古文观止》，崇文书局2020年版，第20页。
④ 图片转引自张庆：《楚国纹样研究》，苏州大学博士学位论文，2015年。
⑤ 图片转引自张庆：《楚国纹样研究》，苏州大学博士学位论文，2015年。
⑥ 图片转引自张庆：《楚国纹样研究》，苏州大学博士学位论文，2015年。
⑦ 图片转引自张庆：《楚国纹样研究》，苏州大学博士学位论文，2015年。
⑧ 图片转引自张庆：《楚国纹样研究》，苏州大学博士学位论文，2015年。

图17　杜子沙印　　图18　王佗　　图19　黄卖　　图20　程窀　　图21　新石器时代人面鱼纹彩陶盆（中国国家博物馆藏）

  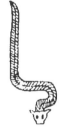 

图22　"王氏信印"中的"氏"字　　图23　琴瑟彩绘纹样（当阳曹家岗楚墓出土）　　图24　漆木瑟中彩绘蛇形龙纹（当阳曹家岗5号墓出土）　　图25　刺绣中龙凤相蟠纹（江陵九店东周墓出土）

图26　商周时期侧行龙纹　　图27　虎形佩（下寺1号墓出土）　　图28　内棺上绘长鱼尾凤鸟纹（包山2号墓出土）

图29　漆木卮中凤头龙身纹（马山1号墓出土）　　图30　饕餮纹　　图31　武意　　图32　夷吾　　图33　王氏信印

品中找到相同或类似的构形方式。如"杜子沙印"（图17）那样线条屈曲盘叠的造型方式，在商周青铜器中随处可见。如饕餮纹（图30）中的线条无论是阴线还是阳线，盘曲方式皆与之相类。而点饰法与渐变法全部可以在春秋时期鸟虫书中找到其根源。通过以上例证可知，汉代鸟虫篆印中的纹饰大多有其来源，印人们在古有纹饰形象的基础上加以变形、创造，从而形成适合鸟虫篆印表现的纹饰。

三、汉代鸟虫篆印纹饰的饰美功能分析

鸟虫篆印中各样纹饰依附于文字，与文字笔画相融为一，如以龙、虫、鸟、鱼等符号化的形象或是以抽象的点、盘曲的线等饰于文字，形成了独特的艺术表现形式。为何如此简单的纹饰却可以给人以审美愉悦，这是一个值得探讨的问题。通过对比一些汉代鸟虫篆印遗存，我们不难发现，不同的纹饰会导致不同的饰美效果，所以，研究纹饰在受众对鸟虫篆印的审美活动中如何作用，对关于鸟虫篆印的欣赏和创作都有着重要意义。下面针对具象类、抽象类这两种不同类型的纹饰分别进行研究。

（一）具象类纹饰的饰美功能

鸟虫篆印中纹饰的龙、鸟、鱼、虫等动物形象，造型非常凝练，在印蜕上只是一个二维的平面存在，如"剪纸"一般，如此简单的形象是否也具有"超出它自身的存在之外的"某种表达呢？高尔基在《论剧本》中说语言和形象在内容上越单纯越明了，则给人的印象和描写的风景以及描写人的性格和他与别人的关系就越确实、越正确。这个观点放到鸟虫篆印的纹饰上来看也是成立的，一个简单的造型，反而会给人以明确的审美指向。比如"武意"印（图31）中代替"武"字上部的飞鸟，迎风而起，振翮高翔，脑后的翎羽随风飘摇，以助其势，带给人以振奋的感觉。"夷吾"印（图32）中的两只静卧的凫鸟相对而歌，飞龙交颈嬉戏，和来往穿梭的游鱼共同营造出了一个自在悠然、静谧安详的世界。"王氏信印"（图33）中的"王"字最上面的一横已不能辨为何兽，匍匐张目，伺机而动，"印"字中龙形象盘曲若潜于渊，虎形象缩颈环顾，缓步向前，安静的表面下隐藏着力量，一切皆引而不发，但又好似随时可以腾空而起，搅个天翻地覆。如此种种的纹饰作用于印章，可以给人带来不一样的审美体验，背后自有其道理所在。

黑格尔在《美学》一书中说："自然美的顶峰是动物的生命美。"[①]我们看以上所举印例中的纹饰，它们都有一个共同特点——是动态的，富有生机的，而不是徒有其形，而无其神的"标本"，可见这是印章作者有意而为的结果，而非无意识地对动物形象进行直接刻画。每一方印章皆自成一方天地，在这个世界里的各种动物，并不需要按照现实中动物的大小比例进行缩放刻画，如"武意"印中"意"字上方跃起的鱼形象远比印中的游龙形象壮硕得多，躯体也远比"武"字下方的凫鸟显得粗壮，这有悖于人们的生活常识，而将其运用于印章之中却并不显得突兀，反而非常和谐。由此看来，在一方印章中，虽然有鸢飞鱼跃的诸多形象，但它并不会给受众以纯粹描绘所具有

---

① [德]黑格尔著，朱光潜译《美学》第1卷，商务印书馆1979年版，第170页。

的自然真实的画面感受。众纹饰形象各就其位，呼应顾盼却又互不打扰，营造了一个寓动于静的和谐画面。印中"飞鸿戏海，舞鹤游天"诸般造型的关键不在于"飞鸿"与"舞鹤"的形象描绘，而是在于"戏"和"游"具有蓬勃生命力的动态表现，其给人展现的是一个祥和宁静却又生机勃勃的精神家园，而这个"精神家园"定是创作者所向往的，也是印章主人所乐见的。

"装饰"是精神生产、意识形态的产物。①宗白华指出艺术家要用作品模仿自然，但并不是要去刻画自然的表面形式，而是应该直接去体会自然之精神，感觉其凭借物质来表现万象的过程，然后再以自己的理想、情绪、精神、感觉意志，贯注于物质之中，使物质精神化。②汉代的印章作者并没有丰富的艺术理论来指导其创作，他们凭借人类本能的爱美之心，也就是他们根据或隐或显的审美直觉来进行印章制作，此源于他们内心的主观追求。③他们会将自己认为美好的动物形态装饰于印章之中，这些美好的形态，必是作者所喜欢的或是所向往的状态，由是，其在不知不觉中完成了"使物质精神化"的行为。

恽南田曾有摄情论："笔墨本无情，但不可使运笔墨者无情，作画在摄情，不可使鉴画者不生情。"④篆刻艺术同理，我们通过以上分析可以感受到印章作者"有情"的创作，那么这小小的纹饰又是如何"摄情"，而让受众可以生出诸般感受的呢？放在以上的印例中看，也就是具体到为何向上的飞鸟让人振奋，来往穿梭的游鱼、静卧的凫鸟让人安详，匍匐的兽、盘曲的龙、缩颈缓步的虎让人感觉到隐藏的力量？

杜夫海纳说："审美对象所暗示的世界，是某种感情性质的辐射，是迫切而暂时的经验，是人们完全进入这一感受时一瞬间发现自己命运意义的经验。"⑤这瞬间的视觉感受是由心理经验所左右的，当目光与审美对象相遇的那一刹那，审美对象激发了受众心中过往的经验，从而引发共鸣。曾宓在《中国写意画构成艺术》一书中举过一个例子，两条盘旋于地上的蛇，昂头的一条看上去会比平卧的那条蛇更有神气（图34）。曾宓解释了此中道理：由于眼球左右转动比上下转动省时，且不需要更多的肌肉张力，再加上人类在与大自然的长期搏斗中，逐渐形成的定向心态，在面对直立线型的时候，视警觉性会增大，从而对直立线型产生高估的错觉。⑥由此可知"武意"印中向上飞起的鸟是可以刺激受众眼球的，且在人们的经验之中"飞"的动作幅度相对较大，整个飞鸟造型呈向上45度角，"倾斜势必会产生渐强或渐弱的改变，这是因为，它使倾斜的部分，看上去逐渐偏离或接近了水平轴线或垂直轴线的稳定位置"⑦，所以倾斜欲飞的鸟是一个不稳定的形态，故令人视警觉性增大，从而产生振奋的感觉。而"夷吾"印中游鱼的形态是做水平运动，飞龙的形态也是呈横向盘曲，头、尾皆向下垂，造型上是一个稳定的形态，且动作幅度相对较小，所以观者的视警觉性会相对减小，自然就会有平和的心理感受。"王氏信印"中的动物形态或盘曲，或缩颈或匍匐，尽可能地压缩纹饰形象的空间，使其收缩，不能得以伸展。线条相较于前两方印而言并不光洁顺

① 李泽厚《美的历程》，生活·读书·新知三联书店2009年版，第2页。
② 宗白华《美学散步》，上海人民出版社2015年版，第309页。
③ 李刚田、马士达《篆刻学》，江苏教育出版社2009年版，第478页。
④ （清）恽寿平《南田画跋》，《清人论画》，湖南美术出版社2004年版，第136页。
⑤ 《外国美学》编委会《外国美学》第5辑，商务印书馆1989年版，第334页。
⑥ 曾宓《中国写意画构成艺术》，西泠印社出版社2009年版，第33页。
⑦ [美]鲁道夫·阿恩海姆著，滕守尧、朱疆源译《艺术与视知觉》，四川人民出版社1998年版，第154页。

滑，线条中段多做变化，以增加节奏感，使人很容易联想到健美者象征力量的肌肉。再加上龙、虎等形象在人们的认知中皆是猛兽，其本身就是强者的象征，所以整方印视觉上有一种引而不发的力量美感。

通过以上印例分析可知鸟虫篆印中具象类纹饰的饰美过程大致如下，首先是印章的制作者将自己喜欢的，或者说是将已经"精神化"的动物形态，作为纹饰合理地安排于文字之中，再通过多种多样的造型，唤醒观者不同的审美经验，使其产生共鸣，从而使纹饰的饰美功能得以显现。

（二）抽象类纹饰的饰美功能

鸟虫篆印的抽象类纹饰利用不同的形态，有机地组合在一起，形成一个"有意味"的存在，从而给人以审美愉悦。我们看一个半圆或正圆的"点"、一段渐变或盘曲的线条，其本身并无太多的审美价值，所以单纯地研究每一个抽象类纹饰的意义不大，需要将其放在印章中做整体的观照，看其在一个有机的秩序中如何作用。这就像我们在欣赏一位婷婷少女，第一眼望过去，肯定是欣赏少女的整体形象，而不是去讨论她项链和手镯的款式、材质及工艺。此刻，项链和手镯在少女身上的恰当的点缀和衬托，才是它们最大的价值和意义所在。

我们看到，鸟虫篆印中的抽象类纹饰多以半圆点、圆点、三角形或均匀渐变和盘曲的线条形态出现，这些造型多是几何形状，或是以有规律的形态出现，这是需要注意的地方。贡布里希认为"几何形状在自然界中很少见，所以人类的脑子就选择了那些有规律性的表现形式，因为它们显然是具有控制能力的人脑的产物，所以，它们与自然的混杂状况形成明显的对比"[①]。换而言之，人类在与大自然长期的斗争中，征服自然成了人类的共同理想，而最初人们能够掌握和制作自然界中少见的规律几何形状，则会被当作值得炫耀的能力而得以发展。贡布里希在手写体字母上的涡饰和花饰中看到了人类游戏和释放冲动能量的欲望[②]，鸟虫篆印抽象纹饰的出现亦同此理，都是制作者的炫耀和表达。这种理性的创造，是人类征服自然能力的具体表现，此刻，人类在面对自己"作品"的时候，就是一个可以主宰"作品"形态的"造物主"，理所当然地会因"作品"的完美呈现而心生愉悦。所以，这也是人们喜欢规律的几何之美的根本原因。

鸟虫篆印抽象纹饰的装饰手段不同，其背后的审美原理也不一样。我们先看增饰法。鸟虫篆印中的半圆点、圆点、三角形等几何形状纹饰的位置并不是随意安排的，而是有规律地出现在文字中。"曹嫛"印（图13）中"曹"字的四个圆点状纹饰、两个半圆点纹饰和"审勃"印（图14）中"审"字底部的三角形纹饰，都是以填补空白的方式对称出现的，显示出严谨的秩序感。汉代鸟虫篆印使用的文字是小篆，这种字体是用没有任何修饰的单一线条组成的。如"审勃"印、"程竃"印（图20）一类鸟虫篆印还保留了小篆本身纵长的体势和圆转的线条形态，线条刚柔相济，寓方于圆，每根线条都一丝不苟，生动流畅，一气呵成，毫无凝滞，配合因纵长带来峻拔的体势，会让人生出若"萧萧肃肃，爽朗清举"般风流倜傥的白衣公子形象，而半圆点、圆点、三角形等几何形状

---

① E.H.贡布里希著，杨思梁、徐一维、范景中译《秩序感——装饰艺术的心理学研究》，广西美术出版社2015年版，第8页。

② E.H.贡布里希著，杨思梁、徐一维、范景中译《秩序感——装饰艺术的心理学研究》，广西美术出版社2015年版，第16页。

纹饰在线条中的出现，非但不是累赘，而恰似公子腰间佩玉、手中折扇，为本已俊美无俦的翩翩佳公子形象平添三分风流。当然，纹饰也并不是越多越好，当以适度为宜。"审美经验方面的一个最基本事实，即愉悦在于乏味和杂乱之间。单调难于吸引人们的注意力，过于复杂则会使我们的知觉系统负荷过重而停止对它进行观赏"①。

中断法改变了文字线条流畅的形态，打散了文字原本整体的结构，给观者造成视觉上的陌生感。我们将"郭安国"印（图15）中的"郭"字和小篆字体"郭"字相比较（图35），其中的区别一目了然。"陌生感"是艺术欣赏的重要因素之一，俄国文学批评家维克托·什克洛夫斯基认为艺术的目的是表达人们在感知事物，而非认知事物时的感受。其技巧是使事物"陌生化"，让形式变得困难，以期增加感知的时间长度和难度，因为感知过程以审美为目的，故感知过程应该延长。②中断法造成的陌生感并不会影响文字识读，这背后的原因是我们的"知觉系统倾向于在没有延续的地方设想出一种延续"③，如图36所示的那样，人们不会理性地认为这是四条长短不一且弯曲的线段，而是理所当然地认为这就是一个圆，这是我们的固有经验在起作用。"郭安国"印例中打散了原本结构的"郭"字，仍保留了原有框架，我们不会分散地去关注每一个细碎的笔画，也不会将细碎的笔画同"安国"二字相结合，固有的经验让我们将其中断的线条"延续"，并进行整体识读。

人们大多有躺在草地上观察云彩的经验。我们会根据云彩的不同形状把它们想象成一只温顺的绵羊，一个面目狰狞的妖怪等。我们看到了云彩的某些特征，大脑会迅速检索过往经验来认知它，与其最相近的经验会被匹配，从而得出一个结果。通过这个例子我们验证了贡布里希的理论：我们先是在事物中迅速地辨认出某些典型特征，然后"努力发掘意义"，从而在其中寻找更深的寓意。④回到印章上来，"郭"字的中断法并不是直白粗暴地断开，而是配合以简单的变化，使每一条断线独立成纹，这样就形成了各种不一样的造型，而我们会根据造型特点进行联想。笔者从"郭安国"印的纹饰中联想到了妖娆繁盛的花枝、烂漫的花朵，遂对这方印生出"落英缤纷，繁花满眼"的审美意象。

渐变和延长法在鸟虫篆印的制作过程中往往同时运用，故可以合并来谈。如"王佗"印（图18）中"王"字呈现渐变的、盘曲的线条形态，这种方式在汉代鸟虫篆印中的运用比比皆是。由于"波纹线比直线更容易表现运动"⑤，所以我们在"王佗"印中体味到一种明快的动感，心神为之欢畅。渐细渐粗的线条，会给人时隐时显的错觉，加上盘曲宛转的形态，让其好似一条舞动的彩带，由是在视觉上突破了"二维"的制约，从而具有了空间性。而像"杜子沙印"（图17）、"公乘舜印"（图37）的线条，虽然也呈盘曲状，但其粗细变化不大，横向排叠，且屈曲填密，所

① E.H.贡布里希著，杨思梁、徐一维、范景中译《秩序感——装饰艺术的心理学研究》，广西美术出版社2015年版，第10页。

② 转引自彭勇穗《形变与值变——文学陌生化语言的翻译》，暨南大学出版社2018年版，第5页。

③ E.H.贡布里希著，杨思梁、徐一维、范景中译《秩序感——装饰艺术的心理学研究》，广西美术出版社2015年版，第139页。

④ E.H.贡布里希著，杨思梁、徐一维、范景中译《秩序感——装饰艺术的心理学研究》，广西美术出版社2015年版，第295页。

⑤ E.H.贡布里希著，杨思梁、徐一维、范景中译《秩序感——装饰艺术的心理学研究》，广西美术出版社2015年版，第155页。

以它的审美表达不似"王佗"印来的轻松明快,其更倾向于一种稳健充实的审美表达。"杜子沙印""公乘舜印"中有秩序的微微拱起的线条,使内部文字整体形成了一个略具圆意的团抱形式,而浑圆的团块状构形具有一定的内向性制导作用,使表现力的饱和度增强,能达到简约而充实的视觉效果。①

图34 昂首和俯卧的蛇　　图35 "郭"字对比　　图36 中断线条的圆形　　图37 公乘舜印

四、结语

鸟虫篆印纹饰以线塑形的方式和写意化的表达,符合中国传统艺术的表现方式,而纹饰所带给受众的审美感受有其合理性,这是鸟虫篆印得以发展的原因之一。

过分强调秩序、重复旧有的经验习惯,会让人的注意力松弛,印章制作也同此理。标准化的文字结构,相似的线条造型,重复的章法布局,一切都在观者的心理预期之内,这样就较难引起观者兴趣。而纹饰在印章中间的合理运用,恰似平静的湖面上偶然投下的石子,荡起层层涟漪,在视觉上会带来新鲜感,所谓"连林人不觉,独树众乃奇",正是此理。

同时,纹饰也是对受众经验的唤醒。朱光潜认为,人们之所以觉得一件事物美好,皆因其能唤起甜美的联想。②"形状不仅是由当时刺激眼睛的东西决定的,眼前的经验从来都不是凭空出现的,它是从一个人毕生所获取的无数经验中发展出来的最新经验。因此,新的经验图式,总是与过去曾知觉到的各种形状的记忆痕迹相联系。"③当人们的目光与纹饰接触的一瞬间,大脑对过往经验迅速检索,与其最熟悉的经验会被匹配,并获得相应的审美意象。由是,纹饰符号才能给人以审美愉悦,从而得以具备饰美的功能。因人们对于过往的经验并不完全相同,所以对纹饰美的感知状况也会有相应细微的差别。鸟虫篆印纹饰之美不完全在于其造型,也不完全取决于受众的心理,"它是心物婚媾后所产生的婴儿"④。一千个读者眼中就会产生一千个哈姆雷特,但是这"一千个不同的哈姆雷特"都会在读者心中留下相应的印象。鸟虫篆印中的纹饰亦然,虽然它的造型唤醒的受众经验不尽相同,但毫无疑问都起到了"饰美"的作用,至于对其审美感受上的细微差异,只能

---

① 曾宓《中国写意画构成艺术》,西泠印社出版社2009年版,第131页。
② 朱光潜《谈美 谈美书简》,作家出版社2018年版,第36页。
③ 朱光潜《谈美 谈美书简》,作家出版社2018年版,第50页。
④ [美]鲁道夫·阿恩海姆著,滕守尧、朱疆源译《艺术与视知觉》,四川人民出版社1998年版,第58页。

说"诗无达诂"，因人而异了。

　　鸟虫篆印中的纹饰形态是多种多样的，但它并不是独立存在的，它必须依附于文字笔画，顺应文字结构。它是根据文字造型随机生发而成的，如"武意"印（图31）中"武"字上方的飞鸟，其形态与文字固有结构非常一致，安排得十分巧妙，匠心独具，却又如此的自然，没有一丝刻意的痕迹。本文是分析鸟虫篆印纹饰的审美作用，而不是认为应该强调其独立于文字笔画之外的审美价值，所以在欣赏一方鸟虫篆印时并不能将纹饰与文字割裂开来，它必须与文字相互作用，方能成为一个和谐的、审美的整体。

（作者系美术学博士，廊坊师范学院教师）

于细微处见风格

——关于篆刻线条的一般性论述

沈慧兴

摘要：线条是艺术的生命。书法、篆刻、绘画等中国传统艺术对线条质量的重视，是一个古今普遍认同的事实。在篆刻领域，对线条的全面深入研究，历来论者甚少，更没有系统的理论。本文在对篆刻线条的概念和来源进行一般性论述后，提出了篆刻线条的形象特征和美学特征，并以此总结出线条在篆刻创作中的主要作用。本文把篆刻线条置于中国艺术发展史、印学史和艺术审美的大背景下进行观照，侧重于对篆刻线条的宏观分析，而非纯粹的线条审美或者线条制作的具体方法论。本文还首次提出了"篆刻艺术地图"的设想，希望对篆刻线条理论有一个初步的总结和归纳，对篆刻艺术的创作与审美有所启发。

关键词：篆刻　线条　审美　概论

自然万物都存在着"线条"的形态，"线条"在人类生活的各个领域里客观存在。线条有自然形成的，也有人为创作的。西方绘画中的素描、中国画中的工笔历来都是以线条为基础的。画线，或者说用线来写字作画，就是这些艺术作品的基本特征。纯粹以线条作为艺术表现手段的，最典型的是中国的书法和篆刻。

对于篆刻线条而言，由于其形体上细微的客观存在，往往不能引起美学家们的注意和重视，即使从事篆刻艺术创作和印学理论研究的专业人士，也不会引起足够的关注，甚至熟视无睹。故黄惇在《中国古代印论史》的绪论中说："然而作为中国古代优秀传统文化遗产之一的印章艺术，却很少有人关注它的理论，更不用说其中所蕴含的丰富的美学思想。以至于在今天古代文艺理论家的案头，印论尚无一席之地，在众多中国古代美学史著作中，古代印章美学还是一片空白。"[①]目前的印章美学研究虽然有了不少的进展，但构成篆刻学的印学理论，还是以篆刻史论和篆刻技法的宏观研究为主，对于篆刻艺术本体的微观美学研究，还处于起步阶段。在此境况下，笔者对篆刻线条的一般性论述，意在对篆刻线条的审美特征进行简要梳理，对篆刻的线条理论有一个初步的总结和归纳。同时，笔者提出了"篆刻艺术地图"的设想，希望对篆刻艺术的创作与审美有所启发。

---

① 黄惇《中国古代印论史》，上海书画出版社2019年版，第1页。

一、关于篆刻线条的基本概念及其来源

线条是人们熟知的概念，但人们至今还没有对线条作出一个恰当或者权威的定义。因为线条无处不在，它的内容实在是太宽泛了。2020年第七版《辞海》尚没有对"线条"一词进行收录，但"线条美"词条的表述是："通过线条表现出来的形式美。是造型艺术中具有直观特征的表现内容、塑造形象的基本要素和手段。表现性是线条的基本审美特征，如水平线使人感到广阔、宁静，垂直线使人感到庄重、挺拔，斜线使人感到运动、变化，曲线的特征是流动、柔和、轻巧、优美等。"[①]这是当代人对线条的基本认识，但从线条审美的高度来评价，这个定义显然还是比较粗浅的。

古人对线条的一般性论述，可以从书法、绘画等中国传统艺术的理论著作中找出一些片羽。如东晋卫夫人《笔阵图》中说："一（横），如千里阵云，隐隐然其实有形。、（点），如高峰坠石，磕磕然实如崩也。丿（撇），陆断犀象。乙（折），百钧弩发。｜（竖），万岁枯藤。"[②]这是关于书法线条的最经典的论述，因为时间相对较早，所以一直是作为书法线条的重要理论。如果把这一形象审美作为篆刻线条的理论源头，也是比较合适的。在中国传统艺术的线条审美中，还出现过"锥画沙""折钗股""屋漏痕""蚕头燕尾"等正面形象的描述，当然也有"死蛇挂树""钉头鼠尾""踏扁蛤蟆"等批判性文字描述，形象化是中国艺术审美的一个重要特点。而德国美学家苏里奥在《艺术通讯》（1947）中对艺术提出了多维分类的新方案，他将艺术分类建立在7种要素交叉综合的原则基础上。这7种要素是：线条、体积、色彩、光、动作、语言和乐音。[③]他把线条放在了第一位，可见线条在艺术创作中的重要地位。书法的线条美，是构成书法艺术审美的主要因素。而以书法线条为基础进行创作的篆刻艺术，必然要注重线条的质量和美感。因为在篆刻的线条中，天然保存着书法（篆书）线条的基因，故书法线条的审美标准，同样适用于对篆刻线条的评判。

现代意义上的"文人篆刻"，发轫于宋，元、明、清以来，官印的艺术属性逐渐淡化，流派印的出现为篆刻艺术的繁荣创造了一个新的高峰，印学理论也取得同步发展。明代关于篆刻艺术的理论是比较丰富而全面的，如周应愿《印说》、甘旸《印章集说》、沈野《印谈》、朱简《印经》《印章要论》、徐上达《印法参同》等著作，形成了明代篆刻创作、印学审美、鉴赏批评和流派风格论的完整理论体系。除了印学著作外，明、清论印诗词也作为一种理论形式参与了篆刻艺术审美的讨论。这些论印诗词，议论广泛，见解精到，是古代印学理论的重要补充，对印学研究的发展也起到了积极的促进作用。[④]

当代学者对篆刻线条的论述，主要有韩天衡《韩天衡谈篆刻》[⑤]中《关于线条和用刀问题》一

① 辞海编辑委员会《辞海》（第七版彩图本），上海辞书出版社2020年版，第4794页。
② 上海书画出版社、华东师范大学古籍整理研究室《历代书法论文选》，上海书画出版社1979年版，第22页。
③ 杨成寅《美学范畴概论》，浙江美术学院出版社1991年版，第789页。
④ 韩天衡《历代印学论文选》，西泠印社1985年版，第947—1024页。
⑤ 《书法报》2006年第5—6期，第17版。

章、余正《论篆刻的线条美》[①]、张华飚《篆刻线条我见》[②]等理论成果。另外，丁梦周《书法线条的品格》[③]、顾鹤冲《论书法艺术的美学特征》等相关文章[④]，对理解篆刻线条的内涵也有一定的参考价值。顾鹤冲在《论书法艺术的美学特征》一文中，提出了书法具有"气韵生动的线"和"有感情的形式"两个审美特征，对篆刻线条审美特征的建立同样具有借鉴意义。

篆刻线条的主要来源，也就是篆刻线条借鉴吸收的范围。从印内求印和印外求印两个方面来解析，主要有以下三个方面：

（一）印章。公元前1300年，中国就已经使用广义的印章。[⑤]（图1）在春秋战国之后，由于政治上的急遽变化，印章作为权力和信用的凭证功能而大量应用。明、清以来，由于文人的介入，印章由实用物逐渐演变为以艺术欣赏为主的独立艺术门类。清末西泠印社的成立，标志着印章完全从书画艺术中独立出来。篆刻线条的最主要来源，当然是历代印章本体，同时也包括印章的衍生物——封泥（图2）。从最早的商周印章实物[⑥]到明清流派印章，都可以作为篆刻线条的基本取法来源。按照当前的中国历史分期法，结合篆刻艺术自身的发展历程，在这三千多年的时间内，按时间程序一般可以分夏、商、周（春秋）三代古玺印（前476以前），战国古玺印（前476—前221），

图1　西周火纹玺实物及印蜕，7cm×8cm　　　图2　"皇帝信玺"封泥实物及墨拓，9cm×10cm

---

① 浙江省书法家协会《浙江书法论文选》，中国文化艺术出版社2003年版，第148页。

② 《浙江文艺报·书法版》，1998年12月10日。

③ 北方文化网，http://www.bfwhw.com。

④ 《书法研究》1985年第1期，上海书画出版社1985年版，第21页。

⑤ 孙慰祖《可斋论印新稿》，上海辞书出版社2003年版，第2—3页。孙慰祖在《古玺印的来源与文字、形制演变》中说："必须说明，西方学者对于印章的定义，与中国印学史上所称'玺印''印章'是有所不同的。西方对印章的定义较宽，一些印模也被视为印章。"

⑥ 孙慰祖《可斋论印新稿》，上海辞书出版社2003年版。最早的印章实物是现在保存于台北"故宫博物院"的"亚罗示"和奇字玺青铜印，相传出土于河南殷墟。

秦、汉印（前221—220），魏、晋、南北朝、隋、唐、宋印（220—1279），元、明、清印和文人篆刻（1279—1911）。这是一个大致的篆刻历史分期法，各个时期当然还有更多的地域性风格分类。不同时期的篆刻取法对象，自然会形成不同的篆刻风格和流派。取法秦以前的，篆刻界统称为古玺印，其中又分燕、齐、楚、秦、晋等不同的风格。在秦汉时期，篆刻者统称为秦汉印。其实秦与汉的印章风格还是有明显区别的，甚至汉代的印章，还可分为西汉、新莽、东汉三个比较明显的历史阶段。魏晋以后，官印体系的艺术价值逐渐减少，可资取法的线条样式除唐宋官印外，基本没有什么艺术营养了。取而代之的是宋元文人篆刻的兴起，为篆刻线条的取法提供了新鲜的样式。自明代文彭以来，文人流派印风格各异，线条形式丰富多彩，是目前篆刻艺术取法的又一个主要来源。但篆刻线条的基本样式，还是古玺和秦汉两大宗。

（二）篆书。篆刻线条必须借鉴书法艺术，是由于篆刻特殊的篆体要求决定的。故一般的取法范围，是秦小篆以前的书法线条。作为秦以前的书法，我们一般认同的有甲骨文、金文、简帛书、秦汉石刻文（砖瓦）等几大类（图3）。如再细化，金文还包括钟鼎文、权量诏版文、钱币文、兵器文等几种。秦以后，由于小篆不被作为正式的公文书体而迅速地退出历史的舞台，取而代之的是隶书、楷书和行草书。篆书的使用范围仅遗留在印章、钱币、碑额等极小的领域，篆书的原有结构和线条也逐渐退化，故秦以后的篆书，一般不作为篆刻的线条来源。同时篆刻家个人的书法线条特点，也是决定篆刻线条特征的重要因素。所谓的"印从书出"，就是说篆刻的线条必须建立在书法线条的基础之上。"印从书出"的篆刻理论，是明清篆刻刀法观念的核心，即以刀法来表达书法的笔意为指归。正如明代篆刻家、印论家朱简在《印经》中所说："刀法也者，所以传笔法也。刀法浑融，无迹可寻，神品也。有笔无刀，妙品也。有刀无笔，能品也。"[1]说明刀法是为了表现笔法而服务的，笔（书法）在篆刻创作中的重要性是显而易见的。

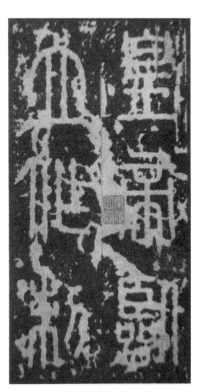

图3　泰山刻石拓本（局部）
5cm×10cm

黄惇先生在论述了邓石如的篆刻与篆书的关系后也得出如下结论：

以印人自己形成的具有个性风格特征的篆书入印，由此而形成新的具有个性的印风，这便是"印从书出论"内涵。[2]

"印从书出"的篆刻风格，当然还可以从吴让之、赵之谦、吴昌硕、齐白石等篆刻中找到他们篆书作品的基调。所以说出色的篆刻家，必然有一套同样出色的篆书体系为基础。退而视之，篆刻家一定是能写篆书的书法家。反之，能写篆书的书法家则不一定就是篆刻家。当代"印从书出"的例子，在篆刻界也是客观存在，如刘江、韩天衡、孙慰祖、石

①　韩天衡《历代印学论文选》，西泠印社1985年版，第164页。
②　黄惇《中国古代印论史》，上海书画出版社2019年版，第313页。

开、王镛等，都是书法篆刻艺术风格高度一致的典范。

（三）图案和符号。各类古建筑物、古器物上的图案和符号，一般有人物、动物、植物及建筑物的形象，都可作为肖形印的主要取法来源。关于肖形印的定名，黄宾虹在《古印概论》中说："古印文字，至为淆杂，今据图画象形之印，品类尤多。以体言之，一名肖形印；以用言之，又曰蜡封印。其实古代常用于封泥，后世因趋便易，用为封蜡，初不限于图画与文字之别。而图画象形之印，当以肖形印定名为确。"①这个关于"肖形印"的最初定名，充分肯定了肖形印在篆刻艺术中的独特地位，并一直沿用至今。目前青铜器上的徽识及纹饰图案、古陶器上的纹饰符号、画像砖、画像石、瓦当甚至照片等元素，都可作为肖形印创作的取法来源。（图4）

汉代肖形印是篆刻艺术的一个高峰，汉肖形印中花卉、人物、走兽、虫鱼、建筑形象的丰富多彩，是肖形印创作取之不尽的艺术宝藏。近代肖形印创作以来楚生为代表，其作品融汉画像、古肖形印为一炉，线条古拙、造型生动、意味隽永，在印坛上冠绝古今，独树一帜。当代佛像印和人物肖像印作为肖形印的一个分支，以张耕源创作的名人肖像印为代表，结合版画的艺术创作手法，在肖形印创作中与时俱进，创造了新的艺术样式。

图4　东汉祈愿文方砖拓片，5cm×5cm

二、篆刻线条的形象和美学特征

篆刻线条的形象特征，表现为短小纤细、高度浓缩。作为一种客观事物，篆刻线条必然具有一定的物理特征。在视觉艺术中，线条的表现性特征也是通过其物理特性显现出来的。从二分法来看其形状，是直线和曲线两种。由于篆刻的形式就在方寸之间，这就决定了篆刻线条的物理特征是短小、纤细、浓缩、简洁的。一般来说，篆刻线条的长度一般只有几厘米，甚至是几毫米。如果是极小的篆刻作品，就只能用"细如发丝"来形容线条了。极小的平面，纤细的线条，是篆刻艺术的基本形象特征，也是线条艺术的极致。纤细的线条与有限的平面空间，导致了篆刻艺术创作具有相当的难度。

篆刻线条有别于其他艺术线条，除了高度的简约性外，还表现为色彩上的单一性。一般而言，篆刻的线条都是以红色为主的，它与书法的色彩单一性有某种相同之处，但书法的墨色可以分成多种层次，而篆刻线条的颜色只能通过印泥的颜色来进行变化和调整，所以在表现的难度上，它比书法更胜一筹。

篆刻线条的美学特征，来源于篆刻线条的形象特征，又是线条艺术的总结和升华。根据直与曲、单一与繁多、质朴与流美、坚硬与柔和等不同的对立统一关系，可作如下表述。

（一）高度凝练概括。篆刻的线条固然十分纤细，但作为一种艺术的线条，它却具有高度凝

---

①　赵志钧《黄宾虹金石篆印丛编》，人民美术出版社1999年版，第78页。

练和概括的美学特征。在书法的线条美中，这种高度纯粹化了的线条，被李泽厚先生称为"有意味的形式"[①]。这种"有意味的形式"，是客观形象通过线条进行高度概括的结果，它是活生生的、流动的、富有生命暗示和力量表现的美。如"2008年北京奥运会会徽"（图5），虽然不是篆刻作品，但其主体形象利用了小篆的线条形态，表现出浓厚的中国韵味。篆刻作品短小的线条中，还包含了坚挺、厚重、古拙、空灵、平稳、粗犷、运动、含蓄、纤丽、圆劲、精密、优美、妩媚等一系列经典的中国艺术审美特征，与唐代司空图《二十四诗品》的审美有异曲同工之妙。如汉铸印的线条具有宽博雄浑、庄重大方的特点；凿印具有率真雄健、随性不羁的特殊美感；玉印干净整饬、光洁劲挺（图6）；鸟虫书印纤丽妩媚、装饰性强。此外，丁敬的苍劲古朴、邓石如的刚健婀娜、赵之谦的古穆沉着、黄士陵的光洁爽利、吴昌硕的雄浑苍朴、齐白石的雄壮豪放、陈巨来的明净雅洁，都在篆刻艺术史上留下了浓墨重彩的一笔。书法艺术线条所具有的普遍审美特征，在篆刻线条中都能一一体现。同时，篆刻线条还表现出轻薄、草率、滞钝、放荡、妩媚等形象特征，与庄重、严谨、机敏、端正、正大的审美特征形成鲜明的对比。篆刻线条全面而丰富的美学特征，是篆刻艺术能够成为一门独立艺术的基本条件。

图5　2008年北京奥运会会徽，6cm×10cm　　　图6　"皇后之玺"实物及印蜕，9cm×9cm

（二）直与曲的有机结合。中国道家的基本学说，就是把事物分成"阴和阳"两个方面。用于区分线条，就是直线和曲线。具体地说，直线代表阳刚之美，而曲线代表阴柔之美。西方美学认为世界上最优美的线条，莫过于人体自身的曲线。线条不但是篆刻艺术的基本语言，也是构成篆刻艺术的审美基点。一线之内有阴阳向背，一点之中有虚实正侧。这种审美化的线条，是力和势的表现，是动和静的统一。古代书论中关于直与曲的形象比喻，就是舟人摇橹，一左一右，而行舟笔直向前。篆刻线条来源于书法，虽然没有书法的夸张变化，但特别注意直和曲的结合之美。篆刻家须熟知金石文字的种种线条变异，并融情入线，方能创作出具有生命力的线条。由此看来，线条的最

---

① 李泽厚《美的历程》，文物出版社1989年第2版，第43页。

高审美境界并不是一味悍霸的直线，也不是"百炼钢化为绕指柔"的曲线，而是曲与直相结合的线条。优美的篆刻线条，往往曲中有直，直中有曲，直和曲是有机结合的。如浙派篆刻线条的徐徐"涩进"，就如雨天墙上"屋漏痕"的线条，虽然线条的走向忽左忽右，但总体上的方向还是向下延伸的。这种线条的基本审美内涵，就是孔子所说的"中和"之美。近代王福庵、韩登安的篆刻线条，就是直中寓曲、曲中有直的典型。（图7）在他们的篆刻作品中，几乎找不出一根完全笔直的线条。

图7　王福庵刻朱文多字印，3.7cm×4.5cm

（三）简约与繁复的辩证统一。万物始于"一"和以简寓繁的观点，以及万物始于"一"和本于"一"的哲学思想，在先秦就已得到确立。这种简约性意识，在中国美学思想史上影响极为深远。因为中国有着特殊的哲学土壤，以儒教为核心的儒、道、佛杂糅起来的社会哲学思想体系，成了中国历代社会的正统思想，这种思想势必影响作为意识形态的篆刻艺术创作。简约意识是人类社会实践的产物，是人类意识中最可宝贵的带有概括性和抽象性特征的意识。在古人的意识里，最简者莫过于"一"，涵盖最大者亦莫过于"一"。篆刻线条的简约性，就是在这样的文化背景下形成的。篆刻艺术的不变性，就是线条的不变性。因为它已经简得不能再简，一根线条，已经包含了丰富多彩的传统艺术精华。

线条的繁复性，是指篆刻艺术在其自身发展、成熟、完善过程中，线条又是不断发展变化的。同样一个字，有汉白文印的庄重规整，有元朱文印的婉约流美，有鸟虫书印的华丽藻饰，有浙派印的古拙生辣，有皖派印的婀娜多姿，线条变化万千，形象极为丰富。如果说简约意识是人类为整体把握客观事物的需要，那么，繁复意识则是为了更深入认识和发展客观事物的需要。简约性是从事物本原的角度观察事物，繁复性是从事物个性发展的角度观察事物，两者是同一问题的两个方面。在篆刻艺术中，简和繁是一个对立统一的命题。表现在线条上，就是简约与繁复的辩证关系，也是篆刻线条不变与万变有机统一的哲学特征。在篆刻创作中，文字的简化和繁化是两种基本的用篆布局手段，而其依据的原则，便是篆刻线条简约性与繁复性的辩证统一。

三、线条在篆刻创作中的作用和基本学习路径

使用什么样的线条，就会产生什么样的篆刻风格。影响篆刻风格的因素，主要是篆法、章法和刀法三个方面。篆法的基础是线条的形式。如对称流美的小篆线条，雍容华贵的大篆线条，粗犷的砖文线条等，都可以作为选择的对象。章法是线条的组合方式，不同的线条组合，形成不同的章法。章法固然是构成篆刻美的一个重要方面，但归根结底还是由具体的线条构成的。刀法是实现理想篆刻线条的途径，是为表现线条的质量服务的。因此从上述三个方面来看，线条是篆刻中最基本的要素。如建造房屋，线条是建造房屋的基本材料，而章法是房屋的结构，刀法是建造的具体方法。再由此推理，选用木材、砖瓦和金属材料建造的房屋，它们表现出来的房屋风格就截然不同。那么选择不同特征的线条来构建一枚印章，同样也会产生迥然不同的艺术风格。如王福庵、韩登安等使用细长的曲线，就有秀挺、委婉、文雅、含蓄的风格；吴昌硕、赵古泥等使用较粗糙的直线，

就创造出了雄浑、豪放、苍劲、古拙的艺术风格。谷松章在《论汉印篆法的弹性美》一文中曾说："另外，这些线条各自有其独特的审美效果，如汉晋凿印的雄健生辣，汉玉印的温润舒展，汉鸟虫篆印的流美华丽，对印章最终的风格定位产生重要的影响。"[①]（图8）由此看来，线条决定风格的结论是大家一致认可的。

书法线条的优劣决定篆刻创作的水平。在篆刻创作中，要想得到高质量的线条，就必须依靠书法。优质的书法线条，是决定篆刻线条水平的前提。书法的线条不过关，往往会影响一枚印章的质量。明清以来，没有一个篆刻家是不会写书法的。如果只刻印而不写书法，就是专门为人刻字的工匠，而不是真正意义上的篆刻家。在明文彭以前，印章的篆和刻是分开进行的。篆字由掌握书法线条的文人完成，而雕刻的工作，则由工匠去完成。如果工匠要上升到篆刻家的水平，就必须熟练掌握书法线条。篆刻线条的选择和使用，与建造房屋不同的是，工程师可以利用现成的标准材料，而篆刻家使用的每一根线条，都是必须由自己创作完成的。这是艺术创作有别于工匠的基本难点，也是衡量一个艺术家创作水平的标志。一位成功的篆刻艺术家，必须通过各种方法提高书法线条的质量，从而构建属于自己的篆刻风格。

特别需要指出的是，书法线条对篆刻创作固然十分重要，但不能等量齐观。篆刻的线条，是对书法线条的再创造，以书法为基础，含有特殊审美特征——有金石气的线条（图9）。篆刻家不仅要有"写"的能力，更要有"刻"的水平。如果没有"刻"的基本技能和水平，就不能称为篆刻家。当然，"刻和写"的能力和水平，是相互补充、共同提高的。"写"是为了"刻"，而"刻"也能促进"写"的水平的提高。在自然科学领域，对事物的微观认识，首先是从显微镜中得到的。在艺术领域，抽象的体验往往多于微观的分析。在篆刻艺术中，对线条的研究，就是对篆刻艺术的微观认识。因为线条是组成一枚印章的最基本元素，就像动植物由细胞组成的一样。所以说，对线条的研究，是对篆刻艺术最本质的研究。苏联米·贝京认为："艺术家们的缺点，首先是缺乏科学知识。而不是他们的科学知识的过剩。但为了获得知识，应当'象在数学中一样，找到一种方法。'"[②]艺术和科学，表现为生活的两个方面，它们不是对立或截然分开的，它们之间在研究方法上是可以找到共同点的。

图8　西汉"武意"鸟虫书白文印，2.4cm×2.4cm　　　图9　吴昌硕刻"鲜鲜霜中菊"朱文印，4cm×4cm

---

① 西泠印社《"百年名社·千秋印学"国际印学研讨会论文集》，西泠印社出版社2003年版，第386页。
② （苏联）米·贝京著，任光宣译《艺术与科学——问题·悖论·探索》，文化艺术出版社1987年版，第127页。

在自然科学中，先进的理论往往能指导社会实践。而在艺术领域，理论往往滞后于创作实践，特别是篆刻艺术，理论的滞后已经十分明显。印学理论的历史，是随着明、清文人篆刻的兴起而发展起来的。民国以前，对篆刻线条的认识，只局限于书法线条的理论成果。20世纪80年代以来，中国印学研究掀起了一个新的高潮，对篆刻本体的研究开始不断深入，篆刻线条开始受到印学理论家的关注。事实上，篆刻家对线条的认识都是十分敏锐的，但个人的认识往往带有很大的局限性，甚至带有片面性，给篆刻艺术的教学带来了不小的障碍，使得篆刻艺术只有在一个很窄小的范围内继承下来。西泠印社刘江、陈振濂、李刚田等大力创导的篆刻学学科建设[1]，对促进当前的印学理论研究具有重大的意义。目前，全国各大美术院校的书法篆刻专业，都拥有相对完善的书法篆刻理论教材，陈振濂《大学篆刻创作教程》《篆刻形式美学的展开》、王冬龄《书法篆刻》、邱振中《中国书法：167个练习》等，对迅速提高学习者的审美眼光和创作技能起到了积极的理论指导作用。

从理论上讲，篆刻的不同线条，都是可以通过学习而掌握的，但在现实中，一名篆刻家能熟练地掌握和使用几种有特色的线条，已经是很不容易了。对篆刻线条的研究，首先是从理论上的归纳和总结，然后是在理论的指导下有选择地进行创作。只有在对篆刻的线条有全面了解的基础上，才能对自己的篆刻风格进行有针对性的选择和宏观的把握，才能在拥有"篆刻艺术地图"[2]的前提下，少走许多弯路，迅速提高自己的创作水平。以往的篆刻教学，以师徒相授的方式为主。学生的艺术道路，主要在先生的指引下，沿着一定的路线和方法，取得艺术上的成功。但还有很多篆刻自学者纯粹是盲人摸象，白白浪费了毕生的时间，结果还是篆刻艺术的门外汉。如果读者拥有了一张注明艺术目标和前进路径的"篆刻艺术地图"，这对篆刻艺术学习者的帮助该有多么重要。只要能看得懂这张地图的基本标识，只要有足够的时间和精力，你就能快速地实现篆刻创作目标，达到艺术创作的自由境界。所以，对篆刻线条进行研究，是提高篆刻创作水平的基本方法和途径。微观地研究篆刻线条，对篆刻艺术有益，对其他线条艺术也有一定的借鉴意义。

四、关于篆刻线条的两个基本观点

基于以上论述，笔者对篆刻线条的创作和发展方面有两个比较明确的观点。

（一）篆刻线条决定作品风格。关于篆刻的分类，标准不同，类型也不同。如果以线条的色彩来区分，大概只有朱文、白文和朱白文三种；如果按文字的种类来分，也只有大篆（古玺）印、小篆印、摹篆印、鸟虫篆印等几种。但如果以篆刻的风格来分类，其分类标准又是什么？唯一的标准就是篆刻的线条。所谓风格，就是艺术家在创作中表现出来的艺术特色和创作个性。篆刻艺术的风格就是篆刻作品的创作个性。一般来说，篆刻作品具有质朴与流丽、坚硬与柔软、严肃与灵活、

---

[1]　西泠印社《"孤山证印"西泠印社国际印学峰会论文集》，西泠印社出版社2005年版。关于篆刻学科建设的相关文章，主要有刘江的《印学与学科建设》、陈振濂的《关于篆刻艺术学科建设的若干问题》、李刚田的《关于篆刻学的思考》等。

[2]　"篆刻艺术地图"是笔者最近提出的一种篆刻学习思维形式。它的绘制者是印学理论家，使用者是艺术实践者。使用"艺术地图"的人，应当具有识读地图上的标记和符号的能力，正如现实中使用地图必须认识文字与图标一样。不同的艺术有不同的地图形式，但笔者认为艺术领域中应该有一张全面的、通用的"艺术地图"。

平和与动态等对立而又统一的风格特征。这些风格特征，是整个中国传统艺术领域的基本特征，在篆刻创作中，这些风格特征的区分标准，就是线条。因为线条本身就具有一定的审美特征，这些线条进行艺术地组合排列之后，便产生了篆刻的风格。篆刻风格的形成，除了印章的章法和刀法的因素外，线条的统一是最基本的前提。如同我们看到阅兵式上的军人方队与运动会上的运动员方队，由于其在着装的统一性上方面存在明显的不同，因而会产生完全不同的审美体验。在印章这个线条集合体中，线条的风格必须建立在统一和谐的范围内，才能形成整体统一的风格。试想在陈巨来的印章中加入一根吴昌硕篆刻的线条，是多么的格格不入。所以线条的风格决定了篆刻的风格，线条又是区分篆刻风格的标准。至于那些不同审美特征的线条是如何创作出来的，则是具体的方法论问题，本文不再展开。

由于线条本身能表现不同的审美特征，所以影响篆刻风格的最主要因素就是线条。同样，不同的线条组合，还能表现不同的艺术情感。从视觉形象上来看，横线给人以广阔平稳的感觉，直线给人以整齐挺拔的感觉，斜线给人以危险的感觉。如黄牧甫用冲刀刻出的白文线条，表现了静穆高古的情感；陈巨来以优美的朱文曲线，表现生动优雅的情感。（图10）一件成功的篆刻作品，往往

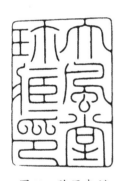

图10　陈巨来刻
"大风堂珍藏印"朱文印，
3cm×4.1cm

具有某种情感上的表达，有时是无意中产生的，但大多数是经过作者的精心设计而创造出来的。相反，如果篆刻作品不能给人以艺术的情感表达，说明艺术创作还处于较低级的水平。为了达到不同的艺术情感，篆刻家们都对线条进行了有针对性的选择。如吴昌硕为了实现雄浑古拙的情感表达，选择了较粗糙的线条作为印章的艺术语言；齐白石为了爽利泼辣的艺术效果，选择了犀利的冲刀线条和不安定的斜线。应当指出，篆刻家的艺术风格，都是篆刻家们主动采择并为之不断实践的结果。那种艺术风格"人书俱老了，水到渠成"陈词，不知浪费了多少人的宝贵时间。因此线条不仅能决定篆刻的风格，还是表现篆刻家思想情感的基本元素。如果一个印人的认识还没有达到这样的水平，说明离真正的篆刻家还有一定差距。

（二）篆刻线条是随着时代变化而发展的。艺术的发展变化是一个谁也否定不了的事实，如果死守传统、裹足不前、愚守师门，就会被历史和现实无情地淘汰。纵观中国文化艺术史，发展变化是一个永恒不变的主题。王宁认为："文化传统具有一定的稳定性和延续性，它是在传承中积淀下来的，是历史的产物，又在每一个时代产生与这个时代相适应的形式特点。因此，它带有各时代的普遍特征，又综合了不同时代的多方面内容。传统不是一成不变的。"[①]在这个事实面前，再来回顾篆刻线条的发展。秦朝以前，百家争鸣，思想活跃，反映到篆刻的线条上，是那么的生动活泼、无拘无束。秦汉时期，社会稳定，等级森严，反映在印章上，就表现为整齐、理性、庄重的特征。魏晋南北朝自由散漫的思想及隋唐浪漫主义文艺思潮的审美要求，在印章的线条形式上，就演变为流动圆转、生机盎然的新面目了。以上这些，都说明了篆刻的线条是与时俱进、发展变化的。

在当前多元开放的新时代，各种思想和情感通过不同的艺术形式表现出来，艺术的多样性和

---

① 王宁《中国文化概论》，湖南师范大学出版社2000年版，第12页。

审美的差异性是客观存在的。当代篆刻艺术，一度受到西方艺术审美的影响，一些丑陋、病态、支离、妖媚的篆刻线条，在篆刻作品中也有出现。但当今篆刻线条的主流，还是表现出正大、优美、古拙、和谐的特征，这是与当代社会的主流审美思想息息相关的。篆刻线条的发展趋势，还是多元风格并存。一部分粗陋的、病态的、边缘的艺术样式的存在，作为健康、优美的艺术风格的补充，是符合社会多样性发展规律的，而强制取消这些艺术形式，反而违背社会和艺术多样性审美要求的客观规律。在思想开放、各种艺术形式并存的时代，篆刻要保持一方净土，不受时风的影响，事实证明也是比较困难的。如当代元朱文和鸟虫篆作品的线条以光洁、华丽、藻饰为时尚，真实地反映了当代社会人们普遍的初级审美趣味。在当今这个相互影响、相互渗透、兼收并蓄的社会背景下，只有不断变化发展，才是保持篆刻艺术薪火不断的正确方式。一些传统的篆刻家特别是日本的印人认为只有恪守秦汉和导师的风格，才能保持篆刻艺术的正脉，殊不知这样反而失去了新意，断送了篆刻艺术发展的生命。艺术当随时代，篆刻线条也未尝不是如此。

余　论

本文在对篆刻线条的概念和来源进行一般性介绍后，初步归纳了篆刻线条的形象特征和美学特征，并以此总结篆刻线条在篆刻创作中的三个作用。本文还提出了篆刻线条决定作品风格和篆刻线条是随着时代变化而发展的基本观点。

一根篆刻线条，用肉眼观察，是十分细微的。但把它们放到超清电子显微镜下，就会出现一个巨大的立体形象，甚至还会发现一些未知的现象。由于观察工具和角度的变化，当代研究者对艺术本体的探索和认知也会发生质的提升。如何以自然科学的研究方法，来研究篆刻艺术，来微观地分析篆刻的线条特征，或许正是当代印学理论研究发展的方向。本文属于概述性质，尚没有对具体的篆刻线条进行深入的研究和探讨，特别是对不同篆刻线条的审美描述，限于篇幅，只能点到为止，未能详细论述。再加上本人学识有限，对部分内容的阐述还十分肤浅，希望得到社内外方家的不吝指教。

（作者系西泠印社社员）

篆刻文献学

清代《四库全书总目》中印学文献的目录学归类研究

朱亚男

摘要：《四库全书总目》是清代官修的解题目录，《总目》分经、史、子、集指引学术门径，其成书呈现了中国古代学术的源流及传承，也代表着中国目录学发展的顶峰。其中，印学文献在《总目》中的部类归属随着书法史、金石史的发展不断演进，分别见于子部艺术、谱录、杂家、小说家类及史部目录类。以《总目》作为载体研究印学，有助于从文献学、目录学的视角辩证地、多视角地厘清印学的发展及嬗变。

关键词： 四库全书总目 总目 印学文献 目录学

《四库全书总目》（行文称《总目》）由乾隆主导，纪昀担任总编纂，编纂人数有三百余位，历时十三年编修完成。其中的著录、存目本已是一种评价体系，且又附以解题，或考据、或简述、或校勘、或辨伪、或评论，于史料价值，将印学放置在"四库学"的视野下观照，有助于考镜源流；于学术价值，可以在归纳学术、总结学术的传统立场上，立足现代，对印学的发展、篆刻文献学的构建进行反思与总结。

一、《总目》各部印学文献的归属

印学文献是书法文献的分支和重要组成部分，故书法文献在历代目录学著作中的部类嬗变也影响着印学文献的部类归属，书法从字学中独立出来，走进"艺术类"的过程，映射至印学学术史，同样能辨章学术，考镜源流。探讨印学文献在《总目》中的收录情况，首先需要认识到书法文献在目录学著作中的归属历史。

（一）书法文献在目录学著作中的归属演变

书法艺术自身的演进，产生了物质上不同的诸多书法文献材料，印学知识体系也在历代书法艺术演进中不断分化、交叉，故印学文献的目录学归属也随着书法史的脉络演进。历代书法文献数量的增多及历代对书法艺术认识的持续深入使官修、私修书目对书法文献目录学归属的阐释判然不同。汉代首重文字的实用性，《汉书·艺文志》将书法文献列入小学类，小学类叙云："通知古今之字，摹印章、书幡信也。"①至《隋书·经籍志》，确立了经、史、子、集四部的分类，书法文

---

① （汉）班固《汉书》，中华书局1962年版，第1721页。

献散入三个部类，分别为经部小学篇、史部薄录篇和集部总集篇，子部无著录。①《旧唐书·经籍志》同样将书法文献收入经录、史录中，且经录所收书法文献渐增。②至《新唐书·艺文志》，书法文献也主要集中在经录。③《通志》《文献通考》同样将书法文献列于经部，④⑤二书处于官修和私修之间，虽不为官修书目，但也不免受官学影响。私修目录中，尤衮《遂初堂书目》子部杂艺类下收录书法文献，他还开创"谱录"一类，别类殊名收录各种图谱之书，让印章、文房用品有了合理归属。⑥《总目》即承袭了尤氏对艺术文献的分类以及对图谱之书的收录方式。

明代《文渊阁书目》以《千字文》排次，不设传统四部，且分类、编排相对简略，但突破了此前书法文献未与小学分离的桎梏，在"辰"字号下设"法帖"一类，收录书法文献。可见，在历代公私目录的不断演进下，书、画归类于艺术类的趋势更加明显。《总目》明确将书法文献归在了艺术类，序云："古言六书，后明八法，于是字学、书品为二事。"⑦说明馆臣持将书法从字学中剥离出来的态度，二者不再一概而论。另艺术类书画之属下馆臣有语："考论书画之书，著录最夥。有书画各为一书者，又有共为一书者，其中彼此钩贯，难以类分，今通以时代为次。"⑧表明《总目》对书法文献的著录总是与画学彼此勾连，密不可分，且古来也有书画同源之论。书画之属所收典籍有兼论书画者，也有各论书者、各论画者，其中，论书者的著录又有涉及印学的文献，如《述书赋》《书史》《法书考》；论画者的著录也有涉及印学的方面，如《历代名画记》；兼论书画者也有相关印学文献的存在，如《石渠宝笈》。书、画相互勾贯，书画与印同样也勾连难分。

（二）《总目》子部、史部、集部收录印学文献情况

《总目》子部涉及印学相关文献的类目最多，艺术、谱录、杂家和小说家四类之中均有所涉及。艺术类书画、篆刻之属内都有印学文献的痕迹，书画之属著录印学相关文献六部，篆刻之属著录印学典籍七部（其中五部为存目）。馆臣将篆刻退列至艺术一道，客观上有利于印学的发展，但"雕虫篆刻，壮夫不为"⑨侧面表现出编纂者认为篆刻为小道末技，与小学甚远，不可列入经部。谱录类著录印学相关文献两部，杂家类著录印学相关文献五部（其中一部为存目），小说家类著录印学相关文献一部（为存目）。

同时金石类文献也是印学研究的第一手资料，对印学的滋养不可忽视，不能脱离金石学的视野来谈印学。史部目录类金石之属内也有与印学研究相交叉的文献，共二十七部（其中七部为存目）。

① （唐）魏徵等《隋书》，中华书局1973年版，第906页。
② （后晋）刘昫等《旧唐书·经籍志》卷四十六，中华书局1975年版。
③ （宋）欧阳修、宋祁《新唐书·艺文志》，中华书局1975年版。
④ （宋）郑樵《通志》，中华书局1987年版。
⑤ （元）马端临《文献通考》，浙江古籍出版社1988年版。
⑥ （宋）尤衮《遂初堂书目》，商务印书馆1935年版。
⑦ （清）永瑢、纪昀《四库全书总目》卷一百十一，中华书局1965年版，第952页。
⑧ （清）永瑢、纪昀《四库全书总目》卷一百十二，中华书局1965年版，第970页。
⑨ （清）永瑢、纪昀《四库全书总目》卷一百十三，中华书局1965年版，第971页。

二、《总目》子部中的印学文献

子部涵盖印学相关文献最多，其中和印学相关的文献见于艺术、谱录、杂家和小说家四类。

（一）《总目》子部艺术类的印学文献

1.艺术类篆刻之属的印学典籍

篆刻之属所收均为独立的印学著作，著录典籍为《学古编》《印典》，存目典籍共五部。（详见表1）馆臣著录印学文献数量极少，侧面也体现出《总目》编纂者追求对文献材料的真实，只择取诸家品评的典籍著录，不录印谱、印册一类，因在递藏之中极易失真，篆刻之属后云："印谱一经传写，必失其真，今所录者惟诸家品题之书耳。"[1]另外馆臣重道轻艺，认为篆刻之书不可列入经部，是小道。还评论称："扬雄称雕虫篆刻，壮夫不为。故钟繇、李邕之属，或自镌碑，而无一自制印者。汉印字画，往往讹异，盖由工匠所作，不解六书，或效为之，斯好古之过也。"[2]馆臣的评判既有客观的因素，同时也有主观之嫌，其语称篆刻为雕虫小技，并举钟繇、李邕从不自治印章，来突出篆刻的"末道"以及对篆刻的鄙夷，还认为篆刻文字的讹异是由于工匠缺少学问，不解六书所致，有好古之过。

吾丘衍《学古编》是一部篆刻专著，主要论说篆刻之法，分列小篆、钟鼎、古文、碑刻等，共九品，书后还附洗印法、印油法。另一本著录典籍为朱象贤的《印典》，不但收录玺印，并采诸家印事论说，缺点是论述杂乱无章，且存在滥收杂采的现象。提要虽明确指出了《印典》的缺点，但馆臣最后仍收此书，认为古来没有如此记载印事的体例，且《印典》采摭丰富，可见官方鼓励著书者观点、体例的创新以及持收书应当"赅备为佳"的观念。存目典籍《印薮》官印、私印皆有收录，且序称顾从德所藏玉印、铜印数量宏富，《印史》著录自秦至元的名人私印，私印后附有传记。

表1　《总目》子部艺术类篆刻之属印学文献著录及存目典籍

序号	书名	作者及朝代	卷数	来源
1	《学古编》	元吾邱衍	一卷	浙江巡抚采进本
2	《印典》	清朱象贤	八卷	浙江巡抚采进本
3	《宣和集古印史》（存目）	明来行学	八卷	两淮盐政采进本
4	《古今印史》（存目）	明徐官	一卷	内府藏本
5	《印薮》（存目）	明顾从德	六卷	编修汪如藻家藏本
6	《印史》（存目）	明何通	五卷	两淮盐政采进本
7	《印存初集》（存目）	清胡正言	二卷	内府藏本

---

① （清）永瑢、纪昀《四库全书总目》卷一百十三，中华书局1965年版，第971页。

② （清）永瑢、纪昀《四库全书总目》卷一百十三，中华书局1965年版，第971页。

2.艺术类书画之属的印学文献

书画之属著录的典籍中，也存在与印学相关的文献，经梳理，书画之属涉及印学相关文献共六部。（详见表2）窦臮《述书赋》综论历代书家及书品，且篇末有太平公主等印记十一家。馆臣评价："其印记一章，兼画印模于句下，遂为朱存理《铁网珊瑚》、张丑《清河书画舫》《真迹日录》之祖。"[①]张彦远《历代名画记》第十三品中叙述自古公私印记。米芾《书史》评西晋至五代的前人真迹，详尽地记载了印章跋尾以及纸绢装裱，且卷末论私印，但馆臣评其"未必得其传，殆亦谬为附会，徒为好异"[②]。盛熙明《法书考》书首为《书谱》，后分四类论述，一为字源，二为笔法，三为图诀，四为形势；其后又论印章、题署、跋尾，馆臣评其采择特精。张丑《清河书画舫》取米芾《书画舫》为名，此书收录印记较为详尽，并从书画题跋、文集入手，叙述并考证所藏、所见书画，以匡前人之疏。康乾时期是内府书画收藏的高峰，《石渠宝笈》即由乾隆钦定官修，综收历代书画，历代名迹分为上等、次等，上等名迹叙述详尽，按作品名、书体、作品质地、款识、印章著录，上等作品除"石渠宝笈""乾隆御览之宝"两印以外，另钤有"乾隆鉴赏""三希堂精鉴玺""宜子孙"，总共五玺；次等作品不著印章，仅著题识。在官修编纂的背景下，《石渠宝笈》所收书画翔实，不论是书画中所存印者，还是御题御玺者，于印学一道，皆具有探索、考据的价值。

表2 《总目》子部艺术类书画之属印学文献著录典籍

序号	书名	作者及朝代	卷数	来源
1	《述书赋》	唐 窦臮	二卷	浙江鲍士恭家藏本
2	《历代名画记》	唐 张彦远	十卷	两江总督采进本
3	《书史》	宋 米芾	一卷	浙江鲍士恭家藏本
4	《法书考》	元 盛熙明	八卷	浙江巡抚采进本
5	《清河书画舫》	明 张丑	十二卷	浙江巡抚采进本
6	《石渠宝笈》	乾隆十九年奉敕撰		

（二）《总目》子部谱录类的印学文献

谱录类沿尤袤《遂初堂书目》的分类方式统收"杂书之无可系属者"，其中在器物之属下，有两部与印学相关的典籍，为《啸堂集古录》和《宣和博古图》。严格来说，两部都属于谱录类中的金石类文献，金石研究与印学研究、图谱学研究是相互契合、相互交叉的，若印学疏离于金石学、图谱学的视域，印学取资视域及研究范围将缩小。《啸堂集古录》所摹器型宏富，并附铭文，兼有考证，且以摹写的方式集印，非拓制，共存有三十七方印。王黼《宣和博古图》是一部金石类文献，也以摹写的形式著录了自商至唐的二十类古器，并附以考证，共计八百三十九件。

---

① （清）永瑢、纪昀《四库全书总目》卷一百一十一，中华书局1965年版，第953页。
② （清）永瑢、纪昀《四库全书总目》卷一百一十一，中华书局1965年版，第957页。

表3 《总目》子部谱录类器物之属印学文献著录典籍

序号	书名	作者及朝代	卷数	来源
1	《啸堂集古录》	宋王俅	二卷	浙江范懋柱家天一阁藏本
2	《宣和博古图》	宋王黼	三十卷	大理寺卿陆锡熊家藏本

（三）《总目》子部杂家类、小说家类的印学文献

杂家类下共有三属著录印学相关文献，共计五部，其中著录典籍四部，存目典籍一部。杂考一属主要为辩证，收《东观余论》《通雅》；杂品一属主要为"胪陈纤琐者"①，收《洞天清录》和《研山斋珍玩集览》（存目）；杂纂一属主要为"涂兼众轨者"②，收《学范》。杂家"杂"且"广"，印章一事散见于杂家，可见印学成为一门专学的时间甚晚，且于学术一道发展缓慢，仍有许多问题需要跟进和探索。《东观余论》上卷为独立成书的《法帖刊误》，下卷是有关书画、题跋、古器的论说，或考证或辨伪，馆臣对此书评价极高，认为《东观余论》"要其精博，胜《集古录》多矣"③。《通雅》分二十四门，其中器用一门涵盖金石、书法、印章、古器等十四个小类的论说。《洞天清录》记录了古代大量的实用之物和文房清玩，分古器、石刻、纸花印色等十一类，其中纸花印色辨下录十五条。《研山斋珍玩集览》也论及印章，按馆臣语："取《退谷随笔》中所论铜、玉、磁器及笔、墨、砚、纸、印章、文玩，益以炯所见闻，编成此帙。"④赵㧑谦《学范》共列六门，分别是教范、读范、点范、作范、书范、杂范，杂范中论古器、印章之类。

小说家类中也存在印学相关文献，提要中明确提及仅一部，是归在异闻之属的《快雪堂漫录》，其中谈及造印色之法。⑤

表4 子部杂家类、小说家类印学文献著录典籍

子部杂家类印学文献著录及存目典籍				
序号	书名	作者及朝代	卷数	来源
1	杂考之属《东观余论》	宋黄伯思	二卷	浙闽总督采进本
2	杂考之属《通雅》	明方以智	五十二卷	左都御史张若淮家藏本
3	杂品之属《洞天清录》	宋赵希鹄	一卷	两淮盐政采进本
4	杂品存目《研山斋珍玩集览》（存目）	清孙炯	无卷数	编修励守谦家藏本
5	杂纂之属《学范》	明赵㧑谦	二卷	浙江巡抚采进本

---

① （清）永瑢、纪昀《四库全书总目》，卷一百十七，中华书局1965年版，第1006页。
② （清）永瑢、纪昀《四库全书总目》，卷一百十七，中华书局1965年版，第1006页。
③ （清）永瑢、纪昀《四库全书总目》卷一百十八，中华书局1965年版，第1017页。
④ （清）永瑢、纪昀《四库全书总目》卷一百三十，中华书局1965年版，第1115页。
⑤ （清）永瑢、纪昀《四库全书总目》卷一百四十四，中华书局1965年版，第1230页。

（续表）

子部小说家类印学文献存目典籍				
序号	书名	作者及朝代	卷数	来源
1	《快雪堂漫录》	明冯梦祯	一卷	浙江巡抚采进本

三、《总目》史部目录类的印学文献

印学是金石学的重要分支，最初有关印章的研究就是涵盖在金石学之中的。尤其是在当今书法界已提出"重振金石学""大印学"概念的语境下，更应该从多元化的视角践行"保存金石、研究印学"的宗旨，故《总目》史部目录类的金石著录于印学研究也具有很大的价值。《总目》目录类金石之属，著录典籍及存目典籍共五十八部，其中与印学研究相交叉的金石类文献共二十七部。（详见表5）翟耆年《籀史》并非专论籀文，实际上多载金石款识和篆隶，提要中还将薛尚功的《钟鼎彝器款识》与其对比，认为薛氏所述原委不及《籀史》翔实。①《隶释》藏碑一百八十九种，主要为考隶而作；《舆地碑记目》以郡次分类搜集地志碑目；《古刻丛钞》录自汉至宋的七十一种碑刻，且皆录全文；《求古录》对碑刻的考证广博精要，贵在录碑刻全文，但已在方志中的碑刻及已能见到拓本传世的碑刻皆不作收录，共计五十六种。《法帖释文》《绛帖平》一类金石文献与印学交叉较小，故未归入与印学交叉的金石类文献中。

"金"多指青铜器，"石"多指石刻碑版，金石学作为一种学术形态，肇始于宋，自欧阳修作金石专书《集古录》，此后金石研究繁荣兴盛，金石著作考证、评述精要广博。至元明，由于不重实学，金石研究渐衰，许多著述无考订且记载失实，如明代朱珪的金石著述《名迹录》则有失考证，其中考《穆天子传》"为铭迹于元圃之上，其字作'铭'不作'名'，珪殆以《说文》无'铭'字，故改'铭'为'名'。然'铭'非弇兹所称，乃记其迹于弇山之石，又无'名'字，不知珪所据何本也"②。

清初顾炎武开创考据学，此后乾嘉学派力主考据、提倡复古的学风让金石学得以重振，发展到宋代以后的第二个高峰，同时也为清代印学的繁荣提供了契机。于书法艺术一道，金石学的发展促进了清代篆书的复兴及篆刻的兴盛；于学术一道，清代印学理论在金石学的滋养下大开尚古之风。从周亮工《印人传》可以窥见其提倡复古，推崇汉印古法的印学思想，《书林公兆印谱前》曾提及："公兆为印，动以汉人为法，不妄奏一刀，诗画及分书皆楚楚可人。"③吴先声在《敦好堂论印》中也说："印之宗汉也，如诗之宗唐，字之宗晋。"④桂馥在《续三十五举》中说道："铁书宗汉铜，犹之毫书法晋帖。"⑤于鉴藏一道，藏印之风盛行，陈介祺藏印六千余方，他的《十钟山房印举》更是开启了藏印家拓古玺印谱的先例。此外，西泠印社也提出了"保存金石、研究印学"

① （清）永瑢、纪昀《四库全书总目》卷八十六，中华书局1965年版，第734页。
② （清）永瑢、纪昀《四库全书总目》卷八十六，中华书局1965年版，第738页。
③ （清）周亮工《印人传》，江苏广陵古籍刻印社1998年版。
④ （清）吴先声《敦好堂印证》，松荫轩藏，一卷本。
⑤ （清）桂馥《续三十五举》一，《篆学琐著》，北京市中国书店1983年版。

的宗旨。可见，在清代金石学大兴的背景下，印学理论和实践快速发展。民国时期至今，金石文献、文物的不断出土，考古学的建立以及现代学术提倡的学科交叉等原因，使金石学的取资不断扩大，甲骨文、陶文、画像石、画像砖、简牍、杂器等都在金石学的研究视野之内。

馆臣认为金石在目录类中仍是经籍的附庸，考经证史的确是金石的功能之一，但馆臣之说仍将金石视作经籍的附庸未免局限，尤其是在书画已有了独立归属后，书法史、书法学术史一定程度上都要依据金石史来构建。印学经过历代的学术分化、交叉，逐步从金石学中剥离出来，但研究印学又不能脱离金石学的学术视野。如果只以"印"为研究基点，最终只会缩小印学研究的学术框架。而且，金石学其中一个分支是考究古器物，并著图录，故金石学文献的体例也影响到印谱体例的编纂，诸如印章的编排，用笺的规格，边款的考证等方面。此外，印学对金石之"金"、金石之"石"的汲取，也需要在浩如烟海的金石文献当中探索，如古器物、纹饰、钱币、刻石、摩崖、造像等，这是印学史研究的重要内容，同时也是当下印学研究忽视已久的问题。

表5　史部目录类金石之属印学文献著录及存目典籍

序号	书名	作者及朝代	卷数	来源
1	《集古录》	宋欧阳修	十卷	通行本
2	《金石录》	宋赵明诚	三十卷	两淮马裕家藏本
3	《籀史》	宋翟耆年	一卷	编修汪如藻家藏本
4	《隶释》	宋洪适	二十七卷	两淮盐政采进本
5	《隶续》	宋洪适	二十一卷	浙江巡抚采进本
6	《舆地碑记目》	宋王象之	四卷	两淮马裕家藏本
7	《古刻丛钞》	明陶宗仪	一卷	浙江吴玉墀家藏本
8	《金薤琳琅》	明都穆	二十卷	浙江汪启淑家藏本
9	《金石林时地考》	明赵均	二卷	浙江汪启淑家藏本
10	《石墨镌华》	明赵崡	六卷	安徽巡抚采进本
11	《金石史》	明郭宗昌	二卷	浙江汪启淑家藏本
12	《求古录》	清顾炎武	一卷	两淮盐政采进本
13	《金石文字记》	清顾炎武	六卷	两淮马裕家藏本
14	《石经考》	清顾炎武	一卷	两淮马裕家藏本
15	《石经考》	清万斯同	一卷	副都御史黄登贤家藏本
16	《来斋金石考》	清林侗	三卷	福建巡抚采进本
17	《嵩阳石刻集记》	清叶封	二卷	浙江汪启淑家藏本
18	《观妙斋金石文考略》	清李光暎	十六卷	浙江巡抚采进本
19	《金石经眼录》	清褚峻	一卷	兵部侍郎纪昀家藏本
20	《石经考异》	清杭世骏	二卷	浙江巡抚采进本

（续表）

史部目录类金石之属存目典籍				
序号	书名	作者及朝代	卷数	来源
1	《吴下冢墓遗文》	明都穆	三卷	两淮盐政采进本
2	《水经注碑目》	明杨慎	一卷	浙江范懋柱家天一阁藏本
3	《苍润轩碑跋》	明盛时泰	五卷	江苏巡抚采进本
4	《碑目》	明孙克宏	三卷	编修汪如藻家藏本
5	《金石续录》	清刘青藜	四卷	浙江鲍士恭家藏本
6	《中州金石考》	清黄叔璥	八卷	副都御史黄登贤家藏本
7	《金石图》	清褚峻	二卷	兵部侍郎纪昀家藏本

四、结语

本文从文献学、目录学的视角厘清了印学文献在《总目》中的归类问题。首先，印学文献散见于各部各类、漏收的现象，本身已经成为一个研究问题，问题背后即时代背景、馆臣价值的取向等，同样有值得深入探索的研究价值。又比如杂家类杂品一属、谱录类器物一属分类界限模糊，前文提到的著录典籍，因分类标准不同而归属不同的两个类别，就《总目》类目不清、界限不明这一现象，也可以对艺术类文献的分类进行深入研究。

当今印学研究的痛点是研究视野不够开阔，近年有关印学的论文多停留于篆刻品评、篆刻流派、印论方面，对于印谱、印章考证、篆刻文献学等重要的印学学术课题关注较少，导致印学研究的失衡。其次对金石之学、图谱之学的观照太少，致使印学研究取资视域狭窄。跨学科的交叉研究可以延展印学研究的边界，但边界不能无限地横向扩大，而是需要向纵深探究，在深入传统文献的基础上，积极挖掘更多印学研究的可能性。此外印学文献无序、分散的状态亟须重新整合、归类，才有利于在目录学的视域下把握印学文献的多元性、交叉性、发展性，以指引当代印学研究以及篆刻文献学的构建。同时，当代学界如何定义印学、印学文献、金石学、金石文献、篆刻学、篆刻文献学等概念是需要厘清的，概念的梳理及明确，关乎如何用目录学的分类对文献进行集成。

梳理《总目》各部著录的印学文献，发现基本没有印谱的收录与介绍，以印论、印史居多，而当今印学研究的重要课题即对印谱的研究。随着"大印学"概念的提出，印文化的国际传播与交流也成为印学研究不可忽视的点。且印谱实物独特的鉴赏属性导致研究者难见，缺少第一手资料也是当下印学研究的难题。

（作者系云南大学美术学专业硕士研究生）

清代民国时期描摹本印谱及其现象探赜

刘　潇

摘要：印谱历来以原钤本最为珍贵，而描摹本作为印谱存副与印学传播的重要方式则较少被论及。描摹本印谱不仅具有史料文献价值，对当代篆刻学习方式亦有所启发。本文以清代民国时期描摹本印谱为研究对象，梳理描摹本印谱的发展历程与形成原因，并对此类印谱的形制与类别加以讨论。通过整理不同类型的描摹本印谱，分析此类印谱的优劣和价值，且以印谱描摹这一现象为视角，钩稽清代、民国时期印谱的传播方式，以期对当下印谱史研究和印谱版本研究有所补益。

关键词：清代民国　印谱　传播　响拓　版本

印谱具备古籍的一般形态，但成谱过程又较古籍复杂得多，论其形制，包括木刻本、钤印本、描摹本、剪贴本、锌版本、石印本、影印本等多种样式。描摹本印谱是指采用描摹、双钩填色、临摹等方法对原钤印谱进行复制，其作为印谱形制演变过程中的重要一环，亦不乏佳谱，如《超然楼印赏》《古玉印汇》《秋闲戏铁》等。描摹本印谱的形成主要是由于原钤本印谱数量有限，印人或篆刻爱好者在无法获得原钤印谱的情况下，采用这种方法对印谱或者印蜕进行复制，以便留存和参考，且描摹方式又有单钩、双钩、响拓之分。描摹本印谱是印学传播的重要方式，能够反映清代民国时期的印谱雅玩风气。目前，学界对描摹本印谱的关注较少，对于描摹本定义的阐释亦仅就存副而言，故本文从描摹本印谱的发展历程、成谱原因、描摹方式等问题着眼，就清代民国印谱描摹现象进行探究。

一、描摹本印谱的流变与类别

印谱见诸史料记载始于宋，惜今已无实物可考，故可说滥觞于宋元，发展于明，兴盛于清及民国。有关描摹本印谱的记载较少，从仅存史料中可简要厘清描摹本印谱的发展历程。勾摹印章早于印谱的出现，如唐代窦臮、窦蒙《述书赋》和张彦远《历代名画记》虽无"印谱"之名，但其中汇辑勾摹印图以作书画甄别之用。清代桂馥曾称："古印无图谱，宋皇祐初，命太常摹历代印书为谱。"[①]可见宋代早期亦有勾摹印章的方式。北宋杨克一所著《图书谱》（又名《集古印格》）在印谱史上具有重要意义，其中张耒所作序文提到《图书谱》部分辑录秦汉古印："图书之名，予不知所起，盖古所谓玺，用以为信者。克一既好之，其父补之爱之尤笃，能悉取古今印法，尽录其

---

① 韩天衡《历代印学论文选》，西泠印社1999年版，第620页。

变，谓之《图书谱》。自秦汉以来变制异状，皆能言其故。"①从"尽录其变"的"录"字可以想见该谱当为"秦汉以来"古玺印勾摹本。南宋王俅《啸堂集古录》中的印章部分采用先勾摹再作版刻的方式，可见在印谱的滥觞时期，勾摹是辑谱的重要方式。

元代赵孟頫依《宝章集古》之样式勾摹了二卷本《印史》，《印史》虽已佚，但从留存的《印史序》可窥其宗旨与价值：

> 余尝观近世士大夫图书印章，一是以新奇相矜，鼎彝壶爵之制，迁就对偶之文，水月、木石、花鸟之象，盖不遗余巧也。其异于流俗，以求合乎古者，百无二三焉。一日，过程仪父，示余《宝章集古》二编，则古印文也，皆以印印纸，可信不诬。因借以归采其尤古雅者，凡模得三百四十枚，且修其考证之文，集为《印史》，汉魏而下，典型质朴之意，可仿佛而见之矣。②

赵孟頫批判"近世"士大夫用印竭力表现奇巧，流于俗弊，企冀《印史》能成为古意的典范。值得注意的是，赵孟頫所选摹的三百四十方印章是带有其审美倾向的，即"古雅"者，此后出现的描摹本印谱，虽不乏对原谱的完整复制，但大部分都是经辑谱者遴选后，带有个人审美倾向的"新谱"。此外，元代吴叡（1298—1355）辑有《集古印谱》，揭徯斯（1304—1373）序曰："是编自汉至晋，凡诸印章，搜访殆尽。一一摹拓，类聚品列，沿革始末，标注其下。"③他以勾摹的方法辑谱，并得到了"是编皆其手录，尤可宝也"的认可。

元代至明前期多有描摹印谱的记载，唐之淳（1350—1401）曾于明洪武三十一年（1398）手摹杨遵《杨氏集古印谱》，序跋载明顾从德《顾氏印薮》中。明代中期以后集古印谱盛行，提高了文人雅士审美鉴赏的眼界，但原钤印谱稀少，篆刻爱好者往往就原谱进行勾摹，备以赏鉴学习。清代民国时期篆刻艺术蓬勃发展，无论是集古印谱还是印人创作印谱开始大量出现，印谱发展进入全盛时期。清代以前虽多有描摹本印谱的记载，但未见实物，有纪年的描摹本印谱多为清代民国时期，所见以乾隆五十七年（1792）杨世春摹《超然楼印赏》为最早。在日本地区的描摹本印谱，所见以日本天明三年（1783）井上氏所勾摹《秋闲戏铁》（八册本）为最早。描摹本印谱存世虽不多见，但其一直伴随着篆刻艺术的发展。

描摹本印谱按成谱过程可分为对原钤印谱的仿制和作者有意识遴选印蜕描摹以成新谱。用于存副和出版的描摹本印谱往往更为精致，而作为稿本的描摹本印谱则粗略一些。描摹本印谱的描摹方式有用朱墨两种，一种直接用墨描摹，所成印稿为黑色，很容易看出为描摹本；另一种用朱砂等红色颜料描摹，如果描摹者水平高超，甚至容易与原钤本混淆，需从印蜕的笔触中加以分辨。④杨慎《书品》曰："六朝人尚字学，摹临特盛。其曰廓填者，即今之双钩；曰影书者，如今之响拓

---

① （宋）张耒《张右史文集》卷五十一，《四部丛刊》景明旧钞本。
② （元）赵孟頫《印史序》，《历代印学论文选》，西泠印社1999年版，第420页。
③ （元）揭徯斯《吴氏印谱序》，《欣赏编·印章图谱》，明茅一相万历重刻本。
④ 张学津、陈刚《历代印谱形制演变及动因探析》，《复旦大学文化遗产研究》，复旦大学出版社2022年版，第101页。

也。"①描摹本印谱亦可细分为勾摹本与响拓本。

清代民国时期，双钩是书法复制的重要手段，除了墨迹与碑帖，一些钟鼎款识也依靠双钩来存其图像与铭文。②在印刷物贫瘠、复印技术尚未普及之时，勾摹印谱是篆刻爱好者集聚学习资源的重要方式。但不能否认的是，双钩只以墨笔或朱笔表现印章、边款的外轮廓，难以全面揭示印章的刀法与古意。正如齐白石所言："只可于章法篆法摹仿，不可以笔画求之。"③面对双钩轮廓，学习者很难真正获得对印章刀法、节奏的体认。双钩印蜕保留的是空心字或空心的点画，"背景"的缺席，使得点画轮廓线成为观看与临习的重心。④运用双钩、单钩方法所辑成的描摹本印谱，多数不存序跋，亦少有纪年，类似于印人的学习摹写稿。用墨描摹的印谱中，双钩与单钩往往并存，如厉蕴山所摹《双钩名人印存》（图1），其中朱文印运用单钩的方式，白文印则采用双钩的方式，内收孙承泽"北平孙氏砚山斋图书印"、董其昌印、曾国藩印等诸多名人印存。描摹本印谱大多数仅描摹印蜕，边款则较少辑入，这与早期的原钤本多数不存有边款相关，将边款用墨拓出来要到嘉庆以后。《方镐印存描摹本》（图2）除勾摹印蜕以外，亦将边款双钩辑入。在原钤不易得的情况下，双钩本具有存其梗概的意义。

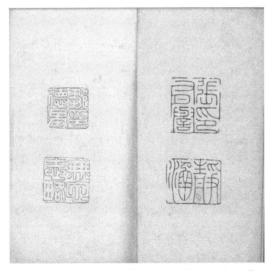

图1　《双钩名人印存》内页，景阳厉蕴山摹，
松荫轩藏

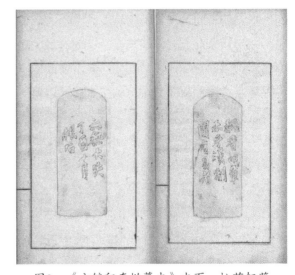

图2　《方镐印存描摹本》内页，松荫轩藏

比勾摹本印谱更为细致的是响拓本印谱，只园《记响拓玉印谱》（图3）一文曾提及响拓："响拓之法与双钩异，双钩就印文四周作飞白形，响拓则填白为黑，一丝不溢。盖飞白仅形似，响拓必须神似也。"⑤双钩与响拓有形神之别，响拓与原谱更为相似，所以响拓印谱更能够得到当时好古之士的青睐。

① （明）杨慎《书品》，《中国书画全书》第3册，上海书画出版社1993年版，第809页。
② 薛龙春《二王以外：清代碑学的历史思考》，生活·读书·新知三联书店2023年版，第104页。
③ 齐白石《百年大师经典·齐白石卷》，天津人民美术出版社2021年版，第130页。
④ 薛龙春《二王以外：清代碑学的历史思考》，生活·读书·新知三联书店2023年版，第151页。
⑤ 只园《记响拓玉印谱》，《新闻报》1930年12月4日。

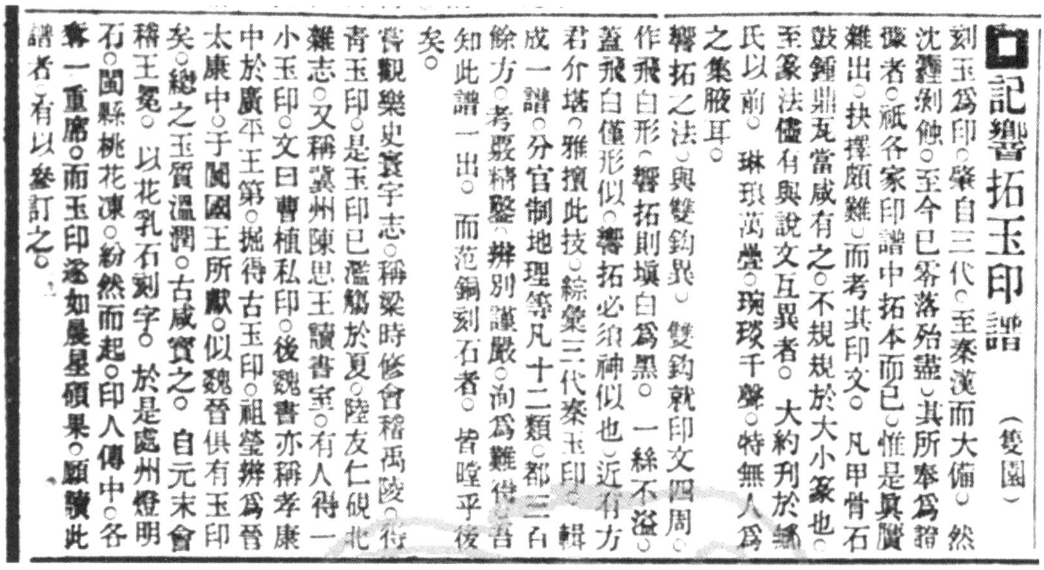
記響拓玉印譜　（隻園）

刻玉爲印。肇自三代。至秦漢而大備。然沈霾剝蝕。至今已零落殆盡。其所奉爲鑑賞者。祇各家印譜中拓本而已。惟是真贋雜出。抉擇頗難。而考其印文。凡甲骨石鼓鐘鼎瓦當咸有之。不規規於大小篆也。至篆法儘有與說文互異者。大約刊於繆氏以前。琳琅滿帙。瑰瑋千聲。特無人爲之集腋耳。

響拓之法。與雙鉤異。雙鉤就印文四周。作飛白形。響拓則塡白爲黑。一絲不溢。蓋飛白僅形似。響拓必須神似也。近有方君介堪。雅擅此技。綜彙三代秦玉印。輯成一譜。分官制地理等凡十二類。都三百餘方。考覈精鑿。辨別謹嚴。洵爲難得。吾知此譜一出。而范銅刻石者。皆瞠乎後矣。

得觀樂史寰宇志。稱梁時修會稽禹陵。得青玉印。是玉印已濫觴於夏。陸友仁硯北雜志。又稱冀州陳思王讀書室。有人得一小玉印。文曰曹植私印。後魏書亦稱孝康中於廣平王第。掘得古玉印。祖瑩辨爲晉太康中。于闐國王所獻。似魏晉俱有玉印矣。總之玉質溫潤。古咸寶之。自元末會稽王冕。以花乳石刻字。於是處州燈明石。閩縣桃花凍。紛然而起。印人傳中。各奪一重席。而玉印遂如晨星碩果。願讀此譜者。有以參訂之。

图3　只园《记响拓玉印谱》，《新闻报》1930年12月4日

郑鹤舫所辑《望古斋印存》，由李游鹤以响拓法成诸印钮式，附于下。罗振玉序曰：“凡此诸印，并为珍奇。至其印钮之异，有鱼有蛇，尤为仅见。郑君将为谱录，以传艺林，而请李君游鹤以响拓法画诸印之钮，精妙绝世。为先世谱录所无，兼可考玺印制度，以补《印典》所不及。”[①]响拓是复制古物的重要方式，响拓本印谱序跋齐全，往往依照原谱样式辑成。响拓又称影拓，方绍勋于《杭州七家印谱》序中曾言：“乞常氏借出影拓，计乙庄伯影拓乙部，先外舅亦影拓乙部，今留于粤者只此二部而已。”[②]响拓本较勾摹本更为精致，与原谱相似度较高，无论从文献价值还是艺术价值来讲，响拓本都略高一筹。

表1　响拓印蜕与原钤印蜕对比表

《古玉印汇》描摹本印蜕	《古玉印汇》所录原谱印蜕	《超然楼印赏》杨世春描摹本印蜕	《超然楼印赏》原谱印蜕
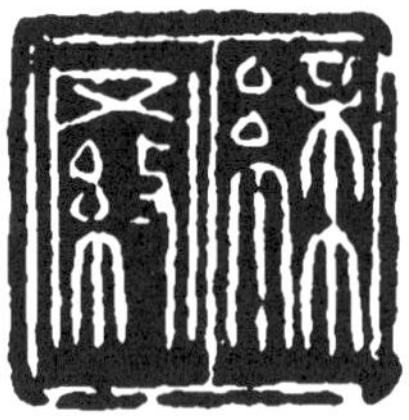	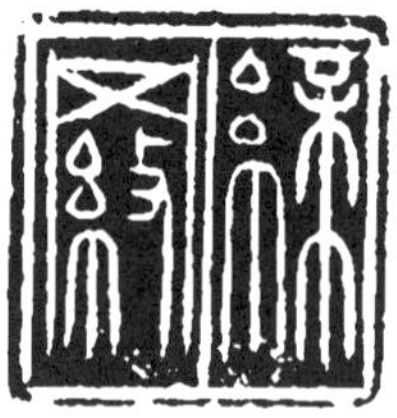	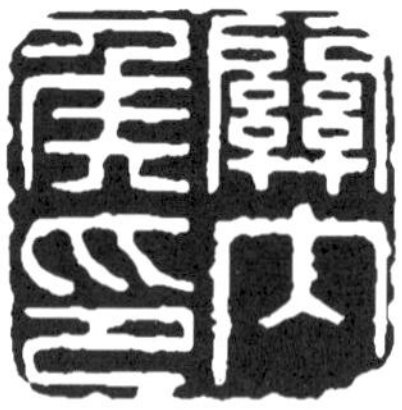	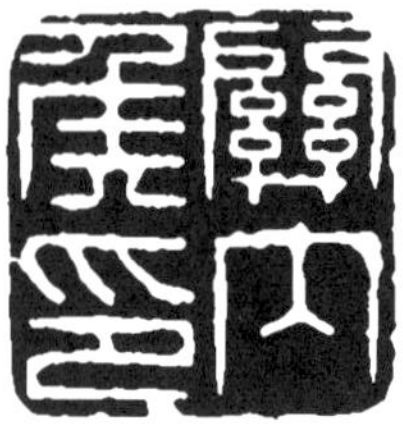

① 韩天衡《历代印学论文选》，西泠印社1999年版，第674页。

② 方绍勋《杭州七家印谱》，民国十三年（1924）描摹本，松荫轩藏。

（续表）

《古玉印汇》描摹本印蜕	《古玉印汇》所录原谱印蜕	《超然楼印赏》杨世春描摹本印蜕	《超然楼印赏》原谱印蜕

响拓印谱往往能够得到好古文人的赞赏，方联蟸题杨世春摹《超然楼印赏》：

> 以次展阅，古色纷披，了无笔墨之迹。有顿挫，有转折，有起伏照应，或断而□连，或奇而有法，或苍老如百尺之桐，或轻秀若春山之黛。千变万态与原本初无邪尹别，乃叹文人心细竟有如是不可思议！[①]

杨世春所摹《超然楼印赏》得到时人认可，如果说描摹本"了无笔墨之迹"，便足以体现作者的细心和印谱的价值，可谓"下真迹一等"。表1将《古玉印汇》与《超然楼印赏》原钤本与响拓本进行对比，响拓本较为接近原谱，无论是在形式、章法还是刀法的表现上，都与原钤近似，但从中也可看出些许差别：其一是响拓本中的印蜕更为"完整"，原印的线条和边框往往存在自然的残损，所以原钤印蜕中的残破较为丰富，而响拓本印蜕的线条则更为光洁；其二是响拓本对于刀法的体现较弱，尤其在于转折处，响拓印蜕较原钤更圆，由用刀所体现的爽朗之感难以体现；其三是响拓白文印会比原钤印蜕略粗，而朱文印则比原钤略细，这或许局限于描摹的方式；其四是响拓本往往有朱砂勾摹的痕迹，仔细观察会发现局部有颜料的堆叠，这也是区分描摹本与原钤本的重要依据。除此四点以外，部分响拓印谱因采用先以油浸纸的方法，以便更清晰地进行描摹，所以此类响

[①] 方联蟸《超然楼印赏序》，《超然楼印赏》，乾隆五十七（1792）描摹本，松荫轩藏。

拓本往往印蜕四周的油渍较普通原钤本印蜕所渗出的印油更多。

此外，辑谱时若部分原印不存，亦有原钤与勾摹并存的辑谱方式，如谢磊明辑《近鄜斋印存》以手摹为主，部分印章为原印印蜕，只不过这类印谱往往以剪贴本的形式呈现。这一现象在日本、韩国所藏的印谱中较为普遍，如《元章爱余》《印薮赏鉴》（图4）等，将所缺印章通过摹补的方式来使印谱更为完整。

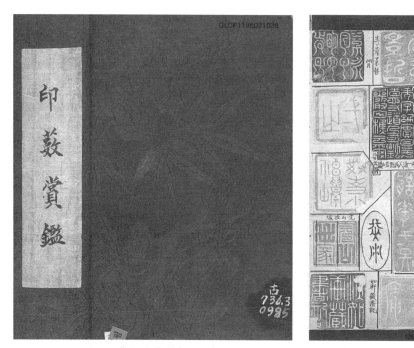

图4 《印薮赏鉴》1册本，20.5cm×18.0cm，韩国国会图书馆藏

二、描摹本印谱的形成原因与功能

描摹本印谱填充了人们对印谱原钤本需求的空缺，扮演了比原钤本印谱更为重要的角色。陈振濂先生在《中国印谱史研究导论》中认为，清代、民国是印谱的全盛时期，分为三个阶段，即清初至清中叶为印谱的雅玩时期，清中叶至清末为学术考据时期，清末至民国为推广与研究时期。[①]描摹本印谱现存多为清代和民国时期，形成原因可据上述阶段特点进行分类，具体可分为以下几点：

（一）描摹存副

在印刷技术还未普及之前，印谱主以朱砂原钤印本行世，每谱刊印只数十本，数量不多，难以购得，也因流布不广，能够接触原谱者往往拘于局域。[②]描摹本印谱具有复制、保存稀见印谱的功能。周菊吾《日精精舍读印记》前言记曰："余好刻印，顾家贫不能置谱录，每从朋友家假贷，归辄灯下勾摹，又意有臧否，亦随笔疏记，阅时既久，遂成此册，虚牝之掷，不知费几许时光

---

① 陈振濂《中国印谱史图典》，西泠印社出版社2011年版，第16页。

② 林章松、刘浩敏《松荫轩印谱收藏与研究》，《国际藏书家古籍收藏与保护研讨会论文集及珍本图录》，复旦大学出版社2018年版，第56页。

也。"①可见对借来的原谱进行描摹是存副的重要方式。

《杭州七家印谱》以《七家印谱汇存》为蓝本，由方绍勋全谱描摹，录丁敬、黄易、金农、蒋仁、奚冈、陈鸿寿、郑燮七人印章及边款。《七家印谱汇存》经鉴别虽为伪本，但印章虽伪，作为印谱则不伪。在方氏的序跋中，可知原谱在当时极为珍惜，其曰：

> 因得睹常氏《七家》真本，又以真本价逾数百金，为不易得也。乞常氏借出影拓，计乙庄伯影拓乙部，先外舅亦影拓乙部，今留于粤者只此二部而已。旦若从先外舅学金石，不一载而艺成，先外舅乃检出此部，嘱为保存，并影拓乙份，以增所学，并云："此部前已被人窃出，沽之于外，幸得黄晦闻先生购回送还，切勿遗失。"盖此犹汉派印之衣钵云尔。甲子春月，禺山方绍勋旦若谨志。②

由序跋可见，《杭州七家印谱》原谱珍惜且价格昂贵，原谱曾被多次影拓，并有"汉派印之衣钵"之称。《杭州七家印谱》描摹本的流传较原钤本更为广泛，且能够在市场流通，无论是乙庄伯勾摹还是先外舅勾摹，都是因为原钤印谱稀缺，勾摹存副以备学习赏鉴之用。此外，描摹本印谱具有地域性特征，因为偏远地区印学资料十分匮乏，获取原谱较为困难，旧时日本视来自中国的印谱为舶来品，因印谱于日本留存甚少，日本的篆刻爱好者苦于难以购得原谱或翻刻本，故多从友人或藏者处借观，甚或进行描摹，以备学习或欣赏。因此日本也是存有描摹本印谱最多的地区，如《七十二候印谱》《秋闲戏铁》等。木内愚辑《七十二候印谱》并跋，其中"舶载极少，实为希珍"状尽了印谱在当时日本的稀缺程度。③木内愚所摹《七十二候印谱》依原本样式，序跋齐全，可作为原钤替代品，描摹印谱用以存副是辑谱者的辑谱动机，也是描摹本印谱的本质功能。

（二）印谱的雅玩风气

晚清民国时期文人描摹印谱除存副以外，亦有描摹印谱以供雅玩的风气，从郑耀祖所辑《遁叟印赏》自序中可窥一斑：

> 清光绪间为武邑冷官，事既少，暇遂多，得与二三文士常相过从，作镇日谈。于友人处见河间冯筱亭先生所镌之《百寿图》及《玩月草堂印存》，爱不释手，假来绘存以为消遣……检出原稿，遂细阅核原绘之未清者去之，可用者重绘之，并搜索旧存印谱中之有意趣者，统绘为

---

① 吴炬《〈日精精舍读印记〉与周菊吾先生印学、印事》，《世界图纹与印记国际学术研讨会论文集》，西泠印社出版社2018年版，第908页。

② 方绍勋《杭州七家印谱》，民国十三年（1924）描摹本，松荫轩藏。

③ 木内愚摹《七十二候印谱》跋："《七十二候印谱二册》，东京某氏所藏。明治之初，余借观数日不忍释手，摹勒一通返之，后选石刻之以自藏焉。会有友人怂□行于世，盖以是谱舶载极少，实为希珍也。余诺而不果者，几三十余年，近时印学大阐，诸家印谱及摹本陆续发行，其裨益于后进不为鲜矣。余因忆前事出诸箧底校订补镌，爰制是册，欲以颁同好，固少时游戏之作，未足以娱大雅之目，若夫序跋题诗及样式，一仿原本，所谓依样画胡卢者耳。印装初成，聊题数言于后云。庚戌九月醉石道人木内愚书于秋雨草庐。"[日]木内愚《七十二候印谱》，日本明治四十三年（1908）本，松荫轩藏。

一部，名之曰《遁叟印赏》，以纪实也。①

郑耀祖将旧存印谱中有意趣者统绘为一部，辑成《遁叟印赏》，与玩赏印谱不同，其将描摹印谱的过程视为消遣，苏之銮称其"每得一精刻之本，必专心致志以模仿之，不至形似神似不已癖深矣"②。郑耀祖在序中亦说明了描摹本的缺点，谓"存前人之章法则可，论刀法则丝毫乌有"，可见其描摹印谱仅为赏玩之用，这一点从他对印谱的命名也可看出。

描摹本印谱还可用于酬赠，齐白石1919年《题楚仲华双钩印谱序》中记录了楚仲华多次把自己所勾摹的印谱赠予他人。将描摹本印谱用以赏玩和收藏是这一时期的普遍现象，杨世春描摹《超然楼印赏》并进行珍藏，序云：

> 余素拙于铁笔，不克镌摹。间于暇时，依本描摹一印，虽未能肖其神似，窃喜章法颇能粗备，孜孜忘倦，数阅月而始成，并录原序跋于前后，不忘所自。今而后得与《秋水园印谱》合而藏之，非特以供玩赏，即于印学亦未必无小补云。谨书巅末于后。③

杨世春描摹《超然楼印赏》并认为此谱对于印学"未必无小补"，所以珍藏此谱。前文曾将《超然楼印赏》与原谱进行对比，两者相似度较高，可见精致的描摹本印谱也可作范本之用。

（三）学印范本的缺少

描摹本的制作并非都是为了存副和玩赏，在原本不易得的情况下，描摹本本身也是极为重要的原钤本替代品。制作精良的描摹本印谱不仅可以作为范本，且具备学术研究的意义，其价值甚至可与原钤本等量齐观。马衡题方介堪《古玉印汇》曰："集古今谱录中之玉印，不论存佚，择其精者，集摹成册，付之影印，以广其传。"④方介堪所辑《古玉印汇》（图5）中收录勾摹古玉印三百七十余方，参考《顾氏集古印谱》的体例和形式，并对所收古玉印进行详细考订，其中涉及钮式、著录、印文考释辨误、递藏等内容。正如诸宗元所言："（印汇）所沾溉岂独规亦于印学，名物文字将以证经史之阙。"⑤《古玉印汇》不仅可作玉印学习之用，还可资地理、历史、文字、雕刻学之参。⑥虽非原钤印谱，但丝毫不影响《古玉印汇》的价值，只园《记响拓玉印谱》一文记载了当时玉印的情况：

> 刻玉为印，肇自三代，至秦汉而大备。然沉埋剥蚀，至今已零落殆尽。其所奉为证据者，

---

① 郑耀祖《遁叟印赏》，民国十七年（1928）描摹本，松荫轩藏。
② 苏之銮《遁叟印赏序跋》，《遁叟印赏》，民国十七年（1928）描摹本，松荫轩藏。
③ （清）杨世春《超然楼印赏》，乾隆五十七（1792）描摹本，松荫轩藏。
④ 马衡《古玉印汇序》，《古玉印汇》，民国二十一年（1932）本，松荫轩藏。
⑤ 诸宗元《古玉印汇序》，《古玉印汇》，民国二十一年（1932）本，松荫轩藏。
⑥ 方介堪辑《古玉印汇》序云："殚四年整理之功，衷成此书，留之响拓，私衷欣慰非可言宣。夫玉质坚贞，文多光采，于金石之外别见妙造，况资助于地理、历史、文字、雕刻学之参。"方介堪《古玉印汇》，民国二十一年（1932）本，松荫轩藏。

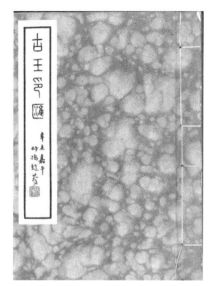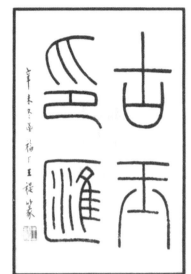

图5　方介堪《古玉印汇》1册本，1932年版，描摹本，松荫轩藏

只各家印谱中拓本而已。惟是真赝杂出，抉择颇难。而考其印文，凡甲骨、石鼓、钟鼎、瓦当成有之，不规则于大小篆也。至篆法，尽有与《说文》互异者，大约刑于许氏以前，琳琅万叠，琬琰千声，特无人为之集腋耳……近有方君介堪，雅擅此技，综汇三代、秦玉印，辑成一谱。分官制、地理等，凡十二类，都三百余方。考核精凿，辨别谨严，洵为难得。吾知此谱一出，而范铜刻石者皆瞠乎后矣。①

印谱虽多，但可作为学印范本的却较少，如其所言，玉印"真赝杂出，抉择颇难"，且玉印文字多样，常与《说文》相异。在这种情况下，方介堪《古玉印汇》呼之欲出，方氏历时四年，勾摹成谱，遴选佳印并附以考释，"辨别谨严，洵为难得"。所以在当时《古玉印汇》得到印人的追捧，潘伯鹰《题方介堪先生印蜕》云："见其勾摹印文，虽一笔一画，蟠屈细微之处，皆求其精确，以谓非好古笃学、精进有恒者不能为，始莞然异之。"②

《古玉印汇》出版之时受到好古之士的追捧，《上海画报》曾载丹翁《向方介堪先生乞印谱》一诗："只园妙笔记新闻，响拓绸缪玉印文。嗜古深情宜许我，并时好手早推君。竹坪高士华年让，书蕴佳儿盛誉分。出版倘能蒙慨赠，乞由上画转俞芬。"③《印汇》出版之日，海上著名篆刻家、收藏家张鲁庵即称其为不朽之作，购得五十余册分送海内外同好。④虽然是描摹本，但印谱的价值丝毫不受影响。

陈巨来曾将所见佳印用双钩填廓法描出，拟辑为《古印举式》以垂示后学，然因目疾中辍，衰

①　只园《记响拓玉印谱》，《新闻报》1930年12月4日。
②　潘伯鹰《艺海夕尝录》，上海辞书出版社2013年版，第37页。
③　丹翁《向方介堪先生乞印谱》，《上海画报》1930年第654期，第1页。
④　凌云之君《平生意气故应在——〈古玉印汇〉编后记》，《书法》2021年第11期，第98页。

病侵寻，所以仅描摹300余方便搁置了。谱虽未成，但请叶恭绰为《古印举式》所作序言尚存。[①]由叶恭绰序言可见当时印谱"统系分明，博观约取，以专供印人之取则者，盖未之有"，而陈巨来此谱依原拓摹写，条分缕晰，"以为治印者之楷模"。陈巨来辑此谱意为范本之用，但前提是原拓摹写，格式、笔画不爽毫厘。

无论是方介堪的《古玉印汇》还是陈巨来未辑成的《古印举式》，都可以证明当时印人学习篆刻并非依原钤本不可。将原印遴选，细致摹写后而辑成的描摹本印谱，作为范本学习更为直观和多样，从篆刻学习的角度来看，此类描摹本印谱的价值与原钤本不相上下。晚清民国之际，当摄影与石印、珂罗版、铜版等新技术传入中国，印谱的印刷品层出不穷，照相制版缓解了印谱的紧俏程度。而描摹印谱并没有就此消失，其作为篆刻学习方式得到推行。

（四）勾摹的学印方式

印谱勾摹一直是篆刻学习行之有效的方法，而将摹稿集结成册又体现了印人的雅玩心态。茅子良《功深清峻见风华——读〈式熊印稿〉》一文记载了高式熊描摹印谱："高老曾出示《二弩精舍印谱》勾摹墨稿二十开二本、著名印谱影描摹本六十四开十本……所摹均精选字法章法高妙而刀法技巧独到者，类皆一笔不苟、神采毕肖，即款文亦恭录一如其体，令人肃然起敬。"[②]

高式熊日课笔记小结中亦提及描摹印谱一事，摘录如下：

1.《二弩精舍印存》，赵叔孺先生刻，庚辰（1940）七月初二日，式熊摹；

2.辛巳（1941）闰六月初二日摹《西泠八家印选》原钤本，鲁庵兄假我者，式熊。

3.《宋元明犀象玺印留真》，当湖葛氏传朴堂藏印，壬午（1942）七月初十日摹望云草堂（即张鲁庵）藏本。

4.鲁庵以《二弩精舍印谱》见示，勾摹一过。癸未（1943）春三月二十九日，式熊识。[③]

高式熊描摹印谱十分频繁，并作为日课对待，可见其对篆刻用功至深。勾描和临写是学习传统艺术的重要方法与途径，因勾描需亦步亦趋，劳神费力，以及有"易失古人笔墨"之忧，故多数人宁可花大力气临写也不愿意为之一试。[④]

前人多有勾摹古印谱学习的经历，如谢磊明有手摹《近郪斋印存》墨稿存世；诸乐三曾以墨

① 叶恭绰《古印举式序》："余受而读之，则全编分正、续两集。正集为一面印，以每印一式为主；续集为两面印，则文字是尚。凡程荔江、陈簠斋、吴愙斋、吴平斋、高南郑及罗叔言、陈仲恕、龚怀西、黄宾虹诸家所藏，以暨各地新出土物，咸归搜采，且悉就原拓摹写，不取刊版者，故格式、笔画，不爽毫厘。精矣，备矣！余维古今治印之书，毋虑数百，然多偏于理解，诸家印谱之传于今者，或侈搜罗，或资玩赏，或域于时地，或限于部门，求其统系分明，博观约取，以专供印人之取则者，盖未之有。盖吾国艺术家，每不喜与人以规矩，且往往惮于著述，藏家则多以观赏为主，于治印之技能、法则，或不及多所论列。若夫包含异代，综贯群书，条分缕晰，勒为一编，以为治印者之楷模，并示收藏家以途径，既简而且当，允推此书焉。"叶恭绰《遐庵汇稿》，《民国丛书》第二编，上海书店1990年版，第426页。
② 茅子良《功深清峻见风华——读〈式熊印稿〉》，《大公报·艺林》1991年8月23日。
③ 茅子良《功深清峻见风华——读〈式熊印稿〉》，《大公报·艺林》1991年8月23日。
④ 周平《始大入其室而后造门户——从齐白石的勾描临写说起》，《大匠之门·齐白石研究》第10辑，湖南人民出版社2019年版，第142页。

图6　诸乐三《缶庐印存》墨钩本，四册，安吉诸乐三艺术纪念馆藏

笔勾摹《缶庐印存》，于1947年至1973年之间，完成了四册墨钩《缶庐印存》（图6），共收集780方印拓，亦将原印存未收入者，搜集到墨钩《缶庐印存》中。[①]吴弗之题跋曰："乐三兄课暇勾摹《缶庐印存》都一百五十六方，极类原拓，并获其神髓，非精此道而谙缶翁印学之渊源者，曷克臻此。个簃赠乐兄诗'前数师曾从后到君'，信然。丁亥长至节后十日，吴弗之敬跋于湖上寓次。"课暇之时，勾摹印谱，这类描摹本印谱往往以稿本的形式出现，以此可窥前人常用勾摹的方式学习篆刻。

有些印谱虽然已有各种摹刻本，但根据原钤本双钩仍然是好古文人的选择。齐白石多次勾摹《二金蝶堂印谱》，每见希珍，皆会勾摹。[②]从"观者莫辨原拓勾填"可想齐白石有着高超的勾摹技巧。印人选摹的印章可以为其篆刻取法和审美偏向提供佐证，齐白石一生勾摹赵之谦印谱至少有三次，勾摹印章影响了齐白石的篆刻风格，其自述中言道："在黎薇荪（名承礼）家里，见到赵之谦的《二金蝶堂印谱》，借了来，用朱笔勾出，倒和原本一点没有走样。从此，我刻印章，就模仿赵扴叔的一体了。"[③]齐白石还曾仿赵之谦"二金蝶堂双钩两汉刻石之记"印章范式，刻"扴叔印谱濒生双钩填朱之记"印。

周菊吾也常常勾摹印章，包括古玺印、秦汉印、封泥、流派印等，其篆刻风格的形成正来源于此。周菊吾曾在手稿中勾摹大量印蜕，如其《日精精舍读印记》中曾记录他三年前勾摹赵之谦廿五印，而后认为"彼时识力不高，所择取多不当"，可见印人勾摹时所选取的印蜕表现了其眼力高低

①　祝遂之《高等书法教育四十年：中国美术学院书法专业史料集》，中国美术学院出版社2003年版，第208页。

②　齐白石1919年《序双勾本〈二金蝶堂印谱〉》记曰："前朝庚戌冬小住长沙，于茶陵谭大武斋中获观《二金蝶堂印谱》，余以墨勾其最心佩者。越明年，此原谱黎薇荪借来皋山。余转借归借山馆，以朱勾之，观者莫辨原拓勾填也。且刊一印，其文曰：扴叔印谱濒生双钩填朱之记。迄今九年以来，重游京师，于厂肆所见扴印谱皆伪本。今夏六月，泸江吕习恒以《二金蝶堂印谱》与观，亦系真本，其印之增减与谭大武所藏之本各不同只二三印而已。余令侍余游者楚仲华以填朱法勾之。又借入《二金蝶堂印谱》，择其圆折笔画者亦勾之，合为一本，其印之篆画之精微失之全无矣。白石后人欲师其法，只可于章法篆法摹仿，不可以笔画求之。善学者不待余言。"齐白石《百年大师经典·齐白石卷》，天津人民美术出版社2021年版，第130页。

③　齐白石《白石老人自述》，山东画报出版社2007年版，第40页。

和审美情趣。[①]勾摹印谱与中国传统艺术中由以形写神到以形达神的理念相符，从所摹印谱也可看出印人的篆刻水平。诸乐三除勾摹古印以外，亦将墨钩古印法应用到篆刻教学当中，如其《篆刻教学大纲》中的技法实习方面第一部分即"墨钩古印法"（即摹印，使能了解刀法与笔意道理）。直至今日，对印蜕进行双钩描摹仍然是学习篆刻的重要方式，通过描摹可以对印章的章法、刀法等方面有更深刻的体认。

三、描摹本印谱的价值与意义

从宋代和明代的木版摹刻印谱到明清两代的原钤印谱，编辑印谱的目的由金石考证转变为表现印章的艺术风貌，印谱的价值取向开始以审美为中心、以艺术表现为中心，但面临的问题是原钤印谱所拓部数的限制，因为手工制作，又要求精良不苟，故而不可能动辄五百部上千部，若有个十部二十部已是十分不易。勾摹响拓之法，可保原印相对不失真，又可满足印坛学古印缺少范本之需求，精良的描摹本印谱可作为著录、研究的底本，亦可作为鉴赏、学习的范本。

从印谱的制作方式来看，可以将印谱分为钤印本、印刷本、描摹本三大类。描摹本和印刷本大多以钤印本为对象进行复制，相对于印刷本的批量生产，勾摹技术所能复制的数量有限，所以二者在存世数量上不啻天壤。描摹较之印刷更为灵活，可以有意识地选择性辑谱，但传播范围有限。无论是印刷本还是描摹本，都能够被接受者在各自的环境中加以欣赏，因此赋予了所复制的对象以现实的活力。[②]描摹本印谱的编纂往往流露出作者的雅玩倾向，但又不失尚古的审美原则，通过对原谱进行主观性的遴选，有意识地淘汰劣印，从而表现辑谱者的审美倾向，达到消遣雅玩的目的。从描摹以存副到印人勾摹印章辑谱，印谱从实用功能转向艺术功能，描摹本揭示了印谱发展与篆刻艺术发展的密切关系，且反映了清代、民国时期的印谱收藏热潮和文人之间互相借观的印谱交流文化，兼顾了收藏、雅玩、学术三个方面的特性。

描摹本印谱的序跋具有重要的学术价值，作为印谱文字载体的主要部分，序跋不仅能够反映印谱编辑出版的意旨、编撰过程、编撰体例等，还可以传递作者的一些信息，是印学研究的重要文献资料。[③]描摹本序跋往往记录了原谱的鉴藏与流传情况，在印谱研究中，即使不见原谱，亦可从描摹本所收录的序跋、题词当中获得原谱信息。部分描摹本印谱中含有辑谱者在描摹印章旁题写的跋语，如诸乐三墨钩《缶庐印存》对吴昌硕印章进行了断代，为当下吴昌硕篆刻研究以及篆刻真伪的鉴定提供了辅助材料，其中收录大量当下未见的吴昌硕印章能够补充印谱收藏之不足。

精良的描摹本印谱能够给作者带来名利。如冯汝琪对郑耀祖所摹《遁叟印赏》较为赞赏，序言曰："《遁叟印赏》付之影印，盖欲以自赏者使人人得而赏之也。吾知此谱一出，世之同好者自必

---

① 吴炬《〈日精精舍读印记〉与周菊吾先生印学、印事》，《世界图纹与印记国际学术研讨会论文集》，西泠印社出版社2018年版，第926页。

② [德]本雅明著，王才勇译《机械复制时代的艺术作品》，浙江摄影出版社1996年版，第8页。

③ 马其伟《明清以来嘉禾文人印谱序跋活动考察》，《西泠印社第七届"孤山证印"学术研讨会论文集》，西泠印社出版社2023年版，第383页。

手置一编以为模范，印赏传而遁叟亦与之俱传矣。”[①]冯氏之言虽有夸张成分，但从中可以看出描摹本印谱有着较高的接受程度，且作者可依谱而名。

在偏远地区以及日本、韩国等地，描摹本印谱是印学传播的载体，推动了篆刻的发展。《秋闲戏铁》由严乘于雍正四年（1726）辑成，在日本被奉为印学范本而备受推崇。杜澂在《征古印要》中将《秋闲戏铁》列为“今体必备用印书目”第一部，日本古籍《翁草》[②]（图7）特列《秋闲戏铁》一条，述其价值。因《秋闲戏铁》原谱极为珍惜，所以在日本流传多为描摹本，且版本众多，其中日本新潟大学图书馆藏两部描摹本《秋闲戏铁》，一为八卷二册本，一为不分卷二册本。日本国立公文书馆藏两部描摹本，复旦大学印谱虚拟图书馆藏井上氏日本天明三年（1783）描摹本，是描摹本印谱推动异域印学传播的重要见证。

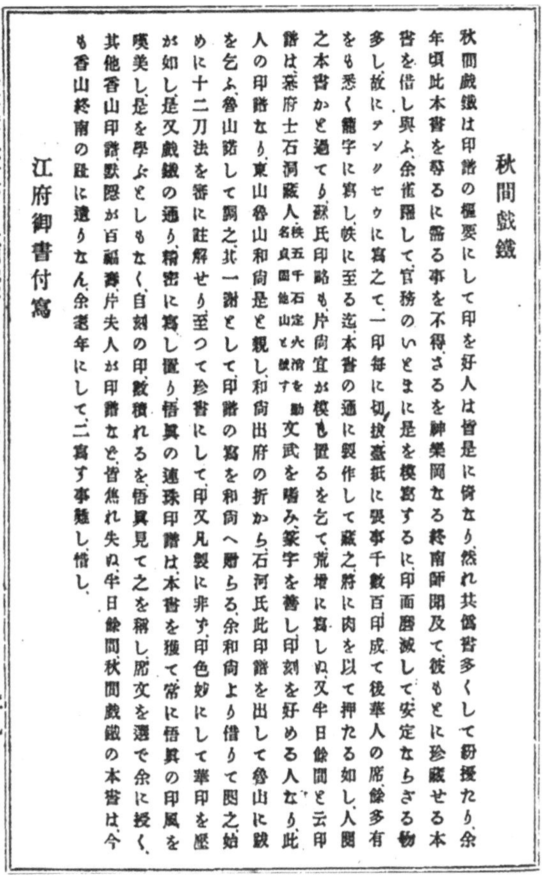
秋間戯鐵

秋間戯鐵は印譜の樞要にして印を好人は皆是に倚なり然れ共偽書多くして紛擾たり余年頃此本書を得るに需る事を不得ざるを紳樂岡なる終南師聞及て彼もとに珍蔵せる本書を借し與ふ余雀躍して官務のいとまに是を模寫するに印面磨滅して安定ならざる物多し故にテンクセウに寫之て一印毎に切抜臺紙に張事千數百印成て後華人の席餘多有をも悉く篆字に寫し帙に至る迄本書の通に製作して蔵之帋に肉を以て押たる如し人間之本書かと過てり蘇氏印略も片岡宜が模も置るを乞て荒増に寫しぬ又半日餘間と云印譜は萊府士石洞蔵人名貞四他山と號す鉄五千石定火消を勤文武を嗜み篆字を善し印刻を好める人なり此人の印譜なり東山魯山和尚是と親し和尚出府の折から石河氏此印譜を出して魯山に跋を乞ふ魯山諾して稠之其一謝として印譜の寫を和尚へ贈らる余和尚より借りて圖之始めに十二刀法を書に註解せり至つて珍書にして印又凡製に非ず印色妙にして華印を歴が如し是又戯鐵の通り精密に寫し置り梧巽の連珠印譜は本書を獲て常に梧巽の印風を嘆美し是を學ぶとしもなく自刻の印數積れるを梧巽見て之を稱し序文を選で余に授く其他香山印譜默隱が百福壽片夫人が印譜など皆焦れ失ぬ半日餘間秋間戯鐵の本書は今も香山終南の跡に遺りなん余老年にして二寫す事難し惜し

江府御書付寫

翁草卷百六十六　秋間戯鐵　九十九

图7　《翁草》书影，日本国立国会图书馆藏

赵孟頫勾摹《宝章集古》无论多么精细，相较于原钤本印谱，其笔法与刀法必然有所损失，可是这并不影响当时士大夫将《印史》奉为经典，甚至还将《印史》进行传抄、翻刻，作为学习范本。[③]这足以证明在篆刻艺术发展初期，人们关注的重点是印章的字法和章法。宋元以来文人篆刻对“篆”的重视一直延续至清代、民国时期，且篆刻中关于重“篆”轻“刻”的论述较为多见，清代叶尔宽《摹印传灯》中曰：“印之所贵者文，若不究心于篆，而工意于刀，惑也。”[④]民国孔云白《篆刻入门》中亦有“历来篆刻，以篆为宗”[⑤]的论断，若以此为视角来审视描摹本印谱，描摹本印谱对“篆”的高度还原，具有作为学习范本的可行性，其接受或更为广泛。

四、结语

对于描摹本印谱的定位，可谓亦今亦古；于作者身份而言可判定为今人印谱，于印面风格而言又可判定为古印谱。描摹本印谱的形成原因较为多样，其中有原钤印谱稀缺的因素，又有印谱赏玩

① 冯汝琪《遁叟印赏序跋》，郑耀祖《遁叟印赏》，民国十七年（1928）描摹本，松荫轩藏。

② [日]神泽贞干编，池边义象校《翁草》，五车楼书店，明治三十八年（1905）至明治三十九年（1906）。

③ 吴云峰《宋元明印谱史研究》，南京艺术学院博士学位论文，2020年，第86页。

④ 黄宾虹、邓实《美术丛书》，江苏古籍出版社1997年版，第350页。

⑤ 孔云白《篆刻入门》，上海商务印书馆1935年版，第57页。

风气的影响，不同类别描摹本的功能、价值亦有所不同。描摹本印谱因存世较少往往受到忽视，前人也多有描摹本"不可以笔画求之"的论断，而印谱作为形态本身与印谱所载印章印蜕之间，并不构成一个价值上的必然联系。[①]在篆刻艺术的发展过程中，原钤印本极为珍惜，对于一般的篆刻爱好者而言，难以得到一本精良的原钤本印谱，而描摹本不仅可以复制、保存稀见印谱，还可作范本之用，于印学传播有着不可替代的作用。在印学史和学术研究中，篆刻实践的形式、技术、材料工序等固然是非常重要的组成部分，但是印谱的文献属性更应该作为核心的"本真"而不容忽视。[②]

附录1　描摹本印谱汇编（17—20世纪）

序号	名称	作者	册卷	版本	出版日期	收藏	备注
1	《杭州七家印谱》	民国方筹辑其所描摹名人篆刻	四册不分卷	描摹本	民国十三年（1924）	松荫轩	
2	《述古堂印谱描摹本》	清程德椿篆，清严熙豫辑，民国张辰描摹	二册分卷	描摹本	不详	松荫轩	
3	《秋闲戏铁八册描摹本》	日本井上氏描摹并辑	六册分卷	描摹本	日本天明三年（1783）成谱	松荫轩	
4	《寄情于此印谱》	民国无名氏辑	一册	描摹本	不详	松荫轩	描摹熊焘印作
5	《超然楼印赏描摹本》	清杨再春描摹	四册分卷	描摹本	清乾隆五十七年（1792）	松荫轩	
6	《琴鹤堂摹本》	不详	一册	描摹本	不详	松荫轩	
7	《描摹本望云轩印集》	不详	一册	描摹本	不详	松荫轩	
8	《遁叟印赏》	民国郑耀祖描摹	一册	描摹本	民国十七年（1928）	松荫轩	
9	《双钩集古印萃》	清厉韫山篆并辑	一册	描摹本	清光绪二十三年（1907）	松荫轩	
10	《旧山楼印稿》	清赵宗建辑	一册	描摹本	民国三年（1914）	松荫轩	
11	《西泠四家印稿临摹本》	清丁敬、陈豫钟、钱松等篆，无名氏辑	一册	描摹本	不详	松荫轩	
12	《明诸名家印识》	日本王嬴篆并辑	一册（册页装）	描摹本	日本嘉永三年（1850）	松荫轩	册页本，表里共六十六开

① 陈振濂《中国印谱史图典》，西泠印社出版社2011年版，第20页。
② 朱艳萍《论当代印谱专业出版中"艺术出版"与"学术出版"之异同》，《西泠艺丛》2020年第7期。

（续表）

序号	名称	作者	册卷	版本	出版日期	收藏	备注
13	《古玉印汇》	方介堪	一册	描摹本	民国二十一年（1932）	松荫轩	
14	《飞鸿堂印谱》	不详	四册	描摹本	不详	上海嘉泰2011年春拍	
15	《赵古泥印存》	庞士龙	九册	描摹本	不详	东方大观2017春拍	
16	《七十二候印谱》	木内愚	二册	描摹本	日本明治四十三年（1910）	松荫轩	
17	《双钩名人印存》	景阳厉蕴山摹	一册	描摹本	光绪十四年（1888）夏	松荫轩	
18	《缶庐印存》第一册	诸乐三	一册	描摹本	民国三十六年（1947）	安吉诸乐三艺术纪念馆	
19	《缶庐印存》第二册	诸乐三	一册	描摹本	1964年	安吉诸乐三艺术纪念馆	
20	《缶庐印存》第三册	诸乐三	一册	描摹本	1966年	安吉诸乐三艺术纪念馆	
21	《缶庐印存》第四册	诸乐三	一册	描摹本	1972年	安吉诸乐三艺术纪念馆	
22	《近郮斋印存》	谢磊明	一册	描摹本	不详	春兰草堂	经折装剪贴本
23	《磊明选钩袖珍本》	谢磊明	一册	描摹本	不详	朵云轩2010年秋拍	裱本经折装
24	《吉金乐石之居印存》	唐棣芳	一册	描摹本	不详	松荫轩	
25	《秋闲戏铁》	不详	五册	描摹本	不详	松荫轩	
26	《飞鸿堂印谱》	鹈殿清虚手写	九册	描摹本	不详	日本茨城县立图书馆	
27	《承清馆印谱》	水石翁	一册	描摹本	不详	日本国立国会图书馆	
28	《承清馆印谱》	南冈主人源嘉褒摹	四册	描摹本	1804年	日本西尾市岩濑文库	

（作者系上海师范大学硕士研究生）

孤本《方元长印谱》考略

周　赞　刘　猜

摘要： 藏于湖北省图书馆的《方元长印谱》钤印本是一部极具文献价值的海内孤本。本文通过释读其序文，勾连起方逢吉交游大致活动时空，力图勾勒印人方元长的历史画像；梳理近九百方印章，揭示其篆刻风格。

关键词： 方元长印谱　方逢吉　孤本　王士昌　吴家凤

印谱是专门记载印章图像、信息而成为图谱一类的书籍。从其生产制作工艺而言，可分为手工钤拓本、印刷本、影印本等；从其内容而言，又分为集古印谱、摹古印谱、创作印谱等三种形式。[①]《方元长印谱》（以下简称《方谱》）即创作印谱类，刊印序文和板框后的钤拓制谱本，现存于湖北省图书馆，查阅编号36059。是谱曾为湖北藏书家徐恕（字行可）先生所藏。[②]因为该印谱流传不广，其他国内图书馆如国家图书馆、上海图书馆、南京图书馆、浙江图书馆等均未见庋藏；又加之湖北省图书馆藏本长期无人问津，故知者甚少。《中国古籍善本书目》所收明代钤印本五十三部中，《方谱》排在第二十六位。从海内仅见而言，《方谱》可谓"孤本"。

谱主方逢吉，字元长，新安人，生活于明代万历年间的建州、南昌等地，嗜"六书"、善篆刻，其作不逊于何雪渔等诸家。依沙孟海的观点，其印风可以归为何雪渔之后、程穆倩之前的"新安派"，应该无疑。[③]《方谱》卷四的辑谱者汪长孺自称与方逢吉同邑，汪氏乃新安岩镇的大族。《方谱》中方氏人物多出自柳山方氏环岩派，还有潘氏、汪氏人物也是岩镇宗族人物；另外，黄山地区相关文人社群人物与景点名胜的大量涌现，都增加了方逢吉祖籍为岩镇的可能性。

黄惇《明代徽籍印人队伍之分析与崛起之因》将嘉靖后期至明末间的徽籍印人统计成表，最早可追溯至方大治（1517—1578）。[④]嘉靖二十一年壬寅（1542），王寅、方弘静等徽州通路上的十六位好友组成天都社，其会盟皆以诗文会友。方大治是身兼文人和印人的天都社员。崔祖菁《晚明徽籍印人考察》以方大治活动为主线，勾勒出他在苏州、南京、扬州等地与朱曰潘、文彭的交谊。[⑤]《方谱》也涉及徽州方、吴、汪等大族的家学、印学交往，反映出万历年间文人结社群体的

---

① 黄惇《中国印论类编》，荣宝斋出版社2010年版，第568页。

② 徐恕，字行可，武昌人。伦明《辛亥以来藏书纪事诗》"徐恕"条称："尝舍南浔刘翰怡家二岁，尽读其所藏。……版不问宋元，人不问古近，一扫向来藏书家痼习……"或许《方谱》在南浔获得。

③ 沙孟海《印学史》，西泠印社1987年版，第104页。

④ 黄惇《明代徽籍印人队伍之分析与崛起之因》，《西泠印社·徽派与徽州篆刻研究专辑》，荣宝斋出版社2009年版，第6页。

⑤ 崔祖菁《晚明徽籍印人考察》，《中国书法》2020年第8期，第172页。

交游，如天都社社员，以及汪道昆、汤显祖等名士的印章亦可补充其考证之资。

　　《方谱》二册五卷，纸捻装。高28厘米，宽17.5厘米，框格高21.6厘米左右，半叶的框格宽14.3厘米左右；书口上刻书名，下刻卷、叶次；一叶两面钤印，下附注释，无扉叶与牌记。两册封面楷书题"方元长先生印章"书名，右侧皆钤"一床书"（白文条章）、"雍克钧印"（白文方印）、"衡平"（朱文方印）三印。（图1）每卷首叶右上刻书名"方元长印谱"、卷数，下刻署名两行，其右为"新安方逢吉元长父篆刻"，其左为编辑者。五卷的编辑者分别为：上册卷一"弋阳朱统鑘将之父选辑"，卷二"蒲阳林钟金祖鼎父选辑"，卷三"广陵颜不疑卓如父选辑"；下册卷四"同邑汪长孺孟公父选辑"，卷五"临海王立召伯起父选辑"。（图2）卷一有十六叶，每叶均分四格，每格上下分两栏，上栏钤印，下栏释文，收印六十三方；卷二有十六叶，每叶均分四格，每格上下分两栏，每栏格钤印并释文，收印一百二十六方；卷三有十一叶，每叶均分六格，每格上下分两栏，每栏格钤印并释文，收印一百二十二方；卷四有四十叶，每叶均分六格，每格上下分两栏，每栏格钤印并释文，收印四百七十五方；卷五有十五叶，其中四格栏二叶，余则皆六格栏叶，钤印释文体例分别如前例，收印一百零七方；全书共收印八百九十三印。编者排序印文时，遵从印章的归属者，前后相互有关联。这对于考证人物、斋号等大有裨益。另外，编者还按照印面大小依次排入五卷，比如卷一所收皆约5厘米的大印，卷二所收皆约为4厘米的印章，卷三、卷四所收约为2.5厘米至3厘米的印章，卷五则皆收长方印章。

　　《方谱》卷首依次刊印了王士昌、施存、吴家凤所撰三篇序文。其中唯有吴家凤序有"万历庚

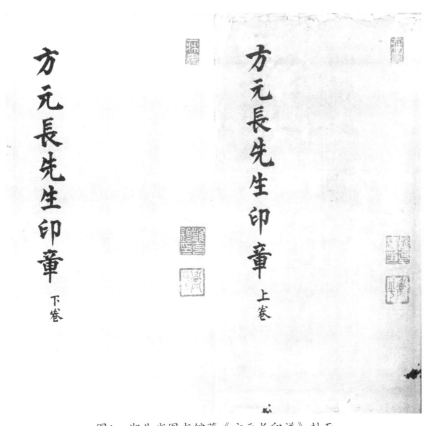

图1　湖北省图书馆藏《方元长印谱》封面

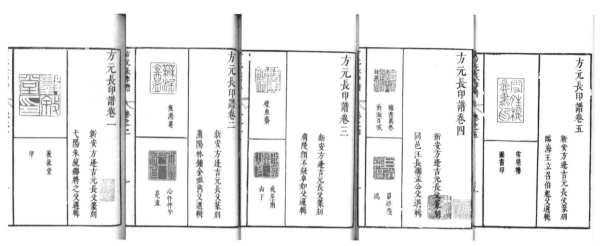

图2　湖北省图书馆藏《方元长印谱》内页（一）

申年夏日"的纪年题款，是知《方谱》初具规模于万历四十八年（1620）。虽然它比梁袠《印隽》（成谱于1610年的墨印框格原钤本）、吴迥《晓采居印印》（成谱于1614年的墨印框格原钤本）、吴忠孟《鸿栖馆印选》（成谱于1615年框格钤印本）、苏宣《苏氏印略》（成谱于1617年框格原钤本）成谱略晚，但是从其编撰体例来看，我们认为可以将它们视为同一个时期的产物。又《晓采居印印》卷四"方以晋印""季康"毗连，《方谱》卷七"以晋""季康"也是毗连，由此比观亦可知吴迥、方逢吉皆与方以晋存在交集，也可推测两者属于同时期的印人。《方谱》卷首三篇序文虽然言简意赅，但是提供了印谱的成书过程、谱主的篆刻生平等关键信息，故全文移录如下。

一、王序为临海王士昌撰，寓石潘一驹书，行草书体（图3）

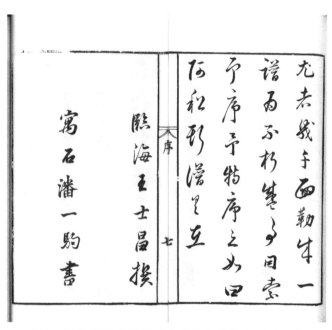

图3　湖北省图书馆藏《方元长印谱》内页（二）

粤自仓颉、史籀肇迹六书，如云龙、科蚪、金错、玉箸，其文不一。邈古圣哲，心画秘奥，碗狭浅鲜者岂能识哉！列国不同文，秦恶不已合，相斯损益为小篆。然法令滋章，簿书委积；邀务简略，再变而为隶。嗟乎！去古文字远矣。许叔重编集《说文》，但释秦文，不释古文；然官私印记悉用小篆，若玺册旌幢之属犹尚科蚪、云龙等书；至若李阳冰而后，宣义大师梦英、郭恕先辈博雅多闻，尤工史籀；晋宋而下，其道亡矣。予作逐臣，居无事时雅好稽古，而元长氏应弋阳王孙约，来游豫章，与予心契，遂成莫逆交。世人共知元长氏工秦汉之印文，而不知元长弱冠时潜心丘索，尤嗜六书，业此三十余年。日窥月测，寻源溯流，莫不研精探讨，广博旁搜；其托点画于金石，下笔纵横，若有神授。伸而无倚，挠而不折，至若右持昆吾，左剖于阗；斟酌意匠，会通古今，若蒙庄所谓协桑林之舞，中经首之会者也。予素有山水烟霞之癖，得元长共游，兴复不浅，两登庐、岳，继穷武夷、天台、雁荡诸胜。而元长氏每遇荒碑蚀碣，莫不必穷其奥而后已，究心精博，有由来也。时在建州署中，出所藏为海内名公士大夫所制印稿，撮其尤者几千面，勒成一谱，为不朽盛事。因索予序，予特序之。如曰何私，斯谱具在。临海王士昌撰，寓石潘一驹书。

从其序文中可知，方逢吉是应"弋阳王孙"的邀请来豫章的。弋阳王即明代宁王之孙朱奠壏，后国除。宁王这一支藩宗派字诗句云："磐奠觐宸拱，多谋统议中。"①所以"弋阳王孙"即朱奠壏这一支后裔，编辑《方谱》卷一的朱统铄是其"统"字辈；《方谱》中还有十余方"弋阳王孙"的印，按照其派字先后，有"谋"字辈如"朱谋翼印""朱谋塼（字延甄）印""朱谋难印"，有"统"字辈如"朱统鉴（字司空）印""朱统鏶（字嗣立）印""朱统镋印""朱统钃（字嗣承）印"，有"议"字辈如"朱议�（字光卿）印""朱议滽（字漱石）印"等。（图4）

方逢吉来豫章的这个机缘使得王士昌与他成为莫逆。王士昌字永叔，号十溟，临海王宗沐②之子，王士琦③、王士崧④之兄弟。万历十四年（1586），王士昌以江西新建的民籍得中三甲第

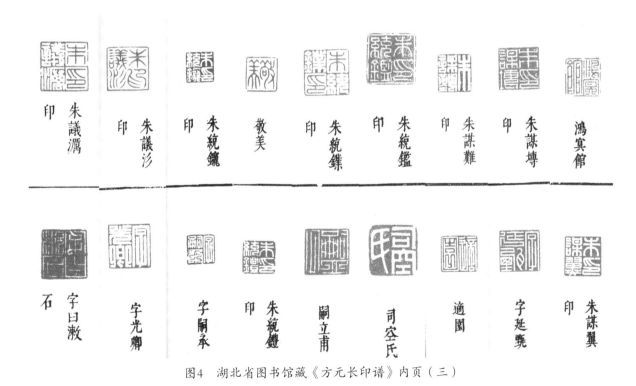

图4　湖北省图书馆藏《方元长印谱》内页（三）

① （明）谈迁《国榷》，中华书局1958年版，第23页。
② 朱保炯、谢沛霖《明清进士题名碑录索引》，上海古籍出版社1979年版，第253页。
③ 朱保炯、谢沛霖《明清进士题名碑录索引》，上海古籍出版社1979年版，第272页。
④ 朱保炯、谢沛霖《明清进士题名碑录索引》，上海古籍出版社1979年版，第272页。

一百九十九名进士①，这使得临海王氏一门父子四名进士，之后又官至巡抚者三名。王士昌历官龙溪知县、兵科给事中，改礼科，后谪镇远典史，终官右佥都御史、福建巡抚。《方谱》卷一第二叶的"永叔""八闽节镇""父子兄弟建牙"三印联署，第十四至十五叶的"王士昌印""大廷尉""竹素堂印""嘉树斋"四印联署，乃方逢吉为其所治。其中"八闽节镇""大廷尉"与其官职相应，而"竹素堂""嘉树斋"可补其斋堂雅号。（图5）王士昌擅山水画，尤得黄公望笔意。著有《镜园藏草》《投荒草》等。《方谱》中还有"王士琦印""世拥节旄"二印联署，为王士琦所刻。

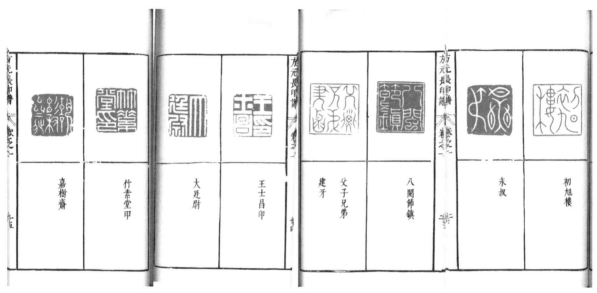

图5 湖北省图书馆藏《方元长印谱》内页（四）

据王序称，方逢吉治印"时在建州署中"，是知方逢吉官职具体属地。建州本属于明王朝版图。清朝修《明史》时，欲证明其先祖从来没有臣属、受封于明朝，而将明代有关建州的真实史料做过一番隐没、窜改，比如毁灭书版，禁止相关书籍流通，删除书中有关建州的信息等。由此可见，王士昌记载方逢吉在建州署衙工作的事实，极为重要。《方谱》历经清代而得以保存，尤为珍贵。

王士昌还称方逢吉为海内名公治印逾几千，已经"勒成一谱"。然《方谱》所辑近九百方，尚不及什一，冰山一角而已。是知其先应该还有自编印谱，而《方谱》则是同好们之后收集整理、刊版的印谱。

---

① 朱保炯、谢沛霖《明清进士题名碑录索引》，上海古籍出版社1979年版，第273页。

二、施序为《方元长印薮序》，施存（敬恭父）撰，汪忱书，楷书一行十一字（图6）

予偶夜过真州，沈、郑二生以方元长氏《印章薮》索序。予辞已不是非人间事久矣，恶知是为何物耶！二生曰：印体曰印，印于物曰章，集是章曰薮，何难序而辞焉？予乃快然曰：夫如是言，印之义，大矣哉。仰观乎天，天即印也；地，天之章也；人，天地之章也；印章，人之章也。盖天之为印，北辰居所，肇其典也；星宿罗列，错其文也；银河亘挂，挥其法也；霓电间发，芒其锋也；日月运行，傅其色也。爰是而印于地焉。地有五岳，象北辰也；山陵点滴，象星宿也；江流长泻，象银河也；树木芬芸，象霓电也；烟云郁勃，象日月也。爰是而印于人焉。人有血、肉、毛、发、骨，亦甚象乎所印矣。乃有哲者出，化其义而文之曰书。有鸟画焉，有虫雕焉，有云篆焉，有简书焉，有漆书焉。镌是文于金、玉、石曰印。是印也，帝王、将相、士夫金崇尊之，以通乎上下，上下悦焉；交乎四海，四海信焉；垂乎竹帛，竹帛征焉；传之后世，后世宝焉。印之功于人不细矣。事于此者，欲体天地之义，摹先哲之法，于上下、四海、竹帛、后世，莫余敢侮。人之肆于印，不易矣。元长事此，发几班白，始造化乘。是薮实其禁脔也。元长、元长，斯集告成，亦不虚天地之印；吾子、

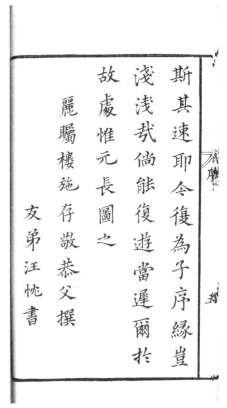

图6　湖北省图书馆藏《方元长印谱》内页（五）

吾子，亦足以称天地之章矣。吾直以造物游方元长，讵以世之操刀竞锥者伍元长哉！元长其悬黎夜光珍之喜事者共赏之。子不忆昔之青山过雨，白练挂天，跌坐匡庐，奇思茫然时有顽龙裸卧，见着黄冠、丈紫藤隔溪而言者，即予也。嗟乎！一别几秋，萤星移电，掣如斯其速耶？今复为子序，缘岂浅浅哉！倘能复游，当迟尔于故处，惟元长图之。丽瞩楼施存敬恭父撰，友弟汪忱书。

第二篇序的作者施存字敬恭，生卒年不详。但是按照序文次序判断，他的年辈应该晚于王士昌，与方逢吉平辈。其写序时间也应该早于第三序。丽瞩楼或许是其居。从其序文最后称"子不忆昔之……跌坐匡庐，奇思茫然时有……隔溪而言者，即予也"，可知他与方逢吉早年学问砥砺于庐山，两人是老友。这也是施存路过真州时，被沈、郑二生挽留下来，请他赐序的原因。

沈、郑二生所持印谱被称为《印章薮》，证明王士昌记载方逢吉治印逾几千，应该属实。或

许《方谱》因其数量足以与王常的《印薮》相媲美，才会被称为"薮"。施存称"是数实其禁脔也"，也道出了这本印谱为沈、郑二生珍藏，而《方谱》中的印章也应该是出自其中的。《方谱》有"沈氏雨公""沈寀之印""季玄父"诸沈姓印，"谷口郑生""郑之棠印""郑长庚印""郑都咸印"等，或许说明了沈、郑二生与谱中这些印章有关系。

三、《吴序》为吴家凤撰并书，行草书（图7）

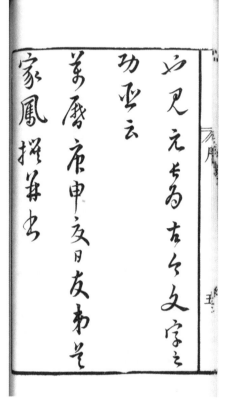

图7　湖北省图书馆藏《方元长印谱》内页（六）

印章之重于艺林，尚矣。古印多托以金、玉，有镂、铸、璩、璩之不同，代各异法，善不过秦汉六朝。八代之后，沿至宋元，其道遂亡，而好尚亦鲜。挽近代以珉瑭，取其篆刻从心，饶存笔意耳。先辈文国博寿承之作，擅绝一时；而何主臣氏继起，溯秦汉而上之，尽得古人心法，道丽奇古，无不各诣其极，称绝技矣。大都袤古印章，如修文者务博极群书，如染翰者务临摹法帖。合之始克成家。不则剞劂所为，参以撰妄，谓绳墨何？余友元长氏精六书，尤究心篆学，自仓、史以逮斯、邈，靡不研摹搜索。故其所为印章，不假何氏梓筏而悉契其心印。余交之最久，得其制作最多。迩年元长壮游于燕晋、齐鲁之间，遍阅名山大川、钟鼎遗文，不啻三日（间），冢中之卧游日益广，而学日益精，海内推为文、何而后一人。士大夫得元长寸印，有若拱璧。余雅好古字，得时问元长之奇，因搜辑其精，尤勒成一谱。庶几览者谓文、何而后一人，不虚也，且也见元长为古今文字之功臣云。万历庚申夏日，友弟吴家凤撰并书。

吴家凤字瑞生，号恬漠斋、啸园，安徽歙县人。擅山水画，师法吴门而上溯巨然、吴镇；《飞鸿堂印谱》收其"野猿夜守丹炉灶"等十方印。他的家族是县里的大族——歙西溪南吴氏。《新安歙西溪南吴氏统宗志序》云："文物之雅，冠盖之晟，彬彬礼让，蔼然儒臣之门，莫溪南若也。"[1] 足见其族俊秀甚多。其家族本以盐筴为业，又以书画收藏作为家风传承。其父吴希元（1551—1606）是丰南吴氏第二十四世。吴其贞称其善鉴赏，又巨富而以捐纳得到中书舍人一职。他所收藏的法书名画、琴剑鼎彝甚多，如王献之《鸭头丸帖》、颜真卿《祭侄稿》等。吴希元有六子，即起凤、翔凤、庭凤、家凤、友凤，皆国子生。《书画记》卷二载："时人呼之为'五凤'，皆好古玩，各有青绿子父鼎，

① 孙志强《晚明徽州吴氏印人与印学活动考论——以休宁商山吴氏、歙西溪南吴氏为中心》，《中国书法》2021年第8期，第166页。

可见其盛也。"①在《方谱》中，除长子起凤外，其他五位兄弟的印章皆存。

吴家凤序云："迩年元长壮游于燕、晋、齐、鲁之间。"这可以推测在万历四十六年（1618）、四十七年（1619）间，方逢吉曾壮游于华北诸地。当时印人多受到何震的影响。但是，吴家凤认为，唯独方逢吉能出何雪渔樊笼，"不假何氏桴筏而悉契其心印"。方逢吉治印神情跃然纸上。所谓"心印"似乎受到阳明"心学"的影响。工夫不外假于何氏，而是内修于心。加之他壮游而"遍阅名山大川、钟鼎遗文"，使其篆刻不拘于一技，日益精进。吴家凤甚至认为，方逢吉就是"海内推为文、何而后一人"，对其评价甚高。

自万历后期开始，歙县商山、溪南等地的吴氏宗族英俊们全面参与印学活动，如篆刻创作、古印收藏、印谱编印、出版发行等领域；其代表人物就有西溪南吴良止、商山吴正旸等。朱简《印经》将吴正旸的篆刻列为何震一派。吴良止兄弟在古印收藏上也相当可观，其兄吴良琦曾与方元长的宗亲方大治以古印收藏相竞赛，双方甚至经常各出示千余方古印相角，成为盛事。溪南与商山的吴氏印人们在万历后期至崇祯的三十余年间，编纂刊行的印谱就有十余种，除《方谱》之外，还有吴正旸《印可》、吴元满《集古印选》等。据《吴氏族谱》可知，吴元满的族孙吴可贺也编有《古今印选》，成书在其《集古印选》问世之后的十三年。这说明吴氏家族学风相承，耳濡目染，极易形成印人集聚、切磋、交流的家族文化现象。吴氏家族作为"徽商"大族，从盐荚贸易到游学名家，再到书画收藏，逐渐将手工业、商业资本转化为风雅的文化资本。这更加使得印学传播、风尚保持着良性发展。《方谱》正好就是"片纸书传千里外，细认故人踪迹"②的标本。

综上，通过释读序文、细审印文，我们大致可以划定方逢吉生卒年的上下限。以吴序纪年1620年为基点，又以王序所云"业此三十余年。"若王、吴两序为同年所撰，方逢吉青少年时期则可到1590年之前。谱中人物"金銮"生活在1494至1587年间，方逢吉为其刻治印章应是在其卒年之前。虽然方逢吉的卒年不易判定，但是谱中的"熊人霖"生活在1604至1667年，"陈元龙"生活在1652至1736年，可以较为宽泛地划定，方逢吉治印的时期当在1590年至1660年前后，其寿龄或在七十余岁。

四、方逢吉的篆刻风格

万历二十八年（1600）之后，何震被推为印坛翘楚。《印人传》云："自何主臣继文国博起，而印章一道遂归黄山。久而黄山无印，非无印也，夫人而能印也。"前句道出了何震印风之盛，后句揭示了其弊。韩霖序《朱修能菌阁藏印》云："于今人中见其篆刻之技近千人……其尸而祝之者必曰何氏、何氏。"③方元长如何从继承何震，进而超越何震呢？雪渔派的休宁吴正旸自序《印可》云："主臣得之为主臣，我得之为我耳！"④《方谱》吴家凤序亦称方逢吉："不假何氏桴筏而悉契其心印。"这都体现出新安印人在继承与发展的问题上的思考、实践。从继承而言，《方

---

① 张长虹《品鉴与经营——明末清初徽商艺术赞助研究》，北京大学出版社2010年版，第166页。
② 明代吴贯勉《念奴娇·咏图章》句，出自其《江花唱晚》。
③ 韩天衡《历代印学论文选》，西泠印社1999年版，第494页。
④ 韩天衡《历代印学论文选》，西泠印社1999年版，第490页。

谱》模拟何震印风者不少于百方。（表1）

表1　方元长模拟何震印风统计表

方元长印章	何震印章	分析
薜荔为衣 媚兰仙子	听鹂深处 花港渔郎	对于残破的追求，方氏印章在仿何震印风的表现上要更胜于拟汉印的残破，一改板正之气。章法上，通过笔画的断连、线条的粗细、边框的残破达到空间的疏密有致。在字形上，同何氏一样削弱了篆文笔意的表达，反之在刀法上表现古拙苍浑的效果
广乘山人 砮鹤山人	云中白鹤 竹窗茶话	"广乘山人"似"云中白鹤"，以冲刀法直冲，呈现生猛雄健、泼辣爽利之感
张泰真 无声楚骚	放情诗酒	"张泰真"的残破与何氏"放情诗酒"相似

（续表）

方元长印章	何震印章	分析
山中人分芳杜若 绕屋梅花三十树	笑谭间气吐霓虹	"山中人分芳杜若"三等分印章中，"人"与"分"字打破了上下等分的空间。恐因"芳"在字形上与"分"类似，方氏两字的线条做了粗细变化的处理，以虚御实，又不显得三字线条过实而干扰印面章法的协调性。章法上，方氏印面因笔画粗细对比强烈，在"虚"上要胜于何氏，然何氏在刀法上处理饱满统一，使得印面更显雄强
撷芳居 方壶居士	澹然居	"方壶居士""撷芳居"在此风格上大胆尝试，忽粗忽细的线条给人以强烈的视觉冲击
佘翔之印 玉京外臣	志在山水 敬老怜贫	"佘翔之印"在章法处理上，其印面中"十字"界格式的留红较大。"玉京外臣"的"外"字，增加了篆文笔意的表达，则更显天趣。在边框的残破上此印也能与何氏印章相媲美

（续表）

方元长印章	何震印章	分析
 水芝轩  吴绍隆印	 柴门深处	"水芝轩"字形平直朴茂。"吴绍隆印"掺以切刀，以笔画的断连、粗细求金石之气
 雪霁	 螳螂生  麦秋至	在方氏追求篆文笔意的表现的印章中，"雪霁"无疑是最精彩的，似何氏"麦秋至"，在字形的处理上打破了字形的限制，章法上也不求满求匀；亦不在乎线条的粗细、欹侧，直追上古遗文气质

从发展而言，方元长的治印取法亦呈现出多元化的倾向。（表2）

表2　方元长印章取法统计表

方元长印章	取法	分析
 树萱堂  斗乘轩	 唐《岣台铭》 　新莽《嘉量铭文》  《集古印谱》"张震白疏"	"斗乘轩"把篆文重心上提而延长其收笔，收笔处类单刀直冲，似《岣台铭》倒薤篆的头方尾尖；"树蕙堂"篆文重心更高，线条则类似汉篆《新莽嘉量铭文》的圆起圆收
 颖川渔父	 三国吴《天发神谶碑》	"颖川渔父"的"川""父"二字有明显取法《天发神谶碑》的迹象，这种篆文风格的运用使得原本过于单调的仿汉印显得意趣横生
 且快斋 　函雅堂  雨香亭	 李阳冰《千字文》 　《三坟记》	方氏把玉箸篆的笔意带入其中，如白文"且快斋"，朱文"雨香亭"中的"斋"与"亭"字，其"书写性"已不再是单调的铁线。在刀法上又施以残破，如"函雅堂"给人的"金石气"

589

（续表）

方元长印章	取法	分析
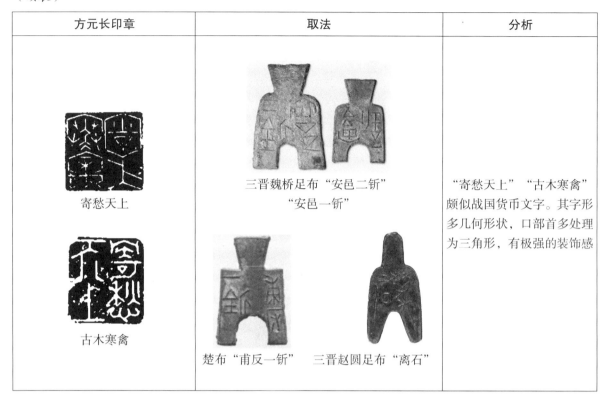 寄愁天上 古木寒禽	三晋魏桥足布"安邑二釿" "安邑一釿" 楚布"甫反一釿"　三晋赵圆足布"离石"	"寄愁天上""古木寒禽"颇似战国货币文字。其字形多几何形状，口部首多处理为三角形，有极强的装饰感

以上分析说明，方逢吉所作印章一部分得何风冲刀的爽利苍浑，一部分含有自身对汉印的理解作金石残破，时有出其不意的印式印风，足以媲美何震。我们关注的是方氏取法乎上的眼光，其得力于他常年寻源溯流，遍阅名山大川、钟鼎遗文的积累。方逢吉"每遇荒碑蚀碣，莫不必穷其奥而后已"的治学精神，在"求新"上，或将石刻、货币、量器文字无不施于印章，正是方氏"入古出新"的最好诠释。

《方谱》还存在大量拟古篆和以古篆掺小篆的两类印章，有百余例，占总量的13%左右，仅次于汉印风格。这里的"古篆"指先秦两头尖细的"古篆文"，即"柳叶篆"，还包括装饰的异体篆。我们以清乾隆《三十二篆体金刚经》为参考，从文字形态上，《方谱》以取"柳叶篆"居多，兼及"鸟迹篆""殳篆"等；从字法取法上，则出处于《说文》《汗简》《偏类六书通》《篆字汇》等。（表3）

表3　方元长取法古篆统计表

	方元长印章	取法	分析	类似印章
拟古篆掺小篆入印	飞云阁	《偏类六书通》《汗简》	"飞云阁"这方印在文字形态上似尖头尖尾的"柳叶篆"，"飞""云"字法的出处分别见于《偏类六书通》《汗简》。"阁"字的处理则属于拟古篆形的小篆，与两古篆字形风格协调统一	彦龙 绳轩 雄飞轩
	吴洧美印	《偏类六书通》《广金石韵府》	"吴洧美印"这方印文字形态同上，"吴"和"美"出于《偏类六书通》，"印"则见于《广金石韵府》，"印"字的处理在《方谱》拟古篆类型的印章中为典型。"洧"字为拟古篆形的小篆	鸿宝堂印 王念祖印 思王氏

（续表）

方元长印章	取法	分析	类似印章
 浔江钓叟	 小篆和《偏类六书通》《广金石韵府》	"浔江钓叟"这方印文字形态似圆转的"玉箸篆"，但部分本为短促的笔画省减为点状，似"鸟迹篆"的字形处理。在字法上实则皆为拟古篆形的小篆。吾丘衍在《学古篇》中说"又圆点、圆圈，小篆无此法，古文有之"，又言"择小篆可以补其缺"，此印可证	 枫江阁
 且快斋	 小篆	"且快斋"此方印文字形态似"大篆体"，线条起收圆转厚重，字法上皆为成熟的小篆写法。此类型在《方谱》中不多见，以白文居多	 珍研斋

（左列竖排：拟古篆掺小篆入印）

	方元长印章	取法	分析	类似印章
拟古篆入印	父子兄弟建牙	《汗简》《广金石韵府》《偏类六书通》	"父子兄弟建牙"此方印文字形态似"柳叶篆"。字法上，"子""兄"见于《汗简》，"弟""牙"见于《广金石韵府》，"建"见于《偏类六书通》，"父"不见出处但为古篆。此类印章为《方谱》中古篆印章之典型	龙骧 近銮堂 泽弘
	晴蔼楼	《广金石韵府》《篆字汇》	"晴蔼楼"此方印文字形态为"玉箸篆"，字法上"晴""蔼"二字分别见于《广金石韵府》《篆字汇》，"楼"未见出处但属于古篆字法。此印特殊之处在于字形拟小篆形，字法为古篆	象鼎 康爵堂 玄景
	无文斋	《广金石韵府》	"无文斋"此方印文字形态似"殳篆"，笔画头尾作装饰性的卷曲处理。字法上，见《广金石韵府》。此类印章多以白文为主，为避免盘曲过繁减少了部分笔画的卷曲，而是在刀法上多做残破线条以丰富整体章法	寅之 孟起氏

（续表）

方元长印章	取法	分析	类似印章
拟古篆入印 元哲	 《广金石韵府》	"元哲"此方印文字形态似"鸟迹篆"，一些短促的笔画会以点状处理，且两笔画衔接处有焊接粘连的效果。字法皆见于《广金石韵府》。此类印章与"柳叶篆"近似，且多以白文为主	 灵长 即净无净 尔召 朝官

五、结语

孤本《方元长印谱》不但为我们呈现了明代万历时期新安派印人方逢吉的篆刻风格，更为印学史、印谱研究提供了重要的明代篆刻文献史料。我们对《方谱》近九百方印章以及三篇重要序文进行释读之后发现，该书共涉及一百二十余位人物，大都与方逢吉同时，生活于明代万历时期前后，其籍贯主要分布于安徽、浙江、江苏、江西、上海、福建、北京等地；其身份多为官员、将领，上至皇亲贵胄、尚书巡抚，下到知县训导，还有藏书家、戏曲家、书画文士，甚至还有布衣隐者；他们共同汇集于斯谱，形成了方逢吉的"朋友圈"。《方谱》三篇序文为我们勾勒出万历时期以方逢吉为中心的印学活动，以印会友。其中王士昌序文记载方逢吉在建州署衙工作的事实，对于明代疆域版图研究提供了重要史料依据。《方谱》序文手书上版书法风格，也保留了可供研究的史料，比如吴家凤的行草书。

参与《方谱》的编辑者应该是抱着弘扬方逢吉篆刻的目的。从序文、释文采用雕版可知，当时是谱应该或曾有过大量印刷，以期扩大其艺术影响。从《方谱》印章的排序来看，编辑者不仅依照印面大小依次排比，而且印章人物与其字号、斋馆保持着紧密的联钤关系。这使得我们可以逐一发现一些历史人物所不为人知的字号、斋馆，如"弋阳王孙"中"谋、统、议"三世人物的字号、斋馆等。我们相信《方谱》中其他大族如吴氏、汪氏、潘氏等人物的字号、斋馆等印一定能补充其宗族谱牒的不足之处。比如湖北省图书馆所藏明代《周易心宗》，其作者吴惇宽信息尤少。《方谱》卷一存"吴惇宽印""小毛公""浔江钓叟""苍菖斋"四印联署钤记，这为我们提供了诸多信息。又如明代万历年间摹勒镌刻《宝鼎斋法书》《玉烟堂帖》的吴之骥并无更多信息，但通过《方谱》卷四的"吴之骥印""孝通氏"两方联署钤印可知其字。所以是谱不独于印学有功，对研究乡邦文献、刻帖者也有良助。

（作者一系湖北美术学院中国画学院副教授、硕士生导师；作者二系湖北美术学院中国画学院硕士研究生）

明郎瑛《七修类稿·古图书》考略

董泽衡

摘要： 明代文人常以随笔记录身边见闻、杂艺、风俗等，内容繁杂，兼及文化、文学、科学、艺术诸方面，不拘体例，逐渐形成个人的笔记著述。笔记内容虽散杂多样，其中不乏对历史、金石、碑版、图章等问题的考据与辩证，为金石碑版、印石图章等研究提供珍贵的资料，亦补史阙。明文人郎瑛著《七修类稿》五十余卷，分天地、国事、义理、辩证、诗文、事物、奇谑等七类，其中"事物"类编中集古玺印五十余方，并逐一摹拟考证，撰《古图书》一文作集古印谱。从《古图书》印谱所见，郎瑛所集古印不囿朝代，自先秦古玺至宋元私印，形制种类多样。因此，在史学观照下，对郎瑛《古图书》印谱序跋及藏印梳理考察，探两宋后集古印谱在明中期的发展，亦对印谱史的发展与研究，大有裨益。

关键词： 郎瑛 集古印谱 复古思想

在两宋金石学的影响下，集古代玺印亦成为文人、金石学者集古器物的重要行为之一，遂促进了印谱的生成。集古的本质即为法古，与古人保持内在的延续。元明之际，文艺的发展在"复古"的思想中展开，"汉魏而下典型质朴之意，可仿佛而见之矣"[1]。"学篆字，必须博古，能识古器，其款识中古字，神气敦朴，可以助人。"[2]元代赵孟頫、吾衍在印学上说明了法古的重要性，所提出的"印宗秦汉""崇古"的思想，成为行为圭臬，传之后世，不但体现在文人篆刻的实践中，在印章的收集与印谱的编纂中亦有体现。随着元末印人进入明代，明初期与中期众多的印人与印谱遵循前人思想。明代印人沈野《印谈》云："印章兴废，绝类于诗。秦以前无论矣，盖莫盛于汉、晋。汉、晋之印，古拙飞动，奇正相生。六朝而降，乃始屈曲盘回如缪篆之状。至宋则古法荡然矣。"[3]明代文人郎瑛亦是如此，其性嗜古，富于收藏，广于结友，与丰坊等人来往密切。其一生藏书集古，于耄耋之年，著成《七修类稿》五十余卷，其中"事物"类编中录《古图书》一文，该文记录郎瑛所藏古玺印五十余方。《古图书》有序跋，抒以郎瑛的印学见解，后五十余方藏印中，以秦汉古玺印为主要，唐宋元印仅数方，郎瑛对每方玺印从形制、印文、文字等方面进行考察，严谨详尽。

明代郎瑛《七修类稿·古图书》作为印学个案研究似乎是独立的，《七修类稿》又作为小说笔记文献，内容庞杂，亦非刊入正史或经典范式。相反，以个人行为所制作而成的私人印谱补充了相

---

① （元）赵孟頫《松雪斋文集》卷六，康熙五十二年（1713）序刊本。

② （元）吾衍《学古编》，《篆学琐著》，道光二十年（1840）海虞顾氏刻本。

③ （明）沈野《印谈》，《历代印学论文选》，西泠印社1995年版，第64页。

关匮乏的文献资料。故而，对于明代郎瑛《七修类稿·古图书》印谱的梳理与讨论，有助于提高明代笔记小说文献资料的关注，并丰富明代印学史之研究。

一、郎瑛与《七修类稿》

郎瑛字仁宝，浙江仁和（今属杭州）人，一生未入仕，故正史中鲜有记载，于地方志中可查其踪迹，然仅数字，难识其面目。明代许应元《陶堂摘稿》中撰有《草桥先生传》一文，郎瑛被称为草桥先生，该文对郎瑛生平描述较为详尽，并评价其著作。同时，《七修类稿》多有时人及后世重刊者作序，故文史方志与序言相结合，已勾勒郎瑛其人。郎瑛生卒年于方志与诸多传记中均未记，后世有学者考其生卒年大致为成化二十三年（1487）至万历初年，故不赘述。

清乾隆时周棨重刊《七修类稿》撰序云：

> 明仁和郎氏仁宝，赋性淡与进取，藏书富于杂家。揽要咀华，刺瑕指颣，辨论同异，述作等身。所著《萃忠录》及《青史衮钺》二书，今已阙焉不彰。惟《七修类稿》尚有传世。其书分七类：曰天地，曰国事，曰义理，曰辨证，曰诗文，曰事物，曰奇谑。综诸家之长，竭终身之得力。①

从后人撰序可知，郎瑛曾著书三种，然《萃忠录》及《青史衮钺》今已佚，仅《七修类稿》存世。郎瑛家本殷实，承家学，性嗜古，好收藏，虽未入仕，但一生精于学问，诵诗读经。因学识广博，其著述在当时已声名远播。

> 四方缨绥之徒，见其书无不愿知先生者。②

郎瑛研穷义理，辨识古今，奇书异帙，每遇求之。故所著《七修类稿》涵古概今，杨慎亦屡引其说。清人李慈铭《越缦堂读书记》载：

> （《七修类稿》）此书引证颇广，当时杨升庵已屡引其说，然识见殊卑，笔亦冗拙，时有村学究气，论诗文尤可笑，其浩博则不可没也。③

杨慎所评此书行文用词虽有所蹇拙，其所记内容浩博，杨慎给予肯定。该书亦是集郎瑛一生阅历，逐条积累，纂成此书，受时人欢迎。

> 嘉靖丙寅，先生春秋八十，犹日综群籍，参互考订，客有纵之使成续稿，未及印摹而四方

---

① （明）郎瑛《七修类稿》，上海书店出版社2009年版，第2页。
② （明）许应元《陶堂摘稿》，《续修四库全书》，上海古籍出版社2002年版，第115页。
③ （清）李慈铭《越缦堂读书记》，中华书局2006年版，第1149页。

好奇之士购求恐后。①

《七修类稿》在当时广泛印制，自明刻本后鲜有流传，经久时日，故稿本卷宗有所散佚，或五十一卷，或五十七卷等，无从考。清人周棨撰序云：

> 惜其书镂版散佚，藏弃家购觅旧本，珍如拱璧。②

郎瑛博学多通，治学严谨，考证详尽，所纂《七修类稿》亦可称"百科"，后人视之为珍。虽作为笔记类文献，却可以贴切地反映出时人的社会生活及治学游历，对于私人所藏，则以记录为目的，悉属翔实。陈寅恪认为古代文人笔记与官修正史均为研究经史的重要材料："通论吾国史料，大抵私家纂述易流于诬妄，而官修之书，其病又在多所讳饰。考史事之本末者，苟能于官书及私著等量其观，详辨而慎取之，则庶几得其真相，而无诬讳之失矣。"③明代中期亦是文人笔记荣盛之时，一方面以心性书写，文以自娱，同时注重探赜幽微。其中所载史料亦可补正史之阙、阐正史之微。

二、《七修类稿·古图书》梳证

《七修类稿》分天地、国事、义理、辩证、诗文、事物、奇谑等七类，于卷四十二"事物"编中收有《古图书》一文，由文可知，为集古印谱。其篇名曰为"图书"，非今之卷籍书帙之意，"图书"亦为"印章"的别称。有文献可考，"图书"作"印章"之意自唐宋始："'图书'之称始见于唐代，有研究者推测为鉴藏图画书籍用印，但是可能'图书'单指印章而已，并非鉴藏图画书籍用印。"④对于"图书"在印学中的误解于历代可见。

明代陆容《菽园杂记》载：

> 前人于图画书籍皆有印记，曰"某人图书"。今人以此遂概呼印为"某图书"。正犹碑记、碑铭，本谓刻记铭于碑也，今遂以碑为文章之名，莫之正矣。⑤

清代桂馥在《续三十五举》中载：

> 朱必信曰：古来止有名印、字印，名字之外，别为图画书籍间所用印，名为图书记者，始于赵宋。金天会十三年，得有宋"内府图书之印"，此即"图书"之始，而非古法也。至于称

---

① （明）郎瑛《七修类稿》，上海书店出版社2009年版，第543页。
② （明）郎瑛《七修类稿》，上海书店出版社2009年版，第3页。
③ 陈寅恪《金明馆丛稿二编》，生活·读书·新知三联书店2009年版，第81页。
④ 黄惇《中国古代印论史》，上海书画出版社2019年版，第41页。
⑤ （明）陆容《菽园杂记》，中华书局1985年版，第116页。

名印概为“图书”者，乃世俗相承宋人之误也。[①]

故“图书”在印学之中以“印章”所示，北宋杨克一著《图书谱》、元代叶森纂集古印谱《汉唐篆刻图书韵释》等，均以“图书”代称“印章”。郎瑛撰《古图书》一文即集古印编纂成谱。

《古图书》文有印谱序跋，其中可窥见在印学时风影响下郎瑛对集古之态度：

书学之用大矣，篆之猎碣则文石鼓，勒之鼎彝则为款识，摹之范金则为印章，然非浅学所能辨也。鼓文、款识世远磨灭，不可得而见也。可见者，书册之传耳。印章之篆，与鼓文、款识等也，亦岂易能哉？不学乎古，安善于今？[②]

该文开篇序跋以示书学之重，于不同的载体，其功用各有差异。尤其强调“书学”，篆石鼓、勒款识、摹印章，皆以文字为本。在此，郎瑛用“书学”代“文字”一词，即肯定了印章中蕴含书法内在的延续性及审美特征，以刀代笔，并非简单的文字转录，同时，亦表现出文人对印章的认识逐渐带入个人的审美特点。又列“猎碣、鼎彝、范金”为“书学”载体，此三者皆为先朝遗物，当时以篆为文，故“书学”尤指篆书。赵宧光《寒山帚谈》云：“字必晋、唐，晋、唐必汉、魏，汉、魏必周、秦篆隶，篆隶必籀斯、邕鹄，此数家又须仿之鼎彝铭识，而后不为野狐惑乱。”[③]书与印，二者密不可分，皆以篆为本。郎瑛认为，印章与石鼓、钟鼎彝器的价值与地位相同。宋代苏东坡云：“雕虫篆刻，童子之事耳，焉足与论一代之文章哉！”诚然，苏轼作为一代文豪，博古通今，称篆刻为小道。郎瑛从当时的“复古”思想出发，珍视古迹，以集古为目的，“石鼓”质地较之钟鼎彝器及铜铸印章更为脆弱，或因自然剥蚀，或人为毁损，所载古字仅能从传世书册中窥见，则印章与鼎彝一般，延传至今不易，较为完善地保存了古代器质，故郎瑛认为石鼓、鼎彝、印章三者地位相同。

郎瑛《七修类稿·古图书》云：

奈《啸堂集录》之古印，摹临已非旧写；王顺伯、姜尧章、吴孟思等印谱，则又翻刻失真。独郑晔、吾衍旧本《印式》，庶几可见古人制度、文字于千百年之下，然亦可也。[④]

集古器物始于宋，其后于历代逐渐完备，集古印亦是集古行为之一。于宋时便有集古印谱，郎瑛则从宋时开始的集古印谱，简要评价。《啸堂集古录》为宋王俅著，其中摹印钟鼎彝器、印章等器物，以楷书附释文。王顺伯、姜尧章、吴孟思分别为王厚之（1131—1204）、姜夔（约1155—1221）与吴睿（1298—1355）。依郎瑛所记，王顺伯、姜尧章、吴孟三人所做集古印谱以《啸堂集古录》为基础，王俅作《啸堂集古录》时，已是摹临，又再次翻刻，已经失去古印风采。明徐上达

① 孙慰祖《孙慰祖玺印封泥与篆刻研究文选》，上海古籍出版社2019年版，第293页。

② （明）郎瑛《七修类稿》，上海书店出版社2009年版，第439页。

③ （明）赵宧光《寒山帚谈》，《明清书论集》，上海辞书出版社2011年版，第316页。

④ （明）郎瑛《七修类稿》，上海书店出版社2009年版，第439页。

《印法参同》载：

> 《吴孟思印谱》子行弟子也，亦精篆隶，摹顺伯之不及见者为册，长洲沈润卿又摹孟思之不及见者，并刻之。①

郎瑛尤称郑晔与吾衍，郑晔著《汉印式》，亦是受吾衍（1272—1311）《古印式》影响所作，二者对古印的还原度更高。

卢熊《印文集考序》云：

> 莆田郑晔又集印文七十余钮，模刻传之，名曰《汉印式》。所撰序略无所依据，缪为广博之词，而失其要领。又自以所制附后，舛谬尤甚……苟非识见之博，考订之审，使玉石错杂，泾渭混淆，如郑晔之缪者，亦何益哉！②

郑晔在考订方面有所讹误，主要还原印章的本来面目，亦可以推测，郎瑛撰《古图书》在印章还原方面多是按郑晔与吾衍的集古印谱为基本标准。

郎瑛《七修类稿·古图书》云：

> 予与员外郎王荫伯，自幼嗜古，共得汉、唐、晋人图书六十七枚，每为如予者窃索而去。兹特以所存者、曾印下者，释文考时，略为印谱，存之于稿。③

王一槐，字荫伯，与郎瑛至交，史书中鲜有记载，《七修类稿·切对》载："余与王荫伯一槐同窗最久，少时同出迎送。"④二人自幼为同窗，故有相同嗜好。同时，郎瑛"自幼嗜古"亦是受其家学影响。郎瑛之父，无从考，亦从《七修类稿·古镜》片言只字中有所了解：

> 国朝杭人商贩于汴，自先君始，在汴得古铜器最多，归即货去。先君谢世，遗有四铢等钱一柜，鼎瓶等器数十件，镜三十余面。余方五龄，老母崇信道佛，不知古物价高，多施以铸钟磬佛像，今所存尚有数件，每追想而兴叹。⑤

由此可知，郎瑛之父生前颇爱收藏古器，潜移默化地影响到幼年的郎瑛。其后，随父之好，广集古器物。郎瑛所集汉、唐、晋古印六十七枚，其中有失窃与赠送等，目前该文可见印章五十二枚，有十五枚不存，故郎瑛将所剩之印予以汇集并加以考订。

---

① （明）徐上达《印法参同》卷十一，国家图书馆藏明万历四十二年（1614）刻钤印本。
② （元）卢熊《印文集考序》，《名迹录》，清文渊阁《四库全书》本。
③ （明）郎瑛《七修类稿》，上海书店出版社2009年版，第439页
④ （明）郎瑛《七修类稿》，上海书店出版社2009年版，第334页
⑤ （明）郎瑛《七修类稿》，上海书店出版社2009年版，第428页。

郎瑛所撰《古图书》序跋，以"书学"入印，对前人集古印谱进行评价，谈个人集古印的缘起与印谱编纂，以此三方面为基础，进行简明扼要的说明，并反映出在"复古""印宗秦汉"的时代思想下，明中期私人集古印谱的编纂趋向。以下为郎瑛《七修类稿·古图书》一文所收印章予以汇录情况（表中空白处表示无此项内容）：

表1　郎瑛《七修类稿·古图书》收录 印章情况

印文	印形	朝代	印制
役柎丞印	鼻钮	秦汉	官印
骑督之印	龟钮	秦汉	官印
部曲将印	鼻钮	秦汉	官印
军假司马		秦汉	官印
假司马印		秦汉	官印
营邱太守丞印		秦汉	官印
晋率善羌伯长		秦汉	官印
别部司马		秦汉	官印
太子率更令印		秦汉	官印
司马昌、徐右二印	形如钉	秦汉	私印
长利印		秦汉	私印
臣午、王疾已、臣疾已	多面印	秦汉	私印
公孙弘印	龟钮	秦汉	私印
王始昌、臣始昌		秦汉	私印
董平圣	龟钮	秦汉	私印
韩辅白记	辟邪钮	秦汉	私印
林循印	龟钮	秦汉	私印
淳于德	龟钮	秦汉	私印
公何中印	鼻钮	秦汉	私印
卫妹	鼻钮	秦汉	私印
徐望	龟钮	秦汉	私印
公孙贾	龟钮	秦汉	私印
秦循之印	龟钮	秦汉	私印
□胜	鼻钮	秦汉	私印
吴□私印	鼻钮	秦汉	私印
王仆之印	鼻钮	秦汉	私印
常山南行唐陈鸶印信		秦汉	私印
吾丘寿王	覆斗钮	秦汉	私印
周到日利		秦汉	私印

（续表）

印文	印形	朝代	印制
□□□□（玺）		秦汉	私印
军司马印		秦汉	官印
王庆之印	鼻钮	秦汉	私印
夏侯登印	鼻钮	秦汉	私印
徐□之印	鼻钮	秦汉	私印
艮当	瓦钮	秦汉	私印
邴闵之印	辟邪钮	唐代	私印
孔□之印		秦汉	私印
逢广	鼻钮	秦汉	私印
马□□印	鼻钮	秦汉	私印
□闳之印	鼻钮	秦汉	私印
周贤私印	鼻钮	秦汉	私印
公孙贤印	鼻钮	秦汉	私印
贾常之印	鼻钮	唐/宋	私印
赵高私印	龟钮	秦汉	私印
路章之印	鼻钮	秦汉	私印
□□□	辟邪钮	六朝	私印
敏、崔氏子达	上圆下方	唐代	私印
潘杨私印、成□谚印	龟钮、辟邪钮（字母式）	唐代	私印
凉俭印信	辟邪钮	六朝	私印
孟赏	鼻钮	隋唐	私印
吉思忠为	四角有窍	元	私印
和甫	鼻钮	宋/元	私印

　　由上表可见，郎瑛所藏印章以朝代考订，不计考订讹误，则秦汉时期印章共计四十三方，秦汉时期以后印章共计九方。按官私印所分，其中官印九方，私印四十三方。故郎瑛所藏印章以秦汉时期的私印为主，其印章编排顺序按官印在前私印在后，朝代分布大约亦是按秦汉时期在前，并非随意排列记录。其中多有异形印章，如形如钉状、上圆下方、四角有窍等，这些异形印章则多为私印。郎瑛所纂集古印谱较之于其他藏印名家，虽藏印数量不及，但依然对所藏印章编排有序，有规可循。

　　对《古图书》文中收录印章进行梳理，郎瑛对每方印章均有考订，其考订内容有长有短，亦可见对古印之喜爱。郎瑛考订或囿于查阅古今文献不便等因素，其中存疑或讹误，于今时，文献资料查阅便捷，对比多类集古印谱与相关文献，抒以拙见，助以《古图书》考订内容趋于完备，为印谱研究尽绵薄之力。

"祋栩丞印"，《古图书》文云：

"祋栩丞印"，鼻纽。《后汉志》有祋栩县。此汉物也，名与栩字，王顺伯俱辩明此印。王（顺伯）谱上祋字头与此不同，彼篆"巳/又"，此与郑烨汉印式相同，形似差小，则知此县之印传世多也，中丞钱江楼爱而送之。①

郎瑛对"祋栩丞印"考订较为翔实，道其来由及对比王顺伯藏该印，同时提出了自己所藏的这方印章中的"祋"部与王氏所藏不同。"祋栩丞印"传世较多，收录于多本集古印谱中，现将所收有"祋栩丞印"的相关印谱列于其下：

表2　各书谱及书籍收录"祋栩丞印"情况表

图书	《古图书》	《宣和印史书》卷五	《集古印谱》	《秦汉印统》	《说郛》	《汉魏官印名品》②
"祋栩丞印"						

由上表可知，"祋栩丞印"传世众多，各印谱或书籍中收录的各有所不同，但除《古图书》外，其他各"祋栩丞印"字法大抵相同，尤在郎瑛所提的"祋"部，唯郎瑛藏该方"祋"上半部作"巳"。"殳"，《说文解字》曰："殳，以杸殊人也。《礼》：'殳以积竹，八觚，长丈二尺，建于兵车，车旅贲以先驱。'从又，几（shū）声。"③《说文》中"殳"为兵器之意。"祋"，《说文解字》曰："祋，殳也。从殳，示声。或说城郭里高县羊皮，有不当入而欲入者，暂下以惊牛马曰祋，故从示、殳。《诗》曰：'何戈与祋。'"④

由此，"祋"为形声字，本意为殳。与"殳"相关的文字，篆法皆为"几"。"殳"上半部有用"巳"者，"没"，《说文解字》曰："没，沈也。从水从殳（上回下又），莫勃切。"⑤"没"作为会意字即"淹没"，小篆作，故"殳"与"殳"（上回下又）二者不通，其含义大相径庭。"祋栩丞印"为官印而非私印，虽铸印数量多，印文点画轻重有变亦是应当，然其字法应保持统一。郎瑛亦发现此问题，故在考订时提出。汉官印"祋栩丞印"，"殳"字的异变其原因简要分析有二：一为后世个人伪造。元末明初，由于前代开集古器物先河，编纂个人集古图录，至此集古成风，以古器物为依托，印学发展逐渐成熟，专业印人在此时出现，或鬻印为生，文献中多有记载。周亮工《赖古堂印人传》载：

① （明）郎瑛《七修类稿》，上海书店出版社2009年版，第439页。
② 上海书画出版社《汉魏官印名品（上）》，上海书画出版社2022年版，第43页。
③ （汉）许慎《说文解字》，中华书局2015年版，第203页。
④ （汉）许慎《说文解字》，中华书局2015年版，第205页。
⑤ （汉）许慎《说文解字》，中华书局2015年版，第128页。

（薛宏璧）家贫无从得食，藉此（治印）饱妻孥，日坐开元寺肆中，为不知谁何氏之人奏技。来者率计字以偿，多则十余钱，少则三数钱一字。[①]

又《明画录》[②]载：

> 张元举，字懋贤，吴县人。为邑诸生，工书法，即道复之甥，故得其法，画花鸟气韵生动，人以金帛请，辄拒。酒酣兴至，纵笔挥染。远近购其缣素，以为珍玩。

尤在明代中后期，书画印仿古作伪者不计其数，分地区各司其职。清隆年间，古印作伪难以辨别，细微之处制作精密。吴好礼《秦汉印集》跋中云："遇有售者，不敢独断，与二三鉴古君子考校真赝，辨析毫芒。"由以上文献可知时代作伪风滥觞，然郎瑛藏"祋栩丞印"作伪的可能性较小。《古图书》考订完"祋栩丞印"后道出该印章的最终去向，即赠予"中丞钱江楼"，"钱江楼"为钱宏（1476—1536），字可容，号江楼，浙江钱塘（今属杭州）人，明朝正德三年（1508）进士。郎瑛一生未入仕，此时钱宏官职为"中丞"，二人的社会地位相差较大，故郎瑛赠予中丞钱宏伪印有所不妥，正因此印有特别之处，予以相赠，则符合礼节。

其二为汉末对于文字使用的规范逐渐放松，随着文字趋于简化发展演变，"殳"与"殳"（"殳"上半部为"回"）二字用法以较为简单的"殳"为统一用法。文字的演进与发展因时而变，始终以实用性为发展本源。早于秦时，文字发生隶变，隶变不仅改变文字体系，同时便于书写。早期的隶变一方面改变了书体样式、笔画体态等，其文字内部的结构形态发生改变，进行省略或合并的变化。卫恒《四体书势》说："隶书者，篆之捷也。"于汉时，隶书趋于成熟，在字法与用笔上依旧保留篆意。以下以"设"字为例，可见"殳"于汉时之变化。《说文解字》曰："设，施陈也。从言，从殳。殳，使人也。""设"为会意字，字源亦为"殳"。下表对比"设"字在《说文解字》《孔宙碑》《汉隶字源》中的情况：

表3 "设"字在《说文解字》《孔宙碑》《汉隶字源》中的情况

《说文解字》"设"字	《孔宙碑》"设"字	娄机《汉隶字源》"设"字

从上表可见，"设"字在《说文解字》中"殳"上部以"几"所示，经过隶变，汉碑《孔宙碑》《汉隶字源》中"殳"上部作"回"，即"殳"与"殳"（"殳"上半部为"回"）二字用法

---

① （明）周亮工撰，印晓峰点校《赖古堂印人传》，华东师范大学出版社2009年版，第56页。

② （清）徐沁《明画录》卷六，华东师范大学出版社2009年版，126页。

的合并。故通过以上推测，郎瑛所藏"役栩丞印"，可反映当时隶变文字入印情况，以及该印具有时代的独特性，窥见文字发展的情况。

《古图书》所记印章考订中存阙及讹误，以下作简要考补：

有汉私印"徐□之印"，文中记"徐□之印。鼻纽，古名印，第二字不可识"①。明罗王常有《秦汉印统》集古印谱，其中亦收录此印，注释曰："徐忘之印。"故郎瑛未考阙处为"忘"字。

表四　《秦汉印统》与《古图书》中的"徐忘之印"

罗王常《秦汉印统》	《古图书》

又《古图书》记："郏闵之印。辟邪纽，名印，中空，似亦隋唐间物。"②"郏闵之印"，郎瑛依据整体印形所考订为隋唐印，其印体"中空"，属异形，而印面刊凿古朴，故有此推断。然该印在罗王常《秦汉印统》以及顾从德《顾氏集古印谱》皆有收录，依罗王常、顾从德二人记，该印为汉印。与此相同，《古图书》记："马□□印。'马'后二字不能辩，疑作回文读马弘印史。"③若依郎瑛识读，应释为"马弘""印史"或"马弘印""史"，然此两种释读在典籍中皆无从考，在罗王常《秦汉印统》、顾从德《顾氏集古印谱》中亦有收录，为汉印，识读为"马弘史印"。

郎瑛所考订《古图书》所录印章，对于印文的识读与考订有阙或讹误，郎瑛非专业印人，较之于精于集古的名家，对印学的认识稍有不足。但郎瑛作为普通的文人，只是好古，并且对于并非自己所擅的印学领域，依然尽自己之力进行考订，亦反映出郎瑛对于学问的追求以及治学的态度。同时，《古图书》也为后世研究明代以前的古印及古文字提供依据。

三、"复古"影响下明前期文人私家印谱的促成

自宋始，金石学者与文人墨客搜集金石古器，并将其整理、汇集编纂成书。汇集过程中，古代玺印的发掘数量增多，遂另列出古代玺印之图谱。"随着两宋期间金石考古的发达，有关的学术著述和金石谱录也不断问世，古代印章作为金石学的研究对象，亦随之得到一些学者的重视，于是，一种专门收录古代印章的集古印谱从金石谱录中分离了出来，可以说这是古印品鉴的直接结果，它

---

① （明）郎瑛《七修类稿》，上海书店出版社2009年版，第444页。
② （明）郎瑛《七修类稿》，上海书店出版社2009年版，第445页。
③ （明）郎瑛《七修类稿》，上海书店出版社2009年版，第445页。

的编辑在宋元时期日益增多。"①

进入元代，复古观贯穿在文学与艺术等方面，书画艺术理论以反映复古为核心。集古印谱在元代复古的背景下进一步发展，所收集的古代玺印亦成为范本指导当时的印学实践发展。元代赵孟頫、吾衍提出的"复古""印宗秦汉"成为后世文人印的典范。

赵孟頫《印史》尤推崇汉魏之审美观，批判前朝用印有失古法，应有汉魏印章的质朴之美。其《印史》序言：

> 汉魏而下典刑质朴之意，可仿佛而见之矣。诊于好古之士，固应当于其心，使好奇者见之，其亦有改弦以求音、易辙以由道者乎！②

随着当时的文人领袖赵孟頫这种崇汉魏的印学审美观提出，他的《印史》随之成为编辑古印谱的典范，亦影响文人士大夫的用印规范。且赵孟頫对于自己这种印学的"复古"亦是贯彻始终，自己所用白文印皆效仿汉代印制。赵孟頫这种思想与实践相结合，在现实中为文人士大夫及后世起到重要的引导作用。

在元代印学中，吾衍与赵孟頫有着相同的地位，亦是印学复古理论与实践的倡行者。吾衍复古思想在印学上表现得更为具体，从藏印到个人印章的制作，有着具体且系统的理论体系。吾衍从集古印谱中总结出体系性的规律，反过来指导当时的文人篆刻的实践。所著《学古编》成为时人篆印的必修书目，其中《三十五举》中第三举曰：

> 学篆字，必须博古，能识古器，其款识中古字，神气敦朴，可以助人。③

吾衍的复古思想是长期对印人进行教化，从最初给予基础的学古方法等，为复古提供一套实际的方法论。卢熊《印文集考序》曰：

> 自唐以来人不师古，私印往往缪戾，至于近世极矣。大德中，鲁郡吾子行父因六书之学略举其要，而人稍稍趋正。先生与承旨赵公又各集为印谱，可谓信而有征也。

赵孟頫与吾衍作为复古理论与实践的先行者，在元以后，备受推崇。进入明代，二人亦是文人士大夫印学典范。明俞允文《汉印说》记：

> 吴郡吾丘子行工古篆法，与子昂各集印文为谱，当时即以为盛。④

---

① 李刚田、马士达《篆刻学》，江苏教育出版社2009年版，第317页。
② （元）赵孟頫《松雪斋文集》卷六，《四部丛刊》景元本。
③ （元）吾衍《学古编》，《篆学琐著》，道光二十年（1840）海虞顾氏刻本，第2页。
④ （明）俞允文《仲蔚先生集》卷二十二《汉印说》，《续修四库全书》，上海古籍出版社2002年版。

由元入明，元人及元末明初印人带着得到复古思想洗礼的印谱传入明代，他们继元末余绪，保持着复古思想脉络的延续。明前中期赵孟頫与吾衍二人的印学思想持续影响当时的印人，沈野《印谈》中说道：

> 印章兴废，绝类于诗。秦以前无论矣，盖莫盛于汉、晋。汉、晋之印，古拙飞动，奇正相生。六朝而降，乃始屈曲盘回如缪篆之状。至宋则古法荡然矣。[①]

明代印人依然以秦汉为宗，秦汉审美观念深入人心成为典范，体现在篆刻、用印、集谱等方面。从上文对郎瑛《古图书》集谱可知，收集古印以秦汉印为主，对秦汉文字表现出深厚的喜好，这正是前朝复古思想带来的典范作用。

余　论

明代是笔记的繁盛时期，这些形式不拘体例，虽较为杂散，但反映作者的真实体悟，其中保留着珍贵的文史资料。明代郎瑛著有《七修类稿》五十余卷的笔记资料，其中有个人藏印汇集而成的《古图书》一文，该文为郎瑛个人藏印印谱，世人鲜有关注。郎瑛藏印以汉代私印为主，每方印章考订详尽，其中考订虽有缺漏与讹误，多因时代因素，以及郎瑛非专业的印人。郎瑛的考订，以文字学为基础，介绍了每方印章的外形及收入情况，因此，郎瑛本人深谙学术，学识广博。郎瑛《古图书》表现出明代前中期文人私家印章深受元代"复古"思潮的影响，从印谱的编辑形式、印章的收藏类型、对文字的考订等方面，多方面地反映出时代特色。因此，钩稽明代文人私家印谱，有助于拓展印学研究的材料范围，亦反映出时代背景下印学多样的表现形式。

（作者系韩国京畿大学国际美术专业博士研究生）

---

① （明）沈野《印谈》，《历代印学论文选》，西泠印社1995年版，第64页。

篆刻流派风格类型之嬗递

清代嘉禾印人的印学渊源与印学观考察

马其伟

摘要：清代嘉禾印坛作为篆刻史上一个重要的组成部分，可谓印学史上一个重要缩影。这些印人在技法传承、印章收藏、印谱制作与印学理论方面皆具成就，嘉禾印人在印宗秦汉的基础上，标榜文、何，融合浙、皖，取法苏宣、朱简、邓石如以及同时代的印人，他们在清代碑学思潮的影响下研究金石并转益多师，努力追求"印外求印"的印学理念，印章风格灵活多变。本文对嘉兴地区的经典印论、印章边款以及论印诗中的印学观进行了相关考察，印论如嘉兴印人陈寓的"虚和论"，陈鳢与冯念祖的"素心"与"心性"论，陈确的"平淡"论等；印章边款中，张廷济的"刻印需有篆法与刀法"论，孙三锡的"篆法须与句语相称"论，张燕昌"意到笔不到"论，张熊的"印需神端、气凝、势动"论等；论印诗则集中讨论了吴骞所辑的《论印绝句》，嘉禾印人在《论印绝句》中提倡的"印宗秦汉"问题、印章的复古与创新问题、印章的材质与刀法问题等。本文对嘉禾印人的印学渊源与印学观进行考察，希望能够提供一个不同的视角对地域文化特别是地域印学进行关注并深入研究。

关键词：清代　嘉禾印人　印学渊源　印学观

一、嘉禾印人的印学渊源

元代文人所倡导的印宗秦汉的理念在明末清初的文人篆刻实践中得到了一定程度的坚守与深化，篆刻发展至清代中晚期已较为繁荣，从这一时期的印人印章风格来看，印人在宗法秦汉的基础上，注重推陈出新，强调个性，风格也呈现多样化趋势。印人印学理念也多有出新，这不仅与印人的学养有很大关系，更重要的是这些印人受到了清代金石学以及清中期以来乾嘉学风的影响，访碑拓碑，注重研究古代碑版遗文，辨析钟鼎、砖瓦、钱币文字，并将这些文字创造性地运用到印章中来。

孙慰祖曾指出书法、刀法、地域以及师承的因素对篆刻家风格形成的意义，他在评价这一时期的印人时讲："锐意变法表现个性成为众多杰出印人的自觉追求，印人在书法、刀法形式以至于格调方面的探索愈益趋于多元化。"[1]又说："地域、师承等因素也多少渗入此际一些篆刻家的创作作风之中，但同样明显的事实是，用以往的区域、师承等名派标准来类归印人变得越来越困难。这里似乎正反映了这一时期印坛不蹈故常的求异时尚。"[2]

---

[1]　孙慰祖《徐三庚印风的形成及其特色》，《中国书法》2019年第5期，第53页。
[2]　孙慰祖《徐三庚印风的形成及其特色》，《中国书法》2019年第5期，第53页。

讨论嘉兴印人的印学渊源，实际上也以印章取法为主要依据，大致分为以下几种现象：一、印宗秦汉者。二、标榜文、何，融合浙、皖者，取法苏宣、朱简、邓石如者。三、转益多师者。四、研究金石，印外求印者。此外还有同时代印人之间传承的现象，如师法徐三庚的胡钁，以及转益多师的文鼎与曹世模等人。然嘉兴印人由于所处地理位置的原因，大多属于传承浙派者，例如，"西泠八家"之后，浙派代表除钱塘屠倬、陈祖望、杨与泰、江尊以及归安严坤之外，嘉兴籍张燕昌、冯洽、汪之虞、沈淮等印人可视为浙派的主要传承人。

张燕昌、冯洽二人皆为丁敬的弟子，桐乡印人汪之虞、沈淮是赵之琛的弟子。傅抱石在《刻印源流》中也特别指出浙派丁敬与张燕昌的师徒关系："清初印风，颇为颓靡，古味可掬者鲜，乾嘉之季节，金石之学大昌，于是，刻印趋尚为之一变，派别之兴……其他沿浙派者，尚有屠卓、赵懿、徐楙……两浙久沿林鹤田派，钝丁（丁敬）力挽颓风……张燕昌、黄易师之。"①冯洽（1731—1819），原名沧，字虞伯，号秋鹤，冯景夏孙，冯柯堂子。冯洽工书，行楷学颜真卿，分隶宗法汉碑，善画，得力于宋、元诸大家及赵文敏法，"工篆刻，师法丁敬"。②

汪之虞与沈淮刻印受浙派赵之琛影响。汪之虞（约生活于清道光年间），本名照，字骃卿，桐乡人，钱塘徐问蘧（徐楙）婿。"少年好学，尝从（顾）西梅、（江）石如、（赵）次闲诸君游。书画、铁笔俱有师承。"③沈淮，字胎簪，道光五年乙酉（1825）拔贡，官山东陵县知县，"生平读书外兼工篆刻，尝购得飞鸿堂印章千余方，汰其伪者，作《求是斋印谱》。刻印宗赵次闲，以官山左，故其作品流传历下者甚多"④。

（一）印宗秦汉

图1　"三余堂"白文印

图2　"随庵"朱文印

嘉兴印人丁元公、方熏、释达受、胡钁、沈爱萱等人刻印宗法秦汉，傅抱石曾对丁敬的篆刻及其师承者论述道："（丁敬铁笔）古拗峭折，直追秦汉，于主臣、啸民外，独树一帜。两浙久沿林鹤田派，钝丁力挽颓风，印灯续焰，实有功也。所著诗文集甚富，邻人不戒，灾及其庐，尽所藏弃。所流布者，盖几稀矣！卒年六十有四。张燕昌、黄易师之，私淑之者有蒋元龙、严铁桥、

① 黄惇《中国印论类编》，荣宝斋出版社2010年版，第551页。
② 陈浩《嘉兴古今印人录》，西泠印社出版社2013年版，第26页。
③ （清）周亮工等撰，于子良点校《印人传合集》，浙江人民美术出版社2014年版，第298页。
④ （民国）《乌青镇志》卷二十九，民国二十五年（1936）刊本。

钱澍。"①

嘉兴印人丁元公（？—1686后），字原躬，明亡后为僧，法名净伊，字愿庵，善诗，工山水、人物，曾将历代佛祖、高僧绘为巨册，各识事迹。王时敏第三子王撰（1623—1709），字异工，号随庵，江苏太仓人。丁元公曾为王篆刻"三余堂"白文（图1）、"随庵"朱文（图2）两面印，边款云："三余堂为奉常公读书之处，丁巳三月与锡邑放棹娄东，随庵三兄索刻是印，蓬窗作两面印以应之。丁元公记。"奉常公即清初王时敏，此印刻于康熙十六年（1677），时王时敏尚未去世。边款刻有朱彝尊所作《沉醉东风》："香茅屋青枫树底，小蓬门红板桥西。虽无蔗芋田，也有桑麻地。野蔷薇结个笆篱，更添种山茶、绿尊梅，这便是先生锦里。"此枚印章交代了董遇、王时敏、丁元公、朱彝尊、王撰等诸多名家的题刻事迹，蕴含了浓厚的文化意蕴。

海宁印人陈春熙（？—1874），字明之，号雪厂，一号锡庵，又号滕安，别署金粟山民、雪道人。陈春熙曾寓居浙江秀水闻川（今嘉兴王江泾）计芬家，后迁居江苏吴江。其"工八分、飞白等书，篆刻直追秦汉，与杨龙石、翁叔均、王石香齐名"②。陈春熙工书法，篆、隶、行、飞白皆能，笔力苍劲，取法高古，或临摹金农、陈鸿寿一派，无不神似。性疏懒，求其墨者必候奇穷，斯援立就。尤擅刻竹，讲究传神，刀法熟练，扇骨摹钟鼎款识，几可与归安刻竹名手韩潮抗手。陈春熙子陈公敏，号次钝，篆刻得家学。

嘉兴印人沈爱萱（字琴伯，号小长芦），沈道腴之子，其克承家学，能诗，善医。篆刻刀法苍劲，古雅浑厚，专讲奏刀，出入秦汉，深得汉人三昧。其边款必署明用单刀法或舞刀法之类，亦一创例。冯柳东太史跋其《卍云小筑印谱》云："诘曲参差，汉印之妙诀也，钝丁不得专美，次闲何论焉。"朱弸赠句云："胸无俗学乃追古，肘有奇方能活人。"③

石门印人方熏（1736—1799），字兰坻，石门人，工诗词，善绘事。诗宗少陵、放翁，画则山水，宗北苑、云林，花鸟则远主昌之，近摹正叔，旁及蔬果、草虫、人物、仙释，无不各臻神妙，流寓桐邑三十余年。著有《山静居诗稿》《山静居词稿》。④《飞鸿堂印人传》云："但见时下刻印，罕苍劲古雅者，不称伊所泼墨，爱博览《宣和印史》、顾氏《印薮》、潘云述《印范》、甘旸《印正》、罗王常《印统》、苏尔宣《印略》、《鸿栖馆印选》，心领神会，遂自解奏刀。天资既颖，用力又勤，不数月即闯文、何之室，制名印则专宗秦汉。"⑤

（二）标榜文何，取法朱简、苏宣、邓石如

嘉禾印人孙三锡、钱善扬、陈万言等人多取法于朱简、文彭、何震、苏宣等篆刻大家。比如，平湖印人吴元臣（1746—1790），字召勋，号墨冶，精六书，幼好篆刻，搜名手印谱，集文、苏、何、汪、顾各名家之长，结为一体，以铁笔名于时，文载："苍古遒劲，作《惜阴楼印谱》二卷，

---

① 傅抱石先生1926年所著《摹印学》"总论"的一部分，1939年底重新改写，于1940年3月21日以《刻印源流》为题，发表于重庆版《时事新报》副刊《学灯》第七十六期。
② （民国）《海宁州志稿》卷三十二，民国十一年（1922）排印本。
③ （清）潘衍桐《两浙輶轩续录》卷三十一，清光绪十七年（1891）浙江书局刻本。
④ （嘉庆）《桐乡县志》卷七，清嘉庆四年（1799）刻本。
⑤ 吴藕汀《近三百年嘉兴印画人名录》，西泠印社出版社2001年版，第35页。

宋景关代为之序，又为赞辞。墨冶磨大石十六，形模不一，篆刻赞辞，分两行直下为对联，参差印作单条，横披挂方，踵门求者麇至。"①乾隆四十九年（1784）集所篆刻作《惜阴楼印存》两卷，五十二年（1787）有《吴墨冶印谱》一卷。

1. 标榜文何

罗振玉在《明清名人刻印汇存》（葛昌楹、胡洤辑）序中云："吾浙诸老，崛起于乾嘉之际，兼采并骛，远师秦汉，而不废文、何。"②何震与文彭在师友之间，文彭究心六书，何震从之讨论，傅抱石认为："主臣印无一讹笔，得于寿承者居多。是以寿承如汉廷老吏，字挟风霜。主臣如绛云在霄，卷舒自如。后世文、何并论，轩轾为难矣！其嫡传有程孟长、子模、沈千秋、吴孟贞、刘卫卿、梁千秋、陈文叔、胡正言、杨长生，雪渔一派也。"③黄易在"方维翰"印款中云："画家有南北宗，印章亦然，文何南宗也。"④

海盐印人朱琰篆刻师法何震，据《朱琰传》云，他"少习小学，至遇古碑法帖，则茫然如盲人，究心始一，终亥之义，遂工摹印，宗师何主臣，而规摹汉印，颇苍劲古雅。善丹青，尺纸小幅，有萧疏淡远之趣。诗学钱、刘，而细腻刻峭，不落晚唐窠臼。乾隆乙酉，岁举于乡，丙戌成进士，出江右裘文达公之门，文名藉甚。历主金华、吴江诸书院，孳孳教训，日夕不倦，经其指授者，卓有可观。乙未年，选授直隶阜城县，专以抚字为本，耻以奔走趋奉为勤，期年而口碑载道，越两载，方报最，遽婴疾以卒，囊无余资，阖邑钦其廉介。所著有《续鸳鸯湖棹歌》《金华诗粹》《笠亭文钞》《诗钞》若干卷"⑤。

嘉兴印人张庆焘（字裕之，一字拙余），工诗古文，《广印人传》载："（张庆焘）治印专学文氏。"⑥又据《张庆焘传》云："（张庆焘）精通六书，专参文氏一灯，雅尚秀劲，绝无尘氛气。少游方朴山、诸草庐两先生之门。"⑦著有《苕云诗钞》《北征楚游中州草》，有《玉楮文集》《群仙绘幅楼诗余》《拙余印谱》《古藤斋印谱》行世。

海宁印人陈成永（号元期），《篆学渊源》云："元期，本世家子，庚辰进士，读书中秘，篆法三桥，惜所作甚鲜。"⑧

清初桐乡籍印人俞廷谔、张宏牧、殳扬武等人皆师法于文彭，又有所创新。尤其是俞廷谔，作为张宏牧、殳扬武的老师，在继承文氏篆学的同时，又有所突破。张宏牧、殳扬武亦有个人风貌，被后人评为"文何别派"。

据《广印人传》载，活动于康熙年间的嘉兴濮院印人俞廷谔（号眇狂）精篆刻，师事徐贞木，

---

① （光绪）《平湖县志》卷十八，光绪十二年（1886）刊本。
② 罗振玉《明清名人刻印汇存》序，韩天衡《历代印学论文选》，西泠印社1999年版，第703页。
③ 傅抱石1926年所著《摹印学》"总论"的一部分，1939年底重新改写，于1940年3月21日以《刻印源流》为题，发表于重庆版《时事新报》副刊《学灯》第七十六期。
④ 黄惇《中国印论类编》上卷，荣宝斋出版社2010年版，第257页。
⑤ 汪启淑《续印人传》卷五，清道光二十年（1840）海虞顾氏刻本。
⑥ （清）周亮工等撰，于子良点校《印人传合集》，浙江人民美术出版社2014年版，第501页。
⑦ （清）汪启淑《续印人传》卷二，清道光二十年（1840）海虞顾氏刻本。
⑧ （清）周亮工等撰，于子良点校《印人传合集》，浙江人民美术出版社2014年版，第714页。

"其得意之作，入徐贞木所刻印中，几无以辨"①。"（俞廷谔）得三桥正派，懒瓒虽师事，而论识时或过之。有图章粉本一册，自篆者八百方，并唐宋元明前后五代《墨钩印》二册，摹名人者二千余方，其专精如是。"②俞廷谔篆刻受文彭、徐贞木的影响，在当地有一定的名声，成为幽湖派之鼻祖，"（俞廷谔）师事徐士白（徐贞木），传懒瓒（张宏牧），近世文氏篆学，惟梅里幽湖浔得其传，而眇狂实幽湖之鼻祖也"③。

活动于雍正、乾隆年间的桐乡濮院印人张宏牧（字恕夫，号懒瓒）为俞廷谔弟子，张宏牧不仅能诗文，亦精于铁笔："晶玉、铜牙俱妙……凡篆法悉本六书，严别大小篆体，制所刻如一笔书，令人可爱……著《篆学津梁》一卷，增注沈秀纳《篆韵》二卷，《懒瓒诗集》一卷。"④濮院人夋扬武（字孔威）亦为俞廷谔弟子，"工篆刻，亦为文氏别派"⑤。

海宁印人蒋升旭（字晋庵，号昕甫）有《授砚斋印谱》二卷，篆刻有文、何之韵，蒋升旭从弟蒋学坚序曰："人有一技，足以冠绝一时，则他技虽工，亦必为其所掩，而不传于世，伊古以来，莫不如是。今观于从兄昕甫而益信矣，兄善六法，为西吴费氏入室弟子，晚岁诣益进，乞绘者踵接于门，独不知其工篆刻也。兄殁后，其子在铬以《授砚斋印谱》二卷见示，苍劲秀润，奄有文、何诸家之长，虽近时吾郡负盛名之丁氏敬身、陈氏鸿书、赵氏之琛、黄氏易，亦不是过也，乃叹向之不以铁笔名者，盖为辈掩耳。谱中所刻多已故人名，先君子亦有印数方，约纪奏刀在甲寅、乙卯两年间学墅，虽幼犹及见之，今先君子谢世已久，兄归道山亦已廿载有余，览至此，能无今昔存亡之感也乎？"⑥

2. 取法苏宣

苏宣曾游祖檇李，结识贺灿然⑦、李日华、项元汴等人，苏宣观览项氏所藏古代印章，苏宣《苏氏印略自序》载："既而游，云间则有顾氏，檇李则有项氏，出秦汉以下八代印章纵观之，而知世不相沿，人自为政。"⑧"世不相沿，人自为政"也许与"笔墨当随时代"有异曲同工之意，即时代不同，印风不同。李日华《李太仆恬致堂集》（明末刊本）卷一《赠泗水苏翁》云："古歙泗水苏翁，伟丈夫也。学剑学书，老矣竟以古篆行笑赠：丈夫三尺镆铘铁，身遇太平无所施。煅就口芒攻粟玉，聊于虫篆识秦斯。忽然锈及通侯字，黄石从来亦我师。"⑨可见泗水苏翁与李日华为友朋关系。

项元汴的收藏名满天下，明代的印谱《印薮》与《古今印则》中近一半的印章出自项元汴的收藏。嘉兴是中国篆刻艺术发展史的重镇，自明代以来有史料记载的篆刻家就有500多人，编辑印谱不下200种，如丁元公、陈万言、陈克恕、达受、胡鞠邻。篆刻至明代，不论是艺术实践还是印

---

① （清）周亮工等撰，于子良点校《印人传合集》，浙江人民美术出版社2014年版，第461页。
② （光绪）《桐乡县志》卷十五，光绪十三年（1887）刊本。
③ （乾隆）《濮院琐志》卷五，抄本。
④ （乾隆）《濮院琐志》卷三，抄本。
⑤ （清）胡琢《濮镇纪闻》卷二，民国刊本。
⑥ （民国）《海宁州志稿》卷十六，民国十一年（1922）排印本。
⑦ 贺灿然，字伯暗，号道醒，自号六欲居士，平湖人，一作海盐人，世居秀水。
⑧ （明）苏宣《苏氏印略自序》，《中国印论类编》上卷，荣宝斋出版社2010年版，第257页。
⑨ （明）李日华《李太仆恬致堂集》，《四库禁毁书丛刊》集部第64册，北京出版社1997年版，第98—99页。

学理论都有了长足的发展，这种发展是以"流派"的出现为标志的。比较有代表性的五大篆刻流派分别是：文彭开创的"吴门派"，其印风纯正雅致，远规秦汉；何震开创的"雪渔派"，以冲刀法效法汉铸印，气势沉雄而猛利；苏宣的"泗水派"，兼师文彭与何震，远规汉晋；汪关的"娄东派"，印风典雅雍正；明末朱简的"修能派"，以短刀碎切法形成苍茫劲健的印风。

明代歙县印人苏宣（1553—1626）师从文彭，学习书法与刻印，残碑断碣，无所不窥。所至问奇字者履相错，取法汉印，开创泗水派，与文彭、何震齐名于印坛。明代平湖曹征庸（字远生）认为苏宣学古并入古："吾辈动学古人，日亲颖素，以颖素学古人，此最近事，顾不自近取，而第摹之衣冠言动间，远矣！苏尔宣氏，盖善以古字学古人者，当今率推为第一。睹其风貌，俨然古人也。余始叹一技之极，精心为之，可以居身，可以立名，可以肖古之人。余少慕古，三十年来毫厘不似，真愧吾尔宣。"① 石门人李嘉福藏有苏宣的隶书作品《饮中八仙歌》十屏，光绪元年乙亥（1875）李嘉福在题鉴中云："苏啸民，名宣，字而宣，刻印最著名，善八分，兼写兰竹，书画皆宗法停云馆。"活动于明万历、崇祯间的嘉兴印人徐东彦（字圣臣，号檀庵道人），篆刻取法苏宣，用刀浑朴，布局疏密自然，喜用古文，作品苍茫中寓流动感，篆刻边款以行楷为之，传世之作稀少，存世有《徐氏石简》。徐东彦曾为李日华、董其昌、项圣谟、陈继儒等人刻印，也为曹溶刻过白文印"曹溶之印"，徐东彦在印章方面的造诣颇深，其有一方白文印章"妓逢红拂客遇虬髯"（图3），边款云："拙圃檀奴侠士也，癸未春下帏于余，时流言交警，闻白下戒严，寇氛渐且南渡，慨然有请缨之想，故作此以祈之。徐东彦。"徐东彦刻"我爱宁静"朱文印（图4），边款云："己卯立夏，徐东彦作。"

图3 "妓逢红拂客遇虬髯"白文印　　图4 "我爱宁静"朱文印

平湖印人陈渭（字桐野）尤好学古，究心六书，寄情于声诗、铁笔，诗格颇澹远，"铁笔宗何主臣、苏啸民，甚古健苍秀。自以少遭孤露，风木衔悲，未遂乌鸟之私为恨。兄嫂已有嗣，遂终身不娶，经岁舌耕，所入馆谷，尽遗诸兄嫂。性雅驯，爱清游自适，于山岨水涯，琳宫梵宇，恒托迹焉，得妙悟解，通禅悦，然豪于酒，能彻夜畅饮不醉。工隶书，不齐人求，兴发，顷刻挥洒百余纸，槜李人家屏障往往多其笔墨。卒年六十余。所著诗书卷，其小阮缉而藏之家，惜其镌印无，好事者亦汇成谱云"②。

3. 取法朱简

秀水印人夏俨（号守白）性诚笃，为学官弟子，文品深湛峻洁，邑庠生。"人品高洁，诗亦如之，论者谓其富于文词，饱于道义，绝去

---

① 曹征庸《苏氏印略》序，《历代印学论文选》，西泠印社1999年版，第474页。

② 汪启淑《续印人传》卷四，（清）周亮工等撰，于子良点校《印人传合集》，浙江人民美术出版社2014年版，第141页。

模拟剽窃之习，近口之言诗者未能或之先也，著有《清琅室诗钞》三集，弟汝为，工绘事，精篆刻。"①汪启淑《续印人传》云："（夏俨）寄情铁笔，阳文宗李长蘅、朱修能。白文宗王梧林、归文休，古雅秀致。又善仿古制砚，艺进乎神。然不轻为人琢，所著有《寒碧斋集》二十四卷、《桐下杂钞》十三卷、《荇谱》三卷、《画眉谱》二卷、《口口印谱》口卷。"②

《俞廷槐传》，嘉兴俞廷槐（字拱三）。"性耽六书，凡古文钟鼎篆，岐阳石鼓，离奇光怪，手自规摹，工摹印，白文宗程穆倩，朱文宗朱修能，仿旧章，人莫能辨真赝。予曩年过禾中，往访焉，已衰老，尚为予制数钮，已汇入《飞鸿堂谱》中，旁通星命象数之学，推算十中八九，为人孤高耿介，家徒壁立，不名一钱，居常笔耕舌织，虽年逾杖国，犹授徒讲贯不少倦。中年因人罣误，仿佛秋谷，所谓断送功名，到白头是已。著有《巩山印略》。惜无嗣，惟一女，亦工篆刻，有女能传业，故人拟叔皮之有班昭，中郎之有蔡琰云。"③傅抱石在《摹印学》中也列举了印人程邃的承继者，俞廷槐是其中一位，傅氏认为："（程邃）锐意篆刻，淳古苍雅，篆家所不及。盖自修能创宗秦汉，已伏与文、何别途之机，迨穆倩出，其风愈显，力变文、何旧习，世论翕然称之。晚遇汪虎文，出其所作相质。汪曰：'君去奇古，一归缪篆正派，斯得之矣。'穆倩志其言，故暮年所作，尤为海内尊重。子以辛、王小山、赵雨域、方后岩、俞廷槐、胡唐、巴慰祖、高翔、邓石如等学之，后曰徽派，又曰院派，指主臣以下黄山印人而言也。"④

4. 取法邓石如

清代中期以来，以邓石如为代表的流派印风兴盛，印章取法邓石如的嘉兴印人代表主要有孙三锡、钱善扬、陈万言、陶计椿等人。

秀水印人陶计椿（字牧缘）的篆刻在吸收汉印经典的基础上，又取法邓石如，并脱胎于吴让之、赵之谦。陶计椿"工篆隶，楷法宗魏碑，精于竹刻，兼工晶石玉章，取法汉印，尤擅长完白山人法。文学士多与之游，当道达官咸以镌印相属，名重于时，以屏联求书篆隶者，踵相接也。貌魁伟谈，论风雅傀，居城内者数十年，晚岁以鬻书自给"⑤。其印章被世人评为能品，文载："（陶计椿印章）以工整出之，故所作悉中矩度，一洗印人习俗，旁款亦工致秀整，能品也。"⑥陶计椿亦善于刻竹，尝为胡镢（1840—1910）作扇边，摹金石文字，笔意刀法，工雅不俗。

（三）研究金石，印外求印

金石文字是考证古代历史文化的重要资料，也就是说，在考订经史、考察制度、研究文化等方面的作用巨大。清代金石学兴盛，仅嘉兴地区的金石学家及金石著作就不胜枚举，清初以朱彝尊为

---

①　（清）许瑶光修，吴仰贤撰光绪《嘉兴府志》卷五十三，光绪五年刊本。

②　汪启淑《续印人传》卷五，（清）周亮工等撰，于子良点校《印人传合集》，浙江人民美术出版社2014年版，第164页。

③　（清）汪启淑《续印人传》卷六，清道光二十年（1840）海虞顾氏刻本。又见（清）周亮工等撰，于子良点校《印人传合集》，浙江人民美术出版社2014年版，第194—195页。

④　傅抱石先生1926年所著《摹印学》"总论"的一部分，1939年底重新改写，于1940年3月21日以《刻印源流》为题，发表于重庆版《时事新报》副刊《学灯》第七十六期。

⑤　（民国）《镇海县志》卷三十二，民国二十年（1931）铅印本。

⑥　（清）周亮工等撰，于子良点校《印人传合集》，浙江人民美术出版社2014年版，第487页。

代表，清中后期以张廷济为代表，他们在访碑、收藏、著录和编著金石学著作等方面为后人提供了重要的典范，而印章作为古代刻石的重要组成部分，同样也是金石学家收藏与著录的重要对象。

以张廷济为例，张廷济精于鉴赏，商周秦汉古彝鼎铭文、汉晋古砖、秦汉古瓦、汉魏至宋元古官私印、周秦以来钱币无不知晓真伪，别其源流。张廷济深谙印章之学，除了友朋相赠的印章之外，张廷济会主动通过拜访、易换、购买等形式对印章进行大量收藏，也会对收藏的印章进行文字解读以及题跋，甚至邀请金石好友进行观跋。这样的一种金石氛围更加促进了印章在清代中晚期的艺术化，提升了印章本身的市场化需求，充分调动了印人的创作积极性，嘉兴印学蓬勃发展。

陈奕禧对金石的研究较为痴迷，明代来浚著有《金石备考》一书，陈奕禧序曰："当今世而欲尽觅古之文字，则人百不能见一矣！惜其名之存于书未泯，与其文之镌于金石者，幸而存焉，岂忍听其散于天壤间，而不为搜集乎？此三原梅岑来君《金石备考》之所以作也，或拓本可据，或旧迹足稽，穷搜博采，汇成二卷。嗟乎！来君可谓有心矣。近时昆山顾亭林著《金石文字记》，往予抄得之，亭林止书己所见者，其不见者不录也。予与华阴王山史、祥符周雪客，欲各就所见增订之，使天下知古文之存于代者，尚如许其多。无如贫仕鹿鹿，此志未遂。今获来君之书，不禁旧念复动，奈秋中将倒装赴阙，较雠商确，尚有待于异日，先应来君之请。"[①]陈奕禧在这篇序文中表达了三个观点：其一，古文字因镌于金石而幸存下来，应尽力搜集。其二，增订金石，完善金石谱录。其三，与金石学者较雠商榷，辨伪存真。通过这篇题跋，可知陈奕禧欲在金石方面有所著述，即增订金石遗文，使得金石碑版遗文留存于世，以便嘉惠学者。

嘉兴地区的金石家多有金石著作，他们对金石遗文不遗余力地搜集与考证，对嘉兴印人而言，这不仅能开拓眼界，也会影响篆刻家的师法倾向，从而走向更为宽阔的印章创作之路，这些金石著作的编撰恰恰能够证明嘉兴地区浓厚的学术氛围。据民国杨钟羲《雪桥诗话》载："国初嘉兴诸生冯文昌研祥，有宋椠《金石录刻》，一图记曰'金石录十卷人家'，嗣为仪征江立玉屏所有，因以题其斋，张燕昌为用飞白书刻印以赠，后归赵魏晋斋，继为阮文达所得，自抚浙至入阁，恒携以自随。"[②]这段文字说明了当时的金石学家仪征阮元、嘉兴张燕昌、杭州赵魏等人对金石著作的收藏情况。

表1　嘉禾地区金石学家金石著作示例

序号	金石著作名称	作者	文献及版本
1	《历代钟鼎款识》	马思赞（1619—1722）	龚嘉儁修，李格纂《（民国）杭州府志》卷八十七，民国十一年（1922）铅印本
2	《金石遗文录》十卷	陈奕禧（1648—1709）	许傅霈等原纂、朱锡恩等续纂《（民国）海宁州志稿》卷十三，民国十一年（1922）排印本
3	《历代钟官图经》七卷《语石外编》二卷	陈莱孝（1728—1787）	龚嘉儁修，李格纂《（民国）杭州府志》卷八十七，民国十一年（1922）铅印本
4	《碑帖偶笔》一卷	周春（1729—1815)	龚嘉儁修，李格纂《（民国）杭州府志》卷八十七，民国十一年（1922）铅印本

① 桑椹《历代金石考古要籍序跋集录》卷一，浙江古籍出版社2010年版，第54页。
② （民国）杨钟羲《雪桥诗话》之《余集》卷八，民国《求恕斋丛书》本。

（续表）

序号	金石著作名称	作者	文献及版本
5	《石经纪略》一卷 《桐川石墨》一卷	周广业（1730—1798）	龚嘉儁修，李楁纂《（民国）杭州府志》卷八十七，民国十一年（1922）铅印本
6	《石鼓文释存》一卷	张燕昌（1738—1814）	许瑶光修，吴仰贤撰《（光绪）嘉兴府志》卷八十，清光绪五年（1879）刊本
7	《钟鼎款识释文》 《商周文拾遗》 《石鼓文读》	吴东发（1747—1803）	许瑶光修，吴仰贤撰《（光绪）嘉兴府志》卷八十，清光绪五年（1879）刊本
8	《集古钟鼎千文》	钱馥（1748—1796)	龚嘉儁修，李楁纂《（民国）杭州府志》卷八十六，民国十一年（1922）铅印本
9	《两汉金石记》	陈鳣（1753—1817）	许傅霈等原纂，朱锡恩等续纂《（民国）海宁州志稿》卷十四，民国十一年（1922）排印本
10	《续纂积古斋钟鼎彝器款识》	朱为弼（1771—1840）	彭润章修，叶廉锷撰《（光绪）平湖县志》卷十六，光绪十二年（1886）刊本。
11	《关中金石志》	陈均（1779—1828）	龚嘉儁修，李楁纂《（民国）杭州府志》卷八十七，民国十一年（1922）铅印本
12	《古均阁宝刻录》	许楗（1787—1862)	龚嘉儁修，李楁纂《（民国）杭州府志》卷八十七，民国十一年（1922）铅印本
13	《两浙金石志补遗》四册 《金石书画编年录》	释达受（1791—1858）	许傅霈等原纂，朱锡恩等续纂《（民国）海宁州志稿》卷十六，民国十一年（1922）排印本
14	《瓦当文类考》	许光清（1802—1860）	龚嘉儁修，李楁纂《（民国）杭州府志》卷八十七，民国十一年（1922）铅印本
15	《金石小补》	张日煊（1809—1834）	赵惟崶修《（光绪）嘉兴县志》卷二十七，清光绪三十四年（1908）刻本
16	《金石粹编补辑》	朱元吕	龚嘉儁修，李楁纂《（民国）杭州府志》卷八十七，民国十一年（1922）铅印本
17	《竹叶碑释文》	陈以纲	龚嘉儁修，李楁纂《（民国）杭州府志》卷八十七，民国十一年（1922）铅印本

二、嘉禾印人的"印学观"

（一）印论中的篆刻艺术观念

印论、论印诗是印学理论的重要组成部分，明清以来印论大量涌现，这些印论中包含丰富而独特的印学观念，为印人的篆刻实践提供了重要的理论参考和思想启迪。论印诗则是印人或者研究印学的文人所创作出来的，同样蕴含着重要的印学观念。需要说明的是，本节针对嘉兴地区的经典印论和论印诗展开讨论，附之以其他印论进行相关说明。

1. 虚和论

图5 黄易 "求是斋"

所谓"虚和"，即平和之意，虚实相生，追求简淡与灵慧的印章和谐之美。嘉兴印人陈寓（字新絜）刻印追求"虚和"之境，钱泰吉在《题吴晋斋印谱追感陈新絜丈寓》诗中曰："填篆古法今不存，异时尝共陈君论。陈君论印辨毫发，每篆一纽穷朝昏。后来学佛谢铁笔，彼求印者犹盈门。晋斋示我新印谱，虚和妙合陈君言。（新絜论书及印皆以'虚和'为贵）逾年未敢道只字，说文不熟昧字原。吾乡张君（叔未解元）集汉印，亦尝一一从头翻。大都深通六书义，于技虽小道亦尊。俗工反古乃失古，斧凿未化徒留痕。强摹秦汉字缺蚀，或仿钟鼎形纷繁。偏旁茫昧不可辨，读者结舌但手扪。譬如文家学两汉，已失明法况宋元。歙人篆石数程邃，陈君配之如弟昆。晋斋亦工大小篆，三子异派同其源。惜哉陈君不可作，我宝贞石侔瑶琨。廿年什袭满箧笥，拟欲遍印纸百番。晋斋倘续印人传，慎勿诧我论不根。"①

古人论印以"虚和"为贵的思想在明代已有相关论述，例如清人黄易所补刻"求是斋"印章（图5）上有丁敬旧款云：

"余谓古人铁笔之妙，如今人写字，然卷舒如意，欲其姿态横生也；结构严密，欲其章法如一也。铁笔亦然，以古为干，以法为根，以心为造，以理为程。疏而通之，如矩泄规连，动合自然也。固而存之，如银钩铁画，不可思议也。参之笔力，以得古人之雄健；按之章法，以得古人之趣味……"这里的"矩泄规连，动合自然"自是追求一种合法合规之中的自然之趣。明代程远在《印旨》中表述道："笔有意，善用意者，驰骋合度；刀有锋，善用锋者，裁顿为法。"可见，明人已特别注意追求笔意与刀锋高度融合的境界了，也就是既合笔意，又合刀法的完美统一。钱泰吉描绘陈寓"每篆一纽穷朝昏"，说明其刻印追求完美之境，再加上通晓禅理，推崇虚和之境，故求其印者接踵盈门。

陈寓擅长小篆及铁笔，钱泰吉赠诗云："陈君小篆乃无匹，八分真草兼精通。铮铮余技到铁笔，秋毫神妙天无功。"全诗为《陈新絜丈（寓）文后山丈（鼎）摹名印见赠赋谢》："吾初得识种水翁（曹言纯），嗜好与我酸咸同。累累名印出相示，豆瓣楠匣开缄封。云是文陈两君制，戏钤便面丹砂红。良田二顷那肯易，奉扬令我怀清风。（甲戌六月，种水为余书扇，并取两君新制名印，杂印背面）陈君小篆乃无匹，八分真草兼精通。铮铮余技到铁笔，秋毫神妙天无功。文君鉴赏今巨眼，停云画派传其宗。镌刻亦得雁湖法，参以变化通神工。我闻秦汉古书法，摹印乃在八体中。缪篆缠绕贵屈曲，官私制造结体崇。又闻十七试为吏，讽九千字成学僮。当时字学尽能讲，小

---

① （清）钱泰吉《甘泉乡人稿》，同治十一年（1872）刻光绪十一年（1885）增修本。

技故亦精雕虫。城皋长吏印各异，伏波书上摹勒重。滇阳印乃水心误，地志沿误名相蒙。印之所系本非细，况乎私印关吉凶。填篆之法在书史，米老已矣今谁雄。陈君怜我好古癖，为篆数纽精磨砻。文君闻之色飞舞，花乳石亦为我攻。安得上品好书画，紫泥丹臒钤其终。空拈秃笔乱涂抹，乃以名字烦诸公。名之完缺在自守，惟愿贞石之寿怿。”[①]

2. 心性论

嘉兴印人在印章的追求方面讲究本心与性情，这也是明代以来印论家们所努力提倡的，陈鳣有论印诗“为忆龙山野亭长（祝兼山，号野亭长），素心晨夕有扶风”。冯念祖有论印诗“雕虫篆刻亦穷形，心性从知特地灵”。这里陈鳣与冯念祖皆提到了“素心”与“心性”这两个词语，那么，何谓素心？即心地朴素，发自本心或素愿，素心做事，更是一种格调与品位。何谓心性？心性的意思通俗来讲便是性情、性格。中国古典哲学范畴特指“心”和“性”，人应不断提升心性、净化心灵。表现在篆刻作品上，在表达出作者本心的同时更要体现出一定的性情。

在“素心”的表达上，明代印论家们便早有不同的认识，例如明代杨士修《印母》云：“刀笔在手，观则在心。”徐上达《印法参同》云：“是究道之心亦欲深，执事之心亦欲细也。”明代祝世禄云：“融心于法不逸，其心于法之外，融法于心不泥，其心于法之中。用之于不即不离，妙在乎有意无意。”清代袁三俊《篆刻十三略》云：“广搜博览，自有会心。”许容《说篆》曰：“笔忘手，手忘心，心忘法，法出于自然，以尽字之真态，妙和天趣，则方圆平直，无不如意矣。”丁敬认为：“铁笔亦然，以古为干，以法为根，以心为造，以理为程。”赵石认为：“印文浑朴归秦汉，铸凿原由匠者心。”以上皆是讨论在篆刻上应心手相应、无法而法的自由状态。

3.平淡论

陈确有《书周选古印谱后》，陈确认为在篆刻上应追求“平淡”之境界。文曰：“神奇之极，化为平淡。”平淡，即率真自然。“淡”是中国哲学最高的境界，宋代苏轼以及明代董其昌皆追求淡美，即尚淡的美学思想。这里的淡，是在注重法度基础上的一种自由与闲雅，反映在篆刻上则是讲究字法、刀法，追求自然率意，反对新奇怪张。

（二）印章边款（或跋款）中的“印学观”

1. 刻印需有篆法与刀法

张廷济曾于禾中骨肆得一白文瓷印（盘琉璃钮），文曰“太平之世多长寿人”（图6），侧款曰“葭轩制”。张廷济评价道：“此必百年来精于刻印者，昔时少山陈共之，工镌款字，特真书耳，若刻印，则有篆法、刀法，非数十年功不能到也。”[②]在张廷济看来，篆法与刀法是篆刻中较为重要的组成部分。

图6 “太平之世多长寿人”白文印

2. 篆法须与句语相称

孙三锡在道光十八年（1838）刻的朱文印“惜华情绪只天知”边款

① （清）钱泰吉撰《甘泉乡人稿》，同治十一年（1872）刻光绪十一年（1885）增修本。

② （清）张廷济《清仪阁所藏古器物文》，浙江人民美术出版社2020年版，第600页。

中提道："凡作闲散印章，篆法须与句语相称，若以艳词丽句而用苍古笔法，譬之野叟山僧，置诸绣户绮窗之下，见者能不掩口胡卢耶？此印用文国博（文彭）刻牙章法篆之，庶免粗浮之气，未识能入法家赏鉴否？桂山又志。"可见，印人在刻制印章的时候，已经特别注意到篆法与词句的匹配问题。孙三锡认为刻闲散印章应该有合适的词句作为搭配，从"形"到"神"的审美认识上也有其独到见解。

关于印章中以诗、词、赋等名句刻印的问题，钟大源在两首诗中论及古人善用诗词等名句作为印文，其一曰："秦田水月语元精，隐却青藤旧姓名。尤爱和州文学博，楚骚一语似天成。"明代书画家徐渭（1521—1593）有一印为"秦田水月"，钤于书画之上以代姓名之印。文徵明次子文嘉有"肇锡余以嘉名"印章，此印文出自《离骚》，有赐予美名之意。可见，明代文人喜用诗赋名句以表明个人志向。其二曰："成句雕镂巧不停，半闲作俑旧曾聆。何人更悟诗中画，幻出乾坤一草亭。"钟大源此诗说明诗词名句也成为印人印文的选择对象，同时也是文人篆刻的一大特色，同时也是印章继续雅化的一个特征，文人印章不单单是姓名印的刻制，也会有斋号、闲章等形式的需求。随着印文的内容逐渐多样，篆刻也同样走向更加广阔的发展空间，或寄托印人情感，或赋予志向。同时，钟大源在此诗注中云："印刻成语，闻始于贾似道，余见友人一印章，暗藏少陵诗句，殊近于游戏，非大方所取。"不言而喻，钟大源对这种刻印暗藏诗句游戏的现象虽然明言"非大方所取"，但一定程度上反映出文人的雅好之趣。

3. 意到笔不到

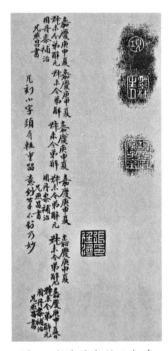

图7　张燕昌书铭及印章　　《清仪阁所藏古器物文》跋款

张廷济藏有葛见岩所赠的天籁阁严匠望云手制之物，旁有三印（图7），分别为朱文印"项"、白文印"墨林山人"、白文印"项元汴字子京"，嘉庆五年庚申（1800）夏，张廷济用丹漆补治并作铭，邀请张燕昌书铭。张廷济跋曰："西邻葛见岩弟为余购得，值钱二千八百，余作铭，索文鱼书之。"[1]张廷济遂将此三枚印章用丹漆补治完整，附于一旁，张燕昌跋曰："凡刻小字，须有轻重留，意到笔不到乃妙。"[2]张燕昌认为刻小字印章要追求"意到笔不到"之境，"意"有意味、意趣、意蕴、意境之意，"意"是篆刻家的主观意识在印章中的意境展现，或表达主旨意义，或表达思想，或表达性情或主题意

---

① （清）张廷济《清仪阁所藏古器物文》，浙江人民美术出版社2020年版，第680页。
② （清）张廷济《清仪阁所藏古器物文》，浙江人民美术出版社2020年版，第684页。

趣，等等。

所谓"意到笔不到"，唐代张彦远在论述吴道子画时云："意在笔先，画尽意在，虽笔不周而意周也。"北宋苏轼跋赵云子画："笔略到而意已俱。"清代恽寿平说："今人用心在有笔墨处，古人用心在无笔墨处，倘能于笔墨不到处观古人用心，庶几拟议神明，进乎技已。"意与笔的关系即虚与实的关系，用笔实处见虚，虚处见实，乃臻"通体皆灵"之妙。"意到笔不到"也是文学创作和文章写作中常见的一个现象，即心中想到了，但不能用笔完全表达出来。在这一点上，梁代刘勰在《文心雕龙·神思》中总结说："意翻空而易奇，言征实而难巧也。"吴悦石先生言："作画以笔力胜，笔力由骨气胜，骨强则气势强，无骨则无势。一寸线一寸骨，骨法用笔也。故曰'寸骨寸心'。《易曰》：'强其骨。'尝说：'意到笔不到。'意者何？笔断迹连，迹断意连，意断势连。画贵有势，不尚雕琢，方为至美。画贵内美。所谓蓬头粗服，不掩国色，有内美方能摄人魂魄。倘使寓目不忘，久看久新，则必为名迹。"吴悦石作画强调笔与力、骨与势、气与格，又着重强调"意到笔不到"的意笔之韵。

4. 印需神端、气凝、势动

光绪十年甲申（1884）六月，张熊刻"思入秋涛"朱文印（图8），边款为："印需神端、气凝、势动，乃入印章三昧，甲申六月，子祥。"[①]张熊在边款中阐释了刻印时应该注意神情端正、气息凝聚以及形势（或结构体势）与笔势（或运刀）运动的气势相合问题，刻印方能渐入化境，即达到心手相应、风神潇洒的自由之境。

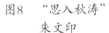

图8 "思入秋涛"　　张熊"道虚涵若水"
朱文印　　　　　　白文印

（三）借古与开今：论印诗中的篆刻艺术观

嘉禾文人的论印诗，以吴骞的《论印绝句》最具代表性，这些论印诗中常有一些印学观念（或印学思想）蕴含其中，比如"印宗秦汉"问题、印章的复古与创新问题、印章的材质与刀法问题等。

蒋元龙推崇秦汉印章，诗曰："摹印由来溯汉秦，法流唐宋渐沉沦。顾家印薮须原拓，枣木翻刊便失真。"蒋元龙认为摹印应上溯秦汉，唐宋印章法度已无复秦汉之淳古，揭示了秦汉印章的地位与价值。明代顾从德所编《集古印谱》，后由王穉登更名为《印薮》，翻刊较之原版多少会有失真之处，应珍惜与学习原拓本。蒋元龙在诗注中引甘旸（又名旭）《印正》序云："顾氏《印薮》，摹勒精工，第翻摹滋多，舍金石而用梨枣，令古人心画神迹，湮没失真。"此处的"舍金石而用梨枣"也正反映出蒋元龙对古代印章的珍视态度。

周春有诗云："汉印曾翻传是楼，纵横错落动银钩。如何破碎成家法，伪体诗文王李俦。"

清徐乾学有《传是楼印谱》五册，收印千余方，周春曾于倪兰畹处借阅此印谱，对汉印古法极为推崇，针对时人的印章风格的各种出新现象，并提出"如何破碎成家法"的疑问。诗中所提"伪体"，既指违背《风》《雅》规范的诗歌或风格不纯正的文章，也指专事摹拟而无真实内容和独特风格的作品。周春借"伪体"之义，以明代后七子李攀龙、王世贞等倡导的文学复古运动为例，反观当下印章的发展，同样出现了"伪体"现象，提醒时人要深入汉印传统，否则印章风格将出现异化状态。总而言之，周春在印章上是提倡复古的，尤其是汉魏之法。

周春有诗云："欲刻白文摹汉篆，更师松雪作朱文。三桥宗派分明好，看策诗坛铁笔勋。"此诗道明周春的主要印章师法方向，汉白文印要取法汉篆，朱文印要师法赵孟頫，同时也极为称赞明代文彭所引领的"三桥派"。

周春又有诗云："泆长标题八体详，王韦谢庾近荒唐。无讹无杂斯为美，漫学钿金虫鸟章。"此诗表明了周春的印学审美观点，即"无讹无杂斯为美"，也就是说要合乎古法，特别是在篆法上，不能杂糅为之。周春认为既然汉代许慎已明确说明秦时已通行"八体"之书，对南朝齐的王融（467—493）和梁朝时的韦仲、谢善勋、庾元威等人的书法提出批评，但对独立发展而装饰性较强的鸟虫印章是提倡的，也许鸟虫篆的篆文是合乎法度的。

周春有诗云："闻说莆田宋比玉，创将汉隶入图书。爱奇竞道翻新样，古法终嫌尽扫除。"莆田印人宋珏（1576—1632）擅八分，在书法上开创"莆田派"。周亮工《印人传》称："以八分入印者，始于比玉，世称'莆田派'。"周春与周亮工此处所认为的宋珏为篆刻上的"莆田派"表述有误，然时人善于学习宋珏隶书并以隶书入印。周春对这种"爱奇竞道翻新样"的时尚创新存在某种担忧。

陈鳣对印石上天然就有的文字颇为注意，他在"输他产石更天然"的诗注中讲道："天台齐次风先生曾于山中得石印数方，皆天然成字……因为《天然图书谱》。"这种"天然"印石可以解释为无人为加工凿刻的遗迹，自然可以识读的文字样态。

吴骞谈论印章复古与创新问题的诗云："一拳忍为山灵割，五字谁思土数完。鸟迹至今悲杜老，爱书自昔定徐官。"吴骞在这首诗中表达了对印章古文篆书的肯定，随着时代的发展，刻印材料的不同尤其是王冕花乳石等石质材料的发现与使用，再加上印章中小篆的使用与流行，文人自篆自刻的现象也因此更加兴盛。《七修类稿》云："图书，古人皆以铜铸，至王冕，以花蕊石刻之，今天下尽崇处州灯明石。"对于印章中五字印文的来源，吴骞引《汉书·礼仪志》曰："武帝时据土数五，故五字为印文，如不足五者，以'之'字足之。"关于吴骞"鸟迹至今悲杜老，爱书自昔定徐官"的由来，唐代诗人杜甫有诗曰："仓颉鸟迹既茫昧，大小二篆生八分。"徐官《古今印史》云："刻之印章者，古文第一，籀文第二，小篆第三，后世多用小篆而遗仓、史，大不敬也。"针对古文、籀文、小篆等书体用于刻印的情况，徐官认为后世多用小篆入印，是对古文大篆入印传统的大不敬，吴骞尊重史实并未特意表达个人观点，只能说明一个问题，即清代初期的印学家取法广泛，多种书体入印已经带来了印章风格的多种变化，复古与创新仍然是艺术发展的主流。

清初印人好古，刻制私印多仿秦汉古文形制。钟大源诗曰："半似规圆半矩方，回环汉篆与秦章。黄金斗大浑无羨，奇样新传古瓦常。"钟大源在诗注中云："近人刻私印，每尚秦、汉古瓦当式，而差小其制。"可以反映出这时期的印人对印章新貌的追求。

陈鳣诗曰："正直平方汉白文，李唐盘曲法何纷。寒山草篆终堪议，休论莆田杂八分。"一般而言，汉印风格古拙，字法平整，陈鳣认为唐代印章尤其是朱文印章"屈曲盘回，殊失古意"，至于明代赵宦光所创的草篆，往往多存有异议，宋比玉善八分，印人往往借鉴其八分书入印，陈鳣排斥这种以隶入印的创新形式。

冯念祖认为篆刻艺术的发展与革新在字形、刀法、章法上亦追求千变万化，同时，更要注意印学家心性、情性的发挥。冯念祖诗云："雕虫篆刻亦穷形，心性从知特地灵。闻道名闺多放诞，闭关颂酒学刘伶。"造诣颇高的艺术家的行为举止往往会有放荡不羁的情况出现，冯念祖引晋时刘伶所作《酒德颂》进行说明，刘伶平生放情肆志，性尤嗜酒。超脱世俗、蔑视礼法,其文章行文轻灵，笔意恣肆，刻画生动，为后世留下了醉酒吟诗的艺术作品。

查岐昌诗曰："鼎彝壶爵巧成文，水月花禽变体纷。从此不传玉箸法，钗头鼎足罕能分。"查岐昌在此诗中依然对古篆研究的人越来越少以及不深入感到担忧，虽然古代篆书有多种，又有玉箸篆之法，但此法没有得到广泛继承，甚为可惜。查岐昌曾于论印诗中举秦代李斯与宋代篆学家徐锴，以劝解时人多识古字，并殷切希望继承古文字并发扬篆刻之学。诗云："石经莫嗣李将作，蝌蚪谁窥徐楚金。传语良工多识字，始分垂露与悬针。"查岐昌对篆刻发展的前景进行了展望，诗曰："运笔专研十四篇，善刀迎解目无全。愿君珍重青瑶学，留取登封日月镌。"从这首诗中可以读到这样一种认知，即学书要知古人笔法，篆刻之学要知晓刀法。查岐昌呼吁更多文人志士参与到篆刻研究中来，这样篆刻的发展才会经久不衰。

三、影响印学观形成或转变的其他因素

嘉兴文人篆刻家印学观的形成离不开摹古实践、印章取法、印学思想的学习与继承，篆刻技术的灵活多变，以及入印文字、内容、刀法与石料的多样选择，这些对篆刻家印学观的形成有着举足轻重的作用。

印人镌刻印章讲究字法、刀法、章法以及款识之法，印章与书法、绘画一样，同样也追求一种象外之象的境界。陈克恕在刀法方面推崇涩刀，此刀法曾对黄牧甫产生过重要影响，黄牧甫在其所刻印章"周荔樵"的边款中表述道："陈目耕云'涩刀摹古，最为得神'，士陵效其法。"[1]明代徐上达在《印法参同》中就明确指出："篆刻之道，譬之其犹大匠造屋者也。先会主人之意，随酌地势之宜，画图象，立间架，胸中业已有全屋，然后良材料，审措置，校尺寸，定准绳，慎雕斫，稳结构，屋如斯完矣。"可见印人治印定要充分掌握印章刻治的普遍规律，施之以高超的技艺，方可达到自己所需要的刻印效果。

明清时期，印学观念得到进一步的发展与深化，可谓百家争鸣，印章风格同样也呈现多样化。以印章的石料为例，明代万历年间的嘉兴望族项元淇的孙子项鼎铉（1575—1619）已经关注到大嵩所产的石料。清初朱彝尊、黄宗羲对大嵩石极为称赏，雍正时期鄞县的全祖望甚至有赞美大嵩石的诗流传于世，诗曰："花乳石质奇，于古胡勿称。所尚多铜章，佳材老山扃。自从王元章，雕镌过

---

① 黄惇《中国印论类编》，荣宝斋出版社2010年版，第1286页。

百朋，各各夸土产。良足补图经，吾乡用私印，大嵩亦擅名。洞天万山骨，色相百变成。余分为春冻，中有红猩猩。年来采取竭，石髓嗟颓零。福清与括苍，瞠乎不可京。地气有时返，未必无连城。海潮日夕来，吞吐太阴精。石其果有知，为我光莹莹。"[①]据乾隆《鄞县志》载："石产西石山者，色赤。产东石山者，色白，质细腻，胜于西山。产东湖瓶窑者，色浅，绿取为阶砌，柱础尤佳。产梅园者，色紫黑，近腻。梨洲黄氏谓浙东碑材可次太湖者也，产大嵩者，色嫩白，中夹红筋，可镌印章。大嵩一作大松，项鼎铉《呼桓日记》云：'四明大松出灯光石，每取石以鹅祠之。戚继光祭以羊，自是石不复出，俗因名羊求休。'朱竹垞赠许容诗有'羊求休嫩大松老'之句，羊求休即大松所产。"嘉兴印人陈克恕将大嵩石视同与青田石、封门石同等重要的印材石料。

清初查慎行盛赞青田与寿山石，其有《寿山石歌》，歌曰："周礼重玺节，后来印章毋乃同。自从秦人刻玉称国宝，此外杂用金银铜。铸成往往上戴纽，屃赑作力碑趺雄。橐驼羔鹿虎豹龙，细者龟兔巨者貔与熊。肖形寓像随所好，缪篆法与虫鱼通。汉时斗检封，下沿唐宋仍相蒙，神龙贞观宣和中，六印旁及金章宗。当时御府收藏及书画，首尾钤识丹砂红。民间私记不知几千万，扬（克一有《集古印格》）王（厚之有《复斋印谱》）姜（夔有《集古印谱》）赵（子昂有《印史》）集古谁能穷。车磲玛瑙犀角及象齿，苟适于用俱牢笼。后来摹刻忽以石，其法创自王山农（王冕）。自元历明三百载，巧匠到处搜碻礴。吾乡青田旧坑冻，价重苍璧兼黄琮。福州寿山晚始著，强藩力取如输攻。初闻城北门，日役万指佣千工。掘田田尽废（寿山石产田中者最佳），凿山山为空。昆冈火连三月烽，玉石俱碎污其宫。况加官长日检括，土产率以包苴充。今之存者大洞盖已少（大洞所产亚于田石），别穿岩穴开芙蓉（今所用者皆出芙蓉岩）。居人业此成石户，斑白老叟携儿童。采来制纽尚仿古，一一雕琢加磨砻。我闻金石古称寿，兹山取义奚所从。如何出宝还自贼，地脉将断天无功。山灵有知便合变，顽矿庶与鸿蒙混沌相始终。"[②]查慎行对家乡所产的青田石以及福州寿山石的推崇，一方面说明印人不会仅仅满足于以王冕所发现的花乳石治印，他们擅长对印材进一步发掘。另一方面也肯定了当时印章的繁盛，不然不会出现"石户"的现象，说明印材的需求很大，出现了很多人以开掘石材为生的繁盛景象。

此外，印泥作为印章材料之一，印泥的好坏，嘉兴印人也有标准，吴骞在其诗中也有论到印泥的问题，诗曰："血染洋红久不消，芝泥方法费深调。君看太史丁香印，绝胜郎官麝酒浇。"印泥制作也有特定的方法，并随着时代的发展不断改善，主要有麝酒浇制（配丁香）、芝泥调制（配芝麻油）、洋红调制。吴骞在诗注中云："洋红，出大西洋国，以少许入印色，其红胜丹砂、宝石百倍，且久而愈艳。《升庵外集》载：印色方，有芝泥紫粉之目，盖昔人印色，以芝麻油调之，故云芝泥。近梁山舟太史用丁香油，取其香而不冻，其法至佳。余寅《同姓名录》：唐陈茂为尚书郎，每书信印记，浇以麝酒，养以透云香，印书达数千里，香不断。"可见文人已特别注重对印泥的使用，并不断地追求创新。

---

①　（乾隆）《鄞县志》卷二十八，乾隆五十三年（1788）刻本。

②　黄惇《中国印论类编》，荣宝斋出版社2010年版，第1337页。

结　语

清代古文字学、考据学兴盛，金石学得到长足的发展，尤其是乾嘉时期的朴学，蔚然成风。钱大昕在《关中金石记序》中云："金石之学，与经史相表里。"清代初期，以嘉兴朱彝尊为代表的文人搜碑访碑，考证金石，著录成册，逐渐成为一种风尚。清代朴学的兴盛也有力地推动了金石考据学的发展，以金石证经，金石学大兴。文人注重金石文献的著录与研究，清人在金石学上取得的成果对篆刻家而言大有裨益，他们善于借助金石学研究、发掘古代印章的美，这时期的印章创作从某种程度上来说也或多或少地受到金石学的影响而形成不同风貌。

清代嘉禾文人的篆刻进入一个迅速发展的时期，相继出现了以文鼎、钱善扬、孙三锡、曹世模为代表的嘉禾"四山"，以张廷济、张燕昌、徐贞木、陈鳣为代表的印学世家，以朱彝尊、陈克恕、黄锡蕃、徐同柏、钱以发为代表的印学理论家，以郭麐、林熊、江皓臣、胡镢为代表的域外印人。这些印人的印学实践为嘉禾印学的发展做出重要的贡献。

讨论嘉禾印人的印学渊源，要深入挖掘区域印人在印章传承过程中的师法，除了徽派、浙派的影响之外，域外印人的影响是不可忽视的。针对嘉禾印人印学观的考察，特别要指出是：这些印人对"虚和""心性""意到笔不到"以及"神端""平淡"的审美追求，这些印学观念闪烁在嘉兴印人的诗文集以及印章边款中，值得我们继续借鉴与传承下去。

（作者系曲阜师范大学美术与书法学院硕士生导师、书法系副主任，中国书法家协会会员）

观念、鉴藏与仿刻：

明清印人对古玺印式的接受研究

冯 晨

摘要： 古玺作为古代印章的重要组成部分，其出现最早，而人们对古玺的认知却存在一定的滞后性。故本文以古玺之名与实的历史变迁为考察视角，探究古玺在明清两代的接受状况。一方面，从明清印人的印史观念、对古玺的归类界定以及引证考据等方面可窥探这一时期印人对古玺的认知程度。另一方面，在理论滞后的情况下，明清印人在实践探索中不自觉地进行拟古玺创作并逐渐将古玺正式纳入取法视野。结合古玺鉴藏活动考察古玺鉴赏、收藏与流转的图景，探求明清印人的印史观念及拟古玺创作的发展脉络，说明古玺在印章史上的艺术属性和独特价值。

关键词： 古玺印式　明清印人　古玺鉴藏　接受

古玺是对先秦以上印的概称，李学勤从时间的角度将"古玺"定义为"秦统一以前的官私玺印"。古玺盛行于战国，其上限可达殷商时期。辛尘指出："古玺是所知的中国实用印章的最早形态，但作为宋元以来形成的文人篆刻之印式，它确乎又是最晚的。""古玺印式"主要是指以先秦文字为底色的篆刻艺术的形式语言与风格追求。而文人印家对古玺的认识经历了历时性的变迁，由元代吾丘衍在《三十五举》中武断地作出三代无印的论断，再到朱简在《印经》中语气肯定地指出"印昉于商周，盛于秦汉，滥于六朝，而沦于唐宋"，印人们才逐渐意识到汉魏印章并非最古的印式，在汉魏以上存在"先秦以上印"。且随着金石学的发展，物质材料的日益丰富，清代中期以后的古玺印式实践逐渐走上正轨，而古玺之名从吾丘衍到朱修能之间三百年的"历史断裂"导致古玺印式研究的空白，这也势必会导致古玺印式接受与运用的艰难。从最初印宗秦汉的印象到风格多元化的拓展，在这背后离不开文人印家不遗余力地搜求古玺、编辑印谱、研究玺文，并在"印外求印"创作模式的推广普及下积极探索拟古玺实践。故通过梳理明清印人的印史观念和拟古玺创作，结合古玺鉴藏活动考察古玺的鉴赏、收藏与流转的图景，重塑古玺作为客观存在在未被正确认识的情况下被明清篆刻家接受取法的具体脉络。

一、懵懂与廓清：明清印人对古玺的认知、归类与考证

明清印人的印史观念经历了从"三代无印"到"三代有印"的历时性变迁，随着认识的不断深入，"古玺"一词被正式提出，对古玺的断代也不再宽泛，肯定古玺文为战国文字，逐渐拉开了古

玺科学探索的序幕。

（一）明清印人的印史观念

元代人称"三代无印"，始见于吾丘衍所著《学古编》中的《三十五举》之第二十九举，其文曰："多有人依款识字作印，此大不可，盖汉时印文不曾如此，三代时却又无印，学者慎此。"吾丘衍批判了此时以款识字作印的方式，武断地作出"三代无印"的论断。其后部分印人延续此说，用为指南，并进一步影响了对古玺的分类界定。然在元代以前，史书中已有"三代有印"的记载。如东汉光武帝议郎卫宏《汉旧仪》曰："秦以前民皆以金、银、铜、犀、象为方寸玺。"宋代赵希鹄在《洞天清录·古印章》中亦指出："汉印多用五字……其四字印，则画多者占地多，画少者占地少，三代以前尚如此，今则否。"这虽是对汉印的具体论述，但也隐约表达出"三代有印"的观点，但显然没有引起人们的关注。尽管元代俞希鲁也提出了"三代未尝无印"的质疑，但终未得到肯定。

明人对"三代无印"之说一直处于懵懂状态。明代多位印家依附于"三代无印"的局限，明初王祎在《杨氏印谱赞》中称："然而印玺之制，始自秦斯。"至隆庆年间，顾从德《集古印谱》编纂发行，沈明臣作序，根据印文"忠孝侯印"指出尧舜时旧有此官，推论三代未尝无印。何震仿效吾丘衍《学古编》的体例成《续学古编》，其中第二十举曰："印章以累文成章，故名。始于周，盛于秦，工于汉魏六朝。"隐晦地指出三代有印。但随后沈野却支持"三代无印"说，甘旸《印章集说》又对这一结论进行推翻："三代无印，非也。"他还在《印章集说》里专列"三代印"条目。

直到朱简在《印经》中肯定地指出"三代有印"，并将古玺称为"先秦以上印"，曰："所见出土铜印璞极小而文极圆劲，有识、有不识者，先秦以上印也。"彼时人皆不辨战国古玺，而朱修能将这类印推断为先秦之印，是对甘旸论断的进一步肯定，发前人所未发。在朱简之后，"三代有印"说朝着两个方向发展，未被学术界普遍接受。如姜绍书、吴正旸坚持"三代无印"说，认为印章始于秦。但方以智在《印章考》中又对"三代有印"说进一步深化："秦以前印、玺通名，汉以来章与印亦分矣。"黄元会、韩霖、朱继祚、吴继仕同样提出三代未尝无印，同意朱修能之说。

"三代有印"说在清代虽然没有立即产生广泛的社会认同，但随着印论的完善和发展，逐渐众说纷纭，蔚为大观。清初周亮工在《印人传·书徐子固印谱前》中称："徐子固仿古小秦印章，自朱修能外，不能多让。"周亮工对朱简仿朱文小玺的实践从艺术成就方面取肯定的态度，但并没有附和朱简对古玺时代定为"先秦以上"的论断，坚持称作"小秦印章"。康熙二十三年（1684），吴观均认为"三代无印"，而秦爨公及其弟子冯泌皆认为"三代有印"；清代中期，厉鹗、高积厚、孙光祖、徐坚、董洵明确提出"三代有印"说。尤其在约乾隆五十三年（1788）程瑶田释出战国古玺中"私鉨"二字之后，人们对古玺的认识有了关键性的突破。桂馥《续三十五举》将程瑶田这一新见一并辑入并广泛传播，其按语曰："此论秦以前印皆古文，与秦汉以后缪篆者不同。"承认秦以前有印。吴云、魏锡曾、张廷济、吴式芬、吴大澂、陈介祺、陈澧，以至清末民国的吴昌硕、黄牧甫亦复如是。由此可知，相比于明代的牵强附会和零星质疑，到了清代后期，"三代有印"的印史观念成为印人的普遍共识，总体呈现出曲折性的发展趋势。

（二）明清印人对古玺的归类界定

"三代有印"说是在吾丘衍论断的基础上，经过甘旸、朱简、方以智、程瑶田、桂馥、吴云等人的印学观点逐渐发展形成的。但必须指出的是，在"三代有印"说悬而未决的作用下，人们对古玺的归类界定也受到影响。

首先是将古玺界定为秦印。明末方以智指出："顾元方、魏子一尝作厚边细篆朱文，曰仿秦未识。"在评价程邃的篆刻时也指出其多得力于"厚边秦印"。周亮工、夏一驹皆将古玺界定为秦印，孙光祖《古今印制》亦将"阔边碎朱文印"归于秦印一类，显然即使承认"三代有印"，印人尚不能对古玺进行界定。甚至到了清代后期，印人们的拟古玺实践逐渐盛行之时，也依然存在对古玺认识不足的情况。如胡镬将古玺界定为"周玺"，在"清江陈廷勋玺"一印（图1）款识中云："匊邻仿周玺。"通过印蜕可知印文中已出现了"铄"字，但其并未对时代作出明确的界定。另有赵之谦、黄牧甫把仿古玺的印章界定为秦印，如黄牧甫"六郎"一印（图2），在形式上参以阔边，印文线条瘦劲，结字重心上移，显然是战国古玺中的三晋玺，其界定为秦印，边款中曰："日来仿秦玺甚多，惟此印略具其旨。牧甫。"需要指出的是，"秦印"涉及一个概念界定的问题，在清代，"秦"一般包括先秦，而"汉"也包括两汉、三国、魏晋南北朝，但文人印家对古玺时代的界定还模棱两可，亦尚未涉及古玺的分域研究。

图1 "清江陈廷勋玺"及边款，陈国成《明清印章款识文献研究》，社会科学文献出版社2018年版，第50页

图2 "六郎"及边款，陈国成《明清印章款识文献研究》，社会科学文献出版社2018年版，第53页

把古玺归类为杂印、未识别古印或私印，置于印谱末尾。印谱滥觞于宋代宣和时期，极盛于明，及顾氏《印薮》一编，可谓详且备矣。万历初期，以集古印谱为载体的大众出版物广泛出版，从这些印谱著录的体例中，亦能看出印人对古玺的归类界定，古玺并没有被置于卷首。顾从德《集古印谱》成于隆庆六年（1572），首列尚方古玺，即"秦九字小玺"，以为是印之最古者，登印史之冠，而经黄宾虹、沙孟海考证，其不过是东汉时期的印章。万历三十年（1602），由程远摹刻，项氏兄弟项梦原、项德明赞助的《古今印则》出版，亦首列"秦尚方古玺"（图3）。惜诸多印谱散佚，但印谱序跋作为印论的补充，可让我们一窥印谱体例的辑录情况，如吴翀乾隆十年乙丑（1745）为明赵宧光（1559—1625）的《赵凡夫先生印谱》作序，曰："首秦尚方玺，即始皇九字

玺也。"①可知其时仍以秦代印章为印之最古者。

玺印谱录编纂的体例和结构反映并影响着研究者对古玺秦汉印的理解。印谱中将"秦代印章"放在印谱首列的做法，符合明代多数人所认同的古印之起源始于秦的说法，但彼时已经有印人明确提出了"三代有印"的观点，仍把秦汉印置于卷首，可见人们对古玺认知的模糊影响到了印谱编纂的体例次序。以《集古印谱》为例，罗福颐曾言："今审《印薮》中，已有战国古玺数十方。"②而顾氏把古玺列入"未识古印"这一条目中（图4）。万历二十八年（1600），范大澈编《范氏集古印谱》，亦没有明确的"古玺"条目，把所收先秦朱文小玺列为"杂印"一类。明徐上达《印法参同》成谱于万历四十二年（1614），古玺与汉印混编在一起。罗福颐曾在《古印考略》中对这一现象进行说明："明代称古铜印为秦汉印，其实明人谱中亦有战国玺，当时皆列入未识古印中。"③

图3　程远《古今印则》，香港松荫轩藏本

图4　顾从德《集古印谱》，顾氏芸阁刊朱墨印刻本

清初，印谱编纂的体例次序有明显的改善。庄同生《漆园印型》成谱于清顺治年间，徐梿作序云："而所集先秦、汉玉玺，次铜官印，次姓名私印，次未识古印……"④此时古玺之名尚未正式提出，但已经有意识地把先秦印章列于谱首，显然或多或少地受到"三代有印"说的影响。

至清代中后期，随着"私鉥"一词的释出，古玺研究发展迅速，附于印谱末尾的周秦古玺位置发生了改变。同治十一年壬申（1872），陈介祺始成《十钟山房印举》五十册，在汉印之前列古玺和周秦两类。高庆龄嗜好金石，光绪七年（1881），他广搜齐鲁地区出土古印，成《齐鲁古印捃》，在自序中言："此特变通其例，标古玺于简首，秦汉诸印次于后，较之前谱稍有伦叙。"⑤吴式芬藏、吴重熹辑《双虞壶斋印谱》初钤的时间当在清光绪十年（1884）至光绪十五年

①　（清）吴翀《赵凡夫印谱序》，《历代印谱序跋汇编》，西泠印社出版社2008年版，第231页。
②　罗福颐《近百年来对古玺印研究之发展》，西泠印社1982年版，第1—32页。
③　罗福颐《古玺印考略》，《篆刻语录》，广东教育出版社2012年版，第395页。
④　（清）徐梿《漆园印型序》，《历代印学论文选》，西泠印社1999年版，第527页。
⑤　（清）高庆龄《齐鲁古印捃》自序，《陈介祺研究》，齐鲁书社2021年版，第855页。

（1889）间①，正式列出古玺一类，置于秦汉印之前，并做了古玺官印与古朱文印的区分。民国元年（1912），孙文楷辑《稽庵古印笺》，分列三代私玺、三代官玺、奇字玺等二十八类。由上可知，《集古印谱》中存在"名实不符"的现象，但随着认识的日益深入，印谱体例从明至清经历了历时性变迁，将"先秦印"定为印章最古者并标于谱首。

（三）明清印人对古玺命名与断代的考证

文人印家是在识读古印谱的过程中，由文字而断定时代，以至辨别其种类，其中一些错误的论断在考证的过程中得到纠正。前揭明朱简已有根据古玺实物对古玺文字进行考释的痕迹，将古玺断代为"先秦以上印"或"三代印"，虽时限太宽，但最早指出这批印不是秦印，他根据印体大小的变化对印章时代所作的判断大体上符合古代玺印发展的历史状况，说明彼时朱简注意到对古玺的断代研究。

清代初期，顾炎武倡导汉经学，提倡"采铜于山"的考据方法，在印学中的表现也较为明显。如吴先声亦注意到了古玺的入印文字，并认为其别有天趣：

> 然古人论字，多有增省假借之法……如古有"左司马印"，马作"𢌿"，彼非不知"马"字也……大夫字以"="代"夫"，此类甚多，要皆别有天趣，不得讥其错误。②

清代中期，夏一驹的《古印考略》极具考据性质，撰成于雍正六年（1728），对古玺有详细论述：

> 秦铜印，其小方阳文，多边阔，具配偶错落，紧密不容针；有一种，其文劲直如铁针，起止俱方，亦有起止俱尖者，亦有起方而止尖者，其文粗细不一。③

尽管将"古玺"界定为秦铜印的认识是错误的，但夏一驹已有意识地对古玺的形式、章法、入印文字的点画形态进行详细分析，确比明代印人对古玺的认识有了明显的进步。董洵《多野斋印说》成书于乾隆四十七年（1782），亦对古玺有考证倾向：

> 白文有边者，文亦奇古难识，末一字或谓是"仐"。按：仐，西夷切，音洗……尝取数印审视，左不尽是"金"，右不尽是"仐"，恐未必然。相传为西汉印，二者窃疑之。④

显然董洵尚不能辨认出"鉨"字，对古玺的断代也不能得出明确的结论。约在乾隆五十三年（1788），程瑶田为潘有为《看篆楼古铜印谱》作序释出"私鉨"二字：

---

① 朱琪《略论〈双虞壶斋印存〉编者、版本及成书时间等问题》，《西泠艺丛》2022年第1期，第18页。
② （清）吴先声《敦好堂印谱》，《篆刻艺术学通论》，上海书画出版社2017年版，第56页。
③ （清）夏一驹《古印考略》，《中国古代印论史》，上海书画出版社1994年版，第202页。
④ （清）董洵《多野斋印说》，《徽派篆刻》，安徽人民出版社2005年版，第61页。

昔余每见铜章，有曰"某鈢"者，尝疑之……《说文》玺从土，曰王者印也，所以主土……余据二书以为，"玺"，从土者从封省也。既尊卑共之，则王者守土之说非也……余曰：此皆"私鈢"二字也。①

程氏对"鈢""私鈢"进行考证，虽寥寥数语，如探骊得珠，是对先秦"古玺"认识上的一次重大变革。道光年间，张廷济在《清仪阁古印偶存》序中云："以审其文字，不可以秦汉限也。"②张廷济根据入印文字断定是秦汉以前的印章，并把战国古玺称为古文玺。陈介祺《十钟山房印举》首列古玺；吴式芬《双虞壶斋印存》将古玺排列在秦汉印章之前，并列有古玺官印、古朱文字样。"古玺"之名确立，真正成为篆刻合理取法的对象，其后文人印家屡次用"古玺"一词加以称呼。清光绪十四年（1888），吴大澂在《十六金符斋印存》中云："蓄印十六年，积累至二千。古玺得至宝，文字秦燔先。"③并著《说文古籀补》，是研究古玺文字的第一部字书。

在"古玺"之名逐渐确立的过程中，学者对古玺的断代也不再宽泛，将古玺产生的时限定为春秋战国时期。同治十二年（1872），陈介祺在致吴云手札中揣测古玺为六国文字，指出："朱文铜印似六国文字，玉印似六国书法近两周者。"④光绪三年（1877），吴大澂在致陈介祺的手札中将战国朱文玺称为"三代阳识文字"，可见对古玺的时代尚未有清晰的结论。而战国官玺之被肯定始于王懿荣，光绪七年（1881），高庆龄著《齐鲁古印捃》，首列三代铜官玺、三代铜私玺，前有王懿荣序。肯定玺之称官名者，是出周秦之际，如司徒、司马、司工之属，后对古玺多以"战国古玺"加以称呼。但清末金石学家对古玺时代的认定还模棱两可。清末民初王国维云："秦用籀文，六国用古文。"⑤肯定古玺文为战国文字，用"二重证据法"把先秦古玺与战国铭文、古陶金文等先秦文字相互参证，确定古玺为六国遗物，拉开了古玺科学探索的帷幕。

二、鉴赏与流转：明清印人的古玺鉴藏活动

拟古玺风格的印章在书画鉴藏活动中作为鉴藏印被钤于书画作品之上，可一窥拟古玺风格鉴藏印的基因图序。古玺印章在不同地域收藏家间的流转与递藏，促进了印人对古玺的认识和取法。

（一）拟古玺风格鉴藏印的钤用

鉴藏印不同于一般书画作品的自用印，是收藏家必备的征信之物。在书画作品的流传路径中，拟古玺风格的印鉴已作为独特的印记被文人印家传授阅玩并加以使用，不仅通过古玺印章在印谱中的收录进行流传，亦通过书画作品中鉴藏印的使用进行流传。

鉴藏印的刻制多遵循尽量不使书画污损的原则，在形式上一般是细朱文印，印边忌宽大。米芾

---

① （清）程瑶田《看篆楼印谱序》，《历代印学论文选》，西泠印社1999年版，第570页。
② （清）张廷济《清仪阁古印偶存序》，《历代印谱序跋汇编》，西泠印社出版社2008年版，第458页。
③ （清）吴大澂《十六金符斋印存》，《天衡印谭》，上海书店出版社1993年版，第328页。
④ （清）陈介祺《陈介祺致吴云手札》，《中国篆刻史》，西泠印社出版社2000年版，第118页。
⑤ 朱彦民《战国文化艺术史》，黑龙江人民出版社2021年版，第63页。

提出："印文须细，圈须与文等。"①沙孟海亦在《印学史》中提道："鉴藏印钤在善本图书或字画名迹上，忌用粗笔印，也忌用大阔边……印文采取朱文细笔、细边比较适宜。"②但留痕于书画作品上的拟古玺印鉴以宽边朱文样式居多，与一般鉴藏印边文俱细的风格相左，类似战国古玺中的三晋玺，这显然与鉴藏印的刻制原则不相宜。

需要说明的是，鉴藏家的印鉴大多是请名家篆刻的，更多地体现出一个时代的用印审美趋向。且由于人们的多重文化身份，有的文人兼书画家、收藏家以及篆刻家，故笔者综合各种资料，对收藏家在书画鉴藏过程中所用古玺印鉴进行归纳（见附表"明清鉴藏家自用'拟古玺'风格鉴藏印章举例"），以便与本文第三节涉及明清篆刻家拟古玺实践的内容有所区分。

鉴藏印作为书画作品主题内容的外在形式，历来传承有序，拟古玺风格印鉴的刊刻日趋成熟，使用数量和频次也在不断递增。从南宋赵孟坚在《白描水仙》上所钤"彝斋"类似于古玺的阔边细文样式开始，宋代的文人士大夫已将拟古玺风格的印章钤于书画作品之上。赵孟坚是南宋书画收藏史上举足轻重的人物，史载其"多藏三代以来金石名迹，遇其会意时，虽倾囊易之而不靳也"③。

而纵观明代古玺风格的鉴藏印，不仅在形式上参以阔边，在入印文字的取法和印面章法的布置上也有仿效古玺印章的痕迹。鉴藏印入印文字的选择极为考究，出现了直接选用古玺文字的现象，如"𢾗""𨱚""𣄝"等字，古玺印面的章法也更具流动性，如宋荦"西陂"一印。由此可知，尽管古玺在这一阶段存在名实不符的情况，拟古玺风格的鉴藏印离真正的古玺印式还有一定的距离，多局限于"宽边细朱文"的形式模仿，但在一定程度上侧面反映出文人士大夫受到"三代有印"说的影响，在鉴赏书画和印谱的过程中注意到了"宽边朱文小玺"的使用进而产生猎奇心理，遂钤于书画作品之上，如宋马和之《召南八篇图卷》中钤有清代鉴藏家梁清标的"家在北潭"鉴藏印（图5），属阔边朱文印式。

图5　（宋）马和之《召南八篇图卷》（局部），上海博物馆藏

---

① 王玥琳《中国古代藏书印小史》，中国长安出版社2015年版，第147页。

② 沙孟海《印学史》，西泠印社1999年版，第74页。

③ 何鸿《浙江历代书画鉴藏及鉴藏家印鉴》，中国美术学院出版社2010年版，第49页。

到了清代，在书画鉴藏过程中使用古玺印鉴的频次呈现不断递增的趋势，印式也更为成熟，不仅存在阔边朱文印式，也出现了"亚字形"的鉴藏印章，如吴云所用的鉴藏印章。到了清末，使用古玺印鉴的例子不胜枚举，如徐渭仁"随轩"鉴藏印与三晋古玺的艺术风貌高度一致。在入印文字上，王锡曾"王氏之钵"、韩惠洵"古琴之玺"使用了战国古玺中的"钵"字、"◨"字，又如"锡安心赏"中的"♎"字，印面章法的排布趋于自由。此处不再一一赘述，对古玺印式的分析主要在本文第三节进行探讨。

（二）古玺的收藏与鉴定

印谱是收藏的结果，自顾从德辑《集古印谱》，其嗣而为之者代不乏人。前揭罗福颐称《印薮》中已有战国古玺数十方，当然这其中亦有一些尚不确认的印章有待考究。除顾氏万历三年（1575）木刻本《印薮》之外，另有明张学礼《考古正文印薮》，属摹古印谱，谱成于万历十七年己丑（1589），与顾氏《集古印谱》一脉相承。卷五有数枚三晋古玺印章（图6）。朱简亦对古玺印章进行了大量的摹刻研究。此外，另有混编类印谱，如程远《古今印则》所收之印仍有一半左右数目是根据万历三年（1575）木刻《印薮》再次翻模的。[1]其中亦有数方战国三晋古玺（图7）。又明崇祯十四年（1641），俞彦将自藏号称来源于顾氏旧藏的玉印汇辑成《俞氏爰园印薮》，罗福颐《印谱考》称其卷三收周秦印二十三方。[2]此时古玺之名尚未确立，古玺的收藏初具规模。

图6　张学礼等《考古正文印薮》，西泠印社出版社2019年版

图 7程远《古今印则》，香港松荫轩藏本

清代，伴随着金石学日益兴盛以及人们对古玺的认识日趋深入，印谱中收录古玺的数量也不断递增。清初周铭在周亮工《赖古堂印谱》小引中言："印章之传在精光之聚也，此印章不可不鉴藏也。"[3]由此可知印章鉴藏的重要性。吴云《二百兰亭斋古铜印存》、吴式芬《双虞壶斋印存》、何昆玉《吉金斋古铜印谱》、吴大澂《十六金符斋印存》《千玺斋古玺印选》等都有一定规模古玺印章的收录。以陈介祺为大宗，收藏三代古玺、秦汉印章、封泥等，并筑"万印楼"加以收

① 孙志强《芸阁与研山：嘉万时期上海顾从德家族艺术鉴藏活动研究》，《西泠艺丛》2022年第12期，第26页。

② 罗福颐《印谱考》卷一，1973年墨缘堂印本。

③ （清）周铭《赖古堂印谱小引》，《中国刻字艺术》，贵州人民出版社1994年版，第157页。

藏，其对古器物的收藏态度和收藏规模正是清代印人对古玺情有独钟的缩影。另黄宾虹于民国元年（1912）之前自钤成书《滨虹草集古玺印谱》四册，收录204钮，自言："鄙人酷嗜三代文字，于东周籀尤为留意，居恒以此学遣日，故凡玺印、泉币、匋器、兵器兼收并蓄。"①从此，收藏古玺印章之风越刮越甚。

古玺在未被正确认识之前，出于猎奇心理，文人印家便有意识地收藏三代古玺印章。在古玺之名正式确立以后，古玺收藏在清代更是一种时尚，造假之风随之盛行，亦不乏附庸风雅而不辨真伪之士。古玺印造假的年代兴于明，盛于清，规模壮大在民国。②前揭明俞彦《俞氏爰园印薮》卷三收周秦印二十三方，罗福颐认为本卷周秦印二十三方"真者不过十"③。罗宏才曾撰文说：

> 清代以降，秦中古玩作伪者代有人出，以苏兆年、苏亿年兄弟，张二铭，薛重泉父子等最为著名。但苏氏兄弟、张二铭等重在三代铜器……按清末文物收藏大家陈介祺、鲍康、刘燕庭等均瞩目关中……大致陈重铜器符印。④

苏兆年、苏亿年是清光绪时期陕西古董商，清代秦中三代古器作伪者以二人最为著名，陈介祺与苏氏兄弟也多有古器交易往来。刘兴亮根据陈介祺致陕西古董商人苏氏兄弟书札（1869）加以考释研究，指出陈介祺对印章的收藏偏好：

> 玉印尤切望，秦印官印、至佳之私印、六面印、子母孙印、金印亦望切。泥封已将成书，多寄早入为要。汉竟文佳者亦钞得一册，以文佳而新奇、字多则文好为主，可当古人文读也。⑤

可知其收藏偏于学术，吉金多于刻石。苏氏作为商人虽稍显诡诈，但陈介祺却精于辨识，鉴古有法，具有超高的辨伪能力，通过观察文字的书写方式和造字方式是否符合制作时代的规范和文法来讨论古器物的真假：

> 古器真假，世人多不知看字，而只知看斑色。看字不但看字底之新旧，有灰无灰，假刻者之必有刀痕或铜刷痕，以文义篆法定之，尤百无一失。⑥

收藏家是以鉴藏作为桥梁进而丰富收藏，古玺作伪现象是出于民间商人盈利的目的，迎合此时的古玺收藏风气，是古玺收藏风行的侧面反映。

---

① 王中秀《黄宾虹谈艺书信集》，人民美术出版社2016年版，第245页。
② 邓京《古玺印收藏与鉴赏》，中国书店2013年版，第13页。
③ 罗福颐《印谱考》卷一，1973年墨缘堂印本。
④ 罗宏才《新莽"国宝金匮"钱流传、作伪及出处》，《中国钱币》1994年2期，第63—64页。
⑤ 刘兴亮《陈介祺致苏兆年、苏亿年书札二通考述——兼谈簠斋书法与书风》，《中国书法》2021年第7期，第161—162页。
⑥ 陆明君《陈介祺年谱》，西泠印社出版社2015年版，第221页。

（三）古玺印章的流转

因古玺印章在不同地域及收藏家间流转与递藏，促进了印人对古玺的实践取法，故古玺的谱录与流转相互影响。关于印章递藏渠道，以顾氏《集古印谱》为例，其所藏印章主要是从孙桢处购得：

> 嘉靖间，余至丹阳……铜铸官私印七十余钮……孙氏名桢，颇为博古，秦汉、魏晋六朝印文类能辨之。近上海顾氏已购得孙氏印及次第购得三千余印。[①]

如此大规模的购入，加之铜铸官私印七十余钮，又根据《集古印谱》古玺印章的数量，其间亦有古玺印章的存在。沈明臣对顾氏收藏规模和结果有所论述：

> 余家自御医府君而下，世嗜蓄古人名迹……金玉印章之类，仅仅凡数十种矣。一雁倭变，迁徙流离，再遭时艰，狱辞连染，故三世所蓄一旦归于有力。[②]

由于"倭变"和"家族变故"，顾氏家族部分藏品在短时间内突然散佚。又沈德符《万历野获编》载：

> 《印薮》中所列，及顾氏续收，玉章多至八百方……后为吾里项墨林所得，余皆得寓目……闻今亦散佚，渐为徽州富人以高价购去。[③]

江南地区在嘉靖时期是艺术鉴藏活动的中心，以长洲文氏、上海顾氏、嘉兴项氏等为代表的世家大族是这一时期艺术鉴藏活动的中流砥柱。但随着文徵明、文彭等人的去世以及藏品的散佚，明代中期以降吴门一带鉴藏话语权逐渐衰落，徽州士人逐渐崛起。据孙志强考证，到明代万历四十五年（1617）之后，顾氏家族藏印逐渐散尽。[④]当顾氏藏印逐渐散尽之时，（万历）《歙志》中记载的徽人吴良琦、方大治等所藏古玺印数量却都有一千余方。[⑤]在古玺印递藏过程中所衍生出来的印学知识、篆刻创作观念也势必会对安徽地区文人印家的拟古玺实践产生影响。

明末是以文彭为中心的吴门士人话语权衰落的时期，同时也是徽派篆刻一统天下的时期。从明中叶至清中叶的三百年间，徽州商业经济最为发达，因徽商对风雅的追求，故大量收藏印章。这为文人印家借鉴古人的创作经验提供了直接观赏临摹的机会，程邃（1602—1691）正是彼时徽派篆

---

① （明）俞允文《仲蔚先生集》卷二十二《汉印说》，《续修四库全书》集部第1354册，上海古籍出版社2002年版，第553页。

② （明）沈明臣《集古印谱序》，顾从德《集古印谱》，隆庆六年（1572）墨钤印本，上海图书馆藏。

③ 沈德符《万历野获编》卷二十六，中华书局1959年版，第659—660页。

④ 孙志强《芸阁与研山：嘉万时期上海顾从德家族艺术鉴藏活动研究》，《西泠艺丛》2022年第12期，第26页。

⑤ （万历）《歙志》传第五《文苑》，陈智超《美国哈佛大学哈佛燕京图书馆藏明代徽州方氏亲友手札七百通考释》，安徽大学出版社2001年版，第374页。

刻家的杰出代表，其首创以朱文仿先秦古玺，自成一派，有数枚拟古玺的印章，与后继者巴慰祖、胡唐、汪肇龙合称"歙四家"。且清代中期徽州考据学兴盛，以程瑶田为首的考据学家通过大量古玺实物比照，探讨文字渊源流变，深化了对古玺的认识，并进一步拓宽了印人们的借鉴范围和创作领域。

嘉庆十三年（1808），潘有为辑成《看篆楼古铜印谱》，其宦游京师数十载，潘光瀛有诗云："海王村内重价购，看篆楼中得宝多。"[①]潘氏亦得程荔江藏印一千三百余方，嘉庆十三年（1808）粤人潘百龄作序云："方其为官京邸，搜罗历代印章。积之有年盈千累百……适余督制两粤，时相过从，得以纵观。"[②]潘有为逝世后，看篆楼藏印归潘正炜、何昆玉等人。

清代中后期，古玺出土的数量逐渐增多，山左地区以陈介祺的古玺收藏最为宏富。陈介祺于光绪九年癸未（1883）辑录《十钟山房印举》191册，印章来源除了自藏古玺印之外，复得潘有为、何昆玉、叶志诜所藏古玺印，益以李璋煜、吴云、吴式芬、吴大澂诸家印汇辑而成。自述云："后以搜三代文字……尤好古玺，十年之久日增于前。"[③]通过程瑶田释出"私鈢"可知，潘有为《看篆楼古铜印存》中亦有古玺印章，而吴云《二百兰亭斋古铜印存》属于古玺印汇录，其中有四百钮来自嘉兴张氏清仪阁，可知金石家们多共同收藏或使用同一批印章，古玺印章的流转在金石交游圈中互通有无。陈振濂在《金石学大师的典范》中评价陈介祺道：

有阮元、潘祖荫、鲍康、刘喜海、何绍基、吴式芬、吴大澂、王懿荣一众业界公认……各有开创之功的大师巨匠之间的翰墨交游……以一人之力标示着一个金石学鼎盛辉煌的大时代。[④]

清末古玺印章的谱录和递藏为拟古玺实践的进一步成熟奠定了基础，更是民国时期拟古玺创作的先声。

三、无意识与合法化：明清印人的拟古玺实践

此前大多数人认为由于古玺之认识、研究开发较晚，故印人宗法古玺印式甚少。其实不然，在古玺之名正式确立以前，文人印家已经有悠久的使用先秦文字刻印章的历史。明清印人对古玺印式的运用取法经历了无意识到合法化的过程。

（一）明代印人对古玺的取法

在古玺之名未正式确立以前，文人印家对古玺之名与实的认识尚属蒙昧阶段，但明清印人已经仿照先秦古玺式样，将钟鼎、鸟虫等字体应用于文人篆刻中，拟古玺创作实践的文字选用大致经历

① 赵春晨、冷东《十三行与广州城市发展》，广东世界图书出版公司2011年版，第207页。
② 冼玉清《冼玉清文集》，中山大学出版社1995年版，第65页。
③ （清）陈介祺《十钟山房印谱序》，《历代印学论文选》，西泠印社1999年版，第614页。
④ 陈振濂《金石大师的典范》，《国家图书馆藏陈介祺书札》，上海书画出版社2024年版，第3页。

了入印文字到印用文字的发展变迁，即由古文入印、金文入印再到古玺原字入印的合法化过程。莫小不指出：

> 入印文字，是以原本主要作其他用途的文字，为要刻印章取而用之的文字（以篆书为主）。印用文字是指专门用于制作印章的文字，主要有玺文、摹印篆等，其中玺文是指制作古玺所用文字，属于最早的印用文字。[①]

以下笔者根据拟古玺实践中不同文字的选用分别制成明代拟古玺文字选用例表（表1）、清代拟古玺文字选用例表（表2）进行论述。

表1　明代拟古玺文字选用例表

印人	印章	入印字例			
苏宣	我思古人实获我心	我		获	
		郭忠恕《汗简》	《说文部目》	新莽时期镜铭文	郭忠恕《汗简》
朱简	朱简	朱		简	
		古玺	古玺	说文解字	汉印
	修能	修		能	
		古玺	汉印	齐侯钟	齐侯镈
李流芳	李长蘅	李	长	蘅	
		玺汇2407	玺考282	上博六 竞8	

---

① 莫小不《拟古玺创作用字漫议》，《西泠艺丛》2020年第9期，第53—54页。

（续表）

印人	印章	入印字例			
程邃	穆倩	穆		倩	
		玺汇3511	金文书法集萃	玺汇0049	岳麓为吏48
程邃	少壮三好音律书酒	少	壮	书	酒
		小篆	小篆	小篆	小篆
		六书统	李氏摭古	颂鼎	义云章
程邃	小心事发生	小	心	事	发	生
		陶录6·20·3	玺汇4499	玺汇1775	玺汇3843	陶录3·312·4

注：字例出自黄德宽主编《战国文字字形表》，上海古籍出版社2017年版

　　明代的文人印家热衷于古文入印，如苏宣、汪关等，在篆刻字法上引入"古文"，也就是钟鼎文，即以大篆系统的金文入印。金文研究本来就包括先秦古玺印上的字迹，以大篆入印，广义上属于取法古玺的范畴。但实际上古文、金文、泉币等文字入印和直接用古玺原字入印存在表面相似而实质相异的篆刻字法区别。拟古玺创作大致以朱简拟朱文小印为起点，其并没有否定以款识字入印，从他的拟古玺实践可以看出其对这一理念的贯彻。明代后期篆刻家李流芳"李长衡"印章中的入印文字，虽不能说是严格的拟古玺创作，有些也通过玺文部件组合而成，存在印用文字与入印文字拼凑组合的现象，有人将这种现象称为清玩习气，但已采取了古玺原字入印。可知此时受"三代有印"说和《集古印谱》的影响，印人开始对"拟古玺"创作进行探索尝试。

　　其次，在印面形态上，这一时期的印人多参战国古玺中的三晋玺印式，即"阔边细朱"，这在明代印人的拟古玺实践中有不同程度的体现。三晋玺由三晋文字演化而来，体势纵长，重心上移，弧线、斜线、长短线交错并用，形成精巧雅致、隽秀清丽的艺术风貌。朱简的拟古玺创作已趋于三晋古玺整饬谨严的印章风格，出现了有弧度的线条，但仍显刻板。程邃的拟古玺实践在章法上条理鲜明、秩序井然，与战国古玺的随字赋形、奇趣横生相比，仍拘于汉印的"格意识"，属于不自觉的"古玺汉印化"。

（二）清代印人的拟古玺创作

清代印人的拟古玺创作更为成熟，印章中有诸多直接采用古玺原字入印的情况，印面形式更趋多元，章法布置逐渐突破了"格意识"而更具流动性。清初吴先声于康熙二十六年丁卯（1687）曰："钟鼎古文，皆周秦款识，原不施之印，后人每取用之。"[①] 显然这一观点的提出与当时的拟古玺取法实践相对应。清代印人如丁敬、奚冈、巴慰祖都在不同程度上对古玺有所取法。巴慰祖是继程邃后起的一大名家，多参朱简的碎刀法，多用涩刀，形成古朴凝重的印面风格，根据"臣生七十四甲子"一印可知，其按照古玺阔边的印式掺入钟鼎篆籀文字。其长子巴树谷、外甥胡唐多受其影响，有诸多拟古玺创作的实践。"巴树谷之玺"一印两字采用古玺原字，巴树谷出生于乾隆三十二年（1767），而程瑶田释出"私鉨"的时间节点约是乾隆五十三年（1788），故巴树谷是在"私鉨"释出之后便具有先见卓识地将"鉨"字引入篆刻创作之中的，采用的金文也较妥帖，不再如程邃、巴慰祖那样夹杂讹体，开吴咨偶参金文作古玺印前路。清张可中《清宁馆治印杂说》云："董小池以刻印名，而尚不识'鉨'字及汉印之'唯印'，可见当时人士眼界之不广矣。"[②] 由此可见，巴树谷的拟古玺创作确比前人更为成熟。

表2　清代拟古玺文字选用例表

印人	印章	入印字例				
巴慰祖	臣生七十四甲子	臣 玺汇2399	生 陶录3·312·4	十 十四年陈侯午敦，集成	甲 陶录6·164·4	子 郸孝子鼎，集成2574
巴树谷	树榖之玺	树 北大·白囊	榖 珍秦142		之 玺彙0095	鉨 玺考173
吴咨	白云深处是吾庐	白 春成侯盉1484	深 郭店性自23	是 货系414	处 陶录6.34.1	庐 岳麓三52

---

① （清）吴先声《敦好堂印谱》，《历代印学论文选》，西泠印社1999年版，第179页。

② （清）张可中《清宁馆治印杂说》，《中国印论类编》，荣宝斋出版社2010年版，第536页。

（续表）

印人	印章	入印字例		
杨澥	 莲溪	濂		溪
		 十钟3.46下		 郭店语四17
黄牧甫	 孙竺生	孙	竺	生
		 玺汇1514	 郭店老甲9	 行气玉铭

注：字例出自黄德宽主编《战国文字字形表》，上海古籍出版社2017年版

　　另嘉道年间的布衣印人杨澥（1781—1851）为嘉兴沈濂刻莲溪印，印面似三晋玺。其后吴云、吴大澂、吴昌硕、黄牧甫、王石经等人取法古玺更为深入，如吴大澂评价王石经道："今观西泉先生篆刻之精，直由秦、汉而上窥籀史，融会吉金古玺文字于胸中。"[1]从大篆入印到拟古玺创作，入印文字得到可变性的突破，是一个越来越讲究用纯正玺文的过程。

　　清代印人不仅在印用文字上多加考究，在印面形式上，除了宽边朱文小玺外，另有"亚字形"印式和边栏界格的运用。形式多指宽边细朱、长条形、亚字形等，而这些可以被概括的表层的特征也是决定古玺篆刻风貌的核心要素。在印面章法上，清代拟古玺创作，文字奇趣横生，体势随字生发，印面布置更具流动性，根据玺面形状随形结体，是从格意识到行意识的突破，是由汉印化的古玺到古玺印式的篆刻实践。

结　语

　　囿于印史观念和物质材料，印人对古玺的认知是滞后、片面甚至是错误的，但不应该过多地去苛求古人。以时代为经，对印章起源的认识影响到人们对古玺的分类界定，但随着对古玺入印文字及印面形式的考证，古玺正式进入文人印家的宗法视野，文人印家的印史观念经历了历时性的变迁。以空间为纬，古玺在不同地域之间的流转造成不同程度上的散佚，印谱中古玺收录的数量与日俱增，而古玺神秘高古的艺术风格深得诸多鉴藏家的喜爱，鉴藏印留痕于书画之上，传之后人，鉴藏印本身的审美趣味也是鉴藏家爱好与雅趣的体现，在书画作品的递藏过程中，古玺印章的鉴赏趣味逐渐蔓延。这些过程是环环相扣、层层递进的，绝非孤立地存在，古玺正是在这样传承有序的过程中影响了文人印家的取法。求普遍性易，求特殊性难，在明清"印宗秦汉"的大趋势下，对古玺的取法不像对秦汉印章那样广泛，而明清两代书画家的自用印章亦有拟古玺印风的痕迹，而印章的仿刻或出于文人篆刻家之手，或出于民间职业印人，其背后的文化内涵仍需进一步挖掘。

---

① （清）吴大澂《甄古斋印谱序》，韩天衡《历代印学论文选》，西泠印社1999年版，第612页。

附表　明清鉴藏家自用"古玺"风格鉴藏印章举例

时代	收藏家	鉴藏印	印文	出处
南宋	赵孟坚 （1199—1264）		彝斋	赵孟坚《白描水仙》
明末清初	文柟 （1596—1667）		柟	《赵孟頫书兰亭卷跋》
明末清初	金俊明 （1602—1675）		不寐明衷	刘原起《兰竹石图卷》题跋
明末清初	尤侗 （1618—1704）		长州	闻翰毛鹤《舫垂竿图册》题跋
明末清初	笪重光 （1623—1692）		江上外史	查士标、王翚《山水合册》题跋
明末清初	朱彝尊 （1629—1709）		彝尊	程嘉燧 《秋林策屦图轴》题跋
明末清初	梁清标 （1620—1691）		苍严子	马和之《召南八篇图卷》藏印
			家在北潭	吴伟《铁笛竹卷》藏印
明末清初	宋荦 （1634—1713）		西陂	杨晋《山水册》藏印
清初	王澍 （1668—1743）		虚舟	吴叡《篆隶书卷》题跋

（续表）

时代	收藏家	鉴藏印	印文	出处
清初	沈凤 （1685—1755）		又重之以修能	《王澍临刘太冲叙》题跋
			凡民	《王澍临刘太冲叙》题跋
清中	汪昉 （1799—1877）		叔明	《秉筠集印》
			梦祄盦	《秉筠集印》
清中	于腾 （1723—1796）		飞卿过眼	王原祁《平溪远岫图轴》藏印
清代中后期	吴云 （1811—1883）		辛巳年愉庭 七十一岁	杨补《怀古图咏册》藏印
			抱罍子	戴熙《雪景咏古山水轴》藏印
清代后期	方濬颐 (1815—1889)		子箴	金钥《花鸟虫鱼册》题跋
清末	韩惠洵 （1826—?）		古琴之玺	国图标轴603
			古琴	国图标轴602
清末	徐渭仁 （?—1854）		随轩	文伯仁《朱氏七景图卷》题跋

（续表）

时代	收藏家	鉴藏印	印文	出处
清末	王祖锡 （1858—1908）		惕安心赏	《汤右曾尺牍》藏印
			王氏之玺	明蓝瑛、孙克弘等《朱竹图合卷》藏印
清末	金传声 （1871—1908）		金传声	明赵左《溪山无画图卷》藏印

注：鉴藏印出自上海博物馆编《中国书画家印鉴款识》，文物出版社1987年版

（作者系郑州大学书法学院2023级硕士研究生）

暇则重拟片石

——论晚明篆刻家的"创作印谱"

刘 建

摘要：晚明是篆刻艺术发展的重要时期，出现了多种多样的印谱。这些印谱是我们研究晚明篆刻艺术发展的第一手资料，也是篆刻艺术史重要的实物遗存。这一时期涌现了一大批篆刻家，他们留下了大量的"创作印谱"，为研究晚明篆刻家的艺术创作提供了重要史料。关于这些"创作印谱"，此前的研究往往着重于序跋所承载的艺术观念、谱载印章体现的篆刻家个体的艺术风貌研究，对这些印谱的产生动因及其实质属性并未深入探究，缺乏深入的解读及整体的观照。本文从晚明印谱的制作出发，通过对印谱序跋及凡例等材料的深入解读，阐明晚明"创作印谱"的制作方式、编辑理念、产生动因，对晚明各类印谱的演进脉络及篆刻家创作进行更为深入的探求。以期通过一系列细节问题的解决，为篆刻史、印谱史、书画鉴藏史及其相关领域的深入研究提供一个新的视角。

关键词：晚明 印谱制作 篆刻创作 艺术思想

一、古代印谱分类及晚明以前的印谱发展脉络

黄惇先生曾以文人篆刻艺术史的思维对古代印谱作出分类，分别为集古印谱、摹古印谱、创作印谱三种，并认为"这三种形式在早期亦常混集于一谱之中"[①]。后吴云峰先生在这个分类基础上，又衍出"混编印谱"一类，形成了印谱的四种基本类型：集古印谱、摹古印谱（摹写/摹刻/版刻）、创作印谱、混编印谱。[②]

关于四类印谱的解释和界限，我们有必要说明一下：

> 集古印谱，即集古印为谱，收集古印，钤拓成谱。
>
> 摹古印谱，即摹古印，集成为谱。其方式分摹写、摹刻、版刻。
>
> 创作印谱，即辑自己的创作印章成谱。

[①] 黄惇《中国印论类编》，荣宝斋出版社2010年版，第568页。

[②] 吴云峰《宋元明印谱史研究》，南京艺术学院博士学位论文，2020年，第121页。《晚明印谱发展盛况及其多样》一文又将"创作印谱"细分为"个人创作印谱""汇集多人创作印谱""摹刻印人创作印谱"三种类型，《中国书法》2020年第8期。

混编印谱，包含以上三类印谱的全部或是其中的两类，有时还会收录篆刻理论。

这种分类方式，对于篆刻艺术史研究来说基本合理，有其积极的意义。不过当我们以印谱史和篆刻史的眼光来看，并不十分精确、简约。为了论述的方便，本文暂且采用此种分类。

1.晚明以前的印谱发展脉络

唐代的书画鉴藏“印验”和宋代金石学背景下产生的集古印谱，为后世的印谱开辟了两条路线。“印验”着重于收集整理文人书画鉴藏印，作为书画鉴藏的参考，一般由书画鉴赏家自发勾摹，一直处于相对隐秘的地位，对宋、元、明三代的印谱发展影响不大；集古印谱则着重于收集整理古代印章，作为历史研究的实物证据，至南宋时风气渐盛。[①]早期，二者并行发展，皆从实用的角度出发。到了元代，印谱的制作开始转向，赵孟頫明确提出“汉魏而下典型质朴之意”，吾丘衍则进而梳理出比较完善的理论框架，关于古印的道德之美和形式美被明确提出来，自此印章复古之风大盛，集古印谱的制作形成了初步的编排定式。[②]有元一代，绝大部分的集古印谱都围绕赵、吾二人展开制作，也都遵循着二人的艺术思想。

进入明代，初中期印谱制作寥寥。正德六年（1511）吴县沈津（润卿）整合宋王厚之、元吴叡及自摹印章成《印章图谱》，收入《欣赏编》乙集，成为此期最有影响力的公开出版的集古印谱；嘉靖十四年（1535）前后，仁和郎瑛（仁宝）成《七修类稿》，卷四十二“事物类”收录汉魏印章56钮，并一一考证，即后世所称郎瑛之“集古印谱”；嘉靖三十八年（1559），四明柴紫（季通）选摹赵孟頫《印史》入石，长洲王谷祥跋《柴季通印史石刻小册》，述其摹刻《印史》事。[③]

到了隆庆六年（1572），上海顾从德出家藏古玉、铜印，并借四方友人藏印，由罗王常辑成《集古印谱》，精选古玉印一百六十余方、古铜印一千六百余方，成为当时体量最大的集古印谱。然而仅仅20部的数量，远远不能满足好事者、鉴赏家的需求。于是到了万历三年（1575），顾氏将《集古印谱》结合之前诸家所作印谱进行整合，重新编订，版刻发行，由王稚登定名为《印薮》，收录印章数量达到了三千六百余方。自此，《印薮》开始广泛传播，连同大量的翻刻本、仿刻本，后来达到“及顾氏谱流通遐迩，尔时家至户到手一编”[④]的程度，足见其影响力之巨大。

2.晚明以前印谱的制作

在晚明之前，印谱的数量不多，主要是集古印谱和摹古印谱，个别的印谱含有创作印谱的性质，其制作方式已经基本形成。宋元印谱具有其各自的时代特征，如宋代的印谱，是金石学影响下对于古器物的留存与考证，主要混收于古器物谱录之中，或从古器物图谱中析出，独立成谱；而元代印谱大都是独立的印谱，偏重于收集古印，作为取法的范本，这一点与赵、吾的印章复古观念的提倡有关。其中有些印谱只见于文字记载，未能传世，无从考察；有些印谱为后世印谱整合收录，

---

① 如宋人黄伯思（1079—1118）有《博古图说》，有印章十七品，二百四十五枚。可知其考证印章时，曾作“十七品”之分类。见宋陈振孙（约1179—约1261）《直斋书录解题》卷八，清刻本。

② （元）王沂《集古印谱记》（陆友仁谱序）所言“由尚方小玺，王侯、将军、都尉、太守所佩，郡丞、长史、令宰、丞尉、骑督、军曲、军司马等所绾”，可以知道陆友仁的集古印谱已经形成了官印的基本编排体例。王沂《伊滨集》卷十九，《四库全书》本。

③ （明）王谷祥跋《柴季通印史石刻小册》，《味水轩日记》卷六，民国《嘉业堂丛书》本。

④ （明）赵宧光《金一甫印谱序》，《金一甫印选》，明万历四十年（1612）刻钤印本。

尚能窥其一斑。

我们今天可知的晚明以前的印谱，其制作手法主要有原钤、勾摹、版刻、摹刻钤印。如赵孟頫所借程棨（仪父）"宝章集古二编"即原钤的集古印谱，而赵孟頫从中选摹三百四方"且修其考证之文"，则是勾摹的摹古印谱；宋王俅刻《啸堂集古录》收录古印37方，沈津《欣赏编》乙集之《印章图谱》、郎瑛《七修类稿》卷四十二"事物类"收录汉魏印章56钮，是版刻印谱的性质；柴季通选摹赵孟頫《印史》45方制成小册，则又是摹刻钤印的方式，这本印谱也是已知的最早的以石摹刻的摹古印谱。

二、《印薮》引发的制谱热潮

明隆庆六年（1572），上海顾从德、罗王常制作《集古印谱》20部，很快为好事者求购一空。到了万历三年（1575），顾氏将《集古印谱》结合此前诸家所作印谱进行整合，综合前人的印谱结构、印章考证及编排方式，版刻《印薮》发行。自此，《印薮》开始广泛传播。

1.摹古印谱的新作法

《印薮》在商业上的成功，吸引了很多出版者加入印谱刊刻的行列。他们的出发点是出版图书，而《印薮》的成功带给他们以新的灵感，所以此期有为数不少的仿照《印薮》的摹古印谱问世，甚至鱼目混珠，直接翻刻《印薮》。[1]

《印薮》问世的时候，除了吴门的文人篆刻家，他们引领着篆刻艺术的时尚，吴门以外的地区特别是徽州地区，已经有一些篆刻家享有较高的声望，[2]如何震、吴良止、董凤元等，都曾参与张学礼《考古正文印薮》（1589）中古印的摹刻。[3]他们游走于公卿士大夫之间，通过文人士夫的延誉，获得文化圈的认可。而《印薮》问世以后，新一批的篆刻家则通过摹刻《印薮》，研习技法，逐渐成长起来。这些篆刻家是晚明印谱制作的主要参与者。新一批的篆刻家，他们学习篆刻技艺的方式就是通过古印的临摹，故而摹刻印章是他们驾轻就熟的手段。印谱是其篆刻技艺的最好呈现方式，又是很好的宣传手段。因此，制作印谱有其职业需求的一面。

《印薮》面世以后，引发了当时文人圈子及篆刻家群体的震动。他们一方面认为《印薮》的出版可以使"当代印家望汉有顶"[4]，另一方面又认为《印薮》及仿刻本"翻讹迭出"使古法"渐灭无遗"[5]。于是，篆刻家开始加入摹古印谱制作的行列。这些摹古印谱，呈现出来新的局面。他们选择以另外的手法来制作摹古印谱，即以他们所惯用的铜、石印材摹刻古印，钤盖为谱，并厘正

---

① 杜志强有《关于顾氏〈集古印谱〉和〈印薮〉版本的初步考察》一文，对《印薮》的版本问题梳理甚详，可参。《第二届"孤山证印"西泠印社国际印学峰会论文集》，西泠印社出版社2008年版，第425—456页。

② 黄惇《明代徽籍印人队伍之分析与崛起之因》，《玩印探情：文人篆刻艺术史文集》，生活·读书·新知三联书店2024年版，第209—236页。

③ （明）张学礼《考古正文印薮序》，《考古正文印薮》，明万历十七年（1589）刻钤印本。

④ （明）赵宧光《金一甫印谱序》，《金一甫印选》，明万历四十年（1612）刻钤印本。

⑤ （明）甘旸《集古印正自序》，《集古印正》，明万历二十四年（1596）刻钤印本。

《印薮》之失，扩充其范围。①由此，晚明时期形成了轰轰烈烈的仿汉热潮。他们在摹刻古印的同时，又将视野扩展至近代和当代，选摹名家名作，表明自己的篆刻取法，以示正统，并附以己制，展示其篆刻创作才能，颇有一种"斯冰以后直至小生"的即视感。②

篆刻家在摹刻古印的过程中，他们对前人的技法理论有了更切身的体会，于是开始表达自己的艺术观念，而印谱无疑是最好的载体。比如甘旸《集古印正》（1596）后有《印正附说》67条，便是他的篆刻理论，包括篆原、印章史、印材、摹印法、印章种类、名称、印品标准、印泥制作等六个方面。③其后则有程远《古今印则》（1602）附《印旨》；朱简《印品》（1611）收有《印章要论》（后约为《发凡》附于后印本，再丰富为《印经》与《印图》同时刊行）；徐上达《印法参同》（1614）第一至十五卷则全为印章理论。这些混编类印谱，呈现出晚明篆刻家理论研究的逐步深入，也是此时期印谱的一大特色。

2.创作印谱的流行及几种样态

晚明时期印谱的另一特色是创作印谱的大量涌现。④如甘旸《集古印正》（1596）卷五"唐宋近代印"之后便附以"自制印"。他的说法是："余为诸名公所制者亦富，不能俱载，少存数印于末，以就正焉。"⑤（图1）虽言就正，实则是一种基于对创作水准的自信，兼有宣传的目的。此前的篆刻家，他们常以行卷的方式记录所刻印章，呈现自己的篆刻技艺，鲜有批量制作印谱以作宣传的。⑥此后的混编印谱大都收有篆刻家的创作印章，如朱简《印品》（1611）、徐上达《印法参同》（1614）、汪关《宝印斋印式》（1614）皆属此类。在此期间，篆刻家单独的创作印谱也层出不穷，主要集中在万历晚期之后，可见一时之风气。

创作印谱，即收录篆刻家的创作印章。而制作印谱需要有一定规模的印章，收印并不是一蹴而就的事情，需要一定时间的积累。因此他们的印谱较之篆刻创作有其滞后性。创作印谱有以下几种几种样态：

图1 甘旸《集古印正》内页 明万历二十四年（1596）刻钤印本

---

① 如张学礼《考古正文印薮》、甘旸《集古印正》等印谱皆是在此背景下产生的，对其收印范围及体例均有所拓展和完善。

② 关于此时期篆刻家摹刻古今印章制谱的现象，黄惇《晚明印谱中的"今则"》一文有详细分析。《玩印探情：文人篆刻艺术史文集》，生活·读书·新知三联书店2024年版，第261—280页。

③ 黄惇《中国古代印论史》（修订本），上海书画出版社2019年版，第86页。

④ 吴云峰在《宋元明印谱史研究》第五章中整理了"晚明时期创作类印谱统计表"，列举晚明时期创作类印谱66部，另"晚明时期混编类印谱统计表"所列11种亦含有篆刻家创作印章，可见一斑。《宋元明印谱史研究》，南京艺术学院博士学位论文，2020年，第168—172页。

⑤ （明）甘旸《集古印正》卷五，《集古印正》，明万历二十四年（1596）刻钤印本。

⑥ 如元人蒋易为李子奇所作《图书序赠李子奇》，即题于李子奇所携行卷之上，而行卷便载有其刻印，并有乡先生题赞，可知此种行卷即印谱性质，不过并非批量制作的。从元至明的篆刻家多使用这种方式。蒋易《图书序赠李子奇》，《全元文》第48册，凤凰出版社2004年版，第60页。

第一种，篆刻家创作印章后，钤盖印蜕，收集于册，逐渐成为数量可观的印谱，大多数篆刻家都有这个习惯，甘旸、苏宣、朱简等人的印谱中便透露出这一习惯，但是这种印谱一般仅存于作者本人手中。比如何震生平所收集的印蜕，在其离世后，被丁贞白收藏，不断添入新收之印蜕，由二册逐渐衍为三册，即冯梦祯、李维桢、黄汝亨题跋的《何主臣印章册》。[①]然而也有比较及时的创作印谱，如汪关《宝印斋印式》中收录的万历甲寅所刻印章，寄与鉴赏家，即是此种。

第二种，摹刻近今文人用印为谱，他们在摹刻的时候有所加工，并非忠实地依样临摹，有其再创作的一面，当然主体的架构还是原作者的样式。这一思维，与其临摹古印的观念是一致的，我们比照他们的摹古印章，不难发现其中的不同，因为他们临摹古印，是学其法，并非简单地效其貌。这一点与一般的图书出版商组织的摹古印谱有所区别。

第三种，有主题的创作，即设定主题进行篆刻创作，集为印谱。如邵潜《皇明印史》（1621），"篆刻洪、永以来名臣硕辅，以至墨客骚人，凡功业文章有当余心者，悉为拈出"[②]；何通《印史》（1623）则辑刻三代以来直至晚明时期的史传人物。他们刊刻这些印章并非出于一般请托，而是主动创作，其中蕴含着史学的思维和人文关怀。这类印谱，拓展了篆刻艺术的新功能，有其艺术表现性的一面。

第四种，鉴藏家制作的篆刻家创作印谱。即收藏家经过积累，整理所藏篆刻家印章，钤为印谱。如张灏《承清馆印谱》（1617）、《学山堂印谱》和周亮工《赖古堂印谱》，便是此类。

第五种，篆刻家收集所刻印章的印蜕，积累到一定数量时，自己拣选，重新摹刻，制作印谱。此种方式，有着从摹古印、摹近代印带来的习惯，故而他们在制作自己的印谱时会用这种手法。我们梳理晚明篆刻家的创印谱时可以发现，这一方式是此期的主要手段。

三、暇则重拟片石——晚明创作印谱的制作

1. 甘旸的创作印谱

甘旸是较早出版印谱的篆刻家，他在万历二十四年丙申（1596）出版《集古印正》，其中包含摹古印、摹近代印、自制印，并有篆刻理论，呈现出他全面的篆刻技艺与修养。甘旸在《集古印正自序》中说道："积岁以来，因手摹若干计，乃并先世所藏，合辑为谱。"读来给人一种错觉，即这套印谱是集古印与摹古印皆有之的。然而，这并不是事实，其《凡例》中有更清晰的交代：

> 兹谱所集，皆选择秦汉、历朝旧印，官私共一千六伯有奇，托以金石，分为五卷；所释文字、钮制，寄之梨枣。印用朱砂，复以二次；板用墨刷，印于越楮，以广其传。好事者锓之。[③]

---

① 冯梦祯题跋称《题何主臣印章册》，黄汝亨题跋称《何主臣印章册》，李维桢题跋称《集何主臣印跋》，结合所述文字，知为一也。

② （明）邵潜《皇明印史自序》，《皇明印史》，明天启元年（1621）刻钤印本。

③ （明）甘旸《集古印谱凡例》，《集古印正》，明万历二十四年（1596）刻钤印本。

图2　甘旸《集古印正·自制印》内页，明万历二十四年（1596）刻钤印本

这段文字，明确表明了甘旸《集古印正》中所收印章皆是摹刻的，包括甘旸自己创作的印章。谱中所收甘旸创作印章，其材质有玉、金、银、铜、石，又有各种钮制。（图2）其摹刻时选择的印材则是金石，即铜质与石质印材。后来甘旸还专门制作了《甘氏印集》传于世，则是完全的创作印谱，自然也是摹刻的，情况与《集古印正》中的创作印章大致一致。那么这一说法是否有充分的证据呢？我们来看甘旸在《印集自序》中的说法：

> 不佞废铅椠之后，游心于兹，几三十年矣。遂藉交于海内缙绅先生及诸名公，索之者广，间有得意，集诸笥中，计二千有奇。予有三子，志在学古，行无余力，似未可授。盐官许同生先生沈于六书，详于博古，命予为谱，予谢不敏，敢如先生旨，首官印，次斋堂印，再次名印，以俟博雅君子为我正焉。①

从他的文字我们可以知道，此时甘旸从事篆刻创作已经三十年了，随着名声日隆，请他篆刻印章的人逐渐多了起来。平日所刻的得意之作，他会将印蜕收集起来，积累下来有两千余方。制作《甘氏印集》，是出于许令典的敦促抑或是赞助，自然也有公之于世的想法。谱中印章则由其亲自筛选、摹刻，未假手于他人，不然他也没必要提及三子"行无余力，似未可授"。我们通过谱中所载印章与同时期书画家的钤印、出土印章的比较可以发现，这些印章是重新摹刻的。②

如《集古印正》卷五收有"魏之璜印"白文印，《甘氏印集》卷三收有"魏之璜印"白文印，

① （明）甘旸《印集自序》，《甘氏印集》，明刻钤印本。

② 本文所选用的明代书画家钤印，多采自上海博物馆编《中国书画家印鉴款识》，文物出版社1987年版。为行文方便，简称为"《印鉴》"，如有其他来源，则随文注出。

通过对比我们可以发现，印面的主要元素还是一致的，由于魏之璜的用印是石质，故而在长期的钤盖过程中，有了较为严重的磨损。（图3）

图3　魏之璜用印（左）与甘旸《集古印正》所载印章（右）对比

图4　甘旸“东海桥拱璧谷侯父印”比较，左为上海博物馆藏玉印，右为明刻钤印本《甘氏印集》所载

《甘氏印集》卷三收有“东海桥拱璧谷侯父印”朱文印，玉印鼻钮。而此原印1969年出土于上海川沙县，今藏上海博物馆，[①]与《甘氏印集》的描述一致。摹刻制谱时进行了较大程度的改动，而且摹刻时使用的材质极大可能是石质，而非铜质。此印实物有边款曰“万历壬子制于盐官公舍，上元甘旸”，即此玉印制于万历四十年壬子（1612），通过边款，我们知道这一时间甘旸在盐官（今属浙江海宁），应当是受到某位官员的邀请来到此地，寓于官舍，为他人治印。这一信息，为确认《甘氏印集》的成谱时间提供了一条线索，即此谱成于万历四十年壬子（1612）之后。如有更多的谱内同文印章出现，则能将这个时间框定得更加具体。（图4）

通过《集古印正》与《甘氏印集》中同文印章的比较，不难发现制作两套印谱期间，甘旸的印章面目发生了比较大的变化，有些印章的原物已无从考察其最初面目，故而难以与书画家用印进行同文比对。前列谱载印章与书画家用印、出土印章实物的比较，或许能够说明一些甘旸印谱的情况。由于甘旸的印谱面世较早，他所采用的手法有其创造性。那么其他篆刻家是不是也如此呢？

2.暇则重拟片石——朱简的自述

朱简是晚明最重要的篆刻家之一，他有《印品》（1611）、《菌阁藏印》（1625）、《印图》

---

① 孙慰祖《出土明代甘旸手刻玉印小记》一文有对此印的介绍。孙慰祖《孙慰祖论印文稿》，上海书店出版社1999年版，第276—277页。另外《上海博物馆·中国历代印章馆》图册第31页收有此印钮及印蜕。

（1629）三部印谱，并刊刻《印书》《印经》流传于世。朱简的三部印谱之间存在逐步完善的联系，其中的印章在《印品》制作时已经形成了基础的规模，至《菌阁藏印》时已经完成了其大部，其后少量的印章由朱简二位友人（或是学生）及其二子摹刻添入《印图》。①朱简在《印品自序》中说道：

> 予尝取好事家所收藏铜玉诸印，参之秦汉文字及诸家谱说，其于古人离合之间难言之矣。以故广搜先代遗章，暨近日名家篆勒。其有当于古者，著为法则；谬于古者亦存之，以志鉴瑕瑜。分列临摹成编，题曰《印品》。……乃椟而藏之斋头，时复循览，异日者挟箧而游乎东壁之乡，倘有同乎我者，愿出而公之。②

朱简交代的是《印品》中所收印章的情况。我们知道，《印品》附集收《蕉雪林藏印》，即朱简的创作印章，由于现今所存《印品》未见有“附集”，我们无从考察其创作印的规模。但是《菌阁藏印》《印图》皆存于世，涵盖了《印品》中创作印的大部，可以进行比较。朱简在《自题菌阁藏印》中有言：

> 余总发嗜印，独取季汉以上金石真迹三数帙，铜章百十余，摩挲岁月，卒不循习俗师尚，或以为未工也，辄自好之。暇则重拟片石，椟置菌阁中，三十年于兹，未尝出以视人，盖知爱之者少也。③

“暇则重拟片石”，这些印章是用石摹刻的，包含其创作印章。到《印图》时，他更明确地交代：

> 以上印，余于万历壬子春，从海上沈充符订为《印品》六集，行世十九年。已而刻板磨坏，石璞未刓，然不忍弃为敝帚，与更生相订注成《印图》一卷，铜印如干方，玉印如干方，旧用青田佳石摹临如右。④

“旧用青田佳石摹临如右”，则又说明了所用印材为青田佳石。其后更进一步说明：

> □□（以上）余自临谱，初从沈充符订附《印品》，又从韩雨公增入《菌□□（阁藏）印》，始于万历戊申，成于天启乙丑，共印如干方。今更以□□（更生）铨注为《印图》。其

---

① 朱简三谱之间的关系及其篆刻面目的形成，拙文《由印章鉴赏到篆刻创作的转化路径——朱简的探索及创见》曾作分析，收录于《大印学（2）——印学收藏史国际学术研讨会论文集》，西泠印社出版社2022年版，第155—179页。
② （明）朱简《印品自序》，《印品》，明万历三十九年（1611）刻钤印本。
③ （明）朱简《自题菌阁藏印》，明天启五年（1625）刻钤印本。
④ （明）朱简《印图》卷上，《印图》，明崇祯二年（1629）刻钤印本。

自乙丑而后所授，则属友人程亦远、马□□暨曦、草两儿摹为《印图》外集，略于此。①

这样，完整地呈现了朱简三种印谱所收印章之间的关系。我们通过比较朱简《印图》与其他印谱载印、书画家用印及传世印章，能发现一些与甘旸相似的情况。朱简与陈继儒的关系为我们所熟知，朱简自万历二十五年丁酉（1597）前后开始从陈继儒游，得顾、项二家藏印印蜕四千余方，又得其他十数家藏印万余方印蜕，形成了他摹刻《印品》古印、近代印的基础材料。从陈继儒的用印中，不难发现朱简的创作。（图5）另外，陈继儒曾收藏元人曹善小楷《山海经册》（台北"故宫博物院"藏），其上钤有陈继儒用印八种，从风格判断可以确认基本都是朱简所刻。（图6）而《印图》中所收可以确定归属陈继儒的印章仅有四五方，②可见朱简创作印谱所收为他人刻印，并不是全部摹刻的，而是有所选择的重摹，且在面目上也有所区别。（图7）

另外，朱简与王时敏友善，并因此为其家仆何通《印史》作《何不违印史序》，也曾为王时敏刻印，其数量应相当可观。（图8）我们在王时敏曾经收藏的明沈周《仿黄公望富春山居图》（故宫博物院藏）上也见到王时敏钤五印，可以认定皆是朱简所刻，分别为："偶谐道人"白文印、

图5 《印鉴》所收陈继儒用印，朱简风格

图6 曹善小楷《山海经册》上所钤陈继儒印章，台北"故宫博物院"藏

---

① （明）朱简《印图》卷下，《印图》，明崇祯二年（1629）刻钤印本。按，为原谱所缺之字，括号内文字为笔者据文意所补。
② 其中"水边林下"朱白文印、"晚香堂"白文印可根据文献证实是为陈继儒所刻。

图7　陈继儒用印（上）与朱简《印图》所收印章（下）对比

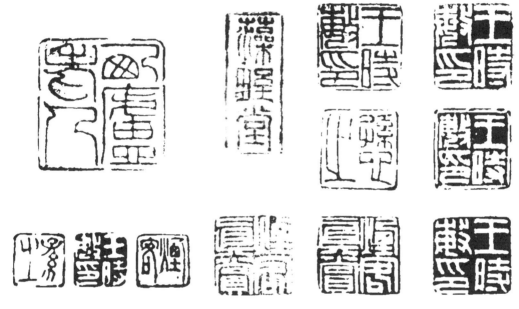

图8　《印鉴》收王时敏用印，朱简风格

图9　沈周《仿黄公望富春山居图》上所钤王时敏鉴藏印，故宫博物院藏

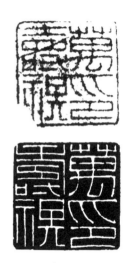

图11 万寿祺用印（上）
与朱简《印图》所收印章
（下）对比

图10 王时敏用印（左）与朱简《印图》所载印章（右）对比

烟客鉴藏"朱文印、"王时敏印"朱文印、"扫花庵"朱文印、"太原王逊之氏收藏图书"朱文印①。（图9）朱文其中一方"偶谐道人"白文印在《印图》中有载，通过对比，其差别显而易见。（图10）

朱简与万寿祺的关系也非常密切，盖在师友之间，万寿祺曾参经与《印经》的校订。《印图》中收有"万寿祺印"白文印、"万若"朱文印。万寿祺用印有"万寿祺印"朱文印，通过比较可见其关系。（图11）另万寿祺《高风可挹图卷》钤有"寿祺"朱文印，亦是朱简风格。

另外，我们将朱简《印图》与周亮工《赖古堂印谱》②进行对比，能够发现其间有多方《印图》所载同文印章，可断定为朱简风格。整理如下：

① 此印文刻王时敏姓字，加"氏"字，为朱简印章中罕有者。具体说法参见拙文《由印章鉴赏到篆刻创作的转化路径——朱简的探索及创见》，收录于《大印学（2）——印学收藏史国际学术研讨会论文集》，西泠印社出版社2022年版，第155—179页。

② 《赖古堂印谱》有多个版本，本文所采用者，为上海古籍出版社1992年《赖古堂印谱》影印本，其《出版说明》中言明"选用收印较多的一种原钤拓本予以影印"，其底本当是较全本。其中朱简诸印，在其他多数版本的《赖古堂印谱》中未见，可知周氏藏印曾经流散。

"爽阁"白文印，《赖古堂印谱》卷二；

"又重之以修能"朱文印，《赖古堂印谱》卷二；

"万里桥西一草堂"朱文印，《赖古堂印谱》卷四；

"桃花原里人家"白文印，《赖古堂印谱》卷四；

"太史公牛马走"朱文印，《赖古堂印谱》卷四。

上述印章皆是朱简印风。（图12）周亮工在《印人传》中对朱简评价极高，由于《印人传》是未竟之书，其中并没有单独的朱简评传，但是我们依然能从周亮工《与黄济叔论印章书》中获知他对朱简的评价：

> 寥寥寰宇，罕有合作，三十年来，其朱修能乎？次则邵僧弥、顾元方，次则万年少、江皓臣、陶石公、程穆倩、薛穆生。①

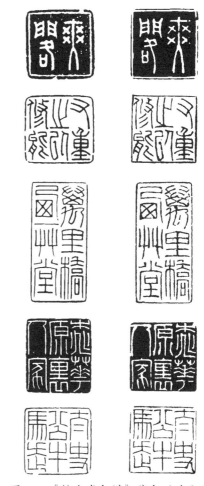

图12 《赖古堂印谱》载印（左）与朱简《印图》所收印章（右）对比

他认为朱简是当时三十年来第一手，评价不可谓不高。周亮工嗜藏印章，其《赖古堂印谱》收有大量晚明时期的篆刻家印章，其中有为数不少的朱简风格的印章。周亮工对明末清初的印坛相当了解，可谓具眼。纵览晚明清初的篆刻创作，朱简的印章称得起这样的评价。另外，可根据风格推测《赖古堂印谱》中尚有数方印章属于朱简风格，如"万柳堂"朱文印、"玉皇香案吏"朱文印（卷一）和"一路看山到武夷"白文印（卷四）等。（图13）

朱简有"汤显祖印"铜印传世，载于侯外庐著《论汤显祖剧作四种》②，云为叶恭绰先生所藏，白文，辟邪钮，这是极其珍贵的晚明篆刻的实物材料，惜今已不知去向。《印图》中收有"汤显祖印"白文大印，二者结字基本一致，整体格局也一样，皆是细白文，细节处稍有不同。（图14）我们可以据此知道，朱简亦刻铜印，是否还有其他材质的印，由于其谱中并不注明原印材质，又无充足的实物资料比照，尚不可知。铜印难于刻制朱文，故而其谱中朱文大印者，如原刻为铜玉材质，恐怕皆白文，制谱时摹为朱文；原刻为石质者，则又是另一番情形。

《印图》卷下收录了朱简曾为他人所刻大量的印章，这些受印人中有许多是当世书画名家，可据《印图》与这些书画家的书画作品用印进行比较，则可获得更多的比较信息。在此略举数例，

---

① （清）周亮工《印人传》卷二，清《翠琅玕馆丛书》本。

② 侯外庐《论汤显祖剧作四种》，中国戏剧出版社1962年版。

图13　《赖古堂印谱》所载朱简风格印章

图14　朱简《印图》所收"汤显祖印"与叶恭绰藏"汤显祖印"对比。左为朱简《印图》卷下，明崇祯二年（1629）刻钤印本；右为侯外庐《论汤显祖剧作四种》所收，中国戏剧出版社1962年版

图15　娄坚用印（左）与《印图》所载印章（右）比较

图16　赵左用印（左、中）与朱简《印图》所收印章（右）对比

图17　范允临用印与朱简《印图》所收印章对比。左、中见《印鉴》第667页，恐为铜印；右见朱简《印图》卷下，明崇祯二年（1629）刻钤印本

图18　董其昌用印（上）与苏宣《苏氏印略》所载印章（下）比较

以作说明。如为娄坚刻"娄坚之印"白文印、"子柔"朱文印，为范允临刻"范允临印"白文印、"长倩"朱文印，为赵左刻"赵左"白文印、"文度"朱文印。在他们的书画作品上皆有同文印章的使用，通过对比不难发现其中的差别。（图15-17）

3."暇则重拟片石"的动机及无奈

其他晚明篆刻家的创作印谱，也呈现出本人摹刻的现象。如苏宣《苏氏印略》自序即言明：

> 迩来侨居鹅湖，鉴赏之家谬许以能，必欲汇余之谱。余于是检箧中所仅存者，灾之木石以供诸好事者，名之曰《印略》。①

"灾之木石"，"木"很好理解，即木刻序跋及版框、释文。那么，"石"只能是用来摹刻印章了。其中的印章与实际使用的印记对比，可知这些印章是苏宣所刻，而在其制作印谱时，也采取了摹刻的方式。"董氏玄宰"白文印、"太史氏"白文印、"玄赏斋"白文印，皆是董其昌常用印章，而苏宣摹刻时，则是比较忠实于原刻的。（图18）在其他人如李流芳、孙克弘、乔一琦的印章中，也可以看出和董其昌用印与《苏氏印略》载印对比相同的情况。（图19至图21）而且通过乔一琦的用印可以知道，苏宣亦制铜印。②（图22）

"暇则重拟片石"，并非是朱简、甘旸、苏宣等少数篆刻家的个例，这一方式是当时篆刻家制作印谱的通例，为篆刻家们广泛采用。如王梦弼《汇姓印苑》（1598）、吴忠《鸿栖馆印选》（1615）、吴迥《珍善斋印印》《晓采居印印》（1618）、吴正旸《印可》（1625）、陆鼎《怀古

图19　李流芳用印（左）与苏宣
《苏氏印略》所载印章（右）对比

图20　孙克弘用印（左）与苏宣
《苏氏印略》所载印章（右）比较

---

① （明）苏宣《印略自序》，《苏氏印略》，明万历四十五年（1617）刻钤印本。

② 乔一琦用印，其中即有四面为铜套印。见上海博物馆编《中国书画家印鉴款识》，文物出版社1987年版，第1216页。

图21 乔一琦用印（左）与苏宣《苏氏印略》所载印章（右）对比，其中"乔氏伯圭""游方之外"为铜套印之二面

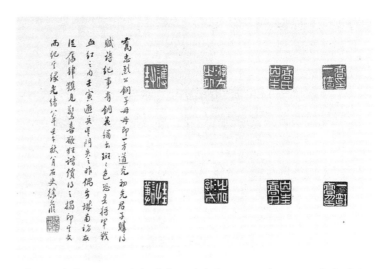

图22 徐允临题跋明忠烈乔一琦印拓，西泠印社2018年春季拍卖会①

堂印稿》等印谱，其序跋及印谱内部的文字注解，都有摹刻辑谱的描述，这是从摹古印谱带来的一种制谱习惯。其他一些印谱，或不注材质，或不言明其手法，故不能妄下判断。

那么，这些篆刻家为什么要用摹刻的方式来制作其创作印谱呢？

第一，是延续的习性。这些篆刻家大都是从临摹古印和近当代大家的印章来学习篆刻的，临摹印章是其基本的技能。而从这些篆刻家的摹古印谱不难看出其不满足于模拟的一面，如苏宣所讲的"始于模拟终于变化"恐怕才是这些篆刻家的心声和艺术追求。因此他们在摹古的时候，也会加入己意，这何尝不是一种"创作"！在摹刻自己的创作印时，也保有这一艺术思维，进一步创作，则呈现出篆刻家更为完善的艺术思想。

第二，晚明篆刻家采用摹刻的方式制作其印谱，也有基于现实的考虑。篆刻家完成印章创作之后，印章即由受印者取去，不会存于作者处太长时间。而篆刻家起初刻印时也未必即有制作印谱的想法，即便有，也不容易形成完善的格式。他们一般的做法是保存刊刻满意的印蜕，当积累到一定数量时，重新梳理，再行摹刻，这样制作印谱时就比较从容，能呈现出高超的篆刻技艺，且能兼顾格式，也会比较美观。

第三，在他们制作印谱时，以原来所刻印章钤盖，基本不现实。一则，印章已为受印人取去，且这些人多为文人士大夫，篆刻家与他们存在地位上的差别，且因地理条件所限，故很难实现。另则，这些受印人多擅长书画，印章为人取去钤盖，存在作伪的风险，故也很难实现。因此，篆刻家创作印谱与书画家用印存在差别，也是情理之中的事情。

第四，石质印材先天的优势。因石质硬度适中，便于刊刻，也吸引了文人参与到操刀制印的行列，同时促进篆刻艺术拓展其"写意"的一面。那么，在篆刻家制作印谱时，以石摹刻便是最合适

① 该拍品为明将领乔一琦铜子母印拓本，卷末有清光绪八年（1882）徐渭仁之子徐允临题跋，知此印道光初年曾为徐渭仁购藏并有赋诗，壬寅遁兵吴门失之。光绪八年（1882）徐允临于书肆获见，惊喜欲狂，协价得之。

的选择，也进一步促进了石质印材的再推广。我们可以发现，石质印材在清代以后直至今天的篆刻创作中，逐渐成为主流印材，这一点与此时期篆刻家的实践与推广是分不开的。

他们普遍采用的方式是，用石质印材来摹刻印章、辑而为谱，偶用铜质印材。而他们为他人制印时，其材质则要丰富得多，这是受印者所要求的，从传世及出土的印章也能证明此时期印章材质的丰富程度。石质印材在此时期应用最广泛的场合则是制作印谱。

在摹刻本人创作印章制作印谱的同时，还有詹荷《名臣印谱》（1608）、邵潜《皇明印史》（1621）、何通《印史》（1623）、吴日章《翰苑印林》（1634）等印谱。他们均设一主题，专门刻一批印章用来制作印谱，以表达他们的学术思想，呈现其篆刻技艺。他们以印述史，拓展了篆刻艺术的表现性，也是篆刻艺术史和印谱史上一个值得注意的现象。

四、余论

甘旸《集古印正》呈现出当时篆刻家迅速成长，并拓展印谱样式的态势。其后篆刻家如朱简、徐上达等人秉承此种做法，并丰富篆刻艺术理论，在一定程度上显示了晚明时期篆刻艺术及其理论的成熟，也为我们展示了此时期篆刻家的篆刻创作及其变化。这些创作印谱不仅是篆刻家的作品展示，批量印谱的问世，能够构建篆刻家良好的社会形象、艺术形象，并达到商业宣传的目的，也可以实现与文人圈子的互动。清代以后的创作印谱，除少量沿用明代的几种方式外，逐渐转为集印钤谱为主的方式，这是后话。

以上，我们分析了晚明篆刻家的创作印谱，以期对篆刻艺术史、印谱史的一些细节如篆刻家的交游、印谱的分类、晚明印材的使用、篆刻家创作面目的转变及印章分期诸方面的深入研究有所提示，并希望对晚明印章的鉴藏、书画用印的创作者归属、书画鉴定中印章的参考价值等问题的研究，提供一些新的思路。

（作者系中国美术学院博士研究生，江苏省篆刻研究会副秘书长）

从吴云幕府看"印从书出"印学观念的演进

沈嘉涵

摘要： 清代邓石如所提出的"印从书出论"是文人篆刻范畴中重要的印学观念之一。受邓石如影响，邓氏以后的篆刻家如吴熙载、赵之谦、吴昌硕、黄士陵、齐白石等人都继承了"印从书出"的篆刻创作方法，并以此自立门户。清末文人游幕之风盛行，其中吴熙载与吴昌硕先后被招至吴云幕府。"印从书出论"从吴熙载传递至吴昌硕的过程中，金石学家吴云及其幕府在二吴之间发挥着积极的作用。文章以吴云的视角展开，围绕"印从书出"的相关话题进行讨论，希望能对梳理清末民初的印学观念发展有所帮助。

关键词： 印从书出　篆刻　吴云幕府　吴熙载　吴昌硕

一、吴云与其幕府概况

吴云（1811—1883），字少甫，号平斋，晚号退楼，七十岁后改号愉庭。别署醉石、松叟、三退楼寓公、抱罍子、抱罍生，斋号有两罍轩、二百兰亭斋等。浙江归安（今属湖州）人，祖籍安徽歙县。幼孤，能发奋勤学，而屡困场屋，于是一心"讲求经世之学，旁及金石书画，咸究壶奥"。年三十四时，始援例以通判发江苏。咸丰年间，以筹饷功用为道员，权知苏州知府，从四品。性喜金石彝器、书法、绘画，收集汉印、晋砖及宋元古籍颇多。

吴云常以金石鉴藏家的身份出现在我们眼前，他曾收藏《兰亭》帖二百余种，著有《二百兰亭斋金石记》。又得齐侯罍等古物，著《两罍轩彝器图释》十二卷，凡一器一铭都钩摹后加以精刻，并附有考证。此外还有《古官私印考》《魏季子白盘考》《汉建安弩机考》《温虞恭公碑考》《华山碑考》《焦山志》等。

幕府制度作为中国历史上一种具有深远影响的用人制度，大约起源于战国前期[①]，经战国后期至秦汉时期逐步确立。此后一千余年，幕府制度随着中央与地方权力关系变化，亦历经盛衰。嘉道年间，清王朝已经陷入衰败的泥潭，社会弊病比比皆是。清政府面对危局不仅处置能力下降，而且令出不行，权威失坠。这就给地方上还具有经世意识、意欲有所作为的大员们创造了条件。当时江南的一些官员通达世务，关心国计民生，他们特意延请"善经世之略"的人才入幕，帮助自己出谋划策，推行改革，幕府借此机会广泛参与到地方的实际政治运作中。幕府制度的核心内在是幕主能够自主用人。清代幕府职能具有多样性，幕主又有各自的需求和爱

---

① 尚小明《学人游幕与清代学术》，东方出版社2018年版，第1页。

好，所以游幕人员自身也是各种各样的。幕主招至的幕僚可以是一般文士，也可以是科举进士、举人，甚至是社会名流或失意的官员。如万权江所言："幕中流品最为错杂，有宦辙覆车借人酒杯，自浇魂垒；有贵胄飘零，摒挡纨绔人幕效嚬；又有以铁砚难磨，青毡冷淡，变业谋生；又有胥钞谙练，借楼一枝；更有剑不成铅刀，小试其中，优劣不一。"①幕主与幕僚之间的选择通常是双向的，一方面幕僚能发挥其所长承担一部分的幕府职能，分担幕主的压力；另一方面幕主能为幕僚提供基本的生活保障。而对于幕主来说，若能招聘到能干的幕僚，也属幸事。曾任上海道台和江苏布政使的应宝时在致吴云的信札中说："宝时今年阅历所知，如得好幕远胜好官。"当然幕主在用人上也不乏任人唯亲的案例。幕府常设在幕主官府之内，幕主和幕友朝夕相处，在办理日常事务之外，兼顾自己的爱好。喜欢整理和出版学术著作的幕主，可以聘用学者；喜欢金石学的，可以聘用拓工；喜欢艺术的，可以聘用书画篆刻家。也作为应酬的礼物。②得益于幕府相对宽松的用人制度，文人游幕之风在清末成为普遍的社会现象。文人群体选择入幕的原因大抵是因为家境贫寒或科举受挫。"寒窗苦读十二载，金榜题名一朝时。"文人不同于其他有生活技能的社会人员，饱读诗书后入仕为官是他们所苦苦追求的。而在科举之路上屡次失败后，选择幕僚一职也不失为一个好的过渡选择。如汪辉祖所言："士人不得以身出治而佐人为治，势非得已"，幕职因"与读书（求治）近，故从者多"。③一般来说，幕府规模的大小与幕主的官职身份直接挂钩，按幕主官职也可以简单将清代幕府分为大幕与小幕，顺康雍时期的重要大幕有徐乾学幕府、李光地幕府、张伯行幕府等；乾嘉时期的重要大幕有卢见曾幕府、朱筠幕府、阮元幕府等；道咸同光宣时期的重要大幕有陶澍幕府、曾国藩幕府、张之洞幕府等。关于清代官员官至几品可筹建自家幕府的问题，似无定论。可以确定的是巡抚级别的从二品官员大多组建有自己的幕府，官职继续往下划分，情况会复杂起来。

吴云幕府多次因吴云官职的升迁而流转，历经扬州、镇江、苏州、上海等地。

道光二十四年（1844），三十四岁的吴云按例分发江苏常熟县任通判。当时因田赋事乡民到县衙告状，县衙将少年陶四作为肇事魁首逮捕入狱，吴云审理后认定是冤案，将陶四释放，避免了一场冤狱。不久任宝山知县，立法征赋，行之切实，三十二州县均予仿效，又知金匮县。

道光二十九年（1849），长江洪水泛滥，遍地饥民，吴云在县内四处奔走，动员各乡富户捐粮赈饥，自己办粥厂施粥，夫人陈氏还在粥中加食盐、老姜，使粥有味且能防寒。这一年朝廷拨金赈灾，惟宝山县依靠自己力量救灾，所以地方总督、巡抚等高级官员认为吴云有才德，荐升作为道员使用。

咸丰八年（1858），任镇江知府，十一年（1861）改任苏州知府。（图1）这时太平军已攻克金陵，继又攻克常州。吴云奉命赴上海会晤诸国领事，要求外国出兵，未谈成而苏州已失。吴云为此差一点被深究，得同僚薛焕力辩而未究。关于苏州失守的情况，《清史稿》中有记载：

……（同治十年）六月，吴云会洋将华尔攻青浦急，伪宁王周文嘉乞援于苏州，秀成率大

① （清）汪辉祖《佐治药言》，乾隆五十一年（1786）刊本。
② 白谦慎《吴大澂和他的艺术家幕僚》，《艺术工作》2020年第1期，第69页。
③ （清）汪辉祖《佐治药言》，乾隆五十一年（1786）刊本。

股亲援，我军溃败。寇收枪炮乘船再犯松江，陷之。[①]

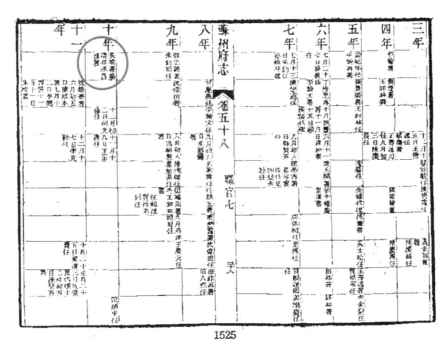

1525

图1　（光绪）《苏州府志》卷五十八《职官七》

咸丰十年（1860），太平军围攻苏州，形势十分危急，吴云奉上官之命，奔赴上海与两国领事举行会议，欲借洋兵助战，未及议定而苏州陷落，吴云滞留上海。吴云致周腾虎信札记录了咸丰十一年（1861）以江苏巡抚薛焕和布政使吴煦为主的官绅试图安插内应、发动叛乱、颠覆太平军的行动：

　　自伪忠逆窜陷杭省以后，乘逆焰方张之势，率其丑类，驰回苏州，而永昌徐氏兄弟与李、熊、钱三人密约之举，遂不得行。当忠逆窜围杭州之时，李、熊均奉伪令往杭，至十一月初四、六两日，先后托故回苏，即与徐氏兄弟密约举事[②]。

同治三年（1864），吴云辞官，居太湖钱溇。时浙江水利长期不修，太湖诸溇港均严重淤塞，他上书钟佩贤，钟佩贤在了解情况后，督促江浙地方官开挖太湖溇港，此后虽有洪涝，但灾情大为减轻。他在钱溇时，曾与热心地方教育事业的徐有珂、张尧涂、陈培根等商讨在陈溇创办五湖书院，并争取湖州知府宗源瀚、杨荣绪的重视，每年取得湖州六分之一的教育经费，吴云自己还首捐白金若干。五湖书院的创办，结束了太湖沿岸三十六溇无书院的历史，吴云还撰写并书《创建五湖书院碑记》。

同治四年（1865），吴云回到苏州之后，买下一处旧宅，是宋代天圣年间的吴感红梅阁的旧

---

① 赵尔巽等《清史稿》，中华书局1998年版，第3308页。

② （清）吴云著，白云娇辑释《吴云函札辑释》，凤凰出版社2019年版，第400—401页。

址。吴云将其买下后做了彻底的整修,因为园林中有一棵古枫树,故这片园林吴云给其起名为"听枫山馆",他的藏书楼两罍轩就在听枫山馆内。现为吴门书派研究会、苏州国画院所在地。

二、吴云对吴熙载"印从书出论"的认同与接受

(一)吴云与吴熙载交往略述及"印从书出论"

咸丰五年至六年期间(1855—1856),生活清苦的吴熙载为躲避太平天国战乱,选择入吴云幕。[1]汪鸣珂在《寒松阁谈艺璅录》中描述当时吴云幕府"名下如吴熙载、戴礼庭、吴清卿","相与商榷文史,研考名迹"。在入吴云幕之前,吴熙载分别入李兰卿幕、姚元之幕、包世臣幕、但明伦幕、童濂幕。吴熙载入吴云幕府的时间并不长,前后大约有两年的时间。在幕期间,吴熙载与幕主吴云相处融洽,交流密切。吴熙载常参与幕府中考订碑帖、摹勒刻石等事宜,基本上扮演了吴云金石助手的角色。例如吴云编纂的《二百兰亭斋收藏金石记》《二百兰亭斋钟鼎款识未刊稿本》等书册,都是经吴熙载之手誊抄而成。吴云对于吴熙载所录《二百兰亭斋收藏金石记》非常满意,认为刻本"转折毫芒,一丝不走",并"推为妙手"。[2]作为辛苦劳动付出的回报,吴云也出示大量私藏碑帖、古印供吴熙载欣赏。

咸丰九年(1859),六十一岁的吴熙载应时任镇江知府吴云之邀,前往镇江赴会,途中作《酬韬庵送行作,余将至润州,赴平斋约,韬庵自泰州东乡归,一饭便去》:

> 乱久忘离合,相逢各黯然。欢踪悬远道,别思转当筵。结习犹书画,闲情散水烟。回头宾主谊,相忆各三年。

按年龄来算,吴熙载年长吴云十二岁,算得上是吴云的长辈,但吴熙载从不以年龄论辈。吴熙载出幕后吴云也曾多次在生活上接济吴熙载,对于吴云有帮助过自己的知遇之恩,吴熙载感怀于心。他在给吴云的信中常表深情:

> 平斋先生尊兄大人左右:久欲奉书,因目力不果。近况需问遇安,非尺素能尽。日内又被窃贼,无可告语。闻先生有来意,更深悬望。遥惟起居安吉,定符臆颂。忽闻遇安解缆,聊申寸绪,幸勿贵以疏慢也。即请大安,惟鉴原,不具一一。
>
> 小弟吴熙载顿首,十一月三日。[3]

同治八年(1869),在吴熙载弥留之际,吴云"伤逝思旧"的感情越发强烈。"人生自堕地以至百年,莫不要从原路上去。"吴云目睹着好友身体每况愈下,实不忍心,仿佛往昔伏案共事的场

---

① 朱天曙《明清印学论丛》,北京联合出版公司2020年版,第261页。
② (清)吴云著,马玉梅校注《两罍轩尺牍校注》,上海古籍出版社2020年版,第43页。
③ 《墨迹大成》第七卷,见朱天曙《明清印学论丛》,北京联合出版公司2020年版,第269页。

景一幕幕浮现在眼前，而此时唯有"保重为属"。翌年，吴熙载逝世。

据吴云所述，吴熙载曾为其治印"甚夥"，然因战乱、偷窃等缘故，仅存"二十余方耳"，现将存世成谱印章整理如下。浙江省博物馆所藏《吴云致吴昌硕信札》中标明多方吴熙载为吴云刻制的印章内容，但因信札中未能见实际印蜕，故未收录进此表，特此说明。

表1 吴熙载为吴云所刻印章简表

编号	创作时间	印文内容	边款内容	形制	出处
1	1865年	抱罍室·退楼（双面印）	平斋先生属。让之刻。时年六十有七	"抱罍室"为正方朱白文印，"退楼"为正方朱文印	《中国篆刻丛刊》第19卷《吴熙载（三）》，二玄社1984年，第129页
2		敦罍斋考订金石文字印	平斋先生属。熙载刻	长方朱文印	《中国篆刻丛刊》第19卷《吴熙载（三）》，二玄社1984年，第129页
3		三退楼寓公	让之	正方白文印	《中国篆刻丛刊》第19卷《吴熙载（三）》，二玄社1984年，第131页
4		百镜室	让之。	正方白文印	《中国篆刻丛刊》第19卷《吴熙载（三）》，二玄社1984年，第131页
5		吴云私印	吴熙载先生刻印，安闲秀逸。是印极似汉人银印。庚戌十一月，星州附刻	正方白文印	《中国篆刻丛刊》第19卷《吴熙载（三）》，二玄社1984年，第133页
6		平斋审定		长方白文印	《中国篆刻丛刊》第19卷《吴熙载（三）》，二玄社1984年，第133页
7		抱罍子		正方朱文印	《中国篆刻丛刊》第19卷《吴熙载（三）》，二玄社1984年，第133页
8		两罍轩		正方白文印	《中国篆刻丛刊》第19卷《吴熙载（三）》，二玄社1984年，第135页
9		归安吴云平斋考藏金石文字印		正方白文印	《中国篆刻丛刊》第19卷《吴熙载（三）》，二玄社1984年，第135页
10		平斋鉴赏		正方白文印	《吴云致吴昌硕信札》
11		金石寿世之居		长方白文印	《吴云致吴昌硕信札》
12		两罍轩		长方朱文印	《吴云致吴昌硕信札》
13		吴云私印		正方白文印	《吴云致吴昌硕信札》

（续表）

编号	创作时间	印文内容	边款内容	形制	出处
14		平斋		正方朱文印	《吴云致吴昌硕信札》

"印从书出论"是在清代乾嘉年间碑派书法思潮刺激下出现的一个重要的印章美学观，这个观念的出现主要反映在对徽宗印人邓石如篆刻艺术的评价上。

邓石如（1743—1805），初名琰，字石如、顽伯，号完白山人、笈游道人等，安徽怀宁（今属安庆）人。善篆隶、篆刻，其书法、篆刻对清代中后期书坛、印坛都有深远影响，著有印谱《古梅阁仿完白山人印剩》《邓印存真》等。邓石如篆刻初学何震，后师皖派程邃。刀法以冲刀为主，切刀为辅。中年后引篆书入印，为印坛开辟新风。（图2、图3）

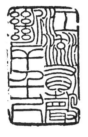 

图2 邓石如"江流有　　图3 邓石如"十分红
声断案千尺"　　　　处便成灰"

"印从书出论"可以视为明代朱简"笔意表现说"和历来印人重视书法之思想的拓展。朱简认为："摹印家不精《石鼓》《款识》等字，是作诗人不曾见《诗经》《楚辞》，求其高古，可得乎哉？""印从书出论"的出现对篆刻家提出了更高的要求，不仅要求篆刻刀法、字法过硬，还同样要求篆书"在线"。

吴熙载师从包世臣，包世臣又师从邓石如，按辈分来算，邓石如是吴熙载的师祖。邓石如卒于嘉庆十年（1805），吴熙载生于嘉庆四年（1799），邓石如去世时吴熙载年仅五岁。对于篆刻学习，吴熙载没有机会得到邓石如面授，而更多的是与其弟子包世臣进行交流和接触。吴熙载年少时便追随包世臣学习书法，受到当时"包派"弟子学书方法的影响[1]，吴熙载楷、行、草学习包世臣，篆、隶师法邓石如。而于篆刻一门，包世臣"作印如作篆"的观点潜移默化地影响着吴熙载。渐渐地，吴熙载对邓石如在篆刻艺术上的探索产生兴趣，并在日后逐步继承邓石如的衣钵，将"印从书出"的印学理念推向一个高峰。魏锡曾在《吴熙载印谱序》中总结：

余常谓浙宗后起而先亡者此也，若完白书从印入、印从书出，其在皖宗为奇品、为别帜，让之虽心摹手追，犹愧具体，工力之深，当世无匹。[2]

① 金丹《吴熙载印学观点与包世臣交游之关系》，《第三届"孤山证印"西泠印社国际印学峰会论文集》，西泠印社出版社2011年版，第241页。

② （清）魏锡曾《吴熙载印谱序》，《历代印学论文选》，西泠印社1999年版，第706页。

吴熙载印作践行邓石如"印从书出"的印学观念，通过自身书印的高度统一，吴熙载将"印从书出论"发展到一个高峰。吴云赞其："惟吴熙载岿然独存，现寓泰州。谈金石之学者如广陵散矣。"①其自述："（刻印）始见完白山人作，尽弃其学而学之。"吴熙载曾数次临摹邓石如"一日之迹"篆刻名作，每遍"均不袭其貌"，颇有"盘古树而出新芽"的意思。吴熙载篆刻运刀如笔，迅疾圆转，痛快淋漓，率直潇洒，方中寓圆，刚柔相济。好友姚正镛评其云："让老刻印，使刀如使笔，操纵之妙，非复思虑所及。"②吴昌硕也有"学完白不若取径于让翁"的感慨。吴熙载在朱文印和白文印上的追求基本是保持一致的，结字舒展飘逸，婀娜多姿，尽展自家篆书委婉流畅的风采，治印功夫精熟，直抒胸臆。书从印入而不守旧，印从书出而又多新，是吴熙载对"印从书出论"最好的表达。吴熙载篆刻代表作品有"观海者难为水"（图4）、"一切惟心造"（图5）、"逃禅煮石之间"、"自称臣是酒中仙"、"师慎轩"、"丹青不知老将至"等。

图4　吴熙载"观海者难为水"　　图5　吴熙载"一切惟心造"

（二）吴熙载在吴云篆刻品评中的正面形象

吴云篆刻品评多见于其印谱序跋，而序跋又散见于各家印谱之中。韩天衡先生编订《历代印学论文选》（以下简称《论文选》）一书中，收录吴云印谱序跋四篇。分别为《晋铜鼓斋印存序》《钱胡印谱序》《二百兰亭斋古铜印存序》《二百兰亭斋古印考藏序》。浙江古籍出版社出版的《吴云金石学丛稿》（以下简称《丛稿》）收录《两罍轩碑碣题跋稿本》，中有吴云印谱序跋五篇，分别为《题春草闲房印存》《题李维之印存》《题戴行之印谱》《题胡匊邻晚翠亭印稿》《书许友石印稿》。

通过翻阅，《论文选》中的《晋铜鼓斋印存序》与《丛稿》中的《题李维之印存》实为一篇。《论文选》所搜录版本较之《丛稿》本内容有几处不同。《论文选》本明确题吴云作文时间为"光绪二年岁在丙子夏日"，《丛稿》本无题跋日期。《论文选》本中记："所著有《通鉴地里今释》如干卷，稿藏余处，久欲为之授梓未果。"《丛稿》本则为："所著有《通鉴地里今释》十六卷，稿藏余处，久欲为之授梓未果。"《丛稿》本对吴熙载所著《通鉴地里今释》卷数有明确记载。

除去《二百兰亭斋古铜印存序》《二百兰亭斋古印考藏序》这两篇吴云自己所辑印谱的序文，在其余六篇序跋中，有四篇均提及吴熙载。

《题春草闲房印存》记：

---

① 　（清）吴云著，马玉梅校注《两罍轩尺牍校注》，上海古籍出版社2020年版，第91页。

② 　方去疾《吴让之印谱》，上海书画出版社1983年版，第79页。

昔年与吾宗让之兄熙载论近日印人之优拙，让之亦推崇邓石如，谓："集其印文两百余种，毕生能事半萃于此，而中间分行布白结构谨严，方寸之间具有汉人规矩，可为后学，仪式者亦止十之二三耳。"盖深言治印之不易也。……①

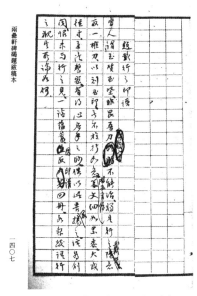

图6　吴云《题戴行之印谱》

《题李维之印存》（《晋铜鼓斋印存序》）记：

老友吴熙载茂才深于金石之学，书画篆刻亦各极其妙，与余交垂三十载。咸丰乙卯、丙辰间，余傕寓泰州，让之馆余斋者两年，为余作印甚夥，庚申之变，尽付浩劫。乱后复作，又毋虑四五十方，庚午夏某日，为人窃去大小十三方，皆田黄佳石，为让之极经意之笔，至今惜之。现存箧中者仅二十余方耳。

李维之姻兄风雅好古，于让之身后搜集其所作各印，得数百方，印成小册，分贻同好，甚盛举也。抑余更有维之进者，让之生平嗜学，于书无所不窥，治印乃其小技耳。……②

《题戴行之印谱》③（图6）记：

……（戴兄）随意取一椎刀以刻玉印，无不旋指如意（游刃有余）。篆文细如累黍，大或径寸，章法整密，有得心应手之妙。仆以此吴家让之，诧为创闻，恨未与行之一谈蕴蓄。因取印谱四册，各系跋语行之，观其所论如何。

《题胡匊邻晚翠亭印稿》④记：

余性喜金石刻画，平生相识精于治印者指不胜数。最著者在杭则有赵次闲，在苏则有杨龙石、翁叔均，江以北则有吴熙载，皆学问有根底。精究于篆法、章法、刀法，卓然无愧为专家。今观匊邻晚翠亭印稿，宗法两京，笔力遒上，足与诸老分庭抗席，相为颉颃。……

①　（清）吴云《两罍轩碑碣题跋稿本·题春草闲房印存》，《吴云金石学丛稿》第六册，浙江古籍出版社2023年版，第1419页。

②　（清）吴云《两罍轩碑碣题跋稿本·题李维之印存》，《吴云金石学丛稿》第六册，浙江古籍出版社2023年版，第1421—1422页。此处以《丛稿》本为例。

③　（清）吴云《两罍轩碑碣题跋稿本·题戴行之印谱》，《吴云金石学丛稿》第五册，浙江古籍出版社2023年版，第1407页。

④　（清）吴云《两罍轩碑碣题跋稿本·题胡匊邻晚翠亭印稿》，《吴云金石学丛稿》第五册，浙江古籍出版社2023年版，第1408—1409页。

吴熙载在吴云跋中被提及的四次均以正面形象出现。在《题春草闲房印存》中，吴云借吴熙载之口，向吴大澂（春草闲房为吴大澂书斋名①）倾诉治印之"不易"，道阻且长，与君共勉。在《题李维之印存》中，吴云对李维之述说自己与吴熙载篆刻交往中点点滴滴的回忆，情深意切跃然于纸面之上；对李维之在吴熙载去世后竭尽全力搜集让翁印章，汇编成谱之事感到喜慰。在《题戴行之印谱》中，吴云见戴行之善刻玉印，刻印时常"旋指如意"，印作"细如累黍，大或径寸，章法整密，有得心应手之妙"，旋即想到好友吴熙载。吴熙载一生治印不下万方，常以"得心应手之妙"为追求。吴云见戴行之渐入此境，急欲促成二人会面洽谈。在《题胡匊邻晚翠亭印稿》中，吴云与胡匊邻论当代治印名家时，将吴熙载排在苏北地区篆刻家之首，与杭州赵之琛，苏州杨龙石、翁大年等人齐名。

（三）否邓推吴：吴云对邓石如朱文印风的批评态度

浙江省博物馆藏《吴云致吴昌硕信札》册中有一通记载了吴云请吴昌硕治印事宜：

> 来印石两方，一请"亦颇以文墨自慰"，即照前刻白文可也。又一方刻"退楼画印"，以朱文为宜，勿用徽派如邓石如一路。大抵白文仿汉，朱文仿宋元，此为正宗。卓见如何？

在此通信札中，吴云在请吴昌硕刻朱文"退楼画印"自用印时，特意强调此印坚决不仿徽派邓石如印风，要用圆朱文风格。好友吴熙载作为邓石如"印从书出"印学观念下一脉相承的弟子，吴云却对他的朱文印风喜爱有加。否定邓氏印风，推崇吴氏印风，这显然是相互矛盾的。况且相较于结字方整的白文印，邓石如飘逸圆转的朱文印风更能体现"印从书出"的理念，理应被吴云所共同接纳。吴云究竟为何会如此厌恶邓石如朱文印风呢？

笔者推测吴云否邓推吴的原因主要是有以下三点：

1.时人学邓不精

吴云"白文仿汉，朱仿宋元"的篆刻审美可能受到清初吴门印风的影响。清初，苏州印坛首推顾苓。顾苓（1609—1685）②，字云美，号浊世居士。善篆隶。明亡后，以遗民自居，隐于虎丘塔影园。顾苓母、妻皆为陆氏，与文家世代为戚。所以顾苓印风简静平和，实受文彭影响最大。与之印风接近的还有早在晚明已显名的顾昕（元方）和邱旼（令和）③。周亮工认为，文彭而下，"以和平参者汪尹子（关），至顾元方、邱令和而和平尽矣"④。清初苏州地区的婉秀印风，与他们的提倡有关，时有"吴门派"之称。

万历十五年（1587）成书的周应愿《印说》⑤中说：

---

① 据李文君先生《吴大澂致潘曾莹未刊信札考释》一文，春草闲房原为金俊明书斋名，后房屋辗转归皋庑吴氏所有，吴大澂出生于此屋。

② 顾苓生卒年各版不一，此处以孙洵版为准。孙洵《江苏篆刻史》，江苏人民出版社2020年版，第128页。

③ 黄惇《篆刻教程》，西南师范大学出版社2005年版，第63页。

④ 周亮工《印人传·书黄济叔谱前》，《篆学丛书》本，中国书店1983年版。

⑤ （明）周应愿《印说·成文》，明万历刊本。

至文待诏父子始辟印源，白登秦汉，朱压宋元，嗣是雕刻技人如鲍天成、李文甫辈，依样临摹，靡不逼古。文运开于李北地，印学开于文茂苑。

顾苓印风受文氏家族影响较大，文徵明父子印章则是以"白登秦汉，朱压宋元"为主。这与吴云在信札中提出的"白文仿汉，朱仿宋元"的篆刻审美是相一致的。

吴云在写给陈介祺的一通信札[①]中写道：

当今刻印，能者绝少，白文尚有汉文可仿，朱文则古篆不可识。宋元宗派，专尚工秀，学之颇不易见长。敝乡丁、黄、奚、蒋及曼生诸君尚不失古意，而近日治学者畏难取巧，其朱文全学邓石如一派，恶俗难耐。

信中吴云批评时人学印"畏难取巧"，将邓石如的朱文刻的"恶俗难耐"。究竟时人学邓学成什么样？究竟是不是如吴云所言的"恶俗难耐"呢？这里可以举几个例子。

《中国篆刻聚珍》中有一方吴兆杰仿邓氏印风所刻的印章，名为"金粟如来是后身"[②]。（图7）吴兆杰，号漫公，生活于乾隆年间（生卒年不详），安徽歙县人。少通六艺，以书法、篆刻闻名，行楷、八分皆有法度，精鉴赏。清程瑶田《通艺录》曰："漫公少时读书不成，然通六书之义，事之所指，形之所象，与夫形声、会意之趣，转注、假借同异之论，有号为文人者所不能知，而漫公一一知之。由小篆而上溯之，至于大篆、古文、钟鼎款识之别于时代者，靡不遍观而尽识焉。既知之焉，又学而能书之。故他人之书，由真行而通于篆隶，漫公书则滥觞于篆籀，己乃顺而遂之，于是行楷八分，皆有法度可观。"印章布局平整，刀法浑厚古朴，有邓氏遗风。但较之邓氏，线条"笔意"的轻重缓急未能体现，字与字之间的穿插挪让也较为生硬，这与"印从书出论"的篆刻审美还存在一定的距离。

同样，《中国篆刻聚珍》中有陈志宁所刻"为善最乐"[③]一印，也是仿邓石如风格。（图8）陈志宁，字康叔，浙江海宁人。清代篆刻家。嘉庆五年（1800）辑自刻印成《庚申印存》，《丁丑劫余印存》有载。此印较之吴兆杰所刻印章，线条中的"笔意"明显流畅，章法布局平稳，字与字之间顾盼生趣。但较之邓氏，显然在字法上有所差别，如"最"字的"又"部，"乐"字的"𠆿"部，都是采用了大篆的写法。

① （清）吴云著，马玉梅校注《两罍轩尺牍校注》，上海古籍出版社2020年版，第364页。
② 陆嘉磊《清名家印》（下），《中国篆刻聚珍》，浙江人民美术出版社2018年版，第22页。
③ 陆嘉磊《清名家印》（下），《中国篆刻聚珍》，浙江人民美术出版社2018年版，第74页。

图7　吴兆杰"金粟如来是后身"　　图8　陈志宁"为善最乐"

一是受到清初印坛"白登秦汉，朱压宋元"审美风格影响，大多印人还是在元朱文的方向上用功。二是在邓石如同期及以后有少部分印人学习邓派篆刻，但仿邓未能得其"印从书出论"精髓。所以，吴云不喜邓石如朱文一路是完全有可能的。对于朱文印的学习，吴云建议"师古"，从封泥中寻求养分：

> 汉魏六朝传世之印类多白文，治印者每刻朱文辄学宋元，并非不欲师古，实以古印中朱文罕见也。泥封为古印之范，可与汉魏白文相辅而行，然非吾簠斋兄积四十年心力冥访旁搜，断不能萃此大观，倘得广为传布，实足为印学津梁，不第供一时玩赏而已。①

2.吴熙载实有"出蓝之誉"

吴云在任江苏巡抚期间，与前任巡抚许乃钊交流密切。两人不仅是工作上的同事关系，也同样是论诗作字之友。吴云知许乃钊有"娱情翰墨"的之乐，经常会出示自家所藏金石碑帖共同赏玩。同治年间，战火纷飞，时局动荡，江南地区书画人才流失严重。在信札中，吴云感慨："江南讲金石之学者，自韩履丈②、翁叔均③故后，我道益孤。"但还幸有海陵吴熙载一人，并向许乃钊推荐吴熙载这位后起之秀：

> 侄所知者有吴熙载茂才，年老家贫，好学不倦，其篆隶师邓石如，实有出蓝之誉，非时史可及；铁笔尤妙，惜目昏已不能多刻。其于汉魏六朝碑版考鉴最精长者，暇时试进见之，当知侄言非谬。

许乃钊与吴熙载同岁，在信札末尾吴熙载希望身居高位的许乃钊可以放下身份之尊，见一见布

---

① （清）吴云著，马玉梅校注《两罍轩尺牍校注》，上海古籍出版社2020年版，第398页。

② 韩履丈即韩崇（1783—1860），字符之（一作元芝），号履卿，别称南阳学子，江苏元和人（今属苏州）。官山东雒口批验所大使，以终养乞归。咸丰初协办团练劝捐诸事宜，加盐运使衔。嗜金石，耽吟咏，有《宝铁斋诗录》。韩崇是汪鸣銮和吴大澂的外祖父。

③ 翁叔均即翁大年（1811—1890），初名鸿，字叔均（一作叔钧），号陶斋，江苏吴江（今属苏州）人。精考证，擅篆刻。有《古官印志》《古兵符考》《泥封考》《陶斋金石考》《瞿氏印考辨证》《旧馆坛碑考》《陶斋印谱》《秦汉印型》等。

衣出身的吴熙载。据考，此信作于同治元年（1862）九月后，此时正值洪秀全率太平军兵分三路南下进攻浙江之际，吴熙载身处泰州。在这四处战乱的年代，吴云极力推荐吴熙载的举动一方面说明在吴云心中吴熙载的书画篆刻造诣"实足驾邓石如上之"①，确实有"出蓝之誉"，另一方面也说明了吴云对吴熙载坚守艺道的尊重。

3.吴云对邓石如书艺的矛盾评价

翻阅史料可知，吴云对于邓石如书法的评价是混乱的。

吴云有对其书法推崇的言论，如《题邓完白山人篆书卷》记：

> 至山人此卷之超妙入神，包氏（包世臣）赞美已尽，无庸再赞。②

《致李香严廉访鸿裔》记：

> 傅青主、邓石如或精行草，或善篆隶，皆能业久功深，自张一帜。③

《吴云致钱警石先生泰吉》④信中，吴云见邓石如书法心生欢喜，有意求购：

> 完白山人字迹，任处尚有存者，无烦另购也。

吴云也有对邓石如书法看衰的言论，如：

> 此卷落笔颇有秀逸之气，然造诣尚未到家，尚有率笔。⑤
> 此卷乃四十岁时，所作工夫似未到家。⑥

《吴云致俞荫甫太史樾》记：

> 完白山人篆书《弟子职》八帧附奉清赏。又另刻四帧，冯林一谓笔意散漫，不及《弟子职》结构谨严；而邓守之见之，则垂涕泣而求，以墨本不得收藏为大憾。法眼观之，究如何也？⑦

---

① （清）吴云著，马玉梅校注《两罍轩尺牍校注》，上海古籍出版社2020年版，第135页。
② （清）吴云《两罍轩碑碣题跋稿本·题邓完白山人篆书卷》，《吴云金石学丛稿》第六册，浙江古籍出版社2023年版，第1602页。
③ （清）吴云著，马玉梅校注《两罍轩尺牍校注》，上海古籍出版社2020年版，第436页。
④ （清）吴云著，马玉梅校注《两罍轩尺牍校注》，上海古籍出版社2020年版，第52页。
⑤ 苏州市档案馆编，沈慧瑛主编《吴云信札》，中华书局2019年版，第159页。
⑥ 苏州市档案馆编，沈慧瑛主编《吴云信札》，中华书局2019年版，第262页。
⑦ （清）吴云著，马玉梅校注《两罍轩尺牍校注》，上海古籍出版社2020年版，第265页。

吴云对于邓石如书法既有"超妙入神""自张一帜"的肯定，也有"造诣工夫""未到家"的质疑。同样，篆书家莫友芝也对邓石如的书法颇有微词："皖人多耳食重邓完白书，至于一字一金，亦宋玉东邻之美耳，鄙意则谓惜抱过之矣。"①

据清人王尔度《古梅阁仿完白山人印剩序》记载，邓石如中年后不常作印："邓中年以篆、隶、真、行驰名海内，无暇为人镌刻。"②故而世人能常能见书作，却不常见印品。纵使邓石如在清末印坛有开宗立派之势，久而久之，印名会有被书名所掩之嫌。碍于清末时期信息传播不发达，邓石如去世后，到吴云这一代时，还有多少方邓石如篆刻原石存世？吴云是否见过邓石如原石的面貌？吴云是否亲自翻看过邓石如的印谱？据现有资料来看，我们均不得而知。如果吴云没有见过，邓石如再响亮的印名在吴云看来恐怕也只是"徒有虚名"罢了。而对于邓石如的书法，按上述史料记载来看，吴云倒是有机会常观常品。

书论中有许多关于"书如其人"的论句，例如刘熙载在《艺概》中云："书者，如也，如其学、如其才、如其志，总之曰如其人而已。"③同样，印论中也有"印如其人""人如其印"的说辞。邓石如作为清末较为全面且成熟的艺术家，他的书法和篆刻作品所表达的审美趋向大体上是一致的。所以，吴云对邓石如印风的判断有可能是从其对邓石如书法的矛盾认识而间接产生的。

三、从《吴云致吴昌硕信札》看"印从书出论"的传播

光绪六年庚辰（1880）二月，三十六岁的吴昌硕被吴云招至苏州幕中。吴昌硕在吴云幕府期间，吴云不仅"假馆授餐"，还常出所藏古器、古印示之。久之，吴昌硕潜移默化地受了金石气息熏陶，篆刻字法取法逐渐高古，章法布局逐渐得心应手，"每奏一刀，若有神会"④。吴昌硕自谓"于摹印作篆稍有进境，封翁（吴云）之惠居多矣"⑤。

《吴云致吴昌硕信札》一册，纸本墨迹，共廿七纸，浙江省博物馆藏。信札曾于2018年8月16日至10月7日在浙博策划的"吴昌硕与他的'朋友圈'"展览中展出。这一册信札主要记述吴云向吴昌硕请刻印章的事宜，虽然所属印章多是吴云自用印，但吴云对印文的内容、篆字的出处、印章的风格，甚至是朱文、白文的搭配等都有非常细致的要求。在其中几通信札中，吴云恐治印要求未能详细说明，于是在信札四周留白处盖有印蜕。有一些是他人为吴云所刻印章，吴云不满意，提出具体的修改意见，请吴昌硕重新刻制。有一些是吴熙载、吴大澂、张玉斧等人所刻印章，吴云钤盖在信札上，供吴昌硕临摹学习。

例如有一通信札记上方空白处是吴熙载所刻白文"金石寿世之居"、朱文"两罍轩"印蜕，左侧有白文"吴云私印"、朱文"平斋"印蜕，吴云在右侧写道："此二印让之刻于田黄石，当日极为经意。"

---

① （清）莫友芝著，张剑整理《莫友芝日记》，凤凰出版社2014年版，第68—69页。

② （清）王尔度《古梅阁仿完白山人印剩序》，《江苏篆刻史》，江苏人民出版社2020年版，第169页。

③ （清）刘熙载《艺概·书概》，《历代书法论文选》，上海书画出版社1979年版。

④ （清）吴昌硕《缶庐印存》自序，《历代印学论文选》，西泠印社1999年版，第625—626页。

⑤ 沙匡世《吴昌硕石交集校补》，上海书画出版社1992年版，第41页。

借吴云之手，吴昌硕能有机会直观感受到吴熙载的篆刻作品。

其中一通信札详细记载：

> 此印让之乱前致刻，庚申失去，复购得之。边已残损，幸未为伦父磨去，边镌"历劫不磨"四字即让老手笔也。（"归安吴氏二百兰亭斋考藏吉金之印"）乞仿刻于青田石上（此石乃明时青田，已不多得）。又小印刻"退楼手拓"四字（朱文），以宋元工整一派为宜。香补兄足下，退楼顿首。
>
> 此二印让之刻于田黄石，当日极为经意。

吴熙载曾为吴云刻"归安吴氏二百兰亭斋考藏吉金之印"一印，因战乱失而复得。印章边款有磕碰磨损，吴云直接让吴昌硕依吴熙载原印制式仿刻于新的青田石上。

另有一通记载：

> 昨刻二印，妙极妙极，想见学力之益进也。兹奉上白寿山石三方（长方者照后日送上），其方者一刻"归安吴氏藏器"，一刻"退楼手拓"，又青田一方刻"退楼书画"。此逞香补师老爷，退楼顿首。

此通信札虽未提及吴熙载，但在信札左上角盖有吴熙载所刻"退楼"朱文印。印蜕边有批语："此印乃让之刻，章法殊妙。"可能是此通信札索刻印章中两方有"退楼"二字的缘故，吴云随信把自己最满意的一方"退楼"印钤盖出来，以供吴昌硕篆刻时参考。

还有一通记：

> 奉上青田小印石二方，望仿照前日所刻（钟鼎文）"师酉二敦之斋"，书画册上用也。又一方刻"退楼鉴赏"四字（应否起边，望酌之），此请刻佳石耳。退楼顿首。吴香补师爷，十七。

此通信札亦是同理，在信中提到属刻"退楼鉴赏"一印，吴云便在空白处钤盖吴熙载所刻"平斋鉴赏"一印。"平斋鉴赏"印连盖两遍，一遍印泥蘸取较少，一遍印泥蘸取较多。恐是吴云怕钤盖不周，吴昌硕不能领略吴熙载篆刻的精神流露处。篆刻之事，方寸之间。精彩的篆刻作品，不能削去一毫，也不能增加一分，失之毫厘，谬以千里。此处也能看出吴云对吴昌硕成长的细心呵护，倘若不盖第二遍，也未尝不可。

自此之后，吴昌硕逐渐对吴熙载的篆刻关心，并称"学完白不若取径于让翁"。吴熙载篆刻多于"秦汉印玺"处用功，"刀法圆转"而"无纤曼之习"，故"气象骏迈，质而不滞"，将邓派"印从书出论"推向一个高峰。可以说，吴昌硕日后延续此理念与吴云此刻的点拨密切相关。

四、吴昌硕在"印从书出论"观照下的篆刻实践

（一）续拟吴熙载笔意印风

吴昌硕离开吴云幕府后，在苏州短暂生活了几年，于光绪十三年（1887）定居上海。在此之后的岁月中，吴昌硕坚持对吴熙载印风的仿刻，并数次在边款中提到吴熙载对自己篆刻风貌的影响。如其在"吴俊卿"边款中云："此刻有心得处，惜不能起仪征让老观之。苦铁记。""俊卿大利"边款云："此刻流走自然，略似仪征让翁。甲午十月，记于榆关军次。缶。"

吴昌硕在"安得百家金石聚鸿编炟赫中兴年"边款（图9）中云："静公耆金石、精鉴别，清秘之富。足与两罍轩、城曲草堂抗衡。昨涉静园，得读秦汉碑拓十余种，皆元明毡蜡，其精严于此可见。属刻蝯叟句，为拟吾家让翁。丁酉元宵，昌硕吴俊卿。"此印为徐士恺藏印，徐士恺（1844—1903）字子静，安徽石埭人（今石台）。官至浙江候补道，晚寓居吴下。存世有《观自得斋印集》《观自得斋徐氏所藏印存》《观自得斋丛书》等，辑有《二金蝶堂印谱》。两罍轩为吴云斋馆名，城曲草堂为沈秉成斋馆名，蝯叟是何绍基的号。丁酉即光绪二十三年（1897），是年吴昌硕53岁。吴昌硕在此边款中还原了吴门金石文化交流的盛况，以何绍基句刻与徐士恺。同时念及好友间的情谊，有意仿吴熙载劈削刀法刻就，故而显得尤为轻松自如。

吴昌硕在"千寻竹斋"边款（图10）中云："仿让之。缶老。"千寻竹斋为朝鲜人闵泳翊雅号，闵泳翊（1860—1914），字子相、遇鸿，号芸楣、竹楣、园丁、千寻竹斋等。朝鲜王朝后期外戚权臣，闵妃集团的代表人物，同时也是一名书画家。闵泳翊爱好风雅，每逢空闲之时，常邀书画名家来住所"千寻竹斋"赴会吟诗。闵泳翊与吴昌硕交情甚笃，吴昌硕一生为其篆刻名章百余方，仅"千寻竹斋"斋馆章就有三四十方，且印章风格多变，或拟金文，或拟瓦当。在这一方仿吴熙载印风的"千寻竹斋"中，吴昌硕不是像在吴云幕府中刻"陶堂"一般实仿吴熙载，虽然在字法上还有借鉴之处，但在线条质感上有了较大改观，古朴雄浑的个人印风初见端倪。

图9　吴昌硕"安得百家金石聚鸿　　图10　吴昌硕"千寻竹斋"边款
编炟赫中兴年"边款

（二）对邓派、歙派印风的追本溯源

吴昌硕在仿刻邓派传人吴熙载的同时，对邓派的发展脉络有着清晰的认识，上追邓石如、程

邃，融邓、程笔意入印。

吴昌硕刻“徐麃”边款云：“拟完白山人法。老缶。”“济清氏”边款云：“拟汉碑篆额。惜不能起完白山人观之。甲午十二月，昌硕吴俊。泗亭又号济清，嗜古精鉴别，刻此用充文房。苦铁又记。”邓石如与吴熙载虽属“印从书出”一脉，但印风不同，吴熙载印风轻盈飞动，邓石如印风雄浑古质，吴昌硕在这不同印风之间转换自如，游刃有余，仿刻一家能似一家。

程邃（1605—1691），字穆倩，一字朽民，号垢道人、垢区、青溪朽民、野全道者、江东布衣等，安徽歙县人。早年从黄道周、杨廷麟游，又曾与朱简、万寿祺同师陈继儒。他一生长于金石考证，博学，工诗文书画，尤善以枯笔画山水，极尽苍凉之色，别具神韵，名重一时。他曾客居南京十载，明亡后侨寓扬州四十余年。程邃篆刻风格淳古苍雅，章法严谨，笔意奇古。每作一印必求精到，稍不如意，则磨去重作。魏锡曾《论印诗》有论程邃一首云：“蔑古陋相斯（李斯），探索仓（仓颉）沮（沮诵）文。文何变色起，北宗张一军。”自注：“文、何南宗，穆倩北宗。黄小松（易）印款中语。”[①]

明代董其昌提出画分二宗，清代阮元提出书分南北两派，在明清篆刻流派中亦有南北宗之别。按地理位置划分，南宗是指活动在浙江杭州一带的印人团体，主要是指“西泠八家”，后称“浙宗”；北宗是指活动在安徽、江苏一带的印人团体，后称“徽宗”。徽宗的脉络构成较为复杂，黄惇先生在《中国历代印风系列：清代徽宗印风》中，较系统地厘清了徽宗印风的派系脉络，该书将清代徽宗分为这样的一种体系：

（1）“徽派”：程邃、石涛一路。（2）“四凤八怪派”：高凤翰、沈凤、汪士慎、金农、高翔、潘西凤一路。（3）汪肇龙、巴慰祖、胡唐一路的徽派印人。（4）邓石如、吴让之、徐三庚一路的“邓派”。

以上这四条分支共同构成了体系庞大的清代徽宗。

吴昌硕在践行“印从书出论”的同时，也在梳理徽派的发展脉络。程邃的篆刻对扬州一带印坛影响较大，石涛、“四凤八怪”、“歙四家”、邓石如等人篆刻朴拙厚重的气息都受他的感染。因此，后世把程邃称为“徽派”之开山。[②]吴昌硕拟程邃笔意刻有朱文印“晏庐”。

（三）“石鼓文”入印的篆刻探索

“印从书出论”的核心是以篆刻家自家篆书风貌入印。吴昌硕在篆刻上取得的成就离不开他在篆书上的突破。吴昌硕曾言：“书画篆刻，供一炉冶。”“书画之精妙者，得佳印益生色。”

吴昌硕篆书远取李阳冰，近涉邓石如、吴让之、杨沂孙等人，中年以后从秦权量、秦刻石、秦玺、汉印、封泥、砖瓦文中汲取营养，四十三岁得潘瘦羊赠石鼓文拓本，便转以《石鼓文》为重点师法对象，从此终日挥毫临习，心摹手追，自谓临书“一日有一日之境界”。吴昌硕所书《石鼓文》较之原石鼓字形更为瘦长，常常呈现左低右高的态势，无论是条幅还是对联作品，金石气息扑面而来。明末清初的篆刻家普遍不重视篆书的练习，随着清中期碑学的兴起，金石篆刻一门蓬勃发展，篆书与篆刻之间的关系越来越紧密。一位成功的篆刻家必然是一位优秀的篆书家，反之一位优

① 沙孟海《印学史》，西泠印社1999年版，第120页。

② 黄惇《篆刻教程》，西南师范大学出版社2005年版，第65页。

秀的篆刻家未必能在篆刻上有所成就。

关于学习《石鼓文》，吴昌硕有诗云："曾读百汉碑，曾抱十石鼓 。"吴昌硕篆书苍茫劲挺、古拙恣肆的线质正是得益于在秦砖汉瓦之间的日夜浸泡。不同于普通的篆书家，吴昌硕在篆书风格上有着自己独特的追求，吴昌硕在《论印》诗中表达了自己的艺术追求：

> 赝古之病不可药，纷纷陈邓追遗从。
> 摩挲朝夕若有得，陈邓外古仍无功。
> 天下几人学秦汉，但索形似成疲癃。
> 我性疏阔类野鹤，不受束缚雕镌中。

吴昌硕将自己对篆书独到的体悟融入篆刻当中，逐渐形成古朴浑厚、天真烂漫的写意印风。

结　语

邓石如所提出的"印从书出论"，突破了以往"印宗秦汉"所限定的单一审美框架。在篆刻艺术的发展历程中，"印从书出论"始终保持着其独特的魅力，并且充满活力，与"印外求印"理念共同推动了晚清时期篆刻流派的发展，使其成为篆刻史上的又一高峰。吴熙载与吴昌硕作为"印从书出论"的实践者，他们在篆刻上取得的成就，成为后人孜孜不倦追赶的目标。近现代以来，受二人影响的篆刻家有许多，例如王个簃、沙孟海、朱复戡、诸乐三等人，这些篆刻家都在"印从书出"的道路上乐此不疲地前进着。

（作者系南京艺术学院美术与书法学院书法系博士研究生）

柯九思用印考析

——兼论元代文人印风的渊源与流变

郑道骏

摘要： 柯九思在元代文人中较为突出，是元代文人中的关键人物。本文对历代书画作品中的柯九思印迹进行钩沉，共搜得其用印41方，其中见于现有出版图录的为30方，新发现11方。结合印章内容与钤盖情况，分析柯氏的用印习惯和个中展现的文人意趣，并结合风格来源和入印文字两条线索，对柯九思用印印迹进行分类分析，探讨柯九思用印在元代文人印章中的代表性，借此揭示元代文人印风的演变逻辑和篆学内涵。

关键词： 柯九思　元代　文人用印

元代是中国篆刻艺术史上的重要时期，文人对印章艺术兴趣浓厚，开始参与印章制作，并在书画上大量使用，其印迹得以传世至今。可惜，文献有记载的能够自篆自刻的文人仍是少数，文人们参与印章制作的途径是篆写印稿。故而，篆印和用印是元代文人在印章制作和使用阶段涉猎印章艺术的主要表现，能够直接反映文人的印章审美与篆学修养。可以说，元代的文人印章既传承发展自宋代文人印章的风格，又根植于当时的古物鉴赏和识篆、写篆之风。学界一般认为，元代的文人印章在赵孟頫和吾丘衍的倡导与影响下，呈现出元朱文与仿汉白文两大格局，在元代中期基本成型。而关于这两种印风在成型的前后如何演变，笔者认为仍有许多可以讨论的空间。

柯九思（1290—1343），字敬仲，号丹丘生、缊真斋、任斋、云容阁、五云阁吏、非幻道者等，台州仙居人，官至奎章阁鉴书博士，是元代中期杰出的文人书画家。他在书画作品上留下大量印章，数量上居元代书画家前列，质量上呈现出较高的多元性和艺术性，是元代中期文人用印的关键人物。历来对柯九思的研究，多围绕诗、书、画三艺以及他的鉴藏活动展开，较少涉及印章，这与他的用印所呈现出来的高水准不甚匹配。所以，从历代书画作品中搜集柯九思的用印印迹，对其用印习惯和风格特征进行深度考察，不仅能够重新认识柯九思的用印在元代印学中的角色，更有助于探究元代文人印风的演变逻辑和篆学内涵，对元代的印学研究作出一些有益的补充。

一、柯九思用印印迹的存世情况

（一）柯九思所用印章

柯九思身兼书画家与鉴藏家两种身份，他的印章不仅钤盖于本人所作的书画、题跋之上，也有部分钤盖于过眼鉴藏过的书画名迹之上。鉴于历代刻帖中的印迹存在不同程度摹刻失真的现象，且未有新见的柯九思印章，故本文的讨论范围只集中于墨迹上的柯氏用印。关于柯九思书画用印的搜集，台北"故宫博物院"编《晋唐以来书画家鉴藏家款印谱》（1964年）收录24方，上海博物馆编《中国书画家印鉴款识》（1987年）收录18方，黄惇编《元代印风》（2011年）收录24方，互有补益，然未能尽善。笔者综合上述图录，结合历代书画作品上所见柯九思的用印，共搜得柯氏用印的存世印迹共计41方。上述图录中所收录的柯九思用印印迹中，含有印文相同但细节不同的印作，其中可能存在伪作，故笔者经过筛选后，选择较为可靠、清晰、完整者列于下表，并注明图版来源，计有30方。

表1　相关出版图录所见柯九思用印表

"臣九思"朱文方印，采自《曹娥诔辞》墨迹，辽宁省博物馆藏	"训忠之家"朱文方印，采自《曹娥诔辞》墨迹，辽宁省博物馆藏	"审定真迹"朱文方印，采自王献之《鸭头丸帖》，上海博物馆藏	"临池清赏"朱文方印，采自《元代印风》，重庆出版社
"丹丘柯九思章"朱文方印，采自陆继善《双钩兰亭序》，台北"故宫博物院"藏	"敬仲书印"朱文方印，采自陆继善《双钩兰亭序》，台北"故宫博物院"藏	"柯氏清玩"朱文长方印，采自扬无咎《四梅图》，故宫博物院藏	"书画印"朱文长方印，采自柯九思《墨竹图》，苏州博物馆藏

（续表）

"柯氏秘笈"朱文方印，采自李成《寒林平野图轴》，台北"故宫博物院"藏	"锡训"葫芦印，采自钱选《牡丹图》，台北"故宫博物院"藏	"柯氏敬仲"朱文方印，采自赵孟頫《饮马图》，辽宁省博物馆藏	"柯九思敬仲印"朱文方印，采自柯九思《墨竹图》，苏州博物馆藏

"任斋"朱文长方印，采自柯九思《跋虞集诛蚊赋残片》，故宫博物院藏	"缊真斋"朱文长方印，采自扬无咎《四梅图》，故宫博物院藏	"玉堂柯氏九思私印"葫芦印，采自米芾《春山瑞松轴》，台北"故宫博物院"藏	"非幻道者"朱文方印，采自柯九思《墨竹图》，上海博物馆藏
"柯"朱文方印，采自扬无咎《四梅图》，故宫博物院藏	"柯九思"（墨印）朱文方印，采自柯九思《晚香高节图》，台北"故宫博物院"藏	"柯氏出姬姓吴仲雍四世曰柯相之裔孙"朱文方印，采自柯九思《跋虞集诛蚊赋残片》，故宫博物院藏	"惟庚寅吾以降"朱文方印，采自柯九思《跋虞集诛蚊赋残片》，故宫博物院藏

（续表）

"敬仲诗印"朱文长方印，采自钱选《牡丹图》，台北"故宫博物院"藏	"敬仲画印"朱文长方印，采自柯九思《晚香高节图》，台北"故宫博物院"藏	"缊真之斋图书之府吾存其中游戏今古松窗聚几万钟为轻聊寓意于物适有涯之生"朱文长方印，采自柯九思《晚香高节图》，台北"故宫博物院"藏	"奎章阁鉴书博士"白文方印，采自陆继善《双钩兰亭序》，台北"故宫博物院"藏
"云容"白文方印，采自扬无咎《四梅图》，故宫博物院藏	"臣九思"白文方印，采自柯九思《乐府颂词三首》，故宫博物院藏	"柯氏私印"白文方印，采自扬无咎《四梅图》，故宫博物院藏	"柯九思印"白文方印，采自《曹娥诔辞》墨迹，辽宁省博物馆藏
"锡训堂章"白文方印，采自柯九思《清闷阁墨竹图》，故宫博物院藏	"训忠之家"白文方印，采自陆继善《双钩兰亭序》，台北"故宫博物院"藏		

此外，据笔者在历代书画作品上所见，仍有以下11方未被收录于上述图录，增补于下。

表2 历代书画新见柯九思用印表

"缊真"连珠印，采自扬无咎《四梅图》，故宫博物院藏	"丹丘生"白文方印，采自《曹娥诔辞》墨迹，辽宁省博物馆藏	"丹丘生"白文方印，采自《唐刻宋拓晋唐小楷八种》，纽约大都会艺术博物馆藏	"柯九思鉴定真迹"朱文方印，采自《宋拓定武兰亭序》（独孤本），东京国立博物馆藏
"柯氏真赏"朱文方印，采自《曹娥诔辞》墨迹，辽宁省博物馆藏	"任斋"朱文方印，采自《曹娥诔辞》墨迹，辽宁省博物馆藏	"敬仲画印"朱文长方印，采自柯九思《清閟阁墨竹图》，故宫博物院藏	"安雅堂"朱文方印，采自赵孟頫《饮马图》，辽宁省博物馆藏
"柯"圆印，采自赵孟頫《楷书临黄庭经卷》，故宫博物院藏	"柯氏鉴定真迹"，采自赵孟頫《楷书临黄庭经卷》，故宫博物院藏	"柯九思"（墨印）朱文方印，采自《曹娥诔辞》墨迹，辽宁省博物馆藏	

以下就新增补的柯九思用印印迹做几点说明：

（1）"缊真"连珠印见于扬无咎《四梅图》、赵孟頫《秋郊饮马图》、颜真卿《自书告身帖》，作鉴藏印用，且均钤盖于骑缝处，未被前人留意。

（2）"丹丘生""柯氏真赏""任斋"三印钤盖于《曹娥诔辞》墨迹后元人题跋的骑缝处，惜后人重装时略有裁去，但基本的字法、章法仍能得见。

（3）另一"丹丘生"白文方印章法基本与上一印相同，但许多细节处有区别，如"生"字笔画的长短关系、"丘"字中部的粘合都不相同，应为两印。

（4）"敬仲画印"，字法与另一常见的同内容印相异，钤于《清閟阁墨竹图》左上角，此作四角均有柯九思印迹，另三印为"奎章阁鉴书博士""训忠之家""锡训堂章"，应可靠。

（5）"安雅堂"一印见于赵孟頫《饮马图》后题跋，与"柯氏敬仲""训忠之家"同钤，艺术水准较高，应为真印。

（6）"柯""柯氏鉴定真迹"二印钤于赵孟頫《楷书临黄庭经卷》，前者钤于题跋引首处，后者钤于赵孟頫书卷左上角，两印气息与柯氏其他印迹有所差异。

（二）印章内容与用印习惯

据上文统计，柯九思存世印迹有41方，印章数量之多，在元代书画家中稳居第一。从时间上看，柯九思现存可考的用印最早始于泰定初年的《曹娥诔辞》，最晚终于至正三年（1343）的《仿文与可竹枝图》，贯穿了柯九思艺文生涯的中晚期，也是最重要的十余年。其中如"柯氏敬仲""缊真斋""锡训""奎章阁鉴书博士""丹丘柯九思章""训忠之家"等印，用印次数多，时间跨度长，是为其常用印。印章类别涵盖了姓名表字印、鉴藏印、闲章等多种类型，形制包括连珠印、葫芦印等较为稀见的印章，字数上少则一二字，多则至十六字、三十四字，在元代的文人印章中十分突出。柯九思身兼鉴藏家与书画家的身份，故以下分鉴藏用印和题款用印述之。

1. 鉴藏用印："墨以识书画之神品"

鉴藏用印方面，柯九思有"柯氏真赏""柯氏秘笈""审定真迹""柯九思鉴定真迹"等鉴藏印，数量不少，但他的书画用印与鉴藏用印没有明显的区分。如"柯氏敬仲"朱文印，常用于款识之后，但在《四梅图》中连用五次充当骑缝印；"玉堂柯氏九思私印"葫芦印，两次都钤于米芾画作之上；"缊真"连珠印多用于他人的书画作品之上；而《曹娥诔辞》上的十方印章，包括姓名表字印、斋馆印等，都供鉴藏之用。这种现象在元代的文人用印中并非孤例，张晏、乔篑成等人皆有此举，可见元代鉴藏印的功能尚未完全从其他印章中独立出来，许多情况下姓名表字印、斋馆印也充当鉴藏印使用。

柯九思在进行鉴藏活动时，没有特殊的用印习惯，但有一个现象值得留意，就是对于墨印的使用。"墨印"指以墨色为印色的印迹，用于书画始自唐代，桑世昌《兰亭考》卷三"萧翼赚兰亭图"条目中载：

> 右图写人物一轴，凡五辈，唐右丞相阎立本笔……上有三印，其一内合同印，其一大章，漫灭难辨，皆印以朱；其一"集贤院图书印"，印以墨。朱久则渝，以故唐人间以墨印，如"王涯小章""李德裕赞皇印"，皆印以墨。①

"朱久则渝"说明墨印较之朱印更加稳定，不易变色，故而书画家在作品中使用墨印有着实用角度上的合理性。但除此之外，墨印的使用在元代鉴藏家中有着独特的含义，史料中零散存在两则记载可资参证：

> 乔氏（乔篑成）所藏书画以印色定其高下，此帖有仲山甫自题，尤足重也。后五十有五年，临川危素书。②
> 柯敬仲以小"柯九思"阳文，墨以识书画之神品者，盖袭窦蒙也。③

---

① （宋）桑世昌《兰亭考》卷三，《中国书画全书》第3册，上海书画出版社1992年版，第157页。
② （元）危素《跋王羲之干呕帖》，《六研斋笔记》卷二，《四库全书》本。
③ 李修生《全元文》第48册，凤凰出版社2004年版，第61页。

第一则资料见于危素跋王羲之《干呕帖》，墨迹今不传，《石渠宝笈》中载此作上有"乔氏箦成"墨印，可知跋中的印色是指墨色。乔箦成、柯九思是元代前中期鉴藏家的代表，两人也有所交集，如《曹娥诔辞》《宋拓定武兰亭序》等就是柯氏从乔箦成手中获得的。从以上资料来看，他们在鉴藏活动中的用印趣味也一脉相承，即在他们认为价值较高的古书画上钤盖墨印。笔者梳理历代书画和著录中"柯九思"墨印的钤盖情况如下。

表3　历代书画和著录所见"柯九思"墨印统计表

所见作品	收藏单位/文献出处	图例
柯九思《晚香高节图》	台北"故宫博物院"	
《曹娥诔辞》	辽宁省博物馆	
李成《寒林平野图轴》	台北"故宫博物院"	
柳公权《兰亭诗》	故宫博物院	
赵遹《泸南平夷图》	纳尔逊–阿特金斯艺术博物馆	
苏轼《天际乌云帖》	翁方纲藏本珂罗版	
苏轼《凤尾竹图》	《虚斋名画录》续录卷一	
徐浩《宝林寺诗》	《书画题跋记》卷三	
《定武兰亭（五字损本）》	《墨缘汇观录》卷二	
夏珪《晴江归棹图》	《梦圆书画录》卷四	
苏轼《石恪画维摩赞、鱼枕冠颂》	《石渠宝笈初编》卷五	

比较以上图例可以看出，几乎任意一个印迹都有所差别，反映了"柯九思"墨印情况之复杂。其中，《晚香高节图》乃柯九思较为重视的画作，《曹娥诔辞》是其最重要的藏品，其上所钤二印可信度较高，其他印迹的真伪情况则难以判断，姑列于此，以俟识者。

2. 题款用印：款印相配，连用数印

柯九思几乎所有的斋号，都刻制有对应的印章，且他会根据不同款识挑选使用不同的印章，十分考究。如《跋陆浚之皇极赋》款云"丹丘柯九思书于锡训轩"，即钤"锡训"葫芦印；上海博物馆藏《墨竹图》款云"非幻道者丹丘柯九思敬仲画诗书"，即钤"非幻道者"朱文印，并在题画诗后钤"敬仲诗印"；《跋扬无咎四梅图》款云"丹丘柯九思书于云容阁"，则钤"云容"白文印。"非幻道者"与"云容"两印使用频率不高，所以这种搭配应是柯九思有意为之，体现了其用印的文人意趣，这种现象在元代的文人用印中较为特殊。

他还有供不同场合下使用的不同印章。在任职奎章阁期间，款识中署"奎章阁鉴书博士"，后即钤"奎章阁鉴书博士"印，甚至以此印作为引首章使用（如《上京宫词》《墨竹图》等），可见他对此官职的看重；当向皇帝进呈书画时，如《曹娥诔辞》《鸭头丸帖》两件作品[1]，即钤"臣九思"印以示恭敬。他在书法作品上钤"敬仲书印"、题画诗后钤"敬仲诗印"、绘画作品中钤"敬仲画印"，三方印各有专属的用武之地，可见"诗书画三绝"并非只是后人凭空的雅赞，而是他自己在艺术上的切实追求。柯九思通过内容与钤印时机的配合，将印章表明身份的功能发挥到了极致，充分抒发了他对自身身份和艺术创作的认同感。

柯九思喜在作品后连用数印。这一传统来自米芾，他在《褚摹兰亭》后连钤七方印以示珍重，这是出于鉴藏的目的；[2]赵孟頫亦有此举，于自己的书作《洛神赋》（天津博物馆藏）后连用七印。以上都还只是个例，柯九思把前人偶尔为之的尝试沿用下来，形成自己的用印特色。他在书作、题跋后连用数印的例子比比皆是，如今所能见到原迹的作品中，《乐府颂词三首》《跋陆浚之皇极赋》《跋钱选野芳拳石图》《跋赵孟頫秋郊饮马图》《跋赵孟頫饮马图》后连用三印，《墨竹图》《跋褚遂良临王献之飞鸟帖卷》《跋钱选牡丹卷》《跋李士行江乡秋晚卷》连用四印，《晚香高节图》《跋虞集诔蚊赋残片》《跋陆继善双钩兰亭序》《跋扬无咎四梅图》连用五印（图1）。

以上种种现象，反映了柯九思印章内容的丰富别致与其独特的用印习惯。他十分重视印章在鉴藏活动和题款创作中的作用，通过印章表达自己的身份地位与艺术品位，用印考究。从鉴藏用印的角度而言，他在历代书画名迹上的大量用印，既有宣示物权之意，又表明对藏品的足够珍视；从题款用印的角度而言，他在自己的书作、画作上连用数印，彰显了他的用印热情和全面的艺术修养。这些行为也从侧面说明他对自己的印章十分满意，书画作品在无意中成为印章展示的平台，其印章

---

[1] 天历二年（1329）四月十日，柯九思将所藏的《曹娥诔辞》进献元文宗，一年后，文宗以柯氏善鉴辨，赏赐回《曹娥诔辞》，一并赐回的内府藏品包括《鸭头丸帖》。

[2] 《宝晋书史》曰："余家最上品书画用姓名字印、审定真迹字印、神品字印、平生真赏印、米芾秘箧印、宝晋书印、米姓翰墨印、鉴定法书之印、米姓秘玩之印。玉印六枚：辛卯米芾、米芾之印、米芾氏印、米芾印、米芾元章印、米芾氏。以上六枚白字，有此印者皆绝品。玉印唯著于书帖，其他用米姓清玩之印者，皆次品也，无下品者。"可知米芾以印章区分藏品的等级。

图1-1 柯九思《晚香高节图》，台北"故宫博物院"藏　　图1-2 柯九思《跋赵孟頫饮马图》，辽宁省博物馆藏　　图1-3 柯九思《跋陆继善双钩兰亭序》，台北"故宫博物院"藏　　图1-4 柯九思《跋褚遂良临王献之飞鸟帖卷》，台北"故宫博物院"藏

审美观通过书画递藏在文人圈中得到传播。

二、柯九思用印印迹的风格分析

元代文人虽已参与印章制作，但自篆自刻的风气尚未形成，在史料没有明确记载以及个人印谱没有普及时，无法准确得知文人所用的印章是否为自篆或自刻。黄惇在《论元代文人印章发展的三个阶段》中称："他（柯九思）的印章，一种可能是自篆印章后交高级艺人完成，另一种可能则是文句选定之后从篆印到刊刻都出自内府的高级艺人。"①柯九思没有留下论印的诗句和文章，史料中也没有关于他自篆印稿、自刻印章的记载，但从其用印的存世印迹推测，其印章经由不同的人篆印或刊刻，艺术特征有别，但皆具备一定的水准，可惜刻工未有姓名传世。柯氏重视印章的作用，又官居奎章阁鉴书博士，具备元代中期最好的篆刻资源，他的用印印迹应能代表元代文人用印的风貌。再者，虽然无法明确得知其印章是否为自篆或自刻，但既已大量用于书画作品，则印章的艺术风格必定经过柯九思的挑选与认同，反映了他用印的审美倾向，这种倾向也是当时文人士大夫用印审美的最高代表。笔者所搜集到的柯九思用印41方印迹，几乎涵盖了元代文人用印的所有风格，在元代篆刻史上可谓意义重大。以下从风格分类的角度，对柯九思用印印迹的印风进行分析，并探讨其之于元代文人印风的意义。

（一）宋金旧法：鉴藏印形制的延续

鉴藏印是印章进入书画领域的最早形态。窦臮《述书赋》、张彦远《历代名画记》记载了自六朝至唐朝的印迹五十余方，涵盖了内府和私人的书画印章，大多数都是鉴藏用印。宋代的鉴藏印当

---

① 黄惇《论元代文人印章发展的三个阶段》，《中国历代印风系列·元代印风》，重庆出版社2011年版，第10页。

以宋徽宗、宋高宗两朝最具规模，在鉴藏用印的基础上还衍生出以钤印规律为主导的装裱形式。其中，宋徽宗所创立的"宣和装"最为典型，在装裱时前后钤盖七枚印章，后世称为"宣和七玺"。金章宗模仿"宣和装"的装裱方式，使用"明昌七玺"，全仿宣和式样。宋、金两朝内府的鉴藏印形制独特，如连珠印、肖像印、葫芦印等，几乎都是始创，为宋元时期的文人印风提供取法的素材。

元代鉴藏活动繁荣，宋、金两朝的鉴藏印成为书画鉴藏的重要依据，周密在《云烟过眼录》中云："右各有宣和御题及'宣和''大观'印、'睿思东阁'印。其后入金章宗，或剪去旧印，用'明昌御府''明昌中秘''明昌珍玩''明昌御览'大印。"[①]而在著录和书画题跋中，也常可见鲜于枢、乔篑成等人考察鉴藏印的论述。对前代鉴藏印的关注和考证，必定会投射到文人书画家的用印风格和形制中。

表4 柯九思用印印迹与前朝鉴藏印对比表

柯九思用印印迹	前朝鉴藏印

以柯九思用印印迹为例，笔者新发现的"缉真"连珠印，形制上取自宋代"宣和""政和""绍兴"连珠印，字法介于小篆和大篆之间，尤其是"糸"的写法，与上述三印有共通之处；"锡训"葫芦印的形制仿自贾似道"悦生"，只是代之以小篆入印；"玉堂柯九思私印"葫芦印则以九叠篆入印，这种方式在"明昌七玺"中的"秘府"葫芦印上已有先例，柯九思此印则将这种装饰性表现得更为突出。这种特殊形制的印章源自书画作品鉴藏印的使用风气，但这些古书画并非普通的印工所能涉猎，所以印章的设计过程应该贯穿了文人的意志。柯九思作为奎章阁鉴书博士，除了丰富的私家收藏之外，内府的收藏也在其过眼之列，宋、金两朝的收藏印应是其书画鉴赏的重点

---

① （元）周密《云烟过眼录》，《中国书画全书》第2册，上海书画出版社1993年版，第139页。

考察对象，如钤有柯九思"玉堂柯九思私印"葫芦印的《研山铭》，就汇集了宋徽宗、金章宗和贾似道三家的鉴藏印，这些鉴藏印除了作为作品真伪和递传的考证依据之外，自然会对他的用印趣味和风格产生直接影响，柯氏仿其形制，也在情理之中。基于此笔者推断，柯九思用印印迹中的连珠印、葫芦印应出自其亲篆。

前朝的鉴藏印是元代文人印风的来源之一，这些形制特殊的印章，多出现在对古书画颇为留心的鉴藏家的用印中，如郭天锡、鲜于枢、赵孟頫、柯九思等人，其中又以柯九思为最。这类印章虽然数量不多，但特点鲜明，是元代文人用印的一个组成部分。

（二）无迹为上：古文入"元朱"的大量实践

元初，元朱文印风在文人书画家间风靡，张绅《印文集考跋》有记：

> 国初制度未定，往往皆循宋、金旧法。至大、大德间，馆阁诸公名印，皆以赵子昂为法。所用诸印皆阳文，皆以小篆填郭，巧拙相称，其大小繁简，俨然自成本朝制度，不与汉、唐、金、宋相同。天历、至顺犹守此法，斯时天下文明士子，皆相仿效。[①]

如其所言，元初的朱文印多以小篆入印，参用古文字法的印例不多。柯九思的朱文印大体沿袭赵孟頫之法，以玉箸篆入印为主基调，但最突出的特点在于，许多印章参用了古文字法。

在柯九思的用印中，字法特殊且较为典型的当属"缊真之斋图书之府吾存其中游戏今古松窗棐几万钟为轻聊寓意于物适有涯之生"一印。此印或是元代印章中字数最多的，印章中有十四字参用古文字法，是柯氏印迹中古文元素最多的一印。另一方多字印"柯氏出姬姓吴仲雍四世曰柯相之裔孙"如出一辙，"姓""仲""雍""四""相""孙"等字使用古文字法。细节上，两个"柯"字的木字旁写法不同，第一个"木"采用饱满的弧线，是典型的小篆写法；第二个"木"则用短促的直线，是一般古文的写法，细微差别代表的是不同文字系统的书写表达。其他朱文印中也存在着古文字法的运用，"惟庚寅吾以降"中的"寅""降"，"柯九思敬仲印"中的"仲"，"柯九思"墨印，"柯氏敬仲""敬仲画印""敬仲诗印"中"敬"字，等等。细究这些印章的字法，多与当时所能见到的篆书范本有关，主要包括以下几处来源：

（1）钟鼎铭文。宋代金石学研究的余热在元代仍有所发挥，元代中期，文人对钟鼎彝器和金文著录兴趣浓厚。在柯九思的用印中，商周金文是除了小篆之外比例最高的入印文字，有的印文可以在钟鼎铭文中找到对应的字形。

---

① （元）张绅《印文集考跋》，《名迹录》卷七，清乾隆钞本。

表5　柯九思用印中的"钟鼎铭文入印"统计表

图例	印文	字法	来源	金文著录
	仲		仲酉父甗	《历代钟鼎彝器款识法帖》
	雍		盅和钟	《历代钟鼎彝器款识法帖》
	孙		杞公匜	《历代钟鼎彝器款识法帖》
	寅		伯庶父敦	《历代钟鼎彝器款识法帖》
	降		罷婴壶	《缀遗斋彝器款识考释》
	敬		齐侯钟	《历代钟鼎彝器款识法帖》
	其		宝和钟	《历代钟鼎彝器款识法帖》
	万		牧敦	《历代钟鼎彝器款识法帖》
	为		晋姜鼎	《历代钟鼎彝器款识法帖》
	有		寅簋	《历代钟鼎彝器款识法帖》

（2）秦系石刻文字。从宋代开始，《石鼓文》和《诅楚文》便是负有盛名的秦系石刻文字，得到书家的普遍重视，被纳入众多法帖的传拓之中，进而在元代继续发挥影响。以《石鼓文》为例，薛尚功《历代钟鼎彝器款识法帖》中有翻刻本，在元代流传颇广，吾丘衍即据此为《石鼓文》释音。柯九思的用印中，"柯九思敬仲印"印中的"仲"字，此处以"中"通假之，"中"字钟鼎文多作"？"，而《石鼓文》则形为"？"，点画平直，此印"中"的字法明显源自后者；"惟庚寅吾以降"印中"惟"字，合于《石鼓文》中"？"的字法；"缊真之斋图书之府吾存其中游戏今古松窗棐几万钟为轻聊寓意于物适有涯之生"印中第二个"之"字，字法特殊，在宋元字书中未曾出现，但合于《石鼓文》的"？"。而"柯氏出姬姓吴仲雍四世曰柯相之裔孙"一印中的"姓"字，将"女"旁与"生"旁左右互换位置，这种字法既不合于《说文》小篆，也不合于金文，只在《诅楚文》中出现过（图2）。《诅楚文》在元代被吴叡、泰不华等人取法，流行一时，而字法出

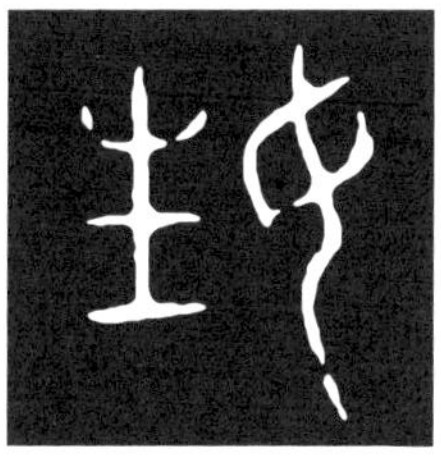

图2 《诅楚文》中的“姓”字字法，出自《汝帖》

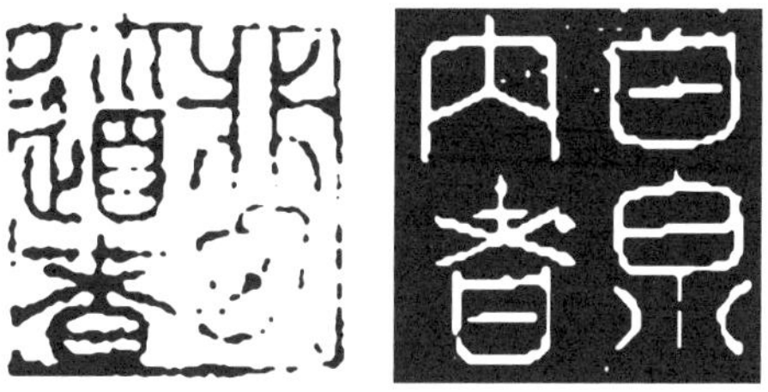

图3 “非幻道者”朱文方印与《历代钟鼎彝器款识法帖》中“甘泉内者灯”铭文

现在文人印章中，则十分少见。

（3）汉金文。宋代金石著录文献中收录有许多汉代的金石文字，柯九思的用印也偶有参用。如“非幻道者”一印，“者”字字法与《说文》小篆、商周金文皆不合，而与《历代钟鼎彝器款识法帖》中“甘泉内者灯”中“者”的字法（图3）相似，应出于此。

（4）其他传抄古文。除了上述几类用字来源之外，柯九思用印的印文中有些字法仅见于元代的字书，具体来源已不可考。“缊真之斋图书之府吾存其中游戏今古松窗棐几万钟为轻聊寓意于物适有涯之生”印中，“真”字字法与《说文》古文“”相似，但笔画作了减省，不知有无依凭；“意”“于”两字则与《六书统》中的古文字形相合，分别为“”“”。“敬仲诗印”的“敬”字也与此书中的“”字形相合。《六书统》成书于至大元年（1308），为后世保留了许多当时所能见到的传抄古文字形，是考察元代印章用字的重要文献。

吾丘衍在《三十五举》的第十二举中讲道：“以鼎篆、古文错杂为用时，无迹为上，但皆以小篆法写。”[①]其初衷虽是指导篆书书写，但用于解释元朱文的篆印法则，似乎也说得通。从以上对柯九思用印印迹的分析可以看出，柯九思用印的字法体现了当时的字学和篆学氛围，亦说明识篆、写篆与篆印关系之密切。篆印者在将古文在入印前明显经过选择提炼、增减笔画、调整变形等过程，进行印化处理，主要体现为：抛弃古文的悬针篆写法，采用玉箸篆的起收笔方式，点画匀称，符合赵孟頫元朱文的样式；调整点画弧度，使外轮廓饱满圆融，字形上符合小篆的外在形态，与印章中的小篆字法更加适配。这种印化处理体现了篆印者将古文字法融入元朱文的主观尝试，在此之前虽也有元朱文中使用古文字法的例子，但如此大规模地运用，仅在柯九思的用印中出现。

柯九思对金石学颇有研究，徐显称其“善鉴金石鼎彝之器”[②]，宋代的金文著录如薛尚功《历代钟鼎彝器款识法帖》《金石文》、王厚之《钟鼎款识》等，都曾是他的收藏。至正元年（1341），他跋薛尚功《历代钟鼎彝器款识法帖》云：“集金石录者多矣，尚功所编尤为精诣，况其墨迹乎！余旧于山阴钱德平家屡阅之，诚奇书也。”[③]所以他对钟鼎铭文亦有涉猎，具备相当的篆学功底，加之印文中古文字法的来源相对统一，故为柯九思亲篆的可能性较大。

古文入印的现象在宋代的文人印章中不乏先例，由于缺乏一个共同、标准的审美样式，所以面貌各异，且印化程度低，仍然不尽成熟。而柯九思用印中的古文入印，则是在赵孟頫元朱文的审美样式下进行的，印化程度较高，不仅保留了古文结体的灵活多变，也配合了小篆的圆曲流转，两相

① （元）吾丘衍《学古编》，《历代印学论文选》，西泠印社1999年版，第13页。

② （元）徐显《柯九思传》，《柯九思史料》，上海人民美术出版社1963年版，第2页。

③ 《宋人著录金文丛刊初编》，中华书局，2005年版，第315页。

结合，不露痕迹，可见篆印者对不同篆书元素的化用更趋自如，同时也说明元朱文印风发展到元代中期，已经呈现出更加丰富和更具内涵的变化，进入了新的阶段。

（三）印宗汉魏：白文印风格的拓展

自赵孟頫提倡“汉魏而下，典型质朴之意”，对汉印的模仿便成为元代文人印风的主旋律之一，但元人对汉印的学习亦经历了一个由浅入深的过程。元代初期，白文印面貌大体有两种，一是以篆书入白文，印章借用汉印形式，印文间有界格，但仿汉程度不高，许多白文直接以小篆或钟鼎文入印，起收笔和转折处偏圆。印章中书法的元素占据主导，印文之间缺少配合度，所以印化程度较低，虽然也各具趣味，但以汉印的标准来看，这些印章难称佳作。二是仿汉白文，以鲜于枢“系殷封周”、吾丘衍“吾衍私印”为代表，能较好地体现汉印的审美特质。这类印章数量较少，多为四字，仿作对象是常见的汉印。在这两类白文中，前者占据主流，可见元初虽有提倡学习汉魏印章的印学理论，但在实践上仍处于探索阶段。

柯九思用印中存世的白文印共有9方，风格面貌皆不相同，既体现了元初白文印风的延续，又在其基础上有所发展，足以代表元代中期白文印风的一隅。在这批印章中，“臣九思”白文方印

图4 “云容”白文方印与魏晋“印完”白文方印

是典型的以小篆入印，印文排布与相同内容的朱文方印几乎一致。“柯氏私印”“训忠之家”“任斋”“丹丘生”“云容”等印则是仿汉白文印风，这些白文面貌各异，不仅体现了对常见汉印风格的学习，还反映出对汉印取法范围的拓宽。“柯氏私印”一印取法“吾衍私印”，得汉印浑厚之气；“训忠之家”一印参用九叠篆的字法，整体风格上向满白文靠拢；“任斋”“丹丘生”两印为汉玉印风格，篆印者将小篆的圆转流美与玉印匀称的点画相

配合，相得益彰。最重要的是“云容”一印，此印另辟蹊径，将取法视野放在魏晋时期的白文印上，上部笔画紧密，下部体势舒展，收笔略尖呈悬针状，结体疏密有致（图4）。

上述诸印中，除了“臣九思”以小篆入印、“柯氏私印”是常见的汉印风格外，其他印章的风格都几乎未在元代文人印章中出现过。这说明当时印人对汉印艺术风格的了解已经有所深入，他们不满足于元初的白文印风，而将目光转向未被发掘取法过的其他汉魏印章；同时，文人书画家的选印审美也随之更加开放，这得益于古印收藏和集古印谱编纂的风气，柯九思就有编纂集古印谱的相关史料传世，元末的镏绩《霏雪录》中记：

> 柯博士九思在奎章阁，尝取秦汉以还杂印子，用越薄纸印其文，剪作片子，帖褙成帙，或图其样，如“寿亭侯印”、双钮回环之类，为二卷，余尝见之。①

从刘绩的记载可以看出，柯九思取秦汉以来的各种印章为谱，除了印蜕之外，还“图其

---

① （元）刘绩《霏雪录》，明弘治元年（1488）张文昭刻本。

样",绘有印钮。其来源想必既有私藏古印,也有奎章阁所藏的秦汉印章,汇集了公私收藏,故应内容充实,可资取法。除了柯九思外,杨遵、吴叡、陆友仁等人也曾编纂印谱,虽大多已经失传,但仍能反映出当时文人收藏古印的风气。正是这样的好古之风,给元代中期的文人印风注入了新鲜血液。

三、结语

通过以上分析,可以鲜明地感受到柯九思的用印在元代文人用印中的代表性和独特性,他的艺术活动主要集中于天历至至元年间(1328—1340),正是元代艺术发展的高峰期。在这个阶段内,文人印章经过宋代的萌芽期和元代初期的审美确立期,审美取向渐趋明朗,并且与当时识篆写篆、古物鉴赏的风气相互作用,继续向前发展。总体而言,他用印考究,印迹风格全面,集中代表了元代文人印风的风貌,在三种风格类型下,反映了元代文人印风的演变逻辑和篆学内涵。

其一,连珠印、葫芦印等印章延续前朝鉴藏印的形制和风格,反映了在宋元时期,印人的集古印谱尚未兴起,书画作品成为印章传播的主要载体。而前朝的鉴藏印除了作为考证作品的依据外,也成了文人印章的取材对象,其中依稀可以看到文人自篆的痕迹。

其二,在元朱文的篆写上参以古文字法,包括钟鼎铭文、秦系石刻文字、汉金文和其他传抄古文,字法来源广泛,既是对赵孟𫖯、吾丘衍印章审美观的继承和发展,又体现了对宋代金石学成果和篆书资源的灵活运用,其内涵更加充盈。自宋代开始,文人将所见、所喜的篆书用于印章的设计中,对文人印风的发展做了先行且有益的探索。但毕竟文人介入篆刻才刚刚起步,金石学也仅在同步发展,尚未能被充分运用到印章艺术中。进入元代以后,印章审美逐步确立,篆书和金石学的成果开始在印章中发挥作用,使元朱文的风格内涵更趋深化。

其三,作为金石学成果之一,集古印谱的流行拓宽了仿汉白文印风的取法范围,除了模仿学习常见的汉印风格之外,也对玉印、满白文有所涉猎,并且出现了对魏晋白文印的取法,这反映出元人对汉印的认识不断加深。

总的来说,在自篆自刻的风气尚未全面流行之前,文人的印章审美集中表现在用印与篆印两个环节,以柯九思为代表的元代文人用印,将这两个环节推进到了新的阶段,正体现了文人在进入印章自篆自刻时期之前所做的最后准备。

(作者系中国美术学院硕士研究生)

非徽派

——徽州篆刻的流派称谓探赜

董 建

摘要： 自明末以来，徽州一地篆刻兴盛，绵延了近五百年的历史，其间人物辈出，艺术风格迥异。清末及近代以来，关于徽州篆刻流派称谓如"徽派""皖派""歙派"等名词多了起来，难免存在不同的见解或乖误，造成一定的认知混乱。本文拟对"徽派""皖派"等名词称谓加以梳理、讨论，试图找到一个接近事实或调和的称谓。篆刻流派、称谓的基本理念和观点的不正确或不确定性，对"篆刻学"学科的建设、研究和发展，无疑是有害无益的。

关键词： 徽派 皖派 歙派 徽州篆刻

近人王光烈在《印学今义·派别》中指出："印，古无所谓派，以所学皆宗秦、汉也。后世印人蔚兴，就汉印中，各有独到，间或稍加己意，派别于是乎起。吾人生古人后，欲殚精印学，于秦、汉玺印，金、陶诸文外，自不能不精研各派，以为宏通之助。"[①]艺术有流派，这是客观事实。但对于流派的称谓、解释，尤其对徽州篆刻来说，学者见解多有不同，莫衷一是，究其原因，有沿袭旧说者，有独立思考的，独立思考者又因站位和角度差异而产生不同的说辞。

篆刻流派在明代末期出现。文彭等人开始大量使用叶腊石刻印，文人皆能操刀，并因此形成了文人篆刻流派。朱简在《印经》中称文彭为"三桥派"，称何震为"雪渔派"，苏宣为"泗水派"，都是根据上述篆刻家的名号来称呼的，因此我们可以知道最早的流派，是以个人来命名的。其他以个人姓名、字号称的，还有"文何派"（文彭、何震）、"林派"（皋）、"邓派"（石如）、"吴派"（昌硕）、"齐派"（白石）等。这是流派划分的方法之一，而以篆刻家的个人名号来划分，简单明了，流派风格也相对清晰、统一，不失为一种方法。

另一个流派划分方法，则是按地名、地域划分，如"娄东派"（汪关）、"如皋派"（亦称"东皋"，邵潜、黄经等）、"云间派"（王睿章、王玉如等）、"扬州派"（汪关、林皋、沈士和等）、"莆田派"或"闽派"（宋比玉）、"歙派"（程邃、巴慰祖、汪肇隆、胡唐）、"浙派"（丁敬等）、"黟山派""粤派"（黄士陵）、"京派"（齐白石）等。其实所谓地域，其领头人也只有一个或两三个，这种方法，对于大多数流派来说是可行的。比如"浙派"，虽然浙派切刀有滥觞于朱简说，但公认创始人是丁敬，丁敬之后绵延至今二百余年，虽然出现钱松篆刻别调，

---

① 黄惇《中国印论类编》，荣宝斋出版社2010年版，第541页。

但浙派风格相对清晰、明确。再如"京派",也称"齐派",创始人齐白石,其篆刻风格更是一目了然,凡学此风格者,皆可属于此派。但也有风格不尽相同的,比如"如皋派",起初为邵潜、黄经、许容、童昌龄几人,某些被拉进这个流派的,只是某种机缘之故,如曾居此地,而非风格本身,例如徽州的黄宗绎、程邃都在其中,而程邃又被目为"徽派"或"歙派"。其实道光间陶澍在《东皋印人传》序中已然说得明白:"国朝初,周栎园氏取同时工于摹印家排纂比次,人系以传,楚桥踵其名而为之者也。其所录不越雉皋,自黄济叔至范霍田十三人为上卷,皆雉产也。自邵潜夫至李瞻云十五人为下卷,则寓于雉者也。各综其生平崖略于前,而以所存遗刻摹勒于后,俾览者有以仿佛其笔法而如见其人。盖楚桥之留心斯事如此,宜其技有独精矣。国朝二百年来摹印名家者可以指数,而大半皆得之雉皋,岂非古法之所、流传同人之所,攻错亦如宋斤鲁削,固善于所聚也哉!"[1]由此知道,所谓"如皋派",非黄楚桥本意,而是后人强加上去的。如此,视"如皋派"为地方"团体"尚可,称艺术流派则欠思量。

吴门、金陵、徽州是晚明篆刻繁盛地区,代表了当时篆刻的最高水准。不过请注意,徽州主要是输出篆刻家的地域,而徽州篆刻家多活动在经济、文化发达的地区。韩天衡在《印篆里的中国》"明代五大印章流派"章节中,列举五大流派印人:文彭、何震、苏宣、朱简、汪关。我们可以发现,明代"五大"篆刻家,后四位都是徽州人!朱简在《印经》中提到当时一批篆刻家,徽州印人有十余人。笔者根据有关资料初步统计,从明代开始,经过清代、民国,徽州产生的有名有姓的篆刻家近三百人。为什么四面皆山、山田硗瘠、地窄人稠的徽州会出现这么多篆刻家?大约与穷则思变、被迫走出去谋生有关。徽州人注重科举教育,重视文化,对徽州艺术包括篆刻的形成和发展都息息相关。这其中,徽州官员、徽商都曾起到很大的作用,如汪道昆对何震的引荐、徽商对艺术家的襄助等。袁宏道在《新安江行记》一文中记载徽商在经商以外的艺术爱好时说:"徽人近益斌斌,算缗料筹者竞习为诗歌,不能者亦喜蓄图书及诸玩好……"[2]明末清初,徽州篆刻家无论在成就方面还是在人数上,都可称印坛半壁江山。周亮工感慨:"自何主臣继文国博起,而印章一道遂归黄山。久而黄山无印,非无印也,夫人而能印也;又久之,而黄山无主臣,非无主臣也,夫人而能为主臣也。"[3]早期的徽州篆刻家主要是职业印人,是靠篆刻技艺生存的,"明代后期也开始出现第一批有文化的挟'三寸铁'而游走天下的职业篆刻家,知名者不下百数,而何雪渔、苏宣、汪关、朱简即是个中的代表人物"[4]。徽州篆刻的特殊性,在于其存在近五百年的历史,这是其他地域所不具备的条件。徽州篆刻的形成、发展情况较为复杂,因此歧义也最多。而对其混乱的称谓,对篆刻的发展和研究,显然是不利的。因此笔者试图探讨和解释徽州篆刻称谓上存在的诸多问题。

我们先从相关工具书来看对徽州相关篆刻流派的解释。《中国美术辞典》"皖派"词条:"篆刻流派之一。明代何震开创。后继者有苏宣、梁袠、程朴等。专学秦汉,风格朴茂苍秀。另徽州籍汪关、程邃、巴慰祖、胡唐等人所摹的汉印,几可乱真,亦称'徽派',但艺术风格不一。邓石如以小篆及《三公山碑》《禅国山碑》的体势笔意入印,形成'邓派';邓为皖人,故也称'皖

---

① 1937年西泠印社宣纸铅印线装本。

② (明)袁宏道《袁中郎随笔》,作家出版社1995年版,第35页。

③ (清)周亮工《印人传书·程孟长印章前》,中国书店1984年版。

④ 韩天衡《印篆里的中国》序,中华书局2023年版,第3页。

派'；后继者有吴熙载、徐三庚等；所作讲究篆势，善于变化，运刀如笔，流利清新，艺术成就较高。"① 又，"徽派""邓派"都见"皖派"。迟一年出版的《书画篆刻实用辞典》释"皖派"："著名的篆刻流派之一。明代何震首创。何震与文彭交往甚深，有师友之谊。两人均主张篆刻以秦、汉印为宗，以六书为准则。何曾云：'六书不精义入神，而能驱刀如笔，吾不信也。'开创了师法汉印之风气。后继有苏宣、梁袠、程朴等。他们的篆刻讲究篆势，多用冲刀善于变化，运刀如笔。作品风格流畅自然，空灵纯正，刚健劲挺，化古为今，力矫印坛乖谬浅陋之时弊。其后还有朱简、程林、金光先以及程原、程朴父子，因均隶籍安徽，故人称'皖派'，或称'徽派'。参见'邓派'条。"② 从这两本出版相隔仅一年的辞典关于"皖派"以及"徽派"的解释，明显可以看出两者之间的相互关系，然而它们的逻辑是混乱的。但它又并不是空穴来风的，我们不妨追本溯源，看看"始作俑者"的说法。

关于"徽""皖"，与一段著名公案也有关系。同治二年（1863），魏锡曾拜会吴让之并钤其印稿，名《吴让之印存》，有吴让之《自序》，赵之谦《书扬州吴让之印稿》，魏锡曾作《跋》。赵之谦《书扬州吴让之印稿》云："摹印家两宗，曰'徽'，曰'浙'。浙宗自家次闲后，流为习尚，虽极丑恶，犹得众好；徽宗无新奇可喜状，学似易而实难，巴（子籍）、胡（城东）既殇，薪火不灭，赖有扬州吴让之……"（图1）请注意，在赵之谦题跋中提到的是"徽""浙"。

赵之谦"钜鹿魏氏"印长跋云："古印有笔尤有墨，今人但有刀与石。此意非我无能传，此理舍君谁可言。君知说法刻不可，我亦刻时心手左。未见字画先讥弹，责人岂料为已难。老辈风流忽衰歇，雕虫不为小技绝。渐（浙）、皖二宗可数人，丁、黄、邓、蒋、巴、胡、陈（曼生）。扬州尚存吴熙载，穷客南中年老大……"（图2）边跋里的"皖"，指的则是"丁、黄、邓、蒋、巴、

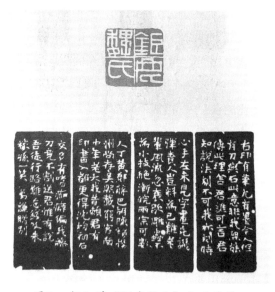

图1 赵之谦　　　　　图2 赵之谦"钜鹿魏氏"印及边款
《书扬州吴让之印稿》

---

① 《中国美术辞典》，上海辞书出版社1987年版，第213页。
② 《书画篆刻实用辞典》，上海书画出版社1988年版，第498页。

胡、陈（曼生）"里的"邓"，即邓石如。徽、皖之间有很明晰的区别，许多人不明就里，但赵之谦与徽州渊源很深，自然知道其中的道理。

赵之谦的挚友胡澍是徽州绩溪人，为赵之谦《勇卢闲诘》作序的程秉钊亦是绩溪人，赵之谦逝世后，程秉钊为撰挽联："隶楷为近代所无，汉后隋前，复睹英华照金石；文献未成书而止，郑笺孔疏，谁修学案朴乾嘉。"赵之谦墓志铭亦出程秉钊之手。赵之谦还有一位歙县籍学生程乔龄，工刻印外，精擅墨拓。清代绩溪有"礼学三胡"，是乾、嘉、道时期出现的一支经学流派，以胡匡衷、胡秉虔、胡培翚为代表，其学传于戴震。胡培翚之族叔胡秉元是一位颇有声望的经学家，人尊为"云林先生"，其子胡培系与赵之谦为"十余年至交"，二人同受业于缪梓门下，学问相磋，情同手足。赵之谦对胡氏家学深为企慕，尊胡培系父胡秉元为私淑之师。同治六年（1867）至十一年（1872）间，赵之谦在祖籍徽州大阜的潘祖荫门下为幕僚，他们不仅有金石之好，还有共同的学术理念和追求：搜访和刊刻汉学经籍。同治十三年（1874），赵之谦续娶20岁的休宁陈氏，成了徽州女婿。以赵之谦与徽州的渊源，他自然分得清楚何为徽、何为皖！

而魏锡曾《跋》提到的则是"皖""浙"："……既而执叔为文弁首，论皖、浙印，条理辨晰，见者谓排让之，非也。皖印为北宗，浙为南宗。余尝以钝丁谱示让之，让之不喜，间及次闲，不加菲薄，后语执叔，因有此论……文国博真谱不可见，间存于书画者，实浑含南北两宗，其后名家，皆皖产，中惟修能朱（简）碎刀，为钝丁滥觞。钝丁之作，熔铸秦、汉、元、明，古今一人，然无意自别于皖。黄、蒋、奚、陈曼生继起，皆意多于法，始有浙宗之目，流及次闲，俪越规矩，直自郐尔。而习次闲者，未见丁谱，目谓浙宗，且以皖为诟病，无怪皖人知有陈、赵，不知其他。余常谓浙宗后起而先亡者此也。若完白书从印入，印从书出，其在皖宗为奇品、为别帜，让之虽心摹手追，犹愧具体，工力之深，当世无匹。执叔谓手指皆实，斯称善鉴。今日由浙入皖，几合两宗为一，而仍树浙帜者，固推执叔，惜其好奇，学力不副天资，又不欲以印传，若至人书俱老，岂直过让之哉？病未能也。"[①]赵之谦的"徽宗"，提到巴慰祖和胡唐，指向是明确的，也是正确的。而魏锡曾借题发挥，但不称"徽"而称"皖"，表达的意思虽然相同，但概念错了，因为以"皖"代指徽州是不全面的，也是不恰当的（"皖""浙"问题稍后论及）。然而，魏锡曾在《绩语堂论印汇录·薛氏汉灯跋》中多处提到"徽宗"和"浙宗"，又只字未提"皖"，是无意还是有意，不得而知。

将何震列入"皖派"的，大约最早是清末民国间浙江余杭人王世，他在《治印杂说·印学渊源》中说："迨至有明，文寿承、何雪渔相继辈出，力能返古，允为一代宗匠，是为皖派之祖……完白山人邓石如，皖之怀宁人。刻印承程穆倩之后，为皖派宗匠。"[②]从文中可以看出作者的意思，是将安徽籍的印人都归于"皖派"，何震为"皖派"开山祖，程邃当然属于"皖派"，而邓石如曾学程邃，又是安徽人，故"为皖派宗匠"。此后沿袭此说者大有人在，如胡宗成在《西泠印社记》中就说："及清之以印学名者，吾浙以八家著。巨宗擘手，首推龙泓，时为浙派。更此有莆、皖两派之别。"又如蔡守在《印林闲话》中将巴慰祖、胡唐列为"皖派"："浙派用刀，涩中带有坚挺之意，与巴、胡辈俱宗汉人，各得一体。若以古文家阴阳刚柔之说来评两派，则皖阴柔而浙阳

① 韩天衡《历代印学论文选》，西泠印社1999年版，第596页。
② 黄惇《中国印论类编》，荣宝斋出版社2010年版，第535、539页。

697

刚也。老友王昔则光烈文论印云：自古印肇兴，文人学士以治印为游艺，为之者实多。作者各有其独到之处，于是派别出焉。要其大别，可得四派，即宋元派、皖派、浙派、邓派是也。"[1]

傅抱石在《刻印源流》一文中认为何震、苏宣、朱简都自成一派，认为程邃"锐意篆刻，淳古苍雅，篆家所不及。盖自修能创宗秦汉，已伏与文、何别途之机，迨穆倩出，其风愈显，力变文何旧习，世论翕然称之……子以辛、王小山、赵雨域、方后岩、俞廷槐、胡唐、巴慰祖、高翔、邓石如等学之，后曰徽派，又曰皖派，指主臣以下黄山印人而言也"。"皖派亦宗汉印，以程邃为之祖，巴慰祖继之。邓石如出，其法稍变，盛名远驰，宗者亦多，时称邓派，又称完派……世谓邓派既行而皖派遂废，理或然欤？"[2]从上面所论可以看出，傅抱石在"徽""皖"名词上，也是两相混淆的。

而王光烈在这个方面的论述，就较为清晰明白："与小松同时，歙县巴晋堂慰祖、胡子西唐、山阴董小池洵、新安王于天振声，专力秦、汉，所作名字印，古意盎然。虽未尽脱何、文窠臼，然力能复古，亦印学中之韩、柳也。以巴，胡歙人，世称之为歙派。皖派亦谓之邓派，此派实著于邓石如完白，故云。清初名流辈出，徽州有程穆倩邃者，实开其先，至完白乃集其大成。其后传之包慎伯世臣，慎伯传之吴让之熙载，让之尊邓氏而归于汉人，造诣益精。百余年来，与浙派成对峙之局，夫岂易易哉？"[3]其所论浙、皖、歙诸派，是符合基本事实的。马衡在《谈刻印》一文中也明确谈道："邓石如善各体书，其作篆用汉碑额法，因以碑额入印，又别开蹊径，是为皖派，继之者则有吴让之。"[4]

为了让读者看得清晰一点，我们简要归纳一下以上学者的看法：

> 赵之谦：徽宗、浙宗。皖（邓石如）。
>
> 魏锡曾：先提皖印、浙印，后提"徽宗""浙宗"。
>
> 王世：何雪渔"皖派之祖"，邓石如"皖派宗匠"。
>
> 胡宗成：皖派。
>
> 蔡守：巴慰祖、胡唐为"皖派"。又四派：宋元派、皖派、浙派、邓派。
>
> 傅抱石："徽派，又曰皖派，指主臣以下黄山印人而言也。""皖派……以程邃为之祖，巴慰祖继之。""邓石如……时称邓派，又称完派……世谓邓派既行而皖派遂废。"
>
> 王光烈：巴慰祖、胡唐"歙派"。皖派亦谓之邓派。
>
> 马衡：邓石如"皖派"。

我们再读一下其他学者的看法。沙孟海《印学史》云："新安印派，亦称黄山派、徽派、皖派、皖宗，是历史上印学两大派系之一（其一是西泠印派，亦称浙派、浙宗）。"[5]骆坚群在《浙

---

① 黄惇《中国印论类编》，荣宝斋出版社2010年版，第545页。

② 叶宗镐《傅抱石美术文集》，江苏文艺出版社1986年版，第209、210、211页。

③ 黄惇《中国印论类编》，荣宝斋出版社2010年版，第541页。

④ 韩天衡《历代印学论文选》，西泠印社1999年版，第414、415页。

⑤ 沙孟海《印学史》，西泠印社1987年版，第104页。

江省博物馆典藏大系：方寸乾坤》之"综述"中说："清代篆刻流派呈现出了多元化局面。概而言之，就是'二派六家'。清代初期与中期主要的篆刻大家都生活在江浙与安徽一带，因此我们称之为浙派和徽派。浙派主要指'西泠八家'，徽派又分为歙派与皖派。'六家'是指清中晚期的邓石如、吴熙载、徐三庚、赵之谦、黄士陵、吴昌硕等六位各树一帜的篆刻大师。"①由此认识和看法，我们下面重点谈"徽州"与"皖"之关系和区别。

"皖"是安徽的简称，众人皆知，但历史上的徽州多数时间和现在的安徽并没有关系。自宋宣和三年（1121）一直到清宣统三年（1911），徽州的名称一直没有变过（新安、黄山是徽州的古称或代指）。南宋建炎四年（1130），徽州合江南东西路为江南路，又置建康府路，徽州隶江南路建康府路。绍兴元年（1131）复分江南东西路，徽州隶属江南东路。元至元十三年（1276），徽州属江淮行省，翌年升为徽州路。至元二十一年（1284），属江浙等处行中书省。至元二十四年（1287）改属江浙行省江东建康道。至正十七年（1357），朱元璋部攻克徽州，七月，改徽州路为兴安府。至正二十四年（1364），复改兴安府为徽州府，属江浙行省。至正二十六年（1366），徽州府直属中书省。明洪武元年（1368），徽州府直隶中书省。洪武十三年（1380）罢中书省，徽州府直隶六部。永乐元年（1403）改隶南京，不久改称南直隶。清顺治二年（1645）闰六月，徽州府隶属江南省。十八年（1661）属江南左布政使。康熙六年（1667）七月建立安徽布政使，徽州府改属安徽布政使，并取安庆、徽州两府首字为安徽，徽州此时才与"皖"产生关系。但"徽州学"（简称"徽学"）、"徽州文化"一直特指徽州，与安徽其他地区无关，比如徽州朴学、新安理学、徽派版画、徽州刻书、新安医学、徽州漆器、徽菜等，"徽州篆刻"或"徽派篆刻"亦是如此。

这里，我们不妨看一下黄宾虹关于徽州相关问题的阐述。黄宾虹跋《吴让之印存》："有清乾、嘉以来，徽学莫盛于治经，由江、戴而传高邮王氏，至于常州学派，为之一变。治印之学徽宗，自程垢区、巴隽堂，追踪秦、汉，至邓完白亦变。维扬吴让之，四体书学邓完白，而姿媚过之，因以其笔法作画治印。其治印也，承西泠诸家之绪，初学浙派，终专徽宗。赵㧑叔经学得常州学派之传，于治印不立门户，倾许巴隽堂为尤……"（图3）黄宾虹所言"徽学"，为"徽州学"，从来不是"安徽学"。黄宾虹所言篆刻"徽宗"，专指徽州，而不是安徽的"徽宗"。

黄宾虹又在《新安篆刻之学派》中说："篆刻之学，昔称新安，甲于他郡。汪山来之包罗百家，朱修龄之模仿入妙，刘卫卿之博通籀篆，刀笔古朴。山来传王言，修龄传汪如，卫卿传赵时朗、赵端、汪以淉，渊源相接，咸有出蓝之誉。其最著者，何雪渔以绝艺冠于时，梁千秋传其学。梁之侍姬韩约素镌刻尤

图3　黄宾虹跋《吴让之印存》

---

① 浙江省博物馆《浙江省博物馆典藏大系：方寸乾坤》，浙江古籍出版社2009年版，第15页。

胜，秀妙绝伦，周栎园所称'钿阁女子'是也。程穆倩、汪虎文以艺事相交善，去其奇古，专崇秦汉。穆倩早从陈仲醇、黄石斋诸君子游。万年少精通篆刻，结契尤厚，晚年侨寓邗江，学者宗之。虎文产于燕，游于吴越。而浙人徐念芝、吴人杨敏来得其传，皆称名作。学风所扇，流被海内，赵恒夫言篆学图书，多出新安，殆非过语。其后程萝裳，列汪稚川、巴予藉、胡西甫于垢道人之次，摹四子印二册，典型不泯，卓然可观，世无中郎，得见虎贲矣。"①黄宾虹在整段描述中，未提到流派，只说"篆刻之学，昔称新安，甲于他郡"，意思明显。徽州在秦汉时期，隶属新都郡、新安郡。宋徽宗宣和三年（1121），改歙州为徽州。歙州建于隋，隋炀帝时一度称新安。歙州即历史上的徽州前身，州府治所歙县，地域包括今天安徽黄山市辖地域以及现归宣城市的绩溪县、现归江西的婺源县。而绩溪人胡澍在序《赵㧑叔印谱》时，只提浙派、徽派："遂为徽、浙两大宗。"胡澍的"徽"自然也是专指徽州而非安徽。

前面沙孟海提到的几个称谓，无论新安、黄山、徽派，均为徽州，而皖派、皖宗则混淆了历史上徽州与安徽的关系。骆坚群表述的"徽派又分为歙派与皖派"，将"徽派"和"皖派"混为一谈，与沙孟海同出一辙。骆坚群的文章接下来说："'徽派'是清代安徽徽州地区的篆刻流派，以清代初年的程邃（1605—1691）以及清代中期的巴慰祖（1744—1793）、胡唐（1759—1826）等为主要代表。"如果"徽派"是徽州地区的流派，前面的"皖派"大约指的是邓石如了。将邓石如纳入徽州的"徽派"，而不是安徽的"徽派"，这虽然是一个独特的提法，但与事实不符。《浙江省博物馆典藏大系：方寸乾坤》一书"清"之章节中又说："在综述中，我们把清代篆刻史概括为两派六家，两派是指程邃之徽派与丁敬之浙派……我们知道第一个篆刻艺术的高潮是由吴门文彭及与之'师友之间'的徽派鼻祖何震掀起，以后有苏宣、汪兴（"兴"疑"关"之误）、朱简诸大家皆徽人。""徽派一脉至清中期有安徽怀宁人邓石如再传衣钵，有称他及弟子们为新徽派。"②这就明白无误地将邓石如纳入徽州的"徽派"了，而且还产生一个新名词"新徽派"。探其来源，较早将邓石如纳入徽派的，大约是清代方朔在《汉祀三公山碑跋》中提到的："沈朗亭侍郎曰：'我朝篆刻之盛，突过历代，然有浙派，有徽派。……徽派则程穆倩昌于前，邓顽伯踵之后，亦是原本汉法，出以淳厚浑古之笔，仍汉印也。'"③沈朗亭即沈兆霖（1801—1862），道光进士，官至户部尚书、军机大臣、陕甘总督。前面谈到，"徽派"在过去只是徽州的概念，而不是安徽的"徽"，或认为邓石如曾学过程邃，就将其纳入"徽派"，显然是贬低了邓石如的艺术成就，远不如尊他为"皖派"创始人或"邓派"更接近事实。在这个问题上，陈巨来在《安持精舍印话》中则有清晰的表述："今之谈印者盛称浙派、皖派，而于徽中诸印人，若程穆倩邃、巴予藉慰祖、汪尹子关、胡长庚唐等，其名反不如丁敬身、蒋山堂、邓顽伯、吴让之之隆，是可异焉。徽派诸家所作一以汉印为法，以余所见，穆倩、予藉之浑穆，长庚之遒劲，而尹子所作最多（吴县吴氏四欧堂藏有尹子《宝印斋印谱》，都千余方，海内第一本也），亦最为工稳，之数子者试以其所作并列汉印中，殆亦可乱真，非前之文三桥、何雪渔，后之浙、皖二派诸家名曰仿汉，而实非汉所得比拟也。"④很

①　黄宾虹《黄宾虹文集全编·金石编》，荣宝斋出版社2019年版，第13、14页。
②　浙江省博物馆《浙江省博物馆典藏大系：方寸乾坤》，浙江古籍出版社2009年版，第117页。
③　黄惇《中国印论类编》，荣宝斋出版社2010年版，第507页。
④　中国书法家协会《当代中国书法论文选·印学卷》，荣宝斋出版社2010年版，第557页。

明显，陈巨来说的"皖派"指的是邓石如，而"徽中""徽派"则专指徽州印人。再如安徽文物专家石谷风在《徽派、皖派篆刻艺术》一文中，将两者区分得也很清楚："'徽派'创于明代嘉靖年间（1522—1566）。其创始人何震，字主臣、长卿，号雪渔……先后学他篆刻法的人很多，其中如金光先、吴回（迥）、苏宣、程朴等人，各有成就。后起者的程邃、巴慰祖、胡长庚、汪肇隆，都是徽州歙县人……"介绍"皖派"时说："'皖派'的创始人邓石如（1743—1805），名琰，字顽白，别号完白山人、笈游道人，安徽怀宁人，清乾隆时的书法家兼篆刻家……世称'邓派'，也称'皖派'……'皖派'后继者有吴熙载、徐三庚等人。"①再举长期在安徽文艺界任职的赖少其文章的论述："缶庐印派，是继承了丁敬、陈曼生的浙派，又吸收邓石如、吴让之、赵㧑叔的皖派精华，他们比明末徽派文三桥、何雪渔更为生动和奔放。"②又："安徽明、清之际，是印学的老家，有徽派何震、程邃、巴慰祖；皖派邓石如，以及后来到广州，开创了'粤派'的黄牧甫，邓尔雅就是他的传人。"③虽然早年赖少其也有误读，但后来的文章纠正了前说。

从以上所举诸家例证，我们可以知道将徽州与皖混为一谈的，多属于将徽州视为皖（安徽）的一部分，而没有厘清历史上的徽州与皖不是一回事，而产生了误会所致。同时，我们也可以看出，因为历史和地域的原因，其他流派基本没有像徽州篆刻称谓如此混乱的，比如"浙派""云间派""莆田派"等。笔者因此认为对徽州篆刻的称谓有梳理的必要，否则"皮之不存，毛将焉附"。

最后，再谈"徽派篆刻"问题。"徽派"是徽州篆刻其中一个由来已久的称谓。翟屯建在其《徽派篆刻》一书中论述了各种称谓的不合理以及产生的种种后果，认为："按照中国传统的以地籍划分流派的习惯，也不是毫无标准可言。参照各种学术、文学、艺术流派产生的情况来看，有以下六点可资参考：（1）久居一地或同隶一籍；（2）有开派人物；（3）有一支学术、创作队伍；（4）有一批作品；（5）有着一些基本的共同点；（6）在一定的历史条件下。"④在这个基础上，提出"为了克服一地多名的矛盾，所有关于徽州印派的名称，均应统一为'徽派'。因为徽州印派产生的时间在明万历至清末，而这一段时期内，徽州一直称徽州府，新都、新安、歙州是徽州的古称，黄山、天都为徽州的代称，只有'徽'才是徽州的正式称谓。其二，'徽''皖'不同域，'皖派'不可以替代'徽派'……"因此，将徽州各个时期印人都统称为"徽派"。⑤虽然"徽派篆刻"的提出有其一定的原因和道理，但显然忽略了一点：徽州篆刻近五百年的历史，高潮期大致有明末何震、苏宣等；清初至乾、嘉间的"歙四子"以及清末黄士陵的崛起，其间印人辈出，风格的创造和接受都很复杂，岂是简单一个"徽派"可以统摄和概括的？虽然"简单"多了，但又让人陷入新的困惑之中。比如，"徽派"让人想起何震，又想起程邃等风格各异的印人。黄士陵、黄宾虹都曾学习过浙派，黄士陵还学过邓石如，但因是徽州人，被列入"徽派"。而名列浙派的奚冈，

---

① 石谷风《古风堂艺丛》，天津人民美术出版社2009年版，第70页。
② 赖少其《王个簃和他的画》，《赖少其诗文集》，岭南美术出版社2005年版，第180页。
③ 赖少其《深心托毫素——记画展在北京中国美术馆展出》，《赖少其诗文集》，岭南美术出版社2005年版，第309页。
④ 翟屯建《徽派篆刻》，安徽人民出版社2005年版，第38页。
⑤ 翟屯建《徽派篆刻》，安徽人民出版社2005年版，第39页。

却又是地道的徽州人，他是在幼年时才到杭州的，如果按籍贯分，也应纳入"徽派"，但篆刻又实在是"浙派"，不由让人陷入两难境地。再如叶为铭，其祖上在康熙间就入了杭州籍，而且篆刻受浙派影响很大，缘何又被列入"徽派"并入编《徽派篆刻》一书中？

2008年，"明清徽州篆刻学术研讨会"在黄山市举办，陈振濂在《明清徽州篆刻学术研讨会论文集》序中就谈到上述问题："明代以降'徽州篆刻'，实在是一个人人都大约知道但却又很难加以精密解说的'骑墙'概念。比如，有指'徽州'即等于'徽派'的；又有指'徽派'又可以等同于'皖派'，无非一指明一指清；一指何震、苏宣、朱简、汪关，一指邓石如、吴让之而已。但若论'派'，或许更是难以廓清史实、辨明形象，故尔本次研讨会干脆取地域为边界：'徽州'。但它也还是可以被宽泛理解：比如既有徽州本籍的印人，又有生活在徽州的非徽籍印人；即使是指'徽州'，也还可以有双解，既可以指明清作为行政区域的有州治的'徽州'，或许也可以泛指今天的安徽全境……"①受到这个思想启发，笔者以为论徽州篆刻的流派，是否先统称"徽州篆刻"，再尊重历史，称既有的流派名，如何震为"雪渔派""何派"，苏宣为"泗水派"，汪关为"娄东派"，朱简为"畸臣"派，程邃、巴慰祖、汪肇隆、胡唐为"歙派"，黄士陵为"黟山派""粤派"，而邓石如为"皖派""邓派"。这样既剥离了"徽""皖"，又尊重了客观历史事实。

在中国文人篆刻史上，还没有一个流派有徽州篆刻这么长的历史，有如此众多的风格和流派。这是徽州篆刻的特色、徽州篆刻的骄傲，同时也是徽州的另类"负担"。

（作者系西泠印社社员，中国书法家协会会员，中国文艺评论家协会会员，黄山市文艺评论家协会主席）

---

① 西泠印社《明清徽州篆刻学术研讨会论文集》，西泠印社出版社2008年版，第1页。

图书在版编目（CIP）数据

大印学. 3，"篆刻学"学科建设与发展研讨会论文集 / 西泠印社编. -- 杭州 ：西泠印社出版社，2024. 10. -- ISBN 978-7-5508-4613-5

Ⅰ. K877.24-53；K877.6-53

中国国家版本馆CIP数据核字第2024XF2932号

大印学（3）——"篆刻学"学科建设与发展研讨会论文集

西泠印社 编

责任编辑	陶铁其
责任出版	杨飞凤
责任校对	曹　卓　应俏婷
装帧设计	刘远山
出版发行	西泠印社出版社

（杭州市西湖文化广场32号5楼　邮政编码　310014）

经　　销	全国新华书店
制　　版	杭州真凯文化艺术有限公司
印　　刷	杭州捷派印务有限公司
开　　本	889mm×1194mm　1/16
字　　数	1150千
印　　张	44.75
印　　数	0001—1000
书　　号	ISBN 978-7-5508-4613-5
版　　次	2024年10月第1版　第1次印刷
定　　价	360.00元（全二册）

西泠印社出版社发行部联系方式：（0571）87243079